国家社会科学基金教育学重点课题
"家校合作的国际经验与本土化实践研究"（AHA180014）

"十四五"江西省一流学科建设经费资助出版

国家社会科学基金教育学重点课题（AHA180014）

家校合作的国际经验与本土化实践研究

系列成果之三

家校合作调查

变量结构与数据报告

JIAXIAOHEZUO DIAOCHA

BIANLIANG JIEGOU YU SHUJU BAOGAO

张　俊　吴重涵　刘莎莎　著

社会科学文献出版社

SOCIAL SCIENCES ACADEMIC PRESS (CHINA)

在我担任中国教育学会家庭教育专业委员会副理事长的 10 年间，分工负责家校合作有关工作，几乎组织和参加了专委会每年举办的全国家校合作经验交流会。10 年来我的体会是，现在几乎所有的中小学、幼儿园都在做家校合作工作，这与 10 年前只有少数地区和学校参与形成了鲜明的对照。但同时，大会上介绍的家校合作经验，现在的内容与 10 年前基本没有什么变化，10 年前是开家长会、家访、家长志愿者和亲子活动，10 年后大体还是这些内容。教师、家长、学校、家庭对家校合作工作的效用提出了种种疑问。可以说，家校合作遇到了实践的瓶颈。我在跟很多校长和老师交流时，他们也深有同感。实践上的困惑需要理论研究的深化来破解。

在这样的背景下，我们出版了家校合作的国际经验与本土化实践研究系列成果，一共三本，即《家校合作的国际比较与学理研究》《从家校合作到教育良好生态：区县和学校经验》《家校合作调查：变量结构与数据报告》。这三本书是我带领的团队对家校合作 10 年研究的一个阶段性理论总结，分别呈现了家校合作的学理研究、本土经验生成、科学数据支撑三个层面的系统成果。

家校合作共育现在无疑是一个国家的教育战略问题，但在 10 年前还是一个相对边缘和冷门的教育领域。我的团队——这只"乌龟"得益于"起得早"和勤勉耕耘，从借鉴先发国家的理论和经验，到致力于建立一个本土化的操作理论体系；从学校层面家校合作实验，向上扩大到县区和省域实验，向下延伸到班级和课程实验；从每期历时三年的第一期实验和数据搜集

（2012～2014 年）、第二期实验和数据搜集（2015～2017 年），到第三期实验和系统化集成（2018～2021 年）；从江西省省域数据搜集，到部分专题扩大到全国范围的数据采集。团队专注于项目研究，一晃 10 年过去。而当年建立中国家校合作理论体系的"雄心壮志"也得以部分实现。相信这会给破解家校合作实践的瓶颈带来操作层面和深层理论的启示。

系列成果之一《家校合作的国际比较与学理研究》，其基本逻辑维度是现代性。家校合作共育在各国的称谓和专注点不尽一致，但近几十年来开始得到政策的持续关注却是有目共睹的，特别是 21 世纪以来，世界范围内家庭和学校的关系在政策层面得到越来越多的关注和重视，这绝不是偶然的事情。

首先，现代家庭的教育作用出现了快速增强的趋势。我们的研究表明，在现代经济社会背景下，在家庭与学校关系的历史演进中，在家庭自身的现代嬗变中，当代家庭和父母在儿童成长中的作用出现了全球性、历史性的强势回归。当代家校合作因此获得了崭新的时代意义。家庭和学校的相互关系及其相对作用不是恒定不变的，而是一个时间函数。当代家庭的作用，与经典意义上家庭的作用，已经不可同日而语了。家庭作用不再是传统意义上的"重要"，而是时代性的快速"增强"，是传统家庭教育作用的一种"私事化"的强势回归。这样一种态势，半个多世纪以前在一些先发国家开始显现，到 20 世纪 90 年代逐步成为一种全球性的趋势。家庭教育作用快速增强这一历史大势，是现代教育和现代家庭教育的最基本特征之一，必然深刻影响现代学校与家庭结构的改变，深刻影响现代学校和家庭的责任关系，引发政府和社会对家校合作共育的高度关注。

其次，学校的结构性缺陷在当代得到放大而凸显。近代学校系统作为一种社会制度的重大进步，也都带有一些或明或暗先天的缺陷。这些先天不足被经济社会文化的快速变迁系统放大，产生新的结构性问题，不断打破关于学校教育的种种神话。特别是 20 世纪 80 年代以来，当代学校的结构性问题暴露得更加明显，集中表现在学校作为"知识基础""地位基础""形式基础""目标实现基础""战略实施基础""价值基础"受到的结构性挑战。这些当

代学校的结构性问题，似乎都无法在现有学校制度框架内得到解决。在这样的背景下，人们把寻找解决学校结构性问题答案的目光转向了长期被忽视的家庭、社会生活资源，以及学校与家庭、社会的联系。对照现代学校以智育（系统学科知识）为主体的、给予的、集体的教育模式所带来的种种结构性问题，我们几乎是对称性地发现家庭教育是生活的、自我教育与给予相结合的、个别的模式。这预示着当代学校教育和家庭教育的互补作用和地位关系必然发生变化，预示着家校合作共育成为今后学校系统教育改革的基本走向之一。

既然现代家校合作的重要性提升是历史大势，那么如何有效开展家校合作就成为研究的核心问题。这远比我们一开始想象的复杂。我们首先从管理和治理的视角研究家校合作的计划、组织和实施等操作性实践模式问题，这个过程又是从爱普斯坦实践模型借鉴和模仿起步而逐步向班级、县区等管理层级延展的。但这不能深入到学校和家庭合作内在机制，家校合作和冲突的根本问题得不到解释和解决，所以我们又着手从社会学等视角剖析家庭和学校作用交叉重叠的具体领域，研究家校合作的社会机制。这个逻辑反过来就形成了理论研究（第二篇）、国际比较研究（第三篇）、本土实践的田野研究（第四篇）和线上学习期间的家校合作研究（第五篇）的家校合作共育知识框架。

除了第一篇绪论阐述了比较和实验、理论分层（基础理论、操作性理论和理论实践互动）的研究进路，《家校合作的国际比较与学理研究》其余四篇的各章基本是建立在独立研究的基础上，有独立发表的论文或者研究报告作为前期基础，这本书框架和主要发现与结论主要有以下几个方面。

（1）探讨了家校合作乃至家庭教育的基础理论问题，发现了家校合作的基本矛盾、动力机制，提出了家校"交叠影响域"的精确描述模型（第二篇）。研究指出，家校合作停留在操作性层面难以深入和制度化，必须对家校合作的深层理论问题进行追问。通过家校合作行动正反两方面的经验总结和家校关系的历史互动规律提炼，研究发现家校合作的内在动力和矛盾性，根植于现代社会发展中家庭教育作用的代际迅速增强和作为一种制度的不断弱化、学校教育效应出现相对降低趋势的同时作为教育制度却在不断强化，这

样一对"效用"和"制度"出现主体分离的家校悖论，这样一种矛盾性正是当代制度化家校合作的动力来源。家校合作是一个条件约束的变数，存在多种走向的可能。第二篇还研究了家校合作的一个重要领域——学校为家长赋能，以及相应的学校行动框架；将"交叠影响域理论"的"示意"模型转化为量化的精确"描述"模型，为家校合作行动提供了科学的操作性分析框架。

（2）建立了"政策、学校行动与研究支撑"的家校合作国际比较框架，对多国经验进行了进一步梳理（第三篇）。比较研究发现，学校在家庭教育、学校教育和社区教育"三教结合"中起主导作用，并且是家校合作多层组织与管理系统的基本单位；政策是学校发挥主导作用、引导家庭和家长参与的制度环境和组织动力，并往往成为大教育形成的制度性瓶颈；研究支撑提供了家校合作制度化的技术路径，家校合作是注重以研究为基础的教育实践领域。在此基础上，概括了世界范围内家校合作存在政策导向和社会参与混合型、家庭主导教师家长互动型、过渡转折型、学校家庭分离型4种类型状态，并梳理出一些对我国有启发意义的具体经验做法。

（3）建立了"3维度5层次"家校合作操作性理论，对先发国家的实践模型进行了本土化改造和创新（第二篇第四章，及第四篇的相应展开）。对家校合作的操作性理论进行了追踪研究，尤其是对爱普斯坦的操作性理论进行了消化、批判、扩展和中国化改造。研究提出了中国家校合作操作性理论的"3维度"是指行动过程模型，组织、管理和实施的层级，制度化阶段，任何家校合作活动主要都是由这三个维度特征所决定的；"5层次"是指班级、学校、县区、省域和国家，在行动的过程模型上具有相似性，学校层面的家校合作行动过程模型（爱普斯坦模型）是基本模型，同时不同的组织层面需要面对和解决家校合作行动过程中的特殊问题。本书尤其在班级家校合作微观行动模型上做了创造性拓展，发现家校合作融入学校日常教学和管理的过程和机制，传统的师—生互动，在一定的条件下，可以发展为师—生—学校—家长—家庭的良性互动结构，家庭和家长可以从环境性要素变为班级教学和管理的结构性要素，并对各方都有利。本篇对5个层次的家校行动模式都做了专题研究，概括了不同组织层次家校合作行动模型的特点，发现了不同组织

层次之间家校合作工作存在显著的联动性和依赖性。本书还对农村留守儿童家庭家校合作（第十一章）、线上学习期间的家校合作（第五篇）等做了专题研究，获得了新的理论发现，丰富了家校合作的操作性理论。

（4）将研究成果同步在省域范围做了系统的实验和应用，理论不断得到实践的滋养和检验（结尾章）。本项目的一大特点是在开展研究的同时，同步指导了江西省的省域家校合作工作。项目在采用"国际经验—本土改造—发展创新"的研究路径的同时，采用了"科研引领—行政推动—实践创新"的行动路径，在江西省家校合作政策支持、县区和学校试点指导等方面指导了江西省 10 年的家校合作工作，取得了较丰富的行动成果，涌现了一批全国先进典型，从正反两方面的经验和教训验证、修正和丰富了理论研究成果的判断和结论。

系列成果之二《从家校合作到教育良好生态：区县和学校经验》分 4 篇。从区域（省、区县）、学校、班级和个体层面，呈现家校合作的实践经验。第 1 篇在区域层面着重介绍了项目组开展实验的江西省，通过不断优化制度环境和组织协调，形成政府、学校、家庭和社会等各方面力量有组织地关心、支持教育发展的良好生态；第 2 篇在学校层面分别呈现幼儿园、小学、中学具有代表性的家校合作行动案例，他们是实验中涌现的鲜活本土化经验，这些典型案例为经验交流和推广普及打下了良好的基础；第 3 篇在班级层面呈现班主任们结合自身班级情况，创新性开展具有自身特色的家校合作行动；第 4 篇在个体层面，着重从面向个体的针对性指导，特别是留守儿童等特殊群体需求针对性地开展家校合作工作，体现了家校合作面向全体家长的理念，呈现所有家长都有机会和平台参与的、多层次、多主体的家校合作行动格局。

系列成果之三《家校合作调查：变量结构与数据报告》全书共 13 章，分为 4 个部分。其中第 1 部分呈现了家庭和家长、学生、学校和教师样本的基本情况；第 2 部分介绍了大规模线上学习前的家校合作基本情况，以家校合作的 6 种类型（当好家长、相互交流、志愿服务、在家学习、参与决策、与社区合作），分别与家庭、学生、学校和教师的基本变量做了交互分析，以探讨家庭、学生、学校和教师对家校合作的影响；第 3 部分呈现大规模线上学习期间家校合作的现状与特征，从线上学习期间家校合作的内容、行为两个层面，分别与家庭、学生、学校和教师的基本变量做了交互分析，进而探讨线上学习期间家校合作的影响因素；第 4 部分分别分析了家校合作对家长家庭教育、儿童成长、学校和教师发展的作用，进而给出了开展家校合作可以带来多方受益的科学证据。

《家校合作的国际比较与学理研究》《从家校合作到教育良好生态：区县和学校经验》《家校合作调查：变量结构与数据报告》三本书的出版是在国家社科基金教育学重点项目的资助下完成的（"家校合作的国际经验与本土化实践研究"，AHA180014），系列研究的前期工作得到了国家社科基金教育学一般项目的资助（"制度化家校合作与儿童成长的相关性研究"，BHA140091），其间还得到了中央级公益性科研院所基本科研业务费专项资金重大项目的资助（"基于抗疫背景的中小学家校共育改革研究"，GYA2020001），以及"十四五"江西省一流学科建设经费出版资助。这套书的出版过程得到社会科学文献出版社的大力支持，尤其是责任编辑郭峰对书稿严谨、专业、细致的审阅，使本书的质量得以保证和提升，在此一并表示衷心的感谢！

2023 年 11 月

目 录

第三部分　线上学习期间家校合作：
基本情况与影响因素

第四部分　家校合作对家庭教育、儿童成长、学校办学的作用

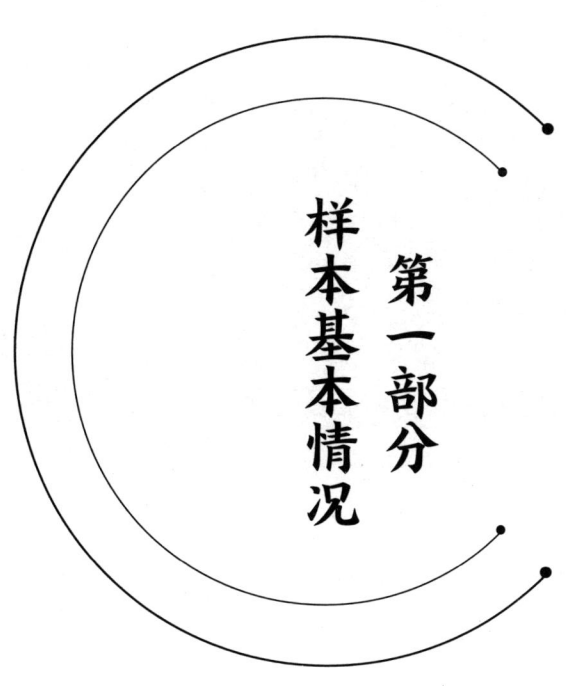

第一部分
样本基本情况

第1章

家庭和学生基本情况

本章主要呈现调查样本的家庭、家长和学生样本的基本情况。

1.1 家庭背景

1.1.1 受访者身份

家庭问卷受访人身份以孩子母亲居多，其次为孩子父亲。

表 1-1 受访者身份

受访者身份	数量	百分比
父亲	469576	26.6
母亲	1230891	69.7
爷爷或奶奶	26441	1.5
外公或外婆	4545	0.3
其他	34292	1.9

1.1.2 家庭户籍/地域类型

家庭样本中，户籍类型以非城镇户籍为主、家庭所在地以农村为主、地域为我国东部地区为主。

表 1-2　家庭户籍

家庭户籍	数量	百分比
非城镇户籍	1005839	57.0
城镇户籍	759906	43.0

表 1-3　家庭所在地

家庭所在地	数量	百分比
农村	781881	44.3
乡镇	278149	15.8
县城	264370	15.0
市里	441345	25.0
总计	1765745	100.0

表 1-4　所在地域

		数量	百分比
所在地域	东部	920631	52.1
	中部	681395	38.6
	西部	163695	9.3
	总计	1765721	100.0
缺失	系统	24	0.0
总　计		1765745	100.0

1.2　学生特征

1.2.1　学生性别

学生样本中，性别方面，男孩多于女孩；幼儿园至高中年级和学段方面，以小学和初中学生为主。

表 1-5　学生性别

学生性别	数量	百分比
女孩	821667	46.5
男孩	944078	53.5
总计	1765745	100.0

1.2.2　年级学段

表 1-6　学生年级

学生年级	数量	百分比
幼儿园	26723	1.5
小学一年级	209469	11.9
小学二年级	209645	11.9
小学三年级	194866	11.0
小学四年级	187113	10.6
小学五年级	184606	10.5
小学六年级	170488	9.7
初中一年级	167535	9.5
初中二年级	147158	8.3
初中三年级	98458	5.6
高中一年级	76478	4.3
高中二年级	61461	3.5
高中三年级	31745	1.8
总计	1765745	100.0

表 1-7　学生学段

学生学段	数量	百分比
幼儿园	26723	1.5
小学	1156187	65.5
初中	413151	23.4
高中	169684	9.6
总计	1765745	100.0

第2章

学校和教师基本情况

本章主要呈现学校和教师样本的基本情况，如教师性别、年龄等，学校学段、所在地等。

2.1　教师特征

2.1.1　性别

教师样本中，女教师的比例高于男教师。

表 2-1　教师性别

教师性别	数量	百分比
女	98151	72.9
男	36467	27.1
总计	134618	100.0

2.1.2　年龄和教龄

教师平均年龄 37.35 岁，平均教龄 14.78 年。

表 2-2　教师年龄和教龄

	N	最小值	最大值	均值	标准偏差
教师年龄	134607	18.00	80.00	37.3523	9.80324
教师教龄	134548	0.00	65.00	14.7813	10.83886

2.1.3 学历

教师学历以大学本科为主，其次是大学专科。

表 2-3 教师学历

教师学历	数量	百分比
其他	3429	2.5
高中或中专	3180	2.4
大专	23821	17.7
本科	98763	73.4
硕士	5314	3.9
博士	111	0.1
总计	134618	100.0

2.1.4 职称

教师职称以中级职称居多，其次是初级职称。

表 2-4 教师职称

教师职称	数量	百分比
未定级	28074	20.9
初级	37965	28.2
中级	51377	38.2
高级	17202	12.8
总计	134618	100.0

2.1.5 职务

所有教师中，80.5%的教师为任课教师，40.9%的教师还兼任班主任，也含部分学校行政人员和学校领导。

表 2-5 教师职务

教师职务	数量	百分比
班主任	55071	40.9
任课教师	108332	80.5
学校行政	10002	7.4
学校领导	6244	4.6
其他职务	12076	9.0

2.2 学校特征

2.2.1 学校学段

教师所在的学校，以小学为主，其次是初中。

表 2-6 学校学段

学校学段	数量	百分比
幼儿园教师	15218	11.3
小学教师	84567	62.8
初中教师	47799	35.5
高中教师	18028	13.4

2.2.2 学校所在地

教师所在的学校地域，以东部、中部学校为主，西部学校相对较少；学校所在地以位于镇乡学校为主，其次是位于市区学校，第三是县城学校，村社学校相对较少。

表 2-7 教师所在学校地域

学校所在地域	数量	百分比
东部	57702	42.9
中部	61145	45.4
西部	15771	11.7
总计	134618	100.0

表 2-8　教师学校所在地

学校所在地	数量	百分比
市区	41066	30.5
县城	27967	20.8
镇乡	51773	38.5
村社	13812	10.3
总计	134618	100.0

2.2.3　学校性质

教师所在学校的学校性质，86.7%为公办学校，普通民办学校、民办公助等学校较少。

表 2-9　教师所在学校性质

学校性质	数量	百分比
公办学校	116760	86.7
民办公助	5858	4.4
普通民办学校	10402	7.7
民办打工子弟学校	1598	1.2
总计	134618	100.0

2.2.4　学校规模

根据本研究所划分的学校规模分类来看，教师所在学校多数都是1000人以下的小型学校，其次是1001~2500人的中型学校。

表 2-10　教师所在学校规模

		数量	百分比
学校规模	小型学校(1000人以下)	55302	41.1
	中型学校(1001~2500人)	45826	34.0
	大型学校(2501~4000人)	21615	16.1
	巨型学校(4000人以上)	10356	7.7
	总计	133099	98.9
缺失	系统	1519	1.1
总计		134618	100.0

第二部分

线上学习前家校合作：基本情况与影响因素

第3章

家庭背景与线上学习前家校合作

本章主要探讨家庭背景与线上学习前家校合作的关系，具体指向在不同的家庭背景中，如家庭所在地、家庭经济状况、父母学历、父母职业地位、婚姻状况等变量的不同层次类型中，家长参与家校合作的六种类型，即当好家长、相互交流、志愿服务、在家学习、参与决策和与社区合作的数据分布特征和趋势。

3.1　家庭背景与线上学习前家校合作之当好家长的关系

3.1.1　家庭所在地与线上学习前家校合作之当好家长的关系

家庭所在地从农村、乡镇、县城到市里，家长参与家校合作之当好家长的典型行为为"经常"的比例相对增加。

表3-1 家庭所在地与线上学习前家校合作之当好家长

家庭所在地		参加学校举办的培训或讲座			如果孩子的学习或行为出现问题，向老师寻求帮助			购买有关家庭教育、亲子关系等方面的书籍或课程			陪孩子学习、聊天或游玩			鼓励孩子表达自己的观点，尊重孩子的意见		
		从不	偶尔	经常	从不	偶尔	经常	从不	偶尔	经常	从不	偶尔	经常	从不	偶尔	经常
农村	计数	149661	465456	166764	39105	469723	273053	102686	460436	218759	52561	482427	246893	16280	300169	465432
	百分比	19.1	59.5	21.3	5.0	60.1	34.9	13.1	58.9	28.0	6.7	61.7	31.6	2.1	38.4	59.5
乡镇	计数	39859	174288	64002	12165	171686	94298	31099	168747	78303	13513	166598	98038	5208	106010	166931
	百分比	14.3	62.7	23.0	4.4	61.7	33.9	11.2	60.7	28.2	4.9	59.9	35.2	1.9	38.1	60.0
县城	计数	45168	159255	59947	12342	152484	99544	31431	150555	82384	14317	148913	101140	6427	93762	164181
	百分比	17.1	60.2	22.7	4.7	57.7	37.7	11.9	56.9	31.2	5.4	56.3	38.3	2.4	35.5	62.1
市里	计数	50028	269911	121406	17442	251211	172692	44627	250787	145931	15315	224985	201045	6699	136486	298160
	百分比	11.3	61.2	27.5	4.0	56.9	39.1	10.1	56.8	33.1	3.5	51.0	45.6	1.5	30.9	67.6

3.1.2 家庭经济状况与线上学习前家校合作之当好家长的关系

家庭经济情况从"非常困难"到很"富裕"五个等级中，家长参与家校合作之当好家长的典型行为为"经常"的比例相对增加。

表3-2　家庭经济状况与线上学习前家校合作之当好家长

家庭经济状况		参加学校举办的培训或讲座			如果孩子出现的学习或行为问题，向老师寻求帮助			购买有关家庭教育、亲子关系等方面的书籍或课程			陪孩子学习、聊天或游玩			鼓励孩子表达自己的观点、尊重孩子的意见		
		从不	偶尔	经常	从不	偶尔	经常	从不	偶尔	经常	从不	偶尔	经常	从不	偶尔	经常
非常困难	计数	11329	25207	10383	3805	25963	17151	7761	25139	14019	5555	27871	13493	1993	18082	26844
	百分比	24.1	53.7	22.1	8.1	55.3	36.6	16.5	53.6	29.9	11.8	59.4	28.8	4.2	38.5	57.2
比较困难	计数	58439	153811	46142	15981	160762	81649	40365	154137	63890	20895	166331	71166	6672	106258	145462
	百分比	22.6	59.5	17.9	6.2	62.2	31.6	15.6	59.7	24.7	8.1	64.4	27.5	2.6	41.1	56.3
中等	计数	209519	863399	339000	58960	834485	518473	157048	827733	427137	66796	807278	537844	24587	498346	888985
	百分比	14.8	61.2	24.0	4.2	59.1	36.7	11.1	58.6	30.3	4.7	57.2	38.1	1.7	35.3	63.0
比较富裕	计数	4972	25217	15232	2060	22680	20681	4287	22338	18796	2193	20256	22972	1172	12901	31348
	百分比	10.9	55.5	33.5	4.5	49.9	45.5	9.4	49.2	41.4	4.8	44.6	50.6	2.6	28.4	69.0
很富裕	计数	457	1276	1362	248	1214	1633	382	1178	1535	267	1187	1641	190	840	2065
	百分比	14.8	41.2	44.0	8.0	39.2	52.8	12.3	38.1	49.6	8.6	38.4	53.0	6.1	27.1	66.7

3.1.3　父母学历与线上学习前家校合作的关系

孩子父亲和母亲的学历越高，家长参与家校合作之当好家长的典型行为为"经常"的比例越高，另母亲参与行为为"经常"的比例皆高于父亲。

表3-3 父母学历与线上学习前家校合作之当好家长

			参加学校举办的培训或讲座			如果孩子的学习或行为出现问题，向老师寻求帮助			购买有关家庭教育、亲子关系等方面的书籍或课程			陪孩子学习、聊天或游玩			鼓励孩子表达自己的观点，尊重孩子的意见		
			从不	偶尔	经常	从不	偶尔	经常	从不	偶尔	经常	从不	偶尔	经常	从不	偶尔	经常
父亲学历	小学及以下	计数	30586	66929	23455	10749	71159	39062	24950	65678	30342	15625	73461	31884	6981	53182	60807
		百分比	25.3	55.3	19.4	8.9	58.8	32.3	20.6	54.3	25.1	12.9	60.7	26.4	5.8	44.0	50.3
	初中	计数	151773	452250	161319	39708	456362	269272	106616	445952	212774	52439	470904	241999	17856	291352	456134
		百分比	19.8	59.1	21.1	5.2	59.6	35.2	13.9	58.3	27.8	6.9	61.5	31.6	2.3	38.1	59.6
	高中或中专	计数	66620	303119	119780	18188	290146	181185	49165	291457	148897	19220	282332	187967	6648	170447	312424
		百分比	13.6	61.9	24.5	3.7	59.3	37.0	10.0	59.5	30.4	3.9	57.7	38.4	1.4	34.8	63.8
	大学专科	计数	20786	131757	53971	6643	122966	76905	16403	123398	66713	4823	109839	91852	1668	67444	137402
		百分比	10.1	63.8	26.1	3.2	59.5	37.2	7.9	59.8	32.3	2.3	53.2	44.5	0.8	32.7	66.5
	大学本科	计数	13624	103654	47844	5108	94541	65473	11563	94357	59202	3174	78993	82955	1209	49239	114674
		百分比	8.3	62.8	29.0	3.1	57.3	39.7	7.0	57.1	35.9	1.9	47.8	50.2	0.7	29.8	69.4
	硕士及以上	计数	1327	11201	5750	658	9930	7690	1146	9683	7449	425	7394	10459	252	4763	13263
		百分比	7.3	61.3	31.5	3.6	54.3	42.1	6.3	53.0	40.8	2.3	40.5	57.2	1.4	26.1	72.6
母亲学历	小学及以下	计数	47517	106812	36700	16966	113202	60861	38374	104816	47839	24613	118563	47853	10682	84365	95982
		百分比	24.9	55.9	19.2	8.9	59.3	31.9	20.1	54.9	25.0	12.9	62.1	25.1	5.6	44.2	50.2
	初中	计数	149849	458986	163350	37450	461651	273084	103101	452099	216985	49056	475158	247971	15963	289432	466790
		百分比	19.4	59.4	21.2	4.8	59.8	35.4	13.4	58.5	28.1	6.4	61.5	32.1	2.1	37.5	60.5
	高中或中专	计数	57286	280311	110806	15713	266036	166654	43070	268335	136998	15083	255458	177862	5197	154097	289109
		百分比	12.8	62.5	24.7	3.5	59.3	37.2	9.6	59.8	30.6	3.4	57.0	39.7	1.2	34.4	64.5
	大学专科	计数	18622	125368	53053	6251	116757	74035	15061	117758	64224	4066	102558	90419	1524	63556	131963
		百分比	9.5	63.6	26.9	3.2	59.3	37.6	7.6	59.8	32.6	2.1	52.0	45.9	0.8	32.3	67.0

续表

		参加学校举办的培训或讲座			如果孩子的学习或行为出现问题，向老师寻求帮助			购买有关家庭教育亲子关系等方面的书籍或课程			陪孩子学习、聊天或游玩			鼓励孩子表达自己的观点，尊重孩子的意见		
		从不	偶尔	经常	从不	偶尔	经常	从不	偶尔	经常	从不	偶尔	经常	从不	偶尔	经常
母亲学历 大学本科	计数	10498	89402	43714	4120	80448	59046	9350	80724	53540	2543	66266	74805	1006	41714	100894
	百分比	7.3	62.3	30.4	2.9	56.0	41.1	6.5	56.2	37.3	1.8	46.1	52.1	0.7	29.0	70.3
硕士及以上	计数	944	8031	4496	554	7010	5907	887	6793	5791	345	4920	8206	242	3263	9966
	百分比	7.0	59.6	33.4	4.1	52.0	43.8	6.6	50.4	43.0	2.6	36.5	60.9	1.8	24.2	74.0

3.1.4 父母职业与线上学习前家校合作之当好家长的关系

孩子父亲和母亲的职业不同，家长参与家校合作之行为亦不同，另在所在职业中，母亲参与相关行为为"经常"的比例皆高于父亲。

表3-4 父母职业与线上学习前家校合作之当好家长

		参加学校举办的培训或讲座			如果孩子的学习或行为出现问题，向老师寻求帮助			购买有关家庭教育亲子关系等方面的书籍或课程			陪孩子学习、聊天或游玩			鼓励孩子表达自己的观点，尊重孩子的意见		
		从不	偶尔	经常	从不	偶尔	经常	从不	偶尔	经常	从不	偶尔	经常	从不	偶尔	经常
父亲职业 A	计数	76657	200781	72003	21420	205338	122683	55759	198886	94796	29446	213668	106327	10237	135542	203662
	百分比	21.9	57.5	20.6	6.1	58.8	35.1	16.0	56.9	27.1	8.4	61.1	30.4	2.9	38.8	58.3
B	计数	174666	663997	252200	48397	650096	392370	128438	643261	319164	56648	640838	393377	20578	398810	671475
	百分比	16.0	60.9	23.1	4.4	59.6	36.0	11.8	59.0	29.3	5.2	58.7	36.1	1.9	36.6	61.6

续表

父母职业			参加学校举办的培训或讲座			如果孩子的学习问题或行为出现问题，向老师寻求帮助			购买有关家庭教育、亲子关系等方面的书籍或课程			陪孩子学习、聊天或游玩			鼓励孩子表达自己的观点，尊重孩子的意见		
			从不	偶尔	经常	从不	偶尔	经常	从不	偶尔	经常	从不	偶尔	经常	从不	偶尔	经常
父亲职业	C	计数	33393	204132	87916	11237	189670	124534	25646	188378	111417	9612	168417	147412	3799	102075	219567
		百分比	10.3	62.7	27.0	3.5	58.3	38.3	7.9	57.9	34.2	3.0	51.8	45.3	1.2	31.4	67.5
母亲职业	A	计数	98594	275812	98513	27694	281600	163625	73769	272789	126361	35208	283638	154073	12550	181721	278648
		百分比	20.8	58.3	20.8	5.9	59.5	34.6	15.6	57.7	26.7	7.4	60.0	32.6	2.7	38.4	58.9
	B	计数	165903	655301	248931	46064	637518	386553	119576	631666	318893	54246	627577	388312	19452	386537	664146
		百分比	15.5	61.2	23.3	4.3	59.6	36.1	11.2	59.0	29.8	5.1	58.6	36.3	1.8	36.1	62.1
	C	计数	20219	137797	64675	7296	125986	89409	16498	126070	80123	6252	111708	104731	2612	68169	151910
		百分比	9.1	61.9	29.0	3.3	56.6	40.1	7.4	56.6	36.0	2.8	50.2	47.0	1.2	30.6	68.2

注：父母职业"A""B""C"三个类别的分类是基于对父母 11 种职业类型调查，具体分类为：A=（1）无业/下岗/失业人员；（2）离退休人员；（3）农林牧渔劳动人员；（4）农村进城务工人员；B=（5）个体户/自由职业者；（6）商业服务业一般职工；（7）生产制造业一般职工；（8）商业服务业、高级管理人员；C=（8）专业技术人员（教师/医护/律师/工程师等）；（10）企业/公司/公司中、高级管理人员；（11）国家机关事业单位领导与工作人员。后同。

3.1.5 父母婚姻状况与线上学习前家校合作之当好家长的关系

孩子父母的婚姻状况中，总体上呈现原配家庭参与家校合作之当好家长的典型行为相对较高，但差异并不明显。

表3-5 父母婚姻状况与线上学习前家校合作之当好家长

家庭婚姻状况		参加学校举办的培训或讲座			如果孩子的学习或行为出现问题，向老师寻求帮助			购买有关家庭教育亲子关系方面的书籍或课程			陪孩子学习、聊天或游玩			鼓励孩子表达自己的观点，尊重孩子的意见		
		从不	偶尔	经常	从不	偶尔	经常	从不	偶尔	经常	从不	偶尔	经常	从不	偶尔	经常
原配家庭	计数	257390	981860	379060	72150	959809	586351	189562	946831	481917	84016	934715	599579	29519	579807	1008984
	百分比	15.9	60.7	23.4	4.5	59.3	36.2	11.7	58.5	29.8	5.2	57.8	37.0	1.8	35.8	62.3
再婚家庭	计数	10416	34298	13435	3278	33334	21537	7714	32891	17544	4505	34436	19208	1984	21994	34171
	百分比	17.9	59.0	23.1	5.6	57.3	37.0	13.3	56.6	30.2	7.7	59.2	33.0	3.4	37.8	58.8
单亲家庭	计数	14416	46100	17010	4596	45127	27803	10628	44384	22514	5847	46983	24696	2391	29747	45388
	百分比	18.6	59.5	21.9	5.9	58.2	35.9	13.7	57.3	29.0	7.5	60.6	31.9	3.1	38.4	58.5
其他	计数	2494	6652	2614	1030	6834	3896	1939	6419	3402	1338	6789	3633	720	4879	6161
	百分比	21.2	56.6	22.2	8.8	58.1	33.1	16.5	54.6	28.9	11.4	57.7	30.9	6.1	41.5	52.4

3.2 家庭背景与线上学习前家校合作之相互交流的关系

3.2.1 家庭所在地与线上学习前家校合作之相互交流的关系

家庭所在地中，位于县城和市里的家庭，家长参与家校合作之相互交流的典型行为为"经常"的比例，相对高于农村和乡镇家庭。

表 3-6 家庭所在地与线上学习前家校合作之相互交流

家庭所在地		与班主任或任课老师面谈			与老师交流孩子的在校情况和在家表现			通过电话、微信等与校长、老师或班主任联系		
		从不	偶尔	经常	从不	偶尔	经常	从不	偶尔	经常
农村	计数	108158	522564	151159	53042	514435	214404	37303	493318	251260
	百分比	13.8	66.8	19.3	6.8	65.8	27.4	4.8	63.1	32.1
乡镇	计数	34136	192659	51354	15970	189985	72194	11545	183034	83570
	百分比	12.3	69.3	18.5	5.7	68.3	26.0	4.2	65.8	30.0
县城	计数	32018	175439	56913	16110	169800	78460	13047	163771	87552
	百分比	12.1	66.4	21.5	6.1	64.2	29.7	4.9	61.9	33.1
市里	计数	49374	294293	97678	23675	284737	132933	18530	274082	148733
	百分比	11.2	66.7	22.1	5.4	64.5	30.1	4.2	62.1	33.7

续表

家庭所在地		参与本班、本校家长间的联谊或交流			了解各门功课的内容和对学生的要求			了解三好学生、优秀学生干部的评选标准		
		从不	偶尔	经常	从不	偶尔	经常	从不	偶尔	经常
农村	计数	116560	491392	173929	59411	457530	264940	140255	452794	188832
	百分比	14.9	62.8	22.2	7.6	58.5	33.9	17.9	57.9	24.2
乡镇	计数	34826	182307	61016	17674	168045	92430	48071	167782	62296
	百分比	12.5	65.5	21.9	6.4	60.4	33.2	17.3	60.3	22.4
县城	计数	36606	163875	63889	17052	148312	99006	44541	151395	68434
	百分比	13.8	62.0	24.2	6.5	56.1	37.4	16.8	57.3	25.9
市里	计数	49083	273455	118807	21391	235717	184237	70281	250730	120334
	百分比	11.1	62.0	26.9	4.8	53.4	41.7	15.9	56.8	27.3

3.2.2 家庭经济状况与线上学习前家校合作之相互交流的关系

家庭经济状况的五个等级中，很富裕和比较富裕的家庭，家长参与家校合作之相互交流的典型行为为为"经常"的比例相对高于家庭经济状况为非常困难、中等和比较困难的家庭。

表 3-7 家庭经济状况与线上学习前家校合作之相互交流（1）

家庭经济状况		与班主任或任课老师面谈			与老师交流孩子的在校情况和表现			通过电话、微信等与校长、老师或班主任联系		
		从不	偶尔	经常	从不	偶尔	经常	从不	偶尔	经常
非常困难	计数	7664	28530	10725	4572	27944	14403	3481	26831	16607
	百分比	16.3	60.8	22.9	9.7	59.6	30.7	7.4	57.2	35.4
比较困难	计数	41184	174418	42790	21522	174711	62159	14884	167301	76207
	百分比	15.9	67.5	16.6	8.3	67.6	24.1	5.8	64.7	29.5
中等	计数	169582	953912	288424	80040	930045	401833	59797	894438	457683
	百分比	12.0	67.6	20.4	5.7	65.9	28.5	4.2	63.3	32.4
比较富裕	计数	4853	26749	13819	2403	24985	18033	2018	24343	19060
	百分比	10.7	58.9	30.4	5.3	55.0	39.7	4.4	53.6	42.0
很富裕	计数	403	1346	1346	260	1272	1563	245	1292	1558
	百分比	13.0	43.5	43.5	8.4	41.1	50.5	7.9	41.7	50.3

表 3-8 家庭经济状况与线上学习前家校合作之相互交流（2）

家庭经济状况		参与本班、本校家长间的联谊或交流			了解各门功课的内容和对学生的要求			了解三好学生、优秀学生、干部的评选标准		
		从不	偶尔	经常	从不	偶尔	经常	从不	偶尔	经常
非常困难	计数	8470	26761	11688	5175	25084	16660	9871	24255	12793
	百分比	18.1	57.0	24.9	11.0	53.5	35.5	21.0	51.7	27.3

续表

家庭经济状况		参与本班、本校家长间的联谊或交流			了解各门功课的内容和对学生的要求			了解三好学生、优秀学生、干部的评选标准		
		从不	偶尔	经常	从不	偶尔	经常	从不	偶尔	经常
比较困难	计数	45869	163612	48911	24081	154905	79406	55156	149240	53996
	百分比	17.8	63.3	18.9	9.3	59.9	30.7	21.3	57.8	20.9
中等	计数	177991	894659	339268	83796	807082	521040	231597	825342	354979
	百分比	12.6	63.4	24.0	5.9	57.2	36.9	16.4	58.5	25.1
比较富裕	计数	4386	24718	16317	2233	21406	21782	6124	22740	16557
	百分比	9.7	54.4	35.9	4.9	47.1	48.0	13.5	50.1	36.5
很富裕	计数	359	1279	1457	243	1127	1725	400	1124	1571
	百分比	11.6	41.3	47.1	7.9	36.4	55.7	12.9	36.3	50.8

3.2.3 父母学历与线上学习前家校合作之相互交流的关系

孩子父亲和母亲的学历越高，家长参与家校合作之相互交流的典型行为为"经常"的比例越高。

表3-9 父母学历与线上学习前家校合作之相互交流

父亲学历			与班主任或任课老师面谈			与老师交流孩子的在校情况和在家表现			通过电话、微信等与校长、老师或班主任联系		
			从不	偶尔	经常	从不	偶尔	经常	从不	偶尔	经常
小学及以下	计数		22730	75133	23107	13483	75370	32117	10045	74861	36064
	百分比		18.8	62.1	19.1	11.1	62.3	26.5	8.3	61.9	29.8

续表

			与班主任或任课老师面谈			与老师交流孩子的在校情况和在家表现			通过电话、微信等与校长、老师或班主任联系		
			从不	偶尔	经常	从不	偶尔	经常	从不	偶尔	经常
父亲学历	初中	计数	109629	507422	148291	53999	500416	210927	40286	482689	242367
		百分比	14.3	66.3	19.4	7.1	65.4	27.6	5.3	63.1	31.7
	高中或中专	计数	55032	333900	100587	25375	324665	139479	18732	311614	159173
		百分比	11.2	68.2	20.5	5.2	66.3	28.5	3.8	63.7	32.5
	大学专科	计数	20403	143868	42243	8913	139530	58071	6401	132799	67314
		百分比	9.9	69.7	20.5	4.3	67.6	28.1	3.1	64.3	32.6
	大学本科	计数	14375	112666	38081	6297	107766	51059	4405	101731	58986
		百分比	8.7	68.2	23.1	3.8	65.3	30.9	2.7	61.6	35.7
	硕士及以上	计数	1517	11966	4795	730	11210	6338	556	10511	7211
		百分比	8.3	65.5	26.2	4.0	61.3	34.7	3.0	57.5	39.5
母亲学历	小学及以下	计数	35525	119696	35808	20924	120056	50049	15325	118724	56980
		百分比	18.6	62.7	18.7	11.0	62.8	26.2	8.0	62.1	29.8
	初中	计数	107073	514880	150232	51941	506303	213941	38813	486732	246640
		百分比	13.9	66.7	19.5	6.7	65.6	27.7	5.0	63.0	31.9
	高中或中专	计数	48686	307982	91735	21898	299366	127139	16346	287069	144988
		百分比	10.9	68.7	20.5	4.9	66.8	28.4	3.6	64.0	32.3
	大学专科	计数	19295	137163	40585	8347	133403	55293	5924	127290	63829
		百分比	9.8	69.6	20.6	4.2	67.7	28.1	3.0	64.6	32.4
	大学本科	计数	11979	96692	34943	5123	91949	46542	3582	87019	53013
		百分比	8.3	67.3	24.3	3.6	64.0	32.4	2.5	60.6	36.9
	硕士及以上	计数	1128	8542	3801	564	7880	5027	435	7371	5665
		百分比	8.4	63.4	28.2	4.2	58.5	37.3	3.2	54.7	42.1

表3-10 父母学历与线上学习前家校合作之相互交流（2）

			参与本班、本校家长间的联谊或交流			了解各门功课的内容和对学生的要求			了解三好学生、优秀学生干部的评选标准		
			从不	偶尔	经常	从不	偶尔	经常	从不	偶尔	经常
父亲学历	小学及以下	计数	22937	71596	26437	14530	69151	37289	26249	65910	28811
		百分比	19.0	59.2	21.9	12.0	57.2	30.8	21.7	54.5	23.8
	初中	计数	117425	477222	170695	57970	443699	263673	135057	440022	190263
		百分比	15.3	62.4	22.3	7.6	58.0	34.5	17.6	57.5	24.9
	高中或中专	计数	58509	312831	118179	26046	281779	181694	75773	288104	125642
		百分比	12.0	63.9	24.1	5.3	57.6	37.1	15.5	58.9	25.7
	大学专科	计数	21436	133985	51093	9418	116967	80129	34366	123123	49025
		百分比	10.4	64.9	24.7	4.6	56.6	38.8	16.6	59.6	23.7
	大学本科	计数	15215	104521	45386	6760	89074	69288	28334	95580	41208
		百分比	9.2	63.3	27.5	4.1	53.9	42.0	17.2	57.9	25.0
	硕士及以上	计数	1553	10874	5851	804	8934	8540	3369	9962	4947
		百分比	8.5	59.5	32.0	4.4	48.9	46.7	18.4	54.5	27.1
母亲学历	小学及以下	计数	35287	114443	41299	22575	109849	58605	39902	105243	45884
		百分比	18.5	59.9	21.6	11.8	57.5	30.7	20.9	55.1	24.0
	初中	计数	115360	483994	172831	54923	448406	268856	132467	446316	193402
		百分比	14.9	62.7	22.4	7.1	58.1	34.8	17.2	57.8	25.0
	高中或中专	计数	52097	287882	108424	22750	257664	167989	69432	265177	113794
		百分比	11.6	64.2	24.2	5.1	57.5	37.5	15.5	59.1	25.4
	大学专科	计数	20373	127372	49298	8973	111735	76335	33861	117001	46181
		百分比	10.3	64.6	25.0	4.6	56.7	38.7	17.2	59.4	23.4
	大学本科	计数	12866	89531	41217	5731	75728	62155	24910	81824	36880
		百分比	9.0	62.3	28.7	4.0	52.7	43.3	17.3	57.0	25.7
	硕士及以上	计数	1092	7807	4572	576	6222	6673	2576	7140	3755
		百分比	8.1	58.0	33.9	4.3	46.2	49.5	19.1	53.0	27.9

3.2.4 父母职业与线上学习前家校合作之相互交流的关系

孩子父亲和母亲的职业不同，家长参与家校合作之相互交流的典型行为为亦不同。

表 3-11 父母职业与线上学习前家校合作之相互交流（1）

		与班主任或任课老师面谈			与老师交流孩子的在校情况和在家表现			通过电话、微信等与校长、老师或班主任联系		
		从不	偶尔	经常	从不	偶尔	经常	从不	偶尔	经常
父亲职业 A	计数	53520	226988	68933	28778	223790	96873	21191	215538	112712
	百分比	15.3	65.0	19.7	8.2	64.0	27.7	6.1	61.7	32.3
B	计数	138927	734731	217205	66174	721003	303686	49249	696088	345526
	百分比	12.7	67.4	19.9	6.1	66.1	27.8	4.5	63.8	31.7
C	计数	31239	223236	70966	13845	214164	97432	9985	202579	112877
	百分比	9.6	68.6	21.8	4.3	65.8	29.9	3.1	62.2	34.7
母亲职业 A	计数	70665	311679	90575	37614	308207	127098	28198	297622	147099
	百分比	14.9	65.9	19.2	8.0	65.2	26.9	6.0	62.9	31.1
B	计数	132938	723891	213306	62442	708458	299235	45807	681821	342507
	百分比	12.4	67.6	19.9	5.8	66.2	28.0	4.3	63.7	32.0
C	计数	20083	149385	53223	8741	142292	71658	6420	134762	81509
	百分比	9.0	67.1	23.9	3.9	63.9	32.2	2.9	60.5	36.6

表3-12 父母职业与线上学习前家校合作之相互交流（2）

		参与本班、本校家长间的联谊或交流			了解各门功课的内容和对学生的要求			了解三好学生、优秀学生干部的评选标准		
		从不	偶尔	经常	从不	偶尔	经常	从不	偶尔	经常
父亲职业 A	计数	58574	212455	78412	30735	197827	120879	67376	195221	86844
	百分比	16.8	60.8	22.4	8.8	56.6	34.6	19.3	55.9	24.9
父亲职业 B	计数	145186	691213	254464	69115	631271	390477	180915	637330	272618
	百分比	13.3	63.4	23.3	6.3	57.9	35.8	16.6	58.4	25.0
父亲职业 C	计数	33315	207361	84765	15678	180506	129257	54857	190150	80434
	百分比	10.2	63.7	26.0	4.8	55.5	39.7	16.9	58.4	24.7
母亲职业 A	计数	77532	291332	104055	39515	269109	164295	92582	266612	113725
	百分比	16.4	61.6	22.0	8.4	56.9	34.7	19.6	56.4	24.0
母亲职业 B	计数	137735	680672	251728	65821	619223	385091	173181	628520	268434
	百分比	12.9	63.6	23.5	6.2	57.9	36.0	16.2	58.7	25.1
母亲职业 C	计数	21808	139025	61858	10192	121272	91227	37385	127569	57737
	百分比	9.8	62.4	27.8	4.6	54.5	41.0	16.8	57.3	25.9

3.2.5 父母婚姻状况与线上学习前家校合作之相互交流的关系

孩子父母的婚姻状况中，总体上呈现再婚家庭参与家校合作之相互交流的典型行为为"经常"的比例相对较高，但差异并不明显。

表3-13 父母婚姻状况与线上学习前家校合作之相互交流

家庭婚姻状况		与班主任或任课老师面谈			与老师交流孩子的在校情况和在家表现			通过电话、微信等与校长、老师联系与班主任联系			参与本班、本校家长间的联谊或交流			了解各门功课的内容和对学生的要求			了解三好学生、优秀学生干部的评选标准		
		从不	偶尔	经常	从不	偶尔	经常	从不	偶尔	经常	从不	偶尔	经常	从不	偶尔	经常	从不	偶尔	经常
原配家庭	计数	202299	1089615	326396	97399	1064947	455964	72587	1024314	521409	214611	1020761	382938	103369	924953	589988	276397	939065	402848
	百分比	12.5	67.3	20.2	6.0	65.8	28.2	4.5	63.3	32.2	13.3	63.1	23.7	6.4	57.2	36.5	17.1	58.0	24.9
再婚家庭	计数	8061	37720	12368	4220	37012	16917	2920	35173	20056	8420	35672	14057	4476	32942	20731	10176	32924	15049
	百分比	13.9	64.9	21.3	7.3	63.7	29.1	5.0	60.5	34.5	14.5	61.3	24.2	7.7	56.7	35.7	17.5	56.6	25.9
单亲家庭	计数	11317	50346	15863	5946	49738	21842	3941	47692	25893	12004	47666	17856	6431	45054	26041	14320	44219	18987
	百分比	14.6	64.9	20.5	7.7	64.2	28.2	5.1	61.5	33.4	15.5	61.5	23.0	8.3	58.1	33.6	18.5	57.0	24.5
其他	计数	2009	7274	2477	1232	7260	3268	977	7026	3757	2040	6930	2790	1252	6655	3853	2255	6493	3012
	百分比	17.1	61.9	21.1	10.5	61.7	27.8	8.3	59.7	31.9	17.3	58.9	23.7	10.6	56.6	32.8	19.2	55.2	25.6

3.3 家庭背景与线上学习前家校合作之志愿服务的关系

3.3.1 家庭所在地与线上学习前家校合作之志愿服务的关系

家庭所在地中，位于市里和县城的家庭，家长参与家校合作之志愿服务的典型行为为"经常"的比例，相对高于农村和乡镇家庭。

表3-14 家庭所在地与线上学习前家校合作之志愿服务

家庭所在地		作为家长志愿者：参与教学活动			作为家长志愿者：参与学生的课外活动			作为家长志愿者：参与学校的集体活动			作为家长志愿者：维护学校公共秩序			参与学校表彰家长的活动志愿者		
		从不	偶尔	经常	从不	偶尔	经常	从不	偶尔	经常	从不	偶尔	经常	从不	偶尔	经常
农村	计数	236856	412625	132400	264516	410295	107070	314842	371363	95676	240127	403436	138318	260187	409616	112078
	百分比	30.3	52.8	16.9	33.8	52.5	13.7	40.3	47.5	12.2	30.7	51.6	17.7	33.3	52.4	14.3
乡镇	计数	78955	154522	44672	86334	153838	37977	101369	143385	33395	80336	153090	44723	90283	151400	36466
	百分比	28.4	55.6	16.1	31.0	55.3	13.7	36.4	51.5	12.0	28.9	55.0	16.1	32.5	54.4	13.1
县城	计数	74820	141215	48335	83331	140262	40777	95810	131780	36780	78202	139493	46675	86071	138916	39383
	百分比	28.3	53.4	18.3	31.5	53.1	15.4	36.2	49.8	13.9	29.6	52.8	17.7	32.6	52.5	14.9
市里	计数	118367	236866	86112	128006	238335	75004	142054	231174	68117	120054	239002	82289	141318	231772	68255
	百分比	26.8	53.7	19.5	29.0	54.0	17.0	32.2	52.4	15.4	27.2	54.2	18.6	32.0	52.5	15.5

3.3.2 家庭经济状况与线上学习前家校合作之志愿服务的关系

家庭经济状况的五个等级中，家长参与家校合作之志愿服务的典型行为为"经常"的比例由高到低的比例大体上为很富裕家庭、比较富裕家庭、中等家庭、非常困难家庭、比较困难家庭。

表 3-15 家庭经济状况与线上学习前家校合作之志愿服务

家庭经济状况		作为家长志愿者：参与教学活动			作为家长志愿者：参与学生的课外活动			作为家长志愿者：参与学校的集体活动			作为家长志愿者：维护学校公共秩序			参与学校表彰家长志愿者的活动		
		从不	偶尔	经常	从不	偶尔	经常	从不	偶尔	经常	从不	偶尔	经常	从不	偶尔	经常
非常困难	计数	15026	22690	9203	16877	22534	7508	19554	20402	6963	14417	22274	10228	15634	22951	8334
	百分比	32.0	48.4	19.6	36.0	48.0	16.0	41.7	43.5	14.8	30.7	47.5	21.8	33.3	48.9	17.8
比较困难	计数	89480	132961	35951	98958	131129	28305	114991	117836	25565	88186	130815	39391	95737	132239	30416
	百分比	34.6	51.5	13.9	38.3	50.7	11.0	44.5	45.6	9.9	34.1	50.6	15.2	37.1	51.2	11.8
中等	计数	394224	765885	251809	434863	765173	211882	506676	715989	189253	404640	758319	248959	453640	753129	205149
	百分比	27.9	54.2	17.8	30.8	54.2	15.0	35.9	50.7	13.4	28.7	53.7	17.6	32.1	53.3	14.5
比较富裕	计数	9694	22562	13165	10837	22707	11877	12120	22343	10958	10851	22454	12116	12179	22233	11009
	百分比	21.3	49.7	29.0	23.9	50.0	26.1	26.7	49.2	24.1	23.9	49.4	26.7	26.8	48.9	24.2
很富裕	计数	574	1130	1391	652	1187	1256	734	1132	1229	625	1159	1311	669	1152	1274
	百分比	18.5	36.5	44.9	21.1	38.4	40.6	23.7	36.6	39.7	20.2	37.4	42.4	21.6	37.2	41.2

3.3.3 父母学历与线上学习前家校合作之志愿服务的关系

孩子父亲和母亲的学历状况中，大体呈现孩子父母学历层次越高，家长参与家校合作之志愿服务典型行为为"经常"的比例越高，但父母学历在小学及以下、初中等学历中，也有"经常"的比例高于高中学历、大专学历、大学学历父母的情况。

表3-16 父母学历与线上学习前家校合作之志愿服务

父亲学历			作为家长志愿者：参与教学活动			作为家长志愿者：参与学生的课外活动			作为家长志愿者：参与学校的集体活动			作为家长志愿者：维护学校公共秩序			参与学校表彰家长志愿者的活动		
			从不	偶尔	经常	从不	偶尔	经常	从不	偶尔	经常	从不	偶尔	经常	从不	偶尔	经常
父亲学历	小学及以下	计数	40339	59408	21223	46148	57726	17096	53654	51564	15752	42104	56635	22231	44661	58070	18239
		百分比	33.3	49.1	17.5	38.1	47.7	14.1	44.4	42.6	13.0	34.8	46.8	18.4	36.9	48.0	15.1
	初中	计数	235294	399176	130872	263393	396688	105261	312896	358308	94138	239914	389942	135486	260831	395204	109307
		百分比	30.7	52.2	17.1	34.4	51.8	13.8	40.9	46.8	12.3	31.3	51.0	17.7	34.1	51.6	14.3
	高中或中专	计数	131597	269179	88743	144531	269994	74994	168760	254145	66614	134647	268111	86761	150498	266478	72543
		百分比	26.9	55.0	18.1	29.5	55.2	15.3	34.5	51.9	13.6	27.5	54.8	17.7	30.7	54.4	14.8
	大学专科	计数	54802	116066	35646	58501	116425	31588	65461	112759	28294	54848	117200	34466	64531	113462	28521
		百分比	26.5	56.2	17.3	28.3	56.4	15.3	31.7	54.6	13.7	26.6	56.8	16.7	31.2	54.9	13.8
	大学本科	计数	42487	91581	31054	44904	92047	28171	48433	91036	25653	42666	93085	29371	51526	89143	24453
		百分比	25.7	55.5	18.8	27.2	55.7	17.1	29.3	55.1	15.5	25.8	56.4	17.8	31.2	54.0	14.8
	硕士及以上	计数	4479	9818	3981	4710	9850	3718	4871	9890	3517	4540	10048	3690	5812	9347	3119
		百分比	24.5	53.7	21.8	25.8	53.9	20.3	26.6	54.1	19.2	24.8	55.0	20.2	31.8	51.1	17.1

续表

			作为家长志愿者：参与数学活动			作为家长志愿者：参与学生的课外活动			作为家长志愿者：参与学校的集体活动			作为家长志愿者：维护学校公共秩序			参与学校表彰家长志愿者的活动		
			从不	偶尔	经常	从不	偶尔	经常	从不	偶尔	经常	从不	偶尔	经常	从不	偶尔	经常
母亲学历	小学及以下	计数	62748	95426	32855	71781	92835	26413	84049	82835	24145	65571	91054	34404	68790	93841	28398
		百分比	32.8	50.0	17.2	37.6	48.6	13.8	44.0	43.4	12.6	34.3	47.7	18.0	36.0	49.1	14.9
	初中	计数	234596	405606	131983	261992	404185	106008	312623	365039	94523	238307	397003	136875	260365	401735	110085
		百分比	30.4	52.5	17.1	33.9	52.3	13.7	40.5	47.3	12.2	30.9	51.4	17.7	33.7	52.0	14.3
	高中或中专	计数	119072	248260	81071	130030	249353	69020	151090	235930	61383	121429	248090	78884	137075	245389	65939
		百分比	26.6	55.4	18.1	29.0	55.6	15.4	33.7	52.6	13.7	27.1	55.3	17.6	30.6	54.7	14.7
	大学专科	计数	53178	109752	34113	56322	110164	30557	61832	107799	27412	52731	111552	32760	62302	107654	27087
		百分比	27.0	55.7	17.3	28.6	55.9	15.5	31.4	54.7	13.9	26.8	56.6	16.6	31.6	54.6	13.7
	大学本科	计数	36277	79028	28309	38702	79063	25849	41099	78838	23677	37491	79959	26164	45094	76381	22139
		百分比	25.3	55.0	19.7	26.9	55.1	18.0	28.6	54.9	16.5	26.1	55.7	18.2	31.4	53.2	15.4
	硕士及以上	计数	3127	7156	3188	3360	7130	2981	3382	7261	2828	3190	7363	2918	4233	6704	2534
		百分比	23.2	53.1	23.7	24.9	52.9	22.1	25.1	53.9	21.0	23.7	54.7	21.7	31.4	49.8	18.8

3.3.4 父母职业与线上学习前家校合作之志愿服务的关系

孩子父亲和母亲的职业不同，家长参与家校合作之志愿服务的典型行为亦不同。

表3-17 父母职业与线上学习前家校合作之志愿服务

			作为家长志愿者：参与教学活动			作为家长志愿者：参与学生的课外活动			作为家长志愿者：参与学校的集体活动			作为家长志愿者：维护学校公共秩序			参与学校表彰家长志愿者的活动		
			从不	偶尔	经常	从不	偶尔	经常	从不	偶尔	经常	从不	偶尔	经常	从不	偶尔	经常
父亲职业	A	计数	113838	175928	59675	128992	173222	47227	148859	157454	43128	114533	171962	62946	122688	175827	50926
		百分比	32.6	50.3	17.1	36.9	49.6	13.5	42.6	45.1	12.3	32.8	49.2	18.0	35.1	50.3	14.6
	B	计数	309203	588637	193023	341812	588307	160744	402077	545292	143494	316789	582119	191955	353253	579747	157863
		百分比	28.3	54.0	17.7	31.3	53.9	14.7	36.9	50.0	13.2	29.0	53.4	17.6	32.4	53.1	14.5
	C	计数	85957	180663	58821	91383	181201	52857	103139	174956	47346	87397	180940	57104	101918	176130	47393
		百分比	26.4	55.5	18.1	28.1	55.7	16.2	31.7	53.8	14.5	26.9	55.6	17.5	31.3	54.1	14.6
母亲职业	A	计数	155573	239621	77725	175362	235457	62100	201394	215208	56317	155672	235120	82127	169902	237507	65510
		百分比	32.9	50.7	16.4	37.1	49.8	13.1	42.6	45.5	11.9	32.9	49.7	17.4	35.9	50.2	13.9
	B	计数	297338	582888	189909	326932	584170	159033	386371	542036	141728	304720	577050	188365	340379	574623	155133
		百分比	27.8	54.5	17.7	30.6	54.6	14.9	36.1	50.7	13.2	28.5	53.9	17.6	31.8	53.7	14.5
	C	计数	56087	122719	43885	59893	123103	39695	66310	120458	35923	58327	122851	41513	67578	119574	35539
		百分比	25.2	55.1	19.7	26.9	55.3	17.8	29.8	54.1	16.1	26.2	55.2	18.6	30.3	53.7	16.0

3.3.5 父母婚姻状况与线上学习前家校合作之志愿服务的关系

孩子父母的婚姻状况中，总体上呈现其他类型家庭参与家校合作之志愿服务的典型行为为"经常"的比例较高，但差异并不明显。

表 3-18 父母婚姻状况与线上学习前家校合作之志愿服务

家庭婚姻状况		作为家长志愿者：参与教学活动			作为家长志愿者：参与学生的课外活动			作为家长志愿者：参与学校的集体活动			作为家长志愿者：维护学校公共秩序			参与学校表彰家长志愿者的活动		
		从不	偶尔	经常	从不	偶尔	经常	从不	偶尔	经常	从不	偶尔	经常	从不	偶尔	经常
原配家庭	计数	465500	868402	284408	514013	866109	238188	598169	806848	213293	472783	860374	285153	528796	856104	233410
	百分比	28.8	53.7	17.6	31.8	53.5	14.7	37.0	49.9	13.2	29.2	53.2	17.6	32.7	52.9	14.4
再婚家庭	计数	16831	30478	10840	18688	30472	8989	21781	28189	8179	17813	29618	10718	19012	30035	9102
	百分比	28.9	52.4	18.6	32.1	52.4	15.5	37.5	48.5	14.1	30.6	50.9	18.4	32.7	51.7	15.7
单亲家庭	计数	23286	40339	13901	25753	40116	11657	29701	37172	10653	24555	39211	13760	26245	39639	11642
	百分比	30.0	52.0	17.9	33.2	51.7	15.0	38.3	47.9	13.7	31.7	50.6	17.7	33.9	51.1	15.0
其他	计数	3381	6009	2370	3733	6033	1994	4424	5493	1843	3568	5818	2374	3806	5926	2028
	百分比	28.7	51.1	20.2	31.7	51.3	17.0	37.6	46.7	15.7	30.3	49.5	20.2	32.4	50.4	17.2

3.4 家庭背景与线上学习前家校合作之在家学习

3.4.1 家庭所在地与线上学习前家校合作之在家学习

家庭所在地中，家长家校合作之在家学习的典型行为为"经常"的比例，从高到低依次为位于市里的家庭、位于县城的家庭、位于乡镇的家庭、位于农村的家庭。

表3-19 家庭所在地与线上学习前家校合作之在家学习

家庭所在地		提供专门的场所或用品为孩子的在家学习			营造安静的环境为孩子在家学习			让孩子在家里展示所学的知识			向学校反馈孩子的家庭作业情况			听孩子朗读、朗读给孩子听（或讲故事），或与孩子一起阅读		
		从不	偶尔	经常	从不	偶尔	经常	从不	偶尔	经常	从不	偶尔	经常	从不	偶尔	经常
农村	计数	65408	298085	418388	100993	257003	423885	38297	433792	309792	50121	360168	371592	55710	432808	293363
	百分比	8.4	38.1	53.5	12.9	32.9	54.2	4.9	55.5	39.6	6.4	46.1	47.5	7.1	55.4	37.5
乡镇	计数	16419	99694	162036	25082	90680	162387	12307	159353	106489	13656	125910	138583	18023	153881	106245
	百分比	5.9	35.8	58.3	9.0	32.6	58.4	4.4	57.3	38.3	4.9	45.3	49.8	6.5	55.3	38.2
县城	计数	14741	84450	165179	22705	77976	163689	12484	141106	110780	13926	111351	139093	18133	134009	112228
	百分比	5.6	31.9	62.5	8.6	29.5	61.9	4.7	53.4	41.9	5.3	42.1	52.6	6.9	50.7	42.5
市里	计数	18774	121893	300678	28245	112084	301016	15902	224568	200875	18525	168293	254527	22457	211183	207705
	百分比	4.3	27.6	68.1	6.4	25.4	68.2	3.6	50.9	45.5	4.2	38.1	57.7	5.1	47.8	47.1

3.4.2 家庭经济状况与线上学习前家校合作之在家学习的关系

家庭经济状况的五个等级中，总体呈现家庭经济状况越好，家长参与家校合作之在家学习的典型行为为"经常"的比例越高。

表 3-20 家庭经济状况与线上学习前家校合作之在家学习

家庭经济状况		提供专门的场所或用品为孩子的在家学习			营造安静的环境为孩子在家学习			让孩子在家里展示所学的知识			向学校反馈孩子的家庭作业情况			听孩子朗读、朗读给孩子听(或讲故事)或与孩子一起阅读		
		从不	偶尔	经常	从不	偶尔	经常	从不	偶尔	经常	从不	偶尔	经常	从不	偶尔	经常
非常困难	计数	6340	18069	22510	9367	15489	22063	3743	24086	19090	4608	21773	20538	4903	24859	17157
	百分比	13.5	38.5	48.0	20.0	33.0	47.0	8.0	51.3	40.7	9.8	46.4	43.8	10.4	53.0	36.6
比较困难	计数	25366	101290	131736	36198	87540	134654	15866	149928	92598	19465	125938	112989	23386	149605	85401
	百分比	9.8	39.2	51.0	14.0	33.9	52.1	6.1	58.0	35.8	7.5	48.7	43.7	9.1	57.9	33.1
中等	计数	81509	471562	858847	128049	422466	861403	57213	763319	591386	69837	601008	741073	82878	737266	591774
	百分比	5.8	33.4	60.8	9.1	29.9	61.0	4.1	54.1	41.9	4.9	42.6	52.5	5.9	52.2	41.9
比较富裕	计数	1885	12336	31200	3015	11445	30961	1928	20406	23087	2056	16037	27328	2875	19098	23448
	百分比	4.2	27.2	68.7	6.6	25.2	68.2	4.2	44.9	50.8	4.5	35.3	60.2	6.3	42.0	51.6
很富裕	计数	242	865	1988	396	803	1896	240	1080	1775	262	966	1867	281	1053	1761
	百分比	7.8	27.9	64.2	12.8	25.9	61.3	7.8	34.9	57.4	8.5	31.2	60.3	9.1	34.0	56.9

3.4.3　父母学历与线上学习前家校合作的关系

孩子父亲和母亲的学历状况中，孩子父母的学历越高，家长参与家校合作之在家学习的典型行为为为"经常"的比例越高，且母亲学历的所有层次，参与行为为为"经常"的比例几乎都高于父亲。

表3-21　父母学历与线上学习前家校合作之在家学习

| | | 提供专门的场所或用品为孩子的在家学习 | | | 营造安静的环境为孩子在家学习 | | | 让孩子在家里展示所学的知识 | | | 向学校反馈孩子的家庭作业情况 | | | 听孩子朗读、朗读（或讲故事）给孩子听，或与孩子一起阅读 | | |
		从不	偶尔	经常	从不	偶尔	经常	从不	偶尔	经常	从不	偶尔	经常	从不	偶尔	经常
父亲学历																
小学及以下	计数	14805	49738	56427	21018	44060	55892	11875	67512	41583	13313	60367	47290	17816	66218	36936
	百分比	12.2	41.1	46.6	17.4	36.4	46.2	9.8	55.8	34.4	11.0	49.9	39.1	14.7	54.7	30.5
初中	计数	61093	278053	426196	99204	242401	423737	39483	420450	305409	49742	348460	367140	59002	419338	287002
	百分比	8.0	36.3	55.7	13.0	31.7	55.4	5.2	54.9	39.9	6.5	45.5	48.0	7.7	54.8	37.5
高中或中专	计数	25706	162773	301040	39831	145674	304014	17095	265780	206644	20656	205845	263018	24066	256929	208524
	百分比	5.3	33.3	61.5	8.1	29.8	62.1	3.5	54.3	42.2	4.2	42.1	53.7	4.9	52.5	42.6
大学专科	计数	7807	62538	136169	10193	58038	138283	5724	111223	89567	6841	82704	116969	7429	104190	94895
	百分比	3.8	30.3	65.9	4.9	28.1	67.0	2.8	53.9	43.4	3.3	40.0	56.6	3.6	50.5	46.0
大学本科	计数	5324	46322	113476	6098	43290	115734	4299	85352	75471	5038	62223	97861	5372	77542	82208
	百分比	3.2	28.1	68.7	3.7	26.2	70.1	2.6	51.7	45.7	3.1	37.7	59.3	3.3	47.0	49.8
硕士及以上	计数	607	4698	12973	681	4280	13317	514	8502	9262	638	6123	11517	638	7664	9976
	百分比	3.3	25.7	71.0	3.7	23.4	72.9	2.8	46.5	50.7	3.5	33.5	63.0	3.5	41.9	54.6

续表

母亲学历			提供专门的场所或用品为孩子在家学习			营造安静的环境为孩子在家学习			让孩子在家里展示所学的知识			向学校反馈孩子的家庭作业情况			听孩子朗读、朗读给孩子听（或讲故事）或与孩子一起阅读		
			从不	偶尔	经常	从不	偶尔	经常	从不	偶尔	经常	从不	偶尔	经常	从不	偶尔	经常
小学及以下	计数		21744	78192	91093	32700	69816	88513	18390	107641	64998	20153	95982	74894	28971	105869	56189
	百分比		11.4	40.9	47.7	17.1	36.5	46.3	9.6	56.3	34.0	10.5	50.2	39.2	15.2	55.4	29.4
初中	计数		59196	276751	436238	98697	240545	432943	36571	422618	312996	47552	347788	376845	54208	423792	294185
	百分比		7.7	35.8	56.5	12.8	31.2	56.1	4.7	54.7	40.5	6.2	45.0	48.8	7.0	54.9	38.1
高中或中专	计数		22318	146694	279391	32483	131751	284169	14565	243075	190763	17385	186425	244593	19700	233160	195543
	百分比		5.0	32.7	62.3	7.2	29.4	63.4	3.2	54.2	42.5	3.9	41.6	54.5	4.4	52.0	43.6
大学专科	计数		7210	59076	130757	8243	55107	133693	5333	106535	85175	6378	78168	112497	6566	98141	92336
	百分比		3.7	30.0	66.4	4.2	28.0	67.8	2.7	54.1	43.2	3.2	39.7	57.1	3.3	49.8	46.9
大学本科	计数		4391	39938	99285	4389	37343	101882	3738	73034	66842	4270	53076	86268	4429	65745	73440
	百分比		3.1	27.8	69.1	3.1	26.0	70.9	2.6	50.9	46.5	3.0	37.0	60.1	3.1	45.8	51.1
硕士及以上	计数		483	3471	9517	513	3181	9777	393	5916	7162	490	4283	8698	449	5174	7848
	百分比		3.6	25.8	70.6	3.8	23.6	72.6	2.9	43.9	53.2	3.6	31.8	64.6	3.3	38.4	58.3

3.4.4　父母职业地位与线上学习前家校合作的关系

孩子父亲和母亲的职业地位越高，家长参与家校合作之在家学习的典型行为为"经常"的比例越高，且母亲职业地位的所有层次，参与行为为"经常"的比例几乎都高于父亲。

表3-22　父母职业地位与线上学习前家校合作之在家学习

			提供专门的场所或用品为孩子的在家学习			营造安静的环境为孩子在家学习			让孩子在家里展示所学的知识			向学校反馈孩子的家庭作业情况			听孩子朗读、朗读给孩子听（或讲故事），或与孩子一起阅读		
			从不	偶尔	经常	从不	偶尔	经常	从不	偶尔	经常	从不	偶尔	经常	从不	偶尔	经常
父亲职业地位	低	计数	31988	127068	190385	48993	108697	191751	21659	189568	138214	27146	160635	161660	32376	189831	127234
		百分比	9.2	36.4	54.5	14.0	31.1	54.9	6.2	54.2	39.6	7.8	46.0	46.3	9.3	54.3	36.4
	中	计数	70291	381724	638848	108676	341024	641163	47211	598000	445652	57081	476803	556979	67979	580796	442088
		百分比	6.4	35.0	58.6	10.0	31.3	58.8	4.3	54.8	40.9	5.2	43.7	51.1	6.2	53.2	40.5
	高	计数	13063	95330	217048	19356	88022	218063	10120	171251	144070	12001	128284	185156	13968	161254	150219
		百分比	4.0	29.3	66.7	5.9	27.0	67.0	3.1	52.6	44.3	3.7	39.4	56.9	4.3	49.5	46.2
母亲职业地位	低	计数	40078	164553	268288	61094	142646	269179	27309	257543	188067	34334	212325	226260	40050	255183	177686
		百分比	8.5	34.8	56.7	12.9	30.2	56.9	5.8	54.5	39.8	7.3	44.9	47.8	8.5	54.0	37.6
	中	计数	66705	373464	629966	104655	333841	631639	44784	585383	439968	53932	466028	550175	65127	568854	436154
		百分比	6.2	34.9	58.9	9.8	31.2	59.0	4.2	54.7	41.1	5.0	43.5	51.4	6.1	53.2	40.8
	高	计数	8559	66105	148027	11276	61256	150159	6897	115893	99901	7962	87369	127360	9146	107844	105701
		百分比	3.8	29.7	66.5	5.1	27.5	67.4	3.1	52.0	44.9	3.6	39.2	57.2	4.1	48.4	47.5

3.4.5 父母婚姻状况与线上学习前家校合作之在家学习的关系

孩子父母的婚姻状况中，总体上呈现其原配家庭参与家校合作之在家学习的典型行为为"经常"的比例高于其他婚姻类型家庭。

表 3-23 父母婚姻状况与线上学习前家校合作之在家学习

家庭婚姻状况		提供专门的场所或用品为孩子的在家学习			营造安静的环境为孩子在家学习			让孩子在家里展示所学的知识			向学校反馈孩子的家庭作业情况			听孩子朗读、朗读给孩子听（或讲故事），或与孩子一起阅读		
		从不	偶尔	经常	从不	偶尔	经常	从不	偶尔	经常	从不	偶尔	经常	从不	偶尔	经常
原配家庭	计数	103152	549441	965717	159356	488939	970015	69553	877478	671279	85764	696958	835588	100220	851837	666253
	百分比	6.4	34.0	59.7	9.8	30.2	59.9	4.3	54.2	41.5	5.3	43.1	51.6	6.2	52.6	41.2
再婚家庭	计数	4422	20563	33164	6984	18553	32612	3537	31539	23073	3798	26493	27858	5283	30906	21960
	百分比	7.6	35.4	57.0	12.0	31.9	56.1	6.1	54.2	39.7	6.5	45.6	47.9	9.1	53.1	37.8
单亲家庭	计数	6424	29344	41758	8750	25903	42873	4867	43377	29282	5469	36623	35434	7354	42825	27347
	百分比	8.3	37.9	53.9	11.3	33.4	55.3	6.3	56.0	37.8	7.1	47.2	45.7	9.5	55.2	35.3
其他	计数	1344	4774	5642	1935	4348	5477	1033	6425	4302	1197	5648	4915	1466	6313	3981
	百分比	11.4	40.6	48.0	16.5	37.0	46.6	8.8	54.6	36.6	10.2	48.0	41.8	12.5	53.7	33.9

3.5 家庭背景与线上学习前家校合作之参与决策的关系

3.5.1 家庭所在地与线上学习前家校合作之参与决策的关系

家庭所在地中，位于市里的家庭，家长参与家校合作参与决策的典型行为为"经常"的比例，相对高于其他类型家庭。

表3-24 家庭所在地与线上学习前家校合作之参与决策

家庭所在地		有问题或建议，向学校相关部门或人员反映			通过学校的调查问卷、意见箱等渠道，向学校提意见			在学校或班级的家长委员会等组织中担任职务			作为家长代表，参与学校会议，如校务会议			与家委会成员等家长代表联系		
		从不	偶尔	经常	从不	偶尔	经常	从不	偶尔	经常	从不	偶尔	经常	从不	偶尔	经常
农村	计数	166722	495297	119862	213638	444260	123983	355638	328620	97623	326919	351858	103104	263654	407131	111096
	百分比	21.3	63.3	15.3	27.3	56.8	15.9	45.5	42.0	12.5	41.8	45.0	13.2	33.7	52.1	14.2
乡镇	计数	56858	183178	38113	64905	169777	43467	119083	123672	35394	118082	126696	33371	82215	156544	39390
	百分比	20.4	65.9	13.7	23.3	61.0	15.6	42.8	44.5	12.7	42.5	45.5	12.0	29.6	56.3	14.2
县城	计数	60487	163428	40455	68585	150809	44976	116565	111456	36349	116344	113721	34305	85331	139310	39729
	百分比	22.9	61.8	15.3	25.9	57.0	17.0	44.1	42.2	13.7	44.0	43.0	13.0	32.3	52.7	15.0
市里	计数	104142	270858	66345	107187	256184	77974	196871	177183	67291	206457	178280	56608	109362	249429	82554
	百分比	23.6	61.4	15.0	24.3	58.0	17.7	44.6	40.1	15.2	46.8	40.4	12.8	24.8	56.5	18.7

3.5.2 家庭经济状况与线上学习前家校合作之参与决策的关系

家庭经济状况的五个等级中，家长参与家校合作之参与决策的典型行为为"经常"的比例由高到低大体上为很富裕家庭、比较富裕家庭、非常困难家庭、中等家庭、比较困难家庭。

表3-25 家庭经济状况与线上学习前家校合作之参与决策

家庭经济状况		有问题或建议，向学校相关部门或人员反映			通过学校的调查问卷、意见箱等渠道，向学校提意见			在学校或班级的家长委员会等组织中担任职务			作为家长代表参与学校会议，如校务会议			与家委会成员等家长代表联系		
		从不	偶尔	经常	从不	偶尔	经常	从不	偶尔	经常	从不	偶尔	经常	从不	偶尔	经常
非常困难	计数	11601	26593	8725	15460	23327	8132	21001	18710	7208	18284	20707	7928	15888	22721	8310
	百分比	24.7	56.7	18.6	33.0	49.7	17.3	44.8	39.9	15.4	39.0	44.1	16.9	33.9	48.4	17.7
比较困难	计数	64470	161110	32812	82642	142385	33365	129354	103088	25950	117344	113108	27940	95443	132239	30610
	百分比	25.0	62.4	12.7	32.0	55.1	12.9	50.1	39.9	10.0	45.4	43.8	10.8	36.9	51.2	11.8
中等	计数	303133	897740	211045	347084	829465	235369	621737	599375	190806	614798	616876	180244	418900	772730	220288
	百分比	21.5	63.6	14.9	24.6	58.7	16.7	44.0	42.5	13.5	43.5	43.7	12.8	29.7	54.7	15.6
比较富裕	计数	8454	26024	10943	8545	24639	12237	15296	18686	11439	16580	18794	10047	9721	23393	12307
	百分比	18.6	57.3	24.1	18.8	54.2	26.9	33.7	41.1	25.2	36.5	41.4	22.1	21.4	51.5	27.1
很富裕	计数	551	1294	1250	584	1214	1297	769	1072	1254	796	1070	1229	610	1231	1254
	百分比	17.8	41.8	40.4	18.9	39.2	41.9	24.8	34.6	40.5	25.7	34.6	39.7	19.7	39.8	40.5

3.5.3 父母学历与线上学习前家校合作之参与决策的关系

孩子父亲和母亲的学历状况中，不同学历父母参与参与家校合作参与决策之参与决策典型行为为"经常"的比例大体相当。

表3-26 父母学历与线上学习前家校合作之参与决策

			有问题或建议，向学校相关部门或人员反映			通过学校的调查问卷、意见箱等渠道，向学校提意见			在学校或班级的家长委员会等组织中担任职务			作为家长代表参与学校会议，如校务会议			与家委会成员等家长代表联系		
			从不	偶尔	经常	从不	偶尔	经常	从不	偶尔	经常	从不	偶尔	经常	从不	偶尔	经常
父亲学历	小学及以下	计数	31787	69741	19442	38178	62929	19863	54123	49945	16902	49771	53283	17916	42963	59550	18457
		百分比	26.3	57.7	16.1	31.6	52.0	16.4	44.7	41.3	14.0	41.1	44.0	14.8	35.5	49.2	15.3
	初中	计数	176854	472597	115891	221606	423412	120324	355139	314899	95304	330332	334733	100277	262223	393822	109297
		百分比	23.1	61.7	15.1	29.0	55.3	15.7	46.4	41.1	12.5	43.2	43.7	13.1	34.3	51.5	14.3
	高中或中专	计数	99401	315864	74254	113480	292596	83443	213191	210037	66291	210272	216158	63089	141598	271409	76512
		百分比	20.3	64.5	15.2	23.2	59.8	17.0	43.6	42.9	13.5	43.0	44.2	12.9	28.9	55.4	15.6
	大学专科	计数	42366	135811	28337	44058	128471	33985	88739	88783	28992	93174	89608	23732	52497	119873	34144
		百分比	20.5	65.8	13.7	21.3	62.2	16.5	43.0	43.0	14.0	45.1	43.4	11.5	25.4	58.0	16.5
	大学本科	计数	33876	107431	23815	33267	102731	29124	69411	70070	25641	75701	69613	19808	37777	97151	30194
		百分比	20.5	65.1	14.4	20.1	62.2	17.6	42.0	42.4	15.5	45.8	42.2	12.0	22.9	58.8	18.3
	硕士及以上	计数	3925	11317	3036	3726	10891	3661	7554	7197	3527	8552	7160	2566	3504	10609	4165
		百分比	21.5	61.9	16.6	20.4	59.6	20.0	41.3	39.4	19.3	46.8	39.2	14.0	19.2	58.0	22.8

续表

母亲学历		有问题或建议，向学校相关部门或人员反映			通过学校的调查问卷、意见箱等渠道，向学校提意见			在学校或班级的家长委员会等组织中担任职务			作为家长代表参与学校会议，如校务会议			与家委会成员等家长代表联系		
		从不	偶尔	经常	从不	偶尔	经常	从不	偶尔	经常	从不	偶尔	经常	从不	偶尔	经常
小学及以下	计数	47845	112796	30388	58857	101027	31145	85491	79967	25571	77481	85806	27742	66333	96124	28572
	百分比	25.0	59.0	15.9	30.8	52.9	16.3	44.8	41.9	13.4	40.6	44.9	14.5	34.7	50.3	15.0
初中	计数	175719	479512	116954	221505	429493	121187	359707	316979	95499	333272	338363	100550	261958	400100	110127
	百分比	22.8	62.1	15.1	28.7	55.6	15.7	46.6	41.0	12.4	43.2	43.8	13.0	33.9	51.8	14.3
高中或中专	计数	90724	290939	66740	101358	270801	76244	193648	193776	60979	194932	196902	56569	128128	250087	70188
	百分比	20.2	64.9	14.9	22.6	60.4	17.0	43.2	43.2	13.6	43.5	43.9	12.6	28.6	55.8	15.7
大学专科	计数	40717	129670	26656	41339	123191	32513	83911	84797	28335	89910	84623	22510	49381	114652	33010
	百分比	20.7	65.8	13.5	21.0	62.5	16.5	42.6	43.0	14.4	45.6	42.9	11.4	25.1	58.2	16.8
大学本科	计数	30213	91797	21604	28506	88707	26401	59981	60172	23461	66008	59701	17905	32241	83813	27560
	百分比	21.0	63.9	15.0	19.8	61.8	18.4	41.8	41.9	16.3	46.0	41.6	12.5	22.4	58.4	19.2
硕士及以上	计数	2991	8047	2433	2750	7811	2910	5419	5240	2812	6199	5160	2112	2521	7638	3312
	百分比	22.2	59.7	18.1	20.4	58.0	21.6	40.2	38.9	20.9	46.0	38.3	15.7	18.7	56.7	24.6

3.5.4 父母职业与线上学习前家校合作之参与决策的关系

孩子父亲和母亲的职业不同，家长参与家校合作之参与决策的典型行为亦不同。

表3-27　父母职业与线上学习前家校合作之参与决策

| | | 有问题或建议，向学校相关部门或人员反映 | | | 通过学校的调查问卷、意见箱等渠道向学校提意见 | | | 任学校或班级的家长委员会等组织中担任职务 | | | 作为家长代表参与学校会议，如校务会议 | | | 与家委会成员等家长代表联系 | | |
		从不	偶尔	经常	从不	偶尔	经常	从不	偶尔	经常	从不	偶尔	经常	从不	偶尔	经常
父亲职业	A 计数	85692	210029	53720	108892	186189	54360	167738	138093	43610	153289	149459	46693	124650	174297	50494
	百分比	24.5	60.1	15.4	31.2	53.3	15.6	48.0	39.5	12.5	43.9	42.8	13.4	35.7	49.9	14.4
	B 计数	236685	690215	163963	275069	635495	180299	482366	464516	143981	469790	480715	140358	334753	590798	165312
	百分比	21.7	63.3	15.0	25.2	58.3	16.5	44.2	42.6	13.2	43.1	44.1	12.9	30.7	54.2	15.2
	C 计数	65832	212517	47092	70354	199346	55741	138053	138322	49066	144723	140381	40337	81159	187319	56963
	百分比	20.2	65.3	14.5	21.6	61.3	17.1	42.4	42.5	15.1	44.5	43.1	12.4	24.9	57.6	17.5
母亲职业	A 计数	119481	284903	68535	146331	255327	71261	231330	184906	56683	215421	198235	59263	168136	238475	66308
	百分比	25.3	60.2	14.5	30.9	54.0	15.1	48.9	39.1	12.0	45.6	41.9	12.5	35.6	50.4	14.0
	B 计数	223982	684831	161322	261865	630242	178028	466382	460470	143283	455875	476196	138064	318393	587096	164646
	百分比	20.9	64.0	15.1	24.5	58.9	16.6	43.6	43.0	13.4	42.6	44.5	12.9	29.8	54.9	15.4
	C 计数	44746	143027	34918	46119	135461	41111	90445	95555	36691	96506	96124	30061	54033	126843	41815
	百分比	20.1	64.2	15.7	20.7	60.8	18.5	40.6	42.9	16.5	43.3	43.2	13.5	24.3	57.0	18.8

3.5.5 父母婚姻状况与线上学习前家校合作之参与决策的关系

孩子父母的婚姻状况中，总体上呈现再婚家庭参与家校合作参与决策的典型行为为"经常"的比例较高，但差异并不明显。

表3-28 父母婚姻状况与线上学习前家校合作之参与决策

家庭婚姻状况		向学校相关部门或人员反映问题、建议			通过学校的调查问卷、意见箱等渠道，向学校提意见			在学校或班级的家长委员会等组织中担任职务			作为家长代表参与学校会议			与家委会成员等家长代表联系		
		从不	偶尔	经常	从不	偶尔	经常	从不	偶尔	经常	从不	偶尔	经常	从不	偶尔	经常
原配家庭	计数	355270	1022188	240852	414881	938375	265054	722391	679847	216072	705492	706362	206456	494002	875124	249184
	百分比	22.0	63.2	14.9	25.6	58.0	16.4	44.6	42.0	13.4	43.6	43.6	12.8	30.5	54.1	15.4
再婚家庭	计数	12750	35959	9440	15365	32649	10135	25789	24179	8181	24466	25373	8310	18218	30560	9371
	百分比	21.9	61.8	16.2	26.4	56.1	17.4	44.3	41.6	14.1	42.1	43.6	14.3	31.3	52.6	16.1
单亲家庭	计数	17406	47754	12366	20861	43640	13025	35236	31819	10471	33367	33516	10643	24706	40673	12147
	百分比	22.5	61.6	16.0	26.9	56.3	16.8	45.5	41.0	13.5	43.0	43.2	13.7	31.9	52.5	15.7
其他	计数	2783	6860	2117	3208	6366	2186	4741	5086	1933	4477	5304	1979	3636	6057	2067
	百分比	23.7	58.3	18.0	27.3	54.1	18.6	40.3	43.2	16.4	38.1	45.1	16.8	30.9	51.5	17.6

3.6 家庭背景与线上学习前家校合作的关系

3.6.1 家庭所在地与线上学习前家校合作的关系

家庭所在地中，家长家校合作之与社区合作的典型行为为为"经常"的比例，从高到低依次为位于市城的家庭、县城家庭、乡镇家庭、农村家庭。

表 3-29 家庭所在地与线上学习前家校合作之与社区合作

家庭所在地		了解社区资源，包括社区的管理机构、设施和公共服务等			了解社区中有助于孩子成长的信息，如社区暑期社会实践、阅读等			购买社会上的商业服务，如夏令营、兴趣班、辅导班等			与孩子一起参加社区内的公益活动，如废品回收利用、音乐表演、敬老等			在社区宣传栏上关注学校的动态		
		从不	偶尔	经常	从不	偶尔	经常	从不	偶尔	经常	从不	偶尔	经常	从不	偶尔	经常
农村	计数	121056	461756	199069	100781	464142	216958	237211	425444	119226	217905	439594	124382	130048	443302	208531
	百分比	15.5	59.1	25.5	12.9	59.4	27.7	30.3	54.4	15.2	27.9	56.2	15.9	16.6	56.7	26.7
乡镇	计数	33275	171375	73499	29350	171123	77676	58894	164771	54484	68483	167596	42070	40107	167147	70895
	百分比	12.0	61.6	26.4	10.6	61.5	27.9	21.2	59.2	19.6	24.6	60.3	15.1	14.4	60.1	25.5
县城	计数	33869	153350	77151	31669	152412	80289	53731	153054	57585	65540	153901	44929	39859	149557	74954
	百分比	12.8	58.0	29.2	12.0	57.7	30.4	20.3	57.9	21.8	24.8	58.2	17.0	15.1	56.6	28.4
市里	计数	45103	252594	143648	44803	250095	146447	68629	248797	123919	89186	268478	83681	59737	247995	133613
	百分比	10.2	57.2	32.5	10.2	56.7	33.2	15.5	56.4	28.1	20.2	60.8	19.0	13.5	56.2	30.3

3.6.2　家庭经济状况与线上学习前家校合作之与社区合作的关系

家庭经济状况的五个等级中，大体上呈现为家庭经济状况越高，家长参与家校合作之与社区合作的典型行为为"经常"的比例越高。

表 3-30　家庭经济状况与线上学习前家校合作之与社区合作

家庭经济状况		了解社区资源，包括社区的管理机构，设施和公共服务等			了解社区中有助于孩子成长的信息，如社区暑期社会实践,阅读等			购买社会上的商业服务，如夏令营、兴趣班、辅导班等			与孩子一起参加社区内的公益活动，如废品回收利用、音乐表演、敬老等			在社区宣传栏上关注学校的动态		
		从不	偶尔	经常	从不	偶尔	经常	从不	偶尔	经常	从不	偶尔	经常	从不	偶尔	经常
非常困难	计数	9310	24993	12616	7916	25317	13686	17160	22009	7750	13722	23945	9252	9543	23857	13519
	百分比	19.8	53.3	26.9	16.9	54.0	29.2	36.6	46.9	16.5	29.2	51.0	19.7	20.3	50.8	28.8
比较困难	计数	47978	153853	56561	41566	155454	61372	89538	136046	32808	80083	143322	34987	51155	146389	60848
	百分比	18.6	59.5	21.9	16.1	60.2	23.8	34.7	52.7	12.7	31.0	55.5	13.5	19.8	56.7	23.5
中等	计数	171480	836384	404054	152898	833512	425508	305532	810761	295625	339254	836212	236452	203245	813813	394860
	百分比	12.1	59.2	28.6	10.8	59.0	30.1	21.6	57.4	20.9	24.0	59.2	16.7	14.4	57.6	28.0
比较富裕	计数	4152	22683	18586	3883	22363	19175	5705	22092	17624	7541	24873	13007	5404	22787	17230
	百分比	9.1	49.9	40.9	8.5	49.2	42.2	12.6	48.6	38.8	16.6	54.8	28.6	11.9	50.2	37.9
很富裕	计数	383	1162	1550	340	1126	1629	530	1158	1407	514	1217	1364	404	1155	1536
	百分比	12.4	37.5	50.1	11.0	36.4	52.6	17.1	37.4	45.5	16.6	39.3	44.1	13.1	37.3	49.6

3.6.3　父母学历与线上学习前家校合作之与社区合作的关系

孩子父亲和母亲的学历状况中，孩子父母的学历越高，家长参与家校合作之与社区合作的典型行为为"经常"的比例越高。

表3-31　父母学历与线上学习前家校合作之与社区合作

		了解社区资源，包括社区的管理机构、设施和公共服务等			了解社区中有助于孩子成长的信息，如社区暑期社会实践、阅读等			购买社会上的商业服务，如夏令营、兴趣班、辅导班等			与孩子一起参加社区内的公益活动，如废品回收利用、音乐表演、敬老等			在社区宣传栏上关注学校的动态		
		从不	偶尔	经常	从不	偶尔	经常	从不	偶尔	经常	从不	偶尔	经常	从不	偶尔	经常
父亲学历	小学及以下 计数	26016	67458	27496	22168	68420	30382	44869	58310	17791	40514	60788	19668	26683	64447	29840
	百分比	21.5	55.8	22.7	18.3	56.6	25.1	37.1	48.2	14.7	33.5	50.3	16.3	22.1	53.3	24.7
	初中 计数	118346	448719	198277	100127	450069	215146	225256	418909	121177	215162	427502	122678	128836	429400	207106
	百分比	15.5	58.6	25.9	13.1	58.8	28.1	29.4	54.7	15.8	28.1	55.9	16.0	16.8	56.1	27.1
	高中或中专 计数	52365	291884	145270	47742	290187	151590	98826	288981	101712	110036	296274	83209	63981	284815	140723
	百分比	10.7	59.6	29.7	9.8	59.3	31.0	20.2	59.0	20.8	22.5	60.5	17.0	13.1	58.2	28.7
	大学专科 计数	19321	124469	62724	19011	123444	64059	28923	123093	54498	41994	130003	34517	26318	122968	57228
	百分比	9.4	60.3	30.4	9.2	59.8	31.0	14.0	59.6	26.4	20.3	63.0	16.7	12.7	59.5	27.7
	大学本科 计数	15448	96445	53229	15660	95688	53774	18930	93504	52688	30455	103794	30873	21318	96363	47441
	百分比	9.4	58.4	32.2	9.5	57.9	32.6	11.5	56.6	31.9	18.4	62.9	18.7	12.9	58.4	28.7
	硕士及以上 计数	1807	10100	6371	1895	9964	6419	1661	9269	7348	2953	11208	4117	2615	10008	5655
	百分比	9.9	55.3	34.9	10.4	54.5	35.1	9.1	50.7	40.2	16.2	61.3	22.5	14.3	54.8	30.9

续表

| | | 了解社区资源，包括社区的管理机构、设施和公共服务等 | | | 了解社区中有助于孩子成长信息的，如社区暑期社会实践、阅读等 | | | 购买社会上的商业服务，如夏令营、兴趣班、辅导班等 | | | 与孩子一起参加社区内的公益活动，如利用废品回收、音乐表演、敬老等 | | | 在社区宣传栏上关注学校的动态 | | |
		从不	偶尔	经常	从不	偶尔	经常	从不	偶尔	经常	从不	偶尔	经常	从不	偶尔	经常
母亲学历																
小学及以下	计数	39573	107963	43493	34017	109074	47938	69848	94308	26873	61860	98448	30721	40846	103352	46831
	百分比	20.7	56.5	22.8	17.8	57.1	25.1	36.6	49.4	14.1	32.4	51.5	16.1	21.4	54.1	24.5
初中	计数	115307	454631	202247	97442	455905	218838	223583	426505	122097	213618	435198	123369	126178	435109	210898
	百分比	14.9	58.9	26.2	12.6	59.0	28.3	29.0	55.2	15.8	27.7	56.4	16.0	16.3	56.3	27.3
高中或中专	计数	45390	268605	134408	41979	268841	139583	83336	268130	96937	98527	274170	75706	56959	262656	128788
	百分比	10.1	59.9	30.0	9.4	59.5	31.1	18.6	59.8	21.6	22.0	61.1	16.9	12.7	58.6	28.7
大学专科	计数	18327	118110	60606	18009	117165	61869	25492	117009	54542	39469	124205	33369	25077	117267	54699
	百分比	9.3	59.9	30.8	9.1	59.5	31.4	12.9	59.4	27.7	20.0	63.0	16.9	12.7	59.5	27.8
大学本科	计数	13310	82487	47817	13665	81650	48299	15068	79522	49024	25458	89509	28647	18679	82406	42529
	百分比	9.3	57.4	33.3	9.5	56.9	33.6	10.5	55.4	34.1	17.7	62.3	19.9	13.0	57.4	29.6
硕士及以上	计数	1396	7279	4796	1491	7137	4843	1138	6592	5741	2182	8039	3250	2012	7211	4248
	百分比	10.4	54.0	35.6	11.1	53.0	36.0	8.4	48.9	42.6	16.2	59.7	24.1	14.9	53.5	31.5

3.6.4　父母职业与学习前家校合作之与社区合作的关系

孩子父亲和母亲的学历状况中，孩子父母的职业地位不同，家长参与家校合作之与社区合作的典型行为亦不同。

表3-32　父母职业地位与线上学习前家校合作之与社区合作

			了解社区资源，包括社区的管理机构，设施和公共服务等			了解社区中有助于孩子成长的信息，如社区会实践、阅读、暑期社会实践等			购买社会上的商业服务，如夏令营、兴趣班、辅导班等			与孩子一起参加社区内的公益活动，如废品回收利用、音乐表演、敬老等			在社区宣传栏上关注学校的动态		
			从不	偶尔	经常	从不	偶尔	经常	从不	偶尔	经常	从不	偶尔	经常	从不	偶尔	经常
父亲职业	A	计数	62511	199061	87869	53697	199923	95821	120473	178221	50747	105169	187904	56368	65737	188892	94812
		百分比	17.9	57.0	25.1	15.4	57.2	27.4	34.5	51.0	14.5	30.1	53.8	16.1	18.8	54.1	27.1
	B	计数	138656	647436	304771	121674	646775	322414	252960	626573	211330	271379	639462	180022	161604	628782	300477
		百分比	12.7	59.4	27.9	11.2	59.3	29.6	23.2	57.4	19.4	24.9	58.6	16.5	14.8	57.6	27.5
	C	计数	32136	192578	100727	31232	191074	103135	45032	187272	93137	64566	202203	58672	42410	190327	92704
		百分比	9.9	59.2	31.0	9.6	58.7	31.7	13.8	57.5	28.6	19.8	62.1	18.0	13.0	58.5	28.5
母亲职业	A	计数	81873	272907	118139	71455	273442	128022	154321	246751	71847	142405	258141	72373	87726	258521	126672
		百分比	17.3	57.7	25.0	15.1	57.8	27.1	32.6	52.2	15.2	30.1	54.6	15.3	18.5	54.7	26.8
	B	计数	130220	637290	302625	114204	636431	319500	236122	619122	214891	257466	634060	178609	153646	621156	295333
		百分比	12.2	59.6	28.3	10.7	59.5	29.9	22.1	57.9	20.1	24.1	59.3	16.7	14.4	58.0	27.6
	C	计数	21210	128878	72603	20944	127899	73848	28022	126193	68476	41243	137368	44080	28379	128324	65988
		百分比	9.5	57.9	32.6	9.4	57.4	33.2	12.6	56.7	30.7	18.5	61.7	19.8	12.7	57.6	29.6

3.6.5 父母婚姻状况与线上学习前家校合作之与社区合作的关系

孩子父母的婚姻状况中，总体上呈现原配家庭参与家校合作之与社区合作的典型行为为"经常"的比例高于其他婚姻类型家庭。

表3-33 父母婚姻状况与线上学习前家校合作之与社区合作

家庭婚姻状况		了解社区资源，包括社区的管理机构、设施和公共服务等			了解社区中有助于孩子成长的信息的信息，如社区暑期社会实践，阅读等			购买社会上的商业服务，如夏令营、兴趣班、辅导班等			与孩子一起参加社区内的公益活动，如废品回收利用，音乐表演，敬老等			在社区宣传栏上关注学校的动态		
		从不	偶尔	经常	从不	偶尔	经常	从不	偶尔	经常	从不	偶尔	经常	从不	偶尔	经常
原配家庭	计数	211276	953513	453521	186646	952130	479534	380795	911527	325988	402456	946560	269294	244026	925743	448541
	百分比	13.1	58.9	28.0	11.5	58.8	29.6	23.5	56.3	20.1	24.9	58.5	16.6	15.1	57.2	27.7
再婚家庭	计数	8398	33711	16040	7660	33614	16875	14652	31879	11618	15032	32888	10229	9872	32243	16034
	百分比	14.4	58.0	27.6	13.2	57.8	29.0	25.2	54.8	20.0	25.9	56.6	17.6	17.0	55.4	27.6
单亲家庭	计数	11589	45191	20746	10592	45269	21665	19820	42400	15306	20474	43744	13308	13650	43557	20319
	百分比	14.9	58.3	26.8	13.7	58.4	27.9	25.6	54.7	19.7	26.4	56.4	17.2	17.6	56.2	26.2
其他	计数	2040	6660	3060	1705	6759	3296	3198	6260	2302	3152	6377	2231	2203	6458	3099
	百分比	17.3	56.6	26.0	14.5	57.5	28.0	27.2	53.2	19.6	26.8	54.2	19.0	18.7	54.9	26.4

3.7　线上学习前与线上学习期间家校合作的相关性

皮尔逊相关分析显示，线上学习前，家长参与家校合作及六种类型的频率越高，则在线上学习期间，亲子交流的内容，行为所属等级越高，家校合作内容，行为所属等级越好，孩子的成长状况越好，即：家长参与线上学习前的家校合作，与线上学习期间的家校合作，亲子交流及孩子成长状况显著正相关。

表3-34　线上学习前与线上学习间的家校合作的相关性

		线上学习期间孩子成长状况	线上学习期间亲子交流内容	线上学习期间亲子行为	线上学习期间家校合作内容	线上学习期间家校合作行为	家校合作	当好家长	相互交流	志愿服务	参与决策	在家学习	与社区合作
线上学习期间孩子成长状况	皮尔逊相关性	1	0.311**	0.377**	0.238**	0.273**	0.307**	0.246**	0.269**	0.260**	0.263**	0.189**	0.268**
	Sig.（双尾）		0.000	0.000	0.000	0.000	0.000	0.000	0.000	0.000	0.000	0.000	0.000
	个案数	1746487	1746487	1746487	1746487	1746487	1746487	1746487	1746487	1746487	1746487	1746487	1746487
线上学习期间亲子交流内容	皮尔逊相关性	0.311**	1	0.576**	0.533**	0.483**	0.507**	0.519**	0.486**	0.322**	0.299**	0.479**	0.437**
	Sig.（双尾）	0.000		0.000	0.000	0.000	0.000	0.000	0.000	0.000	0.000	0.000	0.000
	个案数	1746487	1765745	1765745	1765745	1765745	1765745	1765745	1765745	1765745	1765745	1765745	1765745
线上学习期间亲子行为	皮尔逊相关性	0.377**	0.576**	1	0.494**	0.496**	0.558**	0.534**	0.492**	0.413**	0.379**	0.472**	0.486**
	Sig.（双尾）	0.000	0.000		0.000	0.000	0.000	0.000	0.000	0.000	0.000	0.000	0.000
	个案数	1746487	1765745	1765745	1765745	1765745	1765745	1765745	1765745	1765745	1765745	1765745	1765745

续表

		线上学习期间孩子成长状况	线上学习期间亲子交流内容	线上学习期间亲子行为	线上学习期间家校合作内容	线上学习期间家校合作行为	家校合作	当好家长	相互交流	志愿服务	参与决策	在家学习	与社区合作
线上学习期间家校合作内容	皮尔逊相关性	0.238**	0.533**	0.494**	1	0.696**	0.608**	0.597**	0.591**	0.421**	0.393**	0.508**	0.516**
	Sig.（双尾）	0.000	0.000	0.000		0.000	0.000	0.000	0.000	0.000	0.000	0.000	0.000
	个案数	1746487	1765745	1765745	1765745	1765745	1765745	1765745	1765745	1765745	1765745	1765745	1765745
线上学习期间家校合作行为	皮尔逊相关性	0.273**	0.483**	0.496**	0.696**	1	0.760**	0.652**	0.727**	0.622**	0.597**	0.498**	0.628**
	Sig.（双尾）	0.000	0.000	0.000	0.000		0.000	0.000	0.000	0.000	0.000	0.000	0.000
	个案数	1746487	1765745	1765745	1765745	1765745	1765745	1765745	1765745	1765745	1765745	1765745	1765745
家校合作	皮尔逊相关性	0.307**	0.507**	0.558**	0.608**	0.760**	1	0.800**	0.879**	0.849**	0.823**	0.683**	0.860**
	Sig.（双尾）	0.000	0.000	0.000	0.000	0.000		0.000	0.000	0.000	0.000	0.000	0.000
	个案数	1746487	1765745	1765745	1765745	1765745	1765745	1765745	1765745	1765745	1765745	1765745	1765745
当好家长	皮尔逊相关性	0.246**	0.519**	0.534**	0.597**	0.652**	0.800**	1	0.735**	0.544**	0.501**	0.616**	0.625**
	Sig.（双尾）	0.000	0.000	0.000	0.000	0.000	0.000		0.000	0.000	0.000	0.000	0.000
	个案数	1746487	1765745	1765745	1765745	1765745	1765745	1765745	1765745	1765745	1765745	1765745	1765745
相互交流	皮尔逊相关性	0.269**	0.486**	0.492**	0.591**	0.727**	0.879**	0.735**	1	0.679**	0.641**	0.562**	0.682**
	Sig.（双尾）	0.000	0.000	0.000	0.000	0.000	0.000	0.000		0.000	0.000	0.000	0.000
	个案数	1746487	1765745	1765745	1765745	1765745	1765745	1765745	1765745	1765745	1765745	1765745	1765745
志愿服务	皮尔逊相关性	0.260**	0.322**	0.413**	0.421**	0.622**	0.849**	0.544**	0.679**	1	0.792**	0.371**	0.673**
	Sig.（双尾）	0.000	0.000	0.000	0.000	0.000	0.000	0.000	0.000		0.000	0.000	0.000
	个案数	1746487	1765745	1765745	1765745	1765745	1765745	1765745	1765745	1765745	1765745	1765745	1765745

续表

		线上学习期间孩子成长状况	线上学习期间亲子交流内容	线上学习期间亲子行为	线上学习期间家校合作内容	线上学习期间家校合作行为	家校合作	当好家长	相互交流	志愿服务	参与决策	在家学习	与社区合作
参与决策	皮尔逊相关性	0.263**	0.299**	0.379**	0.393**	0.597**	0.823**	0.501**	0.641**	0.792**	1		0.653**
	Sig.（双尾）	0.000	0.000	0.000	0.000	0.000	0.000	0.000	0.000	0.000			0.000
	个案数	1746487	1765745	1765745	1765745	1765745	1765745	1765745	1765745	1765745	1765745	1765745	1765745
在家学习	皮尔逊相关性	0.189**	0.479**	0.472**	0.508**	0.498**	0.683**	0.616**	0.562**	0.371**	0.349**	1	0.582**
	Sig.（双尾）	0.000	0.000	0.000	0.000	0.000	0.000	0.000	0.000	0.000	0.000		0.000
	个案数	1746487	1765745	1765745	1765745	1765745	1765745	1765745	1765745	1765745	1765745	1765745	1765745
与社区合作	皮尔逊相关性	0.268**	0.437**	0.486**	0.516**	0.628**	0.860**	0.625**	0.682**	0.673**	0.653**	0.582**	1
	Sig.（双尾）	0.000	0.000	0.000	0.000	0.000	0.000	0.000	0.000	0.000	0.000	0.000	
	个案数	1746487	1765745	1765745	1765745	1765745	1765745	1765745	1765745	1765745	1765745	1765745	1765745

注：**0.在0.01级别（双尾），相关性显著。

第4章

学生特征与线上学习前家校合作

本章主要探讨学生特征与线上学习前家校合作的关系，具体指向在不同的学生特征中，如学生性别、学段、是否留守儿童、是否独生子女、学生成长状况等变量的不同层次类型中，家长参与家校合作的六种类型，即当好家长、相互交流、志愿服务、在家学习、参与决策和与社区合作的数据分布特征和趋势。

4.1　学生特征与线上学习前家校合作之当好家长

4.1.1　学生性别与线上学习前家校合作之当好家长的关系

在学生性别方面，无论男孩还是女孩，家长参与家校合作之当好家长的典型行为为"经常"的比例没有明显差异。

表 4-1 学生性别与上学习前家校合作之当好家长的关系

孩子性别		参加学校举办的培训或讲座			如果孩子出现学习或行为问题，向老师寻求帮助			购买有关家庭教育、亲子关系等方面的书籍或课程			陪孩子学习、聊天或游玩			鼓励孩子表达自己的观点，尊重孩子的意见		
		从不	偶尔	经常	从不	偶尔	经常	从不	偶尔	经常	从不	偶尔	经常	从不	偶尔	经常
女孩	计数	133322	497516	190829	39947	490369	291351	102353	476845	242469	45878	472916	302873	17471	293597	510599
	百分比	16.2	60.5	23.2	4.9	59.7	35.5	12.5	58.0	29.5	5.6	57.6	36.9	2.1	35.7	62.1
男孩	计数	151394	571394	221290	41107	554735	348236	107490	553680	282908	49828	550007	344243	17143	342830	584105
	百分比	16.0	60.5	23.4	4.4	58.8	36.9	11.4	58.6	30.0	5.3	58.3	36.5	1.8	36.3	61.9

4.1.2 学生学段与线上学习前家校合作之当好家长

在学生学段方面，学生的学段越高，家长参与家校合作之当好家长的典型行为为"经常"的比例越低。

表 4-2 学生学段与线上学习前家校合作之当好家长的关系

学生学段		参加学校举办的培训或讲座			如果孩子出现学习或行为问题，向老师寻求帮助			购买有关家庭教育、亲子关系等方面的书籍或课程			陪孩子学习、聊天或游玩			鼓励孩子表达自己的观点，尊重孩子的意见		
		从不	偶尔	经常	从不	偶尔	经常	从不	偶尔	经常	从不	偶尔	经常	从不	偶尔	经常
幼儿园	计数	3972	15148	7603	936	14353	11434	2208	14071	10444	486	10927	15310	191	7449	19083
	百分比	14.9	56.7	28.5	3.5	53.7	42.8	8.3	52.7	39.1	1.8	40.9	57.3	0.7	27.9	71.4

续表

学生学段		参加学校举办的培训或讲座			如果孩子的学习或行为出现问题，向老师寻求帮助			购买有关家庭教育、亲子关系等方面的书籍或课程			陪孩子学习、聊天或游玩			鼓励孩子表达自己的观点，尊重孩子的意见		
		从不	偶尔	经常	从不	偶尔	经常	从不	偶尔	经常	从不	偶尔	经常	从不	偶尔	经常
小学	计数	179030	702381	274776	47624	682143	426420	117343	673943	364901	45503	632424	478260	18227	405267	732693
	百分比	15.5	60.7	23.8	4.1	59.0	36.9	10.1	58.3	31.6	3.9	54.7	41.4	1.6	35.1	63.4
初中	计数	71178	245734	96239	23040	242724	147387	61656	239260	112235	34897	263734	114520	13270	159591	240290
	百分比	17.2	59.5	23.3	5.6	58.7	35.7	14.9	57.9	27.2	8.4	63.8	27.7	3.2	38.6	58.2
高中	计数	30536	105647	33501	9454	105884	54346	28636	103251	37797	14820	115838	39026	2926	64120	102638
	百分比	18.0	62.3	19.7	5.6	62.4	32.0	16.9	60.8	22.3	8.7	68.3	23.0	1.7	37.8	60.5

4.1.3 是否留守儿童与线上学习前家校合作之当好家长

在是否留守儿童方面，家长参与家校合作之当好家长的典型行为为"经常"的比例，由高到低依次是非留守儿童、单留（仅父亲在外地长期工作）、单留（仅母亲在外地长期工作）、留守儿童（父母都在外地长期工作）。

表4-3 留守儿童与线上学习前家校合作之当好家长的关系

儿童状况		参加学校举办的培训或讲座			如果孩子出现学习或行为问题，向老师寻求帮助			购买有关家庭教育、亲子关系等方面的书籍或课程			陪孩子学习、聊天或游玩			鼓励孩子表达自己的观点，尊重孩子的意见		
		从不	偶尔	经常	从不	偶尔	经常	从不	偶尔	经常	从不	偶尔	经常	从不	偶尔	经常
留守儿童（父母都在外地长期工作）	计数	48981	107142	28445	11888	115425	57255	26050	109813	48705	15921	120977	47670	5409	75730	103429
	百分比	26.5	58.1	15.4	6.4	62.5	31.0	14.1	59.5	26.4	8.6	65.5	25.8	2.9	41.0	56.0
单留：仅母亲在外地长期工作	计数	7928	25326	8448	2631	25252	13819	5578	24354	11770	3223	25770	12709	1299	16985	23418
	百分比	19.0	60.7	20.3	6.3	60.6	33.1	13.4	58.4	28.2	7.7	61.8	30.5	3.1	40.7	56.2
单留：仅父亲在外地长期工作	计数	49170	160488	54128	13559	158962	91265	35374	154108	74304	15359	154397	94030	5909	96035	161842
	百分比	18.6	60.8	20.5	5.1	60.3	34.6	13.4	58.4	28.2	5.8	58.5	35.6	2.2	36.4	61.4
非留守儿童	计数	178637	775954	321098	52976	745465	477248	142841	742250	390598	61203	721779	492707	21997	447677	806015
	百分比	14.0	60.8	25.2	4.2	58.4	37.4	11.2	58.2	30.6	4.8	56.6	38.6	1.7	35.1	63.2

4.1.4 是否独生子女与线上学习前家校合作之当好家长

在是否独生子女方面，家长参与家校合作之当好家长的典型行为为为"经常"的比例各有高低，没有明显差异。

表 4-4　独生子女与上学习前家校合作之当好家长的关系

子女状况		参加学校举办的培训或讲座			如果孩子的学习或成长行为出现问题，向老师寻求帮助			购买有关家庭教育亲子关系等方面的书籍或课程			陪孩子学习、聊天或游玩			鼓励孩子表达自己的观点，尊重孩子的意见		
		从不	偶尔	经常	从不	偶尔	经常	从不	偶尔	经常	从不	偶尔	经常	从不	偶尔	经常
独生子女	计数	53925	242551	106789	17071	226949	159245	44965	228314	129986	15345	208904	179016	6115	122718	274432
	百分比	13.4	60.1	26.5	4.2	56.3	39.5	11.2	56.6	32.2	3.8	51.8	44.4	1.5	30.4	68.1
非独生子女	计数	230791	826359	305330	63983	818155	480342	164878	802211	395391	80361	814019	468100	28499	513709	820272
	百分比	16.9	60.7	22.4	4.7	60.0	35.3	12.1	58.9	29.0	5.9	59.7	34.4	2.1	37.7	60.2

4.1.5　学生成长状况与家校合作之当好家长

在学生成长状况方面，总体上呈现学生的成长状况越好，家长参与家校合作之当好家长的典型行为为"经常"的比例越高。

表4-5 学生成长状况与线上学习前家校合作之当好家长的关系

学生成长状况		参加学校举办的培训或讲座			如果孩子的学习或行为出现问题，向老师寻求帮助			购买有关家庭教育、亲子关系等方面的书籍或课程			陪孩子学习、聊天或游玩			鼓励孩子表达自己的观点，尊重孩子的意愿		
		从不	偶尔	经常	从不	偶尔	经常	从不	偶尔	经常	从不	偶尔	经常	从不	偶尔	经常
担任学生干部（一年内）	担任学生干部 计数	71194	315659	138092	20634	295343	208968	57527	294806	172612	25296	288025	211624	10477	166553	347915
	百分比	13.6	60.1	26.3	3.9	56.3	39.8	11.0	56.2	32.9	4.8	54.9	40.3	2.0	31.7	66.3
	未担任学生干部 计数	213522	753251	274027	60420	749761	430619	152316	735719	352765	70410	734898	435492	24137	469874	746789
	百分比	17.2	60.7	22.1	4.9	60.4	34.7	12.3	59.3	28.4	5.7	59.2	35.1	1.9	37.9	60.2
获得学校奖励（一年内）	是 计数	114165	533799	235212	30776	496783	355617	87138	499505	296533	36512	473951	372713	13362	276431	593383
	百分比	12.9	60.4	26.6	3.5	56.2	40.3	9.9	56.6	33.6	4.1	53.7	42.2	1.5	31.3	67.2
	不是 计数	170551	535111	176907	50278	548321	283970	122705	531020	228844	59194	548972	274403	21252	359996	501321
	百分比	19.3	60.6	20.0	5.7	62.1	32.2	13.9	60.2	25.9	6.7	62.2	31.1	2.4	40.8	56.8
学习成绩排名	靠后 计数	64860	190125	62156	20420	197704	99017	46904	192257	77980	24489	205446	87206	8844	139212	169085
	百分比	20.5	59.9	19.6	6.4	62.3	31.2	14.8	60.6	24.6	7.7	64.8	27.5	2.8	43.9	53.3
	中间 计数	152054	576160	214353	41132	564702	336733	108470	558164	275933	51373	557088	334106	18124	349396	575047
	百分比	16.1	61.1	22.7	4.4	59.9	35.7	11.5	59.2	29.3	5.5	59.1	35.4	1.9	37.1	61.0
	靠前 计数	64487	291239	131053	18787	271790	196202	52789	269634	164356	19531	252295	214953	7524	142277	336978
	百分比	13.2	59.8	26.9	3.9	55.8	40.3	10.8	55.4	33.8	4.0	51.8	44.2	1.5	29.2	69.2

4.2 学生特征与线上学习前家校合作之相互交流

4.2.1 学生性别与线上学习前家校合作之相互交流的关系

在学生性别方面，无论男孩还是女孩，家长参与家校合作之相互交流的典型行为为为"经常"的比例没有较大差异。

表4-6 学生性别与线上学习前家校合作之相互交流的关系（1）

孩子性别		与班主任或任课老师面谈			与老师交流孩子的在校情况和在家表现			通过电话、微信等与校长、老师或班主任联系		
		从不	偶尔	经常	从不	偶尔	经常	从不	偶尔	经常
女孩	计数	111603	549274	160790	56509	540870	224288	40926	523580	257161
	百分比	13.6	66.8	19.6	6.9	65.8	27.3	5.0	63.7	31.3
男孩	计数	112083	635681	196314	52288	618087	273703	39499	590625	313954
	百分比	11.9	67.3	20.8	5.5	65.5	29.0	4.2	62.6	33.3

表4-7 学生性别与线上学习前家校合作之相互交流的关系（2）

孩子性别		参与本班、本校家长间的联谊或交流			了解各门功课的内容和对学生的要求			了解三好学生、优秀学生干部的评选标准		
		从不	偶尔	经常	从不	偶尔	经常	从不	偶尔	经常
女孩	计数	113132	515635	192900	55660	468212	297795	138561	473942	209164
	百分比	13.8	62.8	23.5	6.8	57.0	36.2	16.9	57.7	25.5
男孩	计数	123943	595394	224741	59868	541392	342818	164587	548759	230732
	百分比	13.1	63.1	23.8	6.3	57.3	36.3	17.4	58.1	24.4

4.2.2　学生学段与线上学习前家校合作之相互交流

在学生学段方面，学生的学段越高，家长参与家校合作之相互交流的典型行为为"经常"的比例越低。

表4-8　学生学段与线上学习前家校合作之相互交流的关系（1）

学生学段		与班主任或任课老师面谈			与老师交流孩子的在校情况和在家表现			通过电话、微信等与校长、老师或班主任联系		
		从不	偶尔	经常	从不	偶尔	经常	从不	偶尔	经常
幼儿园	计数	2369	16404	7950	1013	15397	10313	867	15138	10718
	百分比	8.9	61.4	29.7	3.8	57.6	38.6	3.2	56.6	40.1
小学	计数	138410	778075	239702	64618	758582	332987	50201	727489	378497
	百分比	12.0	67.3	20.7	5.6	65.6	28.8	4.3	62.9	32.7
初中	计数	56854	274031	82266	29667	268474	115010	20725	258969	133457
	百分比	13.8	66.3	19.9	7.2	65.0	27.8	5.0	62.7	32.3
高中	计数	26053	116445	27186	13499	116504	39681	8632	112609	48443
	百分比	15.4	68.6	16.0	8.0	68.7	23.4	5.1	66.4	28.5

表4-9　学生学段与线上学习前家校合作之相互交流的关系（2）

学生学段		参与本班、本校家长间的联谊或交流			了解各门功课的内容和对学生的要求			了解三好学生、优秀学生干部的评选标准		
		从不	偶尔	经常	从不	偶尔	经常	从不	偶尔	经常
幼儿园	计数	2874	15406	8443	2250	14590	9883	5204	13958	7561
	百分比	10.8	57.7	31.6	8.4	54.6	37.0	19.5	52.2	28.3

续表

学生学段		参与班、本校家长同的联谊或交流			了解各门功课的内容和对学生的要求			了解三好学生、优秀学生干部的评选标准		
		从不	偶尔	经常	从不	偶尔	经常	从不	偶尔	经常
小学	计数	146172	729658	280357	63935	648755	443497	188959	670823	296405
	百分比	12.6	63.1	24.2	5.5	56.1	38.4	16.3	58.0	25.6
初中	计数	60943	256149	96059	32451	240243	140457	72968	237289	102894
	百分比	14.8	62.0	23.3	7.9	58.1	34.0	17.7	57.4	24.9
高中	计数	27086	109816	32782	16892	106016	46776	36017	100631	33036
	百分比	16.0	64.7	19.3	10.0	62.5	27.6	21.2	59.3	19.5

4.2.3 是否留守儿童与线上学习前家校合作之相互交流

在是否留守儿童方面，家长参与家校合作之相互交流的典型行为为"经常"的比例，由高到低依次是非留守儿童、单留（父亲或母亲在外地长期工作）、留守儿童（父母都在外地长期工作）。

表4-10 留守儿童与线上学习前家校合作之相互交流的关系（1）

儿童状况		与班主任或任课老师面谈			与老师交流孩子的在校情况和在家表现			通过电话、微信等与校长、老师或班主任联系		
		从不	偶尔	经常	从不	偶尔	经常	从不	偶尔	经常
留守儿童（父母亲或母亲都在外地长期工作）	计数	34233	120874	29461	16105	123725	44738	10391	118556	55621
	百分比	18.5	65.5	16.0	8.7	67.0	24.2	5.6	64.2	30.1

续表

儿童状况		与班主任或任课老师面谈			与老师交流孩子的在校情况和在家表现			通过电话、微信等与校长、老师或班主任联系		
		从不	偶尔	经常	从不	偶尔	经常	从不	偶尔	经常
单留:仅母亲在外地长期工作	计数	6331	27678	7693	3396	27442	10864	2256	26182	13264
	百分比	15.2	66.4	18.4	8.1	65.8	26.1	5.4	62.8	31.8
单留:仅父亲在外地长期工作	计数	36011	179366	48409	18517	176386	68883	13690	169528	80568
	百分比	13.7	68.0	18.4	7.0	66.9	26.1	5.2	64.3	30.5
非留守儿童	计数	147111	857037	271541	70779	831404	373506	54088	799939	421662
	百分比	11.5	67.2	21.3	5.5	65.2	29.3	4.2	62.7	33.1

表4-11　留守儿童与线上学习前家校合作之相互交流的关系（2）

儿童状况		参与本班、本校家长间的联谊或交流			了解各门功课的内容和对学生的要求			了解三好学生、优秀学生干部的评选标准		
		从不	偶尔	经常	从不	偶尔	经常	从不	偶尔	经常
留守儿童（父母都在外地长期工作）	计数	35625	115512	33431	18629	113222	52717	37126	108767	38675
	百分比	19.3	62.6	18.1	10.1	61.3	28.6	20.1	58.9	21.0
单留:仅母亲在外地长期工作	计数	6468	26339	8895	3403	24970	13329	7899	24329	9474
	百分比	15.5	63.2	21.3	8.2	59.9	32.0	18.9	58.3	22.7

续表

儿童状况		参与本班、本校家长间的联谊或交流			了解各门功课的内容和对学生的要求			了解三好学生、优秀学生干部的评选标准		
		从不	偶尔	经常	从不	偶尔	经常	从不	偶尔	经常
单亲:仅父亲在外地长期工作	计数	41072	166648	56066	20256	152129	91401	51465	152667	59654
	百分比	15.6	63.2	21.3	7.7	57.7	34.6	19.5	57.9	22.6
非留守儿童	计数	153910	802530	319249	73240	719283	483166	206658	736938	332093
	百分比	12.1	62.9	25.0	5.7	56.4	37.9	16.2	57.8	26.0

4.2.4 独生子女与线上学习前家校合作之相互交流

在是否独生子女方面，独生子女家庭的家长，参与家校合作之相互交流的典型行为为"经常"的比例，高于非独生子女家庭的家长。

表 4-12 独生子女与线上学习前家校合作之相互交流的关系（1）

子女状况		与班主任或任课老师面谈			与老师交流孩子的在校情况和在家表现			通过电话、微信等与校长、老师或班主任联系		
		从不	偶尔	经常	从不	偶尔	经常	从不	偶尔	经常
独生子女	计数	48017	266775	88473	23315	257212	122738	17073	245532	140660
	百分比	11.9	66.2	21.9	5.8	63.8	30.4	4.2	60.9	34.9
非独生子女	计数	175669	918180	268631	85482	901745	375253	63352	868673	430455
	百分比	12.9	67.4	19.7	6.3	66.2	27.5	4.6	63.8	31.6

表 4-13　独生子女与线上学习前家校合作相互交流的关系（2）

子女状况		参与本班、本校家长间的联谊或交流			了解各门功课的内容和对学生的要求			了解三好学生、优秀学生干部的评选标准		
		从不	偶尔	经常	从不	偶尔	经常	从不	偶尔	经常
独生子女	计数	50747	247421	105097	22614	216514	164137	69207	227020	107038
	百分比	12.6	61.4	26.1	5.6	53.7	40.7	17.2	56.3	26.5
非独生子女	计数	186328	863608	312544	92914	793090	476476	233941	795681	332858
	百分比	13.7	63.4	22.9	6.8	58.2	35.0	17.2	58.4	24.4

4.2.5　学生成长状况与线上学习前家校合作相互交流

在学生成长状况方面，总体上呈现学生的成长状况越好，家长参与家校合作之相互交流的典型行为为"经常"的比例越高。

表4-14 学生成长状况与线上学习前家校合作之相互交流的关系（1）

学生成长状况		与班主任或任课老师面谈			与老师交流孩子的在校情况和在家表现			通过电话、微信等与校长、老师或班主任联系		
		从不	偶尔	经常	从不	偶尔	经常	从不	偶尔	经常
担任学生干部（一年内）担任	计数	58055	346426	120464	26687	330245	168013	20412	317782	186751
	百分比	11.1	66.0	22.9	5.1	62.9	32.0	3.9	60.5	35.6
未担任	计数	165631	838529	236640	82110	828712	329978	60013	796423	384364
	百分比	13.3	67.6	19.1	6.6	66.8	26.6	4.8	64.2	31.0
获得学校奖励（一年内）是	计数	92983	587822	202371	40916	559637	282623	30840	534772	317564
	百分比	10.5	66.6	22.9	4.6	63.4	32.0	3.5	60.6	36.0
不是	计数	130703	597133	154733	67881	599320	215368	49585	579433	253551
	百分比	14.8	67.7	17.5	7.7	67.9	24.4	5.6	65.7	28.7
学习成绩排名 靠后	计数	48174	215316	53651	26432	217199	73510	18336	208534	90271
	百分比	15.2	67.9	16.9	8.3	68.5	23.2	5.8	65.8	28.5
中间	计数	119795	636732	186040	57372	625195	260000	43101	601650	297816
	百分比	12.7	67.6	19.7	6.1	66.3	27.6	4.6	63.8	31.6
靠前	计数	53757	320597	112425	24205	304839	157735	18328	292435	176016
	百分比	11.0	65.9	23.1	5.0	62.6	32.4	3.8	60.1	36.2

表4-15 学生成长状况与线上学习前家校合作之相互交流的关系（2）

学生成长状况			参与本班、本校家长间的联谊或交流			了解各门功课的内容和对学生的要求			了解三好学生、优秀学生干部的评选标准		
			从不	偶尔	经常	从不	偶尔	经常	从不	偶尔	经常
担任学生干部（一年内）	担任学生干部	计数	60448	322511	141986	28852	283006	213087	70347	294981	159617
		百分比	11.5	61.4	27.0	5.5	53.9	40.6	13.4	56.2	30.4
	未担任学生干部	计数	176627	788518	275655	86676	726598	427526	232801	727720	280279
		百分比	14.2	63.5	22.2	7.0	58.6	34.5	18.8	58.6	22.6
获得学校奖励（一年内）	是	计数	95020	547797	240359	43011	473563	366602	119538	503118	260520
		百分比	10.8	62.0	27.2	4.9	53.6	41.5	13.5	57.0	29.5
	不是	计数	142055	563232	177282	72517	536041	274011	183610	519583	179376
		百分比	16.1	63.8	20.1	8.2	60.7	31.0	20.8	58.9	20.3
学习成绩排名	靠后	计数	54658	202200	60283	29870	198123	89148	74758	184694	57689
		百分比	17.2	63.8	19.0	9.4	62.5	28.1	23.6	58.2	18.2
	中间	计数	123451	600732	218384	58702	549661	334204	156705	560206	225656
		百分比	13.1	63.7	23.2	6.2	58.3	35.5	16.6	59.4	23.9
	靠前	计数	56589	296506	133684	25061	250752	210966	67423	267450	151906
		百分比	11.6	60.9	27.5	5.1	51.5	43.3	13.9	54.9	31.2

4.3 学生特征与线上学习前家校合作之志愿服务

4.3.1 学生性别与线上学习前家校合作之志愿服务

在学生性别方面，无论男孩还是女孩，家长参与家校合作之志愿服务的典型行为为"经常"的比例没有明显差异。

表4-16 学生性别与线上学习前家校合作之志愿服务的关系

孩子性别		作为家长志愿者：参与教学活动			作为家长志愿者：参与学生的课外活动			作为家长志愿者：参与学校的集体活动			作为家长志愿者：维护学校公共秩序			参与学校表彰家长志愿者的活动		
		从不	偶尔	经常	从不	偶尔	经常	从不	偶尔	经常	从不	偶尔	经常	从不	偶尔	经常
女孩	计数	237271	439147	145249	264203	436603	120861	303134	409634	108899	243767	433584	144316	270840	432440	118387
	百分比	28.9	53.4	17.7	32.2	53.1	14.7	36.9	49.9	13.3	29.7	52.8	17.6	33.0	52.6	14.4
男孩	计数	271727	506081	166270	297984	506127	139967	350941	468068	125069	274952	501437	167689	307019	499264	137795
	百分比	28.8	53.6	17.6	31.6	53.6	14.8	37.2	49.6	13.2	29.1	53.1	17.8	32.5	52.9	14.6

4.3.2 学生学段与线上学习前家校合作之志愿服务

在学生学段方面，学生的学段越高，家长参与家校合作之志愿服务的典型行为为"经常"的比例越低。

表 4-17 学生学段与线上学习前家校合作之志愿服务的关系

学生学段		作为家长志愿者：参与教学活动			作为家长志愿者：参与学生的课外活动			作为家长志愿者：参与学校的集体活动			作为家长志愿者：维护学校公共秩序			参与学校表彰优秀志愿者的活动		
		从不	偶尔	经常	从不	偶尔	经常	从不	偶尔	经常	从不	偶尔	经常	从不	偶尔	经常
幼儿园	计数	6443	13855	6425	6270	14436	6017	7593	13763	5367	6044	14114	6565	6833	14196	5694
	百分比	24.1	51.8	24.0	23.5	54.0	22.5	28.4	51.5	20.1	22.6	52.8	24.6	25.6	53.1	21.3
小学	计数	321916	624877	209394	344594	633146	178447	402817	593493	159877	308286	632751	215150	361096	621953	173138
	百分比	27.8	54.0	18.1	29.8	54.8	15.4	34.8	51.3	13.8	26.7	54.7	18.6	31.2	53.8	15.0
初中	计数	123531	217057	72563	144990	210291	57870	168149	192846	52156	139766	205266	68119	144963	209652	58536
	百分比	29.9	52.5	17.6	35.1	50.9	14.0	40.7	46.7	12.6	33.8	49.7	16.5	35.1	50.7	14.2
高中	计数	57108	89439	23137	66333	84857	18494	75516	77600	16568	64623	82890	22171	64967	85903	18814
	百分比	33.7	52.7	13.6	39.1	50.0	10.9	44.5	45.7	9.8	38.1	48.8	13.1	38.3	50.6	11.1

4.3.3 留守儿童与线上学习前家校合作之志愿服务

在是否留守儿童方面，家长参与家校合作之志愿服务的典型行为为"经常"的比例，由高到低依次是非留守儿童、单留（仅母亲在外地长期工作）、单留（仅父亲在外地长期工作）、留守儿童（父母都在外地长期工作）。

表 4-18　留守儿童与线上学习前家校合作之志愿服务的关系

儿童状况		作为家长志愿者：参与教学活动			作为家长志愿者：参与学生的课外活动			作为家长志愿者：参与学校的集体活动			作为家长志愿者：维护学校公共秩序			参与学校表彰家长志愿者的活动		
		从不	偶尔	经常	从不	偶尔	经常	从不	偶尔	经常	从不	偶尔	经常	从不	偶尔	经常
留守儿童（父母都在外地长期工作）	计数	61500	96928	26140	66183	96706	21679	78426	86695	19447	61108	95122	28338	64996	96907	22665
	百分比	33.3	52.5	14.2	35.9	52.4	11.7	42.5	47.0	10.5	33.1	51.5	15.4	35.2	52.5	12.3
单留：仅母亲在外地长期工作	计数	12397	22338	6967	13580	22338	5784	16000	20525	5177	12810	21905	6987	13699	22054	5949
	百分比	29.7	53.6	16.7	32.6	53.6	13.9	38.4	49.2	12.4	30.7	52.5	16.8	32.8	52.9	14.3
单留：仅父亲在外地长期工作	计数	86501	137630	39655	95281	135953	32552	109297	125423	29066	86728	135571	41487	96409	135166	32211
	百分比	32.8	52.2	15.0	36.1	51.5	12.3	41.4	47.5	11.0	32.9	51.4	15.7	36.5	51.2	12.2
非留守儿童	计数	348600	688332	238757	387143	687733	200813	450352	645059	180278	358073	682423	235193	402755	677577	195357
	百分比	27.3	54.0	18.7	30.3	53.9	15.7	35.3	50.6	14.1	28.1	53.5	18.4	31.6	53.1	15.3

4.3.4 独生子女与线上学习前家校合作之志愿服务

在是否独生子女方面，独生子女家庭的家长，参与家校合作之志愿服务的比例，高于非独生子女家庭的家长。

表 4-19 独生子女与线上学习前家校合作之志愿服务的关系

子女状况		作为家长志愿者：参与教学活动			作为家长志愿者：参与学生的课外活动			作为家长志愿者：参与学校的集体活动			作为家长志愿者：维护学校公共秩序			参与学校表彰家长志愿者的活动		
		从不	偶尔	经常	从不	偶尔	经常	从不	偶尔	经常	从不	偶尔	经常	从不	偶尔	经常
独生子女	计数	116115	210605	76545	126710	211092	65463	142296	201474	59495	121666	208226	73373	136871	205147	61247
独生子女	百分比	28.8	52.2	19.0	31.4	52.3	16.2	35.3	50.0	14.8	30.2	51.6	18.2	33.9	50.9	15.2
非独生子女	计数	392883	734623	234974	435477	731638	195365	511779	676228	174473	397053	726795	238632	440988	726557	194935
非独生子女	百分比	28.8	53.9	17.2	32.0	53.7	14.3	37.6	49.6	12.8	29.1	53.3	17.5	32.4	53.3	14.3

4.3.5 学生成长状况与线上学习前家校合作之志愿服务

在学生成长状况方面，总体上呈现学生的成长状况越好，家长参与家校合作之志愿服务的典型行为为"经常"的比例越高。

表4-20 学生成长状况与线上学习前家校合作之志愿服务的关系

学生成长状况		作为家长志愿者：参与教学活动			作为家长志愿者：参与学生的课外活动			作为家长志愿者：参与学校的集体活动			作为家长志愿者：维护学校公共秩序			参与学校表彰家长志愿者的活动		
		从不	偶尔	经常	从不	偶尔	经常	从不	偶尔	经常	从不	偶尔	经常	从不	偶尔	经常
担任学生干部（一年内）	担任学生干部 计数	135883	281874	107188	153881	281487	89577	175890	267836	81219	144690	277742	102513	157569	279778	87598
	百分比	25.9	53.7	20.4	29.3	53.6	17.1	33.5	51.0	15.5	27.6	52.9	19.5	30.0	53.3	16.7
	未担任学生干部 计数	373115	663354	204331	408306	661243	171251	478185	609866	152749	374029	657279	209492	420290	651926	168584
	百分比	30.1	53.5	16.5	32.9	53.3	13.8	38.5	49.2	12.3	30.1	53.0	16.9	33.9	52.5	13.6
获得学校奖励（一年内）	是 计数	226611	477753	178812	251812	481524	149840	292576	456174	134426	232655	475299	175222	258889	477660	146627
	百分比	25.7	54.1	20.2	28.5	54.5	17.0	33.1	51.7	15.2	26.3	53.8	19.8	29.3	54.1	16.6
	不是 计数	282387	467475	132707	310375	461206	110988	361499	421528	99542	286064	459722	136783	318970	454044	109555
	百分比	32.0	53.0	15.0	35.2	52.3	12.6	41.0	47.8	11.3	32.4	52.1	15.5	36.1	51.4	12.4
学习成绩排名	靠后 计数	107270	165721	44150	116664	163629	36848	137276	147138	32727	108957	161898	46286	120773	159885	36483
	百分比	33.8	52.3	13.9	36.8	51.6	11.6	43.3	46.4	10.3	34.4	51.0	14.6	38.1	50.4	11.5
	中间 计数	265008	512889	164681	291715	512979	137873	343320	476131	123116	267580	507838	167149	300288	506180	136099
	百分比	28.1	54.4	17.5	30.9	54.4	14.6	36.4	50.5	13.1	28.4	53.9	17.7	31.9	53.7	14.4
	靠前 计数	131530	256462	98787	148892	255567	82320	167412	244540	74827	137319	254978	94482	151281	255360	80138
	百分比	27.0	52.7	20.3	30.6	52.5	16.9	34.4	50.2	15.4	28.2	52.4	19.4	31.1	52.5	16.5

4.4 学生特征与线上学习前家校合作之在家学习

4.4.1 学生性别与线上学习前家校合作之在家学习

在学生性别方面，无论男孩还是女孩，家长参与家校合作在家学习的典型行为为"经常"的比例没有明显差异。

表4-21 学生性别与线上学习前家校合作之在家学习的关系

孩子性别		提供专门的场所或用品为孩子的在家学习			营造安静的环境为孩子在家学习			让孩子在家里展示所学的知识			向学校反馈孩子的家庭作业情况			听孩子朗读、朗读给孩子听（或讲故事），或与孩子一起阅读		
		从不	偶尔	经常	从不	偶尔	经常	从不	偶尔	经常	从不	偶尔	经常	从不	偶尔	经常
女孩	计数	52788	278283	490596	81162	248523	491982	37563	438391	345713	46247	349466	425954	54435	425513	341719
	百分比	6.4	33.9	59.7	9.9	30.2	59.9	4.6	53.4	42.1	5.6	42.5	51.8	6.6	51.8	41.6
男孩	计数	62554	325839	555685	95863	289220	558995	41427	520428	382223	49981	416256	477841	59888	506368	377822
	百分比	6.6	34.5	58.9	10.2	30.6	59.2	4.4	55.1	40.5	5.3	44.1	50.6	6.3	53.6	40.0

4.4.2 学生学段与线上学习前家校合作之在家学习

在学生学段方面，学生的学段越高，家长参与家校合作之在家学习支持方面，如提升学习场所或服务器、营造学习环境等，其行为为为"经常"的比例升高；在学习辅导方面，如在家展示知识，反馈作业情况，一起阅读等，其行为为为"经常"的比例降低。

表 4-22 学生学段与线上学习前家校合作之在家学习的关系

学生学段		提供专门的场所或用品为孩子的在家学习			营造安静的环境为孩子在家学习			让孩子在家里展示所学的知识			向学校反馈孩子的家庭作业情况			听孩子朗读、朗读给孩子听（或讲故事）或与孩子一起阅读		
		从不	偶尔	经常	从不	偶尔	经常	从不	偶尔	经常	从不	偶尔	经常	从不	偶尔	经常
幼儿园	计数	2363	11526	12834	2334	9969	14420	507	12089	14127	2415	12808	11500	559	11851	14313
	百分比	8.8	43.1	48.0	8.7	37.3	54.0	1.9	45.2	52.9	9.0	47.9	43.0	2.1	44.3	53.6
小学	计数	77472	405767	672948	117496	358847	679844	35869	603774	516544	52951	472882	630354	38931	571890	545366
	百分比	6.7	35.1	58.2	10.2	31.0	58.8	3.1	52.2	44.7	4.6	40.9	54.5	3.4	49.5	47.2
初中	计数	26202	133518	253431	42015	121144	249992	28783	239253	145115	25707	190349	197095	47371	243625	122155
	百分比	6.3	32.3	61.3	10.2	29.3	60.5	7.0	57.9	35.1	6.2	46.1	47.7	11.5	59.0	29.6
高中	计数	9305	53311	107068	15180	47783	106721	13831	103703	52150	15155	89683	64846	27462	104515	37707
	百分比	5.5	31.4	63.1	8.9	28.2	62.9	8.2	61.1	30.7	8.9	52.9	38.2	16.2	61.6	22.2

4.4.3 留守儿童与线上学习前家校学习

在是否留守儿童方面，家长参与家校合作之在家学习的典型行为为"经常"的比例，由高到低依次是非留守儿童、单留（仅父亲在外地长期工作）、单留（仅母亲在外地长期工作）、留守儿童（父母都在外地长期工作）。

表 4-23　留守儿童与线上学习前家校合作之在家学习的关系

儿童状况		提供专门的场所或用品为孩子在家学习			营造安静的环境为孩子在家学习			让孩子在家里展示所学的知识			向学校反馈孩子的家庭作业情况			听孩子朗读、朗读给孩子听（或讲故事），或与孩子一起阅读		
		从不	偶尔	经常	从不	偶尔	经常	从不	偶尔	经常	从不	偶尔	经常	从不	偶尔	经常
留守儿童(父母都在外地长期工作)	计数	19038	79811	85719	26710	69422	88436	11274	107808	65486	15978	97074	71516	17179	109322	58067
	百分比	10.3	43.2	46.4	14.5	37.6	47.9	6.1	58.4	35.5	8.7	52.6	38.7	9.3	59.2	31.5
单留:仅母亲在外地长期工作	计数	3262	16754	21686	4999	14862	21841	2548	24221	14933	2840	20283	18579	3846	23765	14091
	百分比	7.8	40.2	52.0	12.0	35.6	52.4	6.1	58.1	35.8	6.8	48.6	44.6	9.2	57.0	33.8
单留:仅父亲在外地长期工作	计数	19170	86459	158157	28276	75535	159975	13200	144101	106485	16622	116648	130516	19198	139825	104763
	百分比	7.3	32.8	60.0	10.7	28.6	60.6	5.0	54.6	40.4	6.3	44.2	49.5	7.3	53.0	39.7
非留守儿童	计数	73872	421098	780719	117040	377924	780725	51968	682689	541032	60788	531717	683184	74100	658969	542620
	百分比	5.8	33.0	61.2	9.2	29.6	61.2	4.1	53.5	42.4	4.8	41.7	53.6	5.8	51.7	42.5

4.4.4 独生子女与线上学习前家校合作之在家学习

在是否独生子女方面，独生子女家庭的家长，参与家校合作之在家学习的典型行为为为"经常"的比例，高于非独生子女家庭的家长。

表 4-24 独生子女与线上学习前家校合作之在家学习的关系

子女状况		提供专门的场所或用品为孩子的在家学习			营造安静的环境为孩子在家学习			让孩子在家里展示所学的知识			向学校反馈孩子的家庭作业情况			听孩子朗读、朗读给孩子听（或讲故事）或与孩子一起阅读		
		从不	偶尔	经常	从不	偶尔	经常	从不	偶尔	经常	从不	偶尔	经常	从不	偶尔	经常
独生子女	计数	21543	115596	266126	30619	102382	270264	15507	203642	184116	20867	161621	220777	22708	198221	182336
	百分比	5.3	28.7	66.0	7.6	25.4	67.0	3.8	50.5	45.7	5.2	40.1	54.7	5.6	49.2	45.2
非独生子女	计数	93799	488526	780155	146406	435361	780713	63483	755177	543820	75361	604101	683018	91615	733660	537205
	百分比	6.9	35.9	57.3	10.7	32.0	57.3	4.7	55.4	39.9	5.5	44.3	50.1	6.7	53.8	39.4

4.4.5 学生成长状况与线上学习前家校合作

在学生成长状况方面，总体上呈现学生的成长状况越好，家长参与家校合作之在家学习的典型行为为为"经常"的比例越高。

表4-25 学生成长状况与线上学习前家校合作之在家学习的关系

学生成长状况			提供专门的场所或用品为孩子在家学习			营造安静的环境为孩子在家学习			让孩子在家里展示所学的知识			向学校反馈孩子的家庭作业情况			听孩子朗读、朗读给孩子听（或讲故事），或与孩子一起阅读		
			从不	偶尔	经常	从不	偶尔	经常	从不	偶尔	经常	从不	偶尔	经常	从不	偶尔	经常
担任学生干部（一年内）	担任学生干部	计数	27214	161808	335923	44530	143503	336912	20591	264482	239872	23522	203653	297770	31780	259651	233514
		百分比	5.2	30.8	64.0	8.5	27.3	64.2	3.9	50.4	45.7	4.5	38.8	56.7	6.1	49.5	44.5
	未担任学生干部	计数	88128	442314	710358	132495	394240	714065	58399	694337	488064	72706	562069	606025	82543	672230	486027
		百分比	7.1	35.6	57.3	10.7	31.8	57.5	4.7	56.0	39.3	5.9	45.3	48.8	6.7	54.2	39.2
获得学校奖励（一年内）	是	计数	45878	277876	559422	77572	243484	562120	27922	439131	416123	35939	338645	508592	40821	424737	417618
		百分比	5.2	31.5	63.3	8.8	27.6	63.6	3.2	49.7	47.1	4.1	38.3	57.6	4.6	48.1	47.3
	不是	计数	69464	326246	486859	99453	294259	488857	51068	519688	311813	60289	427077	395203	73502	507144	301923
		百分比	7.9	37.0	55.2	11.3	33.3	55.4	5.8	58.9	35.3	6.8	48.4	44.8	8.3	57.5	34.2
学习成绩排名	靠后	计数	27979	119094	170068	39514	110044	167583	22542	196499	98100	24128	163000	130013	31727	193587	91827
		百分比	8.8	37.6	53.6	12.5	34.7	52.8	7.1	62.0	30.9	7.6	51.4	41.0	10.0	61.0	29.0
	中间	计数	61928	335955	544684	100992	298859	542716	39555	521569	381443	49822	416935	475810	56891	505100	380576
		百分比	6.6	35.6	57.8	10.7	31.7	57.6	4.2	55.3	40.5	5.3	44.2	50.5	6.0	53.6	40.4
	靠前	计数	23612	140395	322772	34786	121258	330735	16544	231605	238630	20306	176125	290348	25269	224150	237360
		百分比	4.9	28.8	66.3	7.1	24.9	67.9	3.4	47.6	49.0	4.2	36.2	59.6	5.2	46.0	48.8

4.5 学生特征与线上学习前家校合作之参与决策

4.5.1 学生性别与线上学习前家校合作之参与决策

在学生性别方面，无论男孩还是女孩，家长参与家校合作之参与决策的典型行为为"经常"的比例没有明显差异。

表 4-26 学生性别与线上学习前家校合作之参与决策的关系

孩子性别		有问题或建议，向学校相关部门或人员反映			通过学校的调查问卷、意见箱等渠道，向学校提意见			在学校或班级的家长委员会等组织中担任职务			作为家长代表参与学校会议，如校务会议			与家委会成员等家长代表联系		
		从不	偶尔	经常	从不	偶尔	经常	从不	偶尔	经常	从不	偶尔	经常	从不	偶尔	经常
女孩	计数	182546	516708	122413	210671	475338	135658	365147	346315	110205	359229	357728	104710	253017	442613	126037
	百分比	22.2	62.9	14.9	25.6	57.9	16.5	44.4	42.1	13.4	43.7	43.5	12.7	30.8	53.9	15.3
男孩	计数	205663	596053	142362	243644	545692	154742	423010	394616	126452	408573	412827	122678	287545	509801	146732
	百分比	21.8	63.1	15.1	25.8	57.8	16.4	44.8	41.8	13.4	43.3	43.7	13.0	30.5	54.0	15.5

4.5.2 学生学段与线上学习前家校合作之参与决策

在学生学段方面，学生的学段越高，大体上家长参与家校合作之参与决策的典型行为为"经常"的比例越低。

表4-27 学生学段与线上学习前家校合作的参与决策的关系

学生学段		有问题或建议，向学校相关部门或人员反映			通过学校的调查问卷、意见箱等渠道，向学校提意见			在学校或班级的家长委员会等组织中担任职务			作为家长代表参与学校会议，如校务会议			与家委会成员等家长代表联系		
		从不	偶尔	经常	从不	偶尔	经常	从不	偶尔	经常	从不	偶尔	经常	从不	偶尔	经常
幼儿园	计数	4024	16972	5727	5609	15443	5671	10378	11734	4611	9836	12200	4687	8233	13566	4924
	百分比	15.1	63.5	21.4	21.0	57.8	21.2	38.8	43.9	17.3	36.8	45.7	17.5	30.8	50.8	18.4
小学	计数	248085	733654	174448	289945	673300	192942	502512	493416	160259	497156	508610	150421	338243	632774	185170
	百分比	21.5	63.5	15.1	25.1	58.2	16.7	43.5	42.7	13.9	43.0	44.0	13.0	29.3	54.7	16.0
初中	计数	94579	254959	63613	109989	233699	69463	190437	167738	54976	181310	177043	54798	131650	218341	63160
	百分比	22.9	61.7	15.4	26.6	56.6	16.8	46.1	40.6	13.3	43.9	42.9	13.3	31.9	52.8	15.3
高中	计数	41521	107176	20987	48772	98588	22324	84830	68043	16811	79500	72702	17482	62436	87733	19515
	百分比	24.5	63.2	12.4	28.7	58.1	13.2	50.0	40.1	9.9	46.9	42.8	10.3	36.8	51.7	11.5

4.5.3 留守儿童与线上学习前家校合作之参与决策

在是否留守儿童方面，家长参与家校合作之参与决策的典型行为为"经常"的比例，由高到低依次是非留守儿童、单留（母亲或父亲在外地长期工作）、留守儿童（父母都在外地长期工作）。

表 4-28 留守儿童与线上学习前家校合作之参与决策的关系

儿童状况		有问题或建议，向学校相关部门或人员反映			通过学校的调查问卷、意见箱等渠道，向学校提意见			在学校或班级的家长委员会等组织中担任职务			作为家长代表参与学校会议，如校务会议			与家委会成员等家长代表保持联系		
		从不	偶尔	经常	从不	偶尔	经常	从不	偶尔	经常	从不	偶尔	经常	从不	偶尔	经常
留守儿童（父母都在外地长期工作）	计数	40007	118945	25616	54106	105254	25208	85513	79154	19901	77160	86635	21073	66052	95833	22683
	百分比	21.7	64.4	13.9	29.3	57.0	13.7	46.3	42.9	10.8	41.8	46.8	11.4	35.8	51.9	12.3
单留:仅母亲在外地长期工作	计数	8791	26544	6367	10694	24175	6833	18778	17597	5327	17340	18870	5492	13146	22609	5947
	百分比	21.1	63.7	15.3	25.6	58.0	16.4	45.0	42.2	12.8	41.6	45.2	13.2	31.5	54.2	14.3
单留:仅父亲在外地长期工作	计数	67012	163256	33518	78610	148405	36771	129981	104327	29478	125860	109478	28448	91839	137147	34800
	百分比	25.4	61.9	12.7	29.8	56.3	13.9	49.3	39.5	11.2	47.7	41.5	10.8	34.8	52.0	13.2
非留守儿童	计数	272399	804016	199274	310905	743196	221588	553885	539853	181951	547442	555872	172375	369525	696825	209339
	百分比	21.4	63.0	15.6	24.4	58.3	17.4	43.4	42.3	14.3	42.9	43.6	13.5	29.0	54.6	16.4

4.5.4 独生子女与线上学习前家校合作之参与决策

在是否独生子女方面，独生子女家庭的家长，参与家校合作之参与决策的典型行为为"经常"的比例，高于非独生子女家庭的家长，但差异并不大。

表4-29 独生子女与线上学习前家校合作之参与决策的关系

子女状况		有问题或建议，向学校相关部门或人员反映			通过学校的调查问卷、意见箱等渠道向学校提意见			在学校或班级的家长委员会等组织中担任职务			作为家长代表参与学校会议，如校务会议			与家委会成员等家长代表联系		
		从不	偶尔	经常	从不	偶尔	经常	从不	偶尔	经常	从不	偶尔	经常	从不	偶尔	经常
独生子女	计数	98114	244044	61107	106478	227545	69242	190900	154954	57411	191590	159984	51691	119115	215220	68930
	百分比	24.3	60.5	15.2	26.4	56.4	17.2	47.3	38.4	14.2	47.5	39.7	12.8	29.5	53.4	17.1
非独生子女	计数	290095	868717	203668	347837	793485	221158	597257	585977	179246	576212	610571	175697	421447	737194	203839
	百分比	21.3	63.8	14.9	25.5	58.2	16.2	43.8	43.0	13.2	42.3	44.8	12.9	30.9	54.1	15.0

4.5.5 学生成长状况与线上学习前家校合作之参与决策

在学生成长状况方面，总体上呈现学生的成长状况越好，家长参与家校合作之参与决策的典型行为为"经常"的比例越高。

表4-30　学生成长状况与线上学习前家校合作之参与决策的关系

学生成长状况			有问题或建议，向学校相关部门或人员反映			通过学校的调查问卷、意见箱等渠道，向学校提意见			任学校或班级的家长委员会等组织的担任职务			作为家长代表参与学校会议，如校务会议			与家委会成员等家长代表联系		
			从不	偶尔	经常	从不	偶尔	经常	从不	偶尔	经常	从不	偶尔	经常	从不	偶尔	经常
担任学生干部（一年内）	担任	计数	103498	332815	88632	120462	306211	98272	210009	226862	88074	214950	232624	77371	141087	286329	97529
		百分比	19.7	63.4	16.9	22.9	58.3	18.7	40.0	43.2	16.8	40.9	44.3	14.7	26.9	54.5	18.6
	未担任	计数	284711	779946	176143	333853	714819	192128	578148	514069	148583	552852	537931	150017	399475	666085	175240
		百分比	22.9	62.9	14.2	26.9	57.6	15.5	46.6	41.4	12.0	44.6	43.4	12.1	32.2	53.7	14.1
获得学校奖励（一年内）	是	计数	170275	563980	148921	201122	517724	164330	365909	379238	138029	364628	390986	127562	234882	488639	159655
		百分比	19.3	63.9	16.9	22.8	58.6	18.6	41.4	42.9	15.6	41.3	44.3	14.4	26.6	55.3	18.1
	不是	计数	217934	548781	115854	253193	503306	126070	422248	361693	98628	403174	379569	99826	305680	463775	113114
		百分比	24.7	62.2	13.1	28.7	57.0	14.3	47.8	41.0	11.2	45.7	43.0	11.3	34.6	52.5	12.8
学习成绩排名	靠后	计数	82622	195438	39081	96032	178211	42898	159094	125773	32274	149020	134239	33882	114998	164212	37931
		百分比	26.1	61.6	12.3	30.3	56.2	13.5	50.2	39.7	10.2	47.0	42.3	10.7	36.3	51.8	12.0
	中间	计数	202984	598294	141289	238535	549975	154057	413084	406537	122946	399739	420772	122056	283304	516542	142721
		百分比	21.5	63.5	15.0	25.3	58.3	16.3	43.8	43.1	13.0	42.4	44.6	12.9	30.1	54.8	15.1
	靠前	计数	99529	306484	80766	115364	281536	89879	207936	200237	78606	211354	206803	68622	135644	261973	89162
		百分比	20.4	63.0	16.6	23.7	57.8	18.5	42.7	41.1	16.1	43.4	42.5	14.1	27.9	53.8	18.3

4.6 学生特征与线上学习前家校合作之与社区合作

4.6.1 学生性别与线上学习前家校合作之与社区合作

在学生性别方面，无论男孩还是女孩，家长参与家校合作之与社区合作的典型行为为"经常"的比例没有明显差异。

表4-31 学生性别与线上学习前家校合作之与社区合作的关系

孩子性别		了解社区资源，包括社区的管理机构、设施和公共服务等			了解社区中有助于孩子成长的信息，如社区暑期社会实践、阅读等			购买社会上的商业服务，如夏令营、兴趣班、辅导班等			与孩子一起参加社区内的公益活动，如废品回收利用、音乐表演、敬老等			在社区宣传栏上关注学校的动态		
		从不	偶尔	经常	从不	偶尔	经常	从不	偶尔	经常	从不	偶尔	经常	从不	偶尔	经常
女孩	计数	108916	480449	232302	96832	478584	246251	196180	457432	168055	203891	478294	139482	124672	466857	230138
	百分比	13.3	58.5	28.3	11.8	58.2	30.0	23.9	55.7	20.5	24.8	58.2	17.0	15.2	56.8	28.0
男孩	计数	124387	558626	261065	109771	559188	275119	222285	534634	187159	237223	551275	155580	145079	541144	257855
	百分比	13.2	59.2	27.7	11.6	59.2	29.1	23.5	56.6	19.8	25.1	58.4	16.5	15.4	57.3	27.3

4.6.2 学生学段与线上学习前家校合作之与社区合作

在学生学段方面，学生的学段越高，家长参与家校合作之与社区合作的典型行为为"经常"的比例越低。

表 4-32 学生学段与线上学习前家校合作的关系

学生学段		了解社区资源，包括社区的管理机构、设施和公共服务等			了解社区中有助于孩子成长的信息，如社区实践、暑期社会实践、阅读等			购买社会上的商业服务，如夏令营、兴趣班、辅导班等			与孩子一起参加社区内的公益活动，如废品回收利用、音乐表演、敬老等			在社区宣传栏上关注学校的动态		
		从不	偶尔	经常	从不	偶尔	经常	从不	偶尔	经常	从不	偶尔	经常	从不	偶尔	经常
幼儿园	计数	3497	14587	8639	2989	14603	9131	6504	13939	6280	6012	14770	5941	3633	14362	8728
	百分比	13.1	54.6	32.3	11.2	54.6	34.2	24.3	52.2	23.5	22.5	55.3	22.2	13.6	53.7	32.7
小学	计数	143190	676667	336330	124084	674555	357548	256746	651007	248434	274866	679486	201835	169197	663009	323981
	百分比	12.4	58.5	29.1	10.7	58.3	30.9	22.2	56.3	21.5	23.8	58.8	17.5	14.6	57.3	28.0
初中	计数	60529	243425	109197	55432	243835	113884	106085	230755	76311	112868	235369	64914	68191	231957	113003
	百分比	14.7	58.9	26.4	13.4	59.0	27.6	25.7	55.9	18.5	27.3	57.0	15.7	16.5	56.1	27.4
高中	计数	26087	104396	39201	24098	104779	40807	49130	96365	24189	47368	99944	22372	28730	98673	42281
	百分比	15.4	61.5	23.1	14.2	61.7	24.0	29.0	56.8	14.3	27.9	58.9	13.2	16.9	58.2	24.9

4.6.3 留守儿童与线上学习前家校合作之与社区合作

在是否留守儿童方面，家长参与家校合作之与社区合作的典型行为为为"经常"的比例，由高到低依次是非留守儿童、单留（仅父亲在外地长期工作）、单留（仅母亲在外地长期工作）、留守儿童（父母都在外地长期工作）。

表 4-33　留守儿童与线上学习前家校合作之与社区合作的关系

儿童状况		了解社区资源，包括社区的管理机构、设施和公共服务等			了解社区中有助于孩子成长的信息，如社区实践、暑期社会实践、阅读等			购买社会上的商业服务，如夏令营、兴趣班、辅导班等			与孩子一起参加社区内的公益活动，如废品回收利用、音乐表演、敬老等			在社区宣传栏上关注学校的动态		
		从不	偶尔	经常	从不	偶尔	经常	从不	偶尔	经常	从不	偶尔	经常	从不	偶尔	经常
留守儿童（父母都在外地长期工作）	计数	33143	111573	39852	27533	113051	43984	56761	101152	26655	54925	102950	26693	35053	106947	42568
	百分比	18.0	60.5	21.6	14.9	61.3	23.8	30.8	54.8	14.4	29.8	55.8	14.5	19.0	57.9	23.1
单留：仅母亲在外地长期工作	计数	6179	25135	10388	5642	25197	10863	10714	23465	7523	11019	24031	6652	7220	24110	10372
	百分比	14.8	60.3	24.9	13.5	60.4	26.0	25.7	56.3	18.0	26.4	57.6	16.0	17.3	57.8	24.9
单留：仅父亲在外地长期工作	计数	41559	155718	66509	36680	155618	71488	69006	145142	49638	75262	150366	38158	46025	149158	68603
	百分比	15.8	59.0	25.2	13.9	59.0	27.1	26.2	55.0	18.8	28.5	57.0	14.5	17.4	56.5	26.0
非留守儿童	计数	152422	746649	376618	136748	743906	395035	281984	722307	271398	299908	752222	223559	181453	727786	366450
	百分比	11.9	58.5	29.5	10.7	58.3	31.0	22.1	56.6	21.3	23.5	59.0	17.5	14.2	57.1	28.7

4.6.4 独生子女与线上学习前家校合作之与社区合作

在是否独生子女方面，独生子女家庭的家长，参与家校合作之与社区合作的典型行为为"经常"的比例，高于非独生子女家庭的家长。

表4-34 独生子女与线上学习前家校合作之与社区合作的关系

子女状况		了解社区资源，包括社区的管理机构、设施和公共服务等			了解社区中有助于孩子成长的信息，如社区暑期社会实践、阅读等			购买社会上的商业服务，如夏令营、兴趣班、辅导班等			与孩子一起参加社区内的公益活动，如废品回收利用、音乐表演、敬老等			在社区宣传栏上关注学校的动态		
		从不	偶尔	经常	从不	偶尔	经常	从不	偶尔	经常	从不	偶尔	经常	从不	偶尔	经常
独生子女	计数	48377	229659	125229	46193	227769	129303	76666	224232	102367	92759	236870	73636	60360	221743	121162
	百分比	12.0	56.9	31.1	11.5	56.5	32.1	19.0	55.6	25.4	23.0	58.7	18.3	15.0	55.0	30.0
非独生子女	计数	184926	809416	368138	160410	810003	392067	341799	767834	252847	348355	792699	221426	209391	786258	366831
	百分比	13.6	59.4	27.0	11.8	59.5	28.8	25.1	56.4	18.6	25.6	58.2	16.3	15.4	57.7	26.9

4.6.5 学生成长状况与线上学习前家校合作

在学生成长状况方面，总体上呈现学生的成长状况越好，家长参与家校合作之与社区合作的典型行为为"经常"的比例越高。

表4-35　学生成长状况与线上学习前家校合作之与社区合作的关系

学生成长状况			了解社区资源,包括社区的管理机构、设施和公共服务等			了解社区中有助于孩子成长的信息,如社区暑期社会实践、阅读等			购买社会上的商业服务,如夏令营、兴趣班、辅导班等			与孩子一起参加社区内的公益活动,如废品回收利用、音乐表演、敬老等			在社区宣传栏上关注学校的动态		
			从不	偶尔	经常	从不	偶尔	经常	从不	偶尔	经常	从不	偶尔	经常	从不	偶尔	经常
过去一年,孩子担任学生干部	担任学生干部	计数	58954	299805	166186	52759	296422	175764	108544	291194	125207	114384	309370	101191	69090	292151	163704
		百分比	11.2	57.1	31.7	10.1	56.5	33.5	20.7	55.5	23.9	21.8	58.9	19.3	13.2	55.7	31.2
	未担任学生干部	计数	174349	739270	327181	153844	741350	345606	309921	700872	230007	326730	720199	193871	200661	715850	324289
		百分比	14.1	59.6	26.4	12.4	59.7	27.9	25.0	56.5	18.5	26.3	58.0	15.6	16.2	57.7	26.1
过去一年,孩子获得学校奖励	是	计数	95056	505698	282422	83814	500011	299351	185207	492985	204984	188893	524568	169715	111565	494172	277439
		百分比	10.8	57.3	32.0	9.5	56.6	33.9	21.0	55.8	23.2	21.4	59.4	19.2	12.6	56.0	31.4
	不是	计数	138247	533377	210945	122789	537761	222019	233258	499081	150230	252221	505001	125347	158186	513829	210554
		百分比	15.7	60.4	23.9	13.9	60.9	25.2	26.4	56.5	17.0	28.6	57.2	14.2	17.9	58.2	23.9
学习成绩排名	靠后	计数	53690	193678	69773	48089	196034	73018	86192	180108	50841	96495	179010	41636	61349	184554	71238
		百分比	16.9	61.1	22.0	15.2	61.8	23.0	27.2	56.8	16.0	30.4	56.4	13.1	19.3	58.2	22.5
	中间	计数	121174	561770	259623	105217	561918	275432	220928	538619	183020	230477	554695	157395	139284	545885	257398
		百分比	12.9	59.6	27.5	11.2	59.6	29.2	23.4	57.1	19.4	24.5	58.8	16.7	14.8	57.9	27.3
	靠前	计数	55557	272815	158407	50850	268962	166967	106454	263212	117113	109325	285160	92294	66208	266866	153705
		百分比	11.4	56.0	32.5	10.4	55.3	34.3	21.9	54.1	24.1	22.5	58.6	19.0	13.6	54.8	31.6

第5章
学校特征与线上学习前家校合作

本章主要探讨学校特征与线上学习前家校合作的关系，具体指向在不同的学校特征中，如学校学段、所在地、地域类型、性质、规模、学校农村学生比例、家长类型、学生寄宿情况、办学水平等变量的不同层次类型中，教师开展参与家校合作的六种类型，即当好家长、相互交流、志愿服务、在家学习、参与决策和与社区合作的数据分布特征和趋势。

5.1 学校特征与线上学习前家校合作之当好家长

5.1.1 学校学段与线上学习前家校合作之当好家长的关系

在学校学段方面，从幼儿园到高中，教师开展家校合作之当好家长的典型活动或行为为"经常"的比例依次降低。

表 5-1 学校学段与线上学习前家校合作之当好家长的关系（1）

学校学段		指导家长如何创设良好的家庭条件，促进学生成长			组织家庭教育培训或讲座			指导家长如何与孩子建立良好的亲子关系			向家长提供学生营养、健康、安全和教育政策等信息		
		从不	偶尔	经常	从不	偶尔	经常	从不	偶尔	经常	从不	偶尔	经常
学校有幼儿园	计数	443	5490	9285	1438	7521	6259	532	5850	8836	500	4992	9726
	百分比	2.9	36.1	61.0	9.4	49.4	41.1	3.5	38.4	58.1	3.3	32.8	63.9
学校有小学	计数	2025	32180	50362	7017	43645	33905	2474	35369	46724	2485	30978	51104
	百分比	2.4	38.1	59.6	8.3	51.6	40.1	2.9	41.8	55.3	2.9	36.6	60.4
学校有初中	计数	1980	21040	24779	6044	25533	16222	2373	22731	22695	2552	20508	24739
	百分比	4.1	44.0	51.8	12.6	53.4	33.9	5.0	47.6	47.5	5.3	42.9	51.8
学校有高中	计数	1158	8774	8096	2855	9779	5394	1431	9229	7368	1461	8437	8130
	百分比	6.4	48.7	44.9	15.8	54.2	29.9	7.9	51.2	40.9	8.1	46.8	45.1

表 5-2 学校学段与线上学习前家校合作之当好家长的关系（2）

学校学段		指导家长如何选择适合学生的课外书、辅导书			向家长推荐家庭教育亲子关系的书籍和资料			向家长了解学生的特长和性格特征			告知家长学校对家长的要求，如接送区域、签名反馈等作息时间		
		从不	偶尔	经常	从不	偶尔	经常	从不	偶尔	经常	从不	偶尔	经常
学校有幼儿园	计数	1397	6210	7611	1682	6539	6997	412	5452	9354	567	4399	10252
	百分比	9.2	40.8	50.0	11.1	43.0	46.0	2.7	35.8	61.5	3.7	28.9	67.4
学校有小学	计数	6649	35755	42163	8787	38854	36926	1854	32885	49828	2758	26639	55170
	百分比	7.9	42.3	49.9	10.4	45.9	43.7	2.2	38.9	58.9	3.3	31.5	65.2

续表

学校学段		指导家长介绍如何选择适合学生的课外书、辅导书			向家长推荐家庭教育和亲子关系的书籍和资料			向家长了解学生的特长和性格特征			告知家长学校对家长的要求，如接送区域，作息时间，签名反馈等		
		从不	偶尔	经常	从不	偶尔	经常	从不	偶尔	经常	从不	偶尔	经常
学校有初中	计数	5324	23348	19127	6929	24053	16817	1818	21611	24370	3108	18674	26017
	百分比	11.1	48.8	40.0	14.5	50.3	35.2	3.8	45.2	51.0	6.5	39.1	54.4
学校有高中	计数	2243	9401	6384	2888	9454	5686	1072	8925	8031	1661	7818	8549
	百分比	12.4	52.1	35.4	16.0	52.4	31.5	5.9	49.5	44.5	9.2	43.4	47.4

表 5-3 学校学段与线上学习前家校合作之当好家长的关系（3）

学校学段		通过募捐、互助或直接帮助困难家庭			召开家长会等集体会议，与家长正式见面			向家长反馈学生的表现（如家校联系册、短信等）			让家长与学生一起领取成绩单，与家长一起分析学生的学习情况		
		从不	偶尔	经常	从不	偶尔	经常	从不	偶尔	经常	从不	偶尔	经常
学校有幼儿园	计数	2676	7695	4847	1446	8049	5723	570	5461	9187	1999	6499	6720
	百分比	17.6	50.6	31.9	9.5	52.9	37.6	3.7	35.9	60.4	13.1	42.7	44.2
学校有小学	计数	14627	44514	25426	7968	47450	29149	2694	32099	49774	9955	38705	35907
	百分比	17.3	52.6	30.1	9.4	56.1	34.5	3.2	38.0	58.9	11.8	45.8	42.5
学校有初中	计数	8853	26128	12818	5898	26953	14948	2528	20702	24569	6218	23579	18002
	百分比	18.5	54.7	26.8	12.3	56.4	31.3	5.3	43.3	51.4	13.0	49.3	37.7
学校有高中	计数	3553	9893	4582	2798	10345	4885	1521	8506	8001	2585	9263	6180
	百分比	19.7	54.9	25.4	15.5	57.4	27.1	8.4	47.2	44.4	14.3	51.4	34.3

5.1.2　学校所在地与线上学习前家校合作之当好家长

在学校所在地方面，学校教师开展家校合作之当好家长的典型活动或行为为"经常"的比例，东部高于中部和西部，中部和西部没有较大差异。

表5-4　学校所在地与线上学习前家校合作之当好家长的关系（1）

所在地域		指导家长如何创设良好的家庭条件，促进学生成长			组织家长参加家庭教育培训或讲座			指导家长如何与孩子建立良好的亲子关系			向家长提供学生营养、健康、安全和教育政策等信息		
		从不	偶尔	经常	从不	偶尔	经常	从不	偶尔	经常	从不	偶尔	经常
东部	计数	1898	23203	32601	4990	28686	24026	2214	24319	31169	2402	22657	32643
	百分比	3.3	40.2	56.5	8.6	49.7	41.6	3.8	42.1	54.0	4.2	39.3	56.6
中部	计数	2037	25233	33875	7020	33267	20858	2540	28164	30441	2498	24202	34445
	百分比	3.3	41.3	55.4	11.5	54.4	34.1	4.2	46.1	49.8	4.1	39.6	56.3
西部	计数	594	6411	8766	1971	8486	5314	727	7124	7920	771	6129	8871
	百分比	3.8	40.7	55.6	12.5	53.8	33.7	4.6	45.2	50.2	4.9	38.9	56.2

表 5-5 学校所在地与线上学习前家校合作之当好家长的关系（2）

所在地域		指导家长介绍如何选择适合学生的课外书、辅导书			向家长推荐家庭教育亲子关系的书籍和资料			向家长了解学生的特长和性格特征			告知家长学校对家长的要求，如推送区域、作息时间、签名反馈等		
		从不	偶尔	经常	从不	偶尔	经常	从不	偶尔	经常	从不	偶尔	经常
东部	计数	5304	25602	26796	6358	27122	24222	1767	23804	32131	2894	20245	34563
	百分比	9.2	44.4	46.4	11.0	47.0	42.0	3.1	41.3	55.7	5.0	35.1	59.9
中部	计数	5764	28306	27075	7927	29782	23436	1816	25962	33367	2755	21323	37067
	百分比	9.4	46.3	44.3	13.0	48.7	38.3	3.0	42.5	54.6	4.5	34.9	60.6
西部	计数	1735	6963	7073	2230	7398	6143	587	6534	8650	877	5428	9466
	百分比	11.0	44.2	44.8	14.1	46.9	39.0	3.7	41.4	54.8	5.6	34.4	60.0

表 5-6 学校所在地与线上学习前家校合作之当好家长的关系（3）

所在地域		通过募捐、互助或直接帮助困难家庭			召开家长会等集体会议，与家长正式见面			向家长反馈学生的表现（如家校联系册、短信等）			让家长与学生一起领取成绩单，与家长一起分析学生的学习情况		
		从不	偶尔	经常	从不	偶尔	经常	从不	偶尔	经常	从不	偶尔	经常
东部	计数	11066	29620	17016	6515	31347	19840	2488	22681	32533	8604	26814	22284
	百分比	19.2	51.3	29.5	11.3	54.3	34.4	4.3	39.3	56.4	14.9	46.5	38.6
中部	计数	9926	33759	17460	6227	35707	19211	2574	25230	33341	5963	29282	25900
	百分比	16.2	55.2	28.6	10.2	58.4	31.4	4.2	41.3	54.5	9.8	47.9	42.4
西部	计数	3103	8480	4188	1947	8645	5179	840	6568	8363	2343	7533	5895
	百分比	19.7	53.8	26.6	12.3	54.8	32.8	5.3	41.6	53.0	14.9	47.8	37.4

5.1.3 学校地域类型与线上学习前家校合作之当好家长

在学校地域类型方面，学校教师开展家校合作之当好家长的典型活动或行为为"经常"的比例，由高到低大体上依次为村社学校、市区学校、镇乡学校、县城学校。

表 5-7 学校地域类型与线上学习前家校合作之当好家长的关系（1）

学校所在地		指导家长如何创设良好的家庭条件，促进学生成长			组织家长参加家庭教育培训或讲座			指导家长如何与孩子建立良好的亲子关系			向家长提供学生营养、健康、安全和教育等政策信息		
		从不	偶尔	经常	从不	偶尔	经常	从不	偶尔	经常	从不	偶尔	经常
市区	计数	1703	16425	22938	4361	20445	16260	1987	17738	21341	2149	16416	22501
	百分比	4.1	40.0	55.9	10.6	49.8	39.6	4.8	43.2	52.0	5.2	40.0	54.8
县城	计数	1038	11171	15758	3252	14746	9969	1260	12311	14396	1370	10898	15699
	百分比	3.7	39.9	56.3	11.6	52.7	35.6	4.5	44.0	51.5	4.9	39.0	56.1
镇乡	计数	1463	21886	28424	4967	27971	18835	1789	23585	26399	1795	20712	29266
	百分比	2.8	42.3	54.9	9.6	54.0	36.4	3.5	45.6	51.0	3.5	40.0	56.5
村社	计数	325	5365	8122	1401	7277	5134	445	5973	7394	357	4962	8493
	百分比	2.4	38.8	58.8	10.1	52.7	37.2	3.2	43.2	53.5	2.6	35.9	61.5

表 5-8　学校地域类型与线上学习前家校合作之当当好家长的关系（2）

学校所在地		指导家长介绍如何选择适合学生的课外书、辅导书			向家长推荐家庭教育亲子关系的书籍和资料			向家长了解学生的特长和性格特征			告知家长学校对家长的要求，如接送区域、作息时间、签名反馈等		
		从不	偶尔	经常	从不	偶尔	经常	从不	偶尔	经常	从不	偶尔	经常
市区	计数	4072	18183	18811	4924	19241	16901	1586	17133	22347	2516	14427	24123
	百分比	9.9	44.3	45.8	12.0	46.9	41.2	3.9	41.7	54.4	6.1	35.1	58.7
县城	计数	3282	12391	12294	4144	12944	10879	980	11706	15281	1545	9581	16841
	百分比	11.7	44.3	44.0	14.8	46.3	38.9	3.5	41.9	54.6	5.5	34.3	60.2
镇乡	计数	4350	24211	23212	5827	25567	20379	1328	22087	28358	2074	18720	30979
	百分比	8.4	46.8	44.8	11.3	49.4	39.4	2.6	42.7	54.8	4.0	36.2	59.8
村社	计数	1099	6086	6627	1620	6550	5642	276	5374	8162	391	4268	9153
	百分比	8.0	44.1	48.0	11.7	47.4	40.8	2.0	38.9	59.1	2.8	30.9	66.3

表 5-9　学校地域类型与线上学习前家校合作之当当好家长的关系（3）

学校所在地		通过募捐、互助或直接帮助困难家庭			召开家长会等集体会议，与家长正式见面			向家校反馈学生的表现（如家校联系册、短信等）			让家长与学生一起领取成绩单，与家长一起分析学生的学习情况		
		从不	偶尔	经常	从不	偶尔	经常	从不	偶尔	经常	从不	偶尔	经常
市区	计数	7967	21260	11839	4801	22242	14023	2200	16287	22579	5616	18869	16581
	百分比	19.4	51.8	28.8	11.7	54.2	34.1	5.4	39.7	55.0	13.7	45.9	40.4
县城	计数	4774	15022	8171	3276	15650	9041	1367	11350	15250	3473	12950	11544
	百分比	17.1	53.7	29.2	11.7	56.0	32.3	4.9	40.6	54.5	12.4	46.3	41.3
镇乡	计数	8708	28282	14783	5332	30005	16436	1930	21646	28197	6170	25459	20144
	百分比	16.8	54.6	28.6	10.3	58.0	31.7	3.7	41.8	54.5	11.9	49.2	38.9
村社	计数	2646	7295	3871	1280	7802	4730	405	5196	8211	1651	6351	5810
	百分比	19.2	52.8	28.0	9.3	56.5	34.2	2.9	37.6	59.4	12.0	46.0	42.1

5.1.4 学校性质与线上学习前家校合作之当好家长

在学校性质方面，学校教师开展家校合作之当好家长的典型活动或行为为"经常"的比例，在公办学校、民办公助学校、普通民办学校、民办打工子弟学校间各有高低。

表 5-10 学校性质与线上学习前家校合作之当好家长的关系（1）

学校性质		指导家长如何创设良好的家庭条件，促进学生成长			组织家长参加家庭教育培训或讲座			指导家长如何与孩子建立良好的亲子关系			向家长提供学生营养、健康、安全和教育等政策等信息		
		从不	偶尔	经常	从不	偶尔	经常	从不	偶尔	经常	从不	偶尔	经常
公办学校	计数	3930	47406	65424	12562	61108	43090	4818	51874	60068	4962	45899	65899
	百分比	3.4	40.6	56.0	10.8	52.3	36.9	4.1	44.4	51.4	4.2	39.3	56.4
民办公助	计数	204	2407	3247	458	2908	2492	230	2517	3111	259	2321	3278
	百分比	3.5	41.1	55.4	7.8	49.6	42.5	3.9	43.0	53.1	4.4	39.6	56.0
普通民办学校	计数	327	4380	5695	818	5539	4045	357	4528	5517	385	4154	5863
	百分比	3.1	42.1	54.7	7.9	53.2	38.9	3.4	43.5	53.0	3.7	39.9	56.4
民办打工子弟学校	计数	68	654	876	143	884	571	76	688	834	65	614	919
	百分比	4.3	40.9	54.8	8.9	55.3	35.7	4.8	43.1	52.2	4.1	38.4	57.5

表5—11 学校性质与线上学习前家校合作之当好家长的关系（2）

学校性质		指导家长分组如何选择适合学生的课外书、辅导书			向家长推荐家庭教育亲子关系的书籍和资料			向家长了解学生的性格特征、特长和性格特征			告知家长学校对家长的要求，如接送区域、作息时间、签名反馈等		
		从不	偶尔	经常	从不	偶尔	经常	从不	偶尔	经常	从不	偶尔	经常
公办学校	计数	11673	52759	52328	15099	55698	45963	3608	48940	64212	5706	40479	70575
	百分比	10.0	45.2	44.8	12.9	47.7	39.4	3.1	41.9	55.0	4.9	34.7	60.4
民办公助	计数	419	2588	2851	492	2735	2631	187	2421	3250	299	2164	3395
	百分比	7.2	44.2	48.7	8.4	46.7	44.9	3.2	41.3	55.5	5.1	36.9	58.0
普通民办学校	计数	577	4772	5053	743	5072	4587	308	4283	5811	455	3781	6166
	百分比	5.5	45.9	48.6	7.1	48.8	44.1	3.0	41.2	55.9	4.4	36.3	59.3
民办打工子弟学校	计数	134	752	712	181	797	620	67	656	875	66	572	960
	百分比	8.4	47.1	44.6	11.3	49.9	38.8	4.2	41.1	54.8	4.1	35.8	60.1

表5—12 学校性质与线上学习前家校合作之当好家长的关系（3）

学校性质		通过募捐、互助或直接帮助困难家庭			召开家长会等集体会议，与家长正式见面			向家校反馈学生的表现（如家校联系册、短信等）			让家长与学生一起领取成绩单，与家长一起分析学生的学习情况		
		从不	偶尔	经常	从不	偶尔	经常	从不	偶尔	经常	从不	偶尔	经常
公办学校	计数	20853	62491	33416	12796	65654	38310	5167	47339	64254	14930	55077	46753
	百分比	17.9	53.5	28.6	11.0	56.2	32.8	4.4	40.5	55.0	12.8	47.2	40.0
民办公助	计数	1063	2938	1857	588	3137	2133	242	2339	3277	649	2709	2500
	百分比	18.1	50.2	31.7	10.0	53.6	36.4	4.1	39.9	55.9	11.1	46.2	42.7
普通民办学校	计数	1896	5536	2970	1107	5990	3305	411	4148	5843	1130	5058	4214
	百分比	18.2	53.2	28.6	10.6	57.6	31.8	4.0	39.9	56.2	10.9	48.6	40.5
民办打工子弟学校	计数	283	894	421	198	918	482	82	653	863	201	785	612
	百分比	17.7	55.9	26.3	12.4	57.4	30.2	5.1	40.9	54.0	12.6	49.1	38.3

5.1.5 学校规模与线上学习前家校合作之当好家长

在学校规模方面，学校规模越大，学校教师开展家校合作之当好家长的典型活动或行为为"经常"的比例越低。

表5-13 学校规模与线上学习前家校合作之当好家长的关系（1）

学校规模		指导家长如何创设良好的家庭条件，促进学生成长			组织家长参加家庭教育培训或讲座			指导家长如何与孩子建立良好的亲子关系			向家长提供学生营养、健康、安全和教育政策等信息		
		从不	偶尔	经常	从不	偶尔	经常	从不	偶尔	经常	从不	偶尔	经常
小型学校（1000人以下）	计数	1667	21716	31919	5525	28373	21404	2022	23791	29489	2023	20499	32780
	百分比	3.0	39.3	57.7	10.0	51.3	38.7	3.7	43.0	53.3	3.7	37.1	59.3
中型学校（1001~2500人）	计数	1604	18903	25319	4681	24123	17022	1935	20437	23454	2046	18495	25285
	百分比	3.5	41.2	55.3	10.2	52.6	37.1	4.2	44.6	51.2	4.5	40.4	55.2
大型学校（2501~4000人）	计数	780	9278	11557	2409	11605	7601	945	9985	10685	1014	9131	11470
	百分比	3.6	42.9	53.5	11.1	53.7	35.2	4.4	46.2	49.4	4.7	42.2	53.1
巨型学校（4000人以上）	计数	416	4371	5569	1184	5554	3618	497	4748	5111	526	4345	5485
	百分比	4.0	42.2	53.8	11.4	53.6	34.9	4.8	45.8	49.4	5.1	42.0	53.0

表5-14 学校规模与线上学习前家校合作之当好家长的关系（2）

学校规模		指导家长介绍如何选择适合学生的课外书、辅导书			向家长推荐家庭教育亲子关系的书籍和资料			向家长了解学生的特长和性格特征			告知家长学校对家长的要求，如发送区域、作息时间、签名反馈等		
		从不	偶尔	经常	从不	偶尔	经常	从不	偶尔	经常	从不	偶尔	经常
小型学校（1000人以下）	计数	5002	24236	26064	6520	25701	23081	1514	22128	31660	2221	18338	34743
	百分比	9.0	43.8	47.1	11.8	46.5	41.7	2.7	40.0	57.2	4.0	33.2	62.8
中型学校（1001~2500人）	计数	4460	20871	20495	5573	22139	18114	1497	19467	24862	2396	16276	27154
	百分比	9.7	45.5	44.7	12.2	48.3	39.5	3.3	42.5	54.3	5.2	35.5	59.3
大型学校（2501~4000人）	计数	2170	10200	9245	2825	10660	8130	742	9551	11322	1185	7987	12443
	百分比	10.0	47.2	42.8	13.1	49.3	37.6	3.4	44.2	52.4	5.5	37.0	57.6
巨型学校（4000人以上）	计数	1056	4899	4401	1408	5107	3841	363	4593	5400	655	3893	5808

表5-15 学校规模与线上学习前家校合作之当好家长的关系（3）

学校规模		通过募捐、互助或直接帮助困难家庭			召开家长会等集体会议，与家长正式见面			向家长反馈学生的表现（如家校联系册、短信等）			让家长与学生一起领取成绩单，与家长一起分析学生的学习情况		
		从不	偶尔	经常	从不	偶尔	经常	从不	偶尔	经常	从不	偶尔	经常
小型学校（1000人以下）	计数	9564	29026	16712	5397	30504	19401	2081	21621	31600	6583	25369	23350
	百分比	17.3	52.5	30.2	9.8	55.2	35.1	3.8	39.1	57.1	11.9	45.9	42.2
中型学校（1001~2500人）	计数	8620	24614	12592	5397	25865	14564	2148	18748	24930	6301	22065	17460
	百分比	18.8	53.7	27.5	11.8	56.4	31.8	4.7	40.9	54.4	13.7	48.1	38.1
大型学校（2501~4000人）	计数	3870	11833	5912	2563	12438	6614	1049	9156	11410	2680	10510	8425
	百分比	17.9	54.7	27.4	11.9	57.5	30.6	4.9	42.4	52.8	12.4	48.6	39.0
巨型学校（4000人以上）	计数	1779	5626	2951	1200	6050	3106	562	4394	5400	1217	5015	4124
	百分比	17.2	54.3	28.5	11.6	58.4	30.0	5.4	42.4	52.1	11.8	48.4	39.8

5.1.6 农村学生比例与线上学习前家校合作之当好家长

在学校农村学生比例方面，学校农村学生比例越低，学校教师开展家校合作之当好家长的典型活动或行为为"经常"的比例越高。

表5-16 农村学生比例与线上学习前家校合作之当好家长的关系（1）

学校农村学生比例		指导家长如何创设良好的家庭条件，促进学生成长			组织家长参加家庭教育培训或讲座			指导家长如何与孩子建立良好的亲子关系			向家长提供学生营养、健康、安全和教育政策等信息		
		从不	偶尔	经常	从不	偶尔	经常	从不	偶尔	经常	从不	偶尔	经常
低（0~20）	计数	1373	13598	19089	3549	16942	13569	1619	14562	17879	1751	13527	18782
	百分比	4.0	39.9	56.0	10.4	49.7	39.8	4.8	42.8	52.5	5.1	39.7	55.1
中（20~50）	计数	1119	13229	16960	3262	16547	11499	1335	14172	15801	1380	12966	16962
	百分比	3.6	42.3	54.2	10.4	52.9	36.7	4.3	45.3	50.5	4.4	41.4	54.2
高（50~100）	计数	1972	27466	38358	7059	36255	24482	2464	30263	35069	2478	25934	39384
	百分比	2.9	40.5	56.6	10.4	53.5	36.1	3.6	44.6	51.7	3.7	38.3	58.1

表5-17　农村学生比例与线上学习前家校合作之当好家长的关系（2）

学校农村学生比例		指导家长介绍如何选择适合学生的课外书、辅导书			向家长推荐家庭教育亲子关系的书籍和资料			向家长了解学生的特长和性格特征			告知家长学校对家长的要求，如接送区域，作息时间，签名反馈等		
		从不	偶尔	经常	从不	偶尔	经常	从不	偶尔	经常	从不	偶尔	经常
低（0~20）	计数	3318	15123	15619	3958	15890	14212	1288	14220	18552	2054	12035	19971
	百分比	9.7	44.4	45.9	11.6	46.7	41.7	3.8	41.7	54.5	6.0	35.3	58.6
中（20~50）	计数	2868	14506	13934	3660	15247	12401	1066	13689	16553	1655	11584	18069
	百分比	9.2	46.3	44.5	11.7	48.7	39.6	3.4	43.7	52.9	5.3	37.0	57.7
高（50~100）	计数	6509	30632	30655	8775	32518	26503	1750	27801	38245	2749	22848	42199

表5-18　农村学生比例与线上学习前家校合作之当好家长的关系（3）

通过募捐，互助或直接帮助困难家庭			召开家长会等集体会议，与家长正式见面			向家长反馈学生的表现（如家校联系册、短信等）			让家长与学生一起领取成绩单，与家长一起分析学生的学习情况		
从不	偶尔	经常	从不	偶尔	经常	从不	偶尔	经常	从不	偶尔	经常
6675	17393	9992	3975	18457	11628	1761	13445	18854	4798	15514	13748
19.6	51.1	29.3	11.7	54.2	34.1	5.2	39.5	55.4	14.1	45.5	40.4
5371	16988	8949	3501	17901	9906	1462	13308	16538	3804	15166	12338
17.2	54.3	28.6	11.2	57.2	31.6	4.7	42.5	52.8	12.2	48.4	39.4
11856	36792	19148	7071	38608	22117	2597	27139	38060	8171	32298	27327
17.5	54.3	28.2	10.4	56.9	32.6	3.8	40.0	56.1	12.1	47.6	40.3

5.1.7　学校家长类型与线上学习前家校合作之当好家长

在学校家长类型方面，学校教师开展家校合作之当好家长的典型活动或行为为为"经常"的比例，在不同家长类型的学校间各有高低。

表5-19　学校家长类型与线上学习前家校合作之当好家长的关系（1）

学校家长主要类型		指导家长如何创设良好的家庭条件，促进学生成长			组织家长参加家庭教育培训或讲座			指导家长如何与孩子建立良好的亲子关系			向家长提供学生营养、健康、安全和教育等政策等信息		
		从不	偶尔	经常	从不	偶尔	经常	从不	偶尔	经常	从不	偶尔	经常
农民为主	计数	1798	22306	32082	6198	29610	20378	2228	24869	29089	2214	21233	32739
	百分比	3.2	39.7	57.1	11.0	52.7	36.3	4.0	44.3	51.8	3.9	37.8	58.3
工人、小贩等为主	计数	2125	26638	34744	6292	33468	23747	2525	28525	32457	2695	25936	34876
	百分比	3.3	41.9	54.7	9.9	52.7	37.4	4.0	44.9	51.1	4.2	40.8	54.9
知识份子、管理人员、公务员等为主	计数	606	5903	8416	1491	7361	6073	728	6213	7984	762	5819	8344
	百分比	4.1	39.6	56.4	10.0	49.3	40.7	4.9	41.6	53.5	5.1	39.0	55.9

表5-20　学校家长类型与线上学习前当好家长的关系（2）

学校家长主要类型		指导家长介绍如何选择适合学生的课外书、辅导书			向家长推荐家庭教育适合亲子关系的书籍和资料			向家长了解学生的特征和性格特征			告知家长学校对家长的要求，如接送区域、签名反馈时间，作息时间等		
		从不	偶尔	经常	从不	偶尔	经常	从不	偶尔	经常	从不	偶尔	经常
农民为主	计数	5812	25007	25367	7780	26412	21994	1656	22946	31584	2427	18932	34827
	百分比	10.3	44.5	45.1	13.8	47.0	39.1	2.9	40.8	56.2	4.3	33.7	62.0
工人、小贩等为主	计数	5723	29373	28411	7260	31076	25171	1960	27203	34344	3246	22751	37510
	百分比	9.0	46.3	44.7	11.4	48.9	39.6	3.1	42.8	54.1	5.1	35.8	59.1
知识份子、管理人员、公务员等为主	计数	1268	6491	7166	1475	6814	6636	554	6151	8220	853	5313	8759
	百分比	8.5	43.5	48.0	9.9	45.7	44.5	3.7	41.2	55.1	5.7	35.6	58.7

表5-21　学校家长类型与线上学习前家校合作之当好家长的关系（3）

学校家长主要类型		通过募捐、互助或直接帮助困难家庭			召开家长会等集体会议，与家长正式见面			向家长反馈学生的表现（如家校联系册、短信等）			让家长与学生一起领取成绩单，与家长一起分析学生的学习情况		
		从不	偶尔	经常	从不	偶尔	经常	从不	偶尔	经常	从不	偶尔	经常
农民为主	计数	9389	30360	16437	5870	31405	18911	2341	22402	31443	6660	26332	23194
	百分比	16.7	54.0	29.3	10.4	55.9	33.7	4.2	39.9	56.0	11.9	46.9	41.3
工人、小贩等为主	计数	11997	33910	17600	7050	36152	20305	2778	26066	34663	8272	30525	24710
	百分比	18.9	53.4	27.7	11.1	56.9	32.0	4.4	41.0	54.6	13.0	48.1	38.9
知识份子、管理人员、公务员等为主	计数	2709	7589	4627	1769	8142	5014	783	6011	8131	1978	6772	6175
	百分比	18.2	50.8	31.0	11.9	54.6	33.6	5.2	40.3	54.5	13.3	45.4	41.4

5.1.8　是否寄宿学校与线上学习前家校合作之当好家长

在是否寄宿学校方面，学校教师开展家校合作当好家长的典型活动或行为为"经常"的比例，由高到低依次是非寄宿学校、部分学生寄宿学校、全部学生寄宿学校。

表5-22　是否寄宿学校与线上学习前家校合作之当好家长的关系（1）

是否寄宿制学校		指导家长如何创设良好的家庭条件，促进学生成长			组织家长参加家庭教育培训或讲座			指导家长如何与孩子建立良好的亲子关系			向家长提供学生营养、健康、安全和教育政策等信息		
		从不	偶尔	经常	从不	偶尔	经常	从不	偶尔	经常	从不	偶尔	经常
是，全部学生寄宿	计数	741	7126	7922	1953	8310	5526	901	7574	7314	937	6927	7925
	百分比	4.7	45.1	50.2	12.4	52.6	35.0	5.7	48.0	46.3	5.9	43.9	50.2
是，部分学生寄宿	计数	1538	16667	19968	4678	20619	12876	1874	17981	18318	1914	15911	20348
	百分比	4.0	43.7	52.3	12.3	54.0	33.7	4.9	47.1	48.0	5.0	41.7	53.3
否，没有学生寄宿	计数	2250	31054	47352	7350	41510	31796	2706	34052	43898	2820	30150	47686
	百分比	2.8	38.5	58.7	9.1	51.5	39.4	3.4	42.2	54.4	3.5	37.4	59.1

表 5-23 是否寄宿学校与线上学习前家校合作之当好家长的关系（2）

是否寄宿制学校		指导家长介绍如何选择适合学生的课外书、辅导书			向家长推荐家庭教育亲子关系的书籍和资料			向家长了解学生的特长和性格特征			告知家长学校对家长的要求，如接送区域、作息时间、签名反馈等		
		从不	偶尔	经常	从不	偶尔	经常	从不	偶尔	经常	从不	偶尔	经常
是，全部学生寄宿	计数	1678	7720	6391	2098	7918	5773	694	7307	7788	1088	6490	8211
	百分比	10.6	48.9	40.5	13.3	50.1	36.6	4.4	46.3	49.3	6.9	41.1	52.0
是，部分学生寄宿	计数	3907	18376	15890	5186	19116	13871	1403	16835	19935	2325	14448	21400
	百分比	10.2	48.1	41.6	13.6	50.1	36.3	3.7	44.1	52.2	6.1	37.8	56.1
否，没有学生寄宿	计数	7218	34775	38663	9231	37268	34157	2073	32158	46425	3113	26058	51485
	百分比	2.2	10.8	12.0	2.9	11.6	10.6	0.6	10.0	14.4	1.0	8.1	16.0

表 5-24 是否寄宿学校与线上学习前家校合作之当好家长的关系（3）

是否寄宿学校		通过募捐、互助或直接帮助困难家庭			召开家长会等集体会议，与家长正式见面			向家长反馈学生的表现（如家校联系册、短信等）			让家长与学生一起领取成绩单，与家长一起分析学生的学习情况		
		从不	偶尔	经常	从不	偶尔	经常	从不	偶尔	经常	从不	偶尔	经常
是，全部学生寄宿	计数	2932	8386	4471	2016	8723	5050	950	6929	7910	1974	7833	5982
	百分比	18.6	53.1	28.3	12.8	55.2	32.0	6.0	43.9	50.1	12.5	49.6	37.9
是，部分学生寄宿	计数	6755	20813	10605	4720	21673	11780	2018	16484	19671	4559	18769	14845
	百分比	17.7	54.5	27.8	12.4	56.8	30.9	5.3	43.2	51.5	11.9	49.2	38.9
否，没有学生寄宿	计数	14408	42660	23588	7953	45303	27400	2934	31066	46656	10377	37027	33252
	百分比	17.9	52.9	29.2	9.9	56.2	34.0	3.6	38.5	57.8	12.9	45.9	41.2

5.1.9 学校办学水平与线上学习前家校合作之当好家长

在学校办学水平方面，大体上呈现在办学水平越高的学校中，学校教师开展家校合作之当好家长的典型活动或行为为为"经常"的比例越高。

表5-25 学校办学水平与线上学习前家校合作之当好家长的关系 (1)

学校办学水平		指导家长如何创设良好的家庭条件，促进学生成长			组织家长参加家庭教育培训或讲座			指导家长如何与孩子建立良好的亲子关系			向家长提供学生营养、健康、安全和教育政策等信息		
		从不	偶尔	经常	从不	偶尔	经常	从不	偶尔	经常	从不	偶尔	经常
最差	计数	163	964	919	351	1082	613	192	1047	807	179	949	918
	百分比	8.0	47.1	44.9	17.2	52.9	30.0	9.4	51.2	39.4	8.7	46.4	44.9
中下	计数	686	7424	7226	1967	8746	4623	832	7996	6508	817	6974	7545
	百分比	4.5	48.4	47.1	12.8	57.0	30.1	5.3	52.1	42.4	5.3	45.5	49.2
中间	计数	1114	15535	18231	3611	19374	11895	1437	16688	16755	1383	14659	18838
	百分比	3.2	44.5	52.3	10.4	55.5	34.1	4.1	47.8	48.0	4.0	42.0	54.0
中上	计数	1719	23157	34132	5638	30800	22570	2023	25289	31696	2199	22522	34287
	百分比	2.9	39.2	57.8	9.6	52.2	38.2	3.4	42.9	53.7	3.7	38.2	58.1
最好	计数	847	7767	14734	2414	10437	10497	997	8587	13764	1093	7884	14371
	百分比	3.6	33.3	63.1	10.3	44.7	45.0	4.3	36.8	59.0	4.7	33.8	61.6

表5-26 学校办学水平与线上学习前家校合作之当好家长的关系（2）

学校办学水平		指导家长介绍如何选择适合学生的课外书、辅导书			向家长推荐家庭教育亲子关系的书籍和资料			向家长了解学生的特长和性格特征			告知家长学校对家长的要求，如接送区域、作息时间、签名反馈等		
		从不	偶尔	经常	从不	偶尔	经常	从不	偶尔	经常	从不	偶尔	经常
最差	计数	291	1019	736	338	1079	629	148	997	901	185	844	1017
	百分比	14.2	49.8	36.0	16.5	52.7	30.7	7.2	48.7	44.0	9.0	41.3	49.7
中下	计数	1486	7916	5934	2019	8219	5098	604	7430	7302	877	6130	8329
	百分比	9.7	51.6	38.7	13.2	53.6	33.2	3.9	48.4	47.6	5.7	40.0	54.3
中间	计数	3040	16894	14946	4067	17787	13026	1047	15617	18816	1532	13108	20240
	百分比	8.7	48.4	42.8	11.7	51.0	37.3	3.0	44.8	52.2	4.4	37.6	58.0
中上	计数	5512	26097	27399	7040	27768	24200	1557	24023	33428	2626	20014	36368
	百分比	9.3	44.2	46.4	11.9	47.1	41.0	2.6	40.7	56.6	4.5	33.9	61.6
最好	计数	2474	8945	11929	3051	9449	10848	814	8233	14301	1306	6900	15142
	百分比	10.6	38.3	51.1	13.1	40.5	46.5	3.5	35.3	61.3	5.6	29.6	64.9

表 5-27 学校办学水平与线上学习前家校合作之当好家长的关系 （3）

学校办学水平		通过募捐、互助或直接帮助困难家庭			召开家长会等集体会议，与家长正式见面			向家长反馈学生的表现（如家校联系册、短信等）			让家长与学生一起领取成绩单，与家长一起分析学生的学习情况		
		从不	偶尔	经常	从不	偶尔	经常	从不	偶尔	经常	从不	偶尔	经常
最差	计数	468	1069	509	291	1209	546	161	970	915	333	1024	689
	百分比	22.9	52.2	24.9	14.2	59.1	26.7	7.9	47.4	44.7	16.3	50.0	33.7
中下	计数	3070	8645	3621	1830	9301	4205	827	7159	7350	2022	8047	5267
	百分比	20.0	56.4	23.6	11.9	60.6	27.4	5.4	46.7	47.9	13.2	52.5	34.3
中间	计数	6143	19391	9346	3609	20734	10537	1411	15375	18094	4078	17693	13109
	百分比	17.6	55.6	26.8	10.3	59.4	30.2	4.0	44.1	51.9	11.7	50.7	37.6
中上	计数	10247	31638	17123	6150	33040	19818	2346	22954	33708	7334	27502	24172
	百分比	17.4	53.6	29.0	10.4	56.0	33.6	4.0	38.9	57.1	12.4	46.6	41.0
最好	计数	4167	11116	8065	2809	11415	9124	1157	8021	14170	3143	9363	10842
	百分比	17.8	47.6	34.5	12.0	48.9	39.1	5.0	34.4	60.7	13.5	40.1	46.4

5.2 学校特征与线上学习前家校合作之相互交流

5.2.1 学校学段与线上学习前家校合作之相互交流的关系

在学校学段方面，从幼儿园到高中，教师开展家校合作之相互交流的典型活动或行为为为"经常"的比例依次降低。

表 5-28 学校学段与线上学习前家校合作之相互交流的关系（1）

学校学段		开展家访，或在学校接待家长来访			告知家长：学生评奖、考试的评分方法			告知家长：学生考试成绩和排名			告知家长：每学期的家校合作活动时排		
		从不	偶尔	经常	从不	偶尔	经常	从不	偶尔	经常	从不	偶尔	经常
学校有幼儿园	计数	1262	6696	7260	1849	6356	7013	4080	5984	5154	884	5930	8404
	百分比	8.3	44.0	47.7	12.2	41.8	46.1	26.8	39.3	33.9	5.8	39.0	55.2
学校有小学	计数	6178	40107	38282	7211	37695	39661	24350	35213	25004	4264	36190	44113
	百分比	7.3	47.4	45.3	8.5	44.6	46.9	28.8	41.6	29.6	5.0	42.8	52.2
学校有初中	计数	4575	24117	19107	4633	23115	20051	10036	22824	14939	4098	22018	21683
	百分比	9.6	50.5	40.0	9.7	48.4	41.9	21.0	47.7	31.3	8.6	46.1	45.4
学校有高中	计数	2406	9647	5975	2105	9056	6867	2743	8934	6351	2028	8555	7445
	百分比	13.3	53.5	33.1	11.7	50.2	38.1	15.2	49.6	35.2	11.2	47.5	41.3

表 5-29 学校学段与线上学习前家校合作之相互交流的关系（2）

学校学段		告知家长：每学期的学生活动时间安排			告知家长：每学期的教学进度安排			告知家长：家长志愿者计划			告知家长：学校动态（通过QQ群，电话等）		
		从不	偶尔	经常	从不	偶尔	经常	从不	偶尔	经常	从不	偶尔	经常
学校有幼儿园	计数	739	5317	9162	967	5838	8413	2070	6886	6262	567	4281	10370
	百分比	4.9	34.9	60.2	6.4	38.4	55.3	13.6	45.2	41.1	3.7	28.1	68.1
学校有小学	计数	3565	32738	48264	4770	35559	44238	10332	41639	32596	2776	25890	55901
	百分比	4.2	38.7	57.1	5.6	42.0	52.3	12.2	49.2	38.5	3.3	30.6	66.1
学校有初中	计数	3666	20542	23591	4012	22274	21513	7884	24508	15407	2859	17783	27157
	百分比	7.7	43.0	49.4	8.4	46.6	45.0	16.5	51.3	32.2	6.0	37.2	56.8
学校有高中	计数	1871	8098	8059	1991	8765	7272	3372	9425	5231	1567	7222	9239
	百分比	10.4	44.9	44.7	11.0	48.6	40.3	18.7	52.3	29.0	8.7	40.1	51.2

表 5-30 学校学段与线上学习前家校合作之相互交流的关系（3）

学校学段		告知家长：学生获得的奖励或荣誉			告知家长：我得的联系方式和方便的时间，如电话、QQ、微信等			收集家长的关注热点或建议，并反馈			对提出意见或建议的家长，我会向他表示感谢（或表示处理结果）		
		从不	偶尔	经常	从不	偶尔	经常	从不	偶尔	经常	从不	偶尔	经常
学校有幼儿园	计数	688	5372	9158	384	3974	10860	710	5731	8777	461	5013	9744
	百分比	4.5	35.3	60.2	2.5	26.1	71.4	4.7	37.7	57.7	3.0	32.9	64.0
学校有小学	计数	2719	30097	51751	1831	23703	59033	3285	33664	47618	1982	29010	53575
	百分比	3.2	35.6	61.2	2.2	28.0	69.8	3.9	39.8	56.3	2.3	34.3	63.4
学校有初中	计数	2741	19750	25308	1841	16852	29106	3226	21306	23267	2186	19405	26208
	百分比	5.7	41.3	52.9	3.9	35.3	60.9	6.7	44.6	48.7	4.6	40.6	54.8
学校有高中	计数	1543	8013	8472	1088	7122	9818	1712	8506	7810	1293	7929	8806
	百分比												

表5-31　学校学段与上学习前家校合作之相互交流的关系（4）

学校学段		传达给家长的信息，如《致家长的一封信》，要求家长签名或反馈			如果学生的学习或行为出现问题，则向家长联系			组织本校家长间的联谊或交流			将家庭作业的内容告知家长		
		从不	偶尔	经常	从不	偶尔	经常	从不	偶尔	经常	从不	偶尔	经常
学校有幼儿园	计数	636	4098	10484	282	3744	11192	1659	6519	7040	833	4364	10021
	百分比	4.2	26.9	68.9	1.9	24.6	73.5	10.9	42.8	46.3	5.5	28.7	65.8
学校有小学	计数	3270	24350	56947	1348	21797	61422	9323	38457	36787	2947	24722	56898
	百分比	3.9	28.8	67.3	1.6	25.8	72.6	11.0	45.5	43.5	3.5	29.2	67.3
学校有初中	计数	3637	16955	27207	1339	16092	30368	6701	22986	18112	2470	17701	27628
	百分比	7.6	35.5	56.9	2.8	33.7	63.5	14.0	48.1	37.9	5.2	37.0	57.8
学校有高中	计数	1884	7054	9090	871	7101	10056	3056	8946	6026	1593	8188	8247
	百分比	10.5	39.1	50.4	4.8	39.4	55.8	17.0	49.6	33.4	8.8	45.4	45.7

表5-32　学校学段与线上学习前家校合作之相互交流的关系（5）

学校学段		参加专门专业培训或向同行学习家校沟通的技巧			鼓励家长之间结成联系网络，推动家长间的交流		
		从不	偶尔	经常	从不	偶尔	经常
学校有幼儿园	计数	817	6034	8367	1008	5934	8276
	百分比	5.4	39.7	55.0	6.6	39.0	54.4
学校有小学	计数	3540	34985	46042	5037	35038	44492
	百分比	4.2	41.4	54.4	6.0	41.4	52.6
学校有初中	计数	3236	22204	22359	4357	22045	21397
	百分比	6.8	46.5	46.8	9.1	46.1	44.8
学校有高中	计数	1702	9008	7318	2149	8834	7045
	百分比	9.4	50.0	40.6	11.9	49.0	39.1

5.2.2 学校所在地与线上学习前家校合作之相互交流

在学校所在地方面，学校教师开展家校合作之相互交流的典型活动或行为为"经常"的比例，在我国的东部、中部和西部地区学校中各有高低，且差异不大。

表5-33 学校所在地与线上学习前家校合作之相互交流的关系（1）

所在地域		开展家访，或在学校接待家长来访			告知家长：学生评奖、考试的评分方法			告知家长：学生考试成绩和排名			告知家长：每学期的家校合作活动时排		
		从不	偶尔	经常	从不	偶尔	经常	从不	偶尔	经常	从不	偶尔	经常
东部	计数	5367	27949	24386	6450	26610	24642	19847	23346	14509	3858	25144	28700
	百分比	9.3	48.4	42.3	11.2	46.1	42.7	34.4	40.5	25.1	6.7	43.6	49.7
中部	计数	4657	30050	26438	4710	28162	28273	9914	28968	22263	3910	27153	30082
	百分比	7.6	49.1	43.2	7.7	46.1	46.2	16.2	47.4	36.4	6.4	44.4	49.2
西部	计数	1544	7775	6452	1632	7304	6835	4239	6867	4665	1295	7038	7438
	百分比	9.8	49.3	40.9	10.3	46.3	43.3	26.9	43.5	29.6	8.2	44.6	47.2

表5-34 学校所在地与线上学习前家校合作之相互交流的关系（2）

所在地域		告知家长：每学期的学生活动时间安排			告知家长：每学期的教学进度安排			告知家长：家长志愿者计划			告知家长：学校动态（通过QQ群、电话等）		
		从不	偶尔	经常	从不	偶尔	经常	从不	偶尔	经常	从不	偶尔	经常
东部	计数	3444	23421	30837	4053	25416	28233	7478	28261	21963	2713	19084	35905
	百分比	6.0	40.6	53.4	7.0	44.0	48.9	13.0	49.0	38.1	4.7	33.1	62.2
中部	计数	3380	24695	33070	4011	26494	30640	8473	30950	21722	2663	20832	37650
	百分比	5.5	40.4	54.1	6.6	43.3	50.1	13.9	50.6	35.5	4.4	34.1	61.6
西部	计数	1114	6274	8383	1364	7028	7379	3018	8042	4711	894	5110	9767
	百分比	7.1	39.8	53.2	8.6	44.6	46.8	19.1	51.0	29.9	5.7	32.4	61.9

表5-35 学校所在地与线上学习前家校合作之相互交流的关系（3）

所在地域		告知家长：学生获得的奖励或荣誉			告知家长：我的联系方式和方便的时间，如电话、QQ、微信等			收集家长的关注热点或反馈建议，并反馈			对提出意见或建议的家长，我会向他表示感谢（或表示处理结果）		
		从不	偶尔	经常	从不	偶尔	经常	从不	偶尔	经常	从不	偶尔	经常
东部	计数	2639	21781	33282	1845	18261	37596	2969	23370	31363	2024	20685	34993
	百分比	4.6	37.7	57.7	3.2	31.6	65.2	5.1	40.5	54.4	3.5	35.8	60.6
中部	计数	2703	23823	34619	1780	19234	40131	3151	26359	31635	2036	23337	35772
	百分比	4.4	39.0	56.6	2.9	31.5	65.6	5.2	43.1	51.7	3.3	38.2	58.5
西部	计数	884	5923	8964	606	4755	10410	1041	6702	8028	718	5935	9118
	百分比	5.6	37.6	56.8	3.8	30.2	66.0	6.6	42.5	50.9	4.6	37.6	57.8

表5-36　学校所在地与线上学习前家校合作之相互交流的关系（4）

所在地域		传达给家长的信息，如《致家长的一封信》，要求家长签名或反馈			如果学生的学习或问题，行为出现问题，则向家长联系			组织本校家长间的联谊或交流			将家庭作业的内容告知家长		
		从不	偶尔	经常	从不	偶尔	经常	从不	偶尔	经常	从不	偶尔	经常
东部	计数	3415	18064	36223	1422	17263	39017	7588	26497	23617	3296	20378	34028
	百分比	5.9	31.3	62.8	2.5	29.9	67.6	13.2	45.9	40.9	5.7	35.3	59.0
中部	计数	3149	19729	38267	1251	17867	42027	6838	28808	25499	2189	18980	39976
	百分比	5.2	32.3	62.6	2.0	29.2	68.7	11.2	47.1	41.7	3.6	31.0	65.4
西部	计数	1004	5141	9626	478	4674	10619	2405	7394	5972	946	5525	9300
	百分比	6.4	32.6	61.0	3.0	29.6	67.3	15.2	46.9	37.9	6.0	35.0	59.0

表5-37　学校所在地与线上学习前家校合作之相互交流的关系（5）

所在地域		参加专门培训或向同行学习家校沟通的技巧			鼓励家长之间结成联系网络，推动家长间的交流		
		从不	偶尔	经常	从不	偶尔	经常
东部	计数	2910	24628	30164	4401	24937	28364
	百分比	5.0	42.7	52.3	7.6	43.2	49.2
中部	计数	3446	27216	30483	4217	26709	30219
	百分比	5.6	44.5	49.9	6.9	43.7	49.4
西部	计数	1109	6931	7731	1417	6910	7444
	百分比	7.0	43.9	49.0	9.0	43.8	47.2

5.2.3 学校地域类型与线上学习前家校合作之相互交流

在学校地域类型方面，学校教师开展家校合作之相互交流的典型活动或行为为"经常"的比例，在市区学校、县城学校、镇乡学校、村社学校各有高低。

表5-38 学校地域类型与线上学习前家校合作之相互交流的关系（1）

学校所在地		开展家访，或在学校接待家长来访			告知家长：学生评奖、考试的评分方法			告知家长：学生考试成绩和排名			告知家长：每学期的家校合作活动时排		
		从不	偶尔	经常	从不	偶尔	经常	从不	偶尔	经常	从不	偶尔	经常
市区	计数	4261	20063	16742	4032	18312	18722	11893	17321	11852	3162	17229	20675
	百分比	10.4	48.9	40.8	9.8	44.6	45.6	29.0	42.2	28.9	7.7	42.0	50.3
县城	计数	2604	13556	11807	2649	12527	12791	5925	12510	9532	2066	12033	13868
	百分比	9.3	48.5	42.2	9.5	44.8	45.7	21.2	44.7	34.1	7.4	43.0	49.6
镇乡	计数	3835	25821	22117	4860	24881	22032	12644	23420	15709	3051	23913	24809
	百分比	7.4	49.9	42.7	9.4	48.1	42.6	24.4	45.2	30.3	5.9	46.2	47.9
村社	计数	868	6334	6610	1251	6356	6205	3538	5930	4344	784	6160	6868
	百分比	6.3	45.9	47.9	9.1	46.0	44.9	25.6	42.9	31.5	5.7	44.6	49.7

表 5-39　学校地域类型与线上学习前家校合作之相互交流的关系（2）

学校所在地		告知家长：每学期的学生活动时间安排			告知家长：每学期的教学进度安排			告知家长：家长志愿者计划			告知家长：学校动态（通过 QQ 群、电话等）		
		从不	偶尔	经常	从不	偶尔	经常	从不	偶尔	经常	从不	偶尔	经常
市区	计数	2787	15944	22335	2955	17189	20922	5743	19731	15592	2378	13565	25123
	百分比	6.8	38.8	54.4	7.2	41.9	50.9	14.0	48.0	38.0	5.8	33.0	61.2
县城	计数	1833	10878	15256	2044	11889	14034	4071	13672	10224	1486	9201	17280
	百分比	6.6	38.9	54.6	7.3	42.5	50.2	14.6	48.9	36.6	5.3	32.9	61.8
镇乡	计数	2694	22002	27077	3480	23860	24433	6977	26896	17900	1982	17964	31827
	百分比	5.2	42.5	52.3	6.7	46.1	47.2	13.5	51.9	34.6	3.8	34.7	61.5
村社	计数	624	5566	7622	949	6000	6863	2178	6954	4680	424	4296	9092
	百分比	4.5	40.3	55.2	6.9	43.4	49.7	15.8	50.3	33.9	3.1	31.1	65.8

表 5-40　学校地域类型与线上学习前家校合作之相互交流的关系（3）

学校所在地		告知家长：学生获得的奖励或荣誉			告知家长：我的联系方式和方便的时间，如电话、QQ、微信等			收集家长的关注热点或建议，并反馈			对提出意见或建议的家长，我会向他反馈处理结果（或表示感谢）		
		从不	偶尔	经常	从不	偶尔	经常	从不	偶尔	经常	从不	偶尔	经常
市区	计数	2220	15144	23702	1642	12951	26473	2519	16767	21780	1790	14902	24374
	百分比	5.4	36.9	57.7	4.0	31.5	64.5	6.1	40.8	53.0	4.4	36.3	59.4
县城	计数	1493	10489	15985	1057	8733	18177	1690	11667	14610	1148	10374	16445
	百分比	5.3	37.5	57.2	3.8	31.2	65.0	6.0	41.7	52.2	4.1	37.1	58.8
镇乡	计数	2068	20732	28973	1299	16795	33679	2441	22308	27024	1565	19890	30318
	百分比	4.0	40.0	56.0	2.5	32.4	65.1	4.7	43.1	52.2	3.0	38.4	58.6
村社	计数	445	5162	8205	233	3771	9808	511	5689	7612	275	4791	8746
	百分比	3.2	37.4	59.4	1.7	27.3	71.0	3.7	41.2	55.1	2.0	34.7	63.3

表 5-41 学校地域类型与线上学习前家校合作之相互交流的关系（4）

学校所在地		传达给家长的信息，如《致家长的一封信》，要求家长签名或反馈			如果学生的学习或行为出现问题，则向家长联系			组织本校家长间的联谊或交流			将家庭作业的内容告知家长		
		从不	偶尔	经常	从不	偶尔	经常	从不	偶尔	经常	从不	偶尔	经常
市区	计数	3022	13718	24326	1303	12547	27216	5925	18612	16529	2368	14043	24655
	百分比	7.4	33.4	59.2	3.2	30.6	66.3	14.4	45.3	40.2	5.8	34.2	60.0
县城	计数	1776	9064	17127	755	8356	18856	3613	12872	11482	1545	9083	17339
	百分比	6.4	32.4	61.2	2.7	29.9	67.4	12.9	46.0	41.1	5.5	32.5	62.0
镇乡	计数	2380	16432	32961	933	15510	35330	5829	24700	21244	2089	17642	32042
	百分比	4.6	31.7	63.7	1.8	30.0	68.2	11.3	47.7	41.0	4.0	34.1	61.9
村社	计数	390	3720	9702	160	3391	10261	1464	6515	5833	429	4115	9268
	百分比	2.8	26.9	70.2	1.2	24.6	74.3	10.6	47.2	42.2	3.1	29.8	67.1

表 5-42 学校地域类型与线上学习前家校合作之相互交流的关系（5）

学校所在地		参加专门培训或向同行学习家校沟通的技巧			鼓励家长之间结成联系网络，推动家长间的交流		
		从不	偶尔	经常	从不	偶尔	经常
市区	计数	2493	17377	21196	3630	17515	19921
	百分比	6.1	42.3	51.6	8.8	42.7	48.5
县城	计数	1786	12125	14056	2224	11921	13822
	百分比	6.4	43.4	50.3	8.0	42.6	49.4
镇乡	计数	2518	23228	26027	3372	23167	25234
	百分比	4.9	44.9	50.3	6.5	44.7	48.7
村社	计数	668	6045	7099	809	5953	7050
	百分比	4.8	43.8	51.4	5.9	43.1	51.0

5.2.4　学校性质与线上学习前家校合作之相互交流

在学校性质方面，学校教师开展家校合作之相互交流的典型活动或行为为"经常"的比例，总体上公办学校、民办公助学校高于普通民办学校、民办打工子弟学校。

表5-43　学校性质与线上学习前家校合作之相互交流的关系（1）

学校性质		开展家访，或在学校接待家长来访			告知家长：学生评奖、考试的评分方法			告知家长：学生考试成绩和排名			告知家长：每学期的家校合作活动时排		
		从不	偶尔	经常	从不	偶尔	经常	从不	偶尔	经常	从不	偶尔	经常
公办学校	计数	9836	57035	49889	11151	53607	52002	29904	50925	35931	7992	51261	57507
	百分比	8.4	48.8	42.7	9.6	45.9	44.5	25.6	43.6	30.8	6.8	43.9	49.3
民办公助	计数	576	2824	2458	538	2662	2658	1456	2592	1810	340	2605	2913
	百分比	9.8	48.2	42.0	9.2	45.4	45.4	24.9	44.2	30.9	5.8	44.5	49.7
普通民办学校	计数	995	5118	4289	930	5012	4460	2225	4932	3245	623	4712	5067
	百分比	9.6	49.2	41.2	8.9	48.2	42.9	21.4	47.4	31.2	6.0	45.3	48.7
民办打工子弟学校	计数	161	797	640	173	795	630	415	732	451	108	757	733
	百分比	10.1	49.9	40.1	10.8	49.7	39.4	26.0	45.8	28.2	6.8	47.4	45.9

表 5-44　学校性质与线上学习前家校合作之相互交流的关系（2）

学校性质		告知家长：每学期的学生活动时间安排			告知家长：每学期的教学进度安排			告知家长：志愿者计划			告知家长：学校动态（通过QQ群、电话等）		
		从不	偶尔	经常	从不	偶尔	经常	从不	偶尔	经常	从不	偶尔	经常
公办学校	计数	7014	46765	62981	8320	50780	57660	16914	58023	41823	5511	38926	72323
	百分比	6.0	40.1	53.9	7.1	43.5	49.4	14.5	49.7	35.8	4.7	33.3	61.9
民办公助	计数	312	2455	3091	335	2601	2922	613	2891	2354	258	2052	3548
	百分比	5.3	41.9	52.8	5.7	44.4	49.9	10.5	49.4	40.2	4.4	35.0	60.6
普通民办学校	计数	524	4473	5405	663	4797	4942	1225	5479	3698	431	3502	6469
	百分比	5.0	43.0	52.0	6.4	46.1	47.5	11.8	52.7	35.6	4.1	33.7	62.2
民办打工子弟学校	计数	88	697	813	110	760	728	217	860	521	70	546	982
	百分比	5.5	43.6	50.9	6.9	47.6	45.6	13.6	53.8	32.6	4.4	34.2	61.5

表 5-45　学校性质与线上学习前家校合作之相互交流的关系（3）

学校性质		告知家长：学生获得的奖励或荣誉			告知家长：我的联系方式和方便的时间，如电话、QQ、微信等			收集家长的关注热点或建议，并反馈			对提出意见建议的家长，我会向他反馈处理结果（或表示感谢）		
		从不	偶尔	经常	从不	偶尔	经常	从不	偶尔	经常	从不	偶尔	经常
公办学校	计数	5440	44467	66853	3719	36399	76642	6272	48954	61534	4168	43176	69416
	百分比	4.7	38.1	57.3	3.2	31.2	65.6	5.4	41.9	52.7	3.6	37.0	59.5
民办公助	计数	249	2287	3322	168	1981	3709	271	2413	3174	193	2240	3425
	百分比	4.3	39.0	56.7	2.9	33.8	63.3	4.6	41.2	54.2	3.3	38.2	58.5
普通民办学校	计数	447	4141	5814	286	3349	6767	528	4379	5495	353	3927	6122
	百分比	4.3	39.8	55.9	2.7	32.2	65.1	5.1	42.1	52.8	3.4	37.8	58.9
民办打工子弟学校	计数	90	632	876	58	521	1019	90	685	823	64	614	920
	百分比	5.6	39.5	54.8	3.6	32.6	63.8	5.6	42.9	51.5	4.0	38.4	57.6

表 5-46 学校性质与线上学习前家校合作之相互交流的关系（4）

学校性质		传达给家长的信息，如《致家长的一封信》，要求家长签名或反馈			如果学生的学习或行为出现问题，则向家长联系			组织本校家长间的联谊或交流			将家庭作业的内容告知给家长		
		从不	偶尔	经常	从不	偶尔	经常	从不	偶尔	经常	从不	偶尔	经常
公办学校	计数	6595	36997	73168	2720	34153	79887	14924	54360	47476	5767	38977	72016
	百分比	5.6	31.7	62.7	2.3	29.3	68.4	12.8	46.6	40.7	4.9	33.4	61.7
民办公助	计数	329	2055	3474	140	1909	3809	611	2598	2649	216	2053	3589
	百分比	5.6	35.1	59.3	2.4	32.6	65.0	10.4	44.3	45.2	3.7	35.0	61.3
普通民办学校	计数	556	3360	6486	245	3235	6922	1109	4945	4348	375	3321	6706
	百分比	5.3	32.3	62.4	2.4	31.1	66.5	10.7	47.5	41.8	3.6	31.9	64.5
民办打工子弟学校	计数	88	522	988	46	507	1045	187	796	615	73	532	993
	百分比	5.5	32.7	61.8	2.9	31.7	65.4	11.7	49.8	38.5	4.6	33.3	62.1

表 5-47 学校性质与线上学习前家校合作之相互交流的关系（5）

学校性质		参加专门培训或同行学习家校沟通的技巧			鼓励家长之间结成联系网络，推动家长间的交流		
		从不	偶尔	经常	从不	偶尔	经常
公办学校	计数	6600	51097	59063	8781	50681	57298
	百分比	5.7	43.8	50.6	7.5	43.4	49.1
民办公助	计数	297	2465	3096	396	2518	2944
	百分比	5.1	42.1	52.9	6.8	43.0	50.3
普通民办学校	计数	485	4499	5418	729	4623	5050
	百分比	4.7	43.3	52.1	7.0	44.4	48.5
民办打工子弟学校	计数	83	714	801	129	734	735
	百分比	5.2	44.7	50.1	8.1	45.9	46.0

5.2.5 学校规模与线上学习前家校合作之相互交流

在学校规模方面，学校规模越大，学校教师开展家校合作之相互交流的典型活动或行为为为"经常"的比例越低。

表 5-48　学校规模与线上学习前家校合作之相互交流的关系（1）

学校规模		开展家访，或在学校接待家长来访			告知家长：学生评奖、考试的评分方法			告知家长：学生考试成绩和排名			告知家长：每学期的家校合作活动时排		
		从不	偶尔	经常	从不	偶尔	经常	从不	偶尔	经常	从不	偶尔	经常
小型学校（1000 人以下）	计数	4153	26043	25106	5172	24825	25305	13762	23502	18038	3327	23746	28229
	百分比	7.5	47.1	45.4	9.4	44.9	45.8	24.9	42.5	32.6	6.0	42.9	51.0
中型学校（1001~2500 人）	计数	4265	22640	18921	4672	21416	19738	13347	19992	12487	3250	20443	22133
	百分比	9.3	49.4	41.3	10.2	46.7	43.1	29.1	43.6	27.2	7.1	44.6	48.3
大型学校（2501~4000 人）	计数	2072	11014	8529	1972	10222	9421	4881	10130	6604	1596	9805	10214
	百分比	9.6	51.0	39.5	9.1	47.3	43.6	22.6	46.9	30.6	7.4	45.4	47.3
巨型学校（4000 人以上）	计数	972	5421	3963	855	4939	4562	1808	4920	3628	783	4673	4900
	百分比	9.4	52.3	38.3	8.3	47.7	44.1	17.5	47.5	35.0	7.6	45.1	47.3

表 5-49 学校规模与线上学习前家校合作之相互交流的关系（2）

学校规模		告知家长：每学期的学生活动时间安排			告知家长：每学期的教学进度安排			告知家长：家长志愿者计划			告知家长：学校动态（通过QQ群、电话等）		
		从不	偶尔	经常	从不	偶尔	经常	从不	偶尔	经常	从不	偶尔	经常
小型学校（1000人以下）	计数	2880	21555	30867	3679	23328	28295	7849	27149	20304	2216	17800	35286
	百分比	5.2	39.0	55.8	6.7	42.2	51.2	14.2	49.1	36.7	4.0	32.2	63.8
中型学校（1001~2500人）	计数	2848	18801	24177	3325	20497	22004	6426	22993	16407	2264	15438	28124
	百分比	6.2	41.0	52.8	7.3	44.7	48.0	14.0	50.2	35.8	4.9	33.7	61.4
大型学校（2501~4000人）	计数	1410	9112	11093	1583	9836	10196	3042	11106	7467	1132	7614	12869
	百分比	6.5	42.2	51.3	7.3	45.5	47.2	14.1	51.4	34.5	5.2	35.2	59.5
巨型学校（4000人以上）	计数	706	4336	5314	735	4654	4967	1396	5281	3679	591	3674	6091
	百分比	6.8	41.9	51.3	7.1	44.9	48.0	13.5	51.0	35.5	5.7	35.5	58.8

表 5-50 学校规模与线上学习前家校合作之相互交流的关系（3）

学校规模		告知家长：学生获得的奖励或荣誉			告知家长：我获得的方式和方便的时间，如电话、QQ、微信等			收集家长的关注热点或建议，并反馈			对提出意见或建议的家长，我会向他反馈处理结果（或表示感谢）		
		从不	偶尔	经常	从不	偶尔	经常	从不	偶尔	经常	从不	偶尔	经常
小型学校（1000人以下）	计数	2334	20620	32348	1504	16369	37429	2693	22509	30100	1704	19904	33694
	百分比	4.2	37.3	58.5	2.7	29.6	67.7	4.9	40.7	54.4	3.1	36.0	60.9
中型学校（1001~2500人）	计数	2188	17528	26110	1558	14581	29687	2523	19384	23919	1711	17043	27072
	百分比	4.8	38.2	57.0	3.4	31.8	64.8	5.5	42.3	52.2	3.7	37.2	59.1
大型学校（2501~4000人）	计数	1074	8632	11909	762	7321	13532	1258	9378	10979	871	8392	12352
	百分比	5.0	39.9	55.1	3.5	33.9	62.6	5.8	43.4	50.8	4.0	38.8	57.1
巨型学校（4000人以上）	计数	559	4161	5636	356	3560	6440	610	4533	5213	439	4072	5845
	百分比	5.4	40.2	54.4	3.4	34.4	62.2	5.9	43.8	50.3	4.2	39.3	56.4

表 5-51　学校规模与线上学习前家校合作之相互交流的关系（4）

学校规模		传达给家长的信息，如《致家长的一封信》，要求家长签名或反馈			如果学生的学习或行为出现问题，则向家长联系			组织本校家长间的联谊或交流			将家庭作业的内容告知家长		
		从不	偶尔	经常	从不	偶尔	经常	从不	偶尔	经常	从不	偶尔	经常
小型学校（1000人以下）	计数	2508	16728	36066	1104	15233	38965	6209	25134	23959	2459	17615	35228
	百分比	4.5	30.2	65.2	2.0	27.5	70.5	11.2	45.4	43.3	4.4	31.9	63.7
中型学校（1001~2500人）	计数	2833	14923	28070	1142	13792	30892	6202	21670	17954	2293	15518	28015
	百分比	6.2	32.6	61.3	2.5	30.1	67.4	13.5	47.3	39.2	5.0	33.9	61.1
大型学校（2501~4000人）	计数	1446	7299	12870	564	6982	14069	2892	10307	8416	1063	7561	12991
	百分比	6.7	33.8	59.5	2.6	32.3	65.1	13.4	47.7	38.9	4.9	35.0	60.1
巨型学校（4000人以上）	计数	721	3544	6091	298	3398	6660	1370	4922	4064	555	3718	6083
	百分比	7.0	34.2	58.8	2.9	32.8	64.3	13.2	47.5	39.2	5.4	35.9	58.7

表 5-52　学校规模与线上学习前家校合作之相互交流的关系（5）

学校规模		参加专门培训或向同行学习家校沟通的技巧			鼓励家长之间结成联系网络，推动家长间的交流		
		从不	偶尔	经常	从不	偶尔	经常
小型学校（1000人以下）	计数	2958	23498	28846	3704	23317	28281
	百分比	5.3	42.5	52.2	6.7	42.2	51.1
中型学校（1001~2500人）	计数	2502	20174	23150	3654	20191	21981
	百分比	5.5	44.0	50.5	8.0	44.1	48.0
大型学校（2501~4000人）	计数	1245	9751	10619	1733	9727	10155
	百分比	5.8	45.1	49.1	8.0	45.0	47.0
巨型学校（4000人以上）	计数	658	4694	5004	842	4656	4858
	百分比	6.4	45.3	48.3	8.1	45.0	46.9

5.2.6 农村学生比例与线上学习前家校合作之相互交流

在学校农村学生比例方面，学校教师开展家校合作之相互交流的典型活动或行为为"经常"的比例，在不同类型的学校中各有高低，但农村学生比例高的学校相对较低。

表 5-53 农村学生比例与线上学习前家校合作之相互交流的关系（1）

学校农村学生比例		开展家访，或在学校接待家长来访			告知家长:学生评奖、考试的评分方法			告知家长:学生考试成绩和排名			告知家长:每学期的家校合作活动时排		
		从不	偶尔	经常	从不	偶尔	经常	从不	偶尔	经常	从不	偶尔	经常
低(0~20)	计数	3469	16557	14034	3579	15231	15250	10389	14077	9594	2595	14426	17039
	百分比	10.2	48.6	41.2	10.5	44.7	44.8	30.5	41.3	28.2	7.6	42.4	50.0
中(20~50)	计数	2948	15781	12579	2837	14793	13678	7298	14362	9648	2155	14134	15019
	百分比	9.4	50.4	40.2	9.1	47.2	43.7	23.3	45.9	30.8	6.9	45.1	48.0
高(50~100)	计数	5027	32758	30011	6248	31431	30117	16062	30140	21594	4225	30158	33413
	百分比	7.4	48.3	44.3	9.2	46.4	44.4	23.7	44.5	31.9	6.2	44.5	49.3

表 5-54 农村学生比例与上学习前家校合作之相互交流的关系（2）

学校农村学生比例		告知家长：每学期的学生活动时间安排			告知家长：每学期的教学进度安排			告知家长：家长志愿者计划			告知家长：学校动态（通过QQ群、电话等）		
		从不	偶尔	经常	从不	偶尔	经常	从不	偶尔	经常	从不	偶尔	经常
低（0~20）	计数	2274	13376	18410	2421	14375	17264	4586	16247	13227	1917	11304	20839
	百分比	6.7	39.3	54.1	7.1	42.2	50.7	13.5	47.7	38.8	5.6	33.2	61.2
中（20~50）	计数	1947	13082	16279	2123	14095	15090	4095	15962	11251	1580	11055	18673
	百分比	6.2	41.8	52.0	6.8	45.0	48.2	13.1	51.0	35.9	5.0	35.3	59.6
高（50~100）	计数	3640	27346	36810	4789	29864	33143	10147	34354	23295	2698	22159	42939
	百分比	5.4	40.3	54.3	7.1	44.0	48.9	15.0	50.7	34.4	4.0	32.7	63.3

表 5-55 农村学生比例与上学习前家校合作之相互交流的关系（3）

学校农村学生比例		告知家长：学生获得的奖励或荣誉			告知家长：我的联系方式和方便的时间，如电话、QQ、微信等			收集家长的关注热点或建议，并反馈			对提出意见或建议的家长，我会向他反馈处理结果（或表示感谢）		
		从不	偶尔	经常	从不	偶尔	经常	从不	偶尔	经常	从不	偶尔	经常
低（0~20）	计数	1840	12582	19638	1342	10807	21911	2058	13854	18148	1457	12369	20234
	百分比	5.4	36.9	57.7	3.9	31.7	64.3	6.0	40.7	53.3	4.3	36.3	59.4
中（20~50）	计数	1521	12520	17267	1062	10695	19551	1743	13627	15938	1211	12219	17878
	百分比	4.9	40.0	55.2	3.4	34.2	62.4	5.6	43.5	50.9	3.9	39.0	57.1
高（50~100）	计数	2784	25884	39128	1768	20270	45758	3266	28381	36149	2045	24822	40929
	百分比	4.1	38.2	57.7	2.6	29.9	67.5	4.8	41.9	53.3	3.0	36.6	60.4

表5-56 农村学生比例与线上学习前家校合作之相互交流的关系 （4）

学校农村学生比例		传达给家长的信息，如《致家长的一封信》，要求家长签名或反馈			如果学生的学习问题，行为出现问题，则向家长联系			组织本校家长之间的联谊或交流			将家庭作业的内容告知家长		
		从不	偶尔	经常	从不	偶尔	经常	从不	偶尔	经常	从不	偶尔	经常
低（0~20）	计数	2421	11255	20384	1063	10470	22527	4857	15393	13810	2031	11637	20392
	百分比	7.1	33.0	59.8	3.1	30.7	66.1	14.3	45.2	40.5	6.0	34.2	59.9
中（20~50）	计数	1949	10775	18584	817	10057	20434	3854	14965	12489	1549	11018	18741
	百分比	6.2	34.4	59.4	2.6	32.1	65.3	12.3	47.8	39.9	4.9	35.2	59.9
高（50~100）	计数	3113	20441	44242	1217	18817	47762	7987	31716	28093	2783	21754	43259
	百分比	4.6	30.2	65.3	1.8	27.8	70.4	11.8	46.8	41.4	4.1	32.1	63.8

表5-57 农村学生比例与线上学习前家校合作之相互交流的关系 （5）

学校农村学生比例		参加专门培训或向同行学习家校沟通的技巧			鼓励家长之间结成联系网络，推动家长间的交流		
		从不	偶尔	经常	从不	偶尔	经常
低（0~20）	计数	2064	14581	17415	2920	14524	16616
	百分比	6.1	42.8	51.1	8.6	42.6	48.8
中（20~50）	计数	1800	13982	15526	2418	13903	14987
	百分比	5.7	44.7	49.6	7.7	44.4	47.9
高（50~100）	计数	3519	29617	34660	4609	29537	33650
	百分比	5.2	43.7	51.1	6.8	43.6	49.6

5.2.7　学校家长类型与线上学习前家校合作之相互交流

在学校家长类型方面，学校教师开展家校合作之相互交流的典型活动或行为为"经常"的比例，在不同家长类型的学校间各有高低。

表 5-58　学校家长主要类型与线上学习前家校合作之相互交流的关系（1）

学校家长主要类型		开展家访，或在学校接待家长来访			告知家长：学生评奖、考试的评分方法			告知家长：学生考试成绩和排名			告知家长：每学期的家校合作活动时排		
		从不	偶尔	经常	从不	偶尔	经常	从不	偶尔	经常	从不	偶尔	经常
农民为主	计数	4243	26668	25275	5162	25547	25477	12643	24704	18839	3660	24705	27821
	百分比	7.6	47.5	45.0	9.2	45.5	45.3	22.5	44.0	33.5	6.5	44.0	49.5
工人、小贩等为主	计数	5801	31779	25927	6074	29807	27626	17043	28292	18172	4313	28255	30939
	百分比	9.1	50.0	40.8	9.6	46.9	43.5	26.8	44.5	28.6	6.8	44.5	48.7
知识份子、管理人员、公务员等为主	计数	1524	7327	6074	1556	6722	6647	4314	6185	4426	1090	6375	7460
	百分比	10.2	49.1	40.7	10.4	45.0	44.5	28.9	41.4	29.7	7.3	42.7	50.0

表 5-59　学校家长类型与线上学习前家校合作之相互交流的关系（2）

学校家长主要类型		告知家长:每学期的学生活动时间同安排			告知家长:每学期的教学进度安排			告知家长:家长志愿者计划			告知家长:学校动态（通过 QQ 群、电话等）		
		从不	偶尔	经常	从不	偶尔	经常	从不	偶尔	经常	从不	偶尔	经常
农民为主	计数	3240	22351	30595	4109	24339	27738	8698	28023	19465	2479	18633	35074
	百分比	5.8	39.8	54.5	7.3	43.3	49.4	15.5	49.9	34.6	4.4	33.2	62.4
工人、小贩等为主	计数	3780	26044	33683	4313	28288	30906	8425	32106	22976	2965	21323	39219
	百分比	6.0	41.0	53.0	6.8	44.5	48.7	13.3	50.6	36.2	4.7	33.6	61.8
知识份子、管理人员、公务员等为主	计数	918	5995	8012	1006	6311	7608	1846	7124	5955	826	5070	9029
	百分比	6.2	40.2	53.7	6.7	42.3	51.0	12.4	47.7	39.9	5.5	34.0	60.5

表 5-60　学校家长类型与线上学习前家校合作之相互交流的关系（3）

学校家长主要类型		告知家长:学生获得的奖励或荣誉			告知家长:我的联系方式和方便的时间,如电话、QQ、微信等			收集家长的关注热点或建议,并反馈			对提出意见或建议的家长,我会向他反馈处理结果（或表示感谢）		
		从不	偶尔	经常	从不	偶尔	经常	从不	偶尔	经常	从不	偶尔	经常
农民为主	计数	2614	21357	32215	1674	17017	37495	2965	23302	29919	1904	20724	33558
	百分比	4.7	38.0	57.3	3.0	30.3	66.7	5.3	41.5	53.2	3.4	36.9	59.7
工人、小贩等为主	计数	2826	24478	36203	1965	20308	41234	3343	27070	33094	2238	23705	37564
	百分比	4.4	38.5	57.0	3.1	32.0	64.9	5.3	42.6	52.1	3.5	37.3	59.1
知识份子、管理人员、公务员等为主	计数	786	5692	8447	592	4925	9408	853	6059	8013	636	5528	8761
	百分比	5.3	38.1	56.6	4.0	33.0	63.0	5.7	40.6	53.7	4.3	37.0	58.7

表 5-61 学校家长类型与线上学习前家校合作之相互交流的关系（4）

学校家长主要类型		传达给家长的信息，如《致家长的一封信》，要求家长签名或反馈			如果学生的学习或行为出现问题，则向家长联系			组织本校家长间的联谊或交流			将家庭作业的内容告知家长		
		从不	偶尔	经常	从不	偶尔	经常	从不	偶尔	经常	从不	偶尔	经常
农民为主	计数	2749	17269	36168	1170	15889	39127	6563	26005	23618	2553	18215	35418
	百分比	4.9	30.7	64.4	2.1	28.3	69.6	11.7	46.3	42.0	4.5	32.4	63.0
工人、小贩等为主	计数	3824	20628	39055	1495	19240	42772	8352	29997	25158	3036	21537	38934
	百分比	6.0	32.5	61.5	2.4	30.3	67.4	13.2	47.2	39.6	4.8	33.9	61.3
知识份子、管理人员、公务员等为主	计数	995	5037	8893	486	4675	9764	1916	6697	6312	842	5131	8952
	百分比	6.7	33.7	59.6	3.3	31.3	65.4	12.8	44.9	42.3	5.6	34.4	60.0

表 5-62 学校家长类型与线上学习前家校合作之相互交流的关系（5）

学校家长主要类型		参加专门培训或同行学习家校沟通的技巧			鼓励家长之间结成联系网络，推动家长间的交流		
		从不	偶尔	经常	从不	偶尔	经常
农民为主	计数	3215	24453	28518	3990	24204	27992
	百分比	5.7	43.5	50.8	7.1	43.1	49.8
工人、小贩等为主	计数	3357	28141	32009	4849	28165	30493
	百分比	5.3	44.3	50.4	7.6	44.3	48.0
知识份子、管理人员、公务员等为主	计数	893	6181	7851	1196	6187	7542
	百分比	6.0	41.4	52.6	8.0	41.5	50.5

5.2.8 是否寄宿学校与线上学习前家校合作之相互交流

在是否寄宿学校方面，学校教师开展家校合作之相互交流的典型活动或行为为"经常"的比例，由高到低依次是非寄宿学校、部分学生寄宿学校、全部学生寄宿学校。

表 5-63 是否寄宿学校与线上学习前家校合作之相互交流的关系 （1）

是否寄宿学校		开展家访，或在学校接待家长来访			告知家长：学生评奖、考试的评分方法			告知家长：学生考试成绩和排名			告知家长：每学期的家校合作活动时排		
		从不	偶尔	经常	从不	偶尔	经常	从不	偶尔	经常	从不	偶尔	经常
是，全部学生寄宿	计数	1645	8102	6042	1621	7677	6491	3038	7540	5211	1400	7393	6996
	百分比	10.4	51.3	38.3	10.3	48.6	41.1	19.2	47.8	33.0	8.9	46.8	44.3
是，部分学生寄宿	计数	3543	19194	15436	3591	18215	16367	7246	18041	12886	3027	17461	17685
	百分比	9.3	50.3	40.4	9.4	47.7	42.9	19.0	47.3	33.8	7.9	45.7	46.3
否，没有学生寄宿	计数	6380	38478	35798	7580	36184	36892	23716	33600	23340	4636	34481	41539
	百分比	7.9	47.7	44.4	9.4	44.9	45.7	29.4	41.7	28.9	5.7	42.8	51.5

表 5-64 是否寄宿学校与线上学习前家校合作之相互交流的关系 (2)

是否寄宿制学校		告知家长：每学期的学生活动时间安排			告知家长：每学期的教学进度安排			告知家长：家长志愿者计划			告知家长：学校动态（通过QQ群、电话等）		
		从不	偶尔	经常	从不	偶尔	经常	从不	偶尔	经常	从不	偶尔	经常
是，全部学生寄宿	计数	1282	7002	7505	1471	7510	6808	2502	8152	5135	1012	6140	8637
	百分比	8.1	44.3	47.5	9.3	47.6	43.1	15.8	51.6	32.5	6.4	38.9	54.7
是，部分学生寄宿	计数	2744	16121	19308	3154	17512	17507	6008	19607	12558	2171	13822	22180
	百分比	7.2	42.2	50.6	8.3	45.9	45.9	15.7	51.4	32.9	5.7	36.2	58.1
否，没有学生寄宿	计数	3912	31267	45477	4803	33916	41937	10459	39494	30703	3087	25064	52505
	百分比	4.9	38.8	56.4	6.0	42.1	52.0	13.0	49.0	38.1	3.8	31.1	65.1

表 5-65 是否寄宿学校与线上学习前家校合作之相互交流的关系 (3)

是否寄宿制学校		告知家长：学生获得的奖励或荣誉			告知家长：我的联系方式和方便的时间，如电话、QQ、微信等			收集家长的关注点或热点问题，建议，并反馈			对提出意见或建议的家长，我会向他反馈处理结果（或表示感谢）		
		从不	偶尔	经常	从不	偶尔	经常	从不	偶尔	经常	从不	偶尔	经常
是，全部学生寄宿	计数	960	6706	8123	700	5931	9158	1097	7110	7582	814	6586	8389
	百分比	6.1	42.5	51.4	4.4	37.6	58.0	6.9	45.0	48.0	5.2	41.7	53.1
是，部分学生寄宿	计数	2160	15442	20571	1413	12966	23794	2496	16713	18964	1718	15135	21320
	百分比	5.7	40.5	53.9	3.7	34.0	62.3	6.5	43.8	49.7	4.5	39.6	55.9
否，没有学生寄宿	计数	3106	29379	48171	2118	23353	55185	3568	32608	44480	2246	28236	50174
	百分比	3.9	36.4	59.7	2.6	29.0	68.4	4.4	40.4	55.1	2.8	35.0	62.2

表 5-66　是否寄宿学校与线上学习前家校合作之相互交流的关系（5）

是否寄宿制学校		传达给家长的信息，如《致家长的一封信》，要求家长签名或反馈			如果学生出现学习或行为问题，则向家长联系			组织本校家长间的联谊或交流			将家庭作业的内容告知家长		
		从不	偶尔	经常	从不	偶尔	经常	从不	偶尔	经常	从不	偶尔	经常
是，全部学生寄宿	计数	1218	5897	8674	540	5804	9445	2176	7528	6085	1012	6380	8397
	百分比	7.7	37.3	54.9	3.4	36.8	59.8	13.8	47.7	38.5	6.4	40.4	53.2
是，部分学生寄宿	计数	2676	13007	22490	1071	12352	24750	5052	18248	14873	2014	13966	22193
	百分比	7.0	34.1	58.9	2.8	32.4	64.8	13.2	47.8	39.0	5.3	36.6	58.1
否，没有学生寄宿	计数	3674	24030	52952	1540	21648	57468	9603	36923	34130	3405	24537	52714
	百分比	4.6	29.8	65.7	1.9	26.8	71.3	11.9	45.8	42.3	4.2	30.4	65.4

表 5-67　是否寄宿学校与线上学习前家校合作之相互交流的关系（6）

是否寄宿制学校		参加专门培训或向同行学习家校沟通的技巧			鼓励家长之间结成联系网络，推动家长间的交流		
		从不	偶尔	经常	从不	偶尔	经常
是，全部学生寄宿	计数	1130	7366	7293	1413	7430	6946
	百分比	7.2	46.7	46.2	8.9	47.1	44.0
是，部分学生寄宿	计数	2570	17487	18116	3258	17373	17542
	百分比	6.7	45.8	47.5	8.5	45.5	46.0
否，没有学生寄宿	计数	3765	33922	42969	5364	33753	41539
	百分比	4.7	42.1	53.3	6.7	41.8	51.5

5.2.9　学校办学水平与线上学习前家校合作之相互交流

在学校办学水平方面，大体上呈现在办学水平越高的学校中，学校教师开展家校合作之相互交流的典型活动或行为为为"经常"的比例越高。

表 5-68　学校办学水平与线上学习前家校合作之相互交流的关系（1）

学校办学水平		开展家访，或在学校接待家长来访			告知家长:学生评奖、考试的评分方法			告知家长:学生考试成绩和排名			告知家长:每学期的家校合作活动时排		
		从不	偶尔	经常	从不	偶尔	经常	从不	偶尔	经常	从不	偶尔	经常
最差	计数	245	1083	718	267	1026	753	427	1000	619	247	1002	797
	百分比	12.0	52.9	35.1	13.0	50.1	36.8	20.9	48.9	30.3	12.1	49.0	39.0
中下	计数	1415	8147	5774	1577	7897	5862	3427	7516	4393	1322	7701	6313
	百分比	9.2	53.1	37.6	10.3	51.5	38.2	22.3	49.0	28.6	8.6	50.2	41.2
中间	计数	2775	18055	14050	3157	17298	14425	7960	16454	10466	2240	16666	15974
	百分比	8.0	51.8	40.3	9.1	49.6	41.4	22.8	47.2	30.0	6.4	47.8	45.8
中上	计数	4829	28494	25685	5421	26795	26792	15741	25451	17816	3581	25366	30061
	百分比	8.2	48.3	43.5	9.2	45.4	45.4	26.7	43.1	30.2	6.1	43.0	50.9
最好	计数	2304	9995	11049	2370	9060	11918	6445	8760	8143	1673	8600	13075
	百分比	9.9	42.8	47.3	10.2	38.8	51.0	27.6	37.5	34.9	7.2	36.8	56.0

表5-69 学校办学水平线上学习前家校合作之相互交流的关系（2）

学校办学水平		告知家长：每学期的学生活动时间安排			告知家长：每学期的教学进度安排			告知家长：家长志愿者计划			告知家长：学校动态（通过QQ群、电话等）		
		从不	偶尔	经常	从不	偶尔	经常	从不	偶尔	经常	从不	偶尔	经常
最差	计数	212	958	876	260	999	787	450	1054	542	147	852	1047
	百分比	10.4	46.8	42.8	12.7	48.8	38.5	22.0	51.5	26.5	7.2	41.6	51.2
中下	计数	1127	7160	7049	1394	7567	6375	2796	8236	4304	838	5881	8617
	百分比	7.3	46.7	46.0	9.1	49.3	41.6	18.2	53.7	28.1	5.5	38.3	56.2
中间	计数	1942	15313	17625	2428	16403	16049	4986	18617	11277	1456	12652	20772
	百分比	5.6	43.9	50.5	7.0	47.0	46.0	14.3	53.4	32.3	4.2	36.3	59.6
中上	计数	3178	23092	32738	3735	25404	29869	7630	29347	22031	2534	19031	37443
	百分比	5.4	39.1	55.5	6.3	43.1	50.6	12.9	49.7	37.3	4.3	32.3	63.5
最好	计数	1479	7867	14002	1611	8565	13172	3107	9999	10242	1295	6610	15443
	百分比	6.3	33.7	60.0	6.9	36.7	56.4	13.3	42.8	43.9	5.5	28.3	66.1

表5-70 学校办学水平与线上学习前家校合作之相互交流的关系（3）

学校办学水平		告知家长：学生取得的奖励或表彰			告知家长：我的联系方式和方便的时间，如电话、QQ、微信等			收集家长的关注热点或建议，并反馈			对提出意见或建议的家长，我会向他反馈处理结果（或表示感谢）		
		从不	偶尔	经常	从不	偶尔	经常	从不	偶尔	经常	从不	偶尔	经常
最差	计数	177	940	929	130	757	1159	207	977	862	142	901	1003
	百分比	8.7	45.9	45.4	6.4	37.0	56.6	10.1	47.8	42.1	6.9	44.0	49.0
中下	计数	865	6724	7747	566	5577	9193	1035	7344	6957	678	6571	8087
	百分比	5.6	43.8	50.5	3.7	36.4	59.9	6.7	47.9	45.4	4.4	42.8	52.7
中间	计数	1493	14603	18784	973	11769	22138	1808	15782	17290	1141	14140	19599
	百分比	4.3	41.9	53.9	2.8	33.7	63.5	5.2	45.2	49.6	3.3	40.5	56.2
中上	计数	2451	21848	34709	1649	17877	39482	2790	24165	32053	1837	21186	35985
	百分比	4.2	37.0	58.8	2.8	30.3	66.9	4.7	41.0	54.3	3.1	35.9	61.0
最好	计数	1240	7412	14696	913	6270	16165	1321	8163	13864	980	7159	15209
	百分比	5.3	31.7	62.9	3.9	26.9	69.2	5.7	35.0	59.4	4.2	30.7	65.1

表 5-71　学校办学水平与线上学习前家校合作之相互交流的关系（4）

学校办学水平		传达给家长的信息，如《致家长的一封信》，要求家长签名或反馈			如果学生的学习或行为出现问题，则向家长联系			组织本校家长间的联谊或交流			将家庭作业的内容告知家长		
		从不	偶尔	经常	从不	偶尔	经常	从不	偶尔	经常	从不	偶尔	经常
最差	计数	184	761	1101	112	710	1224	357	1006	683	154	822	1070
	百分比	9.0	37.2	53.8	5.5	34.7	59.8	17.4	49.2	33.4	7.5	40.2	52.3
中下	计数	959	5434	8943	407	5225	9704	2208	7730	5398	733	5831	8772
	百分比	6.3	35.4	58.3	2.7	34.1	63.3	14.4	50.4	35.2	4.8	38.0	57.2
中间	计数	1720	11846	21314	739	11047	23094	4111	17283	13486	1449	12246	21185
	百分比	4.9	34.0	61.1	2.1	31.7	66.2	11.8	49.5	38.7	4.2	35.1	60.7
中上	计数	3139	18402	37467	1202	16721	41085	7039	27340	24629	2646	19208	37154
	百分比	5.3	31.2	63.5	2.0	28.3	69.6	11.9	46.3	41.7	4.5	32.6	63.0
最好	计数	1566	6491	15291	691	6101	16556	3116	9340	10892	1449	6776	15123
	百分比	6.7	27.8	65.5	3.0	26.1	70.9	13.3	40.0	46.7	6.2	29.0	64.8

表 5-72　学校办学水平与线上学习前家校合作之相互交流的关系（5）

学校办学水平		参加专门培训或沟通家校沟通的技巧			鼓励家长之间结成联系网络，推动家长间的交流		
		从不	偶尔	经常	从不	偶尔	经常
最差	计数	223	1005	818	265	974	807
	百分比	10.9	49.1	40.0	13.0	47.6	39.4
中下	计数	1070	7579	6687	1348	7568	6420
	百分比	7.0	49.4	43.6	8.8	49.3	41.9
中间	计数	1874	16473	16533	2465	16363	16052
	百分比	5.4	47.2	47.4	7.1	46.9	46.0
中上	计数	2910	25174	30924	4078	25165	29765
	百分比	4.9	42.7	52.4	6.9	42.6	50.4
最好	计数	1388	8544	13416	1879	8486	12983
	百分比	5.9	36.6	57.5	8.0	36.3	55.6

5.3 学校学段与线上学习前家校合作之志愿服务

5.3.1 学校学段与线上学习前家校合作之志愿服务

在学校学段方面，从幼儿园到高中，教师开展家校合作之志愿服务的典型活动或行为为"经常"的比例依次降低。

表5-73 学校学段与线上学习前家校合作之志愿服务的关系（1）

学校学段		调查家长的兴趣、专长、资源和空闲时间，以便在活动中安排家长协助工作			为家长志愿者争取联动场所和活动资源			与家长共同制定志愿者活动目标和计划			组织培训家长志愿者		
		从不	偶尔	经常	从不	偶尔	经常	从不	偶尔	经常	从不	偶尔	经常
学校有幼儿园	计数	1940	7464	5814	2574	7275	5369	2650	7106	5462	2962	7381	4875
	百分比	12.7	49.0	38.2	16.9	47.8	35.3	17.4	46.7	35.9	19.5	48.5	32.0
学校有小学	计数	10034	44154	30379	13506	43167	27894	13756	42692	28119	15723	43500	25344
	百分比	11.9	52.2	35.9	16.0	51.0	33.0	16.3	50.5	33.3	18.6	51.4	30.0
学校有初中	计数	7540	25553	14706	9505	24800	13494	9623	24489	13687	10784	24728	12287
	百分比	15.8	53.5	30.8	19.9	51.9	28.2	20.1	51.2	28.6	22.6	51.7	25.7
学校有高中	计数	3437	9732	4859	4095	9472	4461	4143	9319	4566	4565	9341	4122
	百分比	19.1	54.0	27.0	22.7	52.5	24.7	23.0	51.7	25.3	25.3	51.8	22.9

表 5-74 学校学段与线上学习前家校合作之志愿服务的关系（2）

学校学段		招募家长志愿者：参与教学活动（如进校听课、监考等）			招募家长志愿者：组织学生课外活动（如研学旅行、郊游等）			招募家长志愿者：为学生做讲座（如职业、文化、安全等）			招募家长志愿者：支持学校活动（场馆布置、摄像、化妆、主持人、评委、引导等）		
		从不	偶尔	经常	从不	偶尔	经常	从不	偶尔	经常	从不	偶尔	经常
学校有幼儿园	计数	2942	7406	4870	3626	7168	4424	3157	7489	4572	3008	7609	4601
	百分比	19.3	48.7	32.0	23.8	47.1	29.1	20.7	49.2	30.0	19.8	50.0	30.2
学校有小学	计数	16769	43151	24647	19840	42230	22497	17198	44461	22908	15559	45318	23690
	百分比	19.8	51.0	29.1	23.5	49.9	26.6	20.3	52.6	27.1	18.4	53.6	28.0
学校有初中	计数	10314	24810	12675	12591	23977	11231	11122	25275	11402	11054	25260	11485
	百分比	21.6	51.9	26.5	26.3	50.2	23.5	23.3	52.9	23.9	23.1	52.8	24.0
学校有高中	计数	4517	9305	4206	5118	9025	3885	4584	9461	3983	4699	9379	3950
	百分比	25.1	51.6	23.3	28.4	50.1	21.5	25.4	52.5	22.1	26.1	52.0	21.9

表 5-75 学校学段与线上学习前家校合作之志愿服务的关系（3）

学校学段		招募家长志愿者：协助检查学生出勤情况			招募家长志愿者：维护学校公共区域秩序，如校门口、图书馆、食堂等秩序引导			招募家长志愿者：在运动会、文艺演出、演讲比赛等活动中做观众			对有意愿但不能到校的家长志愿者，也设计工作方案，让他们去其他家庭或者去社区提供志愿者服务		
		从不	偶尔	经常	从不	偶尔	经常	从不	偶尔	经常	从不	偶尔	经常
学校有幼儿园	计数	3646	6744	4828	3353	6838	5027	2412	7425	5381	3551	7343	4324
	百分比	24.0	44.3	31.7	22.0	44.9	33.0	15.8	48.8	35.4	23.3	48.3	28.4
学校有小学	计数	20807	39651	24109	18137	40562	25868	13024	44633	26910	19898	42925	21744
	百分比	24.6	46.9	28.5	21.4	48.0	30.6	15.4	52.8	31.8	23.5	50.8	25.7
学校有初中	计数	12517	23087	12195	12550	23076	12173	9546	25440	12813	12491	24445	10863
	百分比	26.2	48.3	25.5	26.3	48.3	25.5	20.0	53.2	26.8	26.1	51.1	22.7
学校有高中	计数	5012	8777	4239	5314	8720	3994	4229	9553	4246	5125	9150	3753
	百分比	27.8	48.7	23.5	29.5	48.4	22.2	23.5	53.0	23.6	28.4	50.8	20.8

表5-76 学校学段与线上学习前家校合作之志愿服务的关系（4）

学校学段		为参与志愿活动的家长出具证明材料，如请假			公开表彰和感谢家长志愿者		
		从不	偶尔	经常	从不	偶尔	经常
学校有幼儿园	计数	3652	7127	4439	2381	7203	5634
	百分比	24.0	46.8	29.2	15.6	47.3	37.0
学校有小学	计数	20343	41778	22446	12252	42421	29894
	百分比	24.1	49.4	26.5	14.5	50.2	35.3
学校有初中	计数	12537	24013	11249	9173	24649	13977
	百分比	26.2	50.2	23.5	19.2	51.6	29.2
学校有高中	计数	5106	9006	3916	4117	9294	4617
	百分比	28.3	50.0	21.7	22.8	51.6	25.6

5.3.2 学校所在地与线上学习前家校合作之志愿服务

在学校所在地方面，学校教师开展家校合作之志愿服务的典型活动或行为为"经常"的比例，东部高于中部，中部高于西部。

表5-77 学校所在地与线上学习前家校合作之志愿服务的关系（1）

所在地域		调查家长的兴趣、专长、资源和空闲时间，以便在活动中安排家长协助工作			为家长志愿者争取活动场所和活动资源			与家长共同制定志愿活动目标和计划			组织培训家长志愿者		
		从不	偶尔	经常	从不	偶尔	经常	从不	偶尔	经常	从不	偶尔	经常
东部	计数	7545	30007	20150	9582	29422	18698	9764	29164	18774	11009	29470	17223
	百分比	13.1	52.0	34.9	16.6	51.0	32.4	16.9	50.5	32.5	19.1	51.1	29.8
中部	计数	8138	32460	20547	10554	31786	18805	10670	31309	19166	12238	31941	16966
	百分比	13.3	53.1	33.6	17.3	52.0	30.8	17.5	51.2	31.3	20.0	52.2	27.7
西部	计数	2776	8429	4566	3783	7968	4020	3852	7863	4056	4270	7844	3657
	百分比	17.6	53.4	29.0	24.0	50.5	25.5	24.4	49.9	25.7	27.1	49.7	23.2

表5-78 学校所在地与线上学习前家校合作之志愿服务的关系（2）

所在地域		招募家长志愿者：参与进校教学活动（如进校听课、监考等）			招募家长志愿者：组织学生课外活动（如研学旅行、郊游等）			招募家长志愿者：为学生做讲座（如职业、文化、安全等）			招募家长志愿者：支持学校活动（场馆布置、摄像、化妆、主持人、评委、引导员等）		
		从不	偶尔	经常	从不	偶尔	经常	从不	偶尔	经常	从不	偶尔	经常
东部	计数	12050	29258	16394	13297	29097	15308	11759	30455	15488	10964	30683	16055
	百分比	20.9	50.7	28.4	23.0	50.4	26.5	20.4	52.8	26.8	19.0	53.2	27.8
中部	计数	11864	31805	17476	15090	30743	15312	13172	32356	15617	12672	32680	15793
	百分比	19.4	52.0	28.6	24.7	50.3	25.0	21.5	52.9	25.5	20.7	53.4	25.8
西部	计数	4300	7803	3668	5186	7222	3363	4283	7980	3508	4092	8130	3549
	百分比	27.3	49.5	23.3	32.9	45.8	21.3	27.2	50.6	22.2	25.9	51.6	22.5

表5-79 学校所在地与线上学习前家校合作之志愿服务的关系（3）

所在地域		招募家长志愿者：协助检查学生出勤情况			招募家长志愿者：维护学校公共区域秩序,如校门口、图书馆、食堂秩序引导			招募家长志愿者：在运动会、文艺演出、演讲比赛等活动中做观众			对有意愿但不能到校的家长，也设计工作方案，让他们去其他家庭或者去社区提供志愿者服务		
		从不	偶尔	经常	从不	偶尔	经常	从不	偶尔	经常	从不	偶尔	经常
东部	计数	14837	27048	15817	12513	27826	17363	9712	30415	17575	13772	29304	14626
	百分比	25.7	46.9	27.4	21.7	48.2	30.1	16.8	52.7	30.5	23.9	50.8	25.3
中部	计数	14162	29844	17139	14140	29858	17147	10564	32663	17918	14416	31646	15083
	百分比	23.2	48.8	28.0	23.1	48.8	28.0	17.3	53.4	29.3	23.6	51.8	24.7
西部	计数	5157	6907	3707	5269	6926	3576	3459	8115	4197	5149	7439	3183
	百分比	32.7	43.8	23.5	33.4	43.9	22.7	21.9	51.5	26.6	32.6	47.2	20.2

表5-80 学校所在地与线上学习前家校合作之志愿服务的关系（4）

所在地域		为参与志愿活动的家长出具证明材料,如请假			公开表彰和感谢家长志愿者		
		从不	偶尔	经常	从不	偶尔	经常
东部	计数	14060	28570	15072	8846	28892	19964
	百分比	24.4	49.5	26.1	15.3	50.1	34.6
中部	计数	14552	30979	15614	10179	31399	19567
	百分比	23.8	50.7	25.5	16.6	51.4	32.0
西部	计数	5204	7242	3325	3567	7898	4306
	百分比	33.0	45.9	21.1	22.6	50.1	27.3

5.3.3　学校地域类型与学习前家校合作之志愿服务

在学校地域类型方面，学校教师开展家校合作之志愿服务的典型活动或行为为"经常"的比例，由高到低大体上依次为市区学校、县城学校、镇乡学校、村社学校，但也有一些例外情况。

表5-81　学校地域类型与线上学习前家校合作之志愿服务的关系（1）

学校所在地		调查家长的兴趣、专长、资源和空闲时间，以便在活动中安排家长协助工作			为家长志愿者争取活动场所和活动资源			与家长共同制定志愿者活动目标和计划			组织培训家长志愿者		
		从不	偶尔	经常	从不	偶尔	经常	从不	偶尔	经常	从不	偶尔	经常
市区	计数	5861	21298	13907	7350	20799	12917	7373	20579	13114	8345	20829	11892
	百分比	14.3	51.9	33.9	17.9	50.6	31.5	18.0	50.1	31.9	20.3	50.7	29.0
县城	计数	3960	14483	9524	5141	14055	8771	5161	13890	8916	5934	14101	7932
	百分比	14.2	51.8	34.1	18.4	50.3	31.4	18.5	49.7	31.9	21.2	50.4	28.4
镇乡	计数	6635	27834	17304	8714	27263	15796	8959	26918	15896	10066	27310	14397
	百分比	12.8	53.8	33.4	16.8	52.7	30.5	17.3	52.0	30.7	19.4	52.7	27.8
村社	计数	2003	7281	4528	2714	7059	4039	2793	6949	4070	3172	7015	3625
	百分比	14.5	52.7	32.8	19.6	51.1	29.2	20.2	50.3	29.5	23.0	50.8	26.2

表5-82 学校地域类型与线上学习前家校合作之志愿服务的关系（2）

学校所在地		招募家长志愿者：参与教学活动（如进校听课，监考等）			招募家长志愿者：组织学生课外活动（如研学旅行，郊游等）			招募家长志愿者：为学生做讲座（如职业、文化、安全等）			招募家长志愿者：支持学校活动（场馆布置，评委，化妆，主持人、评委，引导等）		
		从不	偶尔	经常	从不	偶尔	经常	从不	偶尔	经常	从不	偶尔	经常
市区	计数	8866	20714	11486	10282	20110	10674	8568	21608	10890	8014	21751	11301
	百分比	21.6	50.4	28.0	25.0	49.0	26.0	20.9	52.6	26.5	19.5	53.0	27.5
县城	计数	5856	14040	8071	7299	13565	7103	6039	14664	7264	5867	14679	7421
	百分比	20.9	50.2	28.9	26.1	48.5	25.4	21.6	52.4	26.0	21.0	52.5	26.5
镇乡	计数	10359	27096	14318	12169	26654	12950	11127	27549	13097	10497	27919	13357
	百分比	20.0	52.3	27.7	23.5	51.5	25.0	21.5	53.2	25.3	20.3	53.9	25.8
村社	计数	3133	7016	3663	3823	6733	3256	3480	6970	3362	3350	7144	3318
	百分比	22.7	50.8	26.5	27.7	48.7	23.6	25.2	50.5	24.3	24.3	51.7	24.0

表5-83 学校地域类型与线上学习前家校合作之志愿服务的关系（3）

学校所在地		招募家长志愿者：协助检查学生出勤情况			招募家长志愿者：维护学校公共区域秩序，如校门口，图书馆，食堂秩序引导			招募家长志愿者：在运动会，文艺演出，演讲比赛等活动中做观众			对有意愿但不能到校的家长志愿者，也设计工作方案，让他们去其他家庭或者去社区提供志愿者服务		
		从不	偶尔	经常	从不	偶尔	经常	从不	偶尔	经常	从不	偶尔	经常
市区	计数	10863	19072	11131	9824	19475	11767	7171	21626	12269	10403	20483	10180
	百分比	26.5	46.4	27.1	23.9	47.4	28.7	17.5	52.7	29.9	25.3	49.9	24.8
县城	计数	6854	13147	7966	6817	13154	7996	5031	14644	8292	6941	14072	6954
	百分比	24.5	47.0	28.5	24.4	47.0	28.6	18.0	52.4	29.6	24.8	50.3	24.9

续表

学校所在地		招募家长志愿者：协助检查学生出勤情况			招募家长志愿者：维护学校公共区域秩序，如校门口、图书馆、食堂秩序引导			招募家长志愿者：在运动会、文艺演出、演讲比赛等活动中做观众			对有意愿但不能到校的家长、志愿者，也设计工作方案，让他们去其他家庭或者去社区提供志愿者服务		
		从不	偶尔	经常	从不	偶尔	经常	从不	偶尔	经常	从不	偶尔	经常
镇乡	计数	12526	25290	13957	11553	25604	14616	8781	27761	15231	12191	27018	12564
	百分比	24.2	48.8	27.0	22.3	49.5	28.2	17.0	53.6	29.4	23.5	52.2	24.3
村社	计数	3913	6290	3609	3728	6377	3707	2752	7162	3898	3802	6816	3194
	百分比	28.3	45.5	26.1	27.0	46.2	26.8	19.9	51.9	28.2	27.5	49.3	23.1

表 5-84　学校地域类型与线上学习前家校合作之志愿服务的关系（4）

学校所在地		为参与志愿活动的家长出具证明材料，如请假			公开表彰和感谢家长志愿者		
		从不	偶尔	经常	从不	偶尔	经常
市区	计数	10517	20110	10439	6599	20374	14093
	百分比	25.6	49.0	25.4	16.1	49.6	34.3
县城	计数	7064	13686	7217	4845	14031	9091
	百分比	25.3	48.9	25.8	17.3	50.2	32.5
镇乡	计数	12361	26375	13037	8469	26898	16406
	百分比	23.9	50.9	25.2	16.4	52.0	31.7
村社	计数	3874	6620	3318	2679	6886	4247
	百分比	28.0	47.9	24.0	19.4	49.9	30.7

5.3.4　学校性质与线上学习前家校合作之志愿服务

在学校性质方面，学校教师开展家校合作之志愿服务的典型活动或行为为"经常"的比例，总体上民办公助学校、公办学校较高。

表 5-85　学校性质与线上学习前家校合作之志愿服务的关系（1）

学校性质		调查家长的兴趣、专长、资源和空闲时间，以便在活动中安排家长协助工作			为家长志愿者争取活动场所和活动资源			与家长共同制定志愿者活动目标和计划			组织培训家长志愿者		
		从不	偶尔	经常	从不	偶尔	经常	从不	偶尔	经常	从不	偶尔	经常
公办学校	计数	16463	61435	38862	21353	59813	35594	21656	59029	36075	24603	59812	32345
	百分比	14.1	52.6	33.3	18.3	51.2	30.5	18.5	50.6	30.9	21.1	51.2	27.7
民办公助	计数	628	2948	2282	793	2962	2103	817	2923	2118	908	2983	1967
	百分比	10.7	50.3	39.0	13.5	50.6	35.9	13.9	49.9	36.2	15.5	50.9	33.6
普通民办学校	计数	1149	5630	3623	1502	5550	3350	1523	5552	3327	1689	5601	3112
	百分比	11.0	54.1	34.8	14.4	53.4	32.2	14.6	53.4	32.0	16.2	53.8	29.9
民办打工子弟学校	计数	219	883	496	271	851	476	290	832	476	317	859	422
	百分比	13.7	55.3	31.0	17.0	53.3	29.8	18.1	52.1	29.8	19.8	53.8	26.4

表 5-86 学校性质与线上学习前家校合作之志愿服务的关系（2）

学校性质		招募家长志愿者：参与教学活动（如进校听课、监考等）			招募家长志愿者：组织学生课外活动（如研学旅行、郊游等）			招募家长志愿者：为学生做讲座（如职业、文化、安全等）			招募家长志愿者：支持学校活动（场馆布置、摄像、化妆、主持人、评委、引导等）		
		从不	偶尔	经常	从不	偶尔	经常	从不	偶尔	经常	从不	偶尔	经常
公办学校	计数	25301	59510	31949	30368	57568	28824	26121	61262	29377	24899	61777	30084
	百分比	21.7	51.0	27.4	26.0	49.3	24.7	22.4	52.5	25.2	21.3	52.9	25.8
民办公助	计数	916	2980	1962	1039	2970	1885	908	3065	1885	860	3100	1898
	百分比	15.6	50.9	33.5	17.7	50.7	31.6	15.5	52.3	32.2	14.7	52.9	32.4
普通民办学校	计数	1696	5516	3190	1805	5689	2908	1833	5627	2942	1646	5774	2982
	百分比	16.3	53.0	30.7	17.4	54.7	28.0	17.6	54.1	28.3	15.8	55.5	28.7
民办打工子弟学校	计数	301	860	437	361	835	402	352	837	409	323	842	433
	百分比	18.8	53.8	27.3	22.6	52.3	25.2	22.0	52.4	25.6	20.2	52.7	27.1

表 5-87 学校性质与线上学习前家校合作之志愿服务的关系（3）

学校性质		招募家长志愿者：协助检查学生出勤情况			招募家长志愿者：维护学校公共区域秩序，如校门口、图书馆、食堂秩序引导			招募家长志愿者：在运动会、文艺演出、演讲比赛等活动中做观众			对有意愿但不能到校的家长志愿者，也设计工作方案，让他们去其他社区提供家庭或者去社区提供其他志愿服务		
		从不	偶尔	经常	从不	偶尔	经常	从不	偶尔	经常	从不	偶尔	经常
公办学校	计数	30596	54870	31294	28713	55620	32427	21240	61658	33862	29829	58927	28004
	百分比	26.2	47.0	26.8	24.6	47.6	27.8	18.2	52.8	29.0	25.5	50.5	24.0
民办公助	计数	1105	2838	1915	1003	2867	1988	792	3049	2017	1076	3006	1776
	百分比	18.9	48.4	32.7	17.1	48.9	33.9	13.5	52.0	34.4	18.4	51.3	30.3

续表

学校性质		招募家长志愿者：协助检查学生出勤情况			招募家长志愿者：维护学校公共区域秩序，如校门口、图书馆、食堂秩序引导			招募家长志愿者：在运动会、文艺演出、演讲比赛等活动中做观众			对有意愿但不能到校的家长志愿者，也设计工作方案，让他们去其他社区提供志愿者服务		
		从不	偶尔	经常	从不	偶尔	经常	从不	偶尔	经常	从不	偶尔	经常
普通民办学校	计数	2048	5332	3022	1829	5363	3210	1429	5647	3326	2052	5612	2738
	百分比	19.7	51.3	29.1	17.6	51.6	30.9	13.7	54.3	32.0	19.7	54.0	26.3
民办打工子弟学校	计数	407	759	432	377	760	461	274	839	485	380	844	374
	百分比	25.5	47.5	27.0	23.6	47.6	28.8	17.1	52.5	30.4	23.8	52.8	23.4

表5-88 学校性质与线上学习前家校合作之志愿服务的关系（4）

学校性质		为参与志愿活动的家长出具证明材料，如请假			公开表彰和感谢家长志愿者		
		从不	偶尔	经常	从不	偶尔	经常
公办学校	计数	30279	57423	29058	20227	58858	37675
	百分比	25.9	49.2	24.9	17.3	50.4	32.3
民办公助	计数	1085	3002	1771	715	2951	2192
	百分比	18.5	51.2	30.2	12.2	50.4	37.4
普通民办学校	计数	2064	5531	2807	1377	5539	3486
	百分比	19.8	53.2	27.0	13.2	53.2	33.5
民办打工子弟学校	计数	388	835	375	273	841	484
	百分比	24.3	52.3	23.5	17.1	52.6	30.3

5.3.5 学校规模与线上学习前家校合作之志愿服务

在学校规模方面，学校规模越大，学校教师开展家校合作之志愿服务的典型活动或行为为"经常"的比例越低。

表 5-89 学校规模与线上学习前家校合作之志愿服务的关系（1）

学校规模		调查家长的兴趣、专长、资源和空闲时间，以便在活动中安排家长协助工作			为家长志愿者争取活动场所和活动资源			与家长共同制定志愿者活动目标和计划			组织培训家长志愿者		
		从不	偶尔	经常	从不	偶尔	经常	从不	偶尔	经常	从不	偶尔	经常
小型学校（1000人以下）	计数	7374	28529	19399	9808	27819	17675	10028	27474	17800	11281	27949	16072
	百分比	13.3	51.6	35.1	17.7	50.3	32.0	18.1	49.7	32.2	20.4	50.5	29.1
中型学校（1001~2500人）	计数	6399	24488	14939	8177	23858	13791	8276	23559	13991	9385	23830	12611
	百分比	14.0	53.4	32.6	17.8	52.1	30.1	18.1	51.4	30.5	20.5	52.0	27.5
大型学校（2501~4000人）	计数	3072	11575	6968	3890	11338	6387	3934	11180	6501	4503	11284	5828
	百分比	14.2	53.6	32.2	18.0	52.5	29.5	18.2	51.7	30.1	20.8	52.2	27.0
巨型学校（4000人以上）	计数	1403	5543	3410	1746	5427	3183	1750	5393	3213	2003	5463	2890
	百分比	13.5	53.5	32.9	16.9	52.4	30.7	16.9	52.1	31.0	19.3	52.8	27.9

表5-90 学校规模与线上学习前家校合作之志愿服务的关系（2）

学校规模		招募家长志愿者：参与教学活动（如进校听课、监考等）			招募家长志愿者：组织学生课外活动（如研学旅行、郊游等）			招募家长志愿者：为学生做讲座（如职业、文化、安全等）			招募家长志愿者：支持学校活动（场馆布置、摄像、化妆、主持人、评委、引导等）		
		从不	偶尔	经常	从不	偶尔	经常	从不	偶尔	经常	从不	偶尔	经常
小型学校（1000人以下）	计数	11186	27966	16150	13864	26945	14493	12162	28422	14718	11624	28779	14899
	百分比	20.2	50.6	29.2	25.1	48.7	26.2	22.0	51.4	26.6	21.0	52.0	26.9
中型学校（1001~2500人）	计数	9963	23612	12251	11469	23129	11228	9968	24469	11389	9283	24672	11871
	百分比	21.7	51.5	26.7	25.0	50.5	24.5	21.8	53.4	24.9	20.3	53.8	25.9
大型学校（2501~4000人）	计数	4641	11188	5786	5324	11058	5233	4586	11637	5392	4416	11714	5485
	百分比	21.5	51.8	26.8	24.6	51.2	24.2	21.2	53.8	24.9	20.4	54.2	25.4
巨型学校（4000人以上）	计数	2092	5383	2881	2494	5242	2620	2117	5567	2672	2016	5606	2734

表5-91 学校规模与线上学习前家校合作之志愿服务的关系（3）

学校规模		招募家长志愿者：协助检查学生出勤情况			招募家长志愿者：维护学校公共区域秩序，如校门口、图书馆、食堂等秩序引导			招募家长志愿者：在运动会、文艺演出、演讲比赛等活动中做观众			对有意愿但不能到校的家长志愿者，也设计工作方案，让他们去其他家庭或者去社区提供志愿者服务		
		从不	偶尔	经常	从不	偶尔	经常	从不	偶尔	经常	从不	偶尔	经常
小型学校（1000人以下）	计数	13870	25668	15764	13351	25878	16073	9710	28710	16882	13621	27618	14063
	百分比	25.1	46.4	28.5	24.1	46.8	29.1	17.6	51.9	30.5	24.6	49.9	25.4
中型学校（1001~2500人）	计数	12147	21705	11974	10763	22197	12866	8064	24401	13361	11590	23421	10815
	百分比	26.5	47.4	26.1	23.5	48.4	28.1	17.6	53.2	29.2	25.3	51.1	23.6

续表

学校规模		招募家长志愿者：协助检查学生出勤情况			招募家长志愿者：维护学校公共区域秩序，如校门口、图书馆、食堂秩序引导			招募家长志愿者：在运动会、文艺演出、演讲比赛等活动中做观众			对有意愿但不能到校的家长志愿者，也设计工作方案，让他们去其他家庭或者去社区提供志愿者服务		
		从不	偶尔	经常	从不	偶尔	经常	从不	偶尔	经常	从不	偶尔	经常
大型学校（2501~4000 人）	计数	5404	10584	5627	5139	10660	5816	3858	11708	6049	5338	11209	5068
	百分比	25.0	49.0	26.0	23.8	49.3	26.9	17.8	54.2	28.0	24.7	51.9	23.4
巨型学校（4000 人以上）	计数	2345	5187	2824	2261	5225	2870	1761	5656	2939	2390	5434	2532
	百分比	22.6	50.1	27.3	21.8	50.5	27.7	17.0	54.6	28.4	23.1	52.5	24.4

表 5-92　学校规模与线上学习前家校合作之志愿服务的关系（4）

学校规模		为参与志愿活动的家长出具证明材料，如请假			公开表彰和感谢家长志愿者		
		从不	偶尔	经常	从不	偶尔	经常
小型学校（1000 人以下）	计数	13797	26873	14632	9414	27554	18334
	百分比	24.9	48.6	26.5	17.0	49.8	33.2
中型学校（1001~2500 人）	计数	11796	22871	11159	7551	23290	14985
	百分比	25.7	49.9	24.4	16.5	50.8	32.7
大型学校（2501~4000 人）	计数	5453	10969	5193	3625	11296	6694
	百分比	25.2	50.7	24.0	16.8	52.3	31.0
巨型学校（4000 人以上）	计数	2370	5387	2599	1670	5358	3328
	百分比	22.9	52.0	25.1	16.1	51.7	32.1

5.3.6 农村学生比例与线上学习前家校合作之志愿服务

在学校农村学生比例方面，学校农村学生比例越低，学校教师开展家校合作之志愿服务的典型活动或行为为"经常"的比例越高。

表5-93 农村学生比例与线上学习前家校合作之志愿服务的关系（1）

学校农村学生比例		调查家长的兴趣、专长、资源和空闲时间，以便在活动中安排家长协助工作			为家长志愿者争取活动场所和活动资源			与家长共同制定志愿者活动目标和计划			组织培训家长志愿者		
		从不	偶尔	经常	从不	偶尔	经常	从不	偶尔	经常	从不	偶尔	经常
低(0~20)	计数	4780	17388	11892	5860	17129	11071	5933	16968	11159	6715	17181	10164
	百分比	14.0	51.1	34.9	17.2	50.3	32.5	17.4	49.8	32.8	19.7	50.4	29.8
中(20~50)	计数	4008	16904	10396	5167	16520	9621	5229	16263	9816	5949	16493	8866
	百分比	12.8	54.0	33.2	16.5	52.8	30.7	16.7	51.9	31.4	19.0	52.7	28.3
高(50~100)	计数	9528	35915	22353	12707	34851	20238	12941	34423	20432	14659	34875	18262
	百分比	14.1	53.0	33.0	18.7	51.4	29.9	19.1	50.8	30.1	21.6	51.4	26.9

表5-94 农村学生比例与线上学习前家校合作之志愿服务的关系（2）

学校农村学生比例		招募家长志愿者：参与教学活动（如进校听课、监考等）			招募家长志愿者：组织学生课外活动（如研学旅行、郊游等）			招募家长志愿者：为学生做讲座（如职业、文化、安全等）			招募家长志愿者：支持学校活动（场馆布置、摄像、化妆 主持人、评委、引导等）		
		从不	偶尔	经常	从不	偶尔	经常	从不	偶尔	经常	从不	偶尔	经常
低（0~20）	计数	7243	16967	9850	8177	16779	9104	6932	17882	9246	6494	17893	9673
	百分比	21.3	49.8	28.9	24.0	49.3	26.7	20.4	52.5	27.1	19.1	52.5	28.4
中（20~50）	计数	6216	16381	8711	7270	16115	7923	6196	17002	8110	5849	17107	8352
	百分比	19.9	52.3	27.8	23.2	51.5	25.3	19.8	54.3	25.9	18.7	54.6	26.7
高（50~100）	计数	14549	34824	18423	17881	33493	16422	15864	35207	16725	15163	35778	16855
	百分比	21.5	51.4	27.2	26.4	49.4	24.2	23.4	51.9	24.7	22.4	52.8	24.9

表5-95 农村学生比例与线上学习前家校合作之志愿服务的关系（3）

学校农村学生比例		招募家长志愿者：协助检查学生出勤情况			招募家长志愿者：维护学校秩序，如校门口、公共区域秩序、图书馆、食堂秩序引导			招募家长志愿者：在运动会、文艺演出、演讲比赛等活动中做观众			对有意愿但不能到校的家长，也设计工作方案，让他们去其他家庭或者去社区提供志愿者服务		
		从不	偶尔	经常	从不	偶尔	经常	从不	偶尔	经常	从不	偶尔	经常
低（0~20）	计数	8788	15771	9501	7777	16046	10237	5817	17795	10448	8369	17022	8669
	百分比	25.8	46.3	27.9	22.8	47.1	30.1	17.1	52.2	30.7	24.6	50.0	25.5
中（20~50）	计数	7355	15330	8623	6759	15612	8937	5103	16983	9222	7117	16433	7758
	百分比	23.5	49.0	27.5	21.6	49.9	28.5	16.3	54.2	29.5	22.7	52.5	24.8
高（50~100）	计数	17781	32017	17998	17153	32269	18374	12637	35682	19477	17620	34220	15956
	百分比	26.2	47.2	26.5	25.3	47.6	27.1	18.6	52.6	28.7	26.0	50.5	23.5

表5-96 农村学生比例与上学习前家校合作之志愿服务的关系 (4)

学校农村学生比例		为参与志愿活动的家长出具证明材料，如请假			公开表彰和感谢家长志愿者		
		从不	偶尔	经常	从不	偶尔	经常
低（0~20）	计数	8501	16642	8917	5252	16816	11992
	百分比	25.0	48.9	26.2	15.4	49.4	35.2
中（20~50）	计数	7263	16110	7935	4823	16328	10157
	百分比	23.2	51.5	25.3	15.4	52.2	32.4
高（50~100）	计数	17809	33335	16652	12350	34364	21082
	百分比	26.3	49.2	24.6	18.2	50.7	31.1

5.3.7 学校家长类型与上学习前家校合作之志愿服务

在学校家长类型方面，以知识分子、管理人员、公务员等家长为主的学校，教师开展家校合作之志愿服务的典型活动或行为为"经常"的比例较高。

表5-97 学校家长类型与上学习前家校合作之志愿服务的关系 (1)

学校家长主要类型		调查家长的兴趣、专长、资源和空闲时间，以便在活动中安排家长协助工作			为家长志愿者取争活动场所和活动资源			与家长共同制定志愿者活动目标和计划			组织培训家长志愿者		
		从不	偶尔	经常	从不	偶尔	经常	从不	偶尔	经常	从不	偶尔	经常
农民为主	计数	8078	29316	18792	10704	28312	17170	10818	27955	17413	12304	28335	15547
	百分比	14.4	52.2	33.4	19.1	50.4	30.6	19.3	49.8	31.0	21.9	50.4	27.7

续表

学校家长主要类型		调查家长的兴趣、专长、资源和空闲时间，以便在活动中安排家长协助工作			为家长志愿者争取活动场所和活动资源			与家长共同制定志愿者活动目标和计划			组织培训家长志愿者		
		从不	偶尔	经常	从不	偶尔	经常	从不	偶尔	经常	从不	偶尔	经常
工人、小贩等为主	计数	8549	34007	20951	10955	33423	19129	11186	33011	19310	12603	33418	17486
	百分比	13.5	53.5	33.0	17.3	52.6	30.1	17.6	52.0	30.4	19.8	52.6	27.5
知识份子、管理人员、公务员等为主	计数	1832	7573	5520	2260	7441	5224	2282	7370	5273	2610	7502	4813
	百分比	12.3	50.7	37.0	15.1	49.9	35.0	15.3	49.4	35.3	17.5	50.3	32.2

表5-98 学校家长类型与线上学习前家校合作之志愿服务的关系（2）

学校家长主要类型		招募家长志愿者：参与教学活动（如进校听课，监考等）			招募家长志愿者：组织学生课外活动（如研学旅行，郊游等）			招募家长志愿者：为学生做讲座（如职业、文化、安全等）			招募家长志愿者：支持学校活动（场馆布置，摄像、化妆，主持人、评委、引导等）		
		从不	偶尔	经常	从不	偶尔	经常	从不	偶尔	经常	从不	偶尔	经常
农民为主	计数	11926	28458	15802	15104	27103	13979	13103	28746	14337	12912	29017	14257
	百分比	21.2	50.6	28.1	26.9	48.2	24.9	23.3	51.2	25.5	23.0	51.6	25.4
工人、小贩等为主	计数	13368	33067	17072	15248	32603	15656	13471	34221	15815	12325	34615	16567
	百分比	21.0	52.1	26.9	24.0	51.3	24.7	21.2	53.9	24.9	19.4	54.5	26.1
知识份子、管理人员、公务员等为主	计数	2920	7341	4664	3221	7356	4348	2640	7824	4461	2491	7861	4573
	百分比	19.6	49.2	31.2	21.6	49.3	29.1	17.7	52.4	29.9	16.7	52.7	30.6

表5-99　学校家长类型与线上学习前家校合作之志愿服务的关系（3）

学校家长主要类型		招募家长志愿者：协助检查学生出勤情况			招募家长志愿者：维护学校公共区域秩序，如校门口、图书馆、食堂等秩序引导			招募家长志愿者：在运动会、文艺演出、演讲比赛等活动中做观众			对有意愿但不能到校的家长志愿者，也设计工作方案，让他们去其他社区提供家庭志愿者服务 去其他社区提供志愿者服务		
		从不	偶尔	经常	从不	偶尔	经常	从不	偶尔	经常	从不	偶尔	经常
农民为主	计数	14622	26082	15482	14572	26198	15416	10763	29143	16280	14597	27916	13673
	百分比	26.0	46.4	27.6	25.9	46.6	27.4	19.2	51.9	29.0	26.0	49.7	24.3
工人、小贩等为主	计数	16129	30698	16680	14403	31247	17857	10682	34293	18532	15551	32865	15091
	百分比	25.4	48.3	26.3	22.7	49.2	28.1	16.8	54.0	29.2	24.5	51.8	23.8
知识份子、管理人员、公务员等为主	计数	3405	7019	4501	2947	7165	4813	2290	7757	4878	3189	7608	4128
	百分比	22.8	47.0	30.2	19.7	48.0	32.2	15.3	52.0	32.7	21.4	51.0	27.7

表5-100　学校家长类型与线上学习前家校合作之志愿服务的关系（4）

学校家长主要类型		为参与志愿活动的家长出具证明材料，如请假			公开表彰和感谢家长志愿者		
		从不	偶尔	经常	从不	偶尔	经常
农民为主	计数	14747	27203	14236	10630	28083	17473
	百分比	26.2	48.4	25.3	18.9	50.0	31.1
工人、小贩等为主	计数	15770	32184	15553	9925	32685	20897
	百分比	24.8	50.7	24.5	15.6	51.5	32.9
知识份子、管理人员、公务员等为主	计数	3299	7404	4222	2037	7421	5467
	百分比	22.1	49.6	28.3	13.6	49.7	36.6

5.3.8 是否寄宿学校与线上学习前家校合作之志愿服务

在是否寄宿学校方面，学校教师开展家校合作之志愿服务的典型活动或行为为"经常"的比例，最高的是非寄宿学校，部分和全部学生寄宿学校间没有较大差异。

表5-101 是否寄宿学校与线上学习前家校合作之志愿服务的关系（1）

是否寄宿制学校		调查家长的兴趣、专长、资源和空闲时间，以便在活动中安排家长协助工作			为家长志愿者争取活动场所和活动资源			与家长共同制定志愿者活动目标和计划			组织培训家长志愿者		
		从不	偶尔	经常	从不	偶尔	经常	从不	偶尔	经常	从不	偶尔	经常
是，全部学生寄宿	计数	2422	8392	4975	2974	8178	4637	3008	8126	4655	3332	8184	4273
	百分比	15.3	53.2	31.5	18.8	51.8	29.4	19.1	51.5	29.5	21.1	51.8	27.1
是，部分学生寄宿	计数	5802	20378	11993	7352	19877	10944	7470	19565	11138	8450	19720	10003
	百分比	15.2	53.4	31.4	19.3	52.1	28.7	19.6	51.3	29.2	22.1	51.7	26.2
否，没有学生寄宿	计数	10235	42126	28295	13593	41121	25942	13808	40645	26203	15735	41351	23570
	百分比	12.7	52.2	35.1	16.9	51.0	32.2	17.1	50.4	32.5	19.5	51.3	29.2

表5-102 是否寄宿学校与线上学习前家校合作之志愿服务的关系（2）

是否寄宿制学校		招募家长志愿者：参与教学活动（如进校听课、监考等）			招募家长志愿者：组织学生课外活动（如研学旅行、郊游等）			招募家长志愿者：为学生讲座（如职业、文化、安全等）			招募家长志愿者：支持学校活动（场馆布置、评委、化妆、摄像、引导等）主持人		
		从不	偶尔	经常	从不	偶尔	经常	从不	偶尔	经常	从不	偶尔	经常
是，全部学生寄宿	计数	3357	8055	4377	3929	7856	4004	3503	8220	4066	3548	8200	4041
	百分比	21.3	51.0	27.7	24.9	49.8	25.4	22.2	52.1	25.8	22.5	51.9	25.6
是，部分学生寄宿	计数	8144	19728	10301	9846	19131	9196	8774	20065	9334	8618	20182	9373
	百分比	21.3	51.7	27.0	25.8	50.1	24.1	23.0	52.6	24.5	22.6	52.9	24.6
否，没有寄宿	计数	16713	41083	22860	19798	40075	20783	16937	42506	21213	15562	43111	21983
	百分比	20.7	50.9	28.3	24.5	49.7	25.8	21.0	52.7	26.3	19.3	53.5	27.3

表5-103 是否寄宿学校与线上学习前家校合作之志愿服务的关系（3）

是否寄宿制学校		招募家长志愿者：协助检查学生出勤情况			招募家长志愿者：维护学校公共区域秩序，如校门口、图书馆、食堂等秩序引导			招募家长志愿者：在运动会、文艺演出、演讲比赛等活动中做观众			对有意愿但不能到校的家长志愿者，也设计工作方案，让他们去其他家庭志愿者或去其他社区提供志愿者服务		
		从不	偶尔	经常	从不	偶尔	经常	从不	偶尔	经常	从不	偶尔	经常
是，全部学生寄宿	计数	4000	7566	4223	3996	7621	4172	3100	8256	4433	3899	8003	3887
	百分比	25.3	47.9	26.7	25.3	48.3	26.4	19.6	52.3	28.1	24.7	50.7	24.6
是，部分学生寄宿	计数	9556	18553	10064	9711	18415	10047	7364	20232	10577	9816	19431	8926
	百分比	25.0	48.6	26.4	25.4	48.2	26.3	19.3	53.0	27.7	25.7	50.9	23.4
否，没有寄宿	计数	20600	37680	22376	18215	38574	23867	13271	42705	24680	19622	40955	20079
	百分比	25.5	46.7	27.7	22.6	47.8	29.6	16.5	52.9	30.6	24.3	50.8	24.9

表 5-104　是否寄宿学校与线上学习前家校合作之志愿服务的关系（4）

是否寄宿制学校		为参与志愿活动的家长出具证明材料，如请假			公开表彰和感谢家长志愿者		
		从不	偶尔	经常	从不	偶尔	经常
是，全部学生寄宿	计数	3946	7900	3943	3010	8015	4764
	百分比	25.0	50.0	25.0	19.1	50.8	30.2
是，部分学生寄宿	计数	9824	19115	9234	7233	19645	11295
	百分比	25.7	50.1	24.2	18.9	51.5	29.6
否，没有学生寄宿	计数	20046	39776	20834	12349	40529	27778
	百分比	24.9	49.3	25.8	15.3	50.2	34.4

5.3.9　学校办学水平与线上学习前家校合作之志愿服务

在学校办学水平方面，大体上呈现在办学水平越高的学校中，学校教师开展家校合作之志愿服务的典型活动或行为为"经常"的比例越高。

表 5-105　学校办学水平与线上学习前家校合作之志愿服务的关系（1）

学校办学水平		调查家长的兴趣、专长、资源和空闲时间，以便在活动中安排家长协助工作			为家长志愿者争取活动场所和活动资源			与家长共同制定志愿者活动目标和计划			组织培训家长志愿者		
		从不	偶尔	经常	从不	偶尔	经常	从不	偶尔	经常	从不	偶尔	经常
最差	计数	433	1066	547	541	1017	488	557	1000	489	600	1009	437
	百分比	21.2	52.1	26.7	26.4	49.7	23.9	27.2	48.9	23.9	29.3	49.3	21.4

续表

学校办学水平		调查家长的兴趣、专长、资源和空闲时间,以便在活动中安排家长协助工作			为家长志愿者争取活动场所和活动资源			与家长共同制定志愿者活动目标和计划			组织培训家长志愿者		
		从不	偶尔	经常	从不	偶尔	经常	从不	偶尔	经常	从不	偶尔	经常
中下	计数	2630	8506	4200	3406	8215	3715	3487	8109	3740	3857	8120	3359
	百分比	17.1	55.5	27.4	22.2	53.6	24.2	22.7	52.9	24.4	25.1	52.9	21.9
中间	计数	4781	19412	10687	6258	18943	9679	6359	18742	9779	7128	18942	8810
	百分比	13.7	55.7	30.6	17.9	54.3	27.7	18.2	53.7	28.0	20.4	54.3	25.3
中上	计数	7466	31185	20357	9724	30497	18787	9923	30097	18988	11431	30529	17048
	百分比	12.7	52.8	34.5	16.5	51.7	31.8	16.8	51.0	32.2	19.4	51.7	28.9
最好	计数	3149	10727	9472	3990	10504	8854	3960	10388	9000	4501	10655	8192
	百分比	13.5	45.9	40.6	17.1	45.0	37.9	17.0	44.5	38.5	19.3	45.6	35.1

表5-106 学校办学水平与线上学习前家校合作之志愿服务的关系(2)

学校办学水平		招募家长志愿者:参与教学活动(如进校听课,监考等)			招募家长志愿者:组织学生课外活动(如研学旅行,郊游等)			招募家长志愿者:为学生做讲座(如职业、文化、安全等)			招募家长志愿者:支持学校活动(场馆布置、评委、摄像、化妆、主持人、引导等)		
		从不	偶尔	经常	从不	偶尔	经常	从不	偶尔	经常	从不	偶尔	经常
最差	计数	594	1017	435	671	960	415	675	954	417	615	996	435
	百分比	29.0	49.7	21.3	32.8	46.9	20.3	33.0	46.6	20.4	30.1	48.7	21.3
中下	计数	3791	8135	3410	4388	7848	3100	4184	8030	3122	3972	8228	3136
	百分比	24.7	53.0	22.2	28.6	51.2	20.2	27.3	52.4	20.4	25.9	53.7	20.4

续表

学校办学水平		招募家长志愿者：参与教学听课（如进校听课，监考等）			招募家长志愿者：组织学生课外活动（如研学旅行，郊游等）			招募家长志愿者：为学生做讲座（如职业、文化、安全等）			招募家长志愿者：支持学校活动（场馆布置，评委，化妆，主持人，引导等）		
		从不	偶尔	经常	从不	偶尔	经常	从不	偶尔	经常	从不	偶尔	经常
中间	计数	7168	18858	8854	8612	18232	8036	7734	18981	8165	7360	19277	8243
	百分比	20.6	54.1	25.4	24.7	52.3	23.0	22.2	54.4	23.4	21.1	55.3	23.6
中上	计数	11907	30292	16809	14194	29764	15050	12037	31694	15277	11348	31852	15808
	百分比	20.2	51.3	28.5	24.1	50.4	25.5	20.4	53.7	25.9	19.2	54.0	26.8
最好	计数	4754	10564	8030	5708	10258	7382	4584	11132	7632	4433	11140	7775
	百分比	20.4	45.2	34.4	24.4	43.9	31.6	19.6	47.7	32.7	19.0	47.7	33.3

表5-107　学校办学水平与线上学习前家校合作之志愿服务的关系（3）

学校办学水平		招募家长志愿者：协助检查学生出勤情况			招募家长志愿者：维护学校公共区域秩序，如校门口、图书馆、食堂等秩序引导			招募家长志愿者：在运动会、文艺演出、演讲比赛等活动中做观众			对有意愿但不能到校的家长志愿者，也设计工作方案，让他们去其他家庭或者去社区提供志愿者服务		
		从不	偶尔	经常	从不	偶尔	经常	从不	偶尔	经常	从不	偶尔	经常
最差	计数	668	928	450	671	938	437	547	1042	457	667	983	396
	百分比	32.6	45.4	22.0	32.8	45.8	21.4	26.7	50.9	22.3	32.6	48.0	19.4
中下	计数	4495	7490	3351	4498	7567	3271	3419	8373	3544	4491	7921	2924
	百分比	29.3	48.8	21.9	29.3	49.3	21.3	22.3	54.6	23.1	29.3	51.6	19.1
中间	计数	8656	17537	8687	8167	17675	9038	6118	19342	9420	8445	18659	7776
	百分比	24.8	50.3	24.9	23.4	50.7	25.9	17.5	55.5	27.0	24.2	53.5	22.3

续表

学校办学水平		招募家长志愿者：协助检查学生出勤情况			招募家长志愿者：维护学校公共区域秩序，如校门口、图书馆、食堂秩序引导			招募家长志愿者：在运动会、文艺演出、演讲比赛等活动中做观众			对有意愿但不能到校的家长志愿者，也设计工作方案，让他们去其他家庭志愿者或去社区提供志愿者服务		
		从不	偶尔	经常	从不	偶尔	经常	从不	偶尔	经常	从不	偶尔	经常
中上	计数	14501	28159	16348	13178	28651	17179	9661	31451	17896	14114	30264	14630
	百分比	24.6	47.7	27.7	22.3	48.6	29.1	16.4	53.3	30.3	23.9	51.3	24.8
最好	计数	5836	9685	7827	5408	9779	8161	3990	10985	8373	5620	10562	7166
	百分比	25.0	41.5	33.5	23.2	41.9	35.0	17.1	47.0	35.9	24.1	45.2	30.7

表5-108 学校办学水平与线上学习前家校合作之志愿服务的关系（4）

学校办学水平		为参与志愿活动的家长出具证明材料，如请假			公开表彰和感谢家长志愿者		
		从不	偶尔	经常	从不	偶尔	经常
最差	计数	694	938	414	545	1011	490
	百分比	33.9	45.8	20.2	26.6	49.4	23.9
中下	计数	4464	7780	3092	3318	8172	3846
	百分比	29.1	50.7	20.2	21.6	53.3	25.1
中间	计数	8539	18254	8087	5980	18733	10167
	百分比	24.5	52.3	23.2	17.1	53.7	29.1
中上	计数	14312	29531	15165	9068	29998	19942
	百分比	24.3	50.0	25.7	15.4	50.8	33.8
最好	计数	5807	10288	7253	3681	10275	9392
	百分比	24.9	44.1	31.1	15.8	44.0	40.2

5.4 学校特征与线上学习前家校合作之在家学习

5.4.1 学校学段与线上学习前家校合作之在家学习的关系

在学校学段方面，从幼儿园到高中，教师开展家校合作之在家学习的典型活动或为行为为"经常"的比例依次降低。

表 5-109 学校学段与线上学习前家校合作之在家学习的关系（1）

学校学段		指导家长如何在家监督、辅导或检查学生家庭作业			告知家长各门功课的内容和对学生的要求			要求家长反馈学生的家庭作业情况，如签字、写评语等			开展数学、科学、社会、音体美等亲子活动		
		从不	偶尔	经常	从不	偶尔	经常	从不	偶尔	经常	从不	偶尔	经常
学校有幼儿园	计数	851	5644	8723	852	5212	9154	1356	5512	8350	1665	6679	6874
	百分比	5.6	37.1	57.3	5.6	34.2	60.2	8.9	36.2	54.9	10.9	43.9	45.2
学校有小学	计数	2845	33124	48598	2732	29825	52010	5438	33011	46118	8956	41300	34311
	百分比	3.4	39.2	57.5	3.2	35.3	61.5	6.4	39.0	54.5	10.6	48.8	40.6
学校有初中	计数	2312	22135	23352	2423	20176	25200	3722	21233	22844	7860	24271	15668
	百分比	4.8	46.3	48.9	5.1	42.2	52.7	7.8	44.4	47.8	16.4	50.8	32.8
学校有高中	计数	1443	9393	7192	1482	8738	7808	2146	8837	7045	3699	9283	5046
	百分比	8.0	52.1	39.9	8.2	48.5	43.3	11.9	49.0	39.1	20.5	51.5	28.0

表5-110 学校学段与线上学习前家校合作之在家学习的关系（2）

学校学段		布置互动型家庭作业（作业与生活相关，需要与家长互动才能完成，如计算电费等）			指导家长：朗读给孩子听			指导家长：听孩子朗读			指导家长：与孩子一起朗读		
		从不	偶尔	经常	从不	偶尔	经常	从不	偶尔	经常	从不	偶尔	经常
学校有幼儿园	计数	1630	6934	6654	1549	6730	6939	957	5996	8265	1118	6236	7864
	百分比	10.7	45.6	43.7	10.2	44.2	45.6	6.3	39.4	54.3	7.3	41.0	51.7
学校有小学	计数	6999	42257	35311	9370	40626	34571	5228	35887	43452	6471	37658	40438
	百分比	8.3	50.0	41.8	11.1	48.0	40.9	6.2	42.4	51.4	7.7	44.5	47.8
学校有初中	计数	6780	24680	16339	8727	24262	14810	6353	23927	17519	7500	23943	16356
	百分比	14.2	51.6	34.2	18.3	50.8	31.0	13.3	50.1	36.7	15.7	50.1	34.2
学校有高中	计数	3442	9319	5267	4487	8950	4591	3926	9068	5034	4249	8923	4856
	百分比	19.1	51.7	29.2	24.9	49.6	25.5	21.8	50.3	27.9	23.6	49.5	26.9

表5-111 学校学段与线上学习前家校合作之在家学习的关系（3）

学校学段		指导家长：监督、辅导子女完成寒暑假作业			指导家长：带子女去书店、图书馆以及博物馆、科技馆等增长见识			指导家长：不干扰孩子在家学习（如在旁边看电视、打麻将、打电话等）			指导家长：为孩子在家学习提供专门的场所（如房间、桌子、台灯等）		
		从不	偶尔	经常	从不	偶尔	经常	从不	偶尔	经常	从不	偶尔	经常
学校有幼儿园	计数	1090	5333	8795	1008	6687	7523	976	5162	9080	765	5412	9041
	百分比	7.2	35.0	57.8	6.6	43.9	49.4	6.4	33.9	59.7	5.0	35.6	59.4
学校有小学	计数	3785	32309	48473	4669	38640	41258	3908	30484	50175	3300	31702	49565
	百分比	4.5	38.2	57.3	5.5	45.7	48.8	4.6	36.0	59.3	3.9	37.5	58.6
学校有初中	计数	3482	21381	22936	4847	24564	18388	3562	20599	23638	3279	21027	23493
	百分比	7.3	44.7	48.0	10.1	51.4	38.5	7.5	43.1	49.5	6.9	44.0	49.1

续表

学校学段		指导家长：监督、辅导子女完成寒暑假作业			指导家长：带子女去书店、图书馆以及博物馆、科技馆等增长见识			指导家长：不干扰孩子在家学习（如在旁边看电视、打麻将、打电话等）			指导家长：为孩子在家学习提供专门的场所（如房间、桌子、台灯等）		
		从不	偶尔	经常	从不	偶尔	经常	从不	偶尔	经常	从不	偶尔	经常
学校有高中	计数	2145	8871	7012	2841	9513	5674	2095	8652	7281	2017	8724	7287
	百分比	11.9	49.2	38.9	15.8	52.8	31.5	11.6	48.0	40.4	11.2	48.4	40.4

表5-112　学校学段与线上学习前家校合作之在家学习的关系（4）

学校学段		为家长推荐孩子在家学习的网络资源			对有学习困难的学生，与家长个别谈话，共同制定辅导方案			与家长共同制定学生的学习目标和学习计划		
		从不	偶尔	经常	从不	偶尔	经常	从不	偶尔	经常
学校有幼儿园	计数	1102	6032	8084	610	5749	8859	916	6104	8198
	百分比	7.2	39.6	53.1	4.0	37.8	58.2	6.0	40.1	53.9
学校有小学	计数	4998	35574	43995	2366	32395	49806	3699	35752	45116
	百分比	5.9	42.1	52.0	2.8	38.3	58.9	4.4	42.3	53.3
学校有初中	计数	4249	22830	20720	2408	21781	23610	3281	22683	21835
	百分比	8.9	47.8	43.3	5.0	45.6	49.4	6.9	47.5	45.7
学校有高中	计数	2165	9177	6686	1477	9041	7510	1843	9197	6988
	百分比	12.0	50.9	37.1	8.2	50.1	41.7	10.2	51.0	38.8

5.4.2　学校所在地与线上学习前家校合作之在家学习

在学校所在地方面，学校教师开展家校合作之在家学习的典型活动或行为为为"经常"的比例，东部高于中部，中部高于西部。

表 5-113 学校所在地与线上学习前家校合作之在家学习的关系（1）

所在地域		指导家长如何在家监督、辅导或检查学生家庭作业			告知家长各门功课的内容和对学生的要求			要求家长反馈学生的家庭作业情况，如签字、写评语等			开展数学、科学、社会、音体美等亲子活动		
		从不	偶尔	经常	从不	偶尔	经常	从不	偶尔	经常	从不	偶尔	经常
东部	计数	2841	25403	29458	2839	23289	31574	5177	24789	27736	7188	28353	22161
	百分比	4.9	44.0	51.1	4.9	40.4	54.7	9.0	43.0	48.1	12.5	49.1	38.4
中部	计数	2363	25395	33387	2408	22848	35889	3479	24599	33067	8055	30463	22627
	百分比	3.9	41.5	54.6	3.9	37.4	58.7	5.7	40.2	54.1	13.2	49.8	37.0
西部	计数	875	6745	8151	857	6151	8763	1733	6847	7191	2849	7784	5138
	百分比	5.5	42.8	51.7	5.4	39.0	55.6	11.0	43.4	45.6	18.1	49.4	32.6

表 5-114 学校所在地与线上学习前家校合作之在家学习的关系（2）

所在地域		布置互动型家庭作业（作业与生活相关、需要与家长互动才能完成，如计算电费等）			指导家长：朗读给孩子听			指导家长：听孩子朗读			指导家长：与孩子一起朗读		
		从不	偶尔	经常	从不	偶尔	经常	从不	偶尔	经常	从不	偶尔	经常
东部	计数	6588	29274	21840	9176	28150	20376	6278	26419	25005	7283	26992	23427
	百分比	11.4	50.7	37.8	15.9	48.8	35.3	10.9	45.8	43.3	12.6	46.8	40.6
中部	计数	6294	30646	24205	7647	30001	23497	5281	27719	28145	6260	28484	26401
	百分比	10.3	50.1	39.6	12.5	49.1	38.4	8.6	45.3	46.0	10.2	46.6	43.2
西部	计数	2438	8023	5310	2947	7533	5291	1982	7018	6771	2302	7197	6272
	百分比	15.5	50.9	33.7	18.7	47.8	33.5	12.6	44.5	42.9	14.6	45.6	39.8

表 5-115 学校所在地与线上学习前家校合作之在家学习的关系（3）

所在地域		指导家长：监督、辅导子女完成寒暑假作业			指导家长：带子女去书店、图书馆以及博物馆、科技馆等增长见识			指导家长：不干扰子女在家学习（如在劳动边看电视、打麻将，打电话等）			指导家长：为孩子在家学习提供专门的场所（如房间、桌子、台灯等）		
		从不	偶尔	经常	从不	偶尔	经常	从不	偶尔	经常	从不	偶尔	经常
东部	计数	4293	25140	28269	4635	27635	25432	3722	23440	30540	3424	23809	30469
	百分比	7.4	43.6	49.0	8.0	47.9	44.1	6.5	40.6	52.9	5.9	41.3	52.8
中部	计数	3223	23989	33933	4672	29773	26700	3594	23765	33786	3067	24738	33340
	百分比	5.3	39.2	55.5	7.6	48.7	43.7	5.9	38.9	55.3	5.0	40.5	54.5
西部	计数	1213	6412	8146	1555	7302	6914	1175	5925	8671	1123	6129	8519
	百分比	7.7	40.7	51.7	9.9	46.3	43.8	7.5	37.6	55.0	7.1	38.9	54.0

表 5-116 学校所在地与线上学习前家校合作之在家学习的关系（4）

所在地域		为家长推荐孩子在家学习的网络资源			对有学习困难的学生，与家长个别谈话，共同制定辅导方案			与家长共同制定学生的学习目标和学习计划		
		从不	偶尔	经常	从不	偶尔	经常	从不	偶尔	经常
东部	计数	4490	25780	27432	2375	23911	31416	3353	25684	28665
	百分比	7.8	44.7	47.5	4.1	41.4	54.4	5.8	44.5	49.7
中部	计数	3998	27321	29826	2345	25926	32874	3377	27503	30265
	百分比	6.5	44.7	48.8	3.8	42.4	53.8	5.5	45	49.5
西部	计数	1708	7052	7011	817	6467	8487	1171	7046	7554
	百分比	10.8	44.7	44.5	5.2	41	53.8	7.4	44.7	47.9

5.4.3　学校地域类型与线上学习前家校合作之在家学习

在学校地域类型方面，学校教师开展家校合作之在家学习的典型活动或行为为"经常"的比例，村社学校较高。

表5-117　学校地域类型与线上学习前家校合作之在家学习的关系（1）

学校所在地		指导家长如何在家监督、辅导或检查学生家庭作业			告知家长各门功课的内容和对学生的要求			要求家长反馈学生的家庭作业情况，如签字、写评语等			开展数学、科学、社会、音体美等亲子活动		
		从不	偶尔	经常	从不	偶尔	经常	从不	偶尔	经常	从不	偶尔	经常
市区	计数	2220	17584	21262	2144	15871	23051	3748	17356	19962	5592	19839	15635
	百分比	5.4	42.8	51.8	5.2	38.6	56.1	9.1	42.3	48.6	13.6	48.3	38.1
县城	计数	1464	11559	14944	1455	10508	16004	2377	11258	14332	4154	13539	10274
	百分比	5.2	41.3	53.4	5.2	37.6	57.2	8.5	40.3	51.2	14.9	48.4	36.7
镇乡	计数	1968	23059	26746	2071	20998	28704	3455	22203	26115	6610	26403	18760
	百分比	3.8	44.5	51.7	4.0	40.6	55.4	6.7	42.9	50.4	12.8	51.0	36.2
村社	计数	427	5341	8044	434	4911	8467	809	5418	7585	1736	6819	5257
	百分比	3.1	38.7	58.2	3.1	35.6	61.3	5.9	39.2	54.9	12.6	49.4	38.1

表 5-118 学校地域类型与线上学习前家校合作之在家学习的关系（2）

学校所在地		布置互动型家庭作业（作业与生活相关，需要与家长互动才能完成，如计算电费等）			指导家长：朗读给孩子听			指导家长：听孩子朗读			指导家长：与孩子一起朗读		
		从不	偶尔	经常	从不	偶尔	经常	从不	偶尔	经常	从不	偶尔	经常
市区	计数	4894	20339	15833	6892	19589	14585	4851	18312	17903	5561	18666	16839
	百分比	11.9	49.5	38.6	16.8	47.7	35.5	11.8	44.6	43.6	13.5	45.5	41.0
县城	计数	3538	13765	10664	4328	13214	10425	3164	12267	12536	3605	12552	11810
	百分比	12.7	49.2	38.1	15.5	47.2	37.3	11.3	43.9	44.8	12.9	44.9	42.2
镇乡	计数	5583	26841	19349	6973	26196	18604	4671	24505	22597	5576	25156	21041
	百分比	10.8	51.8	37.4	13.5	50.6	35.9	9.0	47.3	43.6	10.8	48.6	40.6
村社	计数	1305	6998	5509	1577	6685	5550	855	6072	6885	1103	6299	6410
	百分比	9.4	50.7	39.9	11.4	48.4	40.2	6.2	44.0	49.8	8.0	45.6	46.4

表 5-119 学校地域类型与线上学习前家校合作之在家学习的关系（3）

学校所在地		指导家长：监督、辅导子女完成寒暑假作业			指导家长：带子女去书店、图书馆以及博物馆、科技馆等增长见识			指导家长：不干扰孩子在家学习（如在旁边看电视、打麻将、打电话等）			指导家长：为孩子在家学习提供专门的场所（如房间、桌子、台灯等）		
		从不	偶尔	经常	从不	偶尔	经常	从不	偶尔	经常	从不	偶尔	经常
市区	计数	3323	17284	20459	3601	18771	18694	3041	16119	21906	2772	16438	21856
	百分比	8.1	42.1	49.8	8.8	45.7	45.5	7.4	39.3	53.3	6.8	40.0	53.2
县城	计数	1995	11025	14947	2454	13001	12512	1986	10648	15333	1766	10947	15254
	百分比	7.1	39.4	53.4	8.8	46.5	44.7	7.1	38.1	54.8	6.3	39.1	54.5
镇乡	计数	2875	22104	26794	3920	26215	21638	2874	21387	27512	2587	22040	27146
	百分比	5.6	42.7	51.8	7.6	50.6	41.8	5.6	41.3	53.1	5.0	42.6	52.4

续表

学校所在地		指导家长:监督、辅导子女完成寒暑假作业			指导家长:带子女去书店、图书馆以及博物馆、科技馆等增长见识			指导家长:不干扰孩子在家学习(如在旁边看电视、打麻将、打电话等)			指导家长:为孩子在家学习提供专门的场所(如房间、桌子、台灯等)		
		从不	偶尔	经常	从不	偶尔	经常	从不	偶尔	经常	从不	偶尔	经常
村社	计数	536	5128	8148	887	6723	6202	590	4976	8246	489	5251	8072
	百分比	3.9	37.1	59.0	6.4	48.7	44.9	4.3	36.0	59.7	3.5	38.0	58.4

表5-120　学校地域类型与线上学习前家校合作之在家学习的关系(4)

学校所在地		为家长推荐孩子在家学习的网络资源			对有学习困难的学生,个别谈话,共同制定辅导方案			与家长共同制定学生的学习目标和学习计划		
		从不	偶尔	经常	从不	偶尔	经常	从不	偶尔	经常
市区	计数	3687	18074	19305	2050	16664	22352	2637	17815	20614
	百分比	9	44	47	5	40.6	54.4	6.4	43.4	50.2
县城	计数	2402	12289	13276	1312	11607	15048	1784	12308	13875
	百分比	8.6	43.9	47.5	4.7	41.5	53.8	6.4	44	49.6
镇乡	计数	3315	23930	24528	1820	22633	27320	2831	24102	24840
	百分比	6.4	46.2	47.4	3.5	43.7	52.8	5.5	46.6	48
村社	计数	792	5860	7160	355	5400	8057	649	6008	7155
	百分比	5.7	42.4	51.8	2.6	39.1	58.3	4.7	43.5	51.8

5.4.4　学校性质与线上学习前家校合作之在家学习

在学校性质方面,学校教师开展家校合作之在家学习的典型活动或行为为"经常"的比例,在公办学校、民办公助学校、普通民办学校、民办打工子弟学校间各有高低。

表5-121 学校性质与线上学习前家校合作之在家学习的关系（1）

学校性质		指导家长如何在家监督、辅导或检查学生家庭作业			告知家长各门功课的内容和对学生的要求			要求家长反馈学生的家庭作业情况，如签字、写评语等			开展数学、科学、社会、音体美等亲子活动		
		从不	偶尔	经常	从不	偶尔	经常	从不	偶尔	经常	从不	偶尔	经常
公办学校	计数	5358	49709	61693	5395	45149	66216	9403	48938	58419	16383	57810	42567
	百分比	4.6	42.6	52.8	4.6	38.7	56.7	8.1	41.9	50.0	14.0	49.5	36.5
民办公助	计数	256	2622	2980	253	2403	3202	379	2478	3001	534	2805	2519
	百分比	4.4	44.8	50.9	4.3	41.0	54.7	6.5	42.3	51.2	9.1	47.9	43.0
普通民办学校	计数	396	4516	5490	393	4133	5876	518	4163	5721	990	5160	4252
	百分比	3.8	43.4	52.8	3.8	39.7	56.5	5.0	40.0	55.0	9.5	49.6	40.9
民办打工子弟学校	计数	69	696	833	63	603	932	89	656	853	185	825	588
	百分比	4.3	43.6	52.1	3.9	37.7	58.3	5.6	41.1	53.4	11.6	51.6	36.8

表5-122 学校性质与线上学习前家校合作之在家学习的关系（2）

学校性质		布置互动型家庭作业（作业与生活相关、需要与家长互动才能完成，如计算电费等）			指导家长：朗读给孩子听			指导家长：听孩子朗读			指导家长：与孩子一起朗读		
		从不	偶尔	经常	从不	偶尔	经常	从不	偶尔	经常	从不	偶尔	经常
公办学校	计数	13760	59050	43950	17849	56815	42096	12234	53024	51502	14281	54257	48222
	百分比	11.8	50.6	37.6	15.3	48.7	36.1	10.5	45.4	44.1	12.2	46.5	41.3
民办公助	计数	488	2855	2515	678	2790	2390	489	2648	2721	558	2731	2569
	百分比	8.3	48.7	42.9	11.6	47.6	40.8	8.3	45.2	46.4	9.5	46.6	43.9
普通民办学校	计数	903	5217	4282	1051	5259	4092	688	4726	4988	851	4919	4632
	百分比	8.7	50.2	41.2	10.1	50.6	39.3	6.6	45.4	48.0	8.2	47.3	44.5
民办打工子弟学校	计数	169	821	608	192	820	586	130	758	710	155	766	677
	百分比	10.6	51.4	38.0	12.0	51.3	36.7	8.1	47.4	44.4	9.7	47.9	42.4

表 5-123 学校性质与线上学习前家校合作之在家学习关系（3）

学校性质		指导家长：监督、辅导子女完成寒暑假作业			指导家长：带子女去书店、图书馆以及博物馆、科技馆等增长见识			指导家长：不干扰孩子在家学习（如在旁边看电视、打麻将、打电话等）			指导家长：为孩子在家学习提供专门的场所（如房间、桌子、台灯等）		
		从不	偶尔	经常	从不	偶尔	经常	从不	偶尔	经常	从不	偶尔	经常
公办学校	计数	7784	48010	60966	9772	56098	50890	7397	45819	63544	6743	47109	62908
	百分比	6.7	41.1	52.2	8.4	48.0	43.6	6.3	39.2	54.4	5.8	40.3	53.9
民办公助	计数	348	2535	2975	367	2798	2693	355	2444	3059	307	2496	3055
	百分比	5.9	43.3	50.8	6.3	47.8	46.0	6.1	41.7	52.2	5.2	42.6	52.2
普通民办学校	计数	511	4331	5560	618	4997	4787	634	4206	5562	484	4395	5523
	百分比	4.9	41.6	53.5	5.9	48.0	46.0	6.1	40.4	53.5	4.7	42.3	53.1
民办打工子弟学校	计数	86	665	847	105	817	676	105	661	832	80	676	842
	百分比	5.4	41.6	53.0	6.6	51.1	42.3	6.6	41.4	52.1	5.0	42.3	52.7

表 5-124 学校性质与线上学习前家校合作之在家学习关系（4）

学校性质		为家长推荐孩子在家学习的网络资源			对有学习困难的学生，与家长个别谈话，共同制定辅导方案			与家长共同制定学生的学习目标和学习计划		
		从不	偶尔	经常	从不	偶尔	经常	从不	偶尔	经常
公办学校	计数	9203	52165	55392	4855	48619	63286	7032	52176	57552
	百分比	7.9	44.7	47.4	4.2	41.6	54.2	6	44.7	49.3
民办公助	计数	374	2589	2895	228	2503	3127	279	2606	2973
	百分比	6.4	44.2	49.4	3.9	42.7	53.4	4.8	44.5	50.8
普通民办学校	计数	523	4667	5212	380	4477	5545	495	4691	5216
	百分比	5	44.9	50.1	3.7	43	53.3	4.8	45.1	50.1
民办打工子弟学校	计数	96	732	770	74	705	819	95	760	743
	百分比	6	45.8	48.2	4.6	44.1	51.3	5.9	47.6	46.5

5.4.5　学校规模与线上学习前家校合作之在家学习

在学校规模方面，学校规模越大，学校教师开展家校合作之在家学习的典型活动或行为为"经常"的比例越低。

表 5-125　学校规模与线上学习前家校合作之在家学习的关系（1）

学校规模		指导家长如何在家监督、辅导或检查学生家庭作业			告知家长各门功课的内容和对学生的要求			要求家长反馈学生的家庭作业情况，如签字、写评语等			开展数学、科学、社会、音体美等亲子活动		
		从不	偶尔	经常	从不	偶尔	经常	从不	偶尔	经常	从不	偶尔	经常
小型学校（1000人以下）	计数	2309	22766	30227	2315	20754	32233	4130	22418	28754	6996	26715	21591
	百分比	4.2	41.2	54.7	4.2	37.5	58.3	7.5	40.5	52.0	12.7	48.3	39.0
中型学校（1001~2500人）	计数	2181	19872	23773	2155	17964	25707	3762	19549	22515	6276	23002	16548
	百分比	4.8	43.4	51.9	4.7	39.2	56.1	8.2	42.7	49.1	13.7	50.2	36.1
大型学校（2501~4000人）	计数	1022	9716	10877	1042	8811	11762	1641	9307	10667	3152	10913	7550
	百分比	4.7	45.0	50.3	4.8	40.8	54.4	7.6	43.1	49.3	14.6	50.5	34.9
巨型学校（4000人以上）	计数	509	4616	5231	527	4230	5599	771	4399	5186	1476	5244	3636
	百分比	4.9	44.6	50.5	5.1	40.8	54.1	7.4	42.5	50.1	14.3	50.6	35.1

表 5－126 学校规模与线上学习前家校合作之在家学习的关系（2）

学校规模		布置互动型家庭作业（作业与生活相关，需要与家长互动才能完成，如计算电费等）			指导家长：朗读给孩子听			指导家长：听孩子朗读			指导家长：与孩子一起朗读		
		从不	偶尔	经常	从不	偶尔	经常	从不	偶尔	经常	从不	偶尔	经常
小型学校（1000人以下）	计数	5886	27328	22088	7099	26328	21875	4561	24304	26437	5463	24931	24908
	百分比	10.6	49.4	39.9	12.8	47.6	39.6	8.2	43.9	47.8	9.9	45.1	45.0
中型学校（1001~2500人）	计数	5351	23554	16921	7234	22808	15784	4923	21186	19717	5704	21850	18272
	百分比	11.7	51.4	36.9	15.8	49.8	34.4	10.7	46.2	43.0	12.4	47.7	39.9
大型学校（2501~4000人）	计数	2689	11085	7841	3608	10760	7247	2658	10088	8869	3081	10236	8298
	百分比	12.4	51.3	36.3	16.7	49.8	33.5	12.3	46.7	41.0	14.3	47.4	38.4
巨型学校（4000人以上）	计数	1239	5251	3866	1692	5087	3577	1330	4904	4122	1504	4963	3889
	百分比	12.0	50.7	37.3	16.3	49.1	34.5	12.8	47.4	39.8	14.5	47.9	37.6

表 5－127 学校规模与线上学习前家校合作之在家学习的关系（3）

学校规模		指导家长：监督、辅导子女完成寒暑假作业			指导家长：带子女去书店、图书馆以及博物馆、科技馆等增长见识			指导家长：不干扰孩子在家学习（如在旁边看电视、打麻将、打电话等）			指导家长：为孩子在家学习提供专门的场所（如房间、桌子、台灯等）		
		从不	偶尔	经常	从不	偶尔	经常	从不	偶尔	经常	从不	偶尔	经常
小型学校（1000人以下）	计数	3246	21629	30427	4126	26167	25009	3236	20897	31169	2701	21677	30924
	百分比	5.9	39.1	55.0	7.5	47.3	45.2	5.9	37.8	56.4	4.9	39.2	55.9
中型学校（1001~2500人）	计数	3153	19569	23104	3725	22118	19983	2905	18350	24571	2698	18827	24301
	百分比	6.9	42.7	50.4	8.1	48.3	43.6	6.3	40.0	53.6	5.9	41.1	53.0
大型学校（2501~4000人）	计数	1544	9319	10752	1931	10605	9079	1503	8972	11140	1431	9172	11012
	百分比	7.1	43.1	49.7	8.9	49.1	42.0	7.0	41.5	51.5	6.6	42.4	50.9

续表

学校规模		指导家长：监督、辅导子女完成寒暑假作业			指导家长：带子女去书店、图书馆以及博物馆、科技馆等增长见识			指导家长：不干扰孩子在家学习（如在旁边看电视、打麻将、打电话等）			指导家长：为孩子在家学习提供专门的场所（如房间、桌子、台灯等）		
		从不	偶尔	经常	从不	偶尔	经常	从不	偶尔	经常	从不	偶尔	经常
巨型学校（4000人以上）	计数	718	4495	5143	955	5099	4302	748	4341	5267	717	4407	5232
	百分比	6.9	43.4	49.7	9.2	49.2	41.5	7.2	41.9	50.9	6.9	42.6	50.5

表 5-128 学校规模与线上学习前家校合作之在家学习的关系（4）

学校规模		为家长推荐孩子在家学习的网络资源			对有学习困难的学生，与家长个别谈话，共同制定辅导方案			与家长共同制定学生的学习目标和学习计划		
		从不	偶尔	经常	从不	偶尔	经常	从不	偶尔	经常
小型学校（1000人以下）	计数	3737	23946	27619	2020	22470	30812	3034	24066	28202
	百分比	6.8	43.3	49.9	3.7	40.6	55.7	5.5	43.5	51
中型学校（1001~2500人）	计数	3728	20685	21413	1965	19118	24743	2824	20622	22380
	百分比	8.1	45.1	46.7	4.3	41.7	54	6.2	45	48.8
大型学校（2501~4000人）	计数	1800	10029	9786	976	9502	11137	1284	10102	10229
	百分比	8.3	46.4	45.3	4.5	44	51.5	5.9	46.7	47.3
巨型学校（4000人以上）	计数	843	4829	4684	521	4584	5251	681	4781	4894
	百分比	8.1	46.6	45.2	5	44.3	50.7	6.6	46.2	47.3

5.4.6 农村学生比例与线上学习前家校合作之在家学习

在学校农村学生比例方面，学校教师开展家校合作之在家学习的典型活动或行为为为"经常"的比例，在不同类型的学校中各有高低，但农村学生比例高的学校相对较高。

表5-129　农村学生比例与线上学习前家校合作之在家学习的关系（1）

学校农村学生比例		指导家长如何在家监督、辅导或检查学生家庭作业			告知家长各门功课的内容和对学生的要求			要求家长反馈学生的家庭作业情况，如签字、写评语等			开展数学、科学、社会、音体美等亲子活动		
		从不	偶尔	经常	从不	偶尔	经常	从不	偶尔	经常	从不	偶尔	经常
低（0~20）	计数	1854	14824	17382	1823	13421	18816	3239	14475	16346	4456	16486	13118
	百分比	5.4	43.5	51.0	5.4	39.4	55.2	9.5	42.5	48.0	13.1	48.4	38.5
中（20~50）	计数	1503	13782	16023	1487	12642	17179	2309	13505	15494	4052	15799	11457
	百分比	4.8	44.0	51.2	4.7	40.4	54.9	7.4	43.1	49.5	12.9	50.5	36.6
高（50~100）	计数	2648	28349	36799	2727	25660	39409	4743	27691	35362	9442	33661	24693
	百分比	3.9	41.8	54.3	4.0	37.8	58.1	7.0	40.8	52.2	13.9	49.7	36.4

表5-130　农村学生比例与线上学习前家校合作之在家学习的关系（2）

学校农村学生比例		布置互动型家庭作业（作业与生活相关，需要与家长互动才能完成，如计算电费等）			指导家长：朗读给孩子听			指导家长：听孩子朗读			指导家长：与孩子一起阅读		
		从不	偶尔	经常	从不	偶尔	经常	从不	偶尔	经常	从不	偶尔	经常
低（0~20）	计数	4072	16942	13046	5622	16265	12173	3906	15216	14938	4489	15531	14040
	百分比	12.0	49.7	38.3	16.5	47.8	35.7	11.5	44.7	43.9	13.2	45.6	41.2
中（20~50）	计数	3488	16033	11787	4569	15436	11303	3285	14503	13520	3791	14817	12700
	百分比	11.1	51.2	37.6	14.6	49.3	36.1	10.5	46.3	43.2	12.1	47.3	40.6
高（50~100）	计数	7629	34312	25855	9437	33309	25050	6246	30795	30755	7438	31687	28671
	百分比	11.3	50.6	38.1	13.9	49.1	36.9	9.2	45.4	45.4	11.0	46.7	42.3

表 5-131　农村学生比例与线上学习前家校合作之在家学习的关系（3）

学校农村学生比例		指导家长：监督、辅导子女完成寒暑假作业			指导家长：带子女去书店、图书馆以及博物馆、科技馆等增长见识			指导家长：不干扰孩子在家学习（如在旁边看电视、打麻将、打电话等）			指导家长：为孩子在家学习提供专门的场所（如房间、桌子、台灯等）		
		从不	偶尔	经常	从不	偶尔	经常	从不	偶尔	经常	从不	偶尔	经常
低（0~20）	计数	2844	14415	16801	2935	15732	15393	2557	13512	17991	2359	13722	17979
	百分比	8.3	42.3	49.3	8.6	46.2	45.2	7.5	39.7	52.8	6.9	40.3	52.8
中（20~50）	计数	2060	13498	15750	2523	15235	13550	2136	12878	16294	1840	13252	16216
	百分比	6.6	43.1	50.3	8.1	48.7	43.3	6.8	41.1	52.0	5.9	42.3	51.8
高（50~100）	计数	3743	27043	37010	5304	33087	29405	3690	26165	37941	3338	27135	37323
	百分比	5.5	39.9	54.6	7.8	48.8	43.4	5.4	38.6	56.0	4.9	40.0	55.1

表 5-132　农村学生比例与线上学习前家校合作之在家学习的关系（4）

学校农村学生比例		为家长推荐孩子在家学习的网络资源			对有学习困难的学生，与家长个别谈话、共同制定辅导方案			与家长共同制定学生的学习目标和学习计划		
		从不	偶尔	经常	从不	偶尔	经常	从不	偶尔	经常
低（0~20%）	计数	3066	15058	15936	1712	13952	18396	2234	14875	16951
	百分比	9	44.2	46.8	5	41	54	6.6	43.7	49.8
中（20~50%）	计数	2345	14390	14573	1392	13635	16281	1820	14401	15087
	百分比	7.5	46	46.5	4.4	43.6	52	5.8	46	48.2
高（50~100%）	计数	4704	30096	32996	2365	28108	37323	3770	30343	33683
	百分比	6.9	44.4	48.7	3.5	41.5	55.1	5.6	44.8	49.7

5.4.7 学校家长类型与线上学习前家校合作之在家学习

在学校家长类型方面，学校教师开展家校合作之在家学习的典型活动或行为为为"经常"的比例，在不同家长类型的学校间各有高低，但家长以工人、小贩等为主的学校相对较低。

表 5-133 学校家长类型与线上学习前家校合作之在家学习的关系（1）

学校家长主要类型		指导家长如何在家监督、辅导或检查学生家庭作业			告知家长各门功课的内容和对学生的要求			要求家长反馈学生的家庭作业情况，如签字、写评语等			开展数学、科学、社会、音体美等亲子活动		
		从不	偶尔	经常	从不	偶尔	经常	从不	偶尔	经常	从不	偶尔	经常
农民为主	计数	2405	23190	30591	2469	21160	32557	4197	22924	29065	8078	27631	20477
	百分比	4.3	41.3	54.4	4.4	37.7	57.9	7.5	40.8	51.7	14.4	49.2	36.4
工人、小贩等为主	计数	2860	27839	32808	2832	25205	35470	4882	26965	31660	8341	31811	23355
	百分比	4.5	43.8	51.7	4.5	39.7	55.9	7.7	42.5	49.9	13.1	50.1	36.8
知识份子、管理人员、公务员等为主	计数	814	6514	7597	803	5923	8199	1310	6346	7269	1673	7158	6094
	百分比	5.5	43.6	50.9	5.4	39.7	54.9	8.8	42.5	48.7	11.2	48.0	40.8

表 5-134 学校家长类型与线上学习前家校合作之在家学习的关系 （2）

学校家长主要类型		布置互动型家庭作业（作业与生活相关，需要与家长互动才能完成，如计算电费等）			指导家长：朗读给孩子听			指导家长：听孩子朗读			指导家长：与孩子一起朗读		
		从不	偶尔	经常	从不	偶尔	经常	从不	偶尔	经常	从不	偶尔	经常
农民为主	计数	6747	28002	21437	7990	27120	21076	5472	25233	25481	6436	25876	23874
	百分比	12.0	49.8	38.2	14.2	48.3	37.5	9.7	44.9	45.4	11.5	46.1	42.5
工人、小贩等为主	计数	6946	32665	23896	9734	31487	22286	6539	29368	27600	7685	30139	25683
	百分比	10.9	51.4	37.6	15.3	49.6	35.1	10.3	46.2	43.5	12.1	47.5	40.4
知识份子、管理人员、公务员等为主	计数	1627	7276	6022	2046	7077	5802	1530	6555	6840	1724	6658	6543
	百分比	10.9	48.8	40.3	13.7	47.4	38.9	10.3	43.9	45.8	11.6	44.6	43.8

表 5-135 学校家长类型与线上学习前家校合作之在家学习的关系 （3）

学校家长主要类型		指导家长：监督、辅导子女完成寒暑假作业			指导家长：带子女去书店、图书馆以及博物馆、科技馆等增长见识			指导家长：不干扰孩子在家学习（如在旁边看电视、打麻将、打电话等）			指导家长：为孩子在家学习提供专门场所（如房间、桌子、台灯等）		
		从不	偶尔	经常	从不	偶尔	经常	从不	偶尔	经常	从不	偶尔	经常
农民为主	计数	3242	22160	30784	4751	27217	24218	3437	21219	31530	2984	22142	31060
	百分比	5.8	39.4	54.8	8.5	48.4	43.1	6.1	37.8	56.1	5.3	39.4	55.3
工人、小贩等为主	计数	4296	27085	32126	4901	30622	27984	3941	25968	33598	3628	26477	33402
	百分比	6.8	42.6	50.6	7.7	48.2	44.1	6.2	40.9	52.9	5.7	41.7	52.6
知识份子、管理人员、公务员等为主	计数	1191	6296	7438	1210	6871	6844	1113	5943	7869	1002	6057	7866
	百分比	8.0	42.2	49.8	8.1	46.0	45.9	7.5	39.8	52.7	6.7	40.6	52.7

表 5-136　学校家长类型与线上学习前家校合作之在家学习的关系（4）

学校家长主要类型		为家长推荐孩子在家学习的网络资源			对有学习困难的学生，与家长个别谈话，共同制定辅导方案			与家长共同制定学生的学习目标和学习计划		
		从不	偶尔	经常	从不	偶尔	经常	从不	偶尔	经常
农民为主	计数	4246	24633	27307	2207	23245	30734	3385	24833	27968
	百分比	7.6	43.8	48.6	3.9	41.4	54.7	6.0	44.2	49.8
工人、小贩等为主	计数	4748	29000	29759	2577	26853	34077	3576	28899	31032
	百分比	7.5	45.7	46.9	4.1	42.3	53.7	5.6	45.5	48.9
知识份子、管理人员、公务员等为主	计数	1202	6520	7203	753	6206	7966	940	6501	7484
	百分比	8.1	43.7	48.3	5.0	41.6	53.4	6.3	43.6	50.1

5.4.8　是否寄宿学校与线上学习前家校学习

在是否寄宿学校方面，学校教师开展家校合作之在家学习的典型活动或行为为"经常"的比例，由高到低依次是非寄宿学校、部分学生寄宿学校、全部学生寄宿学校。

表 5-137　是否寄宿学校与线上学习前家校合作之在家学习的关系（1）

是否寄宿制学校		指导家长如何在家监督、辅导或检查学生家庭作业			告知家长各门功课的内容和对学生的要求			要求家长反馈学生的家庭作业情况，如签字、写评语等			开展数学、科学、社会、音体美等亲子活动		
		从不	偶尔	经常	从不	偶尔	经常	从不	偶尔	经常	从不	偶尔	经常
是，全部学生寄宿	计数	945	7761	7083	981	7227	7581	1388	7355	7046	2557	8049	5183
	百分比	6.0	49.2	44.9	6.2	45.8	48.0	8.8	46.6	44.6	16.2	51.0	32.8

续表

是否寄宿制学校		指导家长如何在家监督、辅导或检查学生家庭作业			告知家长各门功课的内容和对学生的要求			要求家长反馈学生的家庭作业情况，如签字、写评语等			开展数学、科学、社会、音体美等等亲子活动		
		从不	偶尔	经常	从不	偶尔	经常	从不	偶尔	经常	从不	偶尔	经常
是，部分学生寄宿	计数	1869	17390	18914	1969	15854	20350	3094	16658	18421	6072	19156	12945
	百分比	4.9	45.6	49.5	5.2	41.5	53.3	8.1	43.6	48.3	15.9	50.2	33.9
否，没有学生寄宿	计数	3265	32392	44999	3154	29207	48295	5907	32222	42527	9463	39395	31798
	百分比	4.0	40.2	55.8	3.9	36.2	59.9	7.3	39.9	52.7	11.7	48.8	39.4

表 5-138 是否寄宿学校与线上学习前家校合作之在家学习的关系（2）

是否寄宿制学校		布置互动型家庭作业（作业与生活相关，需要与家长互动才能完成，如计算电费等）			指导家长：朗读给孩子听			指导家长：听孩子朗读			指导家长：与孩子一起朗读		
		从不	偶尔	经常	从不	偶尔	经常	从不	偶尔	经常	从不	偶尔	经常
是，全部学生寄宿	计数	2270	8122	5397	2941	7904	4944	2455	7866	5468	2717	7786	5286
	百分比	14.4	51.4	34.2	18.6	50.1	31.3	15.5	49.8	34.6	17.2	49.3	33.5
是，部分学生寄宿	计数	5246	19381	13546	6671	19007	12495	5006	18409	14758	5786	18571	13816
	百分比	13.7	50.8	35.5	17.5	49.8	32.7	13.1	48.2	38.7	15.2	48.6	36.2
否，没有学生寄宿	计数	7804	40440	32412	10158	38773	31725	6080	34881	39695	7342	36316	36998
	百分比	9.7	50.1	40.2	12.6	48.1	39.3	7.5	43.2	49.2	9.1	45.0	45.9

表 5-139　是否寄宿学校与线上学习前家校合作之在家学习的关系（3）

是否寄宿制学校		指导家长：监督、辅导子女完成寒暑假作业			指导家长：带子女去书店、图书馆以及博物馆、科技馆等增长见识			指导家长：不干扰孩子在家学习（如在旁边看电视、打麻将、打电话等）			指导家长：为孩子在家学习提供专门的场所（如房间、桌子、台灯等）		
		从不	偶尔	经常	从不	偶尔	经常	从不	偶尔	经常	从不	偶尔	经常
是，全部学生寄宿	计数	1362	7427	7000	1835	8127	5827	1337	7163	7289	1241	7262	7286
	百分比	8.6	47.0	44.3	11.6	51.5	36.9	8.5	45.4	46.2	7.9	46.0	46.1
是，部分学生寄宿	计数	2738	16564	18871	3941	19308	14924	2850	16097	19226	2639	16487	19047
	百分比	7.2	43.4	49.4	10.3	50.6	39.1	7.5	42.2	50.4	6.9	43.2	49.9
否，没有学生寄宿	计数	4629	31550	44477	5086	37275	38295	4304	29870	46482	3734	30927	45995
	百分比	5.7	39.1	55.1	6.3	46.2	47.5	5.3	37.0	57.6	4.6	38.3	57.0

表 5-140　是否寄宿学校与线上学习前家校合作之在家学习的关系（4）

是否寄宿制学校		为家长推荐孩子在家学习的网络资源			对有学习困难的学生，与家长个别谈话，共同制定辅导方案			与家长共同制定学习目标和学习计划		
		从不	偶尔	经常	从不	偶尔	经常	从不	偶尔	经常
是，全部学生寄宿	计数	1421	7656	6712	918	7499	7372	1197	7677	6915
	百分比	9.0	48.5	42.5	5.8	47.5	46.7	7.6	48.6	43.8
是，部分学生寄宿	计数	3200	17843	17130	1919	17058	19196	2654	17847	17672
	百分比	8.4	46.7	44.9	5.0	44.7	50.3	7.0	46.8	46.3
否，没有学生寄宿	计数	5575	34654	40427	2700	31747	46209	4050	34709	41897
	百分比	6.9	43.0	50.1	3.3	39.4	57.3	5.0	43.0	51.9

5.4.9 学校办学水平与线上学习前家校合作之在家学习

在学校办学水平方面，大体上呈现在办学水平越高的学校中，学校教师开展家校合作之在家学习的典型活动或行为为为"经常"的比例越高。

表5-141 学校办学水平与上学习前家校合作之在家学习的关系（1）

学校办学水平		指导家长如何在家监督、辅导或检查学生家庭作业			告知家长各门功课的内容和对学生的要求			要求家长反馈学生的家庭作业情况，如评语等			开展数学、科学、社会、音体美等亲子活动		
		从不	偶尔	经常	从不	偶尔	经常	从不	偶尔	经常	从不	偶尔	经常
最差	计数	185	1000	861	170	945	931	234	976	836	442	1012	592
	百分比	9.0	48.9	42.1	8.3	46.2	45.5	11.4	47.7	40.9	21.6	49.5	28.9
中下	计数	793	7530	7013	791	6874	7671	1248	7153	6935	2576	8179	4581
	百分比	5.2	49.1	45.7	5.2	44.8	50.0	8.1	46.6	45.2	16.8	53.3	29.9
中间	计数	1341	15928	17611	1384	14521	18975	2310	15337	17233	4527	18353	12000
	百分比	3.8	45.7	50.5	4.0	41.6	54.4	6.6	44.0	49.4	13.0	52.6	34.4
中上	计数	2480	24492	32036	2483	22187	34338	4384	24176	30448	7468	29092	22448
	百分比	4.2	41.5	54.3	4.2	37.6	58.2	7.4	41.0	51.6	12.7	49.3	38.0
最好	计数	1280	8593	13475	1276	7761	14311	2213	8593	12542	3079	9964	10305
	百分比	5.5	36.8	57.7	5.5	33.2	61.3	9.5	36.8	53.7	13.2	42.7	44.1

表5-142 学校办学水平与线上学习前家校合作的关系（2）

学校办学水平		布置互动型家庭作业（作业与生活相关，需要与家长互动才能完成，如计算电费等）			指导家长：朗读给孩子听			指导家长：听孩子朗读			指导家长：与孩子一起朗读		
		从不	偶尔	经常	从不	偶尔	经常	从不	偶尔	经常	从不	偶尔	经常
最差	计数	364	1067	615	438	1004	604	343	998	705	377	996	673
	百分比	17.8	52.2	30.1	21.4	49.1	29.5	16.8	48.8	34.5	18.4	48.7	32.9
中下	计数	2067	8359	4910	2596	8163	4577	1807	7862	5667	2164	7970	5202
	百分比	13.5	54.5	32.0	16.9	53.2	29.8	11.8	51.3	37.0	14.1	52.0	33.9
中间	计数	3713	18647	12520	4719	18067	12094	3072	16878	14930	3664	17298	13918
	百分比	10.6	53.5	35.9	13.5	51.8	34.7	8.8	48.4	42.8	10.5	49.6	39.9
中上	计数	6290	29661	23057	8280	28684	22044	5624	26338	27046	6572	27086	25350
	百分比	10.7	50.3	39.1	14.0	48.6	37.4	9.5	44.6	45.8	11.1	45.9	43.0
最好	计数	2886	10209	10253	3737	9766	9845	2695	9080	11573	3068	9323	10957
	百分比	12.4	43.7	43.9	16.0	41.8	42.2	11.5	38.9	49.6	13.1	39.9	46.9

表5-143　学校办学水平与线上学习前家校合作之在家学习的关系（3）

学校办学水平		指导家长：监督、辅导子女完成寒暑假作业			指导家长：带子女去书店、图书馆以及博物馆、科技馆等增长见识			指导家长：不干扰孩子在家学习（如在旁边看电视、打麻将、打电话等）			指导家长：为孩子在家学习提供专门的场所（如房间、桌子、台灯等）		
		从不	偶尔	经常	从不	偶尔	经常	从不	偶尔	经常	从不	偶尔	经常
最差	计数	215	954	877	287	1090	669	213	949	884	208	962	876
	百分比	10.5	46.6	42.9	14.0	53.3	32.7	10.4	46.4	43.2	10.2	47.0	42.8
中下	计数	1075	7169	7092	1526	8280	5530	1067	7101	7168	1024	7249	7063
	百分比	7.0	46.7	46.2	10.0	54.0	36.1	7.0	46.3	46.7	6.7	47.3	46.1
中间	计数	1938	15170	17772	2633	18009	14238	2030	14803	18047	1818	15225	17837
	百分比	5.6	43.5	51.0	7.5	51.6	40.8	5.8	42.4	51.7	5.2	43.6	51.1
中上	计数	3618	23888	31502	4354	27950	26704	3435	22512	33061	3020	23290	32698
	百分比	6.1	40.5	53.4	7.4	47.4	45.3	5.8	38.2	56.0	5.1	39.5	55.4
最好	计数	1883	8360	13105	2062	9381	11905	1746	7765	13837	1544	7950	13854
	百分比	8.1	35.8	56.1	8.8	40.2	51.0	7.5	33.3	59.3	6.6	34.1	59.3

表 5-144 学校办学水平与线上学习前家校合作之在家学习的关系 （4）

学校办学水平		为家长推荐孩子在家学习的网络资源			对有学习困难的学生，与家长个别谈话，共同制定辅导方案			与家长共同制定学生的学习目标和学习计划		
		从不	偶尔	经常	从不	偶尔	经常	从不	偶尔	经常
最差	计数	232	1035	779	175	996	875	247	1010	789
	百分比	11.3	50.6	38.1	8.6	48.7	42.8	12.1	49.4	38.6
中下	计数	1239	7797	6300	736	7400	7200	1131	7859	6346
	百分比	8.1	50.8	41.1	4.8	48.3	46.9	7.4	51.2	41.4
中间	计数	2335	16615	15930	1351	15751	17778	1996	16712	16172
	百分比	6.7	47.6	45.7	3.9	45.2	51.0	5.7	47.9	46.4
中上	计数	4268	25825	28915	2147	23923	32938	3082	25880	30046
	百分比	7.2	43.8	49.0	3.6	40.5	55.8	5.2	43.9	50.9
最好	计数	2122	8881	12345	1128	8234	13986	1445	8772	13131
	百分比	9.1	38.0	52.9	4.8	35.3	59.9	6.2	37.6	56.2

5.5 学校特征与线上学习前家校合作之参与决策

5.5.1 学校学段与线上学习前家校合作之参与决策的关系

在学校学段方面，从幼儿园到高中，教师开展家校合作之参与决策的典型活动或行为为"经常"的比例依次降低。

表5-145 学校学段与线上学习前家校合作之参与决策的关系（1）

学校学段		建立家长委员会或其他家长组织			培训家长委员会成员或其他家长组织成员，让他们知道家校合作之参与决策的责任和功能			与家长代表共同制定家校合作的规章制度			与家长代表共同制定家校合作的行动计划		
		从不	偶尔	经常	从不	偶尔	经常	从不	偶尔	经常	从不	偶尔	经常
学校有幼儿园	计数	1662	6313	7243	1855	6758	6605	1964	6736	6518	1969	6735	6514
	百分比	10.9	41.5	47.6	12.2	44.4	43.4	12.9	44.3	42.8	12.9	44.3	42.8
学校有小学	计数	7869	36656	40042	9026	39834	35707	9897	39761	34909	9834	39980	34753
	百分比	9.3	43.3	47.3	10.7	47.1	42.2	11.7	47.0	41.3	11.6	47.3	41.1
学校有初中	计数	6499	22431	18869	7239	23481	17079	7588	23381	16830	7566	23513	16720
	百分比	13.6	46.9	39.5	15.1	49.1	35.7	15.9	48.9	35.2	15.8	49.2	35.0
学校有高中	计数	3001	8802	6225	3278	9079	5671	3388	9069	5571	3381	9102	5545
	百分比	16.6	48.8	34.5	18.2	50.4	31.5	18.8	50.3	30.9	18.8	50.5	30.8

表 5-146 学校学段与线上学习前家校合作之参与决策的关系（2）

学校学段		邀请家长代表参与学校管理 从不	偶尔	经常	将家长委员会成员的联系方式分发给家长 从不	偶尔	经常	邀请家长当面反映意见 从不	偶尔	经常	邀请家长参与问卷调查，收集家长的意见或建议 从不	偶尔	经常
学校有幼儿园	计数	1966	6836	6416	1958	6523	6737	1405	6822	6991	990	6523	7705
	百分比	12.9	44.9	42.2	12.9	42.9	44.3	9.2	44.8	45.9	6.5	42.9	50.6
学校有小学	计数	9723	40183	34661	10012	38525	36030	7367	40819	36381	5260	38940	40367
	百分比	11.5	47.5	41.0	11.8	45.6	42.6	8.7	48.3	43.0	6.2	46.0	47.7
学校有初中	计数	7274	23725	16800	7536	22931	17332	5791	24030	17978	5088	23386	19325
	百分比	15.2	49.6	35.1	15.8	48.0	36.3	12.1	50.3	37.6	10.6	48.9	40.4
学校有高中	计数	3244	9237	5547	3365	8929	5734	2801	9481	5746	2517	9316	6195
	百分比	18.0	51.2	30.8	18.7	49.5	31.8	15.5	52.6	31.9	14.0	51.7	34.4

表 5-147 学校学段与线上学习前家校合作之参与决策的关系（3）

学校学段		邀请家长评价班级或学校的教学和管理工作 从不	偶尔	经常	对收集的家长意见，向家长反馈处理结果，向有贡献的家长表示感谢 从不	偶尔	经常	为家长提供参与学校事务所需要的知识，包括决策本身的知识，现行学校规章制度等资料 从不	偶尔	经常	邀请家长参加校园开放日、家长会等专门面向家长的活动 从不	偶尔	经常
学校有幼儿园	计数	1316	6937	6965	1061	6692	7465	1535	6951	6732	1278	6880	7060
	百分比	8.6	45.6	45.8	7.0	44.0	49.1	10.1	45.7	44.2	8.4	45.2	46.4
学校有小学	计数	6923	41414	36230	5323	39729	39515	7820	41691	35056	6536	41772	36259
	百分比	8.2	49.0	42.8	6.3	47.0	46.7	9.2	49.3	41.5	7.7	49.4	42.9
学校有初中	计数	5806	24274	17719	5022	23714	19063	6178	24293	17328	5496	24333	17970
	百分比	12.1	50.8	37.1	10.5	49.6	39.9	12.9	50.8	36.3	11.5	50.9	37.6
学校有高中	计数	2774	9500	5754	2505	9454	6069	2874	9493	5661	2623	9522	5883
	百分比	15.4	52.7	31.9	13.9	52.4	33.7	15.9	52.7	31.4	14.5	52.8	32.6

5.5.2 学校所在地与线上学习前家校合作之参与决策

在学校所在地方面，学校教师开展家校合作参与决策的典型活动或行为为"经常"的比例，东部高于中部和西部，中部和西部没有较大差异。

表5-148 学校所在地与线上学习前家校合作之参与决策的关系（1）

所在地域		建立家长委员会或其他家长组织			培训家长委员会或其他家长组织成员，让他们知道组织的责任和功能			与家长代表共同制定家校合作的规章制度			与家长代表共同制定家校合作的行动计划		
		从不	偶尔	经常	从不	偶尔	经常	从不	偶尔	经常	从不	偶尔	经常
东部	计数	5800	25094	26808	6608	27137	23957	7252	27171	23279	7157	27306	23239
	百分比	10.1	43.5	46.5	11.5	47.0	41.5	12.6	47.1	40.3	12.4	47.3	40.3
中部	计数	7384	28543	25218	8215	30058	22872	8469	29838	22838	8501	29967	22677
	百分比	12.1	46.7	41.2	13.4	49.2	37.4	13.9	48.8	37.4	13.9	49.0	37.1
西部	计数	1957	6862	6952	2264	7508	5999	2571	7462	5738	2557	7528	5686
	百分比	12.4	43.5	44.1	14.4	47.6	38.0	16.3	47.3	36.4	16.2	47.7	36.1

表 5-149 学校所在地与线上学习前家校合作之参与决策的关系（2）

所在地域		邀请家长代表参与学校管理			将家委会成员的联系方式分发给家长			邀请家长当面反映意见			邀请家长参与问卷调查，收集家长的意见或建议		
		从不	偶尔	经常	从不	偶尔	经常	从不	偶尔	经常	从不	偶尔	经常
东部	计数	7102	27547	23053	7466	26646	23590	6381	28822	23099	4794	26742	26166
	百分比	12.3	47.7	40.0	12.9	46.2	40.9	11.1	48.9	40.0	8.3	46.3	45.3
中部	计数	8236	30124	22785	8442	28991	23712	5798	30420	24927	4853	29592	26700
	百分比	13.5	49.3	37.3	13.8	47.4	38.8	9.5	49.8	40.8	7.9	48.4	43.7
西部	计数	2423	7601	5747	2387	7197	6187	1857	7643	6271	1574	7576	6621
	百分比	15.4	48.2	36.4	15.1	45.6	39.2	11.8	48.5	39.8	10.0	48.0	42.0

表 5-150 学校所在地与线上学习前家校合作之参与决策的关系（3）

所在地域		邀请家长评价班级或学校的教学和管理工作			对收集的家长意见，向家长反馈处理结果，向有贡献的家长表示感谢			为家长提供参与学校事务所需要的知识，包括决策本身的知识、现行学校规章制度等资料			邀请家长参加校园开放日家长会等专门面向家长的活动		
		从不	偶尔	经常	从不	偶尔	经常	从不	偶尔	经常	从不	偶尔	经常
东部	计数	5863	28361	23478	4683	27354	25665	6149	28466	23087	5161	28322	24219
	百分比	10.2	49.2	40.7	8.1	47.4	44.5	10.7	49.3	40.0	8.9	49.1	42.0
中部	计数	5869	30853	24423	4890	30096	26159	6563	31085	23497	5904	31328	23913
	百分比	9.6	50.5	39.9	8.0	49.2	42.8	10.7	50.8	38.4	9.7	51.2	39.1
西部	计数	1867	7851	6053	1601	7593	6577	2055	7893	5823	1758	7895	6118
	百分比	11.8	49.8	38.4	10.2	48.1	41.7	13.0	50.0	36.9	11.1	50.1	38.8

5.5.3 学校地域类型与线上学习前家校合作之参与决策

在学校地域类型方面，学校教师开展家校合作之参与决策的典型活动或行为为"经常"的比例，在市区学校、县城学校、镇乡学校、村社学校间各有高低。

表5-151　学校地域类型与线上学习前家校合作之参与决策的关系（1）

学校所在地		建立家长委员会或其他家长组织			培训家长委员会或其他家长组织成员，让他们知道组织的责任和功能			与家长代表共同制定家校合作的规章制度			与家长代表共同制定家校合作的行动计划		
		从不	偶尔	经常	从不	偶尔	经常	从不	偶尔	经常	从不	偶尔	经常
市区	计数	4653	17609	18804	5199	19014	16853	5664	19123	16279	5613	19215	16238
	百分比	11.3	42.9	45.8	12.7	46.3	41.0	13.8	46.6	39.6	13.7	46.8	39.5
县城	计数	3278	12381	12308	3693	13307	10967	3880	13227	10860	3880	13238	10849
	百分比	11.7	44.3	44.0	13.2	47.6	39.2	13.9	47.3	38.8	13.9	47.3	38.8
镇乡	计数	5485	24317	21971	6235	25814	19724	6732	25565	19476	6693	25786	19294
	百分比	10.6	47.0	42.4	12.0	49.9	38.1	13.0	49.4	37.6	12.9	49.8	37.3
村社	计数	1725	6192	5895	1960	6568	5284	2016	6556	5240	2029	6562	5221
	百分比	12.5	44.8	42.7	14.2	47.6	38.3	14.6	47.5	37.9	14.7	47.5	37.8

表5-152　学校地域类型与线上学习前家校合作之参与决策的关系（2）

学校所在地		邀请家长代表参与学校管理			将家长委员会成员的联系方式分发给家长			邀请家长当面反映意见			邀请家长参与问卷调查，收集家长的意见或建议		
		从不	偶尔	经常	从不	偶尔	经常	从不	偶尔	经常	从不	偶尔	经常
市区	计数	5471	19309	16286	5795	18647	16624	4992	20136	15938	3960	19360	17746
	百分比	13.3	47.0	39.7	14.1	45.4	40.5	12.2	49.0	38.8	9.6	47.1	43.2
县城	计数	3738	13355	10874	3819	12843	11305	2962	13593	11412	2583	13140	12244
	百分比	13.4	47.8	38.9	13.7	45.9	40.4	10.6	48.6	40.8	9.2	47.0	43.8
镇乡	计数	6524	26009	19240	6657	25044	20072	4932	25931	20910	3848	24963	22962
	百分比	12.6	50.2	37.2	12.9	48.4	38.8	9.5	50.1	40.4	7.4	48.2	44.4
村社	计数	2028	6599	5185	2024	6300	5488	1150	6625	6037	830	6447	6535
	百分比	14.7	47.8	37.5	14.7	45.6	39.7	8.3	48.0	43.7	6.0	46.7	47.3

表5-153　学校地域类型与线上学习前家校合作之参与决策的关系（3）

学校所在地		邀请家长评价班级或管理的教学工作			对收集的家长的意见，向家长反馈处理结果，向有贡献的家长表示感谢			为家长提供参与学校事务所需要的知识，包括决策本身的知识、现行学校规章制度等资料			邀请家长参加校园开放日家长会等专门面向家长的活动		
		从不	偶尔	经常	从不	偶尔	经常	从不	偶尔	经常	从不	偶尔	经常
市区	计数	4580	20222	16264	3824	19457	17785	4898	20150	16018	4016	20112	16938
	百分比	11.2	49.2	39.6	9.3	47.4	43.3	11.9	49.1	39.0	9.8	49.0	41.2
县城	计数	2963	13680	11324	2521	13255	12191	3194	13703	11070	2841	13801	11325
	百分比	10.6	48.9	40.5	9.0	47.4	43.6	11.4	49.0	39.6	10.2	49.3	40.5
镇乡	计数	4827	26369	20577	3879	25735	22159	5179	26767	19827	4628	26726	20419
	百分比	9.3	50.9	39.7	7.5	49.7	42.8	10.0	51.7	38.3	8.9	51.6	39.4
村社	计数	1229	6794	5789	950	6596	6266	1496	6824	5492	1338	6906	5568
	百分比	8.9	49.2	41.9	6.9	47.8	45.4	10.8	49.4	39.8	9.7	50.0	40.3

5.5.4 学校性质与线上学习前家校合作之参与决策

在学校性质方面，学校教师开展家校合作之参与决策的典型活动或行为为"经常"的比例，在公办学校、民办公助学校、普通民办学校、民办打工子弟学校间各有高低，但大体上民办公助学校较高。

表 5-154 学校性质与线上学习前家校合作之参与决策的关系（1）

学校性质		建立家长委员会或其他家长组织			培训家长委员会或其他家长组织成员，让他们知道组织的责任和功能			与家长代表共同制定家校合作的规章制度			与家长代表共同制定家校合作的行动计划		
		从不	偶尔	经常	从不	偶尔	经常	从不	偶尔	经常	从不	偶尔	经常
公办学校	计数	13485	52074	51201	15229	55808	45723	16326	55605	44829	16237	55885	44638
	百分比	11.5	44.6	43.9	13.0	47.8	39.2	14.0	47.6	38.4	13.9	47.9	38.2
民办公助	计数	509	2677	2672	578	2800	2480	604	2779	2475	601	2829	2428
	百分比	8.7	45.7	45.6	9.9	47.8	42.3	10.3	47.4	42.2	10.3	48.3	41.4
普通民办学校	计数	975	4975	4452	1074	5283	4045	1150	5276	3976	1158	5286	3958
	百分比	9.4	47.8	42.8	10.3	50.8	38.9	11.1	50.7	38.2	11.1	50.8	38.1
民办打工子弟学校	计数	172	773	653	206	812	580	212	811	575	219	801	578
	百分比	10.8	48.4	40.9	12.9	50.8	36.3	13.3	50.8	36.0	13.7	50.1	36.2

表5-155　学校性质与线上学习前家校合作之参与决策的关系（2）

学校性质		邀请家长代表参与学校管理			将家长委员会成员的联系方式分发给家长			邀请家长当面反映意见			邀请家长参与问卷调查，收集家长的意见或建议		
		从不	偶尔	经常	从不	偶尔	经常	从不	偶尔	经常	从不	偶尔	经常
公办学校	计数	15724	56365	44671	16172	54110	46478	12410	57315	47035	9975	55515	51270
	百分比	13.5	48.3	38.3	13.9	46.3	39.8	10.6	49.1	40.3	8.5	47.5	43.9
民办公助	计数	630	2794	2434	663	2757	2438	512	2821	2525	439	2678	2741
	百分比	10.8	47.7	41.6	11.3	47.1	41.6	8.7	48.2	43.1	7.5	45.7	46.8
普通民办学校	计数	1192	5302	3908	1235	5182	3985	948	5319	4135	692	4925	4785
	百分比	11.5	51.0	37.6	11.9	49.8	38.3	9.1	51.1	39.8	6.7	47.3	46.0
民办打工子弟学校	计数	215	811	572	225	785	588	166	830	602	115	792	691
	百分比	13.5	50.8	35.8	14.1	49.1	36.8	10.4	51.9	37.7	7.2	49.6	43.2

表5-156　学校性质与线上学习前家校合作之参与决策的关系（3）

学校性质		邀请家长评价班级或学校的教学和管理工作			对收集的家长意见，向家长反馈处理结果，向有贡献的家长表示感谢			为家长提供参与学校事务所需的知识，包括决策本身的知识、现行学校规章制度等资料			邀请家长参加校园开放日、家长会等专门面向家长的活动		
		从不	偶尔	经常	从不	偶尔	经常	从不	偶尔	经常	从不	偶尔	经常
公办学校	计数	12073	58052	46635	9919	56281	50560	13126	58340	45294	11401	58535	46824
	百分比	10.3	49.7	39.9	8.5	48.2	43.3	11.2	50.0	38.8	9.8	50.1	40.1
民办公助	计数	481	2886	2491	422	2781	2655	513	2881	2464	465	2820	2573
	百分比	8.2	49.3	42.5	7.2	47.5	45.3	8.8	49.2	42.1	7.9	48.1	43.9
普通民办学校	计数	901	5296	4205	710	5182	4510	963	5370	4069	804	5365	4233
	百分比	8.7	50.9	40.4	6.8	49.8	43.4	9.3	51.6	39.1	7.7	51.6	40.7
民办打工子弟学校	计数	144	831	623	123	799	676	165	853	580	153	825	620
	百分比	9.0	52.0	39.0	7.7	50.0	42.3	10.3	53.4	36.3	9.6	51.6	38.8

5.5.5 学校规模与线上学习前家校合作之参与决策

在学校规模方面，学校规模越大，学校教师开展家校合作之参与决策的典型活动或行为为"经常"的比例越低。

表 5-157 学校规模与线上学习前家校合作之参与决策的关系（1）

学校规模		建立家长委员会或其他家长组织			培训家长委员会成员、家长组织成员，让他们知道组织的责任和功能			与家长代表共同制定家校合作的规章制度			与家长代表共同制定家校合作的行动计划		
		从不	偶尔	经常	从不	偶尔	经常	从不	偶尔	经常	从不	偶尔	经常
小型学校（1000 人以下）	计数	6140	24613	24549	6939	26094	22269	7355	25976	21971	7361	26102	21839
	百分比	11.1	44.5	44.4	12.5	47.2	40.3	13.3	47.0	39.7	13.3	47.2	39.5
中型学校（1001~2500 人）	计数	5047	20394	20385	5702	22151	17973	6251	22121	17454	6187	22197	17442
	百分比	11.0	44.5	44.5	12.4	48.3	39.2	13.6	48.3	38.1	13.5	48.4	38.1
大型学校（2501~4000 人）	计数	2478	9967	9170	2811	10666	8138	2997	10614	8004	2975	10722	7918
	百分比	11.5	46.1	42.4	13.0	49.3	37.6	13.9	49.1	37.0	13.8	49.6	36.6
巨型学校（4000 人以上）	计数	1248	4828	4280	1384	5104	3868	1447	5087	3822	1440	5114	3802
	百分比	12.1	46.6	41.3	13.4	49.3	37.4	14.0	49.1	36.9	13.9	49.4	36.7

表 5-158　学校规模与线上学习前家校合作之参与与决策的关系（2）

学校规模		邀请家长代表参与学校管理			将家长委员会成员的联系方式分发给家长			邀请家长当面反映意见			邀请家长参与问卷调查，收集家长的意见或建议		
		从不	偶尔	经常	从不	偶尔	经常	从不	偶尔	经常	从不	偶尔	经常
小型学校（1000人以下）	计数	7181	26260	21861	7301	25192	22809	5156	26334	23812	4059	25533	25710
	百分比	13.0	47.5	39.5	13.2	45.6	41.2	9.3	47.6	43.1	7.3	46.2	46.5
中型学校（1001~2500人）	计数	6065	22359	17402	6269	21608	17949	5133	23011	17682	4016	22058	19752
	百分比	13.2	48.8	38.0	13.7	47.2	39.2	11.2	50.2	38.6	8.8	48.1	43.1
大型学校（2501~4000人）	计数	2872	10777	7966	3021	10331	8263	2470	10999	8146	2062	10517	9036
	百分比	13.3	49.9	36.9	14.0	47.8	38.2	11.4	50.9	37.7	9.5	48.7	41.8
巨型学校（4000人以上）	计数	1385	5184	3787	1467	5016	3873	1163	5255	3938	972	5095	4289
	百分比	13.4	50.1	36.6	14.2	48.4	37.4	11.2	50.7	38.0	9.4	49.2	41.4

学校规模		邀请家长评价班级或学校的教学和管理工作			对收集的家长意见，向家长反馈处理结果，向有贡献的家长表感谢			为家长提供参与所需的知识，包括事务本身的知识、现行决策规章制度等资料			邀请家长参加校园开放日、家长会等专门面向家长的活动		
		从不	偶尔	经常	从不	偶尔	经常	从不	偶尔	经常	从不	偶尔	经常
小型学校（1000人以下）	计数	5065	26822	23415	4155	26029	25118	5707	27096	22499	5020	27061	23221
	百分比	9.2	48.5	42.3	7.5	47.1	45.4	10.3	49.0	40.7	9.1	48.9	42.0
中型学校（1001~2500人）	计数	4898	23167	17761	3945	22389	19492	5206	23295	17325	4420	23284	18122
	百分比	10.7	50.6	38.8	8.6	48.9	42.5	11.4	50.8	37.8	9.6	50.8	39.5
大型学校（2501~4000人）	计数	2400	11009	8206	2017	10727	8871	2505	11005	8105	2202	11071	8342
	百分比	11.1	50.9	38.0	9.3	49.6	41.0	11.6	50.9	37.5	10.2	51.2	38.6
巨型学校（4000人以上）	计数	1106	5330	3920	948	5168	4240	1188	5320	3848	1007	5393	3956
	百分比	10.7	51.5	37.9	9.2	49.9	40.9	11.5	51.4	37.2	9.7	52.1	38.2

5.5.6 农村学生比例与线上学习前家校合作之参与决策

在学校农村学生比例方面，学校农村学生比例越低，学校教师开展家校合作之参与决策的典型活动或行为为"经常"的比例越高。

表 5-159　农村学生比例与线上学习前家校合作之参与决策的关系（1）

学校农村学生比例		建立家委会或其他家长组织			培训家长委员会或其他家长组织成员，让他们知道组织的责任和功能			与家长代表共同制定家校合作的规章制度			与家长代表共同制定家校合作的行动计划		
		从不	偶尔	经常	从不	偶尔	经常	从不	偶尔	经常	从不	偶尔	经常
低（0~20）	计数	3770	14480	15810	4186	15700	14174	4538	15808	13714	4507	15821	13732
	百分比	11.1	42.5	46.4	12.3	46.1	41.6	13.3	46.4	40.3	13.2	46.5	40.3
中（20~50）	计数	3362	14456	13490	3795	15415	12098	4055	15374	11879	4039	15440	11829
	百分比	10.7	46.2	43.1	12.1	49.2	38.6	13.0	49.1	37.9	12.9	49.3	37.8
高（50~100）	计数	7889	30921	28986	8974	32929	25893	9569	32630	25597	9542	32877	25377
	百分比	11.6	45.6	42.8	13.2	48.6	38.2	14.1	48.1	37.8	14.1	48.5	37.4

表 5-160　农村学生比例与线上学习前家校合作之参与决策的关系（2）

学校农村学生比例		邀请家长代表参与学校管理			将家长委员会成员的联系方式分发给家长			邀请家长当面反映意见			邀请家长参与问卷调查，收集家长的意见或建议		
		从不	偶尔	经常	从不	偶尔	经常	从不	偶尔	经常	从不	偶尔	经常
低（0~20）	计数	4462	15880	13718	4655	15401	14004	4140	16594	13326	3307	15880	14873
	百分比	13.1	46.6	40.3	13.7	45.2	41.1	12.2	48.7	39.1	9.7	46.6	43.7
中（20~50）	计数	3925	15565	11818	4097	15012	12199	3325	15923	12060	2681	15354	13273
	百分比	12.5	49.7	37.7	13.1	47.9	39.0	10.6	50.9	38.5	8.6	49.0	42.4
高（50~100）	计数	9232	33169	25395	9412	31763	26621	6443	33102	28251	5130	32026	30640
	百分比	13.6	48.9	37.5	13.9	46.9	39.3	9.5	48.8	41.7	7.6	47.2	45.2

表 5-161　农村学生比例与线上学习前家校合作之参与决策的关系（3）

学校农村学生比例		邀请家长评价班级或学校的教学和管理工作			对收集的家长意见，向家长反馈处理结果，向有贡献的家长表示感谢			为家长提供参与学校事务所需要的知识，包括决策本身的知识、现行学校规章制度等资料			邀请家长参加校园开放日面向家长会等专门面向家长的活动		
		从不	偶尔	经常	从不	偶尔	经常	从不	偶尔	经常	从不	偶尔	经常
低（0~20）	计数	3846	16656	13558	3190	15967	14903	4011	16666	13383	3326	16559	14175
	百分比	11.3	48.9	39.8	9.4	46.9	43.8	11.8	48.9	39.3	9.8	48.6	41.6
中（20~50）	计数	3198	15991	12119	2613	15586	13109	3344	15993	11971	2922	16132	12254
	百分比	10.2	51.1	38.7	8.3	49.8	41.9	10.7	51.1	38.2	9.3	51.5	39.1
高（50~100）	计数	6441	33732	27623	5268	32835	29693	7290	34122	26384	6463	34173	27160
	百分比	9.5	49.8	40.7	7.8	48.4	43.8	10.8	50.3	38.9	9.5	50.4	40.1

5.5.7　学校家长类型与线上学习前家校合作之参与与决策

在学校家长类型方面，学校教师开展家校合作之参与决策的典型活动或行为为"经常"的比例，在不同家长类型的学校间各有高低。

表 5-162　学校家长类型与线上学习前家校合作之参与与决策的关系（1）

学校家长主要类型		建立家长委员会或其他家长组织			培训家长委员会成员，让他们知道组织的责任和功能			与家长代表共同制定家校合作的规章制度			与家长代表共同制定家校合作的行动计划		
		从不	偶尔	经常	从不	偶尔	经常	从不	偶尔	经常	从不	偶尔	经常
农民为主	计数	6822	25445	23919	7725	26884	21577	8103	26580	21503	8123	26703	21360
	百分比	12.1	45.3	42.6	13.7	47.8	38.4	14.4	47.3	38.3	14.5	47.5	38.0
工人、小贩等为主	计数	6765	28597	28145	7656	30921	24930	8369	30954	24184	8302	31168	24037
	百分比	10.7	45.0	44.3	12.1	48.7	39.3	13.2	48.7	38.1	13.1	49.1	37.8
知识份子、管理人员、公务员等为主	计数	1554	6457	6914	1706	6898	6321	1820	6937	6168	1790	6930	6205
	百分比	10.4	43.3	46.3	11.4	46.2	42.4	12.2	46.5	41.3	12.0	46.4	41.6

表5-163　学校家长类型与线上学习前家校合作之参与决策的关系（2）

学校家长主要类型		邀请家长代表参与学校管理			将家长委员会成员的联系方式分发给家长			邀请家长当面反映意见			邀请家长参与问卷调查，收集家长的意见或建议		
		从不	偶尔	经常	从不	偶尔	经常	从不	偶尔	经常	从不	偶尔	经常
农民为主	计数	7848	27056	21282	7914	25754	22518	5420	26815	23951	4497	26261	25428
	百分比	14.0	48.2	37.9	14.1	45.8	40.1	9.6	47.7	42.6	8.0	46.7	45.3
工人、小贩等为主	计数	8081	31246	24180	8492	30295	24720	6935	32245	24327	5402	30695	27410
	百分比	12.7	49.2	38.1	13.4	47.7	38.9	10.9	50.8	38.3	8.5	48.3	43.2
知识份子、管理人员、公务员等为主	计数	1832	6970	6123	1889	6785	6251	1681	7225	6019	1322	6954	6649
	百分比	12.3	46.7	41.0	12.7	45.5	41.9	11.3	48.4	40.3	8.9	46.6	44.5

表5-164　学校家长类型与线上学习前家校合作之参与决策的关系（3）

学校家长主要类型		邀请家长评价班级或学校的教学和管理工作			对收集的家长意见，向家长反馈处理结果，向有贡献的家长表示感谢			为家长提供参与学校事务所需要的知识，包括决策本身的知识、现行学校规章制度等资料			邀请家长参加校园开放日家长会等专门面向家长的活动		
		从不	偶尔	经常	从不	偶尔	经常	从不	偶尔	经常	从不	偶尔	经常
农民为主	计数	5493	27405	23288	4608	26748	24830	6191	27773	22222	5612	27836	22738
	百分比	9.8	48.8	41.4	8.2	47.6	44.2	11.0	49.4	39.6	10.0	49.5	40.5
工人、小贩等为主	计数	6537	32358	24612	5293	31296	26918	6942	32430	24135	5841	32524	25142
	百分比	10.3	51.0	38.8	8.3	49.3	42.4	10.9	51.1	38.0	9.2	51.2	39.6
知识份子、管理人员、公务员等为主	计数	1569	7302	6054	1273	6999	6653	1634	7241	6050	1370	7185	6370
	百分比	10.5	48.9	40.6	8.5	46.9	44.6	10.9	48.5	40.5	9.2	48.1	42.7

5.5.8 是否寄宿学校与线上学习前家校合作之参与决策

在是否寄宿学校方面，学校校长、学校教师开展家校合作之参与决策的典型活动或行为为"经常"的比例，由高到低依次是非寄宿学校、部分学生寄宿学校、全部学生寄宿学校。

表 5-165 是否寄宿学校与线上学习前家校合作之参与决策的关系（1）

是否寄宿制学校		建立家长委员会或其他家长组织			培训家长委员会成员或其他家长组织成员，让他们知道组织的责任和功能			与家长代表共同制定家校合作的规章制度			与家长代表共同制定家校合作的行动计划		
		从不	偶尔	经常	从不	偶尔	经常	从不	偶尔	经常	从不	偶尔	经常
是，全部学生寄宿	计数	2050	7524	6215	2248	7865	5676	2371	7800	5618	2383	7822	5584
	百分比	13.0	47.7	39.4	14.2	49.8	35.9	15.0	49.4	35.6	15.1	49.5	35.4
是，部分学生寄宿	计数	4937	17858	15378	5562	18701	13910	5811	18628	13734	5773	18760	13640
	百分比	12.9	46.8	40.3	14.6	49.0	36.4	15.2	48.8	36.0	15.1	49.1	35.7
否，没有学生寄宿	计数	8154	35117	37385	9277	38137	33242	10110	38043	32503	10059	38219	32378
	百分比	10.1	43.5	46.4	11.5	47.3	41.2	12.5	47.2	40.3	12.5	47.4	40.1

表5-166　是否寄宿学校与线上学习前家校合作之参与决策的关系（2）

是否寄宿制学校		邀请家长代表参与学校管理			将家长委员会成员的联系方式分发给家长			邀请家长当面反映意见			邀请家长参与问卷调查，收集家长的意见或建议		
		从不	偶尔	经常	从不	偶尔	经常	从不	偶尔	经常	从不	偶尔	经常
是，全部学生寄宿	计数	2321	7954	5514	2371	7679	5739	1894	7986	5909	1656	7902	6231
	百分比	14.7	50.4	34.9	15.0	48.6	36.3	12.0	50.6	37.4	10.5	50.0	39.5
是，部分学生寄宿	计数	5556	18857	13760	5664	18228	14281	4374	18935	14864	3853	18348	15972
	百分比	14.6	49.4	36.0	14.8	47.8	37.4	11.5	49.6	38.9	10.1	48.1	41.8
否，没有学生寄宿	计数	9884	38461	32311	10260	36927	33469	7768	39364	33524	5712	37660	37284
	百分比	12.3	47.7	40.1	12.7	45.8	41.5	9.6	48.8	41.6	7.1	46.7	46.2

表5-167　是否寄宿学校与线上学习前家校合作之参与决策的关系（3）

是否寄宿制学校		邀请家长评价班级或学校的教学和管理工作			对收集的家长意见，向家长反馈处理结果，向有贡献的家长表示感谢			为家长提供参与学校事务所需的知识，包括决策本身的知识、现行学校规章制度等资料			邀请家长参加校园开放日家长会等专门面向家长的活动		
		从不	偶尔	经常	从不	偶尔	经常	从不	偶尔	经常	从不	偶尔	经常
是，全部学生寄宿	计数	1878	8072	5839	1635	7993	6161	1932	8136	5721	1768	8107	5914
	百分比	11.9	51.1	37.0	10.4	50.6	39.0	12.2	51.5	36.2	11.2	51.3	37.5
是，部分学生寄宿	计数	4373	19171	14629	3795	18753	15625	4681	19388	14104	4235	19351	14587
	百分比	11.5	50.2	38.3	9.9	49.1	40.9	12.3	50.8	36.9	11.1	50.7	38.2
否，没有学生寄宿	计数	7348	39822	33486	5744	38297	36615	8154	39920	32582	6820	40087	33749
	百分比	9.1	49.4	41.5	7.1	47.5	45.4	10.1	49.5	40.4	8.5	49.7	41.8

5.5.9 学校办学水平与线上学习前家校合作之参与决策

在学校办学水平方面，大体上呈现在办学水平越高的学校中，学校教师开展家校合作之参与决策的典型活动或行为为"经常"的比例越高。

表 5-168 学校办学水平与线上学习前家校合作之参与决策的关系（1）

学校办学水平		建立家长委员会或其他家长组织			培训家长委员会成员或其他知道组织的责任和功能，让他们			与家长代表共同制定家校合作的规章制度			与家长代表共同制定家校合作的行动计划		
		从不	偶尔	经常	从不	偶尔	经常	从不	偶尔	经常	从不	偶尔	经常
最差	计数	393	1008	645	437	1026	583	452	1021	573	454	1021	571
	百分比	19.2	49.3	31.5	21.4	50.1	28.5	22.1	49.9	28.0	22.2	49.9	27.9
中下	计数	2208	7691	5437	2502	8070	4764	2663	7992	4681	2645	8072	4619
	百分比	14.4	50.1	35.5	16.3	52.6	31.1	17.4	52.1	30.5	17.2	52.6	30.1
中间	计数	3979	17062	13839	4510	17958	12412	4793	17923	12164	4774	17981	12125
	百分比	11.4	48.9	39.7	12.9	51.5	35.6	13.7	51.4	34.9	13.7	51.6	34.8
中上	计数	5969	25997	27042	6804	28124	24080	7341	28080	23587	7323	28199	23486
	百分比	10.1	44.1	45.8	11.5	47.7	40.8	12.4	47.6	40.0	12.4	47.8	39.8
最好	计数	2592	8741	12015	2834	9525	10989	3043	9455	10850	3019	9528	10801
	百分比	11.1	37.4	51.5	12.1	40.8	47.1	13.0	40.5	46.5	12.9	40.8	46.3

表5-169　学校办学水平与线上学习前家校合作之参与决策的关系（2）

学校办学水平		邀请家长代表参与学校管理			将家长委员会成员的联系方式分发给家长			邀请家长当面反映意见			邀请家长参与问卷调查，收集家长的意见或建议		
		从不	偶尔	经常	从不	偶尔	经常	从不	偶尔	经常	从不	偶尔	经常
最差	计数	461	1032	553	445	1017	584	318	1075	653	278	1085	683
	百分比	22.5	50.4	27.0	21.7	49.7	28.5	15.5	52.5	31.9	13.6	53.0	33.4
中下	计数	2562	8113	4661	2587	7862	4887	1814	8255	5267	1507	8091	5738
	百分比	16.7	52.9	30.4	16.9	51.3	31.9	11.8	53.8	34.3	9.8	52.8	37.4
中间	计数	4708	18062	12110	4789	17492	12599	3420	18201	13259	2695	17647	14538
	百分比	13.5	51.8	34.7	13.7	50.1	36.1	9.8	52.2	38.0	7.7	50.6	41.7
中上	计数	7081	28430	23497	7371	27273	24364	5860	28790	24358	4582	27625	26801
	百分比	12.0	48.2	39.8	12.5	46.2	41.3	9.9	48.8	41.3	7.8	46.8	45.4
最好	计数	2949	9635	10764	3103	9190	11055	2624	9964	10760	2159	9462	11727
	百分比	12.6	41.3	46.1	13.3	39.4	47.3	11.2	42.7	46.1	9.2	40.5	50.2

表5-170 学校办学水平与线上学习前家校合作之参与决策的关系 （3）

学校办学水平		邀请家长评价班级或学校的教学和管理工作			对收集的家长意见，向家长反馈处理结果，向有贡献的家长表示感谢			为家长提供参与学校事务所需要的知识，包括决策本身的知识、现行学校规章制度等资料			邀请家长参加校园开放日面向家长会等专门面向家长的活动		
		从不	偶尔	经常	从不	偶尔	经常	从不	偶尔	经常	从不	偶尔	经常
最差	计数	332	1087	627	298	1094	654	383	1062	601	338	1112	596
	百分比	16.2	53.1	30.6	14.6	53.5	32.0	18.7	51.9	29.4	16.5	54.3	29.1
中下	计数	1866	8335	5135	1581	8224	5531	2076	8323	4937	1887	8450	4999
	百分比	12.2	54.3	33.5	10.3	53.6	36.1	13.5	54.3	32.2	12.3	55.1	32.6
中间	计数	3427	18533	12920	2777	18154	13949	3727	18752	12401	3296	18770	12814
	百分比	9.8	53.1	37.0	8.0	52.0	40.0	10.7	53.8	35.6	9.4	53.8	36.7
中上	计数	5529	29166	24313	4469	28070	26469	6004	29314	23690	5066	29313	24629
	百分比	9.4	49.4	41.2	7.6	47.6	44.9	10.2	49.7	40.1	8.6	49.7	41.7
最好	计数	2445	9944	10959	2049	9501	11798	2577	9993	10778	2236	9900	11212
	百分比	10.5	42.6	46.9	8.8	40.7	50.5	11.0	42.8	46.2	9.6	42.4	48.0

5.6 学校特征与线上学习前家校合作之与社区合作

5.6.1 学校学段与线上学习前家校合作与社区合作的关系

在学校学段方面，从幼儿园到高中，教师开展家校合作之与社区合作的典型活动或行为为"经常"的比例依次降低。

表 5-171 学校学段与线上学习前家校合作之与社区合作的关系 (1)

学校学段		了解社区内资源，包括社区的管理机构、设施和公共服务等			了解社区中有助于学生学习的信息，如社区暑期实习、阅读活动等			指导家长选择社会上的家庭服务，如夏令营、辅导班、兴趣班等			在社区开展公益活动，如废品回收利用、音乐表演、敬老等		
		从不	偶尔	经常	从不	偶尔	经常	从不	偶尔	经常	从不	偶尔	经常
学校有幼儿园	计数	1915	7658	5645	1987	7520	5711	3274	7178	4766	2287	7640	5291
	百分比	12.6	50.3	37.1	13.1	49.4	37.5	21.5	47.2	31.3	15.0	50.2	34.8
学校有小学	计数	9545	45676	29346	9800	45072	29695	16942	42828	24797	11684	45969	26914
	百分比	11.3	54.0	34.7	11.6	53.3	35.1	20.0	50.6	29.3	13.8	54.4	31.8
学校有初中	计数	6856	26475	14468	6782	26299	14718	9924	25218	12657	7924	26410	13465
	百分比	14.3	55.4	30.3	14.2	55.0	30.8	20.8	52.8	26.5	16.6	55.3	28.2
学校有高中	计数	2943	10206	4879	2940	10120	4968	3836	9809	4383	3364	10105	4559
	百分比	16.3	56.6	27.1	16.3	56.1	27.6	21.3	54.4	24.3	18.7	56.1	25.3

表 5-172　学校学段与线上学习前家校合作之与社区合作的关系（2）

学校学段		指导家长与孩子一起为社区提供志愿服务，如卫生清洁、关爱老人等			在社区宣传栏上宣传学校的信息			邀请社区人员（非家长）参加班级活动			在商业公司、公益机构或志愿者的支持下，为学生提供课外活动		
		从不	偶尔	经常	从不	偶尔	经常	从不	偶尔	经常	从不	偶尔	经常
学校有幼儿园	计数	1863	7600	5755	2450	7080	5688	3442	7181	4595	3486	7144	4588
	百分比	12.2	49.9	37.8	16.1	46.5	37.4	22.6	47.2	30.2	22.9	46.9	30.1
学校有小学	计数	9580	45953	29034	13331	42438	28798	18150	42692	23725	18754	42286	23527
	百分比	11.3	54.3	34.3	15.8	50.2	34.1	21.5	50.5	28.1	22.2	50.0	27.8
学校有初中	计数	6890	26528	14381	8444	24870	14485	11020	24757	12022	11446	24481	11872
	百分比	14.4	55.5	30.1	17.7	52.0	30.3	23.1	51.8	25.2	23.9	51.2	24.8
学校有高中	计数	3125	10138	4765	3544	9634	4850	4508	9370	4150	4445	9450	4133
	百分比	17.3	56.2	26.4	19.7	53.4	26.9	25.0	52.0	23.0	24.7	51.2	22.9

5.6.2　学校所在地与线上学习前家校合作之与社区合作

在学校所在地方面，学校教师开展家校合作的典型活动或行为为为"经常"的比例，东部高于中部，中部高于西部

表5-173　学校所在地与线上学习前家校合作之与社区合作的关系（1）

所在地域		了解社区内资源，包括社区的管理机构，设施和公共服务等			了解社区中有助于学生学习的信息，如社区暑期实习、阅读活动等			指导家长选择社会上的家庭服务，如夏令营、辅导班、兴趣班等			在社区开展公益活动，如废品回收利用、音乐表演、敬老等		
		从不	偶尔	经常	从不	偶尔	经常	从不	偶尔	经常	从不	偶尔	经常
东部	计数	6549	31469	19684	6686	31098	19918	11259	29567	16876	8113	31362	18227
	百分比	11.3	54.5	34.1	11.6	53.9	34.5	19.5	51.2	29.2	14.1	54.4	31.6
中部	计数	7978	33393	19774	8087	33092	19966	12493	31779	16873	9259	33679	18207
	百分比	13.0	54.6	32.3	13.2	54.1	32.7	20.4	52.0	27.6	15.1	55.1	29.8
西部	计数	2569	8665	4537	2577	8600	4594	3956	7980	3835	2976	8703	4092
	百分比	16.3	54.9	28.8	16.3	54.5	29.1	25.1	50.6	24.3	18.9	55.2	25.9

表5-174　学校所在地与线上学习前家校合作之与社区合作的关系（2）

所在地域		指导家长与孩子一起为社区提供志愿服务，如卫生清洁、关爱老人等			在社区宣传栏上宣传学校的信息			邀请社区人员（非家长）参加班级活动			在商业公司、公益机构或志愿者的支持下，为学生提供课外活动		
		从不	偶尔	经常	从不	偶尔	经常	从不	偶尔	经常	从不	偶尔	经常
东部	计数	7058	31420	19224	9472	29258	18972	12543	29159	16000	13174	28805	15723
	百分比	12.2	54.5	33.3	16.4	50.7	32.9	21.7	50.5	27.7	22.8	49.9	27.2
中部	计数	7778	33650	19717	9634	31465	20046	13112	31628	16405	13292	31537	16316
	百分比	12.7	55.0	32.2	15.8	51.5	32.8	21.4	51.7	26.8	21.7	51.6	26.7
西部	计数	2464	8800	4507	3383	8001	4387	4281	7890	3600	4511	7681	3579
	百分比	15.6	55.8	28.6	21.5	50.7	27.8	27.1	50.0	22.8	28.6	48.7	22.7

5.6.3 学校地域类型与线上学习前家校合作之与社区合作

在学校地域类型方面，学校教师开展家校合作的典型活动或行为为"经常"的比例，在市区学校、县城学校、镇乡学校、村社学校间没有较大差异。

表5-175　学校地域类型与线上学习前家校合作之与社区合作的关系（1）

学校所在地		了解社区内资源，包括社区的管理机构、设施和公共服务等			了解社区中有助于学生学习的信息，如社区暑期实习、阅读活动等			指导家长选择社会上的家庭服务，如夏令营、辅导班、兴趣班等			在社区开展公益活动，如废品回收利用、音乐表演、敬老等		
		从不	偶尔	经常	从不	偶尔	经常	从不	偶尔	经常	从不	偶尔	经常
市区	计数	5290	22238	13538	5326	22052	13688	8553	20822	11691	6168	22176	12722
	百分比	12.9	54.2	33.0	13.0	53.7	33.3	20.8	50.7	28.5	15.0	54.0	31.0
县城	计数	3665	15037	9265	3670	14930	9367	5850	14184	7933	4341	15169	8457
	百分比	13.1	53.8	33.1	13.1	53.4	33.5	20.9	50.7	28.4	15.5	54.2	30.2
镇乡	计数	6216	28929	16628	6326	28668	16779	10071	27487	14215	7549	29051	15173
	百分比	12.0	55.9	32.1	12.2	55.4	32.4	19.5	53.1	27.5	14.6	56.1	29.3
村社	计数	1925	7323	4564	2028	7140	4644	3234	6833	3745	2290	7348	4174
	百分比	13.9	53.0	33.0	14.7	51.7	33.6	23.4	49.5	27.1	16.6	53.2	30.2

表 5-176 学校地域类型与线上学习前家校合作之与社区合作的关系 (2)

学校所在地		指导家长与孩子一起为社区提供志愿服务，如卫生清洁，关爱老人等			在社区宣传栏上宣传学校的信息			邀请社区人员（非家长）参加班级活动			在商业公司、公益机构或志愿者的支持下，为学生提供课外活动		
		从不	偶尔	经常	从不	偶尔	经常	从不	偶尔	经常	从不	偶尔	经常
市区	计数	5381	22312	13373	7404	20716	12946	9408	20495	11163	9679	20376	11011
	百分比	13.1	54.3	32.6	18.0	50.4	31.5	22.9	49.9	27.2	23.6	49.6	26.8
县城	计数	3684	15224	9059	4757	14097	9113	6368	13981	7618	6591	13799	7577
	百分比	13.2	54.4	32.4	17.0	50.4	32.6	22.8	50.0	27.2	23.6	49.3	27.1
镇乡	计数	6373	29019	16381	8003	27036	16734	10938	27263	13572	11284	27055	13434
	百分比	12.3	56.1	31.6	15.5	52.2	32.3	21.1	52.7	26.2	21.8	52.3	25.9
村社	计数	1862	7315	4635	2325	6875	4612	3222	6938	3652	3423	6793	3596
	百分比	13.5	53.0	33.6	16.8	49.8	33.4	23.3	50.2	26.4	24.8	49.2	26.0

5.6.4 学校性质与线上学习前家校合作

在学校性质方面，学校教师开展家校合作的典型活动或合作行为为"经常"的比例，在公办学校、民办公助学校、普通民办学校、民办打工子弟学校间没有较大差异，但总体上民办公助学校较高。

表5-177 学校性质与线上学习前家校合作之与社区合作的关系 (1)

学校性质		了解社区内资源，包括社区的管理机构、设施和公共服务等			了解社区中有助于学生学习的信息，如社区暑期实习、阅读活动等			指导家长选择社会上的家庭服务，如夏令营、辅导班、兴趣班等			在社区开展公益活动，如废品回收利用、音乐表演、敬老等		
		从不	偶尔	经常	从不	偶尔	经常	从不	偶尔	经常	从不	偶尔	经常
公办学校	计数	15286	63619	37855	15509	63035	38216	24988	59676	32096	18114	63875	34771
	百分比	13.1	54.5	32.4	13.3	54.0	32.7	21.4	51.1	27.5	15.5	54.7	29.8
民办公助	计数	576	3150	2132	579	3107	2172	846	3072	1940	699	3140	2019
	百分比	9.8	53.8	36.4	9.9	53.0	37.1	14.4	52.4	33.1	11.9	53.6	34.5
普通民办学校	计数	1028	5874	3500	1063	5773	3566	1555	5714	3133	1297	5831	3274
	百分比	9.9	56.5	33.6	10.2	55.5	34.3	14.9	54.9	30.1	12.5	56.1	31.5
民办打工子弟学校	计数	206	884	508	199	875	524	319	864	415	238	898	462
	百分比	12.9	55.3	31.8	12.5	54.8	32.8	20.0	54.1	26.0	14.9	56.2	28.9

表5-178 学校性质与线上学习前家校合作之与社区合作的关系 (2)

学校性质		指导家长与孩子一起为社区提供志愿服务，如卫生清洁、关爱老人等			在社区宣传栏上宣传学校的信息			邀请社区人员（非家长）参加班级活动			在商业公司、公益机构或志愿者的支持下，为学生提供课外活动		
		从不	偶尔	经常	从不	偶尔	经常	从不	偶尔	经常	从不	偶尔	经常
公办学校	计数	15450	63944	37366	20035	59408	37317	26595	59339	30826	27747	58628	30385
	百分比	13.2	54.8	32.0	17.2	50.9	32.0	22.8	50.8	26.4	23.8	50.2	26.0
民办公助	计数	585	3167	2106	775	2984	2099	1048	2971	1839	1026	2978	1854
	百分比	10.0	54.1	36.0	13.2	50.9	35.8	17.9	50.7	31.4	17.5	50.8	31.6
普通民办学校	计数	1079	5855	3468	1411	5488	3503	1950	5522	2930	1851	5584	2967
	百分比	10.4	56.3	33.3	13.6	52.8	33.7	18.7	53.1	28.2	17.8	53.7	28.5
民办打工子弟学校	计数	186	904	508	268	844	486	343	845	410	353	833	412
	百分比	11.6	56.6	31.8	16.8	52.8	30.4	21.5	52.9	25.7	22.1	52.1	25.8

5.6.5 学校规模与线上学习前家校合作之与社区合作

在学校规模方面，学校规模越大，学校教师开展家校合作之与社区合作的典型活动或行为为"经常"的比例越低。

表5-179 学校规模与线上学习前家校合作之与社区合作的关系（1）

学校规模		了解社区内资源，包括社区的管理机构，设施和公共服务等			了解社区中有助于学生学习的信息，如社区暑期实习,阅读活动等			指导家长选择社会上的家庭服务,如夏令营,辅导班,兴趣班等			在社区开展公益活动，如废品回收利用,音乐表演,敬老等		
		从不	偶尔	经常	从不	偶尔	经常	从不	偶尔	经常	从不	偶尔	经常
小型学校 (1000人以下)	计数	7000	29377	18925	7136	28973	19193	11478	27752	16072	8149	29688	17465
	百分比	12.7	53.1	34.2	12.9	52.4	34.7	20.8	50.2	29.1	14.7	53.7	31.6
中型学校 (1001~2500人)	计数	5797	25565	14464	5862	25374	14590	9610	23988	12228	6986	25556	13284
	百分比	12.7	55.8	31.6	12.8	55.4	31.8	21.0	52.3	26.7	15.2	55.8	29.0
大型学校 (2501~4000人)	计数	2785	12039	6791	2786	12013	6816	4358	11407	5850	3372	12045	6198
	百分比	12.9	55.7	31.4	12.9	55.6	31.5	20.2	52.8	27.1	15.6	55.7	28.7
巨型学校 (4000人以上)	计数	1303	5768	3285	1357	5666	3333	1939	5457	2960	1578	5707	3071
	百分比	12.6	55.7	31.7	13.1	54.7	32.2	18.7	52.7	28.6	15.2	55.1	29.7

表 5-180 学校规模与线上学习前家校合作之与社区合作的关系 （2）

学校规模		指导家长与孩子一起为社区提供志愿服务，如卫生清洁、关爱老人等			在社区宣传栏上宣传学校的信息			邀请社区人员（非家长）参加班级活动			在商业公司、公益机构或志愿者的支持下，为学生提供课外活动		
		从不	偶尔	经常	从不	偶尔	经常	从不	偶尔	经常	从不	偶尔	经常
小型学校（1000人以下）	计数	6858	29569	18875	8680	27632	18990	11670	28049	15583	12377	27549	15376
	百分比	12.4	53.5	34.1	15.7	50.0	34.3	21.1	50.7	28.2	22.4	49.8	27.8
中型学校（1001~2500人）	计数	5952	25694	14180	8085	23765	13976	10668	23530	11628	10983	23359	11484
	百分比	13.0	56.1	30.9	17.6	51.9	30.5	23.3	51.3	25.4	24.0	51.0	25.1
大型学校（2501~4000人）	计数	2891	12134	6590	3749	11286	6580	4968	11106	5541	4988	11076	5551
	百分比	13.4	56.1	30.5	17.3	52.2	30.4	23.0	51.4	25.6	23.1	51.2	25.7
巨型学校（4000人以上）	计数	1393	5720	3243	1740	5323	3293	2298	5266	2792	2309	5298	2749
	百分比	13.5	55.2	31.3	16.8	51.4	31.8	22.2	50.8	27.0	22.3	51.2	26.5

5.6.6 农村学生比例与线上学习前家校合作之与社区合作

在学校农村学生比例方面，在不同农村学生比例的学校中，学校教师开展家校合作之与社区合作的典型活动或行为为"经常"的比例没有较大参与。

表5-181 农村学生比例与线上学习前家校合作之与社区合作的关系（1）

学校农村学生比例		了解社区内资源，包括社区的管理机构、设施和公共服务等			了解社区中有助于学生学习的信息，如社区暑期实习、阅读活动等			指导家长选择社会上的家庭服务，如夏令营、辅导班、兴趣班等			在社区开展公益活动，如废品回收利用、音乐表演、敬老等		
		从不	偶尔	经常	从不	偶尔	经常	从不	偶尔	经常	从不	偶尔	经常
低（0~20）	计数	4310	18364	11386	4347	18282	11431	6992	17221	9847	5145	18310	10605
	百分比	12.7	53.9	33.4	12.8	53.7	33.6	20.5	50.6	28.9	15.1	53.8	31.1
中（20~50）	计数	3707	17488	10113	3747	17322	10239	6012	16506	8790	4448	17559	9301
	百分比	11.8	55.9	32.3	12.0	55.3	32.7	19.2	52.7	28.1	14.2	56.1	29.7
高（50~100）	计数	8939	36928	21929	9125	36440	22231	14511	34869	18416	10608	37144	20044
	百分比	13.2	54.5	32.3	13.5	53.7	32.8	21.4	51.4	27.2	15.6	54.8	29.6

表5-182 农村学生比例与线上学习前家校合作之与社区合作的关系 (2)

学校农村学生比例		指导家长与孩子一起为社区提供志愿服务，如卫生清洁、关爱老人等			在社区宣传栏上宣传学校的信息			邀请社区人员（非家长）参加班级活动			在商业公司、公益机构或志愿者的支持下，为学生提供课外活动		
		从不	偶尔	经常	从不	偶尔	经常	从不	偶尔	经常	从不	偶尔	经常
低(0~20)	计数	4479	18411	11170	6074	17096	10890	7700	16963	9397	7903	16875	9282
	百分比	13.2	54.1	32.8	17.8	50.2	32.0	22.6	49.8	27.6	23.2	49.5	27.3
中(20~50)	计数	3858	17579	9871	4995	16415	9898	6630	16395	8283	6760	16261	8287
	百分比	12.3	56.1	31.5	16.0	52.4	31.6	21.2	52.4	26.5	21.6	51.9	26.5
高(50~100)	计数	8835	37139	21822	11253	34511	22032	15378	34619	17799	16098	34179	17519
	百分比	13.0	54.8	32.2	16.6	50.9	32.5	22.7	51.1	26.3	23.7	50.4	25.8

5.6.7 学校家长类型与线上学习前家校合作之与社区合作

在学校家长类型方面，学校教师开展家校合作与社区合作的典型活动或行为为为"经常"的比例，在不同家长类型的学校同各有高低，但家长以知识份子、管理人员、公务员等为主的学校相对较高。

表5-183 学校家长类型与线上学习前家校合作的关系（1）

学校家长主要类型		了解社区内资源，包括社区的管理机构，设施和公共服务等			了解社区中有助于学生学习的信息，如社区暑期实习、阅读活动等			指导家长选择社会上的家庭服务，如夏令营、辅导班、兴趣班等			在社区开展公益活动，如废品回收利用，音乐表演、敬老等		
		从不	偶尔	经常	从不	偶尔	经常	从不	偶尔	经常	从不	偶尔	经常
农民为主	计数	7689	29896	18601	7728	29575	18883	12285	28208	15693	8808	30242	17136
	百分比	13.7	53.2	33.1	13.8	52.6	33.6	21.9	50.2	27.9	15.7	53.8	30.5
工人、小贩等为主	计数	7728	35634	20145	7915	35257	20335	12700	33505	17302	9565	35480	18462
	百分比	12.2	56.1	31.7	12.5	55.5	32.0	20.0	52.8	27.2	15.1	55.9	29.1
知识份子、管理人员、公务员等为主	计数	1679	7997	5249	1707	7958	5260	2723	7613	4589	1975	8022	4928
	百分比	11.2	53.6	35.2	11.4	53.3	35.2	18.2	51.0	30.7	13.2	53.7	33.0

表5-184 学校家长类型与线上学习前家校合作的关系（2）

学校家长主要类型		指导家长与孩子一起为社区提供志愿服务，如卫生清洁、关爱老人等			在社区宣传栏上宣传学校的信息			邀请社区人员（非家长）参加班级活动			在商业公司，公益机构或志愿者的支持下，为学生提供课外活动		
		从不	偶尔	经常	从不	偶尔	经常	从不	偶尔	经常	从不	偶尔	经常
农民为主	计数	7291	30185	18710	9288	28064	18834	12616	28280	15290	13307	27849	15030
	百分比	13.0	53.7	33.3	16.5	49.9	33.5	22.5	50.3	27.2	23.7	49.6	26.8
工人、小贩等为主	计数	8274	35696	19537	10844	33152	19511	14231	32948	16328	14575	32713	16219
	百分比	13.0	56.2	30.8	17.1	52.2	30.7	22.4	51.9	25.7	23.0	51.5	25.5
知识份子、管理人员、公务员等为主	计数	1735	7989	5201	2357	7508	5060	3089	7449	4387	3095	7461	4369
	百分比	11.6	53.5	34.8	15.8	50.3	33.9	20.7	49.9	29.4	20.7	50.0	29.3

5.6.8 是否寄宿学校与线上学习前家校合作之与社区合作

在是否寄宿学校方面，学校教师开展家校合作的典型活动或行为为"经常"的比例，非寄宿学校较高，部分学生寄宿与全部学生寄宿学校无明显差异。

表5-185 是否寄宿学校与线上学习前家校合作之与社区合作的关系（1）

是否寄宿制学校		了解社区内资源，包括社区的管理机构、设施和公共服务等			了解社区中有助于学生学习的信息，如暑期实习、阅读活动等			指导家长选择社会上的家庭服务，如夏令营、辅导班、兴趣班等			在社区开展公益活动，如废品回收利用、音乐表演、敬老等		
		从不	偶尔	经常	从不	偶尔	经常	从不	偶尔	经常	从不	偶尔	经常
是，全部学生寄宿	计数	2169	8747	4873	2208	8659	4922	3069	8332	4388	2532	8679	4578
	百分比	13.7	55.4	30.9	14.0	54.8	31.2	19.4	52.8	27.8	16.0	55.0	29.0
是，部分学生寄宿	计数	5288	21114	11771	5246	20971	11956	7775	20135	10263	6215	21031	10927
	百分比	13.9	55.3	30.8	13.7	54.9	31.3	20.4	52.7	26.9	16.3	55.1	28.6
否，没有学生寄宿	计数	9639	43666	27351	9896	43160	27600	16864	40859	22933	11601	44034	25021
	百分比	12.0	54.1	33.9	12.3	53.5	34.2	20.9	50.7	28.4	14.4	54.6	31.0

表 5-186　是否寄宿学校与线上学习前家校合作的关系（2）

是否寄宿制学校		指导家长与孩子一起为社区提供志愿服务，如卫生清洁、关爱老人等			在社区宣传栏上宣传学校的信息			邀请社区人员（非家长）参加班级活动			在商业公司、公益机构或志愿者的支持下，为学生提供课外活动		
		从不	偶尔	经常	从不	偶尔	经常	从不	偶尔	经常	从不	偶尔	经常
是，全部学生寄宿	计数	2270	8670	4849	2659	8230	4900	3441	8136	4212	3512	8135	4142
	百分比	14.4	54.9	30.7	16.8	52.1	31.0	21.8	51.5	26.7	22.2	51.5	26.2
是，部分学生寄宿	计数	5356	21168	11649	6542	19764	11867	8704	19671	9798	8826	19586	9761
	百分比	14.0	55.5	30.5	17.1	51.8	31.1	22.8	51.5	25.7	23.1	51.3	25.6
否，没有寄宿	计数	9674	44032	26950	13288	40730	26638	17791	40870	21995	18639	40302	21715
	百分比	12.0	54.6	33.4	16.5	50.5	33.0	22.1	50.7	27.3	23.1	50.0	26.9

5.6.9　学校办学水平与线上学习前家校合作

在学校办学水平方面，大体上呈现在办学水平越高的学校中，学校教师开展家校合作之与社区合作的典型活动或行为为为"经常"的比例越高。

表 5-187　学校办学水平与线上学习前家校合作之与社区合作的关系（1）

学校办学水平		了解社区内资源，包括社区的管理机构、设施和公共服务等			了解社区中有助于学生学习的信息，如社区暑期实习、阅读活动等			指导家长选择社会上的家庭服务，如夏令营、辅导班、兴趣班等			在社区开展公益活动，如废品回收利用、音乐表演、敬老等		
		从不	偶尔	经常	从不	偶尔	经常	从不	偶尔	经常	从不	偶尔	经常
最差	计数	440	1087	519	452	1067	527	548	1039	459	490	1079	477
	百分比	21.5	53.1	25.4	22.1	52.2	25.8	26.8	50.8	22.4	23.9	52.7	23.3

续表

学校办学水平		了解社区内资源，包括社区的管理机构，设施和公共服务等			了解社区中有助于学生学习的信息，如社区暑期实习，阅读活动等			指导家长选择社会上的家庭服务，如夏令营，兴趣班等			在社区开展公益活动，如废品回收利用，音乐表演，敬老等		
		从不	偶尔	经常	从不	偶尔	经常	从不	偶尔	经常	从不	偶尔	经常
中下	计数	2430	8906	4000	2491	8860	3985	3388	8530	3418	2806	8870	3660
	百分比	15.8	58.1	26.1	16.2	57.8	26.0	22.1	55.6	22.3	18.3	57.8	23.9
中间	计数	4470	20004	10406	4480	19839	10561	6987	19010	8883	5313	20021	9546
	百分比	12.8	57.4	29.8	12.8	56.9	30.3	20.0	54.5	25.5	15.2	57.4	27.4
中上	计数	6878	32285	19845	7022	31875	20111	11881	30323	16804	8387	32360	18261
	百分比	11.7	54.7	33.6	11.9	54.0	34.1	20.1	51.4	28.5	14.2	54.8	30.9
最好	计数	2878	11245	9225	2905	11149	9294	4904	10424	8020	3352	11414	8582
	百分比	12.3	48.2	39.5	12.4	47.8	39.8	21.0	44.6	34.3	14.4	48.9	36.8

表5-188　学校办学水平与上学习前家校合作之与社区合作的关系（2）

学校办学水平		指导家长与孩子一起为社区提供志愿服务，如卫生清洁，关爱老人等			在社区宣传栏上宣传学校的信息			邀请社区人员（非家长）参加班级活动			在商业公司，公益机构或志愿者的支持下，为学生提供课外活动		
		从不	偶尔	经常	从不	偶尔	经常	从不	偶尔	经常	从不	偶尔	经常
最差	计数	429	1103	514	485	1035	526	581	1023	442	568	1031	447
	百分比	21.0	53.9	25.1	23.7	50.6	25.7	28.4	50.0	21.6	27.8	50.4	21.8
中下	计数	2492	8909	3935	2872	8461	4003	3690	8338	3308	3808	8299	3229
	百分比	16.2	58.1	25.7	18.7	55.2	26.1	24.1	54.4	21.6	24.8	54.1	21.1

续表

学校办学水平		指导家长与孩子一起为社区提供志愿服务，如卫生清洁、关爱老人等			在社区宣传栏上宣传学校的信息			邀请社区人员（非家长）参加班级活动			在商业公司、公益机构或志愿者的支持下，为学生提供课外活动		
		从不	偶尔	经常	从不	偶尔	经常	从不	偶尔	经常	从不	偶尔	经常
中间	计数	4505	20094	10281	5604	18794	10482	7509	18830	8541	7768	18666	8446
	百分比	12.9	57.6	29.5	16.1	53.9	30.1	21.5	54.0	24.5	22.3	53.5	24.2
中上	计数	7029	32409	19570	9505	29991	19512	12832	30132	16044	13383	29749	15876
	百分比	11.9	54.9	33.2	16.1	50.8	33.1	21.7	51.1	27.2	22.7	50.4	26.9
最好	计数	2845	11355	9148	4023	10443	8882	5324	10354	7670	5450	10278	7620
	百分比	12.2	48.6	39.2	17.2	44.7	38.0	22.8	44.3	32.9	23.3	44.0	32.6

第6章

教师特征与线上学习前家校合作

本章主要探讨教师特征与线上学习前家校合作的关系，具体指向在不同的教师特征中，如教师性别、学历、职称、职务、家校合作风格等变量的不同层次类型中，教师开展参与家校合作的六种类型，即当好家长、相互交流、志愿服务、在家学习、参与决策和与社区合作的数据分布特征和趋势。

6.1　教师特征与线上学习前家校合作之当好家长的关系

6.1.1　教师性别与线上学习前家校合作之当好家长的关系

在教师性别方面，女教师开展家校合作之当好家长的典型活动或行为为"经常"的比例略高于男教师。

表 6-1 教师性别与线上学习前家校合作之当好家长

教师性别		指导家长如何创设良好的家庭条件，促进学生成长			组织家长参加家庭教育培训或讲座			指导家长如何与孩子建立良好的亲子关系			向家长提供学生营养、健康、安全和教育政策等信息		
		从不	偶尔	经常	从不	偶尔	经常	从不	偶尔	经常	从不	偶尔	经常
女	计数	3337	39751	55063	10592	50753	36806	3998	42970	51183	4305	38251	55595
女	百分比	3.4	40.5	56.1	10.8	51.7	37.5	4.1	43.8	52.1	4.4	39.0	56.6
男	计数	1192	15096	20179	3389	19686	13392	1483	16637	18347	1366	14737	20364
男	百分比	3.3	41.4	55.3	9.3	54.0	36.7	4.1	45.6	50.3	3.7	40.4	55.8

教师性别		通过募捐、互助或直接帮助困难家庭			召开家长会等集体会议，与家长正式见面			向家长反馈学生的表现（如家校联系册、短信等）			让家长与学生一起领取成绩单，与家长一起分析学生的学习情况		
		从不	偶尔	经常	从不	偶尔	经常	从不	偶尔	经常	从不	偶尔	经常
女	计数	18732	51633	27786	11214	55065	31872	4310	39104	54737	12860	45903	39388
女	百分比	19.1	52.6	28.3	11.4	56.1	32.5	4.4	39.8	55.8	13.1	46.8	40.1
男	计数	5363	20226	10878	3475	20634	12358	1592	15375	19500	4050	17726	14691
男	百分比	14.7	55.5	29.8	9.5	56.1	33.9	4.4	42.2	53.5	11.1	48.6	40.3

6.1.2 教师学历与线上学习前家校合作之当好家长的关系

在教师学历方面，学历为高中或中专的教师，开展家校合作当好家长的典型活动或行为为"经常"的比例较高。

表 6-2 教师学历与线上学习前家校合作之当好家长（1）

教师学历		指导家长如何创设良好的家庭条件，促进学生成长			组织家长参加家庭教育培训或讲座			指导家长如何与孩子建立良好的亲子关系			向家长提供学生营养、健康、安全和教育政策等信息		
		从不	偶尔	经常	从不	偶尔	经常	从不	偶尔	经常	从不	偶尔	经常
其他	计数	184	1125	2120	387	1432	1610	219	1207	2003	204	1085	2140
	百分比	5.4	32.8	61.8	11.3	41.8	47.0	6.4	35.2	58.4	5.9	31.6	62.4
高中或中专	计数	93	1026	2061	275	1519	1386	110	1154	1916	118	987	2075
	百分比	2.9	32.3	64.8	8.6	47.8	43.6	3.5	36.3	60.3	3.7	31.0	65.3
大专	计数	614	9217	13990	2261	12867	8693	750	10257	12814	723	8808	14290
	百分比	2.6	38.7	58.7	9.5	54.0	36.5	3.1	43.1	53.8	3.0	37.0	60.0
本科	计数	3314	40990	54459	10371	51892	36500	4039	44387	50337	4241	39689	54833
	百分比	3.4	41.5	55.1	10.5	52.5	37.0	4.1	44.9	51.0	4.3	40.2	55.5
硕士	计数	310	2452	2552	670	2689	1955	347	2566	2401	370	2386	2558
	百分比	5.8	46.1	48.0	12.6	50.6	36.8	6.5	48.3	45.2	7.0	44.9	48.1
博士	计数	14	37	60	17	40	54	16	36	59	15	33	63
	百分比	12.6	33.3	54.1	15.3	36.0	48.6	14.4	32.4	53.2	13.5	29.7	56.8

表6-3 教师学历与线上学习前家校合作之当好家长（2）

教师学历		指导家长介绍如何选择适合学生的课外书、辅导书			向家长推荐家庭教育亲子关系的书籍和资料			向家长了解学生的特长和性格特征			告知家长学校对家长的要求，如接送区域、作息时间、签名反馈等		
		从不	偶尔	经常	从不	偶尔	经常	从不	偶尔	经常	从不	偶尔	经常
其他	计数	207	1244	1978	272	1286	1871	297	1354	1778	214	1143	2072
	百分比	6.0	36.3	57.7	7.9	37.5	54.6	8.7	39.5	51.9	6.2	33.3	60.4
高中或中专	计数	224	1153	1803	304	1266	1610	116	1129	1935	98	901	2181
	百分比	7.0	36.3	56.7	9.6	39.8	50.6	3.6	35.5	60.8	3.1	28.3	68.6
大专	计数	2111	10476	11234	2888	11294	9639	547	9496	13778	775	7675	15371
	百分比	8.9	44.0	47.2	12.1	47.4	40.5	2.3	39.9	57.8	3.3	32.2	64.5
本科	计数	9642	45314	43807	12344	47721	38698	2935	41838	53990	5016	35014	58733
	百分比	9.8	45.9	44.4	12.5	48.3	39.2	3.0	42.4	54.7	5.1	35.5	59.5
硕士	计数	606	2650	2058	690	2698	1926	263	2446	2605	407	2226	2681
	百分比	11.4	49.9	38.7	13.0	50.8	36.2	4.9	46.0	49.0	7.7	41.9	50.5
博士	计数	13	34	64	17	37	57	12	37	62	16	37	58
	百分比	11.7	30.6	57.7	15.3	33.3	51.4	10.8	33.3	55.9	14.4	33.3	52.3

表6-4 教师学历与线上学习之前家校合作之当好家长 (3)

教师学历		通过募捐、互助或直接帮助困难家庭			召开家长会等集体会议，与家长正式见面			向家长反馈学生的表现（如家校联系册、短信等）			让家长与学生一起领取成绩单，与家长一起分析学生的学习情况		
		从不	偶尔	经常	从不	偶尔	经常	从不	偶尔	经常	从不	偶尔	经常
其他	计数	428	1547	1454	310	1632	1487	253	1380	1796	303	1343	1783
	百分比	12.5	45.1	42.4	9.0	47.6	43.4	7.4	40.2	52.4	8.8	39.2	52.0
高中或中专	计数	427	1561	1192	242	1601	1337	138	1075	1967	281	1255	1644
	百分比	13.4	49.1	37.5	7.6	50.3	42.0	4.3	33.8	61.9	8.8	39.5	51.7
大专	计数	3963	13083	6775	2396	13798	7627	843	9223	13755	2607	11059	10155
	百分比	16.6	54.9	28.4	10.1	57.9	32.0	3.5	38.7	57.7	10.9	46.4	42.6
本科	计数	18251	52832	27680	11056	55703	32004	4301	40425	54037	12952	47331	38480
	百分比	18.5	53.5	28.0	11.2	56.4	32.4	4.4	40.9	54.7	13.1	47.9	39.0
硕士	计数	1003	2800	1511	671	2921	1722	351	2338	2625	749	2603	1962
	百分比	18.9	52.7	28.4	12.6	55.0	32.4	6.6	44.0	49.4	14.1	49.0	36.9
博士	计数	23	36	52	14	44	53	16	38	57	18	38	55
	百分比	20.7	32.4	46.8	12.6	39.6	47.7	14.4	34.2	51.4	16.2	34.2	49.5

6.1.3 教师职称与线上学习前家校合作之当好家长的关系

在教师职称方面，高级职称教师开展家校合作当好家长的典型活动或行为为"经常"的比例较低。

表 6-5 教师职称与线上学习前家校合作之当好家长 (1)

教师职称		指导家长如何创设良好的家庭条件，促进学生成长			组织家长参加家庭教育培训或讲座			指导家长如何与孩子建立良好的亲子关系			向家长提供学生营养、健康、安全和教育政策等信息		
		从不	偶尔	经常	从不	偶尔	经常	从不	偶尔	经常	从不	偶尔	经常
未定级	计数	1032	12016	15026	2609	14467	10998	1220	12558	14296	1244	11263	15567
	百分比	3.7	42.8	53.5	9.3	51.5	39.2	4.3	44.7	50.9	4.4	40.1	55.4
初级	计数	1297	15516	21152	3866	19267	14832	1550	16734	19681	1528	14653	21784
	百分比	3.4	40.9	55.7	10.2	50.7	39.1	4.1	44.1	51.8	4.0	38.6	57.4
中级	计数	1611	20519	29247	5436	27415	18526	1971	22631	26775	2056	20305	29016
	百分比	3.1	39.9	56.9	10.6	53.4	36.1	3.8	44.0	52.1	4.0	39.5	56.5
高级	计数	589	6796	9817	2070	9290	5842	740	7684	8778	843	6767	9592
	百分比	3.4	39.5	57.1	12.0	54.0	34.0	4.3	44.7	51.0	4.9	39.3	55.8

表 6-6 教师职称与线上学习前家校合作之当好家长（2）

教师职称		指导家长介绍如何选择适合学生的课外书、辅导书			向家长推荐家庭教育亲子关系的书籍和资料			向家长了解学生的特长和性格特征			告知家长学校对家长的要求，如接送区域、作息时间、签名反馈等		
		从不	偶尔	经常	从不	偶尔	经常	从不	偶尔	经常	从不	偶尔	经常
未定级	计数	2237	12901	12936	2690	13404	11980	927	11609	15538	1334	10191	16549
	百分比	8.0	46.0	46.1	9.6	47.7	42.7	3.3	41.4	55.3	4.8	36.3	58.9
初级	计数	3658	16823	17484	4441	17736	15788	1094	15492	21379	1737	13073	23155
	百分比	9.6	44.3	46.1	11.7	46.7	41.6	2.9	40.8	56.3	4.6	34.4	61.0
中级	计数	5132	23231	23014	6874	24765	19738	1515	21661	28201	2445	17741	31191
	百分比	10.0	45.2	44.8	13.4	48.2	38.4	2.9	42.2	54.9	4.8	34.5	60.7
高级	计数	1776	7916	7510	2510	8397	6295	634	7538	9030	1010	5991	10201
	百分比	10.3	46.0	43.7	14.6	48.8	36.6	3.7	43.8	52.5	5.9	34.8	59.3

表 6-7 教师职称与线上学习前家校合作之当好家长（3）

教师职称		通过募捐、互助或直接帮助困难家庭			召开家长会等集体会议，与家长正式见面			向家长反馈学生的表现（如家校联系册、短信等）			让家长与学生一起领取成绩单，与家长一起分析学生的学习情况		
		从不	偶尔	经常	从不	偶尔	经常	从不	偶尔	经常	从不	偶尔	经常
未定级	计数	4885	14429	8760	3002	15820	9252	1247	11833	14994	3287	13348	11439
	百分比	17.4	51.4	31.2	10.7	56.4	33.0	4.4	42.1	53.4	11.7	47.5	40.7
初级	计数	6809	19581	11575	3953	20966	13046	1569	15420	20976	4622	17693	15650
	百分比	17.9	51.6	30.5	10.4	55.2	34.4	4.1	40.6	55.3	12.2	46.6	41.2
中级	计数	9516	28055	13806	5708	29253	16416	2204	20415	28758	6871	24336	20170
	百分比	18.5	54.6	26.9	11.1	56.9	32.0	4.3	39.7	56.0	13.4	47.4	39.3
高级	计数	2885	9794	4523	2026	9660	5516	882	6811	9509	2130	8252	6820
	百分比	16.8	56.9	26.3	11.8	56.2	32.1	5.1	39.6	55.3	12.4	48.0	39.6

6.1.4 教师职务与线上学习前家校合作之当好家长的关系

在教师职务方面，校领导、班主任开展家校合作之当好家长的典型活动或行为为"经常"的比例较高。

表6-8 教师职务与线上学习前家校合作之当好家长（1）

教师职务		指导家长如何创设良好的家庭条件，促进学生成长			组织家长参加家庭教育培训或讲座			指导家长如何与孩子建立良好的亲子关系			向家长提供学生营养、健康、安全和教育政策等信息		
		从不	偶尔	经常	从不	偶尔	经常	从不	偶尔	经常	从不	偶尔	经常
在校担任班主任	计数	596	18639	35836	2989	28109	23973	696	21058	33317	582	17266	37223
	百分比	1.1	33.8	65.1	5.4	51.0	43.5	1.3	38.2	60.5	1.1	31.4	67.6
在校担任课任教师	计数	3832	46159	58341	12276	57998	38058	4721	50021	53590	4939	44702	58691
	百分比	3.5	42.6	53.9	11.3	53.5	35.1	4.4	46.2	49.5	4.6	41.3	54.2
在校担任学校行政	计数	277	3794	5931	798	5277	3927	326	4206	5470	293	3552	6157
	百分比	2.8	37.9	59.3	8.0	52.8	39.3	3.3	42.1	54.7	2.9	35.5	61.6
在校担任学校领导	计数	76	1850	4318	279	3037	2928	99	2153	3992	86	1654	4504
	百分比	1.2	29.6	69.2	4.5	48.6	46.9	1.6	34.5	63.9	1.4	26.5	72.1
在校担任其他工作	计数	628	4443	7005	1484	5658	4934	721	4774	6581	700	4237	7139
	百分比	5.2	36.8	58.0	12.3	46.9	40.9	6.0	39.5	54.5	5.8	35.1	59.1

表6-9 教师职务与线上学习前家校合作之当好家长（2）

教师职务		指导家长介绍如何选择适合学生的课外书、辅导书			向家长推荐家庭教育、亲子关系的书籍和资料			向家长了解学生的特长和性格特征			告知家长学校对家长的要求，如接送区域、作息时间、签名反馈等		
		从不	偶尔	经常	从不	偶尔	经常	从不	偶尔	经常	从不	偶尔	经常
在校担任班主任	计数	3882	22554	28635	5102	24787	25182	465	18439	36167	497	13822	40752
	百分比	7.0	41.0	52.0	9.3	45.0	45.7	0.8	33.5	65.7	0.9	25.1	74.0
在校担任课任教师	计数	11054	50664	46614	14321	53289	40722	3341	46927	58064	5789	39590	62953
	百分比	10.2	46.8	43.0	13.2	49.2	37.6	3.1	43.3	53.6	5.3	36.5	58.1
在校担任学校行政	计数	763	4453	4786	996	4713	4293	285	3977	5740	311	3168	6523
	百分比	7.6	44.5	47.9	10.0	47.1	42.9	2.8	39.8	57.4	3.1	31.7	65.2
在校担任学校领导	计数	371	2427	3446	495	2717	3032	116	2199	3929	88	1479	4677
	百分比	5.9	38.9	55.2	7.9	43.5	48.6	1.9	35.2	62.9	1.4	23.7	74.9
在校担任其他工作	计数	1209	4900	5967	1529	5147	5400	746	4814	6516	799	3965	7312
	百分比	10.0	40.6	49.4	12.7	42.6	44.7	6.2	39.9	54.0	6.6	32.8	60.5

表6-10 教师职务与线上学习前家校合作之当好家长（3）

教师职务		通过募捐、互助或直接帮助困难家庭			召开家长会等集体会议，与家长正式见面			向家长反馈学生的表现（如家校联系册、短信等）			让家长与学生一起领取成绩单，与家长一起分析学生的学习情况		
		从不	偶尔	经常	从不	偶尔	经常	从不	偶尔	经常	从不	偶尔	经常
在校担任班主任	计数	9545	28213	17313	3511	30439	21121	587	17924	36560	5383	24128	25560
	百分比	17.3	51.2	31.4	6.4	55.3	38.4	1.1	32.5	66.4	9.8	43.8	46.4
在校担任课任教师	计数	20396	58798	29138	12605	62082	33645	4920	45603	57809	14178	52661	41493
	百分比	18.8	54.3	26.9	11.6	57.3	31.1	4.5	42.1	53.4	13.1	48.6	38.3
在校担任学校行政	计数	1431	5454	3117	853	5493	3656	393	3687	5922	1099	4694	4209
	百分比	14.3	54.5	31.2	8.5	54.9	36.6	3.9	36.9	59.2	11.0	46.9	42.1
在校担任学校领导	计数	707	3275	2262	358	3041	2845	129	1803	4312	626	2674	2944
	百分比	11.3	52.5	36.2	5.7	48.7	45.6	2.1	28.9	69.1	10.0	42.8	47.1
在校担任其他工作	计数	1988	6023	4065	1476	6128	4472	914	4704	6458	1672	5204	5200
	百分比	16.5	49.9	33.7	12.2	50.7	37.0	7.6	39.0	53.5	13.8	43.1	43.1

6.1.5 教师家校合作风格与线上学习前家校合作之当好家长的关系

在教师家校合作风格方面，当与家长意见不一致时，倾向"讨论，谁有道理就听谁的"的教师，开展家校合作之当好家长的典型活动或行为为"经常"的比例较高。

表 6-11　教师家校合作风格与线上学习前家校合作之当好家长（1）

当教师家校合作风格意见不一致时，通常都是如何解决的		指导家长如何创设良好的家庭条件，促进学生成长			组织家长参加家庭教育培训或讲座			指导家长如何与孩子建立良好的亲子关系			向家长提供学生营养、健康、安全和教育政策等信息		
		从不	偶尔	经常	从不	偶尔	经常	从不	偶尔	经常	从不	偶尔	经常
大多顺着家长	计数	282	2068	2007	550	2241	1566	323	2133	1901	341	1968	2048
	百分比	6.5	47.5	46.1	12.6	51.4	35.9	7.4	49.0	43.6	7.8	45.2	47.0
说服家长接受我的意见	计数	904	12038	14852	2588	15199	10007	1105	13047	13642	1088	11603	15103
	百分比	3.3	43.3	53.4	9.3	54.7	36.0	4.0	46.9	49.1	3.9	41.7	54.3
要求家长接受我的意见	计数	135	1033	1148	252	1191	873	147	1101	1068	140	1009	1167
	百分比	5.8	44.6	49.6	10.9	51.4	37.7	6.3	47.5	46.1	6.0	43.6	50.4
讨论，谁有道理就听谁的	计数	3024	39114	56935	10246	51289	37538	3676	42741	52656	3880	37858	57335
	百分比	3.1	39.5	57.5	10.3	51.8	37.9	3.7	43.1	53.1	3.9	38.2	57.9
不了了之	计数	184	594	300	345	519	214	230	585	263	222	550	306
	百分比	17.1	55.1	27.8	32.0	48.1	19.9	21.3	54.3	24.4	20.6	51.0	28.4

表6-12 教师家校合作风格与线上学习前家校合作之当好家长（2）

当家长和我的意见不一致时，通常都是如何解决的		指导家长介绍如何选择适合学生的课外书、辅导书			向家长推荐家庭教育亲子关系的书籍和资料			向家长了解学生的特长和性格特征			告知家长学校对家长的要求，如接送区域、作息时间、签名反馈等		
		从不	偶尔	经常	从不	偶尔	经常	从不	偶尔	经常	从不	偶尔	经常
大多顺着家长	计数	541	2069	1747	616	2114	1627	296	2123	1938	359	1894	2104
	百分比	12.4	47.5	40.1	14.1	48.5	37.3	6.8	48.7	44.5	8.2	43.5	48.3
说服家长接受我的意见	计数	2196	13289	12309	2860	13940	10994	824	12454	14516	1199	10595	16000
	百分比	7.9	47.8	44.3	10.3	50.2	39.6	3.0	44.8	52.2	4.3	38.1	57.6
要求家长接受我的意见	计数	203	1087	1026	259	1126	931	145	1132	1039	152	993	1171
	百分比	8.8	46.9	44.3	11.2	48.6	40.2	6.3	48.9	44.9	6.6	42.9	50.6
讨论，谁有道理就听谁的	计数	9583	43883	45607	12466	46569	40038	2707	39993	56373	4577	33016	61480
	百分比	9.7	44.3	46.0	12.6	47.0	40.4	2.7	40.4	56.9	4.6	33.3	62.1
不了了之	计数	280	543	255	314	553	211	198	598	282	239	498	341
	百分比	26.0	50.4	23.7	29.1	51.3	19.6	18.4	55.5	26.2	22.2	46.2	31.6

表6-13 教师家校合作风格与线上学习前家校合作之当好家长（3）

当家长和我的意见不一致时，通常都是如何解决的		通过募捐、互助或直接帮助困难家庭			召开家长会等集体会议，与家长正式见面			向家长反馈学生的表现（如家校联系册、短信等）			让家长与学生一起领取成绩单，与家长一起分析学生的学习情况		
		从不	偶尔	经常	从不	偶尔	经常	从不	偶尔	经常	从不	偶尔	经常
大多顺着家长	计数	791	2227	1339	547	2356	1454	338	2056	1963	641	2122	1594
	百分比	18.2	51.1	30.7	12.6	54.1	33.4	7.8	47.2	45.1	14.7	48.7	36.6
说服家长接受我的意见	计数	4531	15142	8121	2705	16199	8890	1083	12008	14703	2903	13778	11113
	百分比	16.3	54.5	29.2	9.7	58.3	32.0	3.9	43.2	52.9	10.4	49.6	40.0
要求家长接受我的意见	计数	309	1230	777	232	1315	769	141	1126	1049	221	1183	912
	百分比	13.3	53.1	33.5	10.0	56.8	33.2	6.1	48.6	45.3	9.5	51.1	39.4
讨论，谁有道理就听谁的	计数	18105	52715	28253	10919	55234	32920	4104	38759	56210	12818	46020	40235
	百分比	18.3	53.2	28.5	11.0	55.8	33.2	4.1	39.1	56.7	12.9	46.5	40.6
不了了之	计数	359	545	174	286	595	197	236	530	312	327	526	225
	百分比	33.3	50.6	16.1	26.5	55.2	18.3	21.9	49.2	28.9	30.3	48.8	20.9

6.2 教师特征与线上学习前家校合作之相互交流的关系

6.2.1 教师性别与线上学习前家校合作之相互交流

在教师性别方面，女教师开展家校合作之相互交流的典型活动或行为为为"经常"的比例略高于男教师，但男教师在个别情况下高于女教师。

表6-14 教师性别与线上学习前家校合作之相互交流（1）

教师性别		开展家访，或在学校接待家长来访			告知家长：学生评奖、考试的评分方法			告知家长：学生考试成绩和排名			告知家长：每学期的家校合作活动时排		
		从不	偶尔	经常	从不	偶尔	经常	从不	偶尔	经常	从不	偶尔	经常
女	计数	8933	47988	41230	9780	44615	43756	25612	42936	29603	6890	42342	48919
	百分比	9.1	48.9	42.0	10.0	45.5	44.6	26.1	43.7	30.2	7.0	43.1	49.8
男	计数	2635	17786	16046	3012	17461	15994	8388	16245	11834	2173	16993	17301
	百分比	7.2	48.8	44.0	8.3	47.9	43.9	23.0	44.5	32.5	6.0	46.6	47.4

表 6-15 教师性别与线上学习前家校合作之相互交流（2）

教师性别		告知家长：每学期的学生活动时间安排			告知家长：每学期的教学进度安排			告知家长：家长志愿者计划			告知家长：学校动态（通过QQ群、电话等）		
		从不	偶尔	经常	从不	偶尔	经常	从不	偶尔	经常	从不	偶尔	经常
女	计数	6003	38878	53270	6959	42197	48995	14333	48240	35578	4627	31649	61875
	百分比	6.1	39.6	54.3	7.1	43.0	49.9	14.6	49.1	36.2	4.7	32.2	63.0
男	计数	1935	15512	19020	2469	16741	17257	4636	19013	12818	1643	13377	21447
	百分比	5.3	42.5	52.2	6.8	45.9	47.3	12.7	52.1	35.1	4.5	36.7	58.8

表 6-16 教师性别与线上学习前家校合作之相互交流（3）

教师性别		告知家长：学生获得的奖励或荣誉			告知家长：我的联系方式和方便的时间，如电话、QQ、微信等			收集家长的关注热点或建议，并反馈			对提出意见或建议的家长，我会向他反馈处理结果（或表示感谢）		
		从不	偶尔	经常	从不	偶尔	经常	从不	偶尔	经常	从不	偶尔	经常
女	计数	4573	36599	56979	3027	29559	65565	5463	40784	51904	3521	35688	58942
	百分比	4.7	37.3	58.1	3.1	30.1	66.8	5.6	41.6	52.9	3.6	36.4	60.1
男	计数	1653	14928	19886	1204	12691	22572	1698	15647	19122	1257	14269	20941
	百分比	4.5	40.9	54.5	3.3	34.8	61.9	4.7	42.9	52.4	3.4	39.1	57.4

表6-17 教师性别与线上学习前家校合作之相互交流（4）

教师性别		传达给家长的信息，如《致家长的一封信》，要求家长签名或反馈			如果学生的学习或行为出现问题，则向家长联系			组织本校家长间的联谊或交流			将家庭作业的内容告知家长		
		从不	偶尔	经常	从不	偶尔	经常	从不	偶尔	经常	从不	偶尔	经常
女	计数	5975	30611	61565	2234	27705	68212	12970	44794	40387	4612	31574	61965
	百分比	6.1	31.2	62.7	2.3	28.2	69.5	13.2	45.6	41.1	4.7	32.2	63.1
男	计数	1593	12323	22551	917	12099	23451	3861	17905	14701	1819	13309	21339
	百分比	4.4	33.8	61.8	2.5	33.2	64.3	10.6	49.1	40.3	5.0	36.5	58.5

表6-18 教师性别与线上学习前家校合作之相互交流（5）

教师性别		参加专门培训或向同行学习家校沟通的技巧			鼓励家长之间结成联系网络，推动家长间的交流		
		从不	偶尔	经常	从不	偶尔	经常
女	计数	5481	41527	51143	7683	41765	48703
	百分比	5.6	42.3	52.1	7.8	42.6	49.6
男	计数	1984	17248	17235	2352	16791	17324
	百分比	5.4	47.3	47.3	6.4	46.0	47.5

6.2.2 教师学历与线上学习前家校合作之相互交流的关系

在教师学历方面，学历为高中或中专、博士的教师，开展家校合作相互交流的典型活动或行为为"经常"的比例较高。

表6-19 教师学历与线上学习前家校合作之相互交流（1）

教师学历		开展家访，或在学校接待家长来访			告知家长：学生评奖、考试的评分方法			告知家长：学生考试成绩和排名			告知家长：每学期的家校合作活动时排		
		从不	偶尔	经常	从不	偶尔	经常	从不	偶尔	经常	从不	偶尔	经常
其他	计数	406	1485	1538	315	1374	1740	278	1284	1867	262	1401	1766
	百分比	11.8	43.3	44.9	9.2	40.1	50.7	8.1	37.4	54.4	7.6	40.9	51.5
高中或中专	计数	242	1377	1561	293	1295	1592	535	1217	1428	171	1235	1774
	百分比	7.6	43.3	49.1	9.2	40.7	50.1	16.8	38.3	44.9	5.4	38.8	55.8
大专	计数	1779	11353	10689	2250	10799	10772	5783	10389	7649	1312	10601	11908
	百分比	7.5	47.7	44.9	9.4	45.3	45.2	24.3	43.6	32.1	5.5	44.5	50.0
本科	计数	8489	48823	41451	9349	46035	43379	26254	43787	28722	6801	43675	48287
	百分比	8.6	49.4	42.0	9.5	46.6	43.9	26.6	44.3	29.1	6.9	44.2	48.9
硕士	计数	636	2697	1981	570	2536	2208	1132	2464	1718	502	2385	2427
	百分比	12.0	50.8	37.3	10.7	47.7	41.6	21.3	46.4	32.3	9.4	44.9	45.7
博士	计数	16	39	56	15	37	59	18	40	53	15	38	58
	百分比	14.4	35.1	50.5	13.5	33.3	53.2	16.2	36.0	47.7	13.5	34.2	52.3

表6-20 教师学历与线上学习前家校合作之相互交流（2）

教师学历		告知家长：每学期的学生活动时间安排			告知家长：每学期的教学进度安排			告知家长：家长志愿者计划			告知家长：学校动态（通过QQ群，电话等）		
		从不	偶尔	经常	从不	偶尔	经常	从不	偶尔	经常	从不	偶尔	经常
其他	计数	218	1314	1897	258	1292	1879	408	1440	1581	241	1249	1939
	百分比	6.4	38.3	55.3	7.5	37.7	54.8	11.9	42.0	46.1	7.0	36.4	56.5
高中或中专	计数	134	1115	1931	179	1176	1825	332	1425	1423	142	997	2041
	百分比	4.2	35.1	60.7	5.6	37.0	57.4	10.4	44.8	44.7	4.5	31.4	64.2
大专	计数	1149	9408	13264	1536	10230	12055	3185	12188	8448	884	7671	15266
	百分比	4.8	39.5	55.7	6.4	42.9	50.6	13.4	51.2	35.5	3.7	32.2	64.1
本科	计数	5968	40221	52574	6964	43745	48054	14215	49440	35108	4603	33050	61110
	百分比	6.0	40.7	53.2	7.1	44.3	48.7	14.4	50.1	35.5	4.7	33.5	61.9
硕士	计数	454	2293	2567	476	2460	2378	811	2722	1781	383	2021	2910
	百分比	8.5	43.2	48.3	9.0	46.3	44.7	15.3	51.2	33.5	7.2	38.0	54.8
博士	计数	15	39	57	15	35	61	18	38	55	17	38	56
	百分比	13.5	35.1	51.4	13.5	31.5	55.0	16.2	34.2	49.5	15.3	34.2	50.5

表6-21 教师学历与线上学习前家校合作之相互交流（3）

教师学历		告知家长：学生获得的奖励或荣誉			告知家长：我的联系方式和方便的时间，如电话、QQ、微信等			收集家长的关注热点或建议，并反馈			对提出意见或建议的家长，我会向他反馈处理结果（或表示感谢）		
		从不	偶尔	经常	从不	偶尔	经常	从不	偶尔	经常	从不	偶尔	经常
其他	计数	313	1390	1726	187	1199	2043	333	1400	1696	254	1416	1759
	百分比	9.1	40.5	50.3	5.5	35.0	59.6	9.7	40.8	49.5	7.4	41.3	51.3
高中或中专	计数	169	1177	1834	97	903	2180	152	1189	1839	111	1084	1985
	百分比	5.3	37.0	57.7	3.1	28.4	68.6	4.8	37.4	57.8	3.5	34.1	62.4
大专	计数	916	9090	13815	612	7005	16204	976	9813	13032	629	8508	14684
	百分比	3.8	38.2	58.0	2.6	29.4	68.0	4.1	41.2	54.7	2.6	35.7	61.6
本科	计数	4454	37661	56648	3065	31141	64557	5271	41610	51882	3465	36706	58592
	百分比	4.5	38.1	57.4	3.1	31.5	65.4	5.3	42.1	52.5	3.5	37.2	59.3
硕士	计数	357	2174	2783	255	1967	3092	412	2381	2521	304	2202	2808
	百分比	6.7	40.9	52.4	4.8	37.0	58.2	7.8	44.8	47.4	5.7	41.4	52.8
博士	计数	17	35	59	15	35	61	17	38	56	15	41	55
	百分比	15.3	31.5	53.2	13.5	31.5	55.0	15.3	34.2	50.5	13.5	36.9	49.5

表6-22 教师学历与线上学习前家校合作之相互交流（4）

教师学历		传送给家长的信息，如《致家长的一封信》，要求家长签名或意见反馈			如果学生的学习或行为出现问题，则向家长联系			组织本校家长间的联谊或交流			将家庭作业的内容告知家长		
		从不	偶尔	经常	从不	偶尔	经常	从不	偶尔	经常	从不	偶尔	经常
其他	计数	184	1242	2003	163	1242	2024	314	1434	1681	189	1147	2093
	百分比	5.4	36.2	58.4	4.8	36.2	59.0	9.2	41.8	49.0	5.5	33.4	61.0
高中或中专	计数	98	966	2116	78	869	2233	237	1320	1623	144	896	2140
	百分比	3.1	30.4	66.5	2.5	27.3	70.2	7.5	41.5	51.0	4.5	28.2	67.3
大专	计数	942	7029	15850	420	6243	17158	2486	11223	10112	903	6808	16110
	百分比	4.0	29.5	66.5	1.8	26.2	72.0	10.4	47.1	42.4	3.8	28.6	67.6
本科	计数	5816	31629	61318	2256	29444	67063	12975	46169	39619	4806	33785	60172
	百分比	5.9	32.0	62.1	2.3	29.8	67.9	13.1	46.7	40.1	4.9	34.2	60.9
硕士	计数	512	2028	2774	220	1968	3126	800	2516	1998	371	2211	2732
	百分比	9.6	38.2	52.2	4.1	37.0	58.8	15.1	47.3	37.6	7.0	41.6	51.4
博士	计数	16	40	55	14	38	59	19	37	55	18	36	57
	百分比	14.4	36.0	49.5	12.6	34.2	53.2	17.1	33.3	49.5	16.2	32.4	51.4

表6-23 教师学历与线上学习前家校合作之相互交流（5）

教师学历		参加专门培训或向同行学习家校沟通的技巧			鼓励家长之间结成联系网络，推动家长间的交流		
		从不	偶尔	经常	从不	偶尔	经常
其他	计数	346	1352	1731	310	1301	1818
	百分比	10.1	39.4	50.5	9.0	37.9	53.0
高中或中专	计数	160	1301	1719	170	1205	1805
	百分比	5.0	40.9	54.1	5.3	37.9	56.8
大专	计数	1120	10347	12354	1409	10118	12294
	百分比	4.7	43.4	51.9	5.9	42.5	51.6
本科	计数	5383	43280	50100	7595	43411	47757
	百分比	5.5	43.8	50.7	7.7	44.0	48.4
硕士	计数	440	2457	2417	533	2486	2295
	百分比	8.3	46.2	45.5	10.0	46.8	43.2
博士	计数	16	38	57	18	35	58
	百分比	14.4	34.2	51.4	16.2	31.5	52.3

6.2.3 教师职称与线上学习前家校合作相互交流的关系

在教师职称方面，高级职称教师开展家校合作之相互交流的典型活动或行为为"经常"的比例较低，初级职称教师的比例较高。

表6-24 教师职称与线上学习前家校合作之相互交流（1）

教师职称		开展家访、或在学校接待家长来访			告知家长：学生评奖、考试的评分方法			告知家长：学生考试成绩和排名			告知家长：每学期的家校合作活动时排		
		从不	偶尔	经常	从不	偶尔	经常	从不	偶尔	经常	从不	偶尔	经常
未定级	计数	2621	13976	11477	2787	13079	12208	5617	12793	9664	1814	12459	13801
	百分比	9.3	49.8	40.9	9.9	46.6	43.5	20.0	45.6	34.4	6.5	44.4	49.2
初级	计数	2989	18559	16417	3411	17332	17222	9195	16534	12236	2363	16365	19237
	百分比	7.9	48.9	43.2	9.0	45.7	45.4	24.2	43.6	32.2	6.2	43.1	50.7
中级	计数	4349	25028	22000	4973	23832	22572	14874	22116	14387	3484	22978	24915
	百分比	8.5	48.7	42.8	9.7	46.4	43.9	29.0	43.0	28.0	6.8	44.7	48.5
高级	计数	1609	8211	7382	1621	7833	7748	4314	7738	5150	1402	7533	8267
	百分比	9.4	47.7	42.9	9.4	45.5	45.0	25.1	45.0	29.9	8.2	43.8	48.1
	百分比	25.7	52.5	21.8	26.3	51.4	22.3	32.6	45.4	22.1	27.5	48.0	24.6

表 6-25 教师职称与线上学习前家校合作之相互交流（2）

教师职称		告知家长：每学期的学生活动时间安排			告知家长：每学期的教学进度安排			告知家长：家长志愿者计划			告知家长：学校动态（通过QQ群、电话等）		
		从不	偶尔	经常	从不	偶尔	经常	从不	偶尔	经常	从不	偶尔	经常
未定级	计数	1561	11778	14735	1886	12613	13575	3303	14054	10717	1260	9619	17195
	百分比	5.6	42.0	52.5	6.7	44.9	48.4	11.8	50.1	38.2	4.5	34.3	61.2
初级	计数	2064	15210	20691	2497	16366	19102	5124	18384	14457	1549	12408	24008
	百分比	5.4	40.1	54.5	6.6	43.1	50.3	13.5	48.4	38.1	4.1	32.7	63.2
中级	计数	3049	20721	27607	3699	22608	25070	7628	26100	17649	2421	17206	31750
	百分比	5.9	40.3	53.7	7.2	44.0	48.8	14.8	50.8	34.4	4.7	33.5	61.8
高级	计数	1264	6681	9257	1346	7351	8505	2914	8715	5573	1040	5793	10369
	百分比	7.3	38.8	53.8	7.8	42.7	49.4	16.9	50.7	32.4	6.0	33.7	60.3

表 6-26 教师职称与线上学习前家校合作之相互交流（3）

教师职称		告知家长：学生获得的奖励或荣誉			告知家长：我的联系方式和方便的时间，如电话、QQ、微信等			收集家长的关注热点或建议，并反馈			对提出意见或建议的家长，我会向他反馈处理结果（或表示感谢）		
		从不	偶尔	经常	从不	偶尔	经常	从不	偶尔	经常	从不	偶尔	经常
未定级	计数	1350	11073	15651	861	9098	18115	1514	11962	14598	1044	10772	16258
	百分比	4.8	39.4	55.7	3.1	32.4	64.5	5.4	42.6	52.0	3.7	38.4	57.9

续表

教师职称		告知家长:学生获得的奖励或荣誉			告知家长:我的联系方式和方便的时间,如电话、QQ、微信等			收集家长的关注热点或建议,并反馈			对提出意见建议的家长,我会向他反馈处理结果(或表示感谢)		
		从不	偶尔	经常	从不	偶尔	经常	从不	偶尔	经常	从不	偶尔	经常
初级	计数	1577	14303	22085	1070	11683	25212	1910	15682	20373	1257	13978	22730
	百分比	4.2	37.7	58.2	2.8	30.8	66.4	5.0	41.3	53.7	3.3	36.8	59.9
中级	计数	2347	19675	29355	1607	15966	33804	2676	21624	27077	1742	18949	30686
	百分比	4.6	38.3	57.1	3.1	31.1	65.8	5.2	42.1	52.7	3.4	36.9	59.7
高级	计数	952	6476	9774	693	5503	11006	1061	7163	8978	735	6258	10209
	百分比	5.5	37.6	56.8	4.0	32.0	64.0	6.2	41.6	52.2	4.3	36.4	59.3
不了了之	计数	241	516	321	194	477	407	266	537	275	232	517	329
	百分比	22.4	47.9	29.8	18.0	44.2	37.8	24.7	49.8	25.5	21.5	48.0	30.5

表6-27 教师职称与线上学习前家校合作之相互交流 (4)

教师职称		传达给家长的信息,如《致家长的一封信》,要求家长签名或反馈			如果学生的学习或这行为出现问题,则向家长联系			组织本校家长间的联谊或交流			将家庭作业的内容告知家长		
		从不	偶尔	经常	从不	偶尔	经常	从不	偶尔	经常	从不	偶尔	经常
未定级	计数	1568	9435	17071	676	8746	18652	2972	12843	12259	1148	9459	17467
	百分比	5.6	33.6	60.8	2.4	31.2	66.4	10.6	45.7	43.7	4.1	33.7	62.2

续表

教师职称		传达给家长的信息，如《致家长的一封信》，要求家长签名或反馈			如果学生的学习或成行为出现问题，则向家长联系			组织本校家长间的联谊或交流			将家庭作业的内容告知家长		
		从不	偶尔	经常	从不	偶尔	经常	从不	偶尔	经常	从不	偶尔	经常
初级	计数	1970	11797	24198	840	10872	26253	4588	16964	16413	1676	12512	23777
	百分比	5.2	31.1	63.7	2.2	28.6	69.2	12.1	44.7	43.2	4.4	33.0	62.6
中级	计数	2850	16117	32410	1155	14911	35311	6879	24479	20019	2564	17035	31778
	百分比	5.5	31.4	63.1	2.2	29.0	68.7	13.4	47.6	39.0	5.0	33.2	61.9
高级	计数	1180	5585	10437	480	5275	11447	2392	8413	6397	1043	5877	10282
	百分比	6.9	32.5	60.7	2.8	30.7	66.5	13.9	48.9	37.2	6.1	34.2	59.8

表6-28 教师职称与线上学习前家校合作之相互交流（5）

教师职称		参加专门培训或向同行学习家校沟通的技巧			鼓励家长之间结成联系网络，推动家长间的交流		
		从不	偶尔	经常	从不	偶尔	经常
未定级	计数	1568	12090	14416	1921	12216	13937
	百分比	5.6	43.1	51.4	6.8	43.5	49.6
初级	计数	2037	16030	19898	2674	16215	19076
	百分比	5.4	42.2	52.4	7.0	42.7	50.2
中级	计数	2790	22824	25763	3982	22547	24848
	百分比	5.4	44.4	50.1	7.8	43.9	48.4
高级	计数	1070	7831	8301	1458	7578	8166
	百分比	6.2	45.5	48.3	8.5	44.1	47.5

6.2.4 教师职务与线上学习前家校合作之相互交流的关系

在教师职务方面，校领导、班主任开展家校合作之相互交流的典型活动或行为为"经常"的比例较高。

表6-29 教师职务与线上学习前家校合作之相互交流（1）

教师职务		开展家访，或在学校接待家长来访			告知家长：学生评奖、考试的评分方法			告知家长：学生考试成绩和排名			告知家长：每学期的家校合作时排		
		从不	偶尔	经常	从不	偶尔	经常	从不	偶尔	经常	从不	偶尔	经常
在校担任班主任	计数	2580	24402	28089	3398	23069	28604	13540	22460	19071	1177	21399	32495
	百分比	4.7	44.3	51.0	6.2	41.9	51.9	24.6	40.8	34.6	2.1	38.9	59.0
在校担任课任教师	计数	9674	54492	44166	10603	51379	46350	27679	49035	31618	7960	49216	51156
	百分比	8.9	50.3	40.8	9.8	47.4	42.8	25.6	45.3	29.2	7.3	45.4	47.2
在校担任学校行政	计数	586	4446	4970	768	4428	4806	2429	4253	3320	505	4237	5260
	百分比	5.9	44.5	49.7	7.7	44.3	48.1	24.3	42.5	33.2	5.0	42.4	52.6
在校担任学校领导	计数	269	2280	3695	422	2475	3347	1836	2357	2051	191	2312	3741
	百分比	4.3	36.5	59.2	6.8	39.6	53.6	29.4	37.7	32.8	3.1	37.0	59.9
在校担任其他工作	计数	1336	5398	5342	1431	5122	5523	2793	4786	4497	1043	5040	5993
	百分比	11.1	44.7	44.2	11.8	42.4	45.7	23.1	39.6	37.2	8.6	41.7	49.6

表6-30 教师职务与线上学习前家校合作之相互交流（2）

教师职务		告知家长：每学期的学生生活活动时间安排			告知家长：每学期的教学进度安排			告知家长：家长志愿者计划			告知家长：学校动态（通过QQ群、电话等）		
		从不	偶尔	经常	从不	偶尔	经常	从不	偶尔	经常	从不	偶尔	经常
在校担任班主任	计数	879	18600	35592	2034	21787	31250	5381	26804	22886	519	12902	41650
	百分比	1.6	33.8	64.6	3.7	39.6	56.7	9.8	48.7	41.6	0.9	23.4	75.6
在校担任课任教师	计数	6975	45337	56020	8017	49112	51203	16439	55189	36704	5340	37915	65077
	百分比	6.4	41.9	51.7	7.4	45.3	47.3	15.2	50.9	33.9	4.9	35.0	60.1
在校担任学校行政	计数	423	3721	5858	604	4154	5244	1207	4957	3838	348	2896	6758
	百分比	4.2	37.2	58.6	6.0	41.5	52.4	12.1	49.6	38.4	3.5	29.0	67.6
在校担任学校领导	计数	157	1949	4138	282	2292	3670	639	2929	2676	121	1487	4636
	百分比	2.5	31.2	66.3	4.5	36.7	58.8	10.2	46.9	42.9	1.9	23.8	74.2
在校担任其他工作	计数	951	4634	6491	1157	4847	6072	1875	5477	4724	865	4003	7208
	百分比	7.9	38.4	53.8	9.6	40.1	50.3	15.5	45.4	39.1	7.2	33.1	59.7

表6-31　教师职务与线上学习前家校合作之相互交流（3）

教师职务		告知家长：学生获得的奖励或荣誉			告知家长：我的联系方式和方便的时间，如电话、QQ、微信等			收集家长的关注热点或建议，并反馈			对提出意见或建议的家长，我会示感谢（或会向他反馈处理结果）		
		从不	偶尔	经常	从不	偶尔	经常	从不	偶尔	经常	从不	偶尔	经常
在校担任班主任	计数	718	16775	37578	366	11307	43398	980	19542	34549	395	15597	39079
	百分比	1.3	30.5	68.2	0.7	20.5	78.8	1.8	35.5	62.7	0.7	28.3	71.0
在校担任课任教师	计数	5119	42905	60308	3457	35488	69387	6093	47104	55135	3966	41767	62599
	百分比	4.7	39.6	55.7	3.2	32.8	64.1	5.6	43.5	50.9	3.7	38.6	57.8
在校担任学校行政	计数	358	3429	6215	254	2782	6966	357	3832	5813	268	3265	6469
	百分比	3.6	34.3	62.1	2.5	27.8	69.6	3.6	38.3	58.1	2.7	32.6	64.7
在校担任学校领导	计数	150	1809	4285	106	1451	4687	123	1944	4177	86	1627	4531
	百分比	2.4	29.0	68.6	1.7	23.2	75.1	2.0	31.1	66.9	1.4	26.1	72.6
在校担任其他工作	计数	942	4575	6559	676	3818	7582	986	4843	6247	768	4465	6843
	百分比	7.8	37.9	54.3	5.6	31.6	62.8	8.2	40.1	51.7	6.4	37.0	56.7

表6-32 教师职务与线上学习前家校合作之相互交流（4）

教师职务		传达给家长的信息，如《致家长的一封信》，要求家长签名或反馈			如果学生的学习或行为出现问题，则向家长联系			组织本校家长间的联谊或交流			将家庭作业的内容告知家长		
		从不	偶尔	经常	从不	偶尔	经常	从不	偶尔	经常	从不	偶尔	经常
在校担任班主任	计数	333	11672	43066	233	10447	44391	4873	23881	26317	1345	14679	39047
	百分比	0.6	21.2	78.2	0.4	19.0	80.6	8.8	43.4	47.8	2.4	26.7	70.9
在校担任课任教师	计数	6843	36149	65340	2483	33313	72536	14515	51678	42139	5138	37503	65691
	百分比	6.3	33.4	60.3	2.3	30.8	67.0	13.4	47.7	38.9	4.7	34.6	60.6
在校担任学校行政	计数	322	2668	7012	227	2636	7139	1035	4698	4269	495	3052	6455
	百分比	3.2	26.7	70.1	2.3	26.4	71.4	10.3	47.0	42.7	4.9	30.5	64.5
在校担任学校领导	计数	75	1272	4897	69	1376	4799	476	2901	2867	304	1672	4268
	百分比	1.2	20.4	78.4	1.1	22.0	76.9	7.6	46.5	45.9	4.9	26.8	68.4
在校担任其他工作	计数	831	3877	7368	601	3712	7763	1621	5251	5204	934	3995	7147
	百分比	6.9	32.1	61.0	5.0	30.7	64.3	13.4	43.5	43.1	7.7	33.1	59.2

表6-33 教师职务与线上学习前家校合作之相互交流 (5)

教师职务		参加专门培训或向同行学习家校沟通的技巧			鼓励家长之间结成联系网络,推动家长间的交流		
		从不	偶尔	经常	从不	偶尔	经常
在校担任班主任	计数	1448	21094	32529	2173	21233	31665
	百分比	2.6	38.3	59.1	3.9	38.6	57.5
在校担任课任教师	计数	6205	48840	53287	8645	48783	50904
	百分比	5.7	45.1	49.2	8.0	45.0	47.0
在校担任学校行政	计数	453	4300	5249	560	4237	5205
	百分比	4.5	43.0	52.5	5.6	42.4	52.0
在校担任学校领导	计数	203	2482	3559	244	2393	3607
	百分比	3.3	39.8	57.0	3.9	38.3	57.8
在校担任其他工作	计数	1040	4926	6110	1150	4880	6046
	百分比	8.6	40.8	50.6	9.5	40.4	50.1

6.2.5　教师家校合作风格与线上学习前家校合作之相互交流的关系

在教师家校合作风格方面，当与家长意见不一致时，倾向"讨论，谁有道理就听谁的"的教师，开展家校合作之相互交流的典型活动或行为为"经常"的比例较高。

表6-34　教师家校合作风格与线上学习前家校合作之相互交流（1）

当家长和我的意见不一致时，通常都是如何解决的		开展家访，或在学校接待家长来访			告知家长：学生评奖、考试的评分方法			告知家长：学生考试成绩和排名			告知家长：每学期的家校合作活动时排		
		从不	偶尔	经常	从不	偶尔	经常	从不	偶尔	经常	从不	偶尔	经常
大多顺着家长	计数	492	2197	1668	540	2136	1681	1049	1962	1346	440	2125	1792
	百分比	11.3	50.4	38.3	12.4	49.0	38.6	24.1	45.0	30.9	10.1	48.8	41.1
说服家长接受我的意见	计数	2202	14311	11281	2283	13592	11919	5741	13012	9041	1665	13145	12984
	百分比	7.9	51.5	40.6	8.2	48.9	42.9	20.7	46.8	32.5	6.0	47.3	46.7
要求家长接受我的意见	计数	236	1200	880	205	1166	945	345	1126	845	171	1163	982
	百分比	10.2	51.8	38.0	8.9	50.3	40.8	14.9	48.6	36.5	7.4	50.2	42.4
讨论，谁有道理就听谁的	计数	8361	47500	43212	9480	44628	44965	26514	42592	29967	6491	42385	50197
	百分比	8.4	47.9	43.6	9.6	45.0	45.4	26.8	43.0	30.2	6.6	42.8	50.7
不了了之	计数	277	566	235	284	554	240	351	489	238	296	517	265
	百分比	25.7	52.5	21.8	26.3	51.4	22.3	32.6	45.4	22.1	27.5	48.0	24.6

表6-35 教师家校合作风格与线上学习前家校合作之相互交流 (2)

当家长和我的意见不一致时，通常都是如何解决的		告知家长：每学期的学生活动时间安排			告知家长：每学期的教学进度安排			告知家长：家长志愿者计划			告知家长：学校动态（通过QQ群、电话等）		
		从不	偶尔	经常	从不	偶尔	经常	从不	偶尔	经常	从不	偶尔	经常
大多顺着家长	计数	393	2049	1915	424	2121	1812	680	2161	1516	343	1884	2130
	百分比	9.0	47.0	44.0	9.7	48.7	41.6	15.6	49.6	34.8	7.9	43.2	48.9
说服家长接受我的意见	计数	1452	12173	14169	1851	12976	12967	3637	14589	9568	1116	10099	16579
	百分比	5.2	43.8	51.0	6.7	46.7	46.7	13.1	52.5	34.4	4.0	36.3	59.6
要求家长接受我的意见	计数	171	1092	1053	185	1119	1012	296	1186	834	141	972	1203
	百分比	7.4	47.2	45.5	8.0	48.3	43.7	12.8	51.2	36.0	6.1	42.0	51.9
讨论，谁有道理就听谁的	计数	5643	38573	54857	6670	42204	50199	13968	48824	36281	4435	31589	63049
	百分比	5.7	38.9	55.4	6.7	42.6	50.7	14.1	49.3	36.6	4.5	31.9	63.6
不了了之	计数	279	503	296	298	518	262	388	493	197	235	482	361
	百分比	25.9	46.7	27.5	27.6	48.1	24.3	36.0	45.7	18.3	21.8	44.7	33.5

表 6-36 教师家校合作风格与线上学习前家校合作之相互交流 （3）

当家长和我的意见不一致时，通常都是如何解决的		告知家长：学生获得的奖励或荣誉			告知家长：我的联系方式和方便的时间，如电话、QQ、微信等			收集家长的关注热点或建议，并反馈			对提出意见或建议的家长，我会向他反馈处理结果（或表示感谢）		
		从不	偶尔	经常	从不	偶尔	经常	从不	偶尔	经常	从不	偶尔	经常
大多顺着家长	计数	342	2058	1957	276	1859	2222	382	2103	1872	289	2056	2012
	百分比	7.8	47.2	44.9	6.3	42.7	51.0	8.8	48.3	43.0	6.6	47.2	46.2
说服家长接受我的意见	计数	1162	11448	15184	809	9531	17454	1369	12482	13943	907	11336	15551
	百分比	4.2	41.2	54.6	2.9	34.3	62.8	4.9	44.9	50.2	3.3	40.8	56.0
要求家长接受我的意见	计数	143	1080	1093	125	953	1238	166	1135	1015	143	1078	1095
	百分比	6.2	46.6	47.2	5.4	41.1	53.5	7.2	49.0	43.8	6.2	46.5	47.3
讨论谁有道理就听谁的	计数	4338	36425	58310	2827	29430	66816	4978	40174	53921	3207	34970	60896
	百分比	4.4	36.8	58.9	2.9	29.7	67.4	5.0	40.5	54.4	3.2	35.3	61.5
不了了之	计数	241	516	321	194	477	407	266	537	275	232	517	329
	百分比	22.4	47.9	29.8	18.0	44.2	37.8	24.7	49.8	25.5	21.5	48.0	30.5

表6-37 教师家校合作风格与线上学习前家校合作之相互交流 (4)

当家长和我的意见不一致时，通常都是如何解决的		传达给家长的信息，如《致家长的一封信》，要求家长签名或反馈			如果学生的学习或行为出现问题，则向家长联系			组织本校家长间的联谊或交流			将家庭作业的内容告知家长		
		从不	偶尔	经常	从不	偶尔	经常	从不	偶尔	经常	从不	偶尔	经常
大多顺着家长	计数	347	1808	2202	231	1818	2308	602	2128	1627	336	1860	2161
	百分比	8.0	41.5	50.5	5.3	41.7	53.0	13.8	48.8	37.3	7.7	42.7	49.6
说服家长接受我的意见	计数	1324	9555	16915	588	8998	18208	3078	13340	11376	1130	9822	16842
	百分比	4.8	34.4	60.9	2.1	32.4	65.5	11.1	48.0	40.9	4.1	35.3	60.6
要求家长接受我的意见	计数	131	970	1215	107	936	1273	248	1110	958	131	936	1249
	百分比	5.7	41.9	52.5	4.6	40.4	55.0	10.7	47.9	41.4	5.7	40.4	53.9
讨论，谁有道理就听谁的	计数	5505	30151	63417	2056	27571	69446	12549	45617	40907	4613	31806	62654
	百分比	5.6	30.4	64.0	2.1	27.8	70.1	12.7	46.0	41.3	4.7	32.1	63.2
不了了之	计数	261	450	367	169	481	428	354	504	220	221	459	398
	百分比	24.2	41.7	34.0	15.7	44.6	39.7	32.8	46.8	20.4	20.5	42.6	36.9

表 6-38 教师家校合作风格与线上学习前家校合作之相互交流 （5）

当家长和我的意见不一致时，通常都是如何解决的		参加专门培训或向同行学习家校沟通的技巧			鼓励家长之间结成联系网络，推动家长间的交流		
		从不	偶尔	经常	从不	偶尔	经常
大多顺着家长	计数	382	2136	1839	473	2083	1801
	百分比	8.8	49.0	42.2	10.9	47.8	41.3
说服家长接受我的意见	计数	1494	12868	13432	1939	12705	13150
	百分比	5.4	46.3	48.3	7.0	45.7	47.3
要求家长接受我的意见	计数	181	1107	1028	181	1102	1033
	百分比	7.8	47.8	44.4	7.8	47.6	44.6
讨论，谁有道理就听谁的	计数	5155	42122	51796	7138	42144	49791
	百分比	5.2	42.5	52.3	7.2	42.5	50.3
不了了之	计数	253	542	283	304	522	252
	百分比	23.5	50.3	26.3	28.2	48.4	23.4

6.3 教师特征与线上学习前家校合作之志愿服务的关系

6.3.1 教师性别与线上学习前家校合作之志愿服务

在教师性别方面，男教师开展家校合作之志愿服务的典型活动或成行为为"经常"的比例略高于女教师。

表6-39 教师性别与线上学习前家校合作之志愿服务（1）

教师性别		调查家长的兴趣、专长、资源和空闲时间，以便在活动中安排家长协助工作			为家长志愿者争取活动场所和活动资源			与家长共同制定志愿者活动目标和计划			组织培训家长志愿者		
		从不	偶尔	经常	从不	偶尔	经常	从不	偶尔	经常	从不	偶尔	经常
女	计数	14261	51230	32660	18750	49762	29639	18888	49316	29947	21304	49878	26969
	百分比	14.5	52.2	33.3	19.1	50.7	30.2	19.2	50.2	30.5	21.7	50.8	27.5
男	计数	4198	19666	12603	5169	19414	11884	5398	19020	12049	6213	19377	10877
	百分比	11.5	53.9	34.6	14.2	53.2	32.6	14.8	52.2	33.0	17.0	53.1	29.8

表 6-40 教师性别与线上学习前家校合作之志愿服务（2）

教师性别		招募家长志愿者：参与教学活动（如进校听课，监考等）			招募家长志愿者：组织学生课外活动（如研学旅行，郊游等）			招募家长志愿者：为学生做讲座（如职业，文化，安全等）			招募家长志愿者：支持学校活动（场馆布置，评委，摄像，化妆，主持人，引导等）		
		从不	偶尔	经常	从不	偶尔	经常	从不	偶尔	经常	从不	偶尔	经常
女	计数	21912	49615	26624	25734	48267	24150	22662	51016	24473	21101	51771	25279
	百分比	22.3	50.5	27.1	26.2	49.2	24.6	23.1	52.0	24.9	21.5	52.7	25.8
男	计数	6302	19251	10914	7839	18795	9833	6552	19775	10140	6627	19722	10118
	百分比	17.3	52.8	29.9	21.5	51.5	27.0	18.0	54.2	27.8	18.2	54.1	27.7

表 6-41 教师性别与线上学习前家校合作之志愿服务（3）

教师性别		招募家长志愿者：协助检查学生出勤情况			招募家长志愿者：维护学校公共区域秩序，如校门口，图书馆，食堂秩序引导			招募家长志愿者：在运动会、文艺演出、演讲比赛等活动中做观众			对有意愿但不能到校的家长志愿者，也设计工作方案，让他们去其他家庭或者去社区提供志愿服务		
		从不	偶尔	经常	从不	偶尔	经常	从不	偶尔	经常	从不	偶尔	经常
女	计数	26271	45766	26114	24335	46573	27243	18070	51665	28416	25725	49164	23262
	百分比	26.8	46.6	26.6	24.8	47.5	27.8	18.4	52.6	29.0	26.2	50.1	23.7
男	计数	7885	18033	10549	7587	18037	10843	5665	19528	11274	7612	19225	9630
	百分比	21.6	49.5	28.9	20.8	49.5	29.7	15.5	53.5	30.9	20.9	52.7	26.4

表 6-42 教师性别与线上学习前家校合作之志愿服务（4）

教师性别		为参与志愿活动的家长出具证明材料，如请假			公开表彰和感谢家长志愿者		
		从不	偶尔	经常	从不	偶尔	经常
女	计数	26190	48016	23945	17079	49354	31718
	百分比	26.7	48.9	24.4	17.4	50.3	32.3
男	计数	7626	18775	10066	5513	18835	12119
	百分比	20.9	51.5	27.6	15.1	51.6	33.2

6.3.2 教师学历与线上学习前家校合作志愿服务的关系

在教师学历方面，学历为博士的教师，开展家校合作志愿服务的典型活动或行为为"经常"的比例较高。

表 6-43 教师学历与线上学习前家校合作之志愿服务（1）

教师学历		调查家长的兴趣、专长、资源和空闲时间，以便在活动中安排家长协助工作			为家长志愿者争取活动资源、场所和活动支持			与家长共同制定志愿者活动目标和计划			组织培训家长志愿者		
		从不	偶尔	经常	从不	偶尔	经常	从不	偶尔	经常	从不	偶尔	经常
其他	计数	435	1495	1499	500	1474	1455	469	1480	1480	535	1478	1416
	百分比	12.7	43.6	43.7	14.6	43.0	42.4	13.7	43.2	43.2	15.6	43.1	41.3

续表

教师学历		调查家长的兴趣、专长、资源和空闲时间，以便在活动中安排家长协助工作			为家长志愿者争取活动场所和活动资源			与家长共同制定志愿者活动目标和计划			组织培训家长志愿者		
		从不	偶尔	经常	从不	偶尔	经常	从不	偶尔	经常	从不	偶尔	经常
高中或中专	计数	304	1498	1378	395	1496	1289	390	1470	1320	484	1466	1230
	百分比	9.6	47.1	43.3	12.4	47.0	40.5	12.3	46.2	41.5	15.2	46.1	38.7
大专	计数	2875	12729	8217	3888	12444	7489	3995	12183	7643	4653	12406	6762
	百分比	12.1	53.4	34.5	16.3	52.2	31.4	16.8	51.1	32.1	19.5	52.1	28.4
本科	计数	14005	52268	32490	18112	50944	29707	18397	50398	29968	20719	51047	26997
	百分比	14.2	52.9	32.9	18.3	51.6	30.1	18.6	51.0	30.3	21.0	51.7	27.3
硕士	计数	824	2867	1623	1004	2778	1532	1016	2767	1531	1106	2819	1389
	百分比	15.5	54.0	30.5	18.9	52.3	28.8	19.1	52.1	28.8	20.8	53.0	26.1
博士	计数	16	39	56	20	40	51	19	38	54	20	39	52
	百分比	14.4	35.1	50.5	18.0	36.0	45.9	17.1	34.2	48.6	18.0	35.1	46.8

表6-44　教师学历与线上学习前家校合作之志愿服务（2）

教师学历		招募家长志愿者：参与教学活动（如进校听课，监考等）			招募家长志愿者：组织学生课外活动（如研学旅行，郊游等）			招募家长志愿者：为学生做讲座（如职业、文化、安全等）			招募家长志愿者：支持学校活动（场馆布置，评委，化妆，摄像，引导等）主持人		
		从不	偶尔	经常	从不	偶尔	经常	从不	偶尔	经常	从不	偶尔	经常
其他	计数	519	1438	1472	568	1487	1374	496	1464	1469	571	1478	1380
	百分比	15.1	41.9	42.9	16.6	43.4	40.1	14.5	42.7	42.8	16.7	43.1	40.2
高中或中专	计数	490	1466	1224	614	1428	1138	483	1501	1196	500	1524	1156
	百分比	15.4	46.1	38.5	19.3	44.9	35.8	15.2	47.2	37.6	15.7	47.9	36.4
大专	计数	4744	12309	6768	5890	11966	5965	5024	12663	6134	4770	12870	6181
	百分比	19.9	51.7	28.4	24.7	50.2	25.0	21.1	53.2	25.8	20.0	54.0	25.9
本科	计数	21295	50855	26613	25213	49414	24136	22034	52275	24454	20714	52738	25311
	百分比	21.6	51.5	26.9	25.5	50.0	24.4	22.3	52.9	24.8	21.0	53.4	25.6
硕士	计数	1147	2759	1408	1268	2731	1315	1161	2847	1306	1153	2846	1315
	百分比	21.6	51.9	26.5	23.9	51.4	24.7	21.8	53.6	24.6	21.7	53.6	24.7
博士	计数	19	39	53	20	36	55	16	41	54	20	37	54
	百分比	17.1	35.1	47.7	18.0	32.4	49.5	14.4	36.9	48.6	18.0	33.3	48.6

表6-45 教师学历与线上学习前家校合作之志愿服务（3）

教师学历		招募家长志愿者：协助检查学生出勤情况			招募家长志愿者：维护学校公共区域秩序，如校门口、图书馆、食堂秩序引导			招募家长志愿者：在运动会、文艺演出、演讲比赛等活动中做观众			对有意愿但不能到校的家长志愿者，也设计工作方案，让他们去其他家庭或者去社区提供志愿者服务		
		从不	偶尔	经常	从不	偶尔	经常	从不	偶尔	经常	从不	偶尔	经常
其他	计数	465	1420	1544	446	1424	1559	456	1518	1455	547	1518	1364
	百分比	13.6	41.4	45.0	13.0	41.5	45.5	13.3	44.3	42.4	16.0	44.3	39.8
高中或中专	计数	528	1361	1291	482	1363	1335	389	1518	1273	549	1478	1153
	百分比	16.6	42.8	40.6	15.2	42.9	42.0	12.2	47.7	40.0	17.3	46.5	36.3
大专	计数	5709	11388	6724	5345	11546	6930	3855	12684	7282	5606	12310	5905
	百分比	24.0	47.8	28.2	22.4	48.5	29.1	16.2	53.2	30.6	23.5	51.7	24.8
本科	计数	26103	46959	25701	24339	47597	26827	17943	52585	28235	25286	50308	23169
	百分比	26.4	47.5	26.0	24.6	48.2	27.2	18.2	53.2	28.6	25.6	50.9	23.5
硕士	计数	1330	2635	1349	1290	2645	1379	1075	2846	1393	1329	2738	1247
	百分比	25.0	49.6	25.4	24.3	49.8	26.0	20.2	53.6	26.2	25.0	51.5	23.5
博士	计数	21	36	54	20	35	56	17	42	52	20	37	54
	百分比	18.9	32.4	48.6	18.0	31.5	50.5	15.3	37.8	46.8	18.0	33.3	48.6

表6-46 教师学历与线上学习前家校合作之志愿服务（4）

教师学历		为参与志愿活动的家长出具证明材料，如请假			公开表彰和感谢家长志愿者		
		从不	偶尔	经常	从不	偶尔	经常
其他	计数	569	1511	1349	463	1479	1487
	百分比	16.6	44.1	39.3	13.5	43.1	43.4
高中或中专	计数	575	1445	1160	393	1453	1334
	百分比	18.1	45.4	36.5	12.4	45.7	41.9
大专	计数	5710	11936	6175	3844	12137	7840
	百分比	24.0	50.1	25.9	16.1	51.0	32.9
本科	计数	25594	49164	24005	16893	50338	31532
	百分比	25.9	49.8	24.3	17.1	51.0	31.9
硕士	计数	1350	2693	1271	981	2745	1588
	百分比	25.4	50.7	23.9	18.5	51.7	29.9
博士	计数	18	42	51	18	37	56
	百分比	16.2	37.8	45.9	16.2	33.3	50.5

6.3.3 教师职称与线上学习前家校合作之志愿服务的关系

在教师职称方面，教师的职称越高，开展家校合作之志愿服务的典型活动或行为为"经常"的比例越低。

表 6-47 教师职称与线上学习前家校合作之志愿服务（1）

教师职称		调查家长的兴趣、专长，资源和空闲时间，以便在活动中安排家长协助工作			为家长志愿者争取活动场所和活动资源			与家长共同制定志愿者活动目标和计划			组织培训家长志愿者		
		从不	偶尔	经常	从不	偶尔	经常	从不	偶尔	经常	从不	偶尔	经常
未定级	计数	3301	14508	10265	4207	14350	9517	4256	14250	9568	4745	14436	8893
	百分比	11.8	51.7	36.6	15.0	51.1	33.9	15.2	50.8	34.1	16.9	51.4	31.7
初级	计数	5111	19459	13395	6667	18944	12354	6739	18881	12345	7544	19073	11348
	百分比	13.5	51.3	35.3	17.6	49.9	32.5	17.8	49.7	32.5	19.9	50.2	29.9
中级	计数	7414	27623	16340	9628	26872	14877	9799	26404	15174	11204	26876	13297
	百分比	14.4	53.8	31.8	18.7	52.3	29.0	19.1	51.4	29.5	21.8	52.3	25.9
高级	计数	2633	9306	5263	3417	9010	4775	3492	8801	4909	4024	8870	4308
	百分比	15.3	54.1	30.6	19.9	52.4	27.8	20.3	51.2	28.5	23.4	51.6	25.0

表6-48 教师职称与线上学习前家校合作之志愿服务（2）

教师职称		招募家长志愿者：参与教学活动（如进校听课、监考等）			招募家长志愿者：组织学生课外活动（如研学旅行、郊游等）			招募家长志愿者：为学生做讲座（如职业、文化、安全等）			招募家长志愿者：支持学校活动（场馆布置、摄像、化妆、主持人、评委、引导等）		
		从不	偶尔	经常	从不	偶尔	经常	从不	偶尔	经常	从不	偶尔	经常
未定级	计数	4988	14231	8855	5494	14273	8307	5279	14380	8415	4880	14700	8494
	百分比	17.8	50.7	31.5	19.6	50.8	29.6	18.8	51.2	30.0	17.4	52.4	30.3
初级	计数	7765	18902	11298	8962	18612	10391	8121	19430	10414	7502	19766	10697
	百分比	20.5	49.8	29.8	23.6	49.0	27.4	21.4	51.2	27.4	19.8	52.1	28.2
中级	计数	11593	26777	13007	14133	25635	11609	11812	27634	11931	11274	27799	12304
	百分比	22.6	52.1	25.3	27.5	49.9	22.6	23.0	53.8	23.2	21.9	54.1	23.9
高级	计数	3868	8956	4378	4984	8542	3676	4002	9347	3853	4072	9228	3902
	百分比	22.5	52.1	25.5	29.0	49.7	21.4	23.3	54.3	22.4	23.7	53.6	22.7

表6-49 教师职称与线上学习前家校合作之志愿服务（3）

教师职称		招募家长志愿者：协助检查学生出勤情况			招募家长志愿者：维护学校公共区域秩序，如校门口、图书馆、食堂等秩序引导			招募家长志愿者：在运动会、文艺演出、演讲比赛等活动中做观众			对有意愿但不能到校的家长志愿者，也设计工作方案，让他们去其他社区提供志愿者服务		
		从不	偶尔	经常	从不	偶尔	经常	从不	偶尔	经常	从不	偶尔	经常
未定级	计数	5437	13738	8899	5164	13755	9155	4246	14610	9218	5537	14438	8099
	百分比	19.4	48.9	31.7	18.4	49.0	32.6	15.1	52.0	32.8	19.7	51.4	28.8
初级	计数	9230	17834	10901	8521	18073	11371	6506	19615	11844	9051	18936	9978
	百分比	24.3	47.0	28.7	22.4	47.6	30.0	17.1	51.7	31.2	23.8	49.9	26.3
中级	计数	14530	24144	12703	13302	24738	13337	9529	27877	13971	13806	26317	11254
	百分比	28.3	47.0	24.7	25.9	48.1	26.0	18.5	54.3	27.2	26.9	51.2	21.9
高级	计数	4959	8083	4160	4935	8044	4223	3454	9091	4657	4943	8698	3561
	百分比	28.8	47.0	24.2	28.7	46.8	24.5	20.1	52.8	27.1	28.7	50.6	20.7

表6-50 教师职称与线上学习前家校合作之志愿服务（4）

教师职称		为参与志愿活动的家长出具证明材料，如请假			公开表彰和感谢家长志愿者		
		从不	偶尔	经常	从不	偶尔	经常
未定级	计数	5589	14210	8275	3913	14198	9963
	百分比	19.9	50.6	29.5	13.9	50.6	35.5
初级	计数	9133	18652	10180	6033	18947	12985
	百分比	24.1	49.1	26.8	15.9	49.9	34.2
中级	计数	14137	25494	11746	9218	26388	15771
	百分比	27.5	49.6	22.9	17.9	51.4	30.7
高级	计数	4957	8435	3810	3428	8656	5118
	百分比	28.8	49.0	22.1	19.9	50.3	29.8

6.3.4 教师职务与线上学习前家校合作之志愿服务的关系

在教师职务方面，校领导、班主任开展家校合作之志愿服务的典型活动或行为为"经常"的比例较高。

表6-51 教师职务与线上学习前家校合作之志愿服务 (1)

教师职务		调查家长的兴趣、专长、资源和空闲时间，以便在活动中安排家长协助工作			为家长志愿者争取活动场所和活动资源			与家长共同制定志愿者活动目标和计划			组织培训家长志愿者		
		从不	偶尔	经常	从不	偶尔	经常	从不	偶尔	经常	从不	偶尔	经常
在校担任班主任	计数	5508	28210	21353	8300	27799	18972	8395	27561	19115	9755	28201	17115
	百分比	10.0	51.2	38.8	15.1	50.5	34.5	15.2	50.0	34.7	17.7	51.2	31.1
在校担任课任教师	计数	15898	58213	34221	20497	56516	31319	20809	55812	31711	23542	56433	28357
	百分比	14.7	53.7	31.6	18.9	52.2	28.9	19.2	51.5	29.3	21.7	52.1	26.2
在校担任学校行政	计数	1103	5334	3565	1381	5245	3376	1489	5189	3324	1622	5312	3068
	百分比	11.0	53.3	35.6	13.8	52.4	33.8	14.9	51.9	33.2	16.2	53.1	30.7
在校担任学校领导	计数	546	3234	2464	717	3174	2353	786	3100	2358	864	3230	2150
	百分比	8.7	51.8	39.5	11.5	50.8	37.7	12.6	49.6	37.8	13.8	51.7	34.4
在校担任其他工作	计数	1849	5731	4496	2205	5630	4241	2263	5541	4272	2514	5649	3913
	百分比	15.3	47.5	37.2	18.3	46.6	35.1	18.7	45.9	35.4	20.8	46.8	32.4

表 6-52　教师职务与线上学习前家校合作之志愿服务（2）

教师职务		招募家长志愿者：参与教学活动（如进校听课、监考等）			招募家长志愿者：组织学生课外活动（如研学旅行、郊游等）			招募家长志愿者：为学生做讲座（如职业、文化、安全等）			招募家长志愿者：支持学校活动（场馆布置、摄像、化妆、主持人、评委、引导等）		
		从不	偶尔	经常	从不	偶尔	经常	从不	偶尔	经常	从不	偶尔	经常
在校担任班主任	计数	10551	27686	16834	13063	26711	15297	11061	28603	15407	9981	29118	15972
	百分比	19.2	50.3	30.6	23.7	48.5	27.8	20.1	51.9	28.0	18.1	52.9	29.0
在校担任课任教师	计数	24029	56132	28171	28295	54609	25428	24937	57570	25825	23737	58063	26532
	百分比	22.2	51.8	26.0	26.1	50.4	23.5	23.0	53.1	23.8	21.9	53.6	24.5
在校担任学校行政	计数	1743	5224	3035	2060	5220	2722	1743	5507	2752	1653	5486	2863
	百分比	17.4	52.2	30.3	20.6	52.2	27.2	17.4	55.1	27.5	16.5	54.8	28.6
在校担任学校领导	计数	891	3235	2118	1273	3162	1809	876	3421	1947	918	3357	1969
	百分比	14.3	51.8	33.9	20.4	50.6	29.0	14.0	54.8	31.2	14.7	53.8	31.5
在校担任其他工作	计数	2537	5572	3967	2965	5475	3636	2552	5766	3758	2531	5838	3707
	百分比	21.0	46.1	32.9	24.6	45.3	30.1	21.1	47.7	31.1	21.0	48.3	30.7

表6-53 教师职务与线上学习前家校合作之志愿服务 (3)

教师职务		招募家长志愿者：协助检查学生出勤情况			招募家长志愿者：维护学校公共区域秩序，如校门口、图书馆、食堂秩序引导			招募家长志愿者：在运动会、文艺演出、演讲比赛等活动中做观众			对有意愿但不能到校的家长志愿者，也设计工作方案，让他们去其他社区提供家庭志愿者服务		
		从不	偶尔	经常	从不	偶尔	经常	从不	偶尔	经常	从不	偶尔	经常
在校担任班主任	计数	13668	25009	16394	12259	25741	17071	7911	29199	17961	13053	27289	14729
	百分比	24.8	45.4	29.8	22.3	46.7	31.0	14.4	53.0	32.6	23.7	49.6	26.7
在校担任课任教师	计数	28725	52067	27540	27157	52663	28512	20476	57917	29939	28166	55583	24583
	百分比	26.5	48.1	25.4	25.1	48.6	26.3	18.9	53.5	27.6	26.0	51.3	22.7
在校担任学校行政	计数	2320	4872	2810	2053	4878	3071	1410	5259	3333	2236	5208	2558
	百分比	23.2	48.7	28.1	20.5	48.8	30.7	14.1	52.6	33.3	22.4	52.1	25.6
在校担任学校领导	计数	1510	2860	1874	1255	2866	2123	730	3102	2412	1433	3144	1667
	百分比	24.2	45.8	30.0	20.1	45.9	34.0	11.7	49.7	38.6	23.0	50.4	26.7
在校担任其他工作	计数	2856	5270	3950	2688	5302	4086	2150	5767	4159	2904	5634	3538
	百分比	23.7	43.6	32.7	22.3	43.9	33.8	17.8	47.8	34.4	24.0	46.7	29.3

表6-54 教师职务与线上学习前家校合作之志愿服务（4）

教师职务		为参与志愿活动的家长出具证明材料，如请假			公开表彰和感谢家长志愿者		
		从不	偶尔	经常	从不	偶尔	经常
在校担任班主任	计数	13344	26496	15231	7182	27327	20562
	百分比	24.2	48.1	27.7	13.0	49.6	37.3
在校担任课任教师	计数	28552	54179	25601	19392	55600	33340
	百分比	26.4	50.0	23.6	17.9	51.3	30.8
在校担任学校行政	计数	2182	5146	2674	1383	5088	3531
	百分比	21.8	51.4	26.7	13.8	50.9	35.3
在校担任学校领导	计数	1372	3087	1785	738	3024	2482
	百分比	22.0	49.4	28.6	11.8	48.4	39.8
在校担任其他工作	计数	2959	5560	3557	2146	5562	4368
	百分比	24.5	46.0	29.5	17.8	46.1	36.2

6.3.5 教师家校合作风格与线上学习前家校合作之志愿服务的关系

在教师家校合作风格方面，当与家长意见不一致时，倾向"要求家长接受意见"的教师，开展家校合作之志愿服务的典型活动或行为为"经常"的比例较高。

表6-55 教师家校合作风格与线上学习前家校合作之志愿服务 (1)

当家长和我的意见不一致时，通常都是如何解决的		调查家长的兴趣、专长、资源和空闲时间，以便在活动中安排家长协助工作			为家长志愿者争取活动场所和活动资源			与家长共同制定志愿者活动目标和计划			组织培训家长志愿者		
		从不	偶尔	经常	从不	偶尔	经常	从不	偶尔	经常	从不	偶尔	经常
大多顺着家长	计数	667	2248	1442	789	2194	1374	797	2170	1390	864	2162	1331
	百分比	15.3	51.6	33.1	18.1	50.4	31.5	18.3	49.8	31.9	19.8	49.6	30.5
说服家长接受我的意见	计数	3373	15149	9272	4470	14755	8569	4618	14539	8637	5235	14638	7921
	百分比	12.1	54.5	33.4	16.1	53.1	30.8	16.6	52.3	31.1	18.8	52.7	28.5
要求家长接受我的意见	计数	266	1222	828	351	1191	774	365	1177	774	385	1189	742
	百分比	11.5	52.8	35.8	15.2	51.4	33.4	15.8	50.8	33.4	16.6	51.3	32.0
讨论，谁有道理就听谁的	计数	13777	51763	33533	17882	50564	30627	18072	49985	31016	20588	50796	27689
	百分比	13.9	52.2	33.8	18.0	51.0	30.9	18.2	50.5	31.3	20.8	51.3	27.9
不了了之	计数	376	514	188	427	472	179	434	465	179	445	470	163
	百分比	34.9	47.7	17.4	39.6	43.8	16.6	40.3	43.1	16.6	41.3	43.6	15.1

表6-56 教师家校合作风格与线上学习前家校合作之志愿服务（2）

当家长和我的意见不一致时，通常都是如何解决的		招募家长志愿者：参与教学活动（如进校听课、监考等）			招募家长志愿者：组织学生课外活动（如研学旅行、郊游等）			招募家长志愿者：为学生做讲座（如职业、文化、安全等）			招募家长志愿者：支持学校活动（场馆布置、摄像、化妆、主持人、评委、引导等）		
		从不	偶尔	经常	从不	偶尔	经常	从不	偶尔	经常	从不	偶尔	经常
大多顺着家长	计数	872	2176	1309	960	2143	1254	914	2175	1268	910	2165	1282
	百分比	20.0	49.9	30.0	22.0	49.2	28.8	21.0	49.9	29.1	20.9	49.7	29.4
说服家长接受我的意见	计数	5277	14616	7901	6221	14318	7255	5578	14944	7272	5225	15220	7349
	百分比	19.0	52.6	28.4	22.4	51.5	26.1	20.1	53.8	26.2	18.8	54.8	26.4
要求家长接受我的意见	计数	394	1178	744	443	1185	688	389	1218	709	396	1219	701
	百分比	17.0	50.9	32.1	19.1	51.2	29.7	16.8	52.6	30.6	17.1	52.6	30.3
讨论，谁有道理就听谁的	计数	21230	50424	27419	25498	48949	24626	21866	51992	25215	20737	52421	25915
	百分比	21.4	50.9	27.7	25.7	49.4	24.9	22.1	52.5	25.5	20.9	52.9	26.2
不了了之	计数	441	472	165	451	467	160	467	462	149	460	468	150
	百分比	40.9	43.8	15.3	41.8	43.3	14.8	43.3	42.9	13.8	42.7	43.4	13.9

表6-57 教师家校合作风格与线上学习前家校合作之志愿服务（3）

当家长和我的意见不一致时，通常都是如何解决的		招募家长志愿者：协助检查学生出勤情况			招募家长志愿者：维护学校公共区域秩序，如校门口、图书馆、食堂等秩序引导			招募家长志愿者：在运动会、文艺演出、演讲比赛等活动中做观众			对有意愿但不能到校的家长志愿者，也设计工作方案，让他们去其他家庭或者去社区提供志愿服务		
		从不	偶尔	经常	从不	偶尔	经常	从不	偶尔	经常	从不	偶尔	经常
大多顺着家长	计数	965	2103	1289	929	2131	1297	813	2238	1306	963	2164	1230
	百分比	22.1	48.3	29.6	21.3	48.9	29.8	18.7	51.4	30.0	22.1	49.7	28.2
说服家长接受我的意见	计数	6308	13859	7627	5931	13999	7864	4467	15247	8080	6192	14676	6926
	百分比	22.7	49.9	27.4	21.3	50.4	28.3	16.1	54.9	29.1	22.3	52.8	24.9
要求家长接受我的意见	计数	425	1161	730	421	1163	732	348	1231	737	426	1223	667
	百分比	18.4	50.1	31.5	18.2	50.2	31.6	15.0	53.2	31.8	18.4	52.8	28.8
讨论,谁有道理就听谁的	计数	25982	46237	26854	24189	46864	28020	17680	51998	29395	25280	49878	23915
	百分比	26.2	46.7	27.1	24.4	47.3	28.3	17.8	52.5	29.7	25.5	50.3	24.1
不了了之	计数	476	439	163	452	453	173	427	479	172	476	448	154
	百分比	44.2	40.7	15.1	41.9	42.0	16.0	39.6	44.4	16.0	44.2	41.6	14.3

表 6-58 教师家校合作风格与线上学习前家校合作之志愿服务（4）

当家长和我的意见不一致时，通常都是如何解决的		为参与志愿活动的家长出具证明材料，如请假			公开表彰和感谢家长志愿者		
		从不	偶尔	经常	从不	偶尔	经常
大多顺着家长	计数	988	2153	1216	772	2212	1373
	百分比	22.7	49.4	27.9	17.7	50.8	31.5
说服家长接受我的意见	计数	6225	14435	7134	4316	14796	8682
	百分比	22.4	51.9	25.7	15.5	53.2	31.2
要求家长接受我的意见	计数	438	1202	676	351	1205	760
	百分比	18.9	51.9	29.2	15.2	52.0	32.8
讨论，谁有道理就听谁的	计数	25680	48564	24829	16716	49511	32846
	百分比	25.9	49.0	25.1	16.9	50.0	33.2
不了了之	计数	485	437	156	437	465	176
	百分比	45.0	40.5	14.5	40.5	43.1	16.3

6.4 教师特征与线上学习前家校合作之在家学习的关系

6.4.1 教师性别与线上学习前家校合作之在家学习

在教师性别方面，女教师开展家校合作之在家学习的典型活动或行为为"经常"的比例略高于男教师。

表6-59 教师性别与线上学习前家校合作之在家学习（1）

教师性别		指导家长如何在家监督、辅导或检查学生家庭作业			告知家长各门功课的内容和对学生的要求			要求家长反馈学生的家庭作业情况，如签字、写评语等			开展数学、科学、社会、音体美等亲子活动		
		从不	偶尔	经常	从不	偶尔	经常	从不	偶尔	经常	从不	偶尔	经常
女	计数	4525	41131	52495	4415	36921	56815	7776	40217	50158	13954	47732	36465
	百分比	4.6	41.9	53.5	4.5	37.6	57.9	7.9	41.0	51.1	14.2	48.6	37.2
男	计数	1554	16412	18501	1689	15367	19411	2613	16018	17836	4138	18868	13461
	百分比	4.3	45.0	50.7	4.6	42.1	53.2	7.2	43.9	48.9	11.3	51.7	36.9

表6-60 教师性别与线上学习前家校合作之在家学习（2）

教师性别		布置互动型家庭作业（作业与生活相关，需要与家长互动才能完成，如计算电费等）			指导家长：朗读给孩子听			指导家长：听读给孩子朗读			指导家长：与孩子一起阅读		
		从不	偶尔	经常	从不	偶尔	经常	从不	偶尔	经常	从不	偶尔	经常
女	计数	11504	49039	37608	14870	47176	36105	9678	43342	45131	11481	44625	42045
	百分比	11.7	50.0	38.3	15.2	48.1	36.8	9.9	44.2	46.0	11.7	45.5	42.8

续表

教师性别		布置互动型家庭作业（作业与生活相关，需要与家长互动才能完成，如计算电费等）			指导家长：朗读给孩子听			指导家长：听孩子朗读			指导家长：与孩子一起朗读		
		从不	偶尔	经常	从不	偶尔	经常	从不	偶尔	经常	从不	偶尔	经常
男	计数	3816	18904	13747	4900	18508	13059	3863	17814	14790	4364	18048	14055
	百分比	10.5	51.8	37.7	13.4	50.8	35.8	10.6	48.8	40.6	12.0	49.5	38.5

表 6-61　教师性别与线上学习前家校合作之在家学习（3）

教师性别		指导家长：监督、辅导子女完成寒暑假作业			指导家长：带子女去书店、图书馆以及博物馆、科技馆等增长见识			指导家长：不干扰孩子在家学习（如在旁边看电视、打麻将、打电话等）			指导家长：为孩子在家学习提供专门的场所（如房间、桌子、台灯等）		
		从不	偶尔	经常	从不	偶尔	经常	从不	偶尔	经常	从不	偶尔	经常
女	计数	6498	39596	52057	7792	46009	44350	6177	37628	54346	5536	38591	54024
	百分比	6.6	40.3	53.0	7.9	46.9	45.2	6.3	38.3	55.4	5.6	39.3	55.0
男	计数	2231	15945	18291	3070	18701	14696	2314	15502	18651	2078	16085	18304
	百分比	6.1	43.7	50.2	8.4	51.3	40.3	6.3	42.5	51.1	5.7	44.1	50.2

表 6-62 教师性别与线上学习前家校合作之在家学习（4）

教师性别		为家长推荐孩子在家学习的网络资源			对有学习困难的学生，与家长个别谈话，共同制定辅导方案			与家长共同制定学生的学习目标和学习计划		
		从不	偶尔	经常	从不	偶尔	经常	从不	偶尔	经常
女	计数	7635	42831	47685	3929	39645	54577	5669	42801	49681
	百分比	7.8	43.6	48.6	4.0	40.4	55.6	5.8	43.6	50.6
男	计数	2561	17322	16584	1608	16659	18200	2232	17432	16803
	百分比	7.0	47.5	45.5	4.4	45.7	49.9	6.1	47.8	46.1

6.4.2 教师学历与线上学习前家校合作的关系

在教师学历方面，学历为高中或中专的教师，开展家校合作在家学习的典型活动或行为为"经常"的比例较高。

表 6-63 教师学历与线上学习前家校合作之在家学习（1）

教师学历		指导家长如何在家监督、辅导或检查学生家庭作业			告知家长各门功课的内容和对学生的要求			要求家长反馈学生的家庭作业情况，如签字、写评语等			开展数学、科学、社会、音体美等亲子活动		
		从不	偶尔	经常	从不	偶尔	经常	从不	偶尔	经常	从不	偶尔	经常
其他	计数	197	1263	1969	198	1232	1999	189	1229	2011	411	1397	1621
	百分比	5.7	36.8	57.4	5.8	35.9	58.3	5.5	35.8	58.6	12.0	40.7	47.3

续表

教师学历		指导家长如何在家监督、辅导或检查学生家庭作业			告知家长各门功课的内容和对学生的要求			要求家长反馈学生的家庭作业情况，如签字、写评语等			开展数学、科学、社会、音体美等亲子活动		
		从不	偶尔	经常	从不	偶尔	经常	从不	偶尔	经常	从不	偶尔	经常
高中或中专	计数	122	1107	1951	137	1037	2006	182	1065	1933	264	1370	1546
	百分比	3.8	34.8	61.4	4.3	32.6	63.1	5.7	33.5	60.8	8.3	43.1	48.6
大专	计数	918	9369	13534	918	8509	14394	1514	9103	13204	2699	11809	9313
	百分比	3.9	39.3	56.8	3.9	35.7	60.4	6.4	38.2	55.4	11.3	49.6	39.1
本科	计数	4457	43145	51161	4484	39071	55208	7941	42302	48520	13844	49278	35641
	百分比	4.5	43.7	51.8	4.5	39.6	55.9	8.0	42.8	49.1	14.0	49.9	36.1
硕士	计数	367	2625	2322	350	2401	2563	547	2499	2268	855	2711	1748
	百分比	6.9	49.4	43.7	6.6	45.2	48.2	10.3	47.0	42.7	16.1	51.0	32.9
博士	计数	18	34	59	17	38	56	16	37	58	19	35	57
	百分比	16.2	30.6	53.2	15.3	34.2	50.5	14.4	33.3	52.3	17.1	31.5	51.4

表6-64 教师学历与线上学习前家校合作之在家学习（2）

教师学历		布置互动型家庭作业（作业与生活相关，需要与家长互动才能完成，如计算电费等）			指导家长：朗读给孩子听			指导家长：听孩子朗读			指导家长：与孩子一起朗读		
		从不	偶尔	经常	从不	偶尔	经常	从不	偶尔	经常	从不	偶尔	经常
其他	计数	426	1407	1596	330	1345	1754	201	1241	1987	286	1281	1862
	百分比	12.4	41.0	46.5	9.6	39.2	51.2	5.9	36.2	57.9	8.3	37.4	54.3
高中或中专	计数	316	1339	1525	228	1292	1660	152	1162	1866	187	1204	1789
	百分比	9.9	42.1	48.0	7.2	40.6	52.2	4.8	36.5	58.7	5.9	37.9	56.3
大专	计数	2254	11986	9581	2489	11488	9844	1536	10161	12124	1864	10704	11253
	百分比	9.5	50.3	40.2	10.4	48.2	41.3	6.4	42.7	50.9	7.8	44.9	47.2
本科	计数	11579	50401	36783	15634	48861	34268	10729	45933	42101	12497	46824	39442
	百分比	11.7	51.0	37.2	15.8	49.5	34.7	10.9	46.5	42.6	12.7	47.4	39.9
硕士	计数	725	2774	1815	1071	2663	1580	906	2621	1787	994	2624	1696
	百分比	13.6	52.2	34.2	20.2	50.1	29.7	17.0	49.3	33.6	18.7	49.4	31.9
博士	计数	20	36	55	18	35	58	17	38	56	17	36	58
	百分比	18.0	32.4	49.5	16.2	31.5	52.3	15.3	34.2	50.5	15.3	32.4	52.3

表6-65 教师学历与线上学习前家校合作之在家学习（3）

教师学历		指导家长：监督、辅导子女完成寒暑假作业			指导家长：带子女去书店、图书馆以及博物馆、科技馆等增长见识			指导家长：不干扰孩子在家学习（如在劳动看电视、打麻将、打电话等）			指导家长：为孩子在家学习提供专门的场所（如房间、桌子、台灯等）		
		从不	偶尔	经常	从不	偶尔	经常	从不	偶尔	经常	从不	偶尔	经常
其他	计数	164	1116	2149	314	1429	1686	535	1102	1792	239	1129	2061
	百分比	4.8	32.5	62.7	9.2	41.7	49.2	15.6	32.1	52.3	7.0	32.9	60.1
高中或中专	计数	144	1011	2025	179	1343	1658	290	979	1911	158	1053	1969
	百分比	4.5	31.8	63.7	5.6	42.2	52.1	9.1	30.8	60.1	5.0	33.1	61.9
大专	计数	1173	8873	13775	1444	11403	10974	1215	8792	13814	1040	9332	13449
	百分比	4.9	37.2	57.8	6.1	47.9	46.1	5.1	36.9	58.0	4.4	39.2	56.5
本科	计数	6706	41948	50109	8243	47783	42737	5928	39750	53085	5694	40634	52435
	百分比	6.8	42.5	50.7	8.3	48.4	43.3	6.0	40.2	53.7	5.8	41.1	53.1
硕士	计数	527	2559	2228	669	2718	1927	504	2471	2339	471	2492	2351
	百分比	9.9	48.2	41.9	12.6	51.1	36.3	9.5	46.5	44.0	8.9	46.9	44.2
博士	计数	15	34	62	13	34	64	19	36	56	12	36	63
	百分比	13.5	30.6	55.9	11.7	30.6	57.7	17.1	32.4	50.5	10.8	32.4	56.8

表6-66 教师学历与线上学习前家校合作之在家学习（4）

教师学历		为家长推荐孩子在家学习的网络资源			对有学习困难的学生，与家长个别谈话，共同制定辅导方案			与家长共同制定学生的学习目标和学习计划		
		从不	偶尔	经常	从不	偶尔	经常	从不	偶尔	经常
其他	计数	290	1263	1876	282	1397	1750	268	1316	1845
	百分比	8.5	36.8	54.7	8.2	40.7	51.0	7.8	38.4	53.8
高中或中专	计数	204	1176	1800	133	1196	1851	173	1215	1792
	百分比	6.4	37.0	56.6	4.2	37.6	58.2	5.4	38.2	56.4
大专	计数	1516	10326	11979	747	9603	13471	1238	10388	12195
	百分比	6.4	43.3	50.3	3.1	40.3	56.6	5.2	43.6	51.2
本科	计数	7671	44750	46342	4013	41571	53179	5780	44708	48275
	百分比	7.8	45.3	46.9	4.1	42.1	53.8	5.9	45.3	48.9
硕士	计数	500	2603	2211	348	2503	2463	426	2572	2316
	百分比	9.4	49.0	41.6	6.5	47.1	46.3	8.0	48.4	43.6
博士	计数	15	35	61	14	34	63	16	34	61
	百分比	13.5	31.5	55.0	12.6	30.6	56.8	14.4	30.6	55.0

6.4.3 教师职称与线上学习前家校合作之在家学习的关系

在教师职称方面，高级职称教师开展家校合作之在家学习的典型活动或行为为"经常"的比例较低。

表6-67 教师职称与线上学习前家校合作之在家学习（1）

教师职称		指导家长如何在家监督、辅导或检查学生家庭作业			告知家长各门功课的内容和对学生的要求			要求家长反馈学生的家庭作业情况，如签字、写评语等			开展数学、科学、社会、音体美等亲子活动		
		从不	偶尔	经常	从不	偶尔	经常	从不	偶尔	经常	从不	偶尔	经常
未定级	计数	1287	12135	14652	1237	11080	15757	1740	11484	14850	2910	13472	11692
	百分比	4.6	43.2	52.2	4.4	39.5	56.1	6.2	40.9	52.9	10.4	48.0	41.6
初级	计数	1655	16148	20162	1628	14566	21771	2772	15684	19509	4818	18317	14830
	百分比	4.4	42.5	53.1	4.3	38.4	57.3	7.3	41.3	51.4	12.7	48.2	39.1
中级	计数	2318	22002	27057	2329	19985	29063	4310	21781	25286	7521	26046	17810
	百分比	4.5	42.8	52.7	4.5	38.9	56.6	8.4	42.4	49.2	14.6	50.7	34.7
高级	计数	819	7258	9125	910	6657	9635	1567	7286	8349	2843	8765	5594
	百分比	4.8	42.2	53.0	5.3	38.7	56.0	9.1	42.4	48.5	16.5	51.0	32.5

表 6-68 教师职称与线上学习前家校合作之在家学习（2）

教师职称		布置互动型家庭作业（作业与生活相关，需要与家长互动才能完成，如计算电费等）			指导家长：朗读给孩子听			指导家长：听孩子朗读			指导家长：与孩子一起朗读		
		从不	偶尔	经常	从不	偶尔	经常	从不	偶尔	经常	从不	偶尔	经常
未定级	计数	2491	13706	11877	2992	13471	11611	2071	12358	13645	2406	12794	12874
	百分比	8.9	48.8	42.3	10.7	48.0	41.4	7.4	44.0	48.6	8.6	45.6	45.9
初级	计数	3911	18763	15291	5120	18289	14556	3377	17053	17535	3970	17398	16597
	百分比	10.3	49.4	40.3	13.5	48.2	38.3	8.9	44.9	46.2	10.5	45.8	43.7
中级	计数	6397	26693	18287	8401	25505	17471	5686	23742	21949	6687	24343	20347
	百分比	12.5	52.0	35.6	16.4	49.6	34.0	11.1	46.2	42.7	13.0	47.4	39.6
高级	计数	2521	8781	5900	3257	8419	5526	2407	8003	6792	2782	8138	6282
	百分比	14.7	51.0	34.3	18.9	48.9	32.1	14.0	46.5	39.5	16.2	47.3	36.5

表 6-69 教师职称与线上学习前家校合作之在家学习（3）

教师职称		指导家长：监督、辅导子女完成寒暑假作业			指导家长：带子女去书店、图书馆以及博物馆、科技馆等增长见识			指导家长：不干扰孩子在家学习（如在旁边看电视、打麻将、打电话等）			指导家长：为孩子在家学习提供专门的场所（如房间、桌子、台灯等）		
		从不	偶尔	经常	从不	偶尔	经常	从不	偶尔	经常	从不	偶尔	经常
未定级	计数	1626	11414	15034	1969	13485	12620	1808	11335	14931	1534	11817	14723
	百分比	5.8	40.7	53.6	7.0	48.0	45.0	6.4	40.4	53.2	5.5	42.1	52.4

续表

教师职称		指导家长：监督、辅导子女完成寒暑假作业			指导家长：带子女去书店、图书馆以及博物馆、科技馆等增长见识			指导家长：不干扰孩子在家学习（如在旁边看电视、打麻将、打电话等）			指导家长：为孩子在家学习提供专门的场所（如房间、桌子、台灯等）		
		从不	偶尔	经常	从不	偶尔	经常	从不	偶尔	经常	从不	偶尔	经常
初级	计数	2269	15551	20145	2914	17894	17157	2263	14993	20709	1999	15380	20586
	百分比	6.0	41.0	53.1	7.7	47.1	45.2	6.0	39.5	54.5	5.3	40.5	54.2
中级	计数	3465	21494	26418	4197	24928	22252	3136	20170	28071	2888	20613	27876
	百分比	6.7	41.8	51.4	8.2	48.5	43.3	6.1	39.3	54.6	5.6	40.1	54.3
高级	计数	1369	7082	8751	1782	8403	7017	1284	6632	9286	1193	6866	9143
	百分比	8.0	41.2	50.9	10.4	48.8	40.8	7.5	38.6	54.0	6.9	39.9	53.2

表 6-70 教师职称与线上学习前家校合作之在家学习（4）

教师职称		为家长推荐孩子在家学习的网络资源			对有学习困难的学生，与家长个别谈话，共同制定辅导方案			与家长共同制定学生的学习目标和学习计划		
		从不	偶尔	经常	从不	偶尔	经常	从不	偶尔	经常
未定级	计数	1758	12416	13900	1201	11971	14902	1556	12459	14059
	百分比	6.3	44.2	49.5	4.3	42.6	53.1	5.5	44.4	50.1
初级	计数	2595	16734	18636	1480	15596	20889	2065	16741	19159
	百分比	6.8	44.1	49.1	3.9	41.1	55.0	5.4	44.1	50.5
中级	计数	4204	23145	24028	2028	21493	27856	3088	23269	25020
	百分比	8.2	45.0	46.8	3.9	41.8	54.2	6.0	45.3	48.7
高级	计数	1639	7858	7705	828	7244	9130	1192	7764	8246
	百分比	9.5	45.7	44.8	4.8	42.1	53.1	6.9	45.1	47.9

6.4.4 教师职务与线上学习前家校合作之在家学习的关系

在教师职务方面，校领导、班主任开展家校合作之在家学习的典型活动或行为为"经常"的比例较高。

表 6-71 教师职务与线上学习前家校合作之在家学习（1）

教师职务		指导家长如何在家监督、辅导或检查学生家庭作业			告知家长各门功课的内容和对学生的要求			要求家长反馈学生的家庭作业情况，如签字、写评语等			开展数学、科学、社会、音体美等亲子活动		
		从不	偶尔	经常	从不	偶尔	经常	从不	偶尔	经常	从不	偶尔	经常
在校担任班主任	计数	1262	20184	33625	1123	17832	36116	3016	20224	31831	5818	26126	23127
	百分比	2.3	36.7	61.1	2.0	32.4	65.6	5.5	36.7	57.8	10.6	47.4	42.0
在校担任课任教师	计数	4890	47831	55611	4919	43366	60047	8558	46573	53201	15606	54729	37997
	百分比	4.5	44.2	51.3	4.5	40.0	55.4	7.9	43.0	49.1	14.4	50.5	35.1
在校担任学校行政	计数	440	4042	5520	444	3737	5821	687	4052	5263	1078	5021	3903
	百分比	4.4	40.4	55.2	4.4	37.4	58.2	6.9	40.5	52.6	10.8	50.2	39.0
在校担任学校领导	计数	163	2148	3933	202	1999	4043	469	2232	3543	502	3037	2705
	百分比	2.6	34.4	63.0	3.2	32.0	64.8	7.5	35.7	56.7	8.0	48.6	43.3
在校担任其他工作	计数	828	4812	6436	887	4501	6688	1189	4706	6181	1794	5390	4892
	百分比	6.9	39.8	53.3	7.3	37.3	55.4	9.8	39.0	51.2	14.9	44.6	40.5

表6-72　教师职务与线上学习前家校合作之在家学习（2）

教师职务		布置互动型家庭作业（作业与生活相关，需要与家长互动才能完成，如计算电费等）			指导家长：朗读给孩子听			指导家长：听孩子朗读			指导家长：与孩子一起朗读		
		从不	偶尔	经常	从不	偶尔	经常	从不	偶尔	经常	从不	偶尔	经常
在校担任班主任	计数	4676	26392	24003	6452	25913	22706	3348	23357	28366	4193	24420	26458
	百分比	8.5	47.9	43.6	11.7	47.1	41.2	6.1	42.4	51.5	7.6	44.3	48.0
在校担任课任教师	计数	12924	56005	39403	17222	54022	37088	11980	50753	45599	13979	51810	42543
	百分比	11.9	51.7	36.4	15.9	49.9	34.2	11.1	46.8	42.1	12.9	47.8	39.3
在校担任学校行政	计数	956	5063	3983	1234	4923	3845	878	4531	4593	1017	4690	4295
	百分比	9.6	50.6	39.8	12.3	49.2	38.4	8.8	45.3	45.9	10.2	46.9	42.9
在校担任学校领导	计数	524	3009	2711	593	2901	2750	358	2556	3330	424	2674	3146
	百分比	8.4	48.2	43.4	9.5	46.5	44.0	5.7	40.9	53.3	6.8	42.8	50.4
在校担任其他工作	计数	1671	5521	4884	1811	5338	4927	1284	5003	5789	1505	5117	5454
	百分比	13.8	45.7	40.4	15.0	44.2	40.8	10.6	41.4	47.9	12.5	42.4	45.2

表6-73 教师职务与线上学习前家校合作之在家学习（3）

教师职务		指导家长：监督、辅导子女完成寒暑假作业			指导家长：带子女去书店、图书馆以及博物馆、科技馆等增长见识			指导家长：不干扰孩子在家学习（如在旁边看电视、打麻将、打电话等）			指导家长：为孩子在家学习提供专门的场所（如房间、桌子、台灯等）		
		从不	偶尔	经常	从不	偶尔	经常	从不	偶尔	经常	从不	偶尔	经常
在校担任班主任	计数	1838	20107	33126	2368	24609	28094	1541	18770	34760	1225	19455	34391
	百分比	3.3	36.5	60.2	4.3	44.7	51.0	2.8	34.1	63.1	2.2	35.3	62.4
在校担任课任教师	计数	7313	46196	54823	9424	53500	45408	6824	44317	57191	6504	45444	56384
	百分比	6.8	42.6	50.6	8.7	49.4	41.9	6.3	40.9	52.8	6.0	41.9	52.0
在校担任学校行政	计数	581	3908	5513	647	4720	4635	546	3766	5690	456	3861	5685
	百分比	5.8	39.1	55.1	6.5	47.2	46.3	5.5	37.7	56.9	4.6	38.6	56.8
在校担任学校领导	计数	252	2067	3925	272	2723	3249	261	1863	4120	169	1978	4097
	百分比	4.0	33.1	62.9	4.4	43.6	52.0	4.2	29.8	66.0	2.7	31.7	65.6
在校担任其他工作	计数	972	4513	6591	1171	5416	5489	1345	4266	6465	961	4419	6696
	百分比	8.0	37.4	54.6	9.7	44.8	45.5	11.1	35.3	53.5	8.0	36.6	55.4

表 6-74 教师职务与线上学习之前家校合作之在家学习（4）

教师职务		为家长推荐孩子在家学习的网络资源			对有学习困难的学生，与家长个别谈话，共同制定辅导方案			与家长共同制定学生的学习目标和学习计划		
		从不	偶尔	经常	从不	偶尔	经常	从不	偶尔	经常
在校担任班主任	计数	2714	22208	30149	633	19174	35264	1424	21844	31803
	百分比	4.9	40.3	54.7	1.1	34.8	64.0	2.6	39.7	57.7
在校担任课任教师	计数	8606	49950	49776	4546	46729	57057	6646	49978	51708
	百分比	7.9	46.1	45.9	4.2	43.1	52.7	6.1	46.1	47.7
在校担任学校行政	计数	619	4276	5107	372	4056	5574	543	4417	5042
	百分比	6.2	42.8	51.1	3.7	40.6	55.7	5.4	44.2	50.4
在校担任学校领导	计数	310	2364	3570	146	2152	3946	241	2477	3526
	百分比	5.0	37.9	57.2	2.3	34.5	63.2	3.9	39.7	56.5
在校担任其他工作	计数	1123	4956	5997	876	4845	6355	1076	4973	6027
	百分比	9.3	41.0	49.7	7.3	40.1	52.6	8.9	41.2	49.9

6.4.5 教师家校合作风格与线上学习前家校合作之在家学习的关系

在教师家校合作风格方面，当与家长意见不一致时，倾向"讨论，谁有道理就听谁的"的教师，开展家校合作之在家学习的典型活动或行为为"经常"的比例较高。

表6-75 教师家校合作风格与线上学习前家校合作之在家学习（1）

当家长和我的意见不一致时，通常都是如何解决的		指导家长如何在家监督、辅导或检查学生家庭作业			告知家长各门功课的内容和对学生的要求			要求家长反馈学生的家庭作业情况，如签字、写评语等			开展数学、科学、社会、音体美等亲子活动		
		从不	偶尔	经常	从不	偶尔	经常	从不	偶尔	经常	从不	偶尔	经常
大多顺着家长	计数	337	2217	1803	322	2107	1928	467	2118	1772	635	2176	1546
	百分比	7.7	50.9	41.4	7.4	48.4	44.3	10.7	48.6	40.7	14.6	49.9	35.5
说服家长接受我的意见	计数	1055	12687	14052	1082	11576	15136	1660	12046	14088	3383	14192	10219
	百分比	3.8	45.6	50.6	3.9	41.6	54.5	6.0	43.3	50.7	12.2	51.1	36.8
要求家长接受我的意见	计数	130	1129	1057	137	1091	1088	162	1062	1092	285	1157	874
	百分比	5.6	48.7	45.6	5.9	47.1	47.0	7.0	45.9	47.2	12.3	50.0	37.7
讨论，谁有道理就听谁的	计数	4324	40951	53798	4324	36995	57754	7849	40470	50754	13388	48602	37083
	百分比	4.4	41.3	54.3	4.4	37.3	58.3	7.9	40.8	51.2	13.5	49.1	37.4
不了了之	计数	233	559	286	239	519	320	251	539	288	401	473	204
	百分比	21.6	51.9	26.5	22.2	48.1	29.7	23.3	50.0	26.7	37.2	43.9	18.9

表6-76　教师家校合作风格与线上学习与学习前家校合作之在家学习（2）

当家长和我的意见不一致时，通常都是如何解决的		布置互动型家庭作业（作业与生活相关，需要与家长互动才能完成，如计算电费等）			指导家长：朗读绘给孩子听			指导家长：听孩子朗读			指导家长：与孩子一起朗读		
		从不	偶尔	经常	从不	偶尔	经常	从不	偶尔	经常	从不	偶尔	经常
大多顺着家长	计数	604	2234	1519	707	2157	1493	562	2140	1655	622	2140	1595
	百分比	13.9	51.3	34.9	16.2	49.5	34.3	12.9	49.1	38.0	14.3	49.1	36.6
说服家长接受我的意见	计数	2870	14384	10540	3646	14135	10013	2514	13289	11991	2974	13553	11267
	百分比	10.3	51.8	37.9	13.1	50.9	36.0	9.0	47.8	43.1	10.7	48.8	40.5
要求家长接受我的意见	计数	249	1195	872	276	1170	870	219	1170	927	247	1154	915
	百分比	10.8	51.6	37.7	11.9	50.5	37.6	9.5	50.5	40.0	10.7	49.8	39.5
讨论，谁有道理就听谁的	计数	11242	49609	38222	14748	47737	36588	9904	44045	45124	11629	45327	42117
	百分比	11.3	50.1	38.6	14.9	48.2	36.9	10.0	44.5	45.5	11.7	45.8	42.5
不了了之	计数	355	521	202	393	485	200	342	512	224	373	499	206
	百分比	32.9	48.3	18.7	36.5	45.0	18.6	31.7	47.5	20.8	34.6	46.3	19.1

表6-77　教师家校合作风格与线上学习前家校合作之在家学习（3）

当家长和我的意见不一致时，通常都是如何解决的		指导家长：监督、辅导子女完成寒暑假作业			指导家长：带子女去书店、图书馆以及博物馆、科技馆等增长见识			指导家长：不干扰孩子在家学习（如在旁边看电视、打麻将、打电话等）			指导家长：为孩子在家学习提供专门的场所（如房间、桌子、台灯等）		
		从不	偶尔	经常	从不	偶尔	经常	从不	偶尔	经常	从不	偶尔	经常
大多顺着家长	计数	446	2103	1808	534	2192	1631	471	2063	1823	442	2112	1803
	百分比	10.2	48.3	41.5	12.3	50.3	37.4	10.8	47.3	41.8	10.1	48.5	41.4
说服家长接受我的意见	计数	1492	12095	14207	2027	14056	11711	1584	11968	14242	1374	12290	14130
	百分比	5.4	43.5	51.1	7.3	50.6	42.1	5.7	43.1	51.2	4.9	44.2	50.8
要求家长接受我的意见	计数	153	1061	1102	214	1152	950	232	1054	1030	173	1096	1047
	百分比	6.6	45.8	47.6	9.2	49.7	41.0	10.0	45.5	44.5	7.5	47.3	45.2
讨论，谁有道理就听谁的	计数	6366	39760	52947	7772	46758	44543	5927	37511	55635	5353	38647	55073
	百分比	6.4	40.1	53.4	7.8	47.2	45.0	6.0	37.9	56.2	5.4	39.0	55.6
不了了之	计数	272	522	284	315	552	211	277	534	267	272	531	275
	百分比	25.2	48.4	26.3	29.2	51.2	19.6	25.7	49.5	24.8	25.2	49.3	25.5

表 6-78 教师家校合作风格与线上学习前家校合作之在家学习（4）

当家长和我的意见不一致时，通常都是如何解决的		为家长推荐孩子在家学习的网络资源			对有学习困难的学生，个别谈话，共同制定辅导方案			与家长共同制定学生的学习目标和学习计划		
		从不	偶尔	经常	从不	偶尔	经常	从不	偶尔	经常
大多顺着家长	计数	481	2195	1681	346	2164	1847	427	2185	1745
	百分比	11.0	50.4	38.6	7.9	49.7	42.4	9.8	50.1	40.1
说服家长接受我的意见	计数	1733	13109	12952	1048	12524	14222	1477	13205	13112
	百分比	6.2	47.2	46.6	3.8	45.1	51.2	5.3	47.5	47.2
要求家长接受我的意见	计数	165	1153	998	156	1154	1006	189	1143	984
	百分比	7.1	49.8	43.1	6.7	49.8	43.4	8.2	49.4	42.5
讨论，谁有道理就听谁的	计数	7511	43159	48403	3746	39889	55438	5527	43128	50418
	百分比	7.6	43.6	48.9	3.8	40.3	56.0	5.6	43.5	50.9
不了了之	计数	306	537	235	241	573	264	281	572	225
	百分比	28.4	49.8	21.8	22.4	53.2	24.5	26.1	53.1	20.9

6.5 教师特征与线上学习前家校合作之参与决策的关系

6.5.1 教师性别与家校合作之参与决策

在教师性别方面，男教师开展家校合作之参与决策的典型活动或行为为"经常"的比例略高于女教师。

表6-79 教师性别与家校合作之参与决策（1）

教师性别		建立家长委员会或其他家长组织			培训家长委员会或其他家长组织成员，让他们知道组织的责任和功能			与家长代表共同制定家校合作的规章制度			与家长代表共同制定家校合作的行动计划		
		从不	偶尔	经常	从不	偶尔	经常	从不	偶尔	经常	从不	偶尔	经常
女	计数	11638	43552	42961	13132	46728	38291	14170	46641	37340	14079	46848	37224
	百分比	11.9	44.4	43.8	13.4	47.6	39.0	14.4	47.5	38.0	14.3	47.7	37.9
男	计数	3503	16947	16017	3955	17975	14537	4122	17830	14515	4136	17953	14378
	百分比	9.6	46.5	43.9	10.8	49.3	39.9	11.3	48.9	39.8	11.3	49.2	39.4

表 6-80　教师性别与家校合作之参与决策（2）

教师性别		邀请家长代表参与学校管理			将家长委员会成员的联系方式分发给家长			邀请家长当面反映意见			邀请家长参与问卷调查，收集家长的意见或建议		
		从不	偶尔	经常	从不	偶尔	经常	从不	偶尔	经常	从不	偶尔	经常
女	计数	13791	47289	37071	14186	45615	38350	10892	48254	39005	8627	46308	43216
	百分比	14.1	48.2	37.8	14.5	46.5	39.1	11.1	49.2	39.7	8.8	47.2	44.0
男	计数	3970	17983	14514	4109	17219	15139	3144	18031	15292	2594	17602	16271
	百分比	10.9	49.3	39.8	11.3	47.2	41.5	8.6	49.4	41.9	7.1	48.3	44.6

表 6-81　教师性别与家校合作之参与决策（3）

教师性别		邀请家长评价班级或学校的教学和管理工作			对收集的家长意见，向家长反馈处理结果，向有贡献的家长表示感谢			为家长提供参与学校事务所需要的知识，包括决策本身的知识，现行学校规章制度等资料			邀请家长参加校园开放日家长会等专门面向家长的活动		
		从不	偶尔	经常	从不	偶尔	经常	从不	偶尔	经常	从不	偶尔	经常
女	计数	10580	48737	38834	8609	47146	42396	11470	48862	37819	9863	49111	39177
	百分比	10.8	49.7	39.6	8.8	48.0	43.2	11.7	49.8	38.5	10.0	50.0	39.9
男	计数	3019	18328	15120	2565	17897	16005	3297	18582	14588	2960	18434	15073
	百分比	8.3	50.3	41.5	7.0	49.1	43.9	9.0	51.0	40.0	8.1	50.5	41.3

6.5.2　教师学历与线上学习前家校合作之参与决策的关系

在教师学历方面，不同学历层次教师开展家校合作参与决策的典型活动或行为为"经常"的比例各有高低。

表6-82 教师学历与线上学习前家校合作之参与与决策（1）

教师学历		建立家长委员会或其他家长组织			培训家长委员会委员或其他家长组织成员，让他们知道组织的责任和功能			与家长代表共同制定家校合作的规章制度			与家长代表共同制定家校合作的行动计划		
		从不	偶尔	经常	从不	偶尔	经常	从不	偶尔	经常	从不	偶尔	经常
其他	计数	419	1449	1561	432	1428	1569	387	1397	1645	413	1406	1610
	百分比	12.2	42.3	45.5	12.6	41.6	45.8	11.3	40.7	48.0	12.0	41.0	47.0
高中或中专	计数	311	1356	1513	335	1405	1440	319	1365	1496	321	1355	1504
	百分比	9.8	42.6	47.6	10.5	44.2	45.3	10.0	42.9	47.0	10.1	42.6	47.3
大专	计数	2586	10925	10310	2948	11620	9253	3090	11463	9268	3067	11576	9178
	百分比	10.9	45.9	43.3	12.4	48.8	38.8	13.0	48.1	38.9	12.9	48.6	38.5
本科	计数	11114	44175	43474	12576	47549	38638	13652	47531	37580	13582	47738	37443
	百分比	11.3	44.7	44.0	12.7	48.1	39.1	13.8	48.1	38.1	13.8	48.3	37.9
硕士	计数	695	2556	2063	779	2663	1872	828	2675	1811	817	2688	1809
	百分比	13.1	48.1	38.8	14.7	50.1	35.2	15.6	50.3	34.1	15.4	50.6	34.0
博士	计数	16	38	57	17	38	56	16	40	55	15	38	58
	百分比	14.4	34.2	51.4	15.3	34.2	50.5	14.4	36.0	49.5	13.5	34.2	52.3

表6-83 教师学历与线上学习前家校合作之参与决策（2）

教师学历		邀请家长代表参与学校管理			将家长委员会成员的联系方式分发给家长			邀请家长当面反映意见			邀请家长参与问卷调查，收集家长的意见或建议		
		从不	偶尔	经常	从不	偶尔	经常	从不	偶尔	经常	从不	偶尔	经常
其他	计数	491	1397	1541	443	1359	1627	377	1481	1571	302	1435	1692
	百分比	14.3	40.7	44.9	12.9	39.6	47.4	11.0	43.2	45.8	8.8	41.8	49.3
高中或中专	计数	339	1404	1437	355	1328	1497	243	1353	1584	176	1309	1695
	百分比	10.7	44.2	45.2	11.2	41.8	47.1	7.6	42.5	49.8	5.5	41.2	53.3
大专	计数	3011	11664	9146	3085	11012	9724	2091	11574	10156	1558	11061	11202
	百分比	12.6	49.0	38.4	13.0	46.2	40.8	8.8	48.6	42.6	6.5	46.4	47.0
本科	计数	13131	48038	37594	13574	46420	38769	10606	49059	39098	8547	47356	42860
	百分比	13.3	48.6	38.1	13.7	47.0	39.3	10.7	49.7	39.6	8.7	47.9	43.4
硕士	计数	774	2727	1813	822	2671	1821	703	2778	1833	624	2709	1981
	百分比	14.6	51.3	34.1	15.5	50.3	34.3	13.2	52.3	34.5	11.7	51.0	37.3
博士	计数	15	42	54	16	44	51	16	40	55	14	40	57
	百分比	13.5	37.8	48.6	14.4	39.6	45.9	14.4	36.0	49.5	12.6	36.0	51.4

表6-84 教师学历与线上学习前家校合作之参与决策（3）

教师学历		邀请家长评价班级或学校的教学和管理工作			对收集的家长意见，向家长反馈处理结果，向有贡献的家长表示感谢			为家长提供参与学校事务所需要的知识，包括决策本身的知识，现行学校规章制度等资料			邀请家长参加校园开放日/家长会等专门面向家长的活动		
		从不	偶尔	经常	从不	偶尔	经常	从不	偶尔	经常	从不	偶尔	经常
其他	计数	394	1440	1595	316	1456	1657	367	1455	1607	388	1509	1532
	百分比	11.5	42.0	46.5	9.2	42.5	48.3	10.7	42.4	46.9	11.3	44.0	44.7
高中或中专	计数	238	1404	1538	197	1340	1643	259	1430	1491	253	1448	1479
	百分比	7.5	44.2	48.4	6.2	42.1	51.7	8.1	45.0	46.9	8.0	45.5	46.5
大专	计数	2063	11889	9869	1608	11444	10769	2404	12004	9413	2021	12095	9705
	百分比	8.7	49.9	41.4	6.8	48.0	45.2	10.1	50.4	39.5	8.5	50.8	40.7
本科	计数	10224	49504	39035	8444	48012	42307	11023	49731	38009	9507	49746	39510
	百分比	10.4	50.1	39.5	8.5	48.6	42.8	11.2	50.4	38.5	9.6	50.4	40.0
硕士	计数	665	2787	1862	597	2749	1968	697	2786	1831	639	2711	1964
	百分比	12.5	52.4	35.0	11.2	51.7	37.0	13.1	52.4	34.5	12.0	51.0	37.0
博士	计数	15	41	55	12	42	57	17	38	56	15	36	60
	百分比	13.5	36.9	49.5	10.8	37.8	51.4	15.3	34.2	50.5	13.5	32.4	54.1

6.5.3 教师职称与线上学习前家校合作之参与决策的关系

在教师职称方面，高级职称教师开展家校合作之参与决策的典型活动或行为为"经常"的比例较低，初级职称教师的比例较高。

表 6-85 教师职称与线上学习前家校合作之参与决策（1）

教师职称		建立家长委员会或 其他家长组织			培训家长委员会或其他 家长组织成员，让他们 知道组织的责任和功能			与家长代表共同制定 家校合作的规章制度			与家长代表共同制定 家校合作的行动计划		
		从不	偶尔	经常	从不	偶尔	经常	从不	偶尔	经常	从不	偶尔	经常
未定级	计数	2853	12951	12270	3157	13651	11266	3324	13618	11132	3333	13626	11115
	百分比	10.2	46.1	43.7	11.2	48.6	40.1	11.8	48.5	39.7	11.9	48.5	39.6
初级	计数	4119	16987	16859	4619	18063	15283	4944	18081	14940	4968	18069	14928
	百分比	10.8	44.7	44.4	12.2	47.6	40.3	13.0	47.6	39.4	13.1	47.6	39.3
中级	计数	5875	23098	22404	6759	24936	19682	7344	24738	19295	7251	25019	19107
	百分比	11.4	45.0	43.6	13.2	48.5	38.3	14.3	48.1	37.6	14.1	48.7	37.2
高级	计数	2294	7463	7445	2552	8053	6597	2680	8034	6488	2663	8087	6452
	百分比	13.3	43.4	43.3	14.8	46.8	38.4	15.6	46.7	37.7	15.5	47.0	37.5

表 6-86 教师职称与线上学习前家校合作之参与决策 (2)

教师职称		邀请家长代表参与学校管理			将家长委员会成员的联系方式分发给家长			邀请家长当面反映意见			邀请家长参与问卷调查，收集家长的意见或建议		
		从不	偶尔	经常	从不	偶尔	经常	从不	偶尔	经常	从不	偶尔	经常
未定级	计数	3408	13707	10959	3491	13477	11106	2556	13870	11648	2021	13167	12886
	百分比	12.1	48.8	39.0	12.4	48.0	39.6	9.1	49.4	41.5	7.2	46.9	45.9
初级	计数	4912	18180	14873	5034	17691	15240	3726	18404	15835	2998	17895	17072
	百分比	12.9	47.9	39.2	13.3	46.6	40.1	9.8	48.5	41.7	7.9	47.1	45.0
中级	计数	6945	25276	19156	7151	23983	20243	5673	25735	19969	4449	24833	22095
	百分比	13.5	49.2	37.3	13.9	46.7	39.4	11.0	50.1	38.9	8.7	48.3	43.0
高级	计数	2496	8109	6597	2619	7683	6900	2081	8276	6845	1753	8015	7434
	百分比	14.5	47.1	38.4	15.2	44.7	40.1	12.1	48.1	39.8	10.2	46.6	43.2

表 6-87 教师职称与线上学习前家校合作之参与决策 (3)

教师职称		邀请家长评价班级或学校的教学和管理工作			对收集的家长意见，向家长反馈处理结果，向有贡献的家长表示感谢			为家长提供参与学校事务所需要的知识，包括决策本身的知识、现行学校规章制度等资料			邀请家长参加校园开放日参加家长会等专门面向家长的活动		
		从不	偶尔	经常	从不	偶尔	经常	从不	偶尔	经常	从不	偶尔	经常
未定级	计数	2514	13963	11597	2081	13548	12445	2667	14087	11320	2525	14078	11471
	百分比	9.0	49.7	41.3	7.4	48.3	44.3	9.5	50.2	40.3	9.0	50.1	40.9
初级	计数	3610	18755	15600	2987	18241	16737	3940	18716	15309	3476	18849	15640
	百分比	9.5	49.4	41.1	7.9	48.0	44.1	10.4	49.3	40.3	9.2	49.6	41.2
中级	计数	5480	25974	19923	4404	25171	21802	5955	26111	19311	4959	26239	20179
	百分比	10.7	50.6	38.8	8.6	49.0	42.4	11.6	50.8	37.6	9.7	51.1	39.3
高级	计数	1995	8373	6834	1702	8083	7417	2205	8530	6467	1863	8379	6960
	百分比	11.6	48.7	39.7	9.9	47.0	43.1	12.8	49.6	37.6	10.8	48.7	40.5

6.5.4 教师职务与线上学习前家校合作之参与决策的关系

在教师职务方面，校领导、班主任开展家校合作之参与决策的典型活动或行为为"经常"的比例较高。

表6-88 教师职务与线上学习前家校合作之参与决策（1）

教师职务		建立家长委员会或其他家长组织			培训家长委员会或其他家长组织成员，让他们知道组织的责任和功能			与家长代表共同制定家校合作的规章制度			与家长代表共同制定家校合作的行动计划		
		从不	偶尔	经常	从不	偶尔	经常	从不	偶尔	经常	从不	偶尔	经常
在校担任班主任	计数	3292	22525	29254	4331	25312	25428	5193	25360	24518	5121	25570	24380
	百分比	6.0	40.9	53.1	7.9	46.0	46.2	9.4	46.0	44.5	9.3	46.4	44.3
在校担任课任教师	计数	13219	50026	45087	14913	53206	40213	15949	52986	39397	15843	53264	39225
	百分比	12.2	46.2	41.6	13.8	49.1	37.1	14.7	48.9	36.4	14.6	49.2	36.2
在校担任学校行政	计数	842	4250	4910	955	4738	4309	1023	4752	4227	1034	4781	4187
	百分比	8.4	42.5	49.1	9.5	47.4	43.1	10.2	47.5	42.3	10.3	47.8	41.9
在校担任学校领导	计数	338	2130	3776	381	2496	3367	420	2562	3262	428	2588	3228
	百分比	5.4	34.1	60.5	6.1	40.0	53.9	6.7	41.0	52.2	6.9	41.4	51.7
在校担任其他工作	计数	1639	5087	5350	1745	5331	5000	1810	5266	5000	1806	5300	4970
	百分比	13.6	42.1	44.3	14.5	44.1	41.4	15.0	43.6	41.4	15.0	43.9	41.2

表6-89 教师职务与线上学习前家校合作之参与决策（2）

教师职务		邀请家长代表参与学校管理			将家长委员会成员的联系方式分发给家长			邀请家长当面反映意见			邀请家长参与问卷调查，收集家长的意见或建议		
		从不	偶尔	经常	从不	偶尔	经常	从不	偶尔	经常	从不	偶尔	经常
在校担任班主任	计数	4867	25718	24486	5025	24725	25321	3635	25771	25665	1710	24240	29121
	百分比	8.8	46.7	44.5	9.1	44.9	46.0	6.6	46.8	46.6	3.1	44.0	52.9
在校担任课任教师	计数	15383	53675	39274	15870	51666	40796	11996	54525	41811	9930	52833	45569
	百分比	14.2	49.5	36.3	14.6	47.7	37.7	11.1	50.3	38.6	9.2	48.8	42.1
在校担任学校行政	计数	952	4729	4321	1049	4536	4417	792	4803	4407	574	4588	4840
	百分比	9.5	47.3	43.2	10.5	45.4	44.2	7.9	48.0	44.1	5.7	45.9	48.4
在校担任学校领导	计数	412	2549	3283	456	2387	3401	278	2531	3435	183	2381	3680
	百分比	6.6	40.8	52.6	7.3	38.2	54.5	4.5	40.5	55.0	2.9	38.1	58.9
在校担任其他工作	计数	1838	5349	4889	1815	5120	5141	1473	5494	5109	1229	5316	5531
	百分比	15.2	44.3	40.5	15.0	42.4	42.6	12.2	45.5	42.3	10.2	44.0	45.8

表6-90 教师职务与线上学习前家校合作之参与决策（3）

教师职务		邀请家长评价班级或学校的教学和管理工作			对收集的家长意见，向家长反馈处理结果，向有贡献的家长表示感谢			为家长提供参与学校事务所需要的知识，包括决策本身的知识，现行学校规章制度等资料			邀请家长参加校园开放日家长会等专门面向家长的活动		
		从不	偶尔	经常	从不	偶尔	经常	从不	偶尔	经常	从不	偶尔	经常
在校担任班主任	计数	3036	26336	25699	1970	25001	28100	3686	26586	24799	2845	26639	25587
	百分比	5.5	47.8	46.7	3.6	45.4	51.0	6.7	48.3	45.0	5.2	48.4	46.5
在校担任课任教师	计数	11784	55246	41302	9808	53645	44879	12799	55429	40104	11192	55570	41570
	百分比	10.9	51.0	38.1	9.1	49.5	41.4	11.8	51.2	37.0	10.3	51.3	38.4
在校担任学校行政	计数	711	4863	4428	600	4687	4715	804	4938	4260	652	4805	4545
	百分比	7.1	48.6	44.3	6.0	46.9	47.1	8.0	49.4	42.6	6.5	48.0	45.4
在校担任学校领导	计数	263	2607	3374	214	2431	3599	351	2763	3130	279	2519	3446
	百分比	4.2	41.8	54.0	3.4	38.9	57.6	5.6	44.3	50.1	4.5	40.3	55.2
在校担任其他工作	计数	1467	5502	5107	1237	5403	5436	1530	5515	5031	1375	5618	5083
	百分比	12.1	45.6	42.3	10.2	44.7	45.0	12.7	45.7	41.7	11.4	46.5	42.1

6.5.5　教师家校合作风格与线上学习前家校合作之参与决策的关系

在教师家校合作风格方面，当与家长意见不一致时，倾向"讨论，谁有道理就听谁的"的教师，开展家校合作之参与决策的典型活动或行为为"经常"的比例较高。

表6-91　教师家校合作风格与线上学习前家校合作之参与决策（1）

当与家长和我的意见不一致时，通常都是如何解决的		建立家长委员会或其他家长组织			培训家长委员会或其他家长组织成员，让他们知道组织的责任和功能			与家长代表共同制定家校合作的规章制度			与家长代表共同制定家校合作的行动计划		
		从不	偶尔	经常	从不	偶尔	经常	从不	偶尔	经常	从不	偶尔	经常
大多顺着着家长	计数	601	2143	1613	654	2174	1529	672	2155	1530	666	2177	1514
	百分比	13.8	49.2	37.0	15.0	49.9	35.1	15.4	49.5	35.1	15.3	50.0	34.7
说服家长接受我的意见	计数	2701	13272	11821	3128	14091	10575	3388	14043	10363	3381	14074	10339
	百分比	9.7	47.8	42.5	11.3	50.7	38.0	12.2	50.5	37.3	12.2	50.6	37.2
要求家长接受我的意见	计数	220	1213	883	261	1212	843	276	1183	857	287	1199	830
	百分比	9.5	52.4	38.1	11.3	52.3	36.4	11.9	51.1	37.0	12.4	51.8	35.8
讨论,谁有道理就听谁的	计数	11252	43369	44452	12653	46722	39698	13558	46596	38919	13476	46852	38745
	百分比	11.4	43.8	44.9	12.8	47.2	40.1	13.7	47.0	39.3	13.6	47.3	39.1
不了了之	计数	367	502	209	391	504	183	398	494	186	405	499	174
	百分比	34.0	46.6	19.4	36.3	46.8	17.0	36.9	45.8	17.3	37.6	46.3	16.1

表6-92 教师家校合作风格与线上学习前家校合作之参与决策（2）

当家长和我的意见不一致时，通常都是如何解决的		邀请家长代表参与学校管理			将家长委员会成员的联系方式分发给家长			邀请家长当面反映意见			邀请家长参与问卷调查，收集家长的意见或建议		
		从不	偶尔	经常	从不	偶尔	经常	从不	偶尔	经常	从不	偶尔	经常
大多顺着家长	计数	665	2192	1500	688	2126	1543	574	2226	1557	494	2192	1671
	百分比	15.3	50.3	34.4	15.8	48.8	35.4	13.2	51.1	35.7	11.3	50.3	38.4
说服家长接受我的意见	计数	3281	14167	10346	3362	13722	10710	2610	14253	10931	2023	13944	11827
	百分比	11.8	51.0	37.2	12.1	49.4	38.5	9.4	51.3	39.3	7.3	50.2	42.6
要求家长接受我的意见	计数	278	1208	830	285	1177	854	235	1225	856	213	1166	937
	百分比	12.0	52.2	35.8	12.3	50.8	36.9	10.1	52.9	37.0	9.2	50.3	40.5
讨论，谁有道理就听谁的	计数	13142	47202	38729	13565	45306	40202	10256	48054	40763	8141	46086	44846
	百分比	13.3	47.6	39.1	13.7	45.7	40.6	10.4	48.5	41.1	8.2	46.5	45.3
不了了之	计数	395	503	180	395	503	180	361	527	190	350	522	206
	百分比	36.6	46.7	16.7	36.6	46.7	16.7	33.5	48.9	17.6	32.5	48.4	19.1

表6-93 教师家校合作风格与线上学习前家校合作之参与决策（3）

当家长和我的意见不一致时，通常都是如何解决的		邀请家长评价班级或学校的教学和管理工作			对收集的家长意见，向家长反馈处理结果，向有贡献的家长表示感谢			为家长提供参与学校事务所需要的知识，包括决策本身的知识、现行学校规章制度等资料			邀请家长参加校园开放日、家长会等专门面向家长的活动		
		从不	偶尔	经常	从不	偶尔	经常	从不	偶尔	经常	从不	偶尔	经常
大多顺着家长	计数	561	2207	1589	510	2227	1620	585	2235	1537	520	2286	1551
	百分比	12.9	50.7	36.5	11.7	51.1	37.2	13.4	51.3	35.3	11.9	52.5	35.6
说服家长接受我的意见的	计数	2541	14545	10708	2093	14235	11466	2753	14617	10424	2395	14564	10835
	百分比	9.1	52.3	38.5	7.5	51.2	41.3	9.9	52.6	37.5	8.6	52.4	39.0
要求家长接受我的意见的	计数	237	1217	862	217	1202	897	259	1218	839	234	1236	846
	百分比	10.2	52.5	37.2	9.4	51.9	38.7	11.2	52.6	36.2	10.1	53.4	36.5
讨论，谁有道理就听谁的	计数	9892	48575	40606	8007	46845	44221	10784	48866	39423	9317	48928	40828
	百分比	10.0	49.0	41.0	8.1	47.3	44.6	10.9	49.3	39.8	9.4	49.4	41.2
不了了之	计数	368	521	189	347	534	197	386	508	184	357	531	190
	百分比	34.1	48.3	17.5	32.2	49.5	18.3	35.8	47.1	17.1	33.1	49.3	17.6

6.6 教师特征与线上学习前家校合作之与社区合作的关系

6.6.1 教师性别与线上学习前家校合作之与社区合作的关系

在教师性别方面，男教师开展家校合作的典型活动或行为为"经常"的比例略高于女教师。

表6-94 教师性别与线上学习前家校合作之与社区合作（1）

教师性别		了解社区内资源，包括社区的管理机构、设施和公共服务等			了解社区中有助于学生学习的信息，如社区暑期实习、阅读活动等			指导家长选择社会上的家庭服务，如复习、辅导班、兴趣班等			在社区开展公益活动，如废品回收利用、音乐表演、敬老等		
		从不	偶尔	经常	从不	偶尔	经常	从不	偶尔	经常	从不	偶尔	经常
女	计数	13284	53442	31425	13451	52953	31747	21516	50135	26500	15999	53464	28688
	百分比	13.5	54.4	32.0	13.7	54.0	32.3	21.9	51.1	27.0	16.3	54.5	29.2
男	计数	3812	20085	12570	3899	19837	12731	6192	19191	11084	4349	20280	11838
	百分比	10.5	55.1	34.5	10.7	54.4	34.9	17.0	52.6	30.4	11.9	55.6	32.5

表6-95 教师性别与线上学习前家校合作之与社区合作（2）

教师性别		指导家长与孩子一起为社区提供志愿服务，如卫生清洁、关爱老人等			在社区宣传栏上宣传学校的信息			邀请社区人员（非家长）参加班级活动			在商业公司、公益机构或志愿者的支持下，为学生提供课外活动		
		从不	偶尔	经常	从不	偶尔	经常	从不	偶尔	经常	从不	偶尔	经常
女	计数	13594	53790	30767	17762	49687	30702	23599	49265	25287	23808	49113	25230
	百分比	13.9	54.8	31.3	18.1	50.6	31.3	24.0	50.2	25.8	24.3	50.0	25.7

续表

教师性别		指导家长与孩子一起为社区提供服务，如卫生清洁、关爱老人等			在社区宣传栏上宣传学校的信息			邀请社区人员（非家长）参加班级活动			在商业公司、公益机构或志愿者的支持下，为学生提供课外活动		
		从不	偶尔	经常	从不	偶尔	经常	从不	偶尔	经常	从不	偶尔	经常
男	计数	3706	20080	12681	4727	19037	12703	6337	19412	10718	7169	18910	10388
	百分比	10.2	55.1	34.8	13.0	52.2	34.8	17.4	53.2	29.4	19.7	51.9	28.5

6.6.2 教师学历与线上学习前家校合作的关系

在教师学历方面，学历为博士的教师，开展家校合作与社区合作的典型活动或行为为"经常"的比例较高。

表6-96 教师学历与线上学习前家校合作（1）

教师学历		了解社区内资源，包括社区的管理机构、设施和公共服务等			了解社区中有助于学生学习的信息，如社区暑期实习、阅读活动等			指导家长选择社会上的家庭服务，如夏令营、辅导班、兴趣班等			在社区开展公益活动，如废品回收利用、音乐表演、敬老等		
		从不	偶尔	经常	从不	偶尔	经常	从不	偶尔	经常	从不	偶尔	经常
其他	计数	434	1524	1471	325	1520	1584	498	1490	1441	453	1475	1501
	百分比	12.7	44.4	42.9	9.5	44.3	46.2	14.5	43.5	42.0	13.2	43.0	43.8

续表

教师学历		了解社区内资源，包括社区的管理机构、设施和公共服务等			了解社区中有助于学生学习的信息，如社区、暑期实习、阅读活动等			指导家长选择社会上的家庭服务，如夏令营、辅导班、兴趣班等			在社区开展公益活动，如废品回收利用、音乐表演、敬老等		
		从不	偶尔	经常	从不	偶尔	经常	从不	偶尔	经常	从不	偶尔	经常
高中或中专	计数	337	1482	1361	305	1472	1403	565	1406	1209	373	1516	1291
	百分比	10.6	46.6	42.8	9.6	46.3	44.1	17.8	44.2	38.0	11.7	47.7	40.6
大专	计数	2818	13068	7935	2952	12864	8005	5120	12122	6579	3369	13167	7285
	百分比	11.8	54.9	33.3	12.4	54.0	33.6	21.5	50.9	27.6	14.1	55.3	30.6
本科	计数	12760	54413	31590	13002	53942	31819	20484	51394	26885	15282	54572	28909
	百分比	12.9	55.1	32.0	13.2	54.6	32.2	20.7	52.0	27.2	15.5	55.3	29.3
硕士	计数	734	2997	1583	752	2953	1609	1028	2868	1418	858	2972	1484
	百分比	13.8	56.4	29.8	14.2	55.6	30.3	19.3	54.0	26.7	16.1	55.9	27.9
博士	计数	13	43	55	14	39	58	13	46	52	13	42	56
	百分比	11.7	38.7	49.5	12.6	35.1	52.3	11.7	41.4	46.8	11.7	37.8	50.5

表 6-97 教师学历与线上学习前家校合作之与社区合作（2）

教师学历		指导家长与孩子一起为社区提供志愿服务，如卫生清洁、关爱老人等			在社区宣传栏上宣传学校的信息			邀请社区人员（非家长）参加班级活动			在商业公司、公益机构或志愿者的支持下，为学生提供课外活动		
		从不	偶尔	经常	从不	偶尔	经常	从不	偶尔	经常	从不	偶尔	经常
其他	计数	295	1461	1673	414	1406	1609	601	1426	1402	512	1481	1436
	百分比	8.6	42.6	48.8	12.1	41.0	46.9	17.5	41.6	40.9	14.9	43.2	41.9
高中或中专	计数	260	1476	1444	382	1373	1425	606	1418	1156	565	1419	1196
	百分比	8.2	46.4	45.4	12.0	43.2	44.8	19.1	44.6	36.4	17.8	44.6	37.6
大专	计数	2711	13027	8083	3758	12056	8007	5245	12170	6406	5341	12087	6393
	百分比	11.4	54.7	33.9	15.8	50.6	33.6	22.0	51.1	26.9	22.4	50.7	26.8
本科	计数	13217	54888	30658	16945	51011	30807	22312	50813	25638	23379	50164	25220
	百分比	13.4	55.6	31.0	17.2	51.6	31.2	22.6	51.4	26.0	23.7	50.8	25.5
硕士	计数	805	2975	1534	976	2839	1499	1158	2803	1353	1167	2827	1320
	百分比	15.1	56.0	28.9	18.4	53.4	28.2	21.8	52.7	25.5	22.0	53.2	24.8
博士	计数	12	43	56	14	39	58	14	47	50	13	45	53
	百分比	10.8	38.7	50.5	12.6	35.1	52.3	12.6	42.3	45.0	11.7	40.5	47.7

6.6.3 教师职称与线上学习前家校合作之与社区合作的关系

在教师职称方面，教师的职称越高，开展家校合作的典型活动或行为为"经常"的比例越低。

表 6-98 教师职称与线上学习前家校合作之与社区合作（1）

教师职称		了解社区内资源，包括社区的管理机构、设施和公共服务等			了解社区中有助于学生学习的信息，如社区暑期实习、阅读活动等			指导家长选择社会上的家庭服务，如冬夏令营、辅导班、兴趣班等			在社区开展公益活动，如废品回收利用、音乐表演、敬老等		
		从不	偶尔	经常	从不	偶尔	经常	从不	偶尔	经常	从不	偶尔	经常
未定级	计数	2959	15197	9918	3072	14971	10031	4802	14563	8709	3803	15030	9241
	百分比	10.5	54.1	35.3	10.9	53.3	35.7	17.1	51.9	31.0	13.5	53.5	32.9
初级	计数	4770	20323	12872	4891	20119	12955	7512	19287	11166	5836	20292	11837
	百分比	12.6	53.5	33.9	12.9	53.0	34.1	19.8	50.8	29.4	15.4	53.4	31.2
中级	计数	6877	28520	15980	6872	28352	16153	11426	26592	13359	7951	28874	14552
	百分比	13.4	55.5	31.1	13.4	55.2	31.4	22.2	51.8	26.0	15.5	56.2	28.3
高级	计数	2490	9487	5225	2515	9348	5339	3968	8884	4350	2758	9548	4896
	百分比	14.5	55.2	30.4	14.6	54.3	31.0	23.1	51.6	25.3	16.0	55.5	28.5

表 6-99 教师职称与线上学习前家校合作之与社区合作（2）

教师职称		指导家长与孩子一起为社区提供志愿服务，如卫生清洁、关爱老人等			在社区宣传栏上宣传学校的信息			邀请社区人员（非家长）参加班级活动			在商业公司、公益机构或志愿者的支持下，为学生提供课外活动		
		从不	偶尔	经常	从不	偶尔	经常	从不	偶尔	经常	从不	偶尔	经常
未定级	计数	3318	15099	9657	3899	14316	9859	5407	14317	8350	5073	14521	8480
	百分比	11.8	53.8	34.4	13.9	51.0	35.1	19.3	51.0	29.7	18.1	51.7	30.2

续表

教师职称		指导家长与孩子一起为社区提供志愿服务，如卫生清洁、关爱老人等			在社区宣传栏上宣传学校的信息			邀请社区人员（非家长）参加班级活动			在商业公司、公益机构或志愿者的支持下，为学生提供课外活动		
		从不	偶尔	经常	从不	偶尔	经常	从不	偶尔	经常	从不	偶尔	经常
初级	计数	4971	20468	12526	6172	19072	12721	8244	18971	10750	8313	18950	10702
	百分比	13.1	53.9	33.0	16.3	50.2	33.5	21.7	50.0	28.3	21.9	49.9	28.2
中级	计数	6699	28829	15849	9166	26537	15674	12064	26590	12723	12972	25941	12464
	百分比	13.0	56.1	30.8	17.8	51.7	30.5	23.5	51.8	24.8	25.2	50.5	24.3
高级	计数	2312	9474	5416	3252	8799	5151	4221	8799	4182	4619	8611	3972
	百分比	13.4	55.1	31.5	18.9	51.2	29.9	24.5	51.2	24.3	26.9	50.1	23.1

6.6.4 教师职务与线上学习前家校合作的关系

在教师职务方面，校领导、班主任开展家校合作的典型活动或行为为为"经常"的比例较高。

表6-100 教师职务与线上学习前家校合作之与社区合作（1）

教师职务		了解社区内资源，包括社区的管理机构、设施和公共服务等			了解社区中有助于学生学习的信息，如社区暑期实习、阅读活动等			指导家长选择社会上的家庭服务，如夏令营、辅导班、兴趣班等			在社区开展公益活动，如废品回收利用、音乐表演、敬老等		
		从不	偶尔	经常	从不	偶尔	经常	从不	偶尔	经常	从不	偶尔	经常
在校担任班主任	计数	5727	29284	20060	5899	28926	20246	10647	27454	16970	7214	29676	18181
	百分比	10.4	53.2	36.4	10.7	52.5	36.8	19.3	49.9	30.8	13.1	53.9	33.0

续表

教师职务		了解社区内资源，包括社区的管理机构、设施和公共服务等			了解社区中有助于学生学习的信息，如社区暑期实习、阅读活动等			指导家长选择社会上的家庭服务，如夏令营、辅导班、兴趣班等			在社区开展公益活动，如废品回收利用、音乐表演、敬老等		
		从不	偶尔	经常	从不	偶尔	经常	从不	偶尔	经常	从不	偶尔	经常
在校担任课任教师	计数	14580	60292	33460	14821	59680	33831	23211	56664	28457	17382	60234	30716
	百分比	13.5	55.7	30.9	13.7	55.1	31.2	21.4	52.3	26.3	16.0	55.6	28.4
在校担任学校行政	计数	1062	5428	3512	1104	5399	3499	1741	5259	3002	1166	5568	3268
	百分比	10.6	54.3	35.1	11.0	54.0	35.0	17.4	52.6	30.0	11.7	55.7	32.7
在校担任学校领导	计数	508	3186	2550	543	3128	2573	1065	3079	2100	555	3278	2411
	百分比	8.1	51.0	40.8	8.7	50.1	41.2	17.1	49.3	33.6	8.9	52.5	38.6
在校担任其他工作	计数	1640	6042	4394	1567	5973	4536	2458	5679	3939	1877	5975	4224
	百分比	13.6	50.0	36.4	13.0	49.5	37.6	20.4	47.0	32.6	15.5	49.5	35.0

表6-101 教师职务与线上学习前家校合作之与社区合作（2）

教师职务		指导家长与孩子一起为社区提供志愿服务，如卫生清洁、关爱老人等			在社区宣传栏上宣传学校的信息			邀请社区人员（非家长）参加班级活动			在商业公司、公益机构或志愿者的支持下，为学生提供课外活动		
		从不	偶尔	经常	从不	偶尔	经常	从不	偶尔	经常	从不	偶尔	经常
在校担任班主任	计数	5710	29812	19549	8354	27181	19536	12073	26949	16049	12222	26899	15950
	百分比	10.4	54.1	35.5	15.2	49.4	35.5	21.9	48.9	29.1	22.2	48.8	29.0

续表

教师职务		指导家长与孩子一起为社区提供志愿服务，如卫生清洁、关爱老人等			在社区宣传栏上宣传学校的信息			邀请社区人员（非家长）参加班级活动			在商业公司、公益机构或志愿者的支持下，为学生提供课外活动		
		从不	偶尔	经常	从不	偶尔	经常	从不	偶尔	经常	从不	偶尔	经常
在校担任课任教师	计数	15020	60478	32834	19040	56267	33025	25160	55985	27187	25965	55453	26914
	百分比	13.9	55.8	30.3	17.6	51.9	30.5	23.2	51.7	25.1	24.0	51.2	24.8
在校担任学校行政	计数	964	5544	3494	1339	5127	3536	1711	5383	2908	1989	5186	2827
	百分比	9.6	55.4	34.9	13.4	51.3	35.4	17.1	53.8	29.1	19.9	51.8	28.3
在校担任学校领导	计数	411	3168	2665	762	3029	2453	939	3292	2013	1290	3081	1873
	百分比	6.6	50.7	42.7	12.2	48.5	39.3	15.0	52.7	32.2	20.7	49.3	30.0
在校担任其他工作	计数	1553	5879	4644	1996	5503	4577	2704	5562	3810	2711	5582	3783
	百分比	12.9	48.7	38.5	16.5	45.6	37.9	22.4	46.1	31.6	22.4	46.2	31.3

6.6.5 教师家校合作风格与线上学习前家校合作之与社区合作的关系

在教师家校合作风格方面，当与家长意见不一致时，倾向"讨论，谁有道理就听谁的"、"要求家长接受意见"的教师，开展家校合作之与社区合作的典型活动或行为为"经常"的比例较高。

表6-102 教师家校合作风格与线上学习前家校合作之与社区合作（1）

当家长和我的意见不一致时，通常都是如何解决的		了解社区内资源，包括社区的管理机构，设施和公共服务等			了解社区中有助于学生学习的信息，如社区阅读活动，暑期实习等			指导家长选择社会上的家庭服务，如夏令营、兴趣班、辅导班等			在社区开展公益活动，如废品回收利用，音乐表演，敬老等		
		从不	偶尔	经常	从不	偶尔	经常	从不	偶尔	经常	从不	偶尔	经常
大多顺着家长	计数	623	2357	1377	647	2270	1440	893	2164	1300	726	2265	1366
	百分比	14.3	54.1	31.6	14.8	52.1	33.1	20.5	49.7	29.8	16.7	52.0	31.4
说服家长接受我的意见	计数	3309	15596	8889	3415	15505	8874	4871	15019	7904	3917	15635	8242
	百分比	11.9	56.1	32.0	12.3	55.8	31.9	17.5	54.0	28.4	14.1	56.3	29.7
要求家长接受我的意见	计数	276	1276	764	268	1270	778	341	1264	711	302	1270	744
	百分比	11.9	55.1	33.0	11.6	54.8	33.6	14.7	54.6	30.7	13.0	54.8	32.1
讨论，谁有道理就听谁的	计数	12523	53764	32786	12634	53233	33206	21188	50383	27502	15009	54050	30014
	百分比	12.6	54.3	33.1	12.8	53.7	33.5	21.4	50.9	27.8	15.1	54.6	30.3
不了了之	计数	365	534	179	386	512	180	415	496	167	394	524	160
	百分比	33.9	49.5	16.6	35.8	47.5	16.7	38.5	46.0	15.5	36.5	48.6	14.8

表6-103　教师家校合作风格与线上学习前家校合作之与社区合作（2）

当家长和我的意见不一致时，通常都是如何解决的		指导家长与孩子一起为社区提供志愿服务，如卫生清洁、关爱老人等			在社区宣传栏上宣传学校的信息			邀请社区人员（非家长）参加班级活动			在商业公司、公益机构或志愿者的支持下，为学生提供课外活动		
		从不	偶尔	经常	从不	偶尔	经常	从不	偶尔	经常	从不	偶尔	经常
大多顺着家长	计数	660	2290	1407	752	2177	1428	914	2147	1296	940	2119	1298
	百分比	15.1	52.6	32.3	17.3	50.0	32.8	21.0	49.3	29.7	21.6	48.6	29.8
说服家长接受我的意见	计数	3349	15728	8717	4077	14833	8884	5464	14825	7505	5655	14678	7461
	百分比	12.0	56.6	31.4	14.7	53.4	32.0	19.7	53.3	27.0	20.3	52.8	26.8
要求家长接受我的意见	计数	266	1261	789	302	1204	810	380	1235	701	372	1232	712
	百分比	11.5	54.4	34.1	13.0	52.0	35.0	16.4	53.3	30.3	16.1	53.2	30.7
讨论，谁有道理就听谁的	计数	12650	54065	32358	16964	49994	32115	22738	49992	26343	23580	49492	26001
	百分比	12.8	54.6	32.7	17.1	50.5	32.4	23.0	50.5	26.6	23.8	50.0	26.2
不了了之	计数	375	526	177	394	516	168	440	478	160	430	502	146
	百分比	34.8	48.8	16.4	36.5	47.9	15.6	40.8	44.3	14.8	39.9	46.6	13.5

第三部分

线上学习期间家校合作：基本情况与影响因素

第7章

家庭背景与线上学习期间的家校合作

本章主要探讨家庭背景与线上学习期间家校合作的关系，具体指向在不同的家庭背景中，如家庭所在地、家庭经济状况、父母学历、父母职业地位、婚姻状况等变量的不同层次类型中，线上学前期间家长参与家校合作的内容、行为的数据分布特征和趋势。

7.1　家庭背景与线上学习期间家校合作内容

7.1.1　家庭所在地与线上学习期间家校合作内容的关系

家庭所在地从农村、乡镇、县城到市里，家长在线上学习期间参与家校合作内容相关的典型行为为"经常"的比例相对增加。

表 7-1 家庭所在地与线上学习期间家校合作内容（1）

家庭所在地		接收（受）学校领导或老师联系方式			接收（受）学校家委会联系方式			接收（受）学校政策通知			接收（受）心理辅导咨询		
		从不	偶尔	经常	从不	偶尔	经常	从不	偶尔	经常	从不	偶尔	经常
农村	计数	33367	324318	424196	138774	378337	264770	29221	274137	478523	176805	387117	217959
	百分比	4.3	41.5	54.3	17.7	48.4	33.9	3.7	35.1	61.2	22.6	49.5	27.9
乡镇	计数	10869	114875	152405	47728	137877	92544	8581	94347	175221	54155	144630	79364
	百分比	3.9	41.3	54.8	17.2	49.6	33.3	3.1	33.9	63.0	19.5	52.0	28.5
县城	计数	13637	103028	147705	51059	121937	91374	10147	82945	171278	63673	126544	74153
	百分比	5.2	39.0	55.9	19.3	46.1	34.6	3.8	31.4	64.8	24.1	47.9	28.0
市里	计数	19569	153391	268385	70373	192936	178036	10390	116372	314583	78294	213007	150044
	百分比	4.4	34.8	60.8	15.9	43.7	40.3	2.4	26.4	71.3	17.7	48.3	34.0

表 7-2 家庭所在地与线上学习期间家校合作内容（2）

家庭所在地		接收（受）家庭教育知识			接收（受）亲子关系指导			接收（受）亲子阅读指导			接收（受）线上学习方法		
		从不	偶尔	经常	从不	偶尔	经常	从不	偶尔	经常	从不	偶尔	经常
农村	计数	33239	380582	368060	55295	387947	338639	65855	423731	292295	34169	338044	409668
	百分比	4.3	48.7	47.1	7.1	49.6	43.3	8.4	54.2	37.4	4.4	43.2	52.4

续表

家庭所在地		接收（受）家庭教育知识			接收（受）亲子关系指导			接收（受）亲子阅读指导			接收（受）线上学习方法		
		从不	偶尔	经常	从不	偶尔	经常	从不	偶尔	经常	从不	偶尔	经常
乡镇	计数	10476	140316	127357	17282	143649	117218	20265	153979	103905	10859	126948	140342
	百分比	3.8	50.4	45.8	6.2	51.6	42.1	7.3	55.4	37.4	3.9	45.6	50.5
县城	计数	12914	125707	125749	21736	128902	113732	23130	135091	106149	11509	109110	143751
	百分比	4.9	47.5	47.6	8.2	48.8	43.0	8.7	51.1	40.2	4.4	41.3	54.4
市里	计数	18423	203545	219377	29146	209358	202841	30904	217839	192602	17072	179284	244989
	百分比	4.2	46.1	49.7	6.6	47.4	46.0	7.0	49.4	43.6	3.9	40.6	55.5

表7-3　家庭所在地与线上学习期间家校合作内容（3）

家庭所在地		接收（受）辅导孩子的方法			接收（受）安全健康知识			接收（受）疫情防控知识			接收（受）社会责任培养			接收（受）疫情动态宣传		
		从不	偶尔	经常	从不	偶尔	经常	从不	偶尔	经常	从不	偶尔	经常	从不	偶尔	经常
农村	计数	40788	381728	359365	11277	248772	521832	8705	205569	567607	31659	343828	406394	22814	272653	486414
	百分比	5.2	48.8	46.0	1.4	31.8	66.7	1.1	26.3	72.6	4.0	44.0	52.0	2.9	34.9	62.2
乡镇	计数	13630	142202	122317	3414	93152	181583	2400	75280	200469	9888	128981	139280	6020	97868	174261
	百分比	4.9	51.1	44.0	1.2	33.5	65.3	0.9	27.1	72.1	3.6	46.4	50.1	2.2	35.2	62.7
县城	计数	14680	123521	126169	4170	83814	176386	2864	66798	194708	11248	114574	138548	6931	88165	169274
	百分比	5.6	46.7	47.7	1.6	31.7	66.7	1.1	25.3	73.6	4.3	43.3	52.4	2.6	33.3	64.0
市里	计数	22544	202848	215953	5616	136427	299302	3379	103839	334127	15545	184903	240897	8025	135192	298128
	百分比	5.1	46.0	48.9	1.3	30.9	67.8	0.8	23.5	75.7	3.5	41.9	54.6	1.8	30.6	67.5

7.1.2 家庭经济状况与线上学习期间家校合作内容的关系

家庭经济状况的五个等级中，家长在线上学习期间参与家校合作内容相关的典型行为为"经常"的比例各有高低。

表7-4 家庭经济状况与线上学习期间家校合作内容（1）

家庭经济状况		接收（受）学校领导或老师联系方式			接收（受）学校家委会联系方式			接收（受）学校政策通知			接收（受）心理辅导咨询		
		从不	偶尔	经常	从不	偶尔	经常	从不	偶尔	经常	从不	偶尔	经常
非常困难	计数	2995	19321	24603	8884	21555	16480	2748	16836	27335	12594	21291	13034
	百分比	6.4	41.2	52.4	18.9	45.9	35.1	5.9	35.9	58.3	26.8	45.4	27.8
比较困难	计数	12972	111698	133722	50930	126604	80858	10482	94116	153794	68378	128064	61950
	百分比	5.0	43.2	51.8	19.7	49.0	31.3	4.1	36.4	59.5	26.5	49.6	24.0
中等	计数	58716	547502	805700	240107	662544	509267	42928	442694	926296	283061	700162	428695
	百分比	4.2	38.8	57.1	17.0	46.9	36.1	3.0	31.4	65.6	20.0	49.6	30.4
比较富裕	计数	2501	16042	26878	7492	19265	18664	1932	13234	30255	8246	20687	16488
	百分比	5.5	35.3	59.2	16.5	42.4	41.1	4.3	29.1	66.6	18.2	45.5	36.3
很富裕	计数	258	1049	1788	521	1119	1455	249	921	1925	648	1094	1353
	百分比	8.3	33.9	57.8	16.8	36.2	47.0	8.0	29.8	62.2	20.9	35.3	43.7

表7-5 家庭经济状况与线上学习期间家校合作内容（2）

家庭经济状况		接收（受）家庭教育知识			接收（受）亲子关系指导			接收（受）亲子阅读指导			接收（受）线上学习方法		
		从不	偶尔	经常	从不	偶尔	经常	从不	偶尔	经常	从不	偶尔	经常
非常困难	计数	3389	21725	21805	4763	21777	20379	5765	23856	17298	3552	19905	23462
	百分比	7.2	46.3	46.5	10.2	46.4	43.4	12.3	50.8	36.9	7.6	42.4	50.0
比较困难	计数	14544	133224	110624	23832	135052	99508	28491	146261	83640	15042	118765	124585
	百分比	5.6	51.6	42.8	9.2	52.3	38.5	11.0	56.6	32.4	5.8	46.0	48.2
中等	计数	54700	675284	681934	91459	692843	627616	102177	739457	570284	52975	596745	762198
	百分比	3.9	47.8	48.3	6.5	49.1	44.5	7.2	52.4	40.4	3.8	42.3	54.0
比较富裕	计数	2180	18902	24339	3127	19163	23131	3425	19989	22007	1833	17015	26573
	百分比	4.8	41.6	53.6	6.9	42.2	50.9	7.5	44.0	48.5	4.0	37.5	58.5
很富裕	计数	239	1015	1841	278	1021	1796	296	1077	1722	207	956	1932
	百分比	7.7	32.8	59.5	9.0	33.0	58.0	9.6	34.8	55.6	6.7	30.9	62.4

表 7-6 家庭经济状况与线上学习期间家校合作内容（3）

家庭经济状况		接收（受）辅导孩子的方法			接收（受）安全健康知识			接收（受）疫情防控知识			接收（受）社会责任培养			接收（受）疫情动态宣传		
		从不	偶尔	经常	从不	偶尔	经常	从不	偶尔	经常	从不	偶尔	经常	从不	偶尔	经常
非常困难	计数	3915	22011	20993	1576	15460	29883	1337	13133	32449	3051	19408	24460	2477	16654	27788
	百分比	8.3	46.9	44.7	3.4	33.0	63.7	2.8	28.0	69.2	6.5	41.4	52.1	5.3	35.5	59.2
比较困难	计数	17998	133793	106601	4874	89038	164480	3512	73016	181864	13525	119959	124908	9186	95734	153472
	百分比	7.0	51.8	41.3	1.9	34.5	63.7	1.4	28.3	70.4	5.2	46.4	48.3	3.6	37.0	59.4
中等	计数	67007	674395	670516	17115	443520	951283	11810	353827	1046281	49793	614567	747558	30755	466961	914202
	百分比	4.7	47.8	47.5	1.2	31.4	67.4	0.8	25.1	74.1	3.5	43.5	52.9	2.2	33.1	64.7
比较富裕	计数	2492	19062	23867	771	13329	31321	552	10784	34085	1753	17415	26253	1173	13684	30564
	百分比	5.5	42.0	52.5	1.7	29.3	69.0	1.2	23.7	75.0	3.9	38.3	57.8	2.6	30.1	67.3
很富裕	计数	230	1038	1827	141	818	2136	137	726	2232	218	937	1940	199	845	2051
	百分比	7.4	33.5	59.0	4.6	26.4	69.0	4.4	23.5	72.1	7.0	30.3	62.7	6.4	27.3	66.3

7.1.3 父母学历与线上学习期间家校合作内容的关系

孩子父亲和母亲的学历状况中，孩子父母的学历越高，家长在线上学习期间参与家校合作内容相关的典型行为为"经常"的比例越高，但也有一些例外情况。

表7-7 父母学历与线上学习期间家校合作内容（1）

父亲学历			接收（受）学校领导或老师联系方式			接收（受）学校家委会联系方式			接收（受）学校政策通知			接收（受）心理辅导咨询		
			从不	偶尔	经常	从不	偶尔	经常	从不	偶尔	经常	从不	偶尔	经常
	小学及以下	计数	8774	56820	55376	25401	59599	35970	8654	49524	62792	34720	57161	29089
		百分比	7.3	47.0	45.8	21.0	49.3	29.7	7.2	40.9	51.9	28.7	47.3	24.0
	初中	计数	35805	319251	410286	137266	367524	260552	30907	266951	467484	183055	371229	211058
		百分比	4.7	41.7	53.6	17.9	48.0	34.0	4.0	34.9	61.1	23.9	48.5	27.6
	高中或中专	计数	18536	185753	285230	80695	227488	181336	12571	149278	327670	92557	243217	153745
		百分比	3.8	37.9	58.3	16.5	46.5	37.0	2.6	30.5	66.9	18.9	49.7	31.4
	大学专科	计数	7318	73318	125878	34336	94734	77444	3413	56087	147014	34259	106019	66236
		百分比	3.5	35.5	61.0	16.6	45.9	37.5	1.7	27.2	71.2	16.6	51.3	32.1
	大学本科	计数	6165	54723	104234	27289	73815	64018	2411	41564	121147	25398	84385	55339
		百分比	3.7	33.1	63.1	16.5	44.7	38.8	1.5	25.2	73.4	15.4	51.1	33.5
	硕士及以上	计数	844	5747	11687	2947	7927	7404	383	4397	13498	2938	9287	6053
		百分比	4.6	31.4	63.9	16.1	43.4	40.5	2.1	24.1	73.8	16.1	50.8	33.1

续表

		接收(受)学校领导或老师联系方式			接收(受)学校家委会联系方式			接收(受)学校政策通知			接收(受)心理咨询辅导		
		从不	偶尔	经常	从不	偶尔	经常	从不	偶尔	经常	从不	偶尔	经常
母亲学历	小学及以下 计数	13190	89955	87884	38534	95045	57450	13417	77671	99941	53745	91471	45813
	百分比	6.9	47.1	46.0	20.2	49.8	30.1	7.0	40.7	52.3	28.1	47.9	24.0
	初中 计数	33939	317286	420960	134232	370850	267103	28819	265615	477751	179999	375992	216194
	百分比	4.4	41.1	54.5	17.4	48.0	34.6	3.7	34.4	61.9	23.3	48.7	28.0
	高中或中专 计数	17013	168743	262647	75275	207058	166070	10707	134156	303540	83122	223174	142107
	百分比	3.8	37.6	58.6	16.8	46.2	37.0	2.4	29.9	67.7	18.5	49.8	31.7
	大学专科 计数	7116	69703	120224	33908	89211	73924	3018	52685	141340	32339	100861	63843
	百分比	3.6	35.4	61.0	17.2	45.3	37.5	1.5	26.7	71.7	16.4	51.2	32.4
	大学本科 计数	5454	45936	92224	23661	63360	56593	2020	34636	106958	21459	73059	49096
	百分比	3.8	32.0	64.2	16.5	44.1	39.4	1.4	24.1	74.5	14.9	50.9	34.2
	硕士及以上 计数	730	3989	8752	2324	5563	5584	358	3038	10075	2263	6741	4467
	百分比	5.4	29.6	65.0	17.3	41.3	41.5	2.7	22.6	74.8	16.8	50.0	33.2

表7-8 父母学历与线上学习期间家校合作内容（2）

		接收(受)家庭教育知识			接收(受)亲子关系指导			接收(受)亲子阅读指导			接收(受)线上学习方法		
		从不	偶尔	经常	从不	偶尔	经常	从不	偶尔	经常	从不	偶尔	经常
父亲学历	小学及以下 计数	8798	60676	51496	13571	60202	47197	16799	64419	39752	8543	54184	58243
	百分比	7.3	50.2	42.6	11.2	49.8	39.0	13.9	53.3	32.9	7.1	44.8	48.1

续表

			接收（受）家庭教育知识			接收（受）亲子关系指导			接收（受）亲子阅读指导			接收（受）线上学习方法		
			从不	偶尔	经常	从不	偶尔	经常	从不	偶尔	经常	从不	偶尔	经常
父亲学历	初中	计数	33913	370534	360895	57080	376544	331718	67361	411019	286962	33406	322757	409179
		百分比	4.4	48.4	47.2	7.5	49.2	43.3	8.8	53.7	37.5	4.4	42.2	53.5
	高中或中专	计数	17306	231665	240548	28820	238701	221998	31731	255055	202733	17109	205966	266444
		百分比	3.5	47.3	49.1	5.9	48.8	45.4	6.5	52.1	41.4	3.5	42.1	54.4
	大学专科	计数	7653	100254	98607	12467	103629	90418	12694	107847	85973	7422	90809	108283
		百分比	3.7	48.5	47.7	6.0	50.2	43.8	6.1	52.2	41.6	3.6	44.0	52.4
	大学本科	计数	6452	78397	80273	10149	81747	73226	10227	83281	71614	6253	71718	87151
		百分比	3.9	47.5	48.6	6.1	49.5	44.3	6.2	50.4	43.4	3.8	43.4	52.8
	硕士及以上	计数	930	8624	8724	1372	9033	7873	1342	9019	7917	876	7952	9450
		百分比	5.1	47.2	47.7	7.5	49.4	43.1	7.3	49.3	43.3	4.8	43.5	51.7
母亲学历	小学及以下	计数	13263	96677	81089	20513	96158	74358	25768	103010	62251	12962	86732	91335
		百分比	6.9	50.6	42.4	10.7	50.3	38.9	13.5	53.9	32.6	6.8	45.4	47.8
	初中	计数	31704	370896	369585	54033	377466	340686	63500	414762	293923	31586	323505	417094
		百分比	4.1	48.0	47.9	7.0	48.9	44.1	8.2	53.7	38.1	4.1	41.9	54.0
	高中或中专	计数	15784	212818	219801	26554	219570	202279	28331	233354	186718	15453	188876	244074
		百分比	3.5	47.5	49.0	5.9	49.0	45.1	6.3	52.0	41.6	3.4	42.1	54.4
	大学专科	计数	7537	95865	93641	12147	99264	85632	12239	101976	82828	7440	86823	102780
		百分比	3.8	48.7	47.5	6.2	50.4	43.5	6.2	51.8	42.0	3.8	44.1	52.2
	大学本科	计数	5960	67768	69886	9093	70927	63594	9234	71239	63141	5464	61807	76343
		百分比	4.2	47.2	48.7	6.3	49.4	44.3	6.4	49.6	44.0	3.8	43.0	53.2
	硕士及以上	计数	804	6126	6541	1119	6471	5881	1082	6299	6090	704	5643	7124
		百分比	6.0	45.5	48.6	8.3	48.0	43.7	8.0	46.8	45.2	5.2	41.9	52.9

表 7-9 父母学历与线上学习期间家校合作内容（3）

| | | 接收（受）辅导孩子的方法 | | | 接收（受）安全健康知识 | | | 接收（受）疫情防控知识 | | | 接收（受）社会责任培养 | | | 接收（受）疫情动态宣传 | | |
		从不	偶尔	经常	从不	偶尔	经常	从不	偶尔	经常	从不	偶尔	经常	从不	偶尔	经常
父亲学历	小学及以下 计数	10750	61130	49090	3767	43055	74148	3088	37828	80054	8004	54932	58034	7259	47350	66361
	百分比	8.9	50.5	40.6	3.1	35.6	61.3	2.6	31.3	66.2	6.6	45.4	48.0	6.0	39.1	54.9
	初中 计数	41107	369431	354804	11369	240434	513539	8284	196991	560067	31195	330821	403326	22245	263843	479254
	百分比	5.4	48.3	46.4	1.5	31.4	67.1	1.1	25.7	73.2	4.1	43.2	52.7	2.9	34.5	62.6
	高中或中专 计数	21260	231356	236903	5170	151628	332721	3510	119062	366947	15482	209564	264473	8388	156988	324143
	百分比	4.3	47.3	48.4	1.1	31.0	68.0	0.7	24.3	75.0	3.2	42.8	54.0	1.7	32.1	66.2
	大学专科 计数	9483	100298	96733	2056	67205	137253	1216	51882	153416	6928	93600	105986	2919	67056	136539
	百分比	4.6	48.6	46.8	1.0	32.5	66.5	0.6	25.1	74.3	3.4	45.3	51.3	1.4	32.5	66.1
	大学本科 计数	7893	79394	77835	1787	53778	109557	999	41074	123049	5913	75044	84165	2511	52717	109894
	百分比	4.8	48.1	47.1	1.1	32.6	66.3	0.6	24.9	74.5	3.6	45.4	51.0	1.5	31.9	66.6
	硕士及以上 计数	1149	8690	8439	328	6065	11885	251	4649	13378	818	8325	9135	468	5924	11886
	百分比	6.3	47.5	46.2	1.8	33.2	65.0	1.4	25.4	73.2	4.5	45.5	50.0	2.6	32.4	65.0
母亲学历	小学及以下 计数	16508	98189	76332	5653	68123	117253	4571	59670	126788	12141	87138	91750	11024	75458	104547
	百分比	8.6	51.4	40.0	3.0	35.7	61.4	2.4	31.2	66.4	6.4	45.6	48.0	5.8	39.5	54.7
	初中 计数	38287	370186	363712	10393	239210	522582	7585	194137	570463	29433	331058	411694	20596	262315	489274
	百分比	5.0	47.9	47.1	1.3	31.0	67.7	1.0	25.1	73.9	3.8	42.9	53.3	2.7	34.0	63.4
	高中或中专 计数	19381	211194	217828	4446	139133	304824	2955	108514	336934	13959	192957	241487	6851	142234	299318
	百分比	4.3	47.1	48.6	1.0	31.0	68.0	0.7	24.2	75.1	3.1	43.0	53.9	1.5	31.7	66.8
	大学专科 计数	9409	96206	91428	2041	64454	130548	1099	49715	146229	6748	89763	100532	2683	63419	130941
	百分比	4.8	48.8	46.4	1.0	32.7	66.3	0.6	25.2	74.2	3.4	45.6	51.0	1.4	32.2	66.5
	大学本科 计数	7122	68343	68149	1624	46915	95075	891	36138	106585	5357	65393	72864	2217	46168	95229
	百分比	5.0	47.6	47.5	1.1	32.7	66.2	0.6	25.2	74.2	3.7	45.5	50.7	1.5	32.1	66.3
	硕士及以上 计数	935	6181	6355	320	4330	8821	247	3312	9912	702	5977	6792	419	4284	8768
	百分比	6.9	45.9	47.2	2.4	32.1	65.5	1.8	24.6	73.6	5.2	44.4	50.4	3.1	31.8	65.1

7.1.4　父母职业地位与线上学习期间家校合作内容的关系

孩子父亲和母亲的职业地位越高，家长在线上学习期间参与家校合作内容相关的典型行为为"经常"的比例越高。

表7-10　父母职业地位与线上学习期间家校合作内容（1）

			接收（受）学校领导或老师联系方式			接收（受）学校家委会联系方式			接收（受）学校政策通知			接收（受）心理辅导咨询		
			从不	偶尔	经常	从不	偶尔	经常	从不	偶尔	经常	从不	偶尔	经常
父亲职业地位	低	计数	18176	146033	185232	65327	166067	118047	16044	122639	210758	88727	166591	94123
		百分比	5.2	41.8	53.0	18.7	47.5	33.8	4.6	35.1	60.3	25.4	47.7	26.9
	中	计数	46927	433208	610728	188241	514469	388153	35649	355164	700050	228770	537316	324777
		百分比	4.3	39.7	56.0	17.3	47.2	35.6	3.3	32.6	64.2	21.0	49.3	29.8
	高	计数	12339	116371	196731	54366	150551	120524	6646	89998	228797	55430	167391	102620
		百分比	3.8	35.8	60.5	16.7	46.3	37.0	2.0	27.7	70.3	17.0	51.4	31.5
母亲职业地位	低	计数	24702	196289	251928	91420	224233	157266	20321	162733	289865	118501	227047	127371
		百分比	5.2	41.5	53.3	19.3	47.4	33.3	4.3	34.4	61.3	25.1	48.0	26.9
	中	计数	43916	423066	603153	179274	506474	384387	33549	346345	690241	217580	531082	321473
		百分比	4.1	39.5	56.4	16.8	47.3	35.9	3.1	32.4	64.5	20.3	49.6	30.0
	高	计数	8824	76257	137610	37240	100380	85071	4469	58723	159499	36846	113169	72676
		百分比	4.0	34.2	61.8	16.7	45.1	38.2	2.0	26.4	71.6	16.5	50.8	32.6

表7-11　父母职业地位与线上学习期间家校合作内容（2）

		接收（受）家庭教育知识			接收（受）亲子关系指导			接收（受）亲子阅读指导			接收（受）线上学习方法		
		从不	偶尔	经常	从不	偶尔	经常	从不	偶尔	经常	从不	偶尔	经常
父亲职业地位	低 计数	18802	169175	161464	30797	171904	146740	36580	185567	127294	18936	146559	183946
	低 百分比	5.4	48.4	46.2	8.8	49.2	42.0	10.5	53.1	36.4	5.4	41.9	52.6
	中 计数	43589	525132	522142	72404	536186	482273	81905	575360	433598	42047	464175	584641
	中 百分比	4.0	48.1	47.9	6.6	49.2	44.2	7.5	52.7	39.7	3.9	42.6	53.6
	高 计数	12661	155843	156937	20258	161766	143417	21669	169713	134059	12626	142652	170163
	高 百分比	3.9	47.9	48.2	6.2	49.7	44.1	6.7	52.1	41.2	3.9	43.8	52.3
母亲职业地位	低 计数	24712	230601	217606	40690	234300	197929	47162	251821	173936	24414	199525	248980
	低 百分比	5.2	48.8	46.0	8.6	49.5	41.9	10.0	53.2	36.8	5.2	42.2	52.6
	中 计数	41165	514475	514495	68406	526296	475433	77870	566055	426210	40410	457524	572201
	中 百分比	3.8	48.1	48.1	6.4	49.2	44.4	7.3	52.9	39.8	3.8	42.8	53.5
	高 计数	9175	105074	108442	14363	109260	99068	15122	112764	94805	8785	96337	117569
	高 百分比	4.1	47.2	48.7	6.4	49.1	44.5	6.8	50.6	42.6	3.9	43.3	52.8

表7-12　父母职业地位与线上学习期间家校合作内容（3）

			接收（受）辅导孩子的方法			接收（受）安全健康知识			接收（受）疫情防控知识			接收（受）社会责任培养			接收（受）疫情动态宣传		
			从不	偶尔	经常	从不	偶尔	经常	从不	偶尔	经常	从不	偶尔	经常	从不	偶尔	经常
父亲职业地位	低	计数	22828	168182	158431	6702	112438	230301	5051	92709	251681	17198	151789	180454	12717	121928	214796
		百分比	6.5	48.1	45.3	1.9	32.2	65.9	1.4	26.5	72.0	4.9	43.4	51.6	3.6	34.9	61.5
	中	计数	52810	523673	514380	13962	345433	731468	9745	278603	802515	39381	474289	577193	25247	366794	698822
		百分比	4.8	48.0	47.2	1.3	31.7	67.1	0.9	25.5	73.6	3.6	43.5	52.9	2.3	33.6	64.1
	高	计数	16004	158444	150993	3813	104294	217334	2552	80174	242715	11761	146208	167472	5826	105156	214459
		百分比	4.9	48.7	46.4	1.2	32.0	66.8	0.8	24.6	74.6	3.6	44.9	51.5	1.8	32.3	65.9
母亲职业地位	低	计数	30006	228107	214806	8356	151854	312709	6114	124182	342623	22720	207941	242258	15733	164060	293126
		百分比	6.3	48.2	45.4	1.8	32.1	66.1	1.3	26.3	72.4	4.8	44.0	51.2	3.3	34.7	62.0
	中	计数	50534	515693	503908	13241	338192	718702	9324	271407	789404	37245	464897	567993	23963	357947	688225
		百分比	4.7	48.2	47.1	1.2	31.6	67.2	0.9	25.4	73.8	3.5	43.4	53.1	2.2	33.4	64.3
	高	计数	11102	106499	105090	2880	72119	147692	1910	55897	164884	8375	99448	114868	4094	71871	146726
		百分比	5.0	47.8	47.2	1.3	32.4	66.3	0.9	25.1	74.0	3.8	44.7	51.6	1.8	32.3	65.9

7.1.5 父母婚姻状况与线上学习期间家校合作内容的关系

孩子父母的婚姻状况中，总体上各类型家庭家长在线上学习期间参与家校合作内容相关的典型行为为为"经常"的比例各有高低。

表 7-13 父母婚姻状况与线上学习期间家校合作内容（1）

家庭婚姻状况		接收（受）老师联系领导方式			接收（受）学校家委会联系方式			接收（受）学校政策通知			接收（受）心理辅导咨询		
		从不	偶尔	经常	从不	偶尔	经常	从不	偶尔	经常	从不	偶尔	经常
原配家庭	计数	70155	636632	911523	281822	762924	573564	51888	518622	1047800	340008	799991	478311
	百分比	4.3	39.3	56.3	17.4	47.1	35.4	3.2	32.0	64.7	21.0	49.4	29.6
再婚家庭	计数	2749	22850	32550	10088	26850	21211	2389	19000	36760	12869	28012	17268
	百分比	4.7	39.3	56.0	17.3	46.2	36.5	4.1	32.7	63.2	22.1	48.2	29.7
单亲家庭	计数	3636	30848	43042	13699	35650	28177	3159	25577	48790	17152	37664	22710
	百分比	4.7	39.8	55.5	17.7	46.0	36.3	4.1	33.0	62.9	22.1	48.6	29.3
其他	计数	902	5282	5576	2325	5663	3772	903	4602	6255	2898	5631	3231
	百分比	7.7	44.9	47.4	19.8	48.2	32.1	7.7	39.1	53.2	24.6	47.9	27.5

表 7-14 父母婚姻状况与线上学习期间家校合作内容（2）

家庭婚姻状况		接收（受）家庭教育知识			接收（受）亲子关系指导			接收（受）亲子阅读指导			接收（受）线上学习方法		
		经常	偶尔	从不	经常	偶尔	从不	经常	偶尔	从不	经常	偶尔	从不
原配家庭	计数	478311	778431	66951	772928	796793	110695	710822	853037	125210	640063	689503	65742
	百分比	29.6	48.1	4.1	47.8	49.2	6.8	43.9	52.7	7.7	39.6	42.6	4.1

续表

家庭婚姻状况		接收(受)家庭教育知识			接收(受)亲子关系指导			接收(受)亲子阅读指导			接收(受)线上学习方法		
		经常	从不	偶尔	经常	从不	偶尔	经常	从不	偶尔	经常	从不	偶尔
再婚家庭	计数	17268	3050	27959	27140	4799	28435	24915	5638	30375	22136	2990	24773
	百分比	29.7	5.2	48.1	46.7	8.3	48.9	42.8	9.7	52.2	38.1	5.1	42.6
单亲家庭	计数	22710	4228	38011	35287	6737	38881	31908	7896	41152	28478	4098	33898
	百分比	29.3	5.5	49.0	45.5	8.7	50.2	41.2	10.2	53.1	36.7	5.3	43.7
其他	计数	3231	823	5749	5188	1228	5747	4785	1410	6076	4274	779	5212
	百分比	27.5	7.0	48.9	44.1	10.4	48.9	40.7	12.0	51.7	36.3	6.6	44.3

表7-15 父母婚姻状况与线上学习期间家校合作内容(3)

家庭婚姻状况		接收(受)辅导孩子的方法			接收(受)安全健康知识			接收(受)疫情防控知识			接收(受)社会责任培养			接收(受)疫情动态宣传		
		从不	偶尔	经常	从不	偶尔	经常	从不	偶尔	经常	从不	偶尔	经常	从不	偶尔	经常
原配家庭	计数	81783	777932	758595	21281	512752	1084277	14871	411045	1192394	61098	708105	849107	38423	542753	1037134
	百分比	5.1	48.1	46.9	1.3	31.7	67.0	0.9	25.4	73.7	3.8	43.8	52.5	2.4	33.5	64.1
再婚家庭	计数	3733	28186	26230	1204	19123	37822	913	15507	41729	2713	25149	30287	2057	19852	36240
	百分比	6.4	48.5	45.1	2.1	32.9	65.0	1.6	26.7	71.8	4.7	43.2	52.1	3.5	34.1	62.3
单亲家庭	计数	5133	38428	33965	1551	26130	49845	1151	21273	55102	3717	33824	39985	2493	26792	48241
	百分比	6.6	49.6	43.8	2.0	33.7	64.3	1.5	27.4	71.1	4.8	43.6	51.6	3.2	34.6	62.2
其他	计数	993	5753	5014	441	4160	7159	413	3661	7686	812	5208	5740	817	4481	6462
	百分比	8.4	48.9	42.6	3.8	35.4	60.9	3.5	31.1	65.4	6.9	44.3	48.8	6.9	38.1	54.9

7.2 家庭背景与线上学习期间家校合作行为

7.2.1 家庭所在地与线上学习期间家校合作行为的关系

家庭所在地从农村、乡镇、县城到市里，家长在线上学习期间参与家校合作典型行为为为"经常"的比例相对增加，但农村家庭高于乡镇家庭。

表 7-16 家庭所在地与线上学习期间家校合作行为（1）

家庭所在地		线上学习期间参与线上家庭教育讲座			线上学习期间参与与教师单独交流			线上学习期间参与线上家长会			线上学习期间参与家长间的讨论和分享		
		从不	偶尔	经常	从不	偶尔	经常	从不	偶尔	经常	从不	偶尔	经常
农村	计数	101146	425987	254748	99677	516867	165337	121451	436607	223823	132599	480233	169049
	百分比	12.9	54.5	32.6	12.7	66.1	21.1	15.5	55.8	28.6	17.0	61.4	21.6
乡镇	计数	28578	159047	90524	31712	190805	55632	34585	164029	79535	40799	179822	57528
	百分比	10.3	57.2	32.5	11.4	68.6	20.0	12.4	59.0	28.6	14.7	64.6	20.7
县城	计数	35979	140530	87861	32499	171247	60624	45614	139185	79571	43846	159367	61157
	百分比	13.6	53.2	33.2	12.3	64.8	22.9	17.3	52.6	30.1	16.6	60.3	23.1
市里	计数	40392	231441	169512	43635	288755	108955	42572	243120	155653	57054	270718	113573
	百分比	9.2	52.4	38.4	9.9	65.4	24.7	9.6	55.1	35.3	12.9	61.3	25.7

表 7-17　家庭所在地与线上学习期间家校合作行为（2）

家庭所在地		线上学习期间参与教师线上家访/实地家访			线上学习期间参与家长互助小组			线上学习期间参与情况反馈 在家学习情况反馈			线上学习期间参与表现反馈 在家表现行为反馈		
		从不	偶尔	经常	从不	偶尔	经常	从不	偶尔	经常	从不	偶尔	经常
农村	计数	164324	455190	162367	240117	408968	132796	63985	460791	257105	75209	479772	226900
	百分比	21.0	58.2	20.8	30.7	52.3	17.0	8.2	58.9	32.9	9.6	61.4	29.0
乡镇	计数	55702	170362	52085	83019	151052	44078	20535	171015	86599	23561	177504	77084
	百分比	20.0	61.2	18.7	29.8	54.3	15.8	7.4	61.5	31.1	8.5	63.8	27.7
县城	计数	60093	148039	56238	81216	133646	49508	21277	146269	96824	25031	154108	85231
	百分比	22.7	56.0	21.3	30.7	50.6	18.7	8.0	55.3	36.6	9.5	58.3	32.2
市里	计数	100194	245508	95643	127669	222223	91453	34211	242836	164298	41107	255476	144762
	百分比	22.7	55.6	21.7	28.9	50.4	20.7	7.8	55.0	37.2	9.3	57.9	32.8

表 7-18　家庭所在地与线上学习期间家校合作行为（3）

家庭所在地		线上学习期间参与作为家长志愿者为学校或家长提供帮助			线上学习期间参与对学校提出意见（如通过微信或问卷调查）			线上学习期间参与配合学校疫情防控（如上报孩子体温等）		
		从不	偶尔	经常	从不	偶尔	经常	从不	偶尔	经常
农村	计数	155598	466994	159288	129346	426731	225804	12590	152303	616988
	百分比	19.9	59.7	20.4	16.5	54.6	28.9	1.6	19.5	78.9
乡镇	计数	54627	171918	51604	41379	158284	78486	3763	57979	216407
	百分比	19.6	61.8	18.6	14.9	56.9	28.2	1.4	20.8	77.8
县城	计数	51074	158721	54575	46071	145937	72362	4020	48867	211483
	百分比	19.3	60.0	20.6	17.4	55.2	27.4	1.5	18.5	80.0
市里	计数	82487	264261	94597	69513	244076	127756	4787	74282	362276
	百分比	18.7	59.9	21.4	15.8	55.3	28.9	1.1	16.8	82.1

7.2.2 家庭经济状况与线上学习期间家校合作行为的关系

家庭经济状况的五个等级中，家庭经济状况越好，大体上呈现家长在线上学习期间参与家校合作典型行为为"经常"的比例相对增加，但非常困难家庭"参与"的比例高于比较困难家庭。

表 7-19 家庭经济状况与线上学习期间家校合作行为（1）

家庭经济状况		线上学习期间参与线上家庭教育讲座			线上学习期间参与与教师单独交流			线上学习期间参与线上家长会			线上学习期间参与家长间的讨论和分享		
		从不	偶尔	经常	从不	偶尔	经常	从不	偶尔	经常	从不	偶尔	经常
非常困难	计数	8113	23526	15280	7320	28184	11415	9465	24231	13223	9572	26089	11258
	百分比	17.3	50.1	32.6	15.6	60.1	24.3	20.2	51.6	28.2	20.4	55.6	24.0
比较困难	计数	41320	144255	72817	39208	171797	47387	49706	146236	62450	52179	159190	47023
	百分比	16.0	55.8	28.2	15.2	66.5	18.3	19.2	56.6	24.2	20.2	61.6	18.2
中等	计数	152191	766149	493578	156246	939645	316027	180017	788616	443285	206483	878840	326595
	百分比	10.8	54.3	35.0	11.1	66.6	22.4	12.7	55.9	31.4	14.6	62.2	23.1
比较富裕	计数	4114	21901	19406	4358	26716	14347	4614	22704	18103	5631	24781	15009
	百分比	9.1	48.2	42.7	9.6	58.8	31.6	10.2	50.0	39.9	12.4	54.6	33.0
很富裕	计数	357	1174	1564	391	1332	1372	420	1154	1521	433	1240	1422
	百分比	11.5	37.9	50.5	12.6	43.0	44.3	13.6	37.3	49.1	14.0	40.1	45.9

表7-20　家庭经济状况与线上学习期间家校合作行为（2）

家庭经济状况		线上学习期间参与教师线上家访/实地家访			线上学习期间参与参加家长互助小组			线上学习期间参与孩子在家学习情况反馈			线上学习期间参与孩子在家行为表现反馈		
		从不	偶尔	经常	从不	偶尔	经常	从不	偶尔	经常	从不	偶尔	经常
非常困难	计数	11174	24628	11117	15522	22482	8915	5621	25789	15509	6257	26757	13905
	百分比	23.8	52.5	23.7	33.1	47.9	19.0	12.0	55.0	33.1	13.3	57.0	29.6
比较困难	计数	63432	149223	45737	90603	131304	36485	26044	155932	76416	30664	162350	65378
	百分比	24.5	57.8	17.7	35.1	50.8	14.1	10.1	60.3	29.6	11.9	62.8	25.3
中等	计数	294934	820500	296484	412747	739966	259205	104467	815455	491996	123668	852960	435290
	百分比	20.9	58.1	21.0	29.2	52.4	18.4	7.4	57.8	34.8	8.8	60.4	30.8
比较富裕	计数	10087	23532	11802	12411	21051	11959	3513	22554	19354	3941	23584	17896
	百分比	22.2	51.8	26.0	27.3	46.3	26.3	7.7	49.7	42.6	8.7	51.9	39.4
很富裕	计数	686	1216	1193	738	1086	1271	363	1181	1551	378	1209	1508
	百分比	22.2	39.3	38.5	23.8	35.1	41.1	11.7	38.2	50.1	12.2	39.1	48.7

表 7-21 家庭经济状况与线上学习期间家校合作行为（3）

家庭经济状况		线上学习期间参与组织或作为家长志愿者为学校或家长提供帮助			线上学习期间参与对学校提出意见（如通过微信或问卷调查）			线上学习期间参与配合学校疫情防控（如上报孩子体温等）		
		从不	偶尔	经常	从不	偶尔	经常	从不	偶尔	经常
非常困难	计数	9826	25664	11428	9636	23333	13950	1591	9891	35437
	百分比	20.9	54.7	24.4	20.5	49.7	29.7	3.4	21.1	75.5
比较困难	计数	58493	155067	44832	50342	142513	65537	4913	51145	202334
	百分比	22.6	60.0	17.4	19.5	55.2	25.4	1.9	19.8	78.3
中等	计数	267393	855363	289162	219392	784765	407761	17794	262897	1131227
	百分比	18.9	60.6	20.5	15.5	55.6	28.9	1.3	18.6	80.1
比较富裕	计数	7622	24557	13242	6424	23275	15722	707	8896	35818
	百分比	16.8	54.1	29.2	14.1	51.2	34.6	1.6	19.6	78.9
很富裕	计数	452	1243	1400	515	1142	1438	155	602	2338
	百分比	14.6	40.2	45.2	16.6	36.9	46.5	5.0	19.5	75.5

7.2.3 父母学历与线上学习期间家校合作行为

孩子父亲和母亲的学历状况中，孩子父母的学历越高，家长在线上学习期间参与家校合作典型行为为"经常"的比例越高。

表7-22 父母学历与线上学习期间家校合作行为（1）

		线上学习期间参与线上家庭教育讲座			线上学习期间参与与教师单独交流			线上学习期间参与线上家长会			家长在线上学习期间参与家长间的讨论和分享		
		从不	偶尔	经常	从不	偶尔	经常	从不	偶尔	经常	从不	偶尔	经常
父亲学历													
小学及以下	计数	22051	64068	34851	20899	74742	25329	25280	64200	31490	26204	68624	26142
	百分比	18.2	53.0	28.8	17.3	61.8	20.9	20.9	53.1	26.0	21.7	56.7	21.6
初中	计数	102987	410994	251361	100064	500343	164935	123256	417819	224267	131883	464136	169323
	百分比	13.5	53.7	32.8	13.1	65.4	21.6	16.1	54.6	29.3	17.2	60.6	22.1
高中或中专	计数	47949	266375	175195	51216	327898	110405	56339	275188	157992	68194	307031	114294
	百分比	9.8	54.4	35.8	10.5	67.0	22.6	11.5	56.2	32.3	13.9	62.7	23.3
大学专科	计数	17547	115300	73667	19634	141300	45580	21279	120535	64700	26296	133612	46606
	百分比	8.5	55.8	35.7	9.5	68.4	22.1	10.3	58.4	31.3	12.7	64.7	22.6
大学本科	计数	13955	90539	60628	14129	111578	39415	16261	95028	53833	19598	105500	40024
	百分比	8.5	54.8	36.7	8.6	67.6	23.9	9.8	57.6	32.6	11.9	63.9	24.2
硕士及以上	计数	1606	9729	6943	1581	11813	4884	1807	10171	6300	2123	11237	4918
	百分比	8.8	53.2	38.0	8.6	64.6	26.7	9.9	55.6	34.5	11.6	61.5	26.9

续表

母亲学历		线上学习期间参与线上家庭教育讲座			线上学习期间参与与教师单独交流			线上学习期间参与线上家长会			线上学习期间参与家长间的讨论和分享		
		从不	偶尔	经常	从不	偶尔	经常	从不	偶尔	经常	从不	偶尔	经常
小学及以下	计数	34650	101693	54686	33244	118690	39095	40135	101453	49441	40637	109535	40857
	百分比	18.1	53.2	28.6	17.4	62.1	20.5	21.0	53.1	25.9	21.3	57.3	21.4
初中	计数	100107	416149	255929	97611	507770	166804	120097	423804	228284	129109	471769	171307
	百分比	13.0	53.9	33.1	12.6	65.8	21.6	15.6	54.9	29.6	16.7	61.1	22.2
高中或中专	计数	41834	244565	162004	45541	301925	100937	49168	253976	145259	61375	282691	104337
	百分比	9.3	54.5	36.1	10.2	67.3	22.5	11.0	56.6	32.4	13.7	63.0	23.3
大学专科	计数	16453	109752	70838	18405	135048	43590	19584	115211	62248	24954	127285	44804
	百分比	8.3	55.7	36.0	9.3	68.5	22.1	9.9	58.5	31.6	12.7	64.6	22.7
大学本科	计数	11744	78005	53865	11599	95741	36274	13786	81304	48524	16643	90801	36170
	百分比	8.2	54.3	37.5	8.1	66.7	25.3	9.6	56.6	33.8	11.6	63.2	25.2
硕士及以上	计数	1307	6841	5323	1123	8500	3848	1452	7193	4826	1580	8059	3832
	百分比	9.7	50.8	39.5	8.3	63.1	28.6	10.8	53.4	35.8	11.7	59.8	28.4

表7-23 父母学历与线上学习期间家校合作行为 (2)

父亲学历		线上学习期间参与教师线上家访/实地家访			线上学习期间参与家长互助小组			线上学习期间参与孩子在家学习情况反馈			线上学习期间参与孩子在家行为表现反馈		
		从不	偶尔	经常	从不	偶尔	经常	从不	偶尔	经常	从不	偶尔	经常
小学及以下	计数	33064	65103	22803	43028	57838	20104	15084	69688	36198	17049	71464	32457
	百分比	27.3	53.8	18.9	35.6	47.8	16.6	12.5	57.6	29.9	14.1	59.1	26.8

续表

		线上学习期间参与教师家访 线上家访/实地家访			线上学习期间参与参加 家长互助小组			线上学习期间参与孩子 在家学习情况反馈			线上学习期间参与孩子 在家行为表现反馈		
		从不	偶尔	经常	从不	偶尔	经常	从不	偶尔	经常	从不	偶尔	经常
父亲学历													
初中	计数	172648	434619	158075	239240	392755	133347	64683	442860	257799	76507	462118	226717
	百分比	22.6	56.8	20.7	31.3	51.3	17.4	8.5	57.9	33.7	10.0	60.4	29.6
高中或中专	计数	97529	286936	105054	137066	260520	91933	33504	283469	172546	39716	296333	153470
	百分比	19.9	58.6	21.5	28.0	53.2	18.8	6.8	57.9	35.2	8.1	60.5	31.4
大学专科	计数	40993	124299	41222	59157	110137	37220	14046	121310	71158	16605	127426	62483
	百分比	19.8	60.2	20.0	28.6	53.3	18.0	6.8	58.7	34.5	8.0	61.7	30.3
大学本科	计数	32207	97850	35065	47930	85843	31349	11182	93794	60146	13268	99097	52757
	百分比	19.5	59.3	21.2	29.0	52.0	19.0	6.8	56.8	36.4	8.0	60.0	32.0
硕士及以上	计数	3872	10292	4114	5600	8796	3882	1509	9790	6979	1763	10422	6093
	百分比	21.2	56.3	22.5	30.6	48.1	21.2	8.3	53.6	38.2	9.6	57.0	33.3
母亲学历													
小学及以下	计数	51886	103041	36102	66642	93032	31355	23304	110140	57585	26118	113537	51374
	百分比	27.2	53.9	18.9	34.9	48.7	16.4	12.2	57.7	30.1	13.7	59.4	26.9
初中	计数	169899	441053	161233	236998	399959	135228	61630	447274	263281	73746	466897	231542
	百分比	22.0	57.1	20.9	30.7	51.8	17.5	8.0	57.9	34.1	9.6	60.5	30.0
高中或中专	计数	88304	265461	94638	125209	239345	83849	30277	260501	157625	35737	272668	139998
	百分比	19.7	59.2	21.1	27.9	53.4	18.7	6.8	58.1	35.2	8.0	60.8	31.2
大学专科	计数	39599	118168	39276	57252	104121	35670	13788	115864	67391	16174	121675	59194
	百分比	20.1	60.0	19.9	29.1	52.8	18.1	7.0	58.8	34.2	8.2	61.8	30.0
大学本科	计数	27702	83981	31931	41751	73177	28686	9814	80236	53564	11713	84712	47189
	百分比	19.3	58.5	22.2	29.1	51.0	20.0	6.8	55.9	37.3	8.2	59.0	32.9
硕士及以上	计数	2923	7395	3153	4169	6255	3047	1195	6896	5380	1420	7371	4680
	百分比	21.7	54.9	23.4	30.9	46.4	22.6	8.9	51.2	39.9	10.5	54.7	34.7

表7-24 父母学历与线上学习期间家校合作行为（3）

			线上学习期间参与学校或学校为家长提供帮助（志愿者为学校或家长提供帮助）			线上学习期间参与学校提出意见（如通过微信或问卷调查）			线上学习期间参与配合学校疫情防控（如上报孩子体温等）		
			从不	偶尔	经常	从不	偶尔	经常	从不	偶尔	经常
父亲学历	小学及以下	计数	27471	68001	25498	26004	61680	33286	3935	28489	88546
		百分比	22.7	56.2	21.1	21.5	51.0	27.5	3.3	23.6	73.2
	初中	计数	152111	455013	158217	135416	408291	221635	12136	141757	611449
		百分比	19.9	59.5	20.7	17.7	53.3	29.0	1.6	18.5	79.9
	高中或中专	计数	89495	298512	101512	70346	273883	145290	5426	89655	394438
		百分比	18.3	61.0	20.7	14.4	55.9	29.7	1.1	18.3	80.6
	大学专科	计数	39207	128242	39065	28788	121815	55911	1877	38790	165847
		百分比	19.0	62.1	18.9	13.9	59.0	27.1	0.9	18.8	80.3
	大学本科	计数	31822	101369	31931	22984	98614	43524	1515	31307	132300
		百分比	19.3	61.4	19.3	13.9	59.7	26.4	0.9	19.0	80.1
	硕士及以上	计数	3680	10757	3841	2771	10745	4762	271	3433	14574
		百分比	20.1	58.9	21.0	15.2	58.8	26.1	1.5	18.8	79.7
母亲学历	小学及以下	计数	42326	109028	39675	39697	99267	52065	5875	45333	139821
		百分比	22.2	57.1	20.8	20.8	52.0	27.3	3.1	23.7	73.2
	初中	计数	150533	462155	159497	133403	413430	225352	11346	139682	621157
		百分比	19.5	59.9	20.7	17.3	53.5	29.2	1.5	18.1	80.4
	高中或中专	计数	81362	274745	92295	62968	252535	132900	4560	81547	362296
		百分比	18.1	61.3	20.6	14.0	56.3	29.6	1.0	18.2	80.8
	大学专科	计数	38610	121269	37164	27662	116525	52856	1823	37083	158137
		百分比	19.6	61.5	18.9	14.0	59.1	26.8	0.9	18.8	80.3
	大学本科	计数	28169	86929	28516	20398	85553	37663	1305	27272	115037
		百分比	19.6	60.5	19.9	14.2	59.6	26.2	0.9	19.0	80.1
	硕士及以上	计数	2786	7768	2917	2181	7718	3572	251	2514	10706
		百分比	20.7	57.7	21.7	16.2	57.3	26.5	1.9	18.7	79.5

7.2.4 父母职业地位与线上学习期间家校合作行为的关系

孩子父亲和母亲的职业地位越高，家长在线上学习期间参与家校合作典型行为为"经常"的比例越高。

表 7-25 父母职业地位与线上学习期间家校合作行为（1）

		线上学习期间参与线上家庭教育讲座			线上学习期间参与与教师单独交流			线上学习期间参与线上家长会			线上学习期间参与家长间的讨论和分享		
		从不	偶尔	经常	从不	偶尔	经常	从不	偶尔	经常	从不	偶尔	经常
父亲职业地位 低	计数	53261	184211	111969	50000	223643	75798	63330	185908	100203	66562	206492	76387
	百分比	15.2	52.7	32.0	14.3	64.0	21.7	18.1	53.2	28.7	19.0	59.1	21.9
中	计数	123076	592106	375681	127171	723513	240179	146004	608320	336539	166421	675259	249183
	百分比	11.3	54.3	34.4	11.7	66.3	22.0	13.4	55.8	30.9	15.3	61.9	22.8
高	计数	29758	180688	114995	30352	220518	74571	34888	188713	101840	41315	208389	75737
	百分比	9.1	55.5	35.3	9.3	67.8	22.9	10.7	58.0	31.3	12.7	64.0	23.3
母亲职业地位 低	计数	68009	250906	154004	66234	306853	99832	80491	255600	136828	88085	283117	101717
	百分比	14.4	53.1	32.6	14.0	64.9	21.1	17.0	54.0	28.9	18.6	59.9	21.5
中	计数	118149	584337	367649	121923	713114	235098	140397	601485	328253	158521	666974	244640
	百分比	11.0	54.6	34.4	11.4	66.6	22.0	13.1	56.2	30.7	14.8	62.3	22.9
高	计数	19937	121762	80992	19366	147707	55618	23334	125856	73501	27692	140049	54950
	百分比	9.0	54.7	36.4	8.7	66.3	25.0	10.5	56.5	33.0	12.4	62.9	24.7

表7-26 父母职业地位与线上学习期间家校合作行为 (2)

		线上学习期间参与教师 线上家访/实地家访			线上学习期间参与 家长互助小组			线上学习期间参与孩子 在家学习情况反馈			线上学习期间参与孩子 在家行为表现反馈		
		从不	偶尔	经常	从不	偶尔	经常	从不	偶尔	经常	从不	偶尔	经常
父亲职业地位 低	计数	82122	194067	73252	114159	174334	60948	33908	197293	118240	40011	206292	103138
	百分比	23.5	55.5	21.0	32.7	49.9	17.4	9.7	56.5	33.8	11.5	59.0	29.5
中	计数	233457	630852	226554	322837	569743	198283	83573	634865	372425	98566	662081	330216
	百分比	21.4	57.8	20.8	29.6	52.2	18.2	7.7	58.2	34.1	9.0	60.7	30.3
高	计数	64734	194180	66527	95025	171812	58604	22527	188753	114161	26331	198487	100623
	百分比	19.9	59.7	20.4	29.2	52.8	18.0	6.9	58.0	35.1	8.1	61.0	30.9
母亲职业地位 低	计数	112393	264939	95587	156648	236000	80271	45302	269775	157842	54000	282095	136824
	百分比	23.8	56.0	20.2	33.1	49.9	17.0	9.6	57.0	33.4	11.4	59.6	28.9
中	计数	225430	623443	221262	312219	564278	193638	79452	625052	365631	93178	652197	324760
	百分比	21.1	58.3	20.7	29.2	52.7	18.1	7.4	58.4	34.2	8.7	60.9	30.3
高	计数	42490	130717	49484	63154	115611	43926	15254	126084	81353	17730	132568	72393
	百分比	19.1	58.7	22.2	28.4	51.9	19.7	6.8	56.6	36.5	8.0	59.5	32.5

表 7-27 父母职业地位与线上学习期间家校合作行为（3）

		线上学习期间参与作为家长志愿者为学校或家长提供帮助			线上学习期间参与对学校提出意见（如通过微信或问卷调查）			线上学习期间参与配合学校疫情防控（如上报孩子体温等）		
		从不	偶尔	经常	从不	偶尔	经常	从不	偶尔	经常
父亲职业地位 低	计数	73105	202986	73350	68453	183845	97143	7000	65949	276492
	百分比	20.9	58.1	21.0	19.6	52.6	27.8	2.0	18.9	79.1
中	计数	209068	658543	223251	172149	601050	317664	14592	206338	869933
	百分比	19.2	60.4	20.5	15.8	55.1	29.1	1.3	18.9	79.7
高	计数	61613	200365	63463	45707	190133	89601	3568	61144	260729
	百分比	18.9	61.6	19.5	14.0	58.4	27.5	1.1	18.8	80.1
母亲职业地位 低	计数	100007	277119	95793	91148	252132	129639	8571	85543	378805
	百分比	21.1	58.6	20.3	19.3	53.3	27.4	1.8	18.1	80.1
中	计数	202274	649437	218423	163790	593474	312871	13947	204366	851822
	百分比	18.9	60.7	20.4	15.3	55.5	29.2	1.3	19.1	79.6
高	计数	41505	135338	45848	31371	129422	61898	2642	43522	176527
	百分比	18.6	60.8	20.6	14.1	58.1	27.8	1.2	19.5	79.3

7.2.5 父母婚姻状况与线上学习期间家校合作行为的关系

孩子父母的婚姻状况中，各类家庭家长在线上学习期间参与家校合作典型行为为"经常"的比例各有高低。

表7-28 父母婚姻状况与线上学习期间家校合作行为（1）

家庭婚姻状况		线上学习期间参与线上家庭教育讲座			线上学习期间参与与教师单独交流			线上学习期间参与线上家长会			线上学习期间参与家长间的讨论和分享		
		从不	偶尔	经常	从不	偶尔	经常	从不	偶尔	经常	从不	偶尔	经常
原配家庭	计数	185864	877689	554757	188372	1073541	356397	221109	902214	494987	248125	1002369	367816
	百分比	11.5	54.2	34.3	11.6	66.3	22.0	13.7	55.8	30.6	15.3	61.9	22.7
再婚家庭	计数	7616	31138	19395	7285	37209	13655	8758	31674	17717	10012	34728	13409
	百分比	13.1	53.5	33.4	12.5	64.0	23.5	15.1	54.5	30.5	17.2	59.7	23.1
单亲家庭	计数	10731	41915	24880	10010	49703	17813	12271	42599	22656	13958	46235	17333
	百分比	13.8	54.1	32.1	12.9	64.1	23.0	15.8	54.9	29.2	18.0	59.6	22.4
其他	计数	1884	6263	3613	1856	7221	2683	2084	6454	3222	2203	6808	2749
	百分比	16.0	53.3	30.7	15.8	61.4	22.8	17.7	54.9	27.4	18.7	57.9	23.4

表7-29 父母婚姻状况与线上学习期间家校合作行为（2）

家庭婚姻状况		教师线上家访/实地家访			参加家长互助小组			孩子在学习情况反馈			孩子在家行为表现反馈		
		从不	偶尔	经常	从不	偶尔	经常	从不	偶尔	经常	从不	偶尔	经常
原配家庭	计数	347151	936525	334634	486267	841403	290640	125880	936792	555638	148873	979264	490173
	百分比	21.5	57.9	20.7	30.0	52.0	18.0	7.8	57.9	34.3	9.2	60.5	30.3

续表

家庭婚姻状况		线上学习期间参与教师线上家访/实地家访			线上学习期间参与参加家长互助小组			线上学习期间参与孩子在家学习情况反馈			线上学习期间参与孩子在家学习行为表现反馈		
		从不	偶尔	经常	从不	偶尔	经常	从不	偶尔	经常	从不	偶尔	经常
再婚家庭	计数	12790	32712	12647	17898	29483	10768	5379	32918	19852	6114	34451	17584
	百分比	22.0	56.3	21.7	30.8	50.7	18.5	9.3	56.6	34.1	10.5	59.2	30.2
单亲家庭	计数	17508	43433	16585	24160	39193	14173	7351	44505	25670	8385	46293	22848
	百分比	22.6	56.0	21.4	31.2	50.6	18.3	9.5	57.4	33.1	10.8	59.7	29.5
其他	计数	2864	6429	2467	3696	5810	2254	1398	6696	3666	1536	6852	3372
	百分比	24.4	54.7	21.0	31.4	49.4	19.2	11.9	56.9	31.2	13.1	58.3	28.7

表7-30 父母婚姻状况与线上学习期间家校合作行为（3）

家庭婚姻状况		线上学习期间参与或作为家长志愿者为学校或家长提供帮助			线上学习期间参与对学校提出意见（如通过微信或问卷调查）			线上学习期间参与配合学校疫情防控（如上报孩子体温等）		
		从不	偶尔	经常	从不	偶尔	经常	从不	偶尔	经常
原配家庭	计数	312456	976562	329291	260109	895928	462273	21966	301686	1294658
	百分比	19.3	60.3	20.3	16.1	55.4	28.6	1.4	18.6	80.0
再婚家庭	计数	12003	33849	12297	10137	31139	16873	1190	11952	45007
	百分比	20.6	58.2	21.1	17.4	53.6	29.0	2.0	20.6	77.4
单亲家庭	计数	16924	44793	15809	13830	41868	21828	1528	16847	59151
	百分比	21.8	57.8	20.4	17.8	54.0	28.2	2.0	21.7	76.3
其他	计数	2403	6690	2667	2233	6093	3434	476	2946	8338
	百分比	20.4	56.9	22.7	19.0	51.8	29.2	4.0	25.1	70.9

第8章

学生特征与线上学习期间家校合作

本章主要探讨学生特征与线上学习期间家校合作的关系，具体指向在不同的学生特征中，如学生性别、学段、是否留守儿童、是否独生子女、学生成长状况等变量的不同层次类型中，线上学习期间家长参与家校合作的内容、行为的数据分布特征和趋势。

8.1 学生特征与线上学习期间家校合作内容

8.1.1 学生性别与线上学习期间家校合作内容的关系

在学生性别方面，无论男孩还是女孩，家长在线上学习期间参与家校合作内容相关的典型行为为"经常"的比例没有明显差异。

表8-1　学生性别与线上学习期间家校合作内容的关系（1）

孩子性别		学校领导或老师联系方式			学校家委会联系方式			学校政策通知			心理辅导咨询		
		从不	偶尔	经常	从不	偶尔	经常	从不	偶尔	经常	从不	偶尔	经常
女孩	计数	38432	328746	454489	147079	386803	287785	29351	266435	525881	175580	404285	241802
	百分比	4.7	40.0	55.3	17.9	47.1	35.0	3.6	32.4	64.0	21.4	49.2	29.4
男孩	计数	39010	366866	538202	160855	444284	338939	28988	301366	613724	197347	467013	279918
	百分比	4.1	38.9	57.0	17.0	47.1	35.9	3.1	31.9	65.0	20.9	49.5	29.6

表8-2　学生性别与线上学习期间家校合作内容的关系（2）

孩子性别		家庭教育知识			亲子关系指导			亲子阅读指导			线上学习方法		
		从不	偶尔	经常	从不	偶尔	经常	从不	偶尔	经常	从不	偶尔	经常
女孩	计数	35379	395894	390394	59134	404450	358083	66070	430485	325112	33489	347817	440361
	百分比	4.3	48.2	47.5	7.2	49.2	43.6	8.0	52.4	39.6	4.1	42.3	53.6
男孩	计数	39673	454256	450149	64325	465406	414347	74084	500155	369839	40120	405569	498389
	百分比	4.2	48.1	47.7	6.8	49.3	43.9	7.8	53.0	39.2	4.2	43.0	52.8

表8-3　学生性别与线上学习期间家校合作内容的关系（3）

孩子性别		辅导孩子的方法			安全健康知识			疫情防控知识			社会责任培养			疫情动态宣传		
		从不	偶尔	经常	从不	偶尔	经常	从不	偶尔	经常	从不	偶尔	经常	从不	偶尔	经常
女孩	计数	43575	395832	382260	11304	261532	548831	7826	209774	604067	32004	360465	429198	20433	275883	525351
	百分比	5.3	48.2	46.5	1.4	31.8	66.8	1.0	25.5	73.5	3.9	43.9	52.2	2.5	33.6	63.9
男孩	计数	48067	454467	441544	13173	300633	630272	9522	241712	692844	36336	411821	495921	23357	317995	602726
	百分比	5.1	48.1	46.8	1.4	31.8	66.8	1.0	25.6	73.4	3.8	43.6	52.5	2.5	33.7	63.8

8.1.2 学生学段与线上学习期间家校合作内容的关系

在学生学段方面，学生的学段越高，家长在线上学习期间参与家校合作内容相关的典型行为为"经常"的比例越低。

表 8-4 学生学段与线上学习期间家校合作内容的关系（1）

学生学段		学校领导或老师联系方式			学校家委会联系方式			学校政策通知			心理辅导咨询		
		从不	偶尔	经常	从不	偶尔	经常	从不	偶尔	经常	从不	偶尔	经常
幼儿园	计数	1004	9752	15967	4377	11926	10420	699	8041	17983	5652	12369	8702
	百分比	3.8	36.5	59.8	16.4	44.6	39.0	2.6	30.1	67.3	21.2	46.3	32.6
小学	计数	49840	449469	656878	203560	544791	407836	36847	368856	750484	240990	569327	345870
	百分比	4.3	38.9	56.8	17.6	47.1	35.3	3.2	31.9	64.9	20.8	49.2	29.9
初中	计数	19654	165652	227845	69732	191880	151539	16322	133888	262941	90305	201247	121599
	百分比	4.8	40.1	55.1	16.9	46.4	36.7	4.0	32.4	63.6	21.9	48.7	29.4
高中	计数	6944	70739	92001	30265	82490	56929	4471	57016	108197	35980	88355	45349
	百分比	4.1	41.7	54.2	17.8	48.6	33.6	2.6	33.6	63.8	21.2	52.1	26.7

表 8-5 学生学段与线上学习期间家校合作内容的关系 (2)

学生学段		家庭教育知识			亲子关系指导			亲子阅读指导			线上学习方法		
		从不	偶尔	经常	从不	偶尔	经常	从不	偶尔	经常	从不	偶尔	经常
幼儿园	计数	654	10188	15881	909	10223	15591	1019	10986	14718	1689	10691	14343
	百分比	2.4	38.1	59.4	3.4	38.3	58.3	3.8	41.1	55.1	6.3	40.0	53.7
小学	计数	43676	543673	568838	72283	555979	527925	70970	591714	493503	40274	478200	637713
	百分比	3.8	47.0	49.2	6.3	48.1	45.7	6.1	51.2	42.7	3.5	41.4	55.2
初中	计数	21021	204398	187732	34382	209842	168927	45141	228041	139969	20813	182010	210328
	百分比	5.1	49.5	45.4	8.3	50.8	40.9	10.9	55.2	33.9	5.0	44.1	50.9
高中	计数	9701	91891	68092	15885	93812	59987	23024	99899	46761	10833	82485	76366
	百分比	5.7	54.2	40.1	9.4	55.3	35.4	13.6	58.9	27.6	6.4	48.6	45.0

表 8-6 学生学段与线上学习期间家校合作内容的关系 (3)

学生学段		辅导孩子的方法			安全健康知识			疫情防控知识			社会责任培养			疫情动态宣传		
		从不	偶尔	经常	从不	偶尔	经常	从不	偶尔	经常	从不	偶尔	经常	从不	偶尔	经常
幼儿园	计数	807	10910	15006	223	6531	19969	242	6409	20072	922	10409	15392	718	8875	17130
	百分比	3.0	40.8	56.2	0.8	24.4	74.7	0.9	24.0	75.1	3.5	39.0	57.6	2.7	33.2	64.1
小学	计数	47667	529496	579024	13224	350134	792829	9833	284903	861451	42244	502268	611675	26996	381349	747842
	百分比	4.1	45.8	50.1	1.1	30.3	68.6	0.9	24.6	74.5	3.7	43.4	52.9	2.3	33.0	64.7
初中	计数	27686	214435	171030	7705	139478	265968	5387	110071	297693	17894	180189	215068	12120	141718	259313
	百分比	6.7	51.9	41.4	1.9	33.8	64.4	1.3	26.6	72.1	4.3	43.6	52.1	2.9	34.3	62.8
高中	计数	15482	95458	58744	3325	66022	100337	1886	50103	117695	7280	79420	82984	3956	61936	103792
	百分比	9.1	56.3	34.6	2.0	38.9	59.1	1.1	29.5	69.4	4.3	46.8	48.9	2.3	36.5	61.2

8.1.3 留守儿童与线上学习期间家校合作内容的关系

在是否留守儿童方面，家长在线上学习期间参与家校合作内容相关的典型行为为"经常"的比例，由高到低依次是非留守儿童、单留（仅母亲或父亲在外地长期工作）、留守儿童（父母都在外地长期工作）。

表 8-7　留守儿童与线上学习期间家校合作内容的关系（1）

留守儿童		学校领导或老师联系方式 从不	偶尔	经常	学校家委会联系方式 从不	偶尔	经常	学校政策通知 从不	偶尔	经常	心理辅导咨询 从不	偶尔	经常
留守儿童（父母都在外地长期工作）	计数	9655	83910	91003	35466	93596	55506	8939	72835	102794	50665	92505	41398
	百分比	5.2	45.5	49.3	19.2	50.7	30.1	4.8	39.5	55.7	27.5	50.1	22.4
单留:仅母亲在外地长期工作	计数	2065	17242	22395	7419	20164	14119	1820	14342	25540	9473	21011	11218
	百分比	5.0	41.3	53.7	17.8	48.4	33.9	4.4	34.4	61.2	22.7	50.4	26.9
单留:仅父亲在外地长期工作	计数	13049	107484	143253	52497	125501	85788	9528	86649	167609	64919	129779	69088
	百分比	4.9	40.7	54.3	19.9	47.6	32.5	3.6	32.8	63.5	24.6	49.2	26.2
非留守儿童	计数	52673	486976	736040	212552	591826	471311	38052	393975	843662	247870	628003	399816
	百分比	4.1	38.2	57.7	16.7	46.4	36.9	3.0	30.9	66.1	19.4	49.2	31.3

表8-8 留守儿童与线上学习期间家校合作内容的关系（2）

留守儿童		家庭教育知识			亲子关系指导			亲子阅读指导			线上学习方法		
		从不	偶尔	经常	从不	偶尔	经常	从不	偶尔	经常	从不	偶尔	经常
留守儿童（父母都在外地长期工作）	计数	10682	96408	77478	17201	97786	69581	20356	105620	58592	10501	86474	87593
	百分比	5.8	52.2	42.0	9.3	53.0	37.7	11.0	57.2	31.7	5.7	46.9	47.5
单留:仅母亲在外地长期工作	计数	2275	21165	18262	3574	21586	16542	4194	23077	14431	2297	19124	20281
	百分比	5.5	50.8	43.8	8.6	51.8	39.7	10.1	55.3	34.6	5.5	45.9	48.6
单留:仅父亲在外地长期工作	计数	13277	130844	119665	22397	133804	107585	25366	142093	96327	13078	114258	136450
	百分比	5.0	49.6	45.4	8.5	50.7	40.8	9.6	53.9	36.5	5.0	43.3	51.7
非留守儿童	计数	48818	601733	625138	80287	616680	578722	90238	659850	525601	47733	533530	694426
	百分比	3.8	47.2	49.0	6.3	48.3	45.4	7.1	51.7	41.2	3.7	41.8	54.4

表8-9 留守儿童与线上学习期间家校合作内容的关系（3）

留守儿童		辅导孩子的方法			安全健康知识			疫情防控知识			社会责任培养			疫情动态宣传		
		从不	偶尔	经常	从不	偶尔	经常	从不	偶尔	经常	从不	偶尔	经常	从不	偶尔	经常
留守儿童（父母都在外地长期工作）	计数	12386	96882	75300	4128	65554	114886	3331	56106	125131	9987	86775	87806	7376	72011	105181
	百分比	6.7	52.5	40.8	2.2	35.5	62.2	1.8	30.4	67.8	5.4	47.0	47.6	4.0	39.0	57.0
单留:仅母亲在外地长期工作	计数	2650	21427	17625	913	14713	26076	712	12108	28882	2030	19457	20215	1525	15432	24745
	百分比	6.4	51.4	42.3	2.2	35.3	62.5	1.7	29.0	69.3	4.9	46.7	48.5	3.7	37.0	59.3
单留:仅父亲在外地长期工作	计数	16495	130517	116774	4174	85167	174445	2889	67971	192926	12324	118681	132781	7681	90420	165685
	百分比	6.3	49.5	44.3	1.6	32.3	66.1	1.1	25.8	73.1	4.7	45.0	50.3	2.9	34.3	62.8
非留守儿童	计数	60111	601473	614105	15262	396731	863696	10416	315301	949972	43999	547373	684317	27208	416015	832466
	百分比	4.7	47.1	48.1	1.2	31.1	67.7	0.8	24.7	74.5	3.4	42.9	53.6	2.1	32.6	65.3

8.1.4 独生子女与线上学习期间家校合作内容的关系

在是否独生子女方面，独生子女家庭的家庭，家长在线上学习期间参与家校合作内容相关的典型行为为"经常"的比例，高于非独生子女家庭的家长。

表 8-10 独生子女与线上学习期间家校合作关系 (1)

独生子女		学校领导或老师方式			学校家委会联系方式			学校政策通知			心理辅导咨询		
		从不	偶尔	经常	从不	偶尔	经常	从不	偶尔	经常	从不	偶尔	经常
独生子女	计数	17096	137374	248795	68634	174452	160179	9817	105538	287910	74040	191811	137414
	百分比	4.2	34.1	61.7	17.0	43.3	39.7	2.4	26.2	71.4	18.4	47.6	34.1
非独生子女	计数	60346	558238	743896	239300	656635	466545	48522	462263	851695	298887	679487	384106
	百分比	4.4	41.0	54.6	17.6	48.2	34.2	3.6	33.9	62.5	21.9	49.9	28.2

表 8-11 独生子女与线上学习期间家校合作关系 (2)

独生子女		家庭教育知识			亲子关系指导			亲子阅读指导			线上学习方法		
		从不	偶尔	经常	从不	偶尔	经常	从不	偶尔	经常	从不	偶尔	经常
独生子女	计数	17664	183605	201996	28311	188824	186130	31110	199274	172881	16622	160273	226370
	百分比	4.4	45.5	50.1	7.0	46.8	46.2	7.7	49.4	42.9	4.1	39.7	56.1
非独生子女	计数	57388	666545	638547	95148	681032	586300	109044	731366	522070	56987	593113	712380
	百分比	4.2	48.9	46.9	7.0	50.0	43.0	8.0	53.7	38.3	4.2	43.5	52.3

表 8-12 独生子女与上学习期间家校合作关系（3）

独生子女		辅导孩子的方法			安全健康知识			疫情防控知识			社会责任培养			疫情动态宣传		
		从不	偶尔	经常	从不	偶尔	经常	从不	偶尔	经常	从不	偶尔	经常	从不	偶尔	经常
独生子女	计数	21462	182933	198870	5759	121064	276442	3778	92319	307168	15139	165925	222201	8431	121644	273190
	百分比	5.3	45.4	49.3	1.4	30.0	68.6	0.9	22.9	76.2	3.8	41.1	55.1	2.1	30.2	67.7
非独生子女	计数	70180	667366	624934	18718	441101	902661	13570	359167	989743	53201	606361	702918	35359	472234	854887
	百分比	5.2	49.0	45.9	1.4	32.4	66.3	1.0	26.4	72.6	3.9	44.5	51.6	2.6	34.7	62.7

8.1.5 学生成长与上学习期间家校合作内容的关系

在学生成长状况方面，总体上呈现学生的成长状况越好，家长在线上学习期间参与家校合作内容相关的典型行为为"经常"的比例越高。

表 8-13 学生成长与上学习期间家校合作内容关系（1）

		学校领导或老师联系方式			学校家委会联系方式			学校政策通知			心理辅导咨询		
		从不	偶尔	经常	从不	偶尔	经常	从不	偶尔	经常	从不	偶尔	经常
过去一年，孩子担任学生干部 担任学生干部	计数	21818	197771	305356	87128	242078	195739	16228	158580	350137	101647	257369	165929
	百分比	4.2	37.7	58.2	16.6	46.1	37.3	3.1	30.2	66.7	19.4	49.0	31.6
未担任学生干部	计数	55624	497841	687335	220806	589009	430985	42111	409221	789468	271280	613929	355591
	百分比	4.5	40.1	55.4	17.8	47.5	34.7	3.4	33.0	63.6	21.9	49.5	28.7

续表

		学校领导或老师联系方式			学校家委会联系方式			学校政策通知			心理辅导咨询		
		从不	偶尔	经常	从不	偶尔	经常	从不	偶尔	经常	从不	偶尔	经常
过去一年，孩子获得学校奖励	是 计数	33071	322426	527679	139649	405517	338010	23363	258308	601505	162786	432633	287757
	是 百分比	3.7	36.5	59.7	15.8	45.9	38.3	2.6	29.2	68.1	18.4	49.0	32.6
	不是 计数	44371	373186	465012	168285	425570	288714	34976	309493	538100	210141	438665	233763
	不是 百分比	5.0	42.3	52.7	19.1	48.2	32.7	4.0	35.1	61.0	23.8	49.7	26.5
学习成绩排名	靠后 计数	15999	132252	168890	60337	151606	105198	13119	110109	193913	77351	156834	82956
	靠后 百分比	5.0	41.7	53.3	19.0	47.8	33.2	4.1	34.7	61.1	24.4	49.5	26.2
	中间 计数	40736	380220	521611	160644	451151	330772	32012	313474	597081	197923	469473	275171
	中间 百分比	4.3	40.3	55.3	17.0	47.9	35.1	3.4	33.3	63.3	21.0	49.8	29.2
	靠前 计数	19958	175560	291261	83590	219274	183915	12675	138053	336051	93093	235729	157957
	靠前 百分比	4.1	36.1	59.8	17.2	45.0	37.8	2.6	28.4	69.0	19.1	48.4	32.4

表8-14　学生成长与线上学习期间家校合作内容关系（2）

			家庭教育知识			亲子关系指导			亲子阅读指导			线上学习方法		
			从不	偶尔	经常	从不	偶尔	经常	从不	偶尔	经常	从不	偶尔	经常
过去一年，孩子担任学生干部	担任学生干部	计数	20886	241891	262168	34322	249567	241056	38920	267430	218595	19847	214118	290980
		百分比	4.0	46.1	49.9	6.5	47.5	45.9	7.4	50.9	41.6	3.8	40.8	55.4
	未担任学生干部	计数	54166	608259	578375	89137	620289	531374	101234	663210	476356	53762	539268	647770
		百分比	4.4	49.0	46.6	7.2	50.0	42.8	8.2	53.5	38.4	4.3	43.5	52.2
过去一年，孩子获得学校奖励	是	计数	30230	397765	455181	50785	412295	420096	55029	439892	388255	28851	348151	506174
		百分比	3.4	45.0	51.5	5.8	46.7	47.6	6.2	49.8	44.0	3.3	39.4	57.3
	不是	计数	44822	452385	385362	72674	457561	352334	85125	490748	306696	44758	405235	432576
		百分比	5.1	51.3	43.7	8.2	51.8	39.9	9.6	55.6	34.8	5.1	45.9	49.0
学习成绩排名	靠后	计数	17738	165592	133811	27891	167492	121758	34500	180680	101961	18550	150188	148403
		百分比	5.6	52.2	42.2	8.8	52.8	38.4	10.9	57.0	32.2	5.8	47.4	46.8
	中间	计数	37858	457004	447705	62723	466120	413724	70330	501871	370366	36489	405034	501044
		百分比	4.0	48.5	47.5	6.7	49.5	43.9	7.5	53.2	39.3	3.9	43.0	53.2
	靠前	计数	18997	219862	247920	32177	228472	226130	34557	239706	212516	17193	190179	279407
		百分比	3.9	45.2	50.9	6.6	46.9	46.5	7.1	49.2	43.7	3.5	39.1	57.4

表 8-15　学生成长与线上学习期间家校合作内容关系（3）

			辅导孩子的方法			安全健康知识			疫情防控知识			社会责任培养			疫情动态宣传		
			从不	偶尔	经常	从不	偶尔	经常	从不	偶尔	经常	从不	偶尔	经常	从不	偶尔	经常
过去一年，孩子担任学生干部	担任学生干部	计数	26089	245800	253056	7067	157396	360482	4920	123011	397014	18664	218881	287400	11539	163959	349447
		百分比	5.0	46.8	48.2	1.3	30.0	68.7	0.9	23.4	75.6	3.6	41.7	54.7	2.2	31.2	66.6
	未担任学生干部	计数	65553	604499	570748	17410	404769	818621	12428	328475	899897	49676	553405	637719	32251	429919	778630
		百分比	5.3	48.7	46.0	1.4	32.6	66.0	1.0	26.5	72.5	4.0	44.6	51.4	2.6	34.6	62.8
过去一年，孩子获得学校奖励	是	计数	37071	397699	448406	9369	252510	621297	6611	198264	678301	27918	363088	492170	17347	269620	596209
		百分比	4.2	45.0	50.8	1.1	28.6	70.3	0.7	22.4	76.8	3.2	41.1	55.7	2.0	30.5	67.5
	不是	计数	54571	452600	375398	15108	309655	557806	10737	253222	618610	40422	409198	432949	26443	324258	531868
		百分比	6.2	51.3	42.5	1.7	35.1	63.2	1.2	28.7	70.1	4.6	46.4	49.1	3.0	36.7	60.3
学习成绩排名	靠后	计数	22077	167544	127520	6435	113420	197286	4737	92816	219588	15844	148270	153027	10606	118230	188305
		百分比	7.0	52.8	40.2	2.0	35.8	62.2	1.5	29.3	69.2	5.0	46.8	48.3	3.3	37.3	59.4
	中间	计数	45699	455787	441081	12413	302829	627325	8874	245790	687903	34710	414348	493509	23163	322059	597345
		百分比	4.8	48.4	46.8	1.3	32.1	66.6	0.9	26.1	73.0	3.7	44.0	52.4	2.5	34.2	63.4
	靠前	计数	23249	218685	244845	5482	141112	340185	3570	108010	375199	17046	201777	267956	9452	146680	330647
		百分比	4.8	44.9	50.3	1.1	29.0	69.9	0.7	22.2	77.1	3.5	41.5	55.0	1.9	30.1	67.9

8.2 学生特征与线上学习期间家校合作行为

8.2.1 学生性别与线上学习期间家校合作行为关系

在学生性别方面，无论男孩还是女孩，家长在线上学习期间参与家校合作典型行为为"经常"的比例没有明显差异。

表 8-16 学生性别与线上学习期间家校合作行为关系（1）

孩子性别		线上学习期间参与线上家庭教育讲座			线上学习期间参与与教师单独交流			线上学习期间参与线上家长会			线上学习期间参与家长间的讨论和分享		
		从不	偶尔	经常	从不	偶尔	经常	从不	偶尔	经常	从不	偶尔	经常
女孩	计数	97833	445050	278784	101484	543634	176549	115243	455408	251016	130674	505508	185485
	百分比	11.9	54.2	33.9	12.4	66.2	21.5	14.0	55.4	30.5	15.9	61.5	22.6
男孩	计数	108262	511955	323861	106039	624040	213999	128979	527533	287566	143624	584632	215822
	百分比	11.5	54.2	34.3	11.2	66.1	22.7	13.7	55.9	30.5	15.2	61.9	22.9

表 8-17　学生性别与线上学习期间家校合作行为关系（2）

孩子性别		线上学习期间参与教师线上家访/实地家访			线上学习期间参与参加家长互助小组			线上学习期间参与孩子在家学习情况反馈			线上学习期间参与孩子在家学习行为表现反馈		
		从不	偶尔	经常	从不	偶尔	经常	从不	偶尔	经常	从不	偶尔	经常
女孩	计数	181968	472582	167117	250923	423921	146823	67654	472729	281284	79891	493162	248614
	百分比	22.1	57.5	20.3	30.5	51.6	17.9	8.2	57.5	34.2	9.7	60.0	30.3
男孩	计数	198345	546517	199216	281098	491968	171012	72354	548182	323542	85017	573698	285363
	百分比	21.0	57.9	21.1	29.8	52.1	18.1	7.7	58.1	34.3	9.0	60.8	30.2

表 8-18　学生性别与线上学习期间家校合作行为关系（3）

孩子性别		线上学习期间参与作为家长志愿者为学校或家长提供帮助			线上学习期间参与对学校提出意见（如通过微信或问卷调查）			线上学习期间参与配合学校疫情防控（如上报孩子体温等）		
		从不	偶尔	经常	从不	偶尔	经常	从不	偶尔	经常
女孩	计数	160282	493759	167626	134951	452709	234007	11484	152814	657369
	百分比	19.5	60.1	20.4	16.4	55.1	28.5	1.4	18.6	80.0
男孩	计数	183504	568135	192438	151358	522319	270401	13676	180617	749785
	百分比	19.4	60.2	20.4	16.0	55.3	28.6	1.4	19.1	79.4

8.2.2　学生年级学段与线上学习期间家校合作行为的关系

在学生学段方面，学生的学段越高，家长在线上学习期间参与家校合作典型行为为"经常"的比例越低。

表8-19 学生年级学段与线上学习期间家校合作行为关系（1）

学生学段		线上学习期间参与线上家庭教育讲座			线上学习期间参与与教师单独交流			线上学习期间参与线上家长会			线上学习期间参与家长间的讨论和分享		
		从不	偶尔	经常	从不	偶尔	经常	从不	偶尔	经常	从不	偶尔	经常
幼儿园	计数	3388	13434	9901	2834	16933	6956	4207	15047	7469	3758	15774	7191
	百分比	12.7	50.3	37.1	10.6	63.4	26.0	15.7	56.3	27.9	14.1	59.0	26.9
小学	计数	125229	621338	409620	126396	768078	261713	154559	656660	344968	166228	718290	271669
	百分比	10.8	53.7	35.4	10.9	66.4	22.6	13.4	56.8	29.8	14.4	62.1	23.5
初中	计数	52711	223898	136542	51928	268873	92350	55641	215344	142166	71456	249551	92144
	百分比	12.8	54.2	33.0	12.6	65.1	22.4	13.5	52.1	34.4	17.3	60.4	22.3
高中	计数	24767	98335	46582	26365	113790	29529	29815	95890	43979	32856	106525	30303
	百分比	14.6	58.0	27.5	15.5	67.1	17.4	17.6	56.5	25.9	19.4	62.8	17.9

表8-20 学生年级学段与线上学习期间家校合作行为关系（2）

学生学段		线上学习期间参与教师家访/实地家访			线上学习期间参与参加家长互助小组			线上学习期间参与孩子在家学习情况反馈			线上学习期间参与孩子在家行为表现反馈		
		从不	偶尔	经常	从不	偶尔	经常	从不	偶尔	经常	从不	偶尔	经常
幼儿园	计数	4446	15154	7123	6609	14196	5918	1921	14993	9809	1936	15332	9455
	百分比	16.6	56.7	26.7	24.7	53.1	22.1	7.2	56.1	36.7	7.2	57.4	35.4
小学	计数	239551	675222	241414	337020	606268	212899	87239	669038	399910	104222	701147	350818
	百分比	20.7	58.4	20.9	29.1	52.4	18.4	7.5	57.9	34.6	9.0	60.6	30.3
初中	计数	91848	232450	88853	129118	208515	75518	34199	235043	143909	39519	244981	128651
	百分比	22.2	56.3	21.5	31.3	50.5	18.3	8.3	56.9	34.8	9.6	59.3	31.1
高中	计数	44468	96273	28943	59274	86910	23500	16649	101837	51198	19231	105400	45053
	百分比	26.2	56.7	17.1	34.9	51.2	13.8	9.8	60.0	30.2	11.3	62.1	26.6

表 8-21　学生年级学段与线上学习期间家校合作行为关系（3）

学生学段		线上学习期间参与为作家长志愿者为学校或学家长提供帮助			线上学习期间参对学校提出意见（如通过微信或问卷调查）			线上学习期间参与配合学校疫情防控（如上报孩子体温等）		
		从不	偶尔	经常	从不	偶尔	经常	从不	偶尔	经常
幼儿园	计数	4455	15757	6511	3757	15546	7420	319	4715	21689
	百分比	16.7	59.0	24.4	14.1	58.2	27.8	1.2	17.6	81.2
小学	计数	212012	702379	241796	179197	636114	340876	14761	210072	931354
	百分比	18.3	60.7	20.9	15.5	55.0	29.5	1.3	18.2	80.6
初中	计数	84879	243735	84536	70644	225248	117259	6958	79951	326242
	百分比	20.5	59.0	20.5	17.1	54.5	28.4	1.7	19.4	79.0
高中	计数	42440	100023	27221	32711	98120	38853	3122	38693	127869
	百分比	25.0	58.9	16.0	19.3	57.8	22.9	1.8	22.8	75.4

8.2.3　留守儿童与线上学习期间家校合作行为的关系

在是否留守儿童方面，家长在线上学习期间参与家校合作典型行为为"经常"的比例，由高到低依次是非留守儿童、单留（仅母亲或父亲在外地长期工作）、留守儿童（父母都在外地长期工作）。

表8-22　留守儿童与线上学习期间家校合作行为关系（1）

儿童状况		线上学习期间参与线上家庭教育讲座			线上学习期间参与与教师单独交流			线上学习期间参与线上家长会			线上学习期间参与家长间讨论和分享		
		从不	偶尔	经常	从不	偶尔	经常	从不	偶尔	经常	从不	偶尔	经常
留守儿童（父母都在外地长期工作）	计数	33129	103652	47787	29664	122168	32736	43071	103934	37563	37825	113692	33051
	百分比	17.9	56.2	25.9	16.1	66.2	17.7	23.3	56.3	20.4	20.5	61.6	17.9
单留:仅母亲在外地长期工作	计数	5906	23464	12332	5833	27382	8487	7296	23478	10928	7672	25599	8431
	百分比	14.2	56.3	29.6	14.0	65.7	20.4	17.5	56.3	26.2	18.4	61.4	20.2
单留:仅父亲在外地长期工作	计数	37359	143957	82470	35075	176176	52535	45349	146496	71941	47478	163083	53225
	百分比	14.2	54.6	31.3	13.3	66.8	19.9	17.2	55.5	27.3	18.0	61.8	20.2
非留守儿童	计数	129701	685932	460056	136951	841948	296790	148506	709033	418150	181323	787766	306600
	百分比	10.2	53.8	36.1	10.7	66.0	23.3	11.6	55.6	32.8	14.2	61.8	24.0

表8-23　留守儿童与线上学习期间家校合作行为关系（2）

儿童状况		线上学习期间参与线上家访/实地家访			线上学习期间参与家长互助小组			孩子在家学习情况反馈			孩子在家行为表现反馈		
		从不	偶尔	经常	从不	偶尔	经常	从不	偶尔	经常	从不	偶尔	经常
留守儿童（父母都在外地长期工作）	计数	46773	106749	31046	62949	96281	25338	18046	113032	53490	21158	117268	46142
	百分比	25.3	57.8	16.8	34.1	52.2	13.7	9.8	61.2	29.0	11.5	63.5	25.0
单留:仅母亲在外地长期工作	计数	9575	24079	8048	13187	21723	6792	4005	24677	13020	4531	25807	11364
	百分比	23.0	57.7	19.3	31.6	52.1	16.3	9.6	59.2	31.2	10.9	61.9	27.3
单留:仅父亲在外地长期工作	计数	64325	151294	48167	89632	133221	40933	24066	153893	85827	28710	161376	73700
	百分比	24.4	57.4	18.3	34.0	50.5	15.5	9.1	58.3	32.5	10.9	61.2	27.9
非留守儿童	计数	259640	736977	279072	366253	664664	244772	93891	729309	452489	110509	762409	402771
	百分比	20.4	57.8	21.9	28.7	52.1	19.2	7.4	57.2	35.5	8.7	59.8	31.6

表 8-24 留守儿童与线上学习期间家校合作行为关系（3）

留守儿童		线上学习期间参与为家长或参与学校为家长提供帮助志愿者为学校或家长提供帮助			线上学习期间参与对学校提出意见（如通过微信或问卷调查）			线上学习期间参与配合学校疫情防控（如上报孩子体温等）		
		从不	偶尔	经常	从不	偶尔	经常	从不	偶尔	经常
留守儿童（父母都在外地长期工作）	计数	41741	110856	31970	33288	104770	46510	4535	42979	137054
	百分比	22.6	60.1	17.3	18.0	56.8	25.2	2.5	23.3	74.3
单留：仅母亲在外地长期工作	计数	8958	24931	7813	7126	23554	11022	968	9622	31112
	百分比	21.5	59.8	18.7	17.1	56.5	26.4	2.3	23.1	74.6
单留：仅父亲在外地长期工作	计数	57607	158474	47705	49084	145508	69194	4082	46398	213306
	百分比	21.8	60.1	18.1	18.6	55.2	26.2	1.5	17.6	80.9
非留守儿童	计数	235480	767633	272576	196811	701196	377682	15575	234432	1025682
	百分比	18.5	60.2	21.4	15.4	55.0	29.6	1.2	18.4	80.4

8.2.4 独生子女与线上学习期间家校合作行为的关系

在是否独生子女方面，独生子女家庭的家长，家长在线上学习期间参与家校合作典型行为为"经常"的比例，高于非独生子女家庭的家长。

表 8-25　独生子女与线上学习期间家校合作行为关系（1）

孩子是独生子女		线上学习期间参与线上家庭教育讲座			线上学习期间参与与教师单独交流			线上学习期间参与线上家长会			线上学习期间参与家长间的讨论和分享		
		从不	偶尔	经常	从不	偶尔	经常	从不	偶尔	经常	从不	偶尔	经常
独生子女	计数	42444	210059	150762	42304	260608	100353	49943	217415	135907	59618	244427	99220
	百分比	10.5	52.1	37.4	10.5	64.6	24.9	12.4	53.9	33.7	14.8	60.6	24.6
非独生子女	计数	163651	746946	451883	165219	907066	290195	194279	765526	402675	214680	845713	302087
	百分比	12.0	54.8	33.2	12.1	66.6	21.3	14.3	56.2	29.6	15.8	62.1	22.2

表 8-26　独生子女与线上学习期间家校合作行为关系（2）

孩子是独生子女		教师线上家访/实地家访			线上学习期间参与参加家长互助小组			线上学习期间参与孩子在家学习情况反馈			线上学习期间参与孩子在家表现反馈		
		从不	偶尔	经常	从不	偶尔	经常	从不	偶尔	经常	从不	偶尔	经常
独生子女	计数	87334	224116	91815	122329	200259	80677	32896	220112	150257	39420	231916	131929
	百分比	21.7	55.6	22.8	30.3	49.7	20.0	8.2	54.6	37.3	9.8	57.5	32.7
非独生子女	计数	292979	794983	274518	409692	715630	237158	107112	800799	454569	125488	834944	402048
	百分比	21.5	58.3	20.1	30.1	52.5	17.4	7.9	58.8	33.4	9.2	61.3	29.5

表 8-27 独生子女与线上学习期间家校合作行为关系（3）

孩子是独生子女		线上学习期间参与作为家长志愿者为学校或家长提供帮助			线上学习期间参与对学校提供意见（如通过微信或问卷调查）			线上学习期间参与配合学校疫情防控（如上报孩子体温等）		
		从不	偶尔	经常	从不	偶尔	经常	从不	偶尔	经常
独生子女	计数	81482	236815	84968	68873	217733	116659	5246	67716	330303
	百分比	20.2	58.7	21.1	17.1	54.0	28.9	1.3	16.8	81.9
非独生子女	计数	262304	825079	275096	217436	757295	387749	19914	265715	1076851
	百分比	19.3	60.6	20.2	16.0	55.6	28.5	1.5	19.5	79.0

8.2.5 学生成长与线上学习期间家校合作行为的关系

在学生成长状况方面，总体上呈现学生的成长状况越好，家长在线上学习期间参与与家校合作典型行为为"经常"的比例越高。

表 8-28 学生成长与线上学习期间家校合作行为关系（1）

过去一年，孩子担任学生干部		线上学习期间参与线上家庭教育讲座			线上学习期间参与与教师单独交流			线上学习期间参与线上家长会			线上学习期间参与家长间的讨论和分享		
		从不	偶尔	经常	从不	偶尔	经常	从不	偶尔	经常	从不	偶尔	经常
担任学生干部	计数	56255	279879	188811	53714	341632	129599	66222	286007	172716	73059	320917	130969
	百分比	10.7	53.3	36.0	10.2	65.1	24.7	12.6	54.5	32.9	13.9	61.1	24.9
未担任学生干部	计数	149840	677126	413834	153809	826042	260949	178000	696934	365866	201239	769223	270338
	百分比	12.1	54.6	33.4	12.4	66.6	21.0	14.3	56.2	29.5	16.2	62.0	21.8

续表

		线上学习期间参与线上家庭教育讲座			线上学习期间参与与教师单独交流			线上学习期间参与线上家长会			线上学习期间参与家长间的讨论和分享		
		从不	偶尔	经常	从不	偶尔	经常	从不	偶尔	经常	从不	偶尔	经常
过去一年，孩子获得学校奖励	是 计数	86114	465336	331726	84350	579000	219826	102292	482599	298285	114128	542917	226131
	百分比	9.8	52.7	37.6	9.6	65.6	24.9	11.6	54.6	33.8	12.9	61.5	25.6
	不是 计数	119981	491669	270919	123173	588674	170722	141930	500342	240297	160170	547223	175176
	百分比	13.6	55.7	30.7	14.0	66.7	19.3	16.1	56.7	27.2	18.1	62.0	19.8
学习成绩排名	靠后 计数	44838	176974	95329	46311	210925	59905	52106	178166	86869	61493	195794	59854
	百分比	14.1	55.8	30.1	14.6	66.5	18.9	16.4	56.2	27.4	19.4	61.7	18.9
	中间 计数	107377	515786	319404	109752	627847	204968	128315	530624	283628	141282	586411	214874
	百分比	11.4	54.7	33.9	11.6	66.6	21.7	13.6	56.3	30.1	15.0	62.2	22.8
	靠前 计数	51104	254072	181603	49233	316178	121368	60308	262892	163579	68521	296176	122082
	百分比	10.5	52.2	37.3	10.1	65.0	24.9	12.4	54.0	33.6	14.1	60.8	25.1

表8-29 学生成长与线上学习期间家校合作行为关系（2）

		教师线上家访/实地家访			线上学习期间参与参加家长互助小组			线上学习期间参与孩子在家学习情况反馈			线上学习期间参与孩子在家学习行为表现反馈		
		从不	偶尔	经常	从不	偶尔	经常	从不	偶尔	经常	从不	偶尔	经常
过去一年，孩子担任学生干部	担任 计数	108577	301749	114619	151515	270871	102559	36536	290693	197716	43013	305303	176629
	百分比	20.7	57.5	21.8	28.9	51.6	19.5	7.0	55.4	37.7	8.2	58.2	33.6
	未担任 学生干部 计数	271736	717350	251714	380506	645018	215276	103472	730218	407110	121895	761557	357348
	百分比	21.9	57.8	20.3	30.7	52.0	17.3	8.3	58.9	32.8	9.8	61.4	28.8

续表

		线上学习期间参与教师线上家访/实地家访			线上学习期间参与参加家长互助小组			线上学习期间参与孩子在家学习情况反馈			线上学习期间参与孩子在家学习行为表现反馈		
		从不	偶尔	经常	从不	偶尔	经常	从不	偶尔	经常	从不	偶尔	经常
过去一年，孩子获得学校奖励 是	计数	170269	510975	201932	242843	461638	178695	56149	487765	339262	66962	514582	301632
	百分比	19.3	57.9	22.9	27.5	52.3	20.2	6.4	55.2	38.4	7.6	58.3	34.2
不是	计数	210044	508124	164401	289178	454251	139140	83859	533146	265564	97946	552278	232345
	百分比	23.8	57.6	18.6	32.8	51.5	15.8	9.5	60.4	30.1	11.1	62.6	26.3
学习成绩排名 靠后	计数	75259	181963	59919	106986	161554	48601	32054	194206	90881	36758	200906	79477
	百分比	23.7	57.4	18.9	33.7	50.9	15.3	10.1	61.2	28.7	11.6	63.3	25.1
中间	计数	201374	547553	193640	275931	497031	169605	73064	553447	316056	86290	576950	279327
	百分比	21.4	58.1	20.5	29.3	52.7	18.0	7.8	58.7	33.5	9.2	61.2	29.6
靠前	计数	100275	278205	108299	143970	246769	96040	33495	261910	191374	40470	277388	168921
	百分比	20.6	57.2	22.2	29.6	50.7	19.7	6.9	53.8	39.3	8.3	57.0	34.7

表 8-30　学生成长与线上学习期间家校合作行为关系（3）

		线上学习期间参与志愿者为学校或家长提供帮助			线上学习期间参与对学校提出意见（如通过微信或问卷调查）			线上学习期间参与配合学校疫情防控（如上报孩子体温等）		
		从不	偶尔	经常	从不	偶尔	经常	从不	偶尔	经常
过去一年，孩子担任学生干部 担任学生干部	计数	93203	313677	118065	77835	288853	158257	7015	92377	425553
	百分比	17.8	59.8	22.5	14.8	55.0	30.1	1.3	17.6	81.1
未担任学生干部	计数	250583	748217	241999	208474	686175	346151	18145	241054	981601
	百分比	20.2	60.3	19.5	16.8	55.3	27.9	1.5	19.4	79.1

续表

		线上学习期间参与作为家长志愿者为学校或家长提供帮助			线上学习期间参与对学校提出意见（如通过微信或问卷调查）			线上学习期间参与配合学校疫情防控（如上报孩子体温等）		
		从不	偶尔	经常	从不	偶尔	经常	从不	偶尔	经常
过去一年，孩子获得学校奖励	是 计数	149297	532956	200923	125881	486391	270904	9544	148049	725583
	是 百分比	16.9	60.3	22.8	14.3	55.1	30.7	1.1	16.8	82.2
	不是 计数	194489	528938	159141	160428	488637	233504	15616	185382	681571
	不是 百分比	22.0	59.9	18.0	18.2	55.4	26.5	1.8	21.0	77.2
学习成绩排名	靠后 计数	73869	188177	55094	59203	173780	84158	6437	66619	244085
	靠后 百分比	23.3	59.3	17.4	18.7	54.8	26.5	2.0	21.0	77.0
	中间 计数	176140	573067	193360	149301	520224	273042	13147	185197	744223
	中间 百分比	18.7	60.8	20.5	15.8	55.2	29.0	1.4	19.6	79.0
	靠前 计数	90271	288934	107574	74931	269337	142511	5357	78276	403146
	靠前 百分比	18.5	59.4	22.1	15.4	55.3	29.3	1.1	16.1	82.8

第9章

学校特征与线上学习期间家校合作

本章主要探讨学校特征与线上学习期间家校合作的关系，具体指向在不同的学校特征中，如学校学段、所在地、地域类型、性质、规模、学校农村学生比例、家长类型、学生寄宿情况、办学水平等变量的不同层次类型中，教师线上学习期间开展参与家校合作的内容、行为的数据分布特征和趋势。

9.1 学校特征与线上学习期间家校合作内容

9.1.1 学校学段与线上学习期间家校合作内容

在学校学段方面，从幼儿园到高中，教师在线上学习期间开展家校合作内容相关的典型活动或行为为"经常"的比例依次降低。

表 9-1 学校学段与线上学习期间家校合作内容关系 （1）

学校学段		学校领导或老师联系方式			家委会联系方式			学校政策通知			心理辅导咨询			家庭教育知识		
		从不	偶尔	经常	从不	偶尔	经常	从不	偶尔	经常	从不	偶尔	经常	从不	偶尔	经常
学校有幼儿园	计数	936	4833	9449	1997	6389	6832	496	2899	11823	1085	6216	7917	458	5171	9589
	百分比	6.2	31.8	62.1	13.1	42.0	44.9	3.3	19.0	77.7	7.1	40.8	52.0	3.0	34.0	63.0
学校有小学	计数	5424	27807	51336	11177	36581	36809	2197	16461	65909	4357	35209	45001	2361	31946	50260
	百分比	6.4	32.9	60.7	13.2	43.3	43.5	2.6	19.5	77.9	5.2	41.6	53.2	2.8	37.8	59.4
学校有初中	计数	4154	19083	24562	8640	22346	16813	2078	12185	33536	3630	22274	21895	2338	21704	23757
	百分比	8.7	39.9	51.4	18.1	46.7	35.2	4.3	25.5	70.2	7.6	46.6	45.8	4.9	45.4	49.7
学校有高中	计数	2103	8011	7914	4107	8527	5394	1066	5141	11821	1589	8833	7606	1337	8923	7768
	百分比	11.7	44.4	43.9	22.8	47.3	29.9	5.9	28.5	65.6	8.8	49.0	42.2	7.4	49.5	43.1

表 9-2 学校学段与线上学习期间家校合作内容关系 （2）

学校学段		亲子关系指导			亲子阅读指导			线上学习方法			家长辅导孩子的方法		
		从不	偶尔	经常	从不	偶尔	经常	从不	偶尔	经常	从不	偶尔	经常
学校有幼儿园	计数	602	5710	8906	696	5713	8809	480	4040	10698	520	5865	8833
	百分比	4.0	37.5	58.5	4.6	37.5	57.9	3.2	26.5	70.3	3.4	38.5	58.0
学校有小学	计数	3042	35798	45727	3668	34985	45914	1606	22282	60679	2470	34971	47126
	百分比	3.6	42.3	54.1	4.3	41.4	54.3	1.9	26.3	71.8	2.9	41.4	55.7
学校有初中	计数	2975	23309	21515	3848	24186	19765	1434	15911	30454	2701	24113	20985
	百分比	6.2	48.8	45.0	8.1	50.6	41.4	3.0	33.3	63.7	5.7	50.4	43.9
学校有高中	计数	1709	9300	7019	2124	9584	6320	776	6774	10478	1549	9733	6746
	百分比	9.5	51.6	38.9	11.8	53.2	35.1	4.3	37.6	58.1	8.6	54.0	37.4

表 9-3 学校学段与线上学习期间家校合作内容关系 （3）

学校学段		安全健康知识			疫情防控知识			社会责任培养			疫情动态宣传		
		从不	偶尔	经常	从不	偶尔	经常	从不	偶尔	经常	从不	偶尔	经常
学校有幼儿园	计数	337	3495	11386	274	2607	12337	360	4828	10030	345	3113	11760
	百分比	2.2	23.0	74.8	1.8	17.1	81.1	2.4	31.7	65.9	2.3	20.5	77.3
学校有小学	计数	1767	22350	60450	1398	16409	66760	1853	28271	54443	1704	19522	63341
	百分比	2.1	26.4	71.5	1.7	19.4	78.9	2.2	33.4	64.4	2.0	23.1	74.9
学校有初中	计数	1814	16615	29370	1378	12615	33806	1583	17647	28569	1527	14111	32161
	百分比	3.8	34.8	61.4	2.9	26.4	70.7	3.3	36.9	59.8	3.2	29.5	67.3
学校有高中	计数	1007	6929	10092	792	5515	11721	853	6884	10291	852	6022	11154

9.1.2 学校所在地与线上学习期间家校合作内容

在学校所在地方面，学校教师在线上学习期间开展家校合作内容相关的典型活动或行为为 "经常" 的比例，东部、中部和西部各有高低，但总体上西部较低。

表 9-4 学校所在地与线上学习期间家校合作内容关系（1）

所在地域		学校领导或老师联系方式			家委会联系方式			学校政策通知			心理辅导咨询			家庭教育知识		
		从不	偶尔	经常	从不	偶尔	经常	从不	偶尔	经常	从不	偶尔	经常	从不	偶尔	经常
东部	计数	4592	20546	32564	8838	25634	23230	2027	12890	42785	2882	23007	31813	2091	22656	32955
	百分比	8.0	35.6	56.4	15.3	44.4	40.3	3.5	22.3	74.1	5.0	39.9	55.1	3.6	39.3	57.1
中部	计数	4183	22058	34904	9302	27492	24351	1989	13494	45662	4544	28976	27625	2333	26015	32797
	百分比	6.8	36.1	57.1	15.2	45.0	39.8	3.3	22.1	74.7	7.4	47.4	45.2	3.8	42.5	53.6
西部	计数	1360	5661	8750	2511	7047	6213	616	3311	11844	1024	7061	7686	803	6533	8435
	百分比	8.6	35.9	55.5	15.9	44.7	39.4	3.9	21.0	75.1	6.5	44.8	48.7	5.1	41.4	53.5

表 9-5 学校所在地与线上学习期间家校合作内容关系（2）

所在地域		亲子关系指导			亲子阅读指导			线上学习方法			家长辅导孩子的方法		
		从不	偶尔	经常	从不	偶尔	经常	从不	偶尔	经常	从不	偶尔	经常
东部	计数	2515	24046	31141	3193	24924	29585	1351	16730	39621	2298	25877	29527
	百分比	4.4	41.7	54.0	5.5	43.2	51.3	2.3	29.0	68.7	4.0	44.8	51.2
中部	计数	3136	29037	28972	3871	28513	28761	1514	18227	41404	2631	27758	30756
	百分比	5.1	47.5	47.4	6.3	46.6	47.0	2.5	29.8	67.7	4.3	45.4	50.3
西部	计数	1041	7402	7328	1244	7167	7360	582	4804	10385	946	7136	7689
	百分比	6.6	46.9	46.5	7.9	45.4	46.7	3.7	30.5	65.8	6.0	45.2	48.8

表 9-6　学校所在地与线上学习期间家校合作内容关系（3）

所在地域		安全健康知识			疫情防控知识			社会责任培养			疫情动态宣传		
		从不	偶尔	经常	从不	偶尔	经常	从不	偶尔	经常	从不	偶尔	经常
东部	计数	1683	17251	38768	1356	13368	42978	1520	19641	36541	1504	15466	40732
	百分比	2.9	29.9	67.2	2.4	23.2	74.5	2.6	34.0	63.3	2.6	26.8	70.6
中部	计数	1681	18314	41150	1291	13452	46402	1651	21603	37891	1490	15358	44297
	百分比	2.7	30.0	67.3	2.1	22.0	75.9	2.7	35.3	62.0	2.4	25.1	72.4
西部	计数	593	4762	10416	451	3448	11872	551	5472	9748	543	3977	11251
	百分比	3.8	30.2	66.0	2.9	21.9	75.3	3.5	34.7	61.8	3.4	25.2	71.3

9.1.3　学校地域类型与线上学习期间家校合作内容

在学校地域类型方面，学校教师在线上学习期间开展家校合作内容相关的典型活动或行为为"经常"的比例，由低到高大体上依次为市区学校、县城学校、镇乡学校、村社学校间。

表 9-7　学校地域类型与线上学习期间家校合作内容关系（1）

学校所在地		学校领导或老师联系方式			家委会联系方式			学校政策通知			心理辅导咨询			家庭教育知识		
		从不	偶尔	经常	从不	偶尔	经常	从不	偶尔	经常	从不	偶尔	经常	从不	偶尔	经常
市区	计数	4415	15180	21471	7446	17952	15668	1807	9414	29845	2798	17579	20689	1975	16915	22176
	百分比	10.8	37.0	52.3	18.1	43.7	38.2	4.4	22.9	72.7	6.8	42.8	50.4	4.8	41.2	54.0
县城	计数	2065	10437	15465	4372	12576	11019	1033	6297	20637	2086	12859	13022	1257	11779	14931
	百分比	7.4	37.3	55.3	15.6	45.0	39.4	3.7	22.5	73.8	7.5	46.0	46.6	4.5	42.1	53.4

续表

学校所在地		学校领导或老师联系方式			家委会联系方式			学校政策通知			心理辅导咨询			家庭教育知识		
		从不	偶尔	经常	从不	偶尔	经常	从不	偶尔	经常	从不	偶尔	经常	从不	偶尔	经常
镇乡	计数	3056	18678	30039	7147	23841	20785	1504	11570	38699	2849	22812	26112	1644	21321	28808
	百分比	5.9	36.1	58.0	13.8	46.0	40.1	2.9	22.3	74.7	5.5	44.1	50.4	3.2	41.2	55.6
村社	计数	599	3970	9243	1686	5804	6322	288	2414	11110	717	5794	7301	351	5189	8272
	百分比	4.3	28.7	66.9	12.2	42.0	45.8	2.1	17.5	80.4	5.2	41.9	52.9	2.5	37.6	59.9

表9-8 学校地域类型与线上学习期间家校合作内容关系（2）

学校所在地		亲子关系指导			亲子阅读指导			线上学习方法			家长辅导孩子的方法		
		从不	偶尔	经常	从不	偶尔	经常	从不	偶尔	经常	从不	偶尔	经常
市区	计数	2361	17959	20746	2962	17880	20224	1222	11909	27935	1957	17871	21238
	百分比	5.7	43.7	50.5	7.2	43.5	49.2	3.0	29.0	68.0	4.8	43.5	51.7
县城	计数	1641	12770	13556	1966	12551	13450	827	8335	18805	1414	12597	13956
	百分比	5.9	45.7	48.5	7.0	44.9	48.1	3.0	29.8	67.2	5.1	45.0	49.9
镇乡	计数	2199	23647	25927	2760	24095	24918	1125	15886	34762	2055	24287	25431
	百分比	4.2	45.7	50.1	5.3	46.5	48.1	2.2	30.7	67.1	4.0	46.9	49.1
村社	计数	491	6109	7212	620	6078	7114	273	3631	9908	449	6016	7347
	百分比	3.6	44.2	52.2	4.5	44.0	51.5	2.0	26.3	71.7	3.3	43.6	53.2

表 9-9　学校地域类型与线上学习期间家校合作内容关系（3）

学校所在地		安全健康知识			疫情防控知识			社会责任培养			疫情动态宣传		
		从不	偶尔	经常	从不	偶尔	经常	从不	偶尔	经常	从不	偶尔	经常
市区	计数	1527	12967	26572	1253	10096	29717	1348	14027	25691	1362	11474	28230
	百分比	3.7	31.6	64.7	3.1	24.6	72.4	3.3	34.2	62.6	3.3	27.9	68.7
县城	计数	929	8662	18376	701	6456	20810	863	9696	17408	792	7322	19853
	百分比	3.3	31.0	65.7	2.5	23.1	74.4	3.1	34.7	62.2	2.8	26.2	71.0
镇乡	计数	1269	15342	35162	969	11342	39462	1244	18324	32205	1146	13100	37527
	百分比	2.5	29.6	67.9	1.9	21.9	76.2	2.4	35.4	62.2	2.2	25.3	72.5
村社	计数	232	3356	10224	175	2374	11263	267	4669	8876	237	2905	10670
	百分比	1.7	24.3	74.0	1.3	17.2	81.5	1.9	33.8	64.3	1.7	21.0	77.3

9.1.4　学校性质与线上学习期间家校合作内容

在学校性质方面，学校教师在线上学习期间开展家校合作内容相关的典型活动或行为为"经常"的比例，总体上公办学校较高。

表 9-10 学校性质与线上学习期间家校合作内容关系（1）

学校性质		学校领导或老师联系方式			家委会联系方式			学校政策通知			心理辅导咨询			家庭教育知识		
		从不	偶尔	经常	从不	偶尔	经常	从不	偶尔	经常	从不	偶尔	经常	从不	偶尔	经常
公办学校	计数	8648	41234	66878	17680	51903	47177	3899	25045	87816	7317	51396	58047	4550	47926	64284
	百分比	7.4	35.3	57.3	15.1	44.5	40.4	3.3	21.4	75.2	6.3	44.0	49.7	3.9	41.0	55.1
民办公助	计数	509	2322	3027	965	2650	2243	250	1560	4048	353	2472	3033	222	2358	3278
	百分比	8.7	39.6	51.7	16.5	45.2	38.3	4.3	26.6	69.1	6.0	42.2	51.8	3.8	40.3	56.0
普通民办学校	计数	870	4109	5423	1749	4894	3759	426	2704	7272	670	4471	5261	397	4261	5744
	百分比	8.4	39.5	52.1	16.8	47.0	36.1	4.1	26.0	69.9	6.4	43.0	50.6	3.8	41.0	55.2
民办打工子弟学校	计数	108	600	890	257	726	615	57	386	1155	110	705	783	58	659	881
	百分比	6.8	37.5	55.7	16.1	45.4	38.5	3.6	24.2	72.3	6.9	44.1	49.0	3.6	41.2	55.1

表 9-11 学校性质与线上学习期间家校合作内容关系（2）

学校性质		亲子关系指导			亲子阅读指导			线上学习方法			家长辅导孩子的方法		
		从不	偶尔	经常	从不	偶尔	经常	从不	偶尔	经常	从不	偶尔	经常
公办学校	计数	5878	52759	58123	7329	52523	56908	3005	34137	79618	5171	52474	59115
	百分比	5.0	45.2	49.8	6.3	45.0	48.7	2.6	29.2	68.2	4.4	44.9	50.6
民办公助	计数	273	2430	3155	313	2572	2973	168	1754	3936	232	2638	2988
	百分比	4.7	41.5	53.9	5.3	43.9	50.8	2.9	29.9	67.2	4.0	45.0	51.0
普通民办学校	计数	467	4568	5367	577	4760	5065	239	3348	6815	401	4896	5105
	百分比	4.5	43.9	51.6	5.5	45.8	48.7	2.3	32.2	65.5	3.9	47.1	49.1
民办打工子弟学校	计数	74	728	796	89	749	760	35	522	1041	71	763	764
	百分比	4.6	45.6	49.8	5.6	46.9	47.6	2.2	32.7	65.1	4.4	47.7	47.8

表9-12 学校性质与线上学习期间家校合作内容关系 (3)

学校性质		安全健康知识			疫情防控知识			社会责任培养			疫情动态宣传		
		从不	偶尔	经常	从不	偶尔	经常	从不	偶尔	经常	从不	偶尔	经常
公办学校	计数	3440	34799	78521	2687	25901	88172	3237	40311	73212	3041	29812	83907
	百分比	2.9	29.8	67.2	2.3	22.2	75.5	2.8	34.5	62.7	2.6	25.5	71.9
民办公助	计数	179	1852	3827	141	1489	4228	152	2025	3681	152	1719	3987
	百分比	3.1	31.6	65.3	2.4	25.4	72.2	2.6	34.6	62.8	2.6	29.3	68.1
普通民办学校	计数	299	3186	6917	238	2512	7652	292	3795	6315	300	2856	7246
	百分比	2.9	30.6	66.5	2.3	24.1	73.6	2.8	36.5	60.7	2.9	27.5	69.7
民办打工子弟学校	计数	39	490	1069	32	366	1200	41	585	972	44	414	1140
	百分比	2.4	30.7	66.9	2.0	22.9	75.1	2.6	36.6	60.8	2.8	25.9	71.3

9.1.5 学校规模与线上学习期间家校合作内容

在学校规模方面，学校规模越大，学校教师在线上学习期间开展家校合作内容相关的典型活动或行为为"经常"的比例越低。

表 9-13 学校规模与线上学习期间家校合作内容关系（1）

学校规模		学校领导或老师联系方式			家委会联系方式			学校政策通知			心理辅导咨询			家庭教育知识		
		从不	偶尔	经常	从不	偶尔	经常	从不	偶尔	经常	从不	偶尔	经常	从不	偶尔	经常
小型学校（1000人以下）	计数	3419	18080	33803	7464	23966	23872	1684	11320	42298	3455	23359	28488	1907	21182	32213
	百分比	6.2	32.7	61.1	13.5	43.3	43.2	3.0	20.5	76.5	6.2	42.2	51.5	3.4	38.3	58.2
中型学校（1001~2500人）	计数	3888	17213	24725	7487	20873	17466	1640	10334	33852	2763	20198	22865	1847	19287	24692
	百分比	8.5	37.6	54.0	16.3	45.5	38.1	3.6	22.6	73.9	6.0	44.1	49.9	4.0	42.1	53.9
大型学校（2501~4000人）	计数	1885	8478	11252	3669	10041	7905	841	5148	15626	1372	9953	10290	932	9547	11136
	百分比	8.7	39.2	52.1	17.0	46.5	36.6	3.9	23.8	72.3	6.3	46.0	47.6	4.3	44.2	51.5
巨型学校（4000人以上）	计数	865	4089	5402	1848	4711	3797	414	2554	7388	730	4853	4773	480	4617	5259
	百分比	8.4	39.5	52.2	17.8	45.5	36.7	4.0	24.7	71.3	7.0	46.9	46.1	4.6	44.6	50.8

表 9-14 学校规模与线上学习期间家校合作内容关系（2）

学校规模		亲子关系指导			亲子阅读指导			线上学习方法			家长辅导孩子的方法		
		从不	偶尔	经常	从不	偶尔	经常	从不	偶尔	经常	从不	偶尔	经常
小型学校（1000人以下）	计数	2461	23838	29003	3027	23769	28506	1402	15457	38443	2279	23918	29105
	百分比	4.5	43.1	52.4	5.5	43	51.5	2.5	28	69.5	4.1	43.2	52.6
中型学校（1001~2500人）	计数	2373	20860	22593	2969	20844	22013	1171	13667	30988	1995	20901	22930
	百分比	5.2	45.5	49.3	6.5	45.5	48	2.6	29.8	67.6	4.4	45.6	50
大型学校（2501~4000人）	计数	1170	10209	10236	1473	10328	9814	556	6895	14164	1011	10345	10259
	百分比	5.4	47.2	47.4	6.8	47.8	45.4	2.6	31.9	65.5	4.7	47.9	47.5
巨型学校（4000人以上）	计数	604	4904	4848	758	4995	4603	270	3307	6779	525	4979	4852
	百分比	5.8	47.4	46.8	7.3	48.2	44.4	2.6	31.9	65.5	5.1	48.1	46.9

表9-15　学校规模与线上学习期间家校合作内容关系（3）

学校规模		安全健康知识			疫情防控知识			社会责任培养			疫情动态宣传		
		从不	偶尔	经常	从不	偶尔	经常	从不	偶尔	经常	从不	偶尔	经常
小型学校（1000人以下）	计数	1383	15246	38673	1081	11231	42990	1387	18605	35310	1294	13096	40912
	百分比	2.5	27.6	69.9	2.0	20.3	77.7	2.5	33.6	63.8	2.3	23.7	74.0
中型学校（1001~2500人）	计数	1437	14136	30253	1117	10674	34035	1338	16114	28374	1255	12296	32275
	百分比	3.1	30.8	66.0	2.4	23.3	74.3	2.9	35.2	61.9	2.7	26.8	70.4
大型学校（2501~4000人）	计数	726	7134	13755	570	5490	15555	647	7794	13174	628	6125	14862
	百分比	3.4	33.0	63.6	2.6	25.4	72.0	3.0	36.1	60.9	2.9	28.3	68.8
巨型学校（4000人以上）	计数	377	3448	6531	292	2608	7456	309	3701	6346	320	2969	7067
	百分比	3.6	33.3	63.1	2.8	25.2	72.0	3.0	35.7	61.3	3.1	28.7	68.2

9.1.6　农村学生比例与线上学习期间家校合作内容

在学校农村学生比例方面，学校教师在线上学习期间开展家校合作内容相关的典型活动或行为为"经常"的比例，在不同类型的学校中各有高低。

表 9-16　农村学生比例与线上学习期间家校合作内容关系（1）

学校农村学生比例		学校领导或老师联系方式			家委会联系方式			学校政策通知			心理辅导咨询			家庭教育知识		
		从不	偶尔	经常	从不	偶尔	经常	从不	偶尔	经常	从不	偶尔	经常	从不	偶尔	经常
低（0~20）	计数	3446	12248	18166	5862	14924	13274	1479	7844	24737	2348	14502	17210	1568	13907	18585
	百分比	10.1	36.5	53.3	17.2	43.8	39.0	4.3	23.0	72.6	6.9	42.6	50.5	4.6	40.8	54.6
中（20~50）	计数	2587	12241	16480	5057	14517	11734	1203	7754	22351	2201	14198	14909	1319	13476	16513
	百分比	8.3	39.1	52.6	16.2	46.4	37.5	3.8	24.8	71.4	7.0	45.3	47.6	4.2	43.0	52.7
高（50~100）	计数	4000	23035	40761	9526	30125	28145	1882	13746	52168	3778	29747	34271	2278	27272	38246
	百分比	5.9	34.0	60.1	14.1	44.4	41.5	2.8	20.3	76.9	5.6	43.9	50.6	3.4	40.2	56.4

表 9-17　农村学生比例与线上学习期间家校合作内容关系（2）

学校农村学生比例		亲子关系指导			亲子阅读指导			线上学习方法			家长辅导孩子的方法		
		从不	偶尔	经常	从不	偶尔	经常	从不	偶尔	经常	从不	偶尔	经常
低（0~20）	计数	1877	14545	17638	2306	14668	17086	1024	9822	23214	1520	14739	17801
	百分比	5.5	42.7	51.8	6.8	43.1	50.2	3.0	28.8	68.2	4.5	43.3	52.3
中（20~50）	计数	1630	14462	15216	2028	14441	14839	838	10009	20461	1389	14491	15428
	百分比	5.2	46.2	48.6	6.5	46.1	47.4	2.7	32.0	65.4	4.4	46.3	49.3
高（50~100）	计数	3105	30907	33784	3880	30925	32991	1543	19472	46681	2897	30936	33963
	百分比	4.6	45.6	49.8	5.7	45.6	48.7	2.3	28.7	69.0	4.3	45.6	50.1

表 9-18 农村学生比例与线上学习期间家校合作内容关系（3）

学校农村学生比例		安全健康知识			疫情防控知识			社会责任培养			疫情动态宣传		
		从不	偶尔	经常	从不	偶尔	经常	从不	偶尔	经常	从不	偶尔	经常
低 (0~20)	计数	1223	10546	22291	1031	8173	24856	1096	11589	21375	1119	9342	23599
	百分比	3.6	31.0	65.4	3.0	24.0	73.0	3.2	34.0	62.8	3.3	27.4	69.3
中 (20~50)	计数	993	10127	20188	782	7884	22642	920	11304	19084	891	8886	21531
	百分比	3.2	32.3	64.5	2.5	25.2	72.3	2.9	36.1	61.0	2.8	28.4	68.8
高 (50~100)	计数	1691	19232	46873	1243	13870	52683	1652	23359	42785	1471	16189	50136
	百分比	2.5	28.4	69.1	1.8	20.5	77.7	2.4	34.5	63.1	2.2	23.9	74.0

9.1.7 学校家长类型与线上学习期间家校合作内容

在学校家长类型方面，学校教师在线上学习期间开展家校合作内容相关的典型活动或行为为"经常"的比例，在不同家长类型的学校间各有高低。

表 9-19 学校地域类型与线上学习期间家校合作内容关系（1）

学校家长主要类型		学校领导或老师联系方式			家委会联系方式			学校政策通知			心理辅导咨询			家庭教育知识		
		从不	偶尔	经常	从不	偶尔	经常	从不	偶尔	经常	从不	偶尔	经常	从不	偶尔	经常
农民为主	计数	3215	18630	34341	7688	24571	23927	1647	11490	43049	3486	24646	28054	2012	22547	31627
	百分比	5.7	33.2	61.1	13.7	43.7	42.6	2.9	20.4	76.6	6.2	43.9	49.9	3.6	40.1	56.3

续表

学校家长主要类型		学校领导或老师联系方式			家委会联系方式			学校政策通知			心理辅导咨询			家庭教育知识		
		从不	偶尔	经常	从不	偶尔	经常	从不	偶尔	经常	从不	偶尔	经常	从不	偶尔	经常
工人、小贩等为主	计数	5366	24022	34119	10379	28960	24168	2291	14528	46688	3909	27895	31703	2533	26569	34405
	百分比	8.4	37.8	53.7	16.3	45.6	38.1	3.6	22.9	73.5	6.2	43.9	49.9	4.0	41.8	54.2
知识份子、管理人员、公务员等为主	计数	1554	5613	7758	2584	6642	5699	694	3677	10554	1055	6503	7367	682	6088	8155
	百分比	10.4	37.6	52.0	17.3	44.5	38.2	4.6	24.6	70.7	7.1	43.6	49.4	4.6	40.8	54.6

表9-20 学校地域类型与线上学习期间家校合作内容关系（2）

学校家长主要类型		亲子关系指导			亲子阅读指导			线上学习方法			家长辅导孩子的方法		
		从不	偶尔	经常	从不	偶尔	经常	从不	偶尔	经常	从不	偶尔	经常
农民为主	计数	2773	25510	27903	3396	25426	27364	1451	16115	38620	2648	25356	28182
	百分比	4.9	45.4	49.7	6.0	45.3	48.7	2.6	28.7	68.7	4.7	45.1	50.2
工人、小贩等为主	计数	3076	28690	31741	3942	28837	30728	1504	19083	42920	2578	28905	32024
	百分比	4.8	45.2	50.0	6.2	45.4	48.4	2.4	30.0	67.6	4.1	45.5	50.4
知识份子、管理人员、公务员等为主	计数	843	6285	7797	970	6341	7614	492	4563	9870	649	6510	7766
	百分比	5.6	42.1	52.2	6.5	42.5	51.0	3.3	30.6	66.1	4.3	43.6	52.0

表 9-21 学校地域类型与线上学习期间家校合作内容关系（3）

学校家长主要类型		安全健康知识			疫情防控知识			社会责任培养			疫情动态宣传		
		从不	偶尔	经常	从不	偶尔	经常	从不	偶尔	经常	从不	偶尔	经常
农民为主	计数	1472	15906	38808	1104	11425	43657	1437	18829	35920	1297	13136	41753
	百分比	2.6	28.3	69.1	2.0	20.3	77.7	2.6	33.5	63.9	2.3	23.4	74.3
工人、小贩等为主	计数	1956	19743	41808	1535	15186	46786	1806	22811	38890	1747	17556	44204
	百分比	3.1	31.1	65.8	2.4	23.9	73.7	2.8	35.9	61.2	2.8	27.6	69.6
知识份子、管理人员、公务员等为主	计数	529	4678	9718	459	3657	10809	479	5076	9370	493	4109	10323
	百分比	3.5	31.3	65.1	3.1	24.5	72.4	3.2	34.0	62.8	3.3	27.5	69.2

9.1.8 是否寄宿学校与线上学习期间家校合作内容

在是否寄宿学校方面，学校教师在线上学习期间开展家校合作内容相关的典型活动或行为为"经常"的比例，由高到低依次是非寄宿学校、部分学生寄宿学校、全部学生寄宿学校。

表 9-22 是否寄宿学校与线上学习期间家校合作内容关系（1）

是否寄宿制学校		学校领导或老师联系方式			家委会联系方式			学校政策通知			心理辅导咨询			家庭教育知识		
		从不	偶尔	经常	从不	偶尔	经常	从不	偶尔	经常	从不	偶尔	经常	从不	偶尔	经常
是，全部学生寄宿	计数	1537	6495	7757	3075	7280	5434	737	4245	10807	1135	7240	7414	839	7163	7787
	百分比	9.7	41.1	49.1	19.5	46.1	34.4	4.7	26.9	68.4	7.2	45.9	47.0	5.3	45.4	49.3

续表

是否寄宿制学校		学校领导或老师联系方式			家委会联系方式			学校政策通知			心理辅导咨询			家庭教育知识		
		从不	偶尔	经常	从不	偶尔	经常	从不	偶尔	经常	从不	偶尔	经常	从不	偶尔	经常
是,全部学生寄宿	计数	1537	6495	7757	3075	7280	5434	737	4245	10807	1135	7240	7414	839	7163	7787
	百分比	9.7	41.1	49.1	19.5	46.1	34.4	4.7	26.9	68.4	7.2	45.9	47.0	5.3	45.4	49.3
是,部分学生寄宿	计数	3044	14912	20217	6452	17841	13880	1550	9387	27236	2727	17738	17708	1813	16961	19399
	百分比	8.0	39.1	53.0	16.9	46.7	36.4	4.1	24.6	71.3	7.1	46.5	46.4	4.7	44.4	50.8
否,没有学生寄宿	计数	5554	26858	48244	11124	35052	34480	2345	16063	62248	4588	34066	42002	2575	31080	47001
	百分比	6.9	33.3	59.8	13.8	43.5	42.7	2.9	19.9	77.2	5.7	42.2	52.1	3.2	38.5	58.3

表9-23 是否寄宿学校与线上学习期间家校合作内容关系（2）

是否寄宿制学校		亲子关系指导			亲子阅读指导			线上学习方法			家长辅导孩子的方法		
		从不	偶尔	经常	从不	偶尔	经常	从不	偶尔	经常	从不	偶尔	经常
是,全部学生寄宿	计数	1038	7639	7112	1349	7945	6495	523	5395	9871	1064	8053	6672
	百分比	6.6	48.4	45.0	8.5	50.3	41.1	3.3	34.2	62.5	6.7	51.0	42.3
是,部分学生寄宿	计数	2379	18439	17355	2957	18967	16249	1124	12494	24555	2124	18794	17255
	百分比	6.2	48.3	45.5	7.7	49.7	42.6	2.9	32.7	64.3	5.6	49.2	45.2
否,没有学生寄宿	计数	3275	34407	42974	4002	33692	42962	1800	21872	56984	2687	33924	44045
	百分比	4.1	42.7	53.3	5.0	41.8	53.3	2.2	27.1	70.7	3.3	42.1	54.6

表 9-24 是否寄宿学校与线上学习期间家校合作内容关系（3）

是否寄宿制学校		安全健康知识			疫情防控知识			社会责任培养			疫情动态宣传		
		从不	偶尔	经常	从不	偶尔	经常	从不	偶尔	经常	从不	偶尔	经常
是，全部学生寄宿	计数	686	5600	9503	528	4335	10926	575	5791	9423	566	4802	10421
	百分比	4.3	35.5	60.2	3.3	27.5	69.2	3.6	36.7	59.7	3.6	30.4	66.0
是，部分学生寄宿	计数	1349	12658	24166	1010	9612	27551	1215	13828	23130	1144	10767	26262
	百分比	3.5	33.2	63.3	2.6	25.2	72.2	3.2	36.2	60.6	3.0	28.2	68.8
否，没有学生寄宿	计数	1922	22069	56665	1560	16321	62775	1932	27097	51627	1827	19232	59597
	百分比	2.4	27.4	70.3	1.9	20.2	77.8	2.4	33.6	64.0	2.3	23.8	73.9

9.1.9 学校办学水平与线上学习期间家校合作内容

在学校办学水平方面，大体上呈现在办学水平越高的学校中，学校教师在线上学习期间开展家校合作内容相关的典型活动或行为为"经常"的比例越高。

表 9-25 学校办学水平与线上学习期间家校合作内容关系（1）

学校办学水平		学校领导或老师联系方式			家委会联系方式			学校政策通知			心理辅导咨询			家庭教育知识		
		从不	偶尔	经常	从不	偶尔	经常	从不	偶尔	经常	从不	偶尔	经常	从不	偶尔	经常
最差	计数	234	759	1053	471	897	678	140	520	1386	262	945	839	183	918	945
	百分比	11.4	37.1	51.5	23.0	43.8	33.1	6.8	25.4	67.7	12.8	46.2	41.0	8.9	44.9	46.2

续表

学校办学水平		学校领导或老师联系方式			家委会联系方式			学校政策通知			心理辅导咨询			家庭教育知识		
		从不	偶尔	经常	从不	偶尔	经常	从不	偶尔	经常	从不	偶尔	经常	从不	偶尔	经常
中下	计数	1278	5929	8129	2768	7325	5243	627	3774	10935	1202	7414	6720	785	7122	7429
	百分比	8.3	38.7	53.0	18.0	47.8	34.2	4.1	24.6	71.3	7.8	48.3	43.8	5.1	46.4	48.4
中间	计数	2346	13155	19379	5167	16333	13380	1144	8422	25314	2263	16325	16292	1308	15201	18371
	百分比	6.7	37.7	55.6	14.8	46.8	38.4	3.3	24.1	72.6	6.5	46.8	46.7	3.8	43.6	52.7
中上	计数	4282	20970	33756	8530	26468	24010	1870	12593	44545	3266	25456	30286	1996	23605	33407
	百分比	7.3	35.5	57.2	14.5	44.9	40.7	3.2	21.3	75.5	5.5	43.1	51.3	3.4	40.0	56.6
最好	计数	1995	7452	13901	3715	9150	10483	851	4386	18111	1457	8904	12987	955	8358	14035
	百分比	8.5	31.9	59.5	15.9	39.2	44.9	3.6	18.8	77.6	6.2	38.1	55.6	4.1	35.8	60.1

表 9-26 学校办学水平与线上学习期间家校合作内容关系（2）

学校办学水平		亲子关系指导			亲子阅读指导			线上学习方法			家长辅导孩子的方法		
		从不	偶尔	经常	从不	偶尔	经常	从不	偶尔	经常	从不	偶尔	经常
最差	计数	233	986	827	269	983	794	128	715	1203	226	1002	818
	百分比	11.4	48.2	40.4	13.1	48.0	38.8	6.3	34.9	58.8	11.0	49.0	40.0
中下	计数	1028	7858	6450	1243	7879	6214	475	5381	9480	963	7931	6442
	百分比	6.7	51.2	42.1	8.1	51.4	40.5	3.1	35.1	61.8	6.3	51.7	42.0
中间	计数	1696	16739	16445	2068	16701	16111	861	11181	22838	1442	16666	16772
	百分比	4.9	48.0	47.1	5.9	47.9	46.2	2.5	32.1	65.5	4.1	47.8	48.1

续表

学校办学水平		亲子关系指导 从不	亲子关系指导 偶尔	亲子关系指导 经常	亲子阅读指导 从不	亲子阅读指导 偶尔	亲子阅读指导 经常	线上学习方法 从不	线上学习方法 偶尔	线上学习方法 经常	家长辅导孩子的方法 从不	家长辅导孩子的方法 偶尔	家长辅导孩子的方法 经常
中上	计数	2508	25950	30550	3247	26011	29750	1332	16696	40980	2209	26113	30686
	百分比	4.3	44.0	51.8	5.5	44.1	50.4	2.3	28.3	69.4	3.7	44.3	52.0
最好	计数	1227	8952	13169	1481	9030	12837	651	5788	16909	1035	9059	13254
	百分比	5.3	38.3	56.4	6.3	38.7	55.0	2.8	24.8	72.4	4.4	38.8	56.8

表 9-27 学校办学水平与线上学习期间家校合作内容关系（3）

学校办学水平		安全健康知识 从不	安全健康知识 偶尔	安全健康知识 经常	疫情防控知识 从不	疫情防控知识 偶尔	疫情防控知识 经常	社会责任培养 从不	社会责任培养 偶尔	社会责任培养 经常	疫情动态宣传 从不	疫情动态宣传 偶尔	疫情动态宣传 经常
最差	计数	149	703	1194	117	550	1379	143	791	1112	124	617	1305
	百分比	7.3	34.4	58.4	5.7	26.9	67.4	7.0	38.7	54.3	6.1	30.2	63.8
中下	计数	613	5255	9468	443	4057	10836	575	6250	8511	524	4636	10176
	百分比	4.0	34.3	61.7	2.9	26.5	70.7	3.7	40.8	55.5	3.4	30.2	66.4
中间	计数	961	11059	22860	796	8287	25797	962	13115	20803	930	9532	24418
	百分比	2.8	31.7	65.5	2.3	23.8	74.0	2.8	37.6	59.6	2.7	27.3	70.0
中上	计数	1517	17146	40345	1152	12825	45031	1388	20029	37591	1328	14766	42914
	百分比	2.6	29.1	68.4	2.0	21.7	76.3	2.4	33.9	63.7	2.3	25.0	72.7
最好	计数	717	6164	16467	590	4549	18209	654	6531	16163	631	5250	17467
	百分比	3.1	26.4	70.5	2.5	19.5	78.0	2.8	28.0	69.2	2.7	22.5	74.8

9.2 学校特征与线上学习期间家校合作行为

9.2.1 学校学段与线上学习期间家校合作行为关系

在学校学段方面，从幼儿园到高中，教师在线上学习期间开展家校合作典型活动或行为为"经常"的比例依次降低。

表 9-28　学校学段与线上学习期间家校合作行为关系（1）

学校学段		线上家庭教育讲座			与家长单独交流			线上集体家长会			家长代表经验分享		
		从不	偶尔	经常	从不	偶尔	经常	从不	偶尔	经常	从不	偶尔	经常
学校有幼儿园	计数	2022	7423	5773	742	5780	8696	2103	7801	5314	2441	8130	4647
	百分比	13.3	48.8	37.9	4.9	38.0	57.1	13.8	51.3	34.9	16.0	53.4	30.5
学校有小学	计数	10860	43579	30128	3389	31528	49650	11049	46132	27386	13776	47954	22837
	百分比	12.8	51.5	35.6	4.0	37.3	58.7	13.1	54.6	32.4	16.3	56.7	27.0
学校有初中	计数	9293	25037	13469	3257	21998	22544	9313	24992	13494	10594	26461	10744
	百分比	19.4	52.4	28.2	6.8	46.0	47.2	19.5	52.3	28.2	22.2	55.4	22.5
学校有高中	计数	4583	9258	4187	2159	9104	6765	4770	9106	4152	5149	9483	3396
	百分比	25.4	51.4	23.2	12.0	50.5	37.5	26.5	50.5	23.0	28.6	52.6	18.8

表 9-29 学校学段与线上学习期间家校合作行为关系（2）

学校学段		线上家访/实地家访			组织家长间互助			要求家长反馈学生在家学习情况			要求家长反馈学生在家行为表现		
		从不	偶尔	经常	从不	偶尔	经常	从不	偶尔	经常	从不	偶尔	经常
学校有幼儿园	计数	1483	7255	6480	1959	7808	5451	712	4893	9613	692	5164	9362
	百分比	9.7	47.7	42.6	12.9	51.3	35.8	4.7	32.2	63.2	4.5	33.9	61.5
学校有小学	计数	7342	41962	35263	10618	46252	27697	3161	29313	52093	3376	31225	49966
	百分比	8.7	49.6	41.7	12.6	54.7	32.8	3.7	34.7	61.6	4.0	36.9	59.1
学校有初中	计数	6404	25327	16068	9327	26541	11931	2730	18980	26089	2983	19837	24979
	百分比	13.4	53.0	33.6	19.5	55.5	25.0	5.7	39.7	54.6	6.2	41.5	52.3
学校有高中	计数	3803	9722	4503	4832	9625	3571	1740	8055	8233	1859	8302	7867
	百分比	21.1	53.9	25.0	26.8	53.4	19.8	9.7	44.7	45.7	10.3	46.1	43.6

表 9-30 学校学段与线上学习期间家校合作行为关系（3）

学校学段		组织家长志愿者为学校或家长提供帮助			征集家长对学校或班级的意见（如通过微信或问卷调查）			组织家长配合学校疫情防控（如上报学生体温等）		
		从不	偶尔	经常	从不	偶尔	经常	从不	偶尔	经常
学校有幼儿园	计数	2891	7713	4614	964	6700	7554	777	3392	11049
	百分比	19.0	50.7	30.3	6.3	44.0	49.6	5.1	22.3	72.6
学校有小学	计数	15929	45486	23152	5267	39796	39504	4380	21370	58817
	百分比	18.8	53.8	27.4	6.2	47.1	46.7	5.2	25.3	69.6
学校有初中	计数	11709	25400	10690	5079	24029	18691	4714	15110	27975
	百分比	24.5	53.1	22.4	10.6	50.3	39.1	9.9	31.6	58.5
学校有高中	计数	5369	9213	3446	2782	9282	5964	2631	6278	9119
	百分比	29.8	51.1	19.1	15.4	51.5	33.1	14.6	34.8	50.6

9.2.2 学校所在地与线上学习期间家校合作行为

在学校所在地方面，学校教师在线上学习期间开展家校合作典型活动或行为为"经常"的比例，东部高于中部，中部高于西部。

表9-31 学校所在地与线上学习期间家校合作行为关系（1）

所在地域		线上家庭教育讲座			与家长单独交流			线上集体家长会			家长代表经验分享		
		从不	偶尔	经常	从不	偶尔	经常	从不	偶尔	经常	从不	偶尔	经常
东部	计数	8573	28667	20462	3270	22944	31488	8728	30025	18949	11243	31560	14899
	百分比	14.9	49.7	35.5	5.7	39.8	54.6	15.1	52.0	32.8	19.5	54.7	25.8
中部	计数	10009	32603	18533	3169	25616	32360	10113	33657	17375	10956	34872	15317
	百分比	16.4	53.3	30.3	5.2	41.9	52.9	16.5	55.0	28.4	17.9	57.0	25.1
西部	计数	3054	8422	4295	1217	7199	7355	3155	8300	4316	3511	8806	3454
	百分比	19.4	53.4	27.2	7.7	45.6	46.6	20.0	52.6	27.4	22.3	55.8	21.9

表9-32 学校所在地与线上学习期间家校合作行为关系（2）

所在地域		线上家访/实地家访			组织家长间互助			要求家长反馈学生在家学习情况			要求家长反馈学生在家行为表现		
		从不	偶尔	经常	从不	偶尔	经常	从不	偶尔	经常	从不	偶尔	经常
东部	计数	6386	28017	23299	9158	30882	17662	3232	22846	31624	3450	23862	30390
	百分比	11.1	48.6	40.4	15.9	53.5	30.6	5.6	39.6	54.8	6.0	41.4	52.7

续表

所在地域		线上家访/实地家访			组织家长间互助			要求家长反馈学生在家学习情况			要求家长反馈学生在家行为表现		
		从不	偶尔	经常	从不	偶尔	经常	从不	偶尔	经常	从不	偶尔	经常
中部	计数	6295	32218	22632	9146	34068	17931	2506	21478	37161	2679	22819	35647
	百分比	10.3	52.7	37.0	15.0	55.7	29.3	4.1	35.1	60.8	4.4	37.3	58.3
西部	计数	2460	8438	4873	3235	8568	3968	1006	5819	8946	1082	6195	8494
	百分比	15.6	53.5	30.9	20.5	54.3	25.2	6.4	36.9	56.7	6.9	39.3	53.9

表 9-33 学校所在地与线上学习期间家校合作行为关系（3）

所在地域		组织家长志愿者为学校或家长提供帮助			征集家长对学校或班级的意见（如通过微信或问卷调查）			组织家长配合学校疫情防控（如上报学生体温等）		
		从不	偶尔	经常	从不	偶尔	经常	从不	偶尔	经常
东部	计数	12951	30005	14746	4946	26758	25998	4808	16675	36219
	百分比	22.4	52.0	25.6	8.6	46.4	45.1	8.3	28.9	62.8
中部	计数	11824	33503	15818	4759	30778	25608	3936	16893	40316
	百分比	19.3	54.8	25.9	7.8	50.3	41.9	6.4	27.6	65.9
西部	计数	4146	8083	3542	1653	7812	6306	1343	4282	10146
	百分比	26.3	51.3	22.5	10.5	49.5	40.0	8.5	27.2	64.3

9.2.3　学校地域类型与线上学习期间家校合作行为

在学校地域类型方面，学校教师在线上学习期间开展家校合作典型活动或行为为"经常"的比例，较高的是村社学校。

表9-34　学校地域类型与线上学习期间家校合作行为关系（1）

学校所在地		线上家庭教育讲座			与家长单独交流			线上集体家长会			家长代表经验分享		
		从不	偶尔	经常	从不	偶尔	经常	从不	偶尔	经常	从不	偶尔	经常
市区	计数	7182	20552	13332	2884	16525	21657	6862	21452	12752	8640	22417	10009
	百分比	17.5	50.0	32.5	7.0	40.2	52.7	16.7	52.2	31.1	21.0	54.6	24.4
县城	计数	5039	14457	8471	1861	11797	14309	5280	14607	8080	5399	15500	7068
	百分比	18.0	51.7	30.3	6.7	42.2	51.2	18.9	52.2	28.9	19.3	55.4	25.3
镇乡	计数	7637	27543	16593	2478	22126	27169	8069	28400	15304	9393	29449	12931
	百分比	14.8	53.2	32.0	4.8	42.7	52.5	15.6	54.9	29.6	18.1	56.9	25.0
村社	计数	1778	7140	4894	433	5311	8068	1785	7523	4504	2278	7872	3662
	百分比	12.9	51.7	35.4	3.1	38.5	58.4	12.9	54.5	32.6	16.5	57.0	26.5

表 9-35　学校地域类型与线上学习期间家校合作行为关系（2）

学校所在地		线上家访/实地家访			组织家长间互助			要求家长反馈学生在家学习情况			要求家长反馈学生在家行为表现		
		从不	偶尔	经常	从不	偶尔	经常	从不	偶尔	经常	从不	偶尔	经常
市区	计数	6054	20658	14354	7538	21819	11709	2699	16084	22283	2953	16877	21236
	百分比	14.7	50.3	35.0	18.4	53.1	28.5	6.6	39.2	54.3	7.2	41.1	51.7
县城	计数	3368	14488	10111	4747	15075	8145	1496	9928	16543	1589	10556	15822
	百分比	12.0	51.8	36.2	17.0	53.9	29.1	5.3	35.5	59.2	5.7	37.7	56.6
镇乡	计数	4721	26885	20167	7503	29059	15211	2170	19728	29875	2266	20714	28793
	百分比	9.1	51.9	39.0	14.5	56.1	29.4	4.2	38.1	57.7	4.4	40.0	55.6
村社	计数	998	6642	6172	1751	7565	4496	379	4403	9030	403	4729	8680
	百分比	7.2	48.1	44.7	12.7	54.8	32.6	2.7	31.9	65.4	2.9	34.2	62.8

表 9-36　学校地域类型与线上学习期间家校合作行为关系（3）

学校所在地		组织家长志愿者为学校或家长提供帮助			征集家长对学校或班级的意见（如通过微信或问卷调查）			组织家长配合学校疫情防控（如上报学生体温等）		
		从不	偶尔	经常	从不	偶尔	经常	从不	偶尔	经常
市区	计数	9513	21291	10262	4221	19864	16981	4117	11885	25064
	百分比	23.2	51.8	25.0	10.3	48.4	41.4	10.0	28.9	61.0
县城	计数	5839	14855	7273	2603	13663	11701	2226	7849	17892
	百分比	20.9	53.1	26.0	9.3	48.9	41.8	8.0	28.1	64.0
镇乡	计数	10652	28067	13054	3745	25243	22785	3193	15037	33543
	百分比	20.6	54.2	25.2	7.2	48.8	44.0	6.2	29.0	64.8
村社	计数	2917	7378	3517	789	6578	6445	551	3079	10182
	百分比	21.1	53.4	25.5	5.7	47.6	46.7	4.0	22.3	73.7

9.2.4 学校性质与线上学习期间家校合作行为

在学校性质方面，学校教师在线上学习期间开展家校合作典型活动或行为为"经常"的比例，在公办学校、民办公助学校、普通民办学校、民办打工子弟学校间各有高低。

表 9-37 学校性质与线上学习期间家校合作行为关系（1）

学校性质		线上家庭教育讲座			与家长单独交流			线上集体家长会			家长代表经验分享		
		从不	偶尔	经常	从不	偶尔	经常	从不	偶尔	经常	从不	偶尔	经常
公办学校	计数	19222	60494	37044	6670	48534	61556	19496	62331	34933	22530	65284	28946
	百分比	16.5	51.8	31.7	5.7	41.6	52.7	16.7	53.4	29.9	19.3	55.9	24.8
民办公助	计数	821	2892	2145	314	2264	3280	780	2932	2146	983	3146	1729
	百分比	14.0	49.4	36.6	5.4	38.6	56.0	13.3	50.1	36.6	16.8	53.7	29.5
普通民办学校	计数	1371	5470	3561	568	4291	5543	1463	5813	3126	1880	5897	2625
	百分比	13.2	52.6	34.2	5.5	41.3	53.3	14.1	55.9	30.1	18.1	56.7	25.2
民办打工子弟学校	计数	222	836	540	104	670	824	257	906	435	317	911	370
	百分比	13.9	52.3	33.8	6.5	41.9	51.6	16.1	56.7	27.2	19.8	57.0	23.2

表 9-38 学校性质与线上学习期间家校合作行为关系（2）

学校性质		线上家访/实地家访			组织家长间互助			要求家长反馈学生在家学习情况			要求家长反馈学生在家行为表现		
		从不	偶尔	经常	从不	偶尔	经常	从不	偶尔	经常	从不	偶尔	经常
公办学校	计数	12963	59427	44370	18862	63569	34329	5831	42962	67967	6266	45471	65023
	百分比	11.1	50.9	38.0	16.2	54.4	29.4	5.0	36.8	58.2	5.4	38.9	55.7

续表

学校性质		线上家访/实地家访			组织家长间互助			要求家长反馈学生在家学习情况			要求家长反馈学生在家行为表现		
		从不	偶尔	经常	从不	偶尔	经常	从不	偶尔	经常	从不	偶尔	经常
民办公助	计数	690	2928	2240	862	3142	1854	299	2355	3204	313	2439	3106
	百分比	11.8	50.0	38.2	14.7	53.6	31.6	5.1	40.2	54.7	5.3	41.6	53.0
普通学校	计数	1319	5462	3621	1555	5901	2946	537	4191	5674	547	4296	5559
	百分比	12.7	52.5	34.8	14.9	56.7	28.3	5.2	40.3	54.5	5.3	41.3	53.4
民办打工子弟学校	计数	169	856	573	260	906	432	77	635	886	85	670	843
	百分比	10.6	53.6	35.9	16.3	56.7	27.0	4.8	39.7	55.4	5.3	41.9	52.8

表 9-39 学校性质与线上学习期间家校合作行为关系（3）

学校性质		组织家长志愿者为学校或家长提供帮助			征集家长对学校或班级的意见（如通过微信或问卷调查）			组织家长配合学校疫情防控（如上报学生体温等）		
		从不	偶尔	经常	从不	偶尔	经常	从不	偶尔	经常
公办学校	计数	25453	61939	29368	10008	57163	49589	8822	32398	75540
	百分比	21.8	53.0	25.2	8.6	49.0	42.5	7.6	27.7	64.7
民办公助	计数	1093	3073	1692	447	2663	2748	455	1883	3520
	百分比	18.7	52.5	28.9	7.6	45.5	46.9	7.8	32.1	60.1
普通学校	计数	2017	5726	2659	781	4771	4850	712	3126	6564
	百分比	19.4	55.0	25.6	7.5	45.9	46.6	6.8	30.1	63.1
民办打工子弟学校	计数	358	853	387	122	751	725	98	443	1057
	百分比	22.4	53.4	24.2	7.6	47.0	45.4	6.1	27.7	66.1

9.2.5　学校规模与线上学习期间家校合作行为

在学校规模方面，学校规模越大，学校教师在线上学习期间开展家校合作典型活动或行为为"经常"的比例越低。

表 9-40　学校规模与线上学习期间家校合作行为关系（1）

学校规模		线上家庭教育讲座			与家长单独交流			线上集体家长会			家长代表经验分享		
		从不	偶尔	经常	从不	偶尔	经常	从不	偶尔	经常	从不	偶尔	经常
小型学校（1000人以下）	计数	7924	28036	19342	2653	22147	30502	8043	29224	18035	9632	30547	15123
	百分比	14.3	50.7	35.0	4.8	40.0	55.2	14.5	52.8	32.6	17.4	55.2	27.3
中型学校（1001~2500人）	计数	7578	24105	14143	2755	19067	24004	7662	24871	13293	9246	25996	10584
	百分比	16.5	52.6	30.9	6.0	41.6	52.4	16.7	54.3	29.0	20.2	56.7	23.1
大型学校（2501~4000人）	计数	3988	11367	6260	1428	9416	10771	4068	11575	5972	4506	12091	5018
	百分比	18.5	52.6	29.0	6.6	43.6	49.8	18.8	53.6	27.6	20.8	55.9	23.2
巨型学校（4000人以上）	计数	1935	5451	2970	734	4556	5066	2029	5510	2817	2067	5822	2467
	百分比	18.7	52.6	28.7	7.1	44.0	48.9	19.6	53.2	27.2	20.0	56.2	23.8

表 9-41　学校规模与线上学习期间家校合作行为关系 （2）

学校规模		线上家访/实地家访			组织家长间互助			要求家长反馈学生在家学习情况			要求家长反馈学生在家行为表现		
		从不	偶尔	经常	从不	偶尔	经常	从不	偶尔	经常	从不	偶尔	经常
小型学校（1000人以下）	计数	5430	27325	22547	7982	29614	17706	2344	19464	33494	2481	20542	32279
	百分比	9.8	49.4	40.8	14.4	53.5	32.0	4.2	35.2	60.6	4.5	37.1	58.4
中型学校（1001~2500人）	计数	5415	23672	16739	7717	25372	12737	2507	17708	25611	2707	18690	24429
	百分比	11.8	51.7	36.5	16.8	55.4	27.8	5.5	38.6	55.9	5.9	40.8	53.3
大型学校（2501~4000人）	计数	2788	11394	7433	3824	12000	5791	1223	8539	11853	1323	8973	11319
	百分比	12.9	52.7	34.4	17.7	55.5	26.8	5.7	39.5	54.8	6.1	41.5	52.4
巨型学校（4000人以上）	计数	1358	5590	3408	1813	5773	2770	600	3970	5786	626	4182	5548
	百分比	13.1	54.0	32.9	17.5	55.7	26.7	5.8	38.3	55.9	6.0	40.4	53.6

表 9-42　学校规模与线上学习期间家校合作行为关系 （3）

学校规模		组织家长志愿者为学校或家长提供帮助			征集家长对学校或班级的意见（如通过微信或问卷调查）			组织家长配合学校疫情防控（如上报学生体温等）		
		从不	偶尔	经常	从不	偶尔	经常	从不	偶尔	经常
小型学校（1000人以下）	计数	11351	29049	14902	3922	26353	25027	3263	14463	37576
	百分比	20.5	52.5	26.9	7.1	47.7	45.3	5.9	26.2	67.9
中型学校（1001~2500人）	计数	10262	24549	11015	4203	22389	19234	3814	13215	28797
	百分比	22.4	53.6	24.0	9.2	48.9	42.0	8.3	28.8	62.8
大型学校（2501~4000人）	计数	4859	11634	5122	2133	10764	8718	1971	6631	13013
	百分比	22.5	53.8	23.7	9.9	49.8	40.3	9.1	30.7	60.2
巨型学校（4000人以上）	计数	2151	5620	2585	986	5153	4217	967	3201	6188
	百分比	20.8	54.3	25.0	9.5	49.8	40.7	9.3	30.9	59.8

9.2.6 农村学生比例与线上学习期间家校合作行为

在学校农村学生比例方面，学校教师在线上学习期间开展家校合作典型活动或行为为"经常"的比例，在农村学生比例为"中"的学校中相对较低。

表 9-43 农村学生比例与线上学习期间家校合作行为关系 （1）

学校农村学生比例		线上家庭教育讲座			与家长单独交流			线上集体家长会			家长代表经验分享		
		从不	偶尔	经常	从不	偶尔	经常	从不	偶尔	经常	从不	偶尔	经常
低 (0~20)	计数	5929	16982	11149	2284	13595	18181	5737	17664	10659	7118	18341	8601
	百分比	17.4	49.9	32.7	6.7	39.9	53.4	16.8	51.9	31.3	20.9	53.8	25.3
中 (20~50)	计数	5208	16483	9617	2035	13585	15688	5400	16927	8981	6073	17599	7636
	百分比	16.6	52.6	30.7	6.5	43.4	50.1	17.2	54.1	28.7	19.4	56.2	24.4
高 (50~100)	计数	10311	35554	21931	3245	27979	36572	10654	36696	20446	12284	38566	16946
	百分比	15.2	52.4	32.3	4.8	41.3	53.9	15.7	54.1	30.2	18.1	56.9	25.0

表 9-44 农村学生比例与线上学习期间家校合作行为关系 （2）

学校农村学生比例		线上家访/实地家访			组织家长间互助			要求家长反馈学生在家学习情况			要求家长反馈学生在家行为表现		
		从不	偶尔	经常	从不	偶尔	经常	从不	偶尔	经常	从不	偶尔	经常
低 (0~20)	计数	4752	16849	12459	6056	17900	10104	2210	13393	18457	2420	14027	17613
	百分比	14.0	49.5	36.6	17.8	52.6	29.7	6.5	39.3	54.2	7.1	41.2	51.7

续表

学校农村学生比例		线上家访/实地家访			组织家长间互助			要求家长反馈学生在家学习情况			要求家长反馈学生在家行为表现		
		从不	偶尔	经常	从不	偶尔	经常	从不	偶尔	经常	从不	偶尔	经常
中(20~50)	计数	3889	16555	10864	5155	17259	8894	1790	12411	17107	1875	13053	16380
	百分比	12.4	52.9	34.7	16.5	55.1	28.4	5.7	39.6	54.6	6.0	41.7	52.3
高(50~100)	计数	6316	34574	26906	10131	37620	20045	2658	23782	41356	2824	25214	39758
	百分比	9.3	51.0	39.7	14.9	55.5	29.6	3.9	35.1	61.0	4.2	37.2	58.6

表9-45 农村学生比例与线上学习期间家校合作行为关系（3）

学校农村学生比例		组织家长志愿者或为学校提供帮助			征集家长对学校或班级的意见（如通过微信或问卷调查）			组织家长配合学校疫情防控（如上报学生体温等）		
		从不	偶尔	经常	从不	偶尔	经常	从不	偶尔	经常
低(0~20)	计数	7695	17527	8838	3388	16261	14411	3298	9942	20820
	百分比	22.6	51.5	25.9	9.9	47.7	42.3	9.7	29.2	61.1
中(20~50)	计数	6515	16940	7853	2869	15566	12873	2617	9654	19037
	百分比	20.8	54.1	25.1	9.2	49.7	41.1	8.4	30.8	60.8
高(50~100)	计数	14470	36408	16918	4989	32867	29940	4080	17832	45884
	百分比	21.3	53.7	25.0	7.4	48.5	44.2	6.0	26.3	67.7

9.2.7 学校家长类型与线上学习期间家校合作行为

在学校家长类型方面，学校教师在线上学习期间开展家校合作典型活动或行为为"经常"的比例，在不同家长类型的学校间各有高低。

表 9-46 学校家长类型与线上学习期间家校合作行为关系（1）

学校家长主要类型		线上家庭教育讲座			与家长单独交流			线上集体家长会			家长代表经验分享		
		从不	偶尔	经常	从不	偶尔	经常	从不	偶尔	经常	从不	偶尔	经常
农民为主	计数	8751	29076	18359	2910	23426	29850	9037	29626	17523	10004	31387	14795
	百分比	15.6	51.7	32.7	5.2	41.7	53.1	16.1	52.7	31.2	17.8	55.9	26.3
工人、小贩等为主	计数	10388	33136	19983	3713	26044	33750	10404	34665	18438	12766	35840	14901
	百分比	16.4	52.2	31.5	5.8	41.0	53.1	16.4	54.6	29.0	20.1	56.4	23.5
知识份子、管理人员、公务员等为主	计数	2497	7480	4948	1033	6289	7603	2555	7691	4679	2940	8011	3974
	百分比	16.7	50.1	33.2	6.9	42.1	50.9	17.1	51.5	31.4	19.7	53.7	26.6

表 9-47 学校家长类型与线上学习期间家校合作行为关系（2）

学校家长主要类型		线上家访/实地家访			组织家长互助			要求家长反馈学生在家学习情况			要求家长反馈学生在家行为表现		
		从不	偶尔	经常	从不	偶尔	经常	从不	偶尔	经常	从不	偶尔	经常
农民为主	计数	5359	28238	22589	8605	30495	17086	2352	19229	34605	2479	20437	33270
	百分比	9.5	50.3	40.2	15.3	54.3	30.4	4.2	34.2	61.6	4.4	36.4	59.2

续表

学校家长主要类型		线上家访/实地家访			组织家长间互助			要求家长反馈学生在家学习情况			要求家长反馈学生在家行为表现		
		从不	偶尔	经常	从不	偶尔	经常	从不	偶尔	经常	从不	偶尔	经常
工人、小贩等为主	计数	7684	32871	22952	10450	35133	17924	3371	24890	35246	3654	26203	33650
	百分比	12.1	51.8	36.1	16.5	55.3	28.2	5.3	39.2	55.5	5.8	41.3	53.0
知识份子、管理人员、公务员等为主	计数	2098	7564	5263	2484	7890	4551	1021	6024	7880	1078	6236	7611
	百分比	14.1	50.7	35.3	16.6	52.9	30.5	6.8	40.4	52.8	7.2	41.8	51.0

表9-48　学校家长类型与线上学习期间家校合作行为关系（3）

学校家长主要类型		组织家长志愿者为学校或家长提供帮助			征集家长对学校或班级的意见（如通过微信或问卷调查）			组织家长配合学校疫情防控（如上报学生体温等）		
		从不	偶尔	经常	从不	偶尔	经常	从不	偶尔	经常
农民为主	计数	12007	29656	14523	4292	27105	24789	3477	14718	37991
	百分比	21.4	52.8	25.8	7.6	48.2	44.1	6.2	26.2	67.6
工人、小贩等为主	计数	13839	34233	15435	5644	31201	26662	5241	18591	39675
	百分比	21.8	53.9	24.3	8.9	49.1	42.0	8.3	29.3	62.5
知识份子、管理人员、公务员等为主	计数	3075	7702	4148	1422	7042	6461	1369	4541	9015
	百分比	20.6	51.6	27.8	9.5	47.2	43.3	9.2	30.4	60.4

9.2.8　是否寄宿学校与线上学习期间家校合作行为

在是否寄宿学校方面，学校教师在线上学习期间开展家校合作典型活动或行为为"经常"的比例，由高到低依次是非寄宿学校、全部学生寄宿学校、部分学生寄宿学校，但也有个别例外情况。

表 9-49　是否寄宿学校与线上学习期间家校合作行为关系（1）

是否寄宿制学校		线上家庭教育讲座			与家长单独交流			线上集体家长会			家长代表经验分享		
		从不	偶尔	经常	从不	偶尔	经常	从不	偶尔	经常	从不	偶尔	经常
是，全部学生寄宿	计数	3073	8070	4646	1269	7304	7216	3036	7856	4897	3562	8442	3785
	百分比	19.5	51.1	29.4	8.0	46.3	45.7	19.2	49.8	31.0	22.6	53.5	24.0
是，部分学生寄宿	计数	7360	20057	10756	2694	17400	18079	7632	20150	10391	8267	21134	8772
	百分比	19.3	52.5	28.2	7.1	45.6	47.4	20.0	52.8	27.2	21.7	55.4	23.0
否，没有学生寄宿	计数	11203	41565	27888	3693	31055	45908	11328	43976	25352	13881	45662	21113
	百分比	13.9	51.5	34.6	4.6	38.5	56.9	14.0	54.5	31.4	17.2	56.6	26.2

表 9-50　是否寄宿学校与线上学习期间家校合作行为关系（2）

是否寄宿制学校		线上家访/实地家访			组织家长间互助			要求家长反馈学生在家学习情况			要求家长反馈学生在家行为表现		
		从不	偶尔	经常	从不	偶尔	经常	从不	偶尔	经常	从不	偶尔	经常
是，全部学生寄宿	计数	2294	8255	5240	3278	8503	4008	1096	6603	8090	1154	6869	7766
	百分比	14.5	52.3	33.2	20.8	53.9	25.4	6.9	41.8	51.2	7.3	43.5	49.2

续表

是否寄宿制学校		线上家访/实地家访			组织家长间互助			要求家长反馈学生在家学习情况			要求家长反馈学生在家行为表现		
		从不	偶尔	经常	从不	偶尔	经常	从不	偶尔	经常	从不	偶尔	经常
是，部分学生寄宿	计数	5051	20125	12997	7177	21145	9851	2181	14737	21255	2331	15441	20401
	百分比	13.2	52.7	34.0	18.8	55.4	25.8	5.7	38.6	55.7	6.1	40.5	53.4
否，没有学生寄宿	计数	7796	40293	32567	11084	43870	25702	3467	28803	48386	3726	30566	46364
	百分比	9.7	50.0	40.4	13.7	54.4	31.9	4.3	35.7	60.0	4.6	37.9	57.5

表 9-51 是否寄宿学校与线上学习期间家校合作行为关系（3）

是否寄宿制学校		组织家长志愿者为学校或家长提供帮助			征集家长对学校或班级的意见（如通过微信或问卷调查）			组织家长配合学校疫情防控（如上报学生体温等）		
		从不	偶尔	经常	从不	偶尔	经常	从不	偶尔	经常
是，全部学生寄宿	计数	3951	8102	3736	1773	7850	6166	1640	5274	8875
	百分比	25.0	51.3	23.7	11.2	49.7	39.1	10.4	33.4	56.2
是，部分学生寄宿	计数	8965	20312	8896	3892	19005	15276	3505	11716	22952
	百分比	23.5	53.2	23.3	10.2	49.8	40.0	9.2	30.7	60.1
否，没有学生寄宿	计数	16005	43177	21474	5693	38493	36470	4942	20860	54854
	百分比	19.8	53.5	26.6	7.1	47.7	45.2	6.1	25.9	68.0

9.2.9 学校办学水平与线上学习期间家校合作行为

在学校办学水平方面，大体上呈现出办学水平越高的学校中，学校教师在线上学习期间开展家校合作典型活动或行为为"经常"的比例越高。

表 9-52　学校办学水平与线上学习期间家校合作行为关系（1）

学校办学水平		线上家庭教育讲座			与家长单独交流			线上集体家长会			家长代表经验分享		
		从不	偶尔	经常	从不	偶尔	经常	从不	偶尔	经常	从不	偶尔	经常
最差	计数	480	1016	550	223	927	896	468	1064	514	566	1062	418
	百分比	23.5	49.7	26.9	10.9	45.3	43.8	22.9	52.0	25.1	27.7	51.9	20.4
中下	计数	2984	8319	4033	1032	7077	7227	2931	8651	3754	3701	8701	2934
	百分比	19.5	54.2	26.3	6.7	46.1	47.1	19.1	56.4	24.5	24.1	56.7	19.1
中间	计数	5322	19014	10544	1878	15338	17664	5442	19731	9707	6543	20356	7981
	百分比	15.3	54.5	30.2	5.4	44.0	50.6	15.6	56.6	27.8	18.8	58.4	22.9
中上	计数	8999	30560	19449	2999	24005	32004	9178	31738	18092	10606	33402	15000
	百分比	15.3	51.8	33.0	5.1	40.7	54.2	15.6	53.8	30.7	18.0	56.6	25.4
最好	计数	3851	10783	8714	1524	8412	13412	3977	10798	8573	4294	11717	7337
	百分比	16.5	46.2	37.3	6.5	36.0	57.4	17.0	46.2	36.7	18.4	50.2	31.4

表 9-53　学校办学水平与线上学习期间家校合作行为关系（2）

学校办学水平		线上家访/实地家访			组织家长间互助			要求家长反馈学生在家学习情况			要求家长反馈学生在家行为表现		
		从不	偶尔	经常	从不	偶尔	经常	从不	偶尔	经常	从不	偶尔	经常
最差	计数	360	1043	643	522	1026	498	195	825	1026	196	883	967
	百分比	17.6	51.0	31.4	25.5	50.1	24.3	9.5	40.3	50.1	9.6	43.2	47.3
中下	计数	1996	8365	4975	3005	8805	3526	848	6394	8094	922	6690	7724
	百分比	13.0	54.5	32.4	19.6	57.4	23.0	5.5	41.7	52.8	6.0	43.6	50.4
中间	计数	3745	18707	12428	5353	19979	9548	1600	13781	19499	1713	14474	18693
	百分比	10.7	53.6	35.6	15.3	57.3	27.4	4.6	39.5	55.9	4.9	41.5	53.6

续表

学校办学水平		线上家访/实地家访			组织家长间互助			要求家长反馈学生在家学习情况			要求家长反馈学生在家行为表现		
		从不	偶尔	经常	从不	偶尔	经常	从不	偶尔	经常	从不	偶尔	经常
中上	计数	6163	30062	22783	8840	32447	17721	2699	21490	34819	2897	22742	33369
	百分比	10.4	50.9	38.6	15.0	55.0	30.0	4.6	36.4	59.0	4.9	38.5	56.5
最好	计数	2877	10496	9975	3819	11261	8268	1402	7653	14293	1483	8087	13778
	百分比	12.3	45.0	42.7	16.4	48.2	35.4	6.0	32.8	61.2	6.4	34.6	59.0

表9-54 学校办学水平与线上学习期间家校合作行为关系（3）

学校办学水平		组织家长志愿者为学校或家长提供帮助			征集家长对学校或班级的意见（如通过微信或问卷调查）			组织家长配合学校疫情防控（如上报学生体温等）		
		从不	偶尔	经常	从不	偶尔	经常	从不	偶尔	经常
最差	计数	613	1032	401	298	1053	695	240	668	1138
	百分比	30.0	50.4	19.6	14.6	51.5	34.0	11.7	32.6	55.6
中下	计数	4016	8372	2948	1548	8206	5582	1288	4876	9172
	百分比	26.2	54.6	19.2	10.1	53.5	36.4	8.4	31.8	59.8
中间	计数	7344	19340	8196	2787	17816	14277	2348	10467	22065
	百分比	21.1	55.4	23.5	8.0	51.1	40.9	6.7	30.0	63.3
中上	计数	11911	31832	15265	4603	28271	26134	4195	16147	38666
	百分比	20.2	53.9	25.9	7.8	47.9	44.3	7.1	27.4	65.5
最好	计数	5037	11015	7296	2122	10002	11224	2016	5692	15640
	百分比	21.6	47.2	31.2	9.1	42.8	48.1	8.6	24.4	67.0

教师特征与线上学习期间家校合作

本章主要探讨教师特征与线上学习期间家校合作的关系，具体指向在不同的教师特征中，如教师性别、学历、职称、职务、家校合作风格等变量的不同层次类型中，教师线上学习期间开展家校合作的内容、行为的数据分布特征和趋势。

10.1　教师特征与线上学习期间家校合作内容

10.1.1　教师性别与线上学习期间家校合作内容的关系

在教师性别方面，女教师在线上学习期间开展家校合作内容相关的典型活动或行为为"经常"的比例略高于男教师，但男教师在个别情况下高于女教师。

表 10-1 教师性别与线上学习期间家校合作内容（1）

教师性别		向家长传达学校领导或老师联系方式			向家长传达家委会联系方式			向家长传达学校政策通知			向家长传达心理辅导咨询			向家长传达家庭教育知识		
		从不	偶尔	经常	从不	偶尔	经常	从不	偶尔	经常	从不	偶尔	经常	从不	偶尔	经常
女	计数	7984	35584	54583	16235	43461	38455	3580	21904	72667	6348	42724	49079	3940	40030	54181
	百分比	8.1	36.3	55.6	16.5	44.3	39.2	3.6	22.3	74.0	6.5	43.5	50.0	4.0	40.8	55.2
男	计数	2151	12681	21635	4416	16712	15339	1052	7791	27624	2102	16320	18045	1287	15174	20006
	百分比	5.9	34.8	59.3	12.1	45.8	42.1	2.9	21.4	75.8	5.8	44.8	49.5	3.5	41.6	54.9

表 10-2 教师性别与线上学习期间家校合作内容（2）

教师性别		向家长传达亲子关系指导			向家长传达亲子阅读指导			向家长传达线上学习方法			向家长传达辅导孩子的方法		
		从不	偶尔	经常	从不	偶尔	经常	从不	偶尔	经常	从不	偶尔	经常
女	计数	4890	43222	50039	6146	42982	49023	2426	27699	68026	4215	43337	50599
	百分比	5.0	44.0	51.0	6.3	43.8	49.9	2.5	28.2	69.3	4.3	44.2	51.6
男	计数	1802	17263	17402	2162	17622	16683	1021	12062	23384	1660	17434	17373
	百分比	4.9	47.3	47.7	5.9	48.3	45.7	2.8	33.1	64.1	4.6	47.8	47.6

表 10-3 教师性别与线上学习期间家校合作内容（3）

教师性别		向家长传达安全健康知识			向家长传达疫情防控知识			向家长传达社会责任培养			向家长传达疫情动态宣传		
		从不	偶尔	经常	从不	偶尔	经常	从不	偶尔	经常	从不	偶尔	经常
女	计数	3023	28992	66136	2346	22017	73788	2792	33814	61545	2668	25440	70043
	百分比	3.1	29.5	67.4	2.4	22.4	75.2	2.8	34.5	62.7	2.7	25.9	71.4
男	计数	934	11335	24198	752	8251	27464	930	12902	22635	869	9361	26237
	百分比	2.6	31.1	66.4	2.1	22.6	75.3	2.6	35.4	62.1	2.4	25.7	71.9

10.1.2 教师学历与线上学习期间家校合作内容的关系

在教师学历方面，学历为高中或中专的教师，在线上学习期间开展家校合作内容相关的典型活动或行为为"经常"的比例较高。

表 10-4 教师学历与线上学习期间家校合作内容（1）

教师学历		向家长传达学校领导或老师联系方式			向家长传达家委会联系方式			向家长传达学校政策通知			向家长传达心理辅导咨询			向家长传达家庭教育知识		
		从不	偶尔	经常	从不	偶尔	经常	从不	偶尔	经常	从不	偶尔	经常	从不	偶尔	经常
其他	计数	245	1355	1829	500	1477	1452	237	1118	2074	634	1424	1371	156	1204	2069
	百分比	7.1	39.5	53.3	14.6	43.1	42.3	6.9	32.6	60.5	18.5	41.5	40.0	4.5	35.1	60.3

续表

教师学历		向家长传达学校领导或老师联系方式			向家长传达家委会联系方式			向家长传达学校政策通知			向家长传达心理辅导咨询			向家长传达家庭教育知识		
		从不	偶尔	经常	从不	偶尔	经常	从不	偶尔	经常	从不	偶尔	经常	从不	偶尔	经常
高中或中专	计数	132	988	2060	323	1265	1592	106	713	2361	313	1351	1516	96	1096	1988
	百分比	4.2	31.1	64.8	10.2	39.8	50.1	3.3	22.4	74.2	9.8	42.5	47.7	3.0	34.5	62.5
大专	计数	1141	7472	15208	2733	10402	10686	600	4657	18564	1314	10586	11921	722	9267	13832
	百分比	4.8	31.4	63.8	11.5	43.7	44.9	2.5	19.5	77.9	5.5	44.4	50.0	3.0	38.9	58.1
本科	计数	7788	36112	54863	15696	44598	38469	3296	21652	73815	5698	43212	49853	3828	41159	53776
	百分比	7.9	36.6	55.6	15.9	45.2	39.0	3.3	21.9	74.7	5.8	43.8	50.5	3.9	41.7	54.4
硕士	计数	808	2305	2201	1374	2392	1548	376	1518	3420	469	2433	2412	408	2445	2461
	百分比	15.2	43.4	41.4	25.9	45.0	29.1	7.1	28.6	64.4	8.8	45.8	45.4	7.7	46.0	46.3
博士	计数	21	33	57	25	39	47	17	37	57	22	38	51	17	33	61
	百分比	18.9	29.7	51.4	22.5	35.1	42.3	15.3	33.3	51.4	19.8	34.2	45.9	15.3	29.7	55.0

表 10-5 教师学历与线上学习期间家校合作内容（2）

教师学历		向家长传达亲子关系指导			向家长传达亲子阅读指导			向家长传达线上学习方法			向家长传达孩子辅导方法		
		从不	偶尔	经常	从不	偶尔	经常	从不	偶尔	经常	从不	偶尔	经常
其他	计数	182	1158	2089	197	1308	1924	150	1073	2206	142	1190	2097
	百分比	5.3	33.8	60.9	5.7	38.1	56.1	4.4	31.3	64.3	4.1	34.7	61.2

续表

教师学历		向家长传达亲子关系指导			向家长传达亲子阅读指导			向家长传达线上学习方法			向家长传达辅导孩子的方法		
		从不	偶尔	经常	从不	偶尔	经常	从不	偶尔	经常	从不	偶尔	经常
高中或中专	计数	117	1171	1892	112	1202	1866	113	882	2185	112	1151	1917
	百分比	3.7	36.8	59.5	3.5	37.8	58.7	3.6	27.7	68.7	3.5	36.2	60.3
大专	计数	976	10727	12118	1093	10479	12249	603	6805	16413	854	10609	12358
	百分比	4.1	45.0	50.9	4.6	44.0	51.4	2.5	28.6	68.9	3.6	44.5	51.9
本科	计数	4915	44842	49006	6270	44968	47525	2355	29192	67216	4343	45187	49233
	百分比	5.0	45.4	49.6	6.3	45.5	48.1	2.4	29.6	68.1	4.4	45.8	49.8
硕士	计数	484	2549	2281	620	2608	2086	210	1774	3330	407	2594	2313
	百分比	9.1	48.0	42.9	11.7	49.1	39.3	4.0	33.4	62.7	7.7	48.8	43.5
博士	计数	18	38	55	16	39	56	16	35	60	17	40	54
	百分比	16.2	34.2	49.5	14.4	35.1	50.5	14.4	31.5	54.1	15.3	36.0	48.6

表 10-6　教师学历与线上学习期间家校合作内容（3）

教师学历		向家长传达安全健康知识			向家长传达疫情防控知识			向家长传达社会责任培养			向家长传达疫情动态宣传		
		从不	偶尔	经常	从不	偶尔	经常	从不	偶尔	经常	从不	偶尔	经常
其他	计数	86	834	2509	96	697	2636	129	1026	2274	169	882	2378
	百分比	2.5	24.3	73.2	2.8	20.3	76.9	3.8	29.9	66.3	4.9	25.7	69.3

续表

教师学历		向家长传达安全健康知识			向家长传达疫情防控知识			向家长传达社会责任培养			向家长传达疫情动态宣传		
		从不	偶尔	经常	从不	偶尔	经常	从不	偶尔	经常	从不	偶尔	经常
高中或中专	计数	60	721	2399	47	528	2605	74	907	2199	66	638	2476
	百分比	1.9	22.7	75.4	1.5	16.6	81.9	2.3	28.5	69.2	2.1	20.1	77.9
大专	计数	495	6311	17015	380	4471	18970	533	8033	15255	447	5180	18194
	百分比	2.1	26.5	71.4	1.6	18.8	79.6	2.2	33.7	64.0	1.9	21.7	76.4
本科	计数	2980	30445	65338	2304	22882	73577	2706	34690	61367	2579	26258	69926
	百分比	3.0	30.8	66.2	2.3	23.2	74.5	2.7	35.1	62.1	2.6	26.6	70.8
硕士	计数	320	1981	3013	252	1660	3402	262	2029	3023	259	1809	3246
	百分比	6.0	37.3	56.7	4.7	31.2	64.0	4.9	38.2	56.9	4.9	34.0	61.1
博士	计数	16	35	60	19	30	62	18	31	62	17	34	60
	百分比	14.4	31.5	54.1	17.1	27.0	55.9	16.2	27.9	55.9	15.3	30.6	54.1

10.1.3　教师职称与线上学习期间家校合作内容的关系

在教师职称方面，高级职称教师在线上学习期间开展家校合作内容相关的典型活动或行为为"经常"的比例，各级别职称各有高低。

表 10-7 教师职称与线上学习期间家校合作内容（1）

教师职称		向家长传达学校领导或老师联系方式			向家长传达家委会联系方式			向家长传达学校政策通知			向家长传达心理辅导咨询			向家长传达家庭教育知识		
		从不	偶尔	经常	从不	偶尔	经常	从不	偶尔	经常	从不	偶尔	经常	从不	偶尔	经常
未定级	计数	2714	11202	14158	4927	12754	10393	1313	7367	19394	2155	12297	13622	1218	11620	15236
	百分比	9.7	39.9	50.4	17.6	45.4	37.0	4.7	26.2	69.1	7.7	43.8	48.5	4.3	41.4	54.3
初级	计数	3186	14044	20735	6261	16636	15068	1351	8548	28066	2429	16335	19201	1467	15231	21267
	百分比	8.4	37.0	54.6	16.5	43.8	39.7	3.6	22.5	73.9	6.4	43.0	50.6	3.9	40.1	56.0
中级	计数	3314	17451	30612	7197	22981	21199	1460	10511	39406	2927	22651	25799	1874	21047	28456
	百分比	6.5	34.0	59.6	14.0	44.7	41.3	2.8	20.5	76.7	5.7	44.1	50.2	3.6	41.0	55.4
高级	计数	921	5568	10713	2266	7802	7134	508	3269	13425	939	7761	8502	668	7306	9228
	百分比	5.4	32.4	62.3	13.2	45.4	41.5	3.0	19.0	78.0	5.5	45.1	49.4	3.9	42.5	53.6

表 10-8 教师职称与线上学习期间家校合作内容（2）

教师职称		向家长传达亲子关系指导			向家长传达亲子阅读指导			向家长传达线上学习方法			向家长传达辅导孩子的方法		
		从不	偶尔	经常	从不	偶尔	经常	从不	偶尔	经常	从不	偶尔	经常
未定级	计数	1553	12442	14079	1795	12451	13828	846	8805	18423	1144	12469	14461
	百分比	5.5	44.3	50.1	6.4	44.4	49.3	3.0	31.4	65.6	4.1	44.4	51.5
初级	计数	1897	16504	19564	2368	16487	19110	920	10909	26136	1514	16448	20003
	百分比	5.0	43.5	51.5	6.2	43.4	50.3	2.4	28.7	68.8	4.0	43.3	52.7
中级	计数	2359	23236	25782	3030	23240	25107	1235	14835	35307	2305	23498	25574
	百分比	4.6	45.2	50.2	5.9	45.2	48.9	2.4	28.9	68.7	4.5	45.7	49.8
高级	计数	883	8303	8016	1115	8426	7661	446	5212	11544	912	8356	7934
	百分比	5.1	48.3	46.6	6.5	49.0	44.5	2.6	30.3	67.1	5.3	48.6	46.1

表 10-9 教师职称与线上学习期间家校合作内容 (3)

教师职称		向家长传达安全健康知识			向家长传达疫情防控知识			向家长传达社会责任培养			向家长传达疫情动态宣传		
		从不	偶尔	经常	从不	偶尔	经常	从不	偶尔	经常	从不	偶尔	经常
未定级	计数	932	8492	18650	776	6828	20470	922	10238	16914	934	7696	19444
	百分比	3.3	30.2	66.4	2.8	24.3	72.9	3.3	36.5	60.2	3.3	27.4	69.3
初级	计数	1124	11142	25699	854	8638	28473	1068	13312	23585	1003	9950	27012
	百分比	3.0	29.3	67.7	2.2	22.8	75.0	2.8	35.1	62.1	2.6	26.2	71.1
中级	计数	1436	15357	34584	1119	11106	39152	1300	17627	32450	1220	12961	37196
	百分比	2.8	29.9	67.3	2.2	21.6	76.2	2.5	34.3	63.2	2.4	25.2	72.4
高级	计数	465	5336	11401	349	3696	13157	432	5539	11231	380	4194	12628
	百分比	2.7	31.0	66.3	2.0	21.5	76.5	2.5	32.2	65.3	2.2	24.4	73.4

10.1.4 教师职务与线上学习期间家校合作内容的关系

在教师职务方面，校领导、班主任在线上学习期间开展家校合作内容相关的典型活动或行为为"经常"的比例较高。

表 10-10 教师职务与线上学习期间家校合作内容 (1)

教师职务		向家长传达学校领导或老师联系方式			向家长传达家委会联系方式			向家长传达学校政策通知			向家长传达心理辅导咨询			向家长传达家庭教育知识		
		从不	偶尔	经常	从不	偶尔	经常	从不	偶尔	经常	从不	偶尔	经常	从不	偶尔	经常
在校担任班主任	计数	2472	15707	36892	5187	22192	27692	467	6169	48435	1318	19640	34113	593	17828	36650
	百分比	4.5	28.5	67.0	9.4	40.3	50.3	0.8	11.2	88.0	2.4	35.7	61.9	1.1	32.4	66.6

续表

教师职务		向家长传达学校领导或老师联系方式			向家长传达家委会联系方式			向家长传达学校政策通知			向家长传达心理辅导咨询			向家长传达家庭教育知识		
		从不	偶尔	经常	从不	偶尔	经常	从不	偶尔	经常	从不	偶尔	经常	从不	偶尔	经常
在校担任课任教师	计数	8704	40752	58876	18049	49757	40526	3896	25328	79108	6758	49446	52128	4516	46906	56910
	百分比	8.0	37.6	54.3	16.7	45.9	37.4	3.6	23.4	73.0	6.2	45.6	48.1	4.2	43.3	52.5
在校担任学校行政	计数	606	3161	6235	1257	4472	4273	239	1621	8142	464	4288	5250	315	3737	5950
	百分比	6.1	31.6	62.3	12.6	44.7	42.7	2.4	16.2	81.4	4.6	42.9	52.5	3.1	37.4	59.5
在校担任学校领导	计数	165	1410	4669	456	2508	3280	84	665	5495	203	2224	3817	99	1822	4323
	百分比	2.6	22.6	74.8	7.3	40.2	52.5	1.3	10.7	88.0	3.3	35.6	61.1	1.6	29.2	69.2
在校担任其他工作	计数	1029	4346	6701	2016	5130	4930	672	2959	8445	1440	4989	5647	643	4458	6975
	百分比	8.5	36.0	55.5	16.7	42.5	40.8	5.6	24.5	69.9	11.9	41.3	46.8	5.3	36.9	57.8

表 10-11 教师职务与线上学习期间家校合作内容（2）

教师职务		向家长传达亲子关系督导			向家长传达亲子阅读指导			向家长传达线上学习方法			向家长传达辅导孩子的方法		
		从不	偶尔	经常	从不	偶尔	经常	从不	偶尔	经常	从不	偶尔	经常
在校担任班主任	计数	875	21004	33192	1342	21572	32157	501	12159	42411	1220	21778	32073
	百分比	1.6	38.1	60.3	2.4	39.2	58.4	0.9	22.1	77.0	2.2	39.5	58.2
在校担任课任教师	计数	5808	51030	51494	7257	50983	50092	2631	33012	72689	4909	50920	52503
	百分比	5.4	47.1	47.5	6.7	47.1	46.2	2.4	30.5	67.1	4.5	47.0	48.5
在校担任学校行政	计数	428	4342	5232	558	4440	5004	276	2793	6933	393	4302	5307
	百分比	4.3	43.4	52.3	5.6	44.4	50.0	2.8	27.9	69.3	3.9	43.0	53.1

续表

教师职务		向家长传达亲子关系指导			向家长传达亲子阅读指导			向家长传达线上学习方法			向家长传达辅导孩子的方法		
		从不	偶尔	经常	从不	偶尔	经常	从不	偶尔	经常	从不	偶尔	经常
在校担任学校领导	计数	160	2342	3742	208	2380	3656	122	1477	4645	165	2393	3686
	百分比	2.6	37.5	59.9	3.3	38.1	58.6	2.0	23.7	74.4	2.6	38.3	59.0
在校担任其他工作	计数	782	4689	6605	911	4897	6268	639	3635	7802	755	4846	6475
	百分比	6.5	38.8	54.7	7.5	40.6	51.9	5.3	30.1	64.6	6.3	40.1	53.6

表 10-12　教师职务与线上学习期间家校合作内容（3）

教师职务		向家长传达安全健康知识			向家长传达疫情防控知识			向家长传达社会责任培养			向家长传达疫情动态宣传		
		从不	偶尔	经常	从不	偶尔	经常	从不	偶尔	经常	从不	偶尔	经常
在校担任班主任	计数	451	10874	43746	334	6909	47828	531	15709	38831	422	9071	45578
	百分比	0.8	19.7	79.4	0.6	12.5	86.8	1.0	28.5	70.5	0.8	16.5	82.8
在校担任课任教师	计数	3439	34766	70127	2621	26253	79458	3091	39337	65904	2958	29990	75384
	百分比	3.2	32.1	64.7	2.4	24.2	73.3	2.9	36.3	60.8	2.7	27.7	69.6
在校担任学校行政	计数	220	2536	7246	175	1767	8060	216	3351	6435	190	2155	7657
	百分比	2.2	25.4	72.4	1.7	17.7	80.6	2.2	33.5	64.3	1.9	21.5	76.6
在校担任学校领导	计数	61	1097	5086	56	700	5488	79	1688	4477	69	883	5292
	百分比	1.0	17.6	81.5	0.9	11.2	87.9	1.3	27.0	71.7	1.1	14.1	84.8
在校担任其他工作	计数	448	3227	8401	418	2456	9202	517	3805	7754	494	2976	8606
	百分比	3.7	26.7	69.6	3.5	20.3	76.2	4.3	31.5	64.2	4.1	24.6	71.3

10.1.5 教师家校合作风格与线上学习期间家校合作内容的关系

在教师家校合作风格方面，当与家长意见不一致时，倾向"讨论，谁有道理就听谁的"的教师，在线上学习期间开展家校合作内容相关的典型活动或行为成为"经常"的比例较高。

表 10-13 教师家校合作风格与线上学习期间家校合作内容（1）

当家长和我的意见不一致时，通常都是如何解决的		向家长传达学校领导或老师联系方式			向家长传达家委会联系方式			向家长传达学校政策通知			向家长传达心理辅导咨询			向家长传达家庭教育知识		
		从不	偶尔	经常	从不	偶尔	经常	从不	偶尔	经常	从不	偶尔	经常	从不	偶尔	经常
大多顺着家长	计数	467	1765	2125	814	2000	1543	275	1339	2743	508	1972	1877	325	1925	2107
	百分比	10.7	40.5	48.8	18.7	45.9	35.4	6.3	30.7	63.0	11.7	45.3	43.1	7.5	44.2	48.4
说服家长接受我的意见	计数	2007	10426	15361	4192	12873	10729	907	6535	20352	1746	12889	13159	1009	12059	14726
	百分比	7.2	37.5	55.3	15.1	46.3	38.6	3.3	23.5	73.2	6.3	46.4	47.3	3.6	43.4	53.0
要求家长接受我的意见	计数	202	952	1162	380	1074	862	150	690	1476	251	1113	952	163	1039	1114
	百分比	8.7	41.1	50.2	16.4	46.4	37.2	6.5	29.8	63.7	10.8	48.1	41.1	7.0	44.9	48.1
讨论，谁有道理就听谁的	计数	7236	34641	57196	14870	43779	40424	3131	20760	75182	5671	42542	50860	3533	39620	55920
	百分比	7.3	35.0	57.7	15.0	44.2	40.8	3.2	21.0	75.9	5.7	42.9	51.3	3.6	40.0	56.4
不了了之	计数	223	481	374	395	447	236	169	371	538	274	528	276	197	561	320
	百分比	20.7	44.6	34.7	36.6	41.5	21.9	15.7	34.4	49.9	25.4	49.0	25.6	18.3	52.0	29.7

表 10-14　教师家校合作风格与线上学习期间家校合作内容（2）

当家长和我的意见不一致时，通常都是如何解决的		向家长传达亲子关系指导			向家长传达亲子阅读指导			向家长传达线上学习方法			向家长传达辅导孩子的方法		
		从不	偶尔	经常	从不	偶尔	经常	从不	偶尔	经常	从不	偶尔	经常
大多顺着家长	计数	370	2025	1962	408	2058	1891	245	1638	2474	367	2072	1918
	百分比	8.5	46.5	45.0	9.4	47.2	43.4	5.6	37.6	56.8	8.4	47.6	44.0
说服家长接受我的意见	计数	1332	13192	13270	1689	13169	12936	700	9074	18020	1247	13305	13242
	百分比	4.8	47.5	47.7	6.1	47.4	46.5	2.5	32.6	64.8	4.5	47.9	47.6
要求家长接受我的意见	计数	189	1084	1043	216	1082	1018	118	877	1321	147	1101	1068
	百分比	8.2	46.8	45.0	9.3	46.7	44.0	5.1	37.9	57.0	6.3	47.5	46.1
讨论，谁有道理就听谁的	计数	4574	43621	50878	5738	43757	49578	2242	27692	69139	3905	43701	51467
	百分比	4.6	44.0	51.4	5.8	44.2	50.0	2.3	28.0	69.8	3.9	44.1	51.9
不了了之	计数	227	563	288	257	538	283	142	480	456	209	592	277
	百分比	21.1	52.2	26.7	23.8	49.9	26.3	13.2	44.5	42.3	19.4	54.9	25.7

表 10-15　教师家校合作风格与线上学习期间家校合作内容（3）

当家长和我的意见不一致时，通常都是如何解决的		向家长传达安全健康知识			向家长传达疫情防控知识			向家长传达社会责任培养			向家长传达疫情动态宣传		
		从不	偶尔	经常	从不	偶尔	经常	从不	偶尔	经常	从不	偶尔	经常
大多顺着家长	计数	246	1626	2485	215	1376	2766	245	1775	2337	242	1510	2605
	百分比	5.6	37.3	57.0	4.9	31.6	63.5	5.6	40.7	53.6	5.6	34.7	59.8
说服家长接受我的意见	计数	783	9053	17958	611	6897	20286	762	10472	16560	693	7841	19260
	百分比	2.8	32.6	64.6	2.2	24.8	73.0	2.7	37.7	59.6	2.5	28.2	69.3

续表

当家长和我的意见不一致时，通常都是如何解决的		向家长传达安全健康知识			向家长传达疫情防控知识			向家长传达社会责任培养			向家长传达疫情动态宣传		
		从不	偶尔	经常	从不	偶尔	经常	从不	偶尔	经常	从不	偶尔	经常
要求家长接受我的意见	计数	116	838	1362	94	709	1513	114	930	1272	117	779	1420
	百分比	5.0	36.2	58.8	4.1	30.6	65.3	4.9	40.2	54.9	5.1	33.6	61.3
讨论,谁有道理就听谁的	计数	2654	28322	68097	2042	20857	76174	2459	33006	63608	2337	24209	72527
	百分比	2.7	28.6	68.7	2.1	21.1	76.9	2.5	33.3	64.2	2.4	24.4	73.2
不了了之	计数	158	488	432	136	429	513	142	533	403	148	462	468
	百分比	14.7	45.3	40.1	12.6	39.8	47.6	13.2	49.4	37.4	13.7	42.9	43.4

10.2 教师特征与线上学习期间家校合作行为

10.2.1 教师性别与线上学习期间家校合作行为的关系

在教师性别方面，在线上学习期间开展家校合作典型活动或行为为"经常"的比例，男女教师没有较大差异。

表10-16 教师性别与线上学习期间家校合作行为（1）

教师性别		线上家庭教育讲座			线上集体家长会			与家长单独交流			家长代表经验分享		
		从不	偶尔	经常	从不	偶尔	经常	从不	偶尔	经常	从不	偶尔	经常
女	计数	16568	49992	31591	16560	51997	29594	5496	38824	53831	20083	54417	23651
	百分比	16.9	50.9	32.2	16.9	53.0	30.2	5.6	39.6	54.8	20.5	55.4	24.1

续表

教师性别		线上家庭教育讲座			与家长单独交流			线上集体家长会			家长代表经验分享		
		从不	偶尔	经常	从不	偶尔	经常	从不	偶尔	经常	从不	偶尔	经常
男	计数	5068	19700	11699	2160	16935	17372	5436	19985	11046	5627	20821	10019
	百分比	13.9	54.0	32.1	5.9	46.4	47.6	14.9	54.8	30.3	15.4	57.1	27.5

表 10-17 教师性别与线上学习期间家校合作行为（2）

教师性别		线上家访/实地家访			组织家长间互助			要求家长反馈学生在家学习情况			要求家长反馈学生在家行为表现		
		从不	偶尔	经常	从不	偶尔	经常	从不	偶尔	经常	从不	偶尔	经常
女	计数	11516	49465	37170	16256	53025	28870	4915	36269	56967	5338	38401	54412
	百分比	11.7	50.4	37.9	16.6	54.0	29.4	5.0	37.0	58.0	5.4	39.1	55.4
男	计数	3625	19208	13634	5283	20493	10691	1829	13874	20764	1873	14475	20119
	百分比	9.9	52.7	37.4	14.5	56.2	29.3	5.0	38.0	56.9	5.1	39.7	55.2

表 10-18 教师性别与线上学习期间家校合作行为（3）

教师性别		组织家长志愿者为学校或家长提供帮助			征集家长对学校或班级的意见（如通过微信或问卷调查）			组织家长配合学校疫情防控（如上报学生体温等）		
		从不	偶尔	经常	从不	偶尔	经常	从不	偶尔	经常
女	计数	22247	51594	24310	8739	47212	42200	7936	26750	63465
	百分比	22.7	52.6	24.8	8.9	48.1	43.0	8.1	27.3	64.7
男	计数	6674	19997	9796	2619	18136	15712	2151	11100	23216
	百分比	18.3	54.8	26.9	7.2	49.7	43.1	5.9	30.4	63.7

10.2.2 教师学历与线上学习期间家校合作行为的关系

在教师学历方面，各学历层次教师在线上学习期间开展家校合作典型活动或行为为"经常"的比例有较大差异，但硕士学历教师的比例相对较低。

表10-19 教师学历与线上学习期间家校合作行为（1）

教师学历		线上家庭教育讲座			与家长单独交流			线上集体家长会			家长代表经验分享		
		从不	偶尔	经常	从不	偶尔	经常	从不	偶尔	经常	从不	偶尔	经常
其他	计数	395	1385	1649	323	1549	1557	424	1536	1469	505	1518	1406
	百分比	11.5	40.4	48.1	9.4	45.2	45.4	12.4	44.8	42.8	14.7	44.3	41.0
高中或中专	计数	311	1416	1453	155	1294	1731	356	1498	1326	319	1639	1222
	百分比	9.8	44.5	45.7	4.9	40.7	54.4	11.2	47.1	41.7	10.0	51.5	38.4
大专	计数	3035	12636	8150	1048	9469	13304	3383	13353	7085	3455	13752	6614
	百分比	12.7	53.0	34.2	4.4	39.8	55.8	14.2	56.1	29.7	14.5	57.7	27.8
本科	计数	16643	51582	30538	5582	41074	52107	16628	52968	29167	19960	55543	23260
	百分比	16.9	52.2	30.9	5.7	41.6	52.8	16.8	53.6	29.5	20.2	56.2	23.6
硕士	计数	1228	2635	1451	529	2332	2453	1184	2585	1545	1446	2747	1121
	百分比	23.1	49.6	27.3	10.0	43.9	46.2	22.3	48.6	29.1	27.2	51.7	21.1
博士	计数	24	38	49	19	41	51	21	42	48	25	39	47
	百分比	21.6	34.2	44.1	17.1	36.9	45.9	18.9	37.8	43.2	22.5	35.1	42.3

表10-20 教师学历与线上学习期间家校合作行为（2）

教师学历		线上家访/实地家访			组织家长间互助			要求家长反馈学生在家学习情况			要求家长反馈学生在家行为表现		
		从不	偶尔	经常	从不	偶尔	经常	从不	偶尔	经常	从不	偶尔	经常
其他	计数	595	1568	1266	530	1498	1401	264	1288	1877	271	1345	1813
	百分比	17.4	45.7	36.9	15.5	43.7	40.9	7.7	37.6	54.7	7.9	39.2	52.9
高中或中专	计数	310	1440	1430	323	1521	1336	127	1020	2033	131	1051	1998
	百分比	9.7	45.3	45.0	10.2	47.8	42.0	4.0	32.1	63.9	4.1	33.1	62.8
大专	计数	1934	12160	9727	2786	13196	7839	939	7960	14922	938	8478	14405
	百分比	8.1	51.0	40.8	11.7	55.4	32.9	3.9	33.4	62.6	3.9	35.6	60.5
本科	计数	11282	50774	36707	16584	54499	27680	4927	37573	56263	5350	39614	53799
	百分比	11.4	51.4	37.2	16.8	55.2	28.0	5.0	38.0	57.0	5.4	40.1	54.5
硕士	计数	994	2693	1627	1292	2763	1259	465	2265	2584	501	2352	2461
	百分比	18.7	50.7	30.6	24.3	52.0	23.7	8.8	42.6	48.6	9.4	44.3	46.3
博士	计数	26	38	47	24	41	46	22	37	52	20	36	55
	百分比	23.4	34.2	42.3	21.6	36.9	41.4	19.8	33.3	46.8	18.0	32.4	49.5

表 10-21 教师学历与线上学习期间家校合作行为（3）

教师学历		组织家长志愿者为学校或家长提供帮助			征集家长对学校或班级的意见（如通过微信或问卷调查）			组织家长配合学校疫情防控（如上报学生体温等）		
		从不	偶尔	经常	从不	偶尔	经常	从不	偶尔	经常
其他	计数	454	1536	1439	243	1399	1787	167	863	2399
	百分比	13.2	44.8	42.0	7.1	40.8	52.1	4.9	25.2	70.0
高中或中专	计数	392	1554	1234	152	1324	1704	92	689	2399
	百分比	12.3	48.9	38.8	4.8	41.6	53.6	2.9	21.7	75.4
大专	计数	4131	13128	6562	1515	11195	11111	1189	5957	16675
	百分比	17.3	55.1	27.5	6.4	47.0	46.6	5.0	25.0	70.0
本科	计数	22443	52642	23678	8704	48695	41364	7891	28436	62436
	百分比	22.7	53.3	24.0	8.8	49.3	41.9	8.0	28.8	63.2
硕士	计数	1477	2690	1147	725	2696	1893	730	1868	2716
	百分比	27.8	50.6	21.6	13.6	50.7	35.6	13.7	35.2	51.1
博士	计数	24	41	46	19	39	53	18	37	56
	百分比	21.6	36.9	41.4	17.1	35.1	47.7	16.2	33.3	50.5

10.2.3 教师职称与线上学习期间家校合作行为的关系

在教师职称方面，在线上学习期间开展家校合作典型活动或行为为"经常"的比例，各职称级别教师没有较大差异，但高级职称教师的比例较低。

表 10-22 教师职称与线上学习期间家校合作行为（1）

教师职称		线上家庭教育讲座			与家长单独交流			线上集体家长会			家长代表经验分享		
		从不	偶尔	经常	从不	偶尔	经常	从不	偶尔	经常	从不	偶尔	经常
未定级	计数	4201	14204	9669	1763	11441	14870	4366	14807	8901	5272	15039	7763
	百分比	15.0	50.6	34.4	6.3	40.8	53.0	15.6	52.7	31.7	18.8	53.6	27.7
初级	计数	6138	19238	12589	2070	15135	20760	6048	19796	12121	7554	20571	9840
	百分比	16.2	50.7	33.2	5.5	39.9	54.7	15.9	52.1	31.9	19.9	54.2	25.9
中级	计数	8292	27171	15914	2748	21371	27258	8359	28051	14967	9722	29671	11984
	百分比	16.1	52.9	31.0	5.3	41.6	53.1	16.3	54.6	29.1	18.9	57.8	23.3
高级	计数	3005	9079	5118	1075	7812	8315	3223	9328	4651	3162	9957	4083
	百分比	17.5	52.8	29.8	6.2	45.4	48.3	18.7	54.2	27.0	18.4	57.9	23.7

表 10-23 教师职称与线上学习期间家校合作行为 (2)

教师职称		线上家访/实地家访			组织家长间互助			要求家长反馈学生在家学习情况			要求家长反馈学生在家行为表现		
		从不	偶尔	经常	从不	偶尔	经常	从不	偶尔	经常	从不	偶尔	经常
未定级	计数	3628	14344	10102	4245	14935	8894	1450	10857	15767	1545	11274	15255
	百分比	12.9	51.1	36.0	15.1	53.2	31.7	5.2	38.7	56.2	5.5	40.2	54.3
初级	计数	4211	19228	14526	5973	20507	11485	1826	14169	21970	1968	14963	21034
	百分比	11.1	50.6	38.3	15.7	54.0	30.3	4.8	37.3	57.9	5.2	39.4	55.4
中级	计数	5340	26170	19867	8353	28472	14552	2533	18899	29945	2694	20027	28656
	百分比	10.4	50.9	38.7	16.3	55.4	28.3	4.9	36.8	58.3	5.2	39.0	55.8
高级	计数	1962	8931	6309	2968	9604	4630	935	6218	10049	1004	6612	9586
	百分比	11.4	51.9	36.7	17.3	55.8	26.9	5.4	36.1	58.4	5.8	38.4	55.7

表 10-24 教师职称与线上学习期间家校合作行为 (3)

教师职称		组织家长志愿者或为学校或家长提供帮助			征集家长对学校或班级的意见（如通过微信或问卷调查）			组织家长配合学校疫情防控（如上报学生体温等）		
		从不	偶尔	经常	从不	偶尔	经常	从不	偶尔	经常
未定级	计数	5212	14789	8073	2220	13058	12796	1926	8452	17696
	百分比	18.6	52.7	28.8	7.9	46.5	45.6	6.9	30.1	63.0
初级	计数	8171	19660	10134	3075	18215	16675	2670	10609	24686
	百分比	21.5	51.8	26.7	8.1	48.0	43.9	7.0	27.9	65.0

续表

教师职称		组织家长志愿者为学校或家长提供帮助			征集家长对学校或班级的意见（如通过微信或问卷调查）			组织家长配合学校疫情防控（如上报学生体温等）		
		从不	偶尔	经常	从不	偶尔	经常	从不	偶尔	经常
中级	计数	11635	27802	11940	4452	25548	21377	3959	14072	33346
	百分比	22.6	54.1	23.2	8.7	49.7	41.6	7.7	27.4	64.9
高级	计数	3903	9340	3959	1611	8527	7064	1532	4717	10953
	百分比	22.7	54.3	23.0	9.4	49.6	41.1	8.9	27.4	63.7

10.2.4 教师职务与线上学习期间家校合作行为的关系

在教师职务方面，校领导、班主任在线上学习期间开展家校合作典型活动或行为为"经常"的比例较高。

表10-25 教师职务与线上学习期间家校合作行为（1）

教师职务		线上家庭教育讲座			与家长单独交流			线上集体家长会			家长代表经验分享		
		从不	偶尔	经常	从不	偶尔	经常	从不	偶尔	经常	从不	偶尔	经常
在校担任班主任	计数	4055	28378	22638	670	16528	37873	4241	29738	21092	7311	31763	15997
	百分比	7.4	51.5	41.1	1.2	30.0	68.8	7.7	54.0	38.3	13.3	57.7	29.0
在校担任课任教师	计数	19342	57070	31920	6413	46132	55787	19442	58569	30321	22374	61159	24799
	百分比	17.9	52.7	29.5	5.9	42.6	51.5	17.9	54.1	28.0	20.7	56.5	22.9

续表

教师职务		线上家庭教育讲座			与家长单独交流			线上集体家长会			家长代表经验分享		
		从不	偶尔	经常	从不	偶尔	经常	从不	偶尔	经常	从不	偶尔	经常
在校担任学校行政	计数	1381	5312	3309	521	4224	5257	1482	5627	2893	1677	5784	2541
	百分比	13.8	53.1	33.1	5.2	42.2	52.6	14.8	56.3	28.9	16.8	57.8	25.4
在校担任学校领导	计数	493	3204	2547	192	2563	3489	622	3246	2376	668	3613	1963
	百分比	7.9	51.3	40.8	3.1	41.0	55.9	10.0	52.0	38.1	10.7	57.9	31.4
其他工作	计数	2010	5669	4397	1136	5125	5815	2148	5831	4097	2315	6090	3671
	百分比	16.6	46.9	36.4	9.4	42.4	48.2	17.8	48.3	33.9	19.2	50.4	30.4

表 10-26 教师职务与线上学习期间家校合作行为（2）

教师职务		线上家访/实地家访			组织家长间互助			要求家长反馈学生在家学习情况			要求家长反馈学生在家行为表现		
		从不	偶尔	经常	从不	偶尔	经常	从不	偶尔	经常	从不	偶尔	经常
在校担任班主任	计数	2522	25655	26894	5075	30223	19773	765	16387	37919	784	17644	36643
	百分比	4.6	46.6	48.8	9.2	54.9	35.9	1.4	29.8	68.9	1.4	32.0	66.5
在校担任课任教师	计数	12911	56431	38990	18738	60061	29533	5536	41617	61179	6022	43910	58400
	百分比	11.9	52.1	36.0	17.3	55.4	27.3	5.1	38.4	56.5	5.6	40.5	53.9
在校担任学校行政	计数	844	5136	4022	1377	5668	2957	454	3357	6191	444	3561	5997
	百分比	8.4	51.3	40.2	13.8	56.7	29.6	4.5	33.6	61.9	4.4	35.6	60.0
在校担任学校领导	计数	354	2853	3037	615	3365	2264	162	1707	4375	158	1815	4271
	百分比	5.7	45.7	48.6	9.8	53.9	36.3	2.6	27.3	70.1	2.5	29.1	68.4
其他工作	计数	1848	5631	4597	2185	5870	4021	1072	4320	6684	1100	4509	6467
	百分比	15.3	46.6	38.1	18.1	48.6	33.3	8.9	35.8	55.3	9.1	37.3	53.6

表 10-27 教师职务与线上学习期间家校合作行为 (3)

教师职务		组织家长志愿者为学校或家长提供帮助			征集家长对学校或班级的意见（如通过微信或问卷调查）			组织家长配合学校疫情防控（如上报学生体温等）		
		从不	偶尔	经常	从不	偶尔	经常	从不	偶尔	经常
在校担任班主任	计数	9004	29969	16098	1457	23891	29723	515	10206	44350
	百分比	16.3	54.4	29.2	2.6	43.4	54.0	0.9	18.5	80.5
在校担任课任教师	计数	25116	58150	25066	10119	54219	43994	9221	31992	67119
	百分比	23.2	53.7	23.1	9.3	50.0	40.6	8.5	29.5	62.0
在校担任学校行政	计数	1770	5587	2645	629	4864	4509	478	2419	7105
	百分比	17.7	55.9	26.4	6.3	48.6	45.1	4.8	24.2	71.0
在校担任学校领导	计数	896	3328	2020	198	2675	3371	118	1026	5100
	百分比	14.3	53.3	32.4	3.2	42.8	54.0	1.9	16.4	81.7
在校担任其他工作	计数	2587	5799	3690	1257	5358	5461	1019	3130	7927
	百分比	21.4	48.0	30.6	10.4	44.4	45.2	8.4	25.9	65.6

10.2.5 教师家校合作风格与线上学习期间家校合作行为的关系

在教师家校合作风格方面，各风格教师在线上学习期间开展家校合作典型活动或行为为"经常"的比例没有较大差异，但倾向"不了之"的教师，其比例较低。

表 10-28　教师家校合作风格与线上学习期间家校合作行为（1）

当家长和我的意见不一致时，通常都是如何解决的		线上家庭教育讲座			与家长单独交流			线上集体家长会			家长代表经验分享		
		从不	偶尔	经常	从不	偶尔	经常	从不	偶尔	经常	从不	偶尔	经常
大多顺着家长	计数	791	2124	1442	409	2006	1942	770	2178	1409	950	2192	1215
	百分比	18.2	48.7	33.1	9.4	46.0	44.6	17.7	50.0	32.3	21.8	50.3	27.9
说服家长接受我的意见	计数	4105	14890	8799	1500	12116	14178	4313	15102	8379	5209	15729	6856
	百分比	14.8	53.6	31.7	5.4	43.6	51.0	15.5	54.3	30.1	18.7	56.6	24.7
要求家长接受我的意见	计数	365	1153	798	197	1102	1017	351	1185	780	407	1221	688
	百分比	15.8	49.8	34.5	8.5	47.6	43.9	15.2	51.2	33.7	17.6	52.7	29.7
讨论谁有道理就听谁的	计数	15948	51052	32073	5310	40011	53752	16163	53013	29897	18660	55647	24766
	百分比	16.1	51.5	32.4	5.4	40.4	54.3	16.3	53.5	30.2	18.8	56.2	25.0
不了了之	计数	427	473	178	240	524	314	399	504	175	484	449	145
	百分比	39.6	43.9	16.5	22.3	48.6	29.1	37.0	46.8	16.2	44.9	41.7	13.5

表 10-29　教师家校合作风格与线上学习期间家校合作行为（2）

当家长和我的意见不一致时，通常都是如何解决的		线上家访/实地家访			组织家长间互助			要求家长反馈学生在家学习情况			要求家长反馈学生在家行为表现		
		从不	偶尔	经常	从不	偶尔	经常	从不	偶尔	经常	从不	偶尔	经常
大多顺着家长	计数	643	2197	1517	819	2228	1310	418	1929	2010	420	2000	1937
	百分比	14.8	50.4	34.8	18.8	51.1	30.1	9.6	44.3	46.1	9.6	45.9	44.5
说服家长接受我的意见	计数	3096	14760	9938	4290	15599	7905	1238	11126	15430	1316	11728	14750
	百分比	11.1	53.1	35.8	15.4	56.1	28.4	4.5	40.0	55.5	4.7	42.2	53.1
要求家长接受我的意见	计数	317	1203	796	380	1212	724	166	1018	1132	181	1059	1076
	百分比	13.7	51.9	34.4	16.4	52.3	31.3	7.2	44.0	48.9	7.8	45.7	46.5

续表

当家长和我的意见不一致时，通常都是如何解决的		线上家访/实地家访			组织家长间互助			要求家长反馈学生在家学习情况			要求家长反馈学生在家行为表现		
		从不	偶尔	经常	从不	偶尔	经常	从不	偶尔	经常	从不	偶尔	经常
讨论，谁有道理就听谁的	计数	10718	50000	38355	15583	54005	29485	4679	35565	58829	5040	37575	56458
	百分比	10.8	50.5	38.7	15.7	54.5	29.8	4.7	35.9	59.4	5.1	37.9	57.0
不了了之	计数	367	513	198	467	474	137	243	505	330	254	514	310
	百分比	34.0	47.6	18.4	43.3	44.0	12.7	22.5	46.8	30.6	23.6	47.7	28.8

表 10-30 教师家校合作风格与学习期间家校合作行为（3）

当家长和我的意见不一致时，通常都是如何解决的		组织家长志愿者为学校或者为学校提供帮助			征集家长对学校或班级的意见（如通过微信或问卷调查）			组织家长配合学校疫情防控（如上报学生体温等）		
		从不	偶尔	经常	从不	偶尔	经常	从不	偶尔	经常
大多顺着家长	计数	989	2171	1197	527	2194	1636	465	1619	2273
	百分比	22.7	49.8	27.5	12.1	50.4	37.5	10.7	37.2	52.2
说服家长接受我的意见	计数	5381	15213	7200	2209	13974	11611	1822	8651	17321
	百分比	19.4	54.7	25.9	7.9	50.3	41.8	6.6	31.1	62.3
要求家长接受我的意见	计数	395	1201	720	229	1176	911	183	850	1283
	百分比	17.1	51.9	31.1	9.9	50.8	39.3	7.9	36.7	55.4
讨论，谁有道理就听谁的	计数	21683	52552	24838	8054	47478	43541	7343	26341	65389
	百分比	21.9	53.0	25.1	8.1	47.9	43.9	7.4	26.6	66.0
不了了之	计数	473	454	151	339	526	213	274	389	415
	百分比	43.9	42.1	14.0	31.4	48.8	19.8	25.4	36.1	38.5

第四部分

家校合作对家庭教育、儿童成长、学校办学的作用

第11章

家校合作对家长教育风格的影响

本章主要探讨家校合作对家长教育风格的影响，具体指向家长参与家校合作的六种类型，即当好家长、相互交流、志愿服务、在家学习、参与决策和与社区合作，从"从不"、"偶尔"到"经常"的行为频率增加中，家长家庭教育风格的数据分布特征和趋势。

11.1 家校合作之当好家长与家长家庭教育风格

家长参与家校合作之当好家长的典型行为，从"从不"、"偶尔"到"经常"的行为频率增加中，家长在与孩子意见不一致时，倾向"大多顺着孩子"、"说服孩子接受家长的意见"、"要求孩子接受家长的意见"、"不了了之"等类型的比例有所降低，而"讨论，谁有道理就听谁的"的比例有所上升。

表 11-1　家校合作之当好家长与家长家庭教育风格

		当家长和孩子意见不一致时，通常都是如何解决的									
		大多顺着孩子		说服孩子接受家长的意见		要求孩子接受家长的意见		讨论，谁有道理就听谁的		不了了之	
		计数	百分比	计数	百分比	计数	百分比	计数	百分比	计数	百分比
参加学校举办的培训或讲座	从不	10799	3.8	61950	21.8	26213	9.2	178976	62.9	6778	2.4
	偶尔	29113	2.7	224360	21.0	67115	6.3	736961	68.9	11361	1.1
	经常	10142	2.5	79188	19.2	22365	5.4	297708	72.2	2716	0.7
如果孩子的学习或行为出现问题，向老师寻求帮助	从不	4822	5.9	17970	22.2	11837	14.6	42574	52.5	3851	4.8
	偶尔	31561	3.0	224864	21.5	71097	6.8	704452	67.4	13130	1.3
	经常	13671	2.1	122664	19.2	32759	5.1	466619	73.0	3874	0.6
购买有关家庭教育、亲子关系等方面的书籍或课程	从不	8835	4.2	44114	21.0	24840	11.8	125482	59.8	6572	3.1
	偶尔	29208	2.8	218958	21.2	64041	6.2	707080	68.6	11238	1.1
	经常	12011	2.3	102426	19.5	26812	5.1	381083	72.5	3045	0.6
陪孩子学习、聊天或游玩	从不	5606	5.9	22222	23.2	16576	17.3	46464	48.5	4838	5.1
	偶尔	32024	3.1	225282	22.0	70764	6.9	681770	66.6	13083	1.3
	经常	12424	1.9	117994	18.2	28353	4.4	485411	75.0	2934	0.5
鼓励孩子表达自己的观点，尊重孩子的意见	从不	2254	6.5	6907	20.0	12617	36.5	9599	27.7	3237	9.4
	偶尔	25813	4.1	161467	25.4	61476	9.7	375392	59.0	12279	1.9
	经常	21987	2.0	197124	18.0	41600	3.8	828654	75.7	5339	0.5

11.2　家校合作之相互交流与家长家庭教育风格

家长参与家校合作之相互交流的典型行为，从"从不"、"偶尔"到"经常"的行为频率增加中，家长在与孩子意见不一致时，倾向"大多顺着孩子"、"说服孩子接受家长的意见"、"要求孩子接受家长的意见"、"不了了之"等类型的比例有所降低，而"讨论，谁有道理就听谁的"的比例有所上升。

表11-2　家校合作之相互交流与家长家庭教育风格

		当家长和孩子意见不一致时，通常常是如何解决的									
		大多顺着孩子		说服孩子接受家长的意见		要求孩子接受家长的意见		讨论，谁有道理就听谁的		不了了之	
		计数	百分比	计数	百分比	计数	百分比	计数	百分比	计数	百分比
与班主任或任课老师面谈	从不	8914	4.0	47966	21.4	23854	10.7	136671	61.1	6281	2.8
	偶尔	31901	2.7	245987	20.8	72476	6.1	822157	69.4	12434	1.0
	经常	9239	2.6	71545	20.0	19363	5.4	254817	71.4	2140	0.6
与老师交流孩子的在校情况和在家表现	从不	5631	5.2	23380	21.5	14665	13.5	60431	55.5	4690	4.3
	偶尔	32672	2.8	244377	21.1	75311	6.5	793196	68.4	13401	1.2
	经常	11751	2.4	97741	19.6	25717	5.2	360018	72.3	2764	0.6
通过电话、微信等与校长、老师或班主任联系	从不	4300	5.3	17372	21.6	10766	13.4	44694	55.6	3293	4.1
	偶尔	32649	2.9	235294	21.1	75233	6.8	756967	67.9	14062	1.3
	经常	13105	2.3	112832	19.8	29694	5.2	411984	72.1	3500	0.6

续表

| | | 当家长和孩子意见不一致时，通常都是如何解决的 | | | | | | | | |
| | | 大多顺着孩子 | | 说服孩子接受家长的意见 | | 要求孩子接受家长的意见 | | 讨论，谁有道理就听谁的 | | 不了了之 | |
		计数	百分比	计数	百分比	计数	百分比	计数	百分比	计数	百分比
参与班、本校家长间的联谊或交流	从不	8877	3.7	49970	21.1	23866	10.1	147818	62.4	6544	2.8
	偶尔	30685	2.8	233418	21.0	69510	6.3	765567	68.9	11849	1.1
	经常	10492	2.5	82110	19.7	22317	5.3	300260	71.9	2462	0.6
了解各门功课的内容和对学生的要求	从不	6286	5.4	24917	21.6	15620	13.5	63459	54.9	5246	4.5
	偶尔	30924	3.1	218807	21.7	68733	6.8	678748	67.2	12392	1.2
	经常	12844	2.0	121774	19.0	31340	4.9	471438	73.6	3217	0.5
了解三好学生、优秀学生干部的评选标准	从不	10884	3.6	64305	21.2	29222	9.6	190665	62.9	8072	2.7
	偶尔	28557	2.8	215574	21.1	62852	6.1	705342	69.0	10376	1.0

11.3 家校合作之志愿服务与家长家庭教育风格

家长参与家校合作之志愿服务的典型行为，从"从不"、"偶尔"到"经常"的行为频率增加中，家长在与孩子意见不一致时，倾向"大多顺着孩子"、"讨论，谁有道理就听谁的"、"不了了之"的比例有所上升，而倾向"要求孩子接受家长的意见"、"说服孩子接受家长的意见"的比例有升有降。

表11-3 家校合作之志愿服务与家长家庭教育风格

		当家长和孩子意见不一致时，通常都是如何解决的								
		大多顺着孩子		说服孩子接受家长的意见		要求孩子接受家长的意见		讨论，谁有道理就听谁的		不了了之	
		计数	百分比	计数	百分比	计数	百分比	计数	百分比	计数	百分比
作为家长志愿者：参与教学活动	从不	14315	2.8	101877	20.0	39156	7.7	344167	67.6	9483	1.9
	偶尔	26806	2.8	199686	21.1	58168	6.2	651170	68.9	9398	1.0
	经常	8933	2.9	63935	20.5	18369	5.9	218308	70.1	1974	0.6
作为家长志愿者：参与学生的课外活动	从不	15857	2.8	112821	20.1	44374	7.9	378794	67.4	10341	1.8
	偶尔	26239	2.8	199012	21.1	55896	5.9	652755	69.2	8828	0.9
	经常	7958	3.1	53665	20.6	15423	5.9	182096	69.8	1686	0.6
作为家长志愿者：参与学校的集体活动	从不	18363	2.8	132611	20.3	49674	7.6	442191	67.6	11236	1.7
	偶尔	24245	2.8	184003	21.0	51817	5.9	609615	69.5	8022	0.9
	经常	7446	3.2	48884	20.9	14202	6.1	161839	69.2	1597	0.7
作为家长志愿者：维护学校公共秩序	从不	15141	2.9	103720	20.0	41601	8.0	348339	67.2	9918	1.9
	偶尔	25905	2.8	197203	21.1	55879	6.0	647119	69.2	8915	1.0
	经常	9008	2.9	64575	20.7	18213	5.8	218187	69.9	2022	0.6
参与学校表彰家长志愿者的活动	从不	16073	2.8	115718	20.0	44677	7.7	390896	67.6	10495	1.8
	偶尔	26057	2.8	196272	21.1	55382	5.9	645360	69.3	8633	0.9
	经常	7924	3.1	53508	20.9	15634	6.1	177389	69.2	1727	0.7

11.4 家校合作之在家学习与家长家庭教育风格

家长参与家校合作之志愿服务的典型行为，从"从不"、"偶尔"到"经常"的行为频率增加中，家长在与孩子意见不一致时，倾向"大多顺着孩子"、"说服孩子接受家长的意见"、"要求孩子接受家长的意见"、"不了了之"等类型比例有所降低，而"讨论，谁有道理就听谁的"的比例有所上升。

表 11-4 家校合作之在家学习与家长家庭教育风格

| | | 当家长和孩子意见不一致时，通常都是如何解决的 | | | | | | | | | |
| | | 大多顺着孩子 | | 说服孩子接受家长的意见 | | 要求孩子接受家长的意见 | | 讨论，谁有道理就听谁的 | | 不了了之 | |
		计数	百分比	计数	百分比	计数	百分比	计数	百分比	计数	百分比
提供专门的场所或用品为孩子的在家学习	从不	5334	4.6	25983	22.5	13613	11.8	66555	57.7	3857	3.3
	偶尔	23078	3.8	144931	24.0	49298	8.2	377853	62.5	8962	1.5
	经常	21642	2.1	194584	18.6	52782	5.0	769237	73.5	8036	0.8
营造安静的环境为孩子在家学习	从不	7088	4.0	42802	24.2	17123	9.7	106268	60.0	3744	2.1
	偶尔	22306	4.1	132724	24.7	48636	9.0	324756	60.4	9321	1.7
	经常	20660	2.0	189972	18.1	49934	4.8	782621	74.5	7790	0.7
让孩子在家里展示所学的知识	从不	5380	6.8	16942	21.4	14042	17.8	37688	47.7	4938	6.3
	偶尔	30908	3.2	214665	22.4	69325	7.2	631271	65.8	12650	1.3
	经常	13766	1.9	133891	18.4	32326	4.4	544686	74.8	3267	0.4

续表

		当家长和孩子意见不一致时，通常都是如何解决的								
		大多顺着孩子		说服孩子接受家长的意见		要求孩子接受家长的意见		讨论，谁有道理就听谁的		不了了之	
		计数	百分比	计数	百分比	计数	百分比	计数	百分比	计数	百分比
向学校反馈孩子的家庭作业情况，如签字、写评语等	从不	5307	5.5	20622	21.4	12233	12.7	53998	56.1	4068	4.2
	偶尔	27402	3.6	172161	22.5	58420	7.6	496312	64.8	11427	1.5
	经常	17345	1.9	172715	19.1	45040	5.0	663335	73.4	5360	0.6
听孩子朗读、朗读给孩子听（或讲故事），或与孩子一起阅读	从不	7228	6.3	23530	20.6	19644	17.2	57640	50.4	6281	5.5
	偶尔	29622	3.2	207196	22.2	64210	6.9	619249	66.5	11604	1.2
	经常	13204	1.8	134772	18.7	31839	4.4	536756	74.6	2970	0.4

11.5 家校合作之参与决策与家长家庭教育风格

家长参与家校合作之参与决策的典型行为，从"从不"、"偶尔"到"经常"的行为频率增加中，家长在与孩子意见不一致时，倾向"不了了之"的比例有所下降，其他类型有升有降。

表11-5　家校合作之参与决策与家长家庭教育风格

		当家长和孩子意见不一致时，通常都是如何解决的									
		大多顺着孩子		说服孩子接受家长的意见		要求孩子接受家长的意见		讨论、谁有道理就听谁的		不了了之	
		计数	百分比	计数	百分比	计数	百分比	计数	百分比	计数	百分比
有问题或建议，向学校相关部门或人员反映	从不	12456	3.2	80399	20.7	33459	8.6	253536	65.3	8359	2.2
	偶尔	29698	2.7	229829	20.7	66268	6.0	776183	69.8	10783	1.0
	经常	7900	3.0	55270	20.9	15966	6.0	183926	69.5	1713	0.6
通过学校的调查问卷、意见箱等渠道，向学校提意见	从不	13707	3.0	92420	20.3	34845	7.7	304807	67.1	8536	1.9
	偶尔	27936	2.7	212986	20.9	62762	6.1	706995	69.2	10351	1.0
	经常	8411	2.9	60092	20.7	18086	6.2	201843	69.5	1968	0.7
在学校或班级的家长委员会等组织中担任职务	从不	18876	2.4	151804	19.3	51332	6.5	554623	70.4	11522	1.5
	偶尔	23391	3.2	162950	22.0	48848	6.6	498133	67.2	7609	1.0
	经常	7787	3.3	50744	21.4	15513	6.6	160889	68.0	1724	0.7
作为家长代表参与学校会议，如校务会议	从不	17990	2.3	145911	19.0	50543	6.6	542157	70.6	11201	1.5
	偶尔	24211	3.1	169252	22.0	49848	6.5	519271	67.4	7973	1.0
	经常	7853	3.5	50335	22.1	15302	6.7	152217	66.9	1681	0.7
与家委会成员等家长代表联系	从不	15314	2.8	107835	19.9	41254	7.6	366234	67.8	9925	1.8
	偶尔	26699	2.8	201001	21.1	58098	6.1	657426	69.0	9190	1.0
	经常	8041	2.9	56662	20.8	16341	6.0	189985	69.7	1740	0.6

11.6 家校合作之与社区合作与家长家庭教育风格

家长参与家校合作的典型行为，从"从不"、"偶尔"到"经常"的行为频率增加中，家长在与孩子意见不一致时，倾向"要求孩子接受家长的意见"、"不了了之"的比例有所下降，倾向"讨论，谁有道理就听谁的"的比例有所上升，其他类型有升有降。

表 11-6 家校合作之与社区合作与家庭教育风格

| | | 当家长和孩子意见不一致时，通常都是如何解决的 | | | | | | | | | |
| | | 大多顺着孩子 | | 说服孩子接受家长的意见 | | 要求孩子接受家长的意见 | | 讨论，谁有道理就听谁的 | | 不了了之 | |
		计数	百分比	计数	百分比	计数	百分比	计数	百分比	计数	百分比
了解社区资源，包括社区的管理机构、设施和公共服务等	从不	9561	4.1	51536	22.1	25396	10.9	139534	59.8	7276	3.1
	偶尔	29811	2.9	222414	21.4	66601	6.4	709113	68.2	11136	1.1
	经常	10682	2.2	91548	18.6	23696	4.8	364998	74.0	2443	0.5
了解社区中有助于孩子成长的信息，如社区暑期社会实践、阅读等	从不	8615	4.2	45346	21.9	24439	11.8	121169	58.6	7034	3.4
	偶尔	30249	2.9	223478	21.5	66639	6.4	706081	68.0	11325	1.1
	经常	11190	2.1	96674	18.5	24615	4.7	386395	74.1	2496	0.5
购买社会上的商业服务，如夏令营、兴趣班、辅导班等	从不	12978	3.1	85343	20.4	34100	8.1	277792	66.4	8252	2.0
	偶尔	27975	2.8	208134	21.0	60755	6.1	685010	69.0	10192	1.0
	经常	9101	2.6	72021	20.3	20838	5.9	250843	70.6	2411	0.7

续表

		当家长和孩子意见不一致时，通常都是如何解决的									
		大多顺着孩子		说服孩子接受家长的意见		要求孩子接受家长的意见		讨论，谁有道理就听谁的		不了了之	
		计数	百分比	计数	百分比	计数	百分比	计数	百分比	计数	百分比
与孩子一起参加社区内的公益活动，如废品回收利用、音乐表演、敬老等	从不	14670	3.3	95066	21.6	41366	9.4	279942	63.5	10070	2.3
	偶尔	27218	2.6	211253	20.5	58319	5.7	723709	70.3	9070	0.9
	经常	8166	2.8	59179	20.1	16008	5.4	209994	71.2	1715	0.6
在社区宣传栏上关注学校的动态	从不	10172	3.8	59063	21.9	28459	10.6	164518	61.0	7539	2.8
	偶尔	28997	2.9	214918	21.3	63496	6.3	689982	68.5	10608	1.1
	经常	10885	2.2	91517	18.8	23738	4.9	359145	73.6	2708	0.6

家校合作对儿童成长的作用

本章主要探讨家校合作对儿童成长的影响，具体指向家长参与家校合作的六种类型，即当好家长、相互交流、志愿服务、在家学习、参与决策和与社区合作，从"从不"、"偶尔"到"经常"的行为频率增加中，儿童成长在学习成绩、是否担任学生干部、是否获得学校奖励方面的数据分布特征和趋势。

12.1 家校合作之当好家长与儿童成长

12.1.1 家校合作之当好家长与孩子学习成绩

家长参与家校合作之当好家长的典型行为，从"从不"、"偶尔"到"经常"的行为频率增加中，孩子学习成绩靠前的比例增加，靠后的比例下降。

表 12-1 家校合作之当好家长与孩子学习成绩

		孩子学习成绩在班上的排名					
		靠后		中间		靠前	
		计数	百分比	计数	百分比	计数	百分比
参加学校举办的培训或讲座	从不	64860	23.0	152054	54.0	64487	22.9
	偶尔	190125	18.0	576160	54.5	291239	27.5
	经常	62156	15.3	214353	52.6	131053	32.2

| | | 孩子学习成绩在班上的排名 | | | | | |
| | | 靠后 | | 中间 | | 靠前 | |
		计数	百分比	计数	百分比	计数	百分比
如果孩子的学习或行为出现问题,向老师寻求帮助	从不	20420	25.4	41132	51.2	18787	23.4
	偶尔	197704	19.1	564702	54.6	271790	26.3
	经常	99017	15.7	336733	53.3	196202	31.0
购买有关家庭教育、亲子关系等方面的书籍或课程	从不	46904	22.5	108470	52.1	52789	25.4
	偶尔	192257	18.8	558164	54.7	269634	26.4
	经常	77980	15.0	275933	53.2	164356	31.7
陪孩子学习、聊天或游玩	从不	24489	25.7	51373	53.9	19531	20.5
	偶尔	205446	20.2	557088	54.9	252295	24.9
	经常	87206	13.7	334106	52.5	214953	33.8
鼓励孩子表达自己的观点,尊重孩子的意见	从不	8844	25.6	18124	52.5	7524	21.8
	偶尔	139212	22.1	349396	55.4	142277	22.6
	经常	169085	15.6	575047	53.2	336978	31.2

12.1.2 家校合作之当好家长与孩子担任学生干部

家长参与家校合作之当好家长的典型行为，从"从不"、"偶尔"到"经常"的行为频率增加中，孩子过去一年担任学生干部的比例增加，未担任的比例下降。

表 12-2 家校合作之当好家长与孩子担任学生干部

| | | 过去一年,孩子担任学生干部 | | | |
| | | 担任学生干部 | | 未担任学生干部 | |
		计数	百分比	计数	百分比
参加学校举办的培训或讲座	从不	71194	25.0	213522	75.0
	偶尔	315659	29.5	753251	70.5
	经常	138092	33.5	274027	66.5
如果孩子的学习或行为出现问题,向老师寻求帮助	从不	20634	25.5	60420	74.5
	偶尔	295343	28.3	749761	71.7
	经常	208968	32.7	430619	67.3

续表

		过去一年,孩子担任学生干部			
		担任学生干部		未担任学生干部	
		计数	百分比	计数	百分比
购买有关家庭教育、亲子关系等方面的书籍或课程	从不	57527	27.4	152316	72.6
	偶尔	294806	28.6	735719	71.4
	经常	172612	32.9	352765	67.1
陪孩子学习、聊天或游玩	从不	25296	26.4	70410	73.6
	偶尔	288025	28.2	734898	71.8
	经常	211624	32.7	435492	67.3
鼓励孩子表达自己的观点,尊重孩子的意见	从不	10477	30.3	24137	69.7
	偶尔	166553	26.2	469874	73.8
	经常	347915	31.8	746789	68.2

12.1.3 家校合作之当好家长与孩子获得学校奖励

家长参与家校合作之当好家长的典型行为,从"从不"、"偶尔"到"经常"的行为频率增加中,孩子过去一年获得学校奖励的比例增加,未获得的比例下降。

表 12-3 家校合作之当好家长与孩子获得学校奖励

		过去一年,孩子获得学校奖励			
		是		不是	
		计数	百分比	计数	百分比
参加学校举办的培训或讲座	从不	114165	40.1	170551	59.9
	偶尔	533799	49.9	535111	50.1
	经常	235212	57.1	176907	42.9
如果孩子的学习或行为出现问题,向老师寻求帮助	从不	30776	38.0	50278	62.0
	偶尔	496783	47.5	548321	52.5
	经常	355617	55.6	283970	44.4
购买有关家庭教育、亲子关系等方面的书籍或课程	从不	87138	41.5	122705	58.5
	偶尔	499505	48.5	531020	51.5
	经常	296533	56.4	228844	43.6

续表

		过去一年,孩子获得学校奖励			
		是		不是	
		计数	百分比	计数	百分比
陪孩子学习、聊天或游玩	从不	36512	38.2	59194	61.8
	偶尔	473951	46.3	548972	53.7
	经常	372713	57.6	274403	42.4
鼓励孩子表达自己的观点,尊重孩子的意见	从不	13362	38.6	21252	61.4
	偶尔	276431	43.4	359996	56.6
	经常	593383	54.2	501321	45.8

12.2 家校合作之相互交流与儿童成长

12.2.1 家校合作之相互交流与孩子学习成绩

家长参与家校合作之相互交流的典型行为，从"从不"、"偶尔"到"经常"的行为频率增加中，孩子学习成绩靠前的比例增加，靠后的比例下降。

表 12-4 家校合作之相互交流与孩子学习成绩

		孩子学习成绩在班上的排名					
		靠后		中间		靠前	
		计数	百分比	计数	百分比	计数	百分比
与班主任或任课老师面谈	从不	48174	21.7	119795	54.0	53757	24.2
	偶尔	215316	18.4	636732	54.3	320597	27.3
	经常	53651	15.2	186040	52.8	112425	31.9
与老师交流孩子的在校情况和在家表现	从不	26432	24.5	57372	53.1	24205	22.4
	偶尔	217199	18.9	625195	54.5	304839	26.6
	经常	73510	15.0	260000	52.9	157735	32.1
通过电话、微信等与校长、老师或班主任联系	从不	18336	23.0	43101	54.0	18328	23.0
	偶尔	208534	18.9	601650	54.6	292435	26.5
	经常	90271	16.0	297816	52.8	176016	31.2
参与本班、本校家长间的联谊或交流	从不	54658	23.3	123451	52.6	56589	24.1
	偶尔	202200	18.4	600732	54.6	296506	27.0
	经常	60283	14.6	218384	53.0	133684	32.4

续表

		孩子学习成绩在班上的排名					
		靠后		中间		靠前	
		计数	百分比	计数	百分比	计数	百分比
了解各门功课的内容和对学生的要求	从不	29870	26.3	58702	51.7	25061	22.1
	偶尔	198123	19.8	549661	55.0	250752	25.1
	经常	89148	14.1	334204	52.7	210966	33.3
了解三好学生、优秀学生干部的评选标准	从不	74758	25.0	156705	52.4	67423	22.6
	偶尔	184694	18.2	560206	55.3	267450	26.4
	经常	57689	13.3	225656	51.8	151906	34.9

12.2.2 家校合作之相互交流与孩子担任学生干部

家长参与家校合作之相互交流的典型行为，从"从不"、"偶尔"到"经常"的行为频率增加中，孩子过去一年担任学生干部的比例增加，未担任的比例下降。

表 12-5 家校合作之相互交流与孩子担任学生干部

		过去一年,孩子担任学生干部			
		担任学生干部		未担任学生干部	
		计数	百分比	计数	百分比
与班主任或任课老师面谈	从不	58055	26.0	165631	74.0
	偶尔	346426	29.2	838529	70.8
	经常	120464	33.7	236640	66.3
与老师交流孩子的在校情况和在家表现	从不	26687	24.5	82110	75.5
	偶尔	330245	28.5	828712	71.5
	经常	168013	33.7	329978	66.3
通过电话、微信等与校长、老师或班主任联系	从不	20412	25.4	60013	74.6
	偶尔	317782	28.5	796423	71.5
	经常	186751	32.7	384364	67.3
参与本班、本校家长间的联谊或交流	从不	60448	25.5	176627	74.5
	偶尔	322511	29.0	788518	71.0
	经常	141986	34.0	275655	66.0

续表

		过去一年,孩子担任学生干部			
		担任学生干部		未担任学生干部	
		计数	百分比	计数	百分比
了解各门功课的内容和对学生的要求	从不	28852	25.0	86676	75.0
	偶尔	283006	28.0	726598	72.0
	经常	213087	33.3	427526	66.7
了解三好学生、优秀学生干部的评选标准	从不	70347	23.2	232801	76.8
	偶尔	294981	28.8	727720	71.2
	经常	159617	36.3	280279	63.7

12.2.3 家校合作之相互交流与孩子获得学校奖励

家长参与家校合作之相互交流的典型行为,从"从不"、"偶尔"到"经常"的行为频率增加中,孩子过去一年获得学校奖励的比例增加,未获得的比例下降。

表 12-6 家校合作之相互交流与孩子获得学校奖励

		过去一年,孩子获得学校奖励			
		是		不是	
		计数	百分比	计数	百分比
与班主任或任课老师面谈	从不	92983	41.6	130703	58.4
	偶尔	587822	49.6	597133	50.4
	经常	202371	56.7	154733	43.3
与老师交流孩子的在校情况和在家表现	从不	40916	37.6	67881	62.4
	偶尔	559637	48.3	599320	51.7
	经常	282623	56.8	215368	43.2
通过电话、微信等与校长、老师或班主任联系	从不	30840	38.3	49585	61.7
	偶尔	534772	48.0	579433	52.0
	经常	317564	55.6	253551	44.4
参与本班、本校家长间的联谊或交流	从不	95020	40.1	142055	59.9
	偶尔	547797	49.3	563232	50.7
	经常	240359	57.6	177282	42.4
了解各门功课的内容和对学生的要求	从不	43011	37.2	72517	62.8
	偶尔	473563	46.9	536041	53.1
	经常	366602	57.2	274011	42.8

续表

		过去一年,孩子获得学校奖励			
		是		不是	
		计数	百分比	计数	百分比
了解三好学生、优秀学生干部的评选标准	从不	119538	39.4	183610	60.6
	偶尔	503118	49.2	519583	50.8
	经常	260520	59.2	179376	40.8

12.3 家校合作之志愿服务对儿童成长

12.3.1 家校合作之志愿服务与孩子学习成绩

家长参与家校合作之志愿服务的典型行为,从"从不"、"偶尔"到"经常"的行为频率增加中,孩子学习成绩靠前的比例增加,靠后的比例下降。

表 12-7 家校合作之志愿服务与孩子学习成绩

		孩子学习成绩在班上的排名					
		靠后		中间		靠前	
作为家长志愿者:参与教学活动	从不	107270	21.3	265008	52.6	131530	26.1
	偶尔	165721	17.7	512878	54.8	256462	27.4
	经常	44150	14.4	164681	53.5	98787	32.1
作为家长志愿者:参与学生的课外活动	从不	116664	20.9	291715	52.3	148892	26.7
	偶尔	163629	17.6	512979	55.0	255567	27.4
	经常	36848	14.3	137873	53.6	82320	32.0
作为家长志愿者:参与学校的集体活动	从不	137276	21.2	343320	53.0	167412	25.8
	偶尔	147138	17.0	476131	54.9	244540	28.2
	经常	32727	14.2	123116	53.4	74827	32.4
作为家长志愿者:维护学校公共秩序	从不	108957	21.2	267580	52.1	137319	26.7
	偶尔	161898	17.5	507838	54.9	254978	27.6
	经常	46286	15.0	167149	54.3	94482	30.7

续表

		孩子学习成绩在班上的排名					
		靠后		中间		靠前	
参与学校表彰家长志愿者的活动	从不	120773	21.1	300288	52.5	151281	26.4
	偶尔	159885	17.4	506180	54.9	255360	27.7
	经常	36483	14.4	136099	53.9	80138	31.7

12.3.2　家校合作之志愿服务与孩子担任学生干部

家长参与家校合作之志愿服务的典型行为，从"从不"、"偶尔"到"经常"的行为频率增加中，孩子过去一年担任学生干部的比例增加，未担任的比例下降。

表 12-8　家校合作之志愿服务与孩子担任学生干部

		过去一年,孩子担任学生干部			
		担任学生干部		未担任学生干部	
		计数	百分比	计数	百分比
作为家长志愿者:参与教学活动	从不	135883	26.7	373115	73.3
	偶尔	281874	29.8	663354	70.2
	经常	107188	34.4	204331	65.6
作为家长志愿者:参与学生的课外活动	从不	153881	27.4	408306	72.6
	偶尔	281487	29.9	661243	70.1
	经常	89577	34.3	171251	65.7
作为家长志愿者:参与学校的集体活动	从不	175890	26.9	478185	73.1
	偶尔	267836	30.5	609866	69.5
	经常	81219	34.7	152749	65.3
作为家长志愿者:维护学校公共秩序	从不	144690	27.9	374029	72.1
	偶尔	277742	29.7	657279	70.3
	经常	102513	32.9	209492	67.1
参与学校表彰家长志愿者的活动	从不	157569	27.3	420290	72.7
	偶尔	279778	30.0	651926	70.0
	经常	87598	34.2	168584	65.8

12.3.3 家校合作之志愿服务与孩子获得学校奖励

家长参与家校合作之志愿服务的典型行为，从"从不"、"偶尔"到"经常"的行为频率增加中，孩子过去一年获得学校奖励的比例增加，未获得的比例下降。

表 12-9 家校合作之志愿服务与孩子获得学校奖励

		过去一年,孩子获得学校奖励			
		是		不是	
		计数	百分比	计数	百分比
作为家长志愿者:参与教学活动	从不	226611	44.5	282387	55.5
	偶尔	477753	50.5	467475	49.5
	经常	178812	57.4	132707	42.6
作为家长志愿者:参与学生的课外活动	从不	251812	44.8	310375	55.2
	偶尔	481524	51.1	461206	48.9
	经常	149840	57.4	110988	42.6
作为家长志愿者:参与学校的集体活动	从不	292576	44.7	361499	55.3
	偶尔	456174	52.0	421528	48.0
	经常	134426	57.5	99542	42.5
作为家长志愿者:维护学校公共秩序	从不	232655	44.9	286064	55.1
	偶尔	475299	50.8	459722	49.2
	经常	175222	56.2	136783	43.8
参与学校表彰家长志愿者的活动	从不	258889	44.8	318970	55.2
	偶尔	477660	51.3	454044	48.7
	经常	146627	57.2	109555	42.8

12.4 家校合作之在家学习与儿童成长

12.4.1 家校合作之在家学习与孩子学习成绩

家长参与家校合作之在家学习的典型行为，从"从不"、"偶尔"到"经常"的行为频率增加中，孩子学习成绩靠前的比例增加，靠后的比例下降。

表 12-10 家校合作之在家学习与孩子学习成绩

		孩子学习成绩在班上的排名					
		靠后		中间		靠前	
提供专门的场所或用品为孩子的在家学习	从不	27979	24.6	61928	54.6	23612	20.8
	偶尔	119094	20.0	335955	56.4	140395	23.6
	经常	170068	16.4	544684	52.5	322772	31.1
营造安静的环境为孩子在家学习	从不	39514	22.5	100992	57.6	34786	19.8
	偶尔	110044	20.8	298859	56.4	121258	22.9
	经常	167583	16.1	542716	52.1	330735	31.8
让孩子在家里展示所学的知识	从不	22542	28.7	39555	50.3	16544	21.0
	偶尔	196499	20.7	521569	54.9	231605	24.4
	经常	98100	13.7	381443	53.1	238630	33.2
向学校反馈孩子的家庭作业情况,如签字、写评语等	从不	24128	25.6	49822	52.9	20306	21.5
	偶尔	163000	21.6	416935	55.1	176125	23.3
	经常	130013	14.5	475810	53.1	290348	32.4
听孩子朗读、朗读给孩子听(或讲故事),或与孩子一起阅读	从不	31727	27.9	56891	50.0	25269	22.2
	偶尔	193587	21.0	505100	54.7	224150	24.3
	经常	91827	12.9	380576	53.6	237360	33.4

12.4.2 家校合作之在家学习与孩子担任学生干部

家长参与家校合作之在家学习的典型行为，从"从不"、"偶尔"到

"经常"的行为频率增加中，孩子过去一年担任学生干部的比例增加，未担任的比例下降。

表 12-11　家校合作之在家学习与孩子担任学生干部

		过去一年,孩子担任学生干部			
		担任学生干部		未担任学生干部	
		计数	百分比	计数	百分比
提供专门的场所或用品为孩子的在家学习	从不	27214	23.6	88128	76.4
	偶尔	161808	26.8	442314	73.2
	经常	335923	32.1	710358	67.9
营造安静的环境为孩子在家学习	从不	44530	25.2	132495	74.8
	偶尔	143503	26.7	394240	73.3
	经常	336912	32.1	714065	67.9
让孩子在家里展示所学的知识	从不	20591	26.1	58399	73.9
	偶尔	264482	27.6	694337	72.4
	经常	239872	33.0	488064	67.0
向学校反馈孩子的家庭作业情况,如签字、写评语等	从不	23522	24.4	72706	75.6
	偶尔	203653	26.6	562069	73.4
	经常	297770	32.9	606025	67.1
听孩子朗读、朗读给孩子听(或讲故事),或与孩子一起阅读	从不	31780	27.8	82543	72.2
	偶尔	259651	27.9	672230	72.1
	经常	233514	32.5	486027	67.5

12.4.3　家校合作之在家学习与孩子获得学校奖励

家长参与家校合作之在家学习的典型行为，从"从不"、"偶尔"到"经常"的行为频率增加中，孩子过去一年获得学校奖励的比例增加，未获得的比例下降。

表 12-12　家校合作之在家学习与孩子获得学校奖励

| | | 过去一年,孩子获得学校奖励 | | | |
| | | 是 | | 不是 | |
		计数	百分比	计数	百分比
营造安静的环境为孩子在家学习	从不	77572	43.8	99453	56.2
	偶尔	243484	45.3	294259	54.7
	经常	562120	53.5	488857	46.5
让孩子在家里展示所学的知识	从不	27922	35.3	51068	64.7
	偶尔	439131	45.8	519688	54.2
	经常	416123	57.2	311813	42.8
向学校反馈孩子的家庭作业情况,如签字、写评语等	从不	35939	37.3	60289	62.7
	偶尔	338645	44.2	427077	55.8
	经常	508592	56.3	395203	43.7
听孩子朗读、朗读给孩子听(或讲故事),或与孩子一起阅读	从不	40821	35.7	73502	64.3
	偶尔	424737	45.6	507144	54.4
	经常	417618	58.0	301923	42.0

12.5　家校合作之参与决策与儿童成长

12.5.1　家校合作之参与决策与孩子学习成绩

家长参与家校合作之参与决策的典型行为，从"从不"、"偶尔"到"经常"的行为频率增加中，孩子学习成绩靠前的比例增加，靠后的比例下降。

表 12-13　家校合作之参与决策与孩子学习成绩

| | | 孩子学习成绩在班上的排名 | | | | | |
		靠后		中间		靠前	
有问题或建议,向学校相关部门或人员反映	从不	82622	21.5	202984	52.7	99529	25.8
	偶尔	195438	17.8	598294	54.4	306484	27.9
	经常	39081	15.0	141289	54.1	80766	30.9

续表

		孩子学习成绩在班上的排名					
		靠后		中间		靠前	
通过学校的调查问卷、意见箱等渠道,向学校提意见	从不	96032	21.3	238535	53.0	115364	25.6
	偶尔	178211	17.6	549975	54.5	281536	27.9
	经常	42898	15.0	154057	53.7	89879	31.3
在学校或班级的家长委员会等组织中担任职务	从不	159094	20.4	413084	53.0	207936	26.7
	偶尔	125773	17.2	406537	55.5	200237	27.3
	经常	32274	13.8	122946	52.6	78606	33.6
作为家长代表参与学校会议,如校务会议	从不	149020	19.6	399739	52.6	211354	27.8
	偶尔	134239	17.6	420772	55.2	206803	27.1
	经常	33882	15.1	122056	54.4	68622	30.6
与家委会成员等家长代表联系	从不	114998	21.5	283304	53.1	135644	25.4
	偶尔	164212	17.4	516542	54.8	261973	27.8
	经常	37931	14.1	142721	52.9	89162	33.0

12.5.2　家校合作之参与决策与孩子担任学生干部

家长参与家校合作之参与决策的典型行为,从"从不"、"偶尔"到"经常"的行为频率增加中,孩子过去一年担任学生干部的比例增加,未担任的比例下降。

表 12-14　家校合作之参与决策与孩子担任学生干部

		过去一年,孩子担任学生干部			
		担任学生干部		未担任学生干部	
		计数	百分比	计数	百分比
有问题或建议,向学校相关部门或人员反映	从不	103498	26.7	284711	73.3
	偶尔	332815	29.9	779946	70.1
	经常	88632	33.5	176143	66.5
通过学校的调查问卷、意见箱等渠道,向学校提意见	从不	120462	26.5	333853	73.5
	偶尔	306211	30.0	714819	70.0
	经常	98272	33.8	192128	66.2

续表

		过去一年,孩子担任学生干部			
		担任学生干部		未担任学生干部	
		计数	百分比	计数	百分比
在学校或班级的家长委员会等组织中担任职务	从不	210009	26.6	578148	73.4
	偶尔	226862	30.6	514069	69.4
	经常	88074	37.2	148583	62.8
作为家长代表参与学校会议,如校务会议	从不	214950	28.0	552852	72.0
	偶尔	232624	30.2	537931	69.8
	经常	77371	34.0	150017	66.0
与家委会成员等家长代表联系	从不	141087	26.1	399475	73.9
	偶尔	286329	30.1	666085	69.9
	经常	97529	35.8	175240	64.2

12.5.3 家校合作之参与决策与孩子获得学校奖励

家长参与家校合作之参与决策的典型行为,从"从不"、"偶尔"到"经常"的行为频率增加中,孩子过去一年获得学校奖励的比例增加,未获得的比例下降。

表 12-15 家校合作之参与决策与孩子获得学校奖励

		过去一年,孩子获得学校奖励			
		是		不是	
		计数	百分比	计数	百分比
有问题或建议,向学校相关部门或人员反映	从不	170275	43.9	217934	56.1
	偶尔	563980	50.7	548781	49.3
	经常	148921	56.2	115854	43.8
通过学校的调查问卷、意见箱等渠道,向学校提意见	从不	201122	44.3	253193	55.7
	偶尔	517724	50.7	503306	49.3
	经常	164330	56.6	126070	43.4
在学校或班级的家长委员会等组织中担任职务	从不	365909	46.4	422248	53.6
	偶尔	379238	51.2	361693	48.8
	经常	138029	58.3	98628	41.7

续表

		过去一年,孩子获得学校奖励			
		是		不是	
		计数	百分比	计数	百分比
作为家长代表参与学校会议,如校务会议	从不	364628	47.5	403174	52.5
	偶尔	390986	50.7	379569	49.3
	经常	127562	56.1	99826	43.9
与家委会成员等家长代表联系	从不	234882	43.5	305680	56.5
	偶尔	488639	51.3	463775	48.7
	经常	159655	58.5	113114	41.5

12.6　家校合作之与社区合作与儿童成长

12.6.1　家校合作之与社区合作与孩子学习成绩

家长参与家校合作之与社区合作的典型行为,从"从不"、"偶尔"到"经常"的行为频率增加中,孩子学习成绩靠前的比例增加,靠后的比例下降。

表 12-16　家校合作之与社区合作与孩子学习成绩

		孩子学习成绩在班上的排名					
		靠后		中间		靠前	
		计数	百分比	计数	百分比	计数	百分比
了解社区资源,包括社区的管理机构、设施和公共服务等	从不	53690	23.3	121174	52.6	55557	24.1
	偶尔	193678	18.8	561770	54.6	272815	26.5
	经常	69773	14.3	259623	53.2	158407	32.5
了解社区中有助于孩子成长的信息,如社区暑期社会实践、阅读等	从不	48089	23.6	105217	51.5	50850	24.9
	偶尔	196034	19.1	561918	54.7	268962	26.2
	经常	73018	14.2	275432	53.4	166967	32.4
购买社会上的商业服务,如夏令营、兴趣班、辅导班等	从不	86192	20.8	220928	53.4	106454	25.7
	偶尔	180108	18.3	538619	54.9	263212	26.8
	经常	50841	14.5	183020	52.1	117113	33.4

		孩子学习成绩在班上的排名					
		靠后		中间		靠前	
		计数	百分比	计数	百分比	计数	百分比
与孩子一起参加社区内的公益活动,如废品回收利用、音乐表演、敬老等	从不	96495	22.1	230477	52.8	109325	25.1
	偶尔	179010	17.6	554695	54.4	285160	28.0
	经常	41636	14.3	157395	54.0	92294	31.7
在社区宣传栏上关注学校的动态	从不	61349	23.0	139284	52.2	66208	24.8
	偶尔	184554	18.5	545885	54.7	266866	26.8
	经常	71238	14.8	257398	53.4	153705	31.9

12.6.2 家校合作之与社区合作与孩子担任学生干部

家长参与家校合作之与社区合作的典型行为,从"从不"、"偶尔"到"经常"的行为频率增加中,孩子担任学生干部的比例上升。

表 12-17 家校合作之与社区合作与孩子担任学生干部

		过去一年,孩子担任学生干部			
		担任学生干部		未担任学生干部	
		计数	百分比	计数	百分比
了解社区资源,包括社区的管理机构、设施和公共服务等	从不	58954	25.3	174349	74.7
	偶尔	299805	28.9	739270	71.1
	经常	166186	33.7	327181	66.3
了解社区中有助于孩子成长的信息,如社区暑期社会实践、阅读等	从不	52759	25.5	153844	74.5
	偶尔	296422	28.6	741350	71.4
	经常	175764	33.7	345606	66.3
购买社会上的商业服务,如夏令营、兴趣班、辅导班等	从不	108544	25.9	309921	74.1
	偶尔	291194	29.4	700872	70.6
	经常	125207	35.2	230007	64.8
与孩子一起参加社区内的公益活动,如废品回收利用、音乐表演、敬老等	从不	114384	25.9	326730	74.1
	偶尔	309370	30.0	720199	70.0
	经常	101191	34.3	193871	65.7
在社区宣传栏上关注学校的动态	从不	69090	25.6	200661	74.4
	偶尔	292151	29.0	715850	71.0
	经常	163704	33.5	324289	66.5

12.6.3　家校合作之与社区合作与孩子获得学校奖励

家长参与家校合作之与社区合作的典型行为，从"从不"、"偶尔"到"经常"的行为频率增加中，孩子过去一年获得学校奖励的比例增加，未获得的比例下降。

表 12-18　家校合作之与社区合作与孩子获得学校奖励

		过去一年,孩子获得学校奖励			
		是		不是	
		计数	百分比	计数	百分比
了解社区资源,包括社区的管理机构、设施和公共服务等	从不	95056	40.7	138247	59.3
	偶尔	505698	48.7	533377	51.3
	经常	282422	57.2	210945	42.8
了解社区中有助于孩子成长的信息,如社区暑期社会实践、阅读等	从不	83814	40.6	122789	59.4
	偶尔	500011	48.2	537761	51.8
	经常	299351	57.4	222019	42.6
购买社会上的商业服务,如夏令营、兴趣班、辅导班等	从不	185207	44.3	233258	55.7
	偶尔	492985	49.7	499081	50.3
	经常	204984	57.7	150230	42.3
与孩子一起参加社区内的公益活动,如废品回收利用、音乐表演、敬老等	从不	188893	42.8	252221	57.2
	偶尔	524568	51.0	505001	49.0
	经常	169715	57.5	125347	42.5
在社区宣传栏上关注学校的动态	从不	111565	41.4	158186	58.6
	偶尔	494172	49.0	513829	51.0
	经常	277439	56.9	210554	43.1

第13章

家校合作对学校办学的作用

本章主要探索家校合作与学校办学水平的关系，具体指向家校合作的当好家长、相互交流、志愿服务、在家学习、参与决策和与社区合作等六种类型，其学校教师开展相关典型活动或行为从"从不"、"偶尔"到"经常"的频率增加中，学校办学水平的变化情况。

13.1 家校合作之当好家长与学校办学水平

学校教师开展家校合作之与当好家长的典型活动或行为，从"从不"、"偶尔"到"经常"的行为频率增加中，学校办学水平在本区（县）为最差、中下水平的比例下降，中上水平的比例上升，中间水平、最好水平的比例有升有降。

表 13-1　家校合作之当好家长与学校办学水平

		学校目前在本区(县)排名				
		最差	中下	中间	中上	最好
指导家长如何创设良好的家庭条件,促进学生成长	从不	3.6	15.1	24.6	38.0	18.7
	偶尔	1.8	13.5	28.3	42.2	14.2
	经常	1.2	9.6	24.2	45.4	19.6
组织家长参加家庭教育培训或讲座	从不	2.5	14.1	25.8	40.3	17.3
	偶尔	1.5	12.4	27.5	43.7	14.8
	经常	1.2	9.2	23.7	45.0	20.9

续表

		学校目前在本区（县）排名				
		最差	中下	中间	中上	最好
指导家长如何与孩子建立良好的亲子关系	从不	3.5	15.2	26.2	36.9	18.2
	偶尔	1.8	13.4	28.0	42.4	14.4
	经常	1.2	9.4	24.1	45.6	19.8
向家长提供学生营养、健康、安全和教育政策等信息	从不	3.2	14.4	24.4	38.8	19.3
	偶尔	1.8	13.2	27.7	42.5	14.9
	经常	1.2	9.9	24.8	45.1	18.9
指导家长介绍如何选择适合学生的课外书、辅导书	从不	2.3	11.6	23.7	43.1	19.3
	偶尔	1.7	13.0	27.8	42.9	14.7
	经常	1.2	9.7	24.5	45.0	19.6
向家长推荐家庭教育、亲子关系的书籍和资料	从不	2.0	12.2	24.6	42.6	18.5
	偶尔	1.7	12.8	27.7	43.2	14.7
	经常	1.2	9.5	24.2	45.0	20.2
向家长了解学生的特长和性格特征	从不	3.5	14.5	25.1	37.3	19.5
	偶尔	1.8	13.2	27.7	42.7	14.6
	经常	1.2	9.8	24.6	45.1	19.3
告知家长学校对家长的要求，如接送区域、作息时间、签名反馈等	从不	2.8	13.4	23.5	40.2	20.0
	偶尔	1.8	13.0	27.9	42.6	14.7
	经常	1.3	10.3	25.0	44.8	18.7
通过募捐、互助或直接帮助困难家庭（如校服购买、学生生病费用募捐等）	从不	1.9	12.7	25.5	42.5	17.3
	偶尔	1.5	12.0	27.0	44.0	15.5
	经常	1.3	9.4	24.2	44.3	20.9
召开家长会等集体会议，与家长正式见面	从不	2.0	12.5	24.6	41.9	19.1
	偶尔	1.6	12.3	27.4	43.6	15.1
	经常	1.2	9.5	23.8	44.8	20.6
向家长反馈学生的表现（如家校联系册、短信等）	从不	2.7	14.0	23.9	39.7	19.6
	偶尔	1.8	13.1	28.2	42.1	14.7
	经常	1.2	9.9	24.4	45.4	19.1
让家长与学生一起领取成绩单，与家长一起分析学生的学习情况	从不	2.0	12.0	24.1	43.4	18.6
	偶尔	1.6	12.6	27.8	43.2	14.7
	经常	1.3	9.7	24.2	44.7	20.0

13.2 家校合作之相互交流与学校办学水平

学校教师开展家校合作之与相互交流的典型活动或行为，从"从不"、"偶尔"到"经常"的行为频率增加中，学校办学水平在本区（县）为最差、中下水平的比例下降，中上水平的比例上升，中间水平、最好水平的比例有升有降。

表 13-2 家校合作之相互交流与学校办学水平

		学校目前在本区(县)排名				
		最差	中下	中间	中上	最好
开展家访，或在学校接待家长来访	从不	2.1	12.2	24.0	41.7	19.9
	偶尔	1.6	12.4	27.5	43.3	15.2
	经常	1.3	10.1	24.5	44.8	19.3
告知家长:学生评奖、考试的评分方法	从不	2.1	12.3	24.7	42.4	18.5
	偶尔	1.7	12.7	27.9	43.2	14.6
	经常	1.3	9.8	24.1	44.8	19.9
告知家长:学生考试成绩和排名	从不	1.3	10.1	23.4	46.3	19.0
	偶尔	1.7	12.7	27.8	43.0	14.8
	经常	1.5	10.6	25.3	43.0	19.7
告知家长:每学期的家校合作活动时排	从不	2.7	14.6	24.7	39.5	18.5
	偶尔	1.7	13.0	28.1	42.8	14.5
	经常	1.2	9.5	24.1	45.4	19.7
告知家长:每学期的学生活动时间安排	从不	2.7	14.2	24.5	40.0	18.6
	偶尔	1.8	13.2	28.2	42.5	14.5
	经常	1.2	9.8	24.4	45.3	19.4
告知家长:每学期的教学进度安排	从不	2.8	14.8	25.8	39.6	17.1
	偶尔	1.7	12.8	27.8	43.1	14.5
	经常	1.2	9.6	24.2	45.1	19.9
告知家长:家长志愿者计划	从不	2.4	14.7	26.3	40.2	16.4
	偶尔	1.6	12.2	27.7	43.6	14.9
	经常	1.1	8.9	23.3	45.5	21.2

续表

		学校目前在本区(县)排名				
		最差	中下	中间	中上	最好
告知家长:学校动态(通过QQ群、电话等)	从不	2.3	13.4	23.2	40.4	20.7
	偶尔	1.9	13.1	28.1	42.3	14.7
	经常	1.3	10.3	24.9	44.9	18.5
告知家长:学生获得的奖励或荣誉)	从不	2.8	13.9	24.0	39.4	19.9
	偶尔	1.8	13.0	28.3	42.4	14.4
	经常	1.2	10.1	24.4	45.2	19.1
告知家长:我的联系方式和方便的时间,如电话、QQ、微信等	从不	3.1	13.4	23.0	39.0	21.6
	偶尔	1.8	13.2	27.9	42.3	14.8
	经常	1.3	10.4	25.1	44.8	18.3
收集家长的关注热点或建议,并反馈	从不	2.9	14.5	25.2	39.0	18.4
	偶尔	1.7	13.0	28.0	42.8	14.5
	经常	1.2	9.8	24.3	45.1	19.5
对提出意见或建议的家长,我会向他反馈处理结果(或表示感谢)	从不	3.0	14.2	23.9	38.4	20.5
	偶尔	1.8	13.2	28.3	42.4	14.3
	经常	1.3	10.1	24.5	45.0	19.0
传达给家长的信息,如《致家长的一封信》,要求家长签名或反馈	从不	2.4	12.7	22.7	41.5	20.7
	偶尔	1.8	12.7	27.6	42.9	15.1
	经常	1.3	10.6	25.3	44.5	18.2
如果学生的学习或行为出现问题,则向家长联系	从不	3.6	12.9	23.5	38.1	21.9
	偶尔	1.8	13.1	27.8	42.0	15.3
	经常	1.3	10.6	25.2	44.8	18.1
组织本校家长间的联谊或交流	从不	2.1	13.1	24.4	41.8	18.5
	偶尔	1.6	12.3	27.6	43.6	14.9
	经常	1.2	9.8	24.5	44.7	19.8
将家庭作业的内容告知家长	从不	2.4	11.4	22.5	41.1	22.5
	偶尔	1.8	13.0	27.3	42.8	15.1
	经常	1.3	10.5	25.4	44.6	18.2
参加专门培训或向同行学习家校沟通的技巧	从不	3.0	14.3	25.1	39.0	18.6
	偶尔	1.7	12.9	28.0	42.8	14.5
	经常	1.2	9.8	24.2	45.2	19.6
鼓励家长之间结成联系网络,推动家长间的交流	从不	2.6	13.4	24.6	40.6	18.7
	偶尔	1.7	12.9	27.9	43.0	14.5
	经常	1.2	9.7	24.3	45.1	19.7

13.3 家校合作之志愿服务与学校办学水平

学校教师开展家校合作之志愿服务的典型活动或行为，从"从不"、"偶尔"到"经常"的行为频率增加中，学校办学水平在本区（县）为最差、中下水平的比例下降，中上水平的比例上升，中间水平、最好水平的比例有升有降。

表 13-3　家校合作之志愿服务与学校办学水平

		学校目前在本区(县)排名				
		最差	中下	中间	中上	最好
调查家长的兴趣、专长、资源和空闲时间，以便在活动中安排家长协助工作	从不	2.3	14.2	25.9	40.4	17.1
	偶尔	1.5	12.0	27.4	44.0	15.1
	经常	1.2	9.3	23.6	45.0	20.9
为家长志愿者争取活动场所和活动资源	从不	2.3	14.2	26.2	40.7	16.7
	偶尔	1.5	11.9	27.4	44.1	15.2
	经常	1.2	8.9	23.3	45.2	21.3
与家长共同制定志愿者活动目标和计划	从不	2.3	14.4	26.2	40.9	16.3
	偶尔	1.5	11.9	27.4	44.0	15.2
	经常	1.2	8.9	23.3	45.2	21.4
组织培训家长志愿者	从不	2.2	14.0	25.9	41.5	16.4
	偶尔	1.5	11.7	27.4	44.1	15.4
	经常	1.2	8.9	23.3	45.0	21.6
招募家长志愿者：参与教学活动（如进校听课，监考等）	从不	2.1	13.4	25.4	42.2	16.8
	偶尔	1.5	11.8	27.4	44.0	15.3
	经常	1.2	9.1	23.6	44.8	21.4
招募家长志愿者：组织学生课外活动（如研学旅行、郊游等）	从不	2.0	13.1	25.7	42.3	17.0
	偶尔	1.4	11.7	27.2	44.4	15.3
	经常	1.2	9.1	23.6	44.3	21.7
招募家长志愿者：为学生做讲座（如职业、文化、安全等）	从不	2.3	14.3	26.5	41.2	15.7
	偶尔	1.3	11.3	26.8	44.8	15.7
	经常	1.2	9.0	23.6	44.1	22.0

续表

		\multicolumn{5}{学校目前在本区(县)排名}
		最差	中下	中间	中上	最好
招募家长志愿者:支持学校活动(场馆布置、摄像、化妆、主持人、评委、引导等)	从不	2.2	14.3	26.5	40.9	16.0
	偶尔	1.4	11.5	27.0	44.6	15.6
	经常	1.2	8.9	23.3	44.7	22.0
招募家长志愿者:协助检查学生出勤情况	从不	2.0	13.2	25.3	42.5	17.1
	偶尔	1.5	11.7	27.5	44.1	15.2
	经常	1.2	9.1	23.7	44.6	21.3
招募家长志愿者:维护学校公共区域秩序,如校门口、图书馆、食堂秩序引导	从不	2.1	14.1	25.6	41.3	16.9
	偶尔	1.5	11.7	27.4	44.3	15.1
	经常	1.1	8.6	23.7	45.1	21.4
招募家长志愿者:在运动会、文艺演出、演讲比赛等活动中做观众	从不	2.3	14.4	25.8	40.7	16.8
	偶尔	1.5	11.8	27.2	44.2	15.4
	经常	1.2	8.9	23.7	45.1	21.1
对有意愿但不能到校的家长志愿者,也设计工作方案,让他们去其他家庭或者去社区提供志愿者服务	从不	2.0	13.5	25.3	42.3	16.9
	偶尔	1.4	11.6	27.3	44.3	15.4
	经常	1.2	8.9	23.6	44.5	21.8
为参与志愿活动的家长出具证明材料,如请假	从不	2.1	13.2	25.3	42.3	17.2
	偶尔	1.4	11.6	27.3	44.2	15.4
	经常	1.2	9.1	23.8	44.6	21.3
公开表彰和感谢家长志愿者	从不	2.4	14.7	26.5	40.1	16.3
	偶尔	1.5	12.0	27.5	44.0	15.1
	经常	1.1	8.8	23.2	45.5	21.4

13.4　家校合作之在家学习与学校办学水平

学校教师开展家校合作之在家学习的典型活动或行为,从"从不"、"偶尔"到"经常"的行为频率增加中,学校办学水平在本区(县)为最差、中下水平的比例下降,中上水平的比例上升,中间水平、最好水平的比例有升有降。

表 13-4　家校合作之在家学习与学校办学水平

		学校目前在本区（县）排名				
		最差	中下	中间	中上	最好
指导家长如何在家监督、辅导或检查学生家庭作业	从不	3.0	13.0	22.1	40.8	21.1
	偶尔	1.7	13.1	27.7	42.6	14.9
	经常	1.2	9.9	24.8	45.1	19.0
告知家长各门功课的内容和对学生的要求	从不	2.8	13.0	22.7	40.7	20.9
	偶尔	1.8	13.1	27.8	42.4	14.8
	经常	1.2	10.1	24.9	45.0	18.8
要求家长反馈学生的家庭作业情况，如签字、写评语等	从不	2.3	12.0	22.2	42.2	21.3
	偶尔	1.7	12.7	27.3	43.0	15.3
	经常	1.2	10.2	25.3	44.8	18.4
开展数学、科学、社会、音体美等亲子活动	从不	2.4	14.2	25.0	41.3	17.0
	偶尔	1.5	12.3	27.6	43.7	15.0
	经常	1.2	9.2	24.0	45.0	20.6
布置互动型家庭作业（作业与生活相关，需要与家长互动才能完成，如计算电费等）	从不	2.4	13.5	24.2	41.1	18.8
	偶尔	1.6	12.3	27.4	43.7	15.0
	经常	1.2	9.6	24.4	44.9	20.0
指导家长：朗读给孩子听	从不	2.2	13.1	23.1	41.9	18.9
	偶尔	1.5	12.4	27.5	43.7	14.9
	经常	1.2	9.3	24.6	44.8	20.0
指导家长：听孩子朗读	从不	2.5	13.3	22.7	41.5	19.9
	偶尔	1.6	12.9	27.6	43.1	14.8
	经常	1.2	9.5	24.9	45.1	19.3
指导家长：与孩子一起朗读	从不	2.4	13.7	23.1	41.5	19.4
	偶尔	1.6	12.7	27.6	43.2	14.9
	经常	1.2	9.3	24.8	45.2	19.5
指导家长：监督、辅导子女完成寒暑假作业	从不	2.5	12.3	22.2	41.4	21.6
	偶尔	1.7	12.9	27.3	43.0	15.1
	经常	1.2	10.1	25.3	44.8	18.6
指导家长：带子女去书店、图书馆以及博物馆、科技馆等增长见识	从不	2.6	14.0	24.2	40.1	19.0
	偶尔	1.7	12.8	27.8	43.2	14.5
	经常	1.1	9.4	24.1	45.2	20.2

续表

		学校目前在本区(县)排名				
		最差	中下	中间	中上	最好
指导家长:不干扰孩子在家学习(如在旁边看电视、打麻将、打电话等)	从不	2.5	12.6	23.9	40.5	20.6
	偶尔	1.8	13.4	27.9	42.4	14.6
	经常	1.2	9.8	24.7	45.3	19.0
指导家长:为孩子在家学习提供专门的场所(如房间、桌子、台灯等)	从不	2.7	13.4	23.9	39.7	20.3
	偶尔	1.8	13.3	27.8	42.6	14.5
	经常	1.2	9.8	24.7	45.2	19.2
为家长推荐孩子在家学习的网络资源	从不	2.3	12.2	22.9	41.9	20.8
	偶尔	1.7	13.0	27.6	42.9	14.8
	经常	1.2	9.8	24.8	45.0	19.2
对有学习困难的学生,与家长个别谈话,共同制定辅导方案	从不	3.2	13.3	24.4	38.8	20.4
	偶尔	1.8	13.1	28.0	42.5	14.6
	经常	1.2	9.9	24.4	45.3	19.2
与家长共同制定学生的学习目标和学习计划	从不	3.1	14.3	25.3	39.0	18.3
	偶尔	1.7	13.0	27.7	43.0	14.6
	经常	1.2	9.5	24.3	45.2	19.8

13.5　家校合作之参与决策与学校办学水平

学校教师开展家校合作之参与决策的典型活动或行为,从"从不"、"偶尔"到"经常"的行为频率增加中,学校办学水平在本区(县)为最差、中下水平的比例下降,中上水平的比例上升,中间水平、最好水平的比例有升有降。

表 13-5　家校合作之参与决策与学校办学水平

		学校目前在本区(县)排名				
		最差	中下	中间	中上	最好
建立家长委员会或其他家长组织	从不	2.6	14.6	26.3	39.4	17.1
	偶尔	1.7	12.7	28.2	43.0	14.4
	经常	1.1	9.2	23.5	45.9	20.4
培训家长委员会或其他家长组织成员,让他们知道组织的责任和功能	从不	2.6	14.6	26.4	39.8	16.6
	偶尔	1.6	12.5	27.8	43.5	14.7
	经常	1.1	9.0	23.5	45.6	20.8
与家长代表共同制定家校合作的规章制度	从不	2.5	14.6	26.2	40.1	16.6
	偶尔	1.6	12.4	27.8	43.6	14.7
	经常	1.1	9.0	23.5	45.5	20.9
与家长代表共同制度家校合作的行动计划	从不	2.5	14.5	26.2	40.2	16.6
	偶尔	1.6	12.5	27.7	43.5	14.7
	经常	1.1	9.0	23.5	45.5	20.9
邀请家长代表参与学校管理	从不	2.6	14.4	26.5	39.9	16.6
	偶尔	1.6	12.4	27.7	43.6	14.8
	经常	1.1	9.0	23.5	45.6	20.9
将家长委员会成员的联系方式分发给家长	从不	2.4	14.1	26.2	40.3	17.0
	偶尔	1.6	12.5	27.8	43.4	14.6
	经常	1.1	9.1	23.6	45.5	20.7
邀请家长当面反映意见	从不	2.3	12.9	24.4	41.7	18.7
	偶尔	1.6	12.5	27.5	43.4	15.0
	经常	1.2	9.7	24.4	44.9	19.8
邀请家长参与问卷调查,收集家长的意见或建议	从不	2.5	13.4	24.0	40.8	19.2
	偶尔	1.7	12.7	27.6	43.2	14.8
	经常	1.1	9.6	24.4	45.1	19.7
邀请家长评价班级或学校的教学和管理工作	从不	2.4	13.7	25.2	40.7	18.0
	偶尔	1.6	12.4	27.6	43.5	14.8
	经常	1.2	9.5	23.9	45.1	20.3
对收集的家长意见,向家长反馈处理结果,向有贡献的家长表示感谢	从不	2.7	14.1	24.9	40.0	18.3
	偶尔	1.7	12.6	27.9	43.2	14.6
	经常	1.1	9.5	23.9	45.3	20.2

续表

		学校目前在本区（县）排名				
		最差	中下	中间	中上	最好
为家长提供参与学校事务所需要的知识，包括决策本身的知识、现行学校规章制度等资料	从不	2.6	14.1	25.2	40.7	17.5
	偶尔	1.6	12.3	27.8	43.5	14.8
	经常	1.1	9.4	23.7	45.2	20.6
邀请家长参加校园开放日、家长会等专门面向家长的活动	从不	2.6	14.7	25.7	39.5	17.4
	偶尔	1.6	12.5	27.8	43.4	14.7
	经常	1.1	9.2	23.6	45.4	20.7

13.6　家校合作之与社区合作与学校办学水平

学校教师开展家校合作之与社区合作的典型活动或行为，从"从不"、"偶尔"到"经常"的行为频率增加中，学校办学水平在本区（县）为最差、中下水平的比例下降，中上水平的比例上升，中间水平、最好水平的比例有升有降。

表 13-6　家校合作之参与决策与学校办学水平

		学校目前在本区（县）排名				
		最差	中下	中间	中上	最好
了解社区内资源，包括社区的管理机构、设施和公共服务等	从不	2.6	14.2	26.1	40.2	16.8
	偶尔	1.5	12.1	27.2	43.9	15.3
	经常	1.2	9.1	23.7	45.1	21.0
了解社区中有助于学生学习的信息，如社区暑期实习、阅读活动等	从不	2.6	14.4	25.8	40.5	16.7
	偶尔	1.5	12.2	27.3	43.8	15.3
	经常	1.2	9.0	23.7	45.2	20.9
指导家长选择社会上的家庭服务，如夏令营、辅导班、兴趣班等	从不	2.0	12.2	25.2	42.9	17.7
	偶尔	1.5	12.3	27.4	43.7	15.0
	经常	1.2	9.1	23.6	44.7	21.3

续表

		学校目前在本区（县）排名				
		最差	中下	中间	中上	最好
在社区开展公益活动，如废品回收利用、音乐表演、敬老等	从不	2.4	13.8	26.1	41.2	16.5
	偶尔	1.5	12.0	27.1	43.9	15.5
	经常	1.2	9.0	23.6	45.1	21.2
指导家长与孩子一起为社区提供志愿服务，如卫生清洁、关爱老人等	从不	2.5	14.4	26.0	40.6	16.4
	偶尔	1.5	12.1	27.2	43.9	15.4
	经常	1.2	9.1	23.7	45.0	21.1
在社区宣传栏上宣传学校的信息	从不	2.2	12.8	24.9	42.3	17.9
	偶尔	1.5	12.3	27.3	43.6	15.2
	经常	1.2	9.2	24.1	45.0	20.5
邀请社区人员（非家长）参加班级活动	从不	1.9	12.3	25.1	42.9	17.8
	偶尔	1.5	12.1	27.4	43.9	15.1
	经常	1.2	9.2	23.7	44.6	21.3
在商业公司、公益机构或志愿者的支持下，为学生提供课外活动	从不	1.8	12.3	25.1	43.2	17.6
	偶尔	1.5	12.2	27.4	43.7	15.1
	经常	1.3	9.1	23.7	44.6	21.4

图书在版编目（CIP）数据

家校合作的国际经验与本土化实践研究. 家校合作调
查：变量结构与数据报告 / 张俊，吴重涵，刘莎莎著
. --北京：社会科学文献出版社，2023.12
ISBN 978-7-5228-2674-5

Ⅰ.①家…　Ⅱ.①张…　②吴…　③刘…　Ⅲ.①学校教
育-合作-家庭教育-研究　Ⅳ.①G459

中国国家版本馆 CIP 数据核字（2023）第 235239 号

·家校合作的国际经验与本土化实践研究·
家校合作调查：变量结构与数据报告

著　　者／张　俊　吴重涵　刘莎莎

出 版 人／冀祥德
组稿编辑／任文武
责任编辑／郭　　峰
责任印制／王京美

出　　版／社会科学文献出版社·城市和绿色发展分社（010）59367143
　　　　　　地址：北京市北三环中路甲 29 号院华龙大厦　邮编：100029
　　　　　　网址：www. ssap. com. cn
发　　行／社会科学文献出版社（010）59367028
印　　装／三河市龙林印务有限公司

规　　格／开　本：787mm×1092mm　1/16
　　　　　　印　张：30　字　数：454 千字
版　　次／2023 年 12 月第 1 版　2023 年 12 月第 1 次印刷
书　　号／ISBN 978-7-5228-2674-5
定　　价／368.00 元（全三册）

读者服务电话：4008918866

国家社会科学基金教育学重点课题
"家校合作的国际经验与本土化实践研究"（AHA180014）

"十四五"江西省一流学科建设经费资助出版

国家社会科学基金教育学重点课题（AHA180014）

家校合作的国际经验与本土化实践研究

系列成果之二

从家校合作
到教育良好生态

区县和学校经验

CONG JIAXIAOHEZUO
DAO JIAOYU LIANGHAO SHENGTAI

QUXIAN HE XUEXIAO JINGYAN

主　编　吴重涵　范忠茂　张　俊

副主编　刘莎莎　贺小茜　朱重旺

社会科学文献出版社

SOCIAL SCIENCES ACADEMIC PRESS (CHINA)

在我担任中国教育学会家庭教育专业委员会副理事长的 10 年间，分工负责家校合作有关工作，几乎组织和参加了专委会每年举办的全国家校合作经验交流会。10 年来我的体会是，现在几乎所有的中小学、幼儿园都在做家校合作工作，这与 10 年前只有少数地区和学校参与形成了鲜明的对照。但同时，大会上介绍的家校合作经验，现在的内容与 10 年前基本没有什么变化，10 年前是开家长会、家访、家长志愿者和亲子活动，10 年后大体还是这些内容。教师、家长、学校、家庭对家校合作工作的效用提出了种种疑问。可以说，家校合作遇到了实践的瓶颈。我在跟很多校长和老师交流时，他们也深有同感。实践上的困惑需要理论研究的深化来破解。

在这样的背景下，我们出版了家校合作的国际经验与本土化实践研究系列成果，一共三本，即《家校合作的国际比较与学理研究》《从家校合作到教育良好生态：区县和学校经验》《家校合作调查：变量结构与数据报告》。这三本书是我带领的团队对家校合作 10 年研究的一个阶段性理论总结，分别呈现了家校合作的学理研究、本土经验生成、科学数据支撑三个层面的系统成果。

家校合作共育现在无疑是一个国家的教育战略问题，但在 10 年前还是一个相对边缘和冷门的教育领域。我的团队——这只"乌龟"得益于"起得早"和勤勉耕耘，从借鉴先发国家的理论和经验，到致力于建立一个本土化的操作理论体系；从学校层面家校合作实验，向上扩大到县区和省域实验，向下延伸到班级和课程实验；从每期历时三年的第一期实验和数据搜集

（2012～2014 年）、第二期实验和数据搜集（2015～2017 年），到第三期实验和系统化集成（2018～2021 年）；从江西省省域数据搜集，到部分专题扩大到全国范围的数据采集。团队专注于项目研究，一晃 10 年过去。而当年建立中国家校合作理论体系的"雄心壮志"也得以部分实现。相信这会给破解家校合作实践的瓶颈带来操作层面和深层理论的启示。

系列成果之一《家校合作的国际比较与学理研究》，其基本逻辑维度是现代性。家校合作共育在各国的称谓和专注点不尽一致，但近几十年来开始得到政策的持续关注却是有目共睹的，特别是 21 世纪以来，世界范围内家庭和学校的关系在政策层面得到越来越多的关注和重视，这绝不是偶然的事情。

首先，现代家庭的教育作用出现了快速增强的趋势。我们的研究表明，在现代经济社会背景下，在家庭与学校关系的历史演进中，在家庭自身的现代嬗变中，当代家庭和父母在儿童成长中的作用出现了全球性、历史性的强势回归。当代家校合作因此获得了崭新的时代意义。家庭和学校的相互关系及其相对作用不是恒定不变的，而是一个时间函数。当代家庭的作用，与经典意义上家庭的作用，已经不可同日而语了。家庭作用不再是传统意义上的"重要"，而是时代性的快速"增强"，是传统家庭教育作用的一种"私事化"的强势回归。这样一种态势，半个多世纪以前在一些先发国家开始显现，到 20 世纪 90 年代逐步成为一种全球性的趋势。家庭教育作用快速增强这一历史大势，是现代教育和现代家庭教育的最基本特征之一，必然深刻影响现代学校与家庭结构的改变，深刻影响现代学校和家庭的责任关系，引发政府和社会对家校合作共育的高度关注。

其次，学校的结构性缺陷在当代得到放大而凸显。近代学校系统作为一种社会制度的重大进步，也都带有一些或明或暗先天的缺陷。这些先天不足被经济社会文化的快速变迁系统放大，产生新的结构性问题，不断打破关于学校教育的种种神话。特别是 20 世纪 80 年代以来，当代学校的结构性问题暴露得更加明显，集中表现在学校作为"知识基础""地位基础""形式基础""目标实现基础""战略实施基础""价值基础"受到的结构性挑战。这些当

代学校的结构性问题，似乎都无法在现有学校制度框架内得到解决。在这样的背景下，人们把寻找解决学校结构性问题答案的目光转向了长期被忽视的家庭、社会生活资源，以及学校与家庭、社会的联系。对照现代学校以智育（系统学科知识）为主体的、给予的、集体的教育模式所带来的种种结构性问题，我们几乎是对称性地发现家庭教育是生活的、自我教育与给予相结合的、个别的模式。这预示着当代学校教育和家庭教育的互补作用和地位关系必然发生变化，预示着家校合作共育成为今后学校系统教育改革的基本走向之一。

既然现代家校合作的重要性提升是历史大势，那么如何有效开展家校合作就成为研究的核心问题。这远比我们一开始想象的复杂。我们首先从管理和治理的视角研究家校合作的计划、组织和实施等操作性实践模式问题，这个过程又是从爱普斯坦实践模型借鉴和模仿起步而逐步向班级、县区等管理层级延展的。但这不能深入到学校和家庭合作内在机制，家校合作和冲突的根本问题得不到解释和解决，所以我们又着手从社会学等视角剖析家庭和学校作用交叉重叠的具体领域，研究家校合作的社会机制。这个逻辑反过来就形成了理论研究（第二篇）、国际比较研究（第三篇）、本土实践的田野研究（第四篇）和线上学习期间的家校合作研究（第五篇）的家校合作共育知识框架。

除了第一篇绪论阐述了比较和实验、理论分层（基础理论、操作性理论和理论实践互动）的研究进路，《家校合作的国际比较与学理研究》其余四篇的各章基本是建立在独立研究的基础上，有独立发表的论文或者研究报告作为前期基础，这本书框架和主要发现与结论主要有以下几个方面。

（1）探讨了家校合作乃至家庭教育的基础理论问题，发现了家校合作的基本矛盾、动力机制，提出了家校"交叠影响域"的精确描述模型（第二篇）。研究指出，家校合作停留在操作性层面难以深入和制度化，必须对家校合作的深层理论问题进行追问。通过家校合作行动正反两方面的经验总结和家校关系的历史互动规律提炼，研究发现家校合作的内在动力和矛盾性，根植于现代社会发展中家庭教育作用的代际迅速增强和作为一种制度的不断弱化、学校教育效应出现相对降低趋势的同时作为教育制度却在不断强化，这

样一对"效用"和"制度"出现主体分离的家校悖论，这样一种矛盾性正是当代制度化家校合作的动力来源。家校合作是一个条件约束的变数，存在多种走向的可能。第二篇还研究了家校合作的一个重要领域——学校为家长赋能，以及相应的学校行动框架；将"交叠影响域理论"的"示意"模型转化为量化的精确"描述"模型，为家校合作行动提供了科学的操作性分析框架。

（2）建立了"政策、学校行动与研究支撑"的家校合作国际比较框架，对多国经验进行了进一步梳理（第三篇）。比较研究发现，学校在家庭教育、学校教育和社区教育"三教结合"中起主导作用，并且是家校合作多层组织与管理系统的基本单位；政策是学校发挥主导作用、引导家庭和家长参与的制度环境和组织动力，并往往成为大教育形成的制度性瓶颈；研究支撑提供了家校合作制度化的技术路径，家校合作是注重以研究为基础的教育实践领域。在此基础上，概括了世界范围内家校合作存在政策导向和社会参与混合型、家庭主导教师家长互动型、过渡转折型、学校家庭分离型4种类型状态，并梳理出一些对我国有启发意义的具体经验做法。

（3）建立了"3维度5层次"家校合作操作性理论，对先发国家的实践模型进行了本土化改造和创新（第二篇第四章，及第四篇的相应展开）。对家校合作的操作性理论进行了追踪研究，尤其是对爱普斯坦的操作性理论进行了消化、批判、扩展和中国化改造。研究提出了中国家校合作操作性理论的"3维度"是指行动过程模型，组织、管理和实施的层级，制度化阶段，任何家校合作活动主要都是由这三个维度特征所决定的；"5层次"是指班级、学校、县区、省域和国家，在行动的过程模型上具有相似性，学校层面的家校合作行动过程模型（爱普斯坦模型）是基本模型，同时不同的组织层面需要面对和解决家校合作行动过程中的特殊问题。本书尤其在班级家校合作微观行动模型上做了创造性拓展，发现家校合作融入学校日常教学和管理的过程和机制，传统的师—生互动，在一定的条件下，可以发展为师—生—学校—家长—家庭的良性互动结构，家庭和家长可以从环境性要素变为班级教学和管理的结构性要素，并对各方都有利。本篇对5个层次的家校行动模式都做了专题研究，概括了不同组织层次家校合作行动模型的特点，发现了不同组织

层次之间家校合作工作存在显著的联动性和依赖性。本书还对农村留守儿童家庭家校合作（第十一章）、线上学习期间的家校合作（第五篇）等做了专题研究，获得了新的理论发现，丰富了家校合作的操作性理论。

（4）将研究成果同步在省域范围做了系统的实验和应用，理论不断得到实践的滋养和检验（结尾章）。本项目的一大特点是在开展研究的同时，同步指导了江西省的省域家校合作工作。项目在采用"国际经验—本土改造—发展创新"的研究路径的同时，采用了"科研引领—行政推动—实践创新"的行动路径，在江西省家校合作政策支持、县区和学校试点指导等方面指导了江西省10年的家校合作工作，取得了较丰富的行动成果，涌现了一批全国先进典型，从正反两方面的经验和教训验证、修正和丰富了理论研究成果的判断和结论。

系列成果之二《从家校合作到教育良好生态：区县和学校经验》分4篇。从区域（省、区县）、学校、班级和个体层面，呈现家校合作的实践经验。第1篇在区域层面着重介绍了项目组开展实验的江西省，通过不断优化制度环境和组织协调，形成政府、学校、家庭和社会等各方面力量有组织地关心、支持教育发展的良好生态；第2篇在学校层面分别呈现幼儿园、小学、中学具有代表性的家校合作行动案例，他们是实验中涌现的鲜活本土化经验，这些典型案例为经验交流和推广普及打下了良好的基础；第3篇在班级层面呈现班主任们结合自身班级情况，创新性开展具有自身特色的家校合作行动；第4篇在个体层面，着重从面向个体的针对性指导，特别是留守儿童等特殊群体需求针对性地开展家校合作工作，体现了家校合作面向全体家长的理念，呈现所有家长都有机会和平台参与的、多层次、多主体的家校合作行动格局。

系列成果之三《家校合作调查：变量结构与数据报告》全书共13章，分为4个部分。其中第1部分呈现了家庭和家长、学生、学校和教师样本的基本情况；第2部分介绍了大规模线上学习前的家校合作基本情况，以家校合作的6种类型（当好家长、相互交流、志愿服务、在家学习、参与决策、与社区合作），分别与家庭、学生、学校和教师的基本变量做了交互分析，以探讨家庭、学生、学校和教师对家校合作的影响；第 3 部分呈现大规模线上学习期间家校合作的现状与特征，从线上学习期间家校合作的内容、行为两个层面，分别与家庭、学生、学校和教师的基本变量做了交互分析，进而探讨线上学习期间家校合作的影响因素；第 4 部分分别分析了家校合作对家长家庭教育、儿童成长、学校和教师发展的作用，进而给出了开展家校合作可以带来多方受益的科学证据。

《家校合作的国际比较与学理研究》《从家校合作到教育良好生态：区县和学校经验》《家校合作调查：变量结构与数据报告》三本书的出版是在国家社科基金教育学重点项目的资助下完成的（"家校合作的国际经验与本土化实践研究"，AHA180014），系列研究的前期工作得到了国家社科基金教育学一般项目的资助（"制度化家校合作与儿童成长的相关性研究"，BHA140091），其间还得到了中央级公益性科研院所基本科研业务费专项资金重大项目的资助（"基于抗疫背景的中小学家校共育改革研究"，GYA2020001），以及"十四五"江西省一流学科建设经费出版资助。这套书的出版过程得到社会科学文献出版社的大力支持，尤其是责任编辑郭峰对书稿严谨、专业、细致的审阅，使本书的质量得以保证和提升，在此一并表示衷心的感谢！

2023 年 11 月

目 录

第一篇　省域层面家校合作制度机制
——以江西省为例

第二篇　学校层面家校合作行动机制

第八章　高中行动经验

第三篇　班级层面家校合作行动机制

第九章　班级行动经验

第四篇　家校合作的针对性指导经验

前　言

　　我们对家校社合作的理论探索，来自对江西省十年共三个实验期省级规模的家校社合作专项实验。这项实验先后有 14 个区县整体参加，另有 400 多所学校单独参加。正是在三期的实验过程中，我们切身体验了从班级、学校到区县、省域开展制度化家校社合作的全部工作历程，不但取得了系统理论提炼的重要学术成果（见本套书的第一本著作），而且也在经验的层面留下了较为丰富的鲜活资料。这些经验资料我们分别在 2013、2018 两次结集出版，现在这本是以第三期实验经验为主、同时是十年实验全面回顾性质的再次结集出版。

　　在分期推进的制度化家校社合作工作中，试点单位的办学面貌发生了可喜的变化。比如，在试点县弋阳县，一些家长卖掉麻将桌买回书桌，把麻将房改为书房，家长不再沉迷麻将，而是经常陪孩子阅读、辅导学习。又如，安远县在学校筹建设计中出现了许多群众低价或无偿出让土地，甚至主动拆迁祖坟、祠堂的现象。原来村民爱比哪家祠堂建得好，现今却比起了哪个村更重视教育。这些影响家风、改变民风的生动缩影，就是家校社合作与教育生态改善的体现。通过家校社合作，家长改掉了陋习，从而改善了家庭生活，建立和谐家校关系和邻里关系，激发了群众对教育的支持热情，形成重教助教的良好氛围。所以，家校社合作作为一种教育方式，突破课堂 45 分钟的时间限制和学校围墙的空间区隔，促进家庭教育、学校教学和学生成长；作为一种教育生态，是凝聚社会各方支持力量、推进教育改革与发展的战略抓手甚至突破口；作为一种社会治理下的合作环境，对于家庭和家风建设、社会治理和精神文明建设等，都具有基础性作用。事实上，根据江西的调查，教育人口（学生、家长、教师等）约占全社会人口的90%。教育生态的本质是家校社人口生态，所以，改善家校社关系就是营造和改善教育生态，推进家校社合作就是建设广义现代教育制度的应有之义。系统理论研究工作重要，经验提炼与呈现同样不可或缺。

一　实验目标定位：科研、行政和实践的制度化推进

江西教育系统的家长教育工作，最早可追溯到20世纪90年代的江西省家长函授学校，其也发布了一些关于家庭教育方面的政策文件，但家庭教育工作仍主要停留在传统的、以集体活动为主的层面：全校性家长会、大型家庭教育讲座、运动式家访等。随着家庭和社会对立德树人的影响越来越突出，2012年，江西决定启动省级教育体制改革试点，探索建立家校社共同育人的新型合作伙伴关系。

在改革的定位上，项目设计者明确了项目由省域层面制度化推进，是一个创造和扩散新经验的实践过程。这个实践过程，一是需要科学研究来引导，需要科研的力量；二是推动中小学幼儿园的改革实践需要行政的推动力；三是要以实验为基础，在有代表性的学校中反馈效果和积累经验，为省域政策制度配套提供依据。

基于这些认识，江西省教科所和江西省教育厅基教处共同承担主要职责，以江西省教育厅发文和授牌，在全省分阶段遴选家校社合作试点学校和区县，这些试点单位涵盖了从农村到城市、从幼儿园到高中、从重点学校到薄弱学校、从城市新区学校到老牌名优学校的代表，形成科研引领、行政推动和实验创新三个层面同步推进的改革格局。

二　渐进分批试点：系统分期开展家校社合作实验

改革探索启动至今，大体经历了2012~2014年的以学校为主体的初步

探索，2015~2017 年的区域与学校同步推进，2018~2021 年的更大范围的试点、示范建设和全省普及推广三个试验周期。

1. 第一周期试验（2012~2014 年）：以学校为主体的初步探索

这一阶段，主要是以学校为主体开展小范围试点，有 69 所学校参加，实践和评估国际经验并进行本土化改造，为更大范围的实验和全省性政策出台做准备。主要工作包括以下几个方面：

一是国际经验借鉴。在广泛考察世界前沿理论和经验的基础上，我们决定引入"全美家校合作伙伴学校联盟"（NNPS）的行动框架并进行本土化改造。由此，我们组织专家将他们的核心成果《学校、家庭和社区合作伙伴：行动手册》（第三版）翻译并出版。这一框架由美国霍普金斯大学爱普斯坦教授及团队主导，他们提出了以儿童成长为核心的"交叠影响域"理论，构建了以六种类型为基础的实践框架，具有很强的权威性，是集合科学研究、经验总结的实务工作大全。在美国，有 1000 多所学校加入联盟，实践模式还扩展到了新加坡，中国台湾、香港等地，实践效果突出。

二是明确行动起点。本土化实践，首先是要明确行动起点。为此，课题组开展了首轮家校合作大样本调查，形成了省级层面的科研数据库，实现对家校社合作的动态跟踪和面向学校的个性化诊断报告。同时《家长参与的力量》等专题论文和《家庭背景与家长参与关系的实践研究》等专著也陆续发表和出版，这明确了江西省家校社合作的历史基础和行动起点，为后续实践改进和政策出台提供了科学依据。

三是实践框架落地。为了帮助学校克服困难，按照统一框架规范地开展试点工作，课题组派出专家反复到试点单位开展驻校调研与实践指导。每到一个试点校，专家们都会按照访谈、观摩、培训、辅导计划制定等 12 项标准程序，为学校提供实践框架和组织建设—行动计划—活动方案—具体活动的经验样本，引导学校在规定动作基础上，创新自选动作。在这些学校中，普遍建立和完善了家长委员会，巩固了以学校为主阵地的家长教育工作，家校社合作跨越传统的、零散的经验范畴，迈入有组织、有目标、有计划的制度化轨道。

试点学校的规范实践也为我们跟踪研究、政策制定和评估提供了效果反馈。这一阶段，在科研方面的主要成果，"家校合作丛书"面向试点学校的国际经验引介《国际视野与本土行动：家校合作的经验和行动指南》、工作案例集锦《在路上：江西省家校合作试点学校工作案例选编》分别出版。

在政策出台方面，课题组根据《教育部关于建立中小学幼儿园家长委员会的指导意见》，制定了《江西省中小学幼儿园家长委员会设置与管理办法》（赣教基字〔2012〕52号），并对家委会运作规程、专业工作组创建、合作活动进行了制度上的创新设计。"家校社合作"还被写入江西省委省政府《关于深化教育领域综合改革若干问题的意见》（赣发〔2014〕15号），并成为其中的一个亮点。

2. 第二周期试验（2015～2017年）：区域与学校同步推进

第一周期试验的成果积累，增添了我们深入改革探索的信心。在第二试验周期，我们的试验扩大到区域（县、区）层面，有107所学校和2个县参加，探索家校社合作如何有效走向制度化及对区域教育发展的促进效果，为省域政策出台提供支撑。这一阶段的主要做法如下：

一是培育"种子"力量。克服生搬硬套，使家校社合作自然发展，其中一个前提性必要条件，是需要以专业性知识为基础。我们将家校社合作培训纳入"省培计划"，每年2期，按照初级培训和高级培训两种方案，对试点单位教育局分管领导、校长和教师展开培训；同时依托江西省家庭教育讲师团开展家庭教育公益巡讲。培训以组织计划和实务操作为目标，突出互动环节，不断增添鲜活的试点学校工作案例（每个试验周期的典型案例汇编出版），交流、讨论和总结经验教训。很多参加培训的学员反映，培训的收获"大大超出了我们的预期"。参训教师已达6000人次，送培到县、校超过1万人次，参训教师形成网络状工作站，发挥普及家校合作和家庭教育知识与实务操作的功能，形成向全省普及推广的人才和技术支撑。

二是推进跨界行动。家校社合作属于跨界行动，超越传统意义上的家庭与学校职责分工。我们发现，在学校主导或依赖校长意志情况下，仅依靠家长自治组织（如家长委员会）难以有效完成职责。在学校的隐形控制下，家长常常被学校当作支持工作的资源，而家长需求很难被满足。因此，我们翻译并出版了美国社会学名著《家庭优势：社会阶层与家长参与》，从家庭视角描述家长如何看待和参与家校合作，作为学校视角《学校、家庭和社区合作伙伴：行动手册》的补充，指导学校开展面向家庭和个性化需求的家校合作活动。在组织建设上，我们还指导学校建立包含学校、家庭和社区代表的家校社合作委员会，三方代表围绕学校中心工作、家长志愿服务、家长教育、社区（村）资源利用、校园周边环境整治等问题进行研究并共同决策，达成一致后分别按各自职责予以落实。根据家长的专长和资源优势，成立专门工作小组，来协助完成面向儿童成长和学校发展目标，如家庭教育宣传、提升儿童阅读能力、弱势家庭帮扶等。

三是生成本土经验。不同学校所处的社会环境各不相同，如何有效启动并提升家校社合作，通过什么途径形成儿童成长的合力，原来的工作方案中难免有纰漏，甚至出现"水土不服"的现象。因此，我们特别注重本土化经验的生成，例如九江市双峰小学在家长成分差异巨大的情况下利用家长资源和培训家长的做法；弋阳县在学校和社会舆论紧张对立的环境下，开展"校风影响家风带动民风"的实践等。这些鲜活的本土经验，已经逐步融入全省家校社合作工作模式中，对本土化起到了很好的作用。我们整合这些本土经验，出版了像产品说明书一样的操作性手册《家校合作：理论、经验与行动》，以推动更多学校分享和优化经验。目前，江西家校社合作实践框架包含的科学理念已经植入试点单位，而且通过它们的贡献，我们进行本土化改造的方向越来越清晰，为全省性推广普及打下了良好的基础。

在试验的第二周期，面向客观问题的科学研究取得了较大突破，形成了参与的力量—参与的阻碍—制度化形成过程的逻辑解释，系统回答和解决了一批实践中亟待解决的理论和操作问题，为实践和政策制定提供了学理支撑；"家校合作丛书"不断完善，根据第二轮大样本追踪调查（24万个样本）结果编写的专著《制度化家校合作与儿童成长的相关性研究》《合作的力量——家校合作调查报告》和本土经验汇编《共建大教育格局——制度化家校合作案例汇编》（上下册）也陆续出版，理论影响不断扩大，形成成体系的区域和学校实践指导。当前试点单位形成"家校社合作不以活动为目的""家校社合作不是另起炉灶，而要结合学校发展和儿童成长的目标"等一系列共识，无一不是建立在大量的规范实证研究基础上。

在政策层面，江西省密集出台了有关家校社合作、家庭教育、政府考评等20余个文件，制度化家校社合作的政策环境不断完善。家校社合作在江西省委省政府《关于深化教育体制机制改革的意见》（赣办发〔2018〕9号）中持续体现；根据教育部《关于加强家庭教育工作的指导意见》出台的江西省《关于贯彻落实〈教育部关于加强家庭教育工作的指导意见〉的实施意见》（赣教基字〔2016〕3号），在家校合作组织、工作机制和教育行政部门责任保障等层面融合了本土改革探索的经验和系统研究成果。

3. 第三周期试验（2018~2022年）：更大范围的试点、示范建设和全省普及推广

第三试验周期的试点范围再次扩大，达到14个县和252所学校，进入示范建设和全省普及的省级制度设计和推广阶段。这一阶段的主要任务，不只是以家校社合作促进儿童成长、提高家长和学校教育水平，而是侧重探索以家校社合作为资源和手段，服务于教育生态建设和社会治理改善的战略。当前阶段，主要做法如下。

一是宏观教育战略定位。2018年，家校社合作工作被提升到促推教育改革和发展，营造"党以重教为先、政以兴教为本、民以助教为荣、师以从教为乐"教育良好生态的战略高度，成为"奋进之笔"重大攻关项目，开展了以委厅领导牵头的大调研，召开了全省经验交流现场会和工作推进会，强调在教育工作全局上充分发挥家校社合作凝聚民心、整合资源的战略作用，在事关民生的教育改革问题上，在城乡义务教育均衡、留守儿童关爱、校外培训机构治理、校风学风建设等教育热点难点问题上，以家校社合作工作为手段和资源，形成有利的社会舆论环境。我们正在推动将"家校社合作营造教育良好生态"纳入即将出台的《关于推进教育强省建设的意见》和《教育现代化中长期规划（2020~2035）》，以进一步完善校内校外相协调的现代学校制度安排，将家庭教育和学校教育进行制度性整合，纳入

教育整体发展规划，纳入教育行政基本职能，纳入政府教育经费预算。

二是政府责任考核评估。纳入区域政府和教育行政部门工作评估体系。宏观层面以家校社合作营造教育良好生态，不能由学校或教育系统单独完成。为此，我们将责任提升到县级政府层面，由政府统筹镇、乡等下级政府和关工委、妇联、社区等社会组织，由此形成省"抓"县、县"抓"下级政府和各部门，教育部门起牵头作用、学校发挥能动性的责任传导机制。比如，在《县域义务教育优质均衡发展评估》（赣教督委字〔2018〕6号）的指标体系中，家校社合作占9分（总共100分），要求县级党委和政府协调和支持家校社合作，建立政-家-校-社工作联席制度及家校协调的学校教学和管理机制，优化县域办学环境、家庭环境和育人环境，努力形成家校社目标一致、资源共享的大育人格局。

三是促进教师专业发展。我们过去评价教师专业发展，主要评价教育学和心理学知识、学科专业知识和技能掌握情况，现在需要拓展到教师的沟通与合作能力上，家校社合作是校（园）长和教师本职工作的应有之义。与学生家长保持良好互动合作关系的教师，能通过家校社合作获得独特的教育资源，提升教学技能，促进教学反思，更可能成为优秀教师、教学能手，他们的教育理念、教学方法、管理办法更容易获得家长的理解和支持。当前，我们正在研究将家校社合作纳入教师专业发展和校（园）长专业标准制定。计划以职称评定为突破口，结合职称制度改革相关要求，在全省各级中小学教师职称评审中，将家校社合作工作业绩纳入职称评价范围，将掌握家校社合作和家庭教育专业知识，将围绕儿童成长开展学校与家庭、教师与家长的互动沟通取得的工作业绩，与在教学方面取得的工作业绩同等对待，作为职称评审的有效业绩。在江西省中小学、幼儿园教师专业标准，校（园）长专业标准中，优化相关评价体系，构建可操作指标，加大家校社合作工作的考评比重。

四是示范带动全面普及。在试点工作基础上，开展示范县、校建设和培育工作，综合8年行政和科研工作成果，以及试点县、校系统经验，出台《制度化家校合作工作县、校示范标准》。在该《标准》中，提供了县（市、区）和学校两级家校合作实践框架，分别制定了工作标准，并明确以示范带动全面，支持和鼓励一批家校社合作工作基础较好的县（市、区）和各级各类学校，开展家校合作示范县和示范校创建工作，要在全省形成一批理念先进、特色鲜明、持续规范、具有新型家校社关系、在全国有影响力的家校合作示范县（校），同时在全省普及开展制度化家校合作工作，县（市、区）和学校要把制度化家校合作工作纳入对学校和部门的考核评价，并积极应用考核评价结果促进民风和社会风气的改变，形成学校、家庭和社区的良性互动。

三　家校社合作"江西模式"：五位一体育人格局

以上三个阶段，展示了家校社合作的改革探索由浅入深，经验政策以点带面，责任资源合纵连横的探索过程。特别是自2015年加速深化、2018年全面推广以来呈现立意较高、机制较好、动力较足、路径优的良好局面，初步形成了政府主导、学校主体、家庭尽责、社会参与、专业支撑的"五位一体"育人格局，得到了国内同行和专家的高度关注与肯定，被称为家校社合作的"江西模式"。

在上述五个行动主体中，学校主体——搭建协同育人平台，家庭尽责——优化协同育人环境，社会参与——营造协同育人氛围，这三个方面的工作，很多地方和学校都在开展，甚至有类似的提法。我们认为，"江西模式"有重要意义且成效显著。

一是学校主体中，我们除搭建多方协同平台（如家校社合作委员会）、巩固学校主阵地外，还特别要求"一把手"重视。实践证明，校长重视家校社合作工作特别重要。我们强调校长主动重视，在"省培"计划中特别要求各学校校长参训，引导校长重视家校社合作作为学校管理和教育教学工作中枢的作用，将家校社合作培育成为学校的微观管理和教育教学工作的建设性支持力量，将家校社合作工作渗透教育教学管理日常细节。在合作活动中，强调功能均衡。指导学校开展均衡的家校社合作活动，在统一的行动框架内，既要重视组织家长志愿者、家长会等校内活动，又要面向学生和家庭诉求，积极走出校门，帮助家长提高教育子女的意识和能力，以校风影响家风建设，为困境家庭和儿童提供个性化的指导和支持。

二是政府主导上，家校社合作是战略而非战术，是改善教育生态环境甚至社会公共治理的突破口。在顶层制度设计上，基于科研成果和实践经验，不断完善政策制度环境，让政府、学校、家庭和社会等各方面力量形成关心、支持教育发展的良好生态，形成省—县—校的责任压力传导机制。在行政统筹协调上，强调政府要协调学校、家庭和社区利益和诉求。家校社合作事关政府社会治理全局，同时又是不同利益群体间的合作，存在利益、立场和行为差异，单靠学校难以协调各方立场与利益。行政部门具有更加开阔的视野和更加多样的资源，可以超越学校自身局部利益的限制。如此一来，既巩固了过去学校、班级和个体层面的家校社合作，又超越和拓展了这些微观层面，推动了跨学区、跨社区的参与，在一定程度上克服了单个学校开展家校社合作工作稳定性不强和方向性偏差等问题。

三是专业支撑上，形成科研、行政与实践的良性互动。家校社合作需要面向现实问题的理论研究和指导。我们通过创新和消化吸收，产生了家校社合作"6 种实践类型"、交叠影响域、ATP（家校合作行动组）、专业工作组、以校风影响家风改变民风等理论成果和实践经验。同时科研成果反哺实践，通过系统专业培训、持续驻校指导等，不断拓展广度和深度，家校社合作走上了良性发展轨道。同时，教育研究也服务和深度介入政策的制定。在项目的定位上，设计了省教科所和省教育厅基础处"双引擎"推动，联合发布了家校合作、家长委员会、家庭教育等 40 多个省级文件。在这些省级政府文件中，聚合了研究的学理逻辑与行政的科层逻辑的各自优势，使政策呈现逻辑的美和创新的光芒。可以说，江西省有关家校社合作和家庭教育的政策制定，已经形成了"以研究为基础"的路径依赖，也为教育甚至社会领域以科研引领、专业支撑、研用互动提供了一个良好的样板。

以上内容是对江西家校社合作改革历程和经验做法的大体介绍，详细内容在后文还会涉及。下一步，江西省还将认真学习兄弟省市、学校的先进经验，继续深入推进家校社营造教育良好生态的改革探索，在政策制定、纳入县级政府规划、经验推广普及、示范县校建设以及专业研究支撑等方面开展更加有针对性的工作。

尽管江西是较早启动家校社合作改革探索的省份，积累了系统的经验和成果，但仍存在较大的改进空间。作为正在进行的改革探索，"五位一体"育人格局具有中间过渡性质以及动态不稳定性，全社会理解和支持教育的生态环境还没有完全形成，家校社合作任重而道远。教育部把家庭教育、家校协同列为重点攻关计划，提出要将家庭教育列入重要工作议程和公共教育体系，开发指导手册，构建部门协同工作机制，争取专门经费支持等，这也为各地家校合作和家庭教育工作提出了新要求、新任务。

同时，江西作为中部省份，又是革命老区，社会经济对教育的支持力度相对较弱，城乡教育均衡发展、教师队伍建设、家长素养、留守或流动儿童等需要解决的重点难点问题，可能在全国都有一定的代表性。

第一篇

省域层面家校合作制度机制

——以江西省为例

通过不断优化制度环境和组织协调，江西省让政府、学校、家庭和社会等各方面力量有组织地形成关心、支持教育发展的生态环境。出台了 20 多个关于家校社合作、家庭教育、政府考评的政策文件，初步构建省级家校合作的政策制度环境。

　　本篇介绍了省域层面、县（区）域层面相关家校社合作的文件政策。"强化家校社协同育人"纳入《江西省"十四五"教育事业发展规划》，并成为教育发展重点工程之一；家校社合作写入了省委省政府《关于深化教育体制机制改革的意见》；在《江西省加快推进教育现代化建设教育强省实施纲要 2035》提道：全面提升"家校社"合作水平，不断完善"家校社"合作模式。根据教育部《关于加强家庭教育工作的指导意见》出台的我省《关于贯彻落实〈教育部关于加强家庭教育工作的指导意见〉的实施意见》（赣教基字〔2016〕3 号）。江西省是首个将"家校合作促进教育生态建设"纳入"义务教育督导评估"的省份，也成为评估指标的亮点之一。这些政策法规推动学校提升家庭教育指导能力营造了良好的政策环境。家校合作试点县相继出台县域层面家校合作改革试点实施方案，进一步完善家庭、学校、社会"三位一体"的大教育格局。

　　经过十几年的试点探究，江西省已在科研、行政和学校实践创新三个层面积累了一定的经验，创造了家校合作的江西模式。

第一章

省域综合政策纳入

《江西省"十四五"教育事业发展规划》

本研究成果被纳入《江西省"十四五"教育事业发展规划》（赣府发〔2022〕10号），具体呈现如下。

5. 强化家校社协同育人。

密切家校合作，完善家长学校、家长委员会功能，持续开展"万师访万家"活动，做实学情分析会、家长开放日、校长接待日、家长志愿者等活动，鼓励家长参与学校管理，融洽家校关系。深化校社合作，建立各级党政机关、社会团体、企事业单位及街道、社区、镇村参与支持学校管理和育人工作的有效机制，推动图书馆、博物馆、科技馆、纪念馆、运动场、少年宫、儿童活动中心等公益设施免费向学生开放；支持青少年校外活动中心开展公益性活动，鼓励英雄模范人物、名师大家进校园上讲台；支持有条件的学校教育资源向社会开放，丰富校外教育内容和形式，强化校外教育与学校教育、家庭教育的有机衔接。推进家社协作，加强家庭教育，推动《中华人民共和国家庭教育促进法》落地实施，加强家庭家教家风建设，完善家庭教育指导内容，建设家庭教育指导教师队伍，加大对家长的教育指导服务，引导家长树立科学的教育观，做好孩子的第一任教师；统筹协调社会资源支持服务家庭教育，健全学校家庭社会协同育人机制，加大网络不良信息治理，净化学生成长环境，促进全社会担负起青少年成长成才的责任。

《江西省加快推进教育现代化建设教育强省实施纲要（2035）》

本研究成果被纳入《江西省加快推进教育现代化建设教育强省实施纲要（2035）》（赣发〔2020〕6号文）文件中，具体呈现如下。

4. 推动社会参与教育治理常态化。完善家庭、社会参与教育决策机制，健全社会公众参与教育的平台和渠道，构建教育治理共同体。全面提升"家校社"合作水平，不断完善"家校社"合作模式。

《加快推进全省教育现代化实施方案（2018~2022年）》

本研究结论被纳入《加快推进全省教育现代化实施方案（2018~2022年）》（赣办发〔2019〕9号）文件中，具体呈现如下。

完善学校教育、家庭教育、社会教育有机结合的协同育人机制，打造家校社合作升级版。

《关于推进教育强省建设的意见》

在研究成果纳入《关于推进教育强省建设的意见》，具体表述如下。

构建政府主导、学校主体、家庭尽责、社会参与、专业支撑的"五位一体"育人新格局。全面提升"家校社"合作水平,打造"家校社"合作江西模式。

《江西省家庭教育促进条例》

《江西省家庭教育促进条例》(简称《条例》)于 2018 年 10 月由省第十三届人大常委会第六次会议审议通过,当年 12 月 1 日正式实施。该《条例》由省妇联主持起草,课题组成员作为主要参与人参与起草过程,省教育厅、省民政厅等单位参与,本研究成果被系统应用于《条例》中。

第三十一条 学前教育、初等教育和中等教育学校应当建立家长学校,并通过家长会、家访、家长开放日、家长接待日等形式,定期组织家长交流家庭教育信息、提供家庭教育指导服务、开展家庭教育实践活动。

第三十二条 学前教育、初等教育和中等教育学校应当建立家长委员会,推进家校合作,沟通、协调学校教育与家庭教育。

《条例》为江西省家庭教育工作提供了法律保障,填补了江西省家庭教育法律法规空白。据悉,江西省也是推出家庭教育法规的第 4 个省份。

《江西省县域义务教育优质均衡发展督导评估实施意见(试行)》

本研究成果纳入《江西省县域义务教育优质均衡发展督导评估实施意见(试行)》(赣教督委字〔2018〕6 号),具体呈现如下。

（1）在"指标体系"中，设立"教育生态建设"评估内容；

（2）下设"建立家校社工作联席制度及家校协调的学校教学和管理机制"等5项评估要点；

（3）该评估内容设置为B类指标，共9分（总分100分）。

江西省是国内首个将"家校合作促进教育生态建设"纳入义务教育督导评估的省份，也成为评估指标的亮点之一。《江西省县域义务教育优质均衡发展督导评估指标体系（试行）》的内容如下。

江西省县域义务教育优质均衡发展督导评估指标体系（试行）

指标类别	评估内容	评估要点	指标性质
资源配置	1. 教师高于规定学历人数	1. 所有小学每百名学生拥有大专及以上学历教师4.2人以上； 2. 所有初中每百名学生拥有本科以上学历教师5.3人以上； 3. 该值差异系数小学均小于或等于0.50,初中均小于或等于0.45。	A
	2. 县级以上骨干教师数	1. 所有小学每百名学生拥有县级以上骨干教师1人以上； 2. 所有初中每百名学生拥有县级以上骨干教师1人以上； 3. 该值差异系数小学均小于或等于0.50,初中均小于或等于0.45。	A
	3. 体育、艺术（美术、音乐）专任教师数	1. 所有小学每百名学生拥有体育、艺术（美术、音乐）专任教师0.9人以上； 2. 所有初中每百名学生拥有体育、艺术（美术、音乐）专任教师0.9人以上； 3. 该值差异系数小学均小于或等于0.50,初中均小于或等于0.45。	A
	4. 生均教学及辅助用房面积	1. 所有小学生均教学及辅助用房面积达到4.5平方米以上； 2. 所有初中生均教学及辅助用房面积达到5.8平方米以上； 3. 该值差异系数小学均小于或等于0.50,初中均小于或等于0.45。	A

续表

指标类别	评估内容	评估要点	指标性质
资源配置	5. 生均体育运动场馆面积	1. 所有小学生均体育运动场馆面积达到 7.5 平方米以上； 2. 所有初中生均体育运动场馆面积达到 10.2 平方米以上； 3. 该值差异系数小学均小于或等于 0.50，初中均小于或等于 0.45。	A
	6. 生均教学仪器设备值	1. 所有小学生均教学仪器设备值达到 2000 元以上； 2. 所有初中生均教学仪器设备值达到 2500 元以上； 3. 该值差异系数小学均小于或等于 0.50，初中均小于或等于 0.45。	A
	7. 网络多媒体教室数	1. 所有小学每百名学生拥有网络多媒体教室达到 2.3 间以上； 2. 所有初中每百名学生拥有网络多媒体教室达到 2.4 间以上； 3. 该值差异系数小学均小于或等于 0.50，初中均小于或等于 0.45。	A
政府保障程度	8. 保障教育优先发展	1. 一般公共预算教育支出逐年只增不减，按在校学生人数平均的一般公共预算教育支出逐年只增不减（5 分）； 2. 城乡教育一体化发展规划措施完善，实行教育用地联审联批制度；人员编制、建设经费等得到优先保障（5 分）。	B （10 分）
	9. 学校规划布局合理	1. 把义务教育网点布局纳入城镇建设总体规划（3 分）； 2. 规划建设一万人以上居民住宅区有配置小学，规划建设三万人以上居民住宅区有配置初中（3 分）； 3. 原则上每个乡镇应设有初中，人口相对集中的自然村都设置村小学或教学点。农村小学 1 至 3 年级学生原则上不寄宿，就近走读上学，原则上农村小学、初中分别按服务半径 2.5 公里和 3 公里，科学合理设置寄宿学校和教学点（3 分）。	B （9 分）
	10. 推进城乡义务教育学校"四统一"标准	1. 按照《江西省普通小学、初级中学、高级中学基本办学条件标准（试行）》推进县域内义务教育学校标准化建设； 2. 城乡小学教职工编制标准统一为师生比 1∶19，初中统一为 1∶13.5； 3. 城乡小学、初中生均公用经费基准定额不低于省定标准，并逐年提高； 4. 城乡小学、初中基本装备分别按照《江西省普通小学、初级中学、高级中学基本办学条件标准（试行）》要求进行统一配置。	A

续表

指标类别	评估内容	评估要点	指标性质
政府保障程度	11. 小学、初中音乐、美术专用教室配备	1. 小学每 12 个班级配备音乐、美术室 1 间以上，每间音乐专用教室面积不小于 96 平方米，每间美术专用教室面积不小于 90 平方米； 2. 初中每 12 个班级配备音乐、美术室 1 间以上，每间音乐专用教室面积不小于 96 平方米，每间美术专用教室面积不小于 90 平方米。	A
	12. 小学、初中校额	所有小学、初中规模不超过 2000 人，九年一贯制学校、十二年一贯制学校义务教育阶段规模不超过 2500 人；其中 2018 年 9 月前已建成的小学、初中以及九年一贯制学校、十二年一贯制学校义务教育规模如超过上述标准，应逐步降低校额并严格控制在上述标准的 120% 以内。	A
	13. 小学、初中班额	1. 小学班级学生数不超过 45 人； 2. 初中班级学生数不超过 50 人。	A
	14. 村小学和教学点生均公用经费	1. 不足 100 名学生村小学按 100 名学生核定公用经费； 2. 不足 100 名学生教学点按 100 名学生核定公用经费。	A
	15. 特殊教育学校生均公用经费标准	特殊教育学校生均公用经费不低于 6000 元，并逐年提高。	A
	16. 落实教师待遇	1. 完善教师医疗、养老等社会保障制度，教师养老保险、医疗保险、住房公积金以及农村中小学教师特殊津贴、集中连片特困地区乡村教师生活补助、乡镇工作补贴、特殊教育津贴等纳入财政预算并及时足额落实； 2. 全县义务教育学校教师平均工资收入水平不低于当地公务员平均工资收入水平； 3. 按规定足额核定教师绩效工资总量。	A
	17. 加强教师培训	教师 5 年 360 学时培训完成率达到 100%。	A
	18. 完善教职工编制	1. 编制和教育部门每年及时对教职工编制数进行动态调整； 2. 教育行政部门在核定的教职工编制总额内，统筹分配各校教职工编制数量，并按规定相应调整各校的岗位总量和结构比例。	A
	19. 开展教师交流轮岗	1. 全县每年交流轮岗教师的比例不低于符合交流条件教师总数的 10%； 2. 县级以上骨干教师不低于交流轮岗教师总数的 20%。	A

续表

指标类别	评估内容	评估要点	指标性质
政府保障程度	20. 专任教师持证上岗	专任教师持有教师资格证上岗率达到100%。	A
	21. 公办小学、初中就近划片入学	1. 城区和镇区公办小学(不含寄宿制学校)就近划片入学比例分别达到100%。 2. 城区和镇区公办初中(不含寄宿制学校)就近划片入学比例分别达到95%以上。	A
	22. 优质高中招生名额分配	优质高中招生名额分配比例不低于50%,并向农村初中倾斜。	A
	23. 关爱留守儿童	1. 落实属地管理责任,建立家庭、政府、学校尽职尽责,社会力量积极参与的农村留守儿童关爱保护工作体系(3分); 2. 留守儿童管理台账清楚明确(2分); 3. 关爱制度落实,关爱活动经常开展(3分)。	B (8分)
	24. 随迁子女就读	全县符合条件的随迁子女在公办学校和政府购买服务的民办学校就读的比例不低于85%。	A
	25. 精准教育扶贫	1. 落实学校校长和乡镇属地教育扶贫政策双负责制; 2. 及时足额发放农村建档立卡寄宿生生活补助; 3. 营养改善计划试点县全覆盖,推广"兴国模式"。	A
教育质量	26. 初中三年巩固率	控辍保学措施落实,成效显著,初中三年巩固率达到95%以上。	A
	27. 残疾儿童少年入学率	残疾儿童少年入学率达到95%以上。	A
	28. 校长依法治校	1. 所有学校制定章程(3分); 2. 所有学校以章程为纲领完善各项管理制度,形成健全、规范、统一的制度体系,不断完善学校治理结构(3分); 3. 师德师风考评体系健全,教师从教行为规范(3分)。	B (9分)
	29. 保障教师培训经费	1. 教师培训经费列入财政预算,并不低于学校年度公用经费预算总额的5%; 2. 建立教师培训组织协调管理机构,制定年度实施计划。	A
	30. 开齐开足课程	1. 教学秩序规范,按国家课程计划开齐开足课程,课时总量符合课程计划要求(2分); 2. 所有义务教育学校(含教学点)均能按照《中小学综合实践活动课程指导纲要》要求,组织学生开展综合实践活动,小学1~2年级,平均每周不少于1课时,小学3~6年级和初中,平均每周不少于2课时,成效明显(3分)。	B (5分)

指标类别	评估内容	评估要点	指标性质
教育质量	31. 减轻课业负担	1. 建立义务教育学校学生减负机制（2分）； 2. 小学一、二、三年级不留书面家庭作业，小学其他年级书面家庭作业控制在60分钟以内（2分）； 3. 初中各年级书面家庭作业不超过90分钟（2分）； 4. "一科一辅"，无违规推荐、选用教辅材料的现象（2分）； 5. 严格教学进度和考试次数管理（2分）；	B （10分）
	32. 开展国家义务教育质量监测	1. 近3年参加过国家义务教育质量监测，相关科目学业水平达到Ⅲ级以上，在国家义务教育质量监测中校际差异率低于0.15； 2. 建立质量监测工作机制，切实提高区域教育质量。	A
内涵发展	33. 加强学校德育工作	1. 落实立德树人根本任务，把德育工作摆在首位，领导机制健全（2分）； 2. 科学定位德育目标，深入开展理想信念、社会主义核心价值观、中华优秀传统文化、生态文明等教育，引导学生准确理解和把握社会主义核心价值观的深刻内涵和实践要求（2分）； 3. 坚持德育与智育、体育、美育等有机融合，丰富德育载体，拓宽德育渠道，开展丰富的德育活动，提高德育成效（2分）； 4. 紧密结合学生心理发展实际开展心理健康教育，心理健康室功能齐全（2分）； 5. 建立学生综合素质评价机制，评价工作落实扎实，学生品德培养和习惯养成成效明显（2分）。	B （10分）
	34. 校园文化建设	1. 坚持开展文明校园或美丽校园创建活动（5分）； 2. 学校内涵建设丰富，结合当地历史、人文、自然等资源开发校本课程，并定期开展活动（5分）。	B （10分）
	35. 教育生态建设	1. 营造全社会重视和关心教育改革和发展的良好氛围（2分）； 2. 建立家校社工作联席制度及家校协调的学校教学和管理机制（2分）； 3. 优化办学环境、家庭环境和育人环境，形成家校社目标一致、资源共享的大育人格局，学校教育和家庭教育有效衔接，实现家校有效沟通（1.5分）； 4. 家长自愿积极参与学校教育工作，正面客观评价学校工作（2分）； 5. 普及科学家庭教育观念、知识和方法，引导家长与子女共同成长（1.5分）。	B （9分）

续表

指标类别	评估内容	评估要点	指标性质
教育信息化建设	36. 学校管理、教学与教研信息化	1. 各级各类学校基本具备网络条件下的多媒体教学环境（①县级教育城域网建成；②学校校园网建成并接入城域网；③教室交互式多媒体教学设备比例达到100%）；（3分） 2. 依托江西省教育资源公共服务平台，实现100%的学校建立网络学习空间，利用空间开展教育教学管理。90%的师生建立网络学习空间，利用空间开展备授课、教学研究、家校互通，发布教学和学习成果，提高网络学习空间应用率。10%的学校开通"名校网络课堂"；（3分） 3. 依托江西省教育资源公共服务平台，100%教研员能熟练利用信息化手段组织开展网上集体备课、评课等网络教研活动；（2分） 4. 为多媒体教学设备配备优质数字教育资源及教学软件；（2分） 5. 按照《江西省中小学智慧（数字）校园建设与应用评估办法》，中心小学（含）以上学校平均分60分以上（1分），中心小学以下学校平均分50分以上（1分）。	B（12分）
	37. 教师熟练运用信息化手段组织教学，设施设备利用率高	1. 100%的校长参加教育信息化领导力专题培训并运用信息化手段开展教育教学管理，100%的教师能熟练利用数字教育资源开展教学活动，省中小学学科带头人和骨干教师均建立"名师网络课堂"；（3分） 2. 大力推进"专递课堂"建设，教学点"专递课堂"覆盖率达60%；（2分） 3. 推动形成"课堂用、经常用、普遍用"的信息化教学新常态，教师使用信息化设施设备授课的课时须达到周课时的70%以上。（3分）	B（8分）
社会认可度	38. 开展调查县级人民政府及有关职能部门落实教育公平政策、推动优质资源共享，以及义务教育学校规范办学行为、实施素质教育、考试评估制度改革、提高教育质量等方面取得的成效	调查对象包括学生、家长、教师、校长、人大代表、政协委员及其他群众，社会认可度达到85%以上。	A

指标类别	评估内容	评估要点	指标性质
一票否决	1. 存在以考试方式招生的情况； 2. 存在违规择校行为； 3. 存在重点学校或重点班； 4. 存在"有编不补"或在有编的情况下长期聘用编外教师的情况； 5. 出现重大及以上涉校事故灾难类、社会安全类、公共卫生类事件； 6. 出现严重违纪违规事件； 7. 有弄虚作假行为。		A

"A"类指标27项，必须达到；"B"类指标11项，进行量化计分，总分为100分，90分以上为达标。

中共江西省委教育工委、江西省教育厅
2018年重点教育工作事项

营造江西教育良好生态（家校社合作升级版）纳入中共江西省委教育工委、江西省教育厅2018年重点教育工作事项，具体呈现如下。

围绕学生成长，着眼现代学校制度建设，系统改善育人、办学和家庭三大环境；动员全体家庭积极参与子女教育，使学校办学得到家长和社会的理解、参与和支持；使家庭的家教更加科学，家风得到改善，进而促进民风和社区风气的改变，形成学校、家庭和社区的良性互动。从2018年开始，经过3~4年的努力，在我省形成一批理念先进、特色鲜明、持续规范、具有新型家校社关系的家校合作示范县（校），以此推动全省家校合作工作，营造江西教育良好生态。2018年的重点举措：

1. 组建项目实施团队，深入开展驻校调研和实践指导。组建由委厅领导主抓，委厅机关相关处室、直属单位共同参与的，集管理、评估、科研等骨干于一体的项目实施团队；摸底了解家校合作试点学校、试点县的工作基础和典型做法，以帮助各单位明确各自的行动起点，制定有针对性的行动计划。

2. 全面启动家校合作示范县和示范校创建工作。指导各设区市教育局部署所辖县（市、区），遴选一批基础较好的县（校），开展家校合作示范县和示范校创建工作，引领和带动全省的家校合作工作规范化、制度化；召开家校合作工作座谈会，分析我省优化教育生态环境的形势和家校合作现状，交流成功经验和典型做法，布置下一阶段的工作任务。

3. 开展家校合作专题培训，推动教师专业发展。将家校合作工作列入本级教育行政干部和校（园）长的省培计划，举办面向教育行政、校（园长）和教师的家校合作专业培训班；着力培养一批致力于制度化家校合作和家庭教育工作的骨干力量，在学校和家庭中普及家校合作专业知识；组建家校合作种子工作站，在项目组的统一指导下，到基层学校推广和指导开展制度化家校合作实践框架。

4. 加强家校合作的教育督导评估。制定家校合作示范县、校两级工作标准，在全省范围全面推广制度化的家校合作实践框架；将家校合作营造教育良好生态列入政府督导体系，以此促进政府和教育行政部门积极协调学校、家庭和社会（区）的力量，推动县级政府注重对教育的软投入，重视抓学校教育生态；将家校合作工作列入学校校长、教师的专业发展体系，列入工作量计算和职称评聘等相关考核体系。

5. 加强家校合作宣传。广泛联系省内外媒体宣传报道家校合作活动和效果，为家校合作营造社会氛围，鼓励家长参与子女教育，引导社会支持学校教育；及时总结和推广先进典型和成功经验，营造家校社合作育人的氛围。

6. 开展家校合作的科学研究，为实践改善提供理论支撑。坚持"以研究为基础"的家校合作政策制定路径和优势，充分利用前期已经取得的我省家校合作制度化的系统研究成果，加强科研成果转化，指导解决工作中的实践问题。继续加强家校合作的国际比较、本土化、政策和立法支持的相关研究，把实践和专业力量引领结合起来，继续发挥理论指导实践的重要作用，促进科研、行政和实践的良性互动。

《中共江西省委　江西省人民政府关于深化教育领域综合改革若干问题的意见》

本研究成果被纳入《中共江西省委　江西省人民政府关于深化教育领域综合改革若干问题的意见》（赣发〔2014〕15号），具体内容如下。

一、推进素质教育改革

以增强学生社会责任感，培养学生创新精神和实践能力为重点，通过政府、学校、家庭、社会共同努力，营造有利于实施素质教育的良好育人环境。

（二）强化体育美育教学。开展学生体质健康监测，测试结果向学生和家长通报，学生体质健康水平持续3年下降的地区和学校，在教育工作评估和评优评先中实行"一票否决"。

二、推进考试招生制度改革

（五）积极推行教育质量综合评价。开展中小学"绿色评价"，将课业负担、学习效率、能力培养等作为重点内容，为社会评价学校、政府考评学校提供依据。

七、推进教育管理方式改革

按照"政府管教育、学校办教育、社会评教育"的原则，推进政府职能转变和简政放权，激发学校办学活力，提高决策的科学性和管理的有效性。

（十九）扩大学校办学自主权。健全中小学校的校务会议、教职工代表大会、家校合作制度，引导社区和有关专业人士参与学校管理和监督。

（二十）健全教育社会评价机制。各级各类学校要主动接受社会监督，办学状况、教育质量、教育资源等信息及时向社会公开。鼓励和支持相对独立的专业机构开展教育现代化监测、教育满意度测评，建立教育质量监测评价体系，逐步形成决策、执行、监督相互支持、相互制约机制，提高政府决策的科学性和管理的有效性。充分发挥教育咨询专家的作用，为教育改革和发展提供咨询论证，提高重大教育决策的科学性。培育专业教育服务机构，完善教育中介组织的准入、资助、监管和行业自律制度。积极发挥行业协会、专业学会、基金会等各类社会组织在教育公共治理中的作用。

江西省教育厅关于印发《关于开展制度化家校合作示范县（校）创建工作的指导意见（试行）》的通知*

（赣教科字〔2017〕4号）

各设区市、省直管县（市）教育局：

为进一步推进制度化家校合作工作，根据《中共中央办公厅 国务院办公厅关于深化教育体制机制改革的意见》《江西省教育事业发展"十三五"规划》等文件要求和我省家校合作的经验与实际，省教育厅制定了《关于开展制度化家校合作示范县（校）创建工作的指导意见（试行）》。现印发给你们，请遵照执行。

各地在实施过程中有何意见或建议，请及时向我厅反馈。

附件：关于开展制度化家校合作示范县（校）创建工作的指导意见（试行）

江西省教育厅

2017 年 12 月 29 日

---

* 全国第一份包含家校合作工作标准的省级政府指导性文件，中国教育报、人民网、国务院妇女儿童工作委员会网站等报道。

附件

关于开展制度化家校合作示范县（校）

创建工作的指导意见（试行）

家校合作是学校、家庭和社区共同承担儿童成长责任的互动过程。自2011年以来，我省推进制度化家校合作工作，并逐步扩大试点范围，创造了家校合作的"江西模式"。为更好发挥家校合作作为现代教育管理重要环节的作用，落实立德树人的根本任务，建立校内校外相结合的现代学校制度，经研究决定，从2018年到2020年，在全省开展家校合作示范县（校）创建活动。

一、指导思想

以十九大精神为引领，以中办国办《关于深化教育体制机制改革的意见》和《江西省教育事业发展"十三五"规划》为指导，支持和鼓励一批家校合作工作基础较好的县（市、区）和各级各类学校，开展家校合作示范县和示范校创建工作，引领和带动全省的家校合作工作规范化、制度化。围绕学生成长，着眼于现代学校制度建设，系统改善育人、办学和家庭三大环境。动员全体家庭积极参与子女教育；使学校办学得到家长和社会的理解、参与和支持；使家庭的家教更加科学，家风得到改善，进而促进民风和社区风气的改变，形成学校、家庭和社区的良性互动。

二、家校合作的基本原则

1. 目标一致原则。动员、组织和协调家庭和社区，与学校一道，共同承担儿童成长的教育职责。

2. 地位平等原则。学校、家庭和社区是地位平等的合作伙伴，不是命令和服从的关系，要充分发挥学校、家庭和社区的各自优势和独特作用，尊重彼此的利益和诉求。

3. 尊重学生原则。以有利于学生成长为工作出发点，尊重学生的成长规律和诉求，保障所有学生及其家庭获得成长和平等参与的机会。

4. 弹性渗透原则。破除"铁路警察，各管一段"的家校分工传统观念，家校合作的各方通过相互开放、相互服务和相互参与，为对方承担教育职责提供支持和帮助，形成教育合力。

5. 活动多元原则。均衡开展"当好家长、在家学习、相互交流、志愿服务、参与决策、与社区合作"等六种实践类型的活动，既要有服务于学校的活动，更要有服务家庭的活动。结合本地家校社环境特点和本单位教育教学工作实际，创新家校合作活动的具体组织形式。

6. 持续稳定原则。通过持续的行动，构建家校合作工作常态化的运作机制，共同推动家校合作走向制度化。

三、目标任务

通过推进家校合作示范县（校）建设，推动全省建立学校、家庭和社区之间的新型关系和共同育人的教育大格局。经过 3~4 年的努力，在我省形成一批理念先进、特色鲜明、持续规范、具有新型家校社关系、在全国有影响力的家校合作示范县（校）。到 2020 年，形成 5~10 个省级家校合作示范县，100 所左右家校合作示范校（园）。各设区市根据本地实际确定市级家校合作示范县（校）。以示范县（校）带动引领全省家校合作工作的制度化。

第一阶段（目前至 2018 年 12 月），全面启动家校合作创建工作。开展业务指导和专业培训，促进各地家校合作示范创建工作的有效开展。各设区市教育局要部署所辖县（市、区），按照省教育厅家校合作示范县（校）创建标准，选择一批基础较好的县（校），做出三年的分期创建达标规划并报省教育厅备案，同时指导家校合作工作的全方位开展。

第二阶段（2019 年 1~12 月），省教育厅组织力量对设区市上报的第一批示范县（校）进行评估认定。通过示范县（校）的带动和引领，不断发现创建工作中出现的新情况、新问题，探索新途径和新方法，努力促进学校教育、家庭教育、社会教育的有机结合，构建各级党政机关、社会团体、街道和企事业单位、社区、镇村、家庭共同育人的格局，家庭和社会支持学校的舆论环境和格局初步形成。开展制度化家校合作工作的学校不少于本地学校总数的 50%。

第三阶段（2020年1~12月），省教育厅组织对设区市上报的第二批示范县（校）进行评估认定。各设区市相应对市级家校合作示范县（校）进行评估认定。总结和推广家校合作示范创建工作的经验，形成家校合作的有效工作机制，并向全区域推广。家校社合作的教育格局和新型现代学校制度基本形成，促进学校教育质量的提升。

四、示范创建的基本要求

1. 行政统筹协调。政府和教育行政要以更高的视野，协调学校和家庭的关系。要将家校合作工作纳入教育局（校）总体工作部署，结合县（校）教育发展目标和学生成长目标，有组织、有计划地开展家校合作行动，将家校合作工作渗透到教育教学管理环节中，促进教育整体工作的有效开展。在教育工作全局上充分发挥家校合作凝聚民心、整合资源的战略作用，在事关百姓民生的教育改革问题上，以家校合作工作为手段和资源，形成有利的社会舆论环境。政府要协调学校、家庭的利益和诉求，支持学校超越自身局部利益，努力营造家校社合力育人的校风、家风和民风。各教育局要明确分管家校合作工作的领导和责任单位，加强各学校家校合作的组织建设，注重在家校良好合作伙伴关系的基础上，建立家长委员会、家校联合会、专门行动组等组织和制度。

2. 学校主动均衡。学校在家校合作中应当发挥主导作用。要把家校合作作为学校管理和改革的重要战略资源，努力实现家校的相互理解和支持。为此，学校要围绕学生成长，面向学校和家庭诉求，按照专业要求建立家校合作的组织架构，既要重视组织家长志愿者、家长会等在校活动，又要主动打开校门，积极走出校门，主动联系沟通家长，帮助家长提高教育子女的意识和能力；要支持家长科学开展家庭教育，以校风影响家风建设，为困境家庭和儿童提供个性化的指导和支持。

3. 家校互动共育。学校要通过家访、校访、家长会、开放日、亲师恳谈会等面对面交流形式，并充分应用家校联系册、公众号、微信、QQ、网络技术等现代媒介，在校、年级、班级等层面，建立家长与教师，教师与学生，家长与学生，以及家长与家长间的有效沟通网络。要努力办好家长学校，有明确的教育教学工作计划，举办家庭教育专题讲座每学年不少于2次。家校交流要强调互动，在互动中加深彼此理解，交流动态信息，平衡各方诉求，形成共同认识和一致行动，促进学校、家庭和儿童共同成长。在建立健全家长委员会的基础上，积极探索建立由校方、家长委员会和社区（村）三方共同组成的家校合作联席会议，建立民主、平等的家校社议事机制。

4. 社区联动优化。通过家校合作和家风建设，将影响延伸到社区和民风的改善；通过社区支持，形成全社会关心支持教育改革和发展的有利氛围，最终促进形成社区与教育的良性互动。以家校合作为突破口，积极营造校内、校外关系协调的氛围，主动争取妇联、共青团、关工委以及卫生、文化、文明办等部门的支持，带动育人环境、办学环境和家庭环境的整体优化。

5. 实践示范引领。各地要建立完善家校合作组织、计划、实施和评估等各项制度，建立家校合作工作的跟踪和反馈机制。选择一部分基础较好的学校先行试点，因地制宜，积极探索，逐步构建长效工作机制，带动更多学校家校合作工作规范化、常态化、制度化。将家校合作工作专项培训列入本级教育行政干部和校（园）长的培训研修体系，列入学校管理和教师专业发展计划，着力培养一批致力于制度化家校合作和家庭教育工作的骨干力量，在广大教师中普及家校合作专业知识。要把实践和专业力量引领结合起来，继续发挥理论指导实践的重要作用。

五、保障措施

1. 加强组织领导。实践证明，家校合作工作推进的关键点，就是教育局和校长"双级"重视。在教育行政和学校两个层面共同关注和推进家校合作，是保证家校合作工作有效、均衡、长期推进的前提和基础，两者缺一不可。教育行政部门和学校校（园）长要在当地党委、政府的统一领导下，强化组织领导和监督问责，把家校合作工作列入重要议事日程，建立协调领导机制，定期检查工作进展情况，听取工作汇报，协调解决工作中存在的问题和困难；要统筹规划，做好示范县（校）创建工作的工作计划，分期分批遴选示范县（校）创建单位，并发挥好示范县（校）的示范引领作用。

2. 加强日常管理和条件保障。省教育厅将对省级示范县（校）予以挂牌和相关支持。各级政府和相关部门要在资源利用、经费保障及教师家校合作工作专业培训等方面，加大支持力度。把制度化家校合作工作纳入区域、学校日常工作体系，做到有办公地点，有资料档案，有保障制度。

3. 积极支持试点工作。家校合作试点工作是省政府教育体制改革重点任务，目前正在着手展开第 3 轮试点工作。要加强组织推广优秀科研成果转化，结合本地实际重点研究如何提高家长素质，如何增进学校、家庭和社会合作，如何创新家校合作的内容与形式，指导解决家校合作工作中的实践问题。各级各类试点单位和学校要积极探索、深入推进，努力成为创新家校合作教育机制的示范者、引领者。

4. 加强考核评估。县（市、区）和学校要把制度化家校合作工作纳入对学校和部门的考核评价中，并积极应用考核评价结果。

5. 加强宣传引导。各地和学校要利用报纸、电视、网络、微信、微博等多种形式进行宣传，鼓励家长参与子女教育，引导社会支持学校教育。要及时总结推广制度化家校合作示范县（校）创建工作的先进典型和成功经验，营造家校社合作育人的氛围，逐步形成学校、家庭和社区共同育人的大格局。

附件：1. 江西省制度化家校合作示范校（园）标准
　　　2. 江西省制度化家校合作示范县（市、区）标准

附件 1

江西省制度化家校合作示范校（园）标准

一级指标	二级指标	三级指标	分值
1. 组织领导（28分）	1.1 领导重视（9分）	(1)校(园)长高度重视家校合作,党委会、班子会专题讨论家校合作工作	3
		(2)家校合作工作获得上级部门和当地党委政府的支持	2
		(3)将家校合作工作纳入学校工作整体部署	2
		(4)家校合作与学校工作相结合,成为学校管理的重要抓手	2

续表

一级指标	二级指标	三级指标	分值
1. 组织领导（28分）	1.2 组织建设（12分）	（5）成立家校合作工作领导小组，分工明确，职责下沉	2
		（6）由学校、家长和社区代表共同构成的家校合作三方协调机制稳定，有民主、平等的议事机制	2
		（7）成立家长委员会，委员有代表性，有会议及议事制度	2
		（8）结合学校需要家长参与的工作和儿童成长目标，成立了家校社联合的专门工作组（或类似行动组织），成员分工明确，构成合理，每组有切实可行的工作计划	2
		（9）成立了家长学校等家长教育组织，有明确的教育教学工作计划	2
		（10）有切实可行的家校合作工作计划，并列入校历	2
	1.3 方向引领（7分）	（11）家校合作面向全体家庭和学生，家长不分地位身份，平等参与家委会、志愿者等组织活动	3
		（12）家校合作各项行动均衡，兼顾家长参与学校工作和学校服务家庭两个方面	2
		（13）家长支持并参与学校重要改革	2
2. 家校合作行动（48分）	2.1 家庭教育指导与服务（8分）	（14）指导家长创设良好的家庭环境，以适应子女在不同阶段的学习	2
		（15）举办家庭教育专题讲座每学年不少于2次	2
		（16）为家长提供图书借阅，向家长推荐家庭教育资料和信息	2
		（17）对单亲、困难、留守儿童等家庭的家长、监护人提供个性化的家庭教育指导和服务	2
	2.2 向家长提供学生学业和成长支持（10分）	（18）向家长提供有关材料和培训，帮助他们提高孩子的学业成就	1
		（19）为家长制定子女个性化的学习目标和成长规划提供指导和支持	2
		（20）向家长反馈孩子的进步信息	2
		（21）指导有特别需要的家长改善子女学习	2
		（22）向家长提供每门功课对子女的要求和期望	1
		（23）有适合的互动式家庭作业，支持和鼓励亲子共同讨论学习问题和在生活中应用知识	2

续表

一级指标	二级指标	三级指标	分值
2. 家校合作行动(48分)	2.3 家校交流(12分)	(24)提供并与家长交流子女的学习和成长、政策规章、教学安排、活动日程、学校动态、意见建议等信息	2
		(25)为家长提供学校相关部门的联系方式和到学校的办事指南	2
		(26)通过家长会、家访、校访、开放日、亲师恳谈等与每位学生的家长正式见面,每学年至少一次	2
		(27)利用多种交流工具,推动学校、教师及家长多层面的互动(电话、意见箱、家校联系册、公众号、微信、QQ、网站专栏等)	2
		(28)为不同类型家长到校参与提供便利,灵活安排活动时间和形式,并对不能参与的家长提供活动开展情况的反馈	2
		(29)发展家长之间的联系网络,推动家长间的相互交流	2
	2.4 志愿者服务(8分)	(30)尊重不同类型家长的才能和参与意愿,开展多样化的家长志愿活动	2
		(31)为家长志愿者参与活动提供必要的培训和资源	1
		(32)学校的教学、管理、校内外艺体等环节,鼓励家长志愿者参与协助教师工作	1
		(33)学校志愿工作得到家长的理解和支持	2
		(34)学校表彰和宣传优秀家长志愿者	2
	2.5 决策参与(8分)	(35)学校就有关重大事项,与全体家长有稳定的沟通、通报和议事机制	2
		(36)家长参与评价学校、班级教学和管理工作	1
		(37)通过问卷调查、意见箱、QQ 群、电子邮件等渠道,向家长征集意见或建议,并及时反馈	2
	2.6 社区合作(5分)	(38)与社区不同组织建立合作关系,主动争取妇联、关工委以及卫生、文化、文明办等部门的支持	2
		(39)积极争取社区人力和物力资源为学校教育教学服务,实现社区、学校资源共享	2
		(40)与家长一起,在社区开展公益活动或创建活动	1

续表

一级指标	二级指标	三级指标	分值
3. 人员和条件保障（10分）	3.1 专业提升（4分）	（41）组织或参加上级家校合作专业培训	2
		（42）组织家校合作校本培训	2
	3.2 经费支持（3分）	（43）学校为家校合作工作和家庭教育服务与指导，提供必要的经费保障	3
	3.3 条件和氛围（3分）	（44）创设有助于家校合作的良好校园氛围并提供必要的条件，如活动室、办公室、宣传栏、标语、引导牌等，有完备档案管理制度	3
4. 多方成效（14分）	4.1 学生成长（3分）	（45）通过家校合作显著促进学生成长情况	3
	4.2 办学环境（2分）	（46）家校关系和谐稳定，家长对学校工作支持程度高，促进学校和教师工作改善	2
	4.3 家庭环境（2分）	（47）通过家校合作提高家长参与意识和育人水平，家风得到改善	2
	4.4 社区环境（2分）	（48）家校合作积极影响社区民风建设，社区积极支持学校办学	2
	4.5 综合满意度（2分）	（49）教师、家长、学生和社区对家校合作、学校办学满意度高	2
	4.6 制度化（3分）	（50）家校合作持续且制度化，教师和家长对家校合作的专用词汇和校本化词汇及其意义，熟悉且认识大体一致	1
		（51）每学期开展诊断性总结和评估，并做出持续性改进	2
5. 加分项（5分）		（52）相关经验成果得到设区市以上行政部门采纳或设区市以上领导批示	2
		（53）创新家校合作的组织形式和活动内容，经验成果和学术论文在设区市以上会议交流、公开杂志发表、媒体推介或获表彰	1
		（54）接待县（市、区）外学校经验学习，或承办县域内现场经验交流会	1
		（55）为江西省家校合作试点学校，并积极完成各项试点任务	1

附件 2

江西省制度化家校合作示范县（市、区）标准

一级指标	二级指标	分值
一、战略定位与部署(37分)	(1)教育局主要领导高度重视家校合作工作,党委会、班子会专题讨论家校合作工作	5
	(2)将家校合作作为教育改革和发展的重要抓手,纳入学校工作考核和评价	4
	(3)有本级家校合作工作年度部署,有健全的规章制度,有力的政策措施,规范齐全的档案资料	4
	(4)家校合作获得当地党委政府和妇联、共青团、关工委以及卫生、文化、文明办等相关部门的支持;协调乡镇、街道支持所在地学校家校合作工作	4
	(5)建立县、校两级家校合作工作组织领导架构;本级有分管领导、责任单位和岗位责任人;学校统一建立家校合作工作领导小组	4
	(6)在工作部署、活动和组织制度等方面,促进家校的相互理解和支持,协调家校不同的立场和诉求	4
	(7)按《江西省中小学幼儿园家长委员会组织与管理办法（试行）》要求指导学校成立家长委员会,域内学校家长委员会覆盖率不少于98%	4
	(8)组织并支持办好家长学校	4
	(9)开展家校合作活动和培训有必要经费保障	4
二、专业提升(19分)	(10)重视面向家长的家庭教育教学建设、教学资源储备和研发工作,有明确的工作和教学计划	4
	(11)积极开展家校合作科研和实践,组织经验交流和研讨	4
	(12)制定家校合作教师培训规划,积极参加国家、省、市组织的培训,域内每学年负责家校合作教师、班主任等进行专题培训不少于4学时	5
	(13)组织与县(区)外单位的学习交流,或邀请域外专业力量提供指导、培训	3
	(14)有一支相对稳定、适应需要的家校合作和家庭教育讲师队伍	3
三、区域行动(25分)	(15)通过多渠道,采取多形式向家长和社会宣传家校合作理念	3
	(16)鼓励学校组织家长教育	3
	(17)组织域内学校家访	3
	(18)以政策保障对单亲、困难家庭、留守儿童等家庭的家长、监护人提供个性化的家庭教育指导和服务	3

续表

一级指标	二级指标	分值
三、区域行动 （25分）	（19）区域内教育行政部门建立专门面向家长的沟通渠道（电话、意见箱、公众、电子邮箱、网站专栏等）	2
	（20）建立涉及民生的教育重大事项向社会通报的制度	2
	（21）利用社会资源为教育服务，教育宣传进社区，邀请政府和社区人士参加区域教育有关重大事项或活动	3
	（22）有效指导学校开展均衡全面的6种家校合作活动，预防和纠正学校在家校合作中过度偏向学校利益的倾向	3
	（23）定期检查学校家校合作工作成效，协调解决存在的问题和困难	3
四、成效和特色 （19分）	（24）家长教育满意度高，教育系统形象好，出台的教育政策、改革措施得到家长和社会的充分支持，家长投诉降低，县（区）内学校办学环境和学校学风改善	5
	（25）家长家庭教育水平普遍提高，积极影响家风建设，家校关系和谐稳定	3
	（26）儿童成长和教育质量指标（品质行为、辍学率等）显著改善	3
	（27）校长和教师对家校合作的支持度和参与度高	3
	（28）注重本土化家校合作问题研究和实验探索，产出具有创新价值的实验研究成果，打造出有关项目、活动、载体、平台等方面特色品牌	3
	（29）每学期开展诊断性总结和评估，并做出持续性改进	2
五、加分项 （5分）	（30）相关经验成果得到省级以上行政部门采纳或领导批示	2
	（31）相关经验成果得到国家级媒体的关注和报道	2
	（32）积极支持区域内省家校合作试点学校工作	1

江西省教育厅关于贯彻落实《教育部关于加强家庭教育工作的指导意见》的实施意见

（赣教基字〔2016〕3号）

各设区市、省直管县（市）教育局：

　　为贯彻落实《教育部关于加强家庭教育工作的指导意见》（教基一〔2015〕10号）和省委省政府《关于深化教育领域综合改革若干问题的意见》（赣发〔2014〕15号）要求，结合我省实际，现就加强全省中小学幼儿园家庭教育和家校合作工作，提出如下实施意见。

一、充分认识加强家庭教育和家校合作工作的重要意义

1. 家庭教育事关个人、家庭与社会发展大计。家庭是社会的基本细胞。注重家庭、注重家教、注重家风，对于国家发展、民族进步、社会和谐具有十分重要的意义。家庭是孩子的第一所学校，父母是孩子的第一任老师。家庭教育工作关系到孩子的终身发展，关系到千家万户的切身利益，关系到国家和民族的未来，必须予以高度重视。

2. 加强家庭教育和家校合作是建设现代教育制度的需要。制度化的家校合作是现代学校制度的应有之义。加强家庭教育，促进制度化家校合作，有利于系统优化育人环境，有利于建立依法办学、自主管理、民主监督、社会参与的现代学校制度，有利于获得社会对学校改革发展的理解与支持，意义重大。

3. 加强家庭教育和家校合作是我省全面建成小康社会的需要。提升家长素质，提高育人水平，促进家庭和谐，推动我省全面建成小康社会，家庭教育和家校合作工作承担着重要的责任和使命。各地要从落实中央"四个全面"战略布局的高度、从服务于我省"绿色崛起"战略发展需要出发，不断加强家庭教育工作，进一步明确家长在家庭教育中的主体责任，充分发挥学校在家庭教育中的重要作用，加快形成家庭教育社会支持网络，推动家庭、学校、社会密切配合，共同培养德智体美劳全面发展的社会主义建设者和接班人。

二、进一步落实家长在家庭教育中的主体责任

1. 引导家长依法履行家庭教育职责。孩子成长是家庭、学校交叠影响的结果。做好教育工作，不仅是学校的责任，更是父母或者其他监护人的法定职责。各地教育行政部门和中小学幼儿园要指导家长发挥家庭的教育功能，注重家庭生活环境、语言环境和行为方式对孩子成长的潜移默化影响，并与学校保持有效沟通，避免缺教少护、教而不当，切实增强家庭教育的有效性，形成孩子健康成长的良好家庭环境。

2. 指导家长遵循孩子成长规律。各地教育行政部门和中小学幼儿

园要指导家长提高家庭教育的针对性和有效性。学龄前儿童家长着重要为孩子提供健康、丰富的生活和活动环境，培养孩子健康体魄、良好生活习惯和品德行为。小学生家长要着重督促孩子坚持体育锻炼，增长自我保护知识和基本自救技能，鼓励参与劳动，养成良好生活自理习惯和学习习惯，引导孩子学会感恩父母、诚实为人、诚实做事。中学生家长要着重对孩子开展性别教育、媒介素养教育，培养孩子积极学业态度，与学校配合减轻孩子过重学业负担，指导孩子学会自主选择。切实消除学校减负家长增负、不问兴趣盲目报班现象，不做"虎妈""狼爸"。

3. 帮助家长提升家庭教育水平。各地教育行政部门和中小学幼儿园要帮助家长全面学习家庭教育知识，系统掌握家庭教育科学理念和方法，增强家庭教育本领，用正确思想、正确方法、正确行动教育引导孩子；不断更新家庭教育观念，坚持立德树人导向，以端正的育儿观、成才观、成人观引导孩子逐渐形成正确的世界观、人生观、价值观；不断提高自身素质，重视以身作则和言传身教，要时时处处给孩子做榜样，以自身健康的思想、良好的品行影响和帮助孩子养成好思想、好品格、好习惯；努力拓展家庭教育空间，主动参与学校教育活动，不断创造家庭教育机会，积极主动与学校沟通孩子情况，支持孩子参加适合的社会实践，推动家庭教育和学校教育、社会教育有机融合。

三、建立完善家庭教育和家校合作组织

1. 完善学校内部家庭教育和家校合作工作机制。各中小学幼儿园要建立家庭教育和家校合作工作小组，以校（园）长、政教主任、年级组长、班主任、德育课老师为主体，做好家长教育、校家合作交流等组织协调相关工作；要确定一名分管德育的校（园）长负责家庭教育和家校合作工作，并至少配备一名兼职家庭教育和家校合作指导教师，接受相关业务培训，负责具体指导服务工作。

2. 推进家长委员会建设。各地教育行政部门和中小学幼儿园要按照《关于进一步加强全省中小学幼儿园家长委员会建设的通知》（赣教基字

〔2012〕52号）要求，加快推进中小学幼儿园普遍建立家长委员会。中小学幼儿园要引导家长科学民主制定家长委员会章程，发挥家长委员会参与学校工作、沟通家校信息、实行办学民主监督的作用。家长委员会要邀请有关专家、学校校长和相关教师、优秀父母组成家庭教育讲师团，面向广大家长定期宣传党的教育方针、相关法律法规和政策，传播科学的家庭教育理念、知识和方法，组织开展形式多样的家庭教育指导服务和实践活动。

3. 建立健全家校合作机制。各中小学幼儿园要牵头建立由校（园）方、家长委员会和社区（村）三方共同组成的家校合作联席会议，建立相关工作制度。家校合作联席会议每学期至少召开一次会议，三方代表围绕学校中心工作任务、家长志愿服务、家长教育、社区（村）资源利用、校园周边环境整治等问题进行研究，达成一致后分别按各自职责予以落实。中小学幼儿园认真组织好家长会、家访、家长开放日、家长接待日、家长志愿服务等活动，有效加强家校沟通。要加强家校沟通，每学期学校教师须对本班每名学生至少进行1次家访，重点关注留守儿童、单亲家庭儿童，及时了解、沟通和反馈学生思想状况和行为表现，营造良好家校合作氛围。

四、充分发挥教育部门在家庭教育和家校合作中的重要作用

1. 加强对家庭教育工作的指导。各地教育行政部门要积极配合妇联，加强与宣传、民政、卫生、团委、关工委等部门的合作，形成合力，推动形成政府主导、部门协作、家长参与、学校组织、社会支持的家庭教育工作格局。要加强对辖内中小学幼儿园家庭教育工作的指导，将家庭教育和家校合作纳入教育行政干部、中小学校长和教师专业培训内容，开发和完善相关的培训课程体系。将学校安排的家庭教育和家校合作指导服务计入工作量。

2. 支持办好家长学校。各地教育行政部门和中小学幼儿园要在队伍、场所、教学计划、活动开展等方面给予协助，支持相关组织共同办好家长学校。中小学幼儿园要把家长学校纳入学校工作的总体部署，帮助和支持家长学校组织专家团队，聘请专业人士和志愿者，设计较为具体的家庭教育纲目和课程，开发家庭教育教材和活动指导手册。在继续

做好传统家长面授培训的同时，应用网络教育和远程教育等现代教学手段，创新家长教育工作方式。中小学家长学校每学期至少组织1次家庭教育指导和1次家庭教育实践活动。幼儿园家长学校每学期至少组织1次家庭教育指导和2次亲子实践活动。

3. 引导争创"文明、书香、健康"家庭。各地教育行政部门和中小学幼儿园要积极引导家长关注家庭建设，为孩子营造良好的家庭氛围。鼓励家长带头践行社会主义核心价值观，引导孩子养成良好的文明习惯，培养积极向上的品质，争创"文明家庭"；鼓励家长身体力行，引导孩子阅读与其成长阶段相适应的经典作品，养成爱读书的好习惯，争创"书香家庭"；鼓励家长与孩子共同参加体育活动，锻炼身体，磨炼意志，争创"健康家庭"。

4. 共同推进学生素质教育。各地教育行政部门和中小学幼儿园要坚持立德树人，将社会主义核心价值观融入家庭教育工作实践，将中华民族优秀传统家庭美德发扬光大。通过举办家长培训讲座和咨询服务，开展先进教育理念和科学育人知识指导。通过举办经验交流会，让优秀家长现身说法、案例教学发挥优秀家庭示范带动作用。积极引导家长参加家校合作志愿组织，在教育教学活动和学校管理工作中承担力所能及的工作。组织社会实践活动，定期开展家长和学生共同参与的参观体验、专题调查、研学旅行、红色旅游、志愿服务和社会公益活动。以重大纪念日、民族传统节日为契机，通过丰富多彩、生动活泼的文艺、体育等活动增进亲子沟通和交流。

5. 共同做好学生安全管理工作。各中小学幼儿园要积极吸收家长委员会、家长代表提出的合理建议，不断改进工作，切实加强管理，共同做好学生安全管理工作。要通过各种渠道，发布安全管理政策文件和安全教育知识，落实家长或监护人的监护职责。按照《江西省学校学生人身伤害事故预防与处理条例》要求，落实教育部门、学校、家长的预防职责，从源头上积极预防学生人身伤害事故发生；在学生人身伤害事故发生后，要及时和家长沟通联系，依法依规进行处置。要切实加强预防学生溺水教育，将《致中小学生家长的一封信》发给学生家长并回收回执，明确家长职责，落实好家长的监护责任；认真贯彻落实《校车安全管理条例》和《江西省校车安全管理规定》，督促家长不让学生乘坐非法运营车辆，加强学生上下学交通安全工作；要引导家长关注子女人身安全，加强防性侵工作，保护学生健康成长。

五、加快形成家庭教育和家校合作工作的社会支持网络

1. 构建家庭教育社区支持体系。各地教育行政部门和中小学幼儿园要与相关部门密切配合，推动建立街道、社区（村）家庭教育指导机构，利用节假日和业余时间开展工作，每年至少组织2次家庭教育指导和2次家庭教育实践活动，将街道、社区（村）家庭教育指导服务纳入社区教育体系。有条件的中小学幼儿园可以派教师到街道、社区（村）挂职，为家长提供公益性家庭教育指导服务。

2. 统筹协调各类社会资源单位。各地教育行政部门和中小学幼儿园要积极引导多元社会主体参与家庭教育指导服务，利用各类社会资源单位开展家庭教育指导和实践活动，扩大活动覆盖面，推动有条件的地方由政府购买公益岗位。依托青少年校外活动中心、乡村学校少年宫、儿童活动中心等公共服务阵地，为城乡不同年龄段孩子及其家庭提供家庭教育指导服务。鼓励和支持有条件的机关、社会团体、企事业单位为家长提供及时便利的公益性家庭教育指导服务。

3. 给予困境儿童更多关爱帮扶。各地教育行政部门和中小学幼儿园要指导、支持、监督家庭切实履行家庭教育职责。要特别关心流动儿童、留守儿童、残疾儿童和贫困儿童，鼓励和支持各类社会组织发挥自身优势，以城乡儿童活动场所为载体，广泛开展适合困境儿童特点和需求的家庭教育指导服务和关爱帮扶。中小学校要积极开展心理健康教育示范学校创建，并按照《中小学心理辅导室建设指南》，建好心理辅导室，配齐心理辅导教师，帮助困境儿童健康成长。建立学生家庭档案，对困境儿童特别是留守儿童动态管理，积极开展结对帮扶。鼓励留守儿童在外父母中的一方回到当地务工，逐步减少留守儿童数量。倡导机

关、社会团体和企事业单位履行社会责任，支持员工参加学校组织的家校合作活动，支持志愿者开展家庭教育指导服务，引导社会各界共同参与，逐步培育形成家庭教育和家校合作的社会支持体系。

六、完善家庭教育和家校合作工作的保障措施

1. 合力推动。各地教育行政部门和中小学幼儿园要在当地党委、政府的统一领导下，把家庭教育和家校合作工作列入重要议事日程，制定家庭教育和家校合作工作计划，按计划、规范地开展工作。要积极争取政府统筹安排相关经费，中小学幼儿园要为家庭教育工作提供必要的经费保障。省政府教育督导部门将把家庭教育工作列入对各地政府督导评估内容。各地要把家庭教育工作作为中小学幼儿园综合督导评估的重要内容，开展督导工作。中小学幼儿园要结合实际制定推进家庭教育工作的具体方案，做到责任到人，措施到生。要协调妇联、关工委等相关组织，在家庭教育讲师团队伍建设、家长教育教学计划、家校合作、主题活动等方面整合资源，形成合力，共同推动家庭教育和家校合作工作。

2. 科研引领。依托有相关基础的高等学校或其他机构推动成立家庭教育研究基地，发挥各级教育学会家庭教育专业委员会和家庭教育学会（研究会）等社会组织、学术团体的作用，重视家庭教育理论研究，形成一批国际有声音、国内领先的家庭教育研究成果，延伸家庭教育服务平台，开展家庭教育应用研究、骨干培训、指导服务，满足家庭教育工作发展需求。各地教育行政部门和中小学幼儿园要加强对家庭教育和家校合作的研究，并以科研成果推动工作的规范化、科学化。各地教育科研管理单位要重视家庭教育和家校合作的课题研究，在项目评选和成果奖励上给予适当倾斜。

3. 实践创新。发挥和扩大我省家庭教育和家校合作研究和试点实践的系统优势，在第一批（2011～2014 年）试点单位实验的基础上，省教科所继续做好家校合作试点单位的研究、试验和推广工作。省教育厅将开展创建家庭教育示范区、示范校活动，并遴选、推荐若干家教先进单位，争取进入全国家庭教育实验区、全国家庭教育示范校之列。各

地教育行政部门要开展家庭教育工作实验区和示范校创建工作，充分培育、挖掘和提炼先进典型经验，以点带面，整体推进。

4. 营造氛围。各地教育行政部门和中小学幼儿园要树立家庭教育和家校合作先进典型，适时开展先进评选，推广一批优秀案例，引导全社会重视和支持家庭教育和家校合作，营造良好的社会氛围，充分获得家长和社会对学校工作的理解支持，优化学校改革发展的外部环境，推进教育事业加快发展。

江西省教育厅

2016 年 2 月 2 日

江西省教育厅关于印发《加强"家、校、社"协同育人关爱保护农村留守儿童的实施意见》的通知

（赣教基字〔2016〕48 号）

一、充分认识加强"家、校、社"协同育人、关爱保护农村留守儿童的重要性

农村留守儿童是指父母双方外出务工或一方外出务工而另一方无监护能力，无法与父母正常共同生活的不满 16 周岁的农村籍未成年人。作为劳务输出大省，目前我省有 107.9 万名农村留守儿童，其中近 70 万名为中小学生，占义务教育在校生总数的 11.63%，涉及面较广。

近年来，我省各地各校结合实际，在"家、校、社"协同育人、关爱保护农村留守儿童方面做了许多有益探索，促进了农村留守儿童健康成长。但是，由于农村留守儿童数量较多，"家、校、社"协同育人机制不够健全，服务体系不够完善，工作不够规范深入，关爱保护尚未形成有效合力。

家庭、学校、社会是农村留守儿童教育关爱的共同体。强化"家、

校、社"协同育人，三者相互配合，通力协作，共同构建关爱保护留守儿童的网络，事关留守儿童健康成长，事关农村千家万户福祉，事关社会和谐稳定，事关全面建成小康社会大局，意义重大。各地教育部门要认真贯彻国务院、省政府文件精神，高度重视农村留守儿童关爱保护工作，充分发挥自身职能，协同家庭和社会，形成有效合力，促进农村留守儿童身心健康、全面发展，为决胜全面建成小康社会、建设富裕美丽幸福江西做出积极的贡献。

二、明确"家、校、社"协同育人、关爱保护农村留守儿童工作的目标任务

充分发挥教育部门在农村留守儿童关爱保护中的积极作用，加强"家、校、社"协同育人，促进全面构建"家庭尽责、源头预防、政府主导、社会参与"的关爱保护留守儿童体系，协助建立农村留守儿童关爱保护机制，帮助农村留守儿童健康成长。到 2020 年，形成较为完善的"家、校、社"协同育人机制，农村留守儿童接受的学校教育质量明显提高、课外活动得到合理安排、日常生活得到妥善安置，农村留守儿童成长、教育环境更为改善、安全更有保障、身心更为健康。

三、充分发挥中小学校在协同育人、关爱保护农村留守儿童中的重要作用

1. 建立一个学校留守儿童信息动态管理平台。各地教育行政部门和中小学校要建立本地、本校留守儿童信息数据库，对在校留守儿童进行全面摸底，一人一档，如实记录留守儿童的学习状况、心理状况、生活状况、家庭状况和监护人状况等情况，并根据情况变化对数据适时更新，实行动态监测。各中小学校要确保对留守儿童关爱缺失的风险和隐患掌握全面、报告及时、关爱到位、处置妥当。要重点排查义务教育阶段辍学、家庭生活困难、存在学习或心理问题、无监护人、身体残疾等农村留守儿童，及时发现并采取针对性的措施，进行分类教育关爱与保护，精准施策。省教育厅将建设农村留守儿童教育关爱公共平台，为分类开展关爱保护、分享交流经验提供服务。

2. 建立一个学校留守儿童关爱保护阵地。各地教育行政部门和中小学校要积极整合学校资源，对闲置校舍或图书室、活动室、心理辅导室、乡村学校少年宫等功能室进行改扩建，并配备完善必要的学习生活、文化娱乐、心理辅导、网络通信等方面的设备器材，在课余时间和节假日为留守儿童提供课业辅导、文体活动、心理抚慰、安全教育等综合服务。要依托农村基层综合公共服务平台，组织学校留守儿童开展各种文体活动和培训、心理团体辅导训练等，加强留守儿童兴趣培养，促进留守儿童心理健康成长。

3. 建设一支学校留守儿童关爱保护工作队伍。各地中小学校应建立由学校党员干部、班主任、教师等组成的留守儿童"代理家长"队伍，通过"一对一"或"一对多"的形式与农村留守儿童建立固定的关爱联系，使孩子生活有人管、学习有人教、成长有人导、心灵有人抚。"代理家长"要做到"五个一"，即每天辅导帮扶学生作业一次、每周与帮扶学生谈心一次、每月与帮扶学生父母或监护人至少联系一次，每半年对帮扶学生家访一次。加强对农村留守儿童相对集中学校教职工的专题培训，提高班主任和宿舍管理人员关爱照料留守儿童的能力。鼓励引导行政机关党员干部、"五老"人员、热心人士、爱心家长、志愿者等，充实学校"代理家长"队伍。各地应将教育关爱工作列入教职工绩效考核范围，对长期从事留守儿童关爱保护工作的教职工，在职称评聘、评先评优时应予以倾斜。

4. 建立一套学校关爱保护留守儿童的工作机制。各地教育行政部门和中小学校要落实免费义务教育和教育资助政策，确保农村留守儿童不因贫困而失学。纳入学校教学计划。留守儿童较多的中小学校应将留守儿童教育需求纳入教学计划，开发校本课程，加强农村留守儿童的思想道德教育、人格品质教育、习惯养成教育和心理健康教育，同时应注意教育方式，不得将留守儿童标签化。加强心理健康教育。每所义务教育阶段学校应至少配备1名专兼职心理辅导教师。心理辅导教师和班主任要密切关注留守儿童思想动向，及早发现并纠正留守儿童心理问题和不良行为。加强学生安全教育。学校全面使用《江西省中小学校学生安全提醒教育每日一播》，定期邀请公安、消防、卫生、计生、心理等部门专业人士，加强对留守儿童在防汛、防火、防溺水、防交通事故、防食物中毒等方面的安全教育，增强留守儿童尤其是留守女童的自我防范意识，掌握预防意外伤害的安全常识。建立重点时段排查机制。会同有关部门建立完善重点时段儿童伤害风险排查、防控、报告等制度，特别要全面加强对寒暑假等重点时段、重点事故点和重点对象的排查，有效预防和控制农村留守儿童伤害事故发生。建立强制报告机制。学校、幼儿园及其工作人员要履行报告责任，在工作中发现农村留守儿童脱离监护单独居住生活或失踪、监护人丧失监护能力或不履行监护责任、疑似遭受家庭暴力、疑似遭受意外伤害或不法侵害等情况的，应当在第一时间向公安机关报告。寄宿制学校要完善教职工值班制度，落实学生宿舍安全管理责任。建立健全农村留守儿童教育管理、学习生活、心理辅导等工作制度，形成关爱保护留守儿童的常态化、长效化。

5. 完善一系列学校关爱保护留守儿童的条件保障。各地应加强农村寄宿制学校建设，确保有需求的农村适龄入学留守儿童能全部入住。大力改善办学条件，为留守儿童提供良好的学习、生活环境。完善寄宿制学校图书室、学习室、亲情电话室、娱乐活动室、课外活动场地等，同时在宿舍生活、用餐、小组学习、课后作业、课外活动等环节，模拟家庭情境，提倡"校中建家"，注重培养留守儿童自主生活和自主管理能力，弥补留守儿童家庭功能的不足，让留守儿童在住校期间感受家的温暖。坚持以流入地政府为主、以全日制公办中小学为主的原则，认真落实进城务工人员随迁子女入学的各项政策。积极推进城乡义务教育一体化。加快扩大城镇义务教育容量，提升城镇教育承载能力。按照"一人一籍、籍随人走"原则使用全国中小学生学籍信息管理系统，做好随迁子女的学籍转接和管理工作；落实符合条件的随迁子女在输入地参加中考、高考政策，消除随迁子女就学障碍，让更多的留守儿童能够随父母进城上学。

四、积极协同家庭和社会育人，关爱保护农村留守儿童

1. 积极引导和督促农村留守儿童家长承担主体责任。各地教育行政部门和中小学校要向家长宣传《未成年人保护法》《义务教育法》《江西省未成年人保护条例》《江西省学校学生人身伤害事故预防与处理条例》等法律法规，明确告知家长和学校各自应履行的职责，增强家长自觉履行监护主体责任的法治意识。通过上门培训、送教下乡、编发家教资料、留守儿童公共网络平台等方式，向留守儿童家长和监护人开展家庭教育理念和教育方法的授课、宣传咨询和教育培训等活动。要加强沟通联系，督促家长和监护人高度重视留守儿童的人身安全，切实担负起假期安全责任。要督促和指导外出务工家长平时要以各种方式经常关心留守儿童，协助学校加强留守儿童教育和安全管理，努力化解留守儿童成长中遇到的问题。

2. 强化家校合作促进协同育人。各地中小学校要建立健全制度化的家校合作机制，完善家长委员会组织和功能，家长委员会成员中农村留守儿童家长或监护人应占一定的比例。通过家校合作机制，加强留守儿童与受委托监护人、外出父母的有效沟通。通过电话、视频、微信等方式，搭建"亲情关爱"平台，适时播报交流留守儿童在校学习、生活等情况和父母在外工作、生活情况，打造留守儿童与家长的"不在一起的共同生活"，增进留守儿童与父母的亲情联系。建立假日期间定期家访制度，加强寒暑假期间对农村留守儿童关爱保护，有条件的地方和学校可利用节假日在留守儿童父母相对集中的务工地召开家长会，如实向家长通报留守儿童情况，动员家长回乡创业，指导外出务工家长以多种方式经常关心留守儿童。

3. 积极协助当地政府做好控辍保学。各地教育行政部门和中小学校要积极协助当地政府做好控辍保学工作，落实辍学学生登记、劝返复学和书面报告制度，发现学生逃学旷课、辍学、存在监护缺失或不良行为等风险隐患的，要及时与其父母或者其监护人取得联系，提醒督促家长或其他监护人履行监护责任，做好劝返复学工作；对于劝返无效的辍学学生，要及时书面报告县级教育行政部门和乡镇人民政府，并在中小学生学籍管理系统中进行标注，在义务教育年限内为其保留学籍，依法采取措施劝返复学，尽最大可能控制留守儿童失学。

4. 积极协同党政部门、群团组织以及社会力量共同关爱农村留守儿童。各地教育行政部门和中小学校要积极配合民政部门开展工作，争取民政部门对学校关爱保护工作的支持，特别是要将符合条件的特殊困难学生纳入社会救助政策保障范围。要积极争取财政部门支持，为学校留守儿童教育关爱阵地的建设运转、活动开展等，提供必要的经费保障。要积极争取人社部门支持，增加专兼职人员，解决学校教育关爱保护留守儿童人员不足问题；同时，把关爱保护留守儿童工作作为教师职称评聘、评先评优的重要业绩，激发教职工的积极性。要积极争取工会、共青团、妇联、关工委等支持，依托群团组织现有服务阵地、志愿者队伍等优势和力量，积极为留守儿童提供假期日间照料、课后辅导、心理疏导等教育关爱服务。要积极争取公益慈善类社会组织、爱心企业和爱心人士、专业社会工作者等社会力量支持，引导他们与学校留守儿童结成爱心帮扶对子，为留守儿童奉献爱心。要依托青少年校外活动中心、乡村学校少年宫、儿童活动中心等公共服务阵地，为农村留守儿童提供关爱保护。推动有条件的地方由政府购买关爱保护留守儿童公益服务。有条件的中小学可派教师到乡镇（街道）、社区（村）公共服务平台兼职，为留守儿童提供公益性教育关爱服务。

五、加强"家、校、社"协同育人、关爱保护农村留守儿童的实施保障

1. 加强督导评价。各地教育行政部门和中小学校要在当地党委、政府的领导下，结合本地本校实际，制定具体实施方案，积极主动开展工作。各级政府教育督导机构要把关爱保护农村留守儿童工作作为对下级人民政府教育工作督导评估的重要内容，并适时开展督导工作；将关爱保护农村留守儿童工作作为挂牌责任督学工作的内容之一，对学校实施经常性督导。省政府教育督导部门将把农村留守儿童关爱保护工作列入对各地政府督导的内容。

2. 加强典型推广。各地教育行政部门要会同有关单位，加强未成年人保护法律法规和政策措施宣传、关爱保护留守儿童宣传，强化政府主导、全民关爱的责任意识和家庭自觉履行监护责任的法律意识。建立健全舆情监测预警和应对机制，理性引导社会舆论，及时回应社会关切，宣传报道先进典型，营造协同育人的良好社会氛围。各地各校要及时总结好的做法和经验，宣传推广先进典型；相关经验做法和各地具体实施方案，请及时报省教育厅。省教育厅将适时开展创建留守儿童教育关爱示范区、示范校活动，并遴选一批典型做法逐步推广。各地教育行政部门要积极开展留守儿童关爱保护示范校创建工作，充分培育、挖掘和提炼先进典型经验，以点带面，整体推进；对关爱保护农村留守儿童工作不力、措施不实、失职渎职、造成严重后果的，要严肃追究有关人员的责任。

江西省教育厅《关于以社会主义核心价值观教育促进全省家长教育和家校合作工作的通知》

（赣教科字〔2014〕4 号）

各市、县（区）教育局：

　　家庭是社会的细胞，是对未成年人进行思想道德教育的重要阵地。优良的家风家教，对于弘扬和践行社会主义核心价值观具有独特的作用。中共中央办公厅《关于培育和践行社会主义核心价值观的意见》（中办发〔2013〕24 号）特别强调要"完善学校、家庭、社会三结合的教育网络，引导广大家庭和社会各方面主动配合学校教育，以良好的家庭氛围和社会风气巩固学校教育成果，形成家庭、社会与学校携手育人的强大合力"。针对当前的新形势新要求，现就培育和践行社会主义核心价值观，进一步增强家长教育和家校合作的时代性、规律性、实效性，继续办好家长学校通知如下。

　　一、充分体现时代性，创新家长教育和家校合作的教育机制。江西省家长教育和家校合作，是省政府着重推进的教育体制改革试点项目，对培养学生的德、识、才、学具有十分重要的意义。各地教育部门要密切家校联系与合作，坚持立德树人，把社会主义核心价值观融入家长教育和家校合作全过程，帮助和引导未成年人形成正确的理想信念，养成良好的道德品质和行为习惯，克服"重智轻德"的偏向，积极争取家庭和社会在这方面的支持和配合。通过普及中小学家长委员会和家长学校，改进教师家访制度，鼓励家长参与学校管理，树立科学理念，运用良好家风，促进未成年人成长成才。要加强组织领导，将家长教育和家校合作工作纳入教育发展规划及学校工作计划，确立年度工作目标和任务，明确相关责任主体，保障工作经费，满足家长教育和家校合作工作需求。

二、准确把握规律性，改进家长教育和家校合作的关键载体。当今时代，家庭教育的地位、作用日益显现出来，没有好的家庭教育，就没有真正意义上的好教育。家长学校是普及现代家庭教育理念和科学育儿知识，帮助家长提高自身素质、促进未成年人健康成长的有效组织形式。各地教育部门要认真办好家长学校，宣传正确的教育理念和科学的教育方法，并将社会主义核心价值观的内容要求细化落实到家长教育工作目标中，做未成年人健康成长的指导者和引路人。省家长函授学校是我省在全国有重要影响的特色教育品牌，被全国妇联、教育部、中央文明办联合命名为全国家庭教育工作示范单位。按照我厅提出的"城镇中小学和幼儿园每年起始年级的新生家长参加省家长函授学校培训，长期未招生的地方可放宽招生年级限制"的要求，制定面授教学计划和专题，提高家长受益率，努力形成"要使孩子成长，先做合格家长"的社会共识。

三、大力增强实效性，提升家长教育和家校合作的服务质量。家教指导活动要突出思想内涵，用事实说话，充分利用当地的教育资源和优秀家长的教子经验，开展形式多样的活动吸引家长参加。各地教育部门要遴选组建家庭教育讲师团，配合所在地中小学校、幼儿园为家长提供切实有效的家教指导服务。通过函授学习、网上咨询、教学互动、知识竞赛、专题研讨、亲子游戏等形式，帮助广大家长树立正确的家教观念，解决科学教育子女方面遇到的各种各样的现实问题。特别要对单亲家庭、留守儿童家庭、贫困家庭和隔代抚养家庭的家长或监护人提供有效的帮助。要完善相关规章制度，做到管理科学规范。选择一些教学效果好、有特色的中小学校作为教学示范点，不断总结教学经验，改进教学方法，开展家庭教育课题研究，探索办好家长学校的规律。建立健全对家长学校的考核评价体系，积极创建国家级、省级示范家长学校，以促进我省家庭教育事业健康发展。

江西省教育厅

2014 年 5 月 15 日

第三章

家校合作三轮试点工作相关文件

《江西省中小学幼儿园家校合作教育试点学校工作方案的通知》

（赣教科字〔2012〕7号）

一、指导思想

全面贯彻党的教育方针，以完善中国特色社会主义现代教育体系，办好人民满意的教育，进一步提升人民群众教育幸福指数，建设人力资源强省为总要求，以培养德智体美劳全面发展的社会主义建设者和接班人为宗旨，以关爱学生的成长为核心，以推动家长积极参与子女的教育工作，促进家校合作，优化育人环境，推进现代学校制度建设为目标，强化家庭、社会、学校三位一体的组织内核，面向全体家长、以人为本。试点工作以研究为牵引，以系统、系列实验为平台，总结典型经验，提炼特点规律，为在全省中小学幼儿园普遍建立家校合作伙伴关系提供理论和经验指导。

二、工作目标

通过改革试点，丰富教育理论研究，整理江西省有代表性的学校和地区家校合作教育的典型经验，探索江西省中小学家校合作教育的有效模式和发展路向，提高家校合作教育的层次，拓展家校合作教育的领域，创建教育共同体。

三、基本原则

试点学校的试点工作应遵循以下原则：

（一）理论引导与实践创新相统一。参考、借鉴国内外先进理论研究成果，在充分了解江西省家庭因素与儿童成长的相关性基础上，通过试点工作，探索和积累本省、本地区和本校家校合作的经验。

（二）试点工作与学校教育教学改革相结合。在进一步深化教育改革、全面推进素质教育的进程中，通过试点工作，拓宽学校教育教学改革的领域，使家校合作成为现代学校制度的应有之义。

（三）以重点工作为抓手。通过家长委员会的平台和持续的家庭教育指导，建立普及、有效的家校合作模式，更新家长观念，加强家长能力建设，增强家庭和家长对儿童成长的积极作用。

四、主要内容

（一）开展家校合作的大型调研并连续报送相关信息

1. 开展家校合作的大型调研。各试点学校在省教育厅（委托省教科所成立总项目组具体负责）的统一指导下，利用 5 至 10 年的时间，采取问卷、访谈、个案跟踪等形式，系统开展家校合作的现状与进展调研、家校合作的效能调研以及家庭因素与儿童成长的相关性调研等连续性调研，积极配合总项目组开展跟踪研究。

2. 报送有关家校合作的调研资料和家校合作的活动信息。

第一批问卷调查应当于 2012 年 10 月底前完成，具体安排由总项目组统一协调。

（二）建设家长委员会并连续报送相关信息

1. 建设家长委员会。按照《江西省中小学幼儿园家长委员会设置与管理办法（试行）》设置家长委员会，发挥学校的主导作用，保障家长委员会的健康运行。及时总结经验，积极探索家长委员会的规律特点。

2. 实践六种类型的家校合作。根据学校的历史基础和现实状况，按照当好家长、相互交流、志愿服务、在家学习、参与决策、与社区协作等六种家庭与学校伙伴关系参与模式的要求，选择开展家校合作实践活动，记录实践过程。

3. 做好相关材料的报送工作。每学期期中、期末各报送一次家校合作的实践材料和典型经验、做法；每学年初报送家长委员会的年度工作计划，学年末报送家长委员会年度工作总结；不定期报送家校合作实践活动的过程性材料。

五、组织措施

（一）组织保障。各试点学校要高度重视改革试点工作，并列入重要工作议程，充分发挥班主任的作用，成立试点工作领导小组。领导小组由校（园）长、分管校（园）领导和其他骨干成员组成。

（二）政策扶持。各试点学校实行任期制，由省教育厅根据申报和考核按学年授牌，确定为省级教育体制改革试点学校。试点学校优先接受省教育厅的定期免费培训、最新信息资料和专家技术指导。省教育厅将定期举办经验交流会或现场观摩会，并将结集出版试点学校的突出经验和优秀成果，为试点学校提供简报或教育厅官方网站等形象展示平台。

（三）成果与荣誉。各试点学校在改革试点项目的平台上分享经验，有权获得经过整理的本校调研数据信息。省教育厅对具有突出表现的试点学校进行表彰。

总项目组将以出版成果汇编，编发项目简报，向国家和省教育体制改革领导小组、省教育厅领导报送工作进展情况等形式，将试点学校的成功做法与突出经验在全省乃至全国进行推介。

《江西省中小学幼儿园家长委员会设置与管理办法（试行）》

第一章　总则

第一条　为贯彻落实《国家中长期教育改革和发展规划纲要

（2010～2020 年）》和《江西省中长期教育改革和发展规划纲要（2010～2020 年）》，推进现代中小学幼儿园（以下简称为学校）制度建设，完善学校管理制度，构建学校、家庭、社会密切配合的育人体系，根据相关政策与法律法规，结合我省实际，特制定本办法。

第二条　学校家长委员会是由本校学生家长代表组成，代表全体家长参与学校民主管理，支持和监督学校做好教育工作的群众性自治组织，是学校联系广大学生家长的桥梁和纽带。

第三条　本省辖区内有条件的学校均应设置学校家长委员会，名称定为"××××学校（幼儿园）家长委员会"，会址与学校地址相同。

第四条　学校家长委员会应制订自己的组织章程，章程应当包括以下内容：

（一）名称；

（二）宗旨；

（三）家长的权利与义务；

（四）家长委员会的权利与义务，选举与任期；

（五）会议制度；

（六）其他需要规定的内容。

第五条　家长委员会应于每届家长代表大会开会后三十日内，将选举办法、组织章程、会议记录及参会人员名册报教育行政主管部门备案。

第二章　班级家长委员会

第六条　班级家长委员会由会长和委员组成。各班级均召开全体家长会，在班主任组织和指导下推选班级家长委员会会长 1 名和委员 4~8 名，建立班级家长委员会。视学校规模每班推选 1~3 名学校家长代表大会家长代表，可兼任班级家长委员会委员。

第七条　班级家长委员会每学年至少召开两次全体会议，由会长在班主任的指导下召集并主持。会长、家长委员会委员、家长代表任期到期或辞职时，由班主任指导家长推选或改选。

第八条　班级家长委员会的职责：

（一）协助班级开展教育教学活动，并提供改进建议。

（二）协助班级开展家长教育指导，沟通班级与家庭。

（三）协助班级处理重大偶发事件。

（四）代表本班家长向学校家长委员会就学校管理工作和教学工作提出意见和建议，并执行家长代表大会及学校家长委员会的决议。

（五）收集家长信息和资源，引导家长加入家长委员会的专业工作组和参加各项活动。

（六）其他有关班级家长委员会的事项。

第三章　学校家长委员会

第九条　学校家长委员会的委员由家长代表大会推选。

第十条　家长代表大会每学年至少召开一次，在学校组织和指导下，在秋季学期开学后四周内召开。

第十一条　学校家长代表大会由各班推选的家长代表参加，校长及教师代表列席。

第十二条　家长代表大会的职责：

（一）审议家长会组织章程。

（二）听取学校工作报告，就学校工作提出意见和建议；听取学校家长委员会工作报告，研究确定学校家长委员会重大工作。

（三）选举及罢免学校家长委员会委员、副会长、会长。

第十三条　家长委员会设会长1名、副会长若干名。

第十四条　家长代表、家长委员会委员应具有正确教育观念，掌握科学的教育方法，热心学校教育工作，富有奉献精神，有一定的组织管理和协调能力，善于听取意见、办事公道、责任心强，能赢得广大家长的信赖。

第十五条　家长代表、家长委员会委员任期一般为三年，每学年可以适当改选，可连选连任。因毕业、转学等离校的学生家长，其家长代表、委员会委员身份自动丧失；会长子女在其任期内离校时，需提前两周提出辞呈，由家长委员会推选一名副会长代任，主持常务工作。

第十六条　学校家长委员会每学期至少召开 1 次全体会议，新任会长当选的第一次会议应于当选后三十日内召开，校长及教师代表列席。

第十七条　学校家长委员会会议由家长委员会会长召集并负责，会长因故不能召集或不召集时，其他家长委员会委员可以三分之一以上联名召开。

第十八条　学校家长委员会每学期结束前要对本学期开展的工作和效果进行总结。配合学校开展评选优秀家长的表彰活动。

第十九条　学校家长委员会的职责：

（一）参与学校管理。听取学校关于发展规划、教育教学工作安排等方面的情况介绍，就学校发展中的重要问题进行沟通，为学校的发展献计献策。

（二）与学校共同做好德育工作。经常向家长了解学生在家庭的表现和对学校、教师的看法，与学校和教师一起肯定和表扬学生的进步，解决和化解学生遇到的困难和烦恼，做好思想工作。

（三）协助学校开展教育教学活动。发挥家长的专业优势，为学校教育教学活动提供支持。选派家长委员列席学校校务、教务等会议，与学校一起组织家长听课、家长接待日，参与对学生和教师的评价，帮助学校改进和完善教育教学工作。

（四）协助学校开展安全和健康教育。引导家长履行监护人责任，配合学校提高学生安全意识和自护能力，支持学校开展体育运动和社会实践活动。对学校的安全工作进行监督，与学校共同做好保障学生安全工作，避免发生伤害事故。

（五）支持和推动减轻学生课业负担。防止和纠正幼儿园教育"小学化"。引导家长积极支持教育部门和学校采取的减轻中小学生课业负担的各项措施，监督学校的课业负担情况，及时向学校提出意见和改进的建议，与学校共同推进素质教育。

（六）引导家长树立正确的教育理念。协助学校开展家长教育指导，积极学习教育知识，增进家长对学校工作的理解和支持，促进家庭教育与学校教育协调一致。发挥家长自我教育的优势，交流宣传正确的教育理念和科学的教育方法。

（七）沟通学校与家庭。建立家长委员会和学校定期沟通协调的议事机制，就学生家长、学生、社会等反映的有关问题及时与学校进行沟通协商。建立班主任、任课教师与家长，家长与家长间的沟通、互动机制。

（八）执行家长代表大会的决议。

（九）家长委员会开展活动应当遵守法律法规和相关政策规定。严禁利用家长委员会聚众闹事、违规收费以及要求学校开展违背法律法规、政策和教育教学规律的活动。

第四章　专业工作组

第二十条　学校与学校家长委员会根据实际确定专业工作组的类别和数量，本着自愿原则，根据家长的专长和资源优势，组成各专业工作组（可按活动类型设课程指导、安全防卫、社会实践、家庭教育、咨询宣传等工作组，也可按目标类型设学术目标工作组、学生行为改善工作组和学校、家庭合作氛围改善工作组等）。专业工作组组长由家长委员会委员兼任，必要时可招募临时志愿者。

第二十一条　专业工作组在学校的指导下由组长负责召集，每学年至少举办一次主题活动。

第二十二条　专业工作组根据工作组职责和定位，在学校的配合下，开展主题活动。

第二十三条　家长可同时在学校、班级家长委员会和专业工作组中担任职务。

第五章　保障

第二十四条　学校应为家长委员会的设置和工作开展提供必要的办公场所和办公条件。

第二十五条　学校、班级家长委员会成员和各专业组组长的聘书，由学校颁发。

第二十六条　学校要充分利用省家长学校等现有渠道，开展家长教育指导，提升家长参与教育、参与管理和沟通学校的能力。

第二十七条　各级教育行政部门将家长委员会的建设与管理专项培训列入本级教育行政干部和校（园）长的培训内容，将家校合作列入学校管理和教师专业发展计划。

第二十八条　各级教育行政部门对家长委员会应加强指导和管理。家长委员会违反教育法律法规和政策时，各级教育行政部门要视其情节轻重，责令纠正。

第二十九条　各级教育行政部门要对推动和实施家长委员会工作成绩显著的组织和个人，予以奖励。

第三十条　学校和教师要将家长委员会的工作纳入本职工作范畴，为家长委员会开展工作提供必要的条件，不断探索家校合作和家长委员会工作的特点和规律，有效行使主导、组织和指导的职能，保障家长委员会参与学校民主管理。

第六章　附　则

第三十一条　本办法自公布之日起施行。

第三十二条　本办法由江西省教育厅负责解释。

《关于开展中小学（幼儿园）家校合作教育试点工作的通知》

各设区市教育局：

为贯彻落实国家、省中长期教育改革和发展规划纲要精神，创新中小学（幼儿园）家校合作教育机制，推进教育共同体的建设，根据《江西省人民政府办公厅关于开展教育体制改革试点的通知》（赣府厅发〔2011〕47号），省教育厅决定在全省部分中小学（幼儿园）开展家校合作教育试点。现将有关事项通知如下：

一、开展中小学（幼儿园）家校合作教育试点工作的意义

家庭教育对未成年人的成长具有特别重要的意义，这已为全世界所公认。近年来，随着我省城镇化进程的加快，以及社会经济成分、组织形式、就业方式和分配方式的多样化发展，家庭结构的变化对家庭教育、学校教育及两者的关系产生了强烈冲击。如何充分发挥家庭教育的作用，如何应对家庭教育面临的新课题和化解传统家庭教育的困局，还有许多问题亟待解决。因此，在构建社会主义和谐社会的新形势下，需要努力探索与完善家长提高科学育子的意识的方法，改进和完善家校合作模式与运行机制，构建教育共同体，优化学生成长环境，合力促进学生健康成长。

二、中小学（幼儿园）家校合作教育试点工作的总体思路

在实证研究摸清家长、学生、学校三者互动关系的基础上，科学改进和加强家长对学生、家校合作对学生的正向作用，探索家庭教育、家校合作的有效方式、途径和机制，促进学生的全面发展，进一步激发家庭教育在培养下一代中的巨大潜能。

三、中小学（幼儿园）家校合作教育试点工作的主要内容

1. 建立家校合作工作领导小组。省教育厅程样国副厅长任组长，省教育厅基础教育处处长刘雪萍、省教育科学研究所所长吴重涵任副组长，各设区市教育局分管领导为领导小组成员。领导小组下设办公室和专家组，吴重涵兼任办公室主任和专家组组长。

2. 开展大样本调研。在各设区市部分中小学（幼儿园）建立家庭教育实验学校（园），并由省教育厅挂牌。从今年起，连续调查家庭教育的基本情况，客观描述家长与学生、家庭与学校的互动关系现状，为创新家校合作工作打下坚实的调研基础。

3. 着眼更新家长育子观念，开展家庭教育指导。各试点中小学（幼儿园）建立家长学校，不断更新家长学校教学内容，改进教育教学方法，提高教学质量，促进家长育子观念更新。注重教学研究，注重教

学与家长思想实际相统一。

4. 创新家校合作模式，组建家长委员会。各试点中小学（幼儿园）积极组建家长委员会，充分发挥家长委员会与学校共同推进素质教育、做好德育工作的作用，为学校教育改革发展提供力所能及的支持与服务。继续强化和改进家长会、家访、校访、开放日等传统合作教育机制，鼓励和吸引更多的学生家长参与学校决策以及学校管理的活动。积极探索新形势下，家校合作的新方法、新途径、新机制。

5. 家校合作创设学校特色活动、创建学习型家庭。各试点中小学（幼儿园）通过多种形式的家校联谊，贴近学校与家庭实际，开展特色教育活动。

四、中小学（幼儿园）家校合作教育试点工作的主要步骤

1. 2012 年 1 月 31 日前，经申报和审核，确定试点学校（园）；

2. 2012 年 4 月 30 日前，在领导小组及其专家组的指导下，试点学校（园）制定试点工作方案，完成试点准备工作。

3. 2012 年 5 月始，开展家校合作教育试点学校（园）建设工作。其中：

第一阶段，江西省教育科学研究所在确定的试点中小学（幼儿园）开展家校合作教育的全面调研工作；

第二阶段，开展大规模的家长教育，更新家长育子观念；

第三阶段，江西省教育科学研究所指导试点中小学（幼儿园）开展家校合作教育活动，探索家校合作教育的新形式，江西省家长学校省级讲师团为试点中小学（幼儿园）培训家庭教育校内兼职讲师。领导小组及其专家组指导试点中小学（幼儿园）组建家长委员会，探索新形势下推进学校民主管理与构建现代学校制度的途径；

第四阶段，江西省教育科学研究所指导试点中小学（幼儿园）总结家校合作教育经验与成果，评选家校合作教育示范学校，推广示范学校的改革试点经验。

五、开展中小学（幼儿园）家校合作教育试点工作的条件保障

1. 各试点中小学（幼儿园）要积极争取当地党政领导重视家校合作教育，争取当地政府及有关部门对试点中小学（幼儿园）家长学校的大力支持。

2. 各设区市教育局要相应成立家校合作教育试点工作领导小组，统筹领导本地区试点工作，对试点工作进行全程指导。

3. 省教育厅将建立和完善中小学家校合作教育体系、家校合作教育的评价与保障机制。

请各设区市教育局根据本地实际，推荐中小学（幼儿园）参与试点工作（南昌、九江、上饶、抚州、宜春、吉安、赣州各推荐5~6所，景德镇、萍乡、新余、鹰潭各推荐3~4所），于2012年1月20日前将试点中小学（幼儿园）申报表（附后）报江西省教育厅。推荐中小学（幼儿园）应当考虑城镇与乡村、各级各类学校的代表性。

附件：江西省中小学（幼儿园）家校合作教育试点学校申报表（略）

2011 年 12 月 10 日

《江西省教育厅关于公布2012~2013学年教育体制改革重点项目"创新家校合作教育机制"试点学校名单的通知》

（赣教科字〔2012〕4号）

各设区市教育局：

为创新中小学（幼儿园）家校合作教育机制，推进教育共同体建设，根据我厅去年底印发的《关于开展中小学（幼儿园）家校合作教育试点工作的通知》要求，各地认真组织推荐了一批符合相关条件的中小学（幼儿园）参与试点工作。经评选，确定彭泽县城关完小学等

49 所学校为 2012~2013 学年教育体制改革重点项目"创新家校合作教育机制"试点学校。现予以公布。

各试点学校要按照家校合作教育试点工作要求，积极配合省教科所做好试点相关工作，探索新形势下家校合作的新方法、新途径和新机制，努力完成所承担的试点工作任务。

附件：2012~2013 学年教育体制改革重点任务试点项目"创新家校合作教育机制"试点学校名单

江西省教育厅

2012 年 5 月 22 日

附件

2012~2013 学年教育体制改革重点任务试点项目
"创新家校合作教育机制"试点学校名单（略）

《江西省教育厅关于组织申报江西省
家校合作第二批试点单位的通知》
（赣教科字〔2014〕1 号）

各设区市教育局：

推动学校、家庭与社区合作，既是优化儿童成长环境的需要，也是建设现代学校制度的需要。2012 年以来，在江西省教育体制改革重点任务试点项目"创新家校合作教育机制"试点工作中，各设区市教育局、各相关县（市、区）教育局和各试点学校按照《关于开展中小学（幼儿园）家校合作教育试点的通知》（赣教基字〔2011〕91 号）和《江西省中小学幼儿园家校合作教育试点学校工作方案》（赣教科字

〔2012〕7号）等文件要求，结合项目工作方案和实际，开展了大量有益的探索，取得了阶段性成果，较好地完成了第一轮试点任务。为了更加广泛深入地开展试点工作，经研究决定面向全省征集试点区域和第二批试点学校，现将有关情况通知如下。

一、征集范围

1. 县（市、区）教育局以本局辖区为单位申请区域试点，设为试点县（市、区）。

2. 全省中小学幼儿园（含第一批试点学校）以本学校为单位申请学校试点，设为试点学校。

二、试点期限

试点工作期限为三年（2014年7月至2017年7月）

三、试点工作内容

（一）试点县（市、区）

1. 建立健全家校合作的各级组织。试点县（市、区）探索设立区域性家长组织和家校合作的协调组织，发挥教育行政主管部门的主导作用，保障家校合作各级组织的健康运行。

2. 开展家校合作的大型调研并连续报送相关信息。在省教育厅（委托省教育厅基教处和省教科所成立省项目组具体负责）的统一指导下，组织开展区域内家校合作培训、调研、活动和科研，并报送有关家校合作的调研资料和家校合作的活动信息。

（二）试点学校

1. 按照有关要求建设家长委员会和家校合作的相关组织，发挥学校的主导作用，保障家校合作各类组织的健康运行。

2. 与省项目组共同为优化和本土化全省通用的家校合作专业实践框架开展工作，记录实践过程并报送家校合作实践活动的过程性材料。

3. 在省项目组的指导下，采取问卷、访谈、个案跟踪等形式，系统开展家校合作的现状与进展调研、家校合作的效能调研以及家庭因素与儿童成长的相关性调研等连续性调研，与省项目组共同开展家校合作领域的教育科研，并报送有关家校合作的调研资料和家校合作的活动信息。

（三）省项目组

1. 与各试点单位共享成果与荣誉，由省教育厅为试点县（市、区）、试点学校授牌，并为各试点单位提供免费培训（含教师培训、家庭教育培训、家长代表培训、教育科研培训等）。

2. 派驻专家进入试点单位开展家校合作指导，为试点单位明确行动起点、发展特色与优势，制定和实施家校合作行动计划提供帮助，专家驻单位工作期间的费用由省项目组自行负担。

3. 为试点单位提供工作推介与交流平台，包括省教育厅的官方网站、省家长学校的官方网站、省教育体制改革项目简报（此简报报送省和国家教育体制改革领导小组、发放各试点单位）、结集出版试点单位的工作案例选编、组织试点单位在全省性培训或会议上交流经验、通过《家教指导报》推介试点单位家校合作活动和相关教师研究成果。

4. 为试点单位开展教育科研提供指导和平台，包括在省教育科学规划课题中单列家校合作方向，结集出版优秀的家校合作研究论文。

5. 建立优秀的家校合作工作经验资料库，为试点单位提供专享服务。

四、申请条件与程序

1. 时间：2014 年 4 月 30 日截止。

2. 名额：第二轮试点学校不再向各设区市分配指标数，第一批试点学校以及参加了 2013 年 12 月于井冈山举行的"中小学幼儿园家长委员会建设指导教师专题培训"的学校，在相同的工作基础上优先加入试点。

3. 程序：申请试点的县（市、区）申请材料由设区市教育局汇总后向省教育厅申报；申请试点的学校向县（市、区）教育局上交申请材料，各设区市教育局汇总材料后，向省教育厅申报。

省教育厅将组织专家根据申请单位的工作积极性和工作基础、第二轮试点工作任务、申请单位的代表性等因素，评审确定试点单位。

4. 材料：纸质申请表（见附件）寄江西省教育科学研究所张俊老师收，电子稿发送到 toyours@ qq. com。

5. 联系方式：南昌市赣江南大道 2888 号江西省教育厅 17 楼 1714 室　邮编 330038　电话 0791-86763397

附件：1. 江西省中小学（幼儿园）家校合作试点单位［试点县（市、区）用表］（略）

2. 江西省中小学（幼儿园）家校合作试点学校（学校用表）（略）

江西省教育厅

2014 年 2 月 12 日

《江西省教育厅关于公布江西省家校合作
第二批试点单位名单的通知》

（赣教科字〔2014〕5 号）

各设区市教育局、省直管县（市）教育局：

为巩固和推广我省第一阶段家校合作试点工作的成果，进一步健全中小学校家校合作制度，根据省教育厅《关于组织申报江西省家校合作第二批试点单位的通知》（赣教科字〔2014〕1 号）要求，在各地推荐的基础上，经专家评审小组评选，确定第二批试点单位弋阳县、芦溪县为"江西省家校合作试点县"，江西师范大学附属小学等 107 所中小学、幼儿园为"江西省家校合作试点学校"。现予以公布。试点工作自 2014 年 9 月至 2017 年 8 月，第一批试点学校的试点工作即行终止（继续列入第二批试点的，按第二批试点要求办理）。

在全省范围内开展家校合作试点工作，是贯彻《中共江西省委、江西省人民政府关于深化教育领域综合改革若干问题的意见》（赣发〔2014〕15 号）中关于"健全中小学校的校务会议、教职工代表大会、家校合作制度"的要求,深入推进我省基础教育改革的一项重要举措。试点县和试点学校由我厅授牌,实行动态管理。试点县和试点学校要认真履行工作职责,积极探索家校合作规律,努力完成所承担的试点工作任务,在全省家校合作工作中发挥骨干作用。

附件:江西省家校合作第二批试点单位名单

江西省教育厅

2014 年 9 月 4 日

附件

江西省家校合作第二批试点单位名单

江西省家校合作试点县

弋阳县、芦溪县

江西省家校合作试点学校

南昌市

江西师范大学附属小学、南昌大学附属小学、南昌大学附属小学红谷滩分校

九江市

九江市双峰小学*、九江市长虹小学*、九江市浔阳区东风小学、彭泽县城关完小*、德安县蒲塘小学、德安县第三小学、九江实华学校、九江市第一中学、九江市同文中学、九江市第三中学、九江市田家炳实验中学、瑞昌市第四中学

景德镇市

景德镇昌飞实业有限公司昌河幼教中心*、景德镇市第十一小学*、景德镇市实验小学、乐平市第六小学、景德镇市第十九中学

萍乡市

萍乡市实验幼儿园*、萍乡经济开发区光丰小学、萍乡经济技术开发区登

岸小学、萍乡市安源区通济小学*、萍乡市湘东区萍钢中学、萍乡市湘东区峡山口街新村小学、萍乡市湘东区荷尧镇中心小学、莲花县城厢小学、萍乡中学

新余市

新余市中心幼儿园、新余市渝水第三小学、新余市第六中学*

鹰潭市

鹰潭市第三幼儿园*、江铜贵溪冶炼厂幼儿园*、余江县潢溪镇中心幼儿园

赣州市

瑞金市直属机关幼儿园、宁都县县城机关幼儿园、大余县水城幼儿园*、赣州市文清路小学*、定南县第一小学*、崇义县章源中英文实验小学、赣县城关小学*、宁都县第一小学、瑞金市解放小学、上犹县第一小学、兴国县实验小学、寻乌县城关小学、于都县实验小学、会昌县实验学校、石城县实验学校、赣州市第一中学、赣州市第七中学*、信丰县第三中学、于都县第二中学

宜春市

宜丰县幼儿园*、上高县幼儿园*、樟树市幼儿园、赤田顶呱呱幼儿园、宜春市第三小学*、宜春市第六小学、丰城市剑光第三小学、奉新县第五小学、高安市第七小学*、靖安县第一小学、铜鼓县第一小学、樟树市实验学校*、宜春市第一中学、宜春市第四中学、丰城中学*、高安中学*、宜丰中学、铜鼓县第二中学、万载县第二中学、靖安双溪中学

上饶市

上饶市逸夫小学、上饶县皂头中心小学、德兴市银城第一小学、广丰县永丰街道永丰小学、横峰县第一小学、横峰县第二小学、玉山县端明小学、铅山县永平镇中心小学*、铅山县永铜小学、铅山县鹅湖镇中心小学、横峰县兴安学校、上饶县董团乡董团中学、广丰县丰溪街道南屏中学、广丰县街道永丰中学、鄱阳县四十里街镇第一中学*

吉安市

吉水县中心幼儿园、吉安师范附属小学*、吉安市韶山路小学*、吉安

县城关一小*、井冈山市实验小学、遂川县泉江小学、泰和县第三实验小学、万安县实验小学、新干县逸夫小学、永丰县恩江小学、安福中学、永新县永安中学

抚州市

金溪县锦绣小学、乐安县第四小学、临川第一中学、抚州市第一中学、东乡县第二中学*、南城县实验中学

（注：带"*"号的为列入过第一批试点学校，继续进行试点）

《江西省教育厅关于开展江西省第三批制度化家校合作试点单位申报工作的通知》

（赣教科字〔2017〕2 号）

各设区市、省直管县（市）教育局：

我省自 2011 年推进制度化家校合作工作以来，经过两轮试点，创造了家校合作的"江西模式"。为进一步深化和扩展试点工作，加快形成省域家校合作制度体系，构建家、校、社广泛参与的大育人格局，根据我厅《关于贯彻落实〈教育部关于加强家庭教育工作的指导意见〉的实施意见》及 2017 年工作要点，经研究，决定组织开展全省第三批制度化家校合作试点单位申报工作。现将有关事项通知如下：

一、申报对象

1. 县（市、区）教育局以本辖区为单位申请区域试点，设为家校合作试点县（市、区）。

2. 全省中小学幼儿园（含第一批、第二批试点学校）以本学校为单位申请学校试点，设为家校合作试点学校。

二、试点期限

2017 年 12 月至 2020 年 12 月（试点工作期限为 3 年）。

三、试点工作内容

（一）试点县（市、区）

1. 综合规划本区域内家校合作工作，将家校合作融入各项教育改革工作中，促进区域内形成家、校、社合作格局，优化育人环境。

2. 与上级行政管理部门建立有关家校合作沟通机制，与县（区、市）政府、乡（镇）政府和学校形成多级家校合作组织网络，完善本区域内家校合作组织系统。

3. 在省总项目组实践框架内，因地制宜开展家校合作工作，积极总结经验，形成有效的工作机制和区域特色品牌。

4. 组织开展区域内家校合作培训、调研、科研等活动，报送有关调研资料和活动信息。

（二）试点学校

1. 将家校合作纳入学校总体发展规划，成为学校教育教学改革的支持力量，努力促进育人环境、办学环境和家庭环境的改善。

2. 在省总项目组指导下，结合本校传统和特色，创新实践家校合作的行动框架，记录并报送有关活动过程、经验总结等材料。

3. 在省总项目组指导下，采取问卷、访谈、个案跟踪等形式，系统连续开展家校合作实践研究，并报送有关科研成果和过程性材料。

（三）省总项目组

1. 与各试点单位共享成果与荣誉，由我厅为试点单位授牌。

2. 提供业务指导，包括为各试点单位提供免费培训（含教师培训、家庭教育培训、家长代表培训、教育科研培训等）、驻校实践指导与调研、科研指导等。

3. 搭建经验推广、交流合作、品牌培育等平台，推介试点单位家校合作活动和相关教师研究成果。

四、申报程序及评审要求

（一）申报程序

申请试点的县（市、区），填写《江西省中小学（幼儿园）家校合作试点单位申报表》（附件1），由设区市教育局重点核实申报材料是否真实、准确、齐全，并签署推荐意见后报送至省教育厅。

申请试点的学校，填写《江西省中小学（幼儿园）家校合作试点学校申报表》（附件2），将申报表交至县（市、区）教育局，由县（市、区）教育局重点核实申报材料是否真实、准确、齐全，并签署推荐意见，报送至设区市教育局。各设区市教育局审核汇总后报送至省教育厅。

省教育厅组织专家综合评估申报单位应具备的条件、代表性和工作基础等因素，确定第三批试点单位。

（二）评审要求

以上材料于2017年10月25日前，将纸质稿通过快递方式或直接报送至南昌市红角洲赣江南大道2888号江西教育发展大厦1714室，邮编：330038。联系人及联系电话：刘莎莎，0791-86763397，传真：0791-86765821。同时将材料电子稿发送至252783234@qq.com邮箱，在邮件主题中注明：全省第三批制度化家校合作试点单位申报材料。

各设区市、省直管县（市）教育局要高度重视全省第三批制度化家校合作试点单位申报工作，根据申报单位应具备的条件，本着公平、公正、公开的原则，切实把这项工作做实、做细，推动我省制度化家校合作持续、健康向前发展。

附件：1. 江西省中小学（幼儿园）家校合作试点单位申报表［试点县（市、区）用表］（略）

2. 江西省中小学（幼儿园）家校合作试点学校申报表（学校用表）（略）

江西省教育厅

2017年9月22日

《江西省教育厅关于公布江西省第三批
制度化家校合作试点单位名单的通知》

(赣教科字〔2017〕3 号)

各设区市教育局、省直管县（市）教育局：

为巩固和推广我省前两轮家校合作试点工作的成果，进一步推进制度化家校合作的研究与实践，营造家、校、社广泛参与的大育人格局，根据省教育厅《关于开展江西省第三批制度化家校合作试点单位申报工作的通知》（赣教科字〔2017〕2 号）要求，全省各地认真组织了第三批制度化家校合作试点单位申报工作。经组织专家评审，确认南昌市新建区等 10 个单位为"江西省制度化家校合作试点县（区）"，南昌市邮政路小学等 252 所学校为"江西省制度化家校合作试点学校"，现予以公布。试点工作自 2017 年 12 月至 2020 年 12 月，第二批试点学校的试点工作即行终止（继续列入第三批试点的单位，按第三批试点要求开展工作）。

在全省范围内开展家校合作试点工作，是贯彻落实党的十九大精神，深入推进我省基础教育改革的一项重要举措。试点工作实行动态管理。各试点单位要认真履行工作职责，积极探索家校合作规律，努力完成所承担的试点工作任务，在全省家校合作工作中发挥骨干作用。

附件：江西省第三批制度化家校合作试点单位名单

江西省教育厅

2017 年 12 月 19 日

附件

江西省第三批制度化家校合作试点单位名单

江西省制度化家校合作试点县（区）

南昌市新建区、九江市德安县、萍乡市芦溪县*、赣州市南康区、赣州市安远县、宜春市袁州区、上饶市弋阳县*、吉安市安福县、抚州市东乡区、抚州市崇仁县

江西省制度化家校合作试点学校

南昌市

南昌市邮政路小学、南昌市百花洲小学、南昌市团结路学校、南昌市雷式学校、南昌市新建区第一小学、南昌经开区新城学校、南昌汽车机电学校、南昌县莲塘第一小学、南昌县芳草学校、南昌县莲塘第五中学、安义县龙津小学

九江市

九江市湖滨幼儿园、九江市双峰小学*、九江市九江小学*、九江市外国语学校、九江市第六中学*、九江市浔阳区东风小学*、九江市浔阳区浔阳小学、九江市浔阳区柴桑小学、九江金安高级中学、九江市濂溪区第一幼儿园、九江市濂溪区匡庐小学、瑞昌市公立幼儿园、瑞昌市第八中学、修水县第一小学、修水县义宁小学、永修县第二中学、德安县第一小学、德安县第三小学*、德安隆平学校、湖口县第一小学、彭泽县城关完小*

景德镇市

景德镇市第十一小学*、浮梁县第一小学

萍乡市

萍乡市湘东区湘东小学、萍乡市湘东区萍钢中学*、萍乡市湘东区荷尧镇中心小学*、上栗县上栗镇中心小学*、上栗县东源乡中心小学、上栗县东源乡上埠中学、上栗县桐木镇中学、上栗县长平乡流江学校、上栗县桐木镇中心小学、上栗县福田镇中心小学、上栗县赤山镇中学、上栗县赤山镇中心小学、上栗县彭高镇中心小学、萍乡市莲花县保育院、莲花县城厢小

学*、莲花县琴亭镇中心小学、萍乡经济开发区登岸小学*、萍乡市经济技术开发区光丰小学*

新余市

新余市中心幼儿园*、新余市铁路幼儿园、新余市新钢第一小学、新余市第一中学*、新余市第二中学、新余市第六中学*、新余市渝水区第三小学*、新余市渝水区第八小学、分宜县第一中心小学、分宜县第二中心小学、分宜县第二中学、分宜县第三中学

鹰潭市

鹰潭市第二幼儿园、鹰潭市第三幼儿园*、鹰潭市师范附属小学、鹰潭市第三中学、贵溪市江铜贵溪冶炼厂幼儿园*、贵溪市第一中学附属学校、贵溪市象山学校、贵溪市奥科幼儿园、余江县第四小学、鹰潭市龙虎山景区上清镇中心小学、信江新区港口小学

赣州市

赣州市第一中学*、赣州市厚德路小学、赣州市西津路小学、赣南师范大学附属中学、赣州中学、赣州市第三中学、赣州经开区黄金实验小学、赣州经开区大坪明德小学、赣州经开区文清外国语学校、赣州经开区蟠龙镇中心小学、赣州经开区湖边中学、赣州市赣县区城关小学*、赣州市赣县区五云中心小学、赣州市赣县区第二中学、赣州市南康区第一小学、赣州市南康区第五小学、赣州市南康区第六中学、信丰县第一小学、信丰县陈毅希望学校、大余县水城幼儿园*、大余县南安小学、大余县东门小学、大余县池江中学、大余县新城中学、大余县南安中学、上犹县第一小学*、安远县东江源小学、安远县三百山镇中心小学、龙南师范学校附属小学、龙南镇第一小学、龙南镇第二小学、龙南县龙翔学校、定南县第一小学*、定南县第二小学、定南县第三小学、定南县第五小学、定南实验学校、定南中学、宁都县幼儿园*、全南县实验小学、宁都县第一小学*、宁都县第三小学、宁都县第六小学、宁都县博士源实验学校、于都县实验小学*、于都县实验中学附属小学、于都县长征源小学、于都县银坑中心小学、于都县城关小学、于都县梓山镇中心小学、于都县第二中学*、于都县宽田中学、兴国县第一幼儿

园、兴国县红军子弟小学*、瑞金市直属机关幼儿园、瑞金市红井幼儿园、瑞金市金都小学、会昌县会昌小学、会昌县第五小学、会昌县希望小学、会昌中学、会昌县第四中学、会昌珠兰示范学校、会昌县私立英才学校、寻乌县实验小学、寻乌县城关小学*、寻乌县城北新区小学、寻乌县城南小学、寻乌县三二五小学、寻乌县第二中学、石城县第一小学、赣州蓉江新区潭东中学

宜春市

宜春市实验小学、宜春中学、宜春市第三中学*、宜春市第七中学、宜春市第八中学、宜春市第九中学、宜春市袁州区中心幼儿园、宜春市袁州学校、宜春市袁州区第四小学、宜春市袁州区第八小学、宜春市翰林学校、宜春市画眉小学、宜春市沁园小学、樟树市实验学校*、丰城市第五中学、靖安县双溪中学*、奉新县春苗艺术幼儿园、奉新县赤田顶呱呱幼儿园*、奉新县第五小学*、上高县幼儿园*、上高县河南小学、上高县实验小学、上高县敖阳小学、上高县学园路小学、上高县第三中学、宜丰县幼儿园*、宜丰县新昌镇第一小学、铜鼓县第二中学*、万载县第二中学*

上饶市

玉山县保育院、玉山县第五幼儿园、玉山县东城小学、玉山县瑾山小学、玉山县第五中学、铅山县永平镇中心小学*、铅山县河口镇第一中心小学、铅山县明德小学、铅山县武夷山中学、万年县第二小学、鄱阳县金家小学、鄱阳县四十里街镇第一中学*

吉安市

吉安市保育院、吉安师范附属小学*、吉安市韶山路小学*、吉安市第一中学、吉安市第二中学、吉安市青原区实验小学、井冈山大学附属中学、井冈山市龙市小学、井冈山经济开发区学校、井冈山中学、吉安县保育院、吉安县实验小学、吉安县城关一小*、吉安县文山学校、吉安县特殊教育学校、吉水县第二中心幼儿园、吉水县实验小学、吉水县第四中学、峡江县幼儿园、峡江县实验小学、峡江县巴邱小学、峡江县马埠镇中心小学、峡江县水边中学、新干县城南幼儿园、新干县逸夫小学*、新干县城北小学、永丰县保育

院、永丰县恩江二小、永丰县城南学校、泰和县实验小学、泰和县第三实验小学*、万安县芙蓉中心小学、万安县第二中学、安福县平都第二小学、安福县金田初级中学、永新县实验小学、永新县城西小学、永新县城厢小学

抚州市

抚州市实验学校*、抚州市临川区第二保育院、抚州市临川区第十三小学、抚州市临川第一中学*、抚州市临川第四中学、南城县幼儿园、南城县实验小学、南城县第二小学、南城县实验中学、黎川县幼儿园、黎川县第二小学、黎川县宏村中学、南丰县莱溪乡中心小学、崇仁县幼儿园、崇仁县巴山镇第四小学、崇仁县第二中学、崇仁县宝水实验学校、宜黄县实验小学、金溪县保育院、金溪县秀谷镇第二小学、金溪县第二中学、广昌县第二中学、广昌县实验小学、广昌县幼儿园、抚州市东乡区幼儿园、抚州市东乡区东磷学校

（注：带"*"号的单位曾参加前两轮试点工作）

《江西省教育厅办公室关于同意增补南昌经济技术开发区为江西省第三批制度化家校合作试点单位的回复》

南昌经济技术开发区管理委员会：

你区《关于恳请将南昌经开区增补为"江西省第三批制度化家校合作试点单位"的请示》（洪经管文〔2019〕6号）收悉。经研究，同意增补你区为"江西省第三批制度化家校合作试点单位"。

望你区对照第三批制度化家校合作试点单位的工作要求，积极创造条件，不断探索家校社合作好经验，切实提升你区家校社合作工作水平，大力营造良好教育生态。

特此函复。

江西省教育厅办公室

2019 年 4 月 4 日

第四章

县域层面家校合作行动经验

弋阳县教体局关于印发《弋阳县关于做好家校合作升级版工作的意见》的通知

（弋教体字〔2020〕60号）

目前，我县家校合作工作名声在外，去年全省的家校合作工作会议在我县举行，我县的家校合作工作得到了省厅领导和与会人员的高度评价。4月28日，在全省"营造江西教育良好生态（家校合作升级版）"推进会上，省教育工委书记、教育厅厅长叶仁荪，教育工委副书记肖志华等厅领导也充分肯定和高度赞扬弋阳的家校合作工作。并强调在今后一个时期内，把家校合作工作作为"营造江西教育良好生态"的重要抓手，提高升级，全面推动。

创造一个品牌不容易，要守住和发扬一个品牌更不容易。为进一步巩固我县家校合作成果，认真贯彻4.28会议精神，继续保持在全省的领先地位，做出"弋阳样板"，特作如下要求：

一、加强领导，健全组织机构

1. 在县级层面。一是局机关设立家校合作办公室，暂由督导室负责，周立军主任分管，主要负责工作方案、计划、规划的制定；负责制定评估方案，并组织评估；负责指导、检查学校家校合作过程工作；负责与市、省和国家对接；负责对外宣传，及时上报和提供相关材料；完成上级交办的各项工作。二是继续保留"家校合作专业委员会"的民间组织，积极发挥其作用。主要协助教体局家校合作办公室的工作；对专委会各分会的组织领导；围绕"六个维度"进行研究实践；及时收取各专业委员会的计划、总结和研究成果等。

2. 在学校层面。各学校要有一名副校长分管家校合作工作。一是加强家长委员会的建设，及时调整学校、年级和班级家长委员会；二是调整和完善家校合作委员会组织建设，家校合作委员会组成人员一定要有学校、家长、社区代表参加；三是设立学校家校合作办公室，并配备专职家校合作办公室主任，负责家校合作委员会和家校合作日常工作，并指导六个研究小组工作；四是完善"当好家长"、"在家学习"、"相互交流"、"志愿服务"、"参与决策"和"社区协作"六个研究小组。要求名单上墙。

二、高度重视，完善工作制度

学校要高度重视家校合作工作，每个学校要配备专门的家校合作办公室和必备的办公用品（办公桌椅、电脑、橱柜等）。

同时，根据要求，各学校要建设和完善以下工作制度：

1. 进一步建立和健全家长委员会工作制度。修改和完善学校家长委员会《章程》。有条件的学校为家长委员会设立专门办公室。

2. 要建立和完善"一会、一室、一组"工作制度，即家校合作委员会、家校合作办公室和研究工作组的工作制度。

3. 要建立学校家校合作工作日常工作制度。以自然年度为准，及时制定家校合作工作计划、行事历，及时撰写总结。

4. 要做好家校合作《文集》编纂工作。各学校要根据学校开展家校合作活动的情况，及时收集整理，年终编纂一本《家校合作文集》，所有资料要注意文本格式，仿照公文格式行文，切忌抄袭、剽窃他人成果。

三、创新思路，积极开展活动

家校合作工作重在以活动为载体，以学生健康成长为目标。在以前家校合作工作的推进过程中，各学校发挥了聪明才智，创造性地开展了工作，今后要在继续做好常规工作的同时，一定要深化和创新。

1. 继续开展家长志愿者服务。各学校根据需要，继续做好家长志愿者服务工作，做好家长值日、监考、评委、路队管理员、解说等服务工作。

2. 继续做好家长进课堂活动。县城学校要把家长进课堂作为一项常态工作加以落实，充分发挥家长的特长，有条件的农村学校也要根据需要提供家长进课堂的机会。

3. 切实做好家长培训工作。除常规的家长培训以外，各学校要创新思路，开展"菜单式"培训，诸如逸夫小学的"家校夜话"、方志敏中学的"相约星期六"等主题培训，渴望各学校有新的突破。

4. 继续做好弋阳特色工作。一是扎实开展"周末假期学习互助小组"活动，这项工作贵在坚持，各学校要一如既往开展好；二是广泛开展"小手牵大手"活动，通过学校组织，学生发动学生做好"小手牵大手，洁净我家乡活动"；三是继续做好"万师访万家"工作，通过"普访""海量家访""主题家访"等活动，加强与学生家长和监护人沟通；四是创新家长会议，希望有更多的"跨省家长会""特殊家长会"等涌现。

所有开展的活动一定要记录好，把所有内容（包含计划、家长信息、家委会组织机构及活动记载、家长会记录、家访记录、案例选登和工作总结）记录在《家校合作工作手册》中，各学校要统一用《工作手册》，以便工作开展和工作检查。

四、加强工作梳理，开展督导评估

1. 把近几年所做工作进行一次认真的梳理，并分门别类做好结集，装订成册。

2. 做工作尽量"物化"，用文字、图片进行整理。

3. 各学校要写一份能反映学校家校合作工作全貌的总结汇报材料，做到重点突出，有特色、有亮点、有创新，并做好 PPT，随时可以汇报。

4. 开展督导评估。根据省教育厅的评估细则，我们将根据弋阳的实际进行修改，今年年终将组织专门人员对家校合作工作进行单独评估。

以良好的校风影响家风改变民风
——弋阳县家校合作经验分享[*]

近年来，在上级党委、政府的正确领导和教育主管部门的关心支持下，弋阳县把家校合作作为改善教育生态环境的战略突破口，率先开展制度化家校合作研究与实践，建立合伙人式的家校关系，引导社会各界参与支持教育工作，构建起家校社"三位一体"的育人体系，初步形成了社会各界理解教育、支持教育、帮助教育的良好生态氛围。主要做法如下。

一　强化组织领导，让家校合作"建起来"

做好了三个保障：一是组织保障。县委、县政府高度重视教育，将教育发展作为最大的民生工程，建立了县四套班子挂点帮扶学校机制。县委、县政府主要领导每年多次听取家校合作工作汇报，积极到各学校调研，建立了在教育一线发现问题、解决问题的现场办公机制。县政府出台了《弋阳县关于进一步开展制度化家校合作创建工作的实施方案》，成立了"弋阳县家校合作工作领导小组"，设立了专门办公室，负责指导、评估全校各级各类学校家校合作工作的实施情况。县民政局、文广新局、卫计委、文明办、团委、妇联、关工委等领导小组成员单位通力配合，加强家校合作工作宣传，

---

* 作者：周立军、崔之盘，弋阳县教体局。

引导社会支持教育工作，营造家校社共育的氛围。对于留守儿童，建立了政府主导、部门配合、社会联动的关爱体系，为留守儿童打造健康的成长环境。二是政策保障。结合全县经济社会发展情况，弋阳县制定了家校合作指导意见，并在教育事业"十三五"发展规划等政策文件中明确家校合作工作实施规范，加强人员和经费保障，把家校合作工作纳入教体事业工作部署，将家校合作工作渗透教育教学管理环节中。三是硬件保障。弋阳县克服财政基础薄弱等困难，不断加大教育投入总量，严格落实了教育经费"三个增长"的要求。三年来，预算内教育经费总额达 21.8 亿元，年均增长 30%以上，相当于全县一年半财政收入的总和。全县学校基础设施明显改善，信息化水平显著提高，省定教育装备达标全覆盖，为家校合作有序开展提供了条件。2017 年，弋阳县成为腾讯公司"智慧校园"项目试点县，并借助其强大管理功能，中小学加快实现家校合作日常管理的智能化。

二 积极统筹推进，让家校合作"热起来"

（一）坚持全域推进，扩大家校合作范围

一是在县级层面，成立"弋阳县家校合作协会和专业委员会"。协会设立理事长、常务理事长、副理事长和秘书长，组织全县班主任、教师、家长代表的培训；制定全县家校合作工作章程，规范家校合作工作，做到有章可循；制定协会年度工作计划；指导全县家长委员会组织机构建立；检查、评估、指导各级各类学校家校合作工作的开展情况等。二是在区域层面，学校间成立"家校合作联合体"。根据区域布局分别设立了九个"家校合作联合体"，每个联合体由五所学校组成，由一所学校家校合作协会理事长作为牵头人。其主要职责是：负责召集本联合体定期召开活动小组会议，交流、分享家校合作活动开展情况；负责收集、整理、发布、上报本联合体区域内各校工作开展情况的文字、图片、视频等资料；负责本区域学校经验推广以及组织参加县家校合作团队（家校协会）的活动。三是在校级层面，学校成立了学校、年级、班级家长委员会。同时，各学校建立了具有弋阳本土特色的"家校合作委员会"。这个组织机构由学校校务会成员代表、学校家长委

员会代表、社区领导代表等组成，主要制定区域内家校合作工作计划，研究学校或区域内重大活动的策划、布置安排、工作落实等。

（二）坚持典型引领，激发家校合作活力

弋阳县通过积极引导、搭建平台，拓展家校合作空间，创新模式，探索出家校合作新路径。一是让家长从"旁观者"成为"志愿者"。各中小学校广泛吸纳家长参与义务路队管理、安全巡查、卫生监督等工作，打通家长与学校沟通途径。成立了1400多个学生课外互助小组，改变传统的管理模式，解决了留守学生周末和假期的管理问题。组建了120多支家长安全服务志愿者队伍，保障学生安全。同时，家长还积极参加全县活动，在2018全省家校合作现场会、2016年"中陶会"等一些大型会议的高铁接站、路途解说、宾馆引导、会场服务等方面都起到了关键性作用。二是把家长会从"教室里"开到"教室外"。对于不同家长群体，学校创新思路，在农闲时把家长请到学校开家长会，农忙时把家长会送到村里开。面对在外务工人员较多的情况，弋阳县圭峰中学、育才学校和国诚中学等学校还将家长会开到了家长务工聚集地浙江义乌和浦江。三是把教师、家长交流从"线上"转到"线下"。近年来，弋阳县积极响应省教育厅"万师访万家"活动的号召，创造性地开展了"课外访千家""百名教师包百村""千名家长看学校""跨省家长会""教师夜访""海量家访"等活动，每年教师家访参与率达到100%，家访到访率达到200%以上。

三 深化内涵建设，让家校合作"专起来"

（一）学习与研究相结合

一是县域培训。早在2013年弋阳县就举办过全县幼儿、小学和初中三个专场"家校合作教育研讨会"，设置专题讲座、交流互动等流程，效果显著，受到《中国教师报》、江西省教科所、江西省教育电视台、《东方女报》、江西教育期刊社等多家媒体和科研单位的关注。二是专家培训。近年来，弋阳县派出教体局干部、校长参加省级中小学幼儿园家长委员会建设指导教师专题培训。邀请了江西省教科所家校合作中心、省教育厅教科所家校合作中心专家对全县各级各类学校管理者、教师、家长委员会代表进行培训。三是省级培训。弋阳县于 2014 年、2015 年连续两年承办江西省"中小学幼儿园家长委员会建设指导教师专题暨家校合作培训会"，共派出校长、分管副校长、德育室主任、班主任、教师代表、家长代表 418 人参加。四是学校培训。各学校通过家长会等形式广泛开展对家长的分层培训活动，对问题学生的家长开展针对性培训，提高家长合作意识。如曹溪中学把全校性家长会改成对家长的家教知识培训会，对问题学生的家长开展针对性培训，邀请部分有经验的家长进行家教经验介绍。五是菜单式主题培训。逸夫小学、谢叠山小学的"家校夜话"，方志敏中学的"相约星期六"和弋江镇二小的"家校沙龙"等为家长量身定制，帮助家长解决家庭教育中的困惑和难题。六是家校合作课题研究。弋阳县《从"旁观者"变成"合伙人"》、《架起"跨省家长的彩虹桥"》和《校外互助小组活动课程案例探究》等多个家校合作案例获得"中国家庭教育知识传播记录计划家校合作"优秀案例称号。

（二）学校和社会相结合

一是政校联动增活力。全县各级各类学校紧紧依靠当地政府，不断探索合作新途径，在构建新型家校关系的同时，寻找资源着力构建学校、社区、家庭三位一体的育人网络，拓宽家校合作外延，促进乡村教育的健康发展。朱坑镇党委政府召开"服务教育提升质量，推进家校合作动员会"，镇党委书记做报告，会议号召举全镇之力兴朱坑教育，构建学校、社区、家庭三位一体的育人网络，并在全镇在校学生家庭中开展"最美育人家庭"评选活动，发现不少感人的故事，营造出尊师重教、捐资助学的浓厚氛围。二是校企合作传佳话。学校主动与属地企业对接，主动解决企业职工子女就读的问题，同时充分挖掘企业资源助力学校发展。弋阳县 701 学校主动为当地鸥迪铜业公司员工辅导孩子，解决职工因上班无暇照顾子女这一难题。鸥迪总经理反哺教育，帮助学校重建微机室，为学校捐赠书架、图书等物品，并利用自己在电脑和英语方面的特长，亲自担任电脑兴趣小组的老师。与此同时，欧迪公司还设立了"鸥迪奖励基金"，用于每学期对优秀老师、学生的奖励。三是"小手牵大手"促文明。学校是精神文明建设和传播的重要阵地，弋阳县向学生倡导遵守社会公德、保护生态环境、改善卫生习惯、建设乡村文明等社会风尚，由孩子引领家长一起参与活动，大人小孩共同成长，促进社会主义核心价值观在全民的落实。为深入推进新农村建设，改善农村居住环境，弋阳县开展了轰轰烈烈的"小手牵大手，洁净我家园"系列活动。通过孩子和家长共同参与清扫街道、拾捡白色垃圾，发放"环境保护致家长一封信"，帮助个人、家庭、村落、社区制定卫生标准等活动，在社会上造成了强烈反响，有效增强了家长、社会的文明意识。

（三）评价与评估相结合

一是对学生实施绿色评价。我们从家访和家长会中了解到，一些"学困生"的家长不愿参加家长会，不愿见老师，主要原因是"孩子成绩差，没面子"。得知这一情况以后，县教体局改革了评价制度，逐步实施绿色评比。用综合评估代替单一评价，对学生文化学科素养、体育素养、音乐素养、美术素养、书写素养、实验操作素养等综合素养进行全面监测；用后进生评价代替优生评价，在评价中创设后20%学生评价指标，将原来优秀率改为后20%学生关爱率，老师对后20%学生更加重视，树立了"学困生"的自信心，增强了家长教育孩子的信心。二是服务对象评价教育工作者。学校开展家长、学生评价校长、评价教师等活动，提升家长、学生在学校管理中的话语权，督促学校关注全体学生，关注学生的全面发展，有效提升教育教学质量。三是社会各界评价学校。从县、乡两个层面建立"两代表一委员"、家长代表、退休教师代表、高智联代表以及其他行业代表巡查教育的工作机制。通过每年两次教育巡查，学校与社会各界的联系密切了，让社会全面掌握、公正评价教育效果，赢得了社会各界的广泛支持。

四 引领各界参与，让家校合作"好起来"

（一）"两改变"

一是改变了教育生态。弋阳县通过家校合作营造了良好的教育生态，在社会上发出了教育的声音。社会各界说教育、议教育、思教育、想教育、帮教育、谋教育蔚然成风，对教育的期待空前高涨。二是改变了家长的观念。通过家校合作工作的开展，广大家长认识到，教育孩子不仅仅是学校的事情，更是家长的责任。在各种培训的指导下，家长们家庭教育的方式也有了较大改变。溺爱型、粗暴型、强制型、放任型等不科学的教养方式少了，民主型、宽容型、平等型家庭教养方式多了。

（二）"两改善"

一是改善了家校关系。弋阳县开展家校合作，有效地改善和改变了家校关系，营造了共同承担教育责任的氛围，帮助学校、老师、家长形成了商量式解决问题的能力，建立了多途径多渠道化解家校教育分歧的机制，探索了家校合作的方法和措施。二是改善了家庭关系。通过学校的培训和提供交流平台，家长们懂得了孩子成长的规律，与孩子建立多元关系，缓解了家长与孩子的紧张关系。

（三）"两形成"

一是形成了教育合力。普通家长愿意为学校做些力所能及的事情了。二是形成了助学氛围。据不完全统计，2013年以来，弋阳县各界爱心人士发动成立"民间教育促进会"43个，民间爱心人士为学校捐款捐物达2100多万元。社会各界爱心力量对学校的援助持续不断，教师爱岗敬业，学生乐学爱学，形成良好的教风学风校风，进而推动了家风民风的更好发展，使家校合作的空间得到进一步拓展。

弋阳县制度化家校合作工作，在省教科所的精心指导下，在弋阳县家校合作协会团队的组织策划下，在全县各级各类学校的积极参与下，取得了阶段性成果。

家校合作，对于建立家校社新型关系和共同育人的教育大格局具有重要意义，弋阳县将借鉴全国家校合作的经验，进一步履职尽责，努力让良好的校风影响家风改变民风，全力推动弋阳教育事业再续新篇章、再铸新辉煌。

峡江县委办公室　县政府办公室关于印发
《峡江县加强家校合作工作的实施意见》的通知

（峡办发〔2018〕11号）

为贯彻落实教育部《关于加强家庭教育工作的指导意见》、江西省教育厅《关于加强家庭教育和家校合作工作的实施意见》精神，着力推进家庭、学校与社区建立良好合作伙伴关系，优化教育生态环境，特制定本实施意见。

一、目的意义

1. 家校合作是推进现代学校制度建设的需要。现代学校制度是以学生发展为核心、协调校内和校外关系的制度安排，其中最基本的校内和校外关系，就是家校关系。家校合作有助于在儿童成长、教师专业发展和学校组织发展的框架内，充分尊重和发挥全体教育利益相关者的作用。

2. 家校合作是优化教育生态环境的需要。加强和改进教育工作，不只是学校和教育部门的事，需要家庭、社会等共同参与和支持。家校合作有助于在全社会建立目标一致、相互理解和支持的良好教育生态环境。

3. 家校合作是优化社会治理环境的需要。教育事业关涉千家万户，家长参与学校教育可以激发公民参与意识，发展和提高参与社会公共事务的能力，优化社会治理软环境。

二、工作目标

1. 愿景目标。家校合作是指家庭、学校与社区结成合作伙伴关系，共同承担教育职责，围绕儿童成长，在全社会形成家庭和社区理解、支持学校教育，学校指导服务家庭教育和社区教育的大教育格局，以良好的校风影响家风、改变民风。

2. 近期目标。转变传统的家校合作观念，确立家长是教师合作伙伴、共同承担教育责任的新观念，变单纯配合为共同参与；改进家校沟通方式，变由学校向家庭的单向沟通为家校双向互通，形成家校互相了解、合作的良好氛围；引导家长认识教育教学规律，掌握科学的教子方法，明确家庭教育的内容，做好孩子的表率，关注孩子的需求，与学校教育形成合力；优化教育的生态环境，争取家长及社会对学校教育的理解支持，提高全县教育教学质量，培养德智体美劳全面发展的合格人才。

三、工作举措

1. 建立县级领导挂点联系学校制度。县四套班子主要领导和分管领导挂点联系 1~2 所学校，每学期至少 1 次到挂点学校调查研究，帮助解决办学和家校合作工作中的问题。学校每学期至少向挂点联系领导汇报 1 次办学理念、发展定位及家校合作发展成果等，让领导走进学校、了解学校、支持学校发展。

2. 建立家校合作工作联系制度。由县政府分管领导牵头，定期召开工作联系会，制定有关政策措施，协调解决家校合作中的问题，按需适时调整家校合作方略。

3. 建立部门和学校结对帮扶制度。各乡镇、各部门要积极主动与学校结对，县发改委、县财政局、县城建局和县国土资源局等部门要加大学校建设的支持力度，引导鼓励学校创建美丽校园；县人社局、县编办等部门要根据学校需要，解决学校师资问题。县文明办、团县委、县文广新局、县妇联、关工委等部门，要充分利用"春雨计划"、家长学校、志愿者协会，对家校合作给予指导和帮助；县公安局、县综治办、县交警大队、县市场监管局、县卫计委、县文广新局等部门，要对学校环境开展综合治理，营造良好的周边环境；社区适时建立亲子游乐中心，利用人缘熟、情况熟的特点，消除学校与家长中的一些误会。

4. 建立质量稳定提升制度。县教体局要督促校长加强学校管理，加强师德师风建设，培养造就一支爱教育、懂管理的师资队伍；要加强常规教学和教学研究，积极组织开展各种比赛、竞赛活动；要深化课堂教学改革，深入推行品德教育、养成教育、素质教育和学校文化建设，提升学校发展内涵，提高教育教学质量，打牢家校合作基础。

5. 发挥家长委员会的作用。让家长有更多知情权、参与权、监督权、共享权，由家委会审议学校工作计划，参与学校的重大决策，听取学校工作总结，规范办学行为，共享学校学生发展成果；尤为重要的是发挥班级家长委员会的作用，代表学生家长对班级工作提出意见和建议，审查修订班级工作计划，参与班级管理，督促班级不断调整工作思路、改进方法，达到最佳育人效果。

6. 改革家长会召开形式。改变期中传统的"成绩通报"式、"家长教育"式的家长会形式，变为期初、期中、期末和不定期家长会，以互通情况、沟通协作为模式，实现家长会传统角色和方式的转变，从单纯的老师主导转变为家长和老师平等参与，由单向说教转变为双向互动，充分体现尊重、平等、合作。积极尝试交流式、对话讨论式、展示式、专家报告式、联谊式等形式家长会，激发家长参与家长会的主动性和积极性。

7. 推行家长开放日。学校每学期至少开展1次家长开放日活动，开放日期间，全方位开放学校教育管理、后勤管理，允许家长推门听课，检查教师备课、作业批改情况，为家长免费提供亲子用餐、亲子住宿，组织开展各种各样的亲子活动，在县级、校级运动会要有亲子项目。

8. 积极开展家访。学校要充分运用好家访教育方式，做到普访、随访、定访相结合；教师个别家访与任课教师集体家访相结合。不仅班主任要家访，学校领导和各任课教师也要家访，每学期每个学生至少要有1次面对面的家访。在坚持做好常规家访的基础上，组织开展"万师访万家"活动，通过实地走访的传统家访方式和"互联网+"思维下的新型家访方式相结合，及时通报学生在校表现情况，宣传正确的家庭教育方式，帮助家长掌握教育子女的科学方法；了解学生成长的环境、思想动态及校内外表现；征求学生及家长对教师和学校工作的意见和建议；解决学生成长中的实际困难，拉近家校距离。

9. 创新家长志愿者模式。县委宣传部、团县委、县妇联、县关工委等部门要组织引导群众争做家长志愿者。学校要以问题为导向，以教育教学需求为目的，开展以班、以校为单位的家长志愿者活动，教育行政部门要适时开展全县性的家长志愿者活动。

10. 搭建学校互动平台。要建设好校讯通、家长微信群、家长志愿者平台和家长工作室，针对学生家长群体的多层次和多样性的特点，以家长、学生的需要为出发点，积极探索家长学校、知心家信、家教讲师团、网上交流、家教沙龙、优秀家教案例点评等载体，多形式开展家校沟通。应针对不同年龄、不同类型的学生以及不同类型的家庭进行有针对性的指导，帮助家长解决实际问题。特别是对"问题学生"、留守儿童给予更多的关注，提高教育的针对性和有效性。

11. 组织开展"三评"活动。通过开展学生评教师活动以正教风，开展教师评校长活动以正校风，开展社会评学校活动以正行风，促使全县学校办学水平、教育教学质量和社会满意度提高。"三评"活动结果纳入师德师风考评、校长业绩考核、学校发展评价。

12. 多方位、全角度开展培训。发挥部门联动作用，建立起家庭教育讲师团，通过定期开展进社区、进厂矿、进机关专题家庭教育讲课活动，进一步转变家长育儿理念，优化育儿技巧，从而净化并浓厚社区家校合作的氛围。教育行政部门要切实加强对教师家校合作技能的培养和提高，组织开展家校合作、校长沙龙、专家讲座活动，培训业务骨干、班主任；学校要以校或班级为单位，每学期至少开展1次家长培训、1次家校合作研讨活动，把家校有效合作作为校本教研的重要内容，定期组织教师对家长工作的研讨，分析家长工作中出现的新情况、新问题，探讨有效解决的方法，不断提高教师的合作能力和育人水平。

四、工作要求

1. 加强组织领导。成立家校合作领导小组，由县政府分管领导为组长，县委宣传部、法院、人社局、发改委、公安局、综治办、林业局、城管局、市场监管局、民政局、环保局、消防大队、司法局、交通局、城建局、水利局、统计局、关工委、安监局、编办、团县委、文广新局、国土资源局、妇联、民政局、交警大队、科技局、财政局、卫计委等单位为成员。各乡镇、各部门要高度重视家校合作工作，要加强指导，加大经费投入，确保家校合作的扎实开展。县教体局要制定家校合作时间表、路线图，汇编可操作的行动指南。对一些季节性、阶段性、常规性的工作，要实现固化、细化，明确任务，跟踪问效。各中小学校要创造条件，细化工作安排，落实具体工作。

2. 加强队伍建设。教师作为学校教育的直接承担者，在家校合作的过程中承担重要责任。县教体局要加强对中小学校长、班主任和广大教师家校合作、家庭教育理论与技能的指导，建立一支稳定的家庭教育指导工作队伍，促进家校合作的有效开展。

3. 加强宣传引导。县教体局要通过召开班主任研讨会、家校合作工作现场交流会等形式，总结经验，培育典型，形成示范，全县推广。宣传部门要及时宣传报道我县家校合作的先进典型。

4. 加强评价评估。每年组织开展 1 次家校合作综合评估，列入各乡镇、各有关部门履行教育职责考核内容。县教体局要从实际出发，对学校发展进行评价，制定科学规范的评估方案，促进家校合作工作不断完善。

附件 1 峡江县领导挂点联系学校安排表（略）
附件 2 峡江县直单位与学校共建结对帮扶安排表（略）

在合作中构建良好教育生态
——峡江县家校合作工作经验 *

峡江地处赣中腹地，比邻革命圣地井冈山，面积 1287 平方公里，人口 20

* 作者：徐海兵、席联力，吉安市峡江县教育体育局。

万。近年来，峡江县立足优化教育环境治理，将家校社合作由县领导领衔的重点项目列为全面深化改革特色项目，用政府"有形之手"调动社会"无形之手"，合力打造家校社"三位一体"共育平台，在合作中构建良好教育生态。

一　四方携手，推进合作

峡江县始终坚持教育优先发展战略，认真履行县域党政领导干部教育工作职责，坚持"党以重教为先，政以兴教为本"的使命，大力开展家校社合作工作，着力改善教育发展"软环境"。

（一）党政主导，搭建家校社合作工作框架

针对一些阻碍教育长期发展的问题，由县四套班子领导带队，开展教育生态环境问题大调研活动，深入一线，问计于民，经反复论证，确立家校社合作教育改革战略，纳入县委、县政府总体工作部署，在县级层面成立推进家校社合作工作领导小组，下发《加强家校社合作工作的实施意见》，制订县级领导"1+1"挂校联系、县直部门"2+1"专职帮扶学校制度，明确了各级政府、部门的工作职责，高位推动形成家校社合作工作机制，同时，将家校社合作工作纳入乡镇及县直单位绩效管理考评。

（二）教育主体，统筹家校社合作工作推进

峡江县教体局成立了家校社合作工作领导小组，建立了家校社合作工作室，推进全面统筹与规范工作，将家校社工作列入学年度教育工作差异化督导评估。各校全面完成"两建两定一搭"等基础工作。"两建"，建机构，成立家校社联合行动委员会、各级家长委员会、家长学校等机构；建场所，设置家校社合作专用办公室，配齐办公设施。"两定"，定计划，将家校社合作纳入学校日常工作，分层次安排专题培训；定制度，根据省教育厅指导意见，制订各项合作工作制度，推动工作常态化、规范化。"一搭"，依托信息化资源，搭建"网络家校"，开展家校服务咨询活动。定好全县家校社工作年度计划，要求学校将家校社合作纳入教师绩效考核的内容，要通过召开家长会、上门家访、户外研学、亲子活动、家校联欢等内容丰富、形式多样的活动，密切家校社关系。

（三）家庭主动，担当家校社合作重要角色

家庭教育与学校教育是扁担的两头，承担孩子成长的重担，只有家庭主动担当，才能为孩子构建幸福成长的优良环境。通过家长培训会、家长志愿者服务、家长参与学校日常管理、家长进课堂服务等方式，让家长主动承担家庭教育的责任。在全县开展"新时代·好家风""亲子阅读""最美书香家庭"等系列活动，激发了全县人民参与教育的热情，强化了家长不断学习相关家庭教育知识、提高自身修养，为子女树榜样的责任意识，进一步融洽了家庭成员关系。据统计，仅2018年，峡江县有近10万名家长参与了家校社合作活动。

（四）社会参与，完善家校社合作育人体系

依托峡江县委、县政府强大推力，全县各方力量、各种资源汇集教育，积极作为。2018年，县人大召集公安、消防、市监、城管、教育等12个部门，召开"学校环境治理情况专题询问"会议，针对影响教育发展的问题进行现场质询，限期解决；县政协开展"加快发展学前教育事业专题调研"，对全县70余所公办、民办幼儿园进行调研，提出问题解决方案，促进了峡江县学前教育水平的提升；各乡镇结合"乡村振兴战略"，在乡村学校建立村民文化活动中心，设置乡村流动图书站及阅览室，使村小成为乡村精神文明建设的高地，大大减少了赌博、斗殴、偷盗等社会不良现象的发生；团县委与县政法办为每个学校配齐了法治副校长；县委统战部、县民政局与教体局一同开展"关爱留守儿童·家校社在行动"；县人武部、法检两院领导，走进课堂为学生传授军事、法制方面知识；县妇联每年安排2万元专项工作经费，聘请专家在学校、社区、村组开展讲座，进行家庭教育指导，传授育儿经验；县发改委、财政局对教育项目办理等一律优先；县移民和扶贫办与县教体局联合开展"脱贫攻坚·家校社在行动"；县城建局开通学校规划建设"绿色通道"；县文广系统对涉及教育政策或家庭教育内容的宣传一律免费；县关工委的"五老"讲师团，每年下到学校、社区（街道）进行2次以上教育讲座；县教体局多次邀请省教科所吴重涵所长等专家进行专题培训，全县组织各级各类家长培训达158场，教师、家长培训率分别达到100%、82%。

二 "五型"探索，诠释合作

学校是家校社合作的主阵地，主动作为是家校社工作取得实效的关键。各校坚持"目标一致、因校施策、活动多元、持续稳定"的原则，推进学校、家庭、社区教育的深度融合，形成了一批有特色的合作典型。

（一）友好型，改善单位和周边环境

水边镇中心小学为城关学校，周边的下痕、郭家、曾家 3 个村委，分属邹姓、郭姓、曾姓宗族，这三个宗族人口均超千人，由于历史原因形成了民风彪悍、宗族矛盾深、素不和睦、互不通婚的状况，致使"三姓"学生难管，家长难缠，小孩在学校一有磕碰，尤其是不同姓氏之间学生发生矛盾，家长动辄纠集一帮人找到学校，甚至对学校领导、教师动粗。学校通过重点对"三姓"的家访，掌握家长的思想、情绪等，邀请 3 个村的村委书记、主任进行"邻里和睦·共育孩子"专题座谈，在取得了村"一把手"全力支持之后，该校通过开展"小手拉大手"系列活动——邀请家长参与亲子运动会、家长宣讲团、家庭文体比赛等，突出"民族团结一家亲"的主题，有意识让"三姓"家长相互搭配，组成"合作组"开展活动，如春风化雨般缓和了这 3 个宗族之间的矛盾，化解了家校之间的对立，如今的水边镇中心小学，学生之间的矛盾少了，家长对学校的信任多了，宗族之间的纠葛少了，相互之间的问候多了，教师的心安了。

（二）学习型，解决"校外真空带"

峡江县农村留守儿童多，仅义务教育阶段的留守儿童就占 3 成以上。每到周末及节假日，这些留守儿童的看护就成了问题。为此，学校与社区、村组等多次进行座谈商讨，并进行了一些有益尝试。如福民乡的"福民学堂·家校驿站"，通过家委会组织，以自然村为单位，在节假日期间，将村组少年儿童集中到当地条件较好、热心公益事业的村民家中，共同学习、娱乐。福民俊杰学校安排教师 2~3 人为一组，不定期进行巡查指导，县教体局与当地村委尽其所能，为每个互助学习小组赠送了价值 3000 余元的图书和文体器材。此举有助于留守儿童学习成绩的提高，大大减少了学生意外伤

害事故。目前，该乡镇的 15 个自然村，已建立了 12 个互助学习小组，参与学习小组的有 138 人，解决了外出务工家长的后顾之忧。

（三）参与型，促进学校管理水平和教师综合素质提高

学校邀请家长进校园商讨学校一些重大决策，家长多属于被动型。如果家长基于对学校的关注，在不打招呼的情况下，主动进校园，就可以理性观察学校的日常工作，分析学校管理的优劣，对教师的教育教学行为看个真切，通过观察学生的表现，分析教师的教育教学手段是否得当，此举有助于学校管理及教师的综合素质提高。峡江县在家校（园）合作中，积极引导家长主动参与学校管理已成常态。如峡江县幼儿园在家园合作工作中，经家委会与园委会的商议，从家长志愿者中遴选师德师风监督员，家园矛盾基本化解。具体做法是：家长自愿报名，家委会统筹安排，每天安排 3~4 位家长在其孩子所在班进行观察，主要是督查教师有无虐童等违反师德师风的情况。同时，对当天的幼儿意外伤害情况进行记录，协助教师做好对家长的沟通解释工作。通过监督员的工作，一些在从前说不清、道不明的幼儿意外伤害事故，现在得到了家长的理解，教师平白受委屈的少了，家长对教师的信任多了。家长的参与监督，无形中给了教师一种"压力"，从而自觉优化自己的教育教学手段。

（四）分享型，榜样典型引领

家庭中蕴含着极好的教育资源，全县近 4 万个学生家庭中有许多家庭有着良好的家风、家教及出彩的育儿经验，是众多家庭最想效仿的。一些具有好品质的父母更是广大家长的楷模。将这些好资源有意识地进行发掘、宣传、报道，采取多种方式让家长共享，有利于家庭影响家庭，家长感染家长。峡江县实验小学 6 年级同学 A，在 2018 年省教育厅举办的全省中小学生古诗文大赛中，荣获小学组一等奖（位列前 10），喜报传来，举校沸腾，家长纷纷打听：这是谁家的小孩，家长有什么教子秘方？为解开家长疑惑，实验小学邀请 A 与其家长，举办了"小书虫成长记"的经验分享会，家长从自己与小孩的点滴讲起，从小事讲起，分享了育儿经验，最后，A 与在场家长进行"飞花令"比赛，折服了全场。这是峡江县实验小学家校合作项目"一家一课程"的剪影。近年来，峡江县实验小学开设新父母课堂，创

编新父母教材，提高了家长的育儿水平；开展"一家一课程"活动，在本校中寻找注重家庭教育、孩子表现优秀的家庭现身说法，使广大家长认识到：家庭教育其实不难，只要自己有恒心、有决心，自己的孩子也能成为让人羡慕的"邻家小孩"。

（五）关爱型，不让特殊群体掉队

办公平而有质量的教育，必须面向全体。每个时期，都会有一些在智力、听力语言、视力、肢体、情绪行为等方面存在障碍的特殊少年儿童，以及经济困难家庭、离异和重组家庭、服刑人员家庭、流动人口家庭的孩子。对这类特殊的弱势群体，峡江县上下始终做到坚持不放弃。每年的教育工作会议上，大家讲得最多的是对弱势群体要予以更多的关怀，要高看一眼。教体局会同公安、民政、妇联、关工委、村委、社区等部门，对此类学生做到一人一案，进行有针对性的家庭教育帮扶。如1名外地在峡江务工人员，在峡江县犯下重罪被捕，他的3个正在上学的孩子失去了监护人，教体局知道情况后，迅速与乡镇政府、当地村委、民政部门协商，主动承担监护职责，安排心理专家对孩子进行心理疏导，公安局与民政局安排专人将孩子们安全护送到其贵州的爷爷家，使他们感受到了社会大家庭的温暖。

三　"三化"合一，赢在合作

针对孩子的成长问题，家长与教师的见解不尽相同；针对学校的特色发展问题，校长与社会观点不相一致。这与家长对老师的行为不理解、不配合甚至责难有关。家长及社会对学校的办学行为不知晓，缺少相互沟通，导致对学校的一种"漠视"甚至"刁难"……这是学校发展的瓶颈，必须引导家长理解学校，协调家长、社会对学校支持，吸纳全社会对学校的关心。

（一）家长进校，软化家校矛盾

一段时间以来，教育成为深受广大群众诟病的领域，教师成为被人抹黑的群体，就算为学生呕心沥血也无人知，满肚苦水倒不出。基于此，让家长走进校园、走近教师是家校合作的基础。首先精心培训好家长，让其明白孩子的成长应是家庭、学校、社会共同的职责，要求各校必须建立家长委员会并让其参与学校各项管理工作，增加家长对学校工作的知情度。其次开展各种形式的家长参与学校日常工作活动，如家长进课堂、家长一日代理班主任、家长一日代理教师、家长开放日等，让家长走进学校，了解学校管理、教师教学工作。在参与中，家长了解了学校工作的复杂性、艰苦性，懂得了教师的艰辛。随着一系列活动的开展，家庭与学校之间、家长与教师之间的矛盾软化了，关系缓和了，理解深入了，实现了从家长对教师、学校的不支持到被动支持最后到主动支持的大转变。

（二）全民助教，融化各方力量

峡江县依托县委、县政府强大推力，整合宣传、人社、财政、妇联等30个部门职能，围绕建立教育良好生态的目标，成立美丽校园创建、校园周边环境整治、师资优化、校外亲子联盟等4个专责工作组，变教育部门的"独角戏"为全社会的"大合唱"。巴邱镇西门社区为解决留守儿童无人管理这一居民"心病"，开办了留守儿童"阳光家园"。十多年的坚守终于获得回报，社区的先进事迹被央视报道，其中留守儿童奶奶胡国莲（退休教师）不计报酬，风雨无阻，从不间断地为"阳光家园"服务的事迹，感动无数人，从而荣登"中国好人榜"；该镇北门社区的许云家长，在照顾自己患先天聋哑疾病女儿的同时，主动承担起邻居中十余名留守儿童的学习生活看护重任，被大家称为"代理妈妈"；砚溪镇村民喻细崽，主动将位于学校周围的老宅地和菜地捐献给中学，用于学校建设，被评为2018年全县家校社工作先进个人；各界人士踊跃捐资助教，峡江籍在外创业成功人士周曙光先生，为本县大学生捐资助学160万元，陈培忠先生连续10年为马埠中心小学捐赠钱物，达200万元，两人均入选"感动吉安十大教育人物"；峡江县先后涌现出石玉莲、王建菲、郑建杰、谭军等"身边好人"典型，8人获得"中国好人"称号；20446人在江西志愿服务网注册，累计教育志愿服务时长1292650小时。部门的主动作为，社会名流的加盟，爱心市民的积极参与，营造了全县上下"说教育、思教育、助教育"的氛围，"民以助教为荣"氛围基本形成，社会各界与学校目标一致，主动参与学校决策，真正实现了同心、同向、同拍共谋教育的格局。

（三）舆论宣传，净化社会风气

为达到以好的校风带动家风影响民风的愿景，积极做好舆论正面宣传。一是教育部门以学风、班风、校风三风建设为重点，开展县级"三好"学生、师德师风标兵、课改能手评选，营造积极向上、努力奋发的校风。二是与学校家长委员会确定以家风建设为侧重点，县妇联与县教体局联合开展"五好家庭""书香家庭"创建活动，县精神文明办、团县委、县文广新局大力倡导玉峡新风建设，评选"最美少年""最美家长"，各校普遍开展了"亲子阅读""户外研学"活动。通过培养一个好孩子，带来一个好家庭，形成一个好风气。一系列活动的开展，提升了家长素质，流连于棋牌桌、酒桌的家长少了，陪孩子读书的家长多了；市民文明程度提高了，自觉维护公共设施的人多了，青少年违法犯罪大大减少，人民群众安全感、社会治安满意度持续提升；县域内学校更加稳定和谐，连续 3 年未发生 1 例学生非正常死亡事件，连续 7 年被评为江西省信访工作"三无县"。2018 年峡江县被省教育厅评为全省平安校园建设优秀单位，人民群众对教育的满意度明显提升。

在实践探索中，峡江的家校社工作不断创新推进，呈现了一些亮点，相关经验先后被《中国教育报》《江西日报》《高管信息》等刊登介绍，凤凰网、光明网、江西教育网等媒体也对此做了深度报道，家校社合作工作领导小组先后应邀至南昌、上海、扬州等地做经验介绍。目前，峡江县家校社合作正成为吉安市乃至全省"一县一品牌"的教育亮点工程。

教育改革只有起点没有终点。峡江再聚焦、再深入、再发力，全力推动峡江家校社合作改革不断突破、形成样板。

芦溪县教育局关于印发《芦溪县家校合作改革试点实施方案》的通知

（芦教字〔2018〕112 号）

为深化家庭教育工作，发挥家庭教育的积极作用，提高家长的教育素质，不断推进我县中小学、幼儿园健康发展，创建家校（园）携手、共同育人的和谐局面。根据省教育厅《关于开展制度化家校合作示范县（校）创建工作的指导意见（试行）》（赣教科〔2017〕4 号）、萍乡市教育局《关于进一步加强家庭教育工作的指导意见》等文件精神，特制定《芦溪县家校合作改革试点实施方案》。

一、指导思想

为认真贯彻落实党的十八、十九大精神和教育规划纲要，坚持以人为本、德育为先，以中小学、幼儿园、村社为依托，以提高家长素质为根本，以建设和谐家庭、培养"四有"新人为目标，积极开展富有成效的家庭教育工作，进一步完善家庭、学校、社会"三位一体"的大教育格局，形成芦溪县家校（园）携手、共同育人的强大合力。

二、总体目标和任务

总体目标：

以课程为载体，以教学为纽带，以管理为保障，以传授家庭教育思想和观念、家庭教育的科学知识和方法，家庭教育咨询、指导和服务为基本内容，帮助家长提高自身教育修养，不断增强家庭教育的科学性和规律性，促进家长学校（教学点）教育内容的系统化、教学管理的规范化、育人功能的最大化，形成学校、家庭教育互为补充、相互贯通、和谐共进的良好局面。

工作任务：

从学校与家长、班级与家长、教师与家长三个层面，从家长教育、家长访校、家庭访问、书面沟通、家长委员会五个方面，提高学校、教师与家长合作教育的意识，改变了过去那种单一而随意性很大的家校合作教育的局面，拓宽家校合作教育的渠道，形成切合本校实际的可操作的家校合作教育新途径。

三、实施步骤

第一阶段：宣传巩固阶段（2018 年 5~6 月）

1. 制定实施方案，成立领导小组。（领导小组见附件 1）

2. 调整芦溪县家庭教育指导服务中心和省家长函授学校芦溪函授

站工作人员。

3. 调整教学点 90 个（学校 28 个、幼儿园 32 个、村社 30 个）。

4. 调整家庭教育讲师团成员（48 人）。

5. 召开全县家庭教育工作促进会，传达省教育厅"营造良好生态（家校合作升级版）推进会"精神，总结前阶段工作。

第二阶段：组织实施阶段（2018 年 7 月至 2019 年 8 月）

1. 芦溪函授站制定 2018~2019 年度教学计划，组织讲师团成员下到家长学校（教学点）进行宣讲教育。

2. 健全家长学校（教学点）常规制度，制订完善《家长学校（教学点）章程》《家长学校（教学点）教育指导纲要》《家长学校（教学点）学员管理制度》《"好家长""优秀学员"表彰条例》等制度。

3. 各中小学校（幼儿园）建立并逐步完善家长委员会工作机构，合理确定委员会成员人数，使其具备广泛代表性，兼顾不同行业和各个年级的学生家长，根据班级情况聘请部分社区代表参与家长指导委员会的工作。

4. 加强家长学校（教学点）的教学管理，明确教学内容和方法。（具体要求见附件 2）

5. 芦溪函授站编辑家庭教育导报。

6. 各中小学校（幼儿园）采取报告式、交流式、展览式、表现式、会诊式、恳谈式、辅导式、咨询式等方式认真组织召开家长会，芦溪函授站将采取流动评比方式每年评选一批"优秀家长会"。

7. 各中小学校（幼儿园）建立畅通的家校联系渠道，做到"五个一"，即每班设立一个家长留言本、一个电话联系卡、一份告家长书、一张意见征集表、一份素质报告单。

8. 各中小学校（幼儿园）要积极开展家校合作主题教育活动。一是每年举办一次学校开放日活动；二是每年开展一次参与社会实践、体艺等亲子活动；三是每年开展一次学生品行表现联评活动；四是扎实开展千名教师万家活动；五是配合做好全县"学做合格父母、培养合格人才"宣传教育活动和家长教育"六个一"行动。

9. 认真开展家庭教育课题研究。各中小学校（幼儿园）认真组织好家庭教育的县级德育科研课题的研究，及时提炼、总结开展家庭教育工作中的新思路、好方法，提升家庭教育科研课题的质量和水平。全县2018年立项省级课题2个、市级课题2个。

第三阶段：总结表彰阶段（2019年9~12月）

1. 建立评估体系。教育局将把家庭教育开展情况作为德育工作的重要内容纳入对中小学幼儿园的年度工作考核评价体系中，把指导家长进行学习的情况纳入优秀班主任的评比中，并作为学校及个人评先选优表彰奖励的必要条件。（评估体系见附件3）

2. 实行奖励表彰。教育局将适时开展优秀家长学校（教学点）、优秀家长（家庭）和家长学校（教学点）先进个人评选表彰活动。

3. 抓好宣传推广。教育局每年将举办家庭教育经验交流会，采取组织学习观摩、交流互动、编辑成果集等方式及时总结推广家庭教育的先进经验，推动家庭教育工作健康持续发展。

四、工作要求

1. 加强组织领导，确保工作落到实处。各中小学校（幼儿园）要高度重视家庭教育工作，要成立家校合作工作领导小组，全面领导和协调家校合作教育工作。要制定年度工作目标和较为详尽的计划方案体系。要认真开展家长学校（教学点）工作，统筹安排，认真组织，扎实有效地推进。家长学校（教学点）要有校牌或标志，制定工作计划，安排授课课程表，建立家长学习档案、考勤表，做好家长学校（教学点）授课记录、教案、家长作业等的档案管理工作。各中小学幼儿园要保证家庭教育工作开展所需的经费。工作开展过程中发生的有关教学参考资料购进、授课人员讲课费等费用由学校公用经费支付。

2. 把握正确导向，科学指导家庭教育，积极争取学生家长对学校教育工作的支持和配合。各中小学校（幼儿园）要转变陈旧落后的家庭教育理念，使家庭教育由经验育人向科学育人转变，由片面注重书本知识向注重孩子正确做人转变，由简单命令向平等沟通转变，把学生家长希望子女成才的迫切愿望引导到正确的方向上来。通过家长学校（教学点）使广大家长学习掌握家庭教育的规律，了解家庭教育的基本原则，学会家庭教育的方法和艺术，走出家庭教育的误区。

3. 注重方式方法，做到理论与实践相结合。家长学校（教学点）在教学中要摒弃空洞的说教和照本宣科，要以现实生活中的生动事例来解读家庭教育的基本理论，用身边鲜活的实例启迪、引导、教育学生家长，帮助学生家长解决家庭教育中的矛盾和问题。要引导家长在关注子女智力开发的同时，开展对子女非智力因素的培养，使学生家长充分认识到孩子在兴趣、情趣、情感、意志、性格等方面的发展和进步，对提高学习成绩、巩固知识成果具有重要作用，自觉地从小培养孩子学会学习、学会做人、学会交往。

4. 坚持德才兼备，建立一支专业化家教队伍。各中小学校（幼儿园）在开展家庭教育活动中对教学人员的选聘要充分利用当地的教育资源，坚持校内与校外、专家学者与一线教师管理工作者、班主任等相结合的方式，确保教学的科学性、针对性和实效性。家长学校（教学点）的工作要记入教师工作量，根据当地标准发放授课费。要配合教育局选聘一批具有科学育人理念、家庭教育经验丰富、热心开展家庭教育工作的教育工作者作为专家，经过专门培训后为家庭教育提供专业化指导服务，为家长及学生的家庭教育问题提供个性化服务，对家庭教育骨干力量进行培训指导服务。

附件：1. 芦溪县家校合作改革试点工作领导小组名单（略）

2. 家长学校（教学点）教学基本要求

3. 制度化家校合作示范校（园）标准（略）

4. 江西省制度化家校合作示范县（市、区）标准（略）

附件 2

家长学校（教学点）教学基本要求

1. 各学校要及时制定家长学校年度和学期工作计划，并纳入学校工作日程，以班级为单位组织实施。要确保家长学校（教学点）授课时数全年不少于 10 学时，每学期不少于 5 学时。

2. 教学内容和方法。

幼儿家长学校（教学点）教学的基本内容：A. 学习如何做合格的家长；B. 帮助幼儿尽快适应幼儿园生活；C. 了解儿童的生理、心理发展规律，学会科学养教方法；D. 重视养成教育，从小培养孩子的良好生活、卫生习惯；E. 关注发展幼儿语言，抓好儿童早期智力开发；F. 了解家庭教育的艺术。

小学家长学校（教学点）教学的基本内容：小学生家长学校 1~3 年级的主要教学内容：A. 从幼儿园到小学过渡应注意的问题；B. 小学生文明礼貌教育；C. 小学生良好学习行为习惯培养；D. 小学生智力开发和非智力因素培养；E. 小学生卫生保健和自救自护知识；F. 小学生心理健康教育。小学生家长学校 4~6 年级的主要教学内容：A. 小学生学法、知法、守法教育；B. 小学生自理自立和抗挫折能力培养；C. 小学生正确交往、关爱他人教育；D. 小学生合理消费教育；E. 小学生学习兴趣和特长的培养；F. 小学生创造性思维的培养。

初中家长学校（教学点）教学的基本内容：A. 《中学生守则》《中学生日常行为规范》教育；B. 了解初中教育的关键作用，认真做好中学与小学的衔接；C. 初中生法制教育与失足预防；D. 初中生青春期教育；E. 初中生认知规律与学习方法指导；F. 重视智力和非智力因素的协同发展；G. 初中生良好的个性发展。

高中生家长学校（教学点）教学的基本内容：A. 了解与子女平等沟通、增进理解的艺术；B. 高中生情感教育；C. 高中生的人际交往指导；D. 高中新课程的内容、评价及学分制；E. 高中生心理问题的预防与矫治；

F. 高考前的心理辅导和家庭氛围创设；G. 高中生升学与择业指导。

以上是对不同年龄段、不同年级学生开展家庭教育有关内容的概略性介绍，各学校可以此为蓝本，结合实际因时因地开展教育活动。教学可采用集中授课、现场讨论及网络教学专题报告、咨询答疑等多种方式进行。

聚力家校社　共绘同心圆
——芦溪县推进制度化家校合作改革试点工作[*]

近年来，在江西省教育厅的关心支持下，芦溪县委县政府坚持"小县办大教育"理念，全面实施教育强县发展战略，全面推进家校合作改革试点，形成了教师、家长、社会以孩子为圆心共绘教育同心圆的"三位一体"的教育生态，促进了全县教育事业优质均衡发展。

一　主要做法

（一）织牢"三个网络"强化家校社"共同体"

芦溪县以江西省第二批、第三批家校合作改革试点县创建为契机，形成了政府重视、部门配合、社会参与的教育共同体。

1. 高位推动，织牢政府"责任网"。县委县政府成立了家校合作工作领导小组。出台《芦溪县家庭教育发展规划（2016～2020）》《芦溪县家校合作改革试点实施方案》等文件。制订家庭教育评估体系，做到"三纳入"，即党委政府把家庭教育纳入各乡镇、社区、村委考评体系，县教育局把家校合作工作纳入中小学幼儿园年度工作考评体系、把指导家长学习情况纳入教师评先评优范围。每年召开家庭教育工作专项推进会，对家庭教育和家校合作工作中的优秀家庭、先进单位及个人、优秀论文和案例进行表彰奖励。

2. 齐抓共管，织牢部门"协同网"。各部门结合自身特点，每年举办全县家校合作主题教育活动。如妇联的"一条例一专栏、一考核一评选、一

---

　　* 作者：易忠茂、郭彩霞，芦溪县教育局。

春节一访谈"，党校的"一系列宣讲、一个工作室、一个网上家长学校"，卫计委的"人口学校"，民政局的"婚姻学校"，团委的"杜鹃花小屋"，老科协的"家庭教育调研"等做法成效显著，影响深远。

3. 营造氛围，织牢社会"助教网"。营造家庭教育典型宣传氛围，创立"芦溪家庭教育"微信公众号和报纸，在县级电视台、网站等设立家教专版、专栏，定期发布家庭教育知识，宣传家庭教育优秀典型。营造"民以支教为乐，商以助教为善"的浓厚氛围，吸引社会资金2.2亿元新建学校3所，吸纳热心企业和爱心人士捐资1000多万元，用于兴建校舍、教育奖励、扶贫助学等，涌现出家长刘芦萍捐资200万元成立昌盛教育奖励基金、家长谭伙恩捐资200万元兴建肖玉玲综合楼等助教典型事迹。

（二）推行"四个一"补千家万户"家教课"

芦溪县强力推行"家教下乡"活动，赢得广大家长好评。《给千家万户补"家教课"》在《江西日报》刊登，《推行"五个一"，惠及千万家》被中国教育学会评为"中国家庭教育知识传播激励计划家校合作优秀案例"，并在2017年杭州"家庭教育国际论坛"上作为经验展示。

1. 挂实一块牌子，确保机构到位。成立家庭服务指导中心和省家长函授学校函授站，下设家庭教育专职办公室，配备专职人员3人。每年整合家庭教育专项经费30万元，做到了组织、人员、经费有保障。

2. 组建一支队伍，确保人员到位。"栽下家校合作树，引得凤凰自然来"。本着"不招挣钱客，只聘热心人""不拿固定工资，只发少量补助"的公益性原则，公开招聘组建一个30人的家庭教育讲师团，并且实行一年一聘竞争上岗。芦溪籍特级教师王全刚，家住离芦溪50里之外，也辞去民办学校的高薪聘请前来应聘，他提出的"愉快教育"模式，深得家长认同。

3. 设立一批教学点，确保服务到位。建立了100个覆盖全县各学校、幼儿园、村、社区的家长学校。根据相对集中又照顾边远地区的原则，在村小、社区、村委会等设置教学点，送课到千家万户；充分利用家长会、家长接孩子的时间进行家庭教育宣讲活动，有效解决农村家长分散难以组织集中的问题。

4. 开展一系列宣讲，确保普及到位。近年来，家教知识下乡进学校、下农村、入社区开展宣讲 500 多场次，惠及家长 5 万多人次，发放调查问卷 2 万多份，编辑发放家庭教育杂志 6 万多本。农闲时节，男女老少纷至沓来，在街头巷尾、田间地头，"家长课"成为村民、居民、家长们热议的话题之一。

（三）围绕"六个类型"打造"好生态"

当好家长、相互交流、志愿服务、在家学习、参与决策和与社区合作"六个类型"作为江西省家校合作改革试点项目的制度化设计，为芦溪县开展家校合作工作提供了指南。

1. 在"家长进学校"上推进。定期举行家长会、亲子活动、开放日等，推进学校与家长真诚沟通。成立家长委员会，邀请家长参与学校管理。推进家长志愿服务队建设，在上下学、运动会、监考、文艺会演、开学典礼、升旗仪式、清明扫墓、安全疏散演练等重要活动中，家长志愿者身影无处不在。"家长进学校"落实了家长对学校教育工作的知情权、参与权和监督权，"家风"在"校风""教风"的引领下得到明显改变。

2. 在"教师进家庭"上发力。以新学期谈新目标、落实假期计划、完成互动式家庭作业等为内容，组织"万师访万家"和"送教进万家"活动，针对幼儿园"小学化"、留守儿童"心理障碍"、高中生"拜金追星"等问题进行宣讲引导。拓宽家校联系渠道，做到"六个一"，即每班设立一个家长留言本、一张电话联系卡、一份告家长书、一张意见征集表、一份素质报告单、一份家教导报。"教师进家庭"搭起了教师和家长之间的互动桥梁，"师风"带动"家风"和"教风"改变。

3. 在"家校进社会"上用心。各学校募聘了社区志愿者，在社区设立学校宣传栏，及时发布学校相关信息；与社区开展重阳节、教师节、感恩节等联谊活动；利用社区资源开展亲子活动等；建立 5 个县级研学旅行基地，借助爱国主义教育基地、博物馆、美丽乡村、古村落等积极开发 4 条红色、绿色、古色教育路线，目前正着力开展"重走秋收起义路"课程开发。"家校进社会"让教师、家长和社会高频沟通融合，起到兴家风、淳民风、正社风的良好效果。

二　主要成效

（一）促进了全县教育优质均衡发展

一是更新了家长的育人理念。针对幼儿园"小学化"等问题设置专题讲座，加深了家长对教育规律、成长规律的理解认识，补齐了家长对家庭教育知识缺失的短板。二是提高了家长对家庭教育和家校合作重要性的认知度。许多家长知道了"教从家始""5+2＝0"的道理，认识到家庭教育对于学校教育、子女教育起着关键性作用，形成了"家庭教育千万莫儿戏"的共识和警醒。三是促进学校"三风"建设，提高了学校办学水平。如"家长工作日制度""家长督导委员会""打造生命共同体"等做法有力促进了学校教风、学风、校风的良性发展，全社会尊师重教氛围越来越浓，齐心办教育的生态越来越好。近年来芦溪县先后荣获"国家学前教育改革实验区""全国县域义务教育发展基本均衡县"等荣誉，连续4年在全省高质量发展考核评价"教育发展"考评中稳居前三名。在全省教育大会上，芦溪县荣获全省推进义务教育基本均衡发展积极贡献集体奖，并作为全省100个县区中唯一的县区代表作典型发言。

（二）收获了丰硕的实践理论研究成果

撰写论文200多篇，在《中国教育报》《教师博览》《江西日报》等报纸杂志上发表20余篇论文，有《新时期家校合作改革试点模式研究》等5个省级课题结题，编辑《赢在家教》等书刊4本。成立了家庭教育名师工作室，收集"六种类型"活动案例400多个，涌现出了"爸爸妈妈进课堂""牵手育人""给单亲家庭留守女孩的爱"等一大批家校合作经验案例。县保育院等十所幼儿园被列入中央电化教育馆"家园共育"百所示范幼儿园第二批项目园。

（三）建立了完善的家校合作制度体系

一方面各学校都能够自觉按照"六个类型"的框架体系开展家校合作实践推进活动，将家校合作的要求与本土实践紧密结合，初步形成了家校合作"制度化"的实践框架与统一规范。另一方面逐步形成了富有芦溪特色的制度体系，如全县性大型家校合作活动体系、家长志愿者制度体系、家长学校制度体系等。

三 建议思考

芦溪县学校、家庭和社会教育"三位一体"的实现，有效地促进家校社形成了合力，绘成了教育完整的"圆"，让每个学生健康成长。但转变家长的教育理念和普及育儿知识是教育的永恒课题和当今的难题，希望建立以政府为主导、社会各界积极行动的家校社共育体制，真正营造家校社共育的良好教育生态和尊师重教的良好氛围。

金戈铁马闻征鼓，只争朝夕启新程。芦溪县将全面贯彻国家教育大会和全省教育工作会精神，真抓实干，奋力拼搏，圆满完成江西省家校合作改革试点项目县既定的各项任务，为全省家庭教育事业和家校合作工作做出新的成绩。

中共安远县委 安远县人民政府 安远县开展
制度化家校合作示范县创建工作实施方案

（安办字〔2020〕73 号）

为深入推进制度化家校合作示范县创建工作，根据教育部《关于加强家庭教育工作的指导意见》（教基一〔2015〕10 号）、《江西省教育厅关于开展制度化家校合作示范县（校）创建工作的指导意见（试行）》（赣教科字〔2017〕4 号）、《中共安远县委全面深化改革委员会关于印发〈县委全面深化改革委员会 2020 年工作要点〉的通知》（安改字〔2020〕2 号）等文件精神，结合我县实际，制定本方案。

一、组织领导

成立安远县制度化家校合作示范县创建工作领导小组，组成人员如下：

组　长：王天帅　县委副书记、县政府副县长

副组长：刘　飞　县委常委、宣传部部长

　　　　钟　琳　县政府副县长

成员：县委宣传部、教科体局、财政局、团县委、妇联、关工委、卫健委、文广新旅局、城市社区管委会、各乡（镇）领导小组下设办公室在县教科体局，由何照德同志兼任办公室主任，具体负责日常工作。

各成员单位职责：

县教科体局：负责家校合作示范县创建工作的组织实施、团队培训、研究总结等工作。

县财政局：负责资金保障，将家校合作示范县创建经费列入财政预算，并逐年增加，保障项目推动、人员培训、办公设备资料购买等。

团县委、县妇联：协调安排创建工作的场地、工作人员、活动组织等工作。

城市社区管委会、各乡（镇）：保障用于项目推动的配套资金，协调安排家校合作指导服务站的场地、工作人员、活动组织等工作。

县委宣传部、关工委、卫健委、文广新旅局：支持家校合作的综合协调、宣传引导等工作。

二、主要措施

（一）建立县乡（镇）校三级教育服务机构

1. 成立县级家校合作教育领导小组。领导小组下设县家校合作指导服务中心在县进修学校，承担家庭教育的规划设计、组织实施、队伍建设与培训、课题研究、综合协调等工作。城区与各乡（镇）设立家校合作指导服务站，负责辖区家长学校、家长委员会活动的组织实施，综合协调等工作；设立家庭教育个案咨询室、亲子阅读绘本馆、爱心书屋等功能室；整合社区资源与服务，改善学生的学习和成长环境，实现学校、家庭、社会合作教育的常态化。2020 年上半年，由县妇联等部门协调，在县城区建立一个家庭教育服务站的试点，经验成熟后向各乡（镇）推广。

2. 建立家长学校。全县各学校、幼儿园组建家长学校，由乡（镇）家庭教育指导服务站或学校组织家庭教育讲座、教子经验交流座谈会、读书沙龙等活动，传授先进的家教知识。定期为新生家长、毕业生家长和中间年段的学生家长授课，指导切实可行的家教方法；积极探索家校互动的新形式、新内容，如邀请有一技之长的家长进校园、课堂授课，组织师生到家长开办的工厂、基地开展实践活动等。强化家长教育，树立现代化教育理念，掌握正确科学的教育方法，提高科学育子水平，优化全县教育生态。

3. 建立家长委员会。各中小学成立学校、年级和班级三级家委会，纳入日常管理；建立健全家委会制度，完善章程，明确职能、权利和义务，充分调动家长委员的积极性；积极开展家委会活动，让家长委员了解、掌握学校的发展、学生的发展，主动成为学校的参与者和管理者，营造优良的育人环境。

（二）组建三支家庭教育服务队伍

1. 组建家庭教育指导师队伍。组织县、乡（镇）、校家庭教育指导服务工作人员参加家庭教育指导师培训，增强指导服务能力，获得相应的指导资质。指导家长先进的家庭教育理念与教育方法，跟踪和辅导服务学生的家庭教育问题，对家庭教育志愿者和家庭教育骨干力量进行培训服务，改善家庭教育环境。提高家长处理家庭生活、开展家庭教育的能力，特别是提高问题家长的家庭教育质量。

2. 组建家庭教育讲师队伍。每个乡（镇）家校合作指导服务站、每所中心校（幼儿园）按年段配备家庭教育讲师，承担本辖区内家长学校相关专题的家庭教育讲座，组织读书交流、教子经验交流、专题沙龙等活动，提升现代家庭教育水平。

3. 组建县、乡（镇）、校三支家校合作志愿者队伍。该队伍由家校合作指导服务工作人员、教师及热心家庭教育的社会各界人士组成。通过组织开展各类沙龙、亲子游戏、个案交流等家庭教育活动，打造一支优质的基层家庭教育队伍。

（三）实施三项家庭教育行动计划

1. 实施"家庭教育师资培训"计划。组织开展家庭教育指导师、心理咨询师、家庭教育讲师、志愿者服务等相关培训，举办全县"家校合作能力提升"教师轮训，着力提升教师引领家长学习成长能力。

2. 实施"师生家长共同成长"计划。现场授课与网络学习相结合，由县家校合作指导服务中心组织各乡（镇）每学年开展2~4次家庭教育专题讲座；各学校每学期组织1~2次家长交流座谈会、各年级组或班级每月发放1份普及家庭教育科学知识的亲子对照菜单；各乡（镇）家校合作指导服务站每月开展1次家长学校读书交流或教子经验交流活动，每周开展1次家庭教育QQ群教育理念教子方法分享活动。同时，积极畅通学习渠道，提升各个学龄段家长、教师的家庭教育素养。

3. 实施"公益平台长期服务"计划。充分发挥县家校合作指导服务中心、乡（镇）家校合作指导服务站、家长学校等平台教育服务功能，采取"集中授课+分组讨论+专题沙龙"的方式，进行授课辅导。创办个案咨询室，由家庭教育指导师或心理咨询师一对一咨询，帮助解决家长的家庭教育问题和青少年成长过程中形成的心理问题，开展教育家庭教育个案指导。开放亲子阅读绘本馆、爱心书屋。

三、实施步骤

第一阶段（2020年5~9月）。启动制度化家校合作示范县创建工作，按照省教育厅家校合作示范县（校）创建标准，选择一批基础较好的学校，开展试点创建。组织上报我县第一批示范校评估认定。

第二阶段（2020年9~12月）。通过示范校的带动和引领，全面推进制度化家校合作示范县创建工作，确保开展制度化家校合作工作的学校占全县学校总数的50%以上。组织上报第二批示范校评估认定。

第三阶段（2021年1~12月）。总结家校合作示范校创建工作经验，形成科学完善的工作机制，构建各级党政机关、企事业单位、乡村、社会团体、家庭共同育人的格局，提升学校教育质量，成功创建制度化家校合作示范县。

四、工作要求

（一）提高思想认识。各乡（镇）、各相关部门单位要充分认识制度化家校合作示范县创建工作的重要性和必要性，切实把思想和行动统一到县委、县政府的决策部署上来，把家校合作示范县创建工作作为推进教育改革发展的首要任务，齐心协力推动各项工作顺利进行。

（二）狠抓工作落实。各乡（镇）、各相关部门单位要把制度化家校合作示范县创建工作纳入重要议事日程，主要领导亲自部署、亲自调度，并安排专人牵头落实相关任务。教科体部门要认真落实牵头责任，加强对各项工作的指导、调度，协调解决工作推进过程中的困难和问题。各学校要因校制宜，制定具体的实施方案，明确工作重点，细化工作措施，大力推进家校合作工作。县财政要将所需资金列入县财政预算，各乡（镇）、各相关部门单位和学校配备的资金须确保用于项目推动、办公设备资料购买等。

（三）提升工作成效。要广泛开展宣传，鼓励家长参与子女教育，引导社会支持学校教育，营造良好的工作氛围。要加强督导考核，对进展快、成效好的乡（镇）、学校，及时总结推广典型做法和成功经验，对进展缓慢、成效较差的乡（镇）、学校，及时督促整改落实。县制度化家校合作示范县创建工作领导小组将择机召开全县家校合作工作现场交流会及表彰会，评选一批"优秀家校合作学校""优秀家校合作指导服务站"等，并向上级部门推荐。

附件：1. 江西省制度化家校合作示范校（园）标准（略）
　　　2. 江西省制度化家校合作示范县（市、区）标准（略）

安远县教体局关于进一步做好
家校社合作工作的通知

（安教科体字〔2020〕65号）

各乡（镇）初中、中心小学、九年一贯制学校，县直各学校，城区各幼儿园：

根据《江西省教育科学研究所关于加强家校合作试点工作信息报送的通知》、《安远县教科体局关于印发安远县开展制度化家校合作示范县（校）创建工作实施方案的通知》（安教字〔2018〕41号）、《安远县教科体局关于在全县中小学幼儿园开展"学家庭教育做智慧家长"主题诵读活动的通知》（安教科体字〔2019〕80号）等文件精神，结合工作实际，现将进一步做好家校社合作工作有关事项通知如下：

一、进一步办好家长学校。各学校要不断完善家长学校章程，积极总结前期家长学校运行经验，扬长避短。要创新家长学校活动形式，通过开展家长学校代表大会、教子经验交流座谈会、线上线下读书沙龙等，广泛听取家长意见建议，帮助家长树立现代化教育理念，掌握科学育子方法。要做好家长学校活动统计工作，于每周星期五前报送《开展家长学校活动情况统计表》（见附件1）。各学校可以把线下家长学校的活动写成新闻通讯等，并报送相关的文档、图片、视频等材料，县家校社合作共育指导中心将择优在教师进修学校微信公众号发布，并向上级及相关媒体推荐。

二、进一步发挥家长委员会和家长志愿者的作用。各学校要进一步完善家委会运行机制，定期向家委会通报学校发展规划，审阅学校工作报告，使家委会充分参与学校民主管理，保障家委会对学校工作的知情权、评议权、参与权和监督权。要充分发挥"家长志愿者"的作用，合理利用家长资源，积极探索"家长义教"和"家长义工"等不同组织形式。要加强经验总结，各学校每学期要报送至少三篇关于开展家校合作工作做法的信息，即开学初 1 篇工作信息，可以是班级、学校的家校合作活动、方案或做法，以及遇到的突出困难和解决方法等，有创新性或典型性即可，不要面面俱到，信息类型可以是文档、图片、视频等多种形式；六月、十一月底择优报送 1 篇家校合作教育案例；每学期结束前 1 周报送 1 篇关于本学期家校合作工作总结。

三、继续开展"学家庭教育　做智慧家长"主题诵读活动，营造全社会重视家庭教育和家风建设的良好氛围。各学校积极动员、指导家庭素养较好的家长志愿者参与到家庭教育主题诵读活动中来，并遴选优秀作品。城区 20 个教学班以上的学校每月报送一篇家长或教师的主题诵读作品，其他学校每学期开学后 3 周内和期末考试前 3 周分别报送 1 篇合计 2 篇主题诵读作品，主题诵读作品报送要求见附件 2。县家校社合作共育指导中心将择优发布主题诵读作品，同时，县旅发集团将为每一期朗读者本人及其子女赠送一次三百山景区和东生围景区亲子游。

四、做好资料的整理、归档工作。各学校要分类整理好各项工作开展过程性资料，作为家校合作工作考评重要依据。县教科体局将适时召开全县家校合作工作现场交流会及表彰会，评出一批"优秀家校合作学校"，并推荐评选省市级"优秀家校合作示范校"。

上述报送材料只需电子稿，若需纸质稿则会另行通知，联系人：县家校社合作共育指导中心（略）。

附件 1：开展家长学校活动情况统计表（略）
附件 2：主题诵读作品报送要求（略）

安远县教育科技体育局

2020 年 5 月 29 日

巧谋划　强推进　全民共建好生态
——安远县家校合作工作经验[*]

安远是香港同胞饮用水东江的发源地，国家级非遗赣南采茶戏故乡，中国楹联之乡，中国脐橙之乡，中国客家小吃之乡。安远是客家民系聚居地，客家文化源远流长，文化底蕴深厚，素有崇文尚德、尊师重教的传统。

近年来，安远县牢固树立教育优先发展理念，把"发展大教育""全力打造全省教育强县"列为全县发展战略之一，奋力谱写高起点谋划、高质量推进教育发展新篇章。教育事业取得长足发展，安远也由过去的教育基础落后县发展为全国义务教育发展基本均衡县，成为全赣州市唯——个连续 9年考取清华、北大不断线的教育强县。2016 年，原县委书记严水石被评为全省首届"感动江西教育十大年度人物"；2017 年，安远县在江西省县（市、区）党政领导干部履行教育职责电视电话会议上做先进典型发言；2018 年，江西省基础教育重点项目建设暨义务教育均衡发展现场推进会在安远成功召开；2019 年，原县长肖斐杰荣获江西省"推进义务教育基本均衡发展积极贡献个人"荣誉称号；2021 年，安远县在江西省家校社协同育人改革研讨会上作先进典型发言。

一　巧谋划，托起教育强县梦

安远是国家扶贫开发工作重点县、罗霄山脉扶贫攻坚特困片区县，经济基础十分薄弱。2013 年起，安远历任领导班子充分认识到教育是拔穷根、阻止贫困代代传递的重要途径。为此，安远先后提出了"发展大教育""打造全省教育强县"的战略思路，把教育提升到全县战略高度进行谋划部署，确立了打造优秀基础人才培养基地、技能型人才输出基地和优质继续教育培训基地的发展目标。

---

[*]　作者：江西省赣州市安远县教科体局。

为了实现这一目标，安远努力克服本级财政不足的难题，千方百计保障教育投入，县四套班子办公大楼的项目建设资金也被全部投入教育事业中，四套班子现在依然在 20 世纪 60 年代建造的、低矮昏潮的老旧大楼里办公。仅 2014～2018 年，安远用于教育发展的资金累计达 16.35 亿元，相当于 2018 年全县财政总收入的两倍。加上近几年的不断投入，安远不仅按"发展有规划、设施有配套、校园有景观、文化有品位、运动有空间、安全有保障"的"六有"标准，高规格完成了全县 169 所义务教育学校以及 18 所乡镇中心幼儿园、9 所城区公办幼儿园的标准化建设，还建成了全市乃至全省一流、占地 800 多亩，融学前教育、义务教育、高中教育、职业教育、特殊教育、继续教育于一体的教育园区。如今，漫步安远城乡，"最好的房子在学校、最美的环境在校园"成为百姓的普遍共识。

同时，安远还坚持"跳出教育抓教育"，将学校标准化建设与脱贫攻坚、乡村振兴项目同步规划、同步实施，全面提升村级公共服务水平；与新型城镇化建设相结合，在全市乃至全省率先打造了集文教产业、文教休闲、人文观光于一体的教育特色小镇；与农村公路建设相结合，把学校建成公路沿线的靓丽风景，实现了教育综合效益的"最大化"。

二 强推进，全民共建好生态

风成于上，俗形于下。安远教育的蜕变，全县群众看在眼里，喜在心头，纷纷以实际行动支持教育发展。

（一）示范引领，营造全民共建共享良好氛围

安远在大刀阔斧进行教育基础设施建设的过程中，教育预留用地不足成了关键问题。2017 年 6 月 1 日，时住县委书记来到九龙小学调研，看到历史遗留问题导致学校教学用地和运动场地不足，3000 余名学生被切分到 4 个区域开展课间操时，被深深地触动了："'就是拆也要为学校腾出一片空间来'。在充分了解情况后，他当机立断、现场办公，经县委共同商议，决定把旁边占地十多亩的已搬迁的看守所旧址划给学校，同时斥资 1500 多万元对周边 18 户房屋实施土地房屋征收，将土地一并纳入校园规划范围，使九

龙小学校园面积扩大了 1.5 倍。

振臂一呼，应者云集。在安远党政率先垂范下，全县群众纷纷以实际行动支持学校建设。版石镇农户自愿以低价出让土地用于新建中心小学二部，浮槎乡二十九户群众主动将祖坟搬迁，腾出土地建设学校运动场，镇岗乡村民腾出祠堂前的空地，用于新建学校活动场所。

（二）奖教奖学，营造浓厚尊师重教氛围

每年 9 月，安远县乡两级都会召开隆重的教师节表彰大会，重奖教育有功之人，县级优秀教师、优秀校长、师德标兵等每人奖励 5000 元，乡镇优秀个人每人奖励 2000 元，向全县教师发放慰问金每人 200 元并逐年增加。出台了完善的高、中考奖励办法，激励广大学生积极向学，为周边兄弟县市提供了奖励学业的"安远样板"。2014 年以来，安远累计发放教育奖励资金 3123.53 万元，其中 2021 年县级奖励资金达 565.04 万元，创下历史新高。

"要让教师成为人人羡慕的职业。"为让广大教师安教乐教，安远投入 6500 多万元，建设了 3.5 万平方米的教师安居房和教师公寓，解决了 1200 多名教师的住房问题。曾经实施中、高级职称教师全员聘任和按时晋档制度，所需经费全部由县财政兜底；将教师住房公积金缴交比例由基本工资的 5%，提高到全额工资的 12%，并落实了教师的基本医疗保险、生育保险和养老保险配套资金。

（三）积极引导民间资金和社会资本投入教育事业发展

安远充分发挥各乡镇、各姓氏理事会作用，由理事会中德高望重的乡贤牵头召开"教育发展工作会"，成立教育发展协会。一时间，全县捐资助学的热情空前高涨，各类教育基金会达 122 个，覆盖了 18 个乡镇，还争取到爱心组织、企业捐资 3200 万元，累计募集教育基金达 1.3 亿元。

安远县最南端的鹤子镇雍上自然村只有 40 多户人家，但在重教氛围影响下也成立了教育基金会。基金会刚成立就收到了"五保户"郭培森捐赠的 2000 元助学金，村里外出乡贤也纷纷专程回村慷慨解囊。目前，该基金会共筹集基金 38 万余元，已成功举办了八届爱心助学升学庆典仪式，奖励、资助优秀学生和贫困生 54 人次。

三 制度化，家校合作绽芬芳

近年来，安远以列入江西省第三批制度化家校合作试点县为契机，积极推行家校社合作共育工作"三三"模式，突出家庭教育在改善校风、家风、乡风、民风中的重要作用，优化了教育生态。

（一）健全三大组织，凝聚多方育人力量

县委县政府出台了《安远县开展制度化家校合作示范县创建工作实施方案》，成立县级家校合作工作领导小组和家校社合作共育指导中心，县教科体局也设立了相应的股室；全县各乡镇建立了家校合作指导服务站；全县所有学校成立了家长学校、家长委员会，建立了家长志愿者队伍，实现中小学、幼儿园家校合作组织的全覆盖。并将制度化家校合作工作列入学校年度综合考核，建立完善了家校共育制、家校沟通制和家长开放日等制度，形成了良好的运行机制。

（二）建设三支队伍，培育大批专业人才

安远着力培育家庭教育指导师、家庭教育讲师、家校合作志愿者队伍，培育了一大批家庭教育工作者。通过"请进来""走出去"等方式提升他们的家庭教育理论水平和实践能力，邀请国内著名家庭教育专家来安远培训本土家庭教育指导师、讲师、志愿者，带领他们到国内家庭教育先进县市考察学习。同时，通过线上理论学习和线下教育实践相结合的方式，推动他们与家长双向互动，从而促进了其工作能力的提升，为家校社合作工作提供了人才保障。目前，全县有符合资质的家庭教育指导师 53 人、家庭教育讲师 353 人，各乡镇、学校都有家校合作志愿者，约 6000 人。

（三）举办三类活动，践行家校合作措施

通过邀请家庭教育专家团队开展家庭教育公益讲座、新生家长"持证上岗"培训、线上线下学习家庭教育等行动，推动家庭环境、办学环境和育人环境的整体优化。2018 年以来，安远县累计开展家庭教育公益讲座、专题教育活动两百多场次。2020 年，通过送教下乡，开展了 3 次 45 场公益讲座，惠及全县各中小学幼儿园所有新生家长。各学校也定期开展亲子活动，邀请家长中的行业精英给学生上课，担任义务交通协管员、膳食监督员、监考员等；全县各学校、班级组建了家校合作微信群，开展每日一篇的家庭教育理论、案例学习，《家庭教育促进法》宣讲等，家长们在群里共读家庭教育文章，分享育人理念；还建立了网上家教直播间，全县参与网上互动人数达八万余人，广大家长与家教专家隔空对话，极大地提升了家长的家教水平。

岁月曾著风雨，更待满树繁花。安远将继续以创建制度化家校合作试点县为契机，深入学习贯彻全国、全省教育大会精神，坚持教育优先发展理念，把教育民生办实，把学校硬件建好，把校园软件做细，全力推动安远教育优质均衡发展，全力打造全省教育强县。

崇仁县教育体育局关于印发《崇仁县开展制度化家校合作示范县创建工作实施方案》的通知

（崇教体字〔2018〕143号）

一、指导思想

为贯彻《国家教育中长期发展规划纲要》，坚持"全纳、公平和全民终身学习，给每个人公平"的理念，以十九大精神为引领，以习近平新时代中国特色社会主义思想为指导，根据江西省教育厅《关于印发〈关于开展制度化家校合作示范县（校）创建工作的指导意见（试行）〉的通知》（赣教科字〔2017〕4号）的文件精神，以成就学生、服务家长、发展学校为出发点和落脚点，加强家庭教育、学校教育与社会教育的有效衔接，形成学校、家庭和社区的良性互动。

二、总体目标

本着平等、尊重的原则，通过创建省级家校合作示范县，实现家校合作的多元化，到2020年初步形成家校合作工作机制和良好的社会氛围。

1. 构建家校合作共育共建机制

聘请专家开设讲座、现场指导；举办家校合作共育研讨会，宣传家校社合作三位一体育人理念，校长、教师、家长对家校合作共育的认同度达 100%。成立家校合作指导中心，建立各级家长委员会，完善县级家长学校，指导全县学校开展家校合作共建工作。

2. 构建家校合作工作共享共生工作机制

开发家校合作共享资源库。在崇仁教育网开设家校合作专栏，使之成为教师、家长学习家庭教育知识、开展家校合作的共享平台；组织教师编写教案、拍摄微课，供全县教师使用；征集家庭教育讲座视频进专栏，供家长使用；征集家校合作优秀案例，供各学校借鉴使用；在三年内形成一批共享的家校合作研究成果。

三、主要任务

1. 行政协调统一。崇仁县教体局每年将家校合作工作纳入总体工作部署，结合本县教育发展目标和学生成长目标，有组织、有计划地开展家校合作工作，将家校合作工作渗透教育教学管理的每个环节，促进教育整体工作的有效开展。在教育工作全局上充分发挥家校合作凝聚民心、整合资源的战略作用，在事关百姓民生的教育改革问题上，以家校合作工作为手段和资源，形成有利的社会舆论环境。崇仁县人民政府协调好家校合作工作中出现的纠纷和诉求，支持学校超越自身局部利益，努力营造家校社合力育人的校风、家风和民风。为了使制度化家校合作示范县创建工作落到实处，崇仁县教体局党委委员、高招办主任黄发孙同志主抓，崇仁县教师进修学校具体负责落实。

2. 家校主动均衡。在制度化家校合作示范县创建工作中，家庭和学校是两个不同的阵营，但育人目标是一样的。家长是孩子的第一任教师，家长和子女的特殊血缘关系决定了家长在儿童的身心发展中起着非同一般的作用。从理论上说，家庭教育是个体在整个社会化过程中最关键的教育。因此，家长有自己的优势和能力参与学校教育。而学校在家校合作中更要发挥主导作用，要把家校合作作为学校管理和改革的重要战略资源，努力实现家校的相互理解和支持。因此，学校既要重视组织家长志愿者活动、家长会等在校活动，又要主动打开校门，主动联系沟通家长，帮助家长提高教育子女的意识和能力，支持家长科学开展家庭教育，以校风影响家风建设，从而促进社会风气的良好转变。

3. 家校社互动共育。①广泛宣传，深度发动，营造出制度化家校合作示范县创建工作的社会氛围。深入街道、社区、家庭发放家教宣传材料、告家长书；建好崇仁县家校合作网络平台。在崇仁教育网上开设家校合作专栏，开发崇仁县家校合作微信公众号，推进"互联网+"家庭教育，开设家教课程、亲子共读、案例展示、学生成长过程评价等栏目，实现家庭教育线上学习、交流、评价功能。②组建一支相对稳定、适应需要的家校合作和家庭教育讲师队伍。A. 积极组织本县教师参加国家、省、市组织的家教培训；B. 聘请高校、教育行政部门、教研部门的专家、教授；C. 成功家长。③开展家庭教育专题讲座。每年上半年5月份、下半年9月份各一次在全县举办大型的家庭教育专题讲座活动。我们从省妇联、省家长函授学校、省教育学院聘请著名的心理、教育、保健等方面的专家、教授到现场面对面与家长交流和互动。④论文征集。为了把成功家长亲身教育子女的体会、方法介绍给广大家长，每年以不同的主题开展家庭教育征文活动。如举行的"教育学生学会做人""做一个合格家长""培养富有创新精神的人才"为主题征文活动。我们把收集到的论文进行评比，把获奖的论文编印成论文集。⑤学校更要开展丰富多彩的家校合作活动：家访，校访，家长会，家长评校、评教活动，开放日，建立家长热线，家校联谊会等。⑥选聘家校合作家长志愿者服务队伍。在县城家长中选聘200名具有一定家教知识、相当组织能力、义工情怀的家长志愿者，参与学校管理，助推家校合作各项活动开展。

四、工作进度

第一阶段（目前至2018年12月）全面启动家校合作创建工作。成立崇仁县家校合作示范性创建工作领导小组，开展业务指导和专业培训，促进家校合作示范创建的有效开展。参照省教育厅发布的家校合作示范校（园）创建标准，在全县选择一批基础较好的学校，做好三年分期创建达标规划。

第二阶段（2019 年 1~12 月），做好迎接市级、省级初步评估认定，不断发现创建工作中出现的新情况、新问题，探索新途径和新方法。做好家校合作创建案例收集，汇编成册；通过现场观摩、研讨，巩固成果，推广经验，实现共同提高。

第三阶段（2020 年 1~12 月），做好迎接市级、省级最终评估认定，认真总结、推广家校合作示范性创建工作的经验，形成家校合作的有效机制，从而促进学校教育质量的不断提升。

五、保障措施

1. 组织保障。成立崇仁县制度化家校合作示范县创建工作领导小组，组长由副县长担任，副组长由教体局局长担任，成员由妇联、共青团、关工委、卫计委、文化局、文明办等部门负责人组成。县领导小组全面负责家校合作示范县创建工作，教体局在县委和政府领导下，强化组织领导和监督问责，把家校合作工作列入重要议事日程，建立协调领导机制，会同妇联、关工委等部门定期检查工作进展情况，听取工作汇报，协调解决工作中存在的问题和困难；各中小学、县幼儿园要成立学校家校合作工作领导小组，校（园）长为组长，副校（园）长为副组长（指定一人专门负责家校合作工作），相关处室负责人为成员，同时要成立学校家长委员会。

2. 制度保障。教体局要将家校合作作为教育改革和发展的重要抓手，年初有工作部署，年终有考核评价；要健全各项规章制度，出台有力政策措施，保证崇仁县制度化家校合作创建工作的正常开展。各中小学（幼儿园）要采取有效措施，加强三级家委会（学校、年级、班级）专业化建设。要将家长委员会纳入学校日常管理，制定家长委员会章程，完善各项规章制度。要将家庭教育指导服务作为学校重要任务，积极推进家长委员会工作例会、家校联席会议、家长委员会驻校办公、家长讲师团、家校工作信息反馈、家长评校评教等制度建设。

3. 管理保障。制度化家校合作示范县创建工作是我县的一项重要工作，教体局要结合本地实际重点研究如何提高家长素质，如何增进学校、家庭和社会合作，如何创新家校合作的内容与形式，提出研究课题，设立项目管理小组，定期检查实施进展情况。建立项目研究台账资料；采用文字、图片、声像等多种形式收集过程性资料。保证项目推进的速度和质量，努力成为创新家校合作教育机制的示范者和引领者。

4. 经费保障。将家校合作共育纳入政府公共服务体系，建立以政府投入为主的家校合作共育经费保障机制。坚持公益性和购买服务相结合的方式，发挥社会资源在家庭教育指导中的积极作用。建立项目专项基金，保证研究活动、教师培训和成果总结推广所需要费用的落实。

5. 宣传保障。利用报纸、电视、网络、微信等多种形式进行宣传，鼓励家长参与子女教育，引导社会支持学校教育。对工作热情高、推进力度大、成效显著的学校，将组织宣传报道，推广经验成果，培育先进典型。努力营造家校社合作育人的氛围，逐步形成学校、家庭、社区共同育人的大格局。

加强家校社合作　推动崇仁教育发展[*]

崇仁县位于江西省中部偏东、抚州市西部，面积 1520 平方公里，人口 38 万。崇仁崇尚仁义，素有"赣东望邑，抚郡望县"之称。崇仁县家长学校创办于 1994 年，二十多年来，学校以普及家教科学知识、交流家教经验、推广家教科研成果为目的，通过函授、面授、讲座等教学形式，提高全县广大家长素质和育人水平，为中小学、幼儿园家长委员会提供必要的指导。2017 年 12 月崇仁县被江西省教育厅批准为江西省第三批制度化家校合作试点县。为了制度化创建家校合作示范县，崇仁县主动搭建家庭、学校、社会

---

* 作者：崇仁县教育体育局。

"三位一体"的共育平台，积极探索家校社合作规律，努力完成试点工作任务，推动崇仁教育和谐发展。

一　合作背景

1. 习近平总书记关于家庭、家教和家风的论述。习总书记在不同场合谈到要"注重家庭、注重家教、注重家风"。"家庭是人生的第一个课堂"。"无论时代如何变化，无论经济社会如何发展，对一个社会来说，家庭的生活依托都不可替代，家庭的社会功能都不可替代，家庭的文明作用都不可替代"。"家风是一个家庭的精神内核"。"孩子们从牙牙学语起就开始接受家教，有什么样的家教，就有什么样的人"。"家风是社会风气的重要组成部分"。

2. 家校合作是教育发展的必然。苏联教育家苏霍姆林斯基曾说："只有学校教育，而无家庭教育，或只有家庭教育，而无学校教育，都不能完成培养人这一极其细致、复杂的任务。"随着基础教育改革的不断深入、学校教育的开放力度不断加大，教育的各种矛盾也越来越多，孩子的教育仅靠学校单方面是很难完成的。因此，在教育过程中，学校和教师应加强与家长的合作，以人为本，使每个学生都能得到全面健康和谐的发展，而家校合作的目的正是更好地发挥学校和家庭的优势，用家庭教育的优势来弥补学校教育的不足，由学校教育来指导家庭教育，使家庭教育对学校教育形成强大的支持。最终双方优势互补，为孩子更好的成长营造一个良好的育人环境。

3. 家校社合作的意义。完善家校社合作关系，能共同影响孩子的学习和发展，更好地促进青少年的健康成长；可以促进家庭、学校、社会之间的信息交流；可以提高公民素质、优化教育环境、转变社会风气、推动教育全面发展。

二　基本策略

（一）领导重视，机构健全是做好家校社合作工作的前提

1. 提高站位，统一思想。在江西省教育厅确定崇仁县为试点单位后，

县教体局迅速召开党政联席会议，研究部署家校社合作各项工作，成立了崇仁县教体局"家校社"合作工作领导小组，组长由教体局局长张益芳担任，副组长由局分管领导和教师进修学校校长担任，成员有教体局相关股室负责人和教师进修学校领导、工作人员。2018 年 5 月，张益芳组长在全县中小学校长会议上就开展制度化家校合作示范县创建工作做总动员，同时下发了《崇仁县开展制度化家校社合作示范县创建工作实施方案》。中小学、幼儿园也成立了相应的组织机构，确保家校社合作工作有力开展。

2. 固定办公场所，完善规章制度。为了使家校社合作工作落到实处，领导小组决定这项工作由崇仁县教师进修学校承担，并在教师进修学校设立崇仁县教体局家校社合作办公室，由教师进修学校党支部书记担任办公室主任。根据工作要求，家校社合作办公室制定和完善了《崇仁县教体局家校社合作工作规章制度》《崇仁县试点学校工作管理制度》等。

3. 搭建平台，合作交流。2018 年 6 月，崇仁县教体局家校社合作领导小组首次选派家校社合作工作人员到上海参加以"新时代、新智慧、新实践"为主题的首届长三角家校合作高峰论坛；同月下发《关于参加全省中小学、幼儿园家长委员会建设指导教师培训班的通知》；2018 年 7 月选派 50 名中小学校长、分管副校长和家校合作专干到井冈山教师培训中心参加家校合作基础性培训；2019 年 1 月 5 日领导小组又选派崇仁县第二中学、宝水实验学校、第四小学、县幼儿园四所试点学校家校社合作工作人员参加以"好家庭、好家教、好家风"为主题的江西省第二届家庭教育高峰论坛。

（二）广泛宣传，深度发动是营造家校社合作的良好氛围

为了让社会各界广泛了解、理解和支持家校社合作工作，充分调动广大家长、老师和社会有关人士的积极性，让他们主动参与到这项工作中来，就必须加大宣传力度，形成强大的社会舆论。只有全社会高度重视，才能有效推动家校社合作工作的开展。

1. 做好家庭教育咨询活动。每年秋季开学之前，教体局都会组织一场由局领导、家教专家和老师参加的家庭教育咨询活动。家长在活动现场提出

各式各样的家教问题，比如：如何对孩子进行思想品德教育？如何培养孩子的良好阅读习惯？孩子做作业时家长应该怎么办？……针对这些问题，局领导、家教专家和老师都会一一作答。

2. 发放家校社合作宣传资料。2018 年 5 月，由崇仁县教体局牵头，县关工委、县妇联、文明办等部门工作人员在崇仁广场发放"家校社合作"宣传资料 3000 余份。宣传什么是"家校社合作"，"家校社合作"的基础是什么，"家校社合作"的意义，并解答家长们提出的问题，让广大群众亲身体验"家校社"合作是怎么回事。

3. 中小学校以单位为阵地做好家校合作宣传工作。学校利用宣传单、告家长书等形式，通过学生的纽带作用，将"家校社合作"的意义、任务宣传到学生家庭，积极拓宽家长参与面；学校还开辟专栏，对"家校社合作"进行广泛的宣传和交流，赢得家长的热情支持。如崇仁县幼儿园在进门左侧的显要位置设置了家园合作宣传栏，每学期根据教育要求张贴园内发生的大事、学前教育动态、孩子的各项活动以及有关科学育儿等方面的知识；每个班级门口也设置了家园联系栏，每月一期，内容涉及幼儿卫生保健、家教成功经验、幼儿园教育内容和信息等。学校点多面广，在营造声势、深化"家校社合作"工作中起到了重要作用。

（三）部门配合，形成合力是做好家校社合作工作的关键

要让家校社合作工作顺利开展，使家庭、学校、社会充分发挥其教育功能，就必须得到社会各个方面的充分理解和大力支持，需要各个相关部门在工作上的密切配合。

1. 确立工作目标，明确职责分工。根据《崇仁县开展制度化家校社合作示范县创建工作实施方案》的要求，教体局、妇联、关工委、文明办、民政局、卫计委等部门充分发挥职能优势，切实做好指导和推进家校社合作工作。妇联、教体局牵头负责指导和推进家校社合作工作；文明办协调各部门力量共同构建学校、家庭、社会"三结合"教育网络；教体局加强幼儿园、中小学校家长委员会的指导与管理；卫计委大力发展新婚夫妇学校、孕妇学校等公共服务阵地，对家长进行科学养育的指导和服务。总之，妇联、

民政、教育、人口计生、关工委等部门共同承担做好城乡家校社合作教育指导、服务与管理工作，推进家校社合作知识的宣传和普及，促进崇仁教育事业全面发展。

2. 争取部门支持，筹措办学经费。为了创建制度化家校社合作示范县，县政府将家校社合作共育纳入政府公共服务体系，建立以政府投入为主的家校合作共育经费保障机制；广泛动员社会力量，多渠道筹措经费；坚持公益性和购买服务相结合的方式，发挥社会资源在家庭教育指导中的积极作用；建立项目专项基金，保证家校社合作研究活动、教师培训和成果总结推广所需要费用的落实。

（四）开展活动，发展教育是做好家校社合作工作的核心

崇仁县积极开展家校社互动共育活动。尤为突出的是崇仁县第二中学每年都会安排"五老宣讲团"到学校为学生讲述红军的革命故事，让学生感受到今天的幸福生活来之不易，从而激发学生的学习热情、爱国情怀，对教育引导青少年学生树立正确的人生观、世界观、价值观起到重要的作用；崇仁县幼儿园依托省级课题，助力家校社合作。课题1《幼儿园家长志愿者活动促家园共育发展的探究》得到江西省基础教育研究课题批准立项，遵循课题研究的宗旨，县幼儿园在实施过程中通过创建家长志愿者服务模式，广泛开发和有效利用家长资源，丰富幼儿园的教育元素，促进了家园共育发展和教师专业成长；课题2《幼儿园游戏教学与家长观念转变的影响研究》得到江西省教育科学规划小组批准立项，该课题在充分掌握目前幼儿园家长家庭教育特点的基础上，用实践游戏的教育模式改变家长传统、陈旧的教育观念，通过家庭教育讲座、家庭教育咨询、家长助教等活动向家长宣传普及科学育儿和家庭教育知识，帮助家长树立正确的教育观，从而提高家庭教育质量及家庭教育的能力。崇仁县宝水实验学校六（2）班班主任通过家访了解到一学生家庭非常困难，全校师生为其捐款献爱心。崇仁县第四小学在教育实践基地对学生和家长进行"重走长征路"的国防教育、人与自然的环境教育、地震急救的安全教育。

丰城市教育体育局印发《丰城市家校社合作工作的实施方案》的通知

为贯彻国家和江西省中长期教育改革和发展规划纲要，认真落实《中共中央国务院关于进一步加强和改进未成年人思想道德建设的若干意见》和《关于印发〈丰城市家长学校总校运行方案（试行）〉的通知》，充分发挥家庭、社会在学校教育中的作用，实现学校教育、家庭教育和社会教育的有机结合，从而有利于全面推进素质教育，特制定本方案：

一、指导思想

以党的十九大精神为引领，以中办国办《关于深化教育体制机制改革的意见》和《江西省教育事业发展"十三五"规划》为指导，围绕学生成长，着眼于现代学校制度建设，系统改善育人、办学和家庭三大环境。动员全体家庭积极参与子女教育；使学校办学得到家长和社会的理解、参与和支持；使家庭的家教更加科学，家风得到改善，进而促进民风和社区风气的改变，形成学校、家庭和社区的良性互动。

二、家校合作的基本原则

1. 目标一致原则。动员、组织和协调家庭和社区，与学校一道，共同承担儿童成长的教育职责。

2. 地位平等原则。学校、家庭和社区是地位平等的合作伙伴，不是命令和服从的关系，要充分发挥学校、家庭和社区的各自优势和独特作用，尊重彼此的利益和诉求。

3. 尊重学生原则。以有利于学生成长为工作出发点，尊重学生的成长规律和诉求，保障所有学生及其家庭获得成长和平等参与的机会。

4. 弹性渗透原则。破除"铁路警察，各管一段"的家校分工传统观念，家校合作的各方通过相互开放、相互服务和相互参与，为对方承担教育职责提供支持和帮助，形成教育合力。

5. 活动多元原则。均衡开展"当好家长、在家学习、相互交流、志愿服务、参与决策、与社区合作"六种实践类型的活动，既要有服务于学校的活动，更要有服务家庭的活动。结合本地家校社环境特点和本单位教育教学工作实际，创新家校合作活动的具体组织形式。

6. 持续稳定原则。通过持续的行动，构建家校合作工作常态化的运作机制，共同推动家校合作走向制度化。

三、工作目标和内容

通过开展一系列层次多样、形式新颖、内容丰富的教育活动，构建学校教育为主、家庭教育为基础、社会教育为依托的"三位一体"育人体系，形成校内外教育"统筹兼顾、协调发展"的工作合力，建立健全"三教结合"工作长效机制，最终达到促进青少年在品德和学业以及身心各方面的良好发展的目的。具体要明确两大内容：

1. 家长参与学校教育。各中小学校要创设条件，提高家长参与学校教育的积极性与有效性，保证家长对学校教育的知情权、评议权、参与权和监督权。

2. 学校指导家庭教育。各中小学校要发挥教育系统的自身优势，按照学校主导、社团参与的方式，加强对家长的家庭教育理论、内容和方法的指导，更新家长的教育观念和教育水平，创设良好的家庭环境，使家庭成为学校教育的得力助手与有力后盾。

四、具体措施

（一）加强研究，提高家长学校工作水平

1. 形成一支专兼结合、素质较高、结构合理、覆盖面广的家教工作队伍。每年至少统一培训一次，帮助教师掌握家长学校的工作方法，更新家庭教育知识。

2. 加强家庭教育理论研究，形成一套适合丰城市家长学校使用的教材，实现全市的资源共享，增强理论指导家长学校工作的实效。

3. 加强家长学校热点、难点工作研究，为丰城市家长学校工作取得突破性进展出谋划策。

（二）深化家庭教育活动内容

1. 及时了解掌握家庭教育情况和家长需求，适时调整跟进，增强活动内容的适应性和可操作性。充分发挥家长委员会在家校社合作中的重要作用。各中小学校要成立设置校级家长委员会，并依靠各级家长委员会，创新教育思路和举措，积极调动家长广泛参与学校教育的积极性，充分发挥家长的自身特长和优势，共同做好学校教育教学工作。进一步完善家访制度。通过家访，教师可以全面了解学生成长环境，快速传递教育信息，密切家校关系，是实现家校积极互动的有效措施。每学期学校教师须对本班每名学生至少进行 1 次家访，重点关注留守儿童、单亲家庭，及时了解、沟通和反馈学生思想状况和行为表现，营造良好家校合作氛围。设立学校开放日。学校要加大"开门办教育"的工作力度，定期设立开放日，让家长走进学校，走进课堂，走近教师和孩子，切身体验现代的校园、课堂，提出自己对学校教育工作的意见和建议，进而理解和支持学校教育。增强家长会的互动性。家长会作为传统的家校合作方式，仍是教师和家长间交流学生情况、共同寻找教育方法的有效途径。学校每学期至少要召开 2 次家长会，以互动为纽带，架起学校与家长、家长与家长之间沟通的桥梁。学校与家长委员会共同探讨延迟放学工作的开展。加强家校社合作，动员在校教师、学生家长、社会热心人士参与校内课后服务，提升服务学生的质量、效益和水平。校内课后服务的活动形式及内容由学校会同家长委员会商定。家长是中小学生校内课后服务的直接参与方、重要责任方和利益攸关方，应共同担负校内课后服务时段学生的监护责任，合理分担子女接受校内课后服务的运行成本，参与服务情况及收费项目支出的监督等。

2. 要广泛开展调查，着力研究新形势下家庭结构、功能、环境的变化给子女教育带来的新变化，研究当前家庭教育中存在的主要误区和薄弱环节，研究单亲、特困、流动人口、留守儿童等特殊家庭的子女教育问题，形成一批有分量的研究成果，用以指导家庭教育工作实践，为科学决策提供依据，让家庭教育指导内容与时俱进。

3. 运用现代传媒和各种宣传渠道，请家庭教育专家在栏目开设家庭教育讲座，组织家长们在网上学习、探讨家庭教育知识，把家庭教育科学知识送到千家万户。

4. 举办家庭教育巡回报告会。结合社会创新管理，挑选一批从事家庭教育理论研究的优秀老师和实践经验丰富的家长，组成家庭教育讲师团，给家人们送去精神食粮。

(三) 加强指导，完善管理机制

1. 请教育行政部门对家长学校进行管理督导，并且纳入丰城市"1+4考评"机制。对家长学校的规范程度进行评估、量化。建立家长学校的激励约束机制。

2. 在家长学校总校成立专家组和讲师团，对家长学校工作进行具体指导，规范家长学校工作，提出切实可行的办学实施办法，进一步规范家长学校管理。

3. 建立动态激励机制。建立家长学校与教师的职责考核奖惩制度，明确职责，定期进行考核测评，表彰奖励优秀家长学校、优秀教师和家长。

五、工作要求

(一) 加强领导，落实责任

建立"政府主导、部门联动、社会参与、家长自愿"的家校社合作工作机制。市政府按照义务教育以县为主的管理体制，加强家校社合作工作的统筹规划和组织领导，明确职责，落实责任。市教育局担负家校社合作相关活动的管理职责，加强部门沟通协调，完善配套制度和保障机制，督促各校做好工作。街道社区和综治、公安等部门要各负其责，共同做好家校社合作的管理工作。各校要加强对家校社合作的实践总结和问题研究，创新服务模式，改进服务措施，稳妥开展服务，不断提升家校社合作的质量和水平。

(二) 加强研究，培育典型

各中小学校要对家校社合作工作开展深入研究，积极探索，逐步构建有效的工作机制和制度，并及时总结经验，培育典型，形成典型示范、全面推进的良好局面，推动形成全社会关心、支持家校合作工作的共识，营造良好的社会氛围。市教育局负责择时召开全市中小学家校合作工作现场交流会，指导各校开展活动。

一心两翼　三维互动
——丰城市制度化家校社合作[*]

丰城位于江西省中部，建县历史 1800 多年，辖 33 个乡镇（街道），面积 2845 平方公里，人口 147 万，是江西的人口大县、教育大县，也是大南昌都市圈副中心城市、省直管县改革试点县市和全国百强县市。丰城现有各类学校 652 所，其中幼儿园 199 所，小学 180 所，教学点 214 个，初中 37 所，九年一贯制学校 6 所，普通高中 12 所，特教、职中、教师进修学校、青少年活动中心各 1 所，形成了从学前教育到高等职业教育的完整教育体系；在校生 23 万名，在职教师 1.6 万名。丰城市在全省率先实现乡镇公办幼儿园全覆盖、形成从幼教到高校完整的教育体系、建立 "1+4" 教育督导考评体系、推行校长去行政化改革、创立全省首家教育发展投资公司、推行中小学校内课后服务，是全国职业教育和成人教育示范县、全省教育督导挂牌督学创新县、农村义务教育网点布局调整和制度化家校合作试点县，教育改革推陈出新，教育教学提质创优，高考成绩连年攀升。

近年来，丰城市以列入全省第三批制度化家校社合作试点县为契机，围绕"办有温度教育、更纯粹教育、高质量教育"目标，蘸实干之墨，书奋进之笔，

---

[*] 作者：叶莎，丰城市教育体育局。

从搭建平台、创建机制入手，着力打造以家长学校为中心、校内服务和社会共育为两翼的"一心两翼"家校社合作"丰城模式"，积极构建以学校教育为主体、家庭教育为基础、社会教育为依托的"三维互动"育人体系。

一 创立家长总校，开设家长课堂，让家庭教育更尽心

（一）网格化管理

丰城市于2017年4月成立家长学校总校，全市111所学校相继成立家长学校，目前校园覆盖面达100%。所有参与人员均为社会学者、教育专家、教师校长等义务兼职，家长学校面向社会招募义工。通过家长学校和总校，按区域联络学生家长，搭建家庭教育公益平台，为家长教育提供免费公益服务。各家长学校拓宽渠道，加强与家长的联系，开展丰富多彩的校园活动，促进家校合作常态化、规范化、系统化。丰城中学"成人礼"、剑光三小"学习型家庭"、丰城五中"家长进课堂"、丰城一中"家庭开放日"、实验小学"家庭爱心义卖"、剑声中学"青春期家教课堂"、新城中心学校的"亲子共读"、玉龙小学"家长读书分享沙龙"等成为有口皆碑的家校合作平台，吸引广大家长踊跃参与。

（二）常态化运行

家长学校建立《章程》和运行方案，通过"家长课堂"和"网上课堂"两种方式进行教育。家长学校每月开办一期"家长课堂"，家长总校定期在市文化大会堂举办"家长讲坛"，邀请有影响力的社会教育机构和社会教育专家讲学，安排兼职义工授课，组织有家教丰富经验和成功实例的家长现身说法。同时，开辟"中国丰城App"专栏、丰城TV专栏、剑邑论坛家教专栏，各学校利用局域网在媒体、微信群等开设家长课堂，定期推送家庭教育专题、课目和知识。

（三）订单式教学

在家长课堂和家庭教育当中注重以需求为目标、以问题为导向，突出针对性和供需对路。重点推出了"家庭教育的地位和作用、家长对子女教育的影响和责任、当前家庭教育的误区和怪圈、新形势下家庭环境对孩子教育

的影响、运用优秀传统文化引领亲子教育"五项教育专题,让家长深受教育和启发,深受家长欢迎,社会反响良好。

二 创办课后服务,强化家校共管,让学校教育更贴心

(一)开展校内课后服务。针对"双减"背景下家校协同育人的新形势,在做好相关政策宣讲的基础上,集中优秀家庭教育指导团队,组织开展一系列"双减"主题家教指导活动。同时做到课后服务"两个全覆盖",一是独立建制的中小学全覆盖,二是有需求的学生全覆盖。全市义务教育阶段有14.2万学生、近1万教师参与课后服务。课后服务内容主要是辅导学生作业,开展阅读、体育、艺术、科普、社团和兴趣小组活动,提倡对个别学习有困难的学生给予免费辅导帮助,坚决防止将课后服务变相成为集体教学或"补课"。不仅有效解决了家长接送难、校外培训贵、有偿家教乱等社会痛点问题,还搭建起了一个家校社合作的新平台,促进学生在家校社合作中提升素质、全面发展、健康成长。

(二)建立家校共管机制。在校内课后服务中建立"学校主办、教投主营、市局主管"的管理模式,"教师参与、家长互动、家校合作"的服务体系和主营机构、保险机构、家长学校多方共担风险机制,实现家长自愿参加,服务方式和内容由家校共同商定,家长自主选择服务项目,家长监管服务运行和费用开支,家、校和社会机构共担管理责任。

(三)吸收家长参与服务。根据校内课后服务的工作需要推进家校社合作,动员组织在校教师、学生家长、社会热心人士参与校内课后服务,开展校内课后服务工作监管和服务质量监测,研究完善校内课后服务工作运行管理机制。以自愿申请的方式,以义工、志愿者的名义,让学生家长参加校内课后服务的各项活动、各个环节、全程服务和管理。譬如,丰城市实验小学每天有两位家长在"爱心家长志愿者安全护卫岗"上陪伴孩子安全成长。

三 创建护苗联盟,推动助学共育,让社会教育更暖心

以乡镇(街道)行政区划为单位,以"部门单位、企业商会、社会团

体、爱心人士"为主体，创建"护苗联盟"，凝聚社会合力，构建共育体系，广泛开展适合困境儿童特点和需求的家庭教育指导服务和关爱帮扶助学行动，推动社会教育发展。

目前，"护苗联盟"已形成八个特色板块。

一是城市社区创建的扶老助幼"好人银行"。让学生和家长参与到登台表演、爱心捐赠、认领"微心愿"等活动中，让学生感受社会正能量，从小树立"做道德富翁，存精神食粮"的正确人生观。

二是统战部门联合35家民企和7家商会发起的助学兴教"蓓蕾行动"。"蓓蕾行动"为家庭生活困难的适龄就学青少年提供良好的学习环境，凝聚社会爱心力量，推动社会和谐发展。爱心基金的帮扶范围包括：关注青少年营养健康，推动青少年实现健康、学业、生活质量的全面提升。

三是丰城全国校友会创立的丰城校友教育助学基金。教育助学基金聚焦支持贫困家庭青少年教育事业及其他教育发展项目，给贫困家庭的孩子未来提供更多可能。

四是民政部门牵头开展的留守儿童关爱计划。民政部门牵头搭建学校关爱、家园关爱、社会关爱平台，形成市、乡镇（街道）、村（居）三级关爱服务网格。在加强流浪未成年人保护机构设施建设的同时，将符合条件的农村留守儿童及其家庭纳入有关社会救助、社会福利政策保障范围。

五是政法部门牵头建立的未成年人溺水防控机制。抓好学校教育和社会宣传两大宣传阵地建设，增强全社会安全防范意识，不断完善学校、家庭、社会三位一体的防护体系，为未成年人健康成长营造良好的安全环境。

六是公安部门牵头实施"远离毒品"学生禁毒教育。公安部门常态化开展以在校学生群体为重点的图片巡展、禁毒宣誓、家校互动、知识竞赛、演讲比赛等活动。牵头建立一支成规模的禁毒宣传志愿服务队伍，深入村（居）推动禁毒宣传工作，发挥禁毒社工和志愿者的作用。

七是关工委发起的"优环境，反欺凌"专项治理。关工委定期开展防治学生欺凌专项调查，坚持积极有效预防与依法依规处置并重，形成防治中小学生欺凌长效机制。以"教育为先、预防为主、保护为要、法治为基"

为原则，强化对校园欺凌的综合治理，营造和谐稳定的社会环境，净化校园风气，促进中小学生身心健康成长。

八是综治办创建的"阳光学校"。丰城"阳光学校"是进行义务教育阶段重点青少年行为矫正和职业技能培养的特殊性质学校，通过开设行为矫正、心理健康教育等课程，累计矫正学生516人，其中207人返回原校继续就读，233人升入职业高中，76人在阳光学校顺利完成初中学业，社会反响良好。

试点刚起步，创新无止境。丰城市制度化家校社合作工作虽然进行了一些有益探索，取得了一定成效，但与教育发展要求仍有不少差距。今后，丰城将继续探索创新，深化拓展渠道，完善规范机制，努力创建各方合力共担、彰显教育属性、有利学生成长、优质发展教育的制度化家校社合作新局面。

赣州市南康区教育局关于印发《赣州市南康区开展制度化家校社合作实施方案》的通知

（康教基字〔2018〕42号）

2017年12月19日，省教育厅公布了江西省第三批制度化家校合作试点单位名单，我区成功入选第三批制度化家校合作试点县（区）。为深入推进我区制度化家校社合作试点工作，积极探索家校合作规律，扎实完成试点工作任务，努力在全省家校合作试点工作中发挥示范作用，结合我区实际，制定本实施方案。

一、指导思想

以党的十九大精神为引领，以省教育厅《关于印发〈关于开展制度化家校合作示范县（校）创建工作的指导意见（试行）〉的通知》（赣教科字〔2017〕4号）为指南，紧紧围绕"促进学生全面发展、健康成长"工作目标，不断夯实现代学校制度建设，积极弘扬优良家风家教，广泛开展家庭教育活动，努力营造学校、家庭、社会三位一体良性互动的良好育人环境，全面提升家庭教育工作质量。

二、组织机构

成立赣州市南康区教育系统家校合作工作领导小组，组成人员如下（略）。

三、工作原则

（一）目标一致原则。动员、组织和协调家庭和社区，与学校一道，共同承担儿童成长的教育职责。

（二）地位平等原则。学校、家庭和社区是地位平等的合作伙伴，要充分发挥学校、家庭和社区的各自优势和独特作用，尊重彼此的利益和诉求。

（三）尊重学生原则。以有利于学生成长为工作出发点，尊重学生的成长规律和诉求，保障所有学生及其家庭获得成长和平等参与的机会。

（四）弹性渗透原则。破除家校分工传统观念，家校合作的各方通过相互开放、相互服务和相互参与，为对方承担教育职责提供支持和帮助，形成教育合力。

（五）活动多元原则。开展"当好家长、在家学习、相互交流、志愿服务、参与决策、与社区合作"六种实践类型的活动，既要有服务于学校的活动，也要有服务家庭的活动。结合本地家校社环境特点和本单位教育教学工作实际，创新家校社合作活动的具体组织形式。

（六）持续稳定原则。通过持续的行动，构建家校合作工作常态化的运作机制，共同推动家校合作走向制度化。

四、工作任务

（一）健全两个机构。一要健全家长学校，成立领导机构，固定活动场所，推进家长学校办学规范化、管理制度化、培训科学化、工作常态化，提升家庭教育服务品质，提高家庭教育水平。二要落实教育部《关于建立中小学幼儿园家长委员会的指导意见》（教基一〔2012〕2号）和上级文件精神，建立健全"班级—年级—学校"家长委员会工作网络，促进家庭、学校、社会教育的有机结合。

（二）建立三支队伍。一要建立一支区级专家队伍。通过在教师中挑选、在全区公职人员中选聘、在各类道德模范中聘任的方式，组建区级家庭教育专家团队，发挥专家队伍在家庭教育中的引领作用。二要建立一支校级管理队伍。各校要建立工作组，由学校校（园）长任组长，分管副校（园）长任副组长，心理健康专（兼）职教师、班主任、团（队）干部、学校骨干教师为成员，立足学校，有计划地组织家长开展一系列活动，系统传授家庭教育相关知识。三要建立一支家校社工作队伍。通过开展家庭教育志愿者课程培训的方式，择优选拔一批责任心强、乐于奉献、教子有方的家长委员会成员担任家校社成员。引领和带动广大家长学习现代家庭育人的理念、经验和方法。

（三）搭建四个平台。一要搭建线下服务平台。以"幸福家·家长成长中心"为区级基地（设在第五小学），聘请国内知名家庭教育专家培育区级种子教师，更新种子教师家教理念、提升育人技能，定期组织区级家庭教育讲师团深入留守儿童亲情家园、乡村（社区）农家书屋、青少年心理辅导站、法制教育基地、禁毒教育基地等场所，为家长和学生排忧解难。二要搭建线上共管平台。组织实验小学以先行先试的方式，借助信息网络技术，研发智慧评价系统，邀请学校、家长、学生三方对班级学生成长过程进行动态性评价。三要搭建课程研究平台。以第二小学的省级课题《开发小学家长课程体系，培养合格家长的实践与研究》为基础，利用"四线三课""教研协作"教研网络，探索适应新形势的家庭教育新模式、新路径。四要搭建宣传展示平台。利用《家教指导报》、电视网络、微信公众号、人人通等载体，向家长宣传育人理念和典型案例。

（四）开展五个活动。一要开展宣教。利用微信公众号、校讯通、家长会和《致家长的一封信》等方式，有计划地开展家庭教育专题宣传活动，向广大家长宣传建设好家风的意义和作用，宣传科学的家庭教育理念和方法。二要开展培训。通过组织到弋阳等家庭教育先进县（市、区）学习，聘请专家、学者、教授做专题讲座等方式，培训家庭教育种子干部、教师，不断提高育人技巧。三要开门办学。开展"学校开放日"活动，设立"家长意见箱"，邀请家长和村（社区）代表参与学生管理工作；落实"万师访万家"、"送教上门"和与建档立卡贫困户结队帮扶要求，形成家校互访、良性沟通目的。四要家校共育。邀请有学科特长的家长参与学校社团建设，提升社团师资水平；开展小手拉大手活动，动员家长参与文明城市建设、全民阅读、扶贫攻坚等，以良好的校风、家风影响带动民风。五要评先树优。根据活动开展情况，评选出"最美家庭"、"优秀家长"和优秀教育案例，激发工作热情。

（五）创建示范学校。

1. 第一阶段（2018 年 5~10 月）。全面启动家校合作创建工作。开展业务指导和专业培训，促进各校家校合作示范创建工作的有效开展。区教育局将按照省教育厅家校合作示范校创建标准，组织第六中学、第一小学、第五小学制定三年的分期创建达标规划。

2. 第二阶段（2018 年 11 月至 2019 年 7 月）。（1）组织力量对第六中学、第一小学、第五小学进行评估考核。通过示范校的带动和引领，不断发现创建工作中出现的新情况、新问题，探索新途径和新方法。（2）组织其他学校创建区级家校合作示范校（园），并组织力量对申报学校进行评估考核，对达到创建标准的学校授予示范学校称号。

3. 第三阶段（2019 年 8 月至 2020 年 10 月）。对示范学校进行复评，并推荐申报创建省级第二批示范校。总结和推广家校合作示范创建工作的经验，形成家校合作的有效工作机制，并向全区推广。

五、工作要求

（一）加大宣传力度。各校要进一步加大宣传力度，常态化开展家校合作活动，通过新媒体宣传家庭教育的基本知识，共同营造人人关注家庭教育、人人参与家庭教育、人人懂得家庭教育的良好氛围。

（二）注重工作落实。各校要把家庭教育纳入学校整体德育工作体系中，结合实际制订工作计划，组织相关活动。区教育局将家庭教育列入学校教育工作综合考评范畴，并对家庭教育工作情况定期进行考核评先。

（三）强化考核评估。区教育局把制度化家校合作工作纳入对学校和校长的考核评价中，定期不定期组织督学和专职考评队伍进行过程性、阶段性考评。

凝聚三方力量　共育芙蓉花开
——赣州市南康区制度化家校社合作工作经验[*]

南康区是江西省赣州市市辖区之一，属原中央苏区县和罗霄山集中连片特困地区，是中国甜柚之乡、中国实木家具之都。全区国土面积 1722 平方公里，辖 18 个乡镇、2 个街道，人口 86 万。南康曾被誉为"衣冠文物之名区，财赋舟车之都会"。古称"南埜"，晋朝置县，1995 年撤县设市，2014 年撤市设区。南康自古以来人文蔚起，名流辈出。宋代有状元刘必达；清代有中国著名史志学家谢启昆；现当代有工人运动先驱陈赞贤、抗日名将赖传湘、《资本论》译者郭大力等。南康崇文重教，在外乡贤达 120 万人，号称"南康之外还有一个南康"。南康教育事业全省闻名、赣州领先，是"全国家庭教育示范县（市）""全国新型职业农民培育试点县（市）""全国文化先进单位""全国群众体育先进单位"和全省专利十强县（区）。

历届党委、政府始终坚持优先发展教育，教育已成为南康的一张名片。新时代的南康教育呈现出新的生机和活力，主要体现在以下四个字：

第一个字是"多"。一是学校多，全区有中小学校 312 所，公民办幼儿园 284 所。二是学生多，全区共有中小学生 14.89 万人，幼儿园学生 3.19 万人。三是教师多，全区公办学校共有专任教师 8968 人，加上民办学校（幼儿园）教师，总数超过 1 万人。

第二个字是"浓"。一是党政关心重视。南康区委、区政府始终把教育

＊ 作者：廖信义，赣州市南康区教育局。

摆在优先发展的战略地位，在决策部署上做到：教育发展优先规划，教育投入优先安排，教育用地优先保障。二是部门协调配合。各职能部门积极履职，为教育发展开辟"绿色通道"。三是社会倾力支持。"十二五"期间，接受社会捐款、捐物折合人民币 3000 多万元。这些都体现了浓厚的全社会助学精神。

第三个字是"足"。一是资金投入足。多年以来，全区财政教育经费拨款 50 多亿元。累计实施农村义务教育标准化、"全面改薄"等校建项目 1035 个，新（改、扩）建校舍 57.3 万平方米。二是师资力量足。累计招录、补充中小学及幼儿园教师 2100 多人，另外通过向社会购买服务的方式，每年招录非编教学人员 300 名。三是发展后劲足。全面深化教育改革，增强办学活力。招生方面，实行义务教育划片招生和免试就近入学制度，推出城区义务教育"入学卡"制度；评价方面，引入"过程性"评价机制，变"一锤定音"为"全天候评价"；办学模式方面，探索"资源整合"，将相邻规模小的初中、小学进行整合，采用"九年一贯制"模式统一管理，节约办学成本，提高办学效益。

第四个字是"特"。一是以教育教学为中心，教育质量"高"。教育教学质量持续保持赣州市领先优势，正在迈向"比肩江西、放眼全国"的新目标。二是以"四节"为平台，素质教育"强"。"体育节""艺术节""科技节""读书节"连续举办 23 年，素质教育活动载体丰富，素质教育成果显著。在江西省中学生田径运动会上，南康区夺得"三连冠"；连续六届获得全国科技实践活动项目一等奖，四次获得"全国十佳科技实践活动"专项奖。2018 年，《中国德育》第 19 期刊发《践行"南康模式"镕铸品质教育》等 4 篇文章，第 24 期刊发南康区的时评文章《探索劳动教育实施的"立足点"》。三是以提升学校品质为载体，校园文化"浓"。南康区积极参与"加强义务教育学校标准化建设提升学校品质"试点工作，紧扣"环境优美、氛围浓厚、主题突出、层次分明、活动丰富、师生参与"6 项核心要素，按照"建点—连线—补链—扩面"的思路，从 2015 年起持续发力。目前，一校一品，文化建校成为南康教育的新特征。南康区的经验做法在

《江西基础教育参考》2018 年第 5 期以及《赣南日报》等媒体上刊发，先后接待全省各地参观考察县市近 20 批次，人数超千人。

践行全国教育大会精神，南康区坚持立德树人，实现全程育人、全方位育人，积极融入江西省教育厅开展的家校社合作试点工作，凝聚家校社三方力量，同频率、互促进、共育人，为芙蓉江畔的青少年健康成长营造一个更有利的环境。

三方同频，共播育人声音

在南康有这样一句谚语："南康人会养猪，南康人会读书，南康人养猪是为了小孩读书。"尊师重教，一直是南康党政、社会各界和每个家庭的共同心声。新时代，南康区整合家长、学校、社会力量，让家长、学校、社会时刻都"同声传播"教育为先的声音。

构建三方融合机制。开展制度化家校社合作，是优化育人环境的新方式，是推进教育综合改革的新途径，是落实义务教育管理标准的新抓手。一是健全机构。成立了南康区中小学家校社合作工作领导小组，由区教科体局局长任组长，分管副局长任副组长，成员由机关各科室、三室一中心负责人组成。二是强化指导。下发全区家校社合作工作方案，指导督促学校开展组织实施活动。三是广泛宣传。利用中小学读书节、万师访万家、关工委进校宣讲、妇联关爱女童讲座、区青少年普法教育基地、禁毒教育基地等载体，宣传制度化家校社合作的意义和途径。让干部、校长、师生和家长达成一个共识：家校社共育人、育好人。

健全两个工作机构。"家庭是人生的第一个课堂，父母是孩子的第一任老师"。家庭既是一个人生起点的地方，也是一个人"梦想启航的地方"。南康区紧盯家长这个影响孩子健康成长的关键因素，一是健全了家长学校。以家校社合作试点学校为标杆，全区中心小学以上学校都成立了组织机构，固定了活动场所，推动了家长学校办学规范化、管理制度化、培训科学化、工作常态化，提升了家庭教育服务品质。二是健全了家长委员会。成立了"班级—年级—学校"三个层次家长委员会，根据教育部《关于建立中小学幼儿园家长委员会的指导意见》精神，搭平台、建网络，促进家庭、学校、社会教育的有机结合，通过家长的力量，让社会教育资源走进学校，让学生享受专业教育。

三方互促，共建育人平台

著名社会学家费孝通把南康经济社会现象概括为"无中生有、有中生特、特在其人、人联四方"。南康区家校社合作试点工作，也紧扣"无中生有""人联四方"的特征，让家长、学校、社会互联互通、互助互促，搭建了一个个育人平台，让每个孩子都能享受公平而有质量的教育。

建立互助队伍。一是建立区级专家队伍。通过在教师中挑选、在全区公职人员中选聘、在各类道德模范中聘任的方式，组建区级家庭教育专家团队，发挥专家队伍在家校社合作教育中的引领作用。目前，共有专家团队成员 13 人。采取组织指定和学校自主选择的方式，安排区级专家队伍到校进行宣讲。二是建立校级管理队伍。各校都建立了工作组，由学校校（园）长任组长，分管副校（园）长任副组长，心理健康专（兼）职教师、班主任、团（队）干部、学校骨干教师为成员，立足学校，有计划地组织家长开展一系列活动，系统传授家庭教育相关知识。三是建立家校社工作队伍。通过开展家庭教育志愿者课程培训的方式，择优选拔一批责任心强、乐于奉献、教子有方的家长委员会成员担任家校社工作队伍成员。目前，各校共有家长志愿者 1300 人，引领广大家长学习现代家庭育人的理念、经验和方法。

搭建互动平台。一是搭建了线下服务平台。以"幸福家·家长成长中心"为区级基地，聘请国内知名家庭教育专家培育区级种子教师，更新种子教师家教理念、提升育人技能，定期组织区级专家深入留守儿童亲情家园、乡村（社区）书屋、青少年心理辅导站、法治教育基地、禁毒教育基地等场所开展宣讲活动。二是搭建了线上共管平台。以南康区实验小学为试点学校，借助信息网络技术，研发智慧评价系统，由学校、家长、学生三方对班级学生成长的过程进行动态性评价。三是搭建了课程研究平台。以第二小学《开发小学家长课程体系，培养合格家长的实践与研究》、第八中学

《初中生人生规划指导实践活动研究》两个省级课题为基础，利用"四线三课""教研协作"教研网络，探索适应新形势的家庭教育新模式、新路径。四是搭建了宣传展示平台。利用《家教指导报》、电视网络、微信公众号、人人通等载体，向家长宣传育人理念和典型案例。

三方共振，共圆育人心愿

南康素有"江西的温州"的美称，是国家"一带一路"倡议的重要节点城市和国际货物集散地。境内的赣州港（全国八个内陆港之一），通过铁海联运班列把东欧、西欧、非洲、东南亚的木材源源不断运到南康，把南康家具产品销往全球100多个国家和地区。南康教育立足这一经济社会发展基础，开门办学，家校协同，不断提升教育竞争力，培养更多社会所需要的有用人才。

开门办学。一是部门合作扬优成势。"教体结合""教科协作"是营造良好教育生态的重要措施，每年体育部门拨付10万元用于中小学生体育节举办，科协拨付1万元用于中小学生科技节举办。同时，体育、科协等部门在专业特长上、场地设施上以及活动指导上都主动靠前。南康获得赣州市中小学生田径运动会团体总分第一名；2018年，学校科技教育获国家级专项奖2项（十佳优秀科技实践活动、"FutureX"未来科技创意奖）、一等奖4项，连续三年都有全国一等奖作品。二是用好人才培养政策。在中国民航局支持下，南康中学开设了民航飞行班，为高考学生考取民航飞行学院提供了先机。三是社会助学如火如荼。第五中学家委会设立"润泽教育基金"，2018年秋季接受捐赠30多万元；南康中学校友捐资400万元，将学校的露天篮球场改造成风雨球场，利用钢结构屋顶安装光伏组件，并网发电产生效益归学校所有；唐江中学接受广东乐助会捐赠，每学年5万~7万元；大坪中学校友设立"超越奖学金"，每学年奖励1.8万元；大岭中心小学校友设立"科慧励志教育基金"，每学年奖励1.8万元。

家校协同。一是开展专题培训。通过组织到弋阳、安远等家庭教育先进县（市、区）学习，聘请专家、学者、教授做专题讲座等方式，培训家庭教育种子干部、教师，不断提高育人技巧。二是参与学校管理。开展"学校开放日"活动，设立"家长意见箱"，邀请家长和村（社区）代表参与日常管理；落实"万师访万家"活动，实施"送教上门"服务，与建档立卡贫困户结对帮扶，达到家校互访、良性沟通的目的。三是开展共育活动。中小学校邀请医生、主持人、摄影师等学有所长的家长参与学校社团建设，提升社团师资水平；开展小手拉大手活动，动员家长参与文明城市建设、卫生城市建设、全民阅读、扶贫攻坚等，以良好的校风、家风影响带动民风。2018 年，根据活动开展情况，评选出"最美家庭"20 个、"优秀家长"50 名、优秀教育案例 67 篇。家长在育人上呈现"比、赶、超"的良好态势。

家庭、学校、社会都是孩子健康成长不可或缺的环节，南康区将顺应时代发展，积极担当作为，营造良好的教育生态。芙蓉花开，朵朵绽放，正是南康教育最美时。

南昌市新建区制度化家校合作示范区创建工作方案

为进一步推进我区家庭、社区、学校教育共同发展和良性互动，构建校内外相互衔接、相互统一的现代学校制度和育人格局，落实立德树人根本任务，根据省教育厅《关于印发〈关于开展制度化家校合作示范县（校）创建工作的指导意见（试行）〉的通知》精神，结合我区实际，制定本方案。

一、指导思想

以党的十九大及习近平总书记系列重要讲话精神为指导，贯彻落实中办、国办《关于深化教育体制机制改革的意见》，以成就学生、服务家长、发展学校为出发点和落脚点，促进家校合作工作规范化、制度化，加强家庭教育、社会教育、学校教育的高效衔接和良性互动，建立"共育、共建、共享、共生"的家校合作新模式，全方位改善育人环境。

二、总体目标

通过全省制度化家校合作示范区创建，实现家校合作方式多元、合作水平提升，促进现代学校制度建设。坚持目标一致、地位平等原则，提供科学、系统、高效的家庭教育指导，促进家长终身学习，提升家庭教育的科学性和专业性。动员全体家庭重视和参与子女教育，形成家庭、学校相互理解支持、相互促进的教育新生态。到 2020 年，初步形成具有本地特色的家校合作工作机制和良好社会氛围。

三、主要任务

（一）培育一支家庭教育专业指导队伍。建立制度化家庭教育专业指导队伍培养培训机制，聘请省内外家庭教育方面的知名学者和本地各行业领军人物，担任我区家庭教育的培训者和指导专家，采取委托培养和本土培养相结合的方式，加快我区家庭教育指导师培养步伐，培育一支有热情、懂业务、擅指导的专业化家庭教育指导队伍，使之成为我区指导家校合作工作和指导家长开展家庭教育的骨干力量。

（二）形成一套家校合作共育共建工作机制。采取聘请专家开设讲座、现场指导，举办家校合作共育研讨交流会等方式，宣传家校社合作三位一体育人理念，提升校长、教师、家长对家校合作共育的认同度。充分利用现有资源，成立区级家校社合作指导中心，推动建立区、校、班三级家长委员会，完善区、校两级家长学校建设，实现家校合作工作机构全覆盖，确保家校合作共建无死角。

（三）创建一个家校合作共享共生资源平台。开发家校合作共享资源库，征集家庭教育讲座视频，收集家庭教育、家校合作典型案例，充实资源库，供家长、教师学习。充分利用区教育云平台等信息化渠道，建成教师、家长学习家庭教育知识经验、开展家校合作互动的共享在线平台。开发适合本地特点的家庭教育课程和教材，组织优秀教师编写教案、拍摄精品微课，供全区教师使用。

（四）探索一条适应区域发展特点的家校合作路径。适应撤县设区城市化发展需要，以课题为导向，以项目为抓手，确立以公德教育、文明礼仪教育、农村留守儿童教育、贫困家庭子女教育以及家风家训等为重点的研究课题，在家校共建共育中重点突出家庭道德教育、社会公德教育、文明礼仪教育，转变家庭教育中普遍存在的重学业轻品行现象，引导家长以身示范，做文明市民的表率。充分发挥学校能动性，打造"一校一品"、地域特色鲜明的家校合作路径。

四、实施步骤

（一）家校合作启动年（2018 年 4~12 月）

成立制度化家校合作示范区创建领导机构，广泛收集资料，调研家校合作共育现状，分析已有成果及普遍存在的问题，找准切入点，拟定示范区创建工作方案，制定部门、单位任务分工和责任体系。

组建专家指导小组，召开专题研讨会，论证、修订工作方案。成立家校合作研究和指导中心，编写《家校合作工作指南》等。

（二）家校合作规范年（2019 年 1~12 月）

依据《江西省制度化家校合作示范县（市、区）标准》和《示范区创建工作方案》，各责任部门、单位对照任务分工和责任体系，开展各项工作。

（三）家校合作深化年（2020 年 1~12 月）

在家校合作实践中不断反思、调整，优化工作策略，总结阶段性经验成果。精选提炼家校合作共育经典案例和典型经验，编辑成集。通过现场会、观摩会、论坛等形式，巩固成果，推广经验，为推进下一步工作奠定扎实基础。

五、保障措施

（一）组织保障。成立由区教科体局主要领导任组长、分管领导任副组长、各相关科室和局属事业单位负责人为成员的区制度化家校合作示范区创建工作领导小组，局属相关单位组建家校合作指导中心，下设家长学校工作部、家长委员会工作部、家校合作研究培训部等机构，加强家校合作工作的组织领导。

（二）制度保障。建立健全家长学校、家委会工作制度，以及学校家校共育共建工作考核评价等各项制度，保障示范区创建工作正常开展。将家校合作共育工作纳入教科体局对学校的学年度目标管理考评体系，并推动学校建立以鼓励为主的年级、班级家校合作工作过程性和终结性相结合的评价机制，保证制度化家校合作示范区创建各项工作正常开展。

（三）管理保障。建立工作激励机制。领导小组定期对家校合作各项目实施情况进行检查督促，对工作热情高、推进力度大、成效显著的学校，进行表彰奖励，并组织宣传报道，推广先进经验，培育先进典型。

（四）经费保障。将家校合作纳入政府公共服务体系，建立以政府投入为主的家校合作共育的经费保障机制。坚持公益性和购买服务相结合的方式，发挥社会资源在家庭教育指导中的作用。

聚合"五力"构建家校社合作共育新常态
——南昌市新建区推进制度化家校社合作试点工作纪实*

南昌市新建区是一个具有千年历史的古郡。境内有改革开放思想发源地"小平小道"和国家重点文物保护单位"西汉海昏侯都城"等 58 处文化古迹。悠久的历史造就了深厚的人文底蕴。这里历代名人辈出，灿若星河。

近年来，新建区牢固树立"优质、均衡、公平、开放"的教育发展理念，加快推进教育现代化建设，教育事业得到了前所未有的发展。全区现有各级各类学校 282 所，幼儿园 68 所。在校中小学生和在园幼儿共 11 万余人，教职工 5541 人。2010 年来，新建县（区）先后获得全国家庭教育先进县、全国义务教育发展基本均衡县和江西省特殊教育工作先进县、江西省党政干部教育履职优秀县（区）等荣誉称号。

在推进全区教育事业健康、快速、协调发展的同时，新建区高度重视家庭教育和家校社"三位一体"合作共育工作，积极推动制度化家校社合作

---

* 作者：罗天林，南昌市新建区教育体育局。

实验区建设，促进学校教育、家庭教育、社会教育有效衔接，聚合"五力"，努力构建"新常态、多载体、宽路径、重公平"的家校合作工作新模式，营造教育发展新生态，取得了较好的阶段性成效。

一 政府给"力" 高位推动

2015 年，新建撤县设区。随着城市化步伐加快，市民的现代公民意识和家庭教育观念淡薄、农村留守儿童和贫困学生的家庭教育缺位等问题凸显。学校教育往往得不到家长的支持和配合，教育成效受到制约。针对这一现实，区委、区政府审时度势，将构建家校社合作共育新常态、创办高质量教育列为"打造新区典范""融入大南昌"的战略举措。

为强化家校合作组织保障，区政府成立了由分管副区长任组长，教育、宣传、妇联、团委、文广、卫生等部门领导为成员的制度化家校合作示范区创建工作领导小组，统筹领导全区家校合作和社区教育等工作，研究制定区级层面的家校共育工作方案和相关制度，协调解决工作推进过程中的矛盾和问题。同时，将家校合作、提升育人成效作为县域义务教育均衡发展的重点推进项目之一，积极探索，稳步推进，努力构建家校共育制度及服务体系，开创家校合作全新局面。

新建区领导小组根据《教育部关于加强家庭教育工作的指导意见》、《江西省教育厅关于开展制度化家校合作示范县（校）创建工作的指导意见》等文件精神，科学制定了《新建区制度化家校合作示范区创建工作方案》，将家校合作试点工作分为"启动年""规范年""深化年"三个阶段，从目标、任务、进度等方面提出了明确的要求。通过探索和实践，已初步建立起了具有区域特点的家校社合作共育模式，积累了一定的经验。家校合作工作逐步受到家长和全社会的广泛认可。

在完善组织保障的同时，新建区加大投入，按全区人口 1 人 1 元标准，将社区教育经费列入年度财政预算，并将家校合作工作纳入区人民政府教育教学工作奖励项目，激励学校和广大教师积极投身家校合作共育工作，努力创业绩，铸品牌。

二　教育发"力"　常态常新

家校社合作特别强调政府推动和教育主动的有机结合。为了促进家校合作工作走向制度化，形成常态化，并在构建新常态的基础上常抓常新，新建区教体局主动担当，借势运力，着重加强"四项建设"。

一是加强家校共育能力建设。家校社合作是一项专业性比较强的工作，是新时代教师和校长专业发展的必然要求。区教体局适时将教师专业培训拓展到教师的沟通与合作能力上，把教师家校合作能力提升纳入《新建区师资培训三年行动计划》，采取委托培养与自主培养相结合的方式，加快培养家校共育教师队伍。多年来，依托上级教育部门和专业机构培训校（园）长和骨干教师 1200 余人次。自主开展家校合作共育专题性和嵌入式培训 10 次，参与培训的校（园）长、学校德育干部、班主任及新聘教师达到 2000 余人次。同时，围绕当前家校合作中的重大、重点问题，依托高校和专业机构，加强科学研究，探索家校合作共育新方法、新路径，为全区家校共育工作提供理论指导和资源支持，打造家校合作区域特色。目前，在特殊儿童"医教结合"研究、留守儿童特色教育研究等方面已取得了阶段性成果。

二是加强家校合作平台建设。在推进家校合作试点工作过程中，新建区脚踏实地，狠抓"六化"，使常规家校合作平台展现出了新的活力。

家访制度化。区教体局每学期定期召开一次"千名教师访万家"活动动员部署会，明确任务要求，交流方法经验。为确保家访不走过场，提高实效，区教体局印制统一的"家访记录本"，并建立了严格的管理制度，从教师参与面、家访覆盖面、重点对象家访次数和成效等方面定期对学校进行考核评价。教师家访工作逐步走上了制度化、常态化轨道，每年参与家访的教师都在 3000 人以上，很多学校的家访覆盖面达到了 100%。家访已逐渐成为新建区教师职业生活的重要组成部分。

家长会平等化。为使家长会成为教师和家长平等对话、共商教育的有效平台，新建区教体局出台《中小学校（幼儿园）家长会指导意见》，从会前准备、会议内容和形式等多个方面对家长会提出了具体的要求，并多次举行全区性家长会现场观摩活动，推广家长会新模式，中小学校家长会面貌从此发生了根本性变化。各学校、幼儿园把家长会与"学习成果展示"、"家庭教育讲座"、"亲子互动"等多种形式的活动有机融合在一起，既生动活泼，又严谨务实，家长们从中受益匪浅，参与热情大增。

家委会规范化。随着人民生活水平的提高，家长对子女的教育诉求呈现多样化发展趋势，而由此产生的家校矛盾也日渐增多。为此，新建区特别重视发挥家长委员会在家校合作共育中的桥梁纽带作用。一方面，加强培训和指导，规范家委会运作，防止家委会变成学校或教师单方利益的代言人；另一方面，通过定期召开"恳谈会"，举办家委会"参观日"等活动，让家委会真正参与到学校管理中来，成为改进学校教育教学、保障学生安全健康、化解家校矛盾的一支重要力量。

家长学校灵活化。家长学校对转变家长教育观念和教养方式，提升家长家庭教育水平和能力，实现家庭、学校在合作共育上的目标一致和力量均衡，有着不可替代的作用。区教科体局在狠抓家长学校师资队伍和硬件设施建设的同时，指导各中小学校和幼儿园立足本校（园）家庭教育资源的挖掘提升，组建学校（园）家庭教育指导教师队伍，依据学段特点，研究家长学校教学内容和教学形式。家长学校不单单是授课，还有家庭教育分享、家庭关系的心理咨询和疏导等形式多样的活动，成为一个开放式"大课堂"。

特殊教育个性化。对重度残疾、不能正常入学的少年儿童，新建区采取了"送教上门"的方式，针对每一个残疾孩子的生理及心理特点，采用个性化家庭教育训练方式。大批的中小学教师当起了折翼天使的"义务保姆"，把特殊教育课堂搬到残疾孩子的家里，使家长们重新拾起教育培养孩子的希望。对家庭教育存在突出问题的家长，由学校领导亲自带队上门，定期、不定期对其进行家庭教育专业指导服务，通过心理咨询、体验活动等方式，有效解决其家庭教育难题，尽一切可能让每一个有需要的家庭都能够得到及时、有效的帮助。

城市新居民教育常态化。针对近年来大量农村人口涌入城区、城市新居民已成为多数的情况，新建区确定区第七小学和六中两所优质学校作为进城务工人员子女就读学校，在教师教育、学生培育和家长指导三个方面同时发力。其一，在教师中强化"爱与责任"的主题教育；其二，着重加强学生文明礼仪教育、社会公德教育和感恩教育；其三，采取多种方式加强与家长的联系和沟通，不失时机为家长开设家教讲座，传递家庭教育新观念、新方法。经过不懈努力，三方合作取得了良好成效。2019 年 3 月 26 日，教育部"落实全教会　奋进迎华诞"1+1 系列发布采访活动在江西南昌举行。十余家中央、省级媒体来到了新建区第七小学，对新建区进城务工人员子女教育工作进行了集中采访报道。新建七小等学校收到家长集体自发给学校送来的锦旗，表达对学校和教师的感激之情。

三是加强家校共育载体建设。为提高家校合作实效性，新建区加强载体建设，丰富家校合作共育内容和形式，鼓励各级各类学校紧密结合实际，开展多样化的家校互动交流活动。

亲子活动形式多样。在新建区，亲子活动受到各中小学校、幼儿园普遍重视。其形式别开生面，内容丰富多彩，有"亲子共读""亲子运动会""亲子实践活动""亲子心理体验活动"等。特别是在各学校、幼儿园普遍开展的"家校共育，亲子阅读"活动，收到了良好的社会反响。各学校、幼儿园除定期向学生和家长推荐美文佳作外，还将家庭读书知识竞赛、亲子阅读沙龙、文艺节目表演、"书香家庭"评选等活动穿插其中，使活动得以持续和深化。每天能抽出时间陪孩子一起阅读的家长越来越多。新近推出的"亲子共读'红色家书'"活动，已成为新建区"三风建设"的一大亮点。

家长开放日主题鲜明。近几年，"家长开放日"成为新建区各中小学校的一项常规活动。每次"家长开放日"均有不同的主题。如"我成长，我快乐"主题活动，家长们通过"看一看"孩子的课业成果、作品或特长展示，了解孩子在校生活和表现；"和孩子同听一节课"主题活动，家长们通过"听一听"，感受老师的教育用心和孩子的学习状态；"家校合作大家谈"活动，通过"谈一谈"，化解家校之间的疑惑和隔阂。"家长开放日"活动，有效地增进了家校间的理解和信任。

家长志愿者活动方兴未艾。区教体局在各中小学和幼儿园大力推行"家长志愿服务岗""家长上讲台"等活动。各学校、幼儿园选聘思想进步、学有专长，并具有一定家庭教育知识和组织能力的学生家长，组成家长志愿者服务队伍，参与学校管理和班级事务，上讲台为学生授课，与家长交流育儿经验，助推家校共育各项活动的开展，使家校合作逐步走向深度融合。

四是加强家校合作制度建设。为保障家校合作高效运行，新建区建立并落实了"三项制度"。

建立重点家庭"1+1"、"1+N"联系制度。原则上要求每位学校领导班子成员和教师至少联系一个留守儿童、残疾儿童、问题学生家庭，每学期至少对联系对象进行一次家访，平时通过电话、短信、微信等形式与联系户保持经常性的联系沟通。

建立督查督导制度。采用不同形式，定期不定期对学校家校合作常规工作和载体建设等进行督查，防止发生弄虚作假、应付差事等不良现象。

建立考核评价制度。将家校合作工作列入对学校、幼儿园学年度目标管理考评体系，定期进行考核评价，考核结果与学校、教师评先评优和奖励挂钩。

三 部门协"力" 拓宽路径

家校社合作强调学校教育与家庭教育、社会教育的同频共振、和谐发展，需要调动多方力量参与其中，方能使家校合作工作得以拓展和深化。为此，新建区进一步对各部门家校合作的目标、任务和责任进行了细化，建立了相应的联席会议制度和定期考核制度，督促引导各有关部门和单位，合力抓好试点工作。

妇联是家庭建设一支不可或缺的重要力量。近几年，新建区妇联通过举办"家庭教育节"，开展"最美家庭""好爸好妈"评选、"心语牵手留守儿童"志愿者行动、家庭教育巡回讲座等活动，拓展了家校合作共育的空间。特别是在培育好家风、向留守儿童家长传递家庭教育新观念和新知识等方面，做了大量的工作，收到了良好的成效。

区文明办围绕南昌市创建文明城市大局，致力于"文明家庭"创建，面向广大师生和家长，开展了"重孝德，传家风"、"文明家庭创建巡礼"等活动。积极倡导民众以家庭为单位参与到文明创建活动中，让家庭成员在实践中学习、在体验中感悟社会公德和家庭美德，增强家庭教育观念，提升家庭教育水平。

区委宣传部、区文广新局在广播电视和《今日新建》等区属媒体开辟"文明课堂"专栏，对文明行为和遵守社会公德的典型以及"好家风"，大力宣传报道，助力家校社"三位一体"育人格局创建。

各部门齐心协力，整合了全社会育人资源，使家校合作共育融入社会大环境，极大地拓宽了家校社合作共育的路径。

四　社区助"力"　补齐短板

长期以来，社区教育的缺位甚至缺失，成为新建城市化进程中的一个突出问题。为了弥补这一短板，新建区委、区政府对社区建设工作给予了高度重视。2017年，将社区教育纳入教育行政部门管理范畴，成立了领导机构和"社区教育指导服务中心"。2018年7月9日，区政府主持召开了各乡镇（开发区）和各有关部门负责人参加的社区教育工作推进会，对社区教育工作进行了全面动员和部署。社区教育从此进入了制度化、规范化运行轨道。

各社区将家校社共育共建作为日常重要工作来抓，积极开展家庭教育实践活动，组织家庭成员共同参与的参观体验、志愿服务等活动，增进居民亲子沟通和交流。积极创造条件，完善社区文化、健身、娱乐等设施。招募有各类文体特长和技能专长的志愿者，在课余时间和节假日，面向学生开设读书、科普、手工制作等课程，如长堎镇广场社区的"科普知识讲座"、凤凰山社区的"小小书童进社区"读书活动、锦华社区的"周末小课堂"等，各具特色，深受孩子们的欢迎。

五　各方献"力"　共创蓝天

新建区是农业大县。留守儿童、残疾儿童、特困家庭子女占在校生很大比例。为了实现"不让一个孩子掉队"的目标，新建区积极争取高校、企业、爱心人士、公益组织等多方援助，开辟留守儿童、残疾儿童、贫困家庭学生家校合作共育新路子，努力为每一个孩子撑起"同一片蓝天"。

高校援手，让留守儿童走进"足球天地"。在新建区松湖镇和平小学，有一个"景观"引人注目。这里的孩子爱上了足球，且大多会踢足球。这要归功于江西师范大学体育学院。2016年以来，江西师范大学体育学院把松湖镇和平小学列为农村校园足球推广基地，派出大学生志愿者担任足球教练员，组织学生学习足球技能，并组建了以留守儿童为主的校园足球队。这支足球队代表新建区在省、市举办的校园足球比赛中斩金夺银，并且为上一级学校输送了十余位足球特长生。更重要的是孩子们有了足球，课余时间和节假日不再孤独了，变得爱上学了，学习成绩也同步得到提高。家长们看到孩子的变化，满心欢喜。省委、省政府领导来到和平小学，对该校在农村留守儿童教育上另辟蹊径、创出特色给予了高度肯定。《江西日报》等省内外多家主流媒体先后对此进行了跟踪报道。和平小学的成功经验引起了广泛反响，越来越多的农村学校加入校园足球的行列，为留守儿童开辟了一片快乐成长的新天地。

医疗机构参与，让特殊教育迈上新高度。近年来，新建区特殊教育学校启动"医教结合"实验。江西中医药大学第二附属医院、中国医师协会康复分会等专业机构和爱心企业纷纷加入。江西中医药大学二附医院等医疗机构定期派出专家，面向家长开展"医教结合"助力康复科普培训，提升家长教育康复技能水平。合作企业派出技师，在特校开设木雕、插花、串珠等手工课程。在社会各方共同努力下，特校学生不仅心智得到健康发展，且有了一技之长，先后有7名学生获得了南昌市"劳动技术能手"证书，毕业生就业率达到100%。时任省委书记鹿心社、教育部副部长朱之文等领导先后视察新建特校，为特校突出的办学成绩点赞。

社会各方资助，让贫困家庭子女励志圆梦。2016年初，中国锦绣集团、香港毅德国际控股、赣州华坚国际鞋城有限公司共同捐资260万元，成立新建大塘片区教育奖励基金，在新建掀起了捐资助学新一轮热潮。此后，各类面向贫困家庭学生设立的助学励志基金会纷纷成立，如上海元亨祥股权投资基金集团有限公司捐资 100 万元，在新建三中成立"元亨祥励志奖学金"；新建（北京）商会名誉会长熊诚先生捐资 100 万元，为新建二中优秀贫困学子设立"助学圆梦基金"；新建（上海）商会设立贫困学生助学金，为全区 284 名在校孤儿每人每年捐赠 1000 元，帮助他们完成学业。而来自全国各地的爱心团体和个人在新建开展的各类助学活动，更是不胜枚举。他们的爱心善举，不仅为贫困学子扬起了希望的风帆，更让新建大地洋溢着"重教助教"的惠风。

　　"路漫漫其修远兮，吾将上下而求索"。新建区将深入贯彻落实习近平总书记关于重视家庭建设和家庭教育的重要讲话精神，紧紧抓住制度化家校社示范区创建的有利时机，继续发扬担当有为、善作善成的精神，进一步凝聚各方力量，积极探索实践家校共育的新路子，奋力打造具有时代特点和鲜明地域特色的制度化家校合作新建模式。

第二篇

学校层面家校合作行动机制

本篇汇集幼儿园、小学、中学等试点单位具有代表性家校社合作案例，涌现了一大批鲜活的本土化经验，为经验交流和推广普及打下了良好的基础。如，鹰潭市贵溪市奥科幼儿园建立并不断优化家长委员会组织，充分利用家长委员会的力量参与幼儿园日常管理，家长委员会成为拉近家庭与学校、家长与老师之间距离的一座桥梁。南昌市雷式学校坚持家校合作，以体验驱动、情感驱动、决策驱动和学习驱动四种方式，让家长们在活动体验中了解学校、理解学校、支持学校。上饶市弋阳县曹溪中学是一所农村学校，每年利用正月初八、初九和期中考试后的时间，分村召开家长会；让长期务工在外的家长能够积极参与并关注孩子的成长。除了江西本土化经验，外省经验也给予了一定借鉴意义，山东省潍坊市临朐东城双语学校关注家长教育素养的提高，积极探索构建"1+3+N"课程体系，引导家长树立科学的教育观念，帮助家长提升教育素养、改善教养方式。河南省濮阳市油田第四小学小班充分发挥学校资源的优势，通过可利用的家教师资，尝试在实践中探索出一套小班化、系列化的家长学校办学和教学模式。

　　每个鲜活案例背后都蕴含着学校对家校社合作工作的深入探究与思考，透过这些试点学校的贡献，我们进行本土改造的方向越来越清晰。

第五章

幼儿园行动经验

浅析幼儿教师与家长有效沟通策略[*]

《幼儿园指导纲要（试行）》指出：家庭是幼儿园重要的合作伙伴，应本着尊重、平等、合作的原则，争取家长的理解、支持和主动参与，并积极支持、帮助家长提高教育能力。在幼儿园家长群体中，来自不同文化背景的家长素质参差不齐，绝大部分家长能支持和配合本班教师的工作，但也有那么一小部分家长对教师安排的活动表现出无所谓的态度，甚至还有怀疑不信任的想法。掌握一定的沟通技巧，运用适宜的沟通策略，有针对性地对家长进行教育指导，取得他们的理解和配合，是实现家园共育的基础。

一 学会"放弃"，以退为进

家长和教师都是促进幼儿发展的主体，在家园沟通的过程中，有些家长一时无法理解教师的工作，甚至会产生对抗的情绪。教师妥善发挥好沟通上的主导作用，适时地把"难题"抛给家长，让其感同身受，这种以退为进也不失为一种有效的方法。

---

* 作者：余倩云、刘亚，九江市濂溪区第一幼儿园。

案例 1

在一次国庆活动中，幼儿园要排练一支舞蹈，需要在各班挑选小演员。班上所有的家长积极报名，希望老师给孩子一个锻炼学习展现自我的机会，但名额有限，最终根据幼儿表现在班上选了 6 位小朋友。这时，有的家长开始私下议论老师选人不公平，选上的都是跟老师关系密切的家庭的孩子，更有甚者觉得孩子没被选上心理上受到打击，要求老师给个说法。

面对家长的质疑和不满，老师首先要做到的是摆正心态，理解个别家长的情绪波动。从另一个角度想，这也说明家长在参与幼儿园组织的活动中积极性很高，很珍惜各项活动中孩子所获得的锻炼机会。所以，教师在处理这类矛盾时，首先要做的是感谢各位家长对于活动的积极响应，同时对于孩子们的表现给予肯定与鼓励，并在与家长一对一的沟通中说明孩子的优点与进步以及在此次海选中孩子在哪些方面的表现有待提高。其次，在班级活动中提供更多可供幼儿展现的机会与平台，如劳动小能手、校园播报员、礼仪小天使、安全小卫士等，让每个幼儿都能找到适合展现自己的机会与平台。家长们也不再会因为孩子落选舞蹈表演而耿耿于怀，反而对教师开展如此丰富的班级活动表示感谢与支持。

二　超常"出牌"，以柔克刚

制度的执行需要家长支持与配合。面对不守规则的家长，教师要控制好自己的情绪，既要坚持原则，又要让家长明白幼儿园一切工作的出发点都是为了孩子，从而理解和支持幼儿园的工作。

案例 2

本园由于班级数量较多，每天在家长接送幼儿时，会出现幼儿园门口交通严重拥堵的情况，且离园时幼儿在园内玩耍时间太长，家长疏于看护，存在一定的安全隐患。因此，幼儿园推行了单数班级 8 点 15 分入园、4点15分离园、双数班级8点30分入园、4点30分离园的做法，每学期轮换时间一次。除恶劣天气外，家长接孩子离园的地点由活动教室改为幼儿园门口的操场上。同时要求在第二批离园的孩子出来排队时，第一批放学的孩子就要随家长离园。

新规定一推出，遭到不少家长吐槽。很多家长不按照规定时间接送孩子，还有的家长任由孩子放学一直在学校玩，直到幼儿园要关门了，值日的老师吹哨子才带着孩子离开。面对家长的不配合，老师采取的解决对策如下。

1. 小手牵大手，孩子引导家长

对遵守新规定的孩子进行表扬与奖励，使其成为小朋友们学习的榜样。同时，引导幼儿讨论：如果人人都不遵守规则，幼儿园门口的交通将会是怎样的？我们应该怎样做？让孩子回去把自己的想法告诉家长，和爸爸妈妈一同遵守规则。

2. 超常出牌，以柔克刚

对于经常违规的家长，教师可以适当打感情牌。耐心倾听家长的难处，尊重家长的意见。如果遇到特殊情况，偶尔不能按照规定时间接送幼儿，老师也是能充分理解配合的。同时向家长举例说明，班上其他家长遇到同样的问题时是怎样协调解决的，为其提供参考。并说明如果班级经常有家长违规会影响教师个人考核和班级评优评先，希望家长多多支持老师的工作，激发家长的班级荣誉感和集体意识。

三 先入为主，化解疑虑

父母和教师都是幼儿成长中最重要的人。家长对孩子的爱常常是情感重于理智，而教师除爱孩子之外，还应追求一些公平和理性，是理智重于情感的。教师应客观对待和处理好幼儿之间在游戏过程中发生的小摩擦，取得家长的信任和谅解，有助于进一步增进家园关系。

案例 3

一天下午离园前，老师在给一一整理裤子时发现他鼻梁上有一个红色的点，问一一这个点是怎么回事。一一说不知道，应该是蚊子咬的吧。放学时老师告诉一一奶奶，可是奶奶表示这个点不像蚊子咬的，感觉像是戳伤。并且奶奶询问一一是不是在幼儿园受欺负？有没有被戳到？在接下来的几天，一一奶奶送他上学后都迟迟不肯离开……

我们明显感觉到了一一奶奶对孩子的不放心。因此采取当面约谈的方式打破尴尬。询问她最近怎么送完孩子一直没走，是不是有什么话要对老师说。主动向一一奶奶反馈孩子近期的表现，同时直奔主题询问为什么您会认为孩子脸上的包是被戳伤的呢？其实我们也问了孩子是不是玩的时候受了伤。对于安全问题，我们老师和家长一样是高度关注的。如果孩子真的受伤了，我们老师会第一时间处理伤口，绝对不会隐瞒的。

在与家长的对话中，教师只有了解家长才能真正做到"因人施教"，才能帮助家长意识到自身行为的不妥，从而使家长约束自己的行为，使家园关系更和谐，共育更有合力。

四　家园沟通，平等对话

良好的沟通对于良好的家园关系至关重要，然而这个过程不可能是一帆风顺的，也不是一蹴而就的，只有用心拉近彼此之间的距离，努力化解家园工作中存在的问题，才能使家园合作更紧密，真正实现幼儿园教育与家庭教育的双丰收。在沟通过程中，聚焦的是家园之间的合作关系，反映的却是教师与家长有效沟通的重要性。有效的沟通能让幼儿园的各项工作事半功倍，取得教育的最佳效果。在和家长通过各种形式和渠道进行交流时，主要有三种沟通技巧，即倾听、解释、对话。

（一）倾听

倾听是指教师学会倾听家长的心声。因为在倾听的过程中，教师会发现工作中是否出了问题，或是在班级教育教学工作中哪些地方得到了家长认可和赞同。这种倾听包含语言交流和文字交流。语言交流时，教师需要礼貌地注视家长，和家长进行目光接触，微笑、安静地倾听家长诉说困惑或者提出要求；如果是文字交流，则需要用文字提示家长有什么问题，欢迎家长提出来，尽可能给家长创设一个轻松、信任的交流氛围，这样才能得到家长最真实的想法和意见。

案例 4

在一次家长会中，我向家长介绍本学期班务计划和每月工作重点后，邀请家长们分享目前在孩子教育方面的心得体会和遇到的问题。朵朵爸爸提出孩子在幼儿园和在家里的表现反差很大，在家比较任性，希望老师多加强对孩子情绪管理的辅导；涵涵爸爸希望教师多给班上孩子创造展现自我的平台与机会，注重个别差异的同时兼顾公平；蔡妈妈提出利用周末时间组织一些班级亲子活动，丰富课余生活；琪琪妈妈向老师咨询，孩子比较好动，适合上什么兴趣班。也有个别家长私下和老师反映，孩子吃饭比较慢而且挑食，希望老师多一些耐心和爱心，不要催促孩子进食。倾听家长的问题和建议，有助于教师及时反思自己工作中出现的不足并做出调整。

（二）解释

在家园合作的过程中，有很多工作需要家长配合完成，如亲子活动的开展、校园规定的执行等。遇到家长对园方工作误解，甚至不配合时，这种解释非常有必要。因为不做说明解释，家长就无法理解园方这样做的意图，总是站在自己的角度或者按照自己的理解方式去看待事情，甚至还会出现更深的误会。

案例 5

在《我和春天有个约会》主题背景下，幼儿园开展班级植物角的打造。各班教师开始向家长征集绿植布置环境。在征集绿植前，老师需向家长介绍种植活动将如何开展。活动中幼儿通过观察植物的特征及生长变化，培养观察力。结合写画日记培养孩子的书写和记录能力，以及热爱劳动的品质和环保意识。教师对此活动十分重视，会认真组织幼儿管理好植物角，带领幼儿探究植物角的科学意义。活动的落脚点回归到孩子的发展，这样的活动才会得到家长的支持，充分调动家长的积极性。

（三）对话

对话是指在倾听和解释的基础上，和家长展开真诚的对话。对话不仅要注意对象、场合和内容的表达，不能伤害家长的自尊心，而且要就事论理，对家长也要"因材施教"，以一切为孩子发展考虑作为切入口，再进行推心置腹的交谈，把家园合作的技巧通过对话传授给家长，这样的真诚交流才能打动家长。

案例 6

涵涵刚入园时经常出现尿裤子的情况，每次放学时提着一袋湿裤子回家，这让涵涵爸爸觉得很没面子，经常在老师面前训斥涵涵：怎么控制不住自己的身体？为什么只有你总是尿裤子？是不是怕老师，不敢去上厕所？从对话中，可以感受到家长的不满。此时，老师和家长的沟通可采用如下策略。

1. 以道歉+时间+事情的形式说出事情的缘由

主动向家长承认确实对涵涵的生理习惯还没有完全掌握，提醒涵涵如厕不够及时。但尿裤子并不说明她害怕老师。据我们近期观察：涵涵每次感觉自己有尿的情况下，在去厕所的路上就会尿湿。其实孩子在园期间都有相对固定的如厕时间，如上课前后、用餐前后、入睡前后、户外游戏前后以及离园前都会组织小朋友上厕所，而涵涵经常出现一去厕所就憋不住尿的情况。

2. 用理解+"处理方法"的形式能缓解家长的情绪

向家长解释尿裤子在幼儿园是很常见的小事情，很多小朋友也曾出现尿裤子的情况。我知道您一定想让涵涵不再出现尿裤子的情况。我们建议在家也关注孩子上厕所的间隔时间，同时适当对孩子进行憋尿训练。最好去医院做相关检查听取医生的建议，排除病理性原因。

3. 用提醒+注意的形式能获得家长的信任

鼓励家长对孩子进行积极的心理辅导。不要过分强化尿裤子的事情，如果要求孩子时刻提醒自己，控制住自己的身体不要尿裤子，可能会对她造成心理压力与暗示。在给涵涵换湿裤子的时候，老师都是单独提醒她下次注意。并没有因为尿裤子在小朋友面前批评她，保护孩子的自尊心。

4. 用"关注+提示"结尾能获得家长的谅解

老师会更加关注涵涵每次上厕所的时间间隔，及时提醒。锻炼涵涵从需要老师提醒到能自主去上厕所。相信通过我们共同的关注与合作一定能帮助孩子改掉尿裤子的毛病。

总之，与家长有效沟通在幼儿园教育工作中有着举足轻重的作用。幼儿园教师不仅要有敏锐的观察力和洞察力，还应以身作则，将心比心，听取家长的意见和建议。只有与家长坦诚相待，才能与之建立良好的合作关系，并赢得家长的信任与支持。

幼有所需　园有所变　家有所为 *

一　案例背景

关于家长委员会，《幼儿教育辞典》如此界定："幼儿园的家长组织，又称家长代表会。委员或代表由各班幼儿的家长推选产生，是幼儿园园长和教师的助手，可协助幼儿园加强与广大家长的联系，保证幼儿园家长工作的

＊　作者：饶春梅，鹰潭市贵溪市奥科幼儿园。

顺利进行。"

《幼儿园工作规程》第五十条也明确提出："幼儿园应当成立家长委员会。家长委员会的主要任务是：帮助家长了解幼儿园的工作计划和要求，协助幼儿园的工作；及时反映家长对幼儿园工作的意见和建议；协助幼儿园组织交流家庭教育的经验。家长委员会在幼儿园园长的指导下工作。"

家长委员会作为家长参与幼儿园日常管理的常设性机构，是在幼儿园行政组织指导下辅导幼儿管理工作的群众组织，它的建设和发展作为幼教改革中一条新的实施途径越来越被人们重视。

奥科幼儿园开园后，第一年就成立了园级家长委员会，各班推选的家长代表成了家长委员会成员，组织架构有了，功能和职责也有了。各种建章立制：主席、委员的产生方法及任期，各层面成员的职责和任职要求，换届选举制度和述职报告制度，角色定位以及工作内容，等等，一切依规进行，活动规律开展，主要以会议及座谈形式或进行分组教学、膳食管理等小组活动。这样的活动简单重复，基本上是配合幼儿园工作随机开展活动，家长委员会被动地参加，缺少活力和特色创新。

家委会实际上处于一个理论上重视、建设上随机的状态，并没有发挥其在家长中的领头羊作用，更为突出的是，除了家长代表，其余家长基本上被动旁观，甚至部分家长竟不知还有家长委员会这么一个组织，更不知它的作用了。为此，我们开始探索家长委员会建设的新路径，意欲让更多的家长参与到家委会的各项活动中来！

二 案例实施

一次园级家委会例会，小2班的家长代表发言："我们园对家长委员会非常重视，给予了我们参与幼儿园管理的权利。作为家委会的成员，我们知道自己是家园沟通的桥梁，但是因为班级家长都非常忙，难得交流，对园方的举措有误解的地方，我们虽会做积极正面的解释，但有时不一定被理解，甚至有些家长认为我们家委会和园方一个鼻孔出气，是有某种目的，是拍园方马屁，我们真是有口难辩……"此话一出，激起千层浪："是呀！是呀！

我现在都没有机会认全班级的家长们……""家长对我们的误会不少……"随后,早拟定的话题抛诸一边,大家开始热议解决这一尴尬的法子。

> 我们有了园级家委会,成员都是来自各班的家长代表,何不借此东风在班级也建立这样一个班级家委会,那样我们就不会高高在上,势单力薄了……

> 这主意好,还自然有了帮手,更好开展各项工作了……

> 可是,怎么让每一个家长都积极参与到家委会活动中来,让班级成为一个温馨团结的家,共同为幼儿快乐成长服务……

> 是啊,园里的活动不少,但是真正由家长自发组织的活动没有,家长们都是被动参与,缺乏交流……

大家陷入了沉思……

> 各班成立社团型家委会组织会如何?社团就是一个具有共同特征、爱好的人相聚而成的互益组织。我们也可以建立这样的班级组织,各位优秀的家长代表就是班级家委会的主席,你们可和老师一道选举适合的班级家长组成班级家委会,策划和组织具有班级特色的实践和公益活动,增强班级凝聚力,让宝贝们快乐成长……

园长的提议得到了所有代表的认同!

说干就干!我们是行动派!

1. 构建组织

很快,园级家委会的家长代表被正式任命为各班级的家委会主席,他们就像钦差大臣,总领班级家委会。他们和班级老师一起协商,组建了3~5人的班级家委会管理小组,同时依照园级家委会的章程,结合班级的需要,明确了职能和任务。园方还配套建立了考核评价机制,激发各班积极性。

2. 搭建平台

借助家长会，各班召开了成立大会。家委会主席宣告——每一个家长都是家委会成员（就是希望所有家长行动起来，共同关注孩子的健康成长），同时也宣读了家委会活动的要求：每学期积极开展能让孩子快乐或得到锻炼的、有意义的活动；家长们要积极参与班级管理，为班级做实事等。家长们进行了有效的沟通，气氛热烈，有的班级当场就拟定了活动计划……班级QQ群、微信群也随之建立，借助各类平台增进交流，分享信息。

3. 资源共享

各班发放表格，进行家长资源调查，内容主要包括家长的职业、特长以及为班级出力的意向……班级家委会根据家长们填写的信息进行资源整合，策划活动。不论你的文化程度高低，只要乐于参与，都可以人尽其才。中班有位家长生活能力强，带着孩子们做简易鱼钩钓鱼，带着孩子们认识各类粮食蔬菜、采摘水果、挖红薯……孩子们可喜欢他了，每次活动有他，快乐多多……掌握了第一手信息，家长们就有才（财）出才（财），有力出力，全体总动员，为孩子们服务！

4. 组织活动

一切准备就绪，各具特色的快乐活动开始了！社会实践、爱心公益、职业课堂、义工活动……百花齐放，活动多样，欢乐不断。各班以家委会主席为核心，管理小组为主导，负责策划并组织开展活动，老师则作为被邀请者，只需和孩子们一块参与活动就好！

5. 财务公开

班级家委会活动经费都以家长自愿捐赠或 AA 均摊方式筹措，但每用一笔钱必须账目清楚。由班级家委会管理小组专人负责，定期公示。

6. 展示分享

班级家委会用文字、图片、录像等方式记录下精彩镜头，尽量关注每一个孩子，在园方微信平台进行分享，争奇斗艳。每个班还会精心制作幻灯片或小影片，在家长会上展示。

三　案例成效

几年来，各班家委会组织的特色活动，突破了 500 次，年均将近 200 次，家长再也不是被动旁观，而是主动参与，参与率达到了 100%，不少家长还开始积极参加园方活动，当评委、填问卷、提建议……真正实现了让更多的家长参与到管理中来，打破了以往只有园级家委会家长代表参与活动的局面！

丰富多彩的班级家委会活动增进了亲子之情、家长间的友情，更有效促进了幼儿亲社会行为的养成，孩子们在父母的关爱中健康快乐成长，个个成了合格的"五小公民"。

小伙伴——乐于交往，互助合作

镜头一：个性装扮，展我风采

交往，对培养幼儿的亲社会行为有着极其重要的作用，尤其是同伴交往。同伴交往不仅有助于幼儿认知技能的提升，保持情绪安定和愉快，更重要的是在与同伴交往中学会与人相处的社会技能。

中班组家长和孩子们共享了绘本故事《有个性的羊》，故事中赫尔伯特的与众不同、关爱同伴与自信给宝贝们留下了深刻的印象。为了进一步让宝贝们理解"个性"的含义，中班家委会与老师们携手举行了中班年级组个性舞台秀活动。

以班级为单位，在限定的时间内利用所给材料进行即兴装扮，整个装扮过程既紧张又激烈，家长幼儿之间分工明确，合作默契，造型也各有特色。最后，所有家庭凭借个性装扮依次在舞台展示风采。宝贝们欢欣不已，与小伙伴、大伙伴互助合作，大胆展示自己，感受集体交往的快乐！

镜头二：亲子共绘爱如"衫"

喜迎"六一"，大班家委会开展了亲子共绘爱如"衫"主题活动，合作制作独一无二的文化衫。

"爸爸，我们画什么好呢？""妈妈，我觉得那种颜色更好看"。你一笔，我一画，家长和孩子们合作的作品异彩纷呈，童趣横生。每个家庭亲子衫展现的内容各有不同，却体现着美好纯真的稚子之心和如海之深的亲子情。在创作过程中，参与者既体验了亲手合作绘制的喜悦，又尽情享受书画带来的美感。家长和宝贝们留下一段共有的幸福记忆。

小卫士——保护环境

春听鸟鸣，秋看落叶，夏踩水洼，冬打雪仗，一年四季都有着不一样的精彩，通过各种方式让幼儿接触大自然，促使幼儿热爱大自然，成为环境保护人，爱护公共环境。

镜头一：保护水源 从我做起

为了让幼儿更好地了解水资源，大班家委会开展了"保护水源"的主题教育系列活动。

活动中，家长义工为孩子们介绍了水源的现状，了解水源污染对海洋动物造成的危害以及海洋动物的生存环境，唤醒大家保护水源的意识。通过进行《保护水资源》海报设计大赛，以及"保护水资源誓言一句话"行动，让孩子们知晓环境保护可以通过实际行动来实现。

家长们还带着孩子们来到信江河边，将精心制作的环境保护牌竖立在沿河路的两边，提醒每一位路人爱护环境，保护水资源。

镜头二：我与小树共成长

花开嫣然，鸟语呢喃，春风拂面，阳光暖暖。小班家委会组织开展了以"我与小树同成长"为主题的植树活动。

一大清早，家长带着孩子们准时到达幼儿园后山，有模有样地挖坑、回填、栽种、浇水。孩子们忙得不亦乐乎，种下了充满爱和希望的小树苗，感受到了劳动的乐趣。每个孩子心中都播撒下了"环保"的种子，和小树一同茁壮成长！

活动让孩子们收获了对大自然的敬畏和热爱！

小主人——热爱祖国，热爱家乡

镜头一：缅怀革命先烈，播下爱国种子

清明节，传承传统革命精神，大班家委会开展"缅怀革命先烈，播下爱国种子"的爱国主题活动。在高高屹立的烈士纪念碑前，幼儿和家长们为烈士默哀致敬，深刻地意识到今天的幸福生活来之不易，要用感恩的心继承革命先烈的遗志，将革命的接力棒继续传递！

镜头二：麻糍粿，打出幸福味道

"宝贝，你是哪里人呢？""嗯，嗯，江……""哈哈，对啦！我们是江西人啊！今天爸爸妈妈们就带你们去看看正宗的江西美食！"小班家委会组织宝贝和家长们打麻糍，品江西特色食品。

麻糍，是农村里生日喜庆的一种标志性食物，是用糯米蒸熟捣烂后所制成的一种食品。打麻糍是费力气、赶时间的活儿，自然交给身强力壮的爸爸们啦！爸爸们汗流浃背，可是看着宝贝和妈妈们满意的小表情，他们浑身是劲儿！甜甜的、糯糯的，家乡的美食真好吃！

小帮手——自立能干，关爱他人

镜头一：我是小小银行家

别开生面的社会实践活动"我是小小银行家"，参观银行的环境，学习真假人民币鉴别方法、银行文明礼仪等知识和点钞技能，体验存款、取款流程模拟操作，培养孩子的理财能力，引导孩子树立正确的金钱观，丰富小朋友的社会知识和社会经验，从小培养勤俭节约的好习惯。

镜头二：九九重阳，感恩敬老

"岁岁重阳，今又重阳"，为发扬中华民族敬老、爱老的优良传统美德，中班家委会特别邀请了小朋友的爷爷、奶奶、外公、外婆们参加"九九重阳，感恩敬老"的特色家委会暖心活动。

孩子们认真地聆听家长义工讲解重阳节的由来和习俗，为爷爷、奶奶、外公、外婆献唱儿歌，稚嫩可爱的声音弥漫了整个教室，幸福的笑容洋溢在每位老人的脸上。

大班家委会还把孩子们带到敬老院，为老人们送去了孩子们亲手制作的手工作品和水果。孩子们用自己的方式表达对爷爷奶奶的关爱，懂得了尊老、敬老、爱老、助老是我们中华民族的传统美德，学会了去爱身边的每一个人！

小标兵——文明有礼，遵守规则

镜头一：品传统，习礼仪

孔子的诞辰日，各班级家委会举办品传统、习礼仪主题活动。学习拜师的礼仪，诵读国学经典，幼儿们听得认真入神，传统文化道德润物细无声地浸润幼儿的心田！孩子们有礼有教，心中萌发出善良、讲礼、尊敬长辈的传统文化种子！

镜头二：交通安全，从小做起

"哇！警察叔叔！"孩子们兴奋得又蹦又跳。各班级家委会请来了交警叔叔，为孩子们上了一堂别开生面的交通安全课。认标识、提问题、模拟演练……各种形式的交通安全教育活动，不仅让幼儿全面而深刻地接受了交通安全教育，更重要的是让幼儿从小树立交通安全意识，养成文明出行、遵守交通规则的良好习惯。

以上只是班级家委会活动的冰山一角，各类自发组织的公益社会实践活动，让孩子们成为富有"小伙伴""小主人""小帮手""小标兵""小卫士"特质的"五小"文明小公民，促进了幼儿亲社会行为的养成。

孩子们成长了，家长们也开心了。各类活动也让家长们得到了锻炼，懂得了从策划到组织再到总结，有多么的不容易，无形中也更加理解和体谅老师和幼儿园，更加积极地配合参与园方的各项活动！家长们还写下不少感悟，有两篇还入选江西省十佳优秀家庭教育案例。

家园携手，合写"心"乐章！班级是幼儿园的基本单位，班级有特色了，幼儿园就更出彩。如今，奥科幼儿园社团型特色家委会的旗帜飘遍了贵溪的南乡、北乡，成为贵溪一道最亮丽的风景！家长们也真正成为幼儿园的同盟军和坚强后盾！

"共创"田园故事 启迪美好未来
——农村幼儿园家园共创田园绘本的探究*

一 研讨现状引思路

目前农村幼儿园家长在指导幼儿阅读方面做得还不尽如人意，许多亲子阅读形式单一，家长指导乏力，亲子阅读流于形式。有的家长没有持之以恒地进行亲子阅读，有的家长是心有余而力不足，有的家长是没有时间。因此指导家长有效地进行亲子阅读迫在眉睫。

2017 年，浙江省宁波市象山县定塘镇中心幼儿园（以下简称中心园）被县妇联评为县亲子阅读示范基地，为更好开展活动，做好引领工作，根据目前中心园幼儿阅读能力较薄弱的现象，中心园挖掘多种亲子阅读形式，其中幼儿自制绘本活动是由早期阅读活动引发的综合性活动，需要幼儿结合自己的阅读经验和生活体验，模仿书的结构，将内心的想法以图文并茂的形式有序地表现出来，对幼儿的语言、艺术、逻辑思维、社会等各方面能力发展具有积极的意义。

二 丰富形式推活动

（一）结合幼儿生活经验，定向田园绘本

确定绘本主题。结合中心园田园课程"春生""夏长""秋收""冬藏"这四个主题系列，考虑到幼儿会更容易发现和理解经常看到的身边事物的特点，中心园确定了以田园文化为主题的绘本共创实施路径。定下主题后，中心园通过召开家委会会议，大家一起商讨，最终决定挖掘定塘特有的本土文

＊ 作者：戴双双，浙江省宁波市象山县定塘镇中心幼儿园。

化来开展共创活动。亲子阅读的时候，在绘本选材上，注重选取有关田园的绘本。每个月中心园将班级推介的书本在大厅进行展示，让家长和孩子一入园就能看到。还可以让孩子了解田园四季的变化，以此激发幼儿爱家乡的情感。

（二）寻找乡土文化节日，挖掘教育价值

我们将从社会价值、情感特征、认识需要三方面对定塘乡土节日进行分析，寻找适宜大班幼儿深入了解的乡土节日，比如大塘麦糕节、定山桂花节等，为下阶段创编做好准备。

根据调查分析。为了了解大班幼儿及家长对阅读的态度，中心园分别对幼儿和家长的阅读态度做了前期的问卷调查。通过调查，可以看出大部分幼儿喜欢阅读，仅有16%的幼儿对阅读不感兴趣。尽管电视、电脑等现代化产品对幼儿的吸引力很大，但是阅读还是幼儿认识世界的主要途径，受到幼儿的喜爱。幼儿对阅读的态度和家长对阅读的态度呈显著正相关，即家长越喜欢和幼儿一起阅读，幼儿就会越喜欢阅读，也就是说越容易对阅读产生兴趣。家长如果对亲子阅读不重视、不理解，势必会影响幼儿阅读兴趣。而幼儿阅读兴趣的培养很重要，这对幼儿基本阅读能力的提升有促进作用。

（三）关注幼儿全面发展，设定活动形式

1. 幼儿创作

对于大班幼儿来说，故事创编、绘画、装订等大部分工作可以独立完成。中心园在图书角创设了让幼儿自己创作图书的区域。为激发幼儿创意，中心园通过书写来展现绘本主题。幼儿有更多空间发挥主动性，提高幼儿实践操作，解决问题的能力。要重视幼儿的表现力，努力营造具有支持性、体验性、互动性的环境氛围，根据主题绘本的教学内容，尽可能创造机会鼓励幼儿大胆创作，引导幼儿用自己喜欢的方式创造、表达、表现，如幼儿自己创作的"我眼中的田园""家乡特别的地方"等画报。

2. 亲子共创

亲子共创是亲子阅读的形式之一，可以让亲子情感在创作绘本的过程中得到增强。亲子共创绘本通过"幼儿绘画为主、家长文字为辅"的形式开展。在共创绘本活动前期，我们发起了"全身心陪伴一刻钟"的活动倡议，引导家长关注和陪伴幼儿。在幼儿绘本创作中，主要的内容题材来自幼儿的生活经验。比如：集市课程主题中，教师要求幼儿通过自己走进菜市场，了解菜市价格、买卖过程等进行绘本创作。创作的过程中，幼儿思考能力、提炼能力、生活技能都得到了一定的提升。把创作的主动权交给幼儿，反映幼儿真正的需求，符合幼儿的认知规律，更容易让幼儿接受。家长结合幼儿的想法帮助幼儿增添文字，同时，教师指导家长和幼儿多交流、多陪伴，了解幼儿想法。

3. 师生共创

在共创活动前，教师结合田园课程教育教学内容，开展"各种各样的蔬菜"主题活动，孩子们通过全程参与，不仅积累了丰富的经验，更丰富了想要记录和表达的情感。因此通过和幼儿的讨论，了解了蔬菜的外观、生长过程、营养成分等。在此基础上，教师和幼儿共同制作了一本属于班级的"大书宝贝"，书中有幼儿收集来的彩图粘贴、有教师批注的文字、有幼儿的绘画与折纸等不同形式的展示。第一本"大书宝贝"诞生后就成了班级里幼儿的"新宠"。自由活动时间，大家都抢着看。有了第一次的创作成果，孩子们对下一次的"大书宝贝"满怀期待。通过教师搭建平台，幼儿有更多的空间发挥主动性。

（四）注重幼儿学习特点，选择活动形式

1. 游历田园风景

制定明确的共创绘本内容以后，为激发幼儿创编绘本的欲望，我们组织幼儿外出活动，如走进稻田、观察水稻、参与丰收等。出于安全考虑，也请家长配合，利用双休日带幼儿多去周边走走，欣赏定塘美丽的田园风景。在第八届亲子稻草节中，我们把制作的地点放在了稻田里。听着美妙的麦浪声，家长和孩子们一起动手制作稻草人物作品。在组织秋游时，我们带着孩子去附近的大塘宁波站村，孩子们欣赏了美丽的湖泊和小桥，在暖暖的阳光下感受定塘美丽的乡村风景。还有中坭村的花海、中娄的小布达拉宫山等，在了解家乡美丽的风景后，幼儿内心生发出爱家乡的情感。

2. 叙说田园故事

我们邀请市、县级专家对老师进行了对口的绘本教学培训。为满足更多家长的需求，使绘本与早教相融合，我们邀请园外邻近村的亲子来园内参与绘本早教课堂。故事明星会选择适合入园前幼儿的田园绘本，结合游戏、亲子互动来开展。园外的家长通过这样的活动了解到中心园的教育教学理念，还学会了在家开展亲子阅读的技能，更增进了家长、幼儿、教师之间的情感。除此之外，我们会在早期阅读网站里寻找适合家长在家开展亲子阅读学习的视频，发送到幼儿园公众号上，形成微课堂，家长们通过关注公众号随时随地就能学习。

除了教师故事明星课堂，我们还邀请家长志愿者进课堂说绘本故事。当然，仅有家长们的积极参与是不够的。在帮助家长认识幼儿绘本的基础上，教师还要引导家长学会更丰富的讲述方式，比如借助绘本 PPT、游戏、音乐等帮助幼儿理解故事内容。稻草节中制作的人物形象也被生动地融入故事中。教师会在家长报名参加志愿者活动时与其进行沟通，集合家长自身情况来帮助他们选择绘本，并给予一定的讲述建议。这样一来充分利用家长资源，整合家园共育。只有激发家长们阅读的兴趣才能更好带领幼儿一起阅读。

3. 畅玩田园游戏

这里玩的田园游戏主要是指户外的体育游戏，即从绘本角色着手，通过绘本情景再现、绘本内涵链接等途径，建构户外绘本游戏场。我们向班里全体幼儿进行征名活动，最后幼儿熟悉的《蚂蚁运西瓜》中的小蚂蚁胜出了。户外绘本游戏的场地就被命名为"小蚂蚁乐园"。幼儿在原有的户外大区域游戏场景中，综合多项动作发展需要，冠以角色身份去活动，在此基础上融入田园绘本元素，将目标确定为创设适宜幼儿且充满绘本元素的活动场景，激发幼儿游戏兴趣，在游戏情境中体验绘本带来的快乐。比如幼儿可以自由选择道具来创设小蚂蚁爬行的路线，自己选择运西瓜的方式。

我们根据园内、室内、户外场地和师幼配比条件共设置了 11 个游戏区，根据游戏内容大致分为主题延伸游戏和独立游戏，用适宜的绘本进行内涵链接，同时也根据绘本内涵相应调整游戏内容。如"美丽农庄"（取材于绘本《母鸡罗丝去散步》）、"甘伯伯小推车"（取材于绘本《和甘伯伯去游河》）、"可可点心坊"（取材于绘本《小老鼠做蛋糕》）等，分布在各个活动场地。每天安排班级进行活动，鼓励幼儿以自己喜爱的方式进行游戏后的分享互动。

4. 演绎田园风采

中心园通过亲子绘本表演、绘本歌曲演唱、绘本儿歌朗诵等形式开展亲子绘本表演活动。在表演的过程中，人们会发现幼儿的表演不同于成人，他们不仅演绎绘本本身，还会融入自己对作品的理解和情感。让幼儿知道绘本阅读不只是为了识字，也是一种创造性的游戏。如孩子们玩得如火如荼的皮影戏，游戏道具包括用废旧纸箱和白色幕布制作的游戏操作台、光源台灯，故事中的各个角色纸影片等都是孩子自己选择和制作的。

在表演绘本的活动开展中，我们组织家长和幼儿共同参与绘本选择、设计剧本、制作服装道具、开展绘本剧表演，引导并积极鼓励幼儿在动作、表情、语言上完整表现。我们开展幼儿朗诵会，将幼儿和教师原创的诗歌、歌曲发布在学校公众号上，让更多的人欣赏。

（五）培养幼儿学习品质，拓展活动意义

1. 班级内的分享活动

不同的分享形式对幼儿发展的意义不同。在集体环节中进行"一对多"的分享，能培养幼儿大胆表达的勇气和能力；区域活动、过渡环节的"一对一"自由分享，能让幼儿之间更为深入地互动；交换绘本带回家和爸爸妈妈一起阅读，是亲子共创绘本的良机，尤其在自由交流时间，对幼儿争抢绘本现象，如何合理借阅就成为幼儿需要共同解决的新问题，蕴含着丰富的教育契机。在这些分享活动中，我们始终坚持不强加干预的原则，把自主表达、解决问题的机会留给幼儿。我们会利用微信、QQ、智慧幼教等平台实地分享孩子在活动中的表现，将一些图片、视频、观察记录、成长档案上传到班级群，图文并茂地展示孩子们的点滴成长。通过这样的方式，不仅激发了家长的参与热情，而且及时记录了幼儿成长，实现了家园共育。

2. 全园内的分享活动

共创田园绘本活动开展一段时间之后，我们发现我们班的幼儿越来越喜爱绘本阅读。通过和家长的讨论，我们班开展了一次"共创绘本共分享"的活动。以走班的形式，把共创绘本带进每个班级。幼儿向大家介绍共创绘本的来历、制作的过程、内容等，让每个幼儿都有倾听和表达的机会，敢于与同伴、教师、家长进行交流，在活动中赢得家长认同，促进家园共育工作的开展。另外全园开展"共创田园绘本"阅读漂流记，全园幼儿对自己喜爱的绘本进行投票。评比颁奖活动，为幼儿和家长的坚持创编提供了驱动力。活动中，我们也会及时地与家长互动，解答家长的疑问，主动分享孩子的点滴进步，分享幼儿园教育教学工作，倾听家长的心声，拉近与家长的距离。通过共创绘本活动的开展，促进了家园共享。

三 初见成效寄希望

通过家园共创田园绘本的活动开展，我们见证了幼儿、教师与家长三方共创的教育图景。

（一）促进幼儿的综合能力

共创绘本活动中，不仅让幼儿学会阅读，更让幼儿学会观察、想象、推理；不仅体现语言的价值，更是美术的欣赏；不仅是对画面的认知，更是引发儿童情感的共鸣、呼应，激发内心真实的情感体验，使儿童凭借各自对绘本的理解、对事物的认识以及生活体验和想象，做出种种猜想和推测。在这里，孩子的推理也许与故事不谋而合，也许相差悬殊，但结果并不重要，重要的是要学会如何去发现、去思考、去表达。幼儿在阅读、感知、操作、模仿、想象等游戏化的共创绘本中，产生对阅读的亲切感和胜任感，加深对绘本内容的理解，感受阅读带来的快乐。

（二）提升家长的阅读技能

家长从起初对开展亲子阅读的意识薄弱到现在积极配合教师开展活动，主动参与活动，在共创绘本活动中给予了高质量的配合，促进了幼儿各方面的发展，为家园共育架起桥梁，让家长获得多样的亲子绘本阅读方法。在互动会上，先由有经验的老师组织一节早期阅读示范课，让家长认真观察教师上课的各个细节，观摩之后，请家长和老师一起总结示范课中采用的阅读指导方法，并请家长运用所学的指导方法，马上与孩子进行亲子共读。通过教师现场观察并指导家长的亲子共读活动，巩固家长的指导方法和技巧。

（三）提高教师的专业能力

教师通过小组研讨、专家培训提高了专业技能，学习了将"无声"的绘本转换成"有声"的绘本，突破了单一绘本教学的局限，为教师撰写田园课程主题的论文、案例积累了写作素材，促进教师的业务成长。教师在撰写教案和组织课堂活动中也有很大的提升，比如考核课中，教师根据定塘的美丽田园风景撰写了大班的音乐教案《定塘田园溜溜歌》。这首朗朗上口的原创歌曲深受孩子们的喜爱，之后还在县级公开课上展示，为优化课程体系提供了有力的支撑。

家园共育　不能让爸爸缺席
——让"爸爸志愿团"开启家园互动的另一扇门*

在传统的家园合作活动中，如常见的家长会、科学育儿讲座、半日活动开放等，放眼望去，基本上都是妈妈参加，爸爸往往觉得自己工作很忙，孩子的教育应该是妈妈或者老师的事，自己没有必要也没有时间介入孩子教育。而多数妈妈似乎也接受了这种"男主外、女主内"的家庭角色分工，并未意识到早期教育中爸爸的角色缺位会对孩子产生一些不良影响。实际上，单纯女性化的早期教育，对孩子身心健康、和谐发展以及自信心、独立性、勇敢精神等非智力素质的形成会产生潜在的负面影响。爸爸的角色在孩子成长中是不可替代的。因此，在家园共育过程中，我们不能让爸爸缺席，我们要充分调动爸爸的积极性，让他们参与到幼儿园的课程建设和实施中来，让"爸爸志愿团"为我们开启家园互动的另一扇门。

---

* 作者：潘华艳，江苏省扬州市邗江区蒋王幼儿园。

一 招募成员，组建"爸爸志愿团"

（一）成立"爸爸志愿团筹备委员会"

早日实现家园互动的美好愿景，家园共育中爸爸不可缺席。那一段时间，我们在班级微信群里进行了一个话题的互动讨论：父亲教育的缺失对孩子的影响。慢慢地，群中有了爸爸们的声音，活动中也悄悄地多了爸爸们的身影……趁热打铁，我们先成立了"爸爸志愿团筹备委员会"，特别邀请了对这次活动抱有极大兴趣又有一定号召力和育儿经验的四位爸爸参与。

（二）宣传发动、鼓励报名

当初吸纳家长参与到筹备委员会的初衷有两个：一是帮助宣传发动；二是希望这几位爸爸的参与能够带动更多的爸爸积极参加到志愿团中来。当"爸爸志愿团筹备委员会"第一次开会时，我们真切地感受到了"豁然开朗"的心境。爸爸们特有的敏锐、条理性和人生阅历，让我们看到了一个散发着熠熠光芒的教育智慧群体，看到了爸爸们身上那股神奇的教育力量，于是"爸爸志愿团"就此成立了。

（三）建立资源库，明确分工

我们将爸爸志愿团成员的资料进行梳理，建立资源库，然后针对成员的职业、爱好进行分工，明确职责。让不同职业的爸爸根据自身的特点协助我们开展教育工作，弥补教师专业上的缺陷。

例：小班爸爸志愿团部分资料（见表1）。

表 1　小班爸爸志愿团部分资料

志愿者	单位	职业	爱好	分工	职责
佳佳爸爸	医院	医生	打球	活动宣传与策划	负责志愿者招募、宣传与策划活动方案
多多爸爸	美发店	理发师	围棋、绘画	环境创设策划	负责帮助策划一些环境营造事宜
希晨爸爸	培训中心	跆拳道教练	健身	后勤服务保障	负责具体后勤保障事务以及家园联络工作
涵涵爸爸	公安局	警察	旅游	安全护卫策划	负责活动中幼儿安全保卫工作

二 多样形式，吸引参与

（一）爸爸座谈会

为更好、更有针对性地解决家园共育中的实际问题，让爸爸们积极参与到孩子的教育中来，我们为志愿团的爸爸们营造了一种温馨、轻松的氛围，让爸爸们围绕着一个话题或主题进行交流，谈谈自己的想法，交流自己解决困难的好方法。如"您的孩子会经常跟您聊天吗？都聊些什么？""您给孩子讲过故事或玩过什么亲子游戏吗？"等，让爸爸们将自己的见解或好的教育做法、经验进行分享，给爸爸们提供一个相互交流与学习的平台。

（二）爸爸家长会

专门组织爸爸们召开家长会，用最简单、最直接的方法对爸爸进行家教指导。一方面会上教师可以向爸爸宣传先进的教育理念。另一方面可以广泛地听取家长的意见和建议，提高爸爸参与会议的积极性，如新学期爸爸家长会上，首先通过爸爸小组式的游戏拉开序幕，然后以头脑风暴形式让爸爸们自由组合，在规定时间内，根据主题各抒己见。种种活动不仅让爸爸们体验到了创造能力的重要以及合作的快乐，也拉近了爸爸们之间的距离，更提高了爸爸参与亲子教育的积极性。

（三）爸爸开放日

为了让爸爸们更好地了解自己孩子在幼儿园一天的生活和学习情况，我们组织了爸爸开放日活动，目的是改变传统的家园共育模式，吸引爸爸们深度参与幼儿园的教育教学工作。同时，教师可以通过观察爸爸在开放日的表现，引导他们采用正确的方式参与活动，以提高活动质量，实现活动目标；还可以根据爸爸在开放活动中与幼儿的互动方式，推测其家庭教育方式，从而给予更有针对性的指导。因此，为了让爸爸在参与活动的过程中与孩子及教师进行良好的互动，教师创设与爸爸有关的展示内容，如绘本教学《我爸爸》《像爸爸一样》《了不起的狐狸爸爸》等，开设集体活动《解放军炸碉堡》《小刺猬背果果》等，让爸爸和孩子一起互动，认同活动的价值，调动他们参与活动的积极性。

三 提供活动平台，亲身体验

（一）爸爸体能活动——体育健将爸爸"抛砖引玉"

陈爸爸曾是一名体育健将，于是我们希望由陈爸爸来给小朋友上一节户外体育活动课，为爸爸志愿团接下来的活动"抛砖引玉"。刚开始接到任务，陈爸爸有点底气不足，毕竟这是他第一次组织小朋友的户外体能训练，也是他的第一次志愿者活动。后来在我们的鼓励下，陈爸爸答应了，在双方的共同准备下，陈爸爸策划的"勇敢的小兵"游戏正式开始了！

在陈爸爸响亮浑厚的口令声下，孩子们踢腿、弯腰做着各种热身运动。只见孩子们紧跟着陈爸爸，时而匍匐，时而翻滚，最后冲向高地勇敢跳下……陈爸爸豪放有力的示范以及坚定爽朗的鼓励带动了所有的孩子，没有一个孩子胆怯，大家开心地笑着、跳着……其中，活动最卖力、最认真的是陈晨，因为今天的"老师"是自己的爸爸啊！活动结束了，周围响起热烈的掌声，为陈爸爸，更为我们的孩子鼓掌欢呼！

第一次活动，我们不仅看到了爸爸参与的热情及组织活动的魅力，更看到了孩子们的收获与快乐。陈爸爸感叹："我组织完活动，才知道你们多不容易，才知道作为爸爸对孩子的影响原来这么大！"我们对他说："第一次组织活动，效果真不错！孩子们多喜欢啊！"他意味深长地说："我在做，孩子在看，我得做好啊！"如今的陈爸爸已经是最受孩子们欢迎的"好爸爸"爱心志愿者之一，他组织开展的各种户外活动深受大家的欢迎，爱好广泛、身体健壮的他俨然是孩子们心中的明星！

（二）爸爸主题活动——热心的警察爸爸"变身记"

轩轩爸爸曾是一名军人，也是爸爸志愿团的一名成员。文明安全宣传月，我们邀请他来给孩子们上安全主题教育课，孩子们非常喜欢他。来上课前，他看见我正在带孩子们编排舞蹈《娃娃兵》，热心的他说可以给我提供一些动作上的指导。于是，他不光从警察变身为老师，还从老师变身为舞蹈策划，好多动作经他改编后更有小兵的味道，关键在他的指导下，孩子们非常投入，一学就会，仿佛自己就是一名小兵。

（三）爸爸助教活动——害羞的理发师爸爸"变形记"

多多爸爸是一名理发师，平时很少参加班级活动，偶尔来了，也是沉默寡言，他是一个徘徊在幼儿园各种活动边缘的家长，总是旁观，用他自己的话说，他是一个一说话就脸红的腼腆爸爸，他只会理发。他告诉我，多多最近总拉着他去小区里玩，还整天跟他说什么陈爸爸领着打棒球，小峰爸爸会学孙悟空……他没想到，别人家的爸爸竟然给他儿子这么大的影响，他很惭愧，也很着急。

于是，我详细向他介绍"爸爸志愿团"的创办缘由和活动内容，多多爸爸激动地说："说实话，以前发的倡议书、调查问卷和活动公告，我真没当回事，觉得小孩子的玩意儿，有点无聊，直到看到多多的变化，我才觉得，教育好孩子，爸爸不能什么都不做。我也想参加这个志愿团，可以吗？"

就这样，害羞的多多爸爸参加了我们的志愿团。别看他不善言辞，但是很用心。我们"爱在春天 创意无限"水果拼盘制作比赛就是他的创意，他自己也积极参与其中。运动会上，他更是积极报名参加亲子项目的比赛，多多可高兴了。在老师的鼓励下，多多爸爸还当起了助教，走进班级给孩子们上了理发演示课，孩子别提有多兴奋了。现在的多多爸完全变了一个人，从一个旁观者变成了一个参与者、策划者。

"爸爸志愿团"活动的开展为我们幼儿园的课程建设和实施增添了浓墨重彩的一笔。在这个过程中，爸爸在变，孩子也在变。在爸爸的带动下，孩子变得更加勇敢、坚强、有责任感了，遇到困难解决问题的能力增强了，更加独立、自信了，小伙伴之间的关系更加融洽了……在孩子的感染和老师的鼓励下，爸爸们更热心志愿团工作，积极参与幼儿园的各项教育活动。而幼儿园的活动因为有了爸爸们的参与，更加丰富多彩，内涵逐步丰富。这一切转变都让我们惊喜，"父亲教育缺失"的现象得到很大改变，大大促进了孩子健康、快乐、和谐地成长。"爸爸志愿团"为家园互动开启了另一扇门，也使家园共育真正做到了同心同力，达到了双向互惠。

参考文献

王俊丽：《家园共育对学前儿童社会性发展问题的探讨》，《亚太教育》2016 年第36 期。

高翔：《家园互动：爱与智慧的联动》，《教育科学论坛》2017 年第 8 期。

学前特殊儿童教育干预的亲师合作实践研究*

一 研究背景

（一）与日俱增的孤独症发病率

孤独症又称自闭症，是一种广泛性神经发育障碍，具体表现为社会交往障碍、言语发育障碍以及行为、兴趣和活动的限制性重复模式。主要临床表现为与人交往时目光回避，缺乏主动与人交往的兴趣和行为，无法根据社会场合调整行为。语言发展滞后，或语言发展正常后出现回归，或缺乏语言沟通等。常对某些通常不作为玩具的物品特别感兴趣，有刻板行为，常会出现刻板重复的动作和奇特怪异的行为等。随着医学诊断水平、疾病意识和生育年龄的不断提高，孤独症患病率有大幅上升趋势。根据 2015 年美国疾病控制和预防中心公布的数据，每 45 名美国儿童中就有 1 名孤独症患者。而中国大陆地区孤独症发病率不断攀升，根据 2020 年一项基于全国多中心人口针对 6~12 岁孤独症谱系障碍儿童患病率研究结果，中国儿童孤独症谱系障碍（ASD）患病率约为 0.70%。

（二）学前康复教育的重要性

联合国于 2016 年初启动的"2030 年可持续发展议程"强调了特殊儿童重返主流社会的必要性，并应确保他们享有平等的受教育权利。随着全纳教育的不断推进，人们开始认识到学前早期教育对特殊儿童成长和发展的重要性，而特殊儿童早期教育（学前教育）更成为世界各国儿童发展的研究热点。

学前期是儿童成长的关键期，是儿童生理、认知等能力发展的重要时期，如果及时对特殊儿童施以恰当的教育有助于其获得最大程度的缺陷补偿、潜力发挥和身心发展。刘振寰等人对学前智力障碍儿童进行一系列的教

---

* 作者：王宇霞、伍瑟玑、黄丽樱、陈小欢、冯冠佳、徐三娥，广州市康纳学校。

育康复训练后，发现其智能和适应行为得到不同程度的发展与提高。魏明香等人进行了教育与康复对学龄前期脑瘫儿童认知能力的影响效果分析，发现教育和康复两种手段的训练能够显著改善其认知能力。

众多的研究证明，教育与康复相结合的模式对于特殊儿童的全面发展具有重要意义。尤其是对学前阶段的特殊儿童来说，及早的教育和康复能使其在很多方面都获得较大程度的发展。

（三）学前孤独症儿童康复现状

教育康复是残疾儿童全面康复的基本途径。通过教育与训练相结合的手段，提高残疾者的素质和能力。尽管我国在政策和财政上高度重视孤独症儿童的教育和康复，但由于诸多因素，现阶段孤独症儿童的康复教育仍存在一定的局限性。

1. 硬件及软件配备有待完善

徐云发现，我国孤独症儿童康复领域面临康复政策与法律不健全、人才匮乏、机构建设不规范及管理混乱、康复技术与方法参差不齐等问题。

2. 入学难，康复之路难

吴晖在调查孤独症儿童康复援助现状时发现，孤独症儿童入学困难，需要终身维护；孤独症康复机构设施差，教师不足；孤独症儿童在机构中的康复费用高，很多孤独症家庭很难承受。

（四）学前孤独症儿童家庭心理健康现状

孤独症儿童的家长，尤其是主要照顾者，生活体验围绕着孩子的诊断、康复和求学步步走来。一开始怀抱小小期盼，得到否定诊断时的忐忑、煎熬不安，确诊时的"晴天霹雳"。四处求医的漫长康复路，一开始孩子的不配合，哭闹逃避、咬人自伤等行为问题频繁发生；渐上学习轨道，长期训练却进展缓慢；成功融入主流还存在一些差距，又要担心融入主流后的适应问题。其间的辛酸苦楚、内心的焦虑，无时无刻不在折磨着孤独症儿童的家庭及主要照顾者。

1. 生活质量显著低于正常儿童父母

Mugno、Lee、Khanna 等人的定量研究表明，孤独症儿童护理者的生活质量、心理健康和身体健康明显低于正常父母。夏薇等人发现孤独症儿童家长的生活质量低于普通儿童家长，生理、心理、社会关系、环境等方面的生活质量也低于普通儿童家长。此外，孤独症儿童家长的生活质量、物质生活、心理功能、身体功能和社会功能总体上都比正常儿童家长差。通过对孤独症儿童护理者生活质量的定量研究发现，孤独症儿童护理者整体健康水平下降，日常生活和工作受到影响，社会活动减少。因医疗费用支出或停止工作产生经济压力，容易出现精力差、躯体不适感、精神紧张等较多的负性情绪。

2. 心理健康状况堪忧

由于孤独症是一组与幼儿有关的严重神经发育障碍，父母（主要照顾者）必须承担长期的照顾任务。日常生活护理不容易（儿童肌肉无力、粗壮、动作协调性差等原因导致自理能力差）。长期的康复训练使父母不断地受到压力的刺激。

（1）巨大的心理压力。

李凤通过对孤独症儿童家长的心理压力调查研究发现，孩子确诊患有孤独症、对孩子现状及未来的担忧、周遭人群的不理解与疏远、孩子未达到预期的康复效果、孩子的种种问题（照料、行为问题等）给家庭带来的纠纷矛盾都给照顾者带来心理压力，甚至"无法治愈也就意味着孩子永远都不能拥有正常人的思维方式、沟通能力和生活自理能力，这是孤独症患儿父母面临的最大心理压力"。而孤独症儿童的残疾程度及家庭经济收入是影响孤独症儿童家长心理压力主要因素，且母亲的压力明显大于父亲。

（2）教养压力。

在教养过程中，父母会受其自身人格特质、子女特质、亲子互动关系和家庭环境因素影响而感受到压力。而秦秀群等人与 Dabrowska、Pisula 关于孤独症儿童父母的教养压力的相关研究表明，孤独症儿童父母承受着较高水平的亲职压力，且母亲的亲职压力水平往往高于父亲。

（五）日益增长的康复需求与不足的社会支持之间的矛盾

1. 康复费用成家庭重大支出

孤独症的康复治疗是一场持久的攻坚战，需要家庭投入占家庭大比重的资金维持。孤独症儿童在机构中的康复费用高，很多孤独症患儿家庭很难承受，因经济原因迫于无奈放弃给孤独症儿童继续进行康复训练的家庭不胜枚举。只有国家政府给予专项拨款及各社会团体、组织给予捐助才能为孤独症家庭解决燃眉之急，但一些专项的康复训练（如给孩子报治疗师的个别训练课程、孩子的潜能开发个别训练课程）仍是一笔较大的支出。经济的压力宛如一座大山，压在大部分孤独症儿童的家长身上。

2. 社会支持仍不足

高飞、杨静在对孤独症儿童家庭的社会支持现状的调查中发现，在康复教育的过程中，康复机构发展起步晚、经验不足、师资力量不足、与患儿家长之间缺乏沟通，社区和普通学校对孤独症认知不足，不能给患儿和家长提供有效的帮助。孤独症患儿家庭的社会支持总体水平偏低，且家庭内部支持不足，客观支持与主观支持的结构不均衡。

二 亲师合作势在必行

（一）早期干预的中坚力量——特殊儿童家长

特殊儿童家长作为特殊教育中的重要人力资源，在特殊儿童的评估、安置、教育训练等方面起着不可替代的作用，他们的参与是学校教育教学工作中重要的一环。在特殊儿童康复教育过程中，家长作为康复的中坚力量，为特殊儿童的成长提供长期稳定的支持。

（二）重视亲师合作的必要性

苏霍姆林斯基曾说，儿童只有在这样的条件下才能实现和谐的全面发展，就是两个教育者——学校和家庭，不仅要有一致的行动，要向儿童提同样的要求，而且要志同道合，抱着一致的信念，始终向同样的原则出发，无论在教育的目的、过程还是手段上，都不能产生分歧。

家庭学校合作是学校、家庭共同承担儿童教育责任的过程。在对学生进行教育的过程中，通过家庭与学校的共同努力，开展合作教育，实现对学生的培养。家庭学校合作的根本目的是结合学校和家庭教育的优势，实现儿童的全面和谐发展。儿童的成长取决于家庭与学校之间持续的、高质量的互动与合作。

吴重涵等人在 2012 年及 2015 年进行的两轮家校合作大样本调查中发现，家长参与家校合作程度越高，儿童成长状况越好；家长参与子女教育，亦可提高智力水平存在弱势的儿童学业成就和教育抱负。

Soodak 与 Norah 的研究团队在进行学前儿童早期融合教育的研究中均发现，特殊儿童的家长与学校之间相互尊重、信任的互动关系是融合教育顺利开展的奠基石。若家校之间的互动效果不好，则会影响包括特殊学生在内的所有学生的受教育质量，其他一切支持措施也都无从开展。所以，无论是融合教育还是特殊教育，都应注重学校与家庭、教师与家长的合作，为学习者创造更好的教育和学习环境。美国联邦政府的《残疾人教育法案》（Individuals with Disabilities Education Act，IDEA）和《不让一个孩子掉队》（No Child Left Behind，NCLB）法案明确强调了"家长参与"和"学校伙伴关系"的重要性。Christenson 和 Schultz 在对孤独症儿童/患有注意力缺陷障碍的儿童融合教育研究中发现，当家校之间存在高质量的互动时，教师、特殊学生及家长三方都获益匪浅，甚至对于特殊学生更能产生 1+1>2 的效果，显著提高学生的适应性行为水平和学业表现，减少问题行为的出现，并有效减少师生之间的冲突事件，亦能促进特殊儿童心理健康发展。

（三）携手共进才能合作共赢

综上所述，有效的学前康复训练除了包括科学有效的教育干预方案，还包括充分调动家长的积极性和合作性。在"携手共进，合作共赢"模式下开展亲师合作，通过与家长实现"共生""共育""共情"，才能共同促进学前特殊儿童的身心发展，共同打响这场与孤独症的持久攻坚战！

三　"携手共进，合作共赢"模式

（一）共生

我国家校合作主要还是采取上下学沟通、家长会等传统模式。而这种模式下的"家校合作"，家长主要停留在被动接收老师的反馈意见上，并未真正参与到儿童的教育活动中。

家长不仅仅是儿童的监护者，更承担着保护其人身安全、抚养等多种责任，更是其教育权利的维护者。家长拥有对儿童教育的知情权、选择权、决策权和监督权。家长有权知晓、监督学校给特殊儿童提供的各项教育活动和教育服务，并对实施结果进行审核和认定。我们采取了以下四种形式开展以"共生"为主的沟通模式。

1. 运用新媒体多样的沟通方式，引导正向沟通

（1）以"微信群"为基本活动单位，通过构建班级微信群将班级教师（班主任、配班老师、小组课教师）、家长、督导置于其中，构建6大模块的沟通内容。

①班级信息发布

班级教师通过微信群发布家庭作业、班级日常信息、学校重大活动、班级/学校相关活动、培训等相关信息。此举有助于家长了解、掌握相关的活动动态，并以"备忘录"的形式再次提醒家长参与重要活动；家长及时接收作业，有效督促学生完成学校下达的学习任务。

②信息实时反馈

利用微信多样化的信息传达渠道，运用照片、视频、语音、文档等载体，将学校及学生的各类信息进行可视化表达，实时更新群信息和相关学习、工作动态，实现家长与教师之间的信息及时传递。另外对于孩子的教育问题、普遍存在的问题可以统一点评与指导，而对个别问题亦可及时处理，进行一对一指导，实现多元化、多渠道的教学指导。

③学习资源共享

微信的跨平台接口功能，让我们可以将相关资源及时地发布于微信群。无论是学习链接、电子书籍、教学示范视频，都可以让家长在手机端、PC端实时学习和浏览。便捷化、多元化的学习渠道进一步提升了家长对学习的参与度，亦可提升家长的教育水平。

④开展讨论

微信的文字、即时语音、群语音、微视频功能打破了空间和时间的限制，使处在不同的地点、不同状态的家长和老师们，只要发起相应的群功能，即可实时对孩子的教育问题进行讨论。不再局限于在校的8个小时，不

再局限于学校的表现，畅所欲言，实时录像，即时点评，使教师的教学指导更具实效性和准确性。有效的沟通，使家长对儿童教育的关注度及参与度得到了极大的提高，亲师之间建立良好的沟通渠道，互通有无，实现教育范围及内容的扩大化。

⑤教育教学指导

利用微信的实时交流平台，教师可更准确地针对儿童在家中、学校发生的教学事件进行教育教学指导；针对班级学生和家长教育的现状，我们应该分享相关的教学经验、专业知识等内容，构建教育社区。

⑥学校生活展示

教师利用图片、声音和文字来捕捉和记录在校学生的精彩时刻、关键时刻、关键学习节点和优秀行为。在班级微信群互动平台上发布成功的教学案例、生活中有趣的时刻、小伙伴之间精彩的互动、表演活动等信息，实现家长与老师之间的即时沟通，及时互动。家长和老师成为孩子成长的"见证人"。这些可视化的信息传达，不仅及时有效，而且更精准地将儿童的行为进行记录，既激发了家长的阅读兴趣，给家长留下了深刻的记忆，更有助于家长准确客观地掌握儿童的学习进展。

（2）组建学校、学部 QQ 群，构建家校沟通平台，加强家校合作。

①社工通过组建家校 QQ 群，及时发布学校、学部的重大活动通知，便于家长根据时间及时调整工作安排，积极参与相关活动。

②公布康复资助申请日程安排，讲解相应工作流程，减少家长对业务办理的困惑，大大减少家长因申请而耗费的时间精力，提高了康复资助申报的工作效率。

③根据部门行事历安排，实时发布放假安排、停课安排，有利于家长合理安排假期时间。

④每月下旬，及时更新保教费缴纳通知，有效减少因保教费未成功扣除而影响学校正常运行的事件发生。

2. 公告栏

（1）通过张贴儿童常见传染性疾病防治知识的宣传资料，普及儿童卫生保健知识及加强卫生意识。

（2）张贴相关放假通知、培训通知，实现相关教务信息的有效传递。

（3）公布大拇指班级名单，表彰荣誉班级，激励后进班级努力，提升班级集体荣誉感，加强班级凝聚力。

3. 家长会

班主任于每一学期的开学初、学期末召开班级家长会，就本/下学期班级人员（教师、学生）变动情况做通告；介绍学期教学计划、课程设置；就学生各方面学习进展做总结与教学设想；与家长交流信息，统一思想和加深理解，达成教育一致性。

4. IEP 讨论会

由专业督导对儿童的现有能力进行评估（如孤独症儿童心理教育量表 PEP-3、孤独症诊断观察量表 ADOS、感觉讯息处理及自我调节功能检核表 SPSRC），协同班级教师于不同教学情境对儿童的行为表现进行观察记录，对学生的喜好、行为表现、能力现状相关信息进行分析，形成每个孩子特有的个别化教育计划（IEP）。每一份儿童的个别化教育计划，包含孩子的行为与学习技能、独立工作和游戏技能、语言沟通与认知技能、社交技能、自理技能以及感觉讯息处理方面的学习板块。

定期召开 IEP 讨论会，由班级教师（班主任、配班老师、小组课教师）、家长、督导参会，就儿童的个别化教育计划进行说明与研讨，家长可进一步了解各方人士对儿童发展的预期教育目标、教育内容与教育建议，并基于自己的教育期望提出意见和建议。通过研讨，家长据此明确家庭教育的任务，确定自身在儿童康复教育过程中的角色和作用，以便更好地开展居家训练及配合教师进行有效的教学。

（二）共育

1. 家长培训、考核

家长的教育技能决定家庭教育的成效，因此通过对家长进行相关康复技能的培训，提升其教学能力及教养水平，有助于更好地实现教学目标及促进儿童的身心发展。

2. 家庭作业、家园联系册

每周定期布置家庭作业，将儿童短期学习目标通过工作分析细化为具体的行为目标，督促家长在家中积极进行家居训练，将学校所学知识技能在家中进一步地训练及泛化，提高儿童的技能水平。家园联系册中班级老师及时将儿童一周在校表现进行总结及点评，与家长间实现互通。

3. 家长工作坊（经验型家长分享）

通过邀请有优秀融合、康复经验的家长进行经验分享，为处于弱势的家长带来希望，树立榜样，重建父母的信心和力量。

4. 家长开放日（康复教育）

每个月，学校都会为家长设立开放日，让家长和儿童一起在教室听老师讲课，了解教师课堂活动的内容和实施方法，真正了解儿童在活动中的表现。这有助于家长客观、理性地发现孩子的优缺点，有助于家长客观、公正地评价孩子，有针对性地进行教育。结合开放日后老师与家长之间进行的研讨会，家长通过反思儿童的学习表现，可提高对家庭教育、学校教育及家校合作的重要性的认识，学习正确的教育方法，创设良好的家庭教育环境，提高家长科学教育儿童的素质与水平。而这种开放日的形式进一步加深了家长与老师之间的紧密联系与沟通，推动家园共育，达成合作同盟，形成教育共识。

（三）共情

1. 康复资助

鉴于康复费用占家庭较大资金比重的情况，积极为符合申领国家康复资助的持证儿童家庭办理相关的申报业务，减轻其家庭投入，缓解康复费用高导致的生活压力。

2. 家长工作坊（心理健康）

面对部分儿童康复进展未达到期望，进展缓慢，融合之路漫漫的事实，家长不可避免地存在身心压力，甚至长期伴有焦虑、抑郁、无力感等心理亚健康状况。通过家长心理健康团体辅导，可以调节家长的抑郁和紧张情绪，提高家长的心理素质。通过指导家长学习有效缓解压力的方法，让家长学会处理家庭危机问题，以帮助其适当地减轻养育特殊幼儿的压力。此外，通过家长工作坊的形式，为家长提供缓解压力、调适心态的机会，正确看待及真心接纳儿童的现状，理性面对困难，增加心理韧性。

3. 活动嘉年华及亲子活动

通过组织各种嘉年华、节日游乐园、亲子乐等活动，家长与孩子、家庭与家庭、家长与家长，甚至老师与家长，共同参与，增进合作，产生更多共鸣。活动中不仅儿童的社会交往能力提升，亲子关系也得到了修复与升华；家长对学校、教师产生更多的认同感，更愿意配合、参与学校的各项活动，提高了校园活动的参与度与积极性，进一步拉近了亲师之间的沟通距离，推动了亲师合作的顺利前行。

四　成效与反思

（一）充实的合作生活与硕果

1. 专业的家长培训

为提升家长的康复教育水平和家居训练的技巧，对每期受训儿童家长都进行了系统、专业化的培训。培训主题涵盖孤独症概述、相关基础知识、训练流程及注意事项、社交沟通、游戏技巧、家居训练等 22 个主题。除了专业的理论及实操培训，期末定期举行家长理论考核与实操考核，敦促家长学以致用，真正地掌握并正确运用恰当的教学技巧对儿童进行科学的康复训练，2012~2018 年广州市康纳学校康复与评估部家长培训情况见表 1。

表 1　2012~2018 年广州市康纳学校康复与评估部家长培训情况

单位：次，人

主题	次数	参与人数
孤独症概述、ABA 基础知识	14	127
亲子班训练流程及注意事项	13	120
DTT 回合式教学法	31	288

续表

主题	次数	参与人数
结构化教学法	8	70
辅助	5	70
泛化及强化物	10	103
行为管理	20	350
视觉策略	2	38
社交沟通与互动	7	211
PECS 图片交换沟通系统	5	84
游戏技巧	8	144
感觉信息处理	11	307
自理与家居训练	6	142
个人工作	2	51
融合教育	5	111
社会支持	3	38
社区适应	3	16
学前儿童心理发展	1	9
PRT 关键技能训练	1	3
体能训练	1	6
训练目标的选择及分解	1	48
癫痫发作的处理	1	80

专业化的培训，使家长的实操技巧和康复训练理论知识都得到了大幅的提升。从入学初的懵懵懂懂、孩子一哭就打骂、一滚地就赶紧给零食玩具，到学期末能从容应对儿童的行为问题，生活中积极关注儿童，形成了融洽的亲子关系和良好的教养氛围。

2. 丰富的家长工作坊与多姿多彩的亲子活动

漫长的教育干预之路，日积月累的育儿焦虑，孤独症儿童家庭犹如在漫天黄沙的茫茫沙漠中前行。教养、生活的重担压在他们身上，他们负重前行，辛酸无助，难免会控制不住自己的情绪向孩子发脾气，造成亲子关系的紧张和恶化。为了释放家长心中积压的负面能量，减轻其心中的重担，学部的社工设计了大量的家长工作坊、亲子活动等项目，邀请家长积极参与（见表2）。

表2　2016~2018年广州市康纳学校康复与评估部家长工作坊及亲子活动概况

时间	主题	类型	参与者
2016年5月30日	长隆水上乐园活动	儿童节主题活动	学前全体师生、家长
2016年7月6日	毕业季节，暑假起航	散学典礼毕业典礼	学前全体师生、家长
2016年12月30日	辞旧迎新，快乐相伴	迎新年主题活动	学前全体师生、家长
2017年7月4日	毕业季节，暑假起航	散学典礼暨毕业典礼	学前全体师生、家长
2017年12月12日	情暖冬日，相知有爱（一）	家长工作坊	学前家长
2017年12月19日	情暖冬日，相知有爱（二）	家长工作坊	学前家长
2017年12月29日	辞旧迎新，快乐相伴	迎新年主题活动	学前全体师生、家长
2018年4月12日	花开一季，明媚如你	家长工作坊	学前家长
2018年6月20日	任己任心不任性	家长工作坊	学前家长
2018年7月11日	今朝毕业季，他日再相聚	散学典礼暨毕业典礼	学前全体师生、家长
2018年9月6日	家长的社会支持资源初探	新生家长工作坊	学前新生家长
2018年9月21日	"迎中秋，庆国庆"	主题活动（与教务部社工合作完成）	全校师生
2018年10月29日	金秋十月，快乐校园行	主题游园	学前全体师生、家长
2018年11月15日	家长互助交流会	家长工作坊	学前家长
2018年12月29日	辞旧迎新，快乐相伴	迎新年庆元旦活动	学前全体师生、家长
2019年4月29日	在别人的故事里，找到向上的力量	家长工作坊	学前家长

三年间16场活动，宛如沙漠中的绿洲、漫长旅途上的加油站，让家长们加满正能量和勇气，在面临特殊的教养危机、生活困境时能再次鼓起勇气起航"重新出发"。

3. 喜人的硕果，激励前行

随着全纳教育的不断推进，政府和教育部门、社会都鼓励与接纳学前特殊儿童随班就读，然而高质量的融合教育需要儿童自身具备一定的融合能力与社会适应能力，这得益于亲师间密切与融洽的合作关系。2014~2018年陆续有多名儿童通过长期的康复训练，亲师共同合作，各方面的基础能力得到了较大的提升，达到了可外出融合的能力要求，他们分别于广州市各区的公办、民办幼儿园顺利融合，亦有顺利升入普通小学就读的儿童（见表3）。

表 3　2014～2018 年广州市康纳学校康复与评估部儿童外出融合情况

年份	入读普幼人数	入读普小人数	总融合人数
2014	4	1	5
2015	16	4	20
2016	6	2	8
2017	19	5	24
2018	18	1	19

（二）反思

1. 提供更多的支持服务，帮助弱势家庭

家长间的相互支持既有利于信息资源的传递交流，也可帮助家长建设良好的心理状态。通过家长工作坊的形式，开展经验分享、心理健康团体辅导项目，可以帮助家长在孤身奋战中找到组织，增加对集体的认同感，与"战友"们找到共鸣。这种支持模式可以帮助家长发现自己在教育方面的潜力，树立榜样，鼓励家长努力向前，更加积极地参与孩子的教育活动，进一步促进合作。

而仅仅是家校的亲师合作并不足以满足家长们对社会支持的需求，社会也需要为孩子们的融合与教育做出贡献。家庭、学校和社会的三方合作有利于社会了解特殊儿童及其家庭所需，进而为特殊儿童提供更多适宜需要的服务。学校可激发社会各界及热心团体的关注，与社区等组织积极合作，进一步扩大融合对象的范围和数量，增加合作过程中的人力、物力和财力、社会宣传度，为弱势家庭提供更多的服务，帮助他们提高地位与减轻压力，推动家校合作的持续发展。

2. 加大培训力度，提升合作素养

良好的合作需要建立起协作、信任的关系，且相互尊重是其中的必要因素。而这种尊重不仅体现在对彼此人格、生活习惯的尊重，更重要的是专业化知识的引领合作。在以后的亲师培训中，需渗透以下内容。

（1）正确的合作理念：帮助家长和教师（亲师与家校）之间建立平等、信任、尊重的关系，强调亲师合作的重要性，引起家长和教师对亲师合作的充分重视。朝向一致目标的互惠性沟通促使教师和家长之间建立相互信任，在遇到问题的时候能够发挥各自的知识和能力，采取合作而非竞争的方式解决儿童学习上遇到的阻碍与瓶颈。

（2）正确的合作方法：保证合作关系可持续发展。

（3）积极正向的引导：在亲师沟通过程中，有些家长由于对孩子过度关注、发表不科学的言论，给班级老师及其他家长的教育理念造成了负面影响，亦影响了班集体的和谐、团结与凝聚。故而在亲师沟通的过程中，需运用积极正向的沟通表达：引导家长发现孩子的优势所在，关注教育的长期效果；对于消极事件，扭转消极认知，安抚情绪，澄清事实，选择适当的、正向积极的信息作为沟通内容。

在亲师沟通中，运用积极正向的信息传递方式，传递积极的行为目标和具体教育方法，增强家长、教师、学校之间的积极体验、积极情绪、积极认知，提升亲师之间的合作融洽度，带动亲师之间更多的积极合作。

3. 组建特殊儿童家庭组织

特殊儿童家庭组织的主要职能是为特殊儿童家庭提供社会支持。学校可联系社区，与社区合作，依据学生障碍能力类型形成不同的家庭组织，如沙龙、互助小组等。心有所属、相互支持、相互学习、相互扶持，形成更大的支持网络，丰富家长参与的资源，而不是仅仅依靠学校的力量。学校和社区对这些组织开展全面的指导、培训，并提供物资、资源等方面的支持，形成更自然、更宽广、更专业、更全面的支持网络系统。

参考文献

张丽莉：《关注学前特殊需要儿童　发展学前特殊教育事业》，《现代特殊教育》2010 年第 12 期。

刘振寰：《儿童智力低下的教育康复》，《中华医学会第十七次全国儿科学术大会论文汇编（下册）》，2012。

魏明香、张翠闽、邹国香等：《教育康复对学龄前期脑瘫儿童认知能力的影响效果分析》，《中华中医药学会儿科分会第三十一次学术大会论文汇编》，2014。

徐云、杨健、季灵芝等：《自闭症儿童康复困境分析》，《残疾人研究》2014 年第 2 期。

吴晖：《自闭症儿童康复救助的现状和改革思路》，《长沙民政职业技术学院学报》2011 年第 2 期。

于聪、夏薇、孙彩虹等：《哈尔滨市 2~6 岁儿童孤独症谱系障碍的现况调查》，《中国儿童保健杂志》2010 年第 10 期。

李媛、方建群、马欣荣等：《孤独症儿童家长亲职压力与人格特征的相关性研究》，《宁夏医科大学学报》2011 年第 12 期。

易容芳、吉彬彬、唐四元：《自闭症儿童主要照顾者的生活质量及影响因素》，《护理学杂志》2012 年第 19 期。

李凤：《论自闭症儿童的家长心理压力与调适》，《现代教育技术》2010 年第 S1 期。

陈夏尧、李丹、刘荣莲等：《智力障碍、孤独症儿童家长心理压力及相关因素对比研究》，《中国康复理论与实践》2013 年第 6 期。

车文婷、雷秀雅：《自闭症儿童家长心理压力及其影响因素的研究》，《山西农业大学学报（社会科学版）》2013 年第 6 期。

A. Dabrowska, E. Pisula, Parenting Stress and Coping Styles in Mothers and Fathers of Pre-school Children with Autism and Down Syndrome, *Journal of Intellectual Disability Research*：*Jidr*, 2010, 54（3）.

秦秀群、苏小茵、高玲玲：《孤独症儿童父母的亲职压力调查研究》，《中华护理杂志》2008 年第 10 期。

高飞、杨静：《自闭症儿童家庭的社会支持现状研究——对河北省 99 个自闭症儿童家庭的调查》，《教育导刊（幼儿教育）》2008 年第 4 期。

倪赤丹、苏敏：《自闭症儿童家庭支持网的"理想模型"及其构建——对深圳 120 个自闭症儿童家庭的实证分析》，《社会工作》2012 年第 9 期。

林云强、张福娟、聂影：《美国特殊教育立法中的家长参与》，《中国特殊教育》2010 年第 5 期。

B. A. 苏霍姆林斯基、董友、刘启娴：《给教师的一百条建议》，《外国教育动态》1981 年第 1 期。

周满生：《关于"融合教育"的几点思考》，《教育研究》2014 年第 2 期。

周春英、马月丽、丁雅芬：《浅析"家校合作"在特殊儿童心理教育中的价值及策略——以学校第二课堂教育模式机制为视角》，《山西师范大学学报》（自然科学版）2014 年第 S2 期。

刘小蕊、庞丽娟、沙莉：《尊重家长权利，促进家长参与——来自美国学前教育法的启示》，《学前教育研究》2008 年第 3 期。

课程游戏化背景下家园共育新思考[*]

江苏省学前教育研学中心提出"幼儿园课程游戏化"项目实施要求，指出幼儿园课程游戏化项目的实施过程，就是幼儿园课程建设的过程，是贯彻落实《3~6岁儿童学习与发展指南》的过程，也是提升幼儿园教育质量的过程。课程游戏化是一项持续工作，需要长期坚持不懈的努力，而广大幼儿教育工作者所要努力之一就是"和家庭建立双向互惠的关系"，即家园共育。新《幼儿园教育指导纲要（试行）》指出：家庭是幼儿园重要的合作伙伴，应本着尊重、平等的原则，争取家长的理解、支持和主动参与，并积极支持、帮助家长提高教育能力。苏联教育学家苏霍姆林斯基曾说：没有家庭教育的学校教育和没有学校教育的家庭教育都不可能完成培养人这样一个极其细微的任务。"家庭"在这里的定义实质就是"家长"在幼儿教育中的价值与地位体现，这句话诠释了幼儿教育是幼儿园与家庭的结合，等于是在一个身体下运用两条腿走路。我国著名的教育家陈鹤琴先生也就家园共育曾说过："幼稚教育是一种很复杂的事情，不是家庭一方面可以单独胜任的，也不是幼稚园一方面能单独胜任的，必定要两方面共同合作方能使功效得到充分的发挥。"

一 存在的问题

（一）家长的观念。现在的家长人群也包含年轻的祖辈，他们也是我们不容忽视的家长群，但不论是70后的祖辈还是90后的父母们，一直以来他们都是在要求孩子学习、看书，自己却袖手旁观，只是孩子成长的见证者，不是主动成为陪孩子一起成长的参与者。

（二）教师的行为。课程游戏化项目实施到现在，教师仍然将家园共育流于形式，比如家访、家长开放日等，重在形式的花哨、宣传的力度，以及展示一些成果（而这些成果往往不是幼儿完成，甚至也不是师幼共同完

---

* 作者：苏云，江苏省扬州市邗江区杨庙镇中心幼儿园。

成），缺乏真正意义上的针对某一件事的交流或者某一问题的探讨；此外未能从真正意义上调查各个家庭背景，活动没有系统性、针对性，于是家长就是被动接受，再加上目前教师队伍普遍年轻化，缺乏沟通技巧以及过硬的心理学基础等。

（三）幼儿的表现。有一次谈话活动，老师问：宝贝们，你们的爸爸妈妈平时都和你们一起做什么？很多孩子回答不出来。老师再追问：那么你们的爸爸妈妈在干什么呢？孩子的回答大多是：玩电脑、玩手机、看电视。看似是孩子们的回答，实质是孩子们的控诉。再比如，幼儿在幼儿园是自己吃饭、自己穿衣以及独自午睡等，但一到节假日就是皇帝式饭来张口衣来伸手，也不睡午觉。试问，这样的教育环境如何让幼小的孩子建立良好的行为规则？

（四）管理者的做法。园长作为幼儿园的领导者，应对幼儿园的组织方式及环境进行统筹管理，在对话、交流和互惠互利的基础上与家庭、社区建立良好的人际关系，促进教师、家长和社区成员共同参与，可否有效地实施领导策略，提升自身领导力将会对幼儿园家长工作的科学性、合理性、有效性产生直接影响。从一定意义上说，有什么样的园长，就有什么样的幼儿园；有什么样的园长，就有什么样的教师和幼儿。作为实现家园共育的关键人物，园长自身的成长与发展对幼儿园起着至关重要的作用，甚至可以说，园长决定着所在幼儿园的命运。

二　怎样解决

（一）观念上的"转"

1. 转变家长角色认识

家长不是"上帝"，而是朋友和伙伴。随着幼儿园与中小学教育费用差距越来越大，有时幼儿园甚至出现将家长比作"顾客"，把"顾客就是上帝"这一商业营销理念也一股脑儿灌输给幼儿园，导致家园共育工作出现偏执和极端。

（1）首先明确幼儿教育的目的、任务。客观地讲，开展家园共育是搞好幼儿教育、促进孩子健康成长的手段，其目的都是整合并充分利用家庭中的幼教资源，更好地促进幼儿的教育工作。

（2）其次为家庭教育提供沟通的平台，把家长作为平等的合作伙伴。既要有为家长服务的思想，也要真心实意做家长的朋友，耐心倾听他们的意见，切实帮助家长解决在家庭教育过程中遇到的问题。平等对话、真诚沟通，才是真正做好家园共育的基础。

2. 转化家庭教育的模式

将欲取之，必先予之。让家长信任幼儿园，我们必须先信任家长，相信他们是带着诚意将孩子放在你的手里，所以我们要做到无条件地爱每一个孩子，因为只有通过幼儿才能吸引家长、调动家长和激发家长。孩子的家长来自各个行业，有的家长有着较高的文化水平和丰富阅历，让家长用各自的专长影响孩子，会让幼儿园教育工作事半功倍。

3. 凝聚家园合力

既要了解家长，也要谨防"越位"。首先，沟通的内容要注意多形式、多层次。如生活方面、家教方面、学习习惯与能力方面等，针对健谈的家长可以多谈，不健谈的可以就一个方面谈。总之，让家长感受到你的用心和细心，才会为双方的合作奠定良好的基础。其次，尊重家长，尤其别忘了尊重祖辈家长，他们在家长教育群体里占据半壁江山。如果说，我们与年轻的家长们沟通可以多用理论，那么与年长的祖辈家长沟通则要多以情感促交流，耐心听取他们的意见，只有当他们感受到你的尊重，他们才会愿意接近你，愿意接受你的意见，甚至帮助你做好年轻父母的工作。

谨防"越位"指的是教师要保持职业敏感度，幼儿教育的成果不是以幼儿成绩来说话，靠的是幼儿良好习惯的养成、情感的培养，因此家园之间往往是情感交流。如果教师说话、行事没有依据一定的原则和尺度，往往会带来家园共育中的"越位"，如不能小范围地与个别或者部分家长关系过近；不能聊过多的私人话题，尤其是幼儿园大多数是女性教师，要注意与男家长之间的话题内容；尽可能不接受家长生活上的帮助；不主动介入幼儿家庭成员之间的关系等。

4. 转进家园共育渠道，认清宣传的力量

过去各班级用版面的形式开设家园联系栏，向家长及时公布班级活动信息、动态、通知、保教内容以及幼儿成长情况等。现在已经进入全新的信息化时代，幼儿教育也要与时俱进，要加强利用班级群、微信、QQ 等家园共育平台，将幼儿教育的新形势、新方法、新观念、新做法等主动分享和反馈；家长也可以反馈孩子在家的生活状态和学习发展状况，与大家交流分享，达到家庭教育的最佳效果。

（二）方法里的"融"

1. "融"代表：请进家长，有时也是请进专家

（1）家长会。理想的家长会内容应该是老师和家长一起探讨孩子的成长问题。家长会的开展形式可以多种多样，如全班家长会、个别家长会、座谈式家长会等，有针对性地满足不同家长的需要。但目前幼儿园召开家长会大多是教师说得多，家长说得少。其实家长群里藏龙卧虎，年长的祖辈有手工技能的不在少数，如编织草鞋、织蛋篓、织渔网、做兔子灯笼等；年轻的爸爸妈妈们更是各个行业的主力军，而幼儿教育是综合性的，生活就是教育，因此有计划有目的地请进家长，带给孩子们的可以是新鲜的知识；带给老师们和其他家长的也可能是富有个性的家庭教育好方法。大家各抒己见，畅所欲言，家长真正成为当下幼儿教育的另外一名主人，家长会也真正起到向家长宣传教育新形势、新理念的作用，听取家长面临的育儿问题，共同探讨教育措施的纽带作用。

（2）家长开放日。家长开放日是幼儿园开展的一项分期面向幼儿家长的以开展集体教学和区域游戏为主的活动，如孩子们是怎样自主进餐的？区域游戏怎样给孩子自由自主的空间？目的在于让幼儿家长深入了解自己孩子在幼儿园的表现情况，了解老师的讲课水平以及游戏指导水平等，增加校园办学的透明度。

2. "融"全体：成立家长委员会，更要发挥其家庭教育作用

（1）建立家长资源库。要真正地对家长做一个全面登记，内容包括基本信息（姓名、单位、联系电话）、学历信息（学历、毕业院校、专业）、

教育信息（教育理念、兴趣爱好、特长、教育方式），并对家长信息进行认真分析、分类整理，各班级根据活动需要，有效利用家长资源开展幼儿教育活动，走向更加开放的空间。

（2）推进启蒙教育。做好新生入园的各种准备，领会《3~6岁儿童学习和发展指南》精神，因为《指南》的内容不仅是广大幼教工作者需要学习的，同时家长也要学习和领会，并在此基础上，积极为孩子们做好前期经验准备。

（3）帮助幼儿园处理家园共育问题。从幼儿园管理层就要重视家长委员会的作用和价值，亲自参与家长委员会的成立，关注新成员的资料，统筹安排好"请进家长""家长同盟体"等活动，不再局限于某班级的家长只能为本班级服务的模式，可以让家长资源共享；另外让家长委员会成员参与幼儿教育、家庭教育热点、难点的探讨并协助幼儿园管理层开通"家长接待日"的咨询服务等工作，由家长以案说案来与其他家长沟通交流，彻底改变家长在家园共育中的被动局面，使其真正成为当下课程游戏化建设的参与者。

（4）多形式策划亲子互动。这里的亲子互动不再指在幼儿园内，而是走出幼儿园走向各个家庭，由家委会组织策划，让部分家庭走进一个家庭，如参观、旅游，或者在该家庭里各个小家庭完成制作一盘水果拼盘、下一盘跳跳棋等，让家庭教育形式更加丰富多彩。

3. "融"双方：进一步完善家访工作

以往家访，往往只停留在完成园里布置的任务，或通过家访向家长交代一些入园须知的事情上，比较被动，家访的质量不高。家访应该准备充分，了解幼儿所处的家庭背景，如家庭住址、地区环境、家居环境等；幼儿健康状况；幼儿自理能力、游戏和日常行为表现；幼儿的兴趣爱好、语言表达能力；家长与幼儿之间的关系以及家长对幼儿园的希望和要求等，掌握好第一手材料，为制定今后的教育教学目标做好准备。

此外，园长也要家访，让家长感受到幼儿园对家长的尊重，也是对幼儿教育的重视，同时园长作为最高管理者，往往谈及的内容更高于教师，在对话中家长会更了解家庭教育的重要性，提高家长责任意识。

4. "融"社会：走出去进行社会实践，让家园共育走向园外

幼儿教育不可能脱离社会而单独存在。因此，"社会实践活动"就能充分发挥家庭教育的价值，应该立足本地，从周围社会环境中挖掘与开发社会资源，可根据教学内容，结合社区资源，有目的地选择一些单位，帮助幼儿和教师甚至家长了解更多领域的专业知识与技能。例如：商业、军事、交通等领域是幼儿园课程中经常涉及的内容，可采用"社会实践"的形式组织幼儿参观、学习。有时活动的有效开展也十分需要家长大力支持和配合，如利用个别家长自身的优势或资源，有的家长本身就是开超市的或者在超市工作，那么他就更具有解说员的优势，实践活动开展起来就会得心应手。

2019 年 1 月 18 日，在全国教育工作会议上，教育部部长陈宝生对家庭教育提出要求：家长也要接受教育。我们要充分认识到课程游戏化新形势下家园共育的重要性，幼儿教育要坚持"自由、自主、创造、愉悦"的游戏精神，对待家庭教育也要秉持民主、平等，主动和家庭对话的新思想；要运用专业知识向家庭和大众传播现代儿童教育理念和知识，切实提高家长科学育儿的水平。创设多种机会让家庭参与到幼儿园课程的计划和实施之中，如幼儿园的安全管理，包含幼儿园每日来园和离园的护导、幼儿园的饮食安全等。也可以开展"家长与幼儿共读一本书"的图书漂流活动等，推动真正意义上的民主管理。

总之，幼儿课程游戏化是江苏幼儿教育的重点改革创新方向，将家长资源或者更准确地说是家庭教育融合进幼儿园课程中，从源头落实幼儿教育，提高幼儿教育质量和效率，实现真正意义上的家园共育，从而促进幼儿教育的深化改革，为 3~6 岁儿童学习与发展打下坚实的基础。

家园联合　双向行动　共育幼儿健康成长[*]

家校合作已成为世界各国基础教育研究和学校改革的主题，也是当今教

---

[*] 选自吴重涵、王梅雾《共建大教育格局：家校合作案例汇编》，江西教育出版社，2018。
　　作者：宜丰县幼儿园。

育发展的一个主流趋势。作为省家校合作第一轮、二轮试点学校的宜丰县幼儿园（以下简称宜丰园），一直把家校合作作为幼儿园的重点工作来抓，特别是在第一轮工作经验基础上的第二轮工作更是取得了喜人的成效，现就宜丰园家校合作第二轮试点工作总结如下。

1. 搭建家园宣传与学习交流平台，共同提高家园合作水平

陶行知老先生曾说过："教师要有意识地将知、情、意、行有机地结合起来，才能让教育达到事半功倍的效果！"为了让家长在家庭教育方面以"科学的发展观"为指导，在家教理念上坚持以人为本，在家教方法上重视实践、兴趣、沟通及家校合作，宜丰园在初期就从"知"下手，以宣传与学习、更新家长的理念为切入点，并使之贯穿于整个第二轮过程，更好地促进了家园合作。

（1）学《指南》、更新理念。

近年来，宜丰园组织教师走上街头、深入社区发放《指南》宣传页；将《指南》主要内容制作成广告展板投放在幼儿园《家园宣传栏》和《家长报》、QQ群内供家长观看学习；叶园长向全园家长进行了学习《指南》专题讲座。通过一系列活动，让广大家长先了解《指南》，再渐渐熟悉《指南》，逐步走进《指南》，最后有效运用《指南》，让《指南》真正成为孩子学习与发展的福音！

（2）专题性的家长讲座。

①就各年龄段家长在育儿中的困惑，宜丰园组织了相关专题讲座，如杨小宜园长的《做有思想的家长》、教导主任罗维萍的《如何把握儿童的敏感期》等。讲座通过家园交流及沟通互动，使家园共育达到家园互相启发、互相激励的成效，也增加了家长的理解和支持。

②普及家庭教育知识，帮助和引导家长树立正确的家庭教育观。

宜丰园通过班级家长会的形式向家长进行了《创新现代家校合作》理论知识的讲座及有效的家园互动专业指导。家长们踊跃参加学习，积极互动，不但明确了家园合作的重要性，还掌握了"当好家长，相互交流，志愿服务，在家学习，参与决策与社区协作"六种类型的家校合作方法。懂

得了家园合作能促进孩子健康、快乐地成长，还能积极地为幼儿园活动的开展出谋划策。

（3）加强教师家教理论学习，提升自身专业素养。

宜丰园加强了教师家教理论学习，通过培训活动，使教师认清了当前形势，明确了家校合作不是难事，而是需要用心做的事；不是增加工作，而是工作的"本身"。这是全园教师的亲身感受，学习给老师们理清了思路，明确了职责，有助于教师引导家长走出教育误区，纠正部分家长"小学化"的教育理念，帮助家长树立正确的教育观念，掌握科学的育儿知识，共同用科学的方法启迪和开发幼儿的智力，使幼儿全面发展。

（4）家长报、《家园联系栏》及宣传橱窗的宣传。

家长报、《家园联系栏》与宣传橱窗是宜丰园多年来与家长教育交流的一个平台，更是家校合作的一座爱心之桥。每学期各班班主任会结合宜丰园的特色活动及本班的实际，在家长报、《家园栏目》设计上推陈出新，体现了各班教师的创新意识，各栏目板块图文并茂，形态各异，内容涵盖了体、智、德、美各方面，成为家长接受幼儿教育信息的主渠道，争当好家长的启迪之窗。它既密切了幼儿园与家庭、教师与家长间的沟通，使双方形成合力，同步教育，又促进了幼儿素质的提高。

2. 以多种形式、多途径进行家校合作模式的深入研究

为了更有效地指导家庭教育，使素质教育的思想渗入每个家长的心田，加强对幼儿的思想道德教育，增强齐抓共管的力度，全面提高德育教育质量。宜丰县幼儿园开展了丰富多彩的活动，提升家长的育人素质。

（1）新的学校制度建设，有效地进行家园交流。

其一，重家委，促合作。每年九月，宜丰园都要成立新一届园家长委员会、班级家长委员会。园家长委员会的每位成员是根据班级推荐、园领导班子审核通过的。他们来自各行各业，是既有爱心又有志愿服务精神的优秀家长。在家长委员会上，让委员们明确自己的权利、义务和职责；讨论了本学期学校工作重点；还根据他们各自不同的专业优势把他们分为教育教学、安全防卫、咨询宣传、社会实践等工作小组，每组选出一名组织能力较强的家

委当组长，由组长带领组员讨论制订本学期家校合作专业行动计划；园家委管理班级家委，层层深入，以点带面，为宜丰园教育教学、安全防卫、咨询宣传、社会实践等活动做出积极的贡献。

其二，改进了幼儿成长档案，有效地进行家园交流。在研究中期，我们以现代媒体为载体，立足园所实际，尝试依托"幼教云"建立幼儿电子成长档案，对幼儿实施发展性评价。这一评价方式的主要特点是以高科技软件、电子设备为技术支撑，强调重视幼儿的兴趣，重视其能力的均衡发展，注重教师、家长和幼儿三位一体的和谐互动，让三方成为幼儿评价的主体，促进幼儿全面、和谐、健康地成长！

随着网络时代的发展，互联网不仅给人们的生活增添了知识和乐趣，还给人们的交流和联系带来了方便和快捷，能否直接将网络作为教师与家长有效融合、密切联系的快捷通道，使双方进行思想融合，达成共同意见，形成观念认同的连心桥呢？宜丰园进一步推进宜丰园网站、名师工作室、班级 QQ 群、班级微信群等进行家园交流、互动，利用多网络平台做好家园"四部合唱曲"！

各班班主任利用班级家长会对家长进行了培训，通过网络这种高效、快速、方便、独特的方式与家长交流，使得大家获得了更广泛的交流空间，特别是为一些留守儿童家长提供了沟通了解孩子信息的渠道，更加充分发挥网络的信息传递及互动功能，积极架起家长和老师沟通的爱心桥梁！

其三，评选好家长，以点带面发挥榜样作用。每学期我们都会表彰一批在背后积极开展志愿服务和默默奉献的好家长。他们在家长中起到引领和带头作用，为宜丰园教育教学活动提供资源和志愿服务，给了宜丰园工作上极大的支持和帮助。通过这样的活动，更好地促使他们成为家园合作的领头羊，起到以点带面的作用，更加有效地进行家园共育。

（2）亲子互动，促进儿童成长。

其一，以家长开放日为契机，开展丰富多彩的家长助教活动。在第二批家校合作试点期间，我们扩展了幼儿园家园工作新思路，利用半日开放活动开展了一系列家长助教活动，成为幼儿园的一道亮丽的风景线。许多优秀的家长自愿参与到活动中来，分别在自己孩子的班上或年级组上担任"爸爸老师""妈妈老师"的角色。家长们的不同职业、知识与专业背景，对幼儿园来说是一笔丰富的教育资源，如何充分利用这一资源有待继续探索。

其二，激发阅读兴趣、推广亲子阅读。为激发幼儿的阅读兴趣，体验阅读的快乐，培养幼儿良好的阅读习惯，拓宽幼儿的知识面，激发幼儿的求知欲，营造浓厚的"书香县幼"氛围，积极促进校园文化的发展，宜丰园在研究中开展了宜丰县幼儿园大班"在书的海洋里遨游"参观图书馆的社会实践活动。

通过此次参观活动，孩子们了解了图书馆的基本情况，知道了图书馆里的藏书丰富而全面，亲身感受了图书馆的安静和浓浓的读书氛围，提高了阅读的兴趣，在幼儿心灵深处播下了一颗爱书、读书的种子。

此外，幼儿园还大力推广亲子阅读活动，每月向家长推荐一些关注孩子成长的热点文章，指导家长与孩子一起阅读，共同探讨家庭教育，并积极鼓励家长撰写读后感受，与老师交流阅读心得，发布在校园网、报刊及班级"家长园地"栏目中。并在庆"六一"活动中举行亲子故事表演，不仅有效地促进了幼儿口语表达能力、表现力的发展，而且拉近了亲子间的关系，让家长和孩子共同成长。

其三，参与器材制作，展示家长风采。为了丰富孩子的体育器材，激发孩子对体育活动的兴趣，宜丰园发动全体幼儿家长开展了自制体育器材评比展示活动。此次评比活动以年龄段为单位，班上教师选择和自制了适合幼儿年龄段的体育活动器材供家长参考，各位家长根据部署，积极配合，充分利用废旧材料，制作了大量体育器材，如跨栏、登极梯、套圈等100多种器材，这些体育器材适合不同年龄幼儿的需要。家长们做得实用、美观且牢固。此次活动不但体现了"能充分利用家庭教育资源，利用身边的物品和废旧材料制作玩具"的精神，而且展现了家长们心灵手巧、勇于创新、家园共育的精神风貌。

其四，以"借形想象"为合力，增进亲子之间的情感交流。"借形想象"是宜丰园的特色教学，宜丰县幼儿园就被授予省教学实验基地，在活动中宜丰园立足借形想象，培养幼儿的想象力、创造力，构建家园学习共同体。宜丰园分别进行了废旧物品想象制作和"美丽的秋天"主题想象创作，亲子们利用了秋天的落叶和水果、蔬菜等进行"借形想象"，一起构建出一幅幅奇思妙想的作品。当作品呈现在大厅展览时，参观的人络绎不绝，提升孩子和家长的学习兴趣，参观的孩子久久不愿离开展览厅，多少孩子看见自己的作品是无比的激动和快乐！

其五，结合"六一"节日，开展亲子间的交流活动。"庆六一"是孩子们的节日，为了让孩子们能过一个愉快而有意义的节日，宜丰园还开展了丰富有趣的亲子运动会。如小班亲子接力"戴帽子"和亲子"吹球"赛；中班开展了亲子接力"拉拉链"和"同心协力"赛；大班开展了亲子"扣纽扣"和"亲子灌篮高手"赛。运动会上亲子们斗智斗勇，赛出了水平，赛出了风格，体验了亲子活动的乐趣，同时增进了家园的情感。

宜丰园组织了幼儿开展庆六一"亲子操"及"亲子游戏"活动。活动中每对亲子的脸上都绽放着笑容，荡漾着快乐，家长们都这么说："和孩子一起做游戏真开心，不仅锻炼了身体，增强了智慧，还增进了亲子感情。"

在活动中，孩子们大胆自信的表演赢得了老师、幼儿、家长的阵阵掌声。参加表演的家长们也仿佛回到了童年时代。活动锻炼了幼儿的自信，增进了家长与孩子之间的亲情，更增进了家园之间的友谊。

（3）利用社区资源，拓展外延交流。

《纲要》指出："幼儿园应充分利用环境和社区的教育资源，扩展幼儿生活和学习的空间。"宜丰园地处中心商业区，拥有商场、邮局、银行、公安交警、医院、影剧院、图书馆等资源，这些资源既为幼儿园实施相关主题活动提供了真实的场景，又是幼儿园带领幼儿认识社会、认识生活、积累生活经验的活教材。因此，我们尝试以个别教工家属或幼儿家长为桥梁，邀请其所在单位领导协助本园成立社区早教委员会，开设幼儿社区实践基地，鼓励教师在确保幼儿安全的前提下，以年级组或班级为单位有机利用基地资源，并结合课程，充分利用节日，带领幼儿走向社会，体验民间文化习俗。

其一，与家长携手走向社区，开展敬老爱老的亲子社会活动。

农历九月初九重阳节是我国传统敬老爱老节日，在这个特殊的日子里，宜丰园组织了"走进养老院"的活动。让孩子们、家长们体验与老人间浓浓的亲情，并用自己的行动来表达对爷爷奶奶的情感。在让幼儿感受中华传统美德的同时，把享受"长辈的爱"的感情进行迁移，让孩子们去爱自己身边的每一位老人，帮助弱者，在生活中自然地走进感情的世界，体验幸福生活的喜悦，也增进了亲子之间的情感。

其二，交通知识早知道，安全保护你我他。在研究中期，宜丰园组织了大班亲子参加宜丰县交警大队开展的"警营开放日"活动。孩子和家长们冒着倾盆大雨来到了县交警大队，参加了内容丰富、形式多样的交通安全宣传活动，让孩子和家长们在这个快乐而有意义的周末提高了交通安全意识、文明意识和法治意识！

其三，快乐远足、走进消防。为了提高幼儿及家长的消防安全防范意识，普及消防安全知识，宜丰园大班组幼儿在老师的带领和家长的陪同下徒步来到县消防大队参观，与消防员叔叔来了一次零距离的接触。这次活动开阔了孩子们的眼界，提高了家长和孩子们的安全意识和自我保护的能力，同时孩子们也深深地表达了对消防员叔叔的喜爱和敬意，那种勇敢、守纪的品质也将激励着他们健康成长！

3. 家园合作意识的巨大转变

通过问卷调查，在对家长关注幼儿活动和参与家校合作专项活动的跟踪中，发现家长们关注幼儿各项活动，家园合作的主动性增强了。在前期调查问卷中调查了包括小班和中班组共115名家长。调查共发放问卷115份，收回115份，有效问卷达100%。在回收的115份答卷中，绝大多数家长对问卷中的问题进行了认真的回答。从问卷上也可以看出，这些问卷在家长中有一定的代表性。因此我们在对问卷分析的基础上，对家长的答案做了归纳，进行了以下描述性分析。

（1）本次问卷本科及以上学历家长占40%，大专学历占26.5%，中专学历占23.5%，初中及以下占10%；

（2）本次问卷公务员占15%，专业技术人员占28%，企业人员占12%，自由职业人员占45%；

（3）来园接送幼儿时主动向教师了解孩子情况的占63%，很少交流的占 30%，没话说的占 7%；

（4）经常参加幼儿家校活动的占 35%，有时参加的占 43%，很少参加的占 7%，从没参加的占 15%；

（5）经常关注幼儿园网站的占 20%，有时关注的占 36%，很少关注的占 24%，从没关注的占 20%；

（6）经常关注名师学前教育工作室的占 10%，有时关注的占 39%，很少关注的占 31%，从没关注的占 23%；

（7）最期待的家校交流模式比例最高的是亲子活动，占 60%，其后依次为半日开放和面谈。

（8）目前对幼儿园家校交流模式效果满意的占 87%，较满意的占 10%，一般的占 3%，不满意的占 0%；

（9）对宜丰园家校交流模式不足之处提出意见和建议的问题中，很多家长表示没有意见，少数家长表示希望多进行相互交流活动，增进了解。

在后期问卷调查中，宜丰园调查了包括大班组共 138 名家长。调查共发放问卷 138 份，收回 138 份，有效问卷率达 100%。

（1）家长认为在家园沟通中家长应当充当幼儿园合作伙伴的占 100%；

（2）在和教师的合作过程中认为家长担负主要职责、教师次之的有 135 名，占 97.8%；各负一半职责的 3 名，占 2.2%；教师担负主要责任，家长次之的为 0%；

（3）对幼儿园开展的各项家园合作活动，态度非常积极的有 130 名，占 94.2%；积极的有 8 名，占 5.8%；不积极的为 0%；

（4）在家庭与幼儿园的合作问题上，心情非常迫切的有 130 名，占 94.2%；迫切的有 8 名，占 5.8%；无所谓的为 0%；

（5）家长认为最有效的家校交流模式依次是家长学校、半日开放、各类亲子活动、QQ 群、微信群等，占 96%；

（6）目前对家园的合作感到非常满意的有 136 名，占 98.6%；满意的 2 名，占 1.4%，没有不满意的家长。

通过以上数据我们发现，经过家校合作两轮试点之后，家长的育儿观念更加科学了，对于自己在幼儿成长过程中的角色定位更加准确，家园相互交流成效显著。对比结果如表1所示。

表1 两轮试点结果对比

单位：%

	家长积极关注、主动交流幼儿发展情况	家长积极参加各项家校交流活动	家长关注网站、QQ群、微信群	家长关注名师工作室	家长对交流模式及成效的满意度
第一轮	63.0	35.0	20.0	10.0	87.0
第二轮	97.8	94.2	96.0	96.0	98.6

4. 教师和家长在家校合作工作中的成长

经过几年的实践，教师能通过多渠道，采取多种交流模式与家长交流。

（1）家长委员会。

老师们应充分发挥家长委员会的作用。幼儿园大型家园共育活动，可请家长委员会代表参与制定方案并一起组织实施，还可通过家长委员会了解家长们的真实心声。

（2）家长助教。

通过调查，许多家长素质较高，具有参与幼儿园活动的愿望和能力。我们不妨以幼儿为中介，让家长自愿报名，然后根据活动内容选择具有相关知识能力的家长共同备课，保证质量，助力教师活动的开展。为教师和家长、家长和家长之间提供了一个经验交流和资源共享的机会。教师从家长所拥有的专业知识、生活经验中获得帮助，家长从教师身上获取教育经验和技能，而且更加了解老师的工作。同时，孩子们也在活动中倍感亲切。

（3）家长辩论会。

以往的家长会多以老师说教为主，家长兴趣不大。现在宜丰园可以改变老的形式，把家长会改为家教辩论会。老师举出几个班上幼儿最具有代表性的事例，以家长为主，让家长分析讨论，各抒己见。在激烈的辩论中，家长们更新教育观，对照事例，反思自己的教育行为，并产生学习和参与各种教育活动的兴趣。待家长们发言完毕，教师再有的放矢，发表意见，表明观点，介绍经验，其效果事半功倍。

（4）家长园地。

家长园地是幼儿园与家长交流的一个重要窗口。老师们似乎已习惯于用更多的心思来设计栏目、寻找内容，而忽略了家长参与的深度与广度。宜丰园为什么不准备一块小天地，将家长请到家长园地中来。如"夸宝宝"栏目可写孩子在家的表现；"我的育儿心得"让家长畅所欲言；"我的问题"可写上家长的困惑等。家长园地不能只是教师唱"独角戏"，而是要调动家长积极参与的兴趣，为教师与家长的沟通搭起一座彩桥。

（5）个别化的家园交流。

由于每个孩子个性不同、家庭环境不同、家长文化素质不同，应采取个别化的沟通方式。个别化家园沟通的方式有家访、约谈、家园联系册、电话、便条以及接送孩子时的交谈等。如今，许多幼儿园安装了宽带网，并且实现了班班通，这样就更加拓宽了沟通渠道，网上交谈也是很方便的。个别化的交流要着重于围绕每个幼儿不同的问题和不同家长在教育上的问题进行，以促进每个孩子的身心发展为目的。

在教师与家长的交流中，双方都有责任，但教师更应主动些，并且要努力为交流创造条件。幼儿教师要真正从狭隘的教育观中走出来，必须充分认识到：家长工作的最终目的在于实现家园合作，共同为幼儿奠定良好的基础。

教师在研究中提升，又在提升中积淀，为幼儿园积累了宝贵的教育资源。经过家校合作两轮的试点工作，宜丰园深刻地体会到家校相互交流与合作的重要性，正如苏霍姆林斯基所说，没有家庭教育的学校教育和没有学校教育的家庭教育都不可能完成培养人这一极其细致和复杂的任务。今后宜丰园应该更加深入研究和实践，让家校合作模式能在学校教育的更多层面中发挥积极而巨大的作用。

家校社合育优化尚美教育新生态[*]

山东临沂长安路小学（以下简称长安路小学）是沂蒙革命老区的一所普通小学，有 38 个教学班，在校学生 2038 人，是一所典型的城乡接合部学校。自建校以来，围绕"让每一个生命美丽绽放"的办学理念，秉承"长以铭志　安以思进"的校训，坚持敞开校门办学。

一　合育工作开展

鉴于城乡接合部学校的特点，我们确立了"321"家校社共育新思路，实施"5 轮驱动"工程，全面优化尚美教育新生态。"321"工作思路："3"是家校社三位一体，"2"是家长学校和家委会两结合，"1"是实现一个目标，即真正落实家校社共育。"5 轮驱动"工程：顶层设计驱动、多元课程培训驱动、互联网+驱动、主题活动驱动、励美评价驱动。

（一）顶层设计驱动

1. 成立一个中心，即家庭教育服务指导中心，由学校一把手亲自挂帅，担任指导中心主任，配备专职教师，发挥学校在家庭教育中的主体作用，使家校社活动组织化、系统化、规范化。

---

[*] 作者：李晓玲、葛玉洁，山东省临沂长安路小学。

2. 建立两个机构。一是建立班级、年级、校级、区级四级家长委员会，明确家长委员会职责。二是建立家校核心组，家委会成员参与学校、班级日常管理和监督，推动家庭教育与学校教育和谐发展。

3. 组建三支队伍，即家长讲师团、家长导师团、亲子家长义工队。在家长讲师团中，学校聘请一批热爱教育事业、有一定助教能力的家长，与教师共同制定教育方案，做好家校育人工作。长安路小学举办家长专题报告26场，家长进校任课1108人次。在家长导师团中，由区级家庭教育有经验的讲师和学校好家长组成导师团，把育子经验通过报告会或文集的形式传递给每一位家长。家委会成员自主成立了亲子家长义工队，每到学校大型活动，这些亲子义工队就会来到学校有序参与到活动中来。三支队伍的组建畅通了家校沟通的渠道。

（二）多元课程培训驱动

1. 在培训内容方面

（1）"系列化＋主题化"课程。课程一个年级一个系列，一学期一个主题，通过不同方式传递给家长，提供了多样化的家庭教育套餐，满足了不同文化背景和社会环境下家长的需要。

（2）"必修＋选修＋申请"课程。必修课对家长实施普及培训，学校针对家庭教育普遍存在的规律性和共性问题，通过校本教材、邀请专家等方式，向家长传授基本的家庭教育理念和方法。

选修课让家长实现个性化学习，主要针对家长最困惑的问题进行授课，家长自愿报名。学校还结合实际，将选修课适时调整到晚上，扩大了家长的选择权。

申请课是家长提出申请，研究中心为班级中的家长指定家庭教育授课讲师和主题，增强班级中家庭教育的针对性。

2. 培训层次上的四个维度

从校级、年级、班级、个体四个维度，分层落实，全员覆盖，实现家庭教育的广泛培训。

（1）全校范围内，定期举办专家讲座。邀请家庭教育知名人士和教育专家到校，定期开展主题讲座活动。

（2）以年级组为单位开展专题培训活动。如以一年级新生家长入校课程《开学了，您准备好了吗?》对家长进行连续一周的培训，家长的参与率达到 99%，从孩子身上可以看到家长们的"学以致用"，同时我们还邀请了二年级的优秀家长来给新生家长培训，效果奇好。

（3）以班级为单位，组织家长培训。发挥班主任作用，举行班主任经验交流会，分享家校沟通的做法；选派教师参加各种形式的家庭教育研讨会、专家报告会、分块研讨会、分层交流会，提高并发挥班主任对学生家长进行家庭教育的指导作用。

（4）从个体上，举行不同层次的合作互助活动。通过自我介绍、阅读案例、反观自身、交流困惑、互相支招、分享智慧等环节进行家校互通。每一次活动结束，家长都会将自己的收获发到班级家长群里，惠泽其他家长。

（三）互联网+驱动

1. 云服务平台

学校完成了智慧云平台构建，安装 11 台专用服务器，为全校教师每人配备了云终端。更方便校级、年级、班级三级家委会网络联系，确保家庭教育知识普及的层层落实。

2. 家校互通

组建家校互通网络，家长们有对学校政策、规定相关方面的问题，校领导来解惑；家庭教育中遇到了困惑，班主任及心理咨询师来及时解决；学习上的问题，任课老师会及时给予指导。"无间隙、无空当"的互动，暖了家长，乐了孩子。

（四）主题活动驱动

1. 家长进校园

学校定期举行"家长开放周"，设计了"家长进课堂""家长进社团""家长进餐厅"等一系列活动。

家长进课堂：家长授课内容与自己的职业紧密相连，家长以丰富的主题、有序的组织、精彩的内容，让孩子们看见了生活的无限精彩，收获了别样的学习体验。

家长进社团：长安路小学依托社会，让社会参与办学，让家庭、社区和社会有序地参与学校运行，目前已有 28 个社团，其中大部分社团的指导老师是"专业外援"。每周五下午是学校社团集体活动的时间，家长和孩子一起走进社团。

家长进餐厅：学校发放调查问卷，征求家长的意见；家长定期参与学校的大宗物品采购的考察活动，将考察好了的物品在家长群公示。

2. "四季五节"展示互通

"四季五节"是长安路小学家校共育工作中的一项特色活动，以二十四节气为抓手，搭建家长、学生展示交流的舞台。

在春暖花开的四月，结合学校的读书节，以"春"为主题，分年级开展一系列活动。夏季六月的艺术节，亲子共同登台艺术展演，展示出魅力风采。秋季九月的科技节，亲子共制一个科技小作品、共绘一幅科技手抄报。十月体育节的亲子运动会上，家长们以身作则引领孩子体会努力拼搏、团结就是力量的精神。冬季十二月家长节的组织和活动中都活跃着家长的身影。"四季五节"特色活动增进了教师、家长、学校之间的沟通。

3. 家校社联手，奉献爱心

在社区家委会、关工委共同努力下成立"临沂长安路小学奖学助学基金会理事会"。这一组织的成立主要是为了激励优秀学生，救助贫困学生。基金会的资金严格实行理事会专管专用，独立账户，全部用于奖励品学兼优的学生和扶持家庭经济特别困难的在校学生。

（五）励美评价驱动

1. 运行"励美学生激励机制"

对孩子在学校取得良好成绩的家庭，给予一定的奖励，每周末由班主任为家庭进行评价打分。

2. 指南导引，先测后教

借助"中印智慧园"网上平台，通过"好父母行动指南""好家风行动指南""好家庭行动指南"等标准，学校家庭教育服务指导中心有针对性地进行指导与服务，真正做到"指南导引，先测后教"。

3. 家校联手，捆绑评价

将家长参与活动的次数、参与质量与班级量化捆绑。

二　取得的成绩

一路辛苦一路歌。通过四年的探索，四年家校社的共同努力，为长安路小学这所年轻的学校插上了腾飞的翅膀。长安路小学新校启用短短四年时间，师生、家长素养有了明显的提升。在家长参与的 12 个社团中，小凤凰合唱团连续两年在临沂市中小学生合唱比赛中荣获全市一等奖，省级艺术节一等奖；葫芦丝社团应邀参加 2018 年全国葫芦丝艺术展演；足球社团连续两年在开发区夺冠，代表开发区参加市足球联赛获得全市第一的好成绩。学校先后获得全国篮球特色学校、全国足球特色学校、山东省家庭教育实验和示范基地等荣誉称号。

三　思考与困惑

长安路小学的家校育人工作也面临一些现实问题和困境，具体包括以下几个方面。

一是由于家长忙于生计以及受家长知识水平的影响，家校共育工作向纵深发展受到很大制约。

二是由于是新建学校，师资年轻化，在指导家庭教育上欠缺科学的育人经验，导致各班级年级家校育人工作发展不平衡。

三是随着工作调整，指导人员欠稳定，可持续发展的力量受到削弱，尤其缺少扎根本校的家庭教育校园专家。

今后，长安路小学将致力于优化短板，全方位进行家庭教育的探索。希望通过学校的努力，帮助家长树立正确的人才观、科学的教育观，家校携手，让每一个生命美丽绽放。

新农村背景下家校共建的四个策略 *

一 家校共建现状分析

凤桥镇中心小学是地处嘉兴市凤桥镇的一所乡镇学校。凤桥镇历史悠久，坐拥国家 4A 级景区梅花洲，离嘉兴市 18 公里，发展起步相对较晚，但近几年发展迅猛，建设国家级生态镇、全国小城镇试点镇，努力打造"美丽凤桥·田园新城"，近 3 年投入上百亿元用于经济建设，可以说凤桥镇正处于快速发展、镇城变革的进程中。

为了掌握家庭教育真实情况，做到有的放矢，凤桥镇中心小学开展了学校生源及家庭情况摸底调查。开展调查主要集中在四个方面：（1）学生生源构成；（2）家长学历分布；（3）亲子关系；（4）家庭结构现状。

（一）学生生源构成

随着美丽乡村的不断开发建设，近几年经济加速发展，学校生源结构也发生了巨大的变化。在当地发展较好、能力较强且重视孩子教育的家庭会首选在嘉兴市区购房，让孩子就读市区小学；另外经济的发展也吸引了大量的外地务工人员入驻，因此近年来，学校外地借读生源所占比例不断提升，目前学生生源构成比例分别是：本地生源约 70%，外地借读生占比已超过 30%。

（二）家长学历分布

因为家庭教育最主要的影响因素还是家长对孩子教育的重视程度及家长自身的素养水平，所以，学校对家长的学历情况开展了有针对性的调查。本次调查对家长父母双方都做了统计，结果不容乐观，高中及以下学历的家长占了绝大比例，达到了 84%，这是我们始料不及的。

（三）亲子关系

家庭教育是否良好还在于家庭亲子关系的和谐度，家长与孩子关系紧

---

* 作者：朱亮，浙江省嘉兴市南湖区凤桥镇中心小学。

张，对于孩子的学习、生活、校园活动不关心也不积极参与，家长脱离了孩子的成长，肯定是搞不好家庭教育的。

（四）家庭结构现状

家庭教育还有一个现实的问题，家庭结构发生变化的家庭对孩子的影响是深远的，对离异、重组、双亲死亡的家庭，我们通过不完全统计，情况也是不容乐观。

通过调查得出目前农村学校家庭教育的一些真实状况。

1. 家长更多关注的是家庭经济增长，大量家长工作压力过重，不关注孩子的成长，子女教育中存在明显的父母缺位、祖辈错位、家庭教育不到位等普遍现象。

2. 当前学生家长以 80 后为主，低龄段学生甚至有 90 后父母，家长受教育程度及文化素质不高，许多家长缺乏正确的家庭教育观念和方法，有心无法，甚至采用简单粗暴的方式对待孩子，出现家庭教育方法不当的现象。

3. 由于家庭结构的变化，单亲家庭、重组家庭的家庭教育不完整，不和谐。

4. 因为不良家庭教育，学生出现明显的行为或心理偏差。另外，父母双亡由祖辈或亲属抚养的特殊学生家庭无法提供家庭教育。

二　共建措施

基于学校的家庭教育现状，学校进一步加强与家庭的联系，建设和完善家校共同体的框架，促进家校沟通协调，形成良性互动，实施有针对性的应对策略。

（一）心心相印——增进家校互动交流

根据前期摸底调查，能清晰地认识到家长群体中对家庭教育的认知差异非常大，有明显的层次性。为此，在家校互动交流策略上，我们区别对待，有层次性、有针对性地开展活动。

面向全体家长：在调查中我们清晰地认识到，许多家长受教育程度及文化素养不高，缺乏正确家庭教育观念和方法。针对学生家长整体素质不高的现实，学校尽可能地提供必要的家庭教育方式、方法上的指导，开展多渠道的指导活动，转变家庭教育观念，提升家长的家庭教育水平。具体做法如下。

1. 线下面对面交流

学校根据学生年龄段结构特点，针对小学阶段不同时期，孩子们身心发展过程，提供有针对性的家庭教育指导。定期召开全校家长会，每周规定时间为校长接待日，处理学生家长提出的困难或是意见、建议等。

2. 线上点对点互动

学校通过建立家长微信群、QQ 群等网络平台，与家长沟通交流，反馈学生在校学习、生活等情况。此外，学校各个班级每月推送"学生校园生活"美篇，把孩子在校生活的点点滴滴拍照记录下来，真实地再现孩子的校园生活情景，让家长感受到学校、教师对孩子的关注，反馈孩子的表现，记录孩子成长过程，拉近家校、师生、亲子之间的关系。

（1）面向普通家长（这里所说的"普通"家长是指平时对家庭教育关注不够，但孩子出现问题时他们又表现得比较急躁的家长群体）：当孩子出现问题，如学习情况、行为表现、心理变化有较大起伏时，班主任会根据学生实际状况，有针对性地与家长交流、指导、反馈存在的问题，引起家长重视，督促家长跟进和配合，教育引导孩子转变。

学校组织开展微型家长会、家长开放日等，参与家长是有明确的指向性的。具体指向是近阶段存在相似问题的部分学生群体，教师针对此问题集中这部分家长召开微信家长会，让孩子和家长共同参与，一起开诚布公地面对问题、分析问题、探讨解决问题的办法。通过这种方式，指导家长与老师共同直面并解决问题，帮助孩子更好地成长。

（2）面向优质家长（这里所说的"优质家长"是指对家庭教育特别重视，关心、关注孩子教育、热心参与学校互动的家长）：学校积极调动，进一步提升他们的教育能力和水平。把这些优质家长吸纳为校级、班级家委会成员，每学期定期召开两次商讨会议，开展学习、交流、分享活动；定期开展家委会的阅读推广、读书交流活动；邀请优秀家长代表参与学校管理，做活动评委、为学生颁奖、为校园维稳、做家长会发言等。

（二）一心一意——提升教师育人水平

近年来，为了能向家长提供更专业的家庭教育指导，学校有意识地不断加大家庭教育相关知识的培训力度，稳步提升教师的家庭教育能力及指导水平。主要是围绕"正面管教"、"心理健康辅导"两个主题培训。

1. 正面管教

学校教师读书交流活动，以《正面管教》系列丛书为范本，开展全体教师读书交流活动、阅读分享活动，开展班主任主题论坛活动。

2. 心理健康辅导

为进一步加强凤桥镇中心小学师生心理健康教育及咨询工作，营造校园心理教育氛围，引导学生认识心理健康的重要性，掌握心理健康知识，帮助他们适应校园生活，正确认识自我、完善自我，提高心理素质，积蓄持久成长动力，促进身心健康和全面发展，形成正确的心理健康观念。

（三）全心全意——营造和谐亲子关系

和谐的亲子关系是家庭教育的基础，为此通过组织丰富多样的亲子活动，拉动更多家长参与和陪伴孩子成长，营造温馨和谐的亲子关系，有利于孩子身心健康发展。

1. 校内亲子活动

（1）一年级亲子运动会（全员参与）；

（2）三年级 10 岁成长礼（家长和孩子全员参与）；

（3）六年级毕业典礼（家长和孩子全员参与）；

（4）组织亲子春游活动（学校牵头，家委会组织策划，一、二年级全员参与，其他年级鼓励积极参与）；

（5）邀请家长参与学生活动，包括学校运动会、低龄段游考活动、六一汇演及表彰、班级游园活动、美丽行动评比展示活动、希望少年展示活动等。

2. 校外实践活动

（1）开展丰富的亲子实践活动（家委会组织策划、全员参与）；

（2）开展亲子阅读活动（全员参与）；

（3）开展亲子综合实践类主题活动（教师指导、家长参与）；

（四）诚心诚意——定向帮扶特殊群体

因为不良家庭教育，出现明显行为心理偏差的学生，以及父母双亡，由祖辈或亲属抚养的困难孩子等特殊学生，在无法提供家庭教育的情况下，学校开展有针对性的、点对点的帮扶工作。

（1）班主任定向帮扶。

学校中每个班主任老师就自己班级学生家庭情况摸底，有针对性地选择一名学生做帮扶对象，通过一个学期甚至一年的时间，对学生帮助辅导，"特别的爱给特别的你"，以弥补孩子在家庭教育、学业辅导、情感关怀方面的缺失，引导孩子坚强和独立。

（2）党员"1+1+X"结对帮扶。

学校德育室与校党支部联合，组织党员教师分担班主任帮扶压力，开展"扬红船精神 亮育人初心"的"1+1+X"结对工作，增加爱心帮扶力量和覆盖面，尽可能多地帮助那些需要关爱的孩子，助力他们的成长。

三 共建成效

基于农村家庭教育现状、家长群体整体文化素质水平较低的现实，学校不断地提供资源和智力输出，带动家长参与学生成长，改善亲子关系，指导家庭教育，提升能力水平，共同携手助力孩子的健康发展。初心不改，向阳花开。通过近年来学校的推动，所在乡镇学校的家校共同体合作更加紧密和融洽，取得了较为显性的成效。

（1）教师在家庭教育上的理论和实践能力有了提升。

通过校内组织开展家庭教育专题培训、主题交流，教师的心理健康和家庭教育水平都有了一定程度的提升。使得一线的班主任老师在平时工作过程中，对家长的家庭教育指导、学生的情况分析都有了理论支撑，能做到在实践中反思、在反思中实践，工作更加游刃有余。

（2）教师和家长的合作关系更和谐。

（3）家长教育理念得到较大转变。通过家校合作措施的实施和渗透，家长大多数认识到了自己的教育问题，对孩子的陪伴投入以及教育方式都有明显的改观。

（4）学生在家校良性合作的大环境下健康成长。首先，孩子得到了家长的陪伴和关爱，也得到了教师指导和帮助，感受到了教师和家长的尊重和理解，心态更平和、心理更健康，有了阳光的心态，感恩的心怀。其次，通过家校共同体建设，营造了温和、温暖的成长环境，让孩子获得了自然生长的空间和力量。

携家校之手 享教育之福[*]

安福县平都第二小学（简称平都二小）创建于 1947 年，有 79 个教学班，221 名教师，4760 名学生，校园占地面积 46569 平方米，总建筑面积 29833 平方米，建有标准的足球场、室内外篮球场、排球、羽毛球及田径运动场地，书法、舞蹈、钢琴等 30 多个功能教室，现代化教学设备齐全，网络、监控全覆盖，是目前全市规模较大的一流现代化学校之一。

平都二小在推进"136 幸福教育"路上，始终秉承"以学生为根本、以质量为核心、以特色谋发展"的办学理念，走出一条"安全立校、科研兴校、质量强校、文化润校、特色亮校"的内涵发展之路，以学校教育为核心、以家校联动为载体、以个性培养为支撑，大胆创新、扎实推进，家校合力，努力打造"一生一技、一生一艺"的全国优秀家长示范学校，让每一个孩子都在"136 幸福教育"之花香中健康快乐地成长。

一 全面规划，落实家校管理"点"

1. 提高认识，明确定位

通过制定《平都二小家长学校章程》，明确了家长学校办学的总目标。我们以家委会为突破口，广泛搜集家长对学校办学方向、教育质量、教师工

---

* 作者：余小波，安福县平都第二小学。

作、日常管理等方面的意见和要求，并及时反馈、整改；以家委会为抓手，组织家长委员参与学校的重大活动或组织听课等并做出适当的评价，实行必要的监督，强化学生素质教育；以家委会为黏合剂，加深家长、社会与学校之间的理解和信任，协助解决教育教学中出现的问题。通过创办一个高起点家长学校，平都二小的家校合作工作规范化、现代化、特色化、个性化，推动家校合作教育全面、均衡、可持续，提高平都二小家庭教育的总体水平，促进学生健康成长、全面发展。

2. 健全机构，明确责任

首先，建立家长学校委员会组织架构。为了使家长学校规范有序地开展工作，平都二小通过全体家长的民主推荐和投票选举，在校领导和广大家长的见证下，每学年在多功能报告厅举行平都二小家长委员会成立仪式和授聘仪式，正式成立平都二小家校合作委员会，并选举产生了 22 名校级委员，形成了校级委员会、年级委员会、班级委员会的基本组织架构。明确了各成员的职责，确保家校合作教育工作项项有人管，事事有人问，协助学校开展工作，充分发挥其纽带、桥梁作用，使家校合作教育工作的管理逐步系统化、规范化和序列化。

其次，成立了家长志愿者之家。通过家长自愿报名，填写个人基本信息表等，目前已吸纳家长志愿者 200 多人。组建班级委员会服务班级，每月定期开展家长进课堂活动，并健全班级收支制度，协助本班开展各项活动。

3. 完善制度，规范管理

为了做到家长学校办学有章可循，管理科学规范，根据家长学校的工作要求，平都二小制定和完善了《平都二小家长学校章程》、《尊师重教教育基金会》、《平都二小家长学校考勤制度》、《平都二小家长学校评优制度》及《"优秀家长"、"学习积极分子"评价标准》、《平都二小家长委员会选举办法》、《平都二小家长委员会工作管理制度》、《平都二小家长学校会议、计划和总结工作制度》、《家长志愿者章程》等章程和制度，给家长学校的正常办学奠定了坚实的制度保障。比如《家长志愿者章程》明确了每一位家长自愿加入学校家长志愿者服务队时，都要先提交申请，经过考核，培训上岗。每学年，家委会根据家长参加学校服务记录的工作量，实行星级晋升制，星级制共分五级：义工每累计服务时间 20 小时，可晋升一级。参加服务时间较长、工作成效优良的家长，将被学校和家委会评为优秀志愿者，召开总结表彰会予以奖励。同时，也会举行优秀家长志愿者经验交流会和新志愿者入会仪式，以优秀志愿者的事迹影响新加入的家长志愿者。学校举办大型活动，由学校提前制定好活动工作计划，列出需要家长志愿者帮助完成的内容，然后交予校级家委会制定相应的家长志愿者实施计划。

二 精彩穿插，紧扣家校联动"线"

1. 搭建平台，学习交流

借助家长学校，形成学校、家庭、社会的教育合力，搭建一个有效的教育平台，是我们开办家长学校的根本目的。平等相处、尊重家长，确立家长的主体地位，是办好家长学校的基础。家长对学校教育的内容、方法有自己的见解，对教师的教育教学态度比较敏感。因此，平都二小把家长看成是朋友，相互信任，诚挚合作，反馈自己的体会和感受，并提出宝贵的意见和建议。例如，针对一年级孩子刚刚进入小学，没有养成良好的学习习惯，学习又有一定困难，家长如何关注刚入学孩子的学习，需要正确的指导，我们专门在九月初安排"家校共携手，养成良好学习习惯"活动，针对一年级孩子的特点，要求家长培养孩子良好的学习习惯。

2. 家长开放日，共同育人

为了提高授课质量，学校由校长及政教处相关负责人负责督察评估工作：一查教学准备，看家长学校的教学计划、任课教师的教案是否切合家长的实际；二查教学过程，看教师的讲授和指导是否受家长的欢迎，看家长通过教学学到了什么，在指导孩子的生活和学习时方法是否有所改进。为了提高听课率，学校制订了一些制度和工作规范来调动家长听课的积极性，对出席听课的情况进行考勤登记，因故缺席，必须事先请假或事后补假，以此来提高家长参加学习的自觉性。每次家长开放日活动后学校都会安排专人对工作进行总结并存档。

3. 家长志愿者参与管理，共同治校

在少先队活动、社会实践活动中，能够使家长亲身感受学生在校的学习生活，了解学校教育教学工作。充分利用家长的教育资源，邀请家长学员进入课堂给学生上课，增长学生的课外知识，拓宽了学生的视野。通过活动参与，家长对学校和孩子有了更深的了解，同时增进了家长和学校的感情，加强了沟通和理解。

三　合理布局，拓展家校活动"面"

活动是家长学校的生命线，平都二小以活动为载体，通过丰富多彩的活动来提高家庭教育的实效。

1. 举办家庭教育讲座

为了帮助家长掌握儿童的成长特点，掌握科学教育孩子的方法，创设良好的家庭环境，平都二小家长学校举办多次形式多样的家长学习班或理论讲座。如"专家讲座式"，邀请有关家庭教育的专家、校长进行专题讲座；聘请从事教育工作多年、具有丰富教学经验的学校骨干教师进行授课；"经验传授式"，邀请优秀家长或社区相关专业的优秀人才谈谈自己在家庭教育中的学习体验和收获，让家长、教师一起倾听家长的典型发言，交流家教经验，针对存在的问题进行重点研讨。这样形成一支专兼职结合、结构合理、责任心强、素质高的家庭教育教师队伍，对家长进行专题讲座，使每一位家长学会正确地对待孩子，引导孩子学会思维，学会做人，学会与他人相处，不断使孩子走向成功。到目前为止，家长学校共开展了七次家长学员培训活动和专家授课活动。通过这样一系列的学习活动，让家庭与学校、家长与教师、社会与家长互动起来，家长的家庭教育水平得到了大幅度的提高，真正形成家庭教育的合力。

2. 开展家庭教育论文征稿活动

在家庭教育中，很多家长教育方法独特，效果显著，为了使他们的宝贵经验能有效推广，学校鼓励家长不断总结家庭教育的成功心得，积极与广大家长分享，让学生家长互相学习，互相促进，共同教育好自己的孩子。学校每学期都组织家长进行投稿，优秀征文将发表在《小百灵》校报上，并引导家长阅读《父母课堂》中的家庭教育征文。

3. 尊师爱亲的亲子活动

为了增进家长和孩子的情感交流，让孩子课余不再沉迷在虚拟网络和无休止的电视中，每学年，班级家委会都会组织家长来校或到户外参加班级亲子活动。如"五月感恩"活动、"六一"亲子活动、"经典诵读"亲子活动，共同制作一张贺卡、制作主题手抄报等，让家长感受到孩子情感的流露，使师与生、母与子有了更多的交流，更多的信赖，更多的温情。为家长与孩子的交流开辟了渠道，并取得了良好的效果。

4. 成立家长学校"心理咨询室""心灵有约""校长信箱"等

对学生、家长心中的一些疑惑或对学校工作的建议和要求及时收集，帮助解决和处理。另外，还经常发放《致家长的一封信》。如针对夏天不能私自下河洗澡等学生安全问题对家长进行了强调，并将学校学生的作息时间告知了家长，以求学校、家长共同监督管理，确保学生的安全。

四　集思广益，丰富家校文化"圈"

通过以家长志愿者为载体，整合各行各业家长的知识、技能和社会经验，弥补学校教育的不足，引导家长自愿发挥各自专业特长，参与学校管理、监督与评价，进一步拉近学校与家长之间的距离，更好地发挥家庭、学校的作用。为了方便组织和管理，校级家委会成员根据家长活动的内容特点，分为大型活动协管员、交通安全协管员、快乐大课堂协管员以及家长进课堂4个类别，活动时间分为定期和不定期两种。各个小组的成员根据学校工作实际情况和组员数量，参加学校开展的各项义工活动。

1. 每月定期开展家长进课堂活动，并健全班级收支制度，协助本班开展各项活动

形成了学校——校级家委会——家长志愿者之家——班级家长志愿者委员会四级服务管理模式。家长志愿者不仅参与学校安全、卫生等日常管理、学校重大事件讨论和决议，还参与了课堂教学改革和课外活动创新等事务。

2. 定期召开家长会

在家长会上学校领导及教师要把学校的办学方向、办学水平和教改的成果及举措告诉家长，也可介绍一些科学的育人方法，请有经验的家长做交流，老师和家长把孩子在校在家的表现相互通报，也可让学生参加，让他们亲身感受老师和家长都在关心他们，帮助他们，为他们操心，从而激发学生奋发向上、自主教育的意识。

3. 举办"家长开放日"活动

作为家长，往往迫切希望了解孩子在校的成长与发展状况，学校举行"家长开放日活动"就给家长提供了机会。活动内容包括参观班级布置，了解教师常规教学工作（备、教、辅、批、考），翻阅学生作业，参加主题教育活动，观看学生成果展示等。让家长看到学校工作的整体水平和学生的发展水平。

4. 教师定期家访

教师到学生家庭进行家访是他们的工作内容之一，作为家长应热情接待。教师家访要仪表端庄，语言文明，一分为二地评价学生，与家长达成一致意见，切忌家访时附带其他与孩子教育无关的事，从而有损教师形象。家长要认真了解孩子在校的表现，主动向老师介绍孩子的优缺点、个性及特长，与教师共同研究教子良方，使家庭教育与学校教育相得益彰。

5. 建立《家校联系卡》

家校联系卡是家校联系最方便、最灵活、最实用的渠道。它可以省时，增强透明度，使老师和家长充分了解孩子在校、在家的情况，充分交流信息，为及时有效地教育孩子打下基础。所以教师和家长都要以认真的态度对待家校联系卡，每月按时发放，如实地填写。学校将老师完成此项工作的情况纳入班级考核和教师年度考核。

6. 建学生成长记录袋

给学生建个人成长记录袋，就是采用激励积累的方式，鞭策学生进行自主教育，不断进步，成为合格的小学生。学校要求创新实验班每生建一个个人成长记录袋，将学生平时在教育教学活动中取得的成果装入袋中，一月一小结，一期一总结，小学毕业时搞一次综合大展示，以激励广大学生在漫长的小学六年中不断进取，全面发展。

五　再接再厉，装点家校共育成果"园"

通过开展各项家校合作工作，家长与学校之间的联系加强，密切了家庭与学校的关系。家长理解学校并支持学校的工作，家长的素质大大提高，不但家庭育人环境得到优化，促进了孩子的全面发展，而且有利于增强家长对教师的了解、信任，使家长能主动地支持学校、教师的工作。

1. 素质教育结硕果

大课间活动已逐渐成了学生放飞个性和挥洒激情的大平台，2016年以来，就有1000多名学生外出参赛，并多次在少儿书画大赛、舞蹈、合唱、田径、足球等比赛中获奖，成绩优异：2016年8月，刘同学参加"全国书画现场展示"获国家级金奖；2017年6月，选送的舞蹈《井冈山下过大军》获全市艺术节一等奖；2017年9月，平都二小排演的集体舞获全市一等奖；2018年朱同学参加第五届"言子杯"国际学生书法大赛获金奖；伍同学获江西省第二届书画大赛一等奖，阳光、闪灿等获二三等奖；各级比赛近30人获省级奖，600多人次获市、县级奖。

2. 杏坛勤耕枝头艳

在素质教育教学实践中老师们也得到了全面提升，先后有20余人被评为"省市县级骨干教师和学科带头人"；借助"青蓝工程"，一大批青年教师迅速成长。在各级高效课堂业务竞赛中共有40余人次获奖，60多篇论文在各级刊物上发表；2个国家级课题立项；省级课题3个、市级课题30余个均顺利结题。

3. 特色办学树品牌

构建必修和选修"两线并行"的校本课程体系。必修课采取班级授课制，每班每周1～2课时；选修课以学科为单位固定教室，学生走动上课，每周2课时。一分耕耘，一分收获：学校先后被授予"全国足球特色学校""全国青少年五好小公民主题教育活动红旗飘飘，引我成长示范校""全省家长（示范）学校""全省家校合作试点学校""全市文明校园""全市防震减灾科普示范校""全市高效课堂合格示范校""教育科研先进单位"等诸多荣誉称号，还获得了全县"阳光体育大会"团体总分第一。

在收获成果的同时，我们也深深地意识到很多工作仍存在提升的空间。第一，网上家校有待建设。我们在时机成熟的时候将建设网上家长学校，以对实体的家长学校进行功能扩充，让家长及时了解学校的教育动态，把握最新的教育方针和政策，不断学习先进的家庭教育理念，充分提升家长素质和水平。第二，可建立多元主体的家校合作委员会，设立家长咨询专线，由学校主动向家长征求一些与学生发展有关的意见和建议，并接受家长对有关问题的咨询，减少家校之间的矛盾。第三，开发多种形式的家长培训项目。

展望未来，在今后的工作中，我们将根据学校的实际，认真总结经验，继续探索家校合作的模式、途径与方法，群策群力，把家校合作工作落到实处。学校、家庭、社会形成合力，努力提高家长学校办学质量，使每个孩子在老师和家长的共同教育下健康快乐地成长，让家校教育之花香满安福。

构建学生成长、家校深度融合的教育生态体系
——家校合作教育范式实践成果汇报[*]

一　背景思考

办人民满意的最优质的教育，把孩子培养成为能够适应未来社会发展需求的国际化人才——这是办学追求与目标。顺德一中附小从开办之初就抓住了家校合作这一条红线，多方面、多层次、多形式、多渠道地建立了互通、互联、互信制度机制，努力构建新型的家庭与学校、社区与学校关系。从教育的目的和学校办学目标的角度看，学校与家庭有高度的一致性；从教育改

---

* 作者：张进，广东省佛山市顺德一中附小。

革发展的需要看，家庭教育力量是不可或缺的。学校—学生—家庭（社会）应该构建教育的"生态"关系。

基于此，我们积极探索家校合作的有效途径，形成了具有开拓性和示范性、立体的家校合作教育范式，我们在制度机制、课程教学、社团活动、方式模式、策略措施等方面，分类分层分阶段地构建了学生成长家校深度融合的教育生态体系，在本地区乃至全国树立起了一面特色鲜明的家庭教育旗帜。

二 基本构想

结合学校实际，顺德一中附小以"基于学生成长"作为前提，以"家校深度融合"作为切入点，以"教育生态"作为概念框架，构建了学生成长家校深度融合的教育生态体系（见图1）。

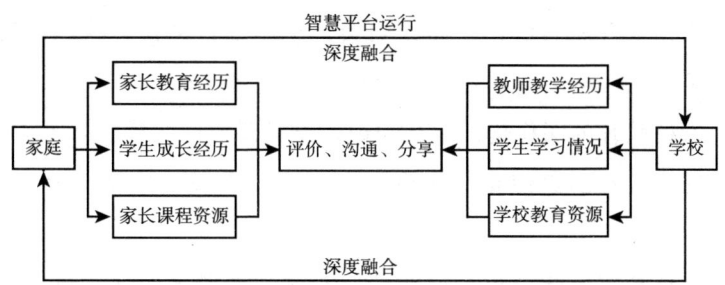

图1 顺德一中附小家校深度融合教育生态体系

1. 以"两个共同体"的建设为支撑

我们延伸出两个支点："学生发展"和"学校发展"，并在此基础上建立"生命成长共同体"和"学校发展共同体"；又以两个"共同体"搭建和支撑"生态体系"，使两者成为"基于学生成长的家校深度融合教育生态"的两大支柱（见图2）。

"两个共同体"是我们营造教育生态两个主要支柱，两个共同体的内容体现出因材施教、多元育人的教学理念。

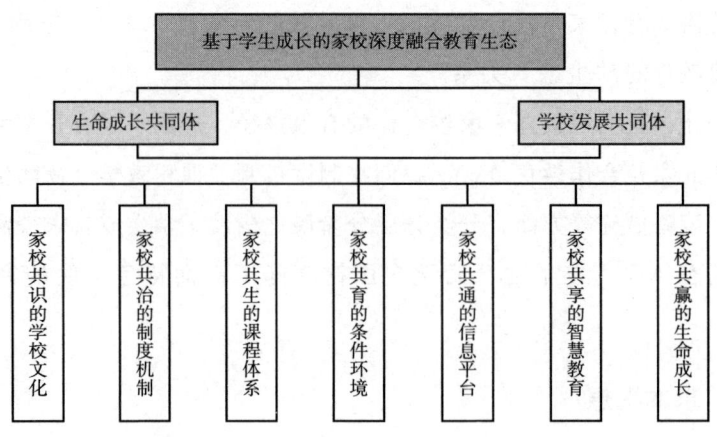

图 2　顺德一中附小家校深度融合教育生态

2. 以"四化两主"为主要路径

"四化"具体体现为以下几个方面。

（1）家校教育的制度化，如家委会选举制度、家委会管理制度、家校活动制度等。

（2）家校教育的课程化，一是知识技能类课程；二是活动体验类课程。

（3）家校教育的组织化，如班级家委会、家长义工队、家长合唱团、家长摄影协会等。

（4）家校教育的活动化，如亲子风筝节、亲子迷你马拉松、阳光超市亲子献爱心等。

"两主"包括两个方面：家校教育以主动参与为前提，以体现家长主体地位为原则。

3. 以"三个原则"为基本原则

现代家庭教育是教育事业的重要组成部分，家庭教育与学校教育必须实现沟通与协调，为了继续深化和加强家校合作，全方位地推进家校合作，进一步深化"学校、家庭、社会"三者共融的教育生态，我们主要遵从以下原则。

（1）主动参与原则。家校教育立足家庭和社会，以家长主动参与为原则，通过制度激励，效果呈现，激励家长主动参与。

（2）互动和谐原则。家长—社会深度参与学校的教育管理工作，形成以学生的成长为共同目标、有要求有呼应的互动关系，在工作上形成民主协商、开放和谐的机制。

（3）共同教育原则。学生的全面发展，单靠学校教育远远不够，需要社会、家庭多方面共同参与。同时要遵循教育规律，达成教育共识，携手共进，相向而行。

三 主要做法

（一）制度保障，促进融合

制度建设是保障家校融合的重要力量，也只有在合理规范的家校制度下，才能合法有效。顺德一中附小历来非常重视制度建设，尤其是在家校合作方面建立了一系列制度。

1. 建立了家长委员会组织机构及其制度，充分体现家委会的自主性

顺德一中附小家委会制度已经实行十多年，具备明细的组织架构和较为成熟的机制。学校对于家委会的定位也十分明确，本着相对独立、相互制约、相互促进的原则，充分发挥家委们的积极性与能动性，体现家委会的自主性。完善的家委会制度，让顺德一中附小在家校合作方面获得了积极的社会反响。

2. 搭建了三级家委会组织架构，形成了家委会层级管理网络

为了推动家校深度融合，带动全体家长参与到家校合作中来，我们研究制定了从校级家委会到年级家委会再到班级家委会的三级家委会组织架构，并建立班级家委委员申报审批制、校级家委委员聘任制以及家委会章程和工作指引等一系列制度，形成了由家委会辐射每一个家长的层级管理网络。

3. 出台了家校合作的相关制度，完善了家校合作的保障机制

为了规范和促进家校深度融合，我们还建立了家长义工服务制度、家长课程管理制度、家长俱乐部管理制度、学校重大事项家长听证会机制以及家

长及社区直接监督学校食品卫生安全机制，构建了家长之间互通互联的网络群，健全了家长学校组织机构，统领和协调全校家长自主开展家长学校系列工作，切实保障家校合作向着科学、规范、有序的方向发展。

4. 各项制度通过多渠道、多样化得以顺利实施与实现

完善的保障制度需要通过家长的实践与参与得以实施与实现，为此我们开辟了各种平台鼓励家长广泛参与家校合作系列活动。

（1）每学期组织两次全校性的"一对一家长约见日"，由班主任和任课教师、生活辅导员共同约见一个家庭，为学生量身订制教育方案，实现教育的私人订制，促进家校的深度融合。

（2）每学期至少举办一期家长论坛，让家长主动参与到家庭与学校教育问题的探讨与思考中来，搭建家长与学校互动交流的平台。

（3）在校园网站上开辟无记名留言簿，本着包容、理解和积极解决问题的心态与家长零距离沟通，及时为家长排忧解难，让家校实现平等对话。

（4）学校教育教学、后勤管理工作随时接受家委会检查和监督，让民主管理与监督得到真正意义上的实施与落实。

（二）构建课程，实现融合

学校建立了分类、分层、有梯度的、以"优秀+特长"为核心的人才培养目标，获得了更多家庭和社会力量的助力；学校进一步完善了以"四个学会"为核心内容的课程体系，在学校的课程体系中家长课程成为结构化的部分；家长、社会因素更有效地融入学校隐性课程；家长、社会多方面、多形式、多时段参与或主导学校教育教学活动，为学校的课程建设提供了丰富立体的社会资源和内容结构。

1. 家长课程的内容已逐步序列化

家长课程的内容涵盖人生成长、科技教育、现代生活、文化艺术、国际理解、乡土情怀、家政技能七个类别12个专题，涉及家长群体所从事的多个行业和领域，与学生生活的地域区域的社会经济关系密切，与家长自身和家庭生活息息相关，是"生活中的知识""做父母的知识"。

2. 家长课程的资源已融入学生学习中

家长课程的资源与实施计划经历了一个漫长的实践探索与挖掘提炼阶段，正逐步走向序列化、规范化。以往，家长通常是给自己孩子的班上课，获益的只有本班同学。我们改善了家长课程的固定关系，扩大了对象范围。筛选出优质课程、精品课程，并推荐到整个年级甚至全校，使更多的学生获益，同时也给广大参与授课的家长们提供了优质课程的学习参考范本，为家长课程向纵深发展提供了更为广泛而有深度的资源宝库。

3. 家长课程的质量不断优化

我们借助父母学堂、家长委员会的力量，对家长们进行授课培训辅导，由班主任对家长的学历资格、教学内容以及教学能力进行评估，对审核过关的家长颁发授课证，持证上课。

4. 家长课程对学校的发展影响深远

在研究与实施过程中，我们充分调动家长参与学校课程建设，挖掘家长课程资源，丰富学校教育内容，搭建家校互通平台。

5. 家长课程的立体实施

我们要求每学年开设家长课程不少于 1 小时；每学年家长参与家长开放日和家访活动不少于 1 次；每学期参与家长义工服务不少于 6 小时；每学期参与亲子活动不少于 1 次等。这些要求都以制度、协议的方式写进了《顺德一中附小家长手册》中，成为每一个附小家长必须履行的责任和义务。学校在引导家长融入学校教育方面已经建立了比较完善的管理机制。

（三）创设平台，多边融合

1. 成立家长义工社团

在家委会的倡导下，我们成立了家长义工社团，并拟定了家长义工社团章程，对家长义工参与服务的内容、职责进行了规范要求。

2. 开辟父母学堂

每学期由学校和家委会共同筹办两期"父母学堂"，邀请教育专家或有经验的家长开设家庭教育专题讲座，帮助家长解决家庭教育中的疑难问题，提升家长科学育儿的能力和水平。

3. 成立家长联谊会

通过组织家长合唱团、家长摄影协会等组织机构，让广大附小家长积极参与到家长联谊活动中来，愉悦身心、增进交流、融洽关系，既能分享到学校和家长的优质资源，又能营造家长与家长、家长与学校和谐交流和相互学习的良好氛围，影响和带动孩子们树立终身学习的理想。

4. 组织家委培训班

每学年初，家委会通过"以老带新"的方式，组织新一届班级家长委员参加上岗前的培训学习，分享家委会工作经验，明确家委会工作职责，让新一届家委会通过专业培训，尽快了解和熟悉班级家委会工作。

（四）课题研究，提升融合

基于国家对校本课程的要求，基于对未来人才的培养要求，基于从更高、更深层面思考办人民满意的教育的理念，顺德一中附小承担了省级教育科研课题——家校结合型小学校本课程开发策略研究。

四　学校影响力

顺德一中附小家校合作教育范式的建立，为学校的教育教学、后勤服务，以及未来发展注入强大的推动力，为学校树立了鲜明的品牌特色，在家长中、社会上形成了较高的知名度和美誉度。

五　思考与展望

社会力量、家庭教育和学校教育的有机结合与深度融合，将打破学校围墙，构建 21 世纪开放的学校、家庭、社会融为一体的大教育生态体系。开放融合的教育生态建设，必定会促进顺德一中附小办学质量和教育水平的不断提升。

参考文献

李雪：《小学心理健康教育中家校合作策略的相关研究》，《名师在线》2019 年第8 期。

张继安、王丹丹：《共解难题：家校合作的一种实践取向》，《江苏教育研究》2019 年第 Z2 期。

构建可视化的家校沟通
——"三人行"主题式互动日记*

一 认识：确定家校合作的项目

目前我们在家校交流中使用较多的是口头沟通，如打电话、面对面交谈，这样的沟通存在一些弊病：一是老生常谈，孩子觉得啰唆，不想听；二是师长忙碌，没有时间倾听孩子的烦恼、分享孩子的快乐，孩子觉得自己不被重视；三是有些家长脾气急躁，对孩子高标准严要求，打骂时常发生，孩子没有自信。而日记，作为书面沟通的一种方式，让写作人能够从容地表达自己的意思；写的人和看的人不需要同时在场，不会受双方情绪波动的影响，避免口头沟通情绪失控导致误会和冲突；可以帮助我们从外部的角度观察自己，在写日记的过程中反思自己，完善自己；通过写日记，不断地沉淀思想，不断升华。可见书面沟通在深度、广度和持久度上有明显的优势。

基于这样的认识，我们确立家校合作核心理念："生亲师共写，快乐满家校"。"生亲师共写"，即学生、家长、老师通过日记的方式记录生活，反映问题，加强指导，逐步让学生在小学阶段养成锻炼、阅读、沟通等好习惯，它是一种方法、一种手段、一个载体。"快乐满家校"是目的，通过项目实施，让每个孩子享受成长的快乐，提升老师的指导能力、家长的家教能力、学生的自我教育能力，提升参与人员在校、在家的快乐幸福指数。通过2~3年的努力，做好"三人行"主题式互动日记品牌项目的建设。

"三人行"源自孔子"三人行，必有我师焉"。在项目研究中暂定为"生""亲""师"三者。"主题式"指日记围绕孩子健康成长而产生的话题展开。"互动"，即让家长有主动参与的意愿，老师有发挥专业的引领指导

---

* 作者：周芳，江苏省昆山经济技术开发区实验小学。

作用，学生有思想与行为的变化。"三人行"主题式互动日记，即由老师、家长或学生提出学生成长中的问题，确定日记主题，学生写行动、感受，家长写评价、困惑，由相关的老师指点，提供解决策略，再由学生和家长去实施策略、记录行为改进，老师根据实情再做出相应的策略指导，这样循环往复，循序渐进，就形成"生—亲—师""三人行"主题式互动日记。通过长时间的持续的主题互动日记，生亲师开展真诚而有针对性的沟通，促进生亲师形成学习共同体，师生之间、亲子之间、师长之间的交往越来越走向主动，走向深入，走向和谐。

二 行动：寻找项目实施的策略

（一）项目实施中的几个问题

1. 主题的产生与选择

主题提出者可以是老师，也可以是家长或学生。老师要善于抓住学生核心素养的落实来提炼主题，如"八礼四仪"等教育活动的记录、反思和成长；善于从孩子的日常行为中发现问题，提炼主题，如书包里放什么；善于在家长所提的问题中找到共性的话题，注意主题选择的普遍性，如专注力不够、做作业磨蹭等。每个年级选择三四个共性问题，教师的日记是共性指导，家长、学生在此基础上行动、反馈，形成成熟的案例推广到相应的年级，提高项目的教育效益。

（1）学生的日记呈现。

《儿童的一百种语言》指出：日记是回顾儿童生活的有效载体，可以被看作是一种直观的倾诉：确保既可以自己倾听，又可以被人倾听，产生笔记、幻灯片和视频等供大家学习交流。所以，日记本身不仅是儿童表达自己、采集信息的一种方式，更是与自我对话的过程。我们做可视化的日记，主要用文字写，但也可以用剪、粘、画画、色彩来表达，还可以拍照、录音、拍视频，多样组合，让日记呈现丰富多彩的样态。

（2）家长的日记内容呈现。

家长的日记内容主要呈现两方面：一是找到孩子最需要解决的问题，进行现象描述，也可以描写自己的感受和烦恼。二是自己分析问题产生的原因，如用思维导图分析孩子磨蹭的原因。日记形式也多样，如微信微博、文字画面、拍照录音等，长短不限。

（二）项目研究的年段目标

1. 低年级：重在学习、生活的好习惯培养

主题由学校统一提出，确定锻炼、劳动、阅读三个主题，学生每天记录自评，家长每周写点评，老师每月上交一次点赞与指导。具体目标如下。

（1）锻炼。每天在家安排半小时锻炼时间，和家长一起训练一项体育运动，记录自己的成绩和训练故事，养成锻炼的好习惯。

（2）劳动。主要指自我服务劳动。如整理自己的书包，每周清洗自己的红领巾；自己独立在半小时内吃饭，学会吃鱼、剥虾的方法，学会洗碗，养成自己的事情自觉做的好习惯。

（3）阅读。每天半小时阅读，包括完成语文教材中《和大人一起读》；读绘本故事，阅读量达 500 本；每天背诵经典，如一首古诗，或《千字文》《笠翁对韵》等，养成阅读经典的好习惯。

（4）自选其他习惯培养。家长根据学生的实际情况培养，如学昆曲的孩子坚持每天练习；新昆山人可以练习昆山方言等；二年级孩子培养独立做家庭作业的好习惯。

低年级主题式互动日记侧重在家长导向。根据低年级学生问题，引导家长在家庭学习环境的布置、亲子生活交往与沟通等方面做出指导与调整，学习有效陪伴等。

2. 中年级：重在培养良好的学习方法，提高学习效率

主题由老师、家长和孩子商量后确定，可以围绕锻炼、劳动、阅读、日记写作、活动、学习等主题来开展。

（1）继续坚持锻炼、劳动、阅读等好习惯培养。劳动，和家人一起做家务活，如学会整理房间，学烧几个家常菜，每周为家人做一次饭菜。和家人一起阅读，为纯文字阅读写作做准备，阅读量达 500 本。

（2）日记写作。善于从锻炼、劳动、阅读、学习、活动中积累写作的

素材，记录自己学习的情况，开始学写日记，逐渐达到一周不少于 3 次，养成写日记的好习惯。

（3）学习时间管理。学习安排自己的课后时间，填写学习安排表，有条不紊地完成锻炼、劳动、作业、兴趣爱好等，养成做任何事都有效率的好习惯。

（4）掌握学习方法。根据不同的学科，掌握科学的学习方法。如语文的预习、复习，数学的正确计算，英语的读、背等，养成上课认真听讲、勤于动脑、积极发言、独立完成作业等好习惯，提高自己的学习品质。

中年级主题式互动日记侧重在学习导向。在"亲师生"的沟通中，帮助学生掌握科学的学习方法，形成良好的学习习惯，培养学习兴趣，提高学习能力。

3. 高年级：重在学生自主管理，提高反思能力

（略）

（三）"三人行"主题式互动日记项目设计

1. "三人行"主题式互动日记的基础项目

每年一年级新生家长会上，每位家长都获赠一本《一年级新生家长指导手册》（以下简称《手册》），《手册》中设计了《快乐升小，好习惯养成记录表》，要求每天一记，每周一反思，以形成家庭育人氛围。在这张表中，我们选择了"阅读、健身、劳动"这三个好习惯作为要求养成的习惯，孩子还可以基于自己的喜好，自行增添好习惯。家长需要每天抽出一定的时间和孩子进行亲子阅读、亲子健身和亲子劳动，享受亲子共处的乐趣。亲子活动结束后，需要家长每天以画"笑脸"的形式记录孩子的好习惯养成情况，孩子也要督促家长陪他完成这三项任务。《手册》每月上交一次，由班级家委会成员会同班主任一起查阅好习惯养成记录。对于能坚持陪伴孩子养成三项好习惯的家长进行表扬鼓励，并请他们拍摄亲子活动照片或者写心得在班级群里共享，以促进全班亲子互动实践。

2. "三人行"主题式互动日记的特色项目之一：八礼四仪

我们积极尝试将"三人行"主题式互动日记与社会主义核心价值观的活动相融合，宣讲八礼四仪，更好地促进学生核心素养的落地生根。

3. "三人行"主题式互动日记的特色项目之二：社会实践基地活动

学校聘请年级基地辅导员、校外辅导员，挖掘校外课程资源，形成各年级的基地系列实践活动，并经常性组织活动。如黄河路邮局挖掘了"小小理财师活动""爱心包裹寄送活动""小小报童体验活动""集邮知识讲座活动"等学生喜闻乐见的体验活动课程，让学生既学到课本上学不到的知识，又锻炼交往能力，培养社会责任感。

4. "三人行"主题式互动日记的特色项目之三：家庭生活日记

积极心理学告诉我们要指导家长做一个积极的家长，建设一个积极家庭，培养一个积极孩子。我们构建了六大板块内容："我们爱劳动""我们爱锻炼""我们爱阅读""我们爱交往""我们爱旅游""我爱我的家"，有意识引导家庭成员有更多的共处时光，有更多的家庭活动项目，如旅游、劳动、阅读、家庭会议、影视时间、走亲访友、厨房美味、生日聚会等，引导家庭以多种日记形式呈现幸福生活。家庭生活日记成为一件件精品，既记录和丰富家庭生活，也让家庭生活变得细腻、精致、温馨。

三 展望：在可视化的沟通中收获幸福

成功没有奇迹，只有轨迹。"三人行"主题式互动日记品牌项目在专家的指引下起航，参与品牌建设的老师、学生、家长都感受其在教育、沟通等方面的独特魅力，家庭成员告别指责，告别打骂，都能坐下来，安安静静地写、安安静静地读，进而认识各自的问题，心平气和地一起沟通、行动、成长。这种可视化的沟通方式，让许多问题变得清晰，大家在倾听中理解，在理解中宽容，在宽容中解决，让更多的家庭收获别样的幸福。

当然，在实践操作中，我们也发现了种种问题，如家长、孩子使用手册后的反馈以及行为跟进评价等。可研究的问题很多，需要我们进一步深入研究，不断总结提升。

小班化体验式梦想导师家庭教育落地体系探究 *

苍天之木必有其根，家校共育必育其根。家庭既是一个人人生起点，也是一个人梦想起航的地方。习近平总书记特别强调："不论时代发生多大变化，不论生活格局发生多大变化，我们都要重视家庭建设，注重家教，注重家风。""使千千万万个家庭成为国家发展、民族进步、社会和谐的重要基点"。2015 年 10 月，教育部颁布《关于加强家庭教育工作的指导意见》，明确提出将指导家庭教育工作，正式列入教育工作序列。

每一个孩子的成长都不可复制，每一个家庭的幸福都需要经营。在孩子成长的过程中，每个家长都会遇到或多或少的苦恼，或大或小的问题，面对家校社共育的家庭教育形势，笔者感到，在家庭教育焦虑成为全社会共同问题的大背景下，我们作为教育工作者，要充分发挥学校资源的优势，抓住家校共育的可行之道，为每一个成长中的学生家庭，送去家庭教育的"源头活水"。笔者在油田教育系统首先开始尝试做小班化、系列化的家长学校，在实践中探索出一套可行的家长学校的办学模式和教学模式。

一 梦想导师家庭教育落地体系的研发背景

在家庭教育中，伴随孩子的成长，家长必将遇到诸多的具体问题，只有家长不断学习家庭教育，提升家教素养才能把家教问题解决得较为恰当。在孩子成长过程中，作为孩子第一任启蒙老师的家长，应该具有阳光心态，家长有梦想，孩子才能有梦想，家长的身教重于言教。关注核心素养，父母与孩子共同成长，这也是"梦想导师"——有梦、追梦、逐梦、梦想成真的历程。

作为班主任，本身有教学、班级管理任务，面对诸多学生问题，也要进

---

* 作者：沙军华，河南省濮阳市油田第四小学校长；郭丽艳，河南省濮阳市油田第四小学教师；张志彪，濮阳市家庭教育研究会理事。

行相应的教育指导，每一个问题孩子背后就是一个问题家庭，班主任家庭教育指导能力的提升是家庭教育系统工程中的重要内容。发挥班主任在家校管理工作中的优势，让每一位班主任老师因为梦想导师课程的落地而事半功倍，减轻工作压力，更让我们的校长因为梦想导师的存在，而感受到学校的可持续发展。

家庭教育是一切教育的根本，从这个意义上来说，家庭教育不仅是一个课程，更是一项推动教育发展的工程。笔者任副校长期间开始小班化、系列化家长学校的实践研究，十五年的家校共育之路，使濮阳市油田第四小学逐步实现了主体多元、内容多元、形式多样的家校社"真合作"，使家校共育走向整体，凸显个性，深度合作，打造了学校、家庭、社会观念趋同，资源互补的育人格局，推动了新时期家校共育的高位发展。

二 梦想导师系列课程的落地体系

充分发挥学校校长的职能是家校共育的办学关键，为此，家长学校组织机构的建立是第一要务。濮阳市油田第四小学（简称油田四小）学校大门口显眼的"家长学校"校牌，使走进油田四小的学生家长感到"家长好好学习，孩子天天向上"的责任。油田四小建构的办学模式、教学模式和共育模式成为推动家校共育体系的重要内容。

（一）办学模式

一校两牌、一室两牌和一校三会，我们称之为办学模式的"两硬一软"。一校两牌和一室两牌是从硬件建设上，使家长学校的形式真正深入人心，而不仅仅是我们通常的说法"家长会"。软实力则要通过一系列的专项培训提升家委会的实力，梦想导师系列课程的落地体系（一）见图1。

建立家长学校组织管理机构，形成家长学校组织管理体系，确保家庭教育的有机化（与本校各类家校共育有机结合）、落地化（不是为了迎检而抓一时）、体系化（不会因为换校长而无人管）。"中国式家长委员会"在发挥作用方面，缺乏真正将家长组织（家长委员会）和学校决策机构（学校班子）从组织体制上连接起来，家长委员会还不能说是现代学校制度

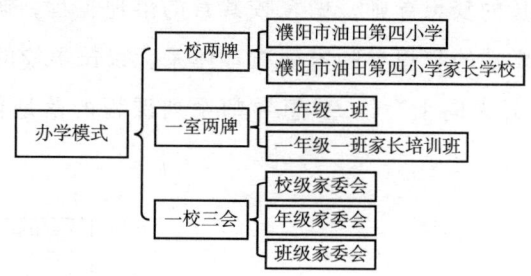

图1 梦想导师系列课程的落地体系（一）

的组成部分①。我们重视家委会的培训、历练过程，可以更好地发挥家委会的作用。

油田四小家长学校的校牌在校门口挂起来了。各项工作也有条不紊地开展起来，按照《家长学校规范化标准和要求》，制定了家长学校的一系列规章制度，建立健全家长学校的组织机构，校长全面负责，副校长主抓实施，下设家长学校办公室和有关工委办公室，做到分工明确，落实到人。通过学校工作简报，进行工作落实、总结和反馈。

三级家校共育的组织体系，能够使家校合作，真正为学校教育助力。每学期一次的全校家长委员会会议，班级家委可以享受学校 VIP 家教专题讲座、家长主持人专题讲座，团结带领了一大批心有所向、学有所长的家长，真正参与到学校教育中，助力学生成长。

（二）教学模式——"梦想导师+"

家长从孩子一年级入学就成为家长学校的学员，班主任是家长学校培训班的组织者、传授者和引领者。家长走进孩子上课的教室学习，每月一次，每次时长 1.5 小时，一般说来每学年 7~8 次。家长学校通过家教讲座（梦想导师悦读会）、亲子合作社团等一系列家校共育工作和活动，基本实现了跨界办学，提升学校教育教学工作的主旨。

结合油田四小实际，笔者提出实现构建家庭教育体系的梦想，家长和

---

① 乔伊丝·L. 爱普斯坦等：《学校、家庭和社区合作伙伴行动手册（第三版）》，吴重涵、薛惠娟译，江西教育出版社，2012。

教师要做孩子成长的梦想导师，做家校共育的落地工程，研发出具有体验性、系统性和科学性的梦想导师家庭教育体系。家长学校的主题是"家长好好学习，孩子天天向上"（梦想导师系列课程的落地体系（二），见图2）。

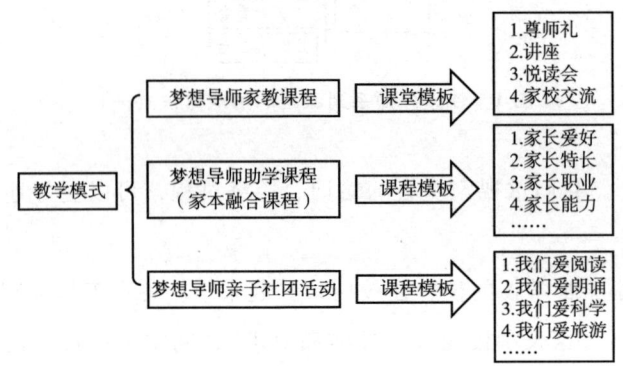

图 2　梦想导师系列课程的落地体系（二）

通过实践，我们认为小班化家长学校教学使家校培训成为常态，体验式教练模块可操作、易上手，使各行业的家长通过培训，学会自主提升家庭教育能力，在真正的爱与陪伴中成就孩子、成就幸福家庭。

1. 梦想导师家教课程

小学一至六年级，正是孩子身心加速发展的关键期，是梦想家庭的成员激发正能量追寻梦想的过程，也是父母不断成长的过程。只有关注自身成长的父母，才能引导孩子健康阳光生长。根据小学学段，分设家长教材《梦想导师》：低学段（一二年级）、中学段（三四年级）、高学段（五六年级）三本。每本书按学期分为两个单元、八个主题（或增加两个自选主题）。

从整体设计来说，梦想导师系列课程不是思想品德读本，不是指导家长用来要求孩子做这做那的读本，而是以心理学应用为手段，借助NLP、教练式技术等各种融教育学、心理学、管理学、脑科学等为一体的体验式活动系列课程，本质上家长通过学习与训练，通过自身智慧家庭教育的实践，提升家庭教育能力，在家庭教育中自我成长。培训课程通过向幸福出发、幸福教练、自省驿站、悦读文苑、知行宝典 5 个模块的设计，力求突出"梦想导师"，经过"梦想导师"历练，提升自身素质，融洽亲子关系，和谐幸福家庭，实现家庭梦想，推进美好社会。

向幸福出发注重自我诊断；幸福教练注重自我体验，不只是简单的情景体验剧，而是家教体验式心理活动；自省驿站注重自我反思，通过名人家教故事、图书发表的案例或身边典型案例进行反思感悟；悦读文苑注重自主学习，通过家教故事、家教书目、家教节目切题，新鲜、生动，一读就懂，充满故事性，读时感受深刻，而不是单纯说教；知行宝典注重自主评价，一月四周，训练主题层层递进，担负着家教的亲子激励、评价功能，促进父母知行合一，体现家教能力落实亲子教育的过程。

在全民阅读大力推进的今天，亲子阅读成为重要媒介。作为家长自主阅读载体的梦想导师悦读会，重视培养家长主持人，引导家长通过齐读、小组读、个人读等各式阅读，形成悦读会的流程，经过实践达到了家长自主组织、家长踊跃读书的效果。

油田四小的智慧家长学习记录本，每学年一本，随着每年一次家庭照片的更换，内容的更新，成为记载家庭教育的"家庭成长档案"。家长学员在听完家教专题做好"学习记录"后，要交由自己的孩子评价，做到家长自觉、孩子监督、教师提醒，这种家长"自评、生评、师评"的三维评价，让家长学校的培训学习落到实处。一年学习结束，翻开一本家长学习记录，就见证了一个家庭的成长。学生小学毕业后，这本记录就是学生送给家长的成长礼物。

2. 梦想导师助学课程

"孩子上学一年，家长义工一天"，从一年级开始，按家长的能力、爱好、特长等，请家长参与到助学课程中来。培训各班有爱心、有能力、愿意抽出时间的家委会成员和家长读书会主持人，建设家长义工团队和家委会（爱家帮）团队，并通过调查、申报形成家校共育工作开展的"家教资源库"。濮阳市油田第四小学开设良好家风传承课程，学做练的家务课程，种养收的种植课程，跑跳踢的健身课程，走看拍的研学课程，吟诵画的融合课程等，每学期安排两次助学课程。

3. 梦想导师亲子社团活动

亲子社团课程与家长学校相伴相生、相辅相成，按居住区域、学生特质、家长支持度等合理分组，每个班级设置10个组左右，以经典诵读、社会实践、亲子共读为主题，由有能力的家长轮流组织，可以每周末一次。每学年初进行重组和调整，通过美篇、网络等上报动态，汇总督促。

（三）共育模式

孩子上学一年，家长义工一天，家校共育激发了家长的正能量。家长通过参与学生的安全执勤、家校培训班的各项事宜、网络家校的管理，调动起了助力教育的积极性。

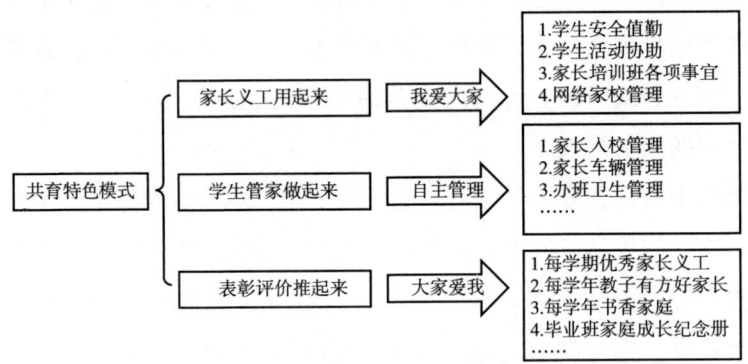

梦想导师家庭教育系列课程的落地体系（三）

学生们在家长学校期间，参与家长入校的车辆管理、卫生管理等工作。学生管家行动起来，提升自主管理能力，提醒家长自律入校，认真学习。

家长学校建立了"十有"管理长效机制，家教专题的检查，家长学习记录本的展评，班级家教档案，跨年级家教交流，"教子有方好家长"评选等，成为家长好好学习的动力。

三 成效与推广

家长学校办学以来，因重视家校共育而成为特色学校。濮阳市油田第四小学获得全国示范家长学校、河南省示范家长学校、河南省卓越家长学校、河南省十大教育名片、濮阳市五一劳动奖章、濮阳市教育系统先进学校等荣誉，并在上海、徐州、山东、河南、深圳等地进行家校共育经验介绍和推广。

重组家庭的家长姜女士说，在与孩子一起学习的小学阶段，也是她在家长学校成长的阶段，她和孩子获得了"双赢"，一方面是孩子的积极成长，另一方面是她和孩子的感情加深。自从家长培训班讲了《如何指导孩子读书》的讲座后，她就主动承担了孩子班级的家庭读书会，她也在书香中得到孩子的认可。五（五）班同学家长说：我是个地道的农民，我觉得，教育孩子和种庄稼一样，会种庄稼的人会种好苗，秋天会丰收。家长必须知道科学育人的道理才会培养出合格的人才。五（五）班胡同学家长一直为孩子内向的性格、学习发愁，家长经过家教培训班的学习，在老师指导下转变家教观念后，孩子性格变得活泼开朗，敢开口发言了，学习也有了很大进步。

有位班主任（兼家校教师）说：我们的家长课堂，现在是家委会全程管理，家长全员体验参与。每当听到家长朗朗的读书声，看到家长热烈的交流，很多家长能把学习到的方法用到孩子身上，就会觉得家庭教育培训是一件非常有意义的事情，我们一定会坚持下去，让家庭教育在我们学校落地生根。

城区学校班额大，学生家庭状况各异。21世纪的今天，家庭教育在变革以及社会发展的推动中演进，科学化、大众化、现代化的发展趋势更加明显。家庭教育知识和能力的系统性培养、家庭教育素养的引进，脑科学、心理学在家庭教育中的应用等，不但是家长所需，也是教师提升家教素养所需。家教的发展趋势就是我们的努力方向，也是我们的共同任务，我们要进一步构建梦想导师家庭教育体系，使办学模式、教学模式、共育模式有更强的可操作性和实效性，把落地式家庭教育做成家长学校的品牌，成就"助己、慧家、利国"的教育梦想！

家校共育　合力构建幸福教育新生态[*]

家庭是社会的基本细胞，是人生的第一所学校，无论时代发生多大变化，无论生活格局发生多大变化，我们都要重视家庭建设，注重家庭、注重家教、注重家风。孩子的健康成长关系着千家万户的幸福，更关系着中华民族的未来和希望。在这一时代背景下，家校共育，合力构建幸福教育新生态有着更为重要的价值意义。它能更好地发挥家庭和学校的优势，用家庭教育的优势来弥补学校教育的不足，让学校教育指导家庭教育，再让家庭教育来支持和强化学校教育，即形成以家校共育为核心的幸福教育新生态。

近年来，扬州市高新区实验小学以《邗江区关于新家庭教育实验工作的实施意见》等文件为指导，着力完善新家庭教育实验机制，着力强化新家庭教育指导站建设，优化"三级"家委会工作平台，打造校内外家庭教育专业指导团队以及家长志愿者队伍，扎实推进"幸福父母"大讲堂、"一个孩子的研讨会"、家校互访、建构"1+X"家育课程体系等十大行动，充分发挥学校在家庭教育中的引领作用，不断打造家校共育氛围，营造良好育人环境，探索形成"同心、同步、同向"的富有校本特色的全员、全程、全方位"融教育"系统，为"办适合的教育、建高品质学校"凝聚强大合力，为推动"学在邗江"教育品牌建设奠定坚实基础。

一　健全组织机构，完善工作机制

1. 建立新家庭教育实验指导机构

成立家庭教育指导领导小组，该小组由校长任组长，成员包括分管校长、中层干部、班主任、家委会代表，统筹规划、制定完善学校新家庭教育工作实施方案，明确重点项目，安排序时进度，强化指导、督查和考评。建

---

* 作者：刘娟，江苏省扬州市高新区实验小学。

立新家庭教育实验指导站，拟定指导站工作章程，形成有效工作机制，组建专业指导员队伍，有计划地组织专题培训，不断提高家庭教育的针对性和实效性。

2. 组建三级家长委员会

按照民主、公开、公益、服务的原则，组建学校、年级、班级三级家委会，充分发挥家委会在新家庭教育实验中的独特作用。加强三级家委会组成人员培训，强化责任担当，提升专业服务水平。成立家长志愿者服务团队，引导他们深度参与学校管理及教育教学工作，合力推进学校、家庭、社会三方融合的立体教育模式。

二 打造物型文化，优化育人环境

物型文化是开展新家庭教育实验的物质保障。为积极营造浓郁的新家庭教育实验氛围、加强实验工作阵地建设，学校从六个方面进行新家庭教育物型文化建设。

1. 建设"幸福父母"会客室

为家长委员会及家长志愿者提供必要的工作场所和活动空间。

2. 打造心理辅导室——"心灵氧吧"

购置心理辅导专业器材，优化心理辅导室环境，聘请专业心理辅导教师，通过"一个孩子的研讨会"等路径，关心、帮助有特殊需要的儿童，引导他们纾解心结、排除烦恼，培养健全人格，健康快乐成长。

3. 设立"悦读"驿站

充分整合校内资源，在学校图书馆开辟新家庭教育阅读区域，热心为家长和学生提供图书借阅和亲子阅读服务；在每个教室设立"阅读角"，将图书馆藏书按年级分类和班级需求漂流至各班教室，以便于学生和家长借阅；充分利用校园走廊等空间，设立开放式图书架，全天候向学生开放。

4. 成立"爱之链"亲子工作坊

充分利用学校实验室、食堂等空间，成立亲子工作坊，为家委会和志愿者开展亲子体验活动提供有力保障。

5. 办好"智慧父母"大讲堂

根据区教育局总体部署，根据学校实际，有计划地开展起始年级及全校各年级家庭教育主题培训，向家长传递家庭教育最新信息，引导家长转变育人观念，不断提升争当新时代好父母、与孩子共同成长的意识和能力。

6. 用好网络学习交流平台

充分发挥"互联网+"优势，开通学校微信公众号，建好班级微信（QQ）群，及时宣传家教理念，传播优秀家教经验，在学校与家庭、教师与家长之间架起一座畅通的沟通、交流、分享的新桥梁。

三 构建课程体系，提升新家庭教育实验品质

（一）建构教师课程

1. 新家庭教育通识培训课程

（1）经典阅读。组织教师阅读苏霍姆林斯基《给教师的建议》、蒙台梭利《童年的秘密》等教育理论经典，从中汲取教育思想的营养，开掘教育智慧的源头活水。

（2）专业阅读。组织学习区教育局关于新家庭教育实验的一系列文件，推荐阅读《大师教你做父母》等一系列图书，引导教师从叶圣陶、陶行知等教育大家关于家庭教育的阐述中认识、了解家庭教育，投身家庭教育实验。

（3）个性阅读。鼓励教师根据个人兴趣爱好和班级实际，选读有关新教育（朱永新《新教育》）和家庭教育方面的专业书籍及《人民教育》《中国教育报》等重点报刊，从鲜活的案例中得到启发，开阔思路，创新实践，力求成效。

2. "1+N"家育课程

"1+N"家育课程中的"1"指的是班主任，"N"指的是科任老师、家庭教育指导专家、热心家庭教育的志愿者。"1+N"家育课程主要包括：结合"千名教师访万家"活动，要求班主任和科任教师定期走访家庭，做到每学期家访全覆盖，通过家访增进家校互通互联，改善家庭教育品质，形成

育人整体合力；开好"一个孩子研讨会"，倾心关注智力、行为、心理等方面存在缺陷的特殊儿童群体，借助校内外专家、教师和志愿者等专业资源，走进家庭，深度访谈，发现问题，精准施策，为特殊儿童的健康成长保驾护航。

3. 新媒体课程

借助学校网站、微信公众号等互联网平台，通过购买、整合家长视频、图文资料，分专题、分年级向家长推送相关课程，让家长随时随地能点击、观看、学习，最大限度地方便家长、服务家长，促进家庭教育水平的提升。如针对一年级新生家长，在 8 月底 9 月初推送幼小衔接系列课程，帮助家长有效地指导孩子尽快适应小学一年级学习生活。

（二）建构家长课程

1. "智慧父母"课程

全力打造"智慧父母"大讲堂，丰富"智慧父母"课程内容，形成一至六年级"智慧父母"课程体系，定期编辑《家教专刊》供家长学习；打造校内外家庭教育专家团队，定期邀请专家进行家教专题讲座，让家长与专家零距离交流，让专家引导其努力成为智慧型父母。

2. "幸福父母"亲子课程

（1）"共上一堂课"课程。学校每学期定期组织家长走进教室与孩子共上一堂课，让家长和孩子共同参与教与学的全过程，加深对儿童教育的认识和理解，增进教师与家长、学生之间的沟通与交流，共享学习的快乐与艰辛。

（2）亲子阅读课程。编制亲子阅读课程系列书目和导读提纲，定期培训家长，指导亲子阅读方法；开展"和大人一起读"亲子阅读活动，指导家长制定亲子阅读计划，鼓励家长有序安排，循序渐进，贵在坚持；组织开展亲子阅读分享交流活动，发挥优秀家长的引领示范作用，营造浓郁的亲子阅读氛围，培育书香家庭、书香父母、书香少年。

（3）亲子仪式课程。精心组织一年级新生入学、入队仪式，三年级十岁成长仪式以及"校园亲子节"等活动，邀请家长走进校园参与仪式活动，见证孩子成长中的重要节点，密切家长、孩子之间的情感联系，实现家长、孩子的共同成长。

（4）亲子体验课程。一是结合春节、端午、中秋、重阳等中华民族传统节日，开展富有民族特色的民俗体验活动课程，让家长和孩子在丰富多彩的实践活动中共同了解优秀传统文化，感受中华优秀文化的博大精深。二是开发家长课程，发挥家长的才艺，开设烹饪、手工、插花、刺绣、足球等儿童喜闻乐见的特色课程，激发学生好奇心，培养学生综合素质。三是探索亲子研学课程，指导家长带领孩子走进大自然，走进博物馆、科技馆等校外社会实践基地，在美妙的游学历程中，增长见识，启迪智慧，培养才干。

（三）建构学生课程

1. 一个孩子的研讨会

秉承"过一种幸福完整的教育生活"的理念，关注智力、情绪、肢体、行为或言语等方面存在缺陷的特殊儿童，借助区新家庭教育实验名师工作室等资源，为特殊儿童量身制定个性化矫正、帮扶、促进方案，为每一个孩子的身心和谐发展提供有力支撑。

2. 好家风传承课程

以"好家风、好家训、好家规"传承活动为载体，引导学生学习好家风、宣传好家风，通过讲家风、画家风、赛家风等多种形式，帮助学生了解家风、传承家风，引导他们在学校做好学生，在家做好孩子，在社会上做好公民。

3. 家务劳动体验课程

全面贯彻落实《邗江区家务劳动指南》，按照低起点、严要求、分层次、重实效的原则，家校联动，合力推进，引导孩子在挥洒汗水的过程中，历练生活技能、生存能力，感受父母的辛劳，感恩父母的爱，在体验中收获成长，在实践中养成终身受益的习惯和素养。

四　完善考评机制，强化评价引领

（1）学生方面。学校编制了《"童子功"成长手册》，从家务劳动、活动体验、经典阅读等方面对学生进行综合评价。学生坚持民主、多元、激励等原则，通过自评、组评、家长评及班级任课教师小组综合考评等评价方式，有效引领学生自主发展、快乐成长。

（2）家长方面。充分发挥家委会等组织的优势和作用，不断完善家长表彰奖励制度，通过定期评选和表彰书香优秀家长、优秀家育志愿者等家庭教育先进榜样，树立典型，广为宣传，引领全体家长争做新时代好父母。

（3）教师方面。家庭教育指导工作意义重大，是融教育的有机组成部分。学校引导教师高度重视家庭教育指导工作的重要性和紧迫性，鼓励教师积极参与新家庭教育实验研究，勇于承担项目研究任务，努力在实践中思考，在研究中成长。学校将教师参与新家庭教育研究的实绩作为绩效考核、评选先进的重要依据，每学期定期表彰新教育实验"完美教室"的领衔人、实验推进先进个人及相关优秀团队。

五 提供有力保障，促进质态提升

（1）学校高度重视新家庭教育实验领导工作。在前一阶段工作的基础上，学校进一步梳理工作思路，细化实验工作方案，明确工作阶段目标，优化项目人员分工，强化工作绩效考核，为实验工作的持续推进打下良好基础。

（2）学校高度重视新家庭教育实验经费保障工作。不断完善实验工作保障机制，每年均在学校预算中安排数万元专项经费，确保教师培训等工作稳步有序开展。

（3）学校高度重视新家庭教育实验资源建设工作。学校因地制宜，充分整合校内外硬件和软件资源，打造实验工作阵地和基地，尽一切可能从时间和空间上为专家团队、家委会、志愿者群体开展工作提供必要条件。

新家庭教育是一项细致而长久的系统工程，不会一蹴而就，需要久久为功。扎实推进新家庭教育实验，一要在"新"字上求突破，潜心钻研教育理论，努力提升育人理念，努力开拓教育视野，深入开展调研分析，做好实验顶层设计。二要在"实"字上下功夫，明确实验总体思路，锻造扎实工作作风，强化事业责任担当，落实具体工作举措，强化绩效评价引领。三要在

"行"字上做文章，坚信"行动，就有收获；坚持，才有奇迹"，用"抓铁有痕、踏石留印"的决心和态度，设计好每一个方案，组织好每一次活动，实施好每一种课程，向着"过一种幸福完整的教育生活"的目标奋力前行。

家庭兴，则国家兴；家庭教育强，则中华民族强。新家庭教育实验使命光荣，任重道远，我们永远在路上。阳光路上，家校共育，我们一路同行，合力构建幸福教育新生态。

深挖地方资源　助推融教育格局[*]

近年来，江苏省扬州大学教科院附属杨庙小学（以下简称杨庙小学）以特色亲子活动为抓手，通过健全家庭教育制度、开展家庭教育培训、分享家庭教育经验、开展特色亲子活动、加强家校沟通、深化家校合作，积极构建学校、家庭、社区"三位一体"的融教育格局，为学生的健康成长打好基础。

一　健全家教制度，多彩亲子活动助推融教育格局形成

（一）更新理念，明晰新家庭教育实验目标

树立"大教育"观，明确一个本位，即儿童本位。尊重儿童想法，做他们的好参谋；理解儿童行为，做他们的好伙伴；爱护儿童身心，做他们的好护理。一切都是为了儿童的发展，这也契合了学校"敬一"理念。秉持共建、共享、共成长的家校合作原则，坚持"三为"家校合作目标，即为学生的成长提供动力、为父母的成长提供元力、为家庭教育提供活力。具体操作为：建一个指导站，即家庭教育指导站；学习四个"指南"，即"好教师指南""好父母指南""好学生指南""家务劳动指南"；开展五项基本活动——团队建设活动、特色亲子活动、父母学堂活动、家教微课程建设、互动平台建设。

（二）健全组织，建设新家庭教育工作团队

家校合作，理念先行，团队随后。我们及时整合家长和学校资源，建立

---

* 作者：徐再传、朱明，江苏省扬州大学教科院附属杨庙小学。

一支真正愿意为家校合作出谋、出力、出智的团队，建设一个可以为家校合作提供便利的工作场所。

1. 成立新家庭教育实验工作领导小组

该小组由校长担任组长，德育副校长具体负责，德育部门、家委会、年级组协同工作，形成自上而下的家庭教育工作网络，借力扬大教科院成立专家团队，加强业务力量。

2. 完善"校级、年级、班级"三级家委会

把家委会制度写进学校章程，明确家委会岗位与职责，建立以"家长代表选举制、问题议题提案制、议题决策票决制"为核心的家长委员会工作新机制。

3. 建立新家庭教育实验工作指导站

重点指导家长委员会开展工作，督促家委会履行参与学校管理、参与教育工作、沟通学校与家庭等职责，指导家委会协助做好德育教育、安全健康、减轻学生课业负担、化解家校矛盾、促进学校发展等工作。

4. 打造共成长体验馆

本着共建、共享、共成长的原则，依据快乐、生态、文化的理念建设体验馆，让体验馆成为家校合作的接待中心、组织中心、研究中心、亲子中心、培训中心、展示中心，开展亲子课堂、非遗传承、研学旅行、家务劳动、社会公益、农耕体验等特色活动。

（三）多元学习，丰富好父母家庭教育经验

提升家庭教育水平的关键，在于父母教育经验的提升。我们通过多元学习，内外兼修，全面提升父母的家庭教育水平。

1. 学习系列"指南"，让"好父母"心中有"数"

邗江区先后发布了"好教师指南""好父母指南""好学生指南""家务劳动指南"，为家庭教育提供了切实可行的指导。这一系列"指南"语言平实易懂，便于操作。"好父母指南"包括"做最好的自己""与孩子共成长""家庭是爱的港湾""学校是家庭联盟"四个部分，重点引导父母改变自我，关注教育，陪伴孩子成长。"好学生指南"分为个人生活篇、学校生

活篇、家庭生活篇、社会生活篇四部分 40 条细则，为中小学生提供了"内外兼修"的新范例，引导学生向着健全人格新生长。父母通过学习一系列"指南"，有了努力的方向，更明确了孩子成长的方向。

2. 举办"好父母"沙龙，让"好父母"脑中有"经"

邀请扬州大学教授、学校老师、学生、家长参与活动，分享家庭教育故事，通过身边的榜样、儿童的视角、老师的建议、专家的指导等多角度解读"好父母指南"，传播"好父母"经验，用智慧的父母之爱陪伴孩子的成长。

3. 一个孩子的研讨会，破解成长的烦恼

依托"幸福儿童工作坊"，通过家长、老师和专家的现场研讨，为学校部分特殊儿童共同"会诊"，制定个性化成长方案，实施跟踪服务指导，确保每个孩子不掉队。

4. 开设幸福父母学堂，学做合格好父母

"敬一"幸福父母学堂是家长学校的重要形式，2017 年共开展了 5 次专题讲座。学校邀请专家，以具体鲜活的案例、深入浅出的解析，针对当下家庭教育存在的问题做出具体的指导，帮助父母了解子女成长需求，掌握与子女沟通的技巧。起始年级家长全员培训不少于 16 课时，其他年级每学期组织家长全员培训 1 次以上，培训合格，发给证书。

5. 开设网络微课程，供父母自由学习

随着网络和微信等新媒体走进生活，学习就可以随时随地进行。我们与时俱进，通过微信等新媒体，适时推送"品行道德""生命常识""学习策略""生活习惯""传统文化"等主题教育内容，构建新家庭教育微课程体系，形成线上与线下相结合的灵活多样的培训模式。

（四）多彩活动，融洽新家庭教育多方关系

亲子活动可以启发孩子的智慧，促进父母与孩子建立平等关系，同时也可促进家校走得更近。

1. 剪纸琴筝亲子活动

剪纸是扬州地域特色，琴筝是杨庙地域特色，杨庙小学是"中国扬州剪纸传承基地"、全国校园剪纸教学先进单位、邗江区传统文化润校园项目基地。杨庙小学选择剪纸和琴筝作为学校的两大特色，经常组织家长参与到活动中来，与孩子一起剪纸，一起参加"剪纸夏令营""剪纸义卖"等活动，一起了解琴筝制作流程，学习琴筝演奏技巧，培养孩子和家长的艺术素养和创新精神。

2. 八礼四仪亲子活动

对于十岁成长礼、毕业典礼、入学仪式、入队仪式等"八礼四仪"系列活动，学校要求家长参与活动，除了让学生和家长感受到仪式的庄严，还内化出一种核心素养——责任担当。

3. 食育课程亲子活动

学校创新开展的食育课程，通过强化"吃"的学问，在"吃"中实现育人功能，让孩子们在良好的就餐氛围中，塑造个人修养。一年级学生在老师和家委会成员的带领下，踏着春光在校园内寻找春天的味道。然后对食材进行清洗、加工，孩子和家长们一起动手包饺子。活动让他们不仅对吃有概念，也对环境保护与饮食之间的关联有了更为深切的思考。

4. 阅读课程亲子活动

活动帮助家庭解决阅读的问题，掌握正确的亲子共读方式。家长们可以分享亲子阅读经验，讲述亲子阅读故事，解决亲子阅读困惑。

5. 家风传承亲子活动

面向各年级家长和学生征集优秀家规家训、家风故事，并汇编成册；开展"好家风 好家训 好家规"家长论坛，让家长代表宣讲家训家规、讲述家风故事；开展"家长讲家风故事，孩子听家风故事"亲子活动，以正确的家教理念带领孩子成长。

6. 假期"读写做"亲子活动

利用寒暑假，开展"读吟童年、写盈人生、做赢德行"主题活动。要求孩子在父母的指导下，把假期里自己诵读古诗、阅读名著、练习书法、家务劳动、健康运动等活动内容，上传到班级群，父母每周对孩子的完成情况进行一次评价，并在记录表上进行记录。

（五）多样互动，形成新家庭教育多方合力

学校和家庭目标是一致的，家校建立多样互动机制，促进家校换位思考，就能提升家校合作成效。

1. 千师访万家

每年一次，开展"千名教师访万家、万名家长进校园"活动，推动学校和家庭无缝对接。学校会定期召开家长会，举办"家长接待日"和"校园开放日"，邀请家长走进校园，参与学校管理评价，征询意见；学校会请教师走进家庭，全员参与，全部覆盖。

2. 万人进校园

成立家校合作志愿者组成的护学保洁队，为孩子安全护航，为学校周边环境治理出力；成立家长评委会，为学校运动会等活动担任评委，既是评价者也是学习者；成立家长义工团，请有特长的家长，为学校的演出、排练、化妆等工作提供服务。

3. 三点半学堂

学校为不能按时接送孩子的家长，提供延时免费托管服务，将这些孩子集中起来，开展作业辅导、体艺活动，解决家长的后顾之忧。

4. 家校互通平台

为家庭教育开启全方位、全天候服务模式，包括专家在线咨询、QQ无偿答疑、班级微信群研讨等，随时为家长解决家庭教育中遇到的问题。

5. 建设资源教室

聘请家长、老师、扬大学生及社区志愿者，为特殊儿童成长提供服务，建立全纳教育机制。

二 深挖地方资源，打造常态化家教模式

通过开展本次全国家校合作经验交流会，结合各校的做法，为继续推进杨庙小学新家庭教育实验有效实施，努力做好以下几个方面的工作。

（一）拓展共育区域，构建"融教育"格局

从目前学校所实施的新家庭教育实验的各项措施来看，学校和家庭已经

建立了良好的关系，打造了合适的教育平台。在这样的基础上，杨庙小学要进一步发掘家长资源，整合社会力量，发动企业、社区参与学校的活动，让家长和孩子也走进企业、社区体验生活，感受自己处在一个温暖的大家庭中，真实构建学校、家庭、社区"三位一体"的融教育格局。

（二）深化院校合作，开辟独有育人途径

1. 专家引领提升

扬大教科院拥有大量的教育专家，是杨庙小学独有的坚强后盾。杨庙小学打算成立专家指导团队，邀请专家定期地对家长进行培训，指导他们正确进行家庭教育，改变教育思想和育人策略，形成切实有效的教育方法，促进孩子健康成长。

2. 家长现身说法

家庭教育离不开家长的配合，优秀的家长在培育孩子的过程中已形成有效的方法，我们将邀请这些家长分享他们的教育经验，让其他家长在学习、讨论、交流的活动中，学习知识、探讨方法，研究出属于自己的教育方法，形成杨庙小学的特色。

3. 学生发表心声

家庭教育的主体是学生，我们要多关注孩子的心声。通过班队会、敬一儿童工作坊活动，让孩子把自己的需求、想法大胆地表达出来。通过了解孩子们的实际需求，邀请专家给予指导，使家长找到教育方法的针对性，形成有效的策略。

（三）着眼地方资源，放大非遗文化功效

1. 家长资源再挖掘

杨庙是琴筝之乡，在这片土地上，有大量的家长参与了古筝、古琴的制作，他们中有的人不仅会做，也会弹。学校发掘了这部分家长，成立家长志愿者团队，让他们参与到学校的培训中来。同时，学校还尽可能地发挥家长的特长，促使其积极参与学校的各项活动。

2. 师资力量再培养

教师除了传授知识，更多的责任是教育。学校要加强教师教育能力的提升，在家庭教育指导方面提高专业素养，形成强有力的教育团队。

3. 普及培优双线并进

对于学生来说，他们中有很多人已参与了学校的剪纸、琴筝等特色文化的学习，而且非常优秀。要尽可能发挥他们传帮带的作用，让学校的特色文化普及并传承下去，更上一层楼。

（四）瞄准传统节日，整合家校合作课程

对于传统节日，学校也组织学生参与了各种庆祝活动，如庆六一、庆中秋、庆国庆、庆元旦、端午节、重阳节等。中秋节期间，学校在每个年级开展了不同的课程，让孩子们对传统节日有更深的认识。杨庙小学还利用社会的力量，带领留守儿童自己去做月饼，回家献给自己爱的人，让孩子们过一个有意义的中秋节。重阳节期间，学校邀请了部分家长义工参与敬老院孤寡老人慰问行动，家长的积极性非常高，还自愿买礼物参与。因此，我们要发掘传统节日的价值，邀请社会各方人士参与，开展有意义的庆祝活动，形成杨庙小学独特的教育风格。

（五）制定有效机制，打造和谐育人环境

学校设立了家委会办公室、共成长体验馆，充分发挥他们的功能，由家委会领导小组制定方案，成立家长义工团，组织开展各项活动。

1. 家长义工定期值日

面对学校门口接送车辆较多的情况，为了学生的安全，杨庙小学安排家长义工早、晚定期值日护导，关注校门口的秩序和卫生，形成了一套切实可行的方案。

2. 家长义工结对帮扶

在学校组织的一次现场会中，著名教育家"知心姐姐"卢勤和校长都提到了要多关心留守儿童的问题。他们认为要用爱的细节感染孩子，走进孩子的内心，让孩子幸福成长。平时我们已经做了大量工作，但面不够广，程度不够深。杨庙小学打算发挥家长义工的作用，让他们和留守儿童结对，成为他们的爱心父母。定期带孩子们到共成长体验馆体验结对父母的关怀，让家长义工发挥自己的优势，影响结对的家庭，让他们感受大家庭的温暖。

3. 制定常态化考核机制

为了充分调动家长的积极性，学校要对家长定期进行考核表彰，制定月度"优秀家长义工"、年度"功勋家长"等评比制度。通过评比鼓励先进，完善家庭教育长效机制建设，推动家庭教育整体水平提高，真正做到为学生服务。

四轮驱动——创新家校合作模式[*]

南昌市雷式学校小学部（简称雷小）于 2016 年 9 月创建，采用名校加民校的办学方式，由素有"基础教育摇篮"之称的江西师范大学和被称为"江西民办培训教育航母"的雷式教育集团强强合作，联合办学。

学校以"全人格、五商教育"为教育理念，以培养"有温度、有涵养、有特长的未来人"为目标，以"精英教育"为方向，以"家校合作、共育英才"为抓手，注重并坚持家校合作，着力推进学校、家庭、教师、家长和学生共同成长。

雷小通过体验驱动、情感驱动、决策驱动和学习驱动四种方式，创新、探索、实践家校共育共建模式，全面、全方位开展家校合作工作，让家长朋友们在收获自身成长的同时，见证并陪伴孩子的成长，加强了学校与家庭之间的密切联系，取得了积极的效果，赢得了家长广泛的赞誉和良好的社会口碑。

一　体验驱动

1. 全面开放

自成立以来，雷小始终坚持让家长走进校园，深入课堂，贴近学生，全方位、零距离观察和体验，了解孩子们在校的学习和生活，参与评价，共建美好校园。

每年 11 月雷小都会举行"你我相约　见证成长"家长开放日活动，这

---

* 作者：钟事金、叶青，江西省南昌市雷式学校。

一天，全校每个班级、所有学科以及孩子们的午餐、午休等都会全方位向家长们开放，以便家长更全面、更直观、更深入了解学校、了解教师、了解孩子的在校情况。

2. 预约听课

雷小面向社会，针对所有想报名前来就读的准一年级新生和家长朋友，实行预约听课。每个家庭预约后都可以带孩子来雷小一年级随堂听课。

3. 家长课堂

雷小秉承"开放办学"的理念，坚持"111"行动，即每个月每个班都会邀请一位家长志愿者进入课堂为孩子们授课。各位"老师"充分发挥自己所长，使出浑身解数，为孩子们带来各具特色、五彩缤纷的家长课堂。

在家长课堂上，除了有常见的安全教育、手工制作、科学实验等内容，更有冰激凌制作、茶艺、小小银行家、糯米饭团、美味蛋糕、常温瑜伽、DIY月饼制作等内容。这样的家长课堂是国家规定课程和素质课程之外的极好补充，让学生了解并实践课堂书本之外的知识，真正做到了学校、家庭、社会三方面资源共享，同时也让家长体会到老师的辛苦和伟大，进一步加强了家校沟通和联系。

二 情感驱动

每逢节假日或一些特殊日子，雷小会策划、组织一些有意义的亲子活动，让家长暂时放下手头的工作，深入校园陪伴孩子，感觉、见证和亲历孩子的变化和成长，增进亲子间的情感交流，促进亲子关系和谐发展。

1. 开学典礼

雷小的开学典礼有常规的领导讲话，学生代表、家长代表发言，班级秀等流程，还特别设计了校长带领着全校老师用一种互动击掌的方式跟全校家长、孩子一起欢庆的环节。同时还设计组织"小手牵大手"活动，蒙着眼罩的家长被孩子牵着漫步校园，体验一次奇妙之旅。在那个时间、那个世界，家长和孩子静心感受着彼此之间的连接，传递着信任，这种体验甚至终生难忘。

2. 亲子研学

（1）学校策划组织全校亲子游。家长带着孩子们在烈士墓前缅怀先烈，举行庄严的入队仪式，然后大家一起开展包饺子、打高尔夫、真人 CS、烧烤、拓展游戏等亲子互动活动，有效深化了亲子关系和家校关系。

（2）庆六一"星语·心愿"校园文化艺术节。雷小从建校起，连续两年策划、组织该项活动。主要内容包括书画大赛、文艺展演、拔河比赛、爱心跳蚤市场、美食节、星空露天电影等，充分搭建了一个孩子们展示自我、锻炼自我的平台，有效加强了亲子关系，同时加强了全校家长彼此间的沟通和连接。

（3）美食节的百家宴。这个活动让人印象最为深刻。每个家庭都亲手做出三道美味佳肴，当看到孩子们端着碗，挨"家"吃，油腻腻地喊"叔叔""阿姨"，对老师说"我们好爱你"的时候，我们能清晰地感受到孩子们对爸爸妈妈、对老师、对学校的爱。而我们的家长，也用行动积极地为孩子做榜样，表达他们的爱。看到百家宴后瞬间干净如初、仿佛一切都没有发生的活动现场，我们彼此会心一笑：这就是教育。

3. 亲子运动会

雷小连续三年组织召开了"快乐共相伴，幸福新时代"亲子运动会。家长们和孩子通力协作，共同完成"疯狂毛毛虫""巧渡金沙江""螃蟹背西瓜""袋鼠跳""亲子倒骑驴""大脚板"等项目。笑声、欢呼声洋溢着整个校园，亲情再次被融化。

4. 家校交流会

雷小尝试改革一般家长会的做法，将家长会开成主题式家校交流会。例如，雷小在学期开学初就专门召开学期工作报告会暨"'好习惯·好未来'——学生良好习惯如何养成"家校共育研讨会。会上合唱团成员向全体家长进行了汇报演出，校长就学校上一年的工作回顾和当年的工作展望做了报告；然后，针对一、二、三年级分别和家长就"如何培养学生自觉完成作业的好习惯"、"如何培养学生良好的阅读习惯"和"转折点，如何陪孩子走过"等问题进行互动和研讨。

三　决策驱动

雷小通过建章立制，多渠道、多角度吸引家长加入学校工作的决策和管理中，增强家长作为教育主人翁的意识，让学校决策透明化、全面化、公开化。

1. 建立机制

《教育部关于建立中小学幼儿园家长委员会的指导意见》明确要求各地教育部门和中小学幼儿园要从办好人民满意的教育的高度，充分认识建立家长委员会的重要意义。《国家中长期教育改革和发展规划纲要（2010～2020年）》也明确要求"建立中小学家长委员会"，推进现代学校制度建设。

家长委员会不仅是家校合作的桥梁和纽带，也是家长参与学校管理的重要载体，这已经逐渐成为学校管理民主化的重要体现，是学校发展和孩子成长的重要"助推器"。在家校合作中，家委会发挥怎样的作用，将直接影响家校合作的实效。

雷小在成立之初就分别成立了校级家长委员会和班级家长委员会。其中2017年10月13日，雷小隆重举行了校级家委竞聘活动，全校家长经过自主推荐和班级公选，最后每班两位家长参加校级家委竞聘。竞聘活动采用的是现场演讲和家长投票的方式，最终8位家长脱颖而出，竞聘成功。目前，雷小校级、班级家委们分工明确，建章立制，定期召开会议，共同为学校的发展出谋献力，同时对学校各项工作进行监督。

2. 倾听心声

雷小本着"开放办学"的思想，虚心倾听来自各方面的声音。校长手机、个人微信向全体家长公开，24小时开机。每学期有定期的家长评教、评学电子问卷，家长填写之后直接发送至校长信箱。

雷小每周还有校长聚餐日，校长轮流邀请孩子们共进午餐，真正蹲下来倾听孩子们的心声。

3. 先锋示范

2018年1月24日，雷小充分发挥家长党员代表的先锋模范作用，正式成立家长党支部。这是雷小贯彻落实十九大精神,秉承"家校共育"的教育理念,深化"党建+校建"模式,践行开门办学校的重要举措,对推行全面教育、培养精英人才有着重要意义,标志着学校党建工作、家校合作取得新成绩。

四 学习驱动

雷小通过搭建家长微学堂、雷小大讲堂、父母成长读书会等平台,邀请专家大咖,为家长提供更专业的教育方法指导,传授更科学的教育理念。

1. 家长微学堂

2017年9月,雷小开创性地在全省率先开办家长微学堂。这是雷小使用互联网+的新型家校共育模式为家长们呈上教育盛宴。截至目前,我校已经先后邀请了十余名国内外著名的名师大咖,先后为全校家长朋友带来《新学期如何支持孩子建立良好的学习习惯》《如何快乐学钢琴》《有爱好好说》《用孩子眼睛看世界》《如何用好魔法学习的学习棒》《家长的 N 多个"怎么办"》《一屋不扫何以扫天下》《自助助人的艺术——家长如何运用艺术治疗陪伴孩子成长》等线上教育盛宴,受到家长们的热烈欢迎和高度肯定。

2. 雷小大讲堂

雷小不定期邀请教育专家到校为家长朋友们面对面传经送宝。例如2017年2月,雷小邀请雷校长为全体家长开展《解开成功的密码》讲座;又如2017年4月19日,把微学堂的专家——新加坡著名钢琴教育家蔡老师请进了雷小。蔡老师是新加坡第一乐章音乐学校的校长,采用独特的全脑钢琴教程超过15年,并编著学仁钢琴教程,供新加坡和中国多家学校采用。同时,蔡老师更是一位成功的爸爸,他的两个孩子分别毕业于剑桥大学和英国布里斯特大学。蔡老师在现场和家长们就学钢琴开发左右脑进行了详细的分析以及讲解,并且用一些事实来证明学习钢琴对孩子的全脑开发有非常大的用处。讲座结束后很多家长都意犹未尽,期盼我们与大咖的下一次邀约。

雷小的家长大讲堂给全体家长传经送宝的活动还将深入、持续地开展。

3. 正面管教家长课堂

为了提升家长的教育水平，让老师、家长们学习先进的教育思想和理念，雷小每年坚持开展"正面管教"家长课堂。

"正面管教"体系四十年前创建于美国，是以阿德勒的个体心理学为理论基础，由简·尼尔森和琳·洛特两位有着丰富研究和教学经验的心理学、教育学博士设计成体验式教学方法的家长教育课程，是一种针对家长和老师学习如何养育孩子的成人学习课程。

正面管教是一种既不惩罚也不娇纵的管教孩子的方法，孩子只有在一种和善而坚定的气氛中，才能培养出自律、富有责任感、团结合作以及自己解决问题的品质与能力，才能使他们学会受益终身的社会技能和生活技能，才能取得良好的学业成绩。

正面管教是为了帮助家长和老师应对孩子的挑战而设计的，通过学习，能让身心疲惫的育儿过程转化为成人和孩子都放松、享受的美好过程。

学员们迫不及待地将所学到的正面管教的理念和工具，实践于孩子和家人身上。他们惊叹于正面管教神奇的效果：真不愧是教育孩子的"黄金法则"。

4. 父母成长读书会

2017年12月15日，雷小被江西省教育厅批准成为"江西省制度化家校合作试点学校"，为进一步创新形式，开展家校共建共育活动，真正让学校、教师、家长、学生共同成长，雷小策划成立了父母成长读书会。

2018年3月16日，父母成长读书会正式挂牌，宣告成立。会员由最初的19名老师和46位家长，发展到现在的35名老师和70名家长。在上一年每月大家共读同一本书的基础上，分个人自主阅读和大家统一阅读两种方式。其中，共读书目每季度一本，其余时间则由会员自主选购和阅读，这样可以更充分拓宽阅读广度，同时挖掘共读深度，共创集体智慧。

2019年3月9日读书会成立一周年之际，雷小隆重举行"家校共力 携手共育"家校成果展示——即"我和父母成长读书会"演讲大赛。14名家长、老师会员的演说各具魅力，有笑有泪，亦庄亦谐。倾听他们的演讲，感受知识的碰撞，感悟雷小家校共建共育的丰富历程。

通过开展上述活动，明显感觉到了四个变化：第一，家校关系进一步和睦；第二，会员的家庭氛围、夫妻关系、亲子关系进一步改善；第三，会员彼此之间的关系进一步密切；第四，会员个人素养通过阅读和分享得到进一步的提高。

五　美好愿景

建校以来，雷小坚持家校共育共建，让老师、家长、孩子一起见证了彼此的成长，收获了成长的喜悦。雷小将在此基础上，进一步拓展家校合作的宽度、广度、深度。例如扩大读书会的举办场地面积，采取班级家校共读、亲子共读以及家长、老师、孩子共读的形式，将学校父母成长读书会的点辐射成全校共读的面。同时，我们将在家校共育的基础上，拓展共育的广度，向社区、向社会寻求更多的育人资源，形成教育合力。再有，我们将以当前工作为基础，结合华东交大孔目湖书院国学传承教育基地的国学思想和内容，以中华经典文化为纽带，深入家校共育内核，进一步实现家长、教师、学生的精神成长。

建校以来，雷小在家校共育工作基础上做了许多大胆尝试，付出了大量精力，得到了许多专家的支持与帮助，得到了上级部门的认可。2018 年 10 月12～14 日，"深耕"——2018 全国家校合作经验交流会在江苏扬州召开。雷小钟校长应邀作为典型学校代表在大会做分享发言。他从父母成长读书会活动的开展情况谈起，向大家汇报读书会如何推动全校的家校合作共育工作。

2019 年 1 月 5 日，以"好家庭、好家风、好家教"为主题的江西第二届家庭教育高峰论坛在南昌盛大开幕。雷小选送的《亲师共读、家校共育》案例，经过本届论坛组委专家评审，入选"十佳家庭教育案例"。这是社会各界对雷小父母成长读书会的高度肯定和赞许，同时也是对雷小家校合作共建共育工作的鼓励和鞭策。今后，雷小将会以现在的工作为基础，继续深入研究、创新、实践家校合作方式，真正实现"打造一所学校、教师、学生、家长共同成长的情智乐园"的办学目标。

第七章

初中行动经验

校中有家　家中有校[*]

金田初中位于安福县南乡中心，离县城 30 多公里，有 50 多年的办学历史，曾先后两度承办高中教育，占地 80 多亩，占地面积为安福农村学校之最。

金田初中属于乡村寄宿制学校，学校近 3/4 的学生是留守儿童，学生普遍缺乏父母的关爱，尤其是周末缺乏有效的家庭监督，使很多同学沾染了不良爱好并养成了不良习惯。

如何引领孩子健康成长？如何引领家长参与孩子的教育管理？如何让学校与家庭实现良好的沟通？金田初中在安福县首先提出了"校中有家，家中有校"的家校合作理念，旨在通过家校合作，构建新型伙伴关系、新型家校关系，从而开创家校合作的新局面。

一　校中有家

"校中有家"的理念主要是基于学校在对留守儿童的调查和教育中发现的问题而提出的，经过细致调查，金田初中的留守儿童存在以下一些问题。

1. 男女比例失调

金田初中的留守儿童人数占总人数的 3/4，有 300 多人，其中女童比

＊ 作者：朱道生，吉安市安福县金田初中。

例为 45%。

2. 监护不力

80% 以上的留守儿童是由祖父母隔代监护或由亲友临时监护，而年事已高、文化素质较低的祖辈监护人基本没有能力辅导和监督孩子学习，导致相当数量的孩子产生厌学、逃学现象。

3. 缺乏陪伴、抚慰

由于父母长期外出务工，孩子们的情感需求得不到满足，遇到心理问题得不到正常疏导，极大地影响了身心健康，形成人格扭曲的隐患，导致一部分儿童行为习惯较差，并极易产生心理失衡、道德失范、行为失控。

4. 疏于照顾

监护责任不落实，监护人缺乏防范意识，儿童防护能力弱，缺乏基本的安全感，容易受到意外的伤害。

5. 心理问题严重

心理问题是农村留守儿童最值得关注的问题。由于亲情的缺失，孩子变得孤僻、抑郁、急躁，严重影响心理健康发展，而心理问题又直接影响孩子们的行为。行为过激者常常超越道德、法律底线，做出一些出格甚至犯法的事。一些问题儿童心理扭曲，甚至无法无天；还有一些儿童则会走向另一种极端，即性格柔弱内向，自卑心理严重，孤僻无靠，怨恨父母，焦虑自闭，消极悲观，等等。

6. 学习问题

由于父母双亲或一方不在身边，孩子们学习方面获得的帮助和监督大大减少，甚至完全丧失了，使孩子在学习方面处于一种无人过问的状态。学好了，没人夸；学坏了，无人教。孩子渐渐地对学习产生一种无所谓的态度，精力不在学习上，自然就要在其他方面加以消耗。比如以前沉溺于网吧、现在沉溺于手机，皆令老师和家长苦恼不已。

7. 生活问题

留守儿童特别是父母双方都外出打工的部分儿童的生活状况不容乐观。尤其是孩子们正在长身体的时候，合理的饮食结构和营养搭配对孩子的健康十分重要。而现在令我们饱受困扰的是方便面、辣条等垃圾食品泛滥，对孩子们的身体健康产生极大的负面影响。另外，还有孩子们的生病问题、理财问题、早恋问题等。

8. 社会关爱问题

由于家庭温暖的缺失，留守儿童心理产生很大的变异，他们很难融入正常的同龄人群体。加之农村的社会活动和人际关系基本上是以家庭和亲情关系为纽带展开的，对于自己家庭及亲缘关系以外的其他人的困境，虽有同情，却又无可奈何。他们既得不到家庭温暖，又得不到社会关爱，只能靠自己对生活及社会的理解来生活并发展自己。再加之现在网络发达，个性开放，信息膨胀，很多留守儿童沉溺于虚拟的世界之中，让人很难走进他们的世界。

9. 父母的理念问题

读书无用论、金钱至上论、学校万能论等都对文明教育理念产生很大影响。

针对以上问题，老师们有过激烈的讨论，最后的结论是：管了，让人心累；不管，则让人心碎。两者取其一，宁愿心累也不愿心碎，于是我们提出"校中有家"这一理念。

笔者认为对于孩子们来说，家应该是一个有安全感、有温度、有归属感、有内涵、促成长的地方。需要不断地关爱、陪护、监督、引领才能达成。"校中有家"即让孩子们在学校生活中能感受到家的温暖，学校成为抚慰他们的心灵港湾，学校成为他们健康成长的情感摇篮。当他们走出校园时，蓦然回首，心中的那一抹柔软与依恋，会是他们毕生的记忆。我们的做法如下。

1. 以优美的校园环境营造一个良好的育人场所，让大自然的完美馈赠留住少年不安的心

金田初中是省级绿色学校、市级绿色学校、市级美丽校园，校园内有竹林、桂花园、杨梅园、金兰橘园、市级劳动基地——蔬菜园、读书驿站、梧桐路径、樱花路径，还有多处布局合理的花坛，师生徜徉其内，处处皆美景。清晨、黄昏、四季轮回都能感受到大自然的美丽呼吸。校园亦是花园、果园、植物园。

2. 以优越的生活条件留住家的温度

改造后的食堂，新建的女生宿舍和 250 米的塑胶跑道，整洁卫生的用餐环境，新鲜营养可口的饭菜，10 吨的空气能热水器，每周两次的热水供应，至少让孩子们能洗上热水澡，消除身上疲劳，每个教室装备的自饮水系统，让每个孩子每天能喝上开水，学校有了家的温度。而养成教育的开展和生活指导老师的建议使孩子们在学校的日常生活中可以从容不迫，张弛有度，有条不紊。可以说，学校的生活条件要优于一般家庭的生活条件。校胜似家，学生才可能真正以校为家。

3. 平安校园的创建

平安校园是学生内心强大的支撑，要提高他们的自我保护意识、安全防范意识、法律意识，让孩子们畅快淋漓地遨游知识的海洋。

（1）反校园欺凌。

（2）形式多样的安全教育。

（3）法制教育。

（4）消防、逃生演练。

（5）青春期教育。

（6）完备的电子监控系统。全校安装了 40 多个探头，组成了电子监控网络，杜绝校园的不安定因素。

（7）良好的校园周边治理。

4. 以较完备的心理咨询指导锻造学生品格，强健学生心理，提振学生精神

依托 136 幸福教育工程，建立了金田初中的 136 幸福教育中心，是关爱、管理留守儿童的主阵地，分为三个中心：一楼是家校合作中心；二楼是艺术体验中心；三楼是心理指导中心。其内容涵盖心理咨询指导、体验、释放三大类，同时在班上成立心理兴趣小组，学校成立心理社。建立完备的留守儿童心理档案，定期针对性地谈话交流、辅导。下学期学校将在每个年级开设心理课程，编写心理剧本，目的是让学生更好地了解自己、正视自己，形成健康阳光积极的人生观和价值观。

5. 以形式多样的素质教育活动让同学们充实快乐，收住了心，留住了魂，培养了兴趣

每周日上午由值日行政老师陪护同学们完成未完成的作业，或观看内容健康的电影，或阅读自己喜欢的书籍；每周日下午开设一系列形式多样的活动课，如阅读、书法、围棋、美术、舞蹈、手工，聘请专业老师开设篮球、足球课程。不求有多大成果，只求学生快乐。若能因此而培养他们一生的兴趣，使同学们在玩中强化了团队意识，释放了压抑情绪，提高了自身素养，则善莫大焉。

6. 创建"代理家长制"，代表家长行使关爱、监护、引领职责，全方位积极影响孩子们的成长

"代理家长制"即由在职教师主动承担"代理家长"义务。从学习、生活、情感、心理等方面正确引导留守孩子成长，让其感受缺失的爱与温暖。目前，学校采取教师"一拖二""一拖三"的办法，分别代理2~3个孩子的家长。全校共有30多位老师重点代理了80多位留守儿童的家长，动态跟踪他们的学习、生活、情感、心理状态，让这些脱离父母管束的孩子有了情感归宿，有喜有人享，有苦有人诉，有难有人帮，"代理家长制"密切了老师与家长的关系，密切了教师与学生的关系，也密切了家长与学生的关系。为留守儿童找到了情感的寄托，重塑家长和学生对教师的依托感和信任感。

7. 让有温度的生活细节留住故事，留住友谊，让同学们学会相互了解，相互接纳，增强团队合作意识，培养同学如兄弟姐妹般的情感

（1）每月集体生日活动。

（2）捐赠活动。

（3）感恩教育。

（4）植树节活动。

（5）团体游戏。

（6）红五月班级合唱。

（7）校园集体舞。

（8）1+1素质教育活动。

（9）大课间活动。

（10）青年志愿者活动。

（11）共同打造校园蔬菜基地。

（12）研学旅行活动。

8. 用亲情电话、班级微信群、家长微信群架设起师生、家校沟通的桥梁

这些活动的开展丰富了孩子们的记忆，留下了孩子们成长的印迹。这些措施的实施，密切了师生关系、生生关系，让留守儿童找到了生活的温度，让在外务工的父母增加了对老师的信任度、崇敬度、感恩度，校园正丰富着它的职能，校园也能成为学生们情感依托的家园。

二 家中有校

"家中有校"涵盖两种概念，即建设村级家长学校和周末学习互助小组。目的是转变家长观念，使其担负起教育孩子之责，同时在家长的监护下形成良好的学习习惯和健康的生活方式。

1. 村级家长学校

金田初中自 2017 年下半年始，在沿沛、广垙、白塘、柘溪、园背、江下村建立了 6 所村级家长学校试点，现已扩展至 18 个行政村（全乡总共 23 个行政村），每月 1 次由学校的老师将家长会开到各行政村。一来照顾年事已高的老爷爷、老奶奶，为他们提供便利。二来以自己的诚心感动那些"太忙"的父母，让他们实现与老师的面对面交流。给家长们释疑、解惑，宣传党的教育方针政策，宣传学校的办学理念，宣传各种安全知识及风险防范措施，宣传亲子育人的方式方法等。村级家长学校的开设，受到家长的普遍欢迎，收获了信任，密切了交流，提高了家长认识，为家长委员会和家长志愿者协会的建立奠定了良好群众基础。

2. 周末学习互助小组

"周末学习互助小组"是立足学生互助学习、相互监督、共同进步开展的校外活动。采取由家长帮助看管、学生自愿参加、教师入村指导的方式运行，以村、社区为单位，把学生集中在一起，放在对教育有热情、愿

意帮助孩子进步成长的家里。首先通过一村一社区的走访，争取家长认同和支持，选择并培训好家长；其次对小组学生进行培训，选出学习小组的小组长，提出学习要求，制定小组的规章制度，由家长、小组长签字监督学习完成情况，时间定在每周六上午 9 点至 11 点半。现在全乡共开设互助小组 52 个。

起先由学校分组选派教师入村指导，家长志愿者跟随学习。一个月后，实现教师分组巡查，家长主导陪护管理，并拍下学习视频传到课外互助小组微信群，班主任及老师们随时交流指导。

从 3 月开始，金田初中指导老师下乡辅导巡查各小组学习情况达 200 余次，拍摄各种图片 600 多张。学期中的 5 月、6 月，学校还会安排老师组织周末短途骑游之旅、青年义工之旅等丰富多彩的活动。

周末课外学习互助小组的建立，获得了家长的极大支持，也激发了学生较大的学习兴趣，避免了一些同学沉溺于不良爱好之中，极大地提升了同学们的成绩，收获了同学之间合作互助的友谊，并慢慢地以自己的勤奋努力悄然提振了家长的信心，重振了"盘箕晒谷，教崽读书"的重教传统。我们期待随着互助小组的拓展完善和深入开展，改良家风，改善民风。

实施家校合作以来，成效还是明显的，主要体现在以下几个方面。

（1）密切了家长和学校联系，密切了家长与老师的关系，密切了老师和同学的关系，密切了同学之间的关系，使其相互信任、相互理解、共同促进。

（2）收获了社会和家长对学校办学的满意度和口碑，收获了一支更有战斗力的教师团队。

（3）提升了学校的教学质量，收获了孩子们积极向上的信心。这两年，金田中学教学质量均居同类学校第一。

（4）改善了家风，影响了民风，形成了尊师重教的良好氛围。在乡政府倡导下，成立了金田乡教育发展基金会，目前募集资金超 80 万元，用以奖励优秀师生，资助贫困学生，极大地促进了金田乡的教育发展。

家校合力 让孩子飞得更高[*]

有人把学校教育比作一只凤凰，学校是一翼，家长是一翼，只有这两者共同发挥作用，这只凤凰才能展翅高飞。虽然学生的教育以学校教育为主，但也离不开家庭教育。苏联教育学家苏霍姆林斯基也说过，没有家庭教育的学校教育和没有学校教育的家庭教育，都不可能完成培养人这样一个极其细微的任务。上饶市弋阳县曹溪中学（简称曹溪中学）把家校合作当作是实现高效教育和良好家庭教育的载体，希望以良好的校风影响家风，进而改变民风，以期实现教育改变社会的愿景。家校合力，会让我们的孩子在学习的道路上走得更远，在成长过程中走得更健康。为此，曹溪中学近年来，尝试着进行了一系列家校合作的新举措，也取得了一定的成效。

一 充分认识，成立学校家长委员会

曹溪中学顺应形势发展，成立了学校家长委员会，家长委员会是由本校学生家长代表组成，在班级家长委员会和年级家长委员会层层选拔的基础上形成的，代表全体家长参与学校民主管理，支持和监督学校做好教育工作的群众性自治组织，是学校联系广大学生家长的桥梁和纽带。其宗旨是：坚持家校沟通与合作，让家长充分参与学校管理，有效体现家长对学校教育教学工作的知情权、评议权、参与权和监督权；完善学校、家庭、社会三位一体的教育体系，营造良好的教育环境；深入推进素质教育，促进中小学生的全面发展。

借助这一平台，家长能主动走进学校来了解学校、观察学校、管理学校、监督学校，为学校发展出谋划策，而学校则会了解家长的诉求，对家长进行科学育子的方法指导，更好地实现学校、社会、家庭教育的有机结合。家校联合，共育新人，孩子受益，家长受益，学校受益。家

---

[*] 作者：吴远根，上饶市弋阳县曹溪中学。

委会每一位成员都能认识到家校融合联动的重要意义，并能用这个先进的思想引导家长去开展工作，学校管理工作才能顺利进行。教育是百年大计，孩子是家庭的希望，是祖国的未来。实现学校、家庭、社会有机结合，创造优质教育，培养高素质的人才，是我们学校、家庭和社会共同的期待和追求。

二 以诚相待，开展形式多样的家校联系工作

要做好家校联系工作，笔者认为先要以诚相待，让家长充分认识到学校对孩子是真心的。曹溪中学采用的具体做法如下。

1. 一次值日，变指责为理解

为了让家长更全面地了解学校，理解老师，学校实行家长值日制度，每天邀请两名家长来校值日，让家长们直接参与到学校的管理中来。力求让每一位学生的家长在孩子就读期间都能到学校值日一次。他们的职责主要包括：（1）陪同值日老师检查两室一区的环境卫生；（2）上课期间不定期地到教室检查老师上岗情况，对缺岗或不认真上课的老师做好记录；（3）三餐在学校吃饭，监督学校食堂的工作；（4）与学校行政领导一起进行学校的常规管理，如检查教师备课、作业批改、月考监考等情况。有了他们的共同参与，学校的各项工作上了一层台阶。家长值日结束之后，要求填写意见反馈表，对有价值的建议，学校都及时采纳，达到了良好效果。

多年来，家长值日已成为曹溪中学学生家长和学校紧密联系的重要纽带。家长值日让家长充分感受到老师的辛勤工作和对学生的真诚关爱。对老师的态度也由原来的不满、埋怨变为满意、尊重，对学校工作也非常认同并大力支持。现在，家长到学校不再是大吵大闹，而是心平气和地向老师询问孩子的情况，在校外，见到老师也都能热情地打招呼，家校之间呈现非常和谐的局面。

2. 两次特殊家访，变冷淡为热情

（1）每学期第一次月考后，组织班主任及任课老师白天对住宿生、晚

上对走读生逐村逐户地进行家访工作，了解学生在家的学习和生活情况。

（2）曹溪中学地处偏远农村，大部分家长外出务工，子女都由爷爷奶奶或外公外婆带，为了和家长直接见面，每年的 12 月 26～27 日，曹溪中学都会组织全体班子成员和所有的班主任，逐村逐户进行家访，向家长汇报子女在校的学习、生活情况，检查学生假期学习完成情况，与家长商量如何更好地进行家校联系，齐抓共管，提高子女的学习成绩。家长因此非常感动，他们在外辛苦一年，回来老师能主动地向他们问好，并探讨如何共同关心他们子女的教育问题，心里感到暖暖的。

通过家访，学校深入学生家庭，充分了解到学生在家的学习生活动向，能更好地采取相应的方法进行管理教育，也让家长充分感受到学校老师对孩子的关爱。家访工作不仅得到了家长的认可，还引发了家长的反思："老师都能对我的孩子如此关心，我自己又花了多少时间在孩子身上呢？"

3. 三次特别的家长会，变家长会为培训会

曹溪中学是农村中学，曹溪中学更多地会对家长进行培训，努力提高家长的全面素质，主要的形式有两种：一是针对学生上网、厌学、早恋、打架斗殴等情况进行专题讲座；二是邀请部分成功的家长进行经验交流。学校的家长会，家长是非常愿意参加的，因为他们每次来都会有收获，一改家长会就是优等生的表扬会、差等生的批斗会的形式。每次家长会上，家长都满载而归。

曹溪中学的定期家长会有三次：每年正月初八、初九的家长会；期中考试后的分村家长会；期末考试结束时的分年级家长会。

（1）每年正月初八、初九，我们邀请父母带子女来学校报到，目的是让家长清楚我们一个学期的工作打算，听听家长的意见和建议，让他们感觉自己是学校的主人、学校的重要成员之一，让外出务工的家长把孩子放在学校安心。

（2）期中考试后的分村家长会，学校针对曹溪各村民风的不同特点进行不同的培训。曹溪各个村的家长都有自己鲜明的特点，如曹溪村的自傲之气、马山村的攀比之风、东港村的蛮横之习等。通过培训，让家长把精力都

放在学生的学习和成长上，比一比谁更关心孩子，谁更会教育孩子，以孩子读书成功为荣。

（3）期末考试结束时的分年级家长会，针对不同年级的学生家长，告诉他们该如何管理孩子假期的学习和生活。

4. 周末学习互助小组，变旁观为参与

曹溪中学的一位班主任周末在曹溪村、马山村组织成立了两个周末学习互助小组，其他老师都在观望，甚至有的老师还认为他在作秀。但一个学期后，他所在班的学习氛围变浓了，学习风气变正了，班级的凝聚力提升了，学习成绩显著提高。此后几年，各班纷纷组织成立周末学习互助小组，发展至今，曹溪中学校外周末学习互助小组共有 112 个，遍布曹溪镇各个村落。家长不再是孩子学习的旁观者，而是成为孩子学习的直接参与者，许多家长到学校申请将学习小组放在自己家。学校每个学期都组织评选"互助小组优秀家庭""最美育人家庭"等奖项。周末学习互助小组，不仅提高了学生的学习成绩，也进一步密切了学生之间的关系，同时也让家长融入孩子的学习，一举多得。

5. 成立家校护校队，变指点为守护

为更好地建设平安校园，确保全体师生的在校安全，曹溪中学成立家校护校队。一方面，由学校教师组成专职队伍，实行队建制，每天负责护送学生上下学，校园周边治安巡查，防校园欺凌巡查，扫黑除恶巡查，以及突发事件的应急处置等；另一方面，由学生家长进校值日巡查，主要负责校园内外环境卫生巡查，并且不定时与学校教师共同参与校园安全隐患的排查。

6. 邀请家长参加学校的各项全校性活动，变阻力为助力

家长检查教师备课和作业批改情况、参与月考监考、担任全校性评比活动（军训会操表演、叠被子比赛、元旦文艺演出、包饺子比赛等）的评委、担任学校大型活动的志愿者等。家长在参加学校的各项活动中，感受到孩子的成长，分享孩子的快乐，融洽和孩子的关系。原来不愿意进学校的都能到学校来，积极主动地配合学校的工作。

三　常抓不懈，形成家校合力，赢得良好口碑

十年来，曹溪中学始终把家校联系工作作为一项重点工作常抓不懈，在抓好家校合作的常规工作的同时，不断更新家校合作的方式，曹溪中学的家校联系工作做出了一定的特色，达到了实效。这几年，曹溪中学学生数持续猛增就是一个很好的证明，由 2009 年的 380 人，增长至 2019 年的 1306 人。在县城读书的学生回来了，隔壁学区的学生来了，甚至邻县的不少学生也来了。由于家校联系工作常抓不懈，学生的思想认识提高了，学生在不断进步。学生的行为习惯、德育操行、后进生的转化工作都有了长足的进步。学生学风良好，教师教风端正，形成了良好的校风。通过家校合作，让家长走进校园，感受学校浓厚的学习氛围，促使家长努力去改变家风，缓和融洽和孩子的关系，为孩子在家的学习创造一个良好的环境。若每个家庭都能如此，整个村的村风也会随之改变。

总之，加强学校与家庭、社会的联系，是曹溪中学新形势下探寻的"法宝"之一。争取家长对学校工作的支持与配合，实现家校携手互动，促进学生健康成长是我们的工作目标。通过对家校联系工作的狠抓、实抓，我们尝到了甜头，今后，我们将继续努力，采取多种途径，把家校联系工作做得更有成效，更加出色，让我们的孩子在健康成长的路上飞得更高。

"1+3+N"课程体系为家庭教育提"颜"增"质"*

为了引导家长树立科学的教育观念，临朐东城双语学校始于 2012 年的家校共育七年如一日，研发了普及性、针对性、社会化三大类课程体系，在帮助家长提升教育素养、改善教养方式方面起到了积极作用。

一　"1"，是指以4次8课时家长课程为核心的基础性家长课程

根据潍坊市教育局、临朐县《关于做好家长课程开设有关工作的通

---

* 作者：张美、贾保来，山东省潍坊市临朐东城双语学校。

知》，每学期初及时制定开课计划，落实 1 年 4 次 8 课时家长课程。通过各年级会议、家庭教育工作室教研的形式明确 4 次 8 课时的开课通知、实施方案、备课、上课、家长签到表、家长作业、家长反馈、考核评估等方面工作，确保高质量地为家长开好家长课程，让家长们走进学校有所收获。全校每年 4 次 8 课时的家长课程成为 5000 多名家长的"必修课"。

就学校家长课程结构看，以 1 年 4 次 8 课时为核心的基础性家长课程家长参与人数最多，时间安排合理；内容上全面普及各年级学生家长，具有普遍性。实践证明，这是推动家庭教育的有效途径。初步实现了"全校家长进学堂，重新学习做家长"的家庭教育目标，有利于全面提高家庭教育水平。

二 "3"，是指体验课程、"微"课程、千家课程三大校本家长课程

（一）校之旅：体验课程

每年家委会都组织家长和学生开展系列化的实践活动，打造家长体验课程，比如亲子远足课程，爱心家长课程，亲子义卖课程，"家乡美"探究亲子课程，各种节日课程，等等，实现了课程建设和育人活动并行推进，发挥了良好的立德树人载体作用。学校以合作共育共赢理念为引导，积极与家庭保持联系、开展互动，从关注家长参与转变为关注家长教育素养的提高。

（二）心之语："微"课程

通过问卷调查、家长访谈、家长会、家长课程反馈、家访等形式了解家长学习的期待和最需要解决的教育问题并形成小专题，开发家长微课程，比如亲子关系、学习习惯、厌学问题、考试焦虑、网络手机游戏、青春期心理、亲子阅读等。此外，根据每学期的县、校二级"父母大讲堂"活动，结合学生学习阶段特点，分为一二年级幼小衔接、习惯课程，三年级转型课程，四五年级学习定型课程，六七年级小升初入学适应课程，八年级初二课程，九年级中考课程。与此同时，教育惠民系列公益讲座也为家长送来了社会化、常态化的家庭教育资源。

（三）家之言：千家课程

每个家庭每位家长都有丰富的教育经验，东城双语学校开展"教子有方"活动，征集优秀的家长教育案例，在家长中树立典型，请家庭教育有成效的家长把自家的经验带给全校的家长，从一家之言到千家课程，这也是家庭教育的重要内容。

体验课程、"微"课程、千家课程三大校本家长课程，基于了解学生、理解家长设计，解决家长在教育孩子过程中的困惑，满足家长们的教育需求。学校家庭教指导团队开发和实施三大校本课程，结合幸福路家长移动学校相关模块课程补充，通过线上和线下两种途径来拓宽家校沟通渠道，转变家长教育理念，谱写了家校关系的新篇章。

三 "N"，是指各年级自主开展的若干个家长课程集群

学校依法自主办学，充分发挥年级家委会的自主作用。利用年级家委会建设的育人效应，扎实推进家长课程研究，通过年级家长课程项目建设，以点带面，带动学校家庭教育全面发展。如一年级的亲子阅读课程、二年级亲子班会课程、四年级亲子研学课程、五年级家长读书课程、三六年级亲子运动会课程、初中部家长沙龙课程，等等。

在传统的家校课程中，家长往往缺乏主动性和积极性，因此合作比较被动和表面化。而学校开发各年级课程，开发内容尊重家长需要，实施方式以自愿和引导为主，深入浅出，从简单有效引导开始，使家长体会到自我主导学习的美妙和快乐，体会到学校和教师对自己的尊重，体会到主动学习带来的乐趣和喜悦，更体会到家庭教育在孩子成长过程中的重要意义。

近年来，学校以合作共育共赢理念为引导，积极与家庭保持联系、开展互动，从关注家长参与转变为关注家长教育素养的提高。"1+3+N"课程体系对学生家长的自我成长与家庭教育良好生态的形成起到了重要作用。

家校社共育中的学校参与
——以贤文化成长品格提升工程为例[*]

习近平在全国教育大会上指出，要努力构建德智体美劳全面培养的教育体系，形成更高水平的人才培养体系。其中，学校参与是构建更高水平的人才培养体系、家校社共育体系的最重要一环。学校参与在做好学校教育、指导家庭教育、建立社会支持等领域的作用无可替代，在家校社共育体系中居于中枢地位，起到桥梁和纽带作用。本文以贤文化成长品格提升工程为例对家校社共育中的学校参与开展探索思考。

一 贤文化成长品格提升工程的价值取向

贤文化是我国优秀传统文化的重要组成部分，历史先贤、当代乡贤、未来新贤等丰富的教育资源在学校教育、家庭教育、社会教育中的作用十分显著，是家校社共建共育共生共享的融合点、生长点和创新点。

1. 贯彻习近平总书记关于教育的重要论述的需要

习近平在全国教育大会重要讲话中指出，办好教育事业，家庭、学校、政府、社会都有责任。贤文化成长品格提升工程是一个系统工程，需要得到家庭、学校、政府、社会的共同参与。

2. 落实立德树人教育根本任务的需要

《教育部关于全面深化课程改革落实立德树人根本任务的意见》指出，统筹课堂、校园、社团、家庭、社会等阵地。为此，学校要发挥主渠道作用，加强课堂教学、校园文化建设和社团组织活动的密切联系，促进家校合作，广泛利用社会资源，科学设计和安排课内外、校内外活动，营造协调一致的良好育人环境。

3. 改进育人方式的需要

《省教育厅 省财政厅关于启动实施江苏省中小学生品格提升工程的通

---

* 作者：沈菊林，江苏省太仓市第二中学。

知》指出，全省中小学生品格提升工程，以落实立德树人为根本任务，以学生品格锤炼与核心素养的全面养成为目标，以构建充满生机活力的基础教育生态为取向，在聚焦现实、问题导向、价值引领的基础上，着力于学生思想品德、人文底蕴、科学精神的系统培育；着力于学生志存高远、勤学上进、健康生活的自主发展；着力于学生责任担当、实践能力和创新精神的整体提升。

4. 增进家校社协同共育的需要

教育部在《中小学德育工作指南》中指出，要积极争取家庭、社会共同参与和支持学校德育工作，引导家长注重家庭、注重家教、注重家风，营造积极向上的良好社会氛围。为此，学校既要加强家庭教育指导，又要努力构建社会共育机制。

二　贤文化成长品格提升工程的行动路径

指向更高水平人才培养的贤文化成长品格提升工程是构建有影响力的共育平台的尝试与创新，形成"校园+社区+社会""校园+家庭+社会""教师+家长+学生"共育范式。

1. 做好方案设计

以学校参与为主导，以学生发展为主体，以贤文化成长为载体，以家校社共育为整体，设计学生品格提升工程实施方案（见表1）。以习近平新时代中国特色社会主义思想为指导，全面落实党的教育方针，以立德树人为根本任务，坚守中华文化立场、传承中华文化基因，培养核心素养与关键能力，引领学生树立正确的审美观念、陶冶高尚的道德情操、培育深厚的民族情感，促进学生全面发展。深入挖掘乡贤、校贤、师贤、生贤、家贤等贤文化精神内涵，弘扬乡贤、校贤、师贤、生贤、家贤等贤文化时代价值，积极培育和创新发展新时代贤文化，着力培育文明乡风、淳朴校风、淳美师风、优秀学风与和谐家风，不断推动社会主义核心价值观建设，为学生发展提供多一种"可能"、多一项"选择"，为中国特色社会主义事业培养合格建设者和可靠接班人。

表 1 指向更高水平人才培养的贤文化成长品格提升工程

总项目	子项目		项目要点
基于更高水平人才培养的贤文化成长研究	基于更高水平人才培养的乡贤文化成长研究	本土先贤文化成长研究	本土先贤文化调查研究 本土先贤治家治学思想研究 本土先贤文化的校本化研究
		当代乡贤文化成长研究	当代乡贤文化调查研究 当代乡贤治家治学思想研究 当代乡贤文化的校本化研究
	基于更高水平人才培养的校贤文化成长研究	校贤文化与校风建设研究	校贤文化调查研究 校风建设现状研究 校贤文化与校风建设研究
		新时代校贤文化的培育研究	新时代校贤文化的目标研究 新时代校贤文化的内容研究 新时代校贤文化的培育研究
	基于更高水平人才培养的师贤文化成长研究	师贤文化与师风建设研究	师贤文化调查研究 师风建设现状研究 师贤文化与师风建设研究
		新时代师贤文化的培育研究	新时代师贤文化的目标研究 新时代师贤文化的内容研究 新时代师贤文化的培育研究
	基于更高水平人才培养的生贤文化成长研究	生贤文化与学风建设研究	生贤文化调查研究 学风建设现状研究 生贤文化与学风建设研究
		新时代生贤文化的培育研究	新时代生贤文化的目标研究 新时代生贤文化的内容研究 新时代生贤文化的培育研究
	基于更高水平人才培养的家贤文化成长研究	家贤文化与家风建设研究	家贤文化调查研究 家风建设现状研究 家贤文化与家风建设研究
		新时代家贤文化的培育研究	新时代家贤文化的目标研究 新时代家贤文化的内容研究 新时代家贤文化的培育研究

2. 规划项目活动

指向更高水平人才培养的贤文化成长品格提升工程在学校教育中挖掘学

科教学、社团活动、社会实践、主题教育中的贤文化成长元素，在学校教育、家庭教育、社会教育中提炼校贤、家贤、乡贤精神，在学业指导、生活指导、生涯指导中拓展生贤文化成长路径，构建"举贤、颂贤、育贤、诵贤、写贤、话贤、唱贤、画贤"的品格提升活动体系，形成家校社共建共育共享的乡贤、校贤、师贤、生贤、家贤文化（见表2）。

表 2 指向更高水平人才培养的贤文化成长品格提升工程实践活动

分项	子项	实践内容	可链接教育活动
"举贤、颂贤、育贤、诵贤"品格实践活动	"举贤"品格实践活动	选树、举荐乡贤、校贤、家贤	主题活动、文献考证、社会访谈、社区访问、家庭沙龙等
	"颂贤"品格实践活动	颂扬、推广乡贤、校贤、家贤	国旗下讲话、开学礼、毕业礼、青春礼、休业式、蕃圃夜话、蕃圃论坛、座谈会、故事会、诗词会等
	"育贤"品格实践活动	培育、涵养乡贤、校贤、家贤	学科渗透、社团活动、社会实践、主题教育、社会教育、家庭教育
	"诵贤"品格实践活动	咏诵、传承乡贤、校贤、家贤	阅读节、诗歌会、诵读会、故事会、文学社、楹联社等
"写贤、话贤、唱贤、画贤"品格实践活动	"写贤"品格实践活动	抒写、传递贤文化成长道路	阅读节、作文课、文学社、楹联社、书画社等
	"话贤"品格实践活动	讲解、传播贤文化成长故事	国旗下讲话、开学礼、毕业礼、青春礼、休业式、蕃圃夜话、蕃圃论坛、座谈会、故事会等
	"唱贤"品格实践活动	歌颂、吟唱贤文化成长精神	艺术节、音乐社、曲艺社、舞蹈社等
	"画贤"品格实践活动	描绘、创作贤文化成长形象	艺术节、美术课、书画社、信息技术课、影视社等

注：校贤指师贤、生贤等，范围覆盖目前在校师生和曾经在校学习、工作的校友。

3. 整合教育资源

（1）挖掘传承历代先贤精神。

要因地制宜，对当地历史文化名人、乡贤名士的生平事迹及资料进行有组织、有规划的发掘抢救和整理研究，开展纪念乡贤活动和学术交流，传承历代先贤的精神内核。要重视名人建筑的保护和利用，注重发挥爱国主义教育基地和文物保护单位作用，努力增强人民群众对乡土文化的自信，为培育和创新发展乡贤文化奠定良好基础。

（2）选树培育当代新贤典型。

优秀共产党员、优秀教师、优秀学生、优秀家长、道德模范、身边好人等先进人物和热心公益事业的各界人士，成长于本土、奉献于本校，在乡间邻里和校园内外威望高、口碑好，正日益成为"新贤"的主体。大力发现和选树"新贤"，树立可亲、可敬、可学的"新贤"典型，发挥他们的示范引领作用，用他们的嘉言懿行垂范校园内外，涵育新时代贤文化，让社会主义核心价值观深深扎根。

（3）举办文化活动。

积极创作反映贤文化的文艺作品，鼓励编排小戏小品小曲小故事，结合乡贤诞辰或纪念日、重要传统节日、民间重要节庆，组织多种形式的贤文化主题文艺演出、文化活动，生动活泼地传播贤文化。推出贤文化宣传专题专栏专页，讲述贤故事，传播贤文化，展示贤文化精神。适应互联网传播特点，充分运用微博、微信、微视频和手机客户端等方式，拓展贤文化传播平台。开展贤公益广告宣传，营造浓厚舆论氛围。

（4）深化理论研究。

加强贤文化理论研究和学术交流。组织社科专家学者开展座谈研讨，厘清贤文化发展脉络，明确贤文化建设思路，不断发掘贤文化的精神内涵和时代价值。组织编写贤文化人物传记、学术专著和通俗读物，弘扬传播贤文化。

4. 建构支持体系

（1）贤文化进校园。

在校园显著位置规范设置"文化长廊""先贤榜""新贤墙"等展陈载体，展示先贤、新贤的先进事迹和成长路径。注意将贤文化元素融入校园文化建设、校本课程建设和特色品牌培育，在公共建设、文化景观中以碑刻、雕塑、楹联等各种形式体现贤文化主题，为校园文化成长留下文明基因及宝贵精神财富。组织好"贤文化讲堂"，用身边事教育身边人，讲好具有地域特色的乡贤、校贤、师贤、生贤、家贤故事，彰显贤文化精神。

（2）贤文化进课程。

将乡贤文化与学校教育、青少年思想道德建设有机结合，深入开展"礼敬中华优秀传统文化"活动，培育文明校风。编写贤文化、贤故事校本教材，发挥城乡档案馆、展览馆、名人馆、乡贤纪念馆以及乡贤主题的爱国主义教育基地等"第二课堂"作用，面向青少年开展主题教育活动，激发爱国爱乡爱校爱家情感，使贤文化精神代代相传、生生不息。

（3）贤文化进家庭。

将贤文化与好家庭、好家风建设相结合，在好家风建设活动中广泛开展"举贤、颂贤、学贤"活动，挖掘、整理、编写弘扬传统美德、体现时代要求、贴近生活实际的家规、家训，引导人们继承传统美德，树立家国情怀。

（4）贤文化进社区。

将贤文化与新时代文明实践相结合，打造"橙香暖家"服务品牌。组建"橙香暖家中法润成长、爱润成长、学润成长、暖润成长、护润成长、慧润成长、心润成长、旅润成长、贤润成长、E润成长"10个教育志愿服务项目及文明实践志愿服务小队。鼓励教职员工全员参与，制作统一标识，活动时统一着装，发挥"品牌效应"，提升影响力。

三 家校社共育中学校参与的启示

致天下之治者在人才，成天下之才者在教化。只有有理想、有本领、有担当，才能做合格的社会主义建设者和接班人。品格是一个人的基本素质，它决定了这个人回应人生处境的模式。家校社共育应着力于学生责任担当、实践能力和创新精神的整体提升，为中国特色社会主义事业培养合格建设者和可靠接班人。

1. 脱离"分散"样式

家校社共育中的学校参与应脱离"分散"样式，从"分散"走向"整体"，在家庭教育、社会教育、学校教育"三结合"的"大教育"的视域内，构建和完善有利于孩子健康成长及主动发展的情景性、体验式、参与型的课程或活动。

2. 突破"围墙"思维

家校社共育中的学校参与应突破"围墙"思维，从"封闭"走向"开放"，创新育人方式，转变教师角色，发挥指导职能，探索构建学生发展指导的学校支持系统、家庭支持系统和社会支持系统。

3. 凸显"融合"作用

家校社共育中的学校参与应凸显"融合"作用，从"单一"走向"多元"，创生"走出去"与"请进来"相结合、"线上"与"线下"相结合、"课内"与"课外"相结合、"校内"与"校外"相结合的实践样态。

4. 拓展"共育"平台

家校社共育中的学校参与拓展"共育"平台，从"个育"走向"合育"，为孩子成长发展提供多种可能，实现家校社共建共育共享、亲师子互助互学互进的互养共生。

依托家委会平台　家校合作推进家庭教育工作
——2019年家校合作工作纪实[*]

社会在发展，教育面临诸多新的挑战。单靠学校，已难以适应形势发展的需要。面对新的形势，辛寨初中率先建立家委会，逐步让家长成为学校教育的同盟军，家校携手共同促进学生健康成长和教育和谐发展。同时，以家委会为平台，在家校合作深入推进家庭教育方面进行了一些探索，并取得了很好的效果。

一　健全家庭教育新机制，构建家校合作共同体

教育发展需要一个领导核心来引领、督促和协调。为促进家庭教育工作深入进行，学校成立了家庭教育领导小组，校长任组长抓全面工作，分管副

---

* 作者：刘云亮、马京波，山东省潍坊市临朐县辛寨初中。

校长负责具体指导，家庭教育总协调员组织具体落实，各年级部、班级和各社区育人小组具体执行。

1. 建设校内家校合作共同体

在周密家访、了解家长情况的基础上，辛寨初中建立了班级、年级和学校三级家委会。家委会调动家长参与学校工作热情，做好家校间沟通的桥梁。在促进家庭教育方面，三级家委会工作各有侧重：班级家委会工作重点是了解家长情况，倾听家长需求和呼声，并及时反馈给学校；年级家委会工作重点是根据年级实际情况，协同级部做好家长的引导，配合学校及老师的教育和管理，提高教育成效；学校家委会工作重点是协调社会力量支持学校发展，规划组织全校家庭教育工作，并适时组织有意义的教育活动，如家长课程培训，家委会组织家长讲堂，以教子成功家长的经验启发其他家长，每学期家委会都组织优秀家长评选等。三级家委会与学校全面合作，形成了校内促进教育发展的共同体。

2. 建设校外家校合作共同体

在三级家委会建设基础上，为适应不同村、社区家庭教育差别较大的情况，促进办学区家庭教育的进步，学校以各社区为单位，组建了社区家委会，保证每个中心村、每个社区都有家委会，每个村都有家长代表。他们担负着宣传教育政策和学校工作情况、组织联络本村和本社区家长、组织开展对学生进行闲暇教育的职责。三级家委会、社区家委会、学校和家长相互配合，协调一致，构建了一种新型的教育机制，三者形成了促进教育发展的家校合作共同体。共同致力于促进学生全面发展，促进学校和谐发展，促进家庭教育进步，几年来的工作效果显著。

二 深化家校合作，搭建家庭教育新平台

家长是家庭教育的主体，家委会是学校引领家长进行家庭教育的平台。学校全力建设家委会平台，采取多种措施，有效提升家长的家庭教育理念，营造良好的家庭氛围，助推家庭教育发展。

1. 开展参与教育系列活动，提升家长教育理念

每学期，在学校协助下，家委会都招募家长志愿者，开展以听一节课、值一次勤、吃一顿饭、访谈一位家长、沟通一位教师为主的"五个一"家长驻校值班活动。值班结束后家委会汇总值班情况，把家长反映较多、较强烈的问题向学校反映，学校根据实际情况进行解决，并做好反馈。家委会还招募部分有特长的家长，让他们以"家长教师"的身份进入学生课堂授课、指导学生社团活动；每学期末，家委会都要组织家长对学校和教师进行评议，并纳入教师师德考核。参与教育系列活动的开展，让家长近距离接触、了解了教育，并逐渐学习和开展家庭教育。从而让家长提高思想认识和教育能力，做好学校教育的同盟军。

2. 开展亲子共读系列活动，营造良好家庭氛围

学校家委会创新形式，积极推进亲子共读系列活动。学校以社会主义核心价值观为指引，精选部分优秀作品，以散页形式印发给学生家长，组织亲子共读共写活动，学校家委会择优在《牵手报》刊载，余者结集成册。每学期都开展"我家的读书故事"主题征文评选、组织亲子读书演讲赛、进行书香家庭评选，在学生家庭中营造了良好的文化氛围。

3. 开展亲子运动系列活动，融洽亲子关系

每年4月，家委会都组织亲子运动会，每年5月，学校及家委会都组织亲子励志远足活动，并依托这些活动开展生态考察、征文等一系列活动。学校家委会还倡导各年级、班级家委会开展亲子主题活动。亲子运动系列活动的开展，增加了亲子相互交流的机会，增加了家长的交流，融洽了亲子关系，提升了家庭教育的效果。

三 开发"线下"课程，拓展家庭教育新思路

每学期，辛寨初中都严格规范组织家长课程培训，并根据实际自主开发了家庭教育校本课程，还定期邀请家庭教育专家为家长做报告。在对家长"请进来"培训的同时，学校也创新思路，以社区家委会为依托，组织育人团队"走出去"，送家庭教育课程到社区，走进家长中间，了解他们的需求

和想法，解决他们的困惑，让学校家庭教育更接地气，使得"线下"课程有声有色。

1. 开发家庭教育校本课程

为增强家长课程的针对性、实效性，在"牵手两代"课程内容基础上，辛寨初中立足农村家长实际，暑假组织家庭教育名师对初中《牵手两代》的内容进行整合，共编写了12个专题的家长培训内容，之后又根据学生实际情况调整培训内容。在家长课程开课时，各年级各班级以此为模板，再根据实际情况修改使用。在总结初中家长课程整合经验基础上，辛寨初中组织附小各年级也对《牵手两代》的内容进行整合，试用效果很好。辛寨初中还依托家长网校刊登的精彩内容，编写了《教子有方》家庭教育校本教材，为家长的个性学习提供方便。

2. 邀请专家到校组织家庭教育讲座

家长教育理论素养的提升只靠家长自身无法完成。为开阔家长眼界，让他们了解家庭教育发展形势，几年来，学校邀请多名家庭教育专家，组织了"家庭教育农村行""名家进校园"等26次专题报告会。家长思想上受到洗礼，方法上大有收获，此活动受到了家长们的热烈欢迎。

3. 组织"家长课程进社区"活动

鉴于家长课程培训开展过程中，家长到会率不高，开课效果不理想的现实，为强化家校沟通，提高家长的家庭教育水平，了解社情民意，解答家长困惑，同时摸清学生家庭情况，以有针对性地做好学生工作，学校改变工作思路，采取了"走出去"战略，开展"家长课程培训进社区"活动。

这一模式让家庭教育指导真正走进农家大院，走进田间地头，走到家长身边，也让学校和老师清楚掌握了社会情况和学生家庭情况，倾听了家长心声，拉近了学校老师和社区及家长间的感情距离，沟通了教育思路，协同了步调。

四 开发"线上"课程，探索家庭教育新模式

"线上"课程是依托网络进行家校沟通和培训的方式，对家庭教育普及性指导有着得天独厚的优势。辛寨初中发挥这一优势，采取多种方式开发

"线上"课程，实现了家庭教育知识普及的及时、高效。

1. 创建网络沟通教育平台

辛寨初中在中国现代教育网"善见网校"平台建立了家委会专栏，开设了家长网校。网校设置亲子课程、专家论坛、家教案例、理论课堂等13个栏目，以此普及家庭教育知识，发布学校家庭教育动态。与此同时，还建立了家长QQ群、微信群、电子信箱和家长电子留言板，实现了家长与教师沟通的常态化。

2. 开通移动网络沟通教育平台

依托现在普及的智能手机平台，学校开通了校讯通和学校微信公众号，及时发布学校工作动态，反馈家长意见建议，实现了家长与学校随时随地沟通。

经过学校和家委会联合动员，广大家长加入"幸福路"平台，为家长学习提供了方便。2019年6月28日统计，辛寨初中学生家长2094人，加入平台的数量1867人，附小家长共1876人，加入平台1691人。有的学生父母双方都注册加入了。我们在动员鼓励家长积极注册加入平台的同时，还把鼓励家长参与平台活动、利用平台进行学习作为工作重点，以进一步更新家长的理念，提高其家庭教育水平。

3. 编发《牵手报》电子版

《牵手报》是学校家委会会报，学校和家委会每月编印1期，印发给每位家长。报纸设置"家校园地""校园来风"等栏目，为家长提供一个交流、展示、学习、提高的平台。辛寨初中在编印纸质《牵手报》基础上，依托学校网站家委会专栏，编发了《牵手报》电子版，方便了广大家长网上阅读。

五 家校携手共进，开创家庭教育新局面

现在，辛寨初中的学生家长自主教育意识显著增强，教育水平明显提高，家长中涌现出了一大批家庭教育的"土专家"，引领一大批家长积极参与学校家委会工作，努力学习提高家庭教育能力，热心奔走宣传学校教育的方方面面，成为学校工作在社会上的"代言人"。

几年来，家长参与学校工作逐步深入，学校在家委会工作机制建设方面有了新的探索。一是建立完善了"六方会谈"机制。结合实际，学校建立并逐步完善对违纪学生处理的"绿色"惩戒机制，该机制由家委会、德育处、级部、班主任、学生家长及学生六方参与，家委会发挥自身优势，通过谈心、换位思考等方法疏导家长，让家长正确面对、理性思考、做好反思。这一做法得到了相关家长的认同，也有效预防和减少了学生违纪事件的发生。二是建立爱心奖励基金。家委会组织亲子教育实践活动，筹集社会捐资3万元，成立了辛寨初中爱心奖励基金，用于优秀学生、教师、班主任、家长的表彰奖励。在家委会财务管理方面有了一些经验。现在的基金规模已扩大到13.5万元，三年来共奖励师生及家长1851人次，已使用资金12.5万元，得到了社会的好评和上级领导、专家的赞誉。

工作没有终点。辛寨初中将继续建设好家委会平台，家校携手，不断探索工作新思路和新方法，逐步完善家庭教育工作机制，为促进未成年人全面健康成长做出新的贡献。

家校携手，让学校成为有爱的家
——家校合作育人案例*

家庭是社会的基本细胞，是人生的第一所学校。不论时代发生多大变化，不论生活格局发生多大变化，我们都要重视家庭建设，注重家庭、注重家教、注重家风，发扬光大中华民族传统家庭美德，促进家庭和睦，促进亲人相亲相爱，促进下一代健康成长。

为弘扬社会主义核心价值观，落实立德树人根本任务，潭东中学在育人漫道上一直努力探索前行。

一 探育人之真谛，扬家风之云帆

家庭是人生的第一所学校，家庭教育是教育人的起点，良好的家风家教

---

* 作者：朱文，江西省赣州市潭东中学。

是促进下一代健康成长的基点。一个孩子的成长过程离不开学校教育，学校便成了孩子的第二家园，为了让孩子继续在校园中接受良好家风的熏陶，潭东中学引导广大学生积极树立和传承好家风、好家训，发挥家庭教育在学生成长过程中的重要作用。学校确立了以家文化为主题的校园文化，多措并举推进家风家训建设工作，让良好家风蔚然成风。

学校通过开展"我的家风"为主题的系列实践活动，不断将学校"家文化"建设推向纵深化，从而确立了"爱国爱家，向善向上"的校训和"关爱每一个，幸福千万家"的教育理念。潭东中学的"家文化"教育是将师生之爱、父子之爱、同学之爱、对祖国的爱融于一体的教育。教师爱岗敬业，就是通过热爱、关心学生来体现的。学生在校爱老师，回家爱父母，尊敬长辈，友爱同学，这体现了"家文化"中的情感育人。学校营造"家文化"的氛围和课程环境，就是要培养有情怀、有智慧、有担当的时代新人。

潭东中学的"家文化"，要落实到每一个师生身上，要让每个师生都能感受到"家"的温馨和幸福，找到归属感和成就感。

二　汇聚家校力量，助推家文化起航

家风家训培育是弘扬优秀传统文化的重要内容，也是推进社会主义核心价值观建设的重要载体。近年来，潭东中学集全校之力，发动全体家长、学生积极参与，组织开展了多层面、多形式的家风家训主题教育活动，大力弘扬家庭美德、树立良好家风，立足家庭这个基本平台，充分发挥家庭教育的基础性作用，广泛开展"传承好家训、培育好家风"工作，践行社会主义核心价值观，以良好家风推动社会、学校文明风气，产生了广泛的社会影响和良好的教育效果。

（一）创幸福教工之家，促教师安心乐教

我们视校为家，学校是学生的家，当然也是老师的家，每一位教工视自己为学校大家庭中的一员，倡导"健康生活，快乐工作，幸福家庭"的理念。工会是党联系群众的桥梁和纽带，是"教工之家"的引导者和创建者。

为了让"教工之家"成为全体教职工的"幸福家庭",工会主要从以下几个方面进行创建。

1. 健康之家

俗话说得好,身体是革命的本钱。没有健康的身体就不能正常地生活和工作。为此,学校工会根据学校工作的需要组织全体教职工开展形式多样的文体活动,如学校每学期都举行教职工篮球赛、羽毛球赛、趣味活动、歌咏比赛等以健其体魄,愉悦心情。

2. 温馨之家

再好的身体也无法逃避生老病死的自然规律。学校对于生病住院的教职工及时慰问,询问病情,提供建议,安慰病人静心养病。对于家庭困难的教职工,每逢重大节日学校给予关心照顾,带上慰问品或慰问金,送上党和政府的温暖。特别是在每年的教师节,潭东中学都举行教师节感恩大会。如2018年9月10日,学校举行了主题为"秋水蒹葭,不忘师恩,吾爱吾师,吾爱吾家"的全校性的教师节感恩会。大会上年轻教师代表发言,老教师代表发言,学生与教师同台演出《长大后我就成了你》歌舞,由学生代表给学校老师赠送鲜花。此外,区党工委和镇政府主要领导也亲临现场,并送来了党和政府的关心慰问。通过此次活动,潭东中学这个大家庭收获了感动和幸福,激励大家快乐工作、快乐生活,做一个幸福的潭东中学人。

3. 和谐之家

快乐生活,用心教学。办好教育,必须调动广大教工的积极性。为教工创建一个温暖的家,是学校一个重点。创建科学制度,一碗水端平,让大家在公平公正的平台上晋级晋升、评先评优;规范执行程序,让党务、校务、各项事务在阳光下运行。

在抓管理的同时,学校领导非常关心教职工。校长特别关心教工,与教工打成一片。对老教工,优先让临退休的老师上岗晋级,切实关心老同志的切身长远利益,所以,学校老教师都十分支持学校的工作,在各方面发挥老带新的作用。对新教师,嘘寒问暖,使他们尽快适应新工作环境,进入良好工作状态,尤其是通过各职能部门帮助他们制定职业生涯规划,创建学习成长的平台，因此学校中青年教师在教学上你追我赶的风气十分浓厚。对困难教工，通过各种方式关心帮助，特别是想办法帮助困难教工家属就业，增加家庭收入，减轻家庭负担，让教工安心工作。

幸福来自健康的身心、温馨的氛围及和谐的家庭。教师是学校的源头活水，当我们每位家庭成员身心健康，生活在一个温馨、和谐的幸福家庭时，一定能快快乐乐地工作，敬业乐业，推动学校工作全面发展。

（二）建文明学生之家，引学生向善向上

学生是学校大家庭的主要成员，是家庭的未来，为引导学生健康快乐成长，学校也是以家文化为引领，实施思想和文化教育。

1. 进而有"约"

为引导学生养成良好的思想、行为及学习习惯，明确努力方向，让大家在学校管理中有章可循、有据可依、有事可做，学校组织学生和老师共同参与编写潭东中学《家公约》，并要求进入学校的每一位同学都自觉遵守《家公约》。

《家公约》

我们热爱家，班级、学校、社会都是家，最爱是国家。

一、见面问礼，仪容整洁，举止文明。

二、善思慎言，友爱包容，勇于担当。

三、身心健康，潜心钻研，快乐学习。

四、遵纪守法，平安一生，责任在我。

五、小家大家，凝心聚力，同心同向。

六、优良家风，和美家园，共建共享。

七、阅读好书，陶冶情操，崇尚理想。

八、终身学习，感恩成长，幸福阳光。

九、敬业爱岗，全力以赴，走向成功。

十、坚定信念，耀我家乡，兴我中华。

2. 行而有"仪"

为了让广大家长和学生更加明确"家文化"的活动内容，让家长亲身感受学校开展活动的目的和意义，一方面促使他们积极主动地配合学校的工作，另一方面让家长在活动中学到一些"家文化"的教育思想、理念和方法，在家里能够更好地教育和指导孩子，使孩子得到全面发展、健康成长。

学习成长也是需要仪式感的，为此学校形成了自己的特色"家仪"制度，如《新家庭小成员入家仪式》《追梦的孩子离家仪式》《新家庭主导成员上岗仪式》《升旗仪式》《家庭青蓝结对仪式》《我写我家》《我说我家》《我画我家》《我摄我家》等。

3. 教而有"爱"

苏联著名教育家苏霍姆林斯基曾经说过："没有爱，就没有教育。"可见，家文化的教育是关于爱的教育，教师对学生实施关爱的教育方法，是教育取得成功的关键。因此学校确立了"关爱每一人，幸福千万家"的育人理念。

在教学上，要求我们的教师尊重学生的差异和个性，改变教学方式，用发展的眼光看待每一位学生。在教学过程中，鼓励学生自主探究、动手操作、合作交流，多采用实践体验的课堂教学模式。同时，努力构建师生平等、民主和谐、情感交融的家文化师生关系，提高教育教学质量。

在课堂以外，教师还要引导学生走出校门，多渠道体验家文化。如借助故事会、演讲比赛、征文比赛、制作竞赛等形式，培养了一批又一批综合素质高又能充分施展特长的学生。学校还利用社团活动，开展了传统文化主题活动，向学生充分展现学校的魅力。

在日常生活中，教师要关心学生的生活细节，并给予帮助。如九（6）班廖同学患重病住院，学校发动广大教工踊跃参加水滴筹活动，积极奉献爱心。为了让留守儿童更好体会家的温暖，学校领导班子放弃与家人团聚，与孩子们一起欢度中秋。学校提倡教师要时时处处关心每一个学生，关心学生的每一方面，要让学生在校体会家的温暖，让家长对学校放心。

"爱校如家、博学善思"的学风，是潭东中学的学生在学习过程中所表现出来的学习风气和文明举止。学生通过践行"家文化"，懂得做人做事的道理，通过习惯改变行为，通过行为改变品行，让每一位学生健康成长、向善向上。

三 家校携手，让学校成为有爱的家

（一）构建家校管理体系

为强化家校联合，进一步构建办学模式，实现管理更好地为教育教学服务，学校构建了"以校为家、家校一体"的管理模式，并构建了组织管理体系。学校首先成立由校长担任组长，由德育行政人员、家长委员会成员和学生会组成的家校合作领导小组；其次分别成立校级家委会、年级家委会、班级家委会，通过构建一个从上到下的家校合作组织管理体系，分层管理，实现有效合作。

（二）开设"家庭论坛"

为了充分发挥家长的教育作用，学校专门开设"家长学校"，开展"家风文化大家谈""家风小故事""我说我家风"等活动，邀请孩子家长来校谈家风建设，鼓励广大家长走进道德讲堂讲述自己的家风故事，传承家风文化，汲取经典精髓，启迪思想、塑造心灵、培养心智，将良好的习惯自觉地践行在日常生活中。

（三）开展家校实践活动

为了加强家长与子女的沟通交流和提升家长家庭教育理念，学校每学期为家长开展两次亲子教育、文明礼仪教育等，通过一系列家校实践活动，宣传普及科学的教育理念，让每一个家庭更加幸福和谐。

如 2017 年 9 月 24 日，毅德物流园会展中心内，人声鼎沸，激情奔放，经过学校及众鼎商学院 HT248 团队的精心组织筹划，潭东中学 300 多名老师、同学、家长与来自全国各地的义工们一起，共同举行了一场别开生面的大型亲子活动——"爱与和谐"。这次活动以体验式学习方式作为基础，通过精彩纷呈的练习和分享，在互动体验中学习人与人之间良好的沟通、信

任、支持和欣赏！"倾听是给孩子们最好的礼物，爱是帮助学生最大的动力"，通过爱与和谐活动，家长和子女之间建立了互敬、互信、互爱的关系，使家长了解、体谅子女，鼓励引导孩子，有效地与孩子分享自己的经验，加强两代人之间的沟通，与学校和老师携手合作，共同培养子女健康成长。在敞开心扉的活动氛围中，老师、同学、家长度过了终生难忘的一天。

家风徐来，渐行渐近，家校联手，校有大爱。如今，家文化已经成为潭东中学一张闪亮的名片。近年来，由于工作成绩突出，在江西省2018年"十三五"规划课题评审中，潭东中学课题"学校家文化的创建及其对师生的影响的研究"顺利通过并立项，这将使学校的家文化建设更加行稳致远。

我们的家，讲究责任与担当，重视细节与情感，提倡奉献与向善。让每个孩子成为最好的自己，让师生有一个幸福的家园，让社会更加风清气正、自然和谐，是潭东中学不懈的追求。建设学校家文化，丰富学校内涵，创建学校品牌，我们永远在路上。

"压岁"赠言向远方——南城县实验中学家长赠"压岁言"案例[*]

在推进制度化家校合作的探索实践中，江西省南城县实验中学（以下简称实中）发动和组织家长在寒假春节前夕给自己的孩子赠"压岁言"。一个看似简单的举动，取得意想不到的收获，助推学校整体发展跃上新的台阶。

一　问题背景

当代教育是一个开放系统，它不能是一口尖底锅，只有学校教育一个支点，这会摇摆不定；它应该是一只鼎，包含学校教育、家庭教育和社会教育

＊　作者：吴小文，南城县实验中学。选自吴重涵、王梅雾《共建大教育格局：家校合作案例汇编》，江西教育出版社，2018。

三足，有了三足才能鼎立。如何建立与基础教育改革相适应的家校合作体系；如何创设有时代特色的家校互动网络；如何组织强大的家校教育行动，实现教育资源和学校办学融合的最优化，这些是学校教育需要创新的课题。

每逢春节家长给孩子"压岁钱"，这是千百年来中华民族形成的传统风俗，意在图吉利、买高兴、送吉祥、祈平安。但是，随着人们生活水平的提高，作为象征性礼物的"压岁钱"动辄成千上万，在无谓的攀比中"压岁钱"意义逐渐异化，给孩子们的成长带来诸多负面的影响。如何提倡过年新风，过一个真正有意义的春节；如何以新春佳节为契机，鼓励孩子学知识、长本领、培习惯、养美德；如何增添家长与孩子情感和精神交流的绿色专用通道，让孩子懂得父母对人生的感悟、生活的体验，愉快地倾听父母的心声，这些是学校教育需要创导的课题。

尽管现在大部分家长日渐意识到与学校合作教育孩子的意义，但是一旦需要家长配合和采取行动时，他们往往又会以种种理由搪塞敷衍，尤其是当学校组织的家校活动遭遇到"升学率"时，他们可能少有热心参与。如何纠正家长中普遍存在的"家庭与学校教育责任分离，孩子的学习、思想、品德等由学校管，家里只管吃穿住，家校合作只限于关注和督促学生学习"等思想偏差；如何让家长真正认识到家校合作中的责任、义务；如何让家校活动更具前瞻性、计划性、系统性、互动性，这些是学校教育需要引领的课题。

在家校合作中，学校和家庭是两个平等的主体，学校起主导而非领导的作用，充当的是服务者，而非服务对象。如何尊重家长的教育主体地位；如何激发家长的教育参与热情；如何深挖家庭教育的资源潜力，这些是学校教育需要改进的课题。

二　新式思维

1. 共生思维

自然界常见这样一种现象：当一株植物单独生长时，显得矮小、单调，而与众多同类植物一起生长时，则根深叶茂、生机盎然。这种相互影响、共同促进的现象，被称为"共生现象"。

共生思维强调"自我"与"他者"密不可分的现代性存在，倡导摆脱封闭狭隘的"个体教育"，走向互为关联的"群类教育"，认为只有在开放教育中，和不同的主体、不同的文化交流、碰撞且彼此相互启发、吸纳、融合，家校合作方能增强活力、发展进步。自我封闭、与世隔绝、孤芳自赏的结局只能是衰败落伍，被时代淘汰。

2. 跨界思维

跨界思维指的是用大眼光、多视野、多角度去看待问题和提出解决方案的一种思维，其本质是一种开放、创新、发散的思维方式。

跨界思维的基本要义是相互学习，主要目的是"借智"。在家校合作的教育过程中，要相互学习、成功"借智"、相得益彰，就必须不断提高自身从低维到高维的分析能力、学习能力。更为重要的是，教师与家长、家长与家长之间要跨越"心态"之界、"角色"之界、"知识"之界、"行业"之界、"观念"之界。其中最需跨越也最难跨越的，就是"观念"之界。

3. 杠杆思维

杠杆思维最突出的特征是找到和利用事物发展的动力、阻力、支点的分布从而以小搏大，是一种信息、物质和能量尽其所用，借力使力、事半功倍地改善条件、简化治理、促使进步的思维模式。

关于给孩子的教育或期望，教师和家长展开对自己和他人思考过程的思考，以及再思考，不断循环，就是元认知思考过程。这就可以撬动以规模化的信息量萃取相关思想的本质的支点；就可以印证总有一部分人与你的教育方式或期望梦想是一致或相似的；就可以将受到触动和启发的信息迁移到自身场域或相同逻辑的场景中去思考和应用。由此通过人际想法的交流，通过重构自我，就可以碰撞出巨大的改变现状的能量，更高效地学习知识和智慧，更简单地感受快乐和幸福。

4. 上游思维

所谓上游思维，就是从源头看问题、追根溯源的思维方式。例如，发展的上游是愿望。发展离不开理念、策略和方法，但这还不属于上游思维，教育发展首先要考虑师生和家长的愿望，即意愿、诉求和欲望。脱离了师生和家长的愿望，就难以实现真正意义上的教育发展。要求是外在的、被动的，愿望才是内在的、主动的，把要求变为愿望是发展追求的理想境界，发展的前提是打开每一位师生和家长的心扉。办学的根本目标不仅是学校的成功，更是学生的成长。强校的上游是培根。家校合作为的是使每位学生的身体、学习、品性、精神、心灵等各方面都得到安顿，因此，真正的名校不仅是花红，而且是根深。立德树人，实中追求的是树冠要美、树干要直、树根要深。

三　具体做法

1. 动员部署

每年寒假前夕，实中校长办公会、党总支都要组织召开家长赠"压岁言"专题工作会议。校领导班子成员及各年级主任针对往年出现的问题提出改进措施和创新建议，并就即将开展的家长赠"压岁言"活动进行动员和部署。

2. 倡导实施

寒假时，实中以《敬告家长书》的方式倡议全校每一位学生家长在新春佳节之际赠孩子"压岁言"。学校特用水红纸印制"新年家长赠压岁言"信笺，其内容包括前言说明、学生姓名、学生所在班级、家长姓名、"压岁言"等。"前言说明"阐明活动的初衷和意义，评比的标准和要求，特别强调所有"压岁言"将供全班学生家长学习借鉴并归档保存。

3. 评比展出

新学期开学时，实中按照预设标准组织对全校家长的"压岁言"进行评比。先由各班推选出 20 份质量较高的"压岁言"，再由学校设立评选委员会，对推选出的"压岁言"以年级为单位展开评比。奖项按各年级推选总数的 5%、10%、15% 分设一、二、三等奖，获奖名单在校园橱窗内和学校网站上公布，获奖作品装订成册，建成实中家长"压岁箴言"库。学校还专门邀请作品获一等奖的家长与孩子在校园合影留念，并在橱窗和网站上开辟专栏展示"压岁言"一等奖的作品及获奖家长与孩子的合影，橱窗的展出宣传一直要延续到全校家长会结束，网站的展出宣传则长期保留。

4. 回馈期望

实中认真对待每一份家长的"压岁言"，评比展出并不是结束，此时应用"压岁言"才刚刚开始。学校将所有家长对孩子的合理期望，看成是对教育的期望、对学校的期望。通过研读"压岁言"，在字里行间了解家情、学情，捕捉家长的诉求和孩子的喜好，将学生成长的内需当作教育创新的出发点、着力点和侧重点。学校先后为学生搭建了"学子成长树"课程框架；为家长开设了"手机家长学校"；为留守学生建立了"留守少年之家"；为"五困生"（贫困生、学困生、德困生、体困生、心困生）完善了导师帮扶制度。学校还设置"漂流书架"激发学生的读书热情；开展"以爱育爱、用心筑心"活动捐资助学；开展"幸福春游"活动引导学生融入自然；开辟"幸福种植园"、开展生活技能大赛、组织"实中艺术进社区"等活动，提高学生的动手实践能力，为每位学生提供展示自我、为人所需、自信成长的舞台。

四 实践成效

1. 学生受教益

家长赠"压岁言"，是家长在非常的日子里，经过非常认真的斟酌和准备，传递给孩子非常有必要了解的知心话，因而此举具有非凡的意义。"爸妈在外打工每天都想你，希望你会学习，会做人，会生活""好好抒写属于你的生活，释放来自你的光芒""别忘了，一路走来时把笑容和自信带在身上""午马性烈，桀骜不驯，应去急存慧，常思龙马精神，长存龙马精神，长存广阔视野"……纵观家长赠"压岁言"作品，或朴实、或文雅、或富有思想、或蕴含哲理，字字句句都发自肺腑，倾诉着家长对孩子无限的关怀和期待。一段段简朴而真挚的话语，让学生们懂得父母的用心良苦，明白青春成长当奋斗的道理，知道品行端正、追求上进是对父母最好的回报。初三曾同学在校表现越来越优秀，学业成绩也一步一个台阶，谈及进步的原因时，他说在初二上学期有几次曾想辍学，总觉得父母不关心他，学习没意思也没意义。可当他看了爸爸写给他的"压岁言"后，他落泪了，原来爸妈在外打工是那么的不容易，原来父母从来都未对自己失去信心，原来自己从来都没有缺少过爱。

2. 家长受实益

实中家长赠"压岁言"活动开展已有五年，深得大家的认可，赢得社会的赞誉，尤其是在家长中间产生了强烈反响。在不断地参与、交流、对比、演进中，家长们对"压岁言"越来越看重，邱同学的家长就曾代表大家赞叹道："这份压岁言比送孩子再多的金钱、再昂贵的礼品都更有意义！"与此同时，家长们对活动的深刻用意越来越理解。在学校的启发引导下，越来越多的家长意识到：教育最大的不均不是起点层面的，也不是物质层面的，而是过程与精神层面的，是教育和精神安顿不同导致的差异；既要培养孩子聪明智慧的大脑，更要培养孩子善良美好的心灵；家校同创不能满足于两股力量的简单叠加，还可以让两股力量同频共振、深度融合；家校合作不能满足于一般意义上的心连心，因为家校原本就是一条心！

3. 学校受广益

自开展家长赠"压岁言"活动以来，家长助教的热情持续高涨，家校合作的范围持续扩大，家校同创的效益持续提高，实中曾经暴露出的"学校教育孤位、家庭教育缺位、社会教育错位"现象得以明显改善，由家长赠"压岁言"派生出来的"扶贫日"师生家长义买义卖活动、"幸福日"亲子远足游、学生生活技能大赛、素质教育展评周等活动，极大地提升了学校的办学水准和品位，已成为实中学校发力、学生出力、家长给力的富有建树感、获得感、成就感的品牌特色活动。中新网、人民网、《人民教育》《江西日报》、《江西教育》、江西电视台、江西教育电视台等主流媒体纷纷来校专访，并对"压岁言"系列活动进行大篇幅、全方位的报道。

卓有成效的家校合作，不仅打造了实中内涵发展的新常态，更为学校办学实力的提升助力添彩。近年来，实中高考屡结硕果，中考名动全市，教学评估蝉联全县第一，学校先后被授予全国体育工作示范校、全国百所示范青少年法律学校、全国青少年校园足球特色学校、国家级电影课实验校；江西省文明单位、全省首届文明校园、全省校园文化特色学校、全省关心下一代工作先进集体、省家校合作试点学校、全省家长教育和省家长函授学校办学工作示范教学点；抚州市示范校、抚州市"十大名校"等荣誉称号。

第八章

高中行动经验

贯彻落实"六个三" 建立互促合作式家长学校
共同促进学生健康成长 *

　　赣州市第一中学（简称赣州一中）创办于 1898 年，是一所具有一百多年办学历史的省优秀重点中学。1953 年 7 月被批准为教育部重点联系的全国三十所中学之一，并被列为江西省三所重点中学之一，1995 年被评为"江西省优秀重点中学"，被称为赣南教育的摇篮。过去的一个多世纪，赣州一中以其深厚的文化底蕴和优良的办学传统，为社会培育了众多优秀的学子，造就了一批批栋梁之材，如培养了郭大力、黄克智、林皋、张家铝等四名中科院院士，王富良等体育世界冠军。学校现有教职员工 300 多人，教学班 80 多个，学生 4000 多人。

　　赣州一中家长学校创办于 2002 年，已经走过了 15 个春秋。在学校党政领导及校关工委的领导重视下，赣州一中家长学校不断健全、完善管理制度，建立了学校、年级、班级三级管理机构，结合实际、扎实工作，在帮助家长树立正确的家庭教育观念，掌握科学的家庭教育方法方面，取得了可喜成绩。我们的主要做法是认真抓好以下"六个三"。

---

　　* 作者：刘文蛟，赣州市第一中学。

一 做到"三个有" 夯实工作基础

1. 有领导机构

赣州一中建立了校级、年级、班级三级领导机构。

（1）家长学校校务委员会。由校长兼家长学校校长，4位副校长和工会主席、1位退休教师兼副校长，政教处主任、副主任分别兼任办公室主任和副主任，委员由团委正副书记、退休老师、十二个家长代表组成。

（2）年级委员会。由年级主任任年级委员会主任，年级副主任任副主任，委员7~11人，由班主任代表、家长代表组成。

（3）班级委员会。由班主任任委员会主任，委员由5名家长代表组成。

建立三级领导机构后，层层有人抓，事事有人管。

2. 有教学计划

每学期，家长学校校务委员会都会召开有关会议，制订出切实可行的计划，如家长学校校务委员会根据《赣州市推进"万师访万家"活动常态化制度化实施方案》（赣市教师字〔2017〕22号）的文件要求，为促进学校与家庭、社会的联系，增进教师与家长、学生之间的了解，提高教师和家长的育人意识、责任意识，共促教育健康发展，从2017年7月启动"万师访万家"活动，并且为了推进这项工作常态化，特制定了实施方案。

3. 有规章制度

家长学校先后制定了《家长学校管理制度》《家长学校教学工作制度》《家长学校学员考勤制度》《优秀学员（好家长）评比表彰制度》《优秀授课教师、优秀家教班主任评比表彰制度》《优秀教案评比表彰制度》等，制度执行一段时间后会进行适当修改和补充。

二 注重"三结合" 确保教育实效

为了提高家长素质，达到良好的教育效果，家长学校的教学活动落实"三结合"原则。

1. 大课堂、中课堂和小课堂相结合

大课堂主要是指初中部、高中部依年级分别先集中上大课，然后再分班上课；中课堂是指初中依年级、高中依各年级分文理科先集中讲有关共性的问题，然后再分班；小课堂，一开始就以班级为单位上课，以班主任讲课为主。因人而异，因班制宜，灵活运用。

2. 理论学习和座谈讨论相结合

学校要求教师根据《初、高中生家庭教育》等教材，并结合本班实际讲课，加强针对性。授课以班主任为主，同时还聘请了校外对家庭教育有经验的同志，如省家长函授学校的专家，广州英豪家庭教育专家，学校的校领导、退休老师等来上课。若在同一个年级的学生中有类似情况，则将这些家长集中起来，以座谈的形式共同讨论解决问题的办法。

3. 课堂教育和典型教育相结合

身边的事实往往更具感召力。学校除了抓好教师的课堂教学，还邀请教子有方的家长到家长学校（班级或年级）课堂上来谈做法、谈体会、谈感想，做经验介绍，并将其经验整理成文，如初二（6）班刘同学家长的《家长教育孩子的心得》、蔺同学家长的《用爱撑起女儿远行的风帆》等在家长会上分享后刊登在《家庭教育专刊》上，充分发挥典型家长的模范作用。

三 坚持"三项措施" 突出家长主体

家长学校服务于家长，"一切为了家长"是赣州一中开展工作的落脚点和着力点。

1. 贴近家长

赣州一中根据高中学生家庭住所分散的特殊情况，为方便家长学校开课，选择双休日和乡镇逢圩日的结合点，将家长学校搬到学生家庭所在乡镇去办（如在沙石中学开课，将沙石及邻近乡村的家长请来上课；在水西中学、湖边中学、沙河中学等地开课，也将邻近乡村或社区的家长请来），既方便了因路途遥远不便来校听课的家长，又能让家长了解孩子在校的表现情况，学校也能了解到学生在家的表现。学校还将《家庭教育宣传专栏》带下去，张贴在离上课地点较近的墙上供家长阅读，发放《家庭教育专刊》等材料，这些材料很受家长欢迎。

2. 激励家长

每学年家长学校都会依据工作制度，评选出一批优秀学员（好家长），召开表彰会，颁发荣誉证书及奖品，与校领导合影留念等，激发家长的学习积极性。

3. 信任家长

家长学校的三级管理委员会中都有较大比例的家长代表，家长学校的工作计划安排、活动设计等都充分听取他们的意见，尊重他们的想法，让家长们积极参与学校的工作活动，树立主人翁精神。

四 强化"三个阵地" 抓好宣传指导

为了办好家长学校，赣州一中坚持抓好思想教育阵地建设，树立服务第一的意识，日常工作突出了"三个一"。

1. 办好一份专刊

《家庭教育专刊》（关工委和家长学校主办），已先后刊出近 300 期 1000 多篇文章。这些文章既有"为国教子、以德育人"的家庭教育故事，也有亲子沟通、挫折教育的案例；既有英雄模范人物的家庭教育故事，也有名人家教故事；既有留守儿童、隔代教育、青春期或性教育的案例，也有珍爱生命、心理健康、预防和治理网瘾的文章；既有针对学生的学习指导的文章，也有许多针对家长的教子有方的案例，还有许多讲家庭教育重要性的文章。《家庭教育专刊》还在不同的时间针对不同的年级或当前形势，刊出有针对性的文章，它成了联系家长学校与学员的重要纽带。

2. 办好一个专栏

家庭教育宣传专栏，每学期出二期，开学初和期中考试后各一期，即家长学校两次上课前，用于表彰先进、介绍经验、传递信息。

3. 办好一个服务站

办好家庭教育咨询服务站，配备专职人员，购买家教教材，订阅《育人》《中国火炬》《家庭教育》《当代家庭教育报》《家教指导报》等报刊，并向家长公布服务站的咨询电话，对教育子女有困难的家长可以拨打咨询电话，服务站的专职人员会尽可能提供帮助。学校网站还专门设立了家庭教育网页，并把《家庭教育专刊》放到网页上，方便家长学习，有一些年级主任和班主任老师还把《家庭教育专刊》的文章改写成微信发到家长手机上，收到了很好的教育效果。

五 搞好"三个研究" 做到有的放矢

"没有调查就没有发言权"，研究教育对象和教育对策是取得工作成效的基础，为此，赣州一中开展了搞好"三个研究"的工作。

1. 研究家长，了解"家长要什么"

为了掌握家长学校学员的情况，赣州一中设计了《家长学校学员情况登记表》、分片《学员情况登记表》、年级《学员情况登记表》等，家长填写上交后由各年级各班级分别统计，学校汇总。通过调查，初步掌握了各班家长的文化水平、职业等情况，使老师在备课和讲课时有较强的针对性。

2. 研究学生，知道"给家长什么"

赣州一中设计了《学生情况调查问卷表》《家庭教育调查表》等，了解学生的思想状况、兴趣爱好，了解学生在家庭中受到的教育情况等。班主任、学校领导、关工委的成员也不定时做家庭调查和家访，同时请家长来校或用电话、书信等交流方式把学生在家的情况反馈给学校、班主任。根据掌握的情况，及时部署或调整家长学校教育工作，加强了工作的针对性。

3. 研究社会，洞察"家长想什么"

争取家长的配合是开展工作的基础。赣州一中通过各种讨论，大力宣传全国妇联、教育部《关于全国家长学校工作的指导意见》及省妇联、省教育厅、省关工委等七部门关于印发《江西省关于指导推进家庭教育的五年规划（2011—2015 年）》的通知精神等，培育和践行社会主义核心价值观，让家长了解社会，明确为什么要办家长学校，办好家长学校的必要性、重要性和迫切性，帮助家长树立正确的家庭教育观念，认识到办好家长学校的最终目的就是提高学生的思想和学习水平。

六　构建"三维网络"　延伸教育渠道

就学生教育而言，学校教育是核心，家庭教育是基础，社会教育是补充。家长教育也是如此。为了延伸家长学校教育的渠道，赣州一中和社区、工厂、企业联合起来，给家长提供了一个教育实践的平台。

每次寒暑假前，学校都会给每个学生发放一份《赣州一中学生寒（暑）假社会实践活动评议表》，学生在假期中参加了社区哪些活动，表现怎么样，由学生写上自我评议，家长签署意见，社区居委会或村委会签意见盖章，开学时交回学校。这样，整个假期，学生的教育交给了家长及社会，也就给家长提供了一个实践科学家庭教育的机会。在学校和社区的安排下，家长要督促孩子参加社会实践活动，指导孩子与人交往，指导孩子科学分配学习和活动的时间等，孩子从活动中得到了锻炼受到了教育，家长也提高了家庭教育的水平。这样一来，学校、家庭、社会就形成了一个三维教育网络。

赣州一中的家长学校工作之所以能取得令人满意的成绩，主要归功于以下几方面。其一，领导重视是开展好工作的前提。基于对办好家长学校重要性的认识，学校党政领导将家长学校工作提到议事日程上，大力为家长学校解决人员、经费、设施等问题，保证了家长学校的良好运作。其二，有一支热心工作的队伍是关键。家长学校管理成员工作热情高，干劲大，带动全体教师齐心协力抓好工作。调查研究、组织活动、备课上课，尽心尽职，乐此不疲。其三，完善的机制是做好工作的保证。家长学校先后制定了管理制度、激励制度。特别是激励制度，通过发放评先表，由教师和学生来评选优秀学员（好家长），由家长和学生来评选优秀授课教师、优秀家教班主任，极大地激发了教学双方的积极性。

赣州一中的家长学校工作自开展以来一直得到市关工委、市妇联、市教育局的肯定，取得了可喜的成绩。赣州一中面貌也发生了巨大的变化，社会美誉度日益提升，家长综合素质明显提高，科学教育子女"为国教子、以德育人"的人数越来越多。特别是近年来，在生源相对较差、教育竞争日趋激烈的情况下，赣州一中仍然能保持低进高出、高进优出的优势。学校还先后被评为全国青少年信息学奥林匹克联赛优秀参赛学校、全国教育科学"十五"规划国家重点课题教育信息化理论与实践模式研究基地、全国青少年体育工作先进集体、省文明学校、省德育示范学校、省体育传统项目先进学校、省现代教育技术示范学校、市重点中学教育质量综合评估先进单位、市德育工作先进集体、市师德师风先进集体、市重点中学特长培养先进单位等。

荣誉只能证明过去，未来仍然任重而道远。赣州一中家长学校将继续学习优秀家长学校的先进经验，群策群力，与时俱进，把工作做得更好，使学校教育、家庭教育、社会教育形成合力，为实现中华民族伟大复兴的中国梦贡献力量。

开放校园纳诤言，家校协作育桃李*

安福中学被江西省教育厅确定为"江西省家校合作试点学校"，这既是对安福中学家校合作工作的肯定，更是对安福中学推进家校合作工作的鞭策。两年来，安福中学对照家校合作试点学校工作要求，结合学校实际，开拓思想，创新观念，统筹安排，扎实推进，构建了安福中学"3683"家校合作育人机制，即成立三级家长委员会，畅通六条家校联系渠道，开展八项家长开放日活动，实施三种家教指导方式，成为打造特色家校合作和教育好孩子的重要途径，为家庭教育的顺利开展奠定了良好的基础。

---

* 作者：周文宝，安福中学。选自吴重涵、王梅雾《共建大教育格局：家校合作案例汇编》，江西教育出版社，2018。

一　更新教育观念，制定协作规划

家校合作是教育好孩子的重要途径，家庭教育的不足会对学生产生巨大的负面影响。为此，安福中学首先从转变教师的家庭教育观念入手，学校经常利用教师会，向全体教师宣传家校合作的重要性，让教师主动联系家长，和家长聊天、谈心、做朋友，慢慢转变家长的观念，使家长能够正确地面对自己的孩子，积极地参与到家校合作中来，与学校一起为孩子的成长和进步做出努力。学校每年利用暑假学习时间聘请多位专家对班主任、任课教师进行培训，外派家校协作的相关人员到各地学习家校协作的先进经验和做法，并在相关会议上传达。学校制定了《安福中学家校协作三年发展规划》，每学期制定《家校协作工作计划》，做到工作有计划有总结有反思。

二　健全组织机构，搭建合作平台

1. 组建三级家长委员会

学校组织成立班级、年级组、学校三级家长委员会。在此基础上成立校务管理委员会，聘请学校家长委员会委员，讨论并完善《安福中学家委会章程》《安福中学家长委员会制度》。校级家长委员会每学年九月中旬改选一次，设主任委员一名，副主任委员两到三名。

设立专门的家长委员会办公室。各年级组、班级根据校级家长委员会模式每学期初成立相应的年级组和班级家长委员会。健全完善的组织机构，为家校合作搭建了良好的平台。

2. 成立家长志愿者活动中心

每学年开学学校组织对高一年级家长征集家长志愿者，成立家长志愿者活动中心。邀请家长参与学校管理，由校级家长委员会组织开展家长志愿者活动，如参与监考巡考、值日检查，参加学生活动比赛评委等工作，家长志愿者活动的开展，为学校家校合作提供了活动载体。

三 畅通联系渠道，增强育人合力

1. 创新家长会形式

安福中学在每学期召开一至两次家长会的基础上，根据学生的不同类型，组织开展各种小型家长会，每次月考结束后各班针对班上的部分特质学生（如学习特质、纪律特质）专门举行家长会，有优秀学生家长会，也有后进学生家长会，既丰富了家长会形式，也使家长会更有针对性。家长会和小型家长会内容涉及学校教育理念、家庭教育方法、学生习惯养成、学生心理干预等一系列内容，在丰富家长知识、提高家庭教育水平的同时，也给教师和家长提供了一个面对面交流的机会，使家长和老师针对个别学生的情况有了更深入的了解，为学生的教育和发展做好更加充分的准备。通过宣传先进的教育教学理念，介绍学校开展的各项活动，认真听取家长对学校管理和教育教学的意见、建议，激励家长为学校的发展献计献策，推动学校教育教学工作更上一个台阶。

2. 做实做细家访活动

通过多种方式的家访活动，让家长及时了解孩子的动态，保证学生在校学习生活正常、有序。学校要求教师做到六个必访：学生生病必访、学生行为不良必访、学生学习有困难必访、学生家庭有变故必访、家校联系有障碍必访、贫困家庭必访。家访形式主要有：（1）通过电话、家校人人通的形式进行家访；（2）发放给家长的一封信；（3）班主任和任课教师平时家访；（4）"万师访万家"活动；（5）分片家访。分片家访活动过程主要是：高一年级时把学生按乡镇分类，每学期安排一至两个乡镇，对该乡镇的所有学生进行家访。家访的主要内容包括：帮助家长掌握教育子女的科学方法；了解学生成长的环境、思想动态及校内外表现；解决学生成长中的实际困难，拉近家校距离，提高教育质量和办学水平；向家长宣传学校办学理念、办学特色等内容，赢得家长对学校工作的理解和支持；听取和收集家长对学校工作的意见和建议；向家长汇报其孩子在校表现，在校学习和生活的能力，与人相处、学业等情况；向家长了解学生在家的表现情况，如生活习惯、兴趣、爱好、个性、成长的故事、生活环境、孩子身边的朋友、与家人的相处等方面；了解学生家庭基本情况，如经济状况、文化教养、家庭对学生的影响等。要求家访活动中特别关注六类家庭：（1）留守儿童家庭；（2）进城务工随迁子女家庭；（3）残疾学生家庭；（4）经济困难家庭；（5）学习困难学生家庭；（6）思想和学业上有重大变化的学生家庭。

3. 创建家长微信群

学校要求每个班级建立班级家长微信群，及时将学校的通知及每次月考的情况告诉家长，让家长即时了解学校动态和自己孩子的表现。从而实现教师与家长、家长与家长之间即时沟通交流，随时解决出现的问题。

4. 制作"家校桥"联系卡

每学期至少制作四次"家校桥联系卡"，一般是月考后制作，主要内容有：近段时间学校、年级组所做工作及下一阶段将要举行的活动，家长注意事项，班主任对每位学生学习、生活情况写的评语。由学生带回家交家长签署意见后交回班主任。

5. 利用电话、人人通平台

班主任针对班级学生情况，尤其是部分特质学生（如学习特质、纪律特质等），采取打电话或利用人人通短信平台与学生及家长进行交流，共同商讨解决办法。

四 借力校园开放，提升办学效能

家长开放日是家校合作的主要内容之一，也是向社会开放校园的主要途径，通过家长开放日活动，在让家长全面了解学校办学情况，全方位了解小孩在校的学习、生活情况的同时，接受家长对学校各项工作的监督和检查，从而让学校借力校园开放，改进工作，不断提升办学效能。

1. 精心组织活动开展

学校每学期定期开展两次家长开放日活动。每一次家长开放日活动，学校都高度重视，根据各年级的教学等具体情况确定开放日的时间，要求各班认真组织家长自愿参加。在"参观一次校园、听取一次工作汇报、观摩一堂课、观摩一项学生活动、参加一次家长交流、与老师进行一次交谈、体验一次学生生活、填写一份意见反馈""八个一"活动总体框架下，要求各年级组根据年级实际情况选取五至七项活动上报政教处，政教处根据各年级选定的内容制定活动方案，确定活动流程，经校长审定后由相关部门和年级组组织实施。

2. 重视家长意见反馈

每次的家长开放日活动，学校还要求政教处、各年级组严格做到"活动前精心筹划，活动中认真对待，活动后及时总结"。家长开放日活动，让家长走进课堂、走进寝室、走进食堂等，与老师深入交流。家长可以通过填写意见反馈表和直接交流的方式向学校提出意见和建议，每次的家长开放日活动中，我们都会收到家长很多的意见和建议，针对家长反馈的意见和建议，学校高度重视，首先要求各年级组归纳梳理，意见、建议的归纳梳理做到不放过任何一个细节问题，不遗漏任何一个细微建议；其次将收集到的意见、建议提交到行政会、校长办公会讨论，提出整改意见；然后将有关问题交相关部门解决，对家长提出的好的、对学校发展有利的建议学校都会及时予以采纳。

五 加强家教指导，提高育人水平

家庭教育是孩子健康成长不可缺少的一种教育，有着学校教育、社会教育不可代替的作用，而家长的教育水平又直接决定了家庭教育的效果，为此，安福中学非常注重家教指导，多渠道提高家长育人（子女）的意识和水平。

1. 通过班主任对家长进行培训

每一学期，学校都会要求班主任结合本班学生的实际情况对家长进行家教培训，培训的内容主要是：高中学生学习及心理相关问题家长应该如何面对。培训的形式既可以是面对面的交流，也可以通过人人通信息平台发布，并将此项工作纳入班主任工作考核。

2. 借助家长学校对家长进行培训

学校每学期聘请专家给家长做讲座，学校领导也利用家长会对家长做辅导报告，就如何做好初高中衔接工作、如何解决网瘾、批评与表扬的艺术、消除代沟、心理健康等话题与家长进行探讨，提高家长的教育水平。同时订阅《家教辅导报》让家长学习家教优秀做法和经验。

3. 邀请优秀家长现身说法

通过举办家教经验交流会，开展家教经验交流以及家教论文评比等活动，邀请部分优秀家长现身说法，介绍教育孩子的优秀做法，讨论教育孩子的方法。从理论知识和实践经验层面帮助家长提高育人（子女）意识和家教水平。

六　挖掘家长资源，共创和谐校园

依托家长委员会、家长志愿者活动中心等平台载体，学校充分挖掘、利用家长资源，推进学校管理工作，为学校发展营造更好的环境。如在家长志愿者的帮助下，疏通了校园内和学校围墙外的水渠，解决了水渠不畅通导致污水腐臭问题；利用家长委员会成员在综治部门工作的资源，进一步加大校园周边环境整治力度，使校园周边环境有了很大的改善；利用家长委员会成员在公检法系统的资源，开展法制安全等方面的讲座，增长了学生的守法和安全等意识。

通过以上做法，安福中学的家校合作活动不断发展，促进了学校教育教学成绩的提高。家校合作搞得好，家教效率有提高，学校教育成效凸显，近年来，安福中学的高考成绩不断提高，一本二本上线率居全市县（区）省级重点中学前列，学生的综合素质全面提高，师生关系融洽；办学业绩不断提升，获得了江西省文明单位、江西省依法治校示范校、江西省家长函授学校优秀教学点、吉安市中小学平安校园示范学校、江西省首批中小学心理健康教育特色学校等荣誉称号，学校的心理健康教育中心被授予中国计生协青春健康教育示范基地；家长素质得到提高，越来越多的家长认识到学会做人比学会知识更重要，很多家长和老师交流时说，通过学校的沟通和合作，孩子比以前明显更懂事了，成绩也进步了许多，感谢学校给家长提供这样一个平台。

安福中学凭借先进的教育教学理念创造了丰硕的教育教学成果，学校将会在今后的家校协作工作中，一如既往地改革创新，认真做好学生工作和家长工作，服务学生，服务家长，为安福中学全面健康发展做出应有的贡献。

普通高中推进家校合作深度融合的实践与思考[*]

家校合作是指学校和家庭共同配合完成对学生的各项教育工作，在学生成长过程中发挥着重要作用，这种教育方式体现了教育"以人为本"的核心思想。家校合作是新时代办好人民满意教育的新要求。近年来很多地区和学校都开始重视家校合作，取得了一些成效。但是，也出现了如重视程度不够、家校沟通不畅、缺乏课程指导、形式单调等问题。如何适应时代的变化，推进家校合作？作为普通高中，蒋王中学在推进家校合作深度融合方面进行了探索，以下是该校的实践和思考。

一　家校合作中出现的问题

1. 家校合作教育重视程度不够

许多家长认为：孩子上了高中，特别是大部分孩子住校，把孩子送到学校就万事大吉了，他们觉得学生的学习主要依靠老师，而自己只要负责孩子的生活。甚至有些老师也觉得教育学生是自己的责任，家长只要进行适当的监督就可以了，家长能起到的作用比较小。事实上这种观念是错误的，不利于学生的健康发展。家校合作可以从全方位对学生进行教育，使得学校和家庭的教育具有连贯性，齐心协力为学生的教育努力。

2. 学校与家长沟通不畅、形式单调

有段时间，蒋王中学的家校合作大多数是形式大于内容，如为了应付上

---

* 作者：罗定、汤恒锦，江苏省扬州市邗江区蒋王中学。

级检查成立了家长委员会、家长学校等，但学校及家长对家校合作组织重视不够，缺乏组织性，显得松散，作用发挥不大；与家长的沟通只是局限于每学期的家长会。即使像学校开放日、家访、亲子活动等，也往往流于形式。尽管现代信息交流技术已经非常发达，但一些家长和老师之间只是通过电话、QQ、微信等进行简单的事务性交流，缺乏深入的交流与沟通、讨论。

3. 家校合作缺乏课程指导、缺少规划

有些高中教师对于家校合作教育并不重视，同时部分家长对于家庭教育也缺乏正确的认识。这部分家长往往认为自己把孩子送到学校就完成了任务，学生的学习和成长应该全部由学校负责，自己什么也不需要做了。高中老师更加关注学生的知识学习和思想道德培养，而家长往往更关注学生成绩和生活。在家校合作中缺乏相应的课程指导，老师和家长的不协同导致家校合作缺少整体规划。

二 推进家校合作深度融合的主要策略

针对家校合作中出现的问题，2017 年开始蒋王中学根据《邗江区关于新家庭教育实验工作的实施意见》的有关要求，结合已有的工作基础和区域特点，创新思路，积极推进家校合作走向深度融合，实现家校共育"1+1>2"的效应。

1. 良性互动，激发家校合作动力

教育家苏霍姆林斯基说："教育的效果取决于学校和家庭教育影响的一致性。如果没有这种一致性，那么学校的教学和教育过程就像纸做的房子一样倒塌下来。"可见家庭参与教育对学校教育的效果具有极大的影响。

"家长教师合作共同体"分为学校、年级、班级三级，开通了微信公众号信息平台，组建了工作群、班级家长群等，确保每一位家长对学校工作的参与权、发言权、知情权。教师们通过和家长交流，倾听家长的赞扬和抱怨，寻找学校教育的改进点和发展点。如有家长反映中午就餐食堂排队时间长，学校就采取高中三个年级错时就餐，缩短了学生排队的时间。同时加强学校食堂就餐管理，每天中午每个年级派一名教师到食堂参与管理，较好地

解决了这一问题；有家长反映晚自习放学和周末放假校门口车辆多导致交通拥堵，学校采取错峰放学，高一、高二、高三间隔 10 分钟放学，同时请交警来帮助指挥交通，这一问题也得到解决。教师发现一些家长不按规定停放车辆，学校就在家长群里发信息经常提醒，很快家长们都按规定停放，门口交通拥堵基本解决。

"家长教师发展合作共同体"成为学校课程建设的开发者和实施者。面对学校校本课程和实践活动缺少相应的专业教师现状，学校实施"特长家长进课堂"工程，邀请有专业特长的家长入校担任"家长教师"，参与本年级课程表的审定，开设"生活技能类""百科知识类""社会生活类"等校本课程，丰富了学校教育资源。如"拼搏能成功"励志课程、"孝敬长辈、感恩家长"爱心课程、"我是家庭厨师"行动课程、"大运河畔"研学课程、"探索科技奥秘，感受科技魅力"和"乐在基地学本领"科技实践活动课程等成为学生喜欢的课程。

这样的家校互动体现了学校和家庭目标的一致性——为了青少年的健康成长，为青少年提供良好的物质条件和良好的秩序，让青少年体会到家校共育的团队力量。

2. 聚焦问题，提高家校合作实效

现在的学校除了"传道授业解惑"——立德树人、教书育人，还应具有和家长交流、沟通，甚至帮助和指导家长更新家庭教育理念的责任意识和能力。有时候，学校教育和家庭教育没能很好地形成合力，很大一部分原因在于学校教师和家长之间的沟通、交流不够。针对这一现象，学校会经常开展家长会、问卷调查、家访等形式的活动，与家长共同发现学生中存在的问题，进行共同合作，采取适切的措施，提高教育效果。如学校在新生入学的第一次家长会上，会给家长做一份问卷调查，"您的孩子进入学校后是否适应""您的孩子回家后是否经常主动谈论学校里的事，谈论的主要内容是什么""您觉得近阶段孩子的情绪如何""孩子目前的作息安排是否合理""进入高中后，孩子有什么变化吗""孩子最需要改善或提高的是哪些方面"……然后学校根据家长们反映的情况有针对性地进行调整、改进和完善，同时请家长进行配合，让家长站在学校和老师的角度帮助学生理解学校，如针对部分设施老化学校不能及时更新，请家长向学生解释主要是因为学校面临搬迁，由此得到学生的理解。

3. 专业研究，开发家校合作课程

学校根据《邗江区关于新家庭教育实验工作的实施意见》，会同有关专家并动员全体教师，参照高中课程改革的思路，搜集大量资料和鲜活案例，进行家长课程的开发，包括必修课、选修课和自主拓展课三种类型。

必修课主要解决中学学生家庭教育的共性问题。每学期每个年级确立 5 个主题，第一个主题通过专家讲座的方式展开，第二个主题由本校名师组织讲解，第三个主题由班主任组织进行，第四个主题由本校优秀家长组织，第五个主题由学生干部组织，要求全体家长参加。

选修课旨在满足家长的个性化需求，每个年级确立 3~4 个不同的主题，如高三年级确定"高考目标如何订""考前指导如何做""高考志愿如何填"三个主题，主要通过"家长沙龙"的方式开展。

自主拓展课让家长通过参与"成人礼"、"宣誓会"、"一个孩子的研讨会"、"幸福父母"大讲堂、专题研讨会等主题活动，亲历育子体验，是必修课和选修课的补充。

为了激发家长学习热情，学校采取学分制，按规定，完成必修课计 50 学分，完成选修课计 20 学分，完成自主拓展课计 10 学分，积满学分的家长可获得"优秀家长证书"。

4. 丰富载体，家校合作形式灵活化

家校之间坦率而又真诚的交流是良好家校共育的基础，家校合作的形式可灵活化。

（1）"百名教师进千户家庭"家访活动。家访是教师工作的重要组成部分，是联系学校和家长的桥梁，是加强学校教育与家庭教育相结合的重要途径。根据邗江区教育局"千名教师访万家"的要求，学校每学期都要求教师必须进行家访，并做好记录，作为年度评选先进个人的依据。

（2）"千名家长进校园"评教活动。每学期请所有家长到学校进课堂听课、观摩班级学校活动，参加座谈会、问卷调查等活动，了解家长对学校、对教师的满意度，以此作为改进学校工作的依据之一。

（3）家长会。学校每学期都要召开 1~2 次全体学生家长会，向家长通报学校学期主要工作和取得的成绩、课程安排、主要活动等，同时听取家长的建议和意见；各年级和班级也定期召开家长会，经常与家长沟通和交流。

（4）电话联系。电话联系快捷、省时，已成为教师及时与家长沟通最常用、最为重要的途径。虽然微信、QQ 联系很便捷，但是有些家长由于各种原因还不能使用，如一些"留守孩子"爷爷奶奶外公外婆不会操作。因此，学校要求教师建立一本家校联系通信录，以备不时之需。

（5）网络交流。网络时代，信息交流的方法是多种多样的，如何让家长系统地了解学校的要求、老师的教育方法，仅仅靠谈话、开会是远远不够的，很大程度上还需要进行知识、家教理论的宣传，一对一地交流沟通等。目前微信群、QQ 群是最普遍的方法，也最适合个别交流，针对性强，效果也是最明显的。如今年蒋王中学考入中国人民解放军空军航空大学航空飞行与指挥专业的王云浩同学，其家长和班主任的微信交流 100 多次，及时有效地帮助王云浩同学解决在复习迎考中遇到的各种问题和困难，最后以 345 分的高考成绩顺利录取。

（6）"好家规"传承行动。按照邗江区"新家庭教育实验"工作的要求，学校开展了"好家风好家训好家规"传承行动，进一步推进家校共育工作，通过"好家风好家训好家规"征文活动，面向各年级家长和学生征集优秀家规家训、家风故事，并汇编成册，集辑出版；通过"好家风好家训好家规"家长论坛，让家长代表宣讲家训家规、讲述家风故事；通过"家长讲家风故事，孩子听家风故事"亲子活动，以正确的家教理念带领孩子成长；"万名学生进社区"宣讲好家风好家训好家规，"小手牵大手"，引导社区传承好家训，培育好家风。

构建"协促式"家校合作平台，促进孩子健康成长 *

一　学校基本情况

南康市第三中学（简称南康三中）成立于 2006 年 7 月，是完全按照省示范性高中（省重点中学）的标准配置硬件、配备师资和招收高初中学生的"科技创新"省级特色完全中学。

南康三中的创立，得到了社会各界的关心、支持和厚爱。中国科学院院士、"中国计算机之父"、中国计算机学会原理事长张效祥先生为学校题写校名，寄语南康三中"英才辈出"。清华大学、北京大学、浙江大学、天津大学等高等院校为南康三中发来贺信、贺电。时任省政协副主席刘运来亲临南康三中参观指导，并送来贺信，勉励南康三中"弘扬南康办学传统，努力办好南康三中"；航天英雄费俊龙、聂海胜为南康三中题词"筚路蓝缕创伟业，因材施教育良材"。

南康三中坚持"以创新引领发展，用实力铸就品牌"的办学方略，以"和谐三中，创新三中，品牌三中"为办学目标，弘扬"强化素质，弘扬个性，一切以学生的发展为本"的教育理念。坚持以素质教育为主题，以"科技创新"活动为载体，以提高办学质量为中心，走内涵发展之路，促进学生全面和谐发展。

二　"协促式"家校合作背景

当前，南康三中有 4900 多名学生，学生中大多数家庭重视家庭教育，重视孩子的身心健康，关心孩子的德、智、体、美、劳全面发展。但学校也清醒认识到，学生来自城乡各地，生源较复杂，有将近 1/3 是进城务工农民

　＊ 作者：刘毓球、张国忠、朱君，南康市第三中学。选自吴重涵、范忠茂、王梅雾、张俊《在路上：江西省家校合作试点学校工作案例选编》，江西教育出版社，2013。

子女，在家庭教育方面存在不平衡状态。这些家长中较多人文化素质不够高，大部分人把精力放在了工作方面，而在家庭教育方面缺少关心，因而影响了学生的健康成长。特别是在家校合作上，较大的问题在于家长的配合上，究其原因，首先是大部分家长对子女教育心有余而力不足，存在着误区；其次就是配合的意识不强，认为教育孩子是学校的事情，和家长没有多大关系，有点无所谓的态度。

其实，学校只是教育的半边天，家庭必须成为学校的合作伙伴，孩子才能健康快乐成长。南康三中积极主动探究"协促式"家校合作模式（家校互相协作，互相促进），努力提高家庭学校共同德育教育的针对性、有效性。经过研究实践，南康三中的"协促式"家校合作模式日渐完善成熟，特别是南康三中成为"江西省教育体制改革重点任务试点项目及创新中小学家校合作教育机制试点学校"以来，"协促式"家校合作发挥了其重要作用，有效指导各部门各年级的家校联系工作，有效促进了各项教学工作的开展。

三 "协促式"家校合作模式具体内容

"协促式"家校合作模式可概括为"一二三四五"，即搭建一个"平台"，健全两个"机制"，拓展三个"领域"，开辟四条"渠道"，开展五项"合作"。

1. 搭建一个"平台"

建立家长委员会平台。通过家长委员会，让家长充分参与学校管理，有效体现家长对学校教育教学工作的知情权、评议权、参与权和监督权；并及时向学校反映学生校外生活情况，家庭教育情况，社会对学生的影响情况，学校办学的方向情况，并讨论研究导向措施，以集体的名义向家长和社会提出建议和要求，促进学校教育有关措施的落实和发展，完善学校、家庭、社会三位一体的教育体系，营造良好的教育环境；深入推进素质教育，促进中小学生的全面发展。

2. 健全两个"机制"

（1）健全家校联系网络构建机制，从家长会、家长学校、校通讯录、学校贴吧、心理教育网络、心理咨询辅导中心、心理热线等方面立体建构家校联系网络；

（2）健全家校合育机制。南康三中专门成立了"家校社合育交流中心"或"家庭学校合作教育处"（简称"家校处"），并完善了各项制度，有效引领家长民主参与学校的教育管理与活动。

3. 拓展三个"领域"

（1）家校社互联领域。通过各种渠道建立起家校互动沟通联系的方式方法，促进信息畅通传播，形成常态家校联系，并在信息互动传递中进行互动教育影响，达到引导、规范与激励有效教育之目的，主要包括常规互联工具渠道与网络渠道。如建立家庭联系袋制度、普及家讯通、构建飞信系统、建立班级家长委员会、建立以班为单位的 QQ 群等。

（2）家校社援助领域在教育资源、教育内容、教育过程以及教育效果上，学校获得社区、家长、孩子的支援帮助，家长获得社区、学校及其他家长教育活动的支援帮助，社区获得学校、家长的教育活动的支援帮助，从而追求全面优化家庭教育与学校教育之生态环境。如建设家长义工团、社区留守儿童之家，创建家庭教育导师制等。

（3）家校社共建合一领域。以学校教育为主导，以家庭教育为主体，以社区教育为补充，把学校教育与家庭教育、社区教育的资源、内容、形式、目标等进行整合，形成共识；并以活动为主线，以互动为形式，通过家校社互动合作，共同实施主题教育活动，达到活动内容、方式、过程、效果的协同一致，达到了进一步优化教育行为的目的，以此增强家校社合作团队能力，全面优化家庭教育、社区教育与学校教育生态发展，从而提高了三者的教育力与教育的有效性，达到老师、家长、社区工作者、孩子共同成长的目的。如开展家校社互动综合实践活动、家校社互动科学教育活动，以及创建"知心家庭学校"、创建"学习型家庭学校"等。

4. 开辟四条"渠道"

（1）家长沙龙。"家长沙龙"是学校为家长搭建的一个探讨家庭教育问题、交流家庭教育经验的新平台，目前暂定由各班轮流举办，每周举办一次，每次围绕一个主题，是以讨论为主的小型家长聚会，具有形式灵活、平等交流、针对性强、共同目标的特点，深受家长们的欢迎。

（2）校讯通。"校讯通"是利用现代信息技术实现家庭与学校快捷、实时沟通的教育网络平台。它是一套可以有效解决老师和家长之间沟通，帮助孩子健康成长的、集先进的计算机技术和无线通信技术于一体的信息交流系统。它可以让家长每天都能了解到自己孩子在学校的情况，也可以让家长随时随地向老师提出建议或反映孩子在家里的表现。它充分调动社会教育资源，利用现代信息技术架起学校、家庭之间实时、快捷、有效沟通的桥梁，形成社会、学校、家庭和谐共育的局面，促进学生健康成长。

（3）家长学校。家长学校是普及家庭教育知识、提高家庭教育水平、优化家庭教育环境的一条有效途径。通过把教育专家、有经验的家长请进来，向家长传递科学的家庭教育知识，丰富家长的家庭教育理论，提高家长的家庭教育水平，帮助家长树立正确的人才观、教育观和质量观，掌握科学的家庭教育方法，从而创造良好的科学的现代家庭教育环境。家长学校密切了家庭教育与学校教育、社会教育的关系，把家庭、教育和社会三者联系在了一起，从而使家庭、教育和社会三者的教育更加和谐统一。

（4）家长义工团。"家长义工"这一形式为家长提供了关心教育、支持教育、回报社会的平台，形成了家长热心公益事业的风尚。通过这个新平台，家长可以参与校园建设和管理，不计任何报酬参与学校服务，让"家长义工"经言传身教，为学生树立行为楷模，对孩子的成长有极大的帮助。义工可分很多种，根据学生家长的社会能力、才能特长、兴趣爱好到学校做义工，为学生服务。每个学生家长利用业余时间，每月必须到学校做 1~2 次义务劳动。家长一般很自觉、很乐意、尽职尽责。

5. 开展五项合作

只有深度合作，才能保障学生健康成长。

（1）家长进校合作。家长通过进校合作，参与学校管理，在校家长言传身教、进入课堂、参与食堂监督、担任心理咨询员、共同组织各类文体活动等等，让家长真正了解学校，才能更好理解支持学校工作。

（2）与社区合作。积极取得社区支持，让学生走进社区，开展社会实践活动，让学生能力真正得到全面提高。

（3）家校体育合作。家校共同抓好孩子的文体活动，如运动会、体育课等的组织，从而共同提高孩子参与体育的意识，使孩子从小就养成良好的体育运动习惯。

（4）亲师合作。"天地君亲师"，亲师善教子，家长尊敬老师，才能更好地促使感恩教育的真正落实，真正让孩子在家尊敬家长，在校尊敬教师，形成良好的教育氛围。

（5）安全合作。只有家校社共同重视齐抓安全教育，学生安全才能得到真正保障。特别是让家长了解南康三中"六个三"安全管理机制，通过家校共同落实，有效防止了学校重大安全事故的发生，为学生安全提供了有效防护。

四 "协促式"家校合作模式下的各项活动

1. 感恩教育系列活动

充分利用各种传统节日对学生进行教育。母亲节、感恩节开展孝敬长辈教育，比如给妈妈写一封感谢信、制作一张贺卡、制作感恩节的手抄报，以及要求每班出好一期相关内容的黑板报、学习园地。

南康三中重点开展了"感恩教育主题报告会"和"走近父母、了解父母、孝敬父母"系列亲子教育活动。活动有主题班会、布置亲情家庭作业，主题包括"心灵之约"、"亲子活动课"、"感恩的心"、"为了父母的微笑"、"走近父母"、"亲子互相沟通"、"孝敬父母"、"鸡和蛋的故事"、"学会感恩，拥抱亲情"、"品不尽的爱"、"成长快乐"、"亲子·感恩·自信"等，还开展了观看视频、诗歌朗诵、趣味亲子活动、舞蹈、短剧、哑剧、才艺表演、小品、猜谜语、大合唱等活动。

通过主题报告会和亲子教育活动，孩子学会了孝敬父母，懂得了"百善孝为先"的道理；孩子深刻地感受到了亲情，感受到了父母的爱；孩子学会了感恩，要通过好好学习来报答父母对自己的关心与爱；孩子学会体谅父母，理解父母。同时家长了解到孩子内心的声音，知道了孩子的很多想法，与孩子之间距离拉近了；家长知道如何去关心、支持、鼓励孩子。总之，通过这项活动，家长与孩子之间出现的一些矛盾缓解了，增进两代人之间的交流，亲子对彼此有更进一步的了解，促进亲子之间的沟通，为孩子身心健康的发展创造了一个良好的交流平台。

2. "中华传统文化进校园"活动

南康三中利用各种形式的活动，有目的地强化学生对中国传统文化精神的认知，通过中国传统文化的教育让小学生了解祖国灿烂的文化、悠久的历史，传承中华传统文化，有助于增强民族自豪感，激发热爱祖国的情感。让我们的学生做一个了解祖国传统文化的中国人。

（1）结合课程改革，开设拓展课与探究课，开发校本课程；

（2）营造中国传统文化教育的氛围，如学校文化布置、举行中国传统文化节（书画展、"弟子规"背诵比赛、民族服装表演、唐诗宋词吟诵比赛、民族音乐表演等）；

（3）组建实施传统文化教育的师资队伍；

（4）通过课题的开展，提高学生的人文修养，积淀他们的文化功底，让孩子打好传统的根基。

3. 优秀家长讲座

为了开展素质教育，南康三中经常邀请一些在事业上有所成就的家长进课堂，让他们现身说法，给学生讲自己创业的历史、奋斗的艰辛，让学生既感受到知识的重要，又懂得学习机会的宝贵；或邀请优秀学生的家长，让他们讲述自己孩子的成长历程，这种草根化的讲座，取得了良好的效果。

4. "家长进课堂"活动

为了让更多的家长能够进入学校、进入课堂，共同关注学生的学习活动，学校于每年5月组织"家长进课堂"活动。家长在教师和学生的共同邀请下，进入久违的课堂，与孩子们一起上课。家长们在感受课堂氛围的同时，关注自己孩子的课堂表现，关注教师的课堂行为。特别是课后，由学校校长带头，班主任指导家长学习"三会"（会学习、会休息、会健体）精神与方法的举措，充分拉近了家长与学校、教师间的距离，也是家校合作模式的良好探索。

5. "双休日，我们做什么"活动

关于实施素质教育的各项政策措施，家长产生了一些误解，对素质教育的内涵也有许多不准确的认识和看法。相当一部分家长及社会成员认为素质教育等于多放假、等于学生双休日不学习，甚至产生了不要考试、不要分数等片面认识。

对孩子双休日的管理，大部分家长放任自流，"5<2"问题随之而来，特别是"留守孩"的问题最多：（1）学生双休日生活没有规律，乱花钱；（2）学生沉溺于上网游戏；（3）学生自控力较差，贪玩好耍；（4）自学能力较差；（5）学生无所事事，空虚无聊。

因此每学期学校都要开展"双休日，我们做什么"主题班会，让学生实话实说！学生们畅所欲言，积极参与。所有学生在班会课上展示自己双休日的表现，分析了利弊。通过学生的讨论，最终达成了共识，制定了《南康三中节假日、双休日学生学习与生活指导方案》，内容包括制定锻炼表、就近组织学习互助小组、与父母参与户外活动、完成一定周练题目、安全指导等。并且通过家长会把活动情况向家长汇报，也让家长了解督促。

想家长之所想，急家长之所急，需家长之所需。这样，通过家校合作，现在绝大部分家长和孩子能正确认识：素质教育不是不要学习。双休日不是一味玩耍，双休日要不忘学习，谁利用好了双休，谁就在学习上占有了主动。因此利用双休日学习，完成作业并温故而知新是很重要的；其次要进行积极的休闲活动；最后，积极进行社会实践活动。

五　"协促式"家校合作后的变化

1. 家长素质得到提高，家庭育人环境得到优化

通过参加培训，家长认识到家长是孩子的第一任老师，也是孩子的终身老师，从而增强了家庭责任感，树立了良好的家风，进一步认识到家庭教育的重要性。

2. 净化了社会风气，促进了精神文明建设

3. 家长学到了科学的教育方法，提高了孩子的学习成绩

4. 密切了家庭与学校的关系

通过学校开展的活动，既有利于全面准确地了解孩子，增强教育的针对性，又有利于增强家长对教师的了解、信任，使家长能主动地支持学校、教师的工作。

六 "协促式"家校合作后取得的成绩

在"协促式"家校合作模式的引领下，南康三中近年来取得了各项荣誉，如"江西省安全文明校园"、"江西省教育系统'提升质量年'活动先进单位"、"江西省依法治校示范校"、"江西省'科技创新'十佳学校"、"江西省平安校园示范学校"，赣州市"校园文化建设示范校"、赣州市"学生养成教育示范校"等。以上成绩的获得，与"协促式"家校合作模式是分不开的。

七 "协促式"家校合作未来展望

家校合作学校不单是老师和学生的学校，同样也是家长的学校；家长不认可的教育，是苍白无力的教育；家长参与的教育，是充满活力的教育，是和谐的教育。因此，在今后的工作中，南康三中将继续探索"协促式"家校合作的模式、途径与方法，使每个孩子在老师和家长的共同教育下健康快乐地成长，从而获得一个美好的未来。

创新家校合作形式，形成社区介入机制[*]

新余六中是一所集小学、初中、高中教育十二年一贯制的市直公办学

---

[*] 选自吴重涵、范忠茂、王梅雾、张俊《在路上：江西省家校合作试点学校工作案例选编》，江西教育出版社，2013。

校，位于新余市城北毓秀山南麓，毓秀大道中段。学校前身为新余纺织厂子弟学校，创建于 1973 年，2001 年学校改制，由新余市教育局接管，更名为新余市第六中学。学校自改制以来，得到迅速发展，规模不断扩大，由接管初的占地面积 28 亩、教师 48 名、在校生 600 多人，发展到如今校园占地面积达 43 亩、教师 167 名、在校生 3300 多人。

一 生源结构较复杂，家校合作基础牢固

新余六中是一所拥有小学、初中、高中三个学龄段教育的学校，在新余市是唯一的，在江西省也是少有的，这就决定了学校生源结构的复杂性：在义务教育的小学段，学生基本上是原先新纺的子弟；义务教育的初中段，学生主要是宝真社区的居民子弟；高中段，有来自全区城市和乡村各地的学生。由于学生家长受教育的程度存在差异，家长对子女教育的重视程度不一样，导致学校在与家庭合作教育上面临困难。

尽管如此，由于新余六中的历史沿革，原先是厂矿学校，学校作为新余纺织厂的子弟学校，是纺织厂的一个机构，厂部对学校具有管理职能和义务。学校的教师和厂里的职工属于同一单位，并且住在同一个生活区，相互之间不仅认识，而且十分熟悉，所以老师和家长、学校和学生家庭之间的联系就非常紧密，家校也就自然形成了合作教育的习惯模式。学校的一些活动要报请厂部，学生在校园的学习、生活情况，家长们一清二楚；同样，学生在家庭、校外的表现，老师们也了然于心，家长和教师互通有无，有力地促进了对学生的针对性的教育。后来，学校从厂区剥离，划归地方管理，但学校的生源大部分还是来自厂区，这种家校合作教育的模式依然保留了下来，也为新余六中创新家校合作教育，奠定了坚实的基础。

二 组建各级家长委员会，落实家委会工作

现代教育观强调只有社会、家庭、学校紧密结合，才能形成现代教育立体模式中必不可少的三维构造，才能使每个孩子都得到全方位的健康和谐发展。家庭是学校重要的合作伙伴，学校教育离不开家庭教育的有力支撑。学

校本着尊重、平等、合作的原则，争取家长的理解、支持和主动参与，并积极支持、帮助家长提高教育能力。加强家庭与学校的相互联系、相互了解、相互沟通，共同完成学校教育教学任务，促进学生德、智、体、美、劳全面发展，共同为培养具有创新意识、创新能力的人才奠定基础。

1. 组建班级家委会

各班组织家长填写家长信息采集表，通过博客、发放《致家长的一封信》、召开家长会等形式，让家长们了解班级家长委员会成立方案及相关事项，让有意加入家委会行列的家长及时与班主任联系与沟通。班主任根据家长的报名情况进行汇总，选择一些重视家庭教育，热心班级各项事务，有一定的组织、管理及协调能力，乐于奉献，有较充足的业余时间的家长，并在家长会上由全体家长举手表决。最终确定6位富有爱心、有热情的家长组建班级家委会，分别担任班级家委会的会长、副会长、教学委员、德育委员、财务委员、后勤委员，并规定工作内容，使其参与到班级管理事务中。

2. 组建年级家委会和学校家委会

各年级以同样的程序在班级家委会中征求、选拔6位热心于该年级管理事务的家长，组建年级家委会，规定相关工作内容，让他们参与到年级管理事务中。学校在各年级家委会中，征求、选拔热心学校教育，了解教育政策、法规，有较强的组织、管理及协调能力，乐于奉献，有充足业余时间的家长6~7名，组建学校家委会。

3. 落实家委会工作

学校家委会设主任一名、副主任一名（同时兼任秘书长）、委员若干名，参与到学校教育的硬软件建设、教学管理、德育管理、财务管理、后勤管理之中，学校为家长委员会提供办公场所，常设办事机构，并挂牌。学校家委会每届任期一年，实行集体议事制度，召开委员会会议商议重大事项时，邀请学校有关主管领导参加，每学期至少召开一次委员会全体会议。学校家委会旨在加强学校、家庭和社会的沟通，促进学校、家庭、班级教育一体化的形成；参与学校的民主管理，支持学校的教育、教学改革；配合学校共同研讨教育、教学的相关问题，全面推进素质教育，切实提高教育质量；

保障家长对于学校教育的知情权、选择权、监督权、评价权和参与决策权；聘请家庭教育专家给家长举办讲座和培训，组织各类亲子活动、家庭教育指导活动；呼吁社会、企业、单位对学校工作给予关心和支持；积极学习和宣传教育法律法规，具备青少年健康成长方面的法律常识，争做知法、守法、护法的好家长等。

三 积极开展家校合作活动，提升学校教育质量

1. 完善家长委员会建设

每年秋季组建新一届家长委员会，邀请部分在校学生家长代表成立家长委员会，家长委员会成员来自各种类型的家庭，每班、每年级一般有 6 名，学校设置 6~7 名。家长学校每学期至少有两次交流学习，主要交流大家在子女教育方面的经验体会，分析存在的问题，分析家庭教育中的典型案例，探讨有针对性的解决方法。聘请高校及教育研究所的专家来校开办"家庭教育专题"讲座，解决家庭教育中存在的一些实际问题，解答家长在教育子女中存在的困惑。

2. 丰富家校结合教育形式

利用节假日或班会课开展一些亲子活动游戏，评选"好妈妈"活动；组织"爸爸、妈妈我想对您说"等征文比赛拉近家长与子女的距离，融洽了家庭关系；寒暑假开展各种形式的孝亲教育，如以"践行荣辱观、做道德模范"为主题的"六个一"活动："我给父母一个承诺"（承诺在家做个好孩子、在校当个好学生、在外是个好少年）、"我和父母算一笔亲情账"、"对父母说一句感谢的话"、"我为父母洗一次脚"、"承包一项力所能及的家务活"以及"给爷爷奶奶拜年"，加强学生家庭美德的教育和尊老敬老美好情操的培养。

3. 架设家校联系桥梁

学校给每位学生建立家校联系卡，每周家长、班主任把学生在家、在校的表现记录在册，及时了解学生思想、行为动态，针对学生在学校和家里出现的问题，一起探讨教育良策。还为家长和学生开设"心理咨询室""心理

咨询信箱"，开通咨询热线电话，配备心理咨询教师进行解疑答难。

4. 正确引导学生，进行警示教育

学校家委会联系市教育局关工委、社区关工委聘请校外辅导员，校外辅导员都是来自社会各个领域的老同志，他们丰富的社会阅历和经验，对学生正确的人生追求有着极大的引导作用。聘请市法院吴建平同志为法制副校长，并作为学校的法制辅导员，定期为学生进行法制教育，宣讲《宪法》《刑法》《预防未成年人犯罪法》等法律法规，用大量青少年违法犯罪的鲜活案例，从反面教育学生应知法、守法；联系有关部门，请来监狱服刑人员，用他们的亲身经历现身说法，进行警示教育。

5. 召开全校家长会

每学期期中考试后召开一次全校各年级、各班的家长会。家长会由班家委会主持，有班主任的家教知识传授，有科任老师的学科学习情况的介绍，有成绩突出的学生家长经验介绍，也有成绩差的学生家长摆问题、找原因，同时科任老师与家长之间相互交流，使每一次家长会都是交流会、恳谈会、会诊会，缩短了学校与家长间的距离，发挥了老师与家长相辅相成的教育作用，深受广大家长的好评。

6. 老少三代话党恩、感受幸福心向党

新余六中积极开展"学党史、颂党恩、跟党走"主题教育活动。活动中，新余六中积极密切联系家长，充分发挥家庭教育的重要作用，利用暑假期间学生长居家中的时机，把"学党史、颂党恩、跟党走"主题教育活动与家庭教育有机结合，由爷爷、奶奶回忆、讲述党领导人民推翻压在中国劳苦大众头上的三座大山，建立新中国的历史和成就；父母畅谈、感怀党领导各族人民进行社会主义建设、改革开放的伟大创举；学生回顾、感悟近几年中国共产党领导全国人民战胜各种自然灾害，在经济、科技等方面取得的辉煌业绩，用切身的体验，向长辈汇报在学校享受到的各种来自党和政府的优惠、补助政策。通过共话党恩活动增进对党为国家和民族建立的丰功伟绩的了解，深切感受到共产党好、社会主义好、改革开放好、伟大祖国好，增强学生爱党、爱国、爱社会主义的情感，激励学生树立崇高的理想和信念。

7. 家校合作，进行感恩教育

新余六中以感恩教育作为德育主题教育的重要组成部分，通过灵活多样的形式引导和教育学生知恩、感恩、报恩。让学生常怀着一颗感恩的心，去孝敬父母，去尊敬师长，去热爱自然，去服务社会；学会包容，懂得去关心、帮助他人。在感恩教育活动中，家、校携手，共同探讨感恩教育策略，开展感恩教育活动；邀请家长到学校，精心设计，运用多种形式，使学生了解亲情、感悟亲情、感恩亲情。初一（5）班一位家长在家长会上感言："作为家长，我由衷感谢学校感恩教育活动，不仅锻炼了孩子独立生活的能力，学习自觉主动，待人谦让有礼，更让她懂得关心父母，理解父母，感觉她一下子长大了。"

8. 建立班主任家访、家长校访制

学生在校表现往往是家长的盲区，同样学生在家的表现又成为老师的盲区，新余六中为有效加强班主任与家长的密切合作，使家长和教师能更全面了解学生，并进行针对性的教育，学校建立班主任家访、家长校访制，并形成常态化。要求班主任必须以各种形式经常进行家访，在家访时着重介绍学校基本情况、教学动态，收集家庭相关信息等；鼓励家长随时到学校了解子女的在校表现，提出建设性的意见和建议。建立班主任家访、家长校访档案，记录家访校访情况、处理办法和反馈意见，便于老师、家长及时、有效地教育学生。

四 组建专业工作组，开展家校专题合作教育活动

为有效加强对学生的专题教育，学校家委会组建 4 个专业工作组，每个工作组由 6~8 名成员组成，成员遴选力求做到覆盖面广，专业性强。一般由分管副校长为组长，成员组成有：一个负责该专业的中层领导或有经验的班主任、一个任教该学科的教师、一个在行政事业单位工作的家长、一个企业或个体户的家长、一个农民工家长、一个社区工作人员和一个学生自主管理委员会的成员。

1. 学术目标工作组开展经典诵读活动

中华经典诗文是我国民族文化的精髓，也是中华国学艺术宝库中的一颗灿烂的明珠。古诗文作为民族智慧与民族精神的载体，是人类文明最宝贵的精神财富，是我们中华民族的魂与根。新余六中学术目标工作组开展经典诵读活动。通过开展经典诵读活动，培养学生良好的阅读习惯和阅读兴趣，开阔视野，增长知识，发展智力，活跃思维，陶冶情操，传承并弘扬中华民族优秀文化和传统美德。

2. 行为目标工作组开展治理乱丢乱扔现象活动

为营建干净整洁、优美舒适的育人环境，新余六中全面开展学校卫生环境清洁工程。全面整治校园内乱丢乱扔的现象，使全校师生养成爱校如爱家的保洁习惯，提高学校文明卫生水平，开展以"树六中形象，做文明学生，创洁净校园"为主题的治理乱丢乱扔现象的活动。

3. 合作氛围目标工作组开展三好少年评选活动

合作氛围目标工作组与学校所属的宝真社区居委会密切合作，在每年3、4月间开展三好少年评选活动。评选对象为宝真社区所属初中、小学学生（主要是新余六中学生）。

五　学校社区联动，形成合作教育常态化

在学校、家庭、社会三方结合教育的大教育体系中，常规的做法是家校的结合教育，而社会的参与是少之又少，即便是有意识地去导入社会力量的参与，也最多是做做表面文章，走走形式。基于新余六中特殊的历史沿革，学校和社区的关系更为紧密，新余六中创新家校合作教育就充分利用社区这个社会教育的平台，主动开发社区教育资源开展活动，并取得实效。

1. 社区义务托管

新余六中小学部下午放学时间较早，一些双职工、进城农民工、单亲家庭的家长还在上班，家里又没有其他的人接送和照顾，这些家庭的小学生在放学后的这段时间就成了家长和老师关注的空档期。为解除家长的后顾之忧，使家长放心、安心，宝真社区关工委组织一批社区内热心教育的退休教

师和干部创建了"烛光工程"。由居委会专门腾出场地，安排这些老同志，辅导孩子们做功课、看课外书，开展书法、美术、棋类培训，组织一些小学生力所能及的志愿活动等，丰富了这些小学生的课后生活，拓宽了学校思想道德教育渠道，提高了他们的学习能力，深受社会好评。

2. 共同开展思想道德建设专题调研活动

为了进一步了解新余六中未成年人思想道德建设的基本情况，全面把握学生的思想动态，促进社区、校园和谐建设，新余六中和宝真社区结合学区内学生实际情况，由社区组织，每学期开展一次未成年人思想道德建设专题调研活动。调研活动由社区先发出倡议，选拔社区、学校管理人员、家长、学生、教师代表作深入调研，再规定时间在学校或社区召开调研座谈会。调研座谈会上，社区代表、教师和家长对当前社区、学校学生思想动态、道德建设等情况探讨、分析，并且针对学生在家庭和学校表现出的不良的行为习惯、认识理念等进行了剖析，分析了来自学校、家庭、社会各方面的原因，特别是低俗的网络文化的影响，最后达成共识，商讨教育对策。

3. 共同开展读书活动

本着打造"书香校园、书香社区"的目的，将读书氛围从学校向家庭和社区延伸，读书活动涉及学生、教师、家长、社区工作人员。首先，向学生推荐《论语》《大学》《中庸》《学记》等传统经典文献，鼓励学生"读经典书，做有志人"；其次，向教师推荐中外教育名著，激励教师"创新理念，争做名师"；最后，向家长、社区工作人员推荐普及教育丛书，引导他们为教育保驾护航。与此同时，为检验读书活动成效，学校和社区定期开展读书竞赛活动。为推动读书活动常态化，在家庭设置"读书屋"，学校开辟"读书角"，在社区建"流动图书站"。通过活动，整个社区形成"以学习为荣，以读书为乐"的浓厚氛围，使学生置身于良好的读书环境之中。

4. 共同开展志愿活动

经常组织开展送爱心活动，在社区、学校组织家长、师生踊跃捐款，资助那些家境贫困、品学兼优的学生，为灾区捐赠送温暖，为生重病的学生及家庭，献上一片爱心。组织志愿服务队为群众排忧解难，对社区留守儿童、留守老人进行了走访慰问，走进宝真社区康乐敬老院，帮助孤寡老人打扫卫生、整理床被、与他们聊天谈心等。开展义务交通岗活动，到毓秀大道与长青北路、与劳动北路等交叉路口，校门前横穿毓秀大道路口，维护交通秩序，保证全校师生的安全出行。组织学生志愿服务队伍对社区内各小区、院落、沟渠等公共场所进行了综合整治，并带动社区群众共同创造一个整洁、干净、舒适、优美、和谐的环境。

5. 共同开展文艺活动

新余六中与宝真社区经常性开展各种文艺合作活动。每年宝真社区都举办红歌大赛，学校组织学生代表队参与，并作为活动主角，不仅有助于提高活动质量，而且有效地加强了学生革命传统美德教育。社区开展一些文艺义演活动，一定少不了学校学生的节目，通过参与活动展示了学校的教育成果，展示了学生的艺术风采。学校和社区共同举办书画大赛，并举办优秀书画作品展览，组织学生观赏，提高学生书画艺术水平和鉴赏能力。与此同时，学校每年一届的艺术节，社区会组织节目参与，学校也会邀请社区代表做评委。

6. 共同开展卫生防疫工作

为保障社区卫生工作，积极开展爱国卫生运动，社区学校联手，经常组织师生和社区保洁人员清扫保洁，清除卫生死角。重点清理暴露垃圾和污水坑塘，加强垃圾清运，清理房前屋后周边的垃圾，疏通排水沟、下水道，清除各类积水，填平洼地，防止蚊蝇滋生。社区疾控防疫站组织人员经常到校作手足口病、流感、腮腺炎、禽流感、艾滋病、结核病、鼠疫、霍乱等流行病、传染病的防控宣传，帮助学校规范每日晨检、午检工作，完善上报制度，积极促进学校与各级卫生系统加强联动机制建设，积极组织教师培训，提高教师防疫素质。社区加强与学生家长的沟通，积极宣传，引导家长及时为学生打疫苗。

六 案例：专业工作组年度工作计划

1. 学术目标工作组

学术目标工作组年度工作计划见表1。

表1 学术目标工作组年度工作计划

专业工作组组长	副校长		
课程项目	中华经典诵读		
目标预期结果	流利诵读、背诵古诗词曲	如何测量结果	学年度末诵读比赛

组织安排家庭和社区参与活动以支持该项目

活动	年级	每项活动需要做什么和什么时间完成	负责人和帮助者
精选古诗词曲	初中	精选经典古诗词曲	初中部语文老师、家长
有感情地朗读	初中	示范、听读、练习朗读	语文老师、家长
背诵简短古古诗词曲	初中	理解记忆、班级背、小组背、个人背	班主任、语文老师、语文科代表、家长
诵读比赛	初中	班级吟诵表演、年级内背诵比赛、校诵读大赛	班主任、年级主任、家长、社区人员

1. 把经典诵读作为课程安排。规定每周一、二、四的 7:55～8:05 为诵读时间,各班按照学校选定的经典古诗文展开诵读活动,要求师生集体共读经典,共赏美文,共写佳句,进行分组背、个别背、接龙背、默背、书写比赛等形式多样的诵读学习活动。

2. 作为家庭作业,回到家中,由家长督促温习、背诵,并与父母一道交流诵读古诗文的感受、体会和心得;探究古诗文中的美好情感和高尚情操。并积极在生活中见贤思齐,养成良好品行习惯,逐渐养成推让、好学、感恩的习惯等。

3. 开展经典诵读家校合作评价活动,为调动学生参与诵读的积极性,激发学生自觉诵读的兴趣,鼓励学生展示诵读成果,开展和参加丰富多彩的校内校外、课内课外经典诵读竞赛活动。在班级内定期举行吟诵表演活动,各班级评选"经典诵读月明星"并在橱窗栏中表彰、宣传,经常开展优秀经典诗文朗诵赛、辩论赛等活动,每学期学校组织以班级为单位的"诵中华经典,做博学少年"经典诵读比赛活动,所有评价活动动员家长参与。

4. 鼓励学生利用节假日参加社区或社会机构举办的各类经典诵读竞赛活动,组织师生参加上级部门主办的经典诵读比赛活动。

2. 行为目标工作组

行为目标工作组年度工作计划见表2。

表2 行为目标工作组年度工作计划

专业工作组组长	副书记		
课程项目	治理乱丢乱扔现象		
目标预期结果	养成爱护环境卫生习惯	如何测量结果	评比

续表

组织安排家庭和社区参与活动以支持该项目			
活动	年级	每项活动需要做什么和什么时间完成	负责人和帮助者
开展行为习惯养成周	全校	行为习惯检查开学。第一周	班主任、家长、社区人员
志愿实践活动	全校	做家务、整理家中物品。周末	家长、社区人员
惩戒教育活动	全校	清捡校园垃圾、做社区义工。每月最后一周	班主任、家长、社区人员
诵读比赛	全校	班级吟诵表演、年级内背诵比赛、校诵读大赛	班主任、年级主任、教务处、家长、社区人员

1. 行为目标工作组制定切实、可行的活动方案，家委会、政教处、团委、少先大队在活动前做好各项准备工作，政教处印发《开展治理乱丢乱扔现象活动的通知》到各年级、各班，务求全校师生共同参与。

2. 开展以"树六中形象，做文明学生，创洁净校园"为主题的治理乱丢乱扔现象的活动。印发《致家长的一封信》并发放到每位学生家长手中，让家长知晓，密切配合；组织各班开好以治理乱丢乱扔现象活动为主要内容的班会，把活动的相关要求和意义宣传到位；各班要对本班学生中存在的乱丢乱扔现象进行自查自纠，并责成学生本人改正不良习惯，形成自觉爱护校园环境和公共卫生的意识。

3. 组织督查整治，在学校坚持集中整治和常抓不懈相结合的办法来改善学校乱丢乱扔的状况，通过监管、检查、评比、奖惩等措施，促使学生积极投入活动，培养学生卫生环保意识，最终回报我们一个整洁、优美、和谐的校园环境；

4. 在家中，父母督促从生活的习惯入手，要求孩子把食物的果壳、包装放进垃圾袋或垃圾箱，要求孩子自己制造的垃圾自己处理，做一些诸如打扫家中卫生、倾倒垃圾、洗碗洗筷等力所能及的家务劳动，在劳动中让孩子感悟到劳动的辛苦，意识到乱丢乱扔的行为害处，自觉改正随处乱扔的不良习惯。

3. 合作氛围目标工作组

合作氛围目标工作组年度工作计划见表3。

表3　合作氛围目标工作组年度工作计划

专业工作组组长	副校长		
课程项目	三好少年评比		
目标预期结果	评选40位先进典型	如何测量结果	评选

续表

组织安排家庭和社区参与活动以支持该项目			
活动	年级	每项活动需要做什么 和什么时间完成	负责人和帮助者
量化评选标准	全校	印发书面材料,积极宣传。	班主任、家长、社区人员
召开家长会	全校	明确做法,学校家长、社区分工。	家长、社区人员
自评	全校	学生自我评定。	班主任,学生
各级评定	全校	家长评、班级评、学校评、社区评。	班主任、年级主任、家长、社区人员
公示、颁奖	全校	在学校和社区公示、共同颁奖。	校关工委、家长、社区人员

1. 量化评选条件。身心健康、意志坚强、责任心强、爱国守法、明礼诚信;在校团结同学、尊敬老师、勤奋好学、全面发展,在同学中起模范作用;在家尊老爱幼、礼貌待客、不乱花钱,积极参加家务劳动;在社区爱护公共财物,与邻里和睦相处,不打架、闹事,积极参加社会实践活动和公益劳动。

2. 核定评选名额。学校提名 50 人,最终评定 40 人。

3. 开展自评活动。由学生本人提出申请并填写申请表中"自我评述",学生在进行自我评述时,要如实写出具体先进事例。

4. 各级评定。班主任填写申请表中"在校表现",家长填写申请表中"在家表现",学校经过班级——年级组——政教处三级民主评议、推荐,选拔 50 名候选人,进行公示;居委会关工委走访候选人的左邻右舍,详细了解其在校外的表现,填写申请表中"社区表现"。

5. 公示宣传。经学校复核,居委会审定,评定 40 名宝真社区"三好少年"进行公示;最后对评选出的"三好少年"颁发荣誉证书并将他们的典型事迹印成册、制成版面进行广泛宣传。

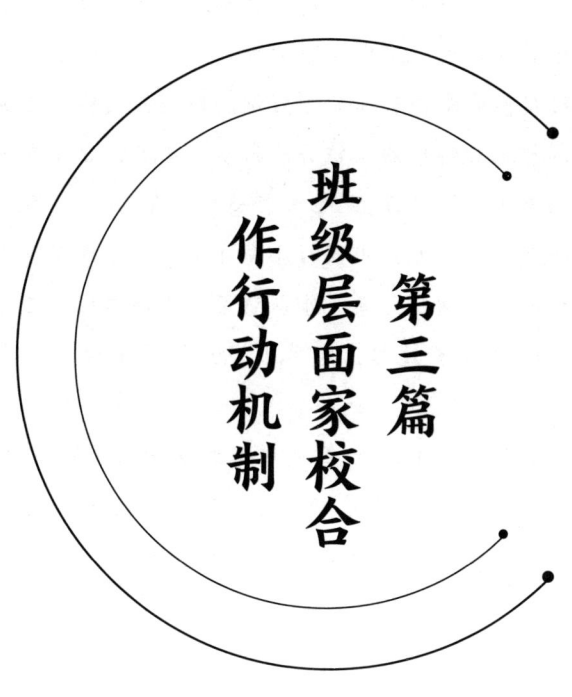

第三篇

班级层面家校合作行动机制

家校合作在政府、学校、年级和班级等多个层面具有分层结构。班级是我国学校管理中的一个基层组织单位。家校合作工作在班级管理这一层面的开展状况，影响到家校合作的组织实施与目标达成。着力促进家校合作质量的提升，应从学校管理角度对班级层面的家校合作工作予以系统性探究。

　　本篇介绍班级层面的家校合作典型案例。班主任们结合自身班级管理情况，创新性开展具有自身特色的家校合作活动，例如，赣州市安远县车头镇中心小学面向"二孩家庭"召开的特殊家长会，及时与家庭一起关注孩子们新身份带来的心理变化。九江市双峰小学在家长成分跨度巨大的情况下利用家长资源和培训家长的做法。新余市新钢第一小学的班主任与家委会五年来全程跟踪孩子们集体成长过程，立足于"家"的平台，构建开放的班级文化。

　　班主任们都在为不断优化学校管理中班级管理层面的家校合作模式进行拓展探究。这对助力家校合作工作的组织实施，良好家校合作生态目标的形成以及学生身心健康的成长具有非常重要的作用和深远的意义。

家访架起家园共育的桥梁
——安远县第二幼儿园金桔二班家访活动纪实[*]

说到家访，对于我们教师来说，肯定不陌生。家访是联系幼儿园与家庭的重要桥梁。通过家访，可以了解幼儿的家庭背景、成长环境、幼儿在家的真实情况，缓解幼儿入园焦虑情绪；也可以了解家长对我们工作的看法以及意见建议，取得家长的支持，加深与家长间的情感交流。2019 年 2 月 20～21 日，安远县第二幼儿园进行了为期两天的"家园共育、我们在路上"家访活动。以下是安远县第二幼儿园金桔二班的家访活动流程和一些体验感悟，与大家分享。

一 家访准备

首先我们两位老师根据幼儿的居住地址划分了 5 条家访路线。根据家访路线与每位家长都进行了电话预约，约定家访时间。这让我们后续的家访活动进行得紧凑有序。

约定好后，我们就开始着手准备：家访记录表、门禁卡、《致家长的一封信》等需要发放到家长手中的材料。一切准备就绪，家访活动开始。

＊ 作者：谢雪凌，赣州市安远县第二幼儿园。

二 家访过程

1. 双方初步了解

由于第一次来到幼儿家中，我们首先对家长信任并选择了我园表达了感谢，接着向家长做了简单的自我介绍，让他们对我们有一个初步的了解。

2. 园所、班级情况介绍

我们介绍了幼儿园、班级的基本情况：安远县第二幼儿园是新开办的公办幼儿园，环境优美，设施设备齐全。有温馨明亮的活动室、休息房；有大型户外活动区、沙水区、种植区；也有建构馆、生活馆、绘本馆等功能齐全的功能室。幼儿在园内玩中学、学中玩。本学期也将由笔者、孙老师和保育员赖老师三人共同带领金桔二班的孩子们成长。

3. 了解幼儿情况

了解幼儿情况是家访的一个重要环节。我们向家长了解了幼儿的家庭背景、成长环境，以及教养方式等。也请家长按照幼儿真实情况填写了事先准备的家访记录表。从表中我们可以了解到幼儿生活习性、兴趣爱好、健康状况等。这些情况有助于我们了解每个幼儿的身心特征。在今后的工作中，找到良好的教育方法，对幼儿因材施教。

4. 交流沟通、家园共育

我们班大多是三岁半左右的幼儿。为了使他们更快地适应幼儿园，缓解入园焦虑，在家访中，我们也与其一起玩玩具，谈他们感兴趣的话题，消除了陌生感。

家长们也需要配合幼儿园做以下准备。

（1）为了配合幼儿园的作息要求，提前调整幼儿的作息时间。

（2）入园前检查幼儿衣服、书包里是否携带珠子、纽扣等细小的危险物品。

（3）因幼儿在园活动量大，给幼儿准备好汗巾、打底衣裤备用。

（4）当把幼儿交到老师手里的时候，不要恋恋不舍地回头看，以免幼儿因您不舍的眼神更加焦虑。

（5）当幼儿回家后，请和幼儿聊聊幼儿园开心的事情，正面引导幼儿。

最后我们也表达了：教育好幼儿是家园共同的责任，需要我们共同努力。有什么事情都可以及时与班级老师沟通交流。

三 家访中发现的问题

在家访中，不难发现每个幼儿都有不一样的色彩，都有自己的个性、兴趣，也因为家中的教养方式不同，每个幼儿身上都有需要我们注意的问题。家访结束后，我们针对家访情况做了一个小结，并与保育老师一起召开了班会。

1. 自理能力方面

大部分家长反映幼儿在家能够独立进餐、入睡、如厕，也有部分幼儿自理能力较差。以下是需要我们多关注的幼儿在自理能力方面的情况。

（1）不能独立进餐，比较挑食。

（2）不能独立蹲厕，需要老师帮忙辅助；容易尿湿裤子，需多提醒；需上大号时可能不说，会站在一边不动。

（3）没有午睡习惯，需多培养。

举例来说，在自理能力方面特别需要关注的是 A。爸妈因工作较忙，请了家政阿姨照顾 A。家政阿姨较为宠溺，导致 A 的自理能力较弱。凡事都需要别人的帮助。还有一些幼儿依赖性较强，即使自己能够做到的事情，也会依赖家人。也有部分幼儿家长表示，在家自小锻炼幼儿，故幼儿的自理能力比同龄人强。我们将需要多照顾的幼儿记录下来，同时也与家长沟通，建议在家多放手，锻炼幼儿的自理能力。

2. 幼儿个性方面

幼儿都是家中的宝。很多家长对幼儿有求必应，导致幼儿形成了一些不好的个性，如自私、倔强、霸道等。

（1）攻击性较强的幼儿：B 由于奶奶的宠溺，有爱打人的习惯；C 喜欢奥特曼等较多打斗场面的动画片，比较有攻击性；D 与小一岁弟弟在家经常打架，于是养成了喜欢用动手来解决问题的坏习惯。

（2）爱哭较为娇气的幼儿：E、F 爱哭，喜欢用哭、闹来解决问题。

（3）注意力差坐不住的幼儿：B、G、H 这几个幼儿家长反映，在家完全坐不住。

我们也对每位幼儿的个性进行了记录。在今后的园内生活，会依据幼儿的个性对症下药、因材施教。

3. 幼儿兴趣爱好方面

很多卡通动漫人物是幼儿的心头爱，如超级飞侠、小猪佩奇、奥特曼。在幼儿刚入园与我们比较陌生时，可以通过幼儿喜爱的卡通人物，开启交流的第一步。女孩子大多喜欢唱歌、跳舞，我们则可以准备一些音乐、跳舞视频，增进与幼儿的感情。也有一些幼儿喜欢听故事、看书，我们则准备丰富多彩的绘本供其阅读欣赏。

了解了每个幼儿的兴趣爱好，我们在今后也要开展丰富多彩的教育教学活动，培养幼儿不同的兴趣爱好。

4. 教育理念方面

很多家庭是由爷爷奶奶和爸爸妈妈共同养育幼儿，那么教育理念必定会有碰撞。幼儿在多种不同的教育方式下，也形成了不同的个性。老师与家长也有不同的教育理念。在家访中，有部分家长表示，较为注重幼儿学习方面，希望老师在园多教授幼儿读书写字。这部分家长只注重了幼儿的智力开发，忽略了德、体、美的全面发展。因此，在今后的工作中，要重视对家长教育观念的引领。

5. 其他方面

（1）奶油、肥肉、高蛋白食物不能多吃；

（2）扁桃体易发炎，上火食物不能多吃；

（3）身心发育与同龄人相差甚远，需要多费心照顾。

四 家访小结

在家访中，我们认真倾听、仔细询问，了解到了关于孩子、关于家长各方面的情况，对于今后开展各项工作有很大的帮助。

1. 了解了每位幼儿的家庭情况、生活习性、兴趣爱好，知道每位幼儿都是颜色不一样的烟花，需要我们精心对待。

2. 了解了家长对于幼儿的教养方式，原生家庭对幼儿的影响程度，知道了每个幼儿性格所存在的问题。今后的教育中需要针对幼儿不同的情况因材施教。

3. 了解了家长对于幼儿的希冀及对于老师的要求、建议，深感肩膀上的责任重大。

4. 了解了很多家长在育儿理念与知识上的欠缺，需要我们多去引导他们学习正确的育儿知识，耐心地传授教育方法。当然也有一些家长的育儿理念实用性很强，值得我们学习。

苏霍姆林斯基说："没有家庭教育的学校教育和没有学校教育的家庭教育，都不可能完成培养人这样一个极其细微的任务。"《幼儿园教育指导纲要（试行）》也明确指出："幼儿园应与家庭、社区密切合作，共同为幼儿的发展创造良好的条件""家庭是幼儿园重要的合作伙伴。应本着尊重、平等、合作的原则，争取家长的理解、支持和主动参与，并支持、帮助家长提高教育能力"。由此可见，幼儿的成长需要家庭与幼儿园紧密联系。通过家访，我们也再次深刻体会到了家园共育的重要性与意义。

前些天，笔者在网上看到了家长需要掌握的原则，一共有四条。觉得挺有趣，不仅适用于家长，也适用于家园共育。

原则一：爸妈说的都一样（统一标准）

原则二：等孩子一天天长大（循序渐进）

原则三：坚持、坚持再坚持（持之以恒）

原则四：这就是我的宝宝（因材施教）

五 家访后记

通过家访掌握每个幼儿的情况，我们对幼儿的教育就更有针对性。一段时间下来，班上幼儿发生了悄然的变化。

　　场景一：C是一个有戒备心、不容易敞开心扉的孩子。开学头两天他对幼儿园各项事务有明显的抵触情绪：不肯吃饭、不肯脱衣、不肯睡觉。在家访时，他不允许家访教师进入他的小房间。这该怎么办呢？笔者想起了家访中，了解到C最喜欢的动漫人物是奥特曼。于是吃饭时，我走到抗拒吃饭的C面前，说："大怪兽来了，需要很强大的奥特曼，C，我们吃饱饭有力气了，一起去帮奥特曼打怪兽好不好。"C的兴趣立马来了："怪兽在哪？哼，等我吃完饭马上来消灭你！"这一次，C不再抗拒吃饭，很快就把饭菜吃光了。

　　场景二：在家访中有一个孩子J令我印象很深刻。家访时我们一走近他立马逃走，无论怎么哄，都不肯靠近我们半步。与J妈妈交流后，知道J是一个很怕生、社交能力较弱的孩子。妈妈带J去外面玩。可J宁愿一个人玩，也不愿去认识新朋友。家访结束后，我在班上发起了"找朋友"的游戏，每两个孩子结对互帮互助。我帮J找了一个热情的小伙伴。在这个小伙伴的影响下，J不知不觉间也有了变化。一个月后，J妈妈找到我，欣喜地说："J现在会主动找新朋友玩啦，还会热情地与人打招呼呢！"

　　场景三：B是一个在小凳子上连5秒钟都坐不住的孩子，好动、调皮、爱打人，经常小手乱划、小脚乱踢，很容易"误伤"其他孩子，被其他家长提意见最多。但是B妈妈说，B在家很喜欢帮忙。于是，我常常在班里请B帮老师做一些力所能及的小事，并不失时机地表扬他、奖励他。慢慢地，他乱动的小手小脚安分了不少，又锻炼了动手能力。

　　家访活动虽说繁忙琐碎，但也收获了许多惊喜，拉近了老师与家长、幼儿的心灵距离，找到了打开幼儿心灵的钥匙。今后，我们要继续用好这把钥匙，架起家园共育的桥梁。

小班"爬爬乐"亲子活动案例[*]

一　亲子活动目标

爬是一种手脚协调的、交替的、有节奏的活动。这种活动不仅有利于幼儿身体两侧肌肉健康发展，而且有利于促进幼儿大脑两个半球的发育。幼儿很喜欢在地面上爬动。笔者根据小班孩子的年龄和心理特点，让其在"爸爸"的带领下，在爸爸用身体姿势创设的不同情境中，用自己喜欢的方式爬过去。通过这个亲子游戏不仅提升了孩子爬的技能，而且使孩子体验了亲人、同伴之间的关爱和互相帮助。

这次亲子活动主要围绕幼儿园"阳光爸爸"这一特色。爸爸是孩子的重要游戏伙伴，是力量的象征。这次活动爸爸的出现，让孩子们感受到了男性的阳刚与活力，获得了新的体验和快乐。并以《3~6岁儿童学习与发展指南》和《纲要》中指出的"培养幼儿对体育活动的兴趣是幼儿园体育的重要目标，根据幼儿的特点，组织生动有趣、形式多样的体育活动吸引幼儿主动参与"为设计理念。在活动中充分发挥了爸爸的重要作用，13位爸爸相互配合引导幼儿在趣味活动中得到体育锻炼。旨在通过活动增进教师与家长、家长与幼儿及教师与幼儿之间的情感交流，发挥家长参与教育活动的积极性，同时让幼儿体验亲子活动的乐趣，做一个快乐、健康的宝宝。

根据以上思路和设计意图，笔者特设定以下活动目标：第一，通过不同爬的方式，锻炼动作灵活性和协调性；第二，体验亲子活动的乐趣，增进父亲与孩子的感情。

二　亲子活动实施方案

活动主题：小班亲子活动"爬爬乐"

---

[*]　作者：周婕、郑慧萍，宜春市上高县幼儿园。

活动对象：小班 3~4 岁幼儿

活动内容："爬爬乐"

（一）热身运动

教师：今天请了爸爸们来和我们玩游戏（爸爸们围成圈），宝贝们请用自己喜欢的方式爬。

（二）基本部分

教师：看，爸爸变成了什么？（山洞），爸爸用身体搭出高矮不同的山洞；

看，爸爸又变成了什么？（崎岖的山路）部分爸爸坐在地上腿伸直，另外几个爸爸平趴在地上，孩子从爸爸的腿部、背部、臀部爬过；

看，爸爸又变成什么？（荡桥）爸爸们面对面站立，手搭手互相配合，孩子从上面爬过。

（三）放松活动

教师：今天，宝贝们用自己喜欢的方式爬过了很多的障碍。谢谢爸爸们陪我们玩这个亲子游戏！现在听着轻松的音乐帮爸爸揉一揉腿、捏一捏肩膀。

（四）活动小结

在这个亲子活动"爬爬乐"中，孩子和爸爸互相配合完成得非常好。不仅小朋友们很开心，爸爸们也十分积极。活动最大的亮点就是孩子用自己喜欢的方式爬过去。这是这节亲子活动的特色。

活动形式：亲子活动

活动评价：幼儿园这次开展的爬爬乐活动符合小班幼儿年龄和体能发展的特点，为孩子们提供了一个充分锻炼自我、展示自我的活动载体，不仅提高了身体素质，锻炼了幼儿动手能力，提高了幼儿的自理能力，而且培养了孩子的自信、勇敢、勇于竞争等优良品质，促进了幼儿在身体、心理和社会适应能力等方面健康和谐地发展。爬爬乐，让每一个孩子积极参与，让每一个孩子享受愉快的活动过程，让每一个孩子在成长路上拥有因努力而获得成功的体验！在活动中，孩子们在游戏情境中，用自己喜爱的方式爬着走路，在每一次到达终点的一刻都露出了满足的笑容。

三　亲子活动实施过程与效果

1. 参加活动的人员

幼儿 13 人，教师 2 人，幼儿家长 13 人。

2. 简述活动时间、规模、开展情况、影响力

活动时间：11 月 27 日

活动规模：13 对亲子家庭参加

活动开展情况：活动分为四部分进行。第一部分，孩子自主探索爬的方式；第二部分活动导入，让孩子用自己喜欢的方式爬到爸爸的身旁；接下来第三部分也就是在活动的中间部分：看，爸爸又变成什么啦？变成山洞、变成崎岖不平的山路、变成荡桥，让孩子体验到不同的情境该如何爬过去；第四部分是放松环节，还有孩子和爸爸的合影留念作为活动结束。此次活动圆满结束。大部分家长和幼儿参与积极性非常高。通过本次亲子活动，促进了小朋友和家长的亲情，促进小朋友身体机能的发展，同时家长可以通过孩子在游戏中的表现了解其特质，激发孩子的潜能。此次亲子活动最大的亮点是孩子用自己喜欢的方式爬过去，而不是设定好一个角色或动物形象让幼儿去扮演。

活动影响力：《纲要》指出，家庭是幼儿园重要的合作伙伴，我们应本着尊重、平等、合作的原则，争取家长的理解、支持和主动参与，并积极支持帮助家长提高教育能力。父母是幼儿最早的启蒙老师，其教育行为对幼儿今后的成长起着至关重要的作用。因此，举办亲子活动是我们做好家长工作、提高家长素质的有效途径，是改善亲子关系、培养幼儿良好个性品质的重要手段。

这次"亲子活动"为家长提供了一个耳闻目睹孩子游戏和学习等真实表现的机会。家长通过获得孩子成长的感性知识经验，加深了对孩子健康能力发展的认识，从而采用相应的教育措施，进行更有针对性的教育，使教育起到应有的积极作用。并且"亲子活动"对于家长来说，也是一个共同接受再教育的过程。它为家长提供了一个很好的学习机会。在活动中，家长可以通过观察老师的指导获取教育的经验，通过参与活动的过程领悟教育的方法。另外，我们还可以使持不同教养态度的家长通过互相交流借鉴，不断提升自身的育儿理念。

上高县幼儿园不仅在这次亲子游戏活动中取得了成效，而且在11月开展的冬季亲子运动会、11月中旬开展的"我运动，我健康，我快乐"体能达标运动会中都有不错的成绩。这些活动的举行有利于促进幼儿体育锻炼，增强幼儿体质。让孩子通过自己的努力完成运动目标，感受成功的快乐，激发幼儿参加体育活动的积极性，发展幼儿身体的协调性和灵活性。在这次亲子活动中，爸爸作为强有力的后盾，是孩子成长道路的引路人。幼儿园通过开展以父亲为主要参与者的亲子活动，逐步丰富了亲子活动的资源库。因为有了父亲的参与，孩子们表现得更为快乐。在"爬爬乐"这样的亲子活动中，孩子们在感受到快乐的同时，爬的技能也得到了提高。这个活动对今后我园的发展有不可替代的作用。

3. 活动生成性资源情况

爬是一个简单的动作技能，我们都不陌生。这个亲子游戏指向发展小班幼儿爬的基本动作。对于这一体育游戏我们有以下思考。

让幼儿重复练习还是接受挑战？我们常常会被传统思维限定，认为爬就是让孩子在平地爬。我们往往没有很好地思考：平地爬行的动作在孩子学会走路之前就已获得，是重复孩子已经拥有的能力练习；应该基于幼儿已有的能力，去设计和组织能够促进幼儿更好发展的活动。对于小班幼儿来说，提供一定的情境，让他们大步爬、有高度地爬是对幼儿自身动作发展的挑战和促进，是更具有积极意义的学习。体育活动的组织形式和手段要更多地考虑幼儿的年龄特点和个体差异，使每个幼儿都能够在原有水平上发展。

这次活动的设计，我们充分发挥爸爸的力量，让他们用自己的身体搭建不同的路，吸引孩子愉悦地游戏而不是生硬地练习爬这么一个动作；我们注重游戏的趣味性，同时也考虑活动层次的逐渐推进和自然过渡。通过创设三个不同情境，从简到难的路径设置，每个幼儿的能力得到了提高。

四　亲子活动反思

在这次活动设计过程中，上高县幼儿园始终以小班幼儿的实际水平作为出发点，充分发挥了教师的主导作用和幼儿的主体性，让幼儿融入集体生活。在物质上为幼儿做了充分的准备，实实在在地为家长们提供一个与幼儿合作的平台，并很好地促进他们之间的感情，增进了教师、幼儿、家长之间的关系。因此家长们参加完本次活动后意犹未尽，希望幼儿园多开展这样丰富多彩的亲子活动。家长工作是幼儿园工作的重要组成部分。《纲要》明确指出："家庭是幼儿园重要的合作伙伴。应本着尊重、平等、合作的原则，争取家长的理解、支持和主动参与，并积极支持、帮助家长提高教育能力。"我园家长工作形式多样。这次亲子活动是其中的一种形式。今后，我园将多举办一些这样的亲子活动，从而进一步增进家长与孩子、家长与家长、家长与教师、孩子与孩子之间的交流；增进家庭与幼儿园的合作，让家长不仅体会到亲子活动带给家庭的益处，更大大提高对班级工作的热情，配合更积极、更密切。

因材施教　助力家长　发展儿童[*]

幼儿教师与其他教师不同，每天不仅要面对千差万别的孩子，还要面对形形色色的家长。而且见家长频率高，一天至少两次。面对不支持、不理解幼儿工作的家长，老师真的很头疼。对于学龄前的孩子来说，家长更是孩子的榜样，家长的言行对孩子的影响是巨大的。我们常说，家长是原件，孩子是复印件。家庭教育是立德树人的第一个环节。目前，"家园合作"也成为学前教育的一大趋势。幼儿园新《纲要》也明确指出："家庭是幼儿园重要的合作伙伴。应本着尊重、平等、合作的原则，争取家长的理解、支持和主动参与，并积极支持、帮助家长提高教育能力。"作为幼儿教育工作者，在

---

[*]　作者：张春丽，新余市铁路幼儿园。

对小孩进行因材施教前，也要清楚地了解孩子所处的家庭环境、家庭成员的文化、道德素养以及经济状况和教育观念等，以便因材施教，提供具体有针对性科学性的指导。只有这样，才能发挥家园合作的合力，实现互利共赢，发展孩子各方面能力，让祖国的花朵更加鲜艳灿烂。

小班入园，幼师身上的责任巨大。面对新一届小孩和家长，有太多事情需要沟通。在小孩成长的许多方面，很多家长没有引导好。家长和老师刚接触，对教师的不信任感也极强。笔者所在班有几位小孩让人感到惊讶、担心、忧虑，不能很快地融入班集体生活。

案例 1

C 刚来园每天声嘶力竭喊着："我不要去幼儿园，不要去。"一连几个月每天他外婆将他转送到我手上，他都要哭。但是 C 很聪明，现在就能背诵出很多古诗，认识很多汉字。"C 上座位、C 去洗手、C 排好队……"每天我们都一遍又一遍叫他，但是叫他名字没有用，必须我们亲自引导他去做。防火演练时，警报声响起，他立马捂紧耳朵，吓得边哭边捂耳朵往教室钻；《小猪佩奇》电视声响起也是立马哭和捂耳朵；一听到水声、喇叭声他都是下意识地捂耳朵。他从不喜欢去上厕所。我们都是牵着他手去。脱下裤子，他只会愿意上第二个便池位置。每天他都会一个人站在班里主题墙前，盯着他家的全家福照片看很久很久。一天，做完早操回教室后，别的孩子都去排队洗手了，他又一人边看照片边自言自语"这是我爸爸，这是妈妈，上完幼儿园，外婆就会来接我"，边看还捂着嘴巴偷着乐，见我过去立马离开。我蹲下身子、摸着他的头说："C，只要你听话，和我们一起做早操，老师就奖励你和外婆多待会，让外婆看你做完操才回去。"他点点头，很开心，嘴里重复说着："C 宝很棒，很听话。"

案例 2

M 是一位小女孩，语言发展迟缓。每天点名，我叫其他孩子名字，孩子都会说"到"，我说"M"，她上学期永远只会说："哦！"刚来园时也是把我们愁死了。不会说话，我们说话她也似懂非懂。一天，她急着跺脚。我说你是不是有尿了。她摇摇头，边指着喝水和上厕所的位置。我就怀疑她是不是口渴了，帮她接杯水。她气得将水倒掉。我就带着她去上厕所。她立马排尿，上完就舒服地往教室跑。

案例 3

R 每天来园都是爷爷抱着来的。爷爷气喘吁吁。他还哭着不要爷爷离开。他也是我班常吸引我注意力的孩子。9 月刚来时，每天叫他端饭不端，吃饭不吃。别人吃饭，他低着头眼泪浸湿眼眶，静静地看着饭不说话。我喂他吃饭，开始嘴巴紧闭，就是不打开，后面我说了一大堆道理后，嘴巴才微开，但是一口饭过去，他才吃几粒。他不会拉尿。站着拉尿都尿湿裤子，不会穿提裤子，裤子永远在下面，需要我们帮他提上去。

案例分析

以上三位孩子是班里比较特殊的小孩。C 孤立、不合群；M 语言交流有障碍；R 生活自理能力太差。这些很大程度上归因于家长。C 的爸妈都是老师，每天忙于工作没时间照顾小孩。C 都由外婆照顾。C 外婆总是害怕他被别的孩子欺负，在外面跌伤、摔伤，所以每天在家，他只和外婆一个人玩，从没有去小区里和同龄人交往。在 C 很小的时候，他外婆为了他能睡得舒服、安静，手机从来都调成静音。这导致他害怕听到声音。只要声音一大他就捂住耳朵。之所以看《小猪佩奇》动画片会哭。她外婆说有一次 C 看到《小猪佩奇》后面几集，被里面的场景吓哭了，所以到现在都害怕看这个动画片。M 常由爸妈照顾。从小妈妈就发现她语言发展缓慢，到两岁了还不会发音。妈妈也苦恼。她的哥哥早早学会发音，不会这样。M 妈妈心想，可能她只是这方面发展慢了点，并无大碍。她不会说话也没关系。相处久了，她的一个手势，妈妈也就能明白意思。M 指着水杯，妈妈问："你是不是要喝水？" M 不说话，只是点点头。R 爸妈也是老师，常是爷爷照顾，爸妈周末才会和他相处。爷爷非常宠溺小孩，什么都包办代替，导致他什么都不会。到三岁了，他也从不吃米饭，每天只喝奶粉。

案例教育效果

在与三位家长沟通了解后，笔者不断地指导他们如何正确合理地教育小孩，因材施教。针对 C 社会交往能力弱的状况，我利用家长来离园接人时间，和他外婆耐心沟通讲解。她也意识到 C 如此下去，在人际交往方面能力肯定会很差，因此很配合我们的工作。衔接可紧密，一是家长要转变教育观念，不要只注重技能的传授，忽视孩子交往能力的发展。我们经常利用微信，和他爸妈沟通，在家长会上也和家长详细讲明：对于学龄前的孩子，行为习惯培养和交往能力的发展尤为重要。C 爸妈意识到其重要性，现在会花更多时间陪伴小孩，经常带 C 去参加社团亲子活动，去和小区里的孩子玩，邀请班上小孩去他家做客。二是教师要引导孩子学会与人交往，帮助孩子结交好朋友。C 和 B 住同一小区，我就安排他们成为同桌，叫 B 带着 C 玩。一学期下来，C 开朗了很多，也不会时时刻刻捂耳朵了，会更愿意排队，尝试和全班孩子一起玩。了解 M 语言发展缓慢情况，不断激发她语言表达的欲望，要求她用语言表达想法。不能老是妈妈问，她只需要摇头点头。并要求她妈妈每天坚持亲子阅读，让她跟着绘本的文字发音。在班上也是要求她必须说话，一个字一个字慢慢说，耐心等待并及时表扬。现在，M 能开口说了，也基本能和他人进行语言的沟通和正常交流。R 独立生活能力差，笔者要求家长们统一战线，不能再继续包办代替，让他学会自己的事情自己做，给他锻炼的机会和独立的空间；教会他排尿和穿脱衣服的方法；每天让他习惯吃米饭，减少喝奶粉的次数。久而久之，他喜欢上吃米饭，也愿意自己动手做事情，由此独立生活能力有了提高。

案例反思

这是笔者带的新一届孩子，发现这届孩子比往届孩子生活自理能力更差，班上问题孩子更多。这折射出当今我国的家庭教育现状。家长文化素养普遍提高，特别重视小孩的学习，忽视小孩社会性的发展。且他们都忙于工作，没有时间精力教育小孩，都是隔代教育。年长的爷爷奶奶由于文化低，太喜爱孩子，经常出现包办、宠溺的现象。为了更好地教育小孩，发展孩子能力，教师应该更多与这类家长沟通，及时指导，跟踪观察，帮助祖辈家长意识到独立能力、行为习惯的培养对孩子一生发展的重要性，从而教师、家长一起努力，促进孩子发展。那么，教师如何因材施教、助力家长、发展儿童呢？

一　尊重差异、全面了解

众所周知，世界上没有两片完全相同的树叶，世界上也没有完全相同的两个人。学生个体的差异是客观存在的，我们是改变不了的，我们要尊重这种差异性。苏联教育理论家苏霍姆林斯基说："教育工作的实践使我们深信，每个学生的个性都是不同的，而要培养一代新人的任务，首先要开发每个学生的这种差异性、独立性和创造性。"在差异性基础上，开发独立性和创造性。而俄国教育思想家乌申斯基也曾说过："如果教育学要在一切的关系上培养一个人，它就该首先了解人的一切关系。"可见了解学生之重要，它是"因材施教"的基础。要全面深入地了解学生，就应坚持全面发展的观点，科学地分析其个别差异与可变因素。每位孩子性格不一，有内向的也有外向的，有语言表达能力强的也有语言表达能力弱的，有运动能力发达的也有在此方面不发达的。就像我们班的 C，他从小就认识很多汉字，对文字很感兴趣，在这方面有天赋，但 M 就不一样，不会发音，不会表达，不会倾听。C 不喜欢和别人交往。M 虽然不会发音，但喜欢和别的孩子一起玩，她有很多朋友。别的孩子都会自己吃饭、穿脱衣物，R 就是不会。这些孩子与普通的孩子不一样，他们有自己的强项与弱项。作为教师，必须尊重这种差异，不能因他们某方面能力弱，就歧视、冷落他们，要关爱他们，分析问题成因，全面了解家庭状况。C 从出生到现在，妈妈就在他身边不停地读古诗。在这种书香家庭的氛围下，他也耳濡目染学会了。但他外婆不让他与外界接触，限制了他的自由，从而交往能力的发展受到阻碍。M 爸妈文化水平低，不知道小孩语言发展的时间段，从而忽视女儿的语言发展。教师在教育前，要对小孩的能力、家长的各方面情况都有详细全面的深入了解。

二 对症下药、因材施教

要从孩子的年龄特点、学习能力、特殊性出发，对症下药。针对不同的家庭，也要因材施教。C 社会交往能力差，就要求教师和家长从这方面出发，攻克这个缺陷。C 家长学历高，父母很清楚社会性培养的重要性，所以不需要花太多时间精力和他们讲大道理。只要向家长反映这种情况，呼吁他们多花时间精力陪伴小孩成长，创造机会让他和不同的人接触。教师也要不断引导他与其他人交往，给他更多耐心。教师还在微信上和家长沟通交流，共同促进 C 融入集体生活。M 爸妈没有接受高等教育，不知道怎么引导小孩学会发音，所以我就给他们提供专业性建议。先去做语言能力发展相关检查，找出原因。再提供具体的方法指导，推荐学习发音软件、适合她观看的绘本，并不断督促要求家长一定要让她发音。R 爷爷自尊心强，不愿意承认孩子自理能力差这个缺陷，年纪也大，不愿意看书。我们就不断地坚持教育，让他配合。在来园、离园时间，让他观察我们是怎么教育小孩的，使他学会教育方法。

三 发挥特长、增强自信

每个孩子都有自己的优点。教师要善于发现，提高其自信。每个人也都喜欢别人的鼓励与赞美。一次童谣比赛，我大力推荐 C 报名，并邀请他妈妈陪在他身边，观看他表演。虽然 C 第一次在集体面前表演，有点胆怯，但他念了一首古诗。我立即给了他一个贴纸，让他享受别人的掌声，增强自信心。他的外婆、妈妈也甚是欣慰。M 没有参加此次比赛，但在运动会上取得佳绩，也发现了自己的闪光点。

四　充电学习、提高能力

在 21 世纪，人们倡导"活到老学到老"。作为教师，要不断地看书、查阅资料，提高自己的专业技能，提高自己的理论水平，才能更好地因材施教。作为家长，也要接受教育，学习家庭教育手册、聆听专家的家庭教育讲座。

教育孩子是一门高深的学问，是家长和孩子一生的事业。孩子就是一张白纸。你想要绘画成什么样，就要调绘什么样的色彩。为了释放孩子的天性，发展孩子的独特性，提高孩子的能力，我们必须尊重差异、全面了解，对症下药、因材施教，发挥特长、增强自信，充电学习、提高能力。我们作为教育工作者，必须因材施教、助力家长，做温暖的阳光，沐浴着祖国的花朵苗壮成长！

参考文献

教育部：《幼儿园教育指导纲要》，北京师范大学出版社，2001。

瓦·阿·苏霍姆林斯基：《给教师的一百条建议》，杜殿坤译，教育科学出版社，2001。

乌申斯基：《人是教育的对象》，人民教育出版社，2007。

景德镇十一小家校悦读活动纪实 *

活动宗旨

最长情的孝敬，莫过于相亲相伴；最动人的言语，莫过于有感而发；最有效的教育，莫过于悦心诵读。

十八届五中全会把"倡导全民阅读""推动国民素质和社会文明程度显著提高"列为"十三五"时期的重要工作。考虑到我班生源多数为普通工人家庭子女，家庭阅读氛围淡薄，老师特地在班级开展"悦"读计划。少儿阅读是全民阅读的基础。如果在儿童时代能够养成阅读的习惯，那么个体将一生受益。家长是陪伴孩子成长的最好老师。让家长和孩子共同阅读，能让孩子更有动力。家长看到孩子阅读也会喜悦无比。知识让人进步，家庭也会更加和谐。

活动主题解读

"悦"读即用快乐的心去读书或在读书中感受快乐。同学们在阅读中积累课内外知识，提高了阅读和写作能力，心情很愉悦；在各类书籍中增长见识，足不出户，便知晓天下事，心情很愉悦；在亲子共读中增强孩子与父母的沟通，促进心灵交流，心情很愉悦。总而言之，阅读是一件身心愉悦的事，所以也就是"悦"读。

活动目的

1. 在家长的陪伴下，培养学生广泛的阅读兴趣，扩大知识面，积累写作素材。

2. 学生和家长掌握一定的阅读方法，提升阅读理解力。

3. 丰富家庭生活，与书为伴，和书做好朋友，快乐成长。

4. 提高家庭的文化素质，陶冶情操，增加孩子们的学习乐趣。

5. 小手牵大手，亲子共阅读，让每一个家庭都享受读书的快乐。

---

* 作者：刘培培，景德镇市第十一小学。选自吴重涵、王梅雾《共建大教育格局：家校合作案例汇编》，江西教育出版社，2018。

活动口号

书籍是人类进步的阶梯；走遍天下书为侣；我们一起"悦"读吧！

活动过程

一 准备阶段

1. 优化班级文化环境，营造读书氛围

设立班级图书角，张贴小学生必读的 40 本经典图书书目（好书推介）；在班级墙体精心布置读书名言、古诗文、学生佳作欣赏，营造出一种浓浓的读书氛围。孩子每天一到教室抬头就能看到美文佳作，品味名言警句。这种耳濡目染的人文熏陶，正是班级文化魅力所在。

2. 做好"悦"读的宣传工作，明白读书活动的意义

课外书为同学们打开一扇扇知识的大门。我们都是普通家庭的孩子。父母没办法带我们走遍大千世界，但我们可以自由翱翔在书的世界里，让书籍带我们去旅行，带我们领略中国古代文化、科技产品更新换代、大自然山水的鬼斧神工、昆虫世界的神奇奥秘、恐龙时代的灭绝渊源和公主神话的美好心愿历程等。

3. 征集图书

三年级可以说是小学阶段的转折点，课程难度加大，阅读和习作逐步升级为重点，所以阅读量需要增多，阅读面更要扩展。为丰富班级图书角，学校特向每位学生征集一本图书，可以是科普类，谜语、脑筋急转弯，也可以是图文并茂的文本故事。只要有利于孩子们阅读的都可以。这样既节省了每个家庭对图书订购的开支，又扩大了同学们的阅读面，实现资源共享。

4. 图书角的管理

班主任作为图书角的总管理员，把征集来的每本图书贴好标签，根据学生的学号标记好图书的编号，及时把在借阅过程中产生的破损修补好。

推选班级小管理员两名，制定借阅图书表，内容包括时间、借书人、书名，规定每周一早读之前、午休期间可借书还书。管理员甲负责从书柜拿取

同学需要借阅的图书并报号，管理员乙负责登记。这些都保证图书借阅有序进行。

二 "悦"读开展实施阶段

1. 阅读指导

《语文课程标准》指出："多读书，好读书，读好书，读整本的书。"学生若毫无目的地读书，走马观花，其收获都不得而知。因此每周四下午第二节课设为阅读指导课。语文老师有计划、有目的地进行课外阅读指导，教会学生一些阅读方法。在阅读初始阶段，学生需指读，有声朗读，方可全身心投入。引导学生借助拼音、字典理解文意，领略四大名著中经典智慧桥段，吟诵古今名家诗篇，强化古诗文韵感。在大量的阅读实践中培养中低年级学生的阅读习惯、语言组织能力。

2. 教师带头阅读

每日早读时，任课教师可带领全班一起阅读，起到良好的示范效果，引领班级阅读潮流。还可开展师生共读一本书、同背一首诗等活动，提高学生们阅读的积极性。

3. 读书记录卡——每日摘抄

学生在每日的阅读中学会搜集信息，积累好词佳句，摘抄到笔记本中再多读多背。做到每人书包里总有一本课外书。利用闲暇时间，如中午午休、每日完成作业之后等，随时积累信息。为了杜绝有些同学的惰性，每日摘抄同时也是必须完成的作业。每天有组长检查，过关。

4. 小手牵大手，亲子阅读，家校互动

我们班大部分家庭为普通工人家庭。家长学历普遍在初中上下，文化水平不高。每日睡前半小时亲子共读一本书，一起学习，一起成长。

（1）促进亲子关系

利用阅读活动来亲近孩子，通过他对图书内容的见解、感受来了解孩子的内心世界，有效地和孩子沟通交流，引导孩子形成正确的价值观。

（2）共同提高语文能力

阅读是一个增加知识，提高想象力、创作力的过程，学生在阅读中积累习作素材，家长在阅读中提炼语言组织能力，教师在阅读中提高协调沟通能力。

（3）养成良好的阅读习惯

家长在与孩子一起阅读时要注意以下几方面事项。

①父母要掌握好度，要让孩子成为阅读的主角。家长是听众也是引导者和参与者。对于孩子在阅读中的问题和疑惑，家长不可一概贬低否定，需站在儿童的角度去倾听继而正确引导。

②肯定孩子在阅读中的一些见解，及时鼓励其继续坚持的毅力。

③家长做好榜样，贵在坚持。许多学生的阅读热情往往只保持三分钟或是一时心血来潮，因而需要一些必要的强制手段来保证学生阅读兴趣的恒温或升温，让阅读成为一种习惯，成为一种生活方式。

为调动大家积极参与，家长可把孩子每天读书视频或者照片上传至班级微信群。每学期评选"书香家庭"，作为促进亲子阅读的有效措施。

比如，班上某同学性格活泼好动，但做事不够坚持。妈妈坚持每天晚上睡觉前与其共同阅读，督促指导，引导孩子寻找读书的乐趣。在亲子共读过程中，妈妈及时纠正读书中的一些错别字，帮助其正确理解文意。通过阅读之后感悟、谈心，妈妈了解女儿思想动态，培养了孩子的阅读习惯。

5. 开展多种形式的读书活动，培养阅读兴趣

定期在班级家校联系的微信群里开展讲故事直播，"提炼语言，表情达意"。通过讲故事提高学生的语言表达能力、语句组织能力，展现自己在阅读中的体会，分享读书的快乐。

提倡家长和孩子每天在微信群里发一条共同"诵读经典，诗话人生"诗歌背诵活动。无须老师的专业点评，家长群里的点赞声就足以让孩子和家长坚持下去。每天读一点，每天进步多一点。

开展"深入科普，探索谜团"，让孩子们了解到自然界有很多千奇百怪的事情，并通过阅读追寻它们的奥秘。

开展"相约好书，牵手美文"活动，寻找阅读中的有心人。举办各种有趣的活动，为学生搭建展示才华的舞台，往往都能掀起一个个课外阅读的新高潮。让学生在活动中感受幸福快乐，激发读书热情，提升阅读质量，同时收获知识。

6. 设立奖励机制

爱因斯坦说："激起每一位孩子的上进心、好胜心，要比任何一剂神丹妙药都管用。"我们设立两种奖励方式：（1）根据学生的爱好，教师可对班里学生进行奖励，看完一本课外书，奖励一张读书卡。在课外阅读活动中，教师定期评选出"优秀家庭"，即"朗诵家""古诗家""博学家""勤奋家""笔记家""故事家"。每学期都进行"读书之星"和"书香家庭"的评选，并为其颁发奖状及奖励一套书籍。（2）请在阅读活动中表现突出的孩子或家庭定期和其他孩子或家庭交流读书心得，推荐名著佳作。这些措施有力地激发了学生自主课外阅读的兴趣，为培养他们良好的课外阅读习惯奠定基础。

三　阅读途径

学生阅读不限于通过班级图书角。学校图书室藏书近 4 万册，每周有图书开放日。图书管理员根据年级需求不同，设计了形式多样的阅读记录单，方便同学们借书阅览。如果在校期间无暇去本校图书室，节假日期间可以去景德镇市图书馆，办理借书证。一卡在手，几十万册图书可供阅览。

开展家校悦读活动不是一项急功近利的工作。它需要慢慢渗透——随风潜入夜，润物细无声，逐步培养学生的阅读习惯。《语文课程标准》明确指出：1~2 年级学生"课外阅读总量不少于 5 万字"，3~4 年级"课外阅读总量不少于 40 万字"，5~6 年级"课外阅读总量不少于 100 万字"。这些规定指出了课外阅读的重要性和必要性，强调了现今的语文教学不仅要立足于教材，更要依托广泛而有益的课外阅读，从而增加学生的文化积淀，提升学生的文化品位，真正提高学生的语文素养。苏联著名教育家苏霍姆林斯基说得好："如果学生的智力生活仅局限于教科书，如果他做完了功课就觉得任务已经完成，那么他是不可能有自己特别爱好的。"

每一个家庭都要在书籍的世界里，找到快乐，把阅读视为自己的乐趣，丰富自己，愉悦身心。

<h2 style="text-align:center">一次特殊的家长会
——"二孩时代"下的家校合作探究*</h2>

【案例】

一　家长会前

一个星期五的下午，放学的时间到了，我把孩子们带到指定的位置站队。

像往常一样，我让每组的组长查人数，除去值日生，孩子们向我报告是否缺人。只有一个小组缺少了两个学生（都是男生）。

放学时间到了，我让孩子们先往校门走，我回去找学生。我回到班级，孩子们都在打扫卫生，没有看到这两个学生。我到厕所去找，在厕所门口，看见这两个孩子在聊天。

我当时很生气，走上前去："王××、刘××，你们两个为什么不去站队回家呢？你们知不知道，接不到你们，你们的爸爸妈妈可能都急坏了。"

两个孩子用一种失望又悲伤的眼神看着我："老师，我妈不会着急的，她都想不起来我。怎么可能着急我不回去呢？""老师，我也是，我妈每天忙我小弟还忙不过来，我回不回家无所谓。"

通过孩子的话语，我明白了原因，"二孩时代"下，"一孩"正面临着心理上的转变难关。

我召开了一次特殊的家长会，与其说是特殊，不如说是一次家校合作的起始点。这次家长会，我只请了家里有"二孩"的父母。

---

* 作者：唐国平、叶玉珍，赣州市安远县车头镇中心小学。

家长会前，我做了两项功课：一是在班级内部统计有"二孩"的家庭数量；二是借着班会的机会，我将这些孩子都留在班级里，和他们畅所欲言，让孩子们相互交流，并且回答一些我设计好的问题。这个过程中，我进行了录像，为了保证真实性，我没有让孩子们发现。

这次家长会，我提前通知，并且要求孩子的父母全到场，尤其是母亲，一定要安排好时间参加。

二 家长会中

家长会上，我先播放了录像，让家长了解到孩子的想法。

家长们沉默了："老师，我真是不知道这种情况。在家里，我也发现，最近孩子不怎么跟我说话了。有时候，我想与她亲近一下。孩子很排斥我。如果您不组织这次家长会，我也想与您沟通一下。"

"老师，我也发现，孩子以前总会和我撒娇，让我帮他做这做那，但最近都是他自己做。我想帮忙，他就用一种仇视的眼光看着我。"

家长们开始说着自己的想法。这么一交流，我还没有多说，一部分家长已经找到了答案。

我顺势说道："相信大家也明白了，随着弟弟妹妹的到来，孩子们的心理发生了变化。这种变化导致了孩子们的一些不良情绪的产生。很多错误的言行举止随之形成。今天将大家请到这里来，就是想和大家沟通一下。从我们老师的角度、家长的角度，咱们将孩子的情况进行一个具体的分析。我再向大家提出一些建议。大家回家可以尝试一下。"

接着，我和家长分析了现在孩子的心理，恐惧、失落、悲伤等随之带来的嫉妒、仇恨、逆反、不良的行为。针对每一种心理和行为，我向家长讲解了原因和表现，家长自己"对号入座"。接着我向家长们提出三方面建议。

一是从小事入手，见面时给孩子一个温暖的拥抱。孩子回家时，我建议家长无论在做什么，都要放下手中的一切，给孩子一个拥抱，并说一声"欢迎回家""妈妈很想你"。家长要认同孩子的感受，面对孩子的情绪化甚至过激行为，不要仅仅以对错来判别，要理解并接受孩子不良情绪的宣泄，但不要强化孩子的失落感。让孩子感受到父母的重视，感受到家庭的温暖，同时，也认识到自己是家庭的一部分。

二是正确表达自己的爱，增强孩子们的自信。爱不是挂在嘴边说说，"妈妈爱你""妈妈最喜欢你"。在以往还可以。但是，有了"小小竞争者"（"二孩"）后，家长们便不应该再对孩子用这种表达。"最"字也是一种不良心理的引导，更是一种欺骗。应该经常鼓励孩子，用赏识的眼光来表扬孩子，向孩子表达："妈妈很爱你，你在爸爸妈妈心中是独一无二的"，增强孩子的自信心。

三是增加两个孩子之间的互动，深化认识。家长要注意用一些积极向上的内容来带动孩子，用平和有力的语言引导孩子。生活中可以结合小宝贝的衣、食、成长，多和孩子聊聊他（她）的过去或者他（她）和小宝贝的将来。尽可能将两个孩子之间的美好联系在一起，勾勒出一幅和谐的幸福画面。在孩子做完功课后，可以给他（她）安排一些"小任务"：与自己的弟弟妹妹沟通、玩游戏。可以拿着书给弟弟妹妹讲故事，一起玩玩具等。建立两个孩子之间的沟通桥梁，也在一孩的意识中，植入一个思维定式——"我和弟弟（妹妹）是一家人，我可以照顾他（她）"，启迪孩子内心中的责任感。

三　家长会后

自从家长会后，我让家长尝试用我们老师的建议与孩子交流。我发现，在一点一滴中，孩子们的思想都有了明显的转变。每天，孩子们来到学校时，脸上的笑容多了，会说一些有趣的故事，相互间的交流也多了。我经常会在班级的微信群中，与家长讨论如何与孩子交流、如何陪伴孩子做功课。我在和孩子们的沟通中，也知道了家长做法的转变，明白了这一次特殊的家长会带来的成效。

"二孩时代"下，孩子们的身份有了转变，心理上也有了明显的变化，这些变化是我们不能忽视的。在这个契机下，我们与家长的沟通是非常必要的。除去对"二孩"的照顾，我们建议，父母还应与大孩子多沟通，建立一种平衡、有序、和谐的家庭氛围。在与家长沟通的过程中，我们首先要对孩子的家庭环境有进一步的了解，和家长共同分析。虽然很多家长的做法并不正确，但这并不能成为我们谴责家长的缘由。及时有效的沟通，建立家校共同教育联合体，才能真正地促进孩子的健康成长。

参考文献

石宣：《不输在家庭教育上》，中国商业出版社，2009。

与你一起，携手育人*

教育家苏霍姆林斯基曾说过，最完美的教育是学校教育与家庭教育的结合。教师在学校做再多的努力，如果得不到家长的配合和支持就会事倍功半。所以，教师要和家长积极联系、沟通，取得他们的支持和理解，在教育孩子的理念、方法、实务操作上达成共识，为我们的孩子插上腾飞的翅膀。

几年前，一群孩子和家长走进了新余市新钢第一小学一年级2班，组成了一个大家庭。从一年级开始，以班主任吴老师和家委会主任侯先生等组成家委会团队，全程跟踪孩子们集体成长过程，一路歌、一路唱、一路欢。

家校合作是教育发展的新趋势。家校如何进行合作？让我们一起走进新余市新钢第一小学来寻找答案。

我们立足于"家"的平台，换位思考、重心迁移，以家长为助力，构建一个开放的班级文化，使家校合作真正承担起塑造人的细致、复杂的任务。

一 环境布置，创意设计

在每一学年的开学伊始，吴老师就会把教室的照片发到班级的微信群中，然后邀请班级的学生家长共同参与班级环境的创意设计。在家长们的支持和建议下，班级已经设立常规的活动角，如植物角放置着家长们从自己家里拿来的绿萝、石榴和小盆栽，既能净化空气，又能美化环境；图书角放置的是一位家长把家里的鞋柜改装而成的书架，上面是适合孩子们阅读的各种图书；卫生角里的值日小工具和学习角的学生成长档案盒也是在家长们建议下特意挑选出来适合孩子们的用品……

二 活动开放，亲密互动

在赏心悦目的班级环境中，吴老师和家委会代表们以学生热爱学习、获

---

* 作者：宋增平，新余市新钢第一小学。

取知识、发展能力为新的增长点，打造班级课余生活精品——小钢花艺术团，全面推进素质教育。"小钢花艺术团"开设了涉及文学类、艺术类、益智类等结构合理、规模适中、特色鲜明的兴趣班，如吟诵、书法、油画、雕刻、陶泥等，以学生兴趣特长组合的方式，采取学生自愿报名或根据教师指导报名参加。小孩子们都非常积极。而兴趣班的老师则是邀请有特长的家长。每周活动时间一到，异彩纷呈的活动成为校园一道美丽的风景线：书法班的同学行云流水；吟诵班的同学书香浸染；创作班的同学奋笔疾书；陶泥班的同学静心制作；象棋班的同学冥思苦想……有时吴老师还把懂得养花技巧的家长请到学校，教孩子们照顾花草，并成为班级植物角的辅导老师。吴老师有时还把相关专业家长请来给学生讲授课外知识，如交通安全、心理辅导、传统节日等。今年六一前夕，吴老师就请新余袁河分局张警官（张同学的家长）走进班级，为小朋友们上了一堂别开生面的安全知识课。孩子们纯真地表达警察在自己心中的形象，与"萌警官"进行互动。张警官用简单易懂的卡通PPT，介绍了警察的职责、类别、警用标识。孩子们一双双眼睛睁得大大的，认真地倾听着。张警官还结合发生在少年儿童身上的典型案例，以卡通动漫、漫画展板等孩子喜闻乐见的形式，通俗易懂地讲解了防拐、防骗、防盗、防水等措施和应对方法。针对小学生安全防范意识薄弱问题，张警官采用漫画形式，展示了家庭、学校中各类易出现的安全隐患。并结合肢体动作演示，让孩子们在轻松玩乐中学会自我保护方法，学习灭火器使用技巧，了解交通安全小常识，提高了自我保护的能力。

开放的教育让家长真正参与到班级的文化建设中来。既激发了班级学生家长参与班级管理的积极性，又充分发挥了各位学生家长的特长。通过参与班级的活动与管理，家长了解教育孩子的方法，提高家庭教育的自觉性和技巧性，由此推动学生个性和谐发展。

受吴老师的影响，我校大多数班级有自己的"小钢花艺术团"兴趣班，兴趣班老师都是有特长的家长。通过参加艺术团活动，学生的兴趣爱好普遍得以满足，学生的个性特长充分发挥。学校每年举行的艺术节和国家、省、市级各类比赛、竞赛等更是为学生提供了展示自我的舞台，陶冶了学生情操，繁荣了校园文化。

天道酬勤。"小钢花艺术团"终于采得百花酿成蜜。经过广大家长、师生的刻苦努力和辛勤付出，取得了丰硕的成果，在社会上已有一定的知名度。舞蹈《戏狮》荣登中央电视台少儿春晚的舞台。舞蹈《猫》《飞》获江西省少儿才艺大赛二等奖。合唱团曾参加过中央电视台《同一首歌》大型演出，并演唱主题曲。合唱团还获得第八届新余市艺术节合唱比赛一等奖、江西省合唱比赛二等奖。书法专业班学生胡楷承等，其作品入选江西省第十六届少儿书画大赛金奖作品集……

三　主题队会　共同参与

中国梦，我的梦。为了帮助大家学习榜样，放飞梦想，快乐成长，吴老师建议举办主题队会《超越梦想　海鸥飞翔》。为此，她做了一系列准备工作。

（1）分成三个组：寻梦组、追梦组、圆梦组。每个组确定各自的梦想口号。

（2）寻梦组准备诗歌朗诵《寻梦者》；追梦组准备表演德国女孩乌塔实现"旅游梦"，讲述 TFBOYS 实现"音乐梦"的故事，展示 6 月份海鸥班足球队实现"冠军梦"的过程；圆梦组模拟表演举办服装发布会、诺贝尔颁奖、新祉希望小学剪彩仪式、参加"舞林争霸"比赛等。

（3）准备一只大海鸥展板和 56 张海鸥梦想卡，并工工整整地写上自己的梦想。

（4）邀请家委会代表分享育儿梦，介绍家委会与学校合力培育小海鸥、创新班级文化建设的历程。

从"活动准备"可以看出，内容非常丰富，涉及调查、朗诵、唱歌、踢足球、表演、舞蹈、小品、手工、服装、摄影，等等。从策划、准备、练习到展示、总结和反思，前后共持续了 6 个星期左右，真正做到了全员参与。整合了全体学生、家长以及他们的亲朋好友等资源，还有学校其他老师和校领导。其中最重要的是各行各业家长的财力、物力、人力的大力支持。

怎样让家长自觉自愿、积极主动地支持和参与这个主题活动呢？在发布活动方案前，吴老师先给家长们写了一封信。

事实证明，家长和孩子们都被调动了。从9月初至10月18日，吴老师和家长们克服了很多困难，一遍又一遍地设计、练习，不断推倒重来，每一句话、每一个动作，乃至每一个表情、每一个细节，都力求能体现自己的最高水平。活动终于在10月19日最后的时刻得到接近完美而圆满的展示。

通过这次活动，学生的胆量和朗诵、表达、表演、沟通、交流、合作、策划等能力得到全面的锻炼和提升；生生、家生、师生、家师之间得到全面的沟通，增进了彼此的情谊，建立了深厚的感情。这次活动给师生、家长留下了深刻的印象。

小学生的能力和习惯主要是在活动中形成和发展的。不管是自愿还是被动，学校在日常班级管理中需要开展许多活动，比如我们学校每学年例行的体育节、科技节、英语节、艺术节，以及各种读书活动和节假日志愿者、社团等活动。我就会把活动与孩子、家长联系起来。利用名人效应，引用名人名言，增强"广告效果"。让家长看了以后，热血沸腾，激情满怀，感叹这活动真是太有意义了，太及时了，太需要了，不但必须配合、鼓励、支持和指导孩子积极参与，而且要克服一切困难，创造性地完成各种项目。真正做到活用社会教育资源，整合家校共享资源，起到事半功倍的效果。

吴老师作为我校家校合作的领军人物、江西省家庭教育讲师团讲师、江西省师德标兵、新余市优秀教师、新余市十佳最美教师、新余市明德书院（公益国学书院）副院长，十几年来，一直坚持每周给家长写一封信，汇报孩子在学校的表现，加深家长与学校的联系，开创了我校家校合作工作的新局面。

四 与你一起，携手育人

我几乎没来过学校。今天来到我妻子的学校，随她工作了一天，我感受到了她的辛苦，看到了她在烦琐工作中所承受的压力，确实不容易！隔行如隔山啊！

……

怪不得我女儿回家不想管自己的孩子。一个班这么多学生，哪一个学生哪一件事都需要她去操心。一天下来说的话真是太多了，回到家哪里还想再说话呀。

这些引言皆来自新钢一小该班所有教师的亲属（家长）参加"相约到校园"活动后的微信留言。5月6~24日，吴老师以"做你的'同事'，携手育人"为主题，开展了"相约到校园"活动。

如今不仅教育面临许多新问题，教师更是面临诸多新问题。人们只看到新的变化给学生带来的适应问题，却对教师的适应问题关注不够。家长对教师要求越来越高，遇到一些意外事情，对教师的宽容度也很低。对小学教师来说，虽不存在升学压力，但为学生安全事故预防、操心排在了压力首位，其后依次是教学任务繁杂、学生习惯的培养、职称晋升、发表科研论文、照顾家庭精力有限等。这些压力使教师产生焦虑、抑郁、失眠、情绪过激，导致有的教师使用变相体罚来管教学生的事件出现。

其实，教师的工作与发展更需要"支持与理解性的人文环境"。只有让教育者本身成为一个身心健康、不断完善和发展的人，他们才可能更好地关心学生的身心健康与成长发展。

如何排解教职工这些负面情绪，分解他们的压力？经学校研究决定，让吴老师班试点开展"相约到校园"活动，即邀请教职工的亲属（家长）来到学校，走进校园、教室，与教职工一起参与各项活动，"过一天教师生活"。了解教师的工作环境、课堂管理，体验教师的职业特点和做教师工作的琐碎、辛苦、压力，感受他们默默耕耘、无私奉献的精神。当他们认清教师工作的特性时，就会理解和包容，就会主动分担家务和给予宽慰。让教职工在完善自己的行为，改善与学生、家长、同事、亲人的交往方式中，提高自己工作、学习和生活的满意感、成就感和幸福感。

在不影响职工亲属（家长）工作的情况下，邀请他们参与：课堂听课、作业批改、辅导学生；跟随大课间、课外活动；参与值班、班会、放学路队，参加会议等。活动中，教师亲属（家长）感触很深，感言颇多，纷纷以短信、微信留言，表达自己的感受："我应该分担家务，让她身心放松地投入工作"；"为姐姐买一个泡脚盆，让她好好泡泡脚，放松每天的紧张与疲劳"；"一天的参与，让我们看到你辛苦工作带来的疲倦，我希望你学会自我调节，阳光心态，做一名不仅向上的，更是阳光型的教师"。

有了亲属（家长）的了解、理解、支持，我们的教职工在困难郁闷时、在带着未干完的工作回家继续干时、在疲倦之极无力干家务时，便会多一点宽慰和信心。

孩子在成长的过程中会不断有新的问题出现。我们要多看到孩子的进步与努力。孩子日益进步，这与老师的学校教育密不可分，但父母的家庭教育也至关重要，两者多多结合，孩子教育出现的问题就会迎刃而解。

最后，让我们携手并进，以党的十九大精神为指导，共同打造家校合作新时代，为孩子们的幸福人生奠基。

九江双峰小学班级家委会的建立和运行纪实[*]

当孩子从家庭走进学校成为学生，他就不仅仅是父母的孩子，而是家庭与学校共同的孩子。学校与家庭有了共同的教育目标和对象。但由于环境的差异、角色的不同，教育理念和行为一定需要协调和沟通，所以班级家委会的建立和良好运行就显得尤为重要。

一 班级家委会的工作以"共同"二字为指导

（一）"共同"，体现了家委会工作中家校共育的理念

"家校共育"是一个中国化的概念，在国外更倾向于把家校关系定义为

---

[*] 作者：吴燕、万莹，吴燕系九江市双峰小学家委会主席，万莹系该校教师。选自吴重涵、王梅雾《共建大教育格局：家校合作案例汇编》，江西教育出版社，2018。

"合作伙伴"。这种合作伙伴不是因为家长把孩子送到学校而建立起来的硬性关系。如果教育工作者仅仅将孩子视为学生，那么他们可能会发现家庭和学校是分离的。也就是说，学校期望家庭做好自己该做的事，而家庭却将教育孩子的责任全部丢给学校。直到现在还有些家长会说"孩子送到学校了，教育他是你们老师的责任"。也有些不成熟的教育工作者会说"你把自己的孩子管好，我把我的学生教好"。这种传统而狭闭的思想无疑已经被后现代教育理念摒弃。那么什么是"家校合作"？除了书上传递给我们的概念，我是在自己女儿入校后发生的一个微妙现象中感受到这种"伙伴关系"的。记得女儿有一次放学回家跟我说："妈妈，我今天不小心把王老师叫成了妈妈。"还有一次，我们一家三口在桌前玩竞猜的游戏，女儿抢答时并不像以前那样直接喊出来，而是先举手再回答。事后，我把这两种现象结合起来想了很久，琢磨为什么会这样？最终我给自己的答案是，孩子的行为在无形中透露出了家对校、校对家的双重影响，而且这种影响是潜意识的。其实家校合作诸多行动的本质是孩子需要共同的积极关注。他同时需要老师和父母对他的成功、失意、焦虑、忐忑予以同样的关注，并为此有所期待。如果家、校任何一方在这个关注上出现了闪失，往往会造成孩子心理上的同一性失调，久而久之还可能出现一些行为问题。如果我们的教育工作者能将学生同时视为孩子，家长在家也能将孩子赋予更多学生的角色，这个时候，我们会发现家校之间，合作伙伴才是最好的关系。因为它涉及我们共同的利益，体现了对孩子的责任。只有建立和保持好这种合作关系，家校才能通力合作，才能为孩子创造更好的计划和机会。

（二）"共同"，也是指家委会和班主任老师需要保持一个共同的理念

有很多朋友可能会认为，家委会无非就是老师命令的执行者、班级事务的跑腿人、学校意向的传声筒。是的，以上事情我们都在做，而且往往是事必躬亲地努力做，但如果家委会和班主任之间理念上存在分歧的话，恐怕更多的是硬着头皮干，心怀委屈办，办完就解散。所以，家委会和班主任之间的理念共融很重要。在这一点上，班主任王老师的做法还是值得一提的。王老师带班三年以来，对我们班家委会和家长们的态度一贯是尊重的。在带班

问题上，她有什么想法和思路都会积极地首先与家委会沟通，听取大家的意见和想法。在了解和沟通的基础上争取达成一致意见，然后才会去实施。大到我们班班规的制定、小到班级菜园该播什么菜种，都会广泛听取民意，而不是"我计划，你执行"，甚至是"你计划，你执行"。通过长期的体验和实践，我班家委会认为，和老师一起做大家认可的事、做大家认为值得去做的事，才能把事做好，而且才能持续地把事情做好。所谓合作，先是"合"后是"作"。"合"意味着理念的合拍，节奏一致了，大家才能跳好"集体舞"。所以我认为，家委会恰当的角色之一是班主任理念的理解者、支持者和传播者。

（三）"共同"，更是指家委会委员必须坚定的一个理念——"不谋私利谋发展"，而且是为了全体孩子的共同利益谋发展

我们班曾有个别家长对家委会存在一些偏见，认为加入了家委会，自己的孩子就可以受到老师的特别照顾，为此非常想加入家委会。那么我们也多次婉言谢绝了这位家长的入会请求。原因只有一个——家委会绝不是以自己孩子的利益为出发点，而是以全班大局为重。很多时候还可能要为大局自己不得不受点委屈。带着私利去干大家的事，南辕北辙，根本不可能做好。这位家长一开始不理解。后来有一次在校门口接孩子，恰好那天下午下雨了，孩子们都没有带伞。她看到我手里拿把伞就说，"你不是可以进校吗？怎么不进去给孩子送伞？"我开玩笑说，"我怕送完出来后，其他家长的唾沫星子来得比雨还大"。在这样的一句玩笑话中，她逐渐理解了家委会的立场和信念。

二　家委会工作要创建优化家委会工作队伍

（一）科学设置组织机构

在召开的新生入学家长会上，经家长们自愿报名，班级进行了家委会竞聘选举仪式，由此成立了我班首届家委会。由于班主任组织得力，在竞聘前详细说明了家委会的设立意义以及各委员的岗位职责。这使得大家在竞聘时能够根据自身特点和优势，有针对性地选岗竞聘，并且在第一时间明确了自

己的岗位职责。

那时报名竞聘的家长很多。全班有一半以上家长参与其中。虽然从结果来看，大多数家长没能如愿以偿，但这种参与是极具意义的：一是使老师能快速了解到哪些家长是对班级工作有服务热情的；二是让更多家长认识了什么是家委会，家委会是干什么的；三是最重要的一方面——使刚刚成立的家委会迅速发现哪些伙伴在你以后的工作中能给予积极配合，他们各自的优势是什么？这些所谓的家委会外围人力资源是我们工作强有力的后盾。

（二）优化家委会体制结构

1. "分工不分家""补位不缺位""到位不越位"

家委会成立之后，由于职责清晰、分工明确，工作局面很快打开。七名委员之间合作有序。相处的时间长了，更是能彼此体谅、互相帮助。基于这种团结和谐，我们家委会的工作原则逐渐转化为"分工不分家"，每项工作"补位不缺位，到位不越位"，优势互补、共促共建。每一次的具体任务中，主席只负责统一思想、提出任务目标，各位委员充分发言、集思广益，然后细化具体任务，但这个任务往往不是主席来布置，而是由各位委员自愿来领。大家的工作热情普遍比较高。我们目前的工作状态是，活儿还没来，各位委员就已经撸起袖子，彼此之间配合得非常好。

2. 民主集中、安全高效

另外值得一提的是，可能很多班级的家委会群会把班主任请进来，但我班家委会群并没有请班主任王老师加入，这并非对王老师不尊重、不信任，而是基于这样的考虑：班主任工作任务重、事务杂，更多的精力投入教学和班级管理，如果班主任需要交流思想或布置工作，可以先单独跟主席沟通，主席充分领会其思路后，再转达到家委会。反之亦然，家委会有什么议题，先内部讨论，达成一致意见后，再跟班主任沟通，最后在家长群里向大家汇报。主席在这里主要担任了一个传达者和沟通者的角色。这样做有几个好处：一是节省班主任老师和各位委员、家长的宝贵时间；二是避免了群聊天中常常出现的主题易分散、意见不统一的弊端；三是主席可以分担家委会其他委员和家长的后顾之忧。这种模式在我班运行得很顺利。家委会工作效率提升了很多。

3. 对口交流、渠道畅通

我班 7 名家委会委员还分别与班上其他家长建立了对口交流的工作模式。每位委员分别负责对接 5、6 位家长的日常沟通和答疑解惑。这种点—线—面相结合全方位的运作模式提升了家委会委员们的责任意识，同时也使家长的诉求能通过理性的、有秩序的方式来解决。

4. 加强监督、以评促建

家委会工作离不开全体家长的支持和监督，为此，我们设计和制作了"家委会工作满意度调查问卷"，从家长对家委会的认识评价、对家校合作的了解参与度及家委会在帮助孩子学习实践上所能提供的帮助等方面做了详细的调查。这份问卷的统计结果为家委会后继的改革提供了很好的参考。家长们一方面肯定了家委会各位委员的工作，另一方面还提出了不少很好的建议。这些建议对于我班三年级后活动的开展起到了积极作用。

根据调查结果，家委会经过讨论，起草了工作分析及推进方案，并在班级群公布。一方面是将家长们关心的问题给予一个反馈，希望得到大家更多的支持；另一方面也是为家委会工作机制的完善统一认识。

5. 财务公开、班费明晰

班费财务收支是家长们比较敏感的一项工作。财务透明是家长们交班费的一个底线原则。为此，我班家委会本着"财务公开、班费明晰"的原则，力争每一项支出透明公开，让家长放心。每次有项目支出时，我们都会提前在班级群做一个公告，在全体家长无异议的情况下，出纳才会把这笔钱支出去，避免因家长的不支持或不理解留下日后的争议隐患。

每学期末由家委会会计在班级群公布本学期的各项收支。这项工作得到了家长们很高的评价。上学期家长会上，我班王同学的父亲在听完财务汇报后，毅然决定个人捐款 1000 元作为班费供孩子们使用。这种义举不仅体现了家长对班级的关爱，而且说明家长们对财务工作的放心和满意。

6. 花开撷果、同耕共耘

家委会工作比较繁杂，很多时候我们做过了就做过了，做过了也就忘了。但如果真正想把它做好，我个人认为只有不断总结才能更好地提升工作质量。因为总结不仅仅是写出新闻、写出报道给大家瞧，更多的是当事人自身的一个思考和修正的过程。所以，我们在一年级初始，制作了一份家委会工作简报。每个家长人手一份。家长们看了之后，对家委会工作有了更加清晰的量的概念和质的肯定，同时也为班级留下了一份美好的回忆。

后来在班主任的倡议下，我们在网络上开辟了班级博客，及时生动地把班级的点点滴滴记录下来。因为博客记录的内容比较丰富，孩子、老师、家长、学校，可能每个人的足迹都会在此有所体现。撰写博文并不是一件轻松的事情。因此我们班成立了一个"博客家长携手团"，由王老师和9名家长以及这9名家长的孩子共同担任携手团团员。大家轮流记述班级博文。轮到哪位家长写时，家长可以优先请自己的孩子拟文，这对孩子的写作也是一个很好的锻炼。

三 家委会工作要畅通信息渠道，做好双向沟通

1. 让家长更真实生动地了解学校

我们常说家委会是纽带、桥梁。如何去发挥好这个桥梁纽带作用？我个人认为可以从很多细节入手。比如对绝大多数家长来说，尽管微信、短信、QQ每天都在家长和老师之间传递信息、互通有无，但家长们还是迫切地想知道孩子在学校的真实表现。所以我个人有一个习惯，每次来学校办事时，可能有意无意会留意一下学校、班级的新变化，随手拍下来发给家长们分享，让家长对学校有更真实的了解和感受。

2. 让家长更全面详细地知情学校

学校定期组织各班家委会主席召开工作会议。我班家委会主席在听取学校工作会议精神后，会将会议中所涉及的学校发展规划、教学安排、重要决策等一些重大问题详细记录，然后传达到家委会和班级群，争取让每位家长能更加全面详细地了解学校情况。

3. 让老师更充分地了解家长

家长会召开前，我班家委会往往通过对口交流的方式，私下单独联系每

一位家长，询问他们在家长会上希望听到老师讲解哪方面的内容，为家长会的召开做好话题准备。以便老师就大家关心的热点问题有针对性地进行讲解。一方面使家长发声，促进彼此沟通交流，另一方面也提高了会议效率。

4. 让家长更信任家委会

尽管大多数家长对家委会持理解和支持的态度，但每个班总会有个别家长在这个问题上有异议。比如，我班某同学家长在第一次交班费时态度比较冷漠，与他对口交流的家委会成员说了好几次也收不上来。最后没办法，我只好硬着头皮亲自去收。当时收钱的场面很尴尬，那位家长可能是看在我站在雨里苦口婆心说了近一个小时的份儿上，最后从裤兜里摸出 100 元直接丢给我，转身就走了。当时我拿着这张钞票看着他的背影远去，那一刻第一次觉得家委会主席确实不好当。

不过后来得知他家里经济条件比较困难时，我逐渐能理解他了。于是就给他写了一封信，肯定了他最终能交班费的做法，表达了对他孩子的希望，而且表示今后家里有困难，家委会一定帮助他渡过难关。虽然直到现在我也没收到他对这封信的回复，但从他不久之后自觉加入班级群，并能在需要帮助的时候主动来找我这些现象可以看出他在逐渐转变。

家长们信任家委会，家委会的工作才能良性循环。

四 家委会努力培养科学家教理念，让家长和孩子共同进步

我常常跟家长们提到的一句话是"我们期待孩子能优秀，但我们扪心自问，我们是优秀家长吗？"我们期望孩子好好学习，自己却一边给孩子听写一边玩手机。

因此，加强家长的思想引导，培养科学的家教理念是家长必须去完成的一项家庭作业。在这项工作上，我班家委会常常会考虑如何加强家长们这方面的教育意识。在工作中也努力做出了一些小小的尝试，比如以下几项活动。

1. "爸爸妈妈听我说"真心话采访活动

很多父母教育理念有偏差或者意识不到自身的教育误区，导致孩子受到

影响。为此，我班家委会在孩子一年级时特别录制了一期"爸爸妈妈听我说"的节目，在征得家长同意的情况下，家委会成员分组采访每一位孩子对于爸爸妈妈的看法和建议。当父母们在家长会上听到自己孩子平时在自己面前不敢说的真心话时，内心特别激动，有的家长当场落泪，悔过、感动、内疚……节目引起了大家的共鸣。

2."家长微课堂"活动

对于家长而言，悔过、内疚是远远不够的，提升自己的家教技术和艺术才是正道。帮助家长掌握科学的家教方法是家委会一项不可或缺的职责。因此我班借助微信的便捷性特点，陆续举办"家长微课堂"。目前已经成功举办三期，分别围绕孩子作业拖沓、校园欺凌、独立性差、叛逆不从、如何作文等家长关心的热点问题进行了讲解和交流。这项活动受到家长的普遍欢迎，也是我班家委会诸多工作中点赞率比较高的一项活动，同时在社会上也产生了一些影响。"光明网""九江教育网"等媒体都对此陆续进行了报道。当然，其中功劳最大的是我们双峰的诸位老师，感谢他们对家长微课堂的倾力支持和帮助！

3.积极参与学校家长课堂

除了网络课堂，我们同时倡导家长积极参与学校举办的家长课堂。家长们在课堂上学到了更多关于亲子教育的方法和技术。

4."家长朋辈课堂"活动

家委会积极利用"本土资源"，邀请班里有专业特长的家长进校为其他家长举办交流讲座。如我班何同学妈妈是一位优秀的中医按摩师。我们请她来为家长们讲解中医保健知识，现场演示相关技能。讲座不仅面向我班家长，还有兄弟班级的其他家长，力争资源共享。

五 班级家委会之间加强学习交流，共促业务能力提升

虽然每个班级的家委会工作各有各的特点，但绝不是各出各的牌，单打独斗。因为我们同在一个学校，我们的视野不能只照顾本班家长的利益和感受，同时还需要与其他兄弟班级多多沟通。就如运动会开幕式入场，虽然每

个方阵各有自己的特色，但是整体上要保持整齐协调的步伐。因此彼此之间多沟通、多交流、多学习是非常有必要的。这样不仅有利于各自班级家委会团队的建设，而且可以有效避免各班家长在有些问题上因比较而产生不平衡心理。

1. 团队互助、携手共建

家委会的几位主席相处得非常融洽。几个班级之间互动和交流的氛围比较好。我们之间有一个约定，由各位主席轮流牵头组织亲子交流活动。在轻松愉快的氛围中畅谈工作，取长补短，彼此帮助，相互支持。

2. 学习理论、提升品质

家委会工作虽然是一项实践性很强的任务，但绝不仅仅是跑跑腿、办办事。理论的指导和引领才能使这项工作如虎添翼。因此，我们需要多学习关于家校协同教育的新理念和新技术。手边常备一些关于家校共育的书籍是非常必要的。值得一提的是，在《在路上：江西省家校合作试点学校工作案例选编》这本书中，我有幸看到我们双峰小学家校合作的优秀案例。作为双峰家校工作的一名成员，我感觉到满满的幸福，同时也期待学校能把我们这些家委会主席组织起来进行一些专业的理论技术培训。我想我们会做得更好，走得更远。

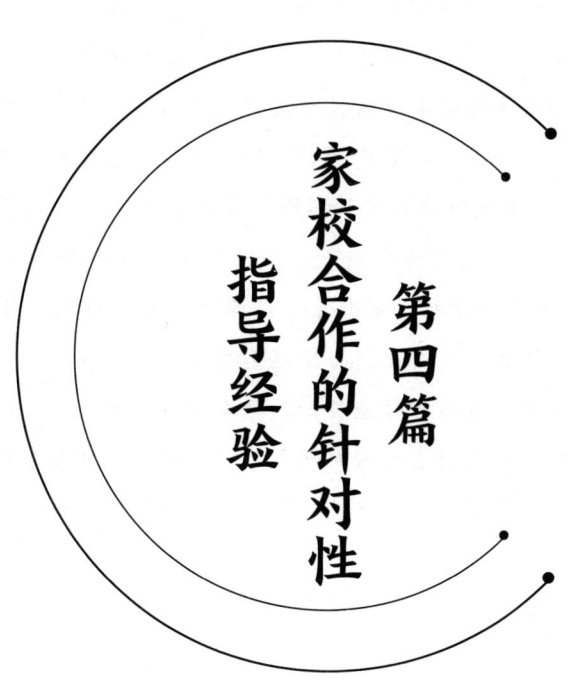

第四篇

家校合作的针对性指导经验

为了解决留守儿童关爱教育问题，各学校积极开展同留守儿童家庭的家校合作，特别是江西，作为中部省份，又是革命老区，社会经济对教育的支持力度相对较弱，教育城乡均衡、教师队伍建设、家长素养、留守、流动儿童等需要解决的重点、难点问题，在全国具有一定代表性。

　　本篇中，弋阳县圭峰中学创新性开展"跨省家长会"，弥补农村家庭教育的缺失，帮助外出打工家长解决后顾之忧，取得显著效果，相关经验被江西教育电视台、《中国教育报》《新华网》《江西教育》等先后报道。赣州市安远县镇岗中心小学走进网瘾孩子家庭，与家长共同制定并实施《家校协作计划》，让孩子走出网络，回归生活。赣州市龙南县龙南镇第一小学注重孩子品德教育，进行个案研究，与家庭携手同行，优势互补，成为德育工作的推进者和合作者，给孩子营造良好的教育空间。

　　通过家校合作突破当前农村教育瓶颈。关注特殊群体需求针对性地开展工作，让家长都参与多层次、多主体的家校合作，共同促进孩子健康成长。

为留守孩子搭建"连心桥"
——跨省家长会之实践探究[*]

江西省弋阳县区域推进家校合作是以孩子健康成长为根本,家长和学校都以此为合作的基点,也以此为出发点和行动目标。因此,从 2013 年开始,弋阳县首先从学校自身的改变开始,走出校门,走进学生家庭,向家长释放诚意,伸出家校合作的橄榄枝。一些学校通过不断创新工作方法,只为让每一个孩子更好,把家长会开到外省去,让在外地务工的家长感受到温暖,为留守孩子搭建"连心桥"。

一 "跨省家长会"缘何而来

江西省弋阳县圭峰中学是由弋阳县两所农村中学与原"箭竹中学"合并而成立的初级中学,当年有学生 932 名,其中有留守儿童 604 名,占64.8%。外出打工的父母对这些留在家乡的子女无法履行监护的职责,80%的留守儿童是由祖父母隔代监护和亲友临时监护。年事已高、文化素质较低的祖辈监护人基本没有能力辅导和监督孩子学习。相当一部分留守儿童对学习和生活缺乏热情,进取心、自觉性不强,有厌学倾向,部分留守儿童甚至

---

[*] 作者:张胜祥,江西省弋阳县圭峰镇初级中学。

产生"读书无用"的思想。由于缺少亲情关怀和应有的家庭教育，留守儿童在思想、行为和心理的成长过程中比较容易偏离正常轨道。父母远在千里之外，学校与家长沟通难。学生如果犯错误，只能通过电话联系，对学校来说"远水难解近渴"，而对学生来说"将在外，君命有所不受"，教育很难取得好的成效。

面对这种困境，圭峰中学根据原教体局局长方华提出的"以良好的校风影响家风，改变民风"思想，认为教育需要家校合力，教育需要我们教育人的担当精神，教育需要我们主动积极地作为。基于这样的思考，学校决定到孩子家长务工地去召开家长会。这项工作说起来容易，做起来却很难。它需要进行大量的调研，需要找到家长的集合地。

学校通过大量的问卷调查，了解到家长们主要集中在义乌和浦江两地打工，所以学校就把开"跨省家长会"的地点选在了这两个地方。

二 怎样召开"跨省家长会"

召开"跨省家长会"前，学校德育室和班主任要做大量的准备工作。

首先各班主任要摸清留守学生父母在外省某一个或两个地方打工的聚集地点，然后找一个开会的场地；学校德育室找一个"摄像师"，平时搜集留守学生在学校的生活、学习、活动等照片、视频，进行跨省家长会的资料积累。

每年下半年期中考试后一个星期，做好去开家长会的准备工作：让父母在义乌或浦江打工的孩子们给家长们写一封信并准备一个礼物；请各班班主任将留守儿童在校的生活、学习情况及他们对父母的祝福话语拍成视频，以便在"跨省家长会"上播放给家长们看；再请班主任们将留守儿童在校的学习成绩与各方面表现情况梳理准备好，以便在"跨省家长会"现场向各位家长进行汇报与交流；最后请部分优秀班主任就如何当好家长、如何开展有效的家庭教育等问题做好发言准备。

其次是学校包车去家长会场地悬挂横幅；派人在门口迎接家长，引导家长们有序地进入会场就座；布置会场、调试音响广播设备、拍照与摄像，活动结束后与家长合影。

为了让学生们看看他们父母在外务工情况，学校校长带部分班主任赴部分家长的务工地拍摄了家长们的工作情况，回来带给孩子看。

三 跨省家长会的意义

（一）跨省家长会，拓宽了家校合作的新渠道

2013 年，弋阳县圭峰中学原有 632 名留守学生，其中有 315 名留守学生家长在义乌和浦江务工。为了更好地进行家校合作，圭峰中学把家校教育研讨会的分会场设在这两地。

当家长们看到家乡的老师时，感到格外的亲切，感激之情溢于言表。

家长们也与班主任进行了面对面亲切交流，表示要更好地配合学校开展各项教育教学工作。同时，学校还深入家长务工地，拍摄了家长辛勤工作场面，利用这些资料对学生进行感恩教育，让他们感受父母的辛苦，从而勤奋读书，用优异的成绩来报答父母。外地家校研讨会拉近了学校与家庭的距离，增强了家长与学校的沟通、理解，真正使家长成为学校工作支持者、配合者，取得了很好的效果。

案例

七（5）班学生胡××，男，14 岁，父母在义乌打工，爷爷奶奶很宠爱他，养成好吃懒做、玩游戏、厌学等不良习气。特别是玩电脑游戏上瘾，每周上学都要找出各种理由请假。老师不批假，该生就叫来爷爷接他回去。该生六年级学习成绩属上游，到七年级上学期时成绩急剧下滑，已经很厌学了，多次向老师说明下学期绝不读书。班主任做了大量、耐心的说服教育工作，不起作用。但是看到我们到义乌开家长会时拍摄的家长辛勤工作场面后，该生发生很大变化。他不再叛逆，父母不在家，他也不会去上网。在学校把学习放在心，把纪律放在眼，他表示以后要用优秀成绩报答父母和老师。

　　浦江、义乌家校研讨会后，家长们已经意识到家庭教育在孩子成长过程中的作用，有四十多位家长为了孩子的健康成长，从外地回到弋阳县本地务工。以前每月难得打电话回来的，现在周末都打电话回来嘘寒问暖，询问孩子的在校表现和学习情况。现在学生和父母的通话内容也不只是向父母要钱了，会关心父母：让父母不要太累，要注意工作时的安全等等。家长反映说孩子更懂事了，孩子也认为父母更加理解自己了，与父母的关系也更加和谐了。

　　（二）跨省家长会，搭建了家长、老师、学生沟通的连心桥

　　每次跨省家长会可以说都取得了良好的效果，家长们非常感谢班主任们的良苦用心与不辞辛劳，也充分地认识到家庭教育对孩子成长的重要，还了解到孩子们对父爱、母爱的渴望。

　　鉴于此，为了更好地开跨省家长会，圭峰中学对第三次"跨省家长会"进行了创新。学校不但邀请了弋阳省"家校合作委员会"的观察团，还邀请了圭峰镇领导及圭峰中学"家长委员会"会长、家长代表、学生代表一同前往。这样做是希望让"跨省家长会"效益最大化；希望"家校合作委员会"的核心团队成员给"跨省家长会"提出一些好的建议和意见；希望"家校合作委员会"的核心团队成员将圭峰中学好的做法在全县进行宣传与推广；希望让圭峰镇的知名人士和爱心人士了解圭峰中学的教育，从而达到支持和帮助教育工作的目的。

　　连续几年召开跨省家长会，唤醒了家长们的责任意识，把他们的关注点吸引到孩子身上来了。能回来的家长都尽量回来带孩子，学校也为他们提供了食堂和小店的服务岗位。据粗略统计，2013 年有 14 位、2014 年有 35 位、2015 年有 41 位、2016 年有 50 位、2017 年有 55 位、2018 年有 72 位家长回家带孩子读书，有的爸爸妈妈一方回家，有的是直接回家创业，其中有几位家长在学校食堂上班或者做水电工，不能回来的家长与孩子通话的次数明显增多了。

　　班主任们通过"跨省家长会"，看到了家长们的不易，也感受到了家长的无奈。班主任们更加认真、用心去爱学生了，对待不听话的留守儿童更加

耐心了。

学校用心交流与真诚沟通，温暖了弋阳乡村数百个家庭。"跨省家长会"创新了家校合作的形式，改变了弋阳教育的生态，给相隔千里的家、校架起了一座美丽的"连心桥"。

（三）跨省家长会，家长孩子不再是"陌生的亲人"

留守孩子中有一些认为父母不喜欢自己，为了赚钱不管自己，觉得自己没人疼没人爱；外出务工的父母觉得孩子不懂事、不听话，对自己不亲。孩子与父母成了"陌生的亲人"。于是，学校提前为每个学生录一段学习生活视频，建议学生向父母问声好，然后由老师们到义乌、浦江会场播放给家长看；又把家长工作及生活情况拍一段视频带回来给孩子们看。血毕竟浓于水，即便天各一方，沟通也能让他们心相连："爸爸妈妈，我想你们，你们什么时候回来，爸爸妈妈，你们注意身体""儿子、女儿，要吃饱饭，没钱和爸爸妈妈说，过节就回来，听老师爷爷奶奶的话……"父子、母女之间的埋怨、委屈都化为理解和心酸。

有些家长说：最怕看到家长看视频的神态，为了看到自己孩子在视频中十几秒甚至几秒的影像，家长们两个小时不眨眼，生怕漏了，看完无一不泪流满面，有些人会失声痛哭。

开了家长会回到学校后，老师把爸爸妈妈务工的照片和视频放给孩子们看。孩子们全神贯注地观看视频，看到父母工作状态、生活环境以及父母声声的关怀与关心，有的孩子含泪，有的孩子深受感动，有的孩子决心要好好学习……

跨省家长会为家校之间、父母与子女之间架起沟通、了解的桥梁。家长不再以忙、远、生计为由漠视孩子的教育。家长们说："学校、老师都能这样为了我们的孩子，我们还有什么不能做到。"

通过跨省家长会，家长对孩子的理解和认识、孩子对家长的认可和感情同以前比完全不同了，他们会站在双方立场去想问题。

跨省家长会，让学校获得了家长的信任、合作和对家庭教育的理解，让家长回归教育的"主位"，担任孩子教育的"主角"。面对孩子教育问题，家长不再埋怨学校老师、埋怨在家里帮他们看护孩子的亲戚朋友，责怪孩子不懂事、让人操心、社会环境不利孩子成长等，而是想办法与孩子交流，尽量缩短与孩子不见面的时间，了解孩子所需所想，不再只是给"钱"了事。可喜的是，有些家长选择了回老家就业。

弋阳教育人的实践和努力，从孩子出发，以问题为导向，关注社会热点，聚焦教育痛点，以教育者的责任与担当，建立了家校之间协商、讨论、交流、互助的合作机制，搭建了家校互动的平台，最终努力实现了"以良好的校风影响家风、改变民风"的教育愿景。

（四）跨省家长会，多一份爱送给留守儿童

据学校介绍，2016 年 66% 的学生是留守儿童，他们的父母主要集中在浙江义乌和浦江务工。据统计，在义乌务工的约有 400 人。到会的家长有时比统计的还要多，因为一些家长是两夫妇都来了；还有一些是离义乌近的杭州、永康、东阳、诸暨的家长也赶来开家长会，还有 2 位家长带病来参加会议，家长的这些举动的确也让我们感动。

为了能够与学生家长面对面沟通，学校把家长会开到了务工地，并为家长带上孩子们精心制作的小礼物和写的书信。

家长外出务工挣钱的同时，应将更多的关注倾注到孩子身上，近两年已有部分家长回乡创业，但对于工作能力较弱的，学校也相应地做了帮扶。

对于父母常年在外的学生，学校教师常常走村串户与他们的监护人沟通，特别是建档立卡户的学生，教师进行"一对一"的结对帮扶。除了学习和生活方面的帮助，学校还在心理上对留守儿童给予关怀，设立了心理咨询室，并开发了心理咨询校本课程。

值得一提的是，近两年，弋阳县的农村学校出现了回流现象。针对城镇化带来的城市挤、乡村空的教育难题，要在合理有序流动的基础上，家、校、社齐发力，以良好的校风影响家风，改变民风，用小教育撬动大社会。

（五）跨省家长会，让教师和留守孩子的心贴得更近了

通过跨省家长会，班主任教师对学生及家长的情况了解更多了，交流沟通的话题也开阔了，这样老师更好地帮扶留守学生。开了跨省家长会后，教

师会自动地找学生谈心，辅导学生的作业或者给予一些生活上的帮助，留守学生有什么困难，教师会积极地照看，因为他们亲眼看见了家长的艰辛不易，亲耳聆听了家长的重托，已经感受到老师的责任重大，特别是对留守的建档立卡户学生，他们更要多费心。

2013~2019年，圭峰中学跨省家长会已经连续召开六次，江西教育电视台、弋阳教育电视台和《中国教育报》《新华网》《江西教育》等媒体先后报道过。经过路光生、李庆红和宣功义（现任）三届校长的接续努力，学校把此项工作作为一项重点项目来经营，每年的秋季开学初就进行筹备，到12月中旬去浙江省义乌召开家长会是一种常态，每年的会议议程、活动项目都有所创新，这样做都是为了学生，不能让家长与学校教师、孩子失去心灵的沟通，而是为留守儿童搭建一座永远相通、相依、相恋、相爱的"连心桥"——跨省家长会。

有一种温度叫家访[*]

母爱是圣洁的，得到母爱是幸福的；师爱是高尚的，得到师爱是幸运的。老师要对学生奉献真情，播撒师爱。

一 个案情况

姓名：熊×× 年龄：16岁 性别：女 班级：九年级（2）班

基本情况：该学生家庭经济状况一般，在七年级刚入学时，其父母亲外出务工，该生随奶奶留守在家中，其奶奶在家要带3个孩子，刚进入七年级时，就认我为代理家长。我经过长久细心地观察和分析，发现了在这个孩子身上集中出现的问题。

当该生身体有一点不适时，就让奶奶请假，不来学校上学，经过多次的家访和与该生谈心，我发现熊××的问题所在。

---

[*] 作者：徐啸伶，上饶市弋阳县连胜学校。

首先，该生在学习、生活上对家长有依赖心理，如迟到了一定要奶奶把她送进教室。

其次，成绩不理想，有自卑的心理。该生与同学、老师交往时，往往显得有点不自信，在各种班级活动中常常忧心忡忡心。生怕拿不到名次，自信心不足导致怯场。

再次，有孤僻的心理倾向，与其他同学的关系不是很融洽。该生平时沉默寡言，独来独往，偶尔也流露出想和同学们交往的意愿，但显得不知所措。

二　寻找问题成因

我通过观察、家访、交谈、和她父母电话交流等多种方式接近熊××，我发现熊××身上的这些问题主要来源于以下三方面。

（1）隔代监护出现的溺爱过度，奶奶对熊××十分溺爱，大事、小事都迁就她，不忍对其进行严格的监督和教育，就连日常生活小事都不舍得让她做，甚至连学习上整理书包、生活上洗一块手帕等本该孩子做的事都包办代替。

（2）父母不正确的教育和疼爱方式。由于熊××父母常年在外地务工，在她的生活中缺少父爱和母爱，在外的父母心里觉得内疚，因此对孩子处处补偿、事事迁就，生怕亏待了孩子，特别是在物质上，他们对孩子是有求必应，平时通过快递公司寄一些吃的、穿的、用的等，但和孩子在思想上的沟通比较少。

（3）自卑使她的性格发生了变化。据她父母说，小时候的她性格开朗而又活泼，自父母外出后，她的心里一直有阴影，平时很少和老师、同学交流，内心深处的自卑感使她害怕竞争、害怕失败，宁可逃避一切竞争，将自己包裹起来，并远离集体。

通过以上分析，我们不难发现熊××身上的问题主要源于监护人的溺爱、父母的教育缺失，于是我决定对其进行教育和引导。

三　教育和引导措施

从监护人和家长入手，使他们形成正确的教育观。我利用学校制作的

"家校联系反思卡"与监护人多次交谈，并用电话与熊同学的父母沟通，让他们意识到孩子身上存在的问题及问题的严重性，使他们明白：钱不能弥补自己对孩子的亏欠，无节制的物质满足是在害孩子，会使孩子滋生许多生活上的恶习，同时我对熊同学的家长在教育孩子方面提出了以下几点建议。

（1）正确对待孩子的错误，该批评时要批评，要让孩子习惯接受批评，习惯认识错误，并使孩子形成有错就改的良好习惯。

（2）教给孩子正确对待困难的态度，当孩子面对困难时应该教会他如何解决，而不是替孩子去解决困难。

（3）还给孩子一片自由的天地，不要让孩子远离集体，要让她到同学中去，和他们一起融入集体。

（4）父母的教育、关心要得法，要尽可能多地回家来看望孩子或者经常打电话给孩子，多关心孩子的学习、生活，特别是心里所想，并对孩子取得的每一个微小进步及时肯定，这样能让孩子感到父母在千里之外的关心和呵护。

四 形成认识

通过这一案例分析，我更加坚信：只有学校、家庭两者紧密联系形成合力对学生进行教育，才能取得较好的教育效果。而班主任又是促进学校、家庭教育合作的桥梁，学校教育需要家长们的参与，配合老师共同为孩子创造最佳的学习大环境。因此，做好家校合作工作，能够更有效地培养学生学习的兴趣与能力，促进孩子及老师、家长共同成长。初中学生大多时间置身于学校、家庭环境中，如果置家庭因素于不顾，单靠做好校内工作，要取得良好教育成效的想法是不切实际的。家长是家庭这一课堂的教师，是班主任的可靠同盟，他们对学生的影响是任何人无法替代的。因此，班主任要做好教育工作，做好家校联系工作是前提。

1. 加强联系，明确家校合作的意义

随着课程改革的深入发展，传统意义上教育观念已不符合时代发展的需要，有些家庭教育观念更新的滞后与学校教育的与时俱进形成反差；有的家长的家庭教育能力不适应社会发展的要求；有的家长接受新事物的热情低于学生等。但作为家长，一定有一个共同的心理：望子成龙，望女成凤。因此，我与家长们沟通约定，我们多多联系，沟通交流，为共同教育好孩子而努力。于是我走进学生家庭向家长传达孩子在校表现及学校的要求；向家长传达弋阳良好的教育生态环境：或对教育教学中出现的个案与家长共同研讨处理……这样，无形中和家长在教育的方向上达成共识，使作为参与者的教师与家长教育观念、行为指导和结果达成协调统一，在此过程中以全新的视角看待教师与学生、学生与家长之间的关系；营造有利于学生和谐、全面发展的教育大环境，促进学生的发展并带动教师和家长的共同发展；改善学生的成长环境。

2. 加强沟通，深化家校合作的意识

俗话说"隔行如隔山"，为了整合家校资源，最大限度地发挥家庭教育和学校教育的作用，加强与家长的沟通联系是必不可少的。家校联系不可忽视的是家访。家访要彻底地改变理念，改变以往的告状式家访，要知道没有转变不好的孩子，只有不适合孩子的教育方法。于是即使是针对问题孩子，也要本着爱护孩子自尊的原则，家长和老师要从家庭教育和学校教育的角度分别查找教育的弊端，为了孩子的发展和家长共同寻求恰当的教育方式。家校联系的形式不拘泥于学生的家校记录本，也采用打电话和发短信的方式。当然，家校联系沟通的方法还有很多，作为班主任，我们一定要加强沟通，深化家校合作的意识。

3. 加强互动，提升家校合作的效益

重视家长会的召开。期中考试后我们召开一次家长会。我对家长会的开展注重实效，不走过场。开家长会时，我会让学生们精心准备，桌子上放着自己的作业。家长来了，翻翻孩子的作业，会对孩子多了一份了解。开家长会了，我谈谈班级情况、总体学习情况和人格教育情况，对家长进行系统的、有针对性的教育指导；接着我会请一些家长谈谈他们的育儿经；我会让家长与家长、家长与任课老师，甚至家长与学生代表互动交流。这样让教育观念比较先进的家长起到以点带面的作用。比如，让老师与家长沟通学习方法、教育方法指导，让家长知道我们的孩子喜欢怎样的家长，更愿意接受怎样的家庭教育，全面带动家校教育的和谐发展。家长会上不仅向家长宣传与时俱进的、具有时代要求的教育观念，更要共同探究教育中的不和谐问题；不仅要老师和家长互动，还要家长与家长之间互动。最终要让家长通过这些活动，提高家庭教育责任意识，明确八年级学习的重要性，从而为中考打下坚实的基础。

朱永新老师写过这样一首诗："教育是一首诗／诗的名字叫热爱／在每个孩子的瞳孔里／有一颗母亲的心／教育是一首诗／诗的名字叫未来／在传承文明的长河里／一条破浪的船。"孩子是每个家庭的希望，是祖国的未来。只有加强家校联系，大家心往一处想、劲往一处使，才能形成最大的教育合力。实践也证明：只有家校形成合力，教育效果才可能是加法，才能取得最好的教育效果。让班主任作为沟通学校与家庭的桥梁，实现家校联系，相互配合，促进我们的孩子健康成长！

远离电子游戏 提高学习效率 *

一 背景描述

赣州市安远县镇岗中心小学处于乡镇街道上，大多数家长是农民或者外出务工人员，他们没有放假时间，孩子放假时就处于失管状态。家长离开家时口头交代孩子说"你在家好好写作业，不能玩游戏或者看电视"，这也是大部分农村家庭的现象，孩子也是口头答应他们的家长"好"，但是这个"好"的背后却是整天都在玩游戏。

二 合作过程

我们五二班有一个刘同学，在刚开学的时候，他是一个不太起眼的学

---

* 作者：钟祥招，赣州市安远县镇岗中心小学。

生，坐在教室后排角落里，课上从不调皮，很少说话，似乎对什么都没有兴趣，和班里的大多数同学不怎么交往，完成作业的情况比较差，书写潦草，而且老师不盯他根本不交作业。一开始，我心里对这个小伙子没什么好的印象，因为他太沉默、太冷淡。各科老师普遍反映刘同学课堂上听讲效率太低，整天没精神，对学习表现出厌烦情绪，作业质量极不理想，老师们十分头疼，每门课程都低于50分。在这种情况下，我几次找到刘同学进行谈话，但都收效甚微，他嘴上答应老师"好"，但是行动起来依然我行我素。我接着又找到了他低年级时的任课老师们，了解他以前的学习情况，老师们都说他是一个聪明的孩子，好的时候平均分有90分。是什么原因让他变成现在这个样子？

我无奈之下请到了刘同学的爸爸，就孩子的情况做了一次深谈。在这次谈话中，我了解到刘同学因为暑假家里买了台电脑并安装了网络，成了一个游戏迷，每天一放学回家就玩游戏，大人们在外面干农活，晚上六、七点才会回来。他放学回到家这段时间是处于失管状态。周末也是整天一个人在家玩游戏。家长没想到他玩游戏而不写作业，甚至晚上他睡觉后又起来偷偷玩游戏。

听了刘同学爸爸的话，我立刻清楚了孩子之所以会成为现在这个样子的根本原因，同时很后悔自己没及时与家长取得联系，在没弄清楚情况时，就对孩子进行批评教育，不仅没起到作用，反而使孩子对学习丧失了信心。玩游戏成瘾、体验虚拟的刺激生活，使其面对枯燥的学业时毫无兴趣。而晚上没有休息好，导致整天没有精神。十几岁的孩子身心发育尚不成熟，缺乏自控能力，在好奇心的促使下，抱着试一试、看一看的心理接触网络。但是若家长、老师没有及时制止他们这种行为，就导致上网成瘾，时间不知不觉被游戏挤占，不但没完成作业，而且没休息好，慢慢地抵触学习，成绩急速下降。

想要使孩子学习有起色、有转变，制定一套科学的家校协作计划是非常必要的。

于是，在我和家长的共同商议之下，一起制定了以下的"家校协作计划"。

（1）孩子在半个月内，所有家庭作业须在校完成，家长每天亲自来校接孩子。

（2）每天晚饭后，家长主动询问孩子在这一天的语、数、英等学科的学习情况，建议让孩子当自己的小老师，把学习的主要内容复述一遍。

（3）孩子的作业可以检查，但是不可直接告知错题。

（4）看到孩子的进步后，一定大力表扬；看到孩子的不足，一定委婉批评。

（5）家长务必把家里的电脑设置密码、WiFi更改密码，让他远离电脑、网络。

在签订这样一份《家校协作计划》之后，其实我的心里忐忑不安，唯恐伤害了这个心理本已很脆弱的孩子。但是，在一段时间的实践之后，我每天都能看到刘××的点滴进步。

三 效果初现

在实施这个计划之后，我每天都会抽出20分钟左右的时间来专门和刘同学谈心。平时充分利用微信与刘同学的家长进行交流，希望家长能密切关注孩子的变化，在取得成效后不能放松管理。在家庭教育中多运用鼓励的方法。我还勉励家长：希望你们能重视起来，这段时间放下家里的农活，多陪伴孩子，帮助他一起戒掉游戏，若你们极力配合，相信孩子一定会有变化。刘同学的家长很配合老师，每次会及时给我回复，并表示愿意转变教育方法，对孩子多一些耐心和关心。当他表现好时，会拍照片给我看。渐渐地，我发现，这个冷漠、内向、缺乏兴趣的小伙子有了一定的变化。上课时他会积极举手发言了，课间时会和同学们在一起玩了，作业比以前更干净、整洁并且按时完成……

我还发现刘同学的爸爸回复我的话语中，有了对刘同学的表扬。我知道，孩子的爸爸现在已经慢慢欣赏自己的孩子了，而刘同学的脸上也有了久违的笑容，成绩一点一点地提高，也慢慢融入了班集体。

我看在眼里，喜在心里，刘同学的爸爸也因为孩子的转变兴奋不已。转眼间，期末考试就要进行了，在临考的前几天，我去了刘同学的家，做了一次短暂的家访。在这次家访中，我发现他家的电脑键盘布满了灰尘。我看到了刘同学的书桌上除了课本练习册外就是几本课外书。为了应对考试，他主动地看书、做题，有不会的内容，及时地向家长或者打电话向同学请教……看到孩子的变化，我和刘同学的爸爸都是喜在心里，我们都认为孩子期末一定能发挥出最好状态。

果不其然，刘同学的三门主课期末成绩都在 80 分以上。在期末休业式的那天，我第一时间把他的好成绩通报给了全班。在听到这个消息之后，每个学生都瞪大了眼睛，用力地为刘同学鼓掌。看到刘同学因为喜悦和激动而涨红的脸，我的心中也感慨不已，这，就是教育的力量！

辛勤的汗水终于换来了甜蜜的收获。随着交流次数的增多，学校教育和家庭教育结合更紧密了，形成了一股强大的合力，达到了很好的教育效果。

四 合作心得

家庭教育和学校教育是相辅相成、不可分割的，家庭是造就人类个性的工厂。对于个体人格的形成和发展来说，家庭教育具有重要意义和深远影响。由此可见，当两种教育进行科学的联合后，"教育"不再是难题，"教育出优秀的孩子"也不再有困难。关键在于，我们应把"家校教育"做深、做广。作为教师，我们只有走入孩子的家庭，才能把希望的种子播撒在孩子的内心！

像刘同学这样的孩子在学校普遍存在。面对农村家庭，采用哪些有效的方式进行家校合作教育孩子，帮助学生健康成长？我个人认为首先应让家长意识到：教育不只是在学校，家庭教育同样重要。家庭是孩子学习的重要场所，家长是孩子的第一任老师。办好落地式家校合作，真正做好家校合力，从共同教育做起。要做到这一点，就要善于与家长沟通，取得家长协作。要让家长知道，不能按照父辈们的思想，认为养孩子只是解决温饱问题。对孩子学业不管、不问，没时间陪伴和监管孩子的危害性比较大。不同的家庭教育环境会使学生有不同的性格和习惯，那怎样让学生在家里也有个好的教育环境呢？

这就需要班主任多与家长沟通，育好家长。比如，通过多种渠道向家长宣传各种教育经验，与家长一起查找各自的教育问题和教育缺陷，个性化指导，共同进步。要让家长们了解自己孩子在学校里的各方面表现，也让家长告诉老师他们孩子在家的情况。当学生做了一件好事时，家长和老师共同鼓励他，表扬他；当孩子做了一件错事时，家长和学校共同教育他，劝导他。这样就可以强化孩子的习惯，形成明辨是非的能力。

家庭是养成好习惯的学校，父母是形成好习惯的老师，所以我们需要通过家校共育，来培养学生的良好习惯和健全人格，促进孩子健康成长。

参考文献

彭聃龄：《普通心理学（第4版）》，北京师范大学出版社，2012。

石宣：《不输在家庭教育上》，中国商业出版社，2009。

家校合作，沟通创造奇迹[*]

苏联著名教育家苏霍姆林斯基曾经指出：没有家庭教育的学校教育和没有学校教育的家庭教育都不可能完成培养人这一极其细致和复杂的任务。这就是说教师和父母都是无可替代的孩子的教育者。学校教育要想取得成功，必须有家庭教育的密切配合，良好的学校教育建立在良好的家庭教育基础之上。因此学校教育与家庭教育需要相辅相成，加强它们之间的沟通互动也就显得尤为重要。

在现实教育过程中，常能听到老师报怨："我们对学生苦口婆心地说教，使学生刚在思想上有点进步，但有时家长的一句话，就削弱或抵消了我们几天甚至几个月的教育。"儿童信赖与他感情亲近的人，由于家长和儿童的亲子血缘关系，有时家长的一句话就可能抵老师的十句话。家庭和学校作为教育过程中主要的教育力量，如果形成合力，就能相互支持和配合，强化教育作用；如果不能形成合力，则相互削弱和抵消，学校教育的作用就无法充分发挥。苏霍姆林斯基说："教育的效果取决于学校和家庭的教育影响的一致性，如果没有这种一致性那么学校的教学和教育过程就会像纸做的房子一样倒塌下来。"

学校教育和家庭教育的有效结合是加强未成年人思想道德教育的关键，而每个学生都来自不同的家庭，家庭的环境、家长的素质、教育方法都将对孩子思想道德形成产生重要的影响。学校有责任发挥教育资源丰富的优势，多与家长沟通，把先进的教育思想、科学的教育方法传授给家长，使学生在家中得到良好的启发和科学的指导。

一 案例描述

陈同学为外来务工子女，性格较内向，为人纯朴，但生性懒惰，害怕吃

---

* 作者：赖金娜，龙南县龙南镇第一小学。

苦，对学习无兴趣，课堂上能遵守纪律，但注意力不集中，一直昏昏沉沉、无精打采，老是趴在课桌上，不肯写作业，是班里的后进生。

二　案例剖析

1. 家长对孩子溺爱

解决这一问题的关键是要统一父亲与母亲对陈同学教育的态度，就是要让陈同学的父亲把握好爱的尺度和原则，不要溺爱。多让陈同学参加班级活动、社会实践，融入班级集体，也可适当地进行挫折教育，来提高孩子的独立能力。

2. 父母缺乏榜样力量，不能言传身教

陈同学父母要求陈同学早睡早起，以免上学迟到，上课精神不佳，然而家长自身时常晚上都不在家，并较晚回来，家长第二天也时常睡懒觉，早上手机都为关闭状态，一般到中午才能与家长取得联系。

三　案例回顾

一天中午，我像往常一样询问值日班长学生作业的情况，了解到陈同学作业已经补完，我略生疑虑，心想今天陈同学补作业怎么那么勤快，便点了陈同学的名字并要求他将作业本交给我检查，陈同学慢吞吞地从座位上离开走到讲台边，小声地说："老师，我要去上厕所。"

"你的作业本呢？先把作业本拿上来。"

陈同学没有回答，一转身气呼呼地坐回座位上，趴在桌子上。于是我又说道："陈同学，将作业本拿出来。"然而，陈同学仍然不理不睬趴在桌子上。

于是我提高了声音："老师再说一遍，把作业放到讲台上来！"

但陈同学还是头也不抬地趴在座位上不理不睬。随即，我便走下了讲台来到陈同学的身边，对他严厉地教育起来："老师跟你讲话你不听，如果对老师的教育都不理不睬，那老师只能请你监护人来学校管你了。"

"你别拿这个来威胁我！你去叫好了！"陈同学将头抬起来怒气冲冲地答道。

四 应对策略

1. 让家长意识到家庭教育的重要性

对于此次陈同学的事件，我决定请陈同学的父母来学校。陈同学的父母到了家长接待室以后，我先是感谢他们对我工作的支持和配合，表明我今天请他们过来是想和家长一起帮助陈同学改掉不好的习惯，陈同学父亲听了以后表示愿意配合老师的工作，说知道自己孩子身上确实存在很多问题。我简单叙述了一下事情经过，但同时表示并不是因为他对老师态度不好我才请家长过来，而是想要和家长好好沟通，让家长多方面了解陈同学在校的情况，同时我也能更好地开展对陈同学的教育工作。陈同学父亲听了我的叙述以后，对陈同学的行为略表生气，说陈同学在家时也经常发生类似的情况，他说道："平时让他做作业，他都以上厕所、洗澡为由，躲避我们的管教。"

母亲在一边也应声道："对的，就是这样的。"

我马上接住他的话问道："那当时你们是如何教育他的呢？"

陈同学父亲顿了顿，说道："讲了很多，但他总是敷衍我们。"我心想没有真正严格的教育，陈同学当然会钻空子。

陈同学父亲又补充道："陈同学今天这种不尊敬老师的行为，让我有点惊讶，陈同学那时转校回来就是觉得这里的班主任老师及其他老师对他好，对他更关心，我相信他（这次）是一时的冲动，请老师见谅。"

"我当然不会。"我摇摇头又说道："陈同学这个孩子心地善良，有时也知道老师对他好，还是懂得感恩的。"

我举了一个陈同学曾经让我很感动的事例，又说道："虽然我们知道孩子难免会犯错，但孩子犯了错，我们不能让他觉得每次犯错都可以用一个理由来推脱，而不去思考自己真正的问题，不能真正意识到自己的问题，如此很难让他改正一直以来的坏习惯。"

陈同学父亲频频点头表示同意，并希望老师借此对他进行严厉的教育，让他吸取教训。

看得出陈同学父亲在教育孩子上也很头疼，不知道该怎么办，我当即表示了理解，同时表示我对陈同学并不会放弃，还是很喜欢这个学生。陈同学父亲听了以后表示对老师的感谢。我觉得有必要给陈同学父亲提出一些关于家庭教育的建议。

2. 丰富家校沟通形式

采取各种不同的家校联系方式，如进行家访、电访、约见、书信、家长会、座谈会等方式。在约见陈同学的家长后，我也通过其他的方式进行追踪，继续关注陈同学的情况，常与家长电访或在记事本上以书信形式与家长交流，反馈陈同学在校情况。

3. 满足家长的合理需要，取得家长的信任

心理学原理表明，家长合作的态度取决于合作是否满足他们在教育孩子方面的需要。当学校满足了家长的合理需求时，家长合作的愿望和热情也会更强烈。因此，教师要了解家长对孩子教育的需要，尽可能地满足他们的需求，取得家长的信任，从而激发他们参与学校教育的兴趣和热情。

五　实施效果

此后，陈同学见到我总是有礼貌地主动打招呼，上课坐得端正，也有了越来越积极的态度。家长也会主动电话与我联系，了解孩子近期情况，并抽出时间亲自来校接送学生，非常令人欣慰。但陈同学作业问题仍然存在，有时也会出现反复，上课偶尔也会趴在桌上，但他确实在努力，他在改变，需要我与家长共同的帮助与督促。陈同学在成长，但在成长的过程中还是会犯错误，我认为那是成长过程中的必然，他才起步，前面的道路还很长很长。我会继续与家长关注陈同学的成长，尽我所能给予他帮助与温暖。

六　个案感悟

家长工作是学校工作中非常重要的一部分，做好家长工作不仅能使学校的各项工作顺利开展，更能使家校一致，促进学生的全面发展。作为一名教师，如何才能让家长愿意与我交流，有效交流一直是我在摸索的。在多年的努力下，我也赢得了家长对我的信任。家庭是学校的合作伙伴。应本着尊

重、平等、合作的原则，争取家长的理解、支持和主动参与，并积极支持、帮助家长提高教育能力。从这个案例中，可以看出家庭教育的重要性，只有学校的教育与家庭教育紧密结合，我们对孩子实施的教育措施才能取得更好的效果，而这同样是班级管理的一块重要内容。让我们家校同携手，建立与家长沟通的桥梁，使每次谈话都成为温暖人心的阳光，让老师、家长、学生都能相互理解彼此，共同为孩子铺就成长的道路。

总之，教师与家长联系的目的是让家长了解学校、班级近期的教育内容、孩子成长的教育氛围。同时也让教师了解孩子在校外的情况，以便正确地把握学生的个性、心理特征，共同教育好孩子。在沟通教师和家长思想的过程中，可以尽力克服家长的依赖、应付心理，做到彼此理解、相互支持，共同研究教育措施。同时，也可以增进和培养相互间的情感，把师生之爱和亲子之爱融为一体，同心协力，使学校教育和家庭教育和谐统一。

用爱呵护孩子成长——家园合作案例分析[*]

一个孩子的成长过程，离不开学校教育。学校教育没有家长的支持与合作也难于成功，因此说学校与家庭是一对不可分离的教育者。学校教育需要家长的支持，家庭教育需要学校给予科学的指导，只有学校教育与家庭教育步调一致、互相补充、形成合力，教育才能成功。

一　案例描述

在刚进园的孩子中，我常常会发现有少数幼儿时不时地把手指放在嘴里吮吸的不良现象。江江是其中最为严重的一个。江江是一个长得白净、帅气的小男孩，样子很惹人喜爱，但就是有一个坏习惯——爱吸吮手指。不管是在上课、游戏还是午睡，有时甚至吃饭时都将右手的食指放入嘴里吸吮，而且神情很专注。有时候，看见他在吃手，我提醒他，他就把手指拿出来，控

　＊　作者：罗海情，宜春市宜丰县幼儿园。

制的时间持续不了多久，又偷偷地吸吮手指了……他的那个手指头变得发白且有点弯曲了。

江江的父母每天工作都很忙，很少有时间来接送他，他大部分时间是奶奶带着。他奶奶文化水平有点低，连基本的普通话都不会说，我们和她沟通很困难，所以我们通过电访及他妈妈偶尔来接他的时候的交流了解到，江江是在断奶后就有吸吮手指的习惯，当时未能引起大人的重视，以为到他大一点时，就不会吸吮手指了，结果江江却一直没能将这个不良习惯改掉。直到现在情况越来越严重了，父母非常着急，想尽办法：轻则批评重则打骂，有时甚至在他的手指上涂上胡椒粉，用针去刺他的手指头，这些做法不但没能取得成效，而且他吮手指的行为更频繁了，性格也更孤僻了。

二 成因分析

我们通过查找资料得知：幼儿吮吸手指头在一段时间内是正常的，尤其是在婴儿期，几乎是抓住什么就往嘴巴里送，这是婴儿发展自身动作和认识外部世界的一种方法。但是幼儿满了3岁后还不断地吮吸手指，这就有问题了。学前心理学研究认为幼儿吮吸手指的原因是多方面的，如孩子想要得到的关注和爱没有得到适当满足；同伴之间的相互模仿；教育不及时，没有得到家长及时的关注和制止；父母对孩子的要求严苛，期望过高等，造成幼儿心理上的焦虑和压力；迫使幼儿退回到婴儿状态，在吮吸手指中寻求安慰，于是养成了吮吸手指的不良习惯。

小班幼儿自我控制能力差，空洞地说教和消极地训斥是不会见效的，老师要仔细留意和关心有吮手指习惯的幼儿，让他们有事可做，有玩具可玩。根据这些小班幼儿的年龄特点及本班幼儿的实际情况，我们一起商量策略。

三 个案指导：幼儿园方面

首先，让幼儿了解吸吮手指的坏处，帮他建立改掉吸吮手指习惯的信心。通过观看相应的图片和视频让幼儿明白吮吸手指头会有很多害处，如吸吮手指很容易造成寄生虫感染，会使手指变形，还会使上下牙槽咬合不良，更重要的是会受到同伴的嘲笑。同时通过讲故事的形式引导他有意识地改掉这个坏习惯。平时我们只要看到江江有一点进步就鼓励和表扬他，让他树立自信心。生活上多关心江江，课余时间抱抱他，找他聊天，增加他对老师的信赖。引导他和小朋友接触、玩耍，让他体会集体生活带来的快乐。

其次，组织丰富多彩的活动，转移孩子的注意力，加强监督，帮助他培养良好的习惯。江江吸吮手指的习惯不是一两天能改掉的，所以需要很长时间的努力。特别是孩子在无事可做的时候最容易不知不觉地吮吸手指，因此要丰富孩子的生活，转移孩子的注意力。在幼儿园，鼓励他多参加集体活动，培养他对某一方面的兴趣（如折纸、画画、看图书等）。老师适当地安排一些他能完成的任务给他做，使孩子不觉得寂寞，不会无事做而吮吸手指。要是发现他还有这样的行为，必须立刻阻止他，但不能伤害他的自尊心。

江江在睡觉时，我们把他的手放在被子上面身体的两旁，告诉他不能动，在家也这样做，时间久了他自然就忘记吮吸手指睡着了。平时我们发现他还吸手指的话，就给他贴上创可贴，告诉他手指受伤了，需要创可贴来帮助小手治病，并且提醒他要保护好小手。在这一过程中，教师和父母都是用亲切的态度去引导和鼓励孩子，如果采用粗暴的手段，效果可能会背道而驰。

四 家庭方面的指导

仅靠幼儿园的教育还不能起到很好的效果，我们还要经常和江江的父母沟通，指导他们怎样来配合幼儿园，家园互动采取孩子能接受的干预手段，一起用爱心来呵护孩子，帮助孩子改正这个不好的习惯。

当孩子在家吮吸手指不接受批评而哭闹的时候，作为孩子的家长不要怕孩子哭，孩子是哭给大人看的。首先家长一定要有一个好的心态，不要一看见孩子这样就心疼、打退堂鼓。孩子是很会看大人脸色的，孩子虽小但他们其实非常聪明，你一心软他就表现得更加可怜。这时家长应该坚决地告诉他怎样才是正确的行为，不能向孩子妥协。

及时鼓励孩子的进步，每天要高质量地陪伴孩子，陪孩子做亲子游戏，陪孩子阅读、画画、做手工、玩积木等，教给孩子一定的交往技巧。当孩子有了好伙伴玩、有事可做不无聊的时候就会忘记吮吸手指了。

在家里也要重视孩子的规则意识培养。与家长沟通了解到，由于江江家里目前只有他一个孩子，在家里做什么事情都没有规则，比较随心所欲。所以在家里父母也要给他建立规则，一旦违反了约定好的规则就要受到相应的批评，从而增强他的自制力。

经过半年多的家园配合，江江吮吸手指的现象减少了，他现在也能自信地与小伙伴一起交谈、玩游戏了。虽然吮吸手指的现象还偶尔存在，不过已经取得很大的进步，孩子的父母也因为他的变化而非常高兴。相信只要我们家园互助，继续坚持用爱的方式呵护他成长，总有一天他会完全改掉这个坏习惯的。总之，教师和家长要针对每个幼儿的年龄特点和个体差异，在教育孩子时耐心、细致，用合适的方法"就事论事"对待孩子，一定不要意气用事和情绪激动，不能采用简单粗暴的方法。让我们一起家园互助，用爱呵护每一个孩子成长，为孩子营造一片健康、快乐的蓝天！

家校合力提升教育成效 *

笔者所在的班级在八年级第一学期从外校转来一名叫邵勇（化名）的学生。刚转来时，我向他原学校班主任打听到他以前经常迟到、旷课，甚至打架，学习成绩就更不用说了，门门功课挂红灯，尽管老师多次教育，仍不见好转。只要看同学不顺眼就打同学，班里同学见了他都躲得远远的。虽然偶尔也有进步，但持续的效果很差，以至于老师对他失去了信心。

不过，通过一周的观察，我发现这个学生并非一无是处。他身体素质好，在运动方面，有他独特的优势，并且班级荣誉感很强，对待班级的事情非常认真负责。除此以外，他还特别喜爱理科，当时物理老师跟我说他上物理课非常认真。

时间过去一年多了，如今他是我班上的班长，不管什么活动都有他活跃

---

* 作者：汪长海，上饶市弋阳县邵畈学校。

的身影，学习成绩也稳定在年级第 20 名左右。下文我就结合自身实践，谈谈我对他是如何开展教育教学的。

一　首先运用有关教育理论知识分析

1. 后进生的特点：心理需求与现实状况存在许多矛盾

自尊，往往得不到别人的尊重；

好胜，往往不能取胜；

有上进心，而意志薄弱。

2. 转化后进生的途径和方法

（1）确立后进生也能成才的信念。

（2）深入了解后进生的心理特征。

（3）善于捕捉后进生身上的积极因素。

（4）创造各种条件，促进后进生的转化。

（5）要反复抓，抓一点，进步一点，巩固一点。

二　围绕他身上存在的问题进行分析

（1）"经常迟到、旷课甚至打架，学习成绩就更不用说了……"说明该生学习差，品德也有一些问题，转化不是易事，但作为班主任应看到"可恨之人必有可爱之处"，只要肯下功夫一定能转化，一定能挽救。

（2）主动与学生建立良好的师生关系，这是做好后进生转化工作极为重要的前提和条件。

（3）在信念的基础上展开全面调查，了解他坏习惯形成的原因。

（4）"不过，这个学生并不是一无是处，他身体素质好，在运动方面，有他独特的优势，并且班级荣誉感很强，对待班级的事情非常认真负责。"要全面、辩证地看待后进生，要挖掘后进生身上的积极因素。

（5）要为后进生转化创造各种条件。现在的孩子很喜欢表现。他们都愿意听到赞扬声，特别是在学校里，在班集体中。他们更愿意听到老师的赞赏，看到同学们的羡慕。但在家中，他们是父母的中心，是长辈的太阳，于是他们就毫无顾忌、为所欲为了。这确实需要家长和老师及时沟通、联系，建立强大的家校联合教育体系，使孩子保持家校的一致性。另外，善用他们的表现欲和荣誉感，巧加奖罚，使其明理。面对这样的问题，我们不能着急，不能指望一朝一夕能有所获，和孩子打交道要做好充分准备，打持久战、打战术战略配合。要善于利用孩子的心理，动之以情，晓之以理，必要时还要责之以巧（主动与学生建立良好的师生关系，争取家庭的配合与支持，树立学生的自信心，依靠、发挥班集体的力量等）。

（6）抓反复，反复抓。在低谷时应注重培养自制力；在进步时，应予以鼓励，看到不足；故态复萌时，应确立信心。

三 采取积极有效的措施

以邵勇为例，老师采取了以下措施。

（1）在思想上改变他对自己的认识。通过一系列的活动，证明他在班级中的价值，不断用他的优势去弥补他的劣势。

（2）确立他在班级中的地位，通过两周的观察，我让他担任了班上的体育委员。

（3）用他的优势学科去激发他的学习积极性，找到学习的乐趣。他曾经对我说过放弃学习英语的错误做法，后来经过我的耐心教育，虽说英语仍是他学习中的短板，但他不仅没有放弃，而且对英语有了自己的学习计划与目标。

（4）反复找他谈心，不断巩固进步的成果，引导他充分发挥自己的优点，提醒、纠正他的不足，让他变得优秀。

四 成果展示

通过努力，邵勇进步很大，取得了以下成绩。

（1）他已成为班级的核心班干（班长），在班级当中的影响力和号召力是无人能替代的，他用自己的进步与优秀赢得了全班同学的认可。

（2）学习成绩已稳定在年级的第 20 名左右，这对他来说已经是一个质的飞跃。

（3）参加了两届全县运动会，都有不错的收获，不管是个人参赛项目还是集体项目都获得了前六名的好名次。

（4）最重要的是，他现在不仅对待学习非常认真，而且对待同学非常热情，用自己的行动让全校师生对他有了全新认识与评价。

五　反思

为了孩子的健康成长，我认为与家长沟通、全方面地了解学生是班主任工作的关键。家庭教育和学校教育存在较为严重的脱节现象，特别是家庭教育和学校教育在手段和态度等方面不能很好地结合，学校与家庭之间分别进行教育，不能形成合力，达不到教育应有的效果。因此，尽快解决家庭和学校之间教育配合失调问题，改善家庭和学校合作教育环境，建立有效的家校合作机制，是学校实现教育目标、提高办学质量的重要基础。

正向理念下的中职校家庭教育指导
——以"面对面评价"为例*

中职学校迫切需要家长树立积极心理，改变对学校的认知偏见，积极关注孩子成长和学校发展，正面评价、积极行动，家校合作，温和而坚定地对孩子进行正面管教。

一　案例

太仓市中等专业学校新生班里一女生一直精神萎靡，情绪不稳定，比较消极，缺乏安全感和关爱，和同学关系不融洽，觉得大家都针对她，感觉生活没意思。班主任老师建议父母带她到医院检查，结果各项指标都不好，有重度焦虑，极度抑郁，医生建议吃药，但其母不愿意接受现实，拒绝给孩子吃药，责

＊　作者：丁小红，江苏省太仓市中等专业学校。

怪其父把结果告诉老师，说对孩子上学有影响，拒绝学校休学看病的建议。

通过家访和沟通，老师分析得出结论，本案例其实是父母心理出了问题，是父母通过拼命地抓住孩子，来证明自我的存在。如果孩子成绩好，就感觉一切都好；如果成绩不好，父母就会陷入不安的状态，会出现各种担心：从担心成绩，到担心未来的就业，在社会上能否立足等，追根溯源就是父母有病，孩子吃药。

二 反思

本案例父母以自己对中专学校片面的了解，从心里排斥中专学校，虽然表面上接受了孩子读中专的现实，但实际言行中表现出对孩子的学习不再关心，特别是强势的母亲在外面从不愿意提及女儿读中专的事实，觉得没面子，虽然表面上他们很关心孩子的成长，为孩子付出也不少，但平时的言行中给了孩子无形的心理压力。从沟通中了解到，孩子从小学到初中成绩一直不错，家长也会经常主动和老师沟通，家校联系紧密，亲子关系还是不错的。中考的时候，全家人及老师都认为她可以考上高中，但结果不理想，父母和孩子自己都不愿意接受中考的失利，父母是成人，尽管表面上不得不接受现实，但平时言行中透露出不满与失望，让孩子一直感到很压抑，觉得自己辜负了父母的期望，特别是读了中专以后，父母也不再主动联系学校，不再关心孩子的成绩。父母前后态度对比让孩子有很大的心理落差，认为自己什么都不行，所以感到内疚，从而抑郁。

类似本案例的父母不合理认知并非个案，而是极为普遍，大部分家长带着遗憾、无奈地选择中专学校，许多父母坦白地讲，中专三年就是把孩子养大就行，大部分职校学生家长缺乏家庭教育主体责任意识，认为教育只是学校、老师的事情。

为促进学生健康成长，太仓市中等专业学校创新开展了"面对面评价"活动，有效地促进了家校合作，提高家长家庭教育责任意识，帮助家长了解青少年心理发展规律，增进了亲子间的情感交流。

三　实践

"面对面评价"活动是笔者所在学校学生工作和学业评价综合实施的亮点工作，充分体现职教特色。它将传统的教学评价、学生作品展示、家长会、师生恳谈会、专业辅导员活动融为一体，由学生、教师、家长一起通过"面对面"交流，对学生进行全方位的综合评价，是学校对学生全部课程学习情况和平时表现的一种综合评价，包括对学生情感、态度、价值观、兴趣、爱好的评价，注重发现和发展学生多方面的潜能。从学生的学习生活习惯、学习成绩、在校表现、劳动态度、思想动态等方面入手，通过"学生自评""教师评价"，引导"家长评价"。自评环节中学生要向老师和家长汇报成绩与进步，也要正视自身的缺点和不足，让家长全面了解学生在校的表现，再通过老师评价，引导家长积极关注学生进入学校以后的表现与进步，给予客观公正的评价。对缺点与不足，三方合力有针对性地帮助学生进行相应修正规划，凸显个性教育特点，从以下三个方面引导家长进行家庭教育意识与行动的改变。

1. 积极心理，正确认知

没有哪个父母不爱孩子，但不是所有的父母都会爱孩子。案例中父母因自己错误的偏见而形成的前后态度，让孩子觉得自己在父母心中不再受到重视，出现心理落差。孩子一方面渴望家长关注，一方面又担心自己的成绩让父母再次失望，造成的心理矛盾自己又不会调节，从而抑郁。因此父母要用积极的心态，改变认知，相信三百六十行，行行出状元，从心里坦然接受现实；要相信中专学生一样可以成人成才，不能只凭成绩判断孩子品德的好坏与能力的高低；要用积极的眼光发现孩子优秀的一面，学会接纳，懂得情绪管理，懂得沟通层次与理解层次，给孩子足够的心理营养，让孩子生命力的五朵金花（爱与被爱的能力、安全感、价值感、独立自主、与人联结）尽情绽放，茁壮成长。

2. 积极关注，正向评价

因为社会对中职学校不公正的认识偏见，家长更需要积极关注学校正面新闻、正能量的人和事，及时和孩子分享，让自己与孩子同频共振，共同成长。要学会积极关注学生内心，学会用理解、帮助的方式，让孩子觉得温暖，学会好好说话。正向评价，要把有理的话说得有情，做好孩子成长过程中的亲情陪伴，少说"不"，多说"可以"，尤其要少说孩子表现不好的细节。遇到意见不一致时，要先处理情绪再处理事情，孩子需要的是父母走进他们的世界，而不是把他们拽出来，甚至拽进自己认为好的认知里面。当孩子因为心理问题而出现行为问题时，最需要的是父母的理解与陪伴，如果被责备与惩罚他们就会放弃努力。

3. 积极行动，正面管教

改变了认知，学会了积极关注，更重要的是积极行动，密切联系学校。家长要和以前一样关心孩子的学习与成长，不要放弃为孩子编织梦想和希望；积极学习家庭教育知识，不断提升家庭教育技能，因为家庭教育是学校教育的重要组成部分，家长是学校教育天然的合作者，家庭和学校是帮助孩子起飞的双翼。为了学生的健康成长，家校要形成合力，向着同一个方向努力，帮助孩子提升弯道超车的能力，实现二次飞翔的理想。要学会正面管教，及时发现孩子的点滴进步，及时肯定、表扬，既不惩罚也不娇纵地管教孩子，用和善而坚定的教育，培养孩子的自律、责任感、合作以及自己解决问题的能力，提升受益终身的社会技能和生活技能。

经过十年的探索和实践，通过面对面评价活动的引导，越来越多的家长家庭教育主体责任意识不断加强与提升，无论在思想认知还是行动上都有了积极变化。他们积极参加学校活动，学会如何正向评价孩子，积极关注孩子成长，关注学校发展，积极参与家校合作，共同携手促进孩子健康成长。

参考文献

陈俐丽：《中职学生德育教育的一剂"良方"——浅谈"正面管教"在中职德育管理中的有效运用》，《现代职业教育》2018年第14期。

丁小红：《"面对面"评价：让评价走向个性、正向》，《江苏教育》2011年第33期。

孩子成长路上，我们不缺席 *

一 个案的基本情况

学生邵某，13 岁。性格内向，任性、固执，好冲动，常与同学起冲突。父母特别宠爱孩子，孩子要求什么都满足，对孩子期望极高。

二 问题行为的表现

邵某的行为有以下表现。

（1）邵某从读六年级第一个学期起特恋家，刚开学就经常哭，不肯在学校住，经常偷偷跑回家，有时甚至半夜三更一个人行走二十几里路偷偷回家。

（2）学习兴趣不大，不交作业现象也很严重。各科成绩经常亮红灯，每次单元测试在班级排名靠后。

（3）思考问题往往以自己的愿望为出发点，对他人是绝对化的要求。执拗、偏激，对矛盾归因时只看对方的错误，对老师的批评教育表现出抵触情绪，经常给班级管理带来困难。

（4）孤僻，不愿与同学交流，甚至不肯去食堂打饭吃。遇到问题不与他人、老师交流。现在六年级三班，学生、老师都不怎么喜欢他，班主任对他很是头痛。从以上行为中，可以判断邵某心理存在状况，品行上存在恶习，急需矫正。

三 制定方案，科学辅导

学校为邵某制定了以下方案。

（1）专门为邵某配一个心理辅导老师（胡老师）与班主任一起教育，

---

* 作者：邵稳长，上饶市弋阳县三县岭中学。

再联合家长进行转化。

（2）父母与家庭治疗（主要是消除家庭教育的负面影响）。

第一，矫正母亲的错误教育观念和行为。邵某母亲很溺爱他，以自己喜欢的方式爱护邵某，呵护过度，孩子有时候违反了校规，她就到老师那里讲个不停，为孩子开脱责任。班主任与其他老师多次与邵某母亲交流，反复强调孩子犯错误是成长过程中的正常现象，不能正视孩子的错误是不利于正常教育的；矫正邵某的错误需要一个过程，着急没有用。家长应该耐心疏导，帮助孩子逐渐克服缺点。孩子有问题后，推卸责任、埋怨、责备都只能事与愿违。班主任多次到学生家家访，与家长沟通。

第二，合理运用奖励方法。及时奖励其合理行为，使其好的行为及时得到强化。奖惩结合，奖为主，但奖励要有原则，不能超越许可的范围。例如，一次邵某考试达到了母亲的目标，母亲就给他很多的钱，又是吃又是玩，表扬到天上，这样做就没有把握好度。

第三，建立和睦的朋友式的父子关系。父亲应放下姿态，同孩子多谈心，打开孩子的心结，知道孩子心中想什么、希望什么、喜欢什么，多鼓励孩子，不能因为自己忙就不过问。

（3）认知治疗。

对于有问题的学生来说，对自身行为的正确认知是解决问题的关键。所以，老师认为认知过程中邵某对当时情境的评价、对周围人的反应，以及在特定事件中做出的自我陈述，是我们解决问题的依据。

第一，说服教育是认知治疗的第一途径。转变邵某的道德意识，主要采取与其谈心的方式。明白他出现问题的症结之后，老师仔细分析，认真琢磨。改变了原来一味地批评教育，采取了指导、说服、鼓励等积极方式，谈话地点也尽量不选择在办公室，这样邵某可以放松与老师交流。每次谈心之前，老师先确定谈话主题，设计一些问题，逐渐了解邵某的道德水平。一次，课堂上一同学递纸条给邵某，请他帮忙打某某同学出气。在这件事情上，老师列举了很多例子，让邵某认识到，不管自己多好的朋友，自己多义气，也不能用这种方式解决问题，并告诉邵某这样不理智的做法的后果。从他眼神和不断地点头中，老师看到了希望，他已经在逐步接受我的观点。

第二，问题训练是认知治疗的必由之路。心理学认为，孩子对于他人行为进行归因时，倾向于用一种带有敌意的、先入为主的印象做出解释。如一些学生，对老师的教育，总是坚决地排斥和强烈地拒绝，认为自己没有错，或者是老师的教育方式方法不对，以此来维护自己的面子，证明自己行为的正确。这是错误归因引起的。因此，必须训练学生的思维过程。这个过程包括思考：我是谁？我要做什么？我考虑问题的所有可能性？我需要评价我是如何去做的？然后通过一些具体的问题来训练，我在训练邵某时，就应用这些步骤解决实际遇到的问题。训练题目来自邵某的生活实际。如你在生活学习中，同学对你说话不礼貌或者别人不经意踩了你一下，你会怎么办？你不写作业、不交作业，同学或者老师批评你，你该怎么办？让邵某谈自己的想法，我一边肯定，一边正确疏导，仍然是从他的眼神里，我看到了他初步认识到自己的问题所在。

第三，激发动机是认知治疗的最佳方略。学生的学习动机在很大程度上受情绪追求的影响。情绪是学习动机主观因素中极为活跃的重要变量。邵某经常不完成作业，经常受到批评，缺乏成功的体验，对学习产生消极情绪，对老师的教育有明显的抵触情绪。我考虑对他的教育是否少了什么，我就以平等相待的态度及亲切和蔼的微笑、鼓励的话语对他。通过这种方式，他的行为发生了一定的改观。

四 治疗与辅导过程中的问题

1. 耐心疏导

教育的奇迹来自平时的引导，课上课下，我尽量找机会给邵某表现，让他体验成功的感觉。开始我是把课堂上最简单的问题给他回答，给他受表扬的机会，学习上有一点细微的变化及时表扬、当值日生认真表扬、积极回答问题表扬、考试成绩进步表扬等，以这些闪光点为契机，耐心正确引导。比如，有时候邵某作业没做完，借口上厕所去外面溜达一圈再回到教室，或者与同学发生冲突，我不是指责，而是积极地跟邵某交流，了解其中原因，再下结论。事情过去后，我让邵某冷静思考，把当时事情全过程再回忆一遍，自己找到犯错的缘由，强化他正确认清问题。

2. 允许反复

学生的不良行为，在矫正过程中会多次出现反复。急于求成或者遇到问题就灰心是不可取的，我们要认识到教育过程具有长期性。一次，邵某与潘某开玩笑，而后，邵某对潘某的说话不满，就动手打人，结果把潘某的脸颊抓出几道深深血痕。通过老师和家长的共同教育，他慢慢认识到自己的不对。通过教育，邵某感受到老师对自己的关心、爱护、支持与鼓励，求知的需要随之产生。这表现在邵某上课开始听讲，参与课堂问题讨论，作业积极完成。老师不断积极鼓励，使其成功感得到强化，学习兴趣和自信心逐步提高。对邵某的教育已然见成效，后来半年内邵某没有出现过一次不良行为。学科测试中邵某的成绩有了一定的进步，尤其是数学有了很大改观。在三年级第二学期的最后一节数学课上，我让孩子们谈谈自己一年来的收获、缺憾或者自己一直想对老师、同学说的心里话。让我感到惊喜的是邵某勇敢地走上讲台，对着老师和同学们深深地鞠躬，哽咽着说："老师，同学们，给你们添麻烦了，对不起！请原谅过去的我带给你们的伤害……"他的话赢得了同学和老师阵阵热烈的掌声。从他的爱出状况，从他律再到能自律，再到思想觉悟的提高，主动走上讲台谈自己的过去，需要多么大的勇气啊！在同学和老师眼里，如今的邵某已经脱胎换骨，还会主动帮助需要帮助的同学。学期结束我为了鼓励他，特地给他颁发了"行为规范小标兵"的奖状。

五 个案小结

1. 辅导方法

在辅导过程中，我始终尊重邵某，理解、信任邵某的行为，并经常和邵某真诚地交流；同时在相互信任的基础上，逐渐引导邵某对自己的行为进行独立思考；减少邵某对我的戒备心理，能够听我的话，这就为我的教育奠定了很好的基础，我在此基础上，动之以情，晓之以理，帮助邵某解开了心结；用心理暗示的方法，引导邵某不断鼓励自己、相信自己。

2. 经验与教训

建立良好的师生信任关系，这是教育成功的关键因素。给学生不断树立学习自信的"韧"劲。从实际出发，采用学生喜欢的方式与之交流，既尊重了学生，又达到了教育的效果。辅导者不能急于求成，应该允许学生有一个适应以及行为反复的过程，才能渐渐趋于稳定。教师要根据学生的心理发展规律，耐心、细致地做工作，以转化学生的不良行为。

3. 反思

家庭教育问题给孩子带来各种心理障碍与行为问题，越来越成为一个普遍现象，学校过多地承担了教育的责任，承担了许多本该属于家庭的责任，在问题学生教育上遇到前所未有的困难。学校家委会的及时引入和家庭教育系列专题讲座的开展以及对家庭教育的指导，帮助家长树立了正确的教育观念，为子女的健康成长营造了良好的家庭环境，对班上问题学生的转化起到了不可估量的作用。家长教育观念的转变影响着孩子的教育效果，像邵某这样特殊的孩子，如果不矫正母亲的错误教育观念和行为、改变邵某的性格的话，对他各个方面的发展，都不会有好处。教育和转变孩子，需要家校合力，运用正确的方法去引导他们。转化邵某的成功，让我更加清晰地认识到现代家庭教育理念的作用和诸多家庭的迫切需求。因而，针对类似邵某这样的特殊学生，更需要的是学校老师的循循善诱，要更多地关注孩子的优点和特长，要更多地关注孩子的内心世界，给予孩子多元评价，使之一步步打开心结，逐步将自己融入集体。当然，邵某的问题主要是家庭教育严重偏差引起的，更需要给予其家庭的关爱。他的进步也是其家长转变观念、与现代家庭教育理念同步的结果。作为家长，更多的是要从自己做起，在孩子身上多花时间和精力，多接受现代家庭教育理论的指导，给予孩子家庭的温暖，最终消除孩子与家人之间的隔阂，消除孩子与他人之间的隔阂，敞开心扉。

苏霍姆林斯基说过："若只有学校没有家庭，或只有家庭没有学校，都不能单独承担起塑造人的细致、复杂的任务。"加强家长对家庭教育观的学习，加强学校与学生家庭的联系，整合教育资源，这将有利于学生健康地成长，有利于提高学校办学效率，为社会培养高素质人才。

图书在版编目（CIP）数据

家校合作的国际经验与本土化实践研究．从家校合作
到教育良好生态：区县和学校经验／吴重涵，范忠茂，
张俊主编；刘莎莎，贺小茜，朱重旺副主编．-- 北京：
社会科学文献出版社，2023.12
ISBN 978-7-5228-2674-5

Ⅰ.①家…　Ⅱ.①吴…　②范…　③张…　④刘…　⑤贺
…　⑥朱…　Ⅲ.①学校教育-合作-家庭教育-研究
Ⅳ.①G459

中国国家版本馆 CIP 数据核字（2023）第 235237 号

·家校合作的国际经验与本土化实践研究·

从家校合作到教育良好生态：区县和学校经验

主　　编／吴重涵　范忠茂　张　俊
副 主 编／刘莎莎　贺小茜　朱重旺

出 版 人／冀祥德
组稿编辑／任文武
责任编辑／郭　　峰
责任印制／王京美

出　　版／社会科学文献出版社·城市和绿色发展分社（010）59367143
　　　　　　地址：北京市北三环中路甲 29 号院华龙大厦　邮编：100029
　　　　　　网址：www.ssap.com.cn
发　　行／社会科学文献出版社（010）59367028
印　　装／三河市龙林印务有限公司

规　　格／开　本：787mm×1092mm　1/16
　　　　　　印　张：27.5　字　数：418 千字
版　　次／2023 年 12 月第 1 版　2023 年 12 月第 1 次印刷
书　　号／ISBN 978-7-5228-2674-5
定　　价／368.00 元（全三册）

读者服务电话：4008918866

国家社会科学基金教育学重点课题
"家校合作的国际经验与本土化实践研究"（AHA180014）

"十四五"江西省一流学科建设经费资助出版

国家社会科学基金教育学重点课题（AHA180014）

家校合作的国际经验与本土化实践研究

系列成果之一

家校合作的
国际比较与学理研究

JIAXIAOHEZUO DE
GUOJI BIJIAO YU XUELI YANJIU

吴重涵　张　俊　著

社会科学文献出版社
SOCIAL SCIENCES ACADEMIC PRESS (CHINA)

在我担任中国教育学会家庭教育专业委员会副理事长的 10 年间，分工负责家校合作有关工作，几乎组织和参加了专委会每年举办的全国家校合作经验交流会。10 年来我的体会是，现在几乎所有的中小学、幼儿园都在做家校合作工作，这与 10 年前只有少数地区和学校参与形成了鲜明的对照。但同时，大会上介绍的家校合作经验，现在的内容与 10 年前基本没有什么变化，10 年前是开家长会、家访、家长志愿者和亲子活动，10 年后大体还是这些内容。教师、家长、学校、家庭对家校合作工作的效用提出了种种疑问。可以说，家校合作遇到了实践的瓶颈。我在跟很多校长和老师交流时，他们也深有同感。实践上的困惑需要理论研究的深化来破解。

在这样的背景下，我们出版了家校合作的国际经验与本土化实践研究系列成果，一共三本，即《家校合作的国际比较与学理研究》《从家校合作到教育良好生态：区县和学校经验》《家校合作调查：变量结构与数据报告》。这三本书是我带领的团队对家校合作 10 年研究的一个阶段性理论总结，分别呈现了家校合作的学理研究、本土经验生成、科学数据支撑三个层面的系统成果。

家校合作共育现在无疑是一个国家的教育战略问题，但在 10 年前还是一个相对边缘和冷门的教育领域。我的团队——这只"乌龟"得益于"起得早"和勤勉耕耘，从借鉴先发国家的理论和经验，到致力于建立一个本土化的操作理论体系；从学校层面家校合作实验，向上扩大到县区和省域实验，向下延伸到班级和课程实验；从每期历时三年的第一期实验和数据搜集

（2012～2014 年）、第二期实验和数据搜集（2015～2017 年），到第三期实验和系统化集成（2018～2021 年）；从江西省省域数据搜集，到部分专题扩大到全国范围的数据采集。团队专注于项目研究，一晃 10 年过去。而当年建立中国家校合作理论体系的"雄心壮志"也得以部分实现。相信这会给破解家校合作实践的瓶颈带来操作层面和深层理论的启示。

系列成果之一《家校合作的国际比较与学理研究》，其基本逻辑维度是现代性。家校合作共育在各国的称谓和专注点不尽一致，但近几十年来开始得到政策的持续关注却是有目共睹的，特别是 21 世纪以来，世界范围内家庭和学校的关系在政策层面得到越来越多的关注和重视，这绝不是偶然的事情。

首先，现代家庭的教育作用出现了快速增强的趋势。我们的研究表明，在现代经济社会背景下，在家庭与学校关系的历史演进中，在家庭自身的现代嬗变中，当代家庭和父母在儿童成长中的作用出现了全球性、历史性的强势回归。当代家校合作因此获得了崭新的时代意义。家庭和学校的相互关系及其相对作用不是恒定不变的，而是一个时间函数。当代家庭的作用，与经典意义上家庭的作用，已经不可同日而语了。家庭作用不再是传统意义上的"重要"，而是时代性的快速"增强"，是传统家庭教育作用的一种"私事化"的强势回归。这样一种态势，半个多世纪以前在一些先发国家开始显现，到 20 世纪 90 年代逐步成为一种全球性的趋势。家庭教育作用快速增强这一历史大势，是现代教育和现代家庭教育的最基本特征之一，必然深刻影响现代学校与家庭结构的改变，深刻影响现代学校和家庭的责任关系，引发政府和社会对家校合作共育的高度关注。

其次，学校的结构性缺陷在当代得到放大而凸显。近代学校系统作为一种社会制度的重大进步，也都带有一些或明或暗先天的缺陷。这些先天不足被经济社会文化的快速变迁系统放大，产生新的结构性问题，不断打破关于学校教育的种种神话。特别是 20 世纪 80 年代以来，当代学校的结构性问题暴露得更加明显，集中表现在学校作为"知识基础""地位基础""形式基础""目标实现基础""战略实施基础""价值基础"受到的结构性挑战。这些当

代学校的结构性问题，似乎都无法在现有学校制度框架内得到解决。在这样的背景下，人们把寻找解决学校结构性问题答案的目光转向了长期被忽视的家庭、社会生活资源，以及学校与家庭、社会的联系。对照现代学校以智育（系统学科知识）为主体的、给予的、集体的教育模式所带来的种种结构性问题，我们几乎是对称性地发现家庭教育是生活的、自我教育与给予相结合的、个别的模式。这预示着当代学校教育和家庭教育的互补作用和地位关系必然发生变化，预示着家校合作共育成为今后学校系统教育改革的基本走向之一。

既然现代家校合作的重要性提升是历史大势，那么如何有效开展家校合作就成为研究的核心问题。这远比我们一开始想象的复杂。我们首先从管理和治理的视角研究家校合作的计划、组织和实施等操作性实践模式问题，这个过程又是从爱普斯坦实践模型借鉴和模仿起步而逐步向班级、县区等管理层级延展的。但这不能深入到学校和家庭合作内在机制，家校合作和冲突的根本问题得不到解释和解决，所以我们又着手从社会学等视角剖析家庭和学校作用交叉重叠的具体领域，研究家校合作的社会机制。这个逻辑反过来就形成了理论研究（第二篇）、国际比较研究（第三篇）、本土实践的田野研究（第四篇）和线上学习期间的家校合作研究（第五篇）的家校合作共育知识框架。

除了第一篇绪论阐述了比较和实验、理论分层（基础理论、操作性理论和理论实践互动）的研究进路，《家校合作的国际比较与学理研究》其余四篇的各章基本是建立在独立研究的基础上，有独立发表的论文或者研究报告作为前期基础，这本书框架和主要发现与结论主要有以下几个方面。

（1）探讨了家校合作乃至家庭教育的基础理论问题，发现了家校合作的基本矛盾、动力机制，提出了家校"交叠影响域"的精确描述模型（第二篇）。研究指出，家校合作停留在操作性层面难以深入和制度化，必须对家校合作的深层理论问题进行追问。通过家校合作行动正反两方面的经验总结和家校关系的历史互动规律提炼，研究发现家校合作的内在动力和矛盾性，根植于现代社会发展中家庭教育作用的代际迅速增强和作为一种制度的不断弱化、学校教育效应出现相对降低趋势的同时作为教育制度却在不断强化，这

样一对"效用"和"制度"出现主体分离的家校悖论，这样一种矛盾性正是当代制度化家校合作的动力来源。家校合作是一个条件约束的变数，存在多种走向的可能。第二篇还研究了家校合作的一个重要领域——学校为家长赋能，以及相应的学校行动框架；将"交叠影响域理论"的"示意"模型转化为量化的精确"描述"模型，为家校合作行动提供了科学的操作性分析框架。

（2）建立了"政策、学校行动与研究支撑"的家校合作国际比较框架，对多国经验进行了进一步梳理（第三篇）。比较研究发现，学校在家庭教育、学校教育和社区教育"三教结合"中起主导作用，并且是家校合作多层组织与管理系统的基本单位；政策是学校发挥主导作用、引导家庭和家长参与的制度环境和组织动力，并往往成为大教育形成的制度性瓶颈；研究支撑提供了家校合作制度化的技术路径，家校合作是注重以研究为基础的教育实践领域。在此基础上，概括了世界范围内家校合作存在政策导向和社会参与混合型、家庭主导教师家长互动型、过渡转折型、学校家庭分离型4种类型状态，并梳理出一些对我国有启发意义的具体经验做法。

（3）建立了"3维度5层次"家校合作操作性理论，对先发国家的实践模型进行了本土化改造和创新（第二篇第四章，及第四篇的相应展开）。对家校合作的操作性理论进行了追踪研究，尤其是对爱普斯坦的操作性理论进行了消化、批判、扩展和中国化改造。研究提出了中国家校合作操作性理论的"3维度"是指行动过程模型，组织、管理和实施的层级，制度化阶段，任何家校合作活动主要都是由这三个维度特征所决定的；"5层次"是指班级、学校、县区、省域和国家，在行动的过程模型上具有相似性，学校层面的家校合作行动过程模型（爱普斯坦模型）是基本模型，同时不同的组织层面需要面对和解决家校合作行动过程中的特殊问题。本书尤其在班级家校合作微观行动模型上做了创造性拓展，发现家校合作融入学校日常教学和管理的过程和机制，传统的师—生互动，在一定的条件下，可以发展为师—生—学校—家长—家庭的良性互动结构，家庭和家长可以从环境性要素变为班级教学和管理的结构性要素，并对各方都有利。本篇对5个层次的家校行动模式都做了专题研究，概括了不同组织层次家校合作行动模型的特点，发现了不同组织

层次之间家校合作工作存在显著的联动性和依赖性。本书还对农村留守儿童家庭家校合作（第十一章）、线上学习期间的家校合作（第五篇）等做了专题研究，获得了新的理论发现，丰富了家校合作的操作性理论。

（4）将研究成果同步在省域范围做了系统的实验和应用，理论不断得到实践的滋养和检验（结尾章）。本项目的一大特点是在开展研究的同时，同步指导了江西省的省域家校合作工作。项目在采用"国际经验—本土改造—发展创新"的研究路径的同时，采用了"科研引领—行政推动—实践创新"的行动路径，在江西省家校合作政策支持、县区和学校试点指导等方面指导了江西省 10 年的家校合作工作，取得了较丰富的行动成果，涌现了一批全国先进典型，从正反两方面的经验和教训验证、修正和丰富了理论研究成果的判断和结论。

系列成果之二《从家校合作到教育良好生态：区县和学校经验》分 4 篇。从区域（省、区县）、学校、班级和个体层面，呈现家校合作的实践经验。第 1 篇在区域层面着重介绍了项目组开展实验的江西省，通过不断优化制度环境和组织协调，形成政府、学校、家庭和社会等各方面力量有组织地关心、支持教育发展的良好生态；第 2 篇在学校层面分别呈现幼儿园、小学、中学具有代表性的家校合作行动案例，他们是实验中涌现的鲜活本土化经验，这些典型案例为经验交流和推广普及打下了良好的基础；第 3 篇在班级层面呈现班主任们结合自身班级情况，创新性开展具有自身特色的家校合作行动；第 4 篇在个体层面，着重从面向个体的针对性指导，特别是留守儿童等特殊群体需求针对性地开展家校合作工作，体现了家校合作面向全体家长的理念，呈现所有家长都有机会和平台参与的、多层次、多主体的家校合作行动格局。

系列成果之三《家校合作调查：变量结构与数据报告》全书共 13 章，分为 4 个部分。其中第 1 部分呈现了家庭和家长、学生、学校和教师样本的基本情况；第 2 部分介绍了大规模线上学习前的家校合作基本情况，以家校合作的 6 种类型（当好家长、相互交流、志愿服务、在家学习、参与决策、与社区合作），分别与家庭、学生、学校和教师的基本变量做了交互分析，以探讨家庭、学生、学校和教师对家校合作的影响；第 3 部分呈现大规模线上学习期间家校合作的现状与特征，从线上学习期间家校合作的内容、行为两个层面，分别与家庭、学生、学校和教师的基本变量做了交互分析，进而探讨线上学习期间家校合作的影响因素；第 4 部分分别分析了家校合作对家长家庭教育、儿童成长、学校和教师发展的作用，进而给出了开展家校合作可以带来多方受益的科学证据。

《家校合作的国际比较与学理研究》《从家校合作到教育良好生态：区县和学校经验》《家校合作调查：变量结构与数据报告》三本书的出版是在国家社科基金教育学重点项目的资助下完成的（"家校合作的国际经验与本土化实践研究"，AHA180014），系列研究的前期工作得到了国家社科基金教育学一般项目的资助（"制度化家校合作与儿童成长的相关性研究"，BHA140091），其间还得到了中央级公益性科研院所基本科研业务费专项资金重大项目的资助（"基于抗疫背景的中小学家校共育改革研究"，GYA2020001），以及"十四五"江西省一流学科建设经费出版资助。这套书的出版过程得到社会科学文献出版社的大力支持，尤其是责任编辑郭峰对书稿严谨、专业、细致的审阅，使本书的质量得以保证和提升，在此一并表示衷心的感谢！

2023 年 11 月

目 录

第五篇　线上学习期间的家校合作研究

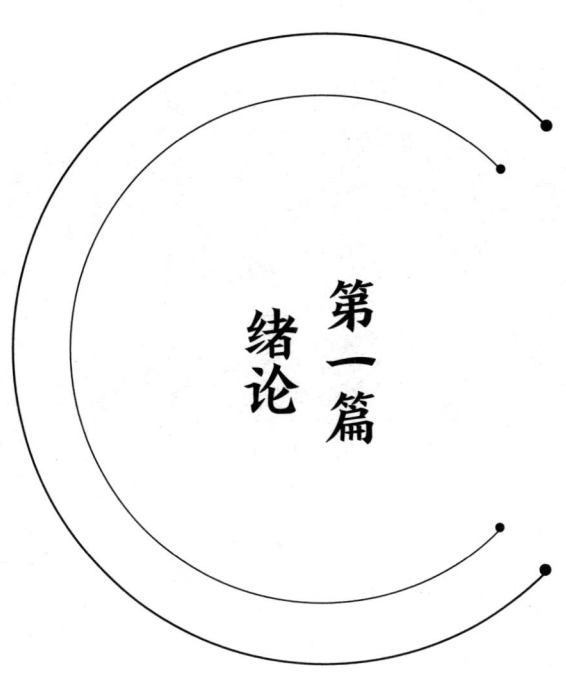

第一篇

绪论

第一章

研究背景与研究内容

家校合作是学校、家庭和社区共同承担儿童成长责任的过程，在国外也称为"学校、家庭和社区伙伴关系"（School，Family，and Community Partnerships）。儿童成长既不仅取决于学校，也不仅取决于家庭，而是取决于家庭与学校之间持续、高质量的互动与合作，区域性的家校合作更注重在宏观意义上和谐家校关系，改善教育生态环境，推动教育改革与发展，促进教育公平。同时，家校合作本质上是一种跨界行动，是家庭、学校和社区三个差异性的社会主体围绕儿童成长开展的超出传统教育立场和边界的行动。

家庭在儿童成长中重要性的强势回归，以及相应的学校系统以儿童终身成长本位的改革趋势、线上学习与现代信息技术发展等，汇合成了一股家校合作的强大历史推动力，使家校合作成为 21 世纪现代学校制度建设和教育改革发展的历史大势。

本书涉及的课题研究早于立项批准前展开，累计 10 年周期，是在国家社科基金教育学一般项目"制度化家校合作与儿童成长相关性研究"基础之上的系列延伸研究（优秀结题）。在课题时间段内新发表的以实证研究为主的研究论文 21 篇（皆发表于 CSSCI 期刊及《光明日报》《中国教育报》等报刊），其中发表于《教育研究》等 CSSCI 期刊 11 篇、《光明日报》等报刊 9 篇，《新华文摘》全文转载 4 篇、论点摘编 1 篇，中国人民大学复印报刊资料全文转载 2 篇。本书项目采用"国际经验—本土改造—发展创新"的研究路径和"科研引领—行政推动—实践创新"的行动路径，实验和理论验证累计经过了三期实验（每三年一期）的连续数据采集和田野观察，在家校合作的国际比较、中国化操作性理论建构、基础理论问题追问和研究、研究成果的实验和应用等方面取得了系列成果。这些研究成果对中小学、幼儿园的家校合作共育产生了积极的指导和促进作用。

一　研究背景

1. 国家视角：家校合作是我国高质量教育体系建设的战略支撑

党的十八大以来，习近平总书记对家庭教育、家风建设、家校合作有20 余次重要论述，多次强调要优先发展教育事业，努力让每个孩子都能享有公平而有质量的教育。近几年来，重视家庭教育，推动家校合作，已经提高到国家战略层面，得到党中央、国务院的高度重视。

· 2019 年 7 月 8 日，《中共中央　国务院关于深化教育教学改革全面提高义务教育质量的意见》以及 2021 年 3 月发布的《义务教育质量评价指南》中都强调"构建家校合作机制"的重要作用。

· 2020 年以来，国家方向性政策及领导人密集、突出地强调家校合作，并将其提升到国家重点教育战略高度，成为建设高质量教育体系、服务高质量跨越式发展的战略支撑。

· 2020 年 11 月，《中共中央关于制定国民经济和社会发展第十四个五年规划和二〇三五年远景目标的建议》在建设高质量教育体系部分，突出前置"健全学校家庭社会协同育人机制"，这在以往的教育政策文本中是不多见的。

· 2021 年 1 月，在全国教育工作会议上，教育部时任部长陈宝生强调国家教育"十四五"规划编制要点，核心是构建包括"学校家庭社会协同育人体系"在内的八大体系，并强调，有了这八大体系，"十四五"期间教育事业发展的大框架就立起来了。

· 2021 年 3 月，时任总理李克强在《政府工作报告》中指出，要发展更加公平更高质量的教育，健全学校家庭社会协同育人机制。

· 2021年7月24日，中共中央办公厅、国务院办公厅印发《关于进一步减轻义务教育阶段学生作业负担和校外培训负担的意见》（以下简称"双减"政策）。"双减"政策指出要完善家校社协同机制，创新协同方式，推进协同育人共同体建设，以切实提升学校育人水平，有效减轻义务教育阶段学生过重的作业负担和校外培训负担。

· 2022年1月1日，《中华人民共和国家庭教育促进法》正式施行，提出家庭教育、学校教育、社会教育紧密结合、协调一致，并对各级人民政府、部门、中小学校、幼儿园和社会各主体等提供家庭教育指导服务、开展家校社合作提出了具体职责要求。

· 2022年4月，《"十四五"时期教育改革和发展规划（2021—2025年）》发布，对家校合作有关内容做出了重要部署。

综观全球，无论是发达国家还是发展中国家，无论是在国家层面还是在家庭层面，家校社合作都已成为社会共同关注的话题。

在我国，家校合作成为社会热点，因为它不仅牵动无数家庭，也构成民族复兴、社会进步的基石。可以说，家校合作研究正处于新中国成立以来的"黄金时期"，也背负着以科研成果改善家校合作的政策和实践、促进教育质量提升的历史使命。

2. 家庭视角：家庭在儿童教育中的作用呈现"螺旋式"强势回归

家庭与学校的关系，从古至今经历了从家庭集教育的作用和社会成员认可（制度认可）于一体，到学校集教育的作用和筛选制度于一体（"周全"的现代学校系统），再到家庭教育作用不断增大，并与学校系统筛选制度分离的过程，家庭在儿童教育中的作用呈现回归趋势，也越来越需要与学校合作。

第二次世界大战结束以来，学校和家庭都受到了社会急剧变革的巨大影响。第一，社会中下阶层家长的教育压迫感。教育民主化成为普遍的要求。中下阶层已不甘心把人分成不同的阶层而使自己及家庭永远处于不平等的地位，不再相信注定的命运。而改变家庭命运的"绝对武器"就是在教育竞争中胜出。人民大众对教育改变命运抱有极大期望。第二，社会大众的教育压迫感。信息社会快速发展，知识更新和生活方式发生极大变化，职业流动性和岗位的工作内容快速变更，家庭财富贬值速度明显加快，这使得每个人落后的可能性都不断提升，中产阶层代际向下流动的可能性随之提升。第三，家庭教育时间约束凸显。生活节奏不断加快，精神压力空前，人们总是抱怨自己比上一辈人更忙碌，没有时间来陪伴和教育孩子，寻找"有质量的陪伴"成为紧迫课题（包括与学校和老师建立一种什么样的关系）。第四，相对教育能力下降。教科书上的知识愈加陌生，计算机、网络和手机技术恐惧症的出现，使下一代比父辈有着越来越多的知识和技术优势；虚拟世界不断侵入生活，生活方式的改变使父辈的很多经验失用（经验代际性消失）。对新知识的无知甚至知识反哺（计算机、网络、手机）造成父辈和教师权威下降并不断遭遇孩子的反抗。家庭教育越来越需要借助外力，借助与学校的合作。

总之，家庭教育的重要性提升、时间约束和身份受到挑战，家庭在儿童教育中的作用越来越凸显。在我国，习近平总书记仅 2015 年以来就提及家庭、家庭教育、家风 20 余次，强调"家庭的前途命运同国家和民族的前途命运紧密相连"，显示了国家对家庭教育作用的重视。

3. 学校视角：学校教育改革需要家长和社会的力量

学校教育改革和发展在经历了以硬件投入（财政、校舍和教学设施等教学硬件标准化等）为主的阶段之后，进入软件投入质量建设阶段。这一阶段首先是向"一堂课"要效率，引导教师注重一堂课的设计、说课、赛课，以此评判教师的业绩，本质是以课堂和 40 分钟为中心、以教师为中心的质量观；进入以学生为中心的教育改革新阶段，必然关注个体的纵向成长，突破课堂的边界、学校的边界，将学生家庭和家长纳入教育结构，将家校合作纳入教育结构。教育产出需要超越课堂，学生成长不仅限于学校围墙之内，更应建立一个组织性较强的更大的教育系统，将家庭、社会力量战略性地纳入其中[①]，建立"儿童成长本位"的现代学校教育制度。由此，许多国家从战略的高度，采取制度化措施来促进家庭与学校合作，系统优化从家

---

① 吴重涵、王梅雾、张俊：《家校合作不是少数人的游戏》，《中国教育报》2018 年 3 月 15 日。

庭到学校的育人环境，减弱社会阶层因素对儿童成长造成的影响，提高学校教学和管理水平，并通过改善家庭与学校的关系，在更宏观的层面改善学校系统的社会生态环境，促进教育公平。[1]

4. 线上学习期间的家校合作，是反思和实践改进的契机

居家线上学习本质是采用信息技术跨越时空阻隔，让学生在家庭环境中体验本该在校的成长活动。在这样的情境中存在系列时空和角色转变，本应在学校的学习活动发生在家庭中，家庭中的孩子是学校的学生，父母成为助教，教师除线上教学外还要承担指导家长的工作。本书从前期的文献研究、问卷调查、连线访谈中发现：制度化开展家校合作的学校，学生的线上学习进行得较为顺利，即便是低学历父母也能积极配合教师辅助子女的线上课程学习。而那些前期几乎没有开展家校合作的学校，工作则受到了较多影响，暴露的问题不仅包括家长的抱怨、抵制、消极参与，有些教师也在家校沟通中因经验和技巧不足而受到家长的批评，有的学校甚至连"在线课表"也无法及时送达所有家长。

作为致力于通过研究和实践推进家校合作的工作者，我们认为中国家校合作理论与实践理应与时俱进，为教育改革发展和教育形态改变提供更好的视角和应对路径。当前和未来亟须研究的问题是：在发生突发公共事件的时候教育系统如何有效地赋能学校、家庭和社区形成紧密伙伴关系？当前的家校合作有哪些需要反思的问题、值得推广的实践经验、可以沉淀的政策？如何构建既常态化又可有效应对突发公共事件的家校社育人环境？这些问题也是课题的现实背景和重要价值所在。

5. 中国现状：家校合作处于历史转型阶段

在中国，政策制定者、管理人员、教师、家长及全社会都逐步意识到了家校合作的重要作用，从《国家中长期教育改革和发展规划纲要（2010—2020 年）》到《关于进一步减轻义务教育阶段学生作业负担和校外培训负

---

[1] J. L. Epstein, S. B. Sheldon, "Necessary but Not Sufficient: The Role of Policy for Advancing Programs of School, Family, and Community Partnerships," *the Russell Sage Foundation Journal of the Social Sciences*, 2016, 2 (5): 202–219.

担的意见》，但凡有关中小学、幼儿园教育的政策性文件，几乎都有涉及家庭教育、家长参与的内容。

从实践上看，我国家校合作呈现"局部热"的情况，有一定的偶发性，类型主要集中在面向学校的、集体的行动，如家长志愿者等，而家庭和个体利益常被忽视，这在一定程度上造成了家校关系紧张。近年来，在国家教育行政部门和相关组织的推动下，"新教育"学校联盟在北京、上海、江苏、浙江、江西、山东等地开展了有益的家校合作推进工作，积累了一定经验。

江西省自 2011 年起，引进美国 NNPS（The National Net Work of Partnership Schools，全美合作伙伴学校联盟）的研究和实践框架，开展了三期本土化实验、推广和普及工作。通过专题培训、驻校指导和调研、参与政策制定、实证研究和成果推广等工作，已在科学研究、政策制定和学校实践创新等方面取得了累积性的经验和成果，初步形成了省域家校合作的制度系统，构建了规范的本土家校合作行动框架，并显著地融洽了家庭和学校的关系，促进了学生成长、学校发展和宏观教育生态环境的改善，以弋阳县、九江双峰小学、新余渝水区三小等为代表的家校合作行动模式也正在全国范围内得到关注，其实践模式正向山东、上海、江苏等地推广。

从总体上看，我国家校合作研究和实践都处于起步阶段，本土理论还未形成系统，相关研究仍停留在工作总结、政策诠释和对国外经验的介绍上，相关实践仍停留在零散活动、简单经验复制上，停留在家长教育、德育等单项功能上，尚难有效解决学校教育存在的现实问题。每个人都认为家校合作共育有用，但对其作用在哪些方面、结果如何测量、有多大作用、作用机制如何等仍不清楚，甚至也没人说得清国外的研究和实践结论是否适用于我国。

家庭在儿童成长过程中的作用增强，以及学校改革要向更大的系统要"质量"这两股趋势的汇合，使家校合作成为一个有着良好前景的教育改革领域。从一定意义上讲，谁抢占了这个制高点，谁就获得了基础教育改革和发展的先机。开展家校合作共育，构建学校、家庭与社区的合作伙伴关系，已经得到党中央、国务院、教育部的高度重视，具有战略意义。在本书课题组已有研究和实践积累的基础上，对家校合作开展国际经验和本土实践研究，具有重要的科学意义和政策咨询价值。

二 研究内容

本书的研究内容包括：围绕家校合作的中国化和现代性特征，构建从基础理论到实践操作的分层家校合作理论框架体系，回答和解决家校合作的重要实践问题。

1.家校合作经验的国际比较

系统分析世界范围内家校合作所处的不同历史阶段、不同做法和特征，并进行类型归纳；梳理家校合作的政策和行政法规，分析政策的演变和趋势走向；比较不同类型国家学校系统开展家校合作的经验做法和行动模式，家长参与的特点，提炼学校开展家校合作的一般实践模型；总结先发国家家校合作项目研究工作在家校合作政策和行动支撑上所起的作用。最后关注政策、学校行动和项目研究的联动性。

2.家校合作的操作性理论建构

在前期研究聚焦学校层面家校合作行动模型的基础上，分别向上（家校合作中宏观层面的县区、省域和国家）、向下（家校合作微观层面的班级和学校）延伸，研究班级、学校、县区、省域、国家5个层次的家校合作行动特点、制度化特征和行动模型，同时关注家校合作中不同类型家庭和家长（例如留守儿童家庭）、地域和学校（东西部地区、农村与城市，不同办学质量和层次的学校）、时代变迁（在家线上教学家校互动）的特点，形成家校合作行动的系统操作性理论。

3.家校合作的基础性理论研究

针对家校合作实验停留在"政策和管理"视角难以进一步深入的困境，尤其是微观班级和个体层面家校互动研究遭遇的瓶颈，家校合作的基础性理论研究向家庭教育的本质规律及家校合作的基本矛盾、动力机制、理论视角等方向深化，从教育原型、家校关系历史演进和现代性入手研究家庭和学校各自的深层需求和职能的互动、互补、矛盾、交叠。

4. 研究与政策制定、实践应用的良性互动

将理论研究与省域实验、实践中的成果检验进行过程性结合，形成联系紧密的理论和实践互动网络。

以项目研究长期、全面、系统支撑江西省家校合作的政策制定、工作部署和行动，并在前两期实验的基础上，建立 14 个家校合作实验县（区）和在其他 260 多所中小学（幼儿园）开展家校合作实验（2020 年），开展田野资料和数据收集（数据收集后扩展至全国 31 个省、市、区），进行先行实验和指导、理论成果的验证等工作。

三　研究主要发现与贡献

1. 当代家庭和父母在儿童成长中的作用出现历史性强势回归

在现代经济社会背景下，在家庭与学校关系的历史演进中，在家庭自身的现代嬗变中，当代家庭和父母在儿童成长中的作用出现了全球性、历史性的强势回归，这种回归又以现代学校系统的制度性认可为前提，当代家校合作因此获得了崭新的时代意义。

家长对教育焦虑的本质是现代性焦虑，并辅以文化和风尚的强化。家长焦虑现象背后的现代性根源有两个，一是现代家庭教育的地位和作用在家长不知不觉中快速上升。现代家庭教育不再像传统家庭教育那样是学校教育的补充，具有边缘和偶发性质。二是孩子的学业和所受的教育已经成为现代家庭的基本资本构成之一，在很多家庭的资本构成中的重要性已经开始超越金钱和不动产等形式的家庭实物资本。教育资本的特殊性质，导致现代家庭制度发生一系列重大变化，也必然导致家长压力增大。如何减轻家长的时代压力和焦虑，是当代家庭教育乃至整个教育系统的重大战略问题，而家校合作是减轻家长焦虑的一个重要手段。

2. 建立了"政策、学校行动与研究支撑"的家校合作国际比较框架

第一，进行了多国在政策、学校行动与研究支撑方面经验的多层系统梳

理。比较研究发现，学校在家庭教育、学校教育和社区教育"三教结合"中起主导作用，并且是家校合作多层组织与管理系统的基本单位；政策是学校发挥主导作用、引导家庭和家长参与的制度环境和组织动力，并往往成为"大教育"形成的制度性瓶颈；研究支撑提供了家校合作制度化的技术路径，家校合作是注重以研究为基础的教育实践领域。在此基础上概括了世界范围内家校合作存在政策导向和社会参与混合型、家庭主导教师家长互动型、过渡转折型、学校家庭分离型四种类型状态，并梳理出一些对我国有启发意义的具体经验做法。具体发现和结论如下。

（1）家校合作是作为解决教育公平和质量突出问题的一种战略手段而发展起来的；国家及地方政府的政策和法规，提供了家校合作的价值倡导、合法性和政策空间，并通过资源分配、评估考核等方式来影响和规范学校家校合作行为过程。

（2）学校作为专业化的教育组织，有能力亦有意愿成为家校合作的政策执行主体，应构建学校行动联盟网络，整合家庭和社会力量，开展学校教育、家庭教育和社区教育"三教结合"制度化的实践。

（3）先发国家和地区有较为完备的支撑政策、学校行动的研究体系。教育政策制定者达成了这样的共识，即教育决策是一种专业化行为，需要教育和行政的双重专业知识，必须降低空泛或未经经验验证的观念在教育决策中的分量，应该运用专业力量以提供"证据"的形式形成对教育决策和实践支持的传统。

第二，推介了国内外一些有借鉴意义的家校合作行动经验。一是介绍了家庭—学校—社区伙伴关系工作站的运行和研究内容。该工作站是西班牙奥维多大学"家庭、学校和社区的社会教育"研究小组的一项倡议，得到了西班牙教育部的支持。其主要目的是促进研究、培训和干预家庭和学校的行为，以增强它们的能力，为社会发展和提高儿童教育质量做贡献。二是介绍了澳大利亚为解决原住民教育与非原住民教育之间的冲突，提出的原住民家庭和社区参与的课程模式——叙事课程。这一开发模式对于我国家庭和家长参与校本课程和地方特色课程开发具有参考意义。三是对我国香港、澳门家校合作的比较，对于不同区域借鉴多样性的国际先进经验和路径具有启发意义。四是介绍了美国在家庭—学校—社区伙伴关系模式及评估体系方面的经验。家校合作的评估进一步衍生和丰富了美国家校合作的经验，也为我国开展家校合作评估工作提供了借鉴。

家校合作不一定能达成以强烈的国家政策引导为特征的国家和地区的政策目标。如美国，在家长参与中，低收入家庭被更多地排除在外，因此并未达到促进公平的效果。例如，富裕的家庭才有足够的时间、足够的教育水平和教育思想、足够的精力去思考如何更好地帮助孩子在校成功。家长参与政策不仅未达到其"消除贫困"的政策目标，反而加剧了教育不平等。对此，我们要注意吸取教训。

3. 建立了"3维度5层次"家校合作操作性理论

对先发国家的实践模型进行了本土化改造和创新。对家校合作的操作性理论进行了追踪研究，尤其是对爱普斯坦的操作性理论进行了消化、批判、扩展和中国化改造。

建立了比较系统的"3维度5层次"家校合作操作性理论模型。"3维度"包括：（1）活动维度的实践模型。家校合作建立在多维视角的动因理论（H/L效应悖论等社会学理论）、社会行动理论（交叠影响域理论、生态系统理论、文化资本理论），以及具有普遍性的、以学校为主导的实践模型的基础上。（2）组织维度的纵向关联。家校合作具有多层次关联特征（班级、学校、县区、省域、国家），具有自上而下和自下而上相互贯通的特点。（3）制度化维度进程中与环境的互动。家校合作是社会建构并动态发展的具有制度化过程特征。

"5层次"是班级、学校、县区、省域和国家。本书对5个层次的家校合作行动模型都做了专题研究（其中制度化和县区层次的研究在上一个研究项目中已经完成）①，概括了不同组织层次家校合作行动模型的特点，发

① 吴重涵、王梅雾、张俊：《制度化家校合作与儿童成长的相关性研究》，江西教育出版社，2018。

现了不同组织层次之间的家校合作工作存在显著的联动性和依赖性。学校层次的家校合作行动过程模型（爱普斯坦模型）是基本模型，同时不同的组织层次需要面对和解决家校合作行动过程中的特殊问题。本书尤其在班级家校合作微观行动模型上做了创造性拓展，初步发现了家校合作融入学校日常教学和管理的过程和机制。传统的师—生互动结构在一定的条件下可以发展为师—生—学校—家长—家庭的良性互动结构，家庭和家长可以从环境性要素变为班级教学和管理的结构性要素，并使得互动对各方都有利。本书还对农村留守儿童家庭的家校合作、在家线上教学的家校合作等做了专题研究，获得了新的理论发现，丰富了家校合作的操作性理论，家校合作的操作性理论模型见图 1-1。主要有以下具体内容。

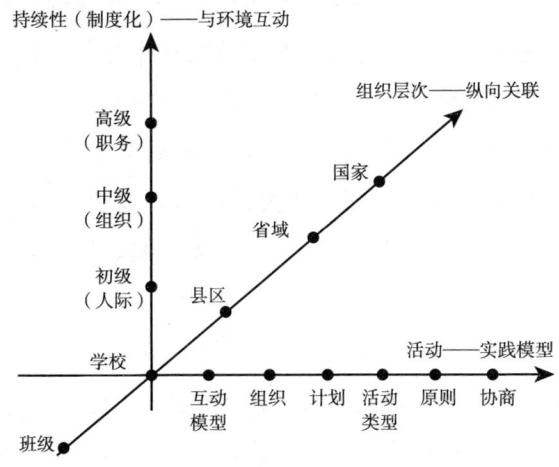

图 1-1　家校合作的操作性理论模型

（1）围绕如何在班级形成有效的家校合作，建立班级家校合作行动模型。家校合作在政府、学校、年级和班级等多个层面具有分层结构，其中班主任和任课教师在班级教学管理层面开展家校合作具有基础性作用。本书基于班主任（教师）家校合作行动的质性资料，对爱普斯坦交叠影响域实践模型在班级层面进行了扩充和创新。在班级教学和管理的人际互动结构中，传统的师生互动（师—生互动、师—师互动、生—生互动），可以发展为围绕师生互动的师—生—学校—家长—家庭互动结构（增加家庭、家长作为班级教学和管理过程的基本因素），这种新的家校互动结构对学生、班主任（教师）、家长履行社会角色都有利，因而在班级层面制度化嵌入家校合作具有现实必要性和可行性。班级家校互动以解决问题（班级管理危机）为起点，确立学业、行为改善和浓厚家校友好关系氛围营造的有限行动目标，以6种家校合作类型为多样化实践形式，以情感交流、共享理解和"搭建脚手架，建立最近发展区"为基本原则。研究中还进一步讨论了家校产生冲突时班主任（教师）、家长的协商谈判原则。

（2）围绕如何在学校形成有效的家校合作，建立学校层面家校合作行动模型。学校层面家校合作的关注点是营造良好教育生态。为微观教学和管理层面家庭和学校协同共育创造文化和制度条件。在现代教育体系中，家校合作对教育生态有特殊的重要意义，是维持教育生态平衡、促进教育生态优化的基础条件。本书立足学校教育生态视角，采用案例研究方法，呈现了家校关系从冲突走向融合进而形成良好教育生态的全景式历程，提取了"学校层面的家校合作如何有效形成"的关键因素。研究发现，学校层面的家校合作存在行政重视、压力事件解决、校长能力偏好等多重动力机制；家校双方合作意愿激活的主动权在学校，瓶颈也在学校；家校合作的路径以建立家校感情和相互信任为基础，帮助家长认识自己的角色使命、提高养育能力和技能，营造欢迎家长参与的氛围并提供各种形式的参与机会和条件。家校行为在理论上存在跨界的限度，但有一定的弹性空间，会随着家校合作整体"语境"的不同而存在很大差异。

根据江西省第一期和第二期家校合作实验比较顺利，但第三期进入更深层次和更大范围实验后遇到的种种问题，本书结合宏观家校合作政策的国际比较研究，认为家校合作在宏观政策规划、职责划分和编制落实、财政拨款、教师专业培训和政府督导评估方面的联动性关联不够，是家校合作工作深入推进的制度性瓶颈。

（3）留守儿童家庭的家校合作特点。学校对留守儿童家庭找谁联系、如何沟通是一个具有普遍性的难题。我们通过研究发现留守儿童家庭结构中的亲代在位在很大程度上回答了这个问题。在社会经济转型、城乡二元结构背景下，农村劳动力大量地向城市转移，导致农村留守家庭与隔代教养现象在中西部地区普遍存在。然而，父母缺场、亲子分离并不必然带来父母养育缺位、亲子关系断裂。留守儿童在社会文化的熏陶、亲子关系的感知、学校与社区重要他人的替代中，形成了基于自身视角的亲代在位的认知图式。亲代在位本质是家庭视角给予儿童的生活和成长的支持。这样一个儿童视角的亲代在位解释框架，对于学校重视远在外地务工的学生父母与孩子建立更加亲密的关系，做好同留守儿童家庭的沟通与合作，正向增强留守儿童家庭亲子关系中的亲代在位，通过以留守儿童家庭的父母为主要联络人和注重情感沟通等一系列措施来促进留守儿童成长，具有积极的方法论意义。

（4）线上教学中的家校合作结构性特点。线上教学是互联网思维下学校教育延伸到家庭的实验。研究发现，线上教学过程中，跨越家校传统边界的互动显著增加，边界更加模糊，家校互为结构性要素。线上教学家校互动存在四种典型结构：线上教学师生多向互动—家长积极主动参与，即家校均衡互动型；线上教学师生多向互动—家长被动消极参与，即传统教学互动型；线上教学单向灌输—家长积极主动参与，即家长主动型；线上教学单向灌输—家校消极被动参与，即互动缺乏型。线上教学和线下教学的互动性差异是线上教学质量提升的瓶颈，家长参与有助于突破瓶颈，可以通过改善亲子关系、增加家庭活动等基本内容和方法，达到同时改善线上教学质量和家庭教育质量的目的。

4. 探讨了家校合作、家庭教育的基础理论问题

研究中发现了家校合作的基本矛盾、动力机制，提出了家校"交叠影响域"的精确描述模型。

研究发现，家校合作停留在一般管理层面，难以深入和制度化，因此必须对家校合作的深层理论问题进行追问。通过总结家校合作 10 年实验的正反两方面经验与教训，并提炼世界范围内家校关系的历史互动规律，发现家校合作的内在动力和矛盾性，是根植于现代社会发展中家庭教育作用的代际

迅速增强和其作为一种制度的不断弱化，而学校教育在出现效应相对降低趋势的同时，其作为教育制度却在不断强化，这样一对"效应"和"制度"出现的主体分离就是家校关系悖论，家校关系悖论是现代家庭悖论、H/L效应悖论的推论。这种矛盾性正是当代制度化家校合作发展的动力来源。家校合作是一个条件约束的变数，存在多种可能的走向。研究还将爱普斯坦"交叠影响域理论"的"示意"模型精确化为"描述"模型，为家校合作行动分析提供了科学的分析框架。

家校合作、家校社（区）合作和家校社（会）合作三者的关系，存在宏观层面家校社（会）政（府）合作与微观层面家校社（区）合作的不同意涵，最基本的是家校合作。

制度化家校合作的根本动力产生于现代家庭和学校基本矛盾的推动。当代家庭教育作用在快速增强，而教育认可制度却在学校不断强化，这种作用和认可制度出现主体性分离的趋势，即现代家校关系悖论。现代家校关系悖论从根本上指出了制度化家校合作发展的动力来源是基于这样一个基本事实：不论家庭还是学校自身，都同时存在一个反向的运动趋势，即家庭和学校可能越来越相互依赖、相互补充并相互需要，也可能相互间的矛盾会越来越突出。家庭存在私人性、私密性与公共性、公开性两个趋势相反的现代家庭悖论，其在家庭和学校关系上的反映和推论就是家校关系悖论。不论是家庭悖论还是家校关系悖论，都是在社会经济文化发展到一定历史阶段，在家庭和现代学校系统相互关系的历史演进中产生的，具有鲜明的现代性特征。

中国家庭教育作用的代际快速变化和增强是必然的，有其社会环境重大变化的深刻制度背景，主要表现在四个方面：社会阶层流动的可能性快速提升，为个体阶层流动提供了社会条件和方向性指引；接受教育成为社会阶层流动的主要途径；家庭以儿童为中心的资源凝聚和扩大，为家庭教育作用的增强提供必要条件；由于家庭教育代理权的收回，教育规划成为家庭教育的首要职能。

跨越家校社各自局限性的是基于儿童终身经历和发展的包容性理论。家长、教师、学生和社会中的相关人员处于同一行动结构之中，所谓的儿童发展，就是家庭、学校、社区和国家作为一个整体，尽一切可能，确保儿童经历他们所需要经历的机会，释放他们的潜能，并且关注人际互动的社会建构对于儿童发展的决定性作用。在这一视野的观照下，父母（及其他成年人）为促进儿童发展承担的角色主要是儿童变化代理人、儿童生活缓冲器、儿童接受外部影响的"看门人"和文化代际传递者。

在厘清家校合作基本原理的基础上，当前诸多家校合作运行机制问题，包括家庭和学校的责任区分、教育生态建设、宏观政策与微观学校行动的关系、从简单经验复制到实践模型应用等，均可以在家校合作的内在动力和行动逻辑中，找到解释和解决的思路。

家校责任交叠影响域理论从"示意"模型发展为"描述"模型。交叠影响域理论（Overlapping Spheres of Influence）是家校合作的理论基础之一，但这个理论只是提供了一个研究视角，并不能应用于直接的分析。本书通过拟合江西省家校合作跟踪调查大样本数据，给出了家长和教师参与家校合作的线性方程表达式，并分析了家校合作跨界行动的程度和变化情况。研究发现，跨界交叠（合作区）域的大小是家庭（家长）和学校（教师）行动差异度和强度的函数，在一定条件下与家庭和学校行动的差异度呈负相关，与家庭和学校行动的强度呈正相关。跨界交叠域的扩大目前主要由教师的工作强度增大导致，但教师行动与家长行动的差异度会导致在传统对方责任区域跨界的程度差异。家校合作更需要学校在降低家校行动的差异度上采取主动，拓展双方一致的利益和立场，满足家长的个性化和多样化需要。

5. 将研究成果同步在省域范围做了系统的实验和应用

理论不断得到实践的滋养和检验。本书的一大特点是在开展研究的同时指导了江西省的省域家校合作工作。本书在采用"国际经验—本土改造—发展创新"的研究路径的同时，采用了"科研引领—行政推动—实践创新"的行动路径，在江西省家校合作政策支持、县区和学校试点等方面为江西省 10 年的家校合作工作提供了指导，取得了较丰富的行动成果，发现了一批全国先进典型，从正反两方面的经验与教训验证、修正和丰富了理论研究成果。

第二章

研究路径与研究方法

　　本书采用"国际经验—本土改造—发展创新"的研究路径和"科研引领—行政推动—实践创新"的行动路径，以构建家校合作本土化行动框架为目的，形成五条研究路径，并构成本书家庭教育与家校合作理论研究、国际比较研究、本土实践的田野研究，以及留守儿童、线上学习的家校合作研究等各篇章内容。

一　研究框架

　　本书是在学校与家庭、成人与儿童、参与与共享、活动与常规、学校与政府、组织与培训六大理论范畴的支撑下，聚焦经验借鉴、行动重构、微观机制、宏观机制、专业支撑五条研究路径，最终形成家校合作改革研究等专题研究内容。

　　六大理论范畴的理论体系主要来源于生态系统理论模型、圆蛛网理论模型、交叠影响域模型这三个外延逐步缩小、嵌套的社会学理论模型。三者构成本书的基本逻辑框架。其中，六大理论范畴是研究内容的理论基础，而社会学理论尤其是上述三个理论模型是六大理论范畴的理论来源。本书的研究总体框架见图 2-1。

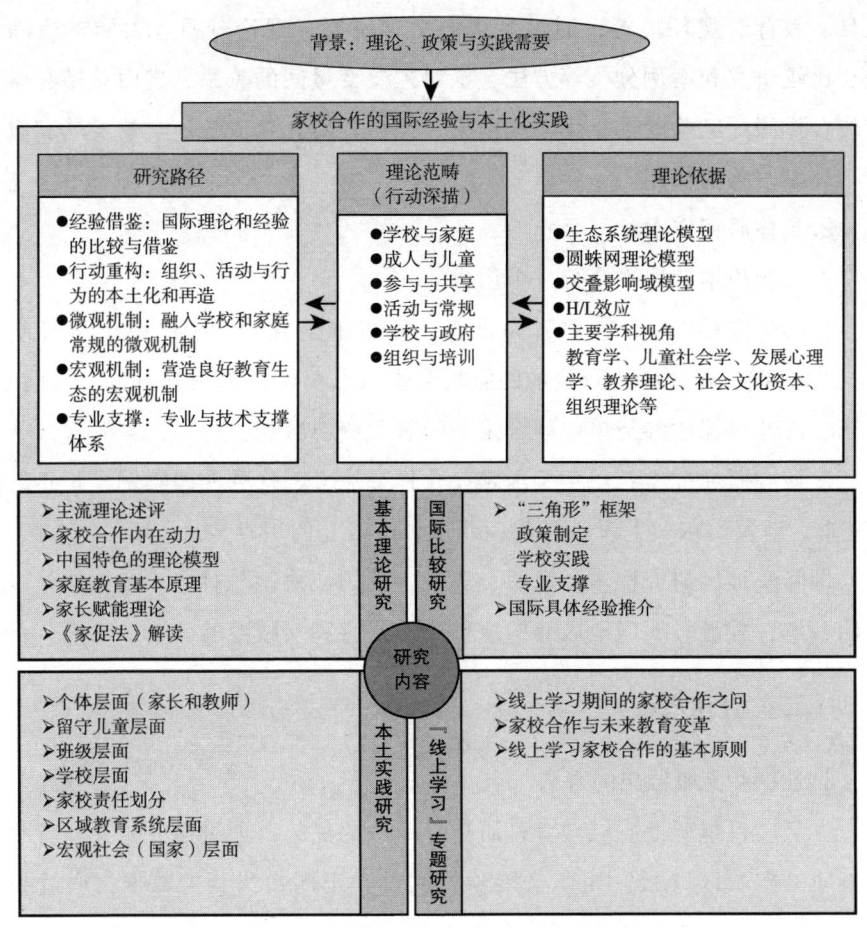

图 2-1　研究总体框架

二　研究对象与方法

（一）研究对象

1. 理论研究对象

理论研究对象是家校合作的实践框架，包括国际经验和本土化实践，以及与之相关的家庭社会经济地位、儿童特征、学校特征、各方立场、政策及工具、教育宏观环境等，通过系统的文献研究、理论分析、大样本追踪调查、比较研究和案例分析等方法，探讨主要变量间的关系，进而总结和概括家校合作国际经验的本土化实践框架，探讨其对儿童成长、学校发展和教育宏观环境改善的作用。

2.具体研究样本

本书的样本获取平台分三个层次。

核心研究样本：以江西省为核心，分布于全省的 252 所中小学（幼儿园），及 10 个县（区）所构成的家校合作试点单位；以及来自上海、北京、山东、江苏等课题参与单位联合采集的有关资料数据。

次核心研究样本：历年全国家校合作交流会的优秀实践案例，每年约为 400 个，涉及山东、上海、江苏、北京、江西、四川等地。

国际及地区研究样本：欧盟、美国、英国、法国、日本、新加坡，以及中国台湾、香港、澳门地区等的家校合作研究和实践经验。

（二）研究方法

1.数据和文献收集的方法

立足项目组所处省域教育科研指导单位的优势，通过建立研究和行政混合性质的实验区（校）组织开展项目实验，定期收集相关数据；通过到实验县（区）和实验校指导家校合作工作，获得各类质性资料；辅以驻点自然田野观察，获得局部详尽的田野资料。后期通过与中国教育科学研究院合作研究，获得全国 31 个省、区、市的有关统计数据。项目组还通过中国教育学会家庭教育专业委员会等机构，获得了一些区、市和学校的数据资料。

在实验区（校）质性资料收集上，项目组主持的家校合作实验自 2011 年以来已遴选了三批家校合作试点单位，它们在平台上接受规范指导，分享经验。为了帮助试点学校克服困难，项目组按照统一实践框架规范地开展试点工作，派专家到核心试点学校驻校跟踪指导（每学期一轮），为学校在统一实践模式和行动框架下开展个性化的家校合作提供全程指导，主要指导方式包括培训、访谈、观摩、评估反馈等 11 项主题活动（见表 2-1）。

表 2-1　驻校指导与田野调查的 11 项主题活动

序号	主题
1	查阅与学校或地区家校合作相关的文字材料
2	学校领导访谈
3	学校项目组成员访谈
4	教师访谈
5	家长访谈
6	教师家校合作实践专题培训
7	家长(或家长骨干)家校合作实践专题培训
8	观摩教师家访
9	为学校设计家校合作科研方案
10	教师科研培训
11	驻校工作评估反馈(面向学校领导和项目组成员)

项目组多年来到许多学校指导，对有的学校指导次数甚至已经超过 10 次。越来越多的学校从驻校现场指导中获益，举一反三地创造性开展工作。试点学校按照统一的实践模式和行动框架开展家校合作，可以为跟踪研究、效果评估积累数据，有利于过程、结果的横向比较和纵向评估，亦有助于项目组进行统一指导、集结向外推广试点成果。

在统计数据的收集上，项目组分别于 2012 年、2015 年、2020 年开展了三轮家校合作大样本追踪问卷调查，以江西省 14 个实验县（区）和其他 400 多所中小学（幼儿园）为主要研究样本，并扩展到了全国其他 30 个省、区、市。样本总量约 206 万份，涉及变量约 300 个，构建了 4 个不同类型的子样本库，基本情况如表 2-2 所示。

表 2-2　三轮家校合作大样本调查样本库情况

单位：份

名称	样本对象	2012 年样本量	2015 年样本量	2020 年样本量
学生样本库	3~12 年级参测班级的学生	16521	52059	1765745
家长样本库	0~12 年级参测班级的学生家长	19628	72509	
教师样本库	参测班级的班主任	762	1266	128374
校领导样本库	试点学校校长	62	100	6244
合计		36973	125934	1900363

在文献资料的收集上，本书的国际经验、理论研究文献绝大部分为第一手文献或原文资料，通过关键文献"滚雪球"追溯、学术交流、项目组负责人担任家庭教育译丛主编等多种方式获得。

2. 数据和文献分析的方法

在数据和文献收集的基础上，展开分析工作。

在家校合作经验的国际比较上，本书主要对先发国家和地区的家校合作研究及实践经验进行文献综述和政策文本分析。没有简单采用"国别梳理或单一政策/案例介绍+启示"的传统比较框架，而是在历史的、区域和文化视角等层面，提炼出共同的、值得本土借鉴的经验，同时关注各国家和地区家校合作法律法规、学校行动与研究之间的联动关系。

在家校合作的操作性理论研究上，以爱普斯坦学校层面的家校合作行动模型为原型进行本土化改造，对班级、县区和省域层面的家校合作行动模型进行扩充和系统创新，并以此为理论工具，以实证（经验）分析方法为基础，基于证据来研究和提出本土家校合作的多层次实践改进策略。

在家校合作的基础性理论研究上，采用了系统经验和事实证据归纳、历史研究相结合的方法。纵观10年来以江西省为主的家校合作制度化进程和经验教训，发现家校合作现象背后的深层问题和矛盾，辅以世界范围内的历史研究进行理论追问、理论提炼和学理性解释。

在研究的整体方法上，一是坚持定量分析与定性分析相结合。本书在分析和研究核心研究对象（第三批家校合作试点单位）的过程中，在客观描述其运动过程及趋势特征时，开展持续的大样本追踪调查和定量分析，调查样本为家校合作试点学校的校长、分管负责人、教师、学生及其所对应的家长。在研究本土化家校合作实践过程中的问题和今后的发展策略，以及次核心研究样本（全国家校合作优秀案例）时，进行定性分析。以定量分析预设因果或相关关系，以定性分析解释因果关系的"为什么"和"如何"达成，两者相辅相成，在研究过程中综合使用。二是坚持理论研究与规范行动研究相结合。遵循行动研究的方法，将理论研究与省域实验、实践中的成果检验进行过程性结合。本书不是纯粹的理论研究，而是定位于多层次理论研究和实践研究的混合研究，既进行客观描述，又进行规范分析，使理论建构和行动指导、验证始终处于互动之中，努力使提出的政策和措施兼具科学性和实用性。

三　理论基础

（一）生态系统理论模型

生态系统理论由布朗芬布伦纳（Bronfenbrenne）提出，其核心观点是个体的发展嵌套于相互影响的一系列环境系统（微观系统、中观系统、外观系统、宏观系统和时间系统）之中，在这些系统中，系统与个体相互作用并影响着个体发展。[①]

生态系统理论将这些环境划分为：（1）微观系统（microsystem），由儿童生存的环境和直接接触的人构成，如家庭、学校等。（2）中观系统（mesosystem），由微观系统的各组成成分之间的关系所构成，如家庭与学校的双向沟通和交流。（3）外观系统（exosystem），指儿童未直接参与这些系统环境的互动，但是这些系统环境对个体儿童发展存在间接影响，如父母的受教育水平、家庭生活条件、社会媒体等。（4）宏观系统（macrosystem），指儿童所处的社会、文化背景，包括来自某种文化或亚文化的价值观念、宗教信仰、政治经济制度等，如中国文化价值观中的"尊师重教"等。（5）时间系统（chronosystem），指儿童所生活的时代及其所发生的社会历史事件。[②] 前四个系统以儿童个体为中心构成一个逐渐扩大的同心圆，在圆之外是时间变量，它们相互作用，共同构成了儿童发展的生态系统（见图2-2）。

[①]　U. Bronfenbrenne, *The Ecology of Human Development：Experiments by Nature and Design*, Cambridge：Harvard University Press, 1979.

[②]　车广吉、丁艳辉、徐明：《论构建学校、家庭、社会教育一体化的德育体系——尤·布朗芬布伦纳发展生态学理论的启示》，《东北师范大学学报》（哲学社会科学版）2007年第4期；王晓琳：《家长参与与小学生学习自我效能、学习动机的关系研究》，硕士学位论文，曲阜师范大学，2008。

生态系统理论为我们对复杂社会影响因素的层次和主体区分提供了理论视野。

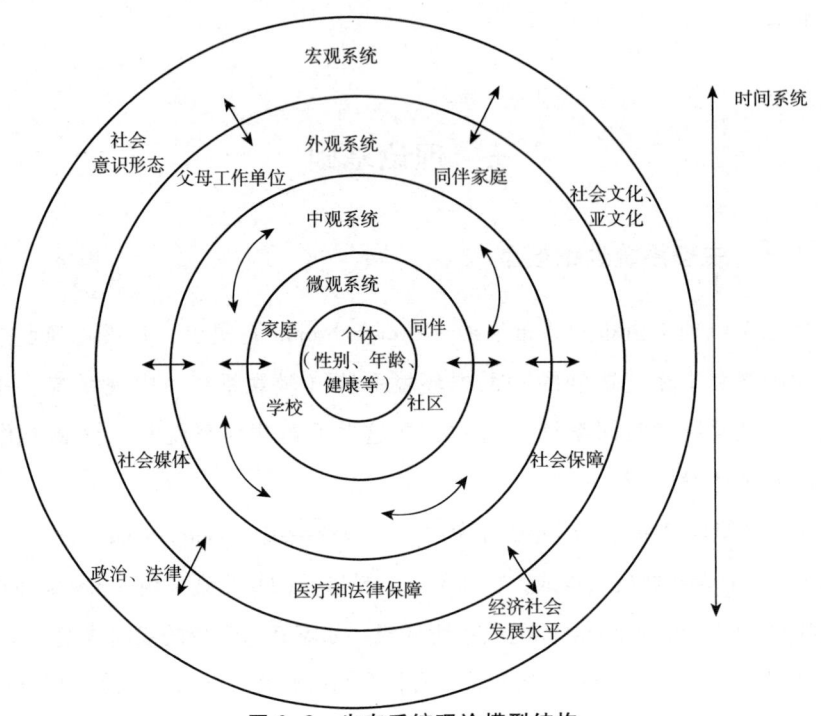

图 2-2　生态系统理论模型结构

（二）圆蛛网理论模型

圆蛛网理论模型由童年社会学家科萨罗提出。[①] 儿童成长呈现螺旋式发展过程，儿童在发展过程中参与并受到一系列不同社会组织的影响，如家庭、同辈、经济、文化、教育、政治、职业、社区与宗教的场所或场域等，就像蜘蛛织网的过程（阐释性再构）（见图 2-3）。其中，家庭居于至关重要的中心位置，发挥将所有文化机制与儿童相连接的桥梁的作用。圆蛛网理论模型侧重对家庭独特作用的解释，以及家庭、学校、同辈、其他社会因素在儿童成长过程中的作用。

---

① 〔美〕威廉·A. 科萨罗：《童年社会学（第四版）》，张蓝予译，黑龙江教育出版社，2016。

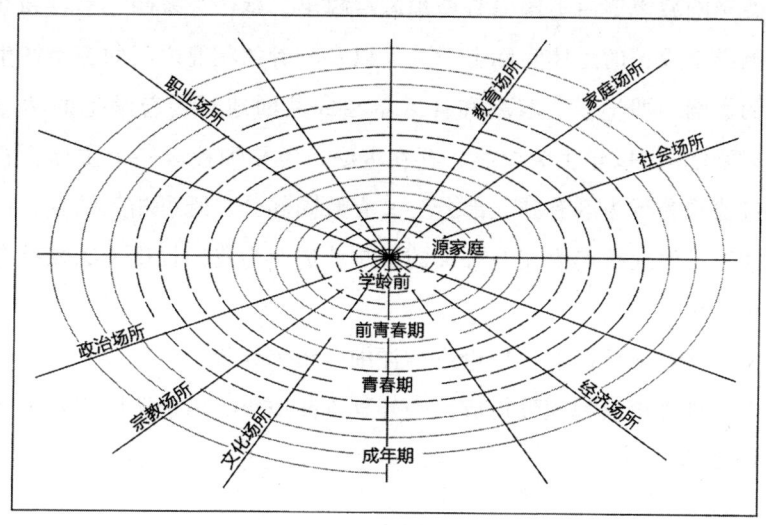

图 2-3 儿童成长的圆蛛网理论模型

（三）交叠影响域模型

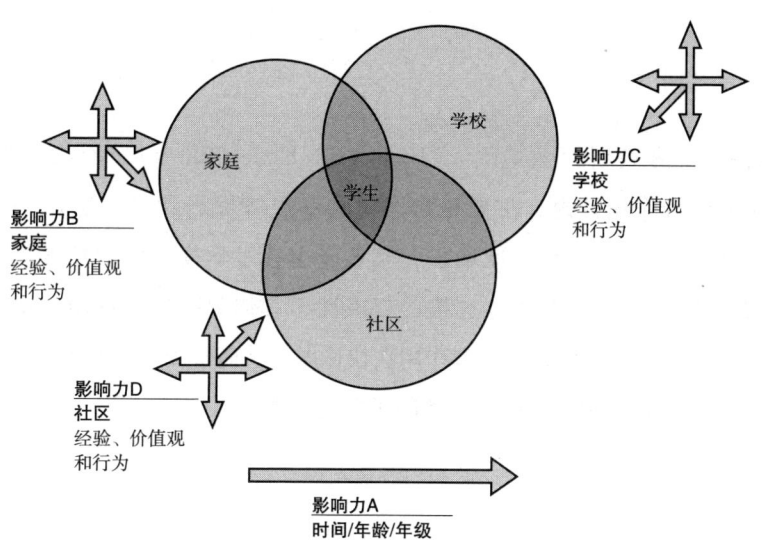

图 2-4 交叠影响域模型

交叠影响域模型由美国爱普斯坦教授提出，她认为家庭、学校和社区这三个影响学生成长的主体实际上对学生以及三者的状况之间的关系产生了交互叠加的影响，即学校、家庭和社区单独或共同地影响着学生的学习和发展。① 该理论模型以学生为中心，存在家庭、学校和社区三个主体，它们的经验、价值观和行为既有独立部分，又有共同部分，既可相互结合，也可分离，从而对学生成长产生交互叠加的影响，进而为我们提供了家校社合作的内在互动结构。

后文还将对交叠影响域理论进行详细介绍和评价。

以上三种理论模型大致构成一个外延不断缩小、内涵不断丰富的逻辑结构（见图 2-5）。

图 2-5　三种理论模型应用于本书的逻辑结构

（四）H/L 效应

"赫耐曼/洛克斯力效应"（Heyneman/Loxley Effect），简称"H/L 效应"、家庭学校作用悖论，主要是指当社会和经济发展达到一定水平后，家庭的教育作用不可避免地迅速增强，其效应会超过学校，但学校教育在效应相对降低的同时，由于对人才选拔的权威性，其作为一种教育制度却在不断强化。② 也就是说，当代家庭教育作用在快速增强，而学校教育制度却在不断强化，教育作用和教育制度主体性分离的矛盾越来越突出。

① 〔美〕乔伊丝·L. 爱普斯坦等：《学校、家庭和社区合作伙伴：行动手册（第三版）》，吴重涵、薛惠娟译，江西教育出版社，2012。

② S. Heyneman, The Heyneman/Loxley Effect：Three Decades of Debate, Routledge Handbook of International Education and Development. Routledge，2015：150.

家庭的教育作用和学校的制度作用在双向增强，也产生了它们相互需要的强烈动机，学校必须利用好家庭的基础性教育作用，家庭也必然有利用学校作为教育制度正式认可的强烈动机。因此，H/L 效应从根本上指出了家校合作的动力来源，详细分析见第四章"制度化家校合作的动力机制与行动逻辑"部分。

（五）主要学科视角

教育学：提供学校和家庭教育概念、内容、方式和功能的差异性比较理论根据。

儿童社会学：提供儿童的存在对儿童发展的联动性特征。

发展心理学：提供儿童发展不同阶段（心理）特征的视野参照和分析框架。

教养理论：提供经济学视角和心理学视角分析教养方式、教养方案和教养行动的联动性，权威型教养方式的形成与家校合作。

社会文化资本：用于界定家庭、学校的先赋条件对儿童成长的影响，如家庭社会经济地位、父母学历、学校位置等，以及场域、惯习等社会学分析框架，并将其用于分析、预测家校合作行动者的阶层特征。

组织理论：家校合作作为社会组织及其成员之间的互动在本质上是一种跨界行动。该理论提供组织视角分析家校合作中各社会组织（家庭、学校、政府、社区等）的行为特征，以及它们之间互动（跨界）的影响因素和后果。

四 支撑研究的理论范畴

探索本土化实践的有效模式和发展空间，简单地客观记录和描述活动本身怎么开展并不足够，还必须投入"深描"（thick description）的过程中。[1]一方面，整体上观照行动者所在的情景，对项目执行过程中获得的记录、数

---

[1] 〔美〕克利福德·格尔茨：《文化的解释》，韩莉译，译林出版社，1999。

据、描述等"地方性知识"进行再阐释，形成公共知识和具有普遍特征的解释理论，以理解行动与事件的价值和意义；另一方面，用理论和国际经验来透视活动和事件，获得理解行动与事件的更大视野观照。根据研究积累和观察经验，本书初步提出家校合作行动的六对基本理论范畴。

（一）"学校与家庭"：用"第三只眼"看学校和家庭的关系

从家庭到学校，再到家校社合作（大教育），当代世界性家校合作潮流和趋势本质上是由家庭和学校的相对角色和作用变化所引发的，是由家庭在儿童成长中的"重要性强势回归"而引发的。

从古至今，家庭和学校关系经过了三个发展阶段（见图 2-6）。古代，不论东西方，儿童教育的主线，都是国家通过价值和文化，直接委托家庭教育儿童（如中国古代的家国同构的父父子子君君臣臣，古希腊的学校依附于并满足家庭的教育要求）。近代（尤其 19 世纪后）以后，国家和教会出于道德教化的国家需要，同时受市场经济和工业化的强大影响，建立了由国家控制的现代学校系统，国家直接通过学校这条主线教育儿童，家庭退居附庸地位。20 世纪 60 年代前，家庭和学校的联系都是刚性分工、主次分明、个别化、零散的。从 20 世纪 60 年代开始，家校关系首先在西方变得紧密起来。其时西方掀起了以提升科学教育质量和促进教育机会平等为基本内容的教育质量提升（有效学校运动）和平权运动，尤其是权威、著名的《科尔曼报告》（即《教育机会均等报告》，1966），根据大量证据和严密的论证，得出了一个令人震惊而且令学校尴尬的结论：社会和经济发展到一定水平后，学校在儿童学业成功方面的作用并非人们所想象的那么大，造成儿童教育获得差异的主要原因不是学校的物资和师资差异，而是不平等的家庭背景及所构建的社会闭合。教育不平等的根源首先在于家庭及家长对子女教育的参与，其次才是学校。①

---

① Coleman, J.S., Campbell, E.Q., Hobson, C.J., Mcpartland, J., Mood, A.M., Weinfeld, F.D., York, R.L. Equality of Educational Opportunity. Washington, D.C., U.S. Government Printing Office, 1966: 325.

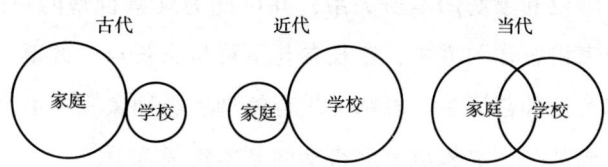

图 2-6　古代、近代和当代的家庭与学校关系

《科尔曼报告》的发表是当代家庭教育重要性出现强势回归的标志性事件。围绕《科尔曼报告》，大量后续研究不断收集新的、更有力的数据，详细研究学校和班级的教育教学环境，家庭因素，家庭、学校和社区的联系等对儿童的学习机会、学习习惯和学习动机产生的影响。

塞维尔（Sewell）[①]、拉鲁（Lareau）[②]、爱普斯坦（Epstein）[③] 等教育学家、社会学家的研究更具体地发现：父母的参与和期望是儿童成长的重要中介变量量；在家校合作伙伴关系开展过程中学校具有对家长赋能（empowerment）的作用。后来以《科尔曼报告》的基本结论为基础做了全球范围内有条件的推论（社会和经济发展到一定水平，《科尔曼报告》的结论成立）。

之后研究主题发生了改变。从讨论"究竟是学校重要还是家庭重要"这种绝对的两分法争论，以及家庭社会经济地位与家长参与之间的阶层固化对应关系，转移到了一个新的主题：既然家庭在儿童成长过程中如此重要，家庭社会经济地位在教育不平等中扮演如此重要的角色，学校如何鼓励尽可能多的家庭更有效地参与子女（学校）教育，使子女在校有更好的表现？解决这一问题就是新的家校合作的初衷。

在"行动深描"中的作用：用"第三只眼"看学校和家庭的关系。针对普遍而牢固的家庭和学校分离观念和相关理论，用"历史之眼"反观学

[①] Sewell William，H. Shah Vimal，P. Socioeconomic Status，Intelligence，and the Attainment of Higher Education，*Sociology of Education*，1967，40（1）：1-23.

[②] 〔美〕安妮特·拉鲁：《家庭优势：社会阶层与家长参与》，吴重涵、熊苏春、张俊译，江西教育出版社，2014。

[③] 〔美〕乔伊丝·L. 爱普斯坦等：《学校、家庭和社区合作伙伴：行动手册（第三版）》，吴重涵、薛惠娟译，江西教育出版社，2012。

校自身，分析学校和家庭的本质关系，并以此为观察行动的一个理论工具。在这个崭新的家校合作关系中，家长参与不再是家长自己的事，家长不再是与学校不太相关的外部因素，教师和教育管理者会同家长一道，既构成学校行动的基本组成部分，又构成家庭行动的基本组成部分。

（二）"成人与儿童"：人生经历的儿童主体

在成人视角中，学校和家庭各自构成一个封闭场景，自己则是这个封闭场景的"主导"。这一封闭场景有赖于儿童视角的确立来打通。

1. 童年是一种社会的结构性存在（childhood as a structured form）

在宏观的社会结构路径上，与传统上总是倾向于单纯地将儿童看作为进入社会做准备的预备时期而将其包含于家庭和学校（教育学也是如此）的分析之中不同，儿童视角的社会学研究将童年作为社会结构的独立要素[①]、结构性存在和类型，而与性别群体、年龄群体、家庭、学校等成为并列的社会基本分析单位和类型，并研究所有社会结构要素即家庭、制度性教育、政治、经济、文化、职业场域，包括学校和父母工作结构、社会（媒体）和儿童同辈文化、各种当前社会问题等，与儿童各个年龄阶段的关系。

2. 儿童的阐释性再构（interpretative reproduction）

童年是一种社会的结构性存在，儿童本身也是积极的、创造性的社会行动者（social agents）。发起于成年人的儿童社会化规则，被儿童学习、消化和重新阐释，形成儿童自己的极富原创性的同辈文化，并保持和影响他们的成年时期。儿童同辈文化不仅对个体的儿童而且对成年人的世界，都产生重大影响，儿童同辈文化改造着成年人的世界、建构着未来社会的走向，并作为代际文化的更替，尤其与时代性相联系。

这个微观的阐释性再构和同辈文化研究路径，主要是通过田野质性观察、访谈、社会语言学分析获得的。而微观质性观察通常需要采用"深描"

---

① Jens Qvortrup. Societal Position of Childhood: The International Project Childhood as a Social Phenomenon, *Childhood*, 1993（1）.

的方法。在儿童视角的社会理论观照下，儿童成长是立体的，学校、家庭、同辈、社会符号文化与物质文化统一于儿童的阐释性再构过程。将儿童作为独立社会变量后（并非不合格的非正式社会成员），我们可以关注家庭、制度性教育、政治、经济、文化、职业场域，包括学校、家庭和父母工作结构、社会（媒体）和儿童同辈文化、各种当前社会问题等，与儿童各个年龄阶段的关系。[①]

在"行动深描"中的作用：以"人生经历的儿童"这个"主体"（社会行动者），反观学校和家庭的阶段性"主导"下的"主体"，儿童是不能随心所欲改变的。学校、家庭和儿童存在对环境和人生经历的主动选择，这种选择随着儿童年龄的增长，与之呈现反比例趋势。[②]

（三）"参与与共享"：良好教育生态的生成机制

"家长参与"可产生"社会认同"。哈贝马斯指出，现代社会危机产生的根源是未能顾及社会认同。教育属于社会认同和信任问题多发的领域，热点公关危机频发。所以，使学校教育取得家庭和社会的认同是十分重要的，而要取得家庭和社会的认同，最重要的就是通过家校合作，抓好家校沟通。如何取得家庭和社会认同？就是家校社互动要在客观性、真诚性和正当性上下功夫。只摆事实、讲道理不能完全达成上述目的。因此，家长舆论不但取决于客观性，更取决于学校对家长的真诚性和正当性。而让家长在学校有计划的组织下参与和体验学校教育，是让家长在感情上认同和支持学校的有效途径。这是一条具有普遍意义的理论概括。

实现从参与到认同有以下几个条件，一是活动要有共享意义、共同关切和价值观，以及共享主题的发展，如怎么结合工作找到学校、班级和家长的共同关切主题，形成一致或相近的价值观。没有共同关切的主题，家长参与活动就会失败。二是确认共享意义的途径——共享仪式（活动）和语言行

---

① 〔美〕威廉·A. 科萨罗：《童年社会学（第四版）》，张蓝予译，黑龙江教育出版社，2016。

② 〔美〕劳拉·E. 贝克：《儿童发展（第五版）》，吴颖等译，江苏教育出版社，2012。

动常规（比如共享意义通过什么活动来承载）。三是检验共享意义的建立与否，诀窍是观察在活动过程中建立"我们"的归属感。四是在这一过程中，互动最初具有脆弱性，对家长的最低参与保持敏感，如家长首先非语言进入，进行环境勘察（一个会心的微笑，微信潜水偶尔点赞，家长会鼓掌），然后才会进行语言表达和情感投入。

在"行动深描"中的作用：站在家长体验的视角，反观家校合作活动的意义，以及良好教育生态的生成机制。

（四）"活动与常规"：走向常规的现代教育制度（包括家庭常规）

第一，家校合作的活动。当前有 3 种划分方式。

爱普斯坦将家校合作划分为 6 种类型：当好家长、相互交流、志愿服务、在家学习、参与决策和与社区合作。[①] 上述 6 种家校合作类型围绕儿童成长，达成服务家庭（为家长赋能）、服务学校（以及民主办学）2 种类型的均衡目标。这一活动划分方式具有实践指导意义，可以据此跨越以往传统、零散、个体经验的家校合作行动模式。"6 种类型"和"2 种类型"分别突出了家校合作活动的多样性和全面性（强调志愿服务类型也是其特点之一），以及对双向服务平衡性的考量。

朱永新教授提出"4 种家校社合作类型"[②]：家庭教育指导、学校生活参与、家校互动沟通、社区融合协作，强调将爱普斯坦"当好家长""在家学习"2 种家校合作类型实质合并为"家庭教育指导"，以及将"志愿服务"和"参与决策"合并为"学校生活参与"，这是很有道理的一种划分方式。

第二，语言与工作常规（渗透学校和教师、家长和家庭）。家长对孩子学习的关切、对日常课程教学和日常班级管理的参与是家校合作的关键因

---

① 〔美〕乔伊丝·L. 爱普斯坦等：《学校、家庭和社区合作伙伴：行动手册（第三版）》，吴重涵、薛惠娟译，江西教育出版社，2012。

② 朱永新：《家校合作激活教育磁场：新教育实验"家校合作共育"的理论与实践》，《教育研究》2017 年第 11 期。

素，也是各种仪式性活动和独立活动的落脚点。这里存在学校制度时空重构的重大理论和实践问题，例子如下。

- 日常课程教学问题与亲师生互动。
- 班主任日常班级管理问题与亲师生互动。
- 学校决策中的问题与家校社互动。
- 区域政府和教育、妇联等部门家校社工作的问题与家校社互动。

儿童发展嵌套于一系列相互影响的环境系统中，学校开展的家校社合作活动和常规教学，尤其是日常课程教学和日常班级管理，如何与家庭教育阅读、陪伴、习惯、家庭孤立化破解相对应，比如习惯培养和儿童圈养化破解，如何将常规教学纳入家长和家庭进行现代学校制度的重构，是个实践难题。

在"行动深描"中的作用：观察家校社合作如何从大型活动走向常规活动（常规教学）的现代学校制度（家校社合作）的重构。

（五）"学校与政府"：探索家校合作的外在动力来源

在家校社合作中，学校是平台，是制度化分工的教育专业组织，各种家校社活动，包括家庭教育，都由学校牵头；政府是战略决策者和资源枢纽。从江西省来看，其家校社合作大体上经历了引进试点（对比统计）—消化吸收（培训体系）—教育局层面试点—县域政府层面试点—全省性铺开的过程，具有由点到面、由模仿到本土创造的特征。

家校合作当前主要有营造良好教育生态、提升学校教育教学品质、服务地方招商引资等多种初始动机和战略定位。在不同初始动机和战略定位下，家校社合作的目标侧重点、组织方式、范围和行动等呈现多样性，总体来看，政府在此过程中发挥着极其重要的作用，为家校合作提供动力和制度化路径，以及扮演组织者和协调者的角色，整合家庭、社区、下级政府、社团、政府各部门的力量和资源。家校社合作开展得比较好且长期得到坚持的学校，一般是某一行政区域成片的学校。同时，政府在家校社资源整合上具有不可替代的作用。

打破家庭孤立化（family isolation）和儿童圈养化。家庭孤立化是一个世界性问题，家庭变得越来越小，祖辈和亲戚不再相邻而居，邻里之间的和睦与互助大为削弱。这种家庭孤立化更因现代社会中的家庭状况、性别与年龄隔离问题加剧。[①] 儿童需要机会和空间与他人一起编织他们的"关系网"。他们需要多样化的社会空间和场域以支持人际关系网络的"编织"，并允许他们在家庭、同辈、学校与邻里文化世界中建立属于他们的安全之所。

解决的办法是政府整合学校、职能部门和社区的力量。比如在学校层面，江西弋阳县在村、社区建立的校外学习小组；在政府层面，我国台湾地区新北市建立家庭资源中心（Family Resources Center），由政府出面、社区组织，支持打破成员间的隔离，建立良好的邻里环境；在家庭层面，引导建立家庭友好型工作环境，如实行白领弹性工作制、在家办公、家庭成员的陪伴与互动等。

对边缘家庭的支持。这些群体主要指向单亲、离异家庭，留守儿童家庭，家庭教育不当或虐待儿童家庭，存在家庭外暴力和虐待（如校园欺凌）等的家庭。针对留守儿童的家校合作需要逐一研究解决如下四个问题。

（1）学校与留守儿童家庭的家校沟通对象是谁？这是中西部地区劳动力输出大省学校处理与留守儿童家庭关系的普遍现实问题。亲代在位的解释框架提示，留守儿童家庭最重要的沟通对象，不是在家照看孙辈的祖辈或者负有临时监管职责的亲戚，而是与留守儿童"不在一起生活"的外地务工的父母，父母才是留守儿童的精神家园和支柱。学校如何与外地务工父母沟通联系，是留守儿童家校协同沟通面临的必解难题，这个难题的解决思路目前尚未得到足够重视。

（2）沟通什么？学校与留守儿童父母的沟通，不仅是儿童学业和成长的沟通，而且要注重增进儿童与远在外地父母的情感联系，强化父母的文化符号形象，激发亲子之间的情感体验，动态增进亲子感情。父母因外出打工

---

① 〔美〕威廉·A. 科萨罗：《童年社会学（第四版）》，张蓝予译，黑龙江教育出版社，2016。

而养育"缺席"，但亲子感情仍然可以成为促进留守儿童成长的动力。由于留守儿童的亲代在位具有脆弱性的特点，所以学校注重发挥连接留守儿童与其父母之间的感情纽带的作用，这对维系儿童成长的心理动力具有重要意义。

（3）观察留守儿童的变化，特别是突然的消极变化，如学业的大幅退步或者消极孤僻，往往可以从外地务工父母的离异导致家庭解体中找到原因。当前留守儿童外地务工父母在打工期间离异后，父母一方或者双方另组家庭而不顾子女并非个别现象，而是具有一定的普遍性。只要有父母，这个"家"就在，虽然父母去外地务工而缺席儿童成长的现场，但在儿童的心里，父母和"家"仍然是在位、完整的；如果家庭解体，儿童遭到抛弃，则亲代不仅"缺场"，"亲代在位"更是不复存在，儿童对自己的成长往往失去心理动力而自暴自弃。

（4）留守儿童祖辈的养育，是一种父辈养育的替代性养育，这种替代性养育具有临时性，不能取代父辈的养育。所以，祖辈在养育过程中，如何处理孙辈和其父辈的关系变得很重要。祖辈如果正面增进孙辈对其父母的情感体验，则祖辈在位和亲代在位可以共同促进儿童的成长；反之，祖辈的养育有可能事倍功半。

在"行动深描"中的作用：跳出学校层面看制度化的外在动力来源，在中国改革中政府发挥特殊关键作用。

（六）"组织与培训"："架构重组"和"流程再造"

家校社合作作为一种跨界行动，其组织机构是家长组织（如家长委员会，简称"家委会"）和学校组织之间的协调机构，国外称 ATP（合作伙伴行动小组），国内称家校协调委员会（家委会）。ATP 强调将学校和家长的联系显性化和组织制度化；而家长委员会通常是校长、教师隐性控制，易变性强，所开展的家校合作活动主要为学校的利益服务。我们通过观察也发现，成立"家委会"，是保持家校合作的均衡性和制度化必要但不充分条件。学校的家长委员会从长远看是建立独立于学校（如跨学校、区域）的独立法人的家长组织系统，如美国的家长教师协会即 PTA。

"家委会"的本质是家校合作行动，具有典型的跨界性质。家庭和学校存在关切和价值观"剪刀差"①，即家长和教师参与家校合作的立场差异。家长关注点在家，教师关注点在校。家长参与度较高的活动往往发生在家，与子女直接相关，过程由父母主导，比如在家辅导孩子作业（在家学习），提高当父母的能力和技能（当好家长）等。教师参与度较高的活动发生在学校，过程由学校主导，面向所有学生而不是某个学生，如邀请家长代表出席学校活动（参与决策），招募家长志愿者到校提供志愿服务等。

进一步的研究发现，家长和教师的跨界交叠域是一个变量，跨界交叠域与家校合作的强度成正比，同时与家校合作的差异度成反比。② 可以解释为何实践上不同学校开展同一种家校合作活动（如家长志愿服务）可能会产生完全相反的后果。单纯提高学校家校合作的强度和频度并不必然是好事，活动的设计同时要考虑家长的需求和期望。

家校合作需要专业化培训。在提供给教师的知识和培训中，常有这样的错误预设："凡是需要的，就是具备的。"但事实上教师并不是天然合格的家庭教育指导者，家校合作是社会组织及其成员之间的互动，其行动及组织工作具有专业性。所以家校合作工作需要从专业培训着手。基于爱普斯坦设计的培训框架，江西省开发了一套实务操作的家校合作培训教材和体系，作为江西省培训项目立项，对全省 8000 多名校长和骨干教师进行了家校合作专题培训，对于这个培训体系，参训人员的反应非常好。该项目的组织结构如图 2-7 所示。

这个培训体系的特点是引进实践框架、融合本土化实践知识。按照新的理论认识和实践积累，江西省正着手构建新的培训体系（新的结构框架，加强理论视野、日常工作、家庭教育指导）。

在"行动深描"中的作用：作为典型的跨界行动，家校合作在"架构

---

① 吴重涵、张俊、王梅雾：《学校和家庭能否想到一块去》，《光明日报》2017 年 1 月 21 日。
② 张俊、吴重涵、王梅雾：《家长和教师参与家校合作的跨界行为研究——基于交叠影响域理论的经验模型》，《教育发展研究》2018 年第 2 期。

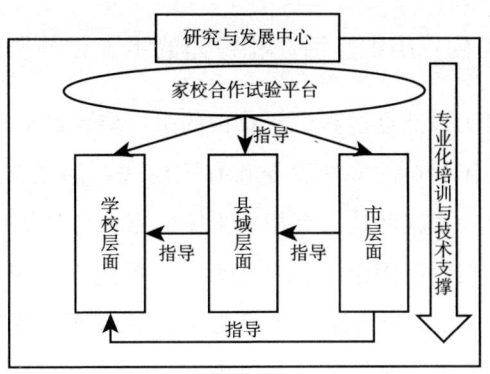

图 2-7　推进家校合作培训项目的组织结构

（四级组织结构和全程专业化培训相结合）

重组"和"流程再造"中，突出组织结构和专业化这两个关键点。

　　总之，本书并不简单描述家校合作的国际经验，也不总结零散本土实践的效果，而是要在"行动深描"中，用理论和实践经验来透视行动和事件，理解行动和事件的普遍价值和意义。

五　理论研究路径

（一）经验借鉴：国际理论和经验的比较与借鉴

　　主要关注家校合作领域国际上有哪些指导性理论和成功经验，并比较研究本土家校合作的可发展空间。首先，综述国际家校合作的成功经验。从国际比较的角度分析国际代表性的先发国家和地区是如何从理论和实践上推动家校合作的。其次，批判性归纳国际经验的共同特征。从制度分析视角，归纳总结国际家校合作的发展模式，研究这些国家和地区如何处理政府、学校、家庭和社区间的关系，特别是着重发掘其发展沿革、政策措施和未来趋势，总结出它们之间共同的值得借鉴的经验。最后，探讨我国家校合作的发展空间。从比较分析角度，探讨我国本土家校合作的现状、存在的困惑，并从文化、制度等角度解释其原因。

（二）行动重构：组织、活动和行为的本土化与再造

本路径是根据实践推进过程中所获得的引进借鉴经验和案例积累，归纳和分析当前家校合作存在的多种途径和有效模式，阐释其普遍意义和价值，进而为区域、学校、家庭和社区等相关主体的家校合作提供行动参照。在组织方面，力图克服当前我国家校合作组织成员单边（以家长为主体）、决策隐性（学校隐性控制）、功能片面（只为学校服务而忽视家庭）、运作独立（零散的、形式化活动）的缺陷，进而构建和实践面向区域、学校、班级等不同层面具有成员多边、决策显性、功能均衡、运作融合等特征的可持续的组织结构。在活动和行为方面，根据已收集的大量案例进行文本分析和再阐释，参考学者已有的概括性归纳，构建以关爱儿童为中心的观照个体与集体、学校与家庭、形式与功能等层面且具有本土化特征的家校合作模型。注重本土化初期的实践推动与研究追踪，对家校合作处于起始阶段的学校，追踪研究其初期推动情况具有重要意义。从弋阳、峡江、苏州、上海、山东等地的经验，提炼出家校合作活动开展的动力类型和策略模型。最后，对所构建的组织和活动类别汇编工作案例，以呈现其组织、活动和行为的特色与优势，原生态地反映实践的鲜活过程和背景关联，从而为社会经济发展水平不同的区域、不同类别的学校、有不同需要的家庭提供行动的直接参照。

（三）微观机制：融入学校和家庭常规的微观机制

本路径观察和深描家校合作如何从大型活动走向家庭和学校常规生活的现代学校制度的重构，进而为面向家庭和学校构建本土化行动框架。一是在已有两轮大样本调查的基础上，继续追踪调查，扩大样本量和样本区域，以证据为基础，归纳总结中国家校合作的特征。二是基于学校视角，关注的重点是如何摒弃以往零星的、简单经验复制的行动模式，将国际成熟的行动框架转化为本土实践，从学校和班级、组织和个体等多个层面，开展以儿童成长为中心的、面向全体家庭的、功能均衡（家长为学校服务，同时学校为

家庭提供支持）的家校合作，同时探讨学校（教师）如何以家校合作为突破口改善办学环境、提升办学水平（工作水平）。三是基于班主任和任课老师常规教学和管理的视角，主要通过田野观察法描述和概括学校和家庭、家长和教师如何围绕儿童的动态成长，形成资源整合和活动深描重构的微观机制。四是基于家庭视角，关注的重点是指导家长如何有效参与子女教育，包括改善家庭语言环境、微妙行为，参与日常课程教学和班级管理等，以及学校和教师的日常行为如何影响家庭教育的微观机制，并特别关注贫困、留守儿童及孤残等弱势、边缘家庭。

（四）宏观机制：营造良好教育生态的宏观机制

家长对教育的看法就是社会对教育的舆论。适当的"家长参与"可产生"社会认同"。本路径的关注重点是从区域（县区、省及国家）层面，探讨政府特别是教育行政部门如何规范和引导家校合作的问题，进而从宏观层面探索家校社合作生成良好教育生态的机制。重点关注政府如何整合各方资源，如何引导学校突破自身办学利益的局限，围绕促进儿童成长，协调学校、家庭乃至社会的不同价值立场和利益诉求，形成参与的价值共享和认同。这方面既要考虑相关层级政府尤其是地方政府在引导学校家校合作上的动力、激励机制，扮演的角色以及支持能力等问题，也要设计科学合理的评价指标，以有效地检测区域家校合作的程度及相关政策工具的选择所带来的实质效果，探讨哪些政策工具或工具组合更能促进区域家校合作的开展，并以江西省为重点，开展"家校合作示范区、示范校"的建设和评估工作。

（五）专业支撑：专业与技术支撑体系

家校合作是社会组织及其成员之间的互动，本质上是一种跨界行动，是人际互动层面（教师和家长）、组织互动层面（学校和家庭）社会结构和资源的复杂重构，其行动及组织工作具有专业性，需要专业与技术支撑。实践证实教师接受专业培训是推进家校合作实践的先决条件。江西省在推进家校社合作过程中，通过科研与实践的良性互动，开发了一套实务操作的家校合作与家长教育指导的培训教材和体系，这个培训体系的特点是引进的实践框架加本土化实践知识。

六　实践推进路径

课题"家校合作的国际经验与本土化实践研究"采用"科研引领—行政推动—实践创新"三位一体的行动路径，紧紧围绕"如何借鉴国际成熟的家校合作构建本土化实践框架"这个问题展开研究，顺利完成拟订的科学研究、政策应用和实践应用等任务：从世界主要发达国家和地区家校合作发展沿革、相关政策措施进行分析和研究，总结出它们之间共同的值得借鉴的经验；从这些总结提炼出的、具有共性的国际经验出发，探讨我国家校合作的发展方向和政策行动空间；通过辐射全国的、持续的本土化实践和跟踪研究（包含线上学习家校合作对未来改进的启示），构建本土家校合作的框架和模型。

（一）开展家校合作国际经验与本土实践的科学研究

一是开展面向客观问题的专题研究。自课题立项以来，笔者发表了多篇论文。主持的课题的相关成果获得第六届教育科学优秀成果三等奖、江西省教育科学优秀成果一等奖、江西省社会科学优秀成果二等奖等奖项（笔者皆为主持人）；以课题相关研究成果支撑的项目还获得基础教育教学成果省级一等奖、国家级二等奖（第一参与人）。

这些专题研究在逻辑上形成了制度化家校合作国际经验与本土实践的对比分析，在国家经验借鉴、区域（政策为主）、学校、班级层面形成机制等逻辑解释链中系统回答了一系列在实践中亟待解决和回应的问题。试点单位已经达成了很好的共识："家校社合作不是以活动为目的""不是为活动而活动""家校社合作不是另起炉灶，而是结合学校的发展和儿童成长目标"，这些共识是在大量的规范研究基础上得出的基本判断。

二是完成家校合作大样本调查，建成省级追踪数据库。2020年5～7月，鉴于线上学习期间家校共育的相关变化，在中国教科院相关领导的授权下（两个课题共享数据、共享成果），结合与中国教科院联合主持的中央级公益性科研院所基本科研业务费专项资金重大项目"基于抗疫背景的中小学家校共育改革研究"（项目批准号：GYA2020001），完成全国范围大样本调查，样本总量约206万份（其中江西近28万份），开展全国实地走访（北京、上海、江西、江苏、广东、重庆、四川等），实现对家校社合作的动态跟踪和学校的个性化诊断，为科学研究、政策制定和实践提升提供了基本依据，已经和正在产出系列高质量科研成果。

三是努力构建科研、行政与实践的良性互动。一方面，面向现实问题开展研究和指导。通过消化吸收和创新，形成了家校社合作的"6种实践类型"、专门行动组、"以校风影响家风带动民风"等理论成果和实践经验；同时又反哺实践，通过专题培训、驻校指导、典型推广等，让家校社合作走上了良性轨道。另一方面，科学研究深度介入政策制定。在改革推进中，设计了科研和行政"双引擎"推动，相关部门联合发布多份省级政策文件。在这些政策中，研究的学理逻辑与行政的科层逻辑的充分调和呈现逻辑的美和创新的光芒。

四是产出本土经验。学校自身和所处的社会情境各不相同，而且在不断发生变化。外来理念和做法以及据此预先制定的行动方案难免水土不服。因此，江西特别注重本土经验的即时生成，如九江双峰小学在家长背景构成差异很大的情况下，采取以优秀家长引领其他家长的做法，弋阳县开展"以校风影响家风带动民风"的实践等。目前，家校社合作的科学理念和实践框架已经运用于试点单位，通过越来越多试点单位的实践贡献，江西本土经验愈加成熟，改进的方向愈加清晰，为在全省推广普及打下了良好的基础。

五是注重成果应用的宣传。江西主办全国家校合作经验交流会（2019年），与中国教科院联合举办"家校社协同育人改革研讨会"（2021年）等会议，项目组还在多个学术会议和经验交流会上做主旨报告，展示和交流课题成果。2019 年 5 月，全国家校合作经验交流会在江西举办，这也是交流会自开办以来首次由沿海发达地区向中西部地区延展。会上集中展示了江西家校合作的阶段性成果，得到与会专家、一线教师的肯定和推崇。时任全国政协常务委员兼副秘书长朱永新教授认为，江西家校合作经验为全国农村、经济欠发达地区家校合作实践树立了样板，值得在全国推广。2021 年 6 月，江西与中国教科院联合召开"家校社协同育人改革研讨会"，中国教科院、江西省教育评估监测研究院（原江西省教科所）等领导和科研人员出席研讨会，会上集中研讨了本书课题"家校合作的国际经验与本土化实践研究"的阶段性进展，并就下一步重点科研攻关方向进行了研讨。

（二）注重成果的政策转化与应用

本书项目组在政策层面（特别是省级），密集、持续主持或参与撰写了 20 多份相关文件，家校合作制度环境（省域）不断完善。

一是宏观教育战略定位提升。家校社合作工作提升到促进教育改革和发展，营造"党以重教为先、政以兴教为本、民以助教为荣、师以从教为乐"的良好教育生态的战略高度，成为"奋进之笔"重大攻关项目。江西省开展了全省范围的专题大型调研，分别召开了全省经验交流会和工作推进会，推动在教育全局、在事关民生的教育改革问题上，发挥家校社合作凝聚民心、整合资源的战略作用。"家校社合作"已被纳入《江西省"十四五"教育事业发展规划》《关于推进教育强省建设的意见》和《江西省加快推进教育现代化建设教育强省实施纲要 2035》等省级制度文件中。当前，我们正进一步推动家校社力量的制度化整合，并将其纳入教育行政基本职能以及教育经费预算等中。

二是顶层制度设计优化。在政府主导上，明确家校社合作对社会治理的意义，优化教育生态是社会治理的入口。构建省—县—校的责任传导机制，让政府、学校、家庭和社会等各方面力量有组织地形成教育的良好生态。在行政统筹协调上，明确政府对学校、家庭和社区利益和诉求的协调作用。学校难以协调家校社合作主体之间的利益，应由政府主导。政府视野开阔，资源多样，超越群体的局部利益，由政府主导家校社合作既巩固了学校教育的基础，又推动了家庭、社区的参与和跨学区、跨社区活动的开展，还能在一定程度上帮助个别学校克服工作缺乏稳定性和方向偏差的问题。

三是纳入政府责任考核评估。优化宏观教育生态，难以由教育系统单独实现，为此江西省将该职责提升到县级层面，由县级政府统筹乡镇政府和民政、妇联等部门，由此形成省"抓"县、县"抓"下级政府和各部门，教育部门牵头，学校发挥能动作用的责任传导机制。当前，家校社合作已被纳入《江西省县域义务教育优质均衡发展督导评估指标体系》，在总分 100 分中占 9 分，以此促进引导县级党政"抓"家校社合作，完善目标一致、资源共享的大教育格局。

四是纳入教师专业发展指标。教师的专业发展指标不只是课堂教学，也包括投入家校社合作和在其中的表现、贡献。当前，江西研究在全省中小学教师职称评定中，同等对待开展家校社合作所取得的工作业绩与教学业绩；在教师专业标准和校（园）长专业标准中，构建可操作性指标，加大家校社合作工作的考评比重。

五是以示范带动全面普及。综合本土成果，出台省级制度化家校合作示范县（校）创建工作指导意见和工作标准，为县（市、区）和学校两级提供实践框架和工作标准，并明确在全省培育有引领作用的示范县（校），同时启动全省制度化普及推广工作，要求县级政府将家校社合作纳入学校和政府部门工作考评，应用考评结果推进民风和社会风气的改善。

六是深度参与政策制定。本书项目组的研究成果多次被江西省政府、江西省教育厅采纳，项目组成员参与起草并出台有关家长委员会、家校合作、家庭教育等多份政策性文件，初步形成江西省家校合作的省级政策规划，并提交多篇政策咨询报告。

2019 年 12 月，项目组提交教育部《家校合作专报》，呈现国际视野下的江西本土化行动，获教育部政策法规司有关领导批示。

2022 年 11 月 10 日，全国政协有关领导对江西省教育厅《研究与参考》所载《加强江西省家校社合作，推进协同育人的机制与策略》做出了批示。

（三）实践与科研的良性互动

一是启动江西省第三批制度化家校合作实验。2018 年，在"家校合作的国际经验与本土化实践研究"基金项目的支持下，以江西省教育厅发文和授牌，在全省遴选第三批家校合作试点县（区）和学校，共 14 个县（区）和 260 多所学校参与。这些试点单位涵盖了从农村到城市、从幼儿园到高中、从薄弱学校到品牌名校的广泛代表。该批试点的主要任务是继续以促进儿童成长、提高家长和学校教育水平为主线，同时兼顾家校社合作，政府和教育行政部门凝聚民心、整合资源，服务于教育生态建设和社会治理现代化。

二是实践框架落地。组建专家团队反复到试点学校开展驻校调研与实践指导，为学校提供组织建设—年度计划—活动方案—具体活动的系统辅导，引导学校在统一框架下的"规定动作"之上，创新"自选动作"。通过驻校指导，学校普遍建立和完善了家长委员会，强化了家庭教育工作，家校社合作跨越了传统的、零散的经验范畴，迈入有组织、有目标、有计划的制度化轨道。

三是培育"种子"力量。将家校社合作培训纳入"省培计划"，每年两期，对校长和教师展开培训；同时开展家庭教育公益巡讲。培训以理论和实务操作为主，不断增添鲜活案例。很多学员反映"收获确实超出预期"。截至 2022 年，省级参训教师已超过 1 万人次，送培到县（区）、学校的参训教师超过 2 万人次。参训教师构成网络状工作站，形成辐射全省普及家庭教育和家校社合作的师资支撑。

四是推进跨界行动。家校社合作跨越了传统的职责分工，属于跨界行动。过去完全依靠学校主导、依照校（园）长的意愿，仅靠家长委员会是难以有效完成职责的。在组织建设上，指导学校建立包含学校、家庭和社区的代表在内的家校社合作委员会，三方围绕儿童成长、家长志愿服务、家长教育、社区（村）资源利用、校园周边环境整治等问题共同决策和行动；根据家长专长和资源优势，建立专门工作组，协助完成具体目标（但又不仅停留于该目标），如对家庭教育的宣讲、对儿童阅读能力的提升和对弱势家庭的帮扶等。

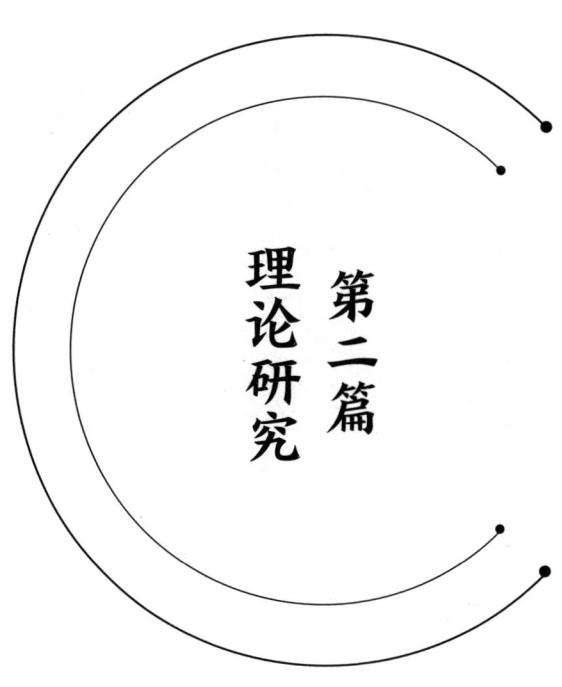

第二篇
理论研究

第三章

家校合作的全球实践
与交叠影响域理论研究

一　家校合作理论的四种流派

有关家庭与学校在儿童教育过程中的作用与相互关系，从社会分工论、制度理论、生态系统理论到社会资本、文化资本等方面，历来有很多的解释。经文献梳理，笔者认为这些理论大致可以划分为四个流派（见图3-1）。

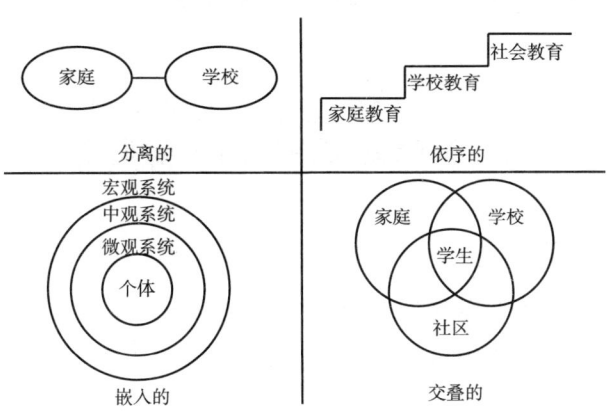

图 3-1　家校合作理论的四种流派

一是分离的流派。该流派理论往往从涂尔干的社会分工论出发，认为家庭与学校在儿童教育中只有分工才会达到最高效率。代表性理论有责怪家长无能的"家庭缺失论"（Family Deficiency Theory）和责怪学校歧视的"教育机构歧视论"（Institutional Discrimination Theory）[1] 等。

二是依序的流派。该流派理论根据儿童成长阶段，认为孩子在学前、入学和进入社会三个阶段，依次是家庭教育、学校教育和社会教育发挥主要作用。其基本假定是前一阶段的成长状况是下一阶段成就的基础，如此，家庭教育发生在学校教育、社会教育之前，是后期孩子取得成功的基础，所以非常重要。然而，一旦孩子进入学校，家庭就要淡出对子女的教育，因为这个时候，学校是儿童教育的主要责任者。

三是嵌入的流派。该流派理论或观点从布朗芬布伦纳的生态系统理论出发，认为儿童成长受到一系列嵌套环境的影响。在这些系统中，系统与个体相互作用并影响着个体发展。[2] 社会资本、文化资本对儿童成长作用的研究大致可归入此类。

四是交叠的流派。这一流派以交叠影响域理论（Overlapping Spheres of Influence）为主，它是由美国约翰·霍普金斯大学"学校、家庭和社区合作伙伴联盟"（NNPS）研究中心主任兼首席科学家爱普斯坦提出的。该理论的核心观点是学校、家庭和社区对学生成长产生交互叠加的影响。[3]

二　全球家校合作的主要类型

教育质量和教育公平不能只注重学校教育系统，而应看到儿童家庭背景的差异和家长参与子女教育的作用。20 世纪以来，家校合作成为西方学术界几十年不衰的热门议题和基础教育政策的重要组成部分，许多国家从战略

---

① 何瑞珠：《家庭学校与小区协作：从理念研究到实践》，香港中文大学出版社，2002。

② U. Bronfenbrenner, *The Ecology of Human Development: Experiments by Nature and Design*, Cambridge, MA: Harvard University Press, 1979.

③ 〔美〕乔伊丝·L. 爱普斯坦等：《学校、家庭和社区合作伙伴：行动手册（第三版）》，吴重涵、薛惠娟译，江西教育出版社，2012。

高度采取制度化措施来促进家校合作。

家校合作带有地域文化特征，也与社会经济发展阶段相关联，呈现多种形态。具体来说，当前世界家校合作大致可以归纳为四种类型：政策导向和社会参与混合型、家庭主导教师家长互动型、过渡转折型、学校家庭分离型。前两种类型存在于经济和社会发展较为发达的国家和地区，过渡转折型存在于经济和社会快速发展的国家和地区，学校家庭分离型存在于建立了现代学校系统但经济和社会发展较为落后的国家和地区。

类型1：政策导向和社会参与混合型

这是当前世界家校合作的主流类型，美国、英国，以及以美国为典范的家校合作发展后期的日本、中国台湾和中国香港等国家和地区均采用该类型。在这些国家和地区，政府、学校、家庭和社区普遍重视家庭在学校教育和儿童成长中的作用，并发展出较为成熟、稳定的家校合作模式。这些国家和地区具有家庭和社会组织参与教育的传统，也有宏观调控的能力，强调以研究为基础（research-based）、以法律来引导和规范、以学校和社会公益性组织为平台、以促进儿童成长为目的的家校社合作行动特征。现代意义上的家校合作行动，发端于美国 20 世纪 60 年代广泛开展的"开端计划"以及后续的《初等与中等教育法案》《不让一个孩子掉队法案》等，强调家庭对儿童成长的重要意义，要求学校积极帮助家长提高教育水平，鼓励和规范家长参与学校教学和管理事务，关怀弱势家庭儿童等。在这样的背景下，美国发展了"家长—教师联合会"（Parent-Teacher Association，PTA）、"学校、家庭和社区合作伙伴联盟"等全国性家校合作组织。

类型2：家庭主导教师家长互动型

采用这种家校合作类型的国家往往经济和社会发展程度较高。在这类传统的民主社会国家，儿童教育是家庭私人事务，由家庭和儿童主导，而政府的介入可能侵犯家庭和儿童的隐私权和教育选择权，只有极端情况（如虐待儿童）下政府才会主动干预。尽管缺少政府的主动干预，家校合作往往具有强大的社会基础，家长参与学校事务是他们参与社会治理的组成部分，代表性的国家以欧洲国家居多，如法国、德国等。①

类型3：过渡转折型

随着经济和社会发展，家庭和家校的关系发生显著变化，由"铁路警察，各管一段"的家校分离传统模式，逐步过渡到家庭、学校和社区建立平等伙伴关系的有机联结模式。这方面的代表是家校合作变革前期的日本、韩国和中国台湾地区。日本在第二次世界大战投降后，全面学习和模仿美国进行战后教育重建，由此也将家校合作引入日本，如家长—教师联合会制度等。中国台湾地区在20世纪80年代末期解除政策戒严后，以1994年的"四一〇教育改造运动"为标志，前后划分为"旧制"和"新制"家长会，"新制"家长会被定义为独立、自主运作的组织，具有收费、参与学校行政、对外行文，以及校际联合等权利。②

类型4：学校家庭分离型

采用这种家校合作类型的国家经济和社会发展程度不高，缺少整体规划；家庭普遍认为儿童教育是学校的责任，也没有与学校合作的文化传统；学校既不关心也无有效的措施来推动家校合作，只能放任家长和学校的关系自由发展，如越南、老挝等欠发达国家。

综上可见，家校合作的重要性、存在方式等既与家庭和学校在儿童成长中的相对关系和作用紧密相关，又与一个国家或地区经济社会发展的阶段紧密相关，不存在脱离经济社会发展阶段的抽象家校关系。家校合作作用增强的趋势，只是在经济社会发展到一定程度后出现的历史必然。因此，家校合作具有在历史递进性基础上的多样化模式。

---

① 〔法〕让·凯勒阿尔、P. Y. 特鲁多、E. 拉泽加：《我知道什么？家庭微观社会学》，顾西兰译，商务印书馆，1998。
② 林明地：《家长参与学校教育的研究与实际：对学校改革的启示》，《教育研究资讯》1999年第2期。

三　面向实践的家校合作指导理论
——交叠影响域理论评介

交叠影响域理论的提出旨在以研究改善实践。爱普斯坦认为，与其陷入儿童成长过程中哪种因素影响更大的理论争辩，不如从改进实践的角度去建立家庭、学校和社区间的新型伙伴关系；与其静态解释家庭与儿童成长间的因果关系或一味地批判教育不平等再生产机制，不如从实践中去动态观察家庭、学校和社区的主动努力是如何克服客观条件不利影响的。更为重要的是，家庭、学校和社区在儿童成长过程中主动、密切合作，不但会提升儿童受教育水平，促进儿童成长，而且对改善家校关系、提升家长育人水平、提升学校教学和管理效能等都有积极作用。

作为家校合作研究和实践的基础性理论之一，交叠影响域理论认为，家庭、学校和社区这三个影响学生成长的主体，实际上对学生以及三者之间的关系产生了交互叠加的影响，即家庭、学校和社区单独或共同地影响着学生的学习和发展。[①] 爱普斯坦指出，伙伴关系可以吸引、指导、激励学生自己取得成功。[②] 其暗含的一个重要假设是，如果学生感到有人关爱他们并鼓励他们努力学习，他们就会尽全力去学习，并坚持在学校里学习而不会辍学。家庭与学校伙伴关系并不能保证学生一定会成功，而是在这种三方伙伴关系的模式下，促进学生在参与学习中取得成功。[③]

（一）外部模型

爱普斯坦分别用外部模型图和内部模型图对该理论进行阐释。其外部模

---

① 〔美〕乔伊丝·L. 爱普斯坦等：《学校、家庭和社区合作伙伴：行动手册（第三版）》，吴重涵、薛惠娟译，江西教育出版社，2012。

② J. L. Epstein, Advances in Family, Community, and School Partnerships, *Community Education Journal*, 1996.

③ 杨启光：《重叠影响阈：美国学校与家庭伙伴关系的一种理论解释框架》，《外国教育研究》2006 年第 2 期。

型图如第二章"理论基础"部分图 2-4 所示。

图 2-4 显示，以学生为中心，存在家庭、学校和社区三个主体，它们的经验、价值观和行为既有独立部分，也有共同部分，既可相互结合，也可分离，从而对学生成长产生交互叠加的影响。[①] 分离的区域是学校、家庭和社区单独（或不一致）的经验、价值观和行为，而结合区域是指三者间的统一的认识与合作，它们共同影响学生的学习和发展。对时间变量，交叠影响域理论认为，随着学校年级（年龄）增加，三者参与教育的行为或活动会发生变化，从而导致交叠区域发生变化。从家校合作的实践来看，该理论的外部模型表明：有些活动和行为应当是学校、家庭和社区单独进行的，要重视家庭、学校和社区等个别机构各自对学生特有的影响力；而有些必须共同完成，三者之间交叠影响将可能促使形成参与某项活动的条件、场地、机会或激励效果。

（二）内部模型

该理论的内部模型是外部模型交叠区域的关键部分放大，主要解释三个主体在何处以及如何发生互动和产生影响，即外部模型的内部机理。家庭、学校交叠影响域内部模型结构如图 3-2 所示。

图 3-2 显示，学生仍是交叠影响中的中心和教育中的主要角色，当学校、家庭和社区中的人们相互交流并一起工作时会产生相互作用。家庭、学校和社区间的联系和相互作用可能发生在机构层面（如学校邀请家庭参与讨论），它的对象是家庭、学生、教育者和社区整体；也可能发生在个体层面（如某单个家长与教师交流），它的对象是教师、家长、学生、社区人士个体或具有某一共同特征的群体。时间的作用在内部模型中仍然存在，家庭、学校以及其他社会组织对于学生的影响力是交叠且不断累积的，将持续地影响不同年级学生的成长。在这样的模式下，三个主体甚至全社会都应注

---

① 〔美〕乔伊丝·L. 爱普斯坦等：《学校、家庭和社区合作伙伴：行动手册（第三版）》，吴重涵、薛惠娟译，江西教育出版社，2012。

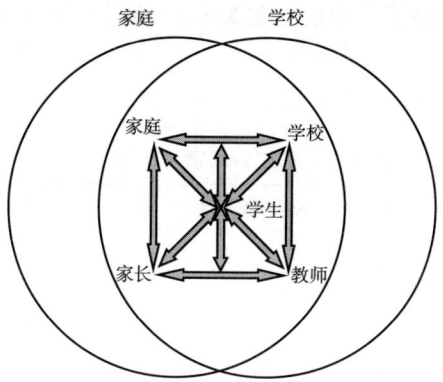

图 3-2 家庭、学校交叠影响域内部模型结构

注：此图只是完全模型的家庭、学校相交部分。在完全模型中，内部模型还包括社区、商业机构和社会组织，也包括发生在非交叠区域的相互作用。

意其对孩子的教育责任或影响力。爱普斯坦指出，对于家庭、学校与学生本身三者的相互关系建立，学校起着主导作用，因为只有学校是教育发挥影响力的制度化机构，更应关心其彼此之间的联系与合作，以发挥合成的影响力。[①]

（三）实践模式

家校合作从零散经验走向系统推动，重要任务是构建一套可有效指导实践的行动框架。从学者们总结的家校合作类型来看，有的是以空间领域来划分，如家庭为本、学校为本的参与[②]，甚至还包括社区为本的参与[③]；有的则以个别参与和集体参与来划分类型[④]。中国台湾学者林明地综合有关文

---

① 〔美〕乔伊丝·L. 爱普斯坦等：《学校、家庭和社区合作伙伴：行动手册（第三版）》，吴重涵、薛惠娟译，江西教育出版社，2012。

② S. Wolfendale, *Parental Involvement: Developing Networks Between School, Home and Community*, London: Cassell Educational Limited, 1989.

③ 何瑞珠：《家庭学校与社区协作：从理念研究到实践》，香港中文大学出版社，2002。

④ OECD. Do Parents' Occupations Have an Impact on Student Performance?, *PISA in Focus*, 2014 (No. 36).

献，指出家校合作的模式、角度、类型和活动等之间有相互重叠之处[1]，如表 3-1 所示。

表 3-1　家校合作活动类型一览

	当好家长	相互交流	志愿服务	支持学校	在家学习	代表他人
Cordon（1979）	√	√	√		√	
Scoot. Jones（1988）		√	√			√
Comer，Haynes（1991）		√	√	√		√
Swap（1990）	√	√	√			√
Berger（1991）		√	√	√	√	
Williams，Chavkin（1989）	√	√			√	√
Cervone，Leary（1982）	√	√		√	√	√
Epstein，Becker（1982，1992）	√	√	√	√	√	√
Goldring，Smerkar（1993，1994）	√	√	√	√	√	√

爱普斯坦收集了各级各类家校合作活动，并在前人研究的基础上进一步归纳、概括，提出家校合作的所有活动可以归纳为 6 种类型[2]，这 6 种类型如表 3-2 所示。

表 3-2　家校合作 6 种类型的名称及其概念

序号	名称	定义
类型 1	当好家长 （Parenting）	帮助家长提升自身素养，促进建立视孩子为学生的家庭环境
类型 2	相互交流 （Communicating）	构建家校双向沟通的有效形式，交流学校教学和孩子的进步

---

① 林明地：《学校与社区关系》，五南图书出版股份有限公司（台湾），2002。

② 〔美〕乔伊丝·L. 爱普斯坦等：《学校、家庭和社区合作伙伴：行动手册（第三版）》，吴重涵、薛惠娟译，江西教育出版社，2012。

续表

序号	名称	定义
类型 3	志愿服务（Volunteering）	招募并组织家长志愿者支持学校工作
类型 4	在家学习（Learning at home）	向家长提供让孩子在家获得更好学习体验的知识和技能
类型 5	参与决策（Decision making）	家长参与学校决策，培养家长领导者和家长代表
类型 6	与社区合作（Collaborating with community）	识别和整合社区资源与服务，营造爱心社区和友好的教育氛围

爱普斯坦和她的团队不断积累研究和实践成果，反复完善每种类型的概念内涵、代表性活动、面临的挑战，以及那些在众多学校实践中已被证实和观察的作用，从而使其不只是概念性框架，而且成为可指导实践的指南。

对每种类型的概念内涵，爱普斯坦做到了传承和扩展，如"志愿服务"，她提出"在任何时间、任何地点支持学校工作的家长都应被视为志愿者"[①]，包括那些在校外阻止传播学校谣言、到校内做观众的家长，而不只是那些到校参与学校工作的家长。对代表性活动，爱普斯坦团队设计了一套指标来测量家庭、学校和社区在各种活动或行为上的参与程度，这套指标现已上升为美国家校合作国家标准[②]，更于 1998 年成为新加坡全面推动家校合作的蓝本。这套指标既可以用于突出家校合作的重点，评估学校的实践，也可以用于研究测量。[③] 在江西省，项目团队引进了这一实践框架，并对该指标进行了本土化改造，完成了两轮以该指标为核心的大样本调查，并获得了有意义的结论。

---

① 〔美〕乔伊丝·L. 爱普斯坦等：《学校、家庭和社区合作伙伴：行动手册（第三版）》，吴重涵、薛惠娟译，江西教育出版社，2012。

② National PTA. *PTA National Standards for Family-School Partnerships: An Implementation Guide.* National PTA, 2009.

③ 吴重涵、张俊、王梅雾：《家长参与的力量——家庭资本、家园校合作与儿童成长》，《教育学术月刊》2014 年第 3 期。

实践证明，在交叠影响域理论的指导下，学校能够发展平衡、全面的家校合作。经过 30 多年的实践，全美已有近 2000 所学校加入"学校、家庭和社区合作伙伴联盟"，形成了研究指导机构、州、学区和学校 4 个层面的立体网络。

它们的行动模式扩展到了全球，在新加坡以及中国台湾、香港及大陆等地开展了有效实践。[①]

（四）理论贡献

第一，对生态系统理论的发展。该理论由发展心理学家布朗芬布伦纳提出，其核心观点是个体的发展嵌套于相互影响的一系列环境系统之中，在这些系统中，系统与个体相互作用并影响着个体发展。[②]

从交叠影响域理论的内部模型中，我们可以窥见生态系统理论的影子。交叠影响域理论仍然以儿童为中心，突出不同系统的相互作用和对儿童的影响。

交叠影响域理论对生态系统理论的主要改进有以下几方面：一是只保留了微观、外观和时间三个系统，去除了对儿童来说具有间接影响的、先赋性的环境，如先天的家庭条件、社会经济制度等，重点突出了家庭、学校和社区；二是细化交叠影响在组织、个体层面为两个水平，而不是一体的；三是指出不同系统间既有交叠部分，又存在理所当然的分离部分。从实践来看，交叠影响域理论在改善家校合作、促进儿童成长方面更具指向性。

第二，对家校分离理论的批判。交叠影响域理论的一个重要进步是直接批判了传统的家校分离理论。这一源自社会分工论的观点认为，对儿童的教育是分工的，就像在流水线上作业，当家庭和学校各自承担不同的职责时，

① 何瑞珠：《家长参与子女的教育：文化资本与社会资本的阐释》，《教育学报（香港）》1999 年第 1 期；吴重涵、王梅雾、张俊：《家校合作：理论、经验与行动》，江西教育出版社，2013。

② U. Bronfenbrenner, *The Ecology of Human Development*: *Experiments by Nature and Design*, Cambridge, MA: Harvard University Press, 1979.

家校关系最团结，教育的效果最显著。[①] 自人类进入工业化社会以来，家庭教育和学校教育越来越泾渭分明，家长很少参与学校的教育教学活动，学校也未将指导家庭教育视为自己的职责，学校教育越来越成为一个封闭的体系。家长把孩子送进校门，在观念上就将其完全托付给了学校，家庭教育未得到应有的重视，职能萎缩。

而交叠影响域理论认为，儿童成长所依托的家庭、学校和社区都抱有相同的目标、承担共同的教育责任，它们对儿童成长的影响是相互交织且难以区隔的。[②] 如果家庭、学校和社区经常进行高质量的沟通和互动，使儿童从不同的场景中接收一致的信息，即受到交叠的影响，将有助于其成长。近年来，随着学校被苛以越来越多的社会责任，其对家庭和家长的要求越来越多，人们也越来越认识到，学校难以单独承担起育人的重任，家庭在其中发挥着十分重要的作用。

第三，对"社会资本与儿童教育获得"研究范式的扩展。得益于布迪厄、科尔曼等社会学家的贡献，以社会资本（以及与之相近的文化资本、网络资本等）为代表的社会阶层分析范式一直主导着儿童教育获得的研究。几乎所有研究都证实：家庭和社会资本越丰裕的儿童，越有可能在教育中取得成功，而那些贫困家庭的儿童或许天赋不错，但要有好的学习成绩和职业成就也是难事。[③] 贫困家庭的儿童就该听天由命了吗？通常的研究似乎就到此而止了，有关静态的家庭资本的研究和带有宿命性的结论告诉我们，社会资本和教育不平等是社会不平等及再生产的根源，但是它们无法解释那些贫困家庭儿童在教育中取得的成功。

---

① 〔法〕埃米尔·涂尔干：《社会分工论》，渠东译，生活·读书·新知三联书店，2013。

② 〔美〕乔伊丝·L. 爱普斯坦等：《学校、家庭和社区合作伙伴：行动手册（第三版）》，吴重涵、薛惠娟译，江西教育出版社，2012。

③ P. M. Blau, O. D. Duncan, A. Tyree, *The American Occupational Structure*, NY: Free Press, 1967; J. S. Coleman, Equality of Educational Opportunity (Coleman) Study (EEOS): Codebook and Study Rreport, U. S, Department of Health, Education, and Welfare, 1966；〔法〕P. 布尔迪约、J. C. 帕斯隆：《再生产——一种教育系统理论的要点》，邢克超译，商务印书馆，2002。

交叠影响域理论承认家庭、学校和社区对儿童教育获得的重要性，也不否认家长在参与学校教育过程中必然带有阶层特征。既然如此，它们之间的合作和交叠影响对儿童成长的重要性就远远超过哪些资本更为重要、不平等如何产生的争论；推动它们构建伙伴关系的重要性，特别是鼓励弱势家庭参与的重要性，远远超过社会学家对家庭或学校的静态观察和解释。

由此，本着指导并改善实践的初衷，家校合作作为一种独立视角被提出，成为家庭、学校、社区影响儿童成长的中间变量。爱普斯坦认为，家校合作这一提法超越了科尔曼等人构建的"家长参与""社会闭合"只有家庭的视角，突出了在儿童成长过程中家庭、学校和社区需要共同承担责任。[①]

（五）评价和启示

为进一步促进理论完善和家校合作实践提升，在未来的研究方面，笔者认为交叠影响域理论研究还有以下值得进一步深入之处。

1. 交叠域：概念性的还是可描述的

交叠影响域理论的外部模型提出了家庭、学校和社区三者间的影响有交叠也有独立区域，但这只是一个概念性示意模型，不能描述出交叠域的大小、变化程度及变化的原因等，而且当前还没有文献探讨这一问题。

笔者所在的项目团队引进交叠影响域理论及实践框架，已在江西省开展了10年实验和本土化改造。基于本土实践，我们发现，家校合作主要是教育部门自上而下推广普及的过程，在学校主导下，主流是学校利用家长资源为学校服务的过程。[②] 这种行动模式的一个暗含假设即只要学校需要的，就是对家庭有利的，家长的利益、立场和行动与学校是一致的，所以彼此的交叠行动都是合理的。但现实中，学校（教师）和家庭（家长）的利益、立场和行动真的那么一致吗？为什么会有人疲于应付甚至反感家校合作，希望

---

① 〔美〕乔伊丝·L. 爱普斯坦等：《学校、家庭和社区合作伙伴：行动手册（第三版）》，吴重涵、薛惠娟译，江西教育出版社，2012。

② 张俊、吴重涵、王梅雾：《家长和教师参与家校合作的跨界行为研究——基于交叠影响域理论的经验模型》，《教育发展研究》2018年第2期。

厘清责任，让学校的归学校、家庭的归家庭？

　　所以当以交叠影响域理论指导家校合作的实践时，必然会涉及双方交叠的限度问题，具体来说即交叠的程度、变化及合理性。沿着爱普斯坦的思路，笔者尝试性地描述出了交叠域的大小、变化情况，并探讨了其规律和特征。

　　通过构建分析模型并代入江西省的两轮调查数据，研究发现，家庭和学校参与家校合作有共同的基础，表现为 6 种类型的活动或行为，无论倾向家庭和学校的程度如何，家长和教师都有一定程度的参与，存在交叠行动的领域。但他们的参与是基于各自的立场，关注的是各自的利益，即他们在职责、社会功能、利益诉求和行动期望上具有异质性，因而在 6 种类型的活动或行为中，家长和教师参与并不处于同一水平，而是存在异质域。家校合作交叠域如图 3-3 所示。

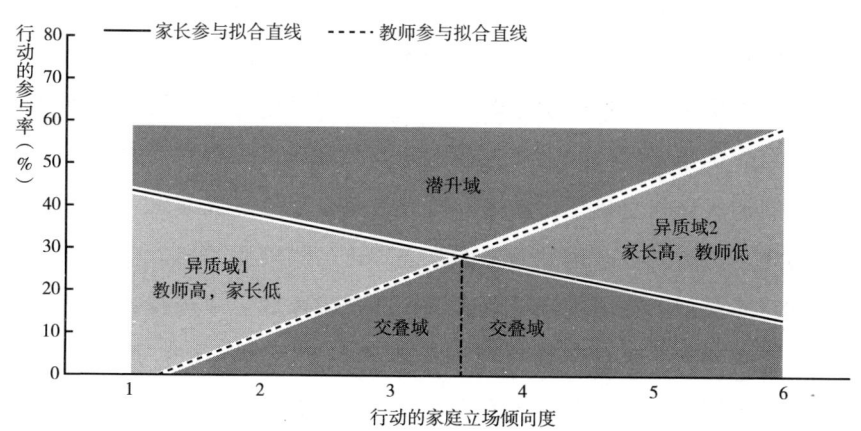

图 3-3　家校合作交叠域

　　交叠域：家长和教师的交叠区域，即爱普斯坦交叠影响域图示的面积表达。

　　异质域 1：教师参与高于家长的区域。

　　异质域 2：家长参与高于教师的区域。

　　潜升域：家长和教师均未参与的区域。

通过观察交叠域的大小，并比较其变化情况后发现，家校合作交叠域是家校合作行动差异度和强度的函数，在一定条件下，与家校合作行动的差异度呈负相关，与家校合作行动的强度呈正相关。学校在家校合作中起主导作用，交叠域的扩大主要由教师的工作强度增大导致，家长和教师行动强度和差异度不一致，导致双方在对方领地形成的交叠域大小不一。

从研究结论来看，在实践中不能仅通过增大工作强度提升家校合作工作，更需要学校主动降低家校行动差异度，即拓展双方一致的利益和立场，满足家长需求的多样化和个性化。同时在理论上，研究也将家校合作交叠域的概念性框架设置为可测量、可比较的计量模型，从而增大了交叠影响域理论的解释力度。

2.儿童成长：正向的和协调的

交叠影响域理论以学生为中心，强调外部环境通过交互叠加的作用促进儿童成长。它暗含的一个假设是，这种作用必定是正向且存在的，但在其框架中无法解释的事实是，在几乎没有家校合作的学校（如寄宿制学校）中其较高的教学质量和学校中学生的学业成功，同时也无法有效解释在成功实践的家校合作学校中学生的学业失败。儿童教育获得的影响因素复杂又相互关联，且新的解释和变量层出不穷，研究者至今无法达成共识。在对儿童成长的解释中，与布朗芬布伦纳的生态系统理论的局限性一样，交叠影响域理论也同样带有强烈的环境决定论色彩，一味追求家庭、学校和社区间的良性互动，而忽视冲突斗争对事物发展的推动作用，另外，忽视了儿童自身特征、个体努力以及客观存在的更宏观的社会文化背景。

3.研究视角：家庭抑或学校

交叠影响域理论超越阶层分析的家庭视角，试图将家校合作作为一种独立变量提出。但从家校双方的行动来看，家校合作存在学校和家庭两个视角，从而形成两者不完全相同的立场和利益诉求。交叠影响域理论无疑是偏向学校视角的，它提出家校合作要在学校主导下，实践6种类型的活动，努力扩大交叠影响，从而促进学生在教育中获得成功。交叠影响域理论提出的初衷是改进实践，所以它特别关注提高家校合作的策略，评估其效果。教育工作者将家校合作作为他们诸多可以应用策略的一种，关注有关家校沟通的技术和具体实施计划。所以爱普斯坦关于学校视角的家校合作，对于各级教育行政部门尤其是学校来说是高度实用的框架结构。当然爱普斯坦的学校视角并不只限于对学校行动策略的研究，她对家长参与、家校合作有着 30 余年的深入学校的观察、分析和研究积累①。

但是，学校主导的家校合作并非一定与家长的利益诉求一致，且未必就是合理的。同时，交叠影响域的学生中心未明确指出是学生个体还是全体；6 种家校合作类型更多的是从学校立场出发，强调学校采取策略提高家长的参与程度，从而为学校教育提供支持和服务，家长自身能力提升、家庭条件改善也是在学校的指导下实现的。家庭在其中处于被动或从属地位，家庭的行为和意义未得到有效呈现，这可能导致家长对家校合作处于观望或疲于应付状态。所以，从家庭视角完善交叠影响域的理论框架，从而构建其实践类型，既具有理论价值，更具有指导家校合作的现实意义。

4. 分析框架：量化描述还是质性解释

交叠影响域理论指出，家庭、学校和社区对儿童成长产生交互叠加的影响，这构成了一个十分简洁的量化分析模型，非常便于分析各变量间的关系，如互动式家庭对儿童数学成绩的提升发挥作用，家长志愿者降低学生辍学率等。但如果从家庭或学校内部去观察他们习以为常的合作行动，进而解释行动背后微妙的社会意义和因果关联，就不得不采用质性研究。几十年来，以交叠影响域理论为指导的家校合作研究领域取得了大量富有成效的成果，但遗憾的是其中绝大多数是采用量化分析，或许研究者应该更多地结合阶层分析和田野观察，进而加大理论的解释力度。②

总之，作为家校合作的指导理论，交叠影响域理论及其所构建的解释框架，促使人们通过构建外部环境的互动机制来促进儿童成长。大量研究结论

---

① 吴重涵：《家校合作的家庭视角——〈家庭优势：社会阶层与家长参与〉中译本序》，《教育学术月刊》2015 年第 4 期。

② 〔美〕安妮特·拉鲁：《家庭优势：社会阶层与家长参与》，吴重涵、熊苏春、张俊译，江西教育出版社，2014。

一致指出，无论是在美国、欧洲、中国大陆还是中国香港和台湾地区，家庭与学校的伙伴关系越密切，跨界行动越频繁，就越能改进学校教育质量、提升家庭教育水平，更重要的是越能增进儿童的教育获得。[1][2]

　　家校合作对儿童成长的交叠影响，几乎跨越国家（地域）、种族、性别、阶层而普遍存在。

---

[1] 吴重涵、张俊、王梅雾：《家长参与的力量——家庭资本、家园校合作与儿童成长》，《教育学术月刊》2014 年第 3 期。

[2] 庄伟立：《国小家长参与学校运作模式之研究——以新北市一所国小为例》，台北市立教育大学，2012。

第四章

制度化家校合作的动力机制与行动逻辑

——基于十年家校合作实验的回顾与反思

近 10 年来,"家校合作"热度逐年攀升,并从教育系统内部走向外部,成为社会热点话题,特别是线上教学在全国学生家庭的展开,使人们在现实生活中格外感受到当家长的不容易,感受到家校关系是如此重要的存在。"家校共育"不仅在 2021 年"两会"期间群众关注度排名第 2,① 而且迅速成为国家层面教育战略的组成部分。《国民经济和社会发展第十四个五年规划和二〇三五年远景目标的建议》、2021 年《政府工作报告》等都从社会建设高度,把"健全学校家庭社会协同育人机制"作为教育发展的重要组成部分。在战略实施层面,教育部原部长陈宝生在 2021 年全国教育工作会议上指出,高水平编制教育"十四五"规划,核心是构建包括学校家庭社会协同育人体系在内的八大体系,并表示"有了这八大体系,'十四五'期间教育事业发展的大框架就立起来了"②。

应该看到,2020 年下半年以来国家层面强力推动的家校合作是一个与教育体制机制建设密切关联的制度化概念,不同于传统意义上松散、刚性和偶发的家校联系,随着社会变革和发展,当代的家庭教育和家校合作从价

---

① 《两会夜话:百度搜索数据显示"两会"期间"家校共育"成网友热门搜索》,央视新闻,https://haokan.baidu.com/v?vid=301737523867083799。

② 陈宝生:《乘势而上 狠抓落实 加快建设高质量教育体系——在 2021 年全国教育工作会议上的讲话》,《中国教育报》2021 年 2 月 5 日。

值、系统性、制度化等多方面看，增加了很多重要的时代内涵，从一定意义上说是一个新的时代命题也不为过。围绕现代家校合作共育的体制机制究竟是什么、如何制度化、如何通过家校合作形成更加开放的大教育制度等问题等待我们去研究解决。

本书在历时 10 年家校合作实验和一系列实证研究的基础上，通过对内在动力机制与行动逻辑的再概括，探讨制度化家校合作运行机制的若干重要问题及实践路径。

一 理论再概括的经验基础与概念辨析

（一）经验基础：历时10年的家校合作实验与研究

本书使用的经验材料不是通过一次性调研得来的，而是在过去的 10 年中，在两个国家社科基金项目的资助下，在开展的一系列实证研究工作基础上的总结性反思。

在过去的 10 年里，笔者团队对江西省 14 个实验县（区）和其他 400 多所实验学校，先后开展了三期的家校合作实验（2012~2014 年、2015~2017 年、2018~2021 年）。第一期实验聚焦学校层面，引进先发国家的行动模型，使实验有了一个较高的行动起点和国际视野。第二期重点是行动模型的中国特色本土化生成。第一期实验发现县（区）教育部门影响学校层面的动力，由此在第二期还将两个县整体纳入，并对区域层面的家校合作行动和制度化开展了案例研究。第三期在扩大学校和县（区）实验范围并形成系统经验的同时，增加考察班级—学校—县（区）行动的层次关联性。在整个实验过程中，团队的身份是实验的组织者和研究者，同时也兼顾省域家校合作的政策咨询和文件起草工作。实验涉及班级、学校、县（区）和省域 4个层次，并反推国家层面的政策实施和比较研究，每一期都按照"田野观察—实证研究—实践和政策应用"三位一体的路径进行综合推进。总体上前两期实验较为顺利，第三期实验预期效果不明显，主要是个别县（区）

层面的行动动力丧失，这恰恰引发了我们对家校合作宏观与微观逻辑关联性和制度化路径问题的高度关注。

实验始终面临两个基本问题。一是家校合作的实践模型问题。是否存在一个规范、普遍性的实践模型？本土化的、中国特色的家校合作模型"特"在哪里？二是对行动路径的解释。家校合作实验的特点之一是行动过程中的矛盾和冲突多发。家庭和学校的认识和行动的差异性远比预想的复杂得多，甚至呈现两种极端的状态，加之个别校（县）实验出现中断或者名存实亡，不时阻碍实验的进展。不解释这些认识和行动中出现的矛盾和冲突的根源，家校合作行动难以科学化，难以真正得到推进。笔者团队围绕以上两个基本问题，10 年来发表了 20 余篇实证和比较研究论文，出版了 4 本专著和 2 本译著。但前期的这些研究成果是"点状"的实证研究，虽然涉及家校合作理论问题的基本轮廓，但仍然缺乏对整体、统一家校合作理论的进一步抽象和概括，不能系统解释家校合作中种种困扰的问题并提出新的解决问题的思路。

以上经验构成本书进行更宏观概括和研究的必要前提，并期望在此基础上对实验中面临的两个基本问题做一个总的回应和反思。

（二）概念辨析：家校社（会）协同共育与家校社（区）协同共育的不同意涵

笔者认为，有必要从宏观、微观两个层面解读家庭和学校的关系。在宏观层面，表述为家校社（会）政（府）协同共育。但究其本质，家校合作（family-school partnership）是最基本的单元。据估算，全国中小学、幼儿园在校生约为 2.5 亿人，将其教师、学生父母和祖辈等记为教育人口，占到社会总人口的 80% 以上，教育人口近似于社会人口。在微观层面，家庭和学校都是社区内的社会组织，所以学校系统开展的家校合作是家校社（区）合作。各国的家校合作实践一般是指家校社（区）合作这个操作层面。

我们的实验表明，家校合作工作推进到一定程度，所有深层问题都卡在政府层面的政策动力和条件因素不足。没有宏观层面政策的推进，家校合作就会遭遇瓶颈。因此，十分有必要在不同的时机和场合，从宏观的战略和政策层面，以及从微观的学校操作层面这两个意义上来讨论家校社（区）合作共育。但由于家校社（区）协同共育的内核和基本单元是家庭和学校，所以一般简称家校合作。

制度化家校合作是一个历史过程，是家校合作的组织结构、政策规定和行动越来越被赋予没有异议的意义和价值的过程。[①] 制度化的一个前提是存在行动跨界，早期是通过个人影响来维持跨界行动，中期是通过组织影响来维持跨界行动，意义和行动不稳定是制度化早期和中期的一个基本特征。在制度化的高级阶段，文化的普遍认同足以抵消和弥补强制力的丧失（如政策约束、领导更换和注意力转移等）。我国的家校合作目前处在制度化的早中期阶段。[②]

二 制度化家校合作的内在动力

制度化家校社合作是 20 世纪 60 年代以来不断扩张的世界性趋势，有其深刻的时代动力来源。

（一）家庭—学校悖论与制度化家校合作的动力来源

著名的"赫耐曼/洛克斯力效应"（简称"H/L 效应"）及其后 30 余年的研究，共同指出了这样一个悖论：

当社会经济发展达到一定水平后，家庭对儿童成长的效应会超过学校；但家庭教育作用在不断增强的同时，其作为一种独立的教育制度

---

① 张俊、吴重涵、王梅雾、刘莎莎：《面向实践的家校合作指导理论——交叠影响域理论综述》，《教育学术月刊》2019 年第 5 期。

② 吴重涵、王梅雾、张俊：《教育跨界行动的制度化特征——对家校合作的经验分析》，《教育研究》2017 年第 11 期。

（教育效果的认可，教育与社会流动和职业岗位分配制度的联系）却在不断弱化；而学校在相对（家庭、校外教育）效应降低的同时，作为一种教育制度却在不断强化。①

　　H/L 效应及其讨论实际上指向三个方面。首先是家庭悖论，即家庭的教育作用和教育制度的分离。在现代学校制度诞生前，家庭的教育作用是与教育制度合一的，即家长进行家庭教育，并决定孩子何时承担成年人的角色和工作。现代学校系统建立以后，家庭教育仍然存在，但教育制度基本从家庭中分离了，学校变得越来越重要，而且近几十年来，家庭的教育作用在不可避免地迅速增强，而教育制度却离家庭越来越远。其次是学校悖论。学校近几十年来呈现与家庭相反的趋势，在教育代理权向家长让渡过程中，原属于学校的部分教育内容正在发生向家庭和校外的事实让渡，而由于学校对人才选拔的权威性，学校作为一种教育制度不断强化。最后，以上两个悖论合成了一个更大的家庭—学校悖论，即当代家庭的教育作用在快速增强，而学校作为教育制度却不断强化，教育作用和教育制度主体性分离的矛盾越来越突出。

　　家庭—学校悖论恰好从根本上指出了制度化家校合作的动力来源是基于这样一个基本事实：不论家庭还是学校，都同时存在一个反向的运动趋向，即家庭和学校可能越来越相互依赖、相互补充并相互需要，也可能矛盾会越来越突出。

　　现代社会中，公共领域直接进行社会分配的巨大权力由学校和劳动力市场等机构主导，家庭则成为亲情、消费、子女抚养的社会单位，其社会认可、职业分配和社会流动等策略只能通过学校的认可与分配间接地表达。可见，家庭对儿童成长同时具有效用的基础性和认可的间接性的特点，学校必须利用好家庭的基础性教育作用，家庭也必然有利用学校作为教育制度正式

---

① Stephen Heyneman，" The Heyneman/Loxley Effect: Three Decades of Debate"，*Routledge Handbook of International Education and Development*，London ：Routledge，2015：152-154，176.

认可的强烈动机。由此，家庭教育作用的快速增强与学校作为教育制度的不断强化之间的矛盾，正是制度化家校合作的动力来源。

需要注意的是，这种动力在不同的社会生态条件下，既可能产生正向的制度化推动力，也可能产生负向推动，从而出现两种令人担忧的倾向：学校的制度化权威，可能导致家庭教育的学校化倾向，包括个别教师和学校将某些基本职能转移给家庭，使家庭成为另一个学校[①]，进而使儿童发展的环境失去平衡；家庭教育作用的不断增强，父母对教育选择代理权从学校的逐步收回，间接促进了校外教育的迅猛发展。家校合作的多种可能性走向说明家校合作行动边界是一个条件约束的变数。

（二）当代家庭教育作用快速增强的制度环境变迁

在动力逻辑涉及的两个主要变量"家长作用"和"学校教育制度"中，学校作为制度化组织的不断强化，应该是一个常识性事实，无须证明，但对家庭教育作用的快速增强需要做一个简要的说明。一位"70后"家长谈到做家长的感受：

> 当我们还是孩子时，常常逛到太阳下山，自己决定去哪儿玩、找哪个小朋友玩儿，没有人会检查我们的家庭作业。当我们成为父母后，却为孩子报这个兴趣班、那个特长班，督促孩子做家庭作业，全家围着孩子转。我们意识到自己成为和我们的父母截然不同的家长，我们付出了很多很多，但并不觉得自己做得比上一代更好！

这位家长道出了很多家长的心声，也道出了家长责任出现代际巨大改变的事实：家长责任在无奈中快速加大加重了。

家长责任的空前加大，导致了对家庭教育的普遍重视。例如，超过4/5

---

① 边玉芳：《家庭教育指导服务体系：读懂孩子与走出中国式育儿悖论》，《探索与争鸣》2021年第5期。

的家长愿意为子女教育付出全部。① 同时，家长对子女教育的实际参与明显
增加。2012 年和 2015 年两次大样本调查，仅仅间隔 3 年时间，"低参与"
家长的比例从 24.1％下降到 18.3％，下降了近 6 个百分点；而"高参与"
家长的比例从 14.3％提升到 22.8％，提升了 8.5 个百分点。②

　　家长责任的代际快速变化和增大是必然的，有其社会环境重大变化的深
刻制度背景。我国代际社会环境有以下 4 个深刻变化。

　　一是社会阶层流动的可能性快速提高，为个体阶层流动策略提供了社会
条件和方向性指引。改革开放以来，社会阶层结构从倒金字塔形迅速向橄榄
形结构转变，为大量人口涌入中上阶层提供了极大可能，中国已成为世界上
中产阶层增加最快和规模最大的国家。

　　二是接受教育成为社会阶层流动的主要途径。家庭代际传承从以实物和
经济遗产为主，转变为通过教育传承。家庭教育投资成为家庭代际阶层上升
（保留）的主渠道。越来越多的人正是通过接受高等教育而成为稳定的中产
阶层。

　　三是家庭以儿童为中心的资源凝聚和扩大，为家庭教育作用的增强提供
了必要条件。首先是家庭资源的凝聚，家庭文化从"孝顺"转变为"孝而
不顺"，从传统的"上行式家庭主义"转变为"下行式儿童中心主义"，③
儿童凝聚了家庭祖孙三代的力量，包括财力、智力、时间和精力等全方位家
庭资源。其次是家庭教育资源的扩大和优化，表现在家长的受教育水平有了
大幅提高。高等教育大众化后入学的年轻人构成了如今儿童的父母群体。家
庭教育的智力基础和得到凝聚的家庭经济基础（祖孙三代的综合财力），为
强化型育儿方式的普及提供了必要的条件。

　　四是家庭教育代理权的收回，教育规划成为家庭教育的首要职能。育儿

---

① 吴重涵、张俊、王梅雾：《家长参与的力量——家庭资本、家园校合作与儿童成长》，《教
　育学术月刊》2014 年第 3 期。
② 吴重涵：《制度化家校合作与儿童成长的相关性研究》，《教育科学研究》2018 年第 10 期。
③ 阎云翔、杨雯琦：《社会自我主义：中国式亲密关系——中国北方农村的代际亲密关系与
　下行式家庭主义》，《探索与争鸣》2017 年第 7 期。

分工由国家"集体化育儿的尝试"转向"私人责任化"，家长成为教育的"消费者"。在计划经济时期，儿童被视为祖国的未来而非家庭的私有财产，对育儿组织也进行了一系列集体化的尝试。改革开放以来，儿童抚育出现了私人责任化和市场化转型。随着公共照料资源的缩减，儿童抚育重新成为家庭的主要责任。① 从更广阔的历史视角，家庭的教育代理权从现代学校制度确立以前的传统家庭转移到"集体化"的国家和单位（例如教师可以代表家长体罚孩子），市场化转型后又回归家庭（例如大量学校教学内容被转移到校外和家庭）。教育代理权在家庭的所有职责中，已经成为家长对孩子影响的"最有效和最具深远意义的职责"。②

家长的教育代理权是处理家庭和学校、社会关系的权利，使得家庭教育的内涵和外延都有了极大拓展，由此导致学校成为家长的选择对象之一，进而使学校教育的部分内容向家庭和校外教育转移成为可能，长远来看这必然带来对学校教育的影响和冲击，并对家校关系产生深刻的影响。

这一切都表明，代际社会环境的变化导致了家庭教育作用内涵和外延同时重大改变这样一个事实，必然影响家庭与学校关系的重大调整，以及家校责任的重新划分。

三 中国特色家校合作的操作性理论模型

学校和教师、家庭和家长关心的主要是其合作行动过程中的家校关系问题。这些问题形成了一个密集的问题域，例如，国际比较与本土化、教育生态、家校关系与矛盾协调、家校教育衔接、家校的责任与边界、组织与计划实施、社会阶层与家长参与特征、班级教学和管理中的家长参与、不同地域和文化影响与家校合作、校外活动与寒暑假、信息和社交网络以及线上教学与家校合作等，这个单子可以一直列下去。

---

① 肖索未：《"严母慈祖"：儿童抚育中的代际合作与权力关系》，《社会学研究》2014 年第 6 期。

② L. E. Berk, *Awakening Children's Minds: How Parents and Teachers Can Make a Difference*, London: Oxford University Press, 2001: 27.

我们可以按照家校合作所涉及的这些问题，根据自己的学科认识和偏好，构建家校合作的知识体系。这样的知识体系，好处是直面家庭教育的问题和现实；不足之处就是相对于"强理论"，缺乏从始至终的理论视角和可对话的概念观照，内部缺乏流通的"硬通货"，理论的生命力不旺盛，学科身份容易受到质疑。当前家校合作未形成学科化的知识体系，突出的原因就是研究问题分散，彼此缺乏理论联系，缺乏系统的知识和概念体系支撑。

我们可以根据史蒂夫·布鲁斯对社会学理论的描述[①]，将家校合作的知识体系比作"带有垂饰的手链"：家校合作有一个中心环，是基本骨架和灵魂，在环的四周有很多垂饰，中心环将众多垂饰连接成一个有血有肉的整体。回顾 10 多年来家校合作实验和研究，我们的知识积累从基本的学校层面的实践模型进入家校互动过程中家庭和学校的特征分析和相互影响，再从学校层面的实践模型迈向涵盖县区、班级、省域和国家层面的多层次行动特征及其相互关联分析，最后是对家校合作行动的持续性（制度化）、阶段性特征及其影响的分析。这些主题的积累，是由家校合作的实践模型及其概念串联而成，构成由内在逻辑关联的问题链条。由此，可以尝试由以下 3 部分描绘出家校社合作"中心环"大致构成。

一是实践模型。家校合作建立在多维视角的动因理论（H/L 效应等社会学理论）、社会行动理论（交叠影响域理论、生态系统理论、文化资本理论）的基础上，具有普遍性的以学校为主导的实践模型（爱普斯坦实践模型）。二是纵向关联。家校合作具有多层次（班级、学校、县区、省域、国家）关联特征，具有自上而下和自下而上相互贯通的特点。三是进程中与环境的互动。家校合作是社会建构和动态发展的，具有制度化过程（合法性和"理所当然"的程度）特征。

概括起来，家校合作理论始终围绕 3 个核心逻辑构成的"中心环"，在众多不同主题上展开。这里，"中心环"的逻辑和概念是家校合作理论的灵魂，而众多具体的主题则是依附在灵魂上的血肉。"中心环"的概念，犹如

---

① 〔英〕史蒂夫·布鲁斯：《社会学的意识》，蒋虹译，译林出版社，2010。

流通的"硬通货"，给专业赋予了生命。① "带有垂饰的手链"知识框架保持了体系的开放性，散得开、收得住，这点是非常可贵的。

这是一个有中国证据支撑、有中国特色的家校社合作"三维理论"框架，揭示了家校合作机制的三个重要特征。

一是凸显了以学校为主要运行平台、以家校合作为核心和基础的家校社（区）合作实践模型。其既包括学校和教师、家庭和家长围绕学生成长开展合作的动力来源和互动结构；也包括学校开展家校合作的活动类型，行动起点，组织和计划，实施与评价的一般概念、知识和技能。这个模型不论在理论上还是在实验上，都已经具有一定的成熟度②，但推广还非常不够。

二是凸显了责任纵向贯通。强调以自上而下为主的政策推进（国家法律政策推动，省级预算和编制，县区行政资源调配和联席平台）与自下而上的创新实践（学校营造良好教育生态和环境，班级教师和家长直接有效互动）相结合③，是我国的体制性特点和优势。将家校社合作进行纵向的责任关联和贯通，才能有效将家长从教育相关人口变为教育结构性要素，将家校合作拓展至家社（区）合作和家校社（会）政（府）合作，使现代大教育的资源得到有效整合④，使现代教育制度的推进得到制度和组织保证。我们在号召和推动学校开展家校合作工作时，需要上下贯通、相互关联的制度化推动。责任的多层关联原理告诉我们同时要有宏观视野，各级政府和社会力量是支持微观家校合作的政策动力和基础条件，但也可能构成学校推进家校合作制度化的瓶颈。高位推动、配套政策、力量凝聚、研究引领作用的发挥、校外教育的治理等，都需要在宏观上整合起来，为学校的家校社（区）

---

① 〔加〕大卫·切尔：《家庭生活的社会学》，彭锢旎译，中华书局，2005。
② 参见〔美〕乔伊丝·L.爱普斯坦等《学校、家庭和社区合作伙伴：行动手册（第三版）》，吴重涵、薛惠娟译，江西教育出版社，2012；吴莉、吴重涵《有效的家校合作如何在班级产生》，《教育学术月刊》2020年第3期；张俊、吴重涵《从家校合作到良好教育生态——兼论有效的家校合作如何在学校产生》，《中国教育学刊》2021年第3期。
③ 吴莉、吴重涵：《有效的家校合作如何在班级产生》，《教育学术月刊》2020年第3期。
④ 张俊、吴重涵：《从家校合作到良好教育生态——兼论有效的家校合作如何在学校产生》，《中国教育学刊》2021年第3期。

合作创造制度供给和文化环境。

三是凸显了家校社合作是一个制度化的历史过程。在全社会、家长和教师中，对家校合作"合法性"的认知程度作为"理所当然"的"分内责任"的认知程度，贯穿家校合作推进的全过程，也内在决定了不同地域和学校家校合作的一些外显差异和过程性特点。家校社合作制度化过程还是一个政策策略结果充满不确定性的过程，"意想不到结果"的制度创新不足为奇。这就需要及时发现和总结经验，进行本土理论建构。制度化维度为我们评估家校社合作的现状，根据不同地域、不同学校的实际情况分别因地施策、因校施策，提供了重要的社会文化视角的理论基础。

四　制度化家校合作的实践路径

家校合作的内在动力和行动逻辑研究可以为解决当前家校合作实践中的一些重要问题提供有益的启发。

（一）微观层面的突出问题及路径探讨

1. 认识问题：不切实际地追求清晰的家校责任和边界

自从现代学校系统建立以来，不论是学校教育的实际作用还是其作为一种社会制度，都占有绝对统治地位。家庭教育作用的明显增强是 20 世纪末社会经济发展到一定阶段后出现的历史现象。家校双方长期积累的"孩子的教育拜托学校了"的观念根深蒂固，尤其是一些学校校长坚持认为"学校办学不需要家长"，坚信所谓的"封闭高质量教育家办学""家长素质低对学校有负面影响""家校合作是学校和教师的分外工作"等。面对家校合作、传统家校边界不断被突破的历史浪潮，其发出了厘清家校责任和边界的呼声，实则是将家长挡在校门以外。一些家长也抵触参与学校教育，对学校的主动联系保持警惕。如果不解决家校双方基于传统的家校责任刚性分工的认识问题，家校合作作为一项制度化工作就难以推进。

家校的责任和边界本质是由家校关系决定的。H/L 效应深刻揭示了当前家校的矛盾统一关系，这种关系处在历史的变动过程中，家庭的教育作用在不断增强，学校的教育作用受到家庭和校外教育（作为大教育制度的组成部分）的掣肘，家校呈现相当长的时间内彼此融合、相互依存、边界模糊的趋势。显然，对于家校的责任和边界划分问题，确定对家庭和学校责任动态平衡的原则比制定刚性分工的划界细则更切合实际。

2. 未建立家校生态信任关系

应对家校责任和边界模糊问题的两个重要原则是建立家校的工作情感关系和共享理解。这两个原则在很多时候未得到应有的重视。在当前一些地区和学校，家校矛盾频发甚至尖锐对立，协调处理这类矛盾主要依靠情感和权力的平衡调节、中间人调节和形式民主化等手段，其中首选情感调节。[①] 家庭和学校良好关系的建立需要平时不断通过共同的活动来进行情感积累。学校请家长到学校做志愿者，参与学校管理，首要目的不是利用家长的资源，而是与家长共同建立融洽的教育生态环境。

在家校融洽感情与建设性合作之间还有建立"共享理解"——对彼此观点和立场的认同和理解——的任务。感情融洽而家校冲突尖锐的情况屡见不鲜，这可能会伤害已建立的感情，使彼此的合作不能顺畅进行。信息的沟通、充分的民主协商、家长教育都是建立家校共享理解的方式和手段。

3. 组织实施过程中缺乏对实践模型的培训和宣传

我国当前的家校合作中，不论是学校之间、区域之间的交流还是全国性的交流，主要还是建立在经验的基础上。而其各自的经验介绍因为缺乏系统的分析和公共知识提炼，都只是工作成绩的展示，彼此的启发性不大。家校合作工作的共性就是存在一个家校合作实践模型。我们确认这个共性的实践模型存在，但在实践中缺乏提炼和改进，很多学校缺乏对这一实践模型的培训和宣传，很多人也缺乏对这一实践模型的了解，以致出现一些常识性的错误。例如，将家长单边的家长委员会误作家校合作的协调性组织；不会制订

---

① 肖索未、关聪：《情感缓冲、中间人调节与形式民主化：跨代同住家庭的代际关系协调机制》，《社会学评论》2018 年第 5 期。

和实施家校合作年度计划，不了解 T 模式计划和 G 模式计划及其应用时机；将家长教育简单等同于家庭教育讲座，最多增加一些家长的经验交流；家校合作与班级管理、课程教学"两张皮"，班主任不会在解决问题时正确且充分地发挥家长作为结构性要素的作用；等等。要想一揽子解决家校合作操作规范性的问题，主要是通过培训、宣传，来普及并不断完善已具有一定理论和实验成熟度的家校合作实践模型。这也是一些开展家校合作先行国家的一条基本经验。

（二）宏观层面的突出问题及路径探讨

1. 政策配套问题

当前的学校和地域层面的家校合作，不论进展程度如何，都会遇到政策性瓶颈。对江西省家校合作的 10 年实验表明，政策瓶颈不是单一的纳入规划、纳入职责、拨付专项经费，而是"五个纳入"：纳入国家和各级教育发展规划，纳入各级教育行政编制，纳入教育财政预算和拨款奖罚机制，纳入高校专业培养及校长、教师在职培训，纳入各级政府统筹评估。这是由中国以自上而下为主的家校合作推进模式决定的，也是笔者对全国多个地域家校合作历时观察的最切身感受。这"五个纳入"中纳入国家和各级教育发展规划是最容易的，非经常性预算的经费拨款也时而可见，但要害是"五个纳入"必须配套，一个"纳入"也不能少。家庭教育和家校社合作工作"五个纳入"的目标是实现：政府任务——统起来，教育行政——视为分内工作，社会——共同建设与治理（并共享成果），学校——打开校门和"心门"、改善教育生态，班级——在课程教学和管理中将家长视为积极的结构性要素并进行良性有效互动，现代网络技术——推进家校社更深度融合，最终形成大学校教育、大家庭教育、大社区教育的现代大教育系统。

2. 以研究为基础的政策制定

在家校合作领域，国际经验是倡导"以研究为基础的政策制定"[1]。

---

[1]　吴重涵、张俊：《制度化家校合作的国际比较：政策、学校行动与研究支撑》，《中国教育学刊》2019 年第 11 期。

在中国，大学是进行家校合作研究、教学和社会服务的主力军，由于系统的实证研究工作未跟上，政策制定做不到以研究为基础；实践性、多学科理论支撑的性质未引起重视，家庭教育和学校教育缺乏贯通的知识体系；学科缺乏一些基本的假设和学术概念体系的支撑，在教育学科中处于弱理论的地位，陷入研究视域、研究方法论和话语表达三重困境①；很多实践中的重要问题未达成共识，如家庭教育指导讲多少内容、哪些内容涉及家长的多重社会角色矛盾，任意地增加家长对教育子女的应知应会，甚至简单化地立法强制，是草率甚至危险的。在我们这样一个幅员辽阔、地区经济社会发展水平差异明显的国家，对家校合作多样化现状到底如何正确估计？如何对现状进行合理的分类概括？家校合作的实践模型能在多大程度上达成共识？我们如何编制出有较强时效性的家庭教育指数和家校共育指数？事实上，作为生活教育和学校教育枢纽的家庭教育，儿童发展是由社会经历活动构成的，家长和家庭的责任就是与学校、社区和国家作为一个整体，尽一切可能确保儿童经历他们所需要经历的成长，释放他们的潜能。

3. 关于学校和各社会机构的家庭教育责任问题

当前重视家庭教育，"热"起来的是家长教育。这种"热"的背后，需要方向性的冷思考：学校是否是施行家长教育的主要平台？家长教育能在哪些方面、在多大程度上改善家庭教育？

笔者的认识是，家庭教育十分重要，但家庭教育在很大程度上不是学校所能控制的。学校能够控制的部分是通过对家长的教育和影响从而对家庭教育的一部分产生影响。家庭教育至少有两个部分，一是对孩子教育的内容，二是对孩子教育的方式、方法。教育的内容是不可控的，因为家长希望孩子成为什么样的人，家长的世界观、人生观、价值观以及科学和文化知识储备，本质上是家长在整个人生经历中社会文化和个体互动的总和，这绝不是家长教育课程可以简单解决的问题，对此需要有清醒的认识，切忌什么问题

---

① 康丽颖、姬甜甜：《回归教育学视域的家庭教育理论建构》，《教育科学》2021年第1期。

都往"家长教育"这个"箩筐"里装，导致方向性失误。

就对孩子教育的方式、方法来说，学校的家长教育可以是有效和有用的。例如，如何科学选择合适的教养方式；如何促进孩子在身体、情绪、认知、社会交往方面的整体性发展，并在此基础上形成孩子的优势；如何预防和应对孩子在发展过程中面临的问题、困扰和焦虑，提高孩子的抗压能力；如何配合学校做好学校教育的参与工作等。这些才是家长教育真正要解决的核心问题。我们要承认，家庭教育的重要性与我们在多大程度上可以改善家庭教育不是一回事。家长教育不是万能的，主要是要改善家庭的教育方式、方法问题，家庭教育是一项全社会的工程。

就学校来说，承担"家长教育"的责任表述是不准确的。从一些家校合作先行国家的情况看，学校承担的应该是"家长参与学校教育"这样一种有限责任，这种责任可以与学校的财政拨款及其奖惩机制相联系。[①] 使家长积极有效参与学校教育与全面实施家长教育存在显著差异，后者明显包含前者。法律规定家长有配合学校教育的义务，学校则为家庭和家长参与学校教育提供相关帮助甚至必要的专业化培训。学校是教育儿童的场所和专业化的社会组织，本质上不应承担家庭教育的全面责任。但在家庭对儿童发展的作用日益增强的当代，发挥家长作为学校教育结构性要素的作用，有效提高教育质量和管理水平，是现代学校制度的应有之义。

4. 评价问题

一旦政策定位完成之后，评价就是"指挥棒"，但评价历来是难点。江西省做了一些初步尝试，研制并由江西省教育厅颁布了第一份省级家校合作工作标准（2017 年）；2021 年和 2022 年，完成了家庭教育指数 1.0 版本（见表 4-1）的研制工作（复旦大学心理学系主任陈斌斌博士参与研制）并进入试评价阶段。这里的家校合作评价，主要是对学校和县区教育行政部门两级的工作评价；家庭教育评价，是用数据描述家庭的结构、家庭成员的互

---

① 吴重涵、张俊：《制度化家校合作的国际比较：政策、学校行动与研究支撑》，《中国教育学刊》2019 年第 11 期。

动以及家庭教育策略对儿童的影响状态。家庭教育指数在理论上的创新是在更广泛的儿童发展经历背景下，在高度重视家庭成员互动的基础上，注重家庭社会文化结构（团结模型）对儿童成长的客观影响，注重不同家庭的财力、时间投入，父母角色认知、教育策略和养育能力对家庭教育的影响。目前，这个家庭教育指数评价体系正在上海和广东的近 80 万户家庭试用，预计用户还会大幅增加。笔者收集使用的数据反馈并进行分析，以不断改进升级家庭教育指数评价体系。本书提出这两个评价方案，供学术共同体分析和讨论。

表 4-1　家庭教育指数和家校合作指数一级指标

家校共育（综合）指数								
家庭教育指数				家校合作指数				
家庭结构	养育基础	养育期望	养育方式	友好环境	家长教育	家校交流互动	参加学校活动	辅导孩子在家学习

5. 社会治理视域下的校外培训机构治理问题

近 10 年，校外教育在世界上许多国家迅速发展，[1] 甚至有逐步成为与学校并列的结构化、合作性制度安排的趋势。家长做主的强化型育儿文化扩散，校外培训机构对从兴趣特长培养到学校主要课程强化的扩张，与学校作为一种教育认可制度的绝对地位，构成一个相互关联的回路。校外培训机构迎合了家长对孩子教育代理权的历史性收回，家长再将其在学校制度中兑现。这样一种教育互动关系有其存在的深刻历史和时代原因，客观上对学校教育构成了严重的挑战，对中产阶层家庭和儿童发展形成了严重困扰[2]，并通过中产阶层家庭传导到所有家庭。对当前校外培训机构的理性规制，不是

---

[1]　杨钋：《经济不平等时代的校外教育参与》，《华东师范大学学报》（教育科学版）2020 年第 5 期。

[2]　K. Murphy, The Price of Privilege: How Parental Pressure and Material Advantage are Creating a Generation of Disconnected and Unhappy Kids, *Mauritius*: *Beta script Publishing*, 2004: 46.

简单的"堵",而是回答和解决以下问题的过程:如何更好地发挥政府在校外教育中的公平调控作用,甚至由政府提供部分校外教育,使校外教育由纯粹的私人产品转变为准公共产品?如何更好地在中小学学校教育和校外教育之间建立某种功能互补和延伸的机制?如何利用公立学校资源开办校外教育或者实现校外教育的部分功能?如何评估外教育对学校教育提供的内容和方式、方式已经产生的重大影响,并在此基础上重新反思和改进当前的学校教育?等等。问题的求解,就在全体实践工作者、政策制定者和研究者不断的理论和实践探索过程之中。

第五章

多维视角下的家庭教育原理：
历史原型与现代变迁

2022 年 1 月 1 日正式实施的《中华人民共和国家庭教育促进法》（以下简称《家促法》）第十一条明确，国家鼓励开展家庭教育研究，鼓励高等学校开设家庭教育专业课程，支持师范院校和有条件的高等学校加强家庭教育学科建设，培养家庭教育服务专业人才，开展家庭教育服务人员培训。这是法律明确的一项重大、紧迫的任务，是贯彻落实《家促法》的一项基础工程，同时也是一项十分艰巨的任务。然而，家庭教育理论似乎还未做好担当此任的准备。

众所周知，当前的家庭教育理论对家庭教育的解释力和指导力不理想，基本是从当前的教育学原理（实质是学校教育的规范理论）出发构建的一个理论框架，即教育的目的—任务—内容—方式（方法、原则）—管理、组织与保障的概念体系。这个体系的最大特点是从教育目的出发，围绕学校教育目的建立"怎么做"的体系。与此相对应，家庭教育学几乎所有体系的基本逻辑都是围绕家庭教育目的的（如果所有的家庭教育行为都有目的的话，其实这个前提性假设是很有问题的），即家庭教育目的—内容—方法—社会服务与保障的体系。如果说学校是一个教育的专业化、制度化社会组织，学校教育的最本质特征之一必然是进行有目的、有计划、有组织的培养人的社会活动，所以坚持教育的目的性是学校教育的显著特征，但把这个目的性特征扩展到学校之外，特别是扩展到家庭，就成了问题。因为在家庭的场域，如果我们坚持只关注那些有教育目的的家庭活动，就会忽视大量重要的甚至是反映家庭教育本质的现象。被（学校）教育的定义排除在外的无直接教育目的的（甚至是在无意识的状态下）产生教育影响的家庭活动和行为，恰恰是家庭教育理论需要高度关注、解释的。例如，家长并非多么有意识形成的教养方式（parenting style）、儿童的自我教育、家庭社会经济地位（SES）、父母和儿童的社会经历影响、亲子依恋关系等，都是家庭教育中的关键概念，这些概念并不像学校教育那样，与鲜明的目的性、组织性和计划性有强烈的相关性。作为一个私领域场所、一个基本生活的场所的活动，家庭活动不是时时处处都因目的性而存在（处处有目的的家庭生活是异化的家庭生活）。研究表明，孩子所受到的家庭教育中，也并非只有家长有目的的教育行为才重要。儿童正是在各种家庭生活经历中，以微妙的方式发生着认知的、情感的、社会交往和行为的种种改变。[①]

有理由相信，按照学校教育目的—任务—内容—方法构建的家庭教育理论框架，对于家庭教育的解释效力具有较大的局限性，其方向值得质疑。在这样的情形下，人们在家庭教育指导实践中应用的一些心理学和心理咨询的零散知识，便成了家庭教育理论的代名词，这种尴尬的情况亟待改变。

所以，落实《家促法》明确的家庭教育研究、课程和专业开设的任务，乃至家庭教育知识的社会服务任务，需要从建立家庭教育理论（知识体系）这一基础性工程开始。而开展这一基础性工程的前提，就是解决对家庭教育的本质认识问题。解决家庭教育"是什么"的问题，是家庭教育"由谁做"（这个问题并没有表面上看起来那么简单）的前提，也是回答家庭教育"做什么"和"如何做"（回答这些问题更不简单）的前提。唯有如此，家庭教育知识体系的大厦才能一砖一瓦地建立起来，有质量的家庭教育专业才能建立起来。

教育的本质，包括家庭教育的本质，是复杂和多维的。本书拟从教育的原型（来源）、家庭教育与学校教育的历史关系（家庭教育职能的现代性变

---

① G. W. Holden, *Parenting：A Dynamic Perspective*, Sage Publications, 2019：46.

化）、现代家庭对人的生命历程的特殊的制度性中介作用等维度出发，讨论现代家庭教育的本质和形态。正如存在繁杂多样的教育的定义，也存在多种家庭教育的定义。在这种种定义中，唯有实际上作为理论出发点的定义才是实质性的，不仅决定了理论的性质、方向和基本内容，也决定了理论作为一个体系的结构。

一　家庭教育：比学校教育更接近教育的
原型和生活化本质

之所以提出教育的原型问题，在于当前家庭教育学存在一个突出问题，就是把学校教育当作家庭教育的"原型"，进而把学校教育学当作家庭教育学的"原型"，一切向学校教育（学）看齐。学校作为家庭教育和社会教育的"原型"，主要是长期以来人们普遍把现代学校教育作为"周全"的教育所产生的直接后果（下文在家庭教育与学校教育的历史关系部分会进一步讨论），与当前的教育形态分类也有直接的关系。

当前的教育形态分类中，最显著的特点是学校中心化。在目前正式的教育学教科书和研究论文中，将教育形态分为正规教育（formal education）和非正规教育（non-formal education）。而正规教育与非正规教育合称为正式教育（这个词的中文对译存疑）。正式教育之外，还有非正式教育（informal education）。正规教育一般指学校教育；非正规教育是在学校教育系统外进行的有组织、有计划的教育活动，如岗位培训、扫盲、文化补习、兴趣特长培训等。非正式教育是"在日常生活、工作中进行的不具有结构性或组织性的自主、偶发性学习活动"，家庭教育被包括在非正式教育之中。[1][2] 由这个形态分类不难看出，学校教育是"正规军"，处于教育形态的中心位置，具有"率先垂范"的作用。那么，家庭教育由学校教育延伸，包括家庭教

---

① 《教育学原理》编写组：《教育学原理》，高等教育出版社，2019。
② 瞿葆奎主编《教育学文集——教育制度》，人民教育出版社，1990。

育的定义、理论性质（实践规范理论还是科学理论）甚至理论框架的构建，都对学校教育"原型"进行借鉴和模仿，家庭教育学只讲正面、积极的教育建议（所谓规范的家庭教育学，即一个含有目的、内容、方法、原则的框架），不讲家庭消极、负面的教育影响，不在儿童成长的家庭社会文化环境中讨论家庭组织存在哪些影响儿童发展的重要关系、为什么存在这些关系，以及这些本质性关系的时代特性，就一点也不奇怪了。作为连非正规教育也算不上的非正式教育的一部分，家庭教育的附属的边缘地位似乎非常明显，焉得其"去学校（教育理论）中心化"的可能？

但这种教育形态的分类是有问题的。formal education 和 informal education 其实对译为形式化教育和非形式化教育更为准确。[1] 因为非正规教育与非正式教育之间没有严格的界限，[2] 所以教育可以分为形式化教育和非形式化教育，家庭教育属于非形式化教育。这里的形式化和非形式化，是更能反映本质的中性词，而正规和非正规有明显的褒贬义。作为非形式化教育的家庭教育，似乎就没有必要以形式化的学校教育为"原型"参照了，而家庭与学校一起寻找共同的教育原型和出发点，就成为一种合理的导向。

教育的原型（archetypos），不是将教育的"起源"孤立为某一个单独的"点"（由此产生生物起源、心理起源、劳动起源等多种学说），而是将教育的起始问题放在不可分割的整体视野之下。教育的原型即教育的初始状态、教育的"胚胎"，在教育学语境中，能够成为教育原型的事物，我们认为必须包含教育的基本要素，而且要素间具有内在联系。从这样一个思考问题的方法出发……在原始社会人类的活动中具备上述条件的活动，在我们看来，就是人类相互非物质性的交往活动。[3] 人类非物质性的交往活动，或者人类交往活动的非物质性的一面，必然包含交往的双方、交往的内容，并产生交往的结果：在交往的双方身上产生身体的、认知的、情感态度和社会行为的影响。正是这些交往活动的要素，构成了教育的原始基本要素。

---

[1]　陈桂生：《教育原理（第三版）》，华东师范大学出版社，2012。

[2]　瞿葆奎主编《教育学文集——教育制度》，人民教育出版社，1990。

[3]　叶澜主编《教育学原理》，人民教育出版社，2007。

在以家族部落为单位的原始狩猎和采集社会，人们居无定所地狩猎和觅食，家族成员间平等，没有正式固定的社会结构和权威，个人价值受到重视。人们或许出于相信儿童是亲属和神的转世，把儿童视为自由和独立的个体。例如位于刚果森林中的姆布蒂部落（Mbuti）和位于马来半岛的巴特克部落（Batek），儿童在经历了婴儿期短暂的亲子之间的亲近之后，父母逐渐减少对儿童哭闹的回应、搂抱，儿童被鼓励自由与同伴玩耍，或者陪伴母亲外出觅食，或者与其他成年人相处，从而进行自我探索（而不是被引导和强迫）和提高自己的能力。[①]

可见，原始狩猎时期儿童除在短暂的婴儿养育期以外，基本上是进行一种自我教育，在生活和劳动中、人与人的互动中观察和模仿父母、成年人和同伴的行为，最终成长为部落的一员。父母和成年人对儿童基本不存在有意识、有目的的教育。

农耕社会是等级社会的开端，相比原始狩猎时期，儿童的婴儿期有更多的时间不与母亲相处和进行肌肤亲密接触，母亲更少回应婴儿的哭闹、哺乳时间更短。相应地，父母开始增加对儿童的强迫（coercion），即有意识、有目的地教育孩子学习和遵守社会经验和习俗。[③]

所以，教育的原型是人类一种以人的发展为结果的交往活动。[②] 从逻辑上看，以人的发展为结果，包括以人的发展为目的，但不限于有目的的交往活动。所以教育的原型包括无目的但产生了人的发展结果（产生了教育影响）的社会交往活动（如在原始狩猎和采集社会，教育更多的是一种自发的行为），更包括有目的的教育（进入农耕社会后强迫的有目的的教育增加了，从教的角度定义教育）[③]。

教育的原型包含教育概念定义的线索。教育的科学定义是属概念和种概念之差。对于是否将教育归结为"社会现象""文化现象""人的发展现

---

① G. W. Holden, R. Ashraf, E. Brannan, et al. The Emergence of "Positive Parenting" as a Revived Paradigm, *Contexts for Young Child Flourishing*, 2016：201-215.

② 叶澜主编《教育学原理》，人民教育出版社，2007。

③ 陈桂生：《普通教育学纲要》，华东师范大学出版社，2009。

象"，把"社会""文化""人的发展"作为教育的上位（属）概念，一直存在争议。更有论者认为这些"都算不上是教育的上位概念"。而在教育的原型中我们清晰地看到，"社会交往活动"是教育的属概念，而"对人的发展的影响"是教育的种概念，两者构成教育的本质属性。换句话说，"对人的发展的影响"是"社会交往活动"的教育规定性。在这个逻辑下，再以对儿童的发展产生影响的社会交往活动（教育）为属概念，以"家庭制度影响"为种概念即产生家庭教育的科学定义，以"学校制度"为种概念即产生学校教育的科学定义。

教育的原型突出展示了教育与特定生活的原始性关联、教育的生活化本质。作为教育原型的人类社会交往活动，包括生活交往和劳动交往。换句话说，教育的原型中"教育是和生产劳动和实际生活结合在一起的"，是一体化的。[1] 在教育的原型中，原始社会教育因游猎、农耕、捕鱼和采集等不同的生活性质而内容各异，但教育存在于生活之中是不变的。

额尔古纳河畔的鄂温克族人从生下来就在游猎生活中长大。夏天成年人出去打猎，把小孩放在摇篮里挂在树上。五六岁以后的儿童，做一些打熊、搬家等游戏等，从六七岁开始帮助母亲看小牛、挤奶，学习骑马、放羊等。在玩耍、参加家务劳动和跟长辈狩猎的过程中，他们养成吃苦耐劳、不怕困难的品格，熟悉野兽习性，会辨别野兽脚印的新旧，选择猎场、善于寻找和发现野兽并对它们准确射击。[2]

随着社会生活的发展，政治、宗教、艺术等逐步产生，出现制陶和冶金技术的社会分工，生活一体化教育在内容得到不断丰富的同时，也走上了其不断分化为越来越独立的交往（教育）活动的道路，乃至产生形式化教育（教育机构）。但是，生活一体化教育作为教育的原型一直不曾消失，生活中指向人的发展和社会化的教育影响始终存在。不论是原始社会的氏族生活还是现代家庭生活、工作或游戏、仪式或典礼等，

---

[1]　毛礼锐、瞿菊农、邵鹤亭编《中国古代教育史》，人民教育出版社，1983。

[2]　毛礼锐、瞿菊农、邵鹤亭编《中国古代教育史》，人民教育出版社，1983。

都是"每天遇到的学习机会"。在生活教育中，一个人是通过共同生活的过程来自我教育的，而"不是被人教育的"。① 这一切，都是家庭教育的本质部分。

生活教育主要是通过口头交谈和观察模仿达成的。② 在教育的原型中，原始人取食和自卫方法的学习、生产经验的传递，群体生活的共同习俗和习惯、氏族公社的历史等的传习，都是以在生活过程中模仿和口头交谈的形式达成的。所以，交流在社会交往的最初教育形态中就占据了重要的位置，而把模仿看成最初的重要教育手段也是成立的。③ 直到今天，口头交谈和观察模仿在社会生活（包括家庭生活）中的重要作用也丝毫未减弱。阿尔伯特·班杜拉（1925～2021 年）在研究观察模仿形成机制时指出，模仿首先是行为模仿，婴儿模仿母亲拍手，儿童在家中被父母打了之后会以同样的方式打同伴，青少年的穿着和发型与同学类似等都是观察模仿，但它也包括认知和思考方式的观察模仿。班杜拉认为，观察模仿是"儿童发展的强有力资源"。④ 生活教育的观察模仿促进儿童发展的特性，非常有利于弄清家庭教育的原理，例如言传身教、耳濡目染的形成机制等。口头交谈的作用更是受到现代科学理论的极大关注，例如，维果斯基的社会文化理论特别指出，交谈中的语言是传递社会文化的不可或缺的心理工具。⑤

从对教育的原型的讨论可知，教育是以儿童发展为目的的生活交往活动，这是家庭教育和学校教育的共同起源。作为非形式化教育的家庭教育的定义，要从教育的原型中去寻找，而不是从同源但形式化的学校教育中去寻找。

---

① 陈桂生：《普通教育学纲要》，华东师范大学出版社，2009。
② 毛礼锐、瞿菊农、邵鹤亭编《中国古代教育史》，人民教育出版社，1983。
③ 叶澜主编《教育概论》，人民教育出版社，2006。
④ L. E. Berk, *Development Through the Lifespan* (6th Edition), Pearson, 2013：18.
⑤ L. E. Berk, *Awakening Children's Minds：How Parents and Teachers can Make a Difference*, New York：Oxford University Press, 2004：34.

二　从家校关系的历史演进中透视家庭教育

现代家庭是在与现代学校的相依相存中获得诸多现代性特征的。[1] 研究现代家庭教育不可能不讨论家庭和学校的关系。本书讨论的家庭教育与学校教育的历史关系是家庭教育与现代学校系统的关系。经历了从家庭集教育的作用和社会成员资格认可（制度认可）于一体，到学校集教育的作用和筛选制度于一体（"周全"的现代学校系统），再到家庭教育作用不断增强并和学校系统筛选制度分离，出现家庭对教育代理权收回的趋势。生活教育与知识教育（智育）分别是历史上家庭教育和学校教育的两条主线，并在当代出现了彼此融合的趋势，导致家庭教育和学校教育产生交叉重叠影响成为现代教育的鲜明特征。

（一）传统社会家庭集教育的作用和社会成员认可于一体

在现代学校系统产生以前的传统社会中，家庭——或者更准确地说是直系家庭，是一个更大的宗族网络中的一个支脉，即家族是一个近乎"周全"的社会制度。总体来说，家庭的功能在历史的演进中处于一个递减和浓缩的历史过程。在人类社会早期的传统社会，家庭的功能曾经是最"周全"的。[2] 家庭（家族）几乎不依赖于外在的支持而独立存在，成为自给自足的社会基本单位。例如，在传统社会里，超过半数的儿童在 10 岁以前就夭折了，结婚的夫妻很多不到 10 年就失去了配偶，恶劣的天气和灾害可能会毁掉家庭全年的收入，凶残的野兽和流行的疾病毁灭了家畜，巫术、妖术和迷信横行，人的生命被极大的生存不确定性所笼罩。正是家庭（家族）承担着抵御不确定性的主要职能。当人们遇到天灾人祸时，为了抵御生存不确定性带来的严峻挑战，家族通过亲属之间的馈赠和互助来帮助彼此渡过难关，

---

① 〔法〕弗朗索瓦·德·桑格利：《当代家庭社会学》，房萱译，天津人民出版社，2012。
② 〔美〕劳拉·E. 贝克：《儿童发展（第五版）》，吴颖等译，江苏教育出版社，2002。

一个家族就好像一个相当有效的"保险公司"。而现代社会对这种天灾人祸的防范，是依赖家庭以外的社会专业机构——银行和保险公司来实现的。[①]所以，在经济和社会生活趋于静止和停滞，并且充满不确定性的传统社会，家庭（家族）的功能在漫长的历史时期中近似于"周全"地等同于社会的功能，国家和社会承担的功能相对较少。

在"周全"的家庭功能中，传统社会家庭（家族）的教育功能大体也是"周全"的。家庭（家族）不但负责养育儿童，而且肩负认可儿童作为合格社会成员资格的职能。首先，家庭（家族）在生活和生产过程中养育儿童。儿童在对日常生活和生产劳动的生活经历的观察模仿中（这种经历因农耕、畜牧或者狩猎不同的生产、生活方式和文化方式而不同，或者在田间地头戏耍，或者观察模仿父母耕作、畜牧或狩猎的技巧，或者像鄂温克族的儿童做一些打熊、搬家的游戏等），在父母、其他亲属成员尤其是老年人的教养训育下，学习各种代代几乎稳定不变的社会习俗、道德规范以及生产和生活上的知识和技能。在家庭的生产和生活中，存在两个"世界"，一个是"成年人的世界"，另一个是"儿童的世界"，这两个世界时而分离（例如孩子们在一起玩耍、游戏），时而重合（父母劳作的场所在家庭，儿童从事劳动和家务，接受长辈的教导，甚至玩耍和游戏也是在劳作中的父母视野范围之内并发生互动）。当两个世界重合时，传统社会家庭是"儿童的世界"围绕着"成年人的世界"，儿童一般要服从于从事繁重劳作的成年人的安排。这个"成年人世界中心化"的亲子交往特点在现代家庭中恰好相反。

其次，家庭（家族）对儿童在达到成年年龄时的合格社会成员资格予以确认。例如，鄂温克族对于成为一名猎手是有一定标准的：吃苦耐劳、不怕困难，能随时总结打猎经验，熟悉地形和野兽习性，发现野兽之后，动作迅速、沉着，能准确掌握枪的性能，百发百中，还要能准确掌握风向，辨别野兽脚印的新旧，能判断野兽是惊跑的还是自由走动的（惊跑的就不追）。鄂伦春族的猎手标准也类似：会选择猎场、善于寻找和发现

---

① 〔美〕加里·斯坦利·贝克尔：《家庭论》，王献生、王宇译，商务印书馆，2005。

野兽、射击准确。① 更为典型的是中国原始社会施行的冠礼制度，美洲的印第安人和非洲、澳大利亚的一些原始民族的成丁礼或戒礼（initiation），通过各种各样的仪式和考验来确认即将获得社会正式成员资格和权利（例如结婚成家、参与家族议事等）年龄的儿童，是否具有合格的社会习俗、道德标准，耕种、狩猎、捕鱼等生产生活知识和劳动技能②，是否达到了"正君臣、亲父子、和长幼"的标准。所以，传统社会家庭（家族）对于儿童的作用不仅是生活中的教养和儿童的自我教育，而且包括对这种教养和教育的制度性认可，两者是合一的，并且统一于生活教育中。认识这一点很重要，因为这涉及现代家庭和学校分工演变的历史线索。

在现代学校制度确立之前的漫长历史时期，虽然家庭的职能发生了一些改变，即职能随着社会生活出现了越来越多的专门化领域而有所收缩，家庭教育也出现了一些从家庭中分化出去的不稳定的迹象（例如附庸于少数富裕家庭的私学，古代官学的间断出现等），但在近代学校制度出现以前，"教育基本上属于家庭私事……中国古代的情况虽然较为特殊……基本上还是把教育作为家庭私事"③。教育子女属于家庭和家长的"自然权利"。

（二）教育的重心和社会成员认可制度向近代"周全"的学校系统转移

从欧洲的文艺复兴到 19 世纪，经历了一个历史过渡时期，随着宗教改革、工业化、城市化、妇女加入劳动力市场、印刷术广泛应用等经济、社会、文化、政治的变革浪潮，近代学校系统逐步建立和完善。与此大体同时或稍后产生的是新的儿童概念，即童年时期是未成熟的时期，需要进行规制和训练，而学校作为年龄分级机构被越来越多地认为是童年的好"归宿"。④

---

① 毛礼锐、瞿菊农、邵鹤亭编《中国古代教育史》，人民教育出版社，1983。

② 戴本博主编《外国教育史》，人民教育出版社，1990。

③ 陈桂生：《普通教育学纲要》，华东师范大学出版社，2009。

④ 〔英〕艾伦·普劳特：《童年的未来——对儿童的跨学科研究》，华桦译，上海社会科学院出版社，2014。

这个近代产生的学校制度，属于"公共教育机构"①，因而是与家庭的"私人性"相对应的产物，是把原来属于家庭"周全"的教育职能让渡给专门的教育机构。

首先讨论一个前提性问题，为什么家庭教育职能的转移不从古代学校算起？因为我们考察的教育职能转移是普遍和系统性的职能转移，是家庭的生活教育向公共教育机构实施的专门教育的转移，是从非形式化教育向形式化教育的转移，这些是古代学校不具备的。中国古代的庠、序、学、校等，往往不是专门、纯粹的教育机构，而是兼为休闲、习射、养老的场所，或者是与政治活动融合在一起，"官师合一"，通常是兼而不独的②。及至唐代，"所谓府、州、县学，寻常人是不知其为学校的，只知其为孔子庙"③。外国早期的古代学校的形式也是与政治机构、养老机构、神庙（如苏美尔早期寺庙学校）、政府机构（古埃及以政府机关的官吏为老师的职官学校）合一的，以后才有了自己相对专门的形式化教育机构（如公元前 2100 年后，苏美尔的学校不再与寺庙联系在一起，而是在政府机构和宫殿之间）④。加之古代学校零星散发、兴废无常，所以中外古代的"学校"，远不是现代意义上的学校，而只能算是"前学校""准学校"。⑤

人们对近代学校的作用一直寄予美好的希望，但学校活动的实质性内容是知识教学。例如，夸美纽斯在他的经典著作《大教学论》中，把学校按照"周全"的教育来设想。学校教育即拉丁词"教学论"的概念，是一个大教育的概念，集教养和教学于一身、集生活教育和知识传授于一体。作为教养的机构，学校是一个开展游戏、戏剧表演的高级休闲和娱乐场所，是一个专门化的儿童生活世界。在学校，学生还能得到一定的空闲时间，根据自己的决定（符合他们的本性）去完成某些事情。这是一幅与家庭生活教育

① 陈桂生：《普通教育学纲要》，华东师范大学出版社，2009。
② 毛礼锐、瞿菊农、邵鹤亭编《中国古代教育史》，人民教育出版社，1983；瞿葆奎主编《教育学文集——教育制度》，人民教育出版社，1990。
③ 陈桂生：《普通教育学纲要》，华东师范大学出版社，2009。
④ 戴本博主编《外国教育史》，人民教育出版社，1990。
⑤ 陈桂生：《教育原理（第三版）》，华东师范大学出版社，2012。

相似同时又更加理想化的图景。与此同时，夸美纽斯设想的学校，最主要的却是关于知识教学的内容，即阐述知识教学如何教得好、教得快、教得彻底。[①] 夸美纽斯的学校设想在后来得到实现的主要是教学、班级授课制，有目的、有计划、有组织的知识教学。很多关于学校教养的设想并未得到实现。之后的赫尔巴特在"善"的教育意义上，以伦理学为基础建立了教育目的论，以心理学为基础阐述了知识教学的原则，并在美德培养目的和知识教学手段之间设想建立起强有力的联系：美德可教，美德的形成诉诸个人的理性，通过知识的"教"与"学"来发展学生的理性，可以达到培养学生美德的教育目的，并以"训育"为美德形成的补充形式。赫尔巴特有关知识教学过程的理论，如多方面兴趣的培养、四段教学法、注重教师的主导作用和系统知识的传授，产生了深远的历史影响。他对学校的设想和夸美纽斯一样，都是从"教育"出发，把落脚点放到"教学"上，把学校看成知识授受（达到培养理性和美德目的）的专门教育机构，聚焦讨论"知识授受之间的矛盾过程"，包括知识授受的过程、内容、方法、形式等，的确准确地概括了近代学校以智育为主体的、给予的、集体的教育特征。[②]

虽然学校对于知识的授受事实上并非都能达到培养人的美德的作用，但人们出于对系统知识包括后来对于科学知识不断增加的崇拜，出于对"系统知识比生活中积累知识更有效率"[③] 和"知识就是力量"的信仰，仍然认为知识是无与伦比的，学校应将知识传授放在核心的位置，学校是"知识的殿堂"，知识的教育就是"周全"的教育。[④] 家庭的教养作用，学校生活的教养作用[⑤]在很大程度上在耀眼的知识教学的光环照耀下被屏蔽、忽视了。

---

① 徐汝玲：《外国教育史资料》，教育科学出版社，1995。
② 瞿葆奎主编《教育学文集——教育制度》，人民教育出版社，1990。
③ 〔美〕加里·斯坦利·贝克尔：《家庭论》，王献生、王宇译，商务印书馆，2005。
④ 叶澜主编《教育学原理》，人民教育出版社，2007。
⑤ 对于儿童来说，学校经历本质上也是一种生活，直到 20 世纪后半叶人们才逐步关注学校、课堂经历的知识教学之外的社会生活特征和在儿童发展中的重要而"隐蔽"的作用，〔美〕菲利普·W. 杰克逊：《课堂生活》，丁道勇译，北京师范大学出版社，2021。

家庭在教育上逐步走向依附和边缘化。在近代学校逐步发展的过程中，在社会从个体农业、手工业过渡到近代社会化大生产阶段以后，特别是在产业革命以后，家庭丧失了自身的部分职能，在教育的职能上出现了收缩，留下了 3 个教育的真空[①]：在直系家庭转变为核心家庭以后，出现了（原来由家族中的老年人和家族成员进行）家庭教育与抚养经验的真空；工人家庭劳动现场转移到家庭外的工厂，成年人"离开家去上班"后，"儿童的世界"与"成年人的世界"交叠的家庭生活教育情景出现了制度性分离，"上班族"家庭的教育出现了真空；在儿童成为劳动力以后，出现了儿童权利的真空。填补这些家庭教育真空的正是作为公共教育机构的近代学校。

在国家义务教育制度下，学校作为公共教育机构把教育从家庭私事转变为社会—国家的公共事务，原来儿童成长的教育代理权自然从家长的手上让渡给学校——在微观现实中，就是从此以后家长见到教师往往会真心地说：我们把孩子送到学校了，今后教育孩子的事，就一切拜托老师了！——这不失为人类教育史上的一大进步。[②] 随着教育代理权向社会公共教育机构的让渡，现代学校围绕着知识技能的教学，从此不断扩展和完善学校的其他重要的事实性职能——照管、社会角色选择（社会分化、社会流动）、灌输思想信仰等。其中的社会角色选择职能异常突出：学校像是社会机会的分配机构，家庭是对人力资本的投资机构。[③] 如上所述，认可儿童作为社会成员资格的制度，原来是一种家庭的教育职能，现在这一制度性职能被让渡给了学校（由学校替代），学校主要通过知识考试进行社会筛选和分配社会成员不同的社会身份。家庭从此在历史上失去了社会认可和筛选这一重要的教育制度职能，这是决定家庭和学校关系朝着相依相伴同时又互相排斥方向演变的至今不变的重要特征之一。

所以，教育的发生场所和作用，以及儿童成为社会成员的制度性认可和筛选职能，全部从家庭向学校让渡（转移）。在这一过程中，家庭的生活教

① 陈桂生：《教育原理（第三版）》，华东师范大学出版社，2012。
② 陈桂生：《普通教育学纲要》，华东师范大学出版社，2009。
③ 陈桂生：《教育原理（第三版）》，华东师范大学出版社，2012。

育虽然从来不曾中断，但的确发生了整体性的作用收缩，除了在少数上层社会家庭中家庭教育仍然一如既往受到重视，其他家庭教育被淹没在学校系统知识教育的耀眼光环之中，被隐匿在公共教育机构的背后。在社会生活中，学校教育一度是"周全"教育的代名词。

（三）家庭教育的历史回归，教育的"私事化"趋势

家庭教育作用的重新发现。1966 年，著名的《科尔曼报告》发表。这份在全美范围内调查公立学校教育公平问题的大型实证研究报告令人惊讶地发现，学生学业成就首先取决于家庭社会经济地位（SES）的影响，学校的影响（主要是任课教师素质的累积性影响和学生同伴的影响，还有相对不显著的学校设施和课程变化的影响）是第二位的。只有当家庭 SES 的影响为负向时，学校的影响作用才比较显著。[①] 这个结论令人震惊，直指一度被忽视的家庭在学校教育中的作用，认为家庭才是影响儿童学业的最重要因素，这与长期存在的学校作用假设背道而驰。对《科尔曼报告》这一判断的讨论和争论持续了 40 年，其间被 2700 多篇论文引用，最后人们认识到这个结论是经得起检验的，并推广应用于职业成就的相同归因，[②] 以及全球范围内不同社会经济发展阶段国家的儿童学业成就的学校和家庭 SES 归因。其中，在全球范围内验证和推广《科尔曼报告》中儿童成就归因的著名研究报告是由赫耐曼和洛克斯力做出的，他们发现的"赫耐曼/洛克斯力效应"（"H/L 效应"）[③] 是在持续 30 年的世界范围内分层国家抽样研究的基础上得出并修正的，这一效应原理指出，家庭和学校这两种社会组织机构对儿童学业成就的影响会随着时间的推移、宏观经济社会条件的变化而发生相对改变。社会经济发展水平在很大程度上会导致家庭和

---

① 〔美〕詹姆斯·S. 科尔曼等：《科尔曼报告：教育机会公平》，汪幼枫译，华东师范大学出版社，2018。

② S. Heyneman, *The Heyneman/Loxley Effect*：*Three Decades of Debate*，*Routledge Handbook of International Education and Development*，Routledge，2015：153.

③ 吴重涵、张俊：《制度化家校合作的内在动力、行动逻辑与实践路径——基于十年家校合作实验的回顾与反思》，《中国教育学刊》2021 年第 9 期。

学校作用的相对变化。当各国的社会经济发展水平跃过某一门槛（20 世纪 90 年代）以后，世界范围内普遍发生了学校效应系统性降低的现象，家庭的作用则系统性增强。① 这样一个国家层面的趋势表现在微观的家庭中就是《科尔曼报告》指出的家庭作用相对于学校更显著，尤其是高 SES 家庭的作用显著，而低 SES 家庭更多地依赖学校的作用。

可见，《科尔曼报告》和 H/L 效应发现的家庭教育作用，已经不是简单的家庭教育的历史回归，而是与现代社会经济发展、现代学校系统联系在一起的现代家庭教育的回归。

实际上，学校作为一种有巨大历史进步的教育制度，一直都带有一些或明或暗的先天的缺陷。例如，追求"使人向善"和"完美"的人的发展的教育目的与达成教育目的的主要途径——知识教学，并不像先哲们论述的那样完全匹配，而是存在一个明显的真空，这个真空靠学校的"训育"不足以弥补。学校培养出有知识、无道德的人不是什么新鲜事。再如，学校教育是以集体学生为对象的，这就决定了因材施教、个性化教学虽然一直是学校教育的基本原则之一，但个性化、个别化教学一直存在"天花板"，即存在一个收益由递增到递减的拐点，这也是一个基本事实。当个性化、个别化教学超过这个拐点，整体教学效益和效果反而会下降。② 历史上曾经有多次个性化、个别化教学改革的尝试，特别是 18 世纪末后实施的一系列班级授课制改革试验，如为了解决"导生制"教学生师比过大的问题，着眼照顾学习能力不足学生的"曼海姆制"和培养能力较强学生的"冈布里治制"，立足于取消班级集体教学制度和"学校社会化"的"道尔顿制"，倡导"教育即生活"的"生活学校"，等等。令人意味深长的是，这些有关个性化、个别化教学的改革"好景不长，20 世纪 30 年代以后大多都失去了势头"③。这或许与个性化、个别化教学是现代学校固有的结构性问

---

① S. Heyneman, *The Heyneman/Loxley Effect: Three Decades of Debate*, *Routledge Handbook of International Education and Development*, Routledge, 2015: 158.

② 〔美〕菲利普·W. 杰克逊：《课堂生活》，丁道勇译，北京师范大学出版社，2021。

③ 陈桂生：《教育原理（第三版）》，华东师范大学出版社，2012。

题有关。又如，学校在追求分学科的系统知识的传授过程中，不可避免地会丧失真实社会生活中事实性知识和规范性知识的复杂性和综合性及其对人的发展的影响。

学校教育的种种天然不足，被当代社会不断加速的经济、社会、文化变迁系统放大，并产生新的结构性问题，打破关于学校的种种教育神话。特别是 20 世纪 80 年代以来，当代学校的结构性问题更加凸显，集中表现为学校的"知识基础""地位基础""形式基础""目标实现基础""战略实施基础""价值基础"受到的结构性挑战。[①]

国际化与全球化的趋势使得儿童所在的社会结构暴露在外来的经济、文化、社会和政治因素的影响之下，尤其是信息与传播技术的革新、信息空间的多元化、职业领域的拓展与流动、终身学习社会的形成，使现行学校教育中知识内容的实用性与准确性受到质疑，并使提高学生知识与能力水平，培养创新精神、挑战精神成为普遍关注的课题。由此显示出学校的"知识基础"（最核心的挑战）发生了变化。

随着信息社会的发展和市场机制改革，在学校以外出现了一个巨大的信息空间和机构空间，即使是同样的知识和技能，学校也不再是唯一的传播场所，甚至出现网络信息平台和校外兴趣特长培训机构教学效果对学校的反超，这意味着学校的"地位基础"发生了变化。

培养创新精神、激发个人的优势和潜力的个性化、个别化教学需求，与学校以班级授课制为基本教学形式的集体教学存在的固有矛盾越来越突出和尖锐，学校的"形式基础"受到了质疑。

具体就我国的情况而言，单靠学校实现社会对儿童的教育目的，显现出越来越大的局限性。我国教育要求的变化，大致经历了从"双基"（基础知识、基本技能）到"三维目标"（知识与技能、过程与方法、情感态度与价值观）再到"核心素养""关键能力"逐步提高的过程。随着课程要求的改变，学校出现了越来越力不从心的情况。2017 年，中共中央办公厅、国务

---

① 陈桂生：《普通教育学纲要》，华东师范大学出版社，2009。

院办公厅印发的《关于深化教育体制机制改革的意见》指出，要注重培养支撑终身发展、适应时代要求的关键能力。在培养学生基础知识和基本技能的过程中，强化学生关键能力培养。培养认知能力，引导学生具备独立思考、逻辑推理、信息加工、学会学习、语言表达和文字写作的素养，养成终身学习的意识和能力。培养合作能力，引导学生学会自我管理，学会与他人合作，学会过集体生活，学会处理好个人与社会的关系，遵守、履行道德准则和行为规范。培养创新能力，激发学生好奇心、想象力和创新思维，养成创新人格，鼓励学生勇于探索、大胆尝试、创新创造。培养职业能力，引导学生适应社会需求，树立爱岗敬业、精益求精的职业精神，践行知行合一，积极动手实践和解决实际问题。"很明显，核心素养和关键能力的提高，基于各个学科及各个学科的知识教育，即使能达到部分目的，也是"杯水车薪。教育部在组织实施对学校的教学评估时，其课程评价实际指标止步于"双基目标"，绝不是核心素养和关键能力不重要，而是核心素养和关键能力的培养已经超出了以当前课程（系统学科知识）为载体达成目标的能力范围，超出了学校教育，而需要家庭和社会为儿童获得核心素养和关键能力提供相应的活动和人生经历、施加相应的教育影响。这意味着学校的"目标实现基础"发生了动摇。

在素质教育战略的实施中，学校同样显示出局限性。素质教育要着力提高学生的社会责任感、创新精神和社会实践能力，因此超出学校教育范围，成为政府、学校、家庭和社会的共同责任，贯穿学校教育、家庭教育和社会教育等各个方面。素质教育的"素质"，是与基因和天赋相联系的，是与个别、个性相联系的，家长在教育中有独特优势。很多孩子的运动、艺术和动手的天赋、兴趣与特长，是由家长观察和培养的。如前所述，学校结构性地存在个别化、个性化教学的"收益递减拐点"，存在对个体学生的关注盲点。素质教育战略的提出和实施使得学校的"战略实施基础"地位也发生了微妙的变化。

伊凡·伊里奇对学校制度进行的深刻批判和反省指出，从关注公平和平等等社会问题出发，社会以很高的代价设立学校、建立教育制度，学校是一个价值商品化背景下的"价值机构"，因而是社会公平和平等问题的根源。[①]
学校作为具有社会成员认可和筛选制度职能的机构，以及这种认可和筛选的
价值商品化属性，使得学校在经济不平等条件下的社会结构垂直流动中，成
为通过知识考试引发家庭极端的密集教养方式的重要制度诱因。学校不仅在
调节社会关系上的价值受到质疑，而且通过调节社会成员的筛选产生了超越
生产力需求的过度教育（教育程度高于实际需要、教育饱和）。于是，学校
教育成为社会关系的个人调节工具而不一定与生产力水平一致甚至可能阻碍
生产力的发展，如出现受教育程度高的雇员不一定具有更高的生产力的情
况，即高分低能的情况。[②] 学校作为社会成员分层筛选机构的"价值基础"
受到了质疑。

以上当代学校面临的每一个结构性挑战，似乎都无法在现有学校框架
内得到解决。但这些挑战促进了世界范围内对教育的反思，人们越来越把
目光投向学校以外，投向家庭和社会生活教育。以联合国教科文组织为代
表的各种国际组织展开的一系列国际教育研究及发表的一系列报告，概括
出了有震撼价值的对非学校教育和大教育的系统新认识，产生了极其深刻而
广泛的影响。其中以保尔·朗格朗的《终身教育引论》和爱德加·富尔等
人的《学会生存——教育世界的今天和明天》两份报告最有代表性。这些
报告背后的一个重要逻辑就是学校教育要面向多姿多彩、快速变化的社会生
活，例如，强调项目学习（project-based learning）[③] 等一些基于生活的教育
形式。生活化教育也是我国学校教育改革的一个重要趋势，例如，2019 年
颁布的《中共中央 国务院关于深化教育教学改革全面提高义务教育质量的
意见》提出要"探索基于学科的课程综合化教学，开展研究型、项目化、
合作式学习"。

---

① 项贤明主编《教育学原理》，高等教育出版社，2019。
② 陈桂生：《教育原理》，华东师范大学出版社，2012。
③ 项目学习是基于复杂的真实世界问题情景的、持续的、综合应用多学科知识的学习，有助
于发展 21 世纪关键能力如创造力、合作和领导能力、审辩性思维能力等，见 U.S.
Department of Education，Office of Educational Technology，2017。

学校教育在这样的背景下自然而然把寻找解决学校结构性问题答案的目光转向了长期被忽视的家庭、社会生活资源，以及学校与家庭和社会的联系。对照现代学校以智育为主体的、给予的、集体的教育模式所带来的种种结构性问题，家庭教育是生活的、自我教育与给予相结合的、个别的。[①] 这预示了当代学校教育和家庭教育的互补作用和相互地位关系必然发生变化。

反观现代家庭教育，在当代社会阶层流动的可能性快速提高、学校教育成为社会阶层流动的主要途径、家庭以儿童为中心的物质和文化资源的凝聚和扩大、家庭教育代理权的收回且教育规划成为家庭教育的首要职能等一系列深刻的制度背景推动下，家庭教育的种种优势得到了强化，教育话语权和对儿童教育的贡献不断提升，强化密集教养方式成为家庭教育的主流。当对儿童毕生发展进行教育规划成为家庭教育的首要职能时，意味着儿童教育的代理权出现了从学校收回的趋势。[②] 这一趋势不仅出现在中国，20 世纪 80 年代以后在一些西方发达国家义务教育年限内也出现了"教育私事化"的倾向。但这种"教育私事化"不同于现代学校制度出现以前的"教育私事化"，是相对于学校作为一种社会成员认可和筛选制度存在并不断强化的条件下，家庭在教育规划、选择学校、兴趣和特长培养等多方面表现出的自主选择权利和生活教育作用的增强，对学校教育"周全"的一种质疑和否定，对让渡给学校的儿童教育权利的一种回收，而不是退回到历史上教育完全由家庭承担的"教育私事化"。[③]

如果说近代学校实施的义务教育是对教育作为家庭私事的亲权干涉，而家庭教育代理权的收回，以及家庭教育作用的不断增强，则打破了学校教育是"周全"教育的神话，是历史上教育权利的螺旋回归、现代生活教育的螺旋回归。但在这样的回归中，学校对社会成员的认可和筛选以及促进阶层

---

① 陈桂生：《教育原理（第三版）》，华东师范大学出版社，2012。

② 吴重涵、张俊：《制度化家校合作的内在动力、行动逻辑与实践路径——基于十年家校合作实验的回顾与反思》，《中国教育学刊》2021 年第 9 期。

③ 陈桂生：《普通教育学纲要》，华东师范大学出版社，2009。

流动的制度性职能，并没有随着家庭教育作用的增强而发生弱化，甚至在不断增强。于是出现了家庭教育的作用不断增强与学校作为教育制度不断强化这样两个相反的趋势，形成了家庭教育和学校教育的悖论，这一同时发生的趋势构成了现代家庭教育和学校教育的根本矛盾。[①]

三　现代家庭特征与家庭教育

吉登斯（Giddens）曾经对现代家庭做了一个形象的比喻："家庭的外壳还在，但家庭的内在却一直在改变着。"现代家庭是一种"外壳制度"（outer shell institution）。[②] 在不断变化的现代家庭制度下，现代家庭教育与传统家庭教育既相互联系又有明显区别，既有相同的"外壳"又有不同的时代内涵。

现代家庭发生了很多重大的变化。功能主义代表人物帕森斯指出，现代家庭失去了很多以前的职能，这些职能转而由其他的社会组织代替。贝克认为，在早期的人类社会，家庭承担了人类社会几乎全部的职能：再生产（reproduction，即人口再生产）、经济制度（economic services，生产、交换和服务）、稳定社会秩序（social order，控制冲突并保持社会有序运作）、社会化（socialization，使儿童具备社会成员资格）。[③]

随着社会分工日益复杂化，家庭职能正在经历一个"像巴尔扎克笔下的驴皮一样不断缩水"的过程，收缩的职能由社会分化出来的专业组织（例如企业、金融、政府、学校等）所替代，家庭同时也融入巨大的社会体系。如今家庭剩下的主要职能是：经济职能中的消费（家庭经济基础，生产的职能分化出去后，市场消费的职能得到强化）；生育和部分社会化（主

---

① 吴重涵、张俊：《制度化家校合作的内在动力、行动逻辑与实践路径——基于十年家校合作实验的回顾与反思》，《中国教育学刊》2021 年第 9 期。

② R. Edwards, J. R. McCarthy, V. Gillies, The Politics of Concepts: Family and Its Replacements, *The British Journal of Sociology*, 2012, 63 (4): 730-746.

③ 〔美〕劳拉·E. 贝克：《儿童发展（第五版）》，吴颖等译，江苏教育出版社，2002。

要是纵向亲子关系上的家庭教育）；情感满足。

在职能收缩后，家庭仍然必须建立在一定的经济基础上，否则家庭将不可持续。家庭的经济基础是家庭存在和运行的前提。同时，家庭仍然是生育和社会化的主要单位，仍然是获得巨大满足和心理稳定的源泉。家庭的经济生产职能和政治职能衰退后，情感满足职能变得突出。[1]

我们尤其注意到，一方面，现代家庭的社会化职能、情感满足职能和经济消费职能是紧密地交织在一起、不可分离的。例如，现代家庭教育中，家庭的亲密情感、亲子依恋和经济上越来越密集的养育投入通常不可或缺。另一方面，现代家庭职能也是与从家庭分化出去的社会组织的职能十分紧密地交织在一起、不可分离的，家庭职能的独立性下降，外部关联性上升，越来越受到社会职能的支持、保障、服务和约束。[2] 家庭教育就是这样一个典型，与学校教育和儿童的多样化社会经历产生着越来越紧密的联系。由于现代家庭职能相互之间和内外部职能之间存在关联性和依赖性，家庭教育就不是单纯地将父母或者其他的家庭成员作为教育的主体，有意识、有目的地教育、教养的过程，而是与家庭整体（包括家庭 SES、物质文化条件和家庭所提供的儿童家庭外社会经历）相关联的儿童自我教育的过程。从这个意义上说，家庭教育的"教育"一词是不准确的，家庭教育应该更广义地包含教养、养育和儿童的自我教育这些并非完全通过家长有目的、有意识的教育活动而获得的儿童发展。

在家庭的教育职能上，家庭是儿童发展的基本社会中介制度。吉勒（Giele）和埃德（Elder）等人创建的生命历程理论，把影响人的生命历程的因素分为成人前和成人两个阶段。对于儿童阶段的生命轨迹，在 20 世纪有多项令人信服的追踪研究，其设计均以假设社会、经济、文化的变化为历史事件（events），主要通过家庭状况和家庭生活（家庭背景、家庭生活和财务状况、身体和精神健康状况、价值观和生活态度）及其相应的子女教

---

[1] 〔英〕史蒂夫·布鲁斯：《社会学的意识》，蒋虹译，译林出版社，2013。

[2] 〔法〕弗朗索瓦·德·桑格利：《当代家庭社会学》，房萱译，天津人民出版社，2012。

养对儿童阶段的生命轨迹产生主要的影响。这一成熟的研究设计背后的共同假设为现代家庭是社会经济、文化结构及其变化与儿童阶段的生命轨迹之间的主要中介制度。

现代家庭教育职能是通过家庭结构和家庭关系表现的。其中最显著的表现为家庭规模的收缩和家庭结构的改变。现代家庭的"核心领域"正由"主干家庭"向由丈夫、妻子和孩子构成的核心家庭转变，[①] 同时在中国普遍出现了由经济独立的核心家庭，加上祖父母为了照看孙辈在核心家庭间断性共同居住，并发生密切经济联系的"准主干家庭"，[②] 祖孙三代围绕孙辈发生较"主干家庭"更为密切的关联，这一新的家庭结构对于家庭教育有重要的意义。大家庭的终结使家庭的情感满足职能变得越来越重要，并使家庭成员将更多的精力集中在孩子的身上。[③] 随着现代人离婚、再婚、不婚等现象日益普遍，现代家庭规模和结构的改变还表现在领养、继父母抚养、非婚生育孩子等多种家庭教养类型上，亲子血缘关系并非家庭教育的一个牢不可破的前提，取而代之的是组建家庭所产生的代际亲密关系。

现代家庭教育职能更多体现在家庭的内外部关系上。涂尔干在他的名著《婚姻家庭》中指出，现代家庭关系的本质是存在一种双重反向运动，一方面是家庭的"私人化"和"私密化"，人们对家庭成员之间的关系（主要是夫妻关系和亲子关系）投入更大的注意力，寻求在这个认知多元化世界中的极小范围内的认知共鸣和在安全、温暖、舒适环境中的相依相伴。另一方面是家庭的"社会化"，这是由社会分化和国家干预增强造成的。家庭是这样一个空间，个人想在其中保护自己的个体性，同时要保护国家这个"次要手段"，是国家在监督、帮助和规范家庭成员之间的关系，[④] 这就是著名的现代家庭悖论。现代家庭的重心是规模缩小后的家庭及家庭成员的私人

---

① 〔法〕弗朗索瓦·德·桑格利：《当代家庭社会学》，房萱译，天津人民出版社，2012。
② 阎云翔、杨雯琦：《社会自我主义：中国式亲密关系——中国北方农村的代际亲密关系与下行式家庭主义》，《探索与争鸣》2017 年第 7 期。
③ 〔法〕弗朗索瓦·德·桑格利：《当代家庭社会学》，房萱译，天津人民出版社，2012。
④ 〔法〕弗朗索瓦·德·桑格利：《当代家庭社会学》，房萱译，天津人民出版社，2012。

化、独立性、自主性、私密性、个人主义和自我主义；而在社会不断的分化和分工，以及国家干预增强的趋势下，家庭必然产生对公共层面与日俱增的依赖（家庭的社会化、公开化）。家庭教育的外部关系典型地体现了家庭悖论，存在家庭教育目的、资源和手段的私人性与公共性这样一种相反的运动趋势，具体表现为 H/L 效应（参见前文有关论述），现代家庭教育作为收缩后的家庭职能作用不断增强，与学校作为一种教育制度（社会成员的认可和社会分层筛选）的强化，构成一种双重反向运动，这成为家庭教育保持其独特性并与学校相依相伴的根本原因之一，成为揭示家庭教育作为社会影响和儿童个体发展的"中介性"影响机制的强有力理论基础。

在亲子关系和家庭教育上，利他主义（altruism）和父爱主义（paternalism）是家庭教育的根本出发点和本质属性。英国经济学家亚当·斯密曾经就人们在市场上和家庭中的行为异同有过精彩的对比。一方面，人们在市场交易活动中总是自私的，我们每天所消费的食品并不是出自屠户、酿酒师人或面包师的恩惠，而是出自他们利己的动机，他们不是利用他们的利他主义之心，而是利用他们的利己主义之心来达到自己的目的。另一方面，在家庭内部利他主义却是十分重要的，每一个人都会比其他人更敏感地感受到自己的快乐与痛苦……除他们自己以外，通常与他们一起生活的家庭成员，比如他们的父母、他们的孩子和兄妹等，都是他们最为钟爱的对象，也就自然地经常成为对他们的幸福或者痛苦有着最大影响的人。① 贝克尔通过对经济学的精辟分析指出，不论是市场上的利己主义还是家庭中的利他主义，看似相反的两种行为，却是殊途同归的：最终达成个人利益的最大化。所以，利他主义作为家庭的基础，奠定了家庭成员之间极其重要的亲密关系包括亲子之间亲密关系的基础。亲子之间的亲密关系又构成了家庭教育不可替代的独特优势，这种独特优势在当代不断得到强化。吉登斯所说的（现代）家庭外壳下的内在集中体现为家庭成员公开的亲密关系，体现为代际关系中的利他主义。

在亲子关系和家庭教育中，利他主义和父爱主义相伴相生。狭义的利他

---

① 〔美〕加里·斯坦利·贝克尔：《家庭论》，王献生、王宇译，商务印书馆，2005。

主义就是关心孩子当下的幸福感受，并不惜付出高昂的代价（不论是金钱还是时间、精力，甚至是父母的不得已，例如牺牲自己的爱好或者工作陪孩子逛海洋公园）；父爱主义是从父权社会延续下来的，泛指为了孩子未来的幸福而限制孩子当下的幸福，要求甚至强迫孩子为未来成功的成年生活而努力付出。父爱主义根本上属于利他主义，有所谓"父爱如山"之说。关心孩子的父母必须在利他主义和父爱主义这两个目标的重要性上做出权衡。同时我们看到，利他主义和父爱主义的权衡并不完全是家庭和父母的私事，社会、经济、文化和教育环境在很大程度上决定了父母在实现孩子当下的幸福与为了孩子未来的幸福之间权衡的结果，导致家庭在不同的时代采取不同的或密集或放任的教养方式。①

　　亲子关系和家庭教育的另一个基本面是家庭生活的形态对儿童发展的影响。在一个人的一生中，家庭的形成、运行、危机、解体和重建都是私人行为，家庭生活也是个体偏好和选择的结果。个体选择的家庭生活构成了家庭教育亘古以来的生活教育本质。家庭教育随着家庭生活的"不变"与"变"，保持着教育本质的延续性和内容形式的丰富变化性。从家庭生活"不变"的方面看，"家庭教育"这个词组重心是"家庭"而不是"教育"。家庭教育在于生活，在于家庭生活中的养育，在于家庭的全面建设和经营。从教育影响的性质来看，家庭生活由 3 类形态构成。第一类是制度化的家庭生活，是人们在家庭中理所当然、不假思索的常规生活。大量的家庭教育正是在这种家庭常规生活中潜移默化完成的。所以，家庭教育的底色就是广义的家庭经营和家庭文化建设。第二类是有积极意义但无明确教育目的的家庭生活。例如，父母带孩子去动物园游玩，逛动物园是一种人为的选择，这种选择应该是基于游玩经历本身会对孩子具有积极影响，"好玩"是这种活动的本质特征。如果把这种活动设置为以教育为直接目的的活动，列出孩子逛动物园在认知上要达到什么目的，提出观察要求，并让孩子完成作文，这就把家庭生活转变

---

① 〔美〕马赛厄斯·德普克、法布里奇奥·齐利博蒂：《爱、金钱和孩子：育儿经济学》，吴娴、鲁敏儿译，格致出版社，2019。

为一场教育行动。研究表明，如果家庭中这样的教育行动经常化，家庭生活就会因此发生"教育的异化"，结果可能遭到孩子对于父母和家庭活动的反感甚至怨恨。所以，有积极意义但无明确教育目的的家庭生活是绝对必要的。有积极意义但无明确教育目的也是家庭教育不同于学校教育的一个显著特征。把所有有意义的家庭活动都转变为直接以教育为目的的活动不仅无必要而且有害。第三类是有明确教育目的和学习目标的家庭活动，例如课业和文化知识的学习、玩具和游戏玩法的学习、各种交往和网络工具的学习等。随着科学技术的发展及科技越来越渗透于人类的生活中，儿童需要学习的新东西越来越多，对科技的使用频率越来越高。这一类学习有着与学校教学过程相同和相似的规律，也与学校教育产生最直接的联系，需要我们认真加以辨别和关注，需要父母更多与学校和教师沟通、合作，并不断学习新知识。

从家庭生活"变"的方面看，现代家庭生活呈现以下 5 个特点。第一，家庭生活越来越"核心化"，主要局限于核心家庭内部的就餐、娱乐、游戏、集体讨论和共同阅读、浏览网络和观看电视、做家务、外出等，与周边邻里和社区的联系减少。第二，家庭生活越来越"网络化"，由于网络技术的高度发达，家庭生活发生在一个立体、复杂的网络空间之中，家庭成员在多重社会角色中频繁转换。时间连贯完整的家庭陪伴、亲子陪伴越来越困难；人们越来越多地借助网络获得信息，进行社会交往，并受到各种影响；儿童在网络化的世界中，获得了大量社会化的资源；父母的教育主体地位受到挑战。[1] 第三，家庭生活越来越"儿童中心化"，当现代家庭中的"成年人的世界"和"儿童的世界"发生重叠时，不再像传统社会那样以"成年人的世界"同化"儿童的世界"，而是"成年人的世界"服从和服务于"儿童的世界"，下行式儿童中心主义逐渐成为家庭文化的主流，[2] 这容易给现代父母带来家庭教育的牺牲感、负担感和焦虑感。第四，家庭出现了儿童

---

① Berry Barry Mayall. *A History of the Sociology of Childhood*, London：Institute of Education Press，2013：26-27.

② 阎云翔、杨雯琦：《社会自我主义：中国式亲密关系——中国北方农村的代际亲密关系与下行式家庭主义》，《探索与争鸣》2017 年第 7 期。

生活学术化倾向，儿童生活很大部分发生在以学术化为主要特征的学校等教育机构，或者儿童生活乃至家庭生活与学术化学习生活产生越来越多的关联，学习型家庭的特征日益明显。对照现代学校在系统学科知识教育（智育）基础上出现的生活化趋势，现代家庭出现了在生活教育基础上的知识化和学术化倾向，预示着生活教育这条家庭教育的主线与系统学科知识教育（智育）这条学校教育的主线，出现了彼此融合的趋势。第五，儿童玩耍时间越来越多地被结构化安排，开放式同辈玩耍中的自定规则、自我组织、自我实施的重要发展环节被成年人所取代，儿童成为成年人既定活动结构中的单纯练习者，儿童"玩耍"越来越多地被缺乏自主性的"训练"所替代。[1]研究表明，年长的一辈对于田园诗般的农村家庭生活、在公共场所尽情玩耍到太阳下山的城市儿童生活，尽管有着一种难舍的情怀，但这些传统的生活画面一般是不会再发生的往事。家庭生活的内容和结构不可逆转地发生了现代性转变。

现代家庭教育不仅是建立在利他主义和父爱主义基础上的现代生活教育，而且是现代教育的调度中心之一（学校作为制度化的教育机构，通过制度化的考试，成为现代教育的另一个调度中心。一个多枢纽、多中心的立体的现代教育制度的大格局正在形成），对学校教育和社会生活教育产生着重大的影响。如前所述，家庭的所有职能都是与家庭让渡给其他专业化社会组织的职能交织在一起的。正如贝克尔所指出的，现代家庭作为人类社会生活最基本的细胞，保留了对全部社会制度的最大影响。[2] 这里家庭对社会制度和社会组织的最大影响当然包括对教育制度的最大影响和对学校教育的最大影响。这种家庭对儿童发展最广泛意义上的教育影响，是父母对子女教育的战略规划及实施，包括：一是对从家庭生育到教育成就期望的规划，控制生育成为家庭教育规划的起始环节。二是对教育机构的选择，包括对幼儿

[1] L. E. Berk, *Awakening Children's Minds: How Parents and Teachers can Make a Difference*, New York: Oxford University Press, 2004: 142-145; Berry Barry Mayall. *A History of the Sociology of Childhood*, London: Institute of Education Press, 2013: 24.

[2] 〔美〕加里·斯坦利·贝克尔：《家庭论》，王献生、王宇译，商务印书馆，2005。

园、小学、初中、高中、大学甚至研究生教育机构的选择，对兴趣、特长培训的选择，以及对儿童家庭外社会经历的选择。例如，对北京市家庭的调查发现，现代母亲的首要职能是育儿过程的全面规划和决策，包括从教育机构的选择到生活内容的安排。[①] 三是在家庭生活教育中，增强对学校和校外培训机构学业的跟踪、监督和必要的辅导。"把家庭生活的一部分转化为学校的附属"的确是现代家庭教育和学校教育交织的一个事实。[②]

综上，现代家庭教育的职能建立在现代家庭生活基础之上，同时父母又是提供和安排孩子接受整体教育的教育代理人（agent）。家庭教育的本质是经济社会、文化结构与儿童"社会性格"（产生于社会经历的那一部分性格[③]）之间的基本中介制度之一。

基于这样的认识，家庭教育大体可以在 3 个由小到大的嵌套结构上展开：第一个层次为父母养育（parenting），即为人父母如何教育孩子，表现为父母（监护人）与孩子之间的互动及其教育影响，包括有教育目的的教养活动和无明确教育目的的亲子家庭活动。第二个层次为生活教育，包括与父母互动之外的在家庭场域中并非父母陪伴的影响，如家庭常规生活、儿童同辈生活、游戏生活等。第三个层次为家庭作为特殊社会组织对孩子的影响，除了包含前两个层次，还包括家庭作为家庭教育的独立成分，如家庭结构、家庭代际传统、家庭角色分配、家庭凝聚力，以及家庭对儿童在家庭生活以外经历的选择和支持（如家校合作、选择兴趣和特长培训等）。

用大卫·理斯曼的语言来概括，家庭教育是"软木塞自然从水中浮起"（家庭常规熏陶，生活中的自我教育）的自然过程；是在家庭生活中装置"心理陀螺仪"培养儿童人格的有意识过程（有意识养育）；是使孩子在广阔的家庭内外生活中搜寻积极的信息和资源，并将孩子置于特定的社会

---

① 肖索未：《"严母慈祖"：儿童抚育中的代际合作与权力关系》，《社会学研究》2014 年第 6 期。

② 〔法〕弗朗索瓦·德·桑格利：《当代家庭社会学》，房萱译，天津人民出版社，2012。

③ 〔美〕大卫·理斯曼：《孤独的人群》，王崑、朱虹译，南京大学出版社，2002。

情境中的"心理雷达"（家庭是儿童社会经历的枢纽，父母是孩子成长的总代理人）。①

四　结语

家庭（家族）教育作为人类教育最悠久、最基本的教育形式，发生在对人的发展产生影响的一切社会交往活动中。家庭教育与学校教育的历史互动关系中，经历了从家庭教育作用与社会成员资格认可制度合一，到家庭教育整体性地向单一现代学校的"周全"教育让渡，再走向重新强调家庭教育的基础作用、家庭教育作用与学校系统筛选制度出现背离、家庭对教育代理权逐步收回的矛盾过程；生活教育与系统学科知识教育分别成为家庭教育和学校教育的两条主线，并出现了彼此融合的趋势；现代家庭教育是建立在现代家庭亲子关系利他主义和父爱主义基础之上的，建立在现代家庭生活结构和特点基础上的现代生活教育，以及在"教育私事化"趋势中家庭对于儿童发展的战略规划和对儿童教育代理权的回收。简而言之，现代家庭教育是基于利他主义和父爱主义的社会中介制度中影响儿童发展的一切现代社会交往活动，主要是一种非形式化教育。家庭教育是由父母养育、生活教育和家庭作为特殊社会组织对孩子的影响组成的嵌套结构。

正如本章开头所提出的，探讨家庭教育"是什么"，目的是让家庭教育"由谁做"和"做什么"变得更加立体、丰富，为家庭教育概念体系的建立提供一个可能的前景和基础。讨论至此，家庭教育"由谁做"的答案不完全是由父母做。父母有目的的教育活动只是家庭教育的一个重要部分但不是全部（有目的的家庭教育活动并不是越多越好），甚至加上父母有意识但无教育目的安排和参与的家庭活动，也未构成完整的家庭教育。家庭教育的重心在于"家庭"而不是"教育"，在于家庭本身的运行与经营。家庭本身作

---

① 〔美〕大卫·理斯曼：《孤独的人群》，王崑、朱虹译，南京大学出版社，2002。

为非人类实体的"行动者"① 影响着儿童的发展，构成家庭教育的直接要素。从家庭教育的间接影响主体来看，家庭的本质是社会经济、文化对儿童产生影响的中间环节，学校在家庭教育的性质和内容变化中扮演了重要角色。家庭教育"做什么"由简单地回答父母应该做什么和怎么做，转变为家庭（包括父母养育）作为一种环境，通过什么样的活动影响儿童的发展，包括多种形态的家庭生活对于儿童发展影响的发生机制与过程，家庭常规生活中的教育影响，父母教养行为背后的教养方式，父母对儿童生命历程的规划、安排和学校教育参与，等等。一个家庭教育的新的概念体系或许正在由此演绎出来。

---

① 关于社会异质网络理论对"非人类行动者"的定义，参见〔英〕艾伦·普劳特《童年的未来——对儿童的跨学科研究》，华桦译，上海社会科学院出版社，2014。

第六章

家长赋能理论：内涵、要素与行动框架

在现代社会，家长在子女教育中的责任和权利不断增加，学校作为一种社会制度功能也在不断强化，这种家庭的教育作用和学校的制度性功能出现主体性分离的特征被称为"赫耐曼/洛克斯力效应"[①]。该效应在全球许多国家和地区得到验证，也从本质上揭示了家校合作全球性趋势的动力来源[②]，即家长需要承担家庭教育的主体责任参与子女教育，以促使其在教育制度中获得成功，而学校也需要与家长合作，提升家长家庭教育水平，鼓励家长参与学校管理和教育教学活动，以获得家庭支持，并使其知识传授、人才筛选等制度性职能得到家长和社会认可。

在我国，"家庭教育""家校合作""家校社协同"是中小学生"五项管理""双减"等政策文本中的高频词，更是发展更加公平而有质量的基础教育、建设高质量教育体系的战略支撑。[③] 然而，传统的"家长参与""家校合作"一直是以中产阶层的教育期望和价值观为主流。学校通常假设，凡是学校开展的活动，就既是家长需要的，也是家长有能力参与的，如营造在家学习的良好氛围、亲子阅读、子女学业规划、参加学校决策和志愿服务等。一些学校和教师未意识到或不关注社会低收入家长和能力低下的家长的

---

① Stephen Heyneman. The Heyneman/Loxley Effect：Three Decades of Debate，*Routledge Handbook of International Education and Development*. London ：Routledge，2015：152-154，176.

② 吴重涵、张俊：《制度化家校合作的内在动力、行动逻辑与实践路径——基于十年家校合作实验的回顾与反思》，《中国教育学刊》2021 年第 9 期。

③ 教育部：《2022 年全国教育工作会议召开》，www.moe.gov.cn。

参与需求和能力，反而指责他们无法达到学校规范标准，甚至这些家长自身也降低了参与意愿，放弃了家庭教育的机会和责任。① 事实上，传统的家长参与模式中，学校提供的资源和机会很可能被有优势的家长获取，对低收入家长和能力低下的家长形成阻碍或抑制。所以，家长能力缺乏可能延续社会的系统性不平等，造成儿童的教育机会和学业成就差距，从而阻碍高质量教育体系建设。

此外，即使把家长作为一个整体来考虑，家长参与越多越好的假设在很大程度上没得到检验。家长参与学校教育可能有负面影响，特别是在对学校的项目设计执行不力时。② 家长对学校工作的干预可能引发家校冲突，教师可能会抵制这种干预，以维护他们的专业权威。马伦（Malen）等人研究表明，传统的学校运作模式，即"校长控制决策，教师控制教学内容，家长提供支持"，并未得到实质性改变③。

家校关系的变化并不是一个零和游戏，而是建立新合作模式的契机。尽管家庭 SES 差异是导致儿童学业成就差异的主要原因之一，但学校在现有制度下仍然承担学生学业成就提高的主要责任。④ 对家庭教育环境不利的儿童来说，学校有两个努力方向：一是尽量用学校环境影响替代不利的家庭环境影响，如更早的入学年龄以及延长学生每天的在校时间；二是重构家庭与学校间的关系，如为家长"赋能"（empowerment），使他们更好地承担家长的责任，参与子女的学校教育。因此，为了增加所有学生的教育机会和促进教育公平，学校的家校合作实践应超越传统的以精英、中产阶层家长为主的模式，转向为家长赋能，面向全体家长和全体学生，特别是社会阶层低下群

---

① 吴重涵、张俊、王梅雾：《是什么阻碍了家长对子女教育的参与——阶层差异、学校选择性抑制与家长参与》，《教育研究》2017 年第 1 期。

② 〔美〕乔伊丝·L. 爱普斯坦等：《学校、家庭和社区合作伙伴：行动手册（第三版）》，吴重涵、薛惠娟译，江西教育出版社，2012。

③ B. Malen, R. T. Ogawa, J. Kranz, What Do We Know about School-based Management? A Case Study of the Literature—A Call for Research, *Choice and Control in American Education*, 1990, 2: 289-342.

④ J. S. Coleman, Equality of Educational Opportunity (Coleman) Study (EEOS): Codebook and Study Rrport, U. S, Department of Health, *Education, and Welfare*, 1966.

体，应基于社会正义、多元文化等原则来构建学校—家庭—社区合作伙伴关系，以使家长在参与子女教育中提升家庭教育能力、增强社会关系网络以达到学校规范性要求。

一 家长赋能的内涵

赋能作为一个学术用语，在企业管理、社会工作、心理、家庭护理和康复治疗等领域已有广泛研究和实践，通常是指：（1）意识到所在领域的能力要求和权力动态；（2）增强自身对该领域合理控制的技能和能力；（3）在不侵犯他人利益的情况下进行控制和运用技能；（4）支持社群中他人的赋能，[①] 亦即个人、组织和群体提升对自身能力与权力的认识，增强控制能力，施展自己的能力并支持他人。

家长赋能（parent empowerment）是指对家长及其家庭、学校和社区权能的激发，以使其获得更大的影响力和社会网络、更多的信息和资源、更高水平的技能，从而使他们的孩子能够更有效地接受学校教育。[②] 也就是说，在学校教育系统中感到无力（powerless）的家长，可以通过"赋能"来提升能力和技能，提升自己的影响力，从而获得信息和资源，并在学校里发出自己的声音，为孩子获得更好的教育而采取行动。

从家长赋能的内涵上可以把握四个要点。第一，在我国汉语语境中，赋能与赋权有不同的意涵。我国教育领域中尚未对家长赋能有系统研究，甚至对英语词汇"empowerment"的翻译也未达成共识，常见的翻译有赋权增能、赋权、增权、激发权能等。仅就家长参与子女教育来说，赋权与增能为同一个英语词汇"empowerment"；赋权在汉语词汇中更加强调权力运作，具有较强的命令—服从色彩，而赋能更多地体现为提升家长能力。因此，我

---

① M. A. Zimmerman, S. Warschausky, Empowerment Theory for Rehabilitation Research: Conceptual and Methodological Issues, *Rehabilitation Psychology*, 1998, 43 (1): 3-16.

② M. Cochran, C. Dean, Home-school Relations and the Empowerment Process, *The Elementary School Journal*, 1991, 91 (3): 261-269.

们认为，家长赋能更符合现实语境和需要。

第二，赋能视角下，扩展现有研究框架。家长赋能应作为一种独立的视角在家庭教育、家长参与、家庭背景（及学校背景）与儿童学业成就之间予以提出和进行考察，即在实践中促进和在研究中考察家庭和学校对家长参与的影响时，应注重学校对家长赋能的作用机制，以及家长赋能对儿童学业成就的相对独立的作用和影响机制。

第三，赋能作为一种能力建设机制，既是一个过程，也是一个结果。在这个过程和结果中，缺乏参与能力的家长能提升个人能力，其所属群体的参与能力也会提升，从而获得资源、信息和机会，更加有效地实施家庭教育和支持子女学校教育等。

第四，为家长赋能既是家长履行家庭教育权责的前提条件，也是学校开展有效家校合作的前提条件。教育子女是家长的天赋权利，但家长不一定有天赋和能力，[①] 我们不应将家庭教育的责任承担与能力等同，否则可能导致不具备相应能力的家长自我放弃，或将责任当作"额外负担"；而在赋能的情况下，家长将视履行责任为理所当然，并将更有效地履行责任。同时，传统的家长参与应向家长赋能转变，且制度化的学校组织和作为专业工作者的教师应对家长赋能起主导作用。

二　家长赋能的要素

鉴于学校在家长赋能方面的重要性，西方学者自 20 世纪 90 年代起对家长赋能的基本要素开展了大量研究。经笔者梳理，大体上可分为 6 个要素，即赋能意识（consciousness）、意义感（sense of meaning）、自主能力（self-determination）、胜任力（competence）、群体归属（community belonging）和群体参与（community participation）。这些要素包括教育、心理和社会等维度的解析，以及个体和群体层面的不同指向。个体赋能涉及

---

① 康丽颖、李媛：《家庭教育当合"规"合"道"》，《人民教育》2021 年第 22 期。

个人意识、能力、技能；群体赋能是通过调动群体资源，影响组织和团体，采取联合行动来实现共同的目标。① 总的来说，在赋能过程中，家长的赋能意识、意义感、自主能力、胜任力，以及群体层面的归属感、参与度都将得到提高。

（一）赋能意识

从家长赋能视角来看，赋能意识是指让家长意识到家庭教育、参与子女教育的必要性和重要性，并以此激发家长潜能。弗莱雷在《被压迫者教育学》中将意识作为一种解放被压迫者和文化解放的教育方法，指出个人与自身历史语境的对话对从教育中获得人的解放有至关重要的作用。② 古特雷斯（Gutierrez）用标准实验考察了意识与赋能的关系，在这个实验中，677 名美国拉丁裔大学生被随机分配到意识提高组、民族认同组和对照组。③ 意识提高组重点开展面向拉美裔的活动，如文化传统研讨、社区参与和政治参与等；民族认同组侧重发展民族认同。研究结果显示，民族认同组和意识提高组的参与者在赋能方面的得分均显著高于对照组。

家长的赋能意识来源于其对国家、社会文化、民族、家族和家庭历史、学校教育作用等方面的认知，以及这些因素对他们生活的影响。从这个意义上讲，赋能意识为家长提供了内生动力。

（二）意义感

人们总是希望从事他们认为有意义的工作，并希望工作有意义，这便是意义感的动力来源，即人们重视并相信某项任务和努力是有价值和

---

① A. Boehm, L. H. Staples, Empowerment: The Point of View of Consumers, *Families in Society*, 2004, 85（2）: 270-280.

② 〔巴西〕保罗·弗莱雷：《被压迫者教育学》，顾建新等译，华东师范大学出版社，2001。

③ L. M. Gutierrez, Understanding the Empowerment Process: Does Consciousness Make a Difference? *Social Work Research*, 1995, 19（4）: 229-237.

值得的，知道其意义，并愿意为之做出贡献。施普赖策（Spreitzer）开创了将意义感纳入赋能概念框架的研究，他使用"我所做的工作对我来说非常重要"等 4 个指标来衡量工作对员工的意义或重要性，将意义感进行了操作化。[1]

在子女教育中，家长的意义感指向家长相信教育的重要性，认为家庭教育及参与学校教育的努力是值得的，包含教育本身的意义和家长开展家庭教育的意义等成分，还包括他们参与子女学校教育的责任感。有研究显示，不同阶层、不同类别的家长对自己在教育中的角色可能有不同的价值观、目标和信念，有些可能与学校理念相冲突。[2] 这启示学校在为家长赋能时要注重不同阶层、不同类别家长的个性化需求，而不是"一刀切"。

（三）自主能力

自主能力包括对生活的自我掌控、自我主张和自我表达，以及选择和追求有意义的目标，并勇于承担风险以实现个人权利。自主能力显示了个体独立做出选择并设定目标以改善现状的能力。

在家长赋能中，家长的自主能力是指对子女教育的掌控能力，行使自己对子女教育的决定权，并在与学校联系和为子女主张的过程中表现出影响力。自主能力强的家长很可能会与学校工作人员联系，就涉及子女的事务提出问题并表达自己的意见。

（四）胜任力

胜任力是指个体相信自己且事实上具备成功完成某些任务的能力，它也是解释家长开展家庭教育、参与子女教育的关键因素，如辅导孩子

---

[1] G. M. Spreitzer, Psychological Empowerment in the Workplace: Dimensions, Measurement, and Validation, *Academy of Management Journal*, 1995, 38（5）: 1442-1465.

[2] 张俊、吴重涵、王梅雾、刘莎莎：《面向实践的家校合作指导理论——交叠影响域理论综述》，《教育学术月刊》2019 年第 5 期。

家庭作业、获取对子女教育有益的关键信息和资源等，也包括与学校合作的能力。胜任力强的家长往往会认识到自己的技能、资源和经验是子女教育取得成功的宝贵财富，对自己培养子女和与学校沟通有信心。

（五）群体归属

群体归属是指个体对群体的归属感和与群体的社会联系，包括建立社交网络、对邻里和社区的满意度和自豪感，以及对一个或多个群体的归属感。

就家长而言，此时的群体更具体地指向子女学校所在的学区、校园及班级层面的感受和域内人际资源网络，也包括家长体验到学校氛围、家长对学校的满意度、家长对学校工作人员的信任等。伊扎基（Itzhaky）和施瓦兹（Schwartz）用9个利克特量表项目来衡量家长的群体归属感（如"我觉得自己是学校的一分子"）、对学校教育的满意度（如"我为我孩子的学校感到骄傲"）和继续就读的意愿（如"孩子在学校读到毕业"）。[①] 当被边缘化的家长获取有用信息并从有类似生活经历的家长那里获得支持时，他们更有可能被赋能，所以，家长赋能的群体归属是集体有机团结和集体行动的基础。

（六）群体参与

群体参与是一种改善群体现状的集体行动。在家长赋能中，群体参与是指家长参与学校和社区的各种类型的集体性活动，如家长会、学校开放日、志愿服务、参与决策，以及为执行决策或改善现状而进行的支持和宣传等。家长的群体参与还包括与教师的集体性互动，因为教师有能力为家长提供有价值的资源（如学习目标和上大学的规划等），这些关系是群体赋能的重要形式，因为它们让家长获得社会资本，有助于提高孩子的学业成就。

---

① H. Itzhaky, C. Schwartz, Empowerment of Parents of Children with Disabilities: The Effect of Community and Personal Variables, *Journal of Family Social Work*, 2001, 5（1）: 21-36.

格里菲斯（Griffith）和齐默尔曼（Zimmerman）认为家长的群体赋能包括3个指标，即家长集体参与学校活动、参与学校相关会议，以及协助学校的日常运作。[①] 家长参与学校教育是影响学校制度、改善教育教学、集体发声的重要组成部分，有意义的群体参与不仅是家长简单地参与学校活动，还包括直接参与决策和价值倡导。

以上家长赋能的6个要素中，赋能意识、意义感、自主能力和胜任力是个体层面的赋能，被称为个体赋能（personal empowerment）；群体归属和群体参与被称为群体赋能（community empowerment）。

个体赋能与群体赋能的区别和联系是：个体赋能是发展个人能力的过程和结果，使家长认识到自身已经拥有的潜能，并采取行动对环境和他人施加影响。群体赋能是个人参与集体行动，通过个人的参与来实现个人和群体的预期目标，并通过合作来影响学校和教育政策的过程，它是一种"社会行动过程，个人、群体和组织在改变社会环境以改善公平和生活质量的诉求下，增强对自己生活的主导权"[②]，包括共同合作、相互支持和帮助，并改变组织的行动。

总之，研究和实践证实，赋能的家长相信学校教育和家庭教育的重要性，以及家长参与对子女的学校教育的重要性（意义感），认识到影响其生活和子女教育的个体能力差异和社会结构性不平等（赋能意识），增强自身能力以支持子女在教育中获得成功（胜任力），表达主张并对子女的教育做出决定（自主能力）。此外，赋能的家长在学校里有更强的归属感（群体归属），并更有可能参与学校和社区的共同行动（群体参与），以取得所期望的结果。

---

① D. M. Griffith, J. O. Allen, M. A. Zimmerman, et al. Organizational Empowerment in Community Mobilization to Address Youth Violence, *American Journal of Preventive Medicine*, 2008, 34 (3): S89–S99.

② N. B. Wallerstein, What Is the Evidence on Effectiveness of Empowerment to Improve Health?, www. euro. who. int/Document/E88086. pdf.

三　家长赋能的学校行动框架

学校的家校合作项目通常包含家庭教育和家长参与，但它不能等同于家长赋能。如表 6-1 所示，传统模式和家长赋能模式实践存在行动主体、行动逻辑、动力、目标、内容等 8 个方面的结构性差异。

表 6-1　传统模式与家长赋能模式实践的结构性差异

维度	传统模式	家长赋能模式
行动主体	学校（教师）	家庭（家长）
行动逻辑	家长是被动接受者，直接告知家长如何做	鼓励家长自主决定，学校提供信息和支持，家长主动获取知识
动力	家长行为改变是外在动力	家长行为改变是内在动力
内容	关注形式化指标（如活动的频次、参与率等）	关注家长社会文化、心理需求差异，以及个体、子群体需求等
关系	教师和家长类似师生关系	教师和家长是儿童成长的合作伙伴
策略	提高家长依从性、认受性	提升合作伙伴的实质参与感
责任	教师具有绝对权威，承担主要责任	家长承担并有效履行应有责任
目标	家长成为学校教育教学的支持者	支持、帮助家长提升自我能力

传统的家长参与往往指向学校给家长分配角色和任务，教师具有绝对权威，是"指令"的发出者，家长处于"服从"地位，强调以学校的外力促进家长参与水平的提升，其目的是维持教育系统的现状或增强教育系统。如果学校忽视了家长的能力差异，可能会使特定群体家长，尤其是因社会阶层、民族、文化水平、语言和其他社会文化因素而被边缘化的家长失去资源和机会，他们会将责任视为"额外负担"从而转嫁给学校。

不可否认，学校的家校合作过程可能包含赋能行为，但亦不可忽视传统意义上的实践很可能使处于弱势地位的家长自我淘汰。在赋能的家长参与模式下，家长成为自我负责的行为主体，教师则是家长能力提升的支持者和引导者，强调激发（激活）家长的资源和潜能，从而提升其作为儿童成长合伙人的实质效能。因此，赋能可以系统地提升家长能力，从而使其子女从教育系统中受益，尤其是对处于弱势社会地位的家庭而言。

上述结构性差异对比也构成了家校合作实践从传统模式到家长赋能模式转向的总体框架，在此过程中，学校赋能家长的行动框架如表6-2所示。

表6-2　学校赋能家长的行动框架

学校/家长	赋能要素	学校代表性行动	目标
学校的组织和行为（改进学校组织、制度，改善教师行为、意愿等）家长背景和能力差异（尊重家长学历、职业、收入、社会关系等差异）	赋能意识	进行家访、校访并调查家长的群体特征，以及家长对学校教育、家庭教育的态度、经验营造良好氛围，与家长讨论家长参与、家庭教育中的障碍和限制性因素请家长分享在学校里经常遇到的挫折、困惑和孤独感	激发家长赋能意识
	意义感	分享和讨论学生教育、家长参与和家庭教育的价值，以及帮助家长解决障碍，特别是学校组织中的制度化排斥和行为上的隐性歧视因素	一致认同教育及家长参与的价值
	自主能力	帮助家长（特别是处于弱势地位的家长）获得学校和社区关键信息和资源调查家长的家庭教育需求，并据此开展个性化培训和指导与家长、学生共同制定学习目标和学业规划	提升家长自主掌控能力
	胜任力	帮助家长明确孩子每门功课的学习要求和目标，进而帮助他们指导孩子在家学习为解决家长在家庭教育、亲子关系等方面面临的个别化问题提供资源或帮助培养、发掘家长中的领导者和代言人	促进家长的能力和技能提升
	群体归属	营造欢迎家长参与学校教育的温馨氛围调查并提升家长对学校、教师的满意度提升家长—教师的相互信任度	提升家长群体对学校的归属感
	群体参与	吸纳社区资源，为学校和家庭提供服务学校和家庭到社区参与活动构建学校在社区的动态、有特色的宣传渠道	提升家长群体参与学校和社区活动的效能

首先，学校应检视现有的家长组织（如家长委员会）、制度（如家校合作制度、留守儿童管理制度）、教师行为、意愿等，是否存在对家长的排斥和潜在歧视。同时也要明确当前家长的群体特征和家校合作现状，特别是要考虑不同群体家长的背景和能力差异，如家长学历、职业、收入等。

其次，基于家长赋能的 6 个要素及关键转向，构建学校赋能家长的系列行动。在"赋能意识"中，学校的行动包括调查家长的群体特征和家长对学校教育、家庭教育的态度与经验，营造舒适和安全的氛围以与家长讨论家长参与、家庭教育中的障碍和限制性因素，请家长分享他们在学校里经常遇到的挫折、困惑和孤独感，以此让家长形成对自己生活、群体的认识，从而达到激发家长赋能意识的目标。"意义感"的构建则重点指向教育本身以及家庭教育、家长参与价值等相关话题的开放性讨论，并努力克服此过程中的障碍。"自主能力"的代表性行动包括学校为家长提供与其子女教育相关的关键信息和资源，根据家长需求开展个性化的培训和指导，以及与家长、学生共同制定学习目标和学业规划等，以提升家长对参与子女教育的自主掌控能力。"胜任力"直接指向促进家长的能力发展和技能提升，其代表性行动包括帮助家长提升家庭教育能力、和谐亲子关系和指导孩子在家学习等方面，也包括培养、发掘家长中的领导者和代言人。"群体归属"和"群体参与"将家长作为整体，提升家长对学校教育的归属感和实际参与效能，代表性行动分别从营造家长参与学校教育的氛围、提高对学校教育满意度、提升家长—教师相互信任度，以及开发与利用社区教育资源等层面展开。

最后，基于家长赋能要素和学校系列行动，学校通过调查、访谈、观察等方式，评估学校赋能家长参与的效果，进行反思并不断改进。

四　我国家长赋能研究和实践有待进一步探索的议题

我国家长赋能研究和实践尚处于起步阶段，本书梳理了国外家长赋能的相关研究，并结合本土特征对家长赋能的内涵、要素和行动框架作了探索性、倡导性建构。有待进一步探索的议题如下。

1. 我国的家长赋能需要在全球视野下发展本土语境和生长土壤

家长赋能起源于欧美，其话语体系是教育系统中权力关系的重构，与之关联的事实和概念框架包括家长在子女教育中权力的增加，家长是"教育消费者""子女权力代理人"等理念，以及学校改革，如权力下放和学校问责等。相关法律和政策进一步认可和鼓励了家长参与学校事务，如美国《初等与中等教育法案》规定"学校只有开展'法案'所规定的包括家长赋能在内的家长参与项目，并通过评估的情况下，才会取得联邦政府财政资金"①，这使家长赋能成为学校的主要利益所在。

在我国，重视家庭教育、推动家校合作已经被提高到国家战略层面，是"双减"等政策的重要支撑。当前学校的资源和途径尚无法满足家庭现实需求，关照家长个性需求尚不充分②，因此，我们需要在全球知识体系的基础上，在本土文化和时代背景下，进一步阐释中国话语体系下家长赋能的核心内涵与关键要素，发掘与其关联的现实问题和解释性框架，从而增强对现实的解释力、建构力和指导力，同时为世界提供中国实践和中国经验。另外，在政策法规的保障方面，我国的教育政策在减小家长能力差异导致的儿童学业成就差异方面的努力，依旧不如减小校际差异的程度。例如，"义务教育国检"作为提升教育质量和促进公平"高压"政策之一，在制度层面建立了对各级政府的评估、监督和问责机制。然而，从《县域义务教育均衡发展督导评估暂行办法》（2012 年）到《县域义务教育优质均衡发展督导评估办法》（2017 年）和《义务教育质量评价指南》（2021 年）等，只有少量指标和权重涉及"家校沟通""家长满意度"等内容，亟待将"学校为家长赋能"甚至"家校合作"作为独立的行动框架和政策评估予以提出。

2. 学校赋能家长的有效机制

作为前提条件，赋能为家长提供动力，可能从根本上解决家长无力参与

---

① 吴重涵、张俊：《制度化家校合作的国际比较：政策、学校行动与研究支撑》，《中国教育学刊》2019 年第 11 期。

② 边玉芳、袁柯曼、张馨宇：《我国学校家庭教育指导服务体系的现状、挑战与对策分析——基于我国 9 个省（市）的调查结果》，《中国教育学刊》2021 年第 12 期。

子女教育的现实问题。家长无力履行家庭教育责任或参与子女教育，其自身能力不足只是原因之一，更有宏观、复杂的社会历史背景。社会制度的运作方式通常是维持或建构社会主流群体的优势，而这些优势在获得大量文化、社会和经济资源方面起着至关重要的作用，这些资源进而使强势群体能够得到他们想要的东西（如增加子女学业成功的机会）。家长赋能可能是解决低收入和边缘化的弱势的个人、家庭或群体无力参与问题的方法。

此外，对处于社会中上水平的家长来说，处于中下水平的家长在参与中是无力的；对高度组织化、专业化的学校组织来说，家长（作为一个整体）在子女教育中处于弱势地位。在家长因水平较低而导致边缘化参与子女教育，或学校过于强势而拒绝家长参与，以及家长被充当"免费劳动力"而单向为学校服务等场景中，探讨学校赋能家长的有效机制显得尤为重要。本书探索性地建立了学校赋能家长的行动框架，但这个框架的有效性，以及传统模式向家长赋能模式的关键转向、转向过程中的典型行动等，还需要进一步在不同的实践场景中予以验证。

3. 学校在家长赋能中的主导性作用及具体机制

在现代社会中，子女教育成为家庭核心事务，家庭必然全面寻求社会各系统的资源和机会以促进子女学业成功，而家庭与学校在子女教育中的紧密联系与相互需要，以及学校作为教育系统的主要且专业化组织等因素，决定了学校而非其他组织成了为家长赋能的主导性力量。在我国，学校在家长赋能中的作用以《家庭教育促进法》等法律做出规定，但其特色、优势和具体机制有待进一步明确。

对学校来说，要为家长赋能，应充分认识到学校在教育制度中的主体地位，学校是赋能家长的主导性力量。在学校视角中，学校是家长赋能的促进者、合作者、引导者和联络员，推进赋能过程。家长赋能的学校实践应面向全体家长，尊重不同群体家长的个性化需求，提供多样化、充足的机会、平台和资源，让家长激发和提升参与意识，促进家长的能力和技能的提升，建立家长—教师—社区的协同育人网络，并培养家长中的领导者。因此，值得进一步探讨在中国语境下，学校在主导、帮助家长赋能方面的具体作用，以及家长赋能的 6 个要素为学校提供行动框架的有效性验证。

4. 家校合作和家长赋能的关系

从表面上看，学校邀请所有家长作为合作伙伴参与教育过程，但实际上，只有实力较强的家长才能利用这一机会。通常的看法是，学校与家长之间的传统合作伙伴关系模式没有承认某些无力参与的家长面临的更广泛的社会不平等，以及社会、经济和文化资本的不平等分配①。此外，在学校—家庭—社区合作伙伴关系中，学校工作人员往往强调家长的传统角色，认为伙伴关系的作用更多的是沟通和参与，而不是影响关键进程，因此，低收入和边缘化的家长可能会被剥夺权利。所以，家长赋能是发展有效的学校—家庭—社区合作伙伴关系的重要原则和前提条件，但这一判断有待更多的事实支撑。

5. 家长赋能与学生学业成就，以及教育公平的关系

家长赋能是学校努力解决影响学生学业成功系统性障碍的一个重要工具。家长赋能不仅使家长能够增强控制其处境和影响学校的能力，从而为子女提供更好的教育；还使家长作为教育系统中的利益相关者，在教育政策制定和执行中表达主张，进而可能成为达成政策目标的支持性力量。家长赋能也是过程和结果，在学校中缺乏能力的家长在这一过程和结果中增强了对自己生活的控制能力，进而为孩子采取行动。家长在激发个体赋能和群体赋能的同时，会增强赋能意识、意义感、自主能力、胜任力、群体归属感，以及群体参与社区和学校教育的效能。

在家长被充分赋能的情况下，学校层面的教育教学质量会显著提升，而个体层面子女的学业成就也会显著提升，这一系列假设还需要在研究和实践中充分验证。

6. 对家长赋能议题系统的经验研究

家长赋能在我国尚未有系统的研究，甚至还未出现高质量的成果。在对

---

① S. Auerbach, From Moral Supporters to Struggling Advocates: Reconceptualizing Parent Roles in Education Through the Experience of Working-class Families of Color, *Urban Education*, 2007, 42 (3): 250-283.

国外文献的检索中，我们也发现以定量研究探讨家长赋能的成果较少，大多数是通过访谈和观察开展的定性研究，许多文章从理念上而非经验上探讨家长赋能问题，且很少有包括学业成就在内的结果变量。此外，研究者用于衡量家长赋能的操作性指标几乎均不一致，对家长赋能的框架尚未完全建立并达成共识。一些研究者认为，家长参与、家长效能感（心理学领域）与家长赋能具有同样的内涵，在某些情况下，可以用家长参与、家长效能感项目来评估和指导家长赋能，反之亦然。①

总之，本土研究和实践的推进，需要在更多高质量研究的基础上构建对家长赋能现实问题的回应和理论贡献，更需要对基于本土文化特征的家长赋能框架和操作性指标达成共识，以厘清家长赋能与学生学业成就、家庭及家长特征、学校特征等方面的关系，这无疑会提高家长赋能的重要性，并可直接启发实践的改进。

---

① J. Griffith, Relation of Parental Involvement, Empowerment, and School Traits to Student Academic Performance, *The Journal of Educational Esearch*, 1996, 90（1）: 33-41.

第七章

现代教育制度中的家庭教育

——解读《家庭教育促进法》的时代特性

　　《家庭教育促进法》（以下简称《家促法》）的颁布实施，不仅标志着中国家庭教育进入法治化的新历史阶段，而且标志着包括学校教育、家庭教育和社会教育在内的现代教育制度建设取得了重大进展，具有历史意义。为了更全面有效地贯彻和实施《家促法》，需要从大教育的视野出发，准确把握其精神实质和核心要义。本章拟就《家促法》的时代背景，家庭教育目的、本质、途径，家庭教养知识，家庭教育责任分工，进行初步探讨和解读。

一　时代背景：历史性与时代性的统一

　　中国具有重视家庭教育的传统。国家从立法的角度关注家庭教育有着超越传统意义的时代内涵。在现代社会，一个社会组织或群体引发政策（包括法律）关注的时机主要有两个：一是该社会群体和组织的运行遇到了困难和问题；二是其外部关系随着经济、社会和文化的变化发生了重大改变。[①]《家促法》的出台也是如此，在家庭对未成年子女教育问题上，《家促法》全面回应当代中国社会的深刻变化和发展对家庭教育的重大紧

---

　　① 　Barry Mayall, *A History of the Sociology of Childhood*, London：Institute of Education Press, 2013：3.

迫要求，在立法的观念、内容、结构上，具有鲜明的时代特征。家庭教育问题引发当下存在家风问题、素质教育问题、具有全社会性的升学焦虑问题、家庭生育计划（家庭考虑子女教育的第一环节）与人口问题等。《家促法》意在从法律规范（政策的最高形式）上回应这些重大的时代课题。

所以，《家促法》既是对中国家庭教育优良传统的法律确认，更是对家庭教育时代课题和挑战的必然回应，是家庭教育历史性和时代性的统一。否则，我们无法理解家庭教育立法为何不是发生在历史上的其他任一时期，而是发生在当下。

1. 《家促法》系统反映了中华民族历来重视家庭教育的优良传统，凝聚了中华民族传统家庭教育的精华

第一，中华民族传统家庭教育注重品德教育为先。三国刘备给其子刘禅的遗诏中曰："勿以恶小而为之，勿以善小而不为。惟贤惟德，能服于人。"[1] 明代吴麟徵告诫子女："人品须从小作起，权宜苟且诡随之意多，则一生人品坏矣。"[2] 清代曾国藩教育儿子："凡仕宦之家，由俭入奢易，由奢返俭难。尔年尚幼，切不可贪爱奢华，不可惯习懒惰。无论大家小家，士农工商，勤苦俭约，未有不兴；骄奢倦怠，未有不败。"[3] 第二，中华民族传统家庭教育重视言传身教。《礼记·曲礼》中写道"幼子常视毋诳"，强调为人父母要经常关注和教导小孩，不要让其学会说谎和诳骗。孟母买肉啖子，兑现承诺；陶母责子退鱼，促其为官清廉；欧母画荻教子，助其读书成才；岳母在其子背上刺字，励其精忠报国。四位贤母的言传身教起到了很好的教育效果。《家促法》第十七条第三至五款"相机而教，寓教于日常生活之中；潜移默化，言传与身教相结合；严慈相济，关心爱护与严格要求并重"是对言传身教的科学总结和概括。第三，中华民族传统家庭教育重视家庭、家教和家风，并形成了诸多家规、家训。家教和家风对于个

---

[1]　陈寿：《三国志（全二册）》，中华书局，2011。

[2]　吴麟徵：《家诫要言》，《丛书集成初编：第976册》，中华书局，1985。

[3]　《曾国藩家书》，北方文艺出版社，2013。

体成长和发展十分重要。《家促法》第十五条也要求："未成年人的父母或者其他监护人及其他家庭成员应当注重家庭建设，培育积极健康的家庭文化，树立和传承优良家风，弘扬中华民族家庭美德，共同构建文明、和睦的家庭关系，为未成年人健康成长营造良好的家庭环境。"凡此种种，都充分反映了《家促法》的立法精神和相关条文（特别是第一章"总则"的第一、三条，第二章"家庭责任"中的第十五、十六、十七条）具有鲜明中国特色。

2.《家促法》在继承中华民族传统家庭教育精华的基础上，更体现了立法的时代性特征

家庭教育是现代生活教育。家庭一直存在，但家庭职能在像巴尔扎克笔下的驴皮一样不断缩水[①]。

现代家庭生活呈现越来越"核心化""网络化""儿童中心化"，儿童生活"学术化"和儿童闲暇时间越来越被"结构化"安排等五个倾向。

家庭现代生活的这些内容与结构的改变，具有硬币的两面性，都是家庭教育需要认真正视和回答的社会事实问题。《家促法》中家庭教育的根本任务（第三条）、家庭责任（第二章，尤其是第十五条强调家庭建设、家庭文化和家庭关系）都是以家庭现代生活为载体的。家庭教育指导就是对现代典型的具体的家庭集体性生活展开针对性指导，这是家庭教育指导面临的重大挑战。

3.《家促法》对贯彻落实习近平总书记关于注重家庭、家教、家风建设的重要论述和中共中央办公厅、国务院办公厅《关于进一步减轻义务教育阶段学生作业负担和校外培训负担的意见》的文件精神做出了回应

2016 年 12 月，习近平总书记在会见第一届全国文明家庭代表时强调，无论时代如何变化，无论经济社会如何发展，对一个社会来说，家庭的生活依托都不可替代，家庭的社会功能都不可替代，家庭的文明作用都不可替代。无论过去、现在还是将来，绝大多数人都生活在家庭之中。我们要重视

---

① 〔法〕弗朗索瓦·德·桑格利：《当代家庭社会学》，房萱译，天津人民出版社，2012。

家庭文明建设，努力使千千万万个家庭成为国家发展、民族进步、社会和谐的重要基点，成为人们梦想启航的地方。

二　家庭教育目的：立德为先与全面发展的统一

家庭教育的目的是什么这一问题是《家促法》首先需要回答的。家庭教育发挥着儿童成长的生理性抚育和起始社会性抚育的作用，满足儿童生存所需的生理需求，指导儿童适应社会、学会过日常生活。《家促法》首先明确，作为现代教育制度基本组成部分的家庭教育本质上是品德教育，根本任务是立德树人，立德树人就是立德为先和全面发展的统一。

立德为先。中华民族历来具有高度注重品德养成的传统。在古代，孔圣人将"君子"视为做人的最高境界、做人的理想。例如，《论语·学而》中子曰："人不知而不愠，不亦君子乎？""君子食无求饱，居无求安，敏于事而慎于言，就有道而正焉，可谓好学也已。"《论语·里仁》中子曰："君子喻于义，小人喻于利。"孟子则重视"大丈夫"人格的塑造。《孟子·滕文公下》中孟子曰："居天下之广居，立天下之正位，行天下之大道；得志，与民由之；不得志，独行其道。富贵不能淫，贫贱不能移，威武不能屈，此之谓大丈夫。"

儒家文化十分重视陶冶身心，涵养德性，修持身性。孔子提倡"修己"。孟子既讲"修身"，又讲"养心"。荀子则提出"以修身自强，则名配尧舜"。《大学》中也讲："身修而后家齐；家齐而后国治；国治而后天下平。自天子以至于庶人，壹是皆以修身为本。"此外，《左传·襄公二十四年》中写道："太上有立德，其次有立功，其次有立言，虽久不废，此之谓三不朽。"

习近平总书记在会见第一届全国文明家庭代表时指出，家庭教育涉及很多方面，但最重要的是品德教育，是如何做人的教育。也就是古人说的"爱子，教之以义方"，"爱之不以道，适所以害之也"。广大家庭要重言传、重身教，教知识、育品德，身体力行、耳濡目染，帮助孩子扣好人生的

"第一粒扣子"，迈好人生的第一个台阶。要在家庭中培育和践行社会主义核心价值观，引导家庭成员特别是下一代热爱党、热爱祖国、热爱人民、热爱中华民族。要积极传播中华民族传统美德，传递尊老爱幼、男女平等、夫妻和睦、勤俭持家、邻里团结的观念，倡导忠诚、责任、亲情、学习、公益的理念，推动人们在为家庭谋幸福、为他人送温暖、为社会做贡献的过程中提高精神境界、培育文明风尚。

立德需要以内容和方式为载体。在家庭中立德，存在于家庭生活中儿童身体、认知和情感态度价值观的交织发展之中，存在于人的全面发展之中。所以，家庭教育的目的是立德为先和儿童全面发展的统一。全面发展的基本内涵包括四个层面，即完整发展、和谐发展、多方面发展和自由发展。[1] 完整发展指人的各种最基本或最基础的素质必须得到完整的发展，各个方面可以有发展程度上的差异，但缺一不可，否则就是片面发展。和谐发展指人的各种基本素质必须获得协调的发展，各方面发展不能失调，否则就是畸形发展。多方面发展指人的各种基本素质中的各要素和具体能力在主客观条件允许的范围内应力求尽可能多方面地发展。自由发展指人自主的、具有独特性和富有个性的发展。《家促法》第十六条家庭教育的内容涵盖了德（"五爱""三德"）、智（成才观、学习习惯、科学探索精神、创新意识和能力）、体（科学运动、身心健康）、美（健康审美）、劳（劳动观念、生活自理能力和独立生活能力）等方面，体现了完整发展、和谐发展和多方面发展。第五条"尊重未成年人身心发展规律和个体差异"和第十七条"尊重差异，根据年龄和个性特点进行科学引导"体现了自由发展。

全面发展还体现在发展的衡量标准上。以往普遍采用外在的成就标准衡量家庭教育的好坏，具体为所抚育的孩子是否有好的成绩、特长、习惯以及其他外在表现。但是，发展的标准应该是双重标准，除外部的成就标准外，更为基础、更为重要的是儿童内在独立、自治（autonomy）的个性培养标

---

① 扈中平：《"人的全面发展"内涵新析》，《教育研究》2005 年第 5 期。

准。鲍姆林德提出以独立的（independent）、有能力的（capable）、有爱心的（loving）为家庭教育的黄金标准①，归纳起来就是自治，即解决与年龄相当的生命历程中的复杂问题。忽视内在独立、自治的个性培养，孩子即使有一时的外在良好成就表现，也会出现痛苦和矛盾，产生各类心理问题，并产生终身负面影响。从全面发展的角度看，衡量家庭教育好坏的标准应是在自我自治基础上的外在成就表现。家庭教育应先注重孩子内在自我自治的培养，再关注外在成就表现，而不是先培养外在成就，再关心内在个性培养。我们可以看到，很多儿童在学校学业中呈现的问题，就近可追溯到学习习惯问题，根本上是个性培养问题。要解决这些问题，作为以"集体化教学"为特征的现代学校存在结构功能性局限，而最适宜的个性培养场所在家庭。所以，我们要全面系统地理解立德树人，它存在于儿童的全面发展之中，存在于儿童的健康、独立和友爱的个性培养之中。

三　家庭教育本质：生活性与教育性的统一

《家促法》基本框架的一个十分鲜明的特征是家庭教育基于家庭生活这一基本理念，生活教育是掌握《家促法》立法本质的精髓之一。

教育的原型是社会交往活动，即人类的集体生活。家庭是社会交往活动的发生地、教育的发生地。所以家庭教育的原型是生活教育，是发生在家庭成员之间活动的总和对儿童产生的影响。

家庭生活教育不等同于学校教育。如果把学校教育作为一切教育的原型，认为教育的根本特征是"以影响人的身心发展为直接目标的社会活动"，"有目的、有组织、有计划"是教育"最正规"的形式，那么家庭生活教育只能算是一种"非正式教育"，其附属和边缘的地位不言而喻。于是，自然的家庭生活被努力改造为以教育为直接目的的"教育"活动。由

---

① M. Levine, The Price of Privilege: How Parental Pressure and Material Advantage Are Creating a Generation of Disconnected and Unhappy Kids, *Harper Collins Publishers*, 2006: 101, 127–128.

此带来的后果是，"生活化为本"的家庭教育在理论和实践上被"学校化"了，而使家庭生活本身异化为"学校教育"，家庭职能出现紊乱，进而导致家庭关系特别是亲子关系的紧张。《家促法》第二条将家庭教育定义为对未成年人的"培养、引导和影响"而不是局限于"以直接影响为目的的活动"，第五条家庭教育基本要求如"遵循家庭教育特点"，第十七条家庭的方式方法等如"亲自养育""相机而教""潜移默化"等，都是从家庭教育的生活化本质出发的。

"家庭教育"这个词组中重心是"家庭"而不是"教育"（见本书第四章相关论述）。

《家促法》规定了家庭教育的生活化本质，但并不意味着降低家庭生活的教育性。家庭教育与学校教育和社会教育有着共同的教育对象——未成年人，有着部分共同的教育内容，也绝不排斥直接以学习为目的的教育活动；但家庭教育又不同于学校教育和社会教育，有着特有的教育内容、环境和方式。《家促法》第十六条规定了家庭教育的内容，第十七条规定了家庭教育的方式方法，第十八条规定了父母或其他监护人应自觉学习家庭教育知识，第三章"国家支持"和第四章"社会协同"更是突出了对父母或其他监护人实施家庭教育的支持、服务。这些充分说明了家庭生活的"教育性"功能，不只是教育未成年人，其实也包括未成年人父母或其他监护人与未成年人的相互教育、共同成长。

四 家庭教育途径：积极陪伴与创造经历的统一

家庭教育的生活化本质决定了家庭教育是通过父母对儿童的陪伴而发生作用的，但家庭教育不仅是父母和家庭对儿童的直接影响，还包括父母作为儿童成长的代理人，为儿童选择和丰富包括家庭经历、学校和培训经历在内的社会经历，使儿童"经历他们所需要的经历"。[①] 家庭教育的途径是积极

---

① L. E. Berk, *Awakening Children's Minds: How Parents and Teachers can Make a Difference*, Oxford University Press, USA, 2004: 27-28.

陪伴儿童与创造儿童经历的统一。《家促法》相应的表述为"亲自养育，加强亲子陪伴"，"尊重差异，根据年龄和个性特点进行科学引导"等。

家庭对儿童的学习行为和学业成就具有重要影响。《科尔曼报告》指出，在一定条件下，家庭比学校和社区更能影响儿童的学业成就。如果控制家庭背景和一般社会因素，那么学校对儿童学业成就的影响并没有人们想象的那么大。因为受家庭、社区和同伴环境的影响而产生的不平等将成为儿童未来成年生活中需要面对的不平等。[1] 中国的一些研究也支持了科尔曼等人的结论。通过对中国家庭动态跟踪调查基线数据（CFPS2010）的实证分析，发现家庭背景对儿童的学业成就有较大的影响；教育机会差异和父母教育参与是家庭影响儿童学业成就的两条重要路径。[2] 胡咏梅和元静利用我国东部和中部地区 5 省 16 个城市中小学校大规模测评数据，分析了学校投入和家庭投入要素对教育产出（以学生学业成绩为代理变量）的影响效应。结果发现，父母参与、父母教育期望等家庭投入要素对教育产出结果有显著的正效应。对于小学平均学业成绩而言，来自家庭的相关投入更重要。[3]

在家庭教育作用不断增强的历史性趋势下，人们开始越来越关注父母在儿童成长中的作用。"有质量的陪伴"于 20 世纪 70 年代应运而生。尽管"有质量的陪伴"的内涵和外延在学术上还存在争议，但已达成较为一致的观点：一是有质量的陪伴不是无止境地投入时间、精力、财力和智力。研究发现父母良好的工作态度和工作精神会给孩子带来积极影响。父母的工作与陪伴孩子之间存在某种微妙的平衡。二是有质量的陪伴一定是积极陪伴，且需要较多陪伴时间的积累。积极陪伴主要指在投入时间的同时把精力真正用于陪伴孩子，即父母不仅要多陪伴孩子，还要重视陪伴的质量。《家促法》第十七条"亲自养育，加强亲子陪伴""严慈相济，关心爱护与严格要求并

---

[1]　J. S. Coleman，E. Q. Campbell，C. J. Hobson，J. Mcpartland，*Equality of Educational Opportunity*，Washington D. C.，U. S. Government Printing Office，1966：325.

[2]　胡咏梅、元静：《学校投入与家庭投入哪个更重要？——回应由〈科尔曼报告〉引起的关于学校与家庭作用之争》，《华东师范大学学报》（教育科学版）2021 年第 1 期。

[3]　李忠路、邱泽奇：《家庭背景如何影响儿童学业成就？——义务教育阶段家庭社会经济地位影响差异分析》，《社会学研究》2016 年第 4 期。

重"，第二十条"未成年人的父母分居或者离异的，应当相互配合履行家庭教育责任，任何一方不得拒绝或者怠于履行"都强调了有质量陪伴的重要性。

父母不是万能的，陪伴也不是万能的。生活教育的本质是让孩子在多种社会经历中成长。与陪伴同等重要的父母职责是创造、挖掘和引导孩子去经历所需要的经历，经历能够激发孩子潜能的经历。经历的多少、质量的高低在很大程度上会影响一个家庭教养孩子的效果。《家促法》第十八、十九条要求父母积极参加社会组织特别是学校提供的实践活动；第四十六条要求"图书馆、博物馆、文化馆、纪念馆、美术馆、科技馆、体育场馆、青少年宫、儿童活动中心等公共文化服务机构和爱国主义教育基地……开发家庭教育类公共文化服务产品"，配合和帮助父母为儿童提供多样化的积极社会经历，扩大经历选择范围。

五 家庭教养知识：阶段性和全局性的统一

家庭教育如此重要是否意味着父母需要掌握系统而复杂的家庭教育专业知识？很多父母甚至教育专业人员把两者等同起来，催生了父母的极度焦虑。《家促法》对此给出了明确否定的答案：从家庭教育的生活教育本质和家庭教育的阶段性出发，父母需要掌握家庭教养的知识；学校和社会对父母的教育，是建立在父母阶段性掌握家庭教养知识和经验基础之上的，因而是有限的。我们应当让父母重视家庭教育的科学性基础，但用复杂的知识加剧父母对孩子抚养的焦虑是必须要努力避免的。

父母都想让自己的子女走向社会后过上有意义、幸福的生活。面对社会竞争不断加剧，在抚育子女时父母期望子女更有成就。当子女的表现无法达到父母的教育期望时，父母就容易产生育儿焦虑。育儿焦虑的产生还与经济社会发展、住房、教育、医疗、就业保障、社会心态和父母育儿理念等密切相关。当前一些低质量的育儿书籍和不当的家庭教育知识传播也加剧了父母的焦虑，干扰了其对于教育孩子需要的理性回应。

　　《家促法》回应社会关切问题，缓解父母育儿焦虑，推进家庭教育工作，促进未成年人健康发展。一些"专业人士"提出的父母全面掌握家庭教育专业知识的建议，甚至挑战了最有能力的父母的信心，加剧了父母承担教育责任的焦虑。尤其是母亲们，因为害怕而认为自己的失误将不可避免地导致孩子"一团糟"。事实上，研究表明，大部分父母可以凭直觉、记忆和生命历程中的经验解决大部分养育问题。[①] 对大多数日常性家庭教育问题给出"统一性""标准性"答案是非常危险的，不能让所有的父母都做同一件事。丰富多样的家庭教养方式方法是一个国家、一个民族一代代保持生机活力的强大动力所在。

　　为正确开展家庭教育，缓解育儿焦虑，父母首先需要学习的是儿童成长的阶段性知识。不同年龄阶段儿童有着不同的认知发展（如何思考）和社会发展（如何与他人交往）进程。美国心理学家埃里克森（Erikson）提出人格的社会心理发展理论，把心理的发展划分为 8 个阶段[②]，指出每一阶段的特殊社会心理任务，他认为每一阶段都有一个特殊矛盾，矛盾的顺利解决是人格健康发展的前提。

　　这些阶段性知识看起来庞大，但是，父母伴随着儿童走过一个个发展阶段，对儿童成长的阶段性知识需分步吸收，即阶段性的儿童发展知识主要需要父母阶段性地加以学习，不需要一次性让父母系统掌握。而且这种阶段性的儿童成长知识，父母不仅可以通过书本学习和知识讲座获得，还可以通过与其他儿童父母和教师的经验分享等鲜活的形式获得。

　　当然，父母还需要学习超越阶段性发展知识的家庭教育全局性知识，如当代教养方式以及相关的教养观念，这是家庭教育的关键内容之一，渗透和决定着一切具体的亲子交往活动。目前国际上公认的教养方式一般分为专制型（父母对孩子说："按我说的去做！"）、放任型（父母对孩子说："生活上我照顾好你，但你自己的事自己去拿主意！"）、权威型（父母对孩子说：

---

① M. Levine, The Price of Privilege: How Parental Pressure and Material Advantage Are Creating a Generation of Disconnected and Unhappy Kids, *HarperCollins Publishers*, 2006: 101, 127-128.

② E. H. Erikson, *Childhood and Society*, WW Norton & Company, 1993: 247-268.

"孩子，我们一起去完成！"）和忽视型（父母放弃对孩子的所有责任，放任自流）4 类。① 《家促法》第二十至二十三、四十八、四十九条对于忽视型教养方式做出了明确的禁止。相对于专制型和放任型教养方式，明显倡导权威型教养方式。

权威型教养方式是密集性的养育方式，其特征是"有质量的亲子陪伴"（第十七条）、和睦亲密的家庭关系（第十五条），以及"温暖而坚定地"在身体、认知、情感态度和价值观发展上"严慈相济，关心爱护与严格要求并重"（第十七条）。权威型教养方式的家庭基础是家庭利他主义和父爱主义在当代社会背景下的统一。权威型教养方式符合当代中国国情，改革开放以来，社会的快速变化和发展、社会流动机会增加、学校教育的制度性作用增强、家庭结构和规模改变及其"下行式儿童中心主义"的家庭文化、家庭教育代理权呈现历史性收回趋势等，都导致密集性的权威型教养方式成为家庭的理性选择和法律倡导方式。

教养方式的非理性选择是权威型教养方式的极端化，如"虎妈""直升机父母""鸡娃"等。极端密集的教养不仅会对孩子的发展造成损害，还必然会导致不良的"父母学科消费""父母应试教育"的兴起，而这是加剧父母焦虑的一个重要根源。《家促法》为了防止强调家庭教育的指导助推上述倾向与后果的发生，第二十二条做出了"合理安排未成年人学习、休息、娱乐和体育锻炼的时间，避免加重未成年人学习负担"的规定，同时第三十一条要求家庭教育的指导服务活动"不得组织或者变相组织营利性教育培训"诱发过度和不良的父母教育。

六 家庭教育责任分工：私人性和公共性的统一

涂尔干的现代家庭悖论指出，现代家庭同时存在两个相反的且渐行渐远

---

① D. Baumrind, Effects of Authoritative Parental Control on Child Behavior, *Child Development*, 1966: 887-907.

的运动趋势：一个是家庭越来越私人化和私密化；另一个是伴随着家庭的私人化和私密化，家庭越来越公开化和社会化。① 家庭的这一对矛盾运动，成为现代家庭形成、运行、发展和解体全生命周期的基本动力。与此相对应，在家庭教育中，父母承担家庭教育的"主体责任"，而国家和社会对家庭教育起着必不可少的"支持、保障和服务"作用。

中国传统家庭教育有着深刻的小农经济历史和文化烙印。中国古代生产力落后，家庭是个体赖以生存和发展的生活场所，个体既是家庭照顾的对象，也是提高家庭生产力和改善生活状况的劳动力。土地是当时主要的生产资料，个体固守家园，遵从伦理规范，勤恳劳作。由此中国传统家庭教育的观念、内容和方法具有鲜明的"私人性"特征。② 一是"私人性"意识明显，强调"为我所有"。儿童是家庭附属品的观点是社会的普遍共识。父母对子女拥有绝对的支配权。父母对子女的各种教育活动自然也被视为很"私人性"的个人事务。在子女家庭教育过程中，旁人不能干预也不想掺和与己无关的别家私事。二是"私性"内容突出，明确"为我所用"。突出成才教育，强调子女有出息；重视伦理灌输，强调子女要听话；强调防范谨慎，重视子女不吃亏。三是"私人性"的方法明确，意在"为我所控"。以"个人—个人"的角色关系为基础，以代际传递与经验摸索为主要来源，过度倚重等级压制与情感绑架。

"私人性"特征明显的传统家庭教育，在封闭的自给自足农耕经济时代具有合理性，也是现代社会推崇的家庭价值观。但是，进入工业社会后，儿童从进入社会生产到大规模进入现代学校接受教育，国家和社会在儿童经历中扮演着越来越重要的角色。产生了新的儿童观，儿童的地位逐渐上升，并逐渐摆脱对家庭的绝对依赖，在一定意义上成为平等和独立的社会个体。儿童既是家庭成员，也是社会成员，是未来的社会公民，这在一定程度上凸显了家庭教育的"公共性"特征。在《儿童的世纪：旧制度下的儿童和家庭

---

① 〔法〕弗朗索瓦·德·桑格利：《当代家庭社会学》，房萱译，天津人民出版社，2012。
② 蔡迎旗、黎平辉、王佳悦：《从"私性"意识到"公共"精神：论当代中国儿童家庭教育变革》，《当代青年研究》2021 年第 4 期。

生活》中，菲力浦·阿利埃斯认为从"旧"家庭到"现代"家庭的过渡是通过家庭与孩子关系的变化实现的："家庭发生深刻变革，以至于家庭与孩子的内在关系也因此而改变。"[①]

家庭结构的变化也导致家庭教育的"公共性"越来越强。与传统的扩展型家庭相比，核心家庭的父母在社会角色多样化和"时间碎片化"约束下，从原来的大家庭内部可获得的资源和支持也在减少，从而使家庭所承载的教育子女的传统功能日益与社会支持关联在一起，而且这种功能的外部关联随着人口流动的增加而加强，家庭急需外部力量和资源的帮助和支持。在这种情况下，家庭教育不再是局限于私人领域的"家务事"，其公共性日益明显。家庭教育的公共性主要体现在三个方面：其一，家庭教育的目的不仅限于个体发展的实现，还着眼于社会要求的满足；其二，家庭教育的实施依赖于家庭外部社会资源的支持；其三，家庭教育成为社会变化的制度性中介，同时家庭教育的结果具有广泛、深刻的社会影响。[②]

现代家庭的公开化和社会化，就是国家在公共的社会保障、司法、经济和教育制度层面削弱家庭对家族和邻里关系的依赖性、女性对男性的依赖性，乃至孩子对父母的依赖性，通过支持、保障和服务，以及倡导或禁止，从外部协助现代家庭功能的良性释放。

《家促法》第二章"家庭责任"的具体内容就是尊重家庭教育的"私人性"，使家庭教育的功能回归家庭，明确父母或者其他监护人应当树立家庭是第一个课堂、父母是第一任老师的责任意识，承担对未成年人实施家庭教育的主体责任，并指导父母正确选择家庭教育内容，合理运用方式方法，最终教育未成年人具有良好思想、品行和习惯。同样，它更是一部"促进法"，第三章和第四章从国家和社会全方位规定对家庭教育的支持、保障和服务，以及倡导或禁止的内容，是举政府和全社会之力，特别是学校之力，以指导父母为主（包括

---

① 〔法〕菲力浦·阿利埃斯：《儿童的世纪：旧制度下的儿童和家庭生活》，沈坚、朱晓罕译，北京大学出版社，2013。
② 罗爽：《我国家庭教育立法的基本框架及其配套制度设计》，《首都师范大学学报》（社会科学版）2018 年第 1 期。

对家庭教育的观念、知识、方式方法等的科学、规范性引导），并与其他的支持和服务相配套。家庭教育不是教育的"孤岛"，而是与学校教育、社会教育一体化的"岛链"。家庭教育的健康良好发展，离不开国家支持和社会协同。

　　总之，我们要在现代历史背景中、在现代大教育视野下，从现代家庭内外部属性出发，去把握《家促法》的精髓。在这样一个框架下理解《家促法》，可以读出这部法律更多深层次的内容。

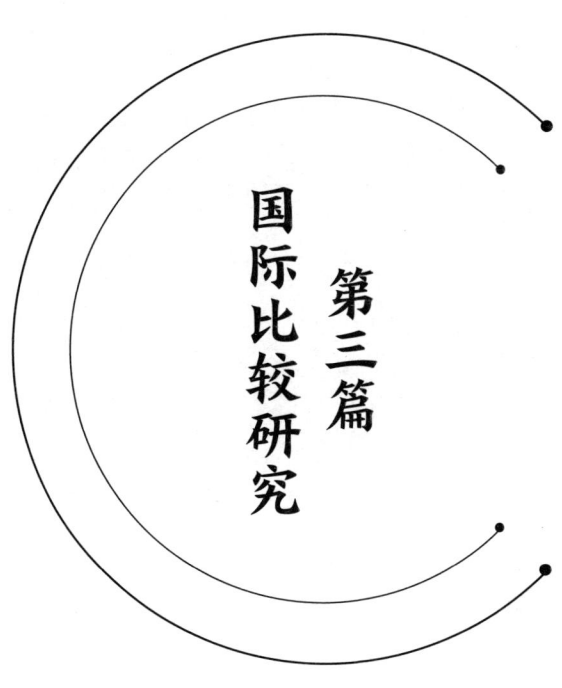

第三篇

国际比较研究

第八章

制度化家校合作的国际比较
——政策、学校行动与研究支撑

在儿童成长过程中，学校承担着重要职能，但传统的以课程和教学为核心的学校教育模式，其关键环节——确定目标、组织和传授经验、结果评价等[①]——往往只能提供儿童发展所需的部分间接经验，其教育效果受到较多质疑。事实上，儿童成长是一项繁重而浩大的工程，其过程不仅发生在学校，而且发生在家庭和社会，[②] 并受到宏观政策、制度环境和社会文化的影响。经济社会发展到一定历史阶段后，首先，科技的发展和应用促使知识生活教育（素质教育）成为学校和家庭的共同重要组成部分和互动的基本土壤。其次，现代家庭特别是中产阶层精英（大专以上学历）家庭，在经济向市场化全面转型过程中，育儿分工由国家"集体化育儿的尝试"向"私人责任化"（育儿成为家庭的主要责任）转变，学校按计划培养向家庭和家长成为教育市场的消费者（拥有决定儿童成长的话语权和决策权，在众多的教育消费产品中选择各级教育机构、选择和购买早教和兴趣特长培训、选择儿童用品以及周末和假期活动等）转变，家庭养育儿童的责任显著增大，使得家庭与学校的关系发生了向家庭倾斜的显著变化。[③] 此外，学校促进社会公平正义的功能也常受到质疑，因为家庭对儿童成长的影响始终存在且不可忽视，学校教育本

---

① 〔美〕拉尔夫·泰勒：《课程与教学的基本原理》，罗康、张阅译，中国轻工业出版社，2014。
② 施良方：《课程理论——课程的基础、原理与问题》，教育科学出版社，1996。
③ 肖索未：《"严母慈祖"：儿童抚育中的代际合作与权力关系》，《社会学研究》2014年第6期。

身也被认为是社会不平等再生产的机制。① 这意味着儿童成长不限于 45 分钟课堂内和学校围墙内，而是应该建立一个组织性较强的更大的教育系统，将家庭、社会力量战略性地纳入其中。② 建立"儿童成长本位"的现代教育制度大格局成为 20 世纪以来世界教育改革的一个历史大势。

当前世界家校合作在不同国家和地区有所差异，但实践模式大体上以西方发达国家为主流。③ 在中国，以家校合作促进儿童成长已成为政策制定者、研究者和教育实践者的共识。但总体上看，家庭、学校和社区多方教育主体之间的新型合作伙伴关系尚未被真正激活，④ 我们的实践仍处于起步阶段，主要停留在传统的家长会、家长志愿者等单项活动上，呈现形式化、集体性活动主导、"局部热"等特征，家庭和个体需求常被忽视。⑤ 本章试图从国际视野探讨世界上发达国家和地区家校合作在政策（家校合作行动的宏观制度保障）、学校行动（家校合作行动模式的主导者）和研究支撑（科学化）3 个方面有效实践的共同特征及动力机制，以期更好地推动我国家校合作发展进程。

一　家校合作的政策：价值分配、规制与倡导

（一）美国：制度化的、现代意义上的家校合作起源

制度化的、现代意义上的家校合作起源于美国。20 世纪 60 年代，时任

---

① P. M. Blau, O. D. Duncan, *Tyree A. The American Occupational Structure*, NY：Free Press, 1967；〔法〕P. 布尔迪约、J. C. 帕斯隆：《再生产：一种教育系统理论的要点》，邢克超译，商务印书馆，2002。

② 吴重涵：《从国际视野重新审视家校合作——〈学校、家庭和社区合作伙伴：行动手册〉中文版序》，《教育学术月刊》2013 年第 1 期。

③ Mehtap Kirmaci. Educational Policies on Family-School Relations：A Dimensional Analysis Across Five Nations, *International Journal about Parents in Educaticon*, 2019, 11（1）：1-18

④ 朱永新：《家校合作激活教育磁场——新教育实验"家校合作共育"的理论与实践》，《教育研究》2017 年第 11 期。

⑤ 张俊、吴重涵、王梅雾：《家长和教师参与家校合作的跨界行为研究——基于交叠影响域理论的经验模型》，《教育发展研究》2018 年第 2 期。

美国总统林登·约翰逊（Lyndon B. Johnson）提出了"向贫困宣战"（The War on Poverty）的口号。作为他施政的重要基石，1965 年通过的《初等与中等教育法案》（Elementary and Secondary Education Act，ESEA）旨在向低收入家庭学生比例较高的学校和学区提供资金，缩小因家庭、学校阶层差异而造成的学生学业成就差距，① 从而改善全国范围内中小学的教育质量和增加教育机会。在《初等与中等教育法案》实施过程中，家长参与子女教育的情况被视为是否纳入资助范围的评估指标②，制度化推进家庭、学校和社区之间的合作。

美国的《初等与中等教育法案》平均每 3~5 年重新授权或修订一次，尽管受到党派斗争、权力的集中或下放的影响，但"家长参与子女教育"始终是其重要内容且不断完善，并以联邦基金为保障得到丰富和强化。由联邦政府制定并推行的政策法规保障了家长参与的权利，确立了家长在家校关系中的地位，极大地推动了美国家校合作的发展。③

现行的《初等与中等教育法案》又名《每一个学生都成功法案》（Every Student Succeeds Act），将家长参与的范围扩大至所有家庭成员甚至社区，其条目"家长参与"（parental involvement）更改为"家长和家庭参与"（parent and family engagement），在"家长和家庭参与"的相关规定中也表露出对其更加全面和紧密参与的要求，社区和地方参与的成分明显增加。④ 法案中家长参与子女教育相关的内容主要如下。

地方教育部门和学校只有在执行法案所规定的计划、活动和程序后，才能获得联邦政府的"第一款"资金（所有资金中占比最大）。规定主要包括

---

① P. Berman，M. W. Mclaughlin，Federal Programs Supporting Educational Change. Vol Ⅳ. The Findings in Review.，*Rand Corporation*，1975，1-5：59.

② J. Y. Thomas，K. P. Brady，Chapter 3：The Elementary and Secondary Education Act at 40：Equity，Accountability，and the Evolving Federal Role in Public Education，*Review of Research in Education*，2005，29（1）：51-67.

③ 杨雄、刘程：《家校合作的国际经验与本土发展》，《思想理论教育》2012 年第 22 期。

④ 卫沈丽：《美国儿童养育的"学校化"——对"家长参与"政策的工具理性的评析》，《外国中小学教育》2017 年第 5 期。

以下几个方面。

（1）家校（教育部门）共同拟订和提交家长参与的书面计划、开展系列实践。

（2）为家校合作活动提供必要的资源。

（3）召开年度家长会议，向家长有效传达有关家长权利、教育政策、学校课程和成绩进步等信息。

（4）与家长共同制订个性化的学生学习计划并分担责任（使学生达到州学业成绩标准），例如提高学生出勤率、监督家庭作业、到学校做志愿者、安排孩子的课余时间等。

（5）通过专业培训、跨校组织和交流，为处境不利的家长提供个性化帮助等方式，提升家长和教师的合作能力。

（6）与家长一起评估家长参与子女教育的效果。

此外，该法案还规定地方教育部门至少应将"第一款"资金的1%直接用于家校合作活动。

（二）英国：《教育法案》与"行动计划"的双重推动

英国是世界上基础教育最发达的国家之一，但提升教育质量和促进教育公平仍是其最大挑战之一。1977年，以议员泰勒（Tom Taylor）为主席的调查委员会发表报告《我们学校新的伙伴关系》（*A New Partnership for Our Schools*，又名《泰勒报告》）。《泰勒报告》提出提升中小学运行效率的建议，如家长参与学校管理（学校管理委员会成员应有地方教育局、教师、家长和社区代表，且家长不少于2名），以及鼓励和促进家长直接参与学校的课程和教学等。[①] 这些建议在英国的基础教育法案——《1980年教育法案》和《1988年教育法案》——中被采纳，并在现行的《2011年教育法

---

① T. Taylor, A New Partnership for Our Schools: Report of the Committee of Enquiry into the Management and Government of Schools, www.educationengland.org.uk/documents/taylor/taylor1977.html.

案》中得到不断强化。①

英国还通过国家层面的教育行动区（Education Action Zones）、卓越的城市教育（Excellence in Cities）、减少早期辍学（Reducing Early School Leaving）、教育优先区（Educational Priority Erea）等行动计划，将处于教育弱势地位的学生、家长和学校作为改革的突破口，以整合优势资源，促进教育均衡发展。在这些计划中，家校合作为其中重要一环，如减少早期辍学计划提出"通过学生、家长（家庭）和学校工作人员之间的支持和合作氛围，以加强学生对学校教育的认同，提升他们的学习动力"。

（三）加拿大国家层面的倡导与地方层面自主

加拿大作为联邦制国家，教育政策由各省制定。尽管教育政策存在地区差异，但在推进家长参与子女教育方面有很大的相似性，如省级标准化评估、家长对学校的问责权利，以及择校政策等。② 在安大略省，教育部门以提高学生成绩为核心，要求学校充分尊重家长的参与权利，推出了4项行动战略：（1）面向全体家长，创设家校合作的良好氛围；（2）消除家长参与的障碍（这些障碍也是学生和社区多样性的体现）；（3）为家长提供学生在家学习需要的知识、技能和工具；（4）全面评估并扩展学校的对外交流，如基于社区的主题讲座、资源支持等。③ 在魁北克省1997年通过的180号法案中，家长被设定为教育系统的一个重要组成部分，要求学校在家长参与学校管理、课程设置，消除家长参与障碍，以及社区进学校等方面提供便利。④ 另外，魁北克省还将"家校合作"列为教师必备技能，要求教师通过广泛的实践活动让父母参与子女教育，设置范围广泛的实践项目，承认家长

---

① Parliament UK. Education Act 2011, Department for Education. London, HMSO, 2011.

② L. Bosetti, D. Gereluk, *Understanding School Choice in Canada*, Toronto：University of Toronto Press, 2016.

③ Ontario Ministry of Education, Parents in Partnership：A Parent Engagement Policy for Ontarioschools, www. edu. gov. on. ca/eng/parents/involvement/PE_ Policy2010. pdf.

④ National Assembly of Quebec. Bill 124：An Act to amend the Education Act and various legislative provisions, Quebec, Canada：Gazette Officielle Du Quebec, 2003.

对学校和儿童发展的贡献，并使具有特定资源或感兴趣的父母参与进来，并与家长建立信任关系。

（四）澳大利亚：家长参与的传统和"国家框架"规范性倡导

澳大利亚有家长参与学校教育的传统。在 19 世纪，政府因经费不足而无法建立有效的公立学校系统，号召家长捐资建校，家长参与权自然延伸到学校。澳大利亚对家校伙伴关系最显著的推动发生在 20 世纪 90 年代，昆士兰州一份题为《关注学校》（*Focus on Schools*）的政策文件要求学校必须回应"家长对学校教育目标和子女教育效果的质疑"，从而拓展了家长参与学校教育和管理的法律空间。[①]

在过去几届国际学生评估项目（Program for International Student Assessment，PISA）测试中，澳大利亚因排名下降而受到广泛批评。[②] 作为回应，澳大利亚政府提出要在 2025 年 PISA 中跻身前五名，并在《2013 年教育法》（Australian Education Act，2013）中制定了系统的改革措施，建立"家庭、学校和社区合作局"（The Family-School and Community Partnerships Bureau），修订"家庭与学校伙伴关系框架"（Family-School Partnerships Framework）是其中重要举措（原框架于 2008 年起实施）。[③] 该框架在借鉴美国"学校、家庭和社区合作伙伴联盟"6 种参与类型的基础上，提出了建立家校伙伴关系实践路径，[④] 由有效沟通、连接在家学习与学校学习、建立学习型社区和身份认同、重视家庭的角色、协商决策、校外合作、家长参与

---

① National Assembly of Quebec. Bill 124: An Act to amend the Education Act and Various Legislative Provisions, Quebec, Canada: Gazette Officielle Du Quebec, 2003.

② S. Thomson, Declining PISA Outcomes: Time to Stop the Slide. Australia: Australian Council for Australia, https://rd.acer.edu.au/article/declining-pisa-outcomes-time-to-stop-the-slide.

③ J. Povey, A. K. Campbell, L. D. Willis, et al. Engaging Parents in Schools and Building Parent-School Partnerships: The Role of School and Parent Organization Leadership, *International Journal of Educational Research*, 2016, 79: 128-141.

④ Mehtap Kirmaci. Educational Policies on Family-School Relations: A Dimensional Analysis Across Five Nations, *International Journal about Parents in Educaticon*, 2019, 11 (1): 1-18.

7 个维度构成,①旨在促进家庭、学校和社区之间的积极合作,为儿童成长承担共同责任。

(五)欧盟:瑞典的竞争取向、芬兰的合作文化

在欧盟的法律框架内,通过促进学校的发展以及增强学校选择权、赋予地方教育部门更大的教育改革权力、让家长在子女的教育方面有更大的发言权②是 3 个重要的教育发展目标。

瑞典拥有独特的基础教育,但其在 PISA 测试中,学生表现持续恶化,③使家长和社会公众更加期待建立全国统一的标准化评估和更严格的国家课程。④为提升学校教育质量,瑞典 2010 年通过《教育法》,强调学校要与家长合作,促进儿童朝着积极、有创造力、能干和负责任的个人和公民发展;家长是子女教育的积极伙伴和宝贵资源,但父母的责任应符合国家核心价值观和学校制度。⑤这些要求也体现在国家课程大纲中。例如,要求学校举行"个人发展对话"会议,让单个学生及其家长与教师讨论如何提升学生成绩;必须制订计划,充分展示如何满足学生的个人需求,从而使学生获得成功。该法还提出学校领导和教师应"与瑞典学生一起,阐明和讨论瑞典社会的核心价值观及其对个人行为的影响",并"在学生的教育和实践中与家庭合作"。因此,学校应制定相应的规范和规则,为家校合作提供条件。

---

① Australian Government Department of Education. The Family - School Partnerships Framework, https://www.education.gov.au/family-school-partnerships-1.

② M. Elken, New EU Instruments for Education: Vertical, Horizontal and Internal Tensions in the European Qualifications Framework, *Journal of Contemporary European Research*, 2015, 11 (1).

③ Organisation for Economic Co-operation and Development. PISA 2012 Results: Excellence through Equity: Giving Every Student the Chance to Succeed (Volume Ⅱ), Paris, France: OECD Publishing, 2013. https://www.oecd.org/pisa/keyfindings/pisa-2012-results-overview.pdf.

④ R. Löfgren, H. Löfgren, Swedish Students' Experiences of National Testing in Science: A Narrative Approach, *Curriculum Inquiry*, 2017, 47 (4): 390-410.

⑤ Swedish Parliament. Education Act 2010: 800, www.riksdagen.se/sv/Dokument-Lagar/Lagar/Svenskforfattningssamling/Skollag-2010800_ sfs-2010-800/.

芬兰的学校系统一直被认为是世界上表现最好的学校系统之一，在历次的 PISA 测试中名列前茅。① 根据萨尔伯格的观点，这部分归功于芬兰的教师和家长存在理所当然的合作意识和文化。芬兰家长对子女的学校教育负有重要责任的观念一直是其教育体系中的文化共识，家校合作已经实现了文化意义上的高级制度化。② 所以芬兰的家校合作超越了美国式的以国家政策为主导、学校以获取经费的功利性目标的政策制度化阶段，这在全球显得有些独一无二。这样一种家校合作的文化共识，也在法律层面得到了确认，例如1998 年的《芬兰初等和中等教育法》要求公立学校与家长合作，并在一系列国家政策文件中重申了这一要求，③ 2016 年芬兰国家教育委员会（FNBE）报告强调，在学校主导下鼓励家长参与学校教育。

芬兰教育系统的独特之处还在于学生享有长期和持续的专业发展机会，且淡化对学生的评价和竞争，以及教师可以花大量时间进行非教学活动，从而使他们与当地社区建立更牢固的联系。根据经合组织（OECD）数据，美国高中教师的平均教学时间是芬兰的 2 倍。④ 例如，Darling-Hammond 等人发现芬兰的教师花费一半的工作时间在校本课程准备、综合课程计划以及与家长的合作上，这些发现表明芬兰为构建家庭与学校的合作伙伴关系付出了巨大的努力，并在教学计划和教师职责要求方面提供了相应的必要条件。⑤

芬兰强调合作而不是竞争，选择公民参与而不是市场化，倡导教师专业

① Organization for Economic Co-operation and Development（OECD）. PISA 2015 Results in Focus：What 15-year-olds know and what they can do with what they know, http：//www. oecd. org/pisa/pisa-2015-results-in-focus. pdf.

② P. Sahlberg, *The Most Wanted：Teachers and Teacher Education in Finland*, *Teacher Education Around the World*. Routledge, 2013：15-35.

③ A. Sliwka, D. Istance, Parental and Stakeholder "Voice" in Schools and Systems, *European Journal of Education*, 2006, 41（1）：29-43.

④ P. Sahlberg, Why Finland's Schools Are Top-notch, http：//edition. cnn. com/2014/10/06/opinion/sahlberg-finland-education/.

⑤ L. Darling-Hammond, R. C. Wei, A. Andree, et al. *Professional Learning in the Learning Profession*, Washington, DC：National Staff Development Council, 2009, 12.

自治而不是问责，尊重本土化需求而不是建议统一标准化，[①] 形成了良好教育生态，也培育了家校合作的土壤。

（六）亚洲国家和地区：西方引进与本土文化特征

日本 2006 年的《教育基本法》修正案中，新增了"家庭教育"条目，其第十条指出：父母及其他监护人在儿童教育上负有首要的责任……国家和地方公共团体必须尊重家庭教育的自主性，努力采取必要措施援助监护人的家庭教育，如向其提供学习机会和信息等。[②] 这是相当有远见的规定。日本的家长—教师协会也非常发达，有力促进了学校和家长的沟通和相互协助。

中国台湾 1999 年修订通过的《国民教育法》保障了家长参与学校教育的参与权和决策权，规定县市政府的教育审议委员会成员必须包括家长代表，学校校务会议必须有家长代表列席；家长依法享有选择子女受教育的方式、内容及参与学校教育事务的权利。相应的规定在《教师法》《国民教育法》中也有具体体现。同时，还有 2 项专门的法规来保障和规范家长参与：一是 1950 年发布的《台湾省各级学校学生家长会设置办法》，对家长会的组织性质、产生方式、职责与经费获得方式等做了明确规定；二是 2012 年发布的《国民教育阶段家长参与学校教育事务办法》，规定了家长、家长会、学校在子女教育过程中的权利和责任，以及家长参与学校教学、管理方式等内容。

中国香港对家校合作的显著推动源于 1992 年教育统筹委员会发布的《第五号报告书》（*Education Commission Report No. 5*），该报告书提出要通过加强调查研究、经费资助，宣扬家庭与学校建立更紧密的关系，以及鼓励学校设立家长教师会（家教会，Parent Teacher Associations，PTAs）等方式，来促进家庭与学校的合作。[③] 在此推动下，香港普遍建立了学校及跨学区层

---

① H. Auren, *Accountability in Education*：*Meeting Our Commitments*：*Finland Country Case Study*, Paris, France：The United Nations Educational, Scientific and Cultural Organization（UNESCO）, 2017.

② 《日本新〈教育基本法〉（全文）》，张德伟译，《外国教育研究》2009 年第 3 期。

③ 香港教育统筹委员会：《第五号报告书》，www.e-c.edu.hk/doc/tc/publications_ and_ related_ documents/education_ reports/ecr5_ c.pdf。

面的家教会，并提供相应的财政保障。据统计，2018～2019 学年，新成立的家教会获得 5000 港元的成立津贴，已成立的获得 5474 元经常津贴，跨学校的区域型家教会联会获得 27367 元的经常津贴。除此之外，每所学校每年可向教育局申请最多 2 项家校合作活动津贴，每项活动津贴上限 5000 元，以举办家长教育或家长培训等活动。①

在本书中，中国台湾、中国香港同属儒家文化圈，它们的家校合作经验对文化同宗同源的中国大陆有较大的借鉴意义。它们的家校合作政策受西方国家（特别是英美）影响较大，但也呈现典型的东方特征，如既强调家长对学校事务民主参与的权利，也强调对家庭教育和传统文化的重视。

二 学校实践：政策执行和"三教结合"行动主体

国家及地方政府的政策和法规为家校合作提供了价值倡导、合法性和政策空间，并通过资源分配、评估考核等方式来影响和规范学校家校合作行为。在此基础上，学校作为专业化的教育组织，有能力亦有意愿成为家校合作政策的执行主体，形成家校行动联盟网络，整合家庭和社会力量，形成家庭教育、学校教育和社区教育"三教结合"的制度化实践。

（一）组织载体：家长、教师和社区成员构成的跨界组织

几乎所有推进制度化家校合作实践的国家和地区，都成立了以家长和教师为主联合的组织平台。如美国家校合作组织发展活跃，种类繁多，使命也各不相同。主要有家长参与教育联合会（National Coalition for Parent Involvement in Education，NCPIE），家长—教师联合会（PTA），伙伴行动小组（Action Team for Partnership，ATP）和学校、家庭和社区合作伙伴联盟（NNPS）等。以美国

---

① 香港教育统筹委员会：《正向家长助成长，跨界合作齐创新：家校合作及家长教育专责小组报告》，www.e-c.edu.hk/doc/tc/publications_and_related_documents/education_reports/Report_TF%20on%20HSC_tc.pdf。

的家长—教师联合会为例，其宗旨是通过家长、教师、专业人士、爱心人士的相互合作，共同促进儿童的教育成功、健康和福祉。该联合会的主要职责包括以下几个方面。

（1）合作：与个人和组织建立合作伙伴关系，以增强为所有儿童和家庭服务的能力。

（2）承诺：致力于通过家庭和社区的大力参与来促进儿童教育，增进儿童健康和福祉，同时也对本协会的运作负责。

（3）包容：重视所有个体和组织的参与潜能，包括但不限于年龄、文化、经济状况、教育背景、种族、性别、地理位置、法律地位、婚姻状况、心理承受能力、国籍、组织地位、家长身份、身体状况、政治偏好、宗教信仰、性取向和工作经验等。

（4）尊重：在为实现协会目标而共同努力时，尊重成员、员工、志愿者和合作伙伴的个人贡献。

（5）责任：所有成员承担共同责任，通过一致努力实现协会战略目标。

美国 PTA 由家长（及家庭成员）、教师和其他爱心人士组成，采取会员注册制，申请者通过申请注册和缴纳会费即可成为会员，现有注册会员 400 多万人，有 2.4 万多个地方性分会。[①] PTA 是独立法人机构，除辅助学校教育教学活动外，还有效地参与学校监督、决策，为学校筹措资金等，并在区域和国家层面影响政策制定和经费分配。[②]

美国 PTA 发展至今，已经成为美国历史最悠久、规模最大的儿童权益保护协会，也是影响最为广泛的联结家庭、学校和社区的志愿者联盟，它为教育发展和儿童成长提供了巨大帮助，在美国教育治理中发挥了重要作用，也对英国、澳大利亚、日本、中国香港和中国台湾等国家和地区的家校合作实践产生了深远影响。中国的家校合作组织载体以家长委员会为主，与国际

---

① National PTA, About PTA - Mission Statement, www. pta. org/home/About - National - Parent - Teacher-Association/Mission-Values.

② 魏叶美、范国睿：《美国家长教师协会参与学校治理研究》，《全球教育展望》2016 年第 12 期。

主流组织有 3 个方面的差异。首先，美国及其他西方发达国家和地区的家校合作组织不是依附学校的内部团体，而是与学校平等对话、建立合作伙伴关系的独立法人组织；其次，它们参与学校教育的事务范围更广，也更平等，同时也具备向家长收取会费、为学校筹措资金等权利；最后，美国 PTA 的成员不仅由家长构成，还包括教师、社区人员及专业、爱心人士，甚至包括其他机构，具有跨界组织性质。相比之下，中国家长委员会作为家校合作运作的组织平台，在学理上不具备跨界组织的性质。

（二）家校合作行动："爱普斯坦模型"

家校合作成为教育改革的潮流，美国的地方教育部门和学校希望有一种有效的实践体系来指导构建家庭与学校的合作伙伴关系，以符合《初等与中等教育法案》的规范要求，以及提升学生学业成就，改善教育教学质量。美国约翰·霍普金斯大学学校、家庭、社区合作中心首席专家爱普斯坦教授从指导和改善实践的立场出发，提出要在学校、家庭与社区之间建立一种新型的合作伙伴关系，从而在实践中改善学校的教学质量和教育氛围，提高家长教育子女的能力，密切家长与学校及社区的关系，帮助教师更好地工作，更重要的是，能够促进学生在学业中获得成功。[1] 由此，爱普斯坦和她的团队提出了交叠影响域理论来指导家校合作的实践。该理论认为，家庭、学校和社区这三个影响学生成长的主体实际上对学生以及三者之间的关系产生了交互叠加的影响，即学校、家庭和社区单独或共同地影响着学生的学习和发展。家庭和家长从一般意义上的环境性因素转变为学校运作的内部结构性要素。[2]

爱普斯坦和她的团队经过 30 余年的不断跟踪实验和积累研究，提出 6 种实践类型来指导学校开展家校合作的有效实践。

---

[1] 张俊、吴重涵、王梅雾、刘莎莎：《面向实践的家校合作指导理论——交叠影响域理论综述》，《教育学术月刊》2019 年第 5 期。

[2] 〔美〕乔伊丝·L. 爱普斯坦等：《学校、家庭和社区合作伙伴：行动手册（第三版）》，吴重涵、薛惠娟译，江西教育出版社，2012。

　　在政府重视和专业支撑的双重推动下，以 6 种实践类型为核心的家校合作已上升为国家标准，[①] 且在实践层面已经形成了一个比较完整、严密且富有层次的家长参与教育的网络体系——NNPS 体系，NNPS 体系的组织结构如图 8-1 所示。该体系分别在国家、地方和学校三个层面开展家校合作，在促使学校、家庭和社区三者合作方面起到了重要作用，全美已有近2000 所学校加入 NNPS，并正被越来越多的国家和地区接受，在新加坡及中国大陆、台湾、香港等地也开展了有效实践。

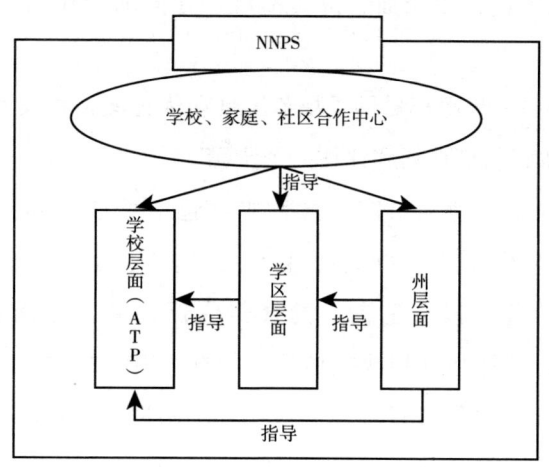

图 8-1　NNPS 体系的组织结构

　　在 NNPS 体系下，学校层面家校合作行动模式主要有以下 10 个关键步骤。

　　（1）启动：建立 ATP。

　　（2）获取资源：争取资金和官方支持。

　　（3）专业培训：为所有 ATP 成员提供培训。

　　（4）调查：明确家校合作的行动起点。

---

①　National PTA. National Standards for Parent/Family Involvement Programs，www. pta. org/home/
run-your-pta/National-Standards-for-Family-School-Partnerships/.

（5）制订计划：结合学校发展目标和学生成长目标制订年度合作伙伴行动计划。

（6）实践6种家校合作类型：以达成计划目标。

（7）招募志愿者：招募教职员工、家长、学生和社区人员帮助开展活动。

（8）评估：评估计划执行结果的质量与拓展情况。

（9）总结：召开年度表彰会向所有参加者汇报进展情况。

（10）持续改进：为全面、持续和目标导向的合作伙伴行动计划继续奋斗。[①]

NNPS对每一个步骤都提供了规范工具和优秀案例供实践者参考。以下简要介绍其启动、制订计划和评估三个步骤。

第一步，启动。建立ATP。ATP成员包括学校教师、行政人员、家长和高中生，以及社区人员或商业人士等，他们在学校校务委员会或PTA的领导下协作，以营造良好的合作伙伴关系，选择家校合作目标、制订实施计划，并评估计划执行结果。根据NNPS的建议，学校ATP有2种组建方法：第一种为"目标导向法"，即围绕学校发展目标和学生成长目标来组建小组；第二种为"类型导向法"，即以6种家校合作类型为指导来组建。

目标导向的家校合作行动（见图8-2）使家庭、社区参与帮助学校和学生达到具体的发展目标。实践发现，每所学校每学年建议设置并达成4个目标：2个学术目标（与学生学习相关，如提高阅读能力、数学或科学技能）和2个非学术目标（行为目标和合作氛围目标，如改善学生出勤情况和行为，为家庭和学生创设友好的学校环境）。围绕这4个目标，组建4个ATP，如提高阅读能力、提高数学技能、改善学生行为和改善家校合作氛围。

每个ATP都要撰写年度行动计划，这些行动以6种家校合作类型为指

---

① 〔美〕乔伊丝·L.爱普斯坦等：《学校、家庭和社区合作伙伴：行动手册（第三版）》，吴重涵、薛惠娟译，江西教育出版社，2012。

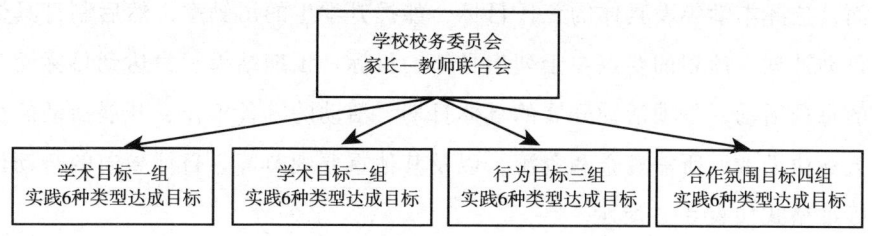

图 8-2　目标导向的家校合作行动

导，并尽量将 6 种家校合作类型都包括在内，同时负责执行和评估。例如，在提高学生成绩方面，有"帮助学生提高阅读能力、改善对阅读的态度"，阅读目标伙伴行动小组撰写相应的年度行动计划，安排并列出根据 6 种家校合作类型的要求设计的注重阅读的参与活动。4 个目标 ATP 的行动计划构成学校家校合作的总体计划。

　　类型导向的家校合作行动（见图 8-3）即以当好家长、相互交流、志愿服务、在家学习、参与决策、与社区合作 6 种家校合作类型为指导，创设 6 个 ATP。每一个 ATP 由组长、组员、临时志愿者组成，同时也包括专家顾问、学校管理人员、教师和社区人员等。

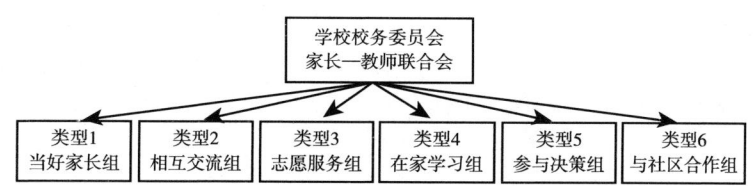

图 8-3　类型导向的家校合作行动

　　每个 ATP 也要撰写、执行一年的行动计划，并评估计划执行结果。6 个 ATP 共同构成了学校和学生整体改进计划。6 种家校合作类型的活动质量和结果都会逐年改善，与此同时，ATP 的专业知识和小组工作质量也会逐年提升。

　　第二步，制订计划。结合学校发展目标和学生成长目标制订年度合作伙伴行动计划。ATP 在学校发展和学生成长目标中，注重可以由家长参与的方面，选择本学年度具体的工作目标，如提升学生的出勤率，然后制订具体的行动计划。计划的要点在于列出具体的目标、预期结果、为达到目标而开展的每项活动，每项活动开展的具体日期、活动的筹备工作、开展活动的负责人和协助者、所需资金和资源，以及其他重要细节等。目标导向的行动计划标准格式如表 8-1 所示。

表 8-1　目标导向的行动计划标准格式

1. 学校名称：_____

2. 在学校（年级、班级）发展年度计划中，可通过家校合作来促进的目标是：_____

3. 为了达成这一目标，计划成立_____（ATP 名称）

4. 组长人选是（姓名和职务）：_____

5. 为了达成这一目标，ATP 计划开展以下活动：

活动名称	所属类型	活动时间	面向对象	这项活动的筹备工作或关键环节	负责人和协助者

6. 通过以上家校合作活动，预计学校（年级、班级）将会有这样的结果（结果中尽量包含数据）：_____

7. 为了测量这些结果，将采用的方法是：_____

第三步，评估。评估计划执行结果的质量与拓展情况。对计划的评估不仅包括对学生产生的效果（学习或行为改进），还包括目标的切实性（与学校发展和学生成长目标的结合程度）、家长和社区参与程度（是否面向所有家长，有哪些要克服的阻碍）、家长反馈（不同群体家长参与家校合作活动的收获和感受）、学校效果（学校的家校合作氛围，教师和校长对家校合作的态度）等方面。

在州和学区层面，其工作职责主要包括政策保障、设立专业办公室或部门、统筹区域内年度行动计划的制订与实施情况、搭建交流平台、为实施计划筹措资金等。NNPS 的数据表明，在学校、学区和州层面，合作伙伴行动计划的执行资金生均约为 30 美元，其中学校承担 12～20 美元，学区承担 5～10 美元，州承担 0.15～1 美元。[①]

综上所述，美国的幼儿园、中小学开展的制度化家校合作行动，是在专家指导下和学校因地制宜创造性地开展丰富多彩活动的良性互动中，逐步在组织、计划、行动、评估等多方面逐步完善并实现制度化。基于中国家校合作现状，有以下 3 个特征值得探讨。

一是政策与学校行动的关联。上至美国联邦政府，下至各州、学区甚至学校，都遵循相应的家校合作相关规章制度，将其作为一种制度性标准（Institutional Standard）予以确立，发展适合自己特点的家校合作项目。家长参与计划（特别是书面的）、决策、行动和评估等程序和过程，是为了改善学生在校表现以符合政府的资助条件，而学校面向所有家长开展的活动、对教师及家长开展的专业培训等行为，都可在家长参与政策中得到解释，形成国家—地方政府—学校的行动逻辑。

二是家校合作行动融入学校发展目标和学生成长目标。家校合作是服务目标的一种手段，或工作的某一环节，而不是单独存在的一项工作。其行动基于学校整体发展目标或学生成长目标—家校合作子目标—伙伴行动小组—计划、执行—效果评估的路径，并在家校合作文化和组织氛围中，提供了家校双方都积极参与的强大动力，并强调了面向家长和学生需求的个性化互动。

三是家校合作融入学校制度化的组成部分。制度化家校合作的组织和行动，具有与以往家校（彼此作为独立环境因素）不同的社会互动结构。家庭和家长作为学校的结构性要素，与学校、教师和学生共同构成学校教育教学活动的基本社会结构；同样，学校和教师作为家庭的结构性要素，与家庭、家长和子女构成家庭教育的基本社会结构。这为美国的家校合作从理论走向

---

① 〔美〕乔伊丝·L. 爱普斯坦等：《学校、家庭和社区合作伙伴：行动手册（第三版）》，吴重涵、薛惠娟译，江西教育出版社，2012。

实践、理论与实践相结合并在实践中逐步深化提供了必不可少的条件。如 ATP 改进了 PTA 为家长自治性组织的性质，融合学校发展目标，使家校合作成为学校官方组织的组成部分，成为学校制度化的一部分，为开展家校合作提供了稳固的组织基础和制度基础。这一社会结构模型被称为家校交叠影响域模型，是检验学校家校合作现代性特征的试金石。[1] 有学者将交叠影响域模型细化为可测量、可比较的计量模型，发现交叠影响域的大小虽然与家校合作行动的强度成正比（交叠影响域越大越有利于家校合作活动的开展），但与行动差异度（家长与学校在行动期望、价值、目标和行动方面的不一致程度）成反比，因此家校合作必须注重从降低行动差异度入手，才能取得真正成效。

三　科学研究：支撑和引领政策及实践的持续改善

发达国家和地区有较为完备的支撑政策及研究体系。教育政策制定者达成了这样的共识，即教育决策尤其是家长参与政策是一种专业化行为，需要教育和行政的双重专业知识，必须减轻空泛或未经验证的观念在教育决策中的分量，专业力量以提供证据的形式，形成对教育决策和实践支持的传统。在此背景下，以美国模式为代表的家校合作政策源于研究推动，随着其政策理念和实践效果的传播，发达国家和地区研究支撑家校合作政策和实践亦成为主流和传统。在美国联邦政府历次核准和修订的《初等与中等教育法案》的条款中，"以研究为基础"（based on research）是一个高频词汇，在"家长参与"的条款中也出现了明确的以研究为基础的规定，如"每一个州计划中都应该描述州教育部门将如何支持地方教育部门和学校收集和传播有效的家长参与实践，这些实践应该建立在当前最新的、满足最高的专业和技术标准的研究基础之上，以及建立在能够促进所有学生达到高标准成就的有效的家长参与之上"。

----

[1] 〔美〕乔伊丝·L. 爱普斯坦等：《学校、家庭和社区合作伙伴：行动手册（第三版）》，吴重涵、薛惠娟译，江西教育出版社，2012。

（一）《科尔曼报告》：将家长参与引入主流研究领域，并融入《ESEA 法案》

应《1964 年民权法案》的特别要求，约翰·霍普金斯大学社会学教授詹姆斯·科尔曼及他的团队接受了对补偿教育和教育公平开展调查并提交结论的任务，收集了全美 4000 多个学校 60 多万个学生的数据。科尔曼领导的研究团队向国会提交了一份报告，这就是历史上著名的《科尔曼报告》（也称《教育机会均等报告》）。

报告显示：（1）少数种群儿童在入学时即有严重的学习问题，这显然不是学校而是家庭引起的。（2）对所有民族或种族而言，学校的经济、设施、师资条件，如教师工资、图书馆设施、实验室、学校规模、安全设施等与学生学习成绩的相关性很低；而家庭背景，如家庭经济收入、父母学历、职业地位等与学生学习成绩的相关性非常高。（3）少数种群学生在毕业时的学习问题更加严重，显然是学校加剧了这一问题。由此，科尔曼指出，家庭而非学校才是教育不平等的根源，但学校维持和强化了家庭背景所强加的原始差异，且现有的学校制度在摆脱家庭影响方面"无能为力"。[1]《科尔曼报告》认为学校在现有制度下仍然承担提高学生学业成绩的主要责任，但家庭背景的不利影响需要由学校克服。对教育处境不利的学生来说，学校有两个努力方向：一是尽量用学校环境替代不利的家庭环境，如更早的入学年龄、延长学生每天的在校时间；二是重构家庭与学校间的关系，如为家长赋能，使他们能更好地承担家庭教育的责任，以及面向全体家长开展家校合作。

《科尔曼报告》虽然将少数族裔儿童教育机会不平等问题产生的原因指向了种族隔离，也将解决问题的办法指向了家校合作，对美国政府《初等与中等教育法案》的制定思路产生了很大的影响，但以提高学业

---

① J. S. Coleman, *Equality of Educational Opportunity (Coleman) Study (EEOS)*: *Codebook and Study Report*, U. S, Department of Health, Education, and Welfare, 1966.

成绩为目的的"家长参与"至今仍是政策重点。其基本思路是,学校及所建立的家校合作作为家庭与社会不平等之间的调解机制,公共财政要为教育处境不利的儿童提供额外的资助(教育补偿计划),以帮助和促进教育公平,而学校要在教育教学中充分尊重家长参与的潜能和权利,且家长有义务配合学校教育教学。尽管存在对研究方法、调查样本、结论等方面的批评,但《科尔曼报告》成功地将儿童的家庭背景与儿童的学业成绩之间的相关性问题带入社会主流研究领域,并在美国乃至全球引发了激烈讨论,其"教育不平等的根源首先在家庭"等结论亦被广泛验证。

（二）学校、家庭、社区合作中心:家校合作研究与实践同步推进

美国《初等与中等教育法案》及后续的修订案第一款中出现大量篇幅用于指导学校和学区对家长参与的规范性要求,并规定只有在达到要求后才能获得第一款中的联邦资金援助,这实质上构成了家长参与行为的一种强大导向,也产生了强大的以科研指导和改善实践的现实需求,学校、家庭、社区合作中心便在此需求上应运而生。

学校、家庭、社区合作中心（CSFCP）于 1996 年在约翰·霍普金斯大学成立,使用以研究为基础的方法来推进"第一款"资金所要求的家庭和社区参与项目,以共同改善学生在校表现。CSFCP 还为学校、学区和各州的领导,以及教育者、家长和社区参与项目的人员提供在职教育,研究分支包括地区领导对家校合作的影响、小学及初中的教师让家长参与学校工作（TIPS）的组织形式和成果、家长参与及学生学习和发展的影响因素等项目。该中心也提供培训课程、教科书、手册,召开研讨交流会等,还建立了一个国际学者网络,成员包括美国及其他 40 个国家的家校合作研究者,每两年举办一次学术会议。在 CSFCP 创始人约翰·霍普金斯大学爱普斯坦教授的带领下,团队提出了交叠影响域理论以指导家校合作实践,并构建和发展了以当好家长、相互交流、志愿服务、在家学习、参与决策和与社区合作为主体的 6 种家校合作类型,来指导学校开展均衡、全

面的家校合作。如爱普斯坦所说："中心基于 30 多年来对家长参与、家庭参与和社区伙伴关系的研究，它的工具、指导方针和行动小组方法已被证实可以被所有小学、初中和高中用来加强参与，以及改善学生的学习和促进发展，并帮助各州、学区和学校满足'第一款'中对家长参与的要求。"[①]

1997 年，以交叠影响域理论和 6 种实践类型为基础的家校合作模式被升级为"家长/家庭参与项目的国家标准"。[②]

（三）"全球家庭研究项目"：推动从"家长参与"政策扩展到"家长和家庭参与"

原哈佛大学家庭研究项目（1983 年启动），自 2017 年升级成为"全球家庭研究项目"（Global Family Research Project），旨在通过专业的科学研究、评估和实践指导等方式重新定义和推进家庭、学校和社区参与。其最重要的影响即将《初等与中等教育法案》中的"家长参与"重新定义为"家长和家庭参与"。

2010 年，项目负责人希瑟·魏斯（Heather Weiss）教授代表团队向国会提出议案，即《2011 年家庭参与教育法案》（*Family Engagement in Education Act of 2011*）。他们基于研究结论提出将"家长参与"扩展为"家庭参与"。2011 年以来，法案虽 3 次未获通过，但是 2015 年通过的《每一个学生都成功法案》吸收了其建议，条目"家长参与"更改为"家长和家庭参与"。政策话术的替换，呈现了研究影响政策制定的典型案例，并使家长参与的政策范围扩展到所有家庭成员，进而可以更有效地指导家庭和学校为儿童成长承担共同的责任，而学校也可在法案的指导下致力于使所有家庭成员更有意义地参与子女教育。

---

① NNPS, *Welcome National Network of Partnership Schools Working Together for Student Success*, http：//nnps. jhucsos. com.

② National PTA. National Standards for Parent/Family Involvement Programs，www. pta. org/home/run-your-pta/National-Standards-for-Family-School-Partnerships/.

（四）"教育中的家长研究联盟"：专门研究家长教育的开放性跨国平台

欧洲教育中的家长研究联盟（European Research Network About Parents in Education，ERNAPE）成立于1993年，是一个研究欧洲和其他地区家长参与子女教育的学术组织。[①] ERNAPE 每年召开主题年会，出版国际开放期刊《教育中的家长》，为研究人员、组织提供信息交流与项目合作的平台，推进政策制定者和利益攸关方（包括家长本身）等群体加深对家长参与教育的重要性的认识，并在一定程度上推动欧洲家长参与。

总的来说，家校合作领域的科学研究促成了政策形成，并指导和改善了实践。通常是某一问题出现在公众视野后，专业机构回应问题的本质及提出解决方案，学界和民间充分互动探索出新模式，政府通过项目、立法等方式在全国推广那些有效、有较大影响力的研究或实践，而在全国推广中，科学研究又不断从政策执行和实践中汲取营养，发现新的研究课题，形成科研、政策与实践的良性互动，家校合作也在这一良性互动中成为一项跨领域、交叉性的社会化事业。就中国情况而言，家庭教育和家校合作政策与实践中的专业力量有待加强，三者良性互动的局面尚未完全形成，为了加强教育宏观政策和发展战略研究，提高教育决策科学化水平，党政主要负责人要熟悉教育、关心教育、研究教育的总体性要求，如何强化科学研究的力量对家校合作政策和实践的支撑作用，成为我国教育研究工作者必须面对的紧迫课题。

四　启示与改进我国实践的建议

在学校教育改革和家长责任不断增强的双重作用下，家校合作逐步成为

[①] ERNAPE. Euroean Research Network About Parents in Education，www. ernape. org/about - ernape/.

20 世纪后半叶以来世界教育改革的一个历史趋势。制度化家校合作是近 50 年来开始呈现的大教育历史走向，是人类社会中教育重心从家庭到学校再到家校合作的现代性教育特征，是经济社会发展到一定水平应运而生的教育现象，是在 21 世纪学校教育改革和家长作用不断增强的世界教育改革的一个新趋势，本质是校内外相协调的现代教育制度化。与当代世界各国、各地区的经济社会发展水平呈现多样化和不平衡相一致，家校合作也呈现发展阶段和动因的多样化特征，美国等发达国家和地区家校合作的经验值得借鉴。

（1）政策对家校合作价值的权威性分配、规制和倡导，由学校主导的家庭、学校和社区的合作行动，科学研究力量对政策和实践的支持三者的互动，是建设校内外相协调的现代教育制度的基本推动力量和制度化路径。学校在家庭教育、学校教育和社区教育"三教结合"中起主导作用；政策是学校发挥主导作用、引导家庭和家长参与的制度环境和组织动力，并往往成为大教育模式形成的制度性瓶颈；科研支撑相当程度上提供了制度化的技术路径。

（2）家校合作是作为解决本国、本地、本校和儿童个体所遇到的教育公平和质量突出问题的一种战略手段而产生和发展起来的。每个国家和地区的经济社会发展水平不同，遭遇的教育质量和教育机会改善的问题和困难也不同，家校合作只有服从和服务于这些问题的改善和解决，才会具有旺盛的生命力。如美国是服务于"向贫困宣战"，芬兰是合作文化的反映。其中国家层面应对最广泛的问题，是通过将影响儿童成长的家庭、学校和社区等主体进行制度性整合，构建一致的目标和行动，改善教育弱势地位家庭儿童的教育质量，改善教育均衡状况（如美国、英国等）。在中国，将家校合作作为改善农村地区教育均衡问题的一个突破口，也有区域性成功探索的案例①；而在家长素质普遍较高的国家和地区，更多的是利用优质家长资源更深地介入学校管理甚至课程设置（如芬兰和瑞典），这与笔者在上海一些优

---

① 吴重涵、王梅雾、张俊：《教育跨界行动的制度化特征——对家校合作的经验分析》，《教育研究》2017 年第 11 期。

质学校看到的优秀家长群体在学校发挥作用的情况类似。家校合作在各国家和地区看似各具特色，实则背后受到相同的规律制约：解决带有全局性、社会性的教育问题。

（3）家校合作的技术路径尤其是学校层面的技术规范，存在制度扩散的趋势。例如家校合作行动的爱普斯坦模型，不但成为美国的国家标准，也向英国、澳大利亚、中国香港等国家和地区扩散，并得到本土化改造。

（4）各国法律和政策对于家长在儿童教养中的责任规定，包括家长参与学校教育的责任规定，在不断增加。明确提出家长在儿童发展上担负首要责任的是日本，日本法律同时规定学校等社会公共机构需要对家长提供学习机会、信息等多方面援助。

（5）在以强烈的国家政策引导为特征的国家和地区，家校合作不一定能达成其政策目标。如美国，在家长参与中，低收入家庭被更多地排除在外，因此并未达到促进公平的效果。在一项调查中，典型的中产阶层、富裕的家庭，甚至其中一位全职母亲才有足够的时间、足够的教育水平和教育思想、足够的精力去思考如何更好地帮助孩子在校取得成功。家长参与非但未达到其"消除贫困"的政策目标，反而加剧了教育不平等。[①] 对此，我们要注意吸取教训。

本书根据家校合作的上述经验，提出以下建议。

一是在政策方面对家校合作价值的权威性进行分配、规制和倡导，由学校主导家校合作行动，研究对政策和实践的三股支撑力量的互动和推动，形成我国本土家校合作的体制机制。国际家校合作的经验启示我们，我国的家校合作由于在政策和法律层面相对缺位，包括江西省在内的家校合作实验工作难以继续系统深入、实现进一步突破制度性瓶颈。家校合作涉及的家庭和社区远不是教育部门能够协调的，其问题更不是在学校层面能得到根本解决的，所以家校合作尤其需要在政府层面制定跨越当前制度的政策，将家庭教育和家校合作纳入政府统一的教育规划，纳入教育部门负主责的教育机构专

---

① K. Robinson, *The Broken Compass*, NY: Harvard University Press, 2014.

门编制，纳入教育财政预算项目经费，纳入师范教育和教师职前、职后的专业培训体系，纳入对各级政府的教育评估指标体系。

二是重视家校合作的生长土壤。我国是经济社会发展水平不平衡的发展中国家，地区间的发展不平衡，家长、家庭以及学校制度呈现初级阶段的多样性特征，东部发达地区呈现与发达国家和地区相同或相似的家校合作土壤和条件，而中西部地区与东部地区在教育领域所面临的突出问题、关注点和家长社会阶层特征等方面存在巨大的差异。所以，家校合作的模式是多样化的，在发达地区与欠发达地区之间、城市与农村之间、不同的学区之间，家校合作模式不同。研究各地各学校的具体情况，有针对性地开展家校合作，是家校合作制度化建设的应有之义。

三是就学校来说，家校合作不是独立的事。第一，家校合作是国家总体经济社会发展、宏观教育政策以及科学研究多维推动下的产物，仅学校单独行动容易因为上级政策转向或学校领导更换而造成制度化中止。[①] 第二，家校合作是学校整体的组成部分，它在目标上是设立基于学校发展和儿童成长的具体目标，在组织上是学校官方组织的一个"器官"，在行动上融入学校常规教学和管理。当前学校亟须摆脱"为了家校合作而家校合作"的形式化做法，需要在政策导向和科研支撑下出台本土的专业技术规范，面向学校的真正需求，利用好家长资源，同时克服家长参与的阻碍，[②] 为家长提供指导和服务。

四是注重对教师的赋能。家庭教育和家校合作是具有门槛的专业工作，教师需要将家校合作的一整套技术规范和工作基本程序作为专业性要求来掌握。教师作为学生家庭的教育指导者，在解决学生问题时需要掌握必要的家庭教育的原理和知识，并在处理原有的师生关系、校师关系的基础上，懂得并学会利用家庭和社区资源，将其作为解决学校教育教学问题的手段。这关

[①] 吴重涵、王梅雾、张俊：《教育跨界行动的制度化特征——对家校合作的经验分析》，《教育研究》2017 年第 11 期。

[②] 吴重涵、张俊、王梅雾：《是什么阻碍了家长对子女教育的参与——阶层差异、学校选择性抑制与家长参与》，《教育研究》2017 年第 1 期。

系到师范教育、教师教育、专业化培训等一系列教育改革。

五是关注对家庭教育和家校合作的系统研究。当前我国相关的研究比发达国家力量小且分散，理论薄弱，缺乏系统的实证研究，视野不开阔且囿于经验，与政策和实践关系不紧密。我国需要整合社会学、心理学、教育学、管理学、政策研究和社会工作等多方面的力量，开展理论研究和实践研究，借鉴国际家校合作的理论和实践经验，建立自己的家庭教育和家校合作理论体系及实践框架。

一 家校社伙伴关系工作站——来自西班牙

本节主要介绍家庭—学校—社区伙伴关系工作站（The Observatory on Families, Schools and Communities）的运行和研究内容。该工作站是西班牙奥维多大学"家庭、学校和社区的社会教育"研究小组的一项倡议，得到了西班牙教育部的支持。其主要目的是促进研究、培训和干预家庭和学校行为，以增强它们的能力，从而为社会发展和提高儿童教育质量做出贡献。①

（一）构建家庭—学校—社区伙伴关系的意义

大多数家长和教师意识到他们在孩子的教育中扮演的基本角色，并且知道仅靠他们自己的力量是无法对孩子的发展做出贡献的。在复杂的现代社会中，一方面，家长经常向教师、学校和社区机构寻求帮助，以便更好地应对在抚养孩子方面不断变化的挑战，特别是青春期孩子带来的挑战。② 另一方

---

① United Nations. *Families and Education. Occasional Papers Series*, 1995, 18; *Organisation for Economic Co-operation and Development（OECD）（1997）Parents as Partners in Schooling*. Paris: Centre for Educational Research and Innovation.

② R. A. Martinez-Gonzalez, The Challenge of Parenting Education: New Demands for Schools in Spain, Childhood Education. Infancy through Early Adolescence, *International Focus Issue: International Perspectives on School-Family-Community Partnerships*, 1998, 74（6）: 351-354.

面，许多学校正在寻求加强与家庭和社区的联系，将其作为提高学生成绩的一种手段。[①]

西班牙建立家庭—学校—社区伙伴关系工作站很好地回应了家长和学校的需求。该工作站成立于 1997 年，最初是由大学的教育研究人员，幼儿园、小学和中学的教师以及代表学校的家长协会组成。现在，工作站的成员范围不断扩大，包括来自社区的其他专业人员，即社会教育家、社会工作者、医生和非政府组织的志愿者。家长参与被认为是教育和社会变革的核心重要因素，伙伴关系被认为是提高教师和学校效能以及教育质量的关键因素。[②] 伙伴关系让家长与教师更好地开展互动、相互理解，从而促进儿童的学习和发展。

（二）家庭—学校—社区伙伴关系工作站的目标及研究方法

1. 伙伴关系工作站的目标

伙伴关系工作站的目标是支持学校和社区的创新，把研究、行动以及对教师、家长和社区的培训结合起来，以促进伙伴关系发展，并将其作为改善社区行动、提高学校效能和儿童教育质量的战略。伙伴关系工作站的目标见表 9-1。

表 9-1　家庭—学校—社区伙伴关系工作站的目标

对家庭—学校—社区伙伴关系的专题进行研究。例如：(1)社区和学校的背景和组织因素对伙伴关系发展影响研究；(2)社会对家长在教育中的作用和期望研究；(3)家长和子女的学术价值观及其对子女学业成绩的影响研究；(4)伙伴关系促进学生识字、完成家庭作业和开展学术评估的研究；(5)鼓励家长和教师提升对信息和通信技术的认识；(6)促进家长和教师对伙伴关系的沟通和情感能力的培训；等等。

---

① N. E. Hill, L. C. Taylor, Parental School Involvement and Children's Academic Achievement, *Current Directions in Psychological Science*, 2004, 13: 161-164.

② F. Van Voorhis, S. Sheldon, Principals' Roles in the Development of U. S. Programs of School, Family, and Community Partnerships', in R. - A. Martinez - Gonzalez and S. Paik (Guest Editors), International Perspectives on Families, Schools, and Communities: Educational Implications for Partnership (special issue), *International Journal of Educational Research*, 2004, 41 (1): 55-70.

2. 设计伙伴关系方案并提供资源,使教师、家长和社区能够协同工作,促进儿童的智力、个人的发展。
3. 设计教师、家长和社区培训方案,为三方提供有助于提高教师的合作技能和家长参与效率、预防儿童不良行为和学校失败的策略。
4. 支持教育人员寻找应对家庭、学校和社区必须面对的日常挑战的最佳方案。
5. 对行动付诸实践的过程进行评估,找到导致伙伴关系发展困难的相关因素。
6. 在地方、国家和国际层面,宣传家庭—学校—社区伙伴关系的理论、经验。

2. 伙伴关系工作站的研究方法

家庭—学校—社区伙伴关系工作站开展的研究结合了定量和定性的方法。该工作站特别关注合作行动研究或基于社区的研究,其基础是相信学校、教师、家长、学生和社区能够通过合作分析自己所处的环境,从而提高自身教育行动的质量。哈佛家庭研究项目将所有利益相关者参与共同问题的规划称为"公共推理"(public reasoning)或"共同建设"(co-construction)[①]。这个过程有助于平衡所有参与者的需求和利益,并能促进实现对话,所有参与者都更有可能达成共识,而不是变得两极分化。[②] 这个过程通常更注重定性研究而不是定量研究。

该工作站鼓励和支持在学校建立由校长、教师、家长、学生和社区代理人组成的行动研究小组,他们从不同的角度分析共同的问题,并组织活动来解决这些问题,从而有助于提高学校的效能和所有参与者的专业水平以及促进其个人发展。[③] 这种合作式的工作方式旨在建立学校的合作文化,这意味着互相支持、思想开放和交流。为了实现这一目标,在行动研究小组组建的

---

① E. Lopez, H. Kreider, and M. Caspe, Co-constructing Family Involvement, *The Evaluation Exchange*, 2005, 10 (4): 2-3.

② J. P. Bauch, Choosing What Really Counts in Parent Involvement, Paper Presented at the Fifth International Conference of the European Network About Parents in Education, Oviedo, Spain, 2005, September.

③ G. E. Burnaford, J. Fischer, and D. Hobson, *Teachers Doing Research*: *The Power of Action Through Inquiry*, *Mahwah*, NJ: Lawrence Erlbaum Associates, 2001.

最初阶段，需要一个外部研究促进者，向成员提供合作和研究策略方面的建议，因为他们中的大多数人以往未接受过这方面的培训。行动研究小组要开展的活动可能并不总是具有相同的行动水平，例如，当行动研究小组开始活动时，其成员对自己的情况进行评价和反思以便就如何改善情况做出决定。然而，在更高级的情况下，当小组成员获得更多的经验时，他们可以引入一些变化，即通过行动研究来进行创新实践。

考虑到上述情况，该工作站在结构上分为技术研究小组和行动研究小组2个小组。两者收集信息结合定性和定量的方法，包括小组讨论、访谈、问卷调查、制作参与式观察工作表和研究学校文件等开展研究。

（三）家庭—学校—社区伙伴关系工作站参与的研究项目

伙伴关系工作站参与在地方、国家和国际层面开展的研究项目，目的是促进不同主题的创新和培训，以发展家庭—学校—社区伙伴关系。

1. 家长在学校参与的研究

（1）研究目的。

爱普斯坦提出了家长参与的6种类型，为教师提供了指导伙伴关系计划的战略框架。工作站据此推进家长参与学校的6种类型，并设定以下两个研究目的。

①分析学校建立行动研究小组的过程，以确定学校伙伴关系的需求，并采取相关行动满足需求。

②确定伙伴关系的需求与爱普斯坦提出的家长参与的6种类型（当好家长、相互交流、志愿服务、在家学习、参与决策和与社区合作）有关。[①]

（2）研究结果。

①在学校建立一个由校长、教师、家长、学生和社区代理人组成的行动研究小组来分析伙伴关系是一项复杂的任务，需要不断调整，需要个人的情

---

① J. L. Epstein, *School, Family and Community Partnership, Preparing Educators and Improving Schools*, CO: Westview Press, 2001.

感能力应对困难。据参与人员说,一旦团队形成,不仅能达到更高的教育目标,而且能带来强烈的满足感。

②对学校为促进伙伴关系所做的日常活动的分析,以及对爱普斯坦提出的6种类型表明,大多数活动与当好家长、相互交流、志愿服务、参与决策有关。其中许多是法律规定的行动,因此必须完成。在这些领域,每所学校都有自己的活动,其活动不同,很少重合。这种多样性使得来自不同学校的教师在工作站会议上可以相互学习,并且可能会参与某种活动来促进伙伴关系的发展。

2.教师和家长的伙伴关系提高幼儿的识字能力研究

(1)研究目的。

确定一个聚焦幼儿语言能力的方案,作为一种促进教师和家长合作的方式,并防止儿童在早期为适应学校而可能发生的问题。

(2)研究方法及任务。

行动研究小组按照合作行动研究方法设计和评估了该方案,以分析该方案在多大程度上有助于促进家长和教师形成积极的合作态度、增强家长和孩子的沟通动力、提高家长和教师对经验的满意度以及幼儿的识字能力。行动研究小组参与了以下任务。

①设计幼儿识字的教育资源——字母游戏、押韵词和单词表。

②指导教师使用所设计的教育资源,指导家长在家中与幼儿玩耍时遵循的策略。

③促进家长和教师就方案中涉及的行动进行沟通。

④跟踪方案的发展过程,以便根据需要调整行动和方法。

⑤分析最终结果,以确定在多大程度上实现了目标。

收集信息的程序包括:分析家长工作表和日记、小组讨论和参与式观察。通过内容分析,对收集到的数据进行分类和进一步分析。

(3)样本特征。

该研究共有3名教师和44名幼儿所在的中产阶层家庭参加,他们来自两个不同的学校和社区。幼儿的年龄在3~6岁,其中男孩有25名,女孩有

19 名；30 名幼儿在城市学校上学，14 名幼儿在农村学校上学。

（4）研究过程。

在开始体验之前，教师向家长介绍这个项目，以激励他们参与。一旦教师与学生开展活动，他们就会告诉家长，应该如何在家里使用游戏资源，以巩固和加强学生在课堂上所学的知识。这样做的目的是使家长和孩子在一起的体验变得有趣和友好。

每位教师每周在固定的时间与家长召开会议，收集有关活动在家中开展情况的信息，并告诉他们下一周将做什么。教师给每位家长一份后续工作表，让他们记录开展活动时与孩子谈论的话题在孩子和家长身上产生的变化以及活动的时间。家长们在活动结束后，将工作表交还给老师。

（5）研究结果。

①由于家长们很难在同一时间参加每周的会议，教师会调整自己的课余时间表，以满足家长的需求。这种个性化的方法使家长能够参与体验，但与此同时，也使他们无法与其他家长分享他们的经验和观点。

②促进家长和孩子之间的沟通。因为家长和孩子每天都有一小段时间专门用来进行互动，以完成关于提升儿童识字能力的愉快任务。孩子喜欢和他们的父母在一起，而父母也乐在其中，他们更加意识到每天都要这样做，因为这不仅对孩子的情感发展有积极影响，而且对他们自己也有积极影响。

③增加教师与家长之间互动频率，促进家校关系发展。对家长对学校和教师的态度产生了积极影响。同时，孩子们对这些互动也感到非常满意，这有助于他们更好地适应班级、教师和学校。

该研究达到了预期目标，满足家长对学习策略的需求，并加速教师在培养幼儿的感知、运动、文字和语言能力方面的进程。

3. 信息和通信技术（ICTs）对家庭作业和家庭—学校伙伴关系的影响研究

（1）研究目的。

确定信息和通信技术在家庭中以教育为目的的使用程度，以及了解它们对家庭生活和家庭—学校伙伴关系的影响。

（2）研究方法。

该研究采用了合作行动研究方法。研究设计包括定量和定性方法来收集信息和分析数据。在大学技术研究小组集思广益的基础上，制定了一份包含封闭式和开放式问题的调查问卷。SPSS 程序被用来计算频率、百分比和与所研究的变量相关的卡方检测。定性数据是在开放式问题和小组讨论的基础上通过内容分析获得的。

（3）样本特征。

194 名来自城市和农村地区的西班牙家长参加了这项研究，孩子的分布为从幼儿园到大学。样本主要由母亲组成（68.6%），年龄基本在 36~45 岁（50.5%），有 1 个或 2 个孩子的家长占大多数（83.5%）。半数以上的家长拥有大学学位（52.6%），部分家长（27.3%）完成了中学教育，16.5%的家长只接受过小学教育。

（4）研究结果。

①家长认为信息和通信技术特别是互联网，对儿童和成年人既有好处也有坏处。家长认为好处是互联网非常实用，可以获得更多的信息，可以帮助孩子做作业，进行交流，提供有用的休闲和文化资源。然而，家长同时也担心这些工具可能会对孩子的智力、情感、教育、社会和道德发展造成负面影响。

②少数家长对孩子上网时长进行控制，且家长的受教育水平对控制孩子上网并没有统计学上的显著差异。那些控制得最多的家长主要是在孩子小时候采取了干预，而且大多数家长要求制定标准以评估孩子使用的网站。

③大多数家长认为家庭关系没有因为使用信息和通信技术而发生任何变化。然而，其中一些家长在与孩子或伴侣互动时，既提到了积极的变化（找到了与孩子共同的兴趣），也提到了消极的变化（与孩子不断争吵，试图让孩子远离网络）。

④大多数家长希望获得关于孩子在学校使用信息和通信技术的信息。例如，家长希望知道孩子使用计算机的具体场景，是教师让学生通过计算机做作业，还是教师要求学生在网上寻找具体的信息。

⑤只有不到一半的家长知道孩子学校的网站地址，而且这些家长和教师都没有使用电子邮件进行交流。

从这些结果来看，有必要为家长和教师提供有用的信息，以有效地使用信息和通信技术。通过使用信息和通信技术既能丰富家庭—学校伙伴关系，又能鼓励家长和教师在当前面临信息和通信技术的挑战时承担起教育责任。

二 原住民家庭和社区参与校本叙事课程开发——来自澳大利亚

本部分主要介绍澳大利亚为解决原住民教育与非原住民教育之间的冲突，提出原住民家庭和社区参与的课程模式——叙事课程。尼尔·胡利和莫琳·瑞恩（Neil Hooley and Maureen Ryan）对叙事课程的发展、实施和理论化进行了梳理，这一模式对于我国的校本课程和地方特色课程开发具有参考意义。

澳大利亚的原住民家庭致力于让他们的孩子在白人主导的课程或更具文化包容性的课程中获得成功，但他们面临许多根深蒂固的问题。例如，原住民所在地区教师工作环境的复杂性，原住民社区的意愿在得到尊重的同时又要符合政府的明文规定等。尽管如此，澳大利亚的中小学一直在探索如何较好地满足原住民儿童的学习需求，并取得了不同程度的成功。

尼尔·胡利和莫琳·瑞恩以澳大利亚一所原住民学校为研究样本，该学校为了应对这一挑战，将叙事研究①引入学校课程，试图通过探究叙事课程的发展、实施和理论化，开发可以满足不同文化需求的课程结构。到目前为止，这一实践的初步结果表明，社区参与的叙事课程对原住民学生和非原住民学生都有益处，甚至有助于推动澳大利亚民族和解。

---

① 叙事研究的概念涉及学生如何讨论和记录他们的生活，是让学生通过"向后看和向前看""向内看和向外看"，思考他们的个人观点以及进一步验证他们的想法和方向。在学校环境中，讲故事和更有条理的叙事过程是认识学生及其家庭文化、整理经验和反思意义的一种系统方式。

（一）澳大利亚叙事课程的实践探索

澳大利亚的主流学校通常由学校董事会或理事会管理，原住民家长有机会参与其中，但仍然受限于原住民家长在白人社区工作的经验或者非原住民家长的接受程度。为解决这一问题，一项原住民参与学习的创新策略——社区学习圈应运而生。建立社区学习圈，使原住民与非原住民共同学习，将原住民知识与学校常规课程联系起来，以鼓励原住民长老、家长和社区成员参加。社区学习圈是由 10~12 人（社区成员加上少数教师和学生）组成的会议，以学生的叙事作品集和由此生成的知识范例为基础，他们聚在一起讨论学生当下的学习情况以及所涉及的原住民知识的性质和准确性。比如在讨论某些学习项目时，原住民长老可能以一个具有道德和文化意义的原住民故事来加以说明。通过这种讨论，课程的连贯性得以保持，文化知识与学校知识之间也建立了联系。

同时，上述讨论也会发生在家里，社区学习圈应当让原住民家长直接参与课程。原住民知识往往通过故事、歌曲、舞蹈、仪式和绘画传播，这些都可以被视为文化，将这些文化纳入学生的课程，无论是在家里还是在社区学习圈中讨论时，都会加强学习的文化基础。

另外，澳大利亚的大学在促进原住民社区参与教育方面也做了有意义的尝试。几年前，维多利亚大学与一个乡镇的原住民社区开设了一个初级教师教育课程，原住民和非原住民都可申请。尽管它是经批准的正式学位课程，但它试图将原住民的文化理念贯穿其中，且开设了 2 门关于原住民文化和知识的必修课，这在澳大利亚教育中是独一无二的。当时，该大学成立了一个小型协调委员会，负责管理该课程的总体方向。委员会负责所有有关课程运作的重大教育和行政决策。该委员会由 1 名原住民长老担任主席，大多数原住民成员、工作人员和大学高层参与其中。大学还雇用了 1 名原住民作为全职行政协调员，每周与教学人员会面。这些安排非常成功地确保了原住民的观点得到尊重，并保证其始终有机会在任何时候提出意见。重要的是，大学高层在公平和社会正义方面有很强的知识背景，并对教育持有进步和民主的想法。这使问题能够以灵活和创新的方式得到解决，而不是按照标准的大学程序执行。

最初，该课程涉及所有的原住民学生，但随着时间的推移，由于缺乏完成中学学业和适龄的学生，学生的数量逐步减少直至该课程取消。但对于相关工作人员和社区来说，这个尝试是成功的，因为该课程一方面让原住民有机会在自己的家乡和国家的大学完成学业，另一方面使留校任教的非原住民毕业生在当地学校的原住民教育方面发挥了重要作用。因此，这项课程被认为在启动社区—大学伙伴关系和支持原住民参与教育、决策和跨文化课程方面，是一个值得称赞的模式。

（二）叙事课程的理论化

基于对澳大利亚叙事课程的实施和发展的调查研究，笔者总结了一种系统的四维叙事课程模式。这一模式让学生在"向后看和向前看""向内看和向外看"的循环中，思考目前的观点及改变当前环境的方法，使我们的理解向纵深发展。图9-1将原住民知识领域的整个叙事研究过程理论化①。

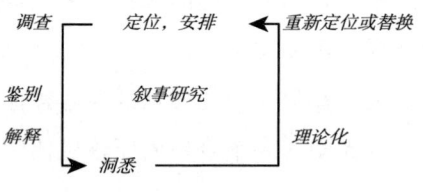

图9-1 学校叙事研究过程

在图9-1所示的学校叙事研究过程中，学生设计的项目与社区感兴趣的问题密切相关，如自然环境或已经发生的重要事件。收集的文献证据可能包括报纸文章、照片和家庭成员的个人陈述。在分享和讨论这些材料时，学生开始思考他们的过去及其与现在的关系。教师通过开展这一讨论，帮助学

① N. Hooley，*Recognising the Power of Story*：*Narrative Prospects for Democratic Practitioner Research*，paper presented at the Annual Conference of the British Educational Research Association，Institute of Education University of London，2007。

生思考他们的个人观点及其与他人观点的不同，以及需要怎样证实他们的观点。最后，计划和实施一个新的方案或调查周期，以收集一系列新的文献证据，从而支持从最初的思考中产生的观点。

这样一种学生和教师共同参与讨论的双向探究学习方式，要求课堂围绕两个关键方面进行组织。一方面，主要的组织理念是合作探究式学习，即各组学习者就自己感兴趣的项目进行磋商；另一方面，教师的任务是与学生一起工作，在必要时引导、连接和扩展学生的观点，将个人知识与新的具有挑战性的观点联系起来，将不同文化和观点重视的想法联系起来。通过这种不断的双向探究和论证，构建起知识范例。在从双向探究学习到知识范例构建的过程中，新的思想和文化从旧的文化中生长出来，使过去的问题得到解决。

知识范例的构建作为叙事研究的实际结果，使原住民儿童能够尊重当地社区以及当地历史和文化。当然，这并不意味着否认或排斥欧洲学校和社会所认可的其他重要知识，实际上也不否认教师的作用，但它为真正的包容性学习方法提供了必要的框架。好的教学是包容的和尊重文化的。正如澳大利亚某原住民乐队所说："我们将两种文化传统的音乐、仪式、歌词和技术融合在一起，产生了新的和不同的东西"①，叙事课程也是如此。

三　国际化中的本土化——来自中国香港和中国澳门

2018 年，香港教育统筹委员会受香港地区教育局委托，开展了全港家校合作调研，并于 2019 年 4 月发布了题为《正向家长助成长　跨界合作齐创新》的调研报告。② 香港中文大学何瑞珠教授回顾了香港和澳门的家校合作制度化情况，调查分析了两地家校合作的模式，比较并分析了两地家长参

---

① Wignell, P. (ed.) Double Power: English Literacy and Indigenous Education. Language Australia: Melbourne, 1999.

② https://www.ec.edu.hk/doc/tc/publications_ and _ related _ documents/education _ reports/ Report_ TF%20on%20HSC_ sc. pdf.

与在 3 个维度上的差异。①

本部分结合收集的香港、澳门相关政策、报告等资料，梳理香港、澳门两地家校合作的历史演变、现实情况，以及进行两地家校合作比较并展望其未来发展。

（一）港澳地区家校合作历史演变

20 世纪 90 年代，亚洲地区包括新加坡、中国香港和中国澳门等赶上了家长参与学校教育的潮流。② 在此之前，家校合作通常不是中国香港教育改革的重点。虽然 20 世纪 80 年代经合组织代表团曾在《吕卫伦报告书》（Llewellyn Report）中建议"家长参与学校教育"，但直到 20 世纪 90 年代，随着教育改革不断推进，家长参与教育的力度才开始加大。1992 年，香港教育统筹委员会发布的《第五号报告书》建议成立"家校合作委员会"（Home School Cooperation，HSC）。1993 年，该委员会成立，作为前教育署下属的咨询委员会之一。家校合作委员会的职权主要包括开展与家校合作有关的调研，向学校发放项目津贴，编制培训资料，推动学校成立家长教师会（以下简称"家教会"），以及推广更好的家校合作实践等。1993~1996 年，家教会的数量缓慢增加。1997 年，香港教育统筹委员会发布了《第七号报告书》，建议在学校管理委员会中增加家长代表的名额。

在政府的财政资助和政策支持下，约有 87% 的中学、89% 的小学、25% 的幼儿园和 90% 的特殊学校成立了学校层面的家教会。此外，在地区层面，香港 18 个地区中有 17 个地区成立了家教会联会，家教会联会发挥协调所属地区校内家教会的作用。学校层面的家教会举办不同形式的家长活动，而家教会联会则将同一地区的家教会联合起来，让大家可

---

① E. Ho, Home-school Collaboration in Two Chinese Societies: Hong Kong and Macao, 2009.

② S. C. Ho, Empowerment of Parents in Educational Decentralization Policy: Perspective from Principals, Teachers and Parents, *The International Journal of Interdisciplinary Social Sciences*, 2007, 2: 449-462.

以分享家校合作的经验。家教会联会也组织研讨会，讨论教育问题，并就教育改革发表意见。

在经费资助方面，香港地区新成立的家教会可获得 5000 元的成立津贴（2018～2019 学年），而已成立的家教会则可获得每年 5474 元的经常津贴，以支付经常开支。香港地区教育局还为家教会的干事安排培训活动。2018～2019 学年，家教会联会获得每年 27367 元的经常津贴。除成立津贴及每年的经常津贴外，每所学校每年可向教育局申请最多 2 项"家校合作活动津贴"（每项活动津贴上限为 5000 元），以举办家长教育或家长培训等活动；个别学校/家教会可与同一办学团体辖下的学校/家教会或同一地区的学校/家教会申请"家校合作活动津贴"（每项活动津贴上限为 10000 元），以举办较大规模的家长活动。家教会联会每年亦可申请"家校合作活动津贴"举办 3 项地区家长活动，津贴数额视活动的人数及性质而定。2017～2018 学年，家教会及各区的家教会联会获教育局资助举办家校合作及家庭教育的活动共约 3500 项，获得资助总额约 2700 万元。

澳门与香港在经济结构和人口特征上有很多共同点，但澳门的人口比香港少得多，约有 54 万人，不到香港总人口的 10%。

直到 2001～2002 年，澳门特区政府才首次推出家校合作政策。2001 年，澳门教育及青年事务局（Education and Youth Affairs Bureau）开始支持政府部门举办更多的有关家长参与儿童教育正规化的师资培训课程。其中，继续教育处负责家长教育工作；学前教育处、小学教育处、中学及职业技术教育处合力为教师和家长提供家校合作的培训，支持成立家长教师会，并加强学校的家长活动。①

澳门第一个家长教师会成立于 1954 年。起初，家长教师会的数量增长非常缓慢，1987 年只有 4 个，1997 年只有 10 个。自 2002 年澳门特区政府

---

① S. C. Ho, Empowerment of Parents in Educational Decentralization Policy: Perspective from Principals, Teachers and Parents, *The International Journal of Interdisciplinary Social Sciences*, 2007, 2: 449-462.

实施家校合作政策后，家长教师会发展速度大为加快。2003~2007年，家长教师会数量大幅增加。到2007年，澳门家长教师会达到36个，约占学校总数的40%。

（二）港澳地区家校合作的现实情况

何瑞珠在爱普斯坦等人[①]和沈思敏等人[②]的研究基础上，将家校合作归纳为3种类型：以家庭为本的参与（Home-based involvement），以学校为本的参与（School-based involvement），参与学校管理（School governance）。以家庭为本的参与是指家长在家中以提高孩子成绩和在校表现为目的进行教育；以学校为本的参与是指家长与学校间的互动和参与学校的志愿服务、相互交流等活动；参与学校管理是指家长有意愿和期望参与学校决策。

2004~2006年，何瑞珠对香港、澳门两地的家长进行了问卷调查，其中香港小学1~6年级共有16692名学生的家长完成了有效问卷的填写；澳门共收录了4149名家长的问卷数据。

此项调查显示，香港样本的家庭背景情况为75%的受访者为母亲；约57%的受访者及其配偶在香港出生；约45%的受访者表示父母双方共同承担养育子女的责任，46%的受访者表示母亲承担养育子女的主要责任。在澳门样本中，约67%的受访者为母亲；约25%的受访者及其配偶在澳门出生；约60%的受访者表示父母双方共同承担养育子女的责任，另有31%的受访者表示母亲主要负责子女的教育。

调查结果显示，在港澳两地的小学中，家长参与的方式多种多样。在以家庭为本的参与方面，两地80%~90%的家长会与孩子一起吃饭、聊天或谈论学校生活和家庭作业，讨论社会文化事务。

在以学校为本的参与方面，香港家长参与度最高的是参加家长日活动，

---

① J. L. Epstein, L. Coates, K. C. Salinas, M. G. Sanders, and B. S. Simon, *School, Family and Community Partnerships: Your Handbook for Action*, California: Corwin Press, 1997.

② S. M. Shen, I. W. Pang, S. Y. S. Tsoi, P. S. F. Yip, and K. K. Yung, *Home-School Co-operation Research Report*, Hong Kong: The Government Printer, 1994.

有 97% 的家长参与；最低的是家长做义工，有 35% 的家长参与。而澳门家长参与度除了捐款这项活动，其他的都低于香港。事实上，港澳两地家长参加家长日活动和与教师沟通的比例都很高，但香港家长与个别教师和其他家长保持联系的频率远高于澳门家长，香港家长也比澳门家长更愿意参加亲子活动和学校的义工活动。

在参与学校管理方面，港澳两地的家长对于参与学校管理都表现出较低的意愿。在家长就学校管理问题愿意做出决定的比例方面，香港为 3.1%~23.6%，澳门为 1.6%~18.8%，可见，香港家长的参与意愿略高于澳门家长。在制定学校目标和学校课程、招聘教职工、安排学生和家长事务等方面，香港家长的参与意愿普遍高于澳门家长，参与评价学校质量的意愿是澳门家长高于香港家长的唯一指标。

何瑞珠认为，港澳两地的家校合作的本质与北美和欧洲国家的家校合作有很大的不同。在这两个现代化的亚洲城市中，家校间的共识是分工的，家庭与学校的关系是趋向分离的，即家长是家庭中的实施者，教师是学校中的教育者。

（三）港澳地区家校合作的比较与未来发展

总而言之，港澳地区在多种类型的家校合作方面既有相同之处，又有不同之处。港澳地区在以家长为本的参与方面比较相似，而且均表现出较高的参与度；而以学校为本的家长参与度相对较低；学校管理这项的参与度最低。然而，相对于澳门家长，香港家长似乎对学校各种形式的活动有更高的参与度，对参与学校管理也有更高的意愿。这种情况可能与香港开展家校合作时间较长，政府出台了家校合作政策，校长、教师和家长的培训能力都有关联。此外，香港政府在学校和区域层面提供了大量的拨款，更好地推动了不同形式家校合作的开展。

港澳两地的主要薄弱部分是缺少与社会特别是与商业部门的合作。由于知识全球化发展，知识的学习扩展到校园以外。因此，与社区和商业组织的合作是一个很有意义的尝试，可以为儿童教育调动额外的人力资源和社会资本，这对两地的儿童教育来说非常重要，而且对进一步推动两地的家校合作也是必不可少的。

在香港，家长对学校活动、学校管理表现出更积极的参与意愿，这可能与香港政府自20世纪90年代以来在立法、制度和经费方面均采取积极主动的措施支持和倡导家校合作有关。

香港的校本管理改革立法之后，新的学校管理委员会赋予了家长参与学校管理决策的法定权利。虽然学校管理委员会只需要1名家长代表，但这也标志着家校关系从"分离模式"向"联系模式"转变，是家校关系的创新。

家教会的制度安排也有助于确保家校合作的政策得以有效实施。在制度层面，香港学校层面的家教会和地区层面的家教会联会数量的不断增加，让家长有更多机会参与其中，学习和分享他们在不同类型家长参与方面的经验。

家校合作委员会和优质教育基金会（Quality Education Fund afforded）提供的拨款为香港学校提供了大量资源，帮助学校成立校本家教会、设立校本家长中心，以及支持在学校和地区层面推行不同类型的家长参与活动。

简而言之，香港政府采取了"胡萝卜加大棒"（Carrot and Stick Approach）的方式，这种方式似乎已经取得了成效。"大棒"是指制定家校合作政策，规定学校管理委员会需要纳入家长代表，并成立家教会，强化家长在评价学校质量方面的地位。"胡萝卜"是指成立了家校合作中央委员会，为校长、教师和家长提供机会，让他们掌握所需的各种知识和技能，并提供资金，用于开展学校各种管理活动。这种积极主动的"胡萝卜加大棒"的做法，或许可以解释为什么香港家长在参与学校活动和学校管理方面有更强的参与意愿。

关于香港家校合作及家庭教育未来的改革方向，香港教育统筹委员会认为，要有效地推广家校合作及家庭教育，需要不同主体间的协作，包括教育局、大专院校、非政府机构、私营机构、家校合作委员会、中小学及幼儿园、家教会联会、家教会，都要在不同层面及范畴不同程度地参与（见图9-2）。

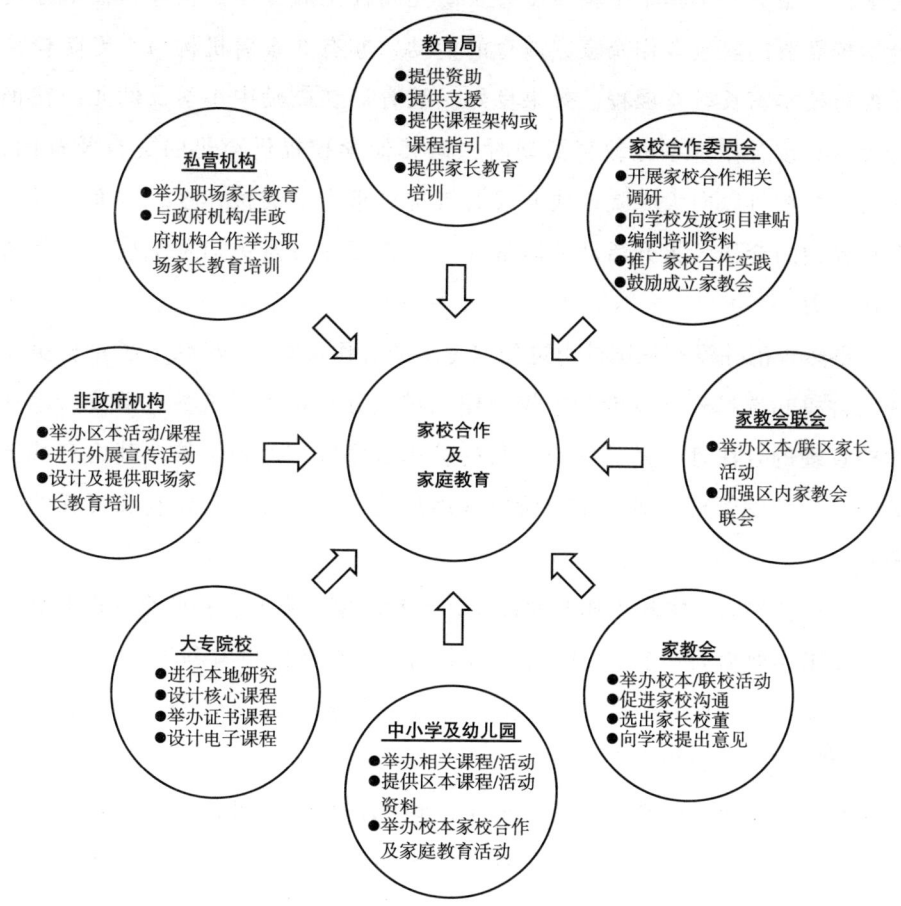

图 9-2 多主体参与的香港家校合作及家庭教育模式

具体来说，香港教育统筹委员会建议政府借助大专院校及其他家庭教育专家的专业知识，设计教育课程架构或课程指引，并借助非政府机构在各地区开办家长教育课程的经验，设计及举办地区性的家长教育活动。教育局可与其他政府部门如卫生署或社会福利署合作，为不同背景的家长提供家长教育培训；亦可与私营机构合作，在办公地点提供职场家长教育培训活动。此外，香港教育统筹委员会认为学校与教师虽然认同加强家校合作及家庭教育的方向，但对可能会增加的工作量表示忧虑，由此提出提供中学社工服务、小学学生辅导服务及幼儿园社工服务的机构应积极举办契合学校需要的家校合作及家庭教育的活动，亦有非政府机构与大专院校合作推行校本家长教育课程，效果良好。教育局在鼓励中小学及幼儿园在推行校本家校合作及家庭教育活动时，向其他学校提供充足的资料及资助，让其他学校可以向大专院校或非政府机构寻求专业支援，这一方面可以加强跨界别的合作，提升活动的质量，另一方面亦可避免加重学校与教师的工作压力。

虽然香港并没有从国外引进任何特定的合作模式[①]，却赋予了家长更大的发言权和选择权。香港的家校合作工作充分肯定了家长参与学校活动和学校管理的合法性。随着家长参与的范围从家庭扩展到学校，其内容甚至扩展至学校的管理决策，不同阶层逐渐形成了对子女教育权利和责任的平衡观。

在社会层面，家长工作时间过长，不利于家长参与，是两个地区开展家校合作工作面临的一个主要障碍。两个地区应该制定更有利于工人的政策，使家长能够更好地兼顾家庭和工作。例如，政府应与企业合作修改目前家校合作及家庭教育的相关规定。

在政府层面，何瑞珠认为，两个地区都需要加强部门间的协作。在澳门，促进家长参与的责任由教育部的 3 个部门分担。然而，这 3 个部门之间没有建立具体的协调机制。至于香港家校合作委员会，只是一个咨询机构，无法协调教育局、社会福利署和卫生署等不同部门。进一步的跨部门协调将有助于两个地区为儿童及青少年的教育服务制订长远的家校合作计划，有助于儿童及青少年的全面发展。

---

① M. Manzon, *Building Alliances: Schools, Parents and Communities in Hong Kong and Singapore*, CERC Monograph Series No. 3. Comparative Education Research Centre, The University of Hong Kong; L. Y. L. Khong, and P. T. Ng, School - parent partnerships in Singapore, *Educational Research for Policy and Practices*, 2005, 4: 1-11.

四 家校社伙伴关系的效果评估——来自美国

本部分主要介绍美国在学校、家庭和社区伙伴关系模式及评估体系方面的经验研究，谢尔顿作为美国学校、家庭和社区合作伙伴联盟核心成员之一，对家庭和社区参与学校活动的方案进行评估，进一步衍生和丰富了美国家校合作的经验，对中国进一步开展家校合作工作提供了借鉴。

（一）研究背景

几十年来，世界各地的研究表明，儿童的家庭环境和家庭参与是其在学校表现和行为最重要的影响因素之一。[①] 并且，家庭参与的积极影响早在幼儿园前就已发生作用[②]，并一直持续到高中[③]。尽管学校、家庭和社区伙伴关系对儿童成长的影响得到了研究支持，但学校和政府领导仍不愿意为此投入大量资源，其中一个原因是他们认为很难找到实际证据，证明学校、家庭和社区伙伴关系模式能够影响学生和家庭。

在对学校、家庭和社区伙伴关系模式进行有效评估之前，确实无法知道家庭参与是否能对学生产生可衡量的影响。为此，美国学者认为，评估学校、家庭、社区伙伴关系模式成为研究学生学习、成长影响因素的核心重点工作。[④]

评估可以采取多种形式并且有多种目的。评估最常见的目标是确定一个

---

① X. Fan, and M. Chen, Parental Involvement and Students' Academic Achievement: A Meta-analysis, *Educational Psychology Review*, 2001, 13: 1-22.

② J. Fantuzzo, C. McWayne, M. A. Perry, and S. Childs, Multiple Dimensions of Family Involvement and Their Relations to Behavioural and Learning Competencies for Urban, Low-income Children, *School Psychology Review*, 2004, 33: 467-480.

③ S. Catsambis, Expanding the Knowledge of Parental Involvement in Children's Secondary Education: Connections with High School Seniors' Academic Success, *Social Psychology of Education*, 2001, 5: 149-177.

④ D. J. Mattingly, R. Prislin, T. L. McKenzie, J. L. Rodriguez, and B. Kayzar, Evaluating Evaluations: The Case of Parent Involvement Programs, *Review of Educational Research*, 2002, 72: 549-576.

项目的影响。有质量的评估不仅可以提供关于项目实施的信息、证明项目目标的实现，也可以指出该项目需要改进之处。① 任何类型的项目评价的指导原则是，所进行的评价类型应该与项目实施者及其利益相关者的需求相一致。项目评估对于教育从业者来说十分重要，因为除了提供关于项目优缺点的反馈，评估的使用也可以帮助项目运行合法化。②

（二）前期研究基础

已经进行的关于项目评估以及学校、家庭和社区伙伴关系模式的少量研究表明，评估可以促进项目更好地发展。谢尔顿和温瑞思在研究美国以及学校、家庭和社区合作伙伴联盟的学校、家庭和社区伙伴关系模式时发现，随着时间的推移，使用评估手段的学校往往有更强大的学校、家庭和社区伙伴关系，而且具有更强大的学校、家庭和社区伙伴关系项目的学校倾向于加大外联力度，让所有家庭都参与孩子的教育。③ 这项研究提高了人们对评估在有效构建的学校、家庭和社区伙伴关系项目中重要作用的认识。研究不断发现，校长对任何学校项目或改革的实施都有重要影响，包括学校、家庭和社区伙伴关系项目。④ 并且，学生的出勤率也受到家庭、社区参与学生教育的影响。研究发现，参与了学校、家庭和社区合作伙伴联盟的学校比未参与的学校，学生出勤率更高。

但是，谢尔顿和温瑞思的研究也有局限性，该研究中的学校对学校、家庭和社区伙伴关系项目用"是"或"否"进行简单评估。其中，一个问题是学校是否在学年末对学校、家庭和社区伙伴关系项目进行评估，而另一个

---

① J. M. Owen, Program Evaluation: Forms and Approaches, *Program Evaluation Forms & Approaches*, 2006.

② C. H. Weiss, Have We Learned Anything New about the Use of Evaluation?, *American Journal of Evaluation*, 1998, 19: 21-33.

③ S. B. Sheldon, and V. L. Van Voorhis, Partnership Programmes in U. S. Schools: Their Development and Relationship to Family Involvement Outcomes, *School Effectiveness and School Improvement*, 2004, 15: 125-148.

④ C. Giles, Transformational Leadership in Challenging Urban Elementary Schools: A Role for Parent Involvement?, *Leadership and Policy in Schools*, 2006, 5: 257-282.

问题是是否有委员会负责监督。这两个问题仅仅评估的是学校、家庭和社区伙伴关系项目的潜力，但未评估实际的做法。另外，未对学校是否在学年内开展家庭社区参与活动进行评估。在对效果进行评估时，需要更好地衡量学校是否评估了整体计划和家庭、社区参与的具体活动。此外，研究还未得出一个模型，表明学校、家庭和社区伙伴关系项目中家庭、社区参与与学生的出勤率直接相关。因此需要进行这类评估，以便为家庭参与活动投入更多资源提供强有力的理由。

（三）研究设计

1. 研究问题

谢尔顿在之前研究的基础上，对比在 2006 年和 2007 年连续增加的美国学校、家庭和社区合作伙伴学校联盟中的 470 所学校返回更新调查的数据。从 3 个方面调查评估对学校、家庭和社区伙伴关系方案效果的影响：一是这两年中学校、家庭和社区伙伴关系项目（以下简称"伙伴关系项目"）的实施程度评估与项目质量的相关性；二是伙伴关系项目评估与家长参与的相关性；三是伙伴关系项目的质量与家长参与程度，以及学校这两年的学生平均日出勤率的相关性。

2. 变量描述

背景特征变量。被要求学校在调查中提供人口统计学信息。那些 K-6 年级和 K-8 年级的小学编码为 1，中学编码为 0；位于大型市中心的学校编码为 1，而位于所有其他地区的学校编码为 0。此外，还调查过去 3 年中校长变更的信息，即过去 3 年中学校的校长人数。在 470 个样本中，76.4% 的学校为小学；38.6% 的学校位于大城市，21.0% 位于小城市，23.6% 位于郊区和 16.7% 位于农村地区；71.5% 的学校从美国政府获得了"第一款"资金，因为它们有相当一部分学生来自低收入家庭。研究中的学校有超过一半（58.5%）的学生享受免费或减价午餐。在学生群体的种族构成方面，这些学校也很多样化，有 43.9% 的白人、36.1% 的非裔、11.8% 的西班牙裔，以及 5.1% 的亚裔。在样本学校中，45.6% 的学校以少数族裔为主，也就是说，这些学校有将近一半的学生是非白人。

方案实施变量。"方案评估量表"用 2 个选项平均值衡量（α = 0.79）伙伴关系行动小组在"评估所开展的伙伴关系活动"和"完成年终评估以审查进展"方面情况。运用四点计分来表示学校是否实施了这两方面活动及其完成情况，即"未实施""需要改进""做得还行""做得非常好"。回答以 1（未实施）到 4（非常好）进行编码。

方案支持变量。"校长支持量表"用 9 个选项的平均值来衡量（α = 0.90）学校、家庭和社区伙伴关系项目得到校长支持的程度。如"成为伙伴关系行动小组的积极成员""为伙伴关系行动小组提供开会和工作的时间""鼓励教师和员工参与活动""传达家庭和社区参与的明确愿景""欢迎所有家庭来学校""其他"等，受访者据此回答他们学校的校长是否提供了支持，或是否提供了"一些"或"很多"计划支持，这些回答编码为 1（无）至 3（很多）。

社区支持变量。"社区支持量表"用以衡量学校所在社区对伙伴关系项目的支持程度。这个量表是 7 个是/否选项的总和，即是否开展了一些活动，如"提供关于伙伴关系的研讨会""与校长就加强伙伴关系进行会谈""为伙伴关系提供资金""宣传经验做法"等。

伙伴关系成效变量。"伙伴关系成效量表"用 6 分制评估学校、家庭、社区伙伴关系项目组织、实施效果。回答选项为"计划中""启动方案""一般/中等方案""好方案""非常好的方案""优秀方案"，每个回答选项都有一个简短的描述，描述该级别项目，并以 1~6 编码。

家长参与变量。家长在子女学校的参与程度是用 4 个选项的平均值来衡量的，如"参加返校之夜或开放日""至少参加一次家长—教师会议""为学校或为教师提供志愿服务"以及"在子女教育中与学校成为'好伙伴'的家庭"的比例，有 6 个回答选项（0%、10%、25%、50%、75%、100%），编码为 1~6。

学生平均日出勤率变量。学校受访者在调查中提供了 2006 年和 2007 年的学生平均日出勤率。

3. 数据分析计划

该研究的数据分析分两个阶段进行。一是分析伙伴关系项目实施程度评估在提高伙伴关系项目质量方面的作用，在控制背景特征变量和其他相关变量的情况下进行了多元回归分析，使用评估变量来预测整体项目质量。二是分析伙伴关系项目对家长参与和学生出勤率的影响。这些分析首先用伙伴关系项目的质量来预测家长参与，控制背景特征变量和第一年家长参与程度的评估值，进行多元回归分析。其次用第二年家长参与程度的评估值预测学生平均日出勤率。

（四）结论

一是小学伙伴关系项目的质量高于中学；校长对于合作伙伴关系项目有更多支持的学校，项目质量更高，评估效果更好。对伙伴关系项目和活动的评估实际上可以帮助学校改进其总体项目，激励家庭和社区更广泛地参与学生教育。

二是小学家长比中学家长参与度更高。校长对伙伴关系项目的支持程度与家长参与度存在正相关。

三是伙伴关系项目评估被验证为发展学校高质量伙伴关系项目的一个重要过程。评估学校伙伴关系项目有助于增强学校与所有家庭的联系，这可以使更多家长参与子女的学校教育，并保证学生出勤率更高。伙伴关系项目的质量与学生平均日出勤率之间呈显著正相关。

五　家校合同的国家推动和难以消除的阶层差异——来自英国

家校合作的发展演变不能脱离国家、地区经济社会和文化土壤，即使抱有美好愿景，家校合作也不一定能达成其政策目标。本部分突出呈现英国在家长参与学校教育政策法律上的支持经验，特别是家校合同的订立政策；展示了不同家庭家长参与学校教育的异同，以及产生的不同后果，即多类型的家长参与经验。这两方面的经验，能够为新时代中国家庭教育政策的制定提供参考，能够启发找寻到家校关系建立的最优方式，能够针对中国不同民族、不同地域文化等特点提供个性化的家长参与思路，最终更好地促进家校合作、家庭教育以及教育平等。

（一）英国家校关系的新近变化

1. 家校伙伴关系

英国教育政策明确规定家长和教师间是一种伙伴关系。[①] 1985 年发布的白皮书《更好的学校》强调了家校联系的重要性，认为学校要更加有效地实现发展目标，就需要依靠家长的合作与支持，要求学校向家长解释学校发展目标和相关政策，并紧密地联系家长。1988 年颁布的《教育改革法》向家长承诺，以排行榜的形式向家长提供更多学校和学生个人表现的信息。改革政策实施的目的是迎合家长的要求制定更好的教育标准，并鼓励家长成为教育的消费者。这种消费导向促进了家长的选择，并允许家长选择最好的学校来满足孩子的教育需求。但研究发现，教育市场具有阶层性和种族偏见[②]，家长会根据阶层和种族进行选择[③]。

2. 家校权责关系

1991 年的《家长章程》强调家长具有知悉学校信息和自己孩子表现

---

① Department of Education and Science（DES）（1985）Better Schools：A White Paper. London：HMSO；Department of Education and Science（DES）（1986）Education Act. London：HMSO；Department of Education and Science（DES）（1988）Education Reform Act. London：HMSO；DfES（2005）Higher Standards，Better Schools For All. London：The Stationery Office.

② S. J. Ball, Class Strategies and the Educational Market：The Middle-classes. And Social Advantage. London：Routledge, 2003；G. Crozier, "Beyond the Call of Duty：The Impact of Racism on Black Parents' Involvement in Their Children's Education", in G. Crozier, and D. Reay（eds.）, Activating Participation：Parents and Teachers Working Towards Partnership. Stoke on Trent：Trentham Books, 2005, pp. 39-56.

③ S. Gewirtz, S. J. Ball, and R. Bowe, *Markets, Choice and Equity*, Buckingham：Open University Press, 1995.

的强制性权利，并通过 5 份重要文件对知情权的范围予以扩大，包括关于孩子的报告、独立检查员的定期报告、当地学校的业绩表、个别学校的招股说明书，以及学校理事会的年度报告。同时，也规定了家长的责任。自此，家校关系已由如何确保某些公平措施转变为如何确保家长的权利和责任。

菲利普·布朗（Philip Brown）将 20 世纪 90 年代初英国家长参与的情况总结为进入了"第三次浪潮"，特点是教育家长制的兴起。家长的财富和愿望更加决定了孩子的教育，而不是孩子的能力和努力。这一时期，家长参与被正式确认为学校改进和有效发展的关键因素。① 1994 年英国教育标准局（OFSTED）指南明确家长参与是学校发展计划的一部分，且在第二年的文件中明确鼓励检查员探讨学校如何帮助家长了解教育教学以及如何使家长与教师合作。从增加家长的权利到增加家长的责任的趋势不断加强。②

3. 家校合同关系

1999 年，家校协议成为一项法定要求。《城市的卓越》白皮书强调所有的学校要与家长进行讨论，并制定家庭—学校合同，此后家校合同变得更加普遍。21 世纪初，家长教育已经成为英国教育政策辩论的核心。家长的参与不再是可有可无的，突出强调家长对其子女在学校教育中各个方面的行为负责。有研究者提出，家长作为"家庭教育者"的政策干预显然是针对工人阶级的家长。③ 有研究者认为，教育中工人阶级家长需要被指导和干预，并迫使他们的子女做出"正确"行为。④

---

① D. Reynolds, and P. Cuttance, *School Effectiveness: Research, Policy and Practice*. London: Cassell, 1992.

② G. Whitty, S. Power, and D. Halpin, *Devolution and Choice in Education: The School, the State and the Market*, Buckingham: Open University Press, 1998.

③ V. Gillies, Raising the Meritocracy: Parenting and the Individualisation of Social Class, *Sociology*, 2005, 39 (5): 855-872.

④ P. Squires, New Labour and the Politics of Antisocial Behaviour, *Critical Social Policy*, 2006, 26: 144-168.

家校关系的变化、家长参与的变化对英国的教育平等有何影响？政府的举措对工人阶级的家长产生了什么影响？这些都需要围绕家长参与领域中的关系进行探讨。接下来将概述工人阶级的家长在家校关系中的定位，以及在社会阶层差异下家长参与学校教育的具体体现。

（二）社会阶层差异影响家长参与

1. 社会阶层差异影响教育资源的平等获取

英国社会阶层、民族和种族的差异影响家长参与学校教育。首先，不同阶层家长的个人经历和受教育背景影响其参与学校教育，特别是影响家长与学校教师沟通交流的效率。如果学生所处的阶层和生活的文化背景与学校教师没有共同点，那么家校联系可能很少，也很脆弱。其次，家长参与所关心的主要是给子女争取利益。家长通过处理自身及其子女教育经历之间的层次差异，对参与学校教育的数量和质量施加影响。[①]

2. 社会阶层差异影响教育成就焦虑

21 世纪以来，存在跨阶层和跨种族的教育成就焦虑，且主要表现在中产阶层的父母不仅追求自己的教育优势，同时对子女的教育也感到焦虑。[②]许多中产阶层的家庭通过请私教、改善学校为子女提供的服务等方式来缩小国家规定导致的差距，进而获得大多数工人阶级家庭所没有的选择。目前，英国中产阶层的家长的行动正在导致学校间和学校内部阶层及种族隔离的加剧，他们往往避免自己的子女与大量黑人、白人工人阶级学生就读于同一所

---

① C. Vincent, *Including Parents*？: *Education*, *Citizenship and Parental Agency*, Buckingham: Open University Press, 2000.

② G. Crozier, and D. Reay, (eds.) Activating Participation: Parents and Teachers Working Towards Partnership. Stoke on Trent: Trentham Books; B. Jordan, M. Redley, and S. James, Putting the Family First: Identities, Decisions, Citizenship, London: UCL Press, 1994; S. Ranson, J. Martin, and C. Vincent, "Storming Parents, Schools and Communicative Action", *British Journal of Sociology of Education*, 2004, 25（3）: 259 – 274; C. Vincent, and S. Ball, 2006 Childcare Choice and Class Practices: Middle-class Parents and Their Children, London: Routledge, 2006.

学校。①

社会阶层的差异影响教育选择。大量研究表明，中产阶层的家长非常倾向于选择。② 学校与家长的联系往往由中产阶层的家长所主导。工人阶级的家长更倾向于选择当地的好学校，而不愿意参与教育市场。③ 2006 年英国发布《教育和检查法案》，工党政府通过立法增加家长的选择，认为所有家长都希望拥有必要的资源，为自己的孩子选择"最好的学校"，但这会导致中产阶层重申什么是对自己孩子最好的权利，且这往往被伪装成了家长的选择。④ 选择制度加剧而不是改善了教育不平等。工党政府一直在为中产阶层家庭提供获得教育优势的手段，特别是家长的选择，首先回应中产阶层的关注。⑤

3. 社会阶层的差异影响教育计划

在保守党和工党执政期间，中产阶层也利用市场优势在新的教育计划中占据位置。⑥ 而工人阶级在学术项目中的代表比例过低，例如"卓越城市"和"天才"项目。此外，"扎实起步"计划是希望通过对有功能障碍的家庭进行早期干预，给孩子创建一个良好的学习开端。但最新研究表明，该计划使工人阶级的家长不知所措并被疏远，而中产阶层的家长却获得了额外供给

---

① R. Webber, and T. Butler, Classifying Pupils by Where They Live: How Well Does this Predict Variations in Their GCSE Results?, *Urban Studies*, 2007, 44 (7): 1229-1254.

② L. Andre-Bechely, Public School Choice at the Intersection of Voluntary Integration and Not-so-good Neighbourhood Schools: Lessons From Parents' Experiences, *Educational Administration Quarterly*, 2005, 41 (2): 267-305; S. J. Ball, Class Strategies and the Educational Market: The Middle-classes. And Social Advantage. London: Routledge, 2003; Brantlinger, E. *Dividing Classes: How the Middle-class Negotiates and Rationalizes School Advantage*. New York: Routledge Falmer, 2003; S. Gewirtz, "Cloning the Blairs": New Labour's Programme for the Re-socialisation of Working-class Parents, *Journal of Education Policy*, 2001, 16: 365-378.

③ D. Reay, and S. Ball, "Spoilt for Choice": the Working Classes and Education Markets, Oxford Review of Education, 1997, 23 (1): 89-101; D. Reay, and H. Lucey, The Limits of Choice: Children and Inner City Schooling, *Sociology*, 2003, 37 (1): 121-142.

④ N. Davies, *The School Report*, London: Vintage Press, 2000.

⑤ S. J. Ball, *The Education Debate*, Bristol: The Policy Press, 2008.

⑥ S. Tomlinson, *Education in a*, *Post-welfare Society*, 2nd edn. Buckingham: Open University Press, 2005.

和资金等好处。① 家校关系中的阶层不平等现象在两所城市小学母亲参与子女教育的案例研究中体现得更加充分。②

（三）社会阶层差异影响母亲参与

1. 子女教育被视为主要是母亲的责任

研究中发现的第一个不平等是性别问题，父母参与学校教育对母亲和父亲来说是非常不同的事情。父亲极少参与监督或支持其子女的教育，只是偶尔会协助学校工作，特别是中产阶层家庭的父亲会抽空参加学校的家长晚会。大多数家庭的父亲选择远距离子女教育。但母亲则不同，她们被称为"掌握脉搏的人"，她们对子女教育的重视程度或投入的时间、精力等甚至没有社会阶层和种族的差异。区别在于不同阶层和种族的母亲为了参与学校教育，与学校进行谈判的困难程度不同。

2. 阶层差异下母亲参与存在不平等

中产阶层的母亲拥有更加良好的学校教育经历及其父母对她们学业的关注，而工人阶级的母亲更多的是拥有负面的学校教育经历，对于学术工作缺乏专业感，在子女教育上往往感到无能为力，且她们要忙于家庭事务和劳动市场工作的双重任务，没有时间关注子女的教育进展。在没有配偶的经济和情感支持下她们非常辛苦，工作外的空闲时间少得可怜。当然工人阶层的母亲也会尽可能为子女教育花费大量时间和精力，但是她们无法与中产阶层的母亲竞争。中产阶层的母亲每周花在子女文化和教育活动上的费用是工人阶级的母亲所无法承受的，这是中产阶层因素所具备的教育优势。

3. 阶层差异下母亲参与权力感不同

许多中产阶层母亲原来在学校成绩就很好，她们在教育上的成功会转化

---

① J. Astle, *The Surest Route: Early Years Education and Life Chances*, London: CentreForum, 2007. J. Belsky, E. Melhuish, J. Barnes, A. Leyland, H. Romaniuk and the NESS Research Team, Effects of Sure Start Local Programmes on Children and Families: Early Findings from a Quasi-experimental, Cross Sectional Study, *British Medical Journal*, 2006, 332: 1476-1478.

② D. Reay, Beyond Consciousness?: the Psychic Landscape of Social Class, *Sociology*, 2005, 39 (5): 911-928.

为自信和对家长参与的权力感。当家校之间存在观点分歧或关系紧张时，中产阶层的母亲更善于与教师对话，表现出肯定、自信和有力辩驳的能力。但工人阶级的母亲并非如此，她们更多的是犹豫、表达歉意，且在与学校会谈中体会到自己"没有被倾听"。在家长会上，工人阶级的母亲会显得很茫然，可能处于一种被恐吓、被压制的被动状态。[①]

4. 阶层差异下母亲参与文化资本不同

采用文化资本作为概念工具，研究母亲参与子女教育活动，发现了明显的阶层差异。中产阶层的母亲相对富裕、拥有教育专长和更多的教育选择。她们将自己视为学校教育不足的一种弥补，会为修改完善学校的规定而努力，可以在不同的位置、角色间进行转换。而工人阶级的母亲则表现为"支持学校"和"支持老师"。阶层的差异、文化资本的差别，使得中产阶层的母亲拥有工人阶级的母亲所没有的选择。中产阶层的母亲在家里就有足够多的时间、精力和能力支持子女，当发现在支持子女学业上存在困难，而学校也没有足够的进展时，她们会选择找家教，提供新的支持方式。

（四）文化资本下的家长辅助

1. 家长在子女教育中发挥辅助作用

中产阶层的家长认为，学校对子女教育负主要责任，家长提供辅助。他们可以利用文化资本，补充、补偿和完善学校为子女所提供的服务。文化资本与家长利用一系列策略支持子女教育的能力有关。家长利用财政资源、教育系统的信息、教育知识和学校教育的信息，干预孩子的教育轨迹，并影响对这种行动产生的信心。

但对于工人阶级的一些家长来说，因为感到个人无能和缺乏信心，即便深知教育的重要性，也无法用一种有效的方式开展行动。例如，在教子女阅读时，工人阶级家长觉得自己很努力了，但是不擅长阅读、没有资格，而且

---

① Annette Lareau. *Unequal Childhoods: Class, Race, and Family Life*, University of California Press, 2003.

对子女感到不满和生气。其试图去找孩子的班主任沟通，但是班主任会认为其在攻击自己。事实上，家长是来提醒班主任，表达对孩子进步的期望。

2.负面的教育经历影响家长参与

麦克纳马拉（McNamara）等指出有相当一部分家长因为自己在学校的负面教育经历而让其对参与子女的学校教育感到困难和痛苦。工人阶级的母亲大多提到她们自己在受教育时遇到的陷阱、危险和误解。她们觉得自己没有能力在家里从事一些事情，又缺乏经济来源，只能依靠学校来完成子女教育。如单身母亲乔西因为个人移民史、工人背景和学业失败的经历，认为自己没有选择，学校是"最后唯一的手段"。[1]

3.依赖家长参与延续了教育不平等

学校教育需要家长参与，需要家长弥补学校教育的不足。但是，不是所有的家长都能领会学校教育的内容，能够在家里帮助指导孩子，处于不利地位的家长，来到学校就是希望得到教师的帮助。

当工人的母亲抵触自己指导孩子，这种心理根植于她们对主导文化资本的接触。她们在学校教育中有过负面经历，缺乏教育能力，而且子女也拒绝将她们视为教育专家。她们如果能获得物质和文化资源，将很容易修复子女感知到的教育缺陷，进而对处理子女教育工作感到自信。像乔西和安吉这样的母亲成为当前教育倡导的目标，虽然她们拥有的资源较少，但可以满足政府对家长参与的要求。

（五）结论

家长参与表现为两个基本的不平等：已经处于有利地位的家长享有特权；教师与少数族裔等当工人的家长之间权利不平衡。21世纪，家长参与已经成为英国教育政策的核心。从学校选择到家校合同关系，很多政府举措针对家长，而不是针对学生本身。

---

[1] O. McNamara, D. Hustler, I. Stronach, M. Rodrigo, E. Beresford, and S. Botcherby, Room to Manoeuvre: Mobilising the "Active Partner" in Home-school Relations, *British Educational Research Journal*, 2000, 26 (4): 473-490.

但是，家长往往被视为同质性群体。这忽略了阶层、种族和性别的差异，忽视了经济、文化的影响。文化的影响往往被简化为工人和少数族裔家长的教育赤字模式。

应当将重点放在家庭背景和家庭资产上，而非采用何种举措上。目前的政府举措常常忽视文化资本和社会资本对家长参与子女教育的促进和制约作用，使得家长参与在社会公正方面成为"雷区"，出现白人、中产阶层规范性的陷阱。然而，在英国，政府和许多学校的做法就是基于白人和中产阶层的家长参与，对于不符合条件的家长，存在普遍的误解和幼稚化。

家校关系是复杂的，不适合用"愿望清单"快速解决，也没有简单的答案。家校关系不仅封闭，而且是性别化和种族化的。性别和阶层的不平等、制度性的种族主义等因素，都造成了相关家长在教育系统中的不利地位。在英国，阶层渗透到了日常实践和社会互动中。如贝克（Beck）所论证的，具体体现在语言中，体现在住宅区之间鲜明的阶层划分中，体现在教育类型中，体现在服装中，体现在一切可以被纳入"生活方式"的概念中。[①]

"无阶级社会"的概念隐含着更公平的社会关系和更大的流动性。但是，2009 年英国人在教育程度上的阶层差异仍然与 30 年前一样。家长参与特别是母亲参与，维持了不公平的现状。当然，不是说减少家长参与就能减少教育和社会的不公平。相反，更为重要的是认识到英国学校教育中存在的教育不公平现象，不公平的社会和文化都是家长参与教育的基础。总之，实际上家长参与往往助长了教育不公平现象。

---

① U. Beck, *The Risk Society*, London：Sage，1992.

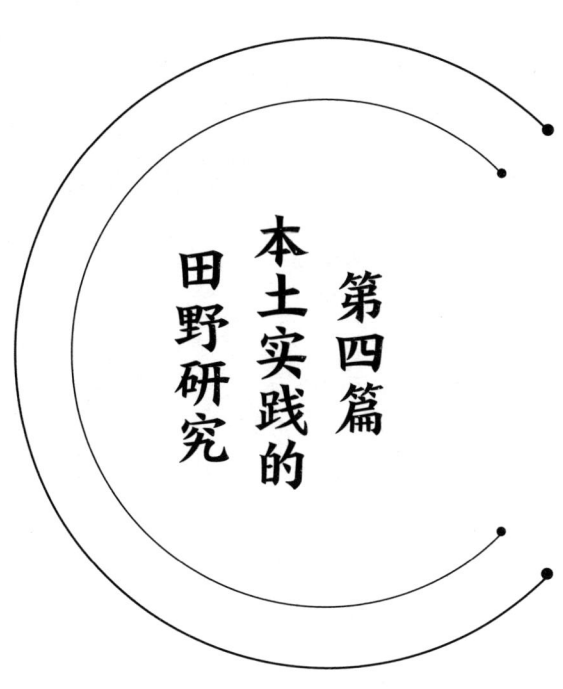

第四篇

本土实践的

田野研究

第十章

个体层面：教育焦虑与基于儿童
发展的包容性框架

一位 20 世纪 70 年代初出生的家长说道：

> 当我们还是孩子时，常常逛到太阳落山，自己决定找哪个朋友玩，没有人检查我们的家庭作业。当我们成为父母后，却为孩子报这个音乐兴趣班、那个体育特长班，督促孩子做家庭作业，全家围着孩子转。我们意识到自己成为和父母截然不同的家长，我们付出很多很多，但并不觉得自己做得比上一代更好！

一　现代家庭的教育焦虑及其根源

在家长无奈的话语中，让人感受到的是焦虑。焦虑的一个主要来源是与学校教育责任的分担。

在 9 月到（次年）6 月的一个平常的工作日早晨，超过 2 亿名中小学学生和幼儿园学生（超过 1 亿名小学生和各约 5000 万名幼儿园入园儿童、高中生）和自己的家人告别，背上自己的书包，汇成一股巨大的交通洪流，涌向一个叫学校的地方，学生们在这里会待上一天，这种地方，全国有 50 余万个。把孩子送到学校（幼儿园）后，不少家长觉得："谢天谢地，终于把孩子送到学校去了，教育孩子是学校的责任。"

但现实很复杂。一些幼儿家长如果没有看到幼儿园教孩子识汉字、背唐诗、认英语单词，一些小学生家长如果从孩子那里了解到教师平时抓得不紧、寒暑假没有追加作业和督促检查，马上会干预，甚至会到学校和教师争吵，这时家长又不觉得教育只是学校（幼儿园）的事了，开始进行干预。也有一些家长做"甩手掌柜"，当然"甩手掌柜"比上一代父母少了很多。

学校也类似，觉得现在责任越来越大，负担越来越重。有的教师甚至校长，一方面声称教育是专业的事情，要排除家长的"干扰"办纯粹的教育；另一方面又时时感受到学校教育越来越离不开家长的配合和支持，例如音、体、美、劳等课程教学及与生活相联系的知识教育，家长要完成大量的配合、辅助工作。我们可以观察到越来越多的教师开始注重解决学生学业思想问题，并把家长作为解决问题的基本资源，但这与其他教师形成反差和矛盾。[①]

因此在教育责任增大的情况下，如何划分家校责任，在学校和家庭之间、在学校的校长和教师内部、在不同的家长群体之间，出现了普遍争议。

家长对孩子教育问题越来越强烈的压力感受和越来越焦虑的情绪体验不仅表现在家校争议和家校之间的责任划分上，还全方位地体现在孩子家庭生活安排和校外教培的白热化上，甚至体现在家长的生育态度上。"虎妈""直升机父母""鸡娃""神兽"成为家长谈论的高频流行词。2021年7月24日，由中共中央办公厅、国务院办公厅颁发《关于进一步减轻义务教育阶段学生作业负担和校外培训负担的意见》，并由国务院教育督察委员会定期通报"双减"工作的落实情况。于是缓解家长的教育焦虑已经成为超越教育行政部门的国家层面需要面对和解决的严重问题。之后，全国开展了教培行业的大整顿，教培行业出现了明显的收缩。

---

① 吴重涵、张俊、王梅雾：《疫情期间家庭教育需遵循的基本原则》，《新课程导学》2020年第4期。

更重要的是，家长的教育焦虑还涉及中国的人口问题。2022 年 8 月，国家卫健委首次宣布中国 "'十四五'期间人口将负增长"。由于出生人口、生育率和出生率出现了断崖式下降，2022 年中国育龄妇女的总生育率为 6.77%。国家和民族的人口战略是关系到中华民族世世代代的大问题。在生育率不断降低的背后，一个显然的十分重要的因素就是相当多的年轻父母对于养育子女全方位的恐惧，资金、时间、精力、资源、住房、学区等，其中任何一条都足以构成年轻父母的巨大压力。现在父母对孩子的"责任"还有不断延长至孩子结婚和生育的趋势。

研究表明，家长焦虑现象背后的现代性根源有两个。一是现代家庭教育的地位和作用在家长不知不觉中快速上升。一项历时 30 余年的跨国研究显示，当各国的经济社会发展水平跃过某一门槛以后，世界范围内学校效应系统性下降的现象普遍发生了，家庭作用的系统性增强[①]。现代家庭教育不再像传统家庭教育那样是学校教育的补充，具有边缘和偶发性质。二是孩子的学业和所受的教育已经成为现代家庭的基本资本构成之一，在很多家庭中已经开始超越金钱和不动产形式的家庭实物资本。教育资本的特殊性质导致了现代家庭制度的一系列重大变化，也必然导致家长压力增大和焦虑加剧。

研究减轻家长的时代压力和焦虑，是当代家庭教育乃至整个教育系统的重大战略问题。

二　跨越家校社：基于儿童发展的包容性框架

在聚焦儿童心理内化的时候，把儿童与他人的互动推到了幕后，并让人误以为主体行动者对社会的参与仅仅发生在个体内化过程完成之后。[②]

相对于纠结于孩子身上出现的某一个问题的具体处理方法，家长是否

---

① Stephen Heyneman. *The Heyneman/Loxley Effect*：*Three Decades of Debate*，*Routledge Handbook of International Education and Development*，London：Routledge，2015：152-154，176.

② 〔美〕威廉·A. 科萨罗：《童年社会学》，程福财等译，上海社会科学院出版社，2014。

更应注意到这样一个基本问题：我们应该怎样建设一个有利于儿童成长的家庭？

家庭教育是微观具体的教育方法问题吗？是中观广义的家庭结构选择问题吗？我们关注的是什么？儿童的学习（成长）是一个心理过程，还是一个社会过程？我们一直在关注哪一个过程（心理咨询师）？是关于父母（教师）全程陪伴的过程，还是父母（教师）作为儿童代理人引导和控制的过程？无疑这个问题不仅关系到家庭，也关系到学校，事实上构成了家庭和学校共同的理论基础。

因此，我们需要以更广阔的视野，突破学校"围墙"、打通家校社，以儿童终身成长和环境分层为视角，并且关注人际互动的社会建构对于儿童发展的决定性作用，以儿童发展为核心，将家庭、学校、社区和国家作为一个整体，使其尽一切可能，确保儿童经历各种机会，释放他们的潜能。

具体来说，有以下含义。

第一，人生及其发展是由经历构成的。经历的本质是活动，事件是对活动的命名。活动具有社会性和潜在教育性，并以计划与结果联系在一起为前提。活动包括但不限于课堂教学、学校活动。人生的几个重要转折点就是相关的一些经历。

第二，儿童的基因决定了"所需要"的经历和释放的潜能。儿童的基因主要包括智力水平、智力方向性、气质三个方面。基因与儿童既有的经历合成为脑发育、个性发展，合成为潜能的释放，儿童的基因是在所经历的活动中得到发展的，这是活动的教育属性根据。[①]

第三，活动是在一定社会结构下的终身经历。儿童时期主要包括家庭、学校、亲戚、邻居、父母工作、政策、社区文化及优先顺序等社会关系结构性要素。儿童生命中的重要人物（父母、教师、同辈等）具有强大的、相互作用的结构性影响。拓展的环境结构——邻居，学校，父母工作场所，政

---

① L. E. Berk, *Awakening Children's Minds: How Parents and Teachers Can Make a Difference*, New York: Oxford University Press, 2004: 3.

府的政策，社区文化价值观和文化优先顺序等，都会影响儿童可能发生的社会关系和可能经历的机会，进而影响儿童的发展——也具有至关重要的影响。

社会建构理论认为，儿童发展并非简单的认知结构的形成过程，儿童的心灵本质上是社会的"器官"①。教育是由其社会结构的属性决定的。② 要读懂儿童的发展，就必须读懂成年人为儿童设置的社会情景结构。思维水平的提高，首先出现在社会交流的情景中，出现在儿童参与儿童活动的文化的代表之间，然后才会内化为个体生存的本领和技能。

当儿童与文化的更高级成员对话时，儿童会整合互动中的语言，表达内在的精神生活，并运用这些对话内容思考、战胜种种挑战，引导他们自己的行为。当成年人与儿童交谈并鼓励和帮助儿童的时候，儿童从中获得价值、推理方式、策略和技能，这些收获对于儿童在家庭和社区得到认可发挥了决定性作用。

第四，家长、教师和同辈可以改变儿童的基因特性，使之更好或更糟。在儿童的发展过程中，其会保持其独一无二的生物性特征。

儿童的基因特性与儿童的全部经历相结合，产生了个体在能力、技能上的种种相似性和差异性。③ 从曾经的"孩子是由父母带大的"，到在"分裂社会"中担负儿童成长的首要职责，父母具体有以下4个角色。

第一，儿童变化代理人。变化代理人的角色是父母最活跃、最本质的角色。父母不可能改变孩子的基因特性，但可以向着所期望的方向对这些基因特性做出修改，特别是当父母懂得养育孩子的有效知识并在孩子成长早期（脑发育的可塑性最大时期）就对孩子的成长施加影响。

第二，儿童生活缓冲器。为儿童提供在复杂世界免遭威胁的保护。当帮

---

① Berk L. E. *Awakening Children's Minds：How Parents and Teachers can Make a Difference*，New York：Oxford University Press，2004：3.
② 陈桂生：《普通教育学纲要》，华东师范大学出版社，2009。
③ Berk L E. *Awakening Children's Minds：How Parents and Teachers can Make a Difference*，New York：Oxford University Press，2004：4.

助儿童抵御生活压力与生活条件的影响时，亲密的亲子关系、教师与学生的关系以及亲戚与儿童的关系会传达给孩子情感、支持和指令，让儿童掌握认知能力和社会能力来应对甚至战胜逆境，培养出生活弹性。毫无疑问，随和、有责任心和适应改变的儿童更可能获得父母和其他成年人的支持。同时，儿童在父母温情、关注和持续引导下可以发展出更讨喜的个性和适应能力。

第三，儿童接受外部影响的"看门人"。在父母提供的经历中，儿童打开了很多扇门，同时又关闭了很多扇门。这些经历包括玩玩具、看书、看电视、使用计算机、参加培训班、周末外出、与祖辈和其他延伸家庭成员相处，以及上学和父母所选择居住小区的邻里关系，等等。

第四，文化代际传递者。在上述 3 个角色中，父母和其他成年人兼具至关重要的文化传递者的角色。这种文化传递是通过直接的态度和价值观教导、通过弥漫性地将文化渗透于他们向儿童提供的情景和活动之中达成的。人类区别于其他物种的一个特性是：父母和教师担负着将智力、科学、美学和道德等人类成果传递给下一代的重大责任。不论是在最简单的无文字社会，还是在当今技术最为先进的国家和地区，成年人都要确保孩子获得能力，使其能够在所处的社会中承担某一社会角色，并继续把其价值观和行为传递给下一代。

综上，社会建构理论是一个包含家庭教育、学校教育和社区教育的儿童发展理论。其鲜明的特点是：强调儿童发展的本质是合适的经历活动，是活动中人的互动，是语言的对话。正是在这个最基础的教育定义上，我们得以理解杜威的"教育即生活"；正是从这个意义上，家庭教育、学校教育、社区教育都是儿童发展的有机组成部分，有着本质上相同的内涵。教育首先是社会建构的，心理建构只是社会建构的内化过程。我们需要从心理学的微观解释通道中解脱出来，从囿于班级授课制的学校教育学理论中解脱出来，把躲在"幕后"的社会结构和人际互动请到"台前"聚光灯下。

三　文化专家与儿童的微观互动

家长或教师对儿童发展的作用，表现在中观和微观两个层面。微观层面的家庭或学校教育最为人们所熟悉，是与儿童共同活动中发生的生动、具体的互动，表现为家长或教师直接参与的家庭常规生活和学校常规活动，如家庭或学校节庆活动、外出、共同学习、亲子共读、例行家庭或学校事务和职责履行、共同看电视或上网、就餐、玩游戏、做家庭作业等。中观层面的家庭或学校教育，是家长或教师作为儿童的代理人对儿童发展的结构性安排，以提高儿童社会互动的各种可能性，提供影响儿童成长可能经历的机会和可能的社会关系。包括父母共同安排投入的家庭生活，父母工作和家庭生活的平衡，父母投入充足的时间照顾子女（陪伴与互动），选择设施与师资优良且使用良好教学方法的幼儿园和学校。家长和教师是这些资源的提供者和调度师。大量的证据表明，上述两个层面的教育，各自都是客观存在的，具有不可替代的重要作用。具体哪个层面的作用更大，因儿童的基因和前期经历、社会关系结构不同而异。

微观层面按照活动的教育属性，儿童与父母、教师、同辈共同经历的成长性活动可以分为 3 种类型。

类型一：完成有清晰学习目标任务（task having learning goals）的成人—儿童共同活动，如班级授课、家长和孩子共同学会玩一件玩具、解一道难题或者完成学校布置的家庭作业等。

类型二：家长、教师与孩子进行的开放式叙事交谈，如讨论白天遇到的一件事和相关的人物。

类型三：赋予孩子责任，如学校责任、家庭责任、社会责任等，以及参加日常生活中的共同活动。家庭常规活动如收拾玩具、准备家庭晚餐、做家务、玩游戏、共同上网和看电视、亲子共读、家庭外出购物和旅游、参加课外培训班等；学校常规活动如早读、做作业、课间活动、打扫卫生、文体活动、开班会、举办运动会和社团活动等。我们可以充分利用这 3 种活动类型来影响儿童的成长，贯穿 3 种活动类型的主线是建立亲子依赖关系、达成共享理解以及创造最近发展区。

（一）贯穿3种活动的两根主线

1. 主线一：建立成人与儿童之间的依赖关系和达成共享理解

亲子依赖关系。养育就是及时、始终如一和适当地回应儿童，发展出一种安全的依赖关系。这样的儿童长大后，并不会不成熟地依赖于人；相反，会更自信、更持续和更复杂地探索周围的世界。细心养育在父母和孩子之间建立了一种相互依赖的关系，在这种关系中，身体和感情的亲密成为促进形成更成熟行为的环境，依赖成为大量生存能力，如自信、诚实、合作、知晓他人需要和期望、移情和同情生成的助推器。

在学校班级里，相同的情况也很普遍。教师的交流在学生的努力和学习中起着至关重要的作用。最近一项对 1600 名小学生和中学生的 3 年跟踪研究显示，那些认为教师亲切及其能提供对学习有帮助的条件的学生，在完成作业方面更加努力，参与更多的班级活动。这种努力和参与达成了更好的学业表现，进一步维持了学生今后更加努力的愿望。

共享理解又称为主体间性，即对话的每一位参与者都掌握对方的主观想法。主体间性的对立面是完全误解对方。共享理解特别需要以相互依赖为前提。微妙的情感信息通过手势、面部表情和语调来传达，是主体间性的基础。

恋人互动的情景帮助我们领会到，主体间性最可能发生的环境是在亲密的人际关系（父母、教师、亲戚、同辈等）中。儿童的主体间性本身是一个发展的过程。

共享理解示例：

孩子：（指着台上一堆东西中的一个）

妈妈：你想要这个吗？（拿起一个奶罐）

孩子：（摇着头）不。（继续指了两次）

妈妈：这个？（拿起海绵）

孩子：（在高椅子上收回前倾的身子，把胳膊放下，精神放松下来）

2.主线二：搭建"脚手架"，创造最近发展区

最近发展区定义为：儿童的实际发展与儿童潜力可能发展间的区域，这个区域是由在成年人指导下或在更有能力的同伴合作下，解决问题和完成任务的限度决定的，是孩子在专家协助下处置有意义的任务时，新能力形成的活跃区域。

父母、教师或其他成年人，通过调整当前任务目标，使儿童处于一个能适应恰当任务的挑战中；或者通过调整介入程度，使儿童适应当前的学习需求，来创造一个对儿童既具有挑战性，又可以在细心的成年人指导下完成活动的新能力生成区域。

请花一些时间列出 5~6 项你知道的孩子可以胜任的事。如果你是孩子的父母，那么列出你孩子的情况；如果你是老师，请选择你班上的一个学生的情况。

例如，你（3 岁小鹿的妈妈）列出的能力如下：

可以用剪刀剪纸；

可以数到 4；

可以看图画书并说出很多画面；

可以记住上个星期天在动物园看到的 2 种动物；

可以拼 8 块游戏拼图；

可以根据形状进行分类。

我们习惯想到的是结果性的能力，是孩子已经形成的能力。我们应该做的是超越孩子的能力范围，设想孩子在专家的协助下可以做到什么，即学会潜在的能力。

也许应该这样列出小鹿的能力：

刚刚学会用剪刀剪纸，如果他剪的时候我拿着纸，并且启发他，他就可以剪出直线或弧线。今天他在我的帮助下剪了一个正方形和一个圆形。

我问孩子在动物园看到了什么动物，他记得长颈鹿和斑马。当我提醒他鸟和厚皮类动物时，他记起了火烈鸟、鹦鹉、鹅、大象、河马和犀牛等很多动物。

养育的关键和教育的核心目标是提供给孩子在最近发展区内的经历——既具有挑战性，又可以在细心的成年人指导下完成活动。这就要求父母和教师为保证儿童学习效果的最大化担负很多责任，积极地引导儿童沿着成长的道路前进。与其将准备好的知识传递给被动接受的儿童，或者赋予儿童已有能力胜任的任务，不如与儿童对话，并在对话过程中持续地评估儿童的进步，通过让任务处于最近发展区，唤醒儿童的认知过程，使这一过程具有社会性，最终使"区"内的经历在儿童的心理上得到提炼和内化。

（二）活动类型一：完成有清晰学习目标任务的成人—儿童共同活动

让我们看一段一名父亲帮助他5岁的女儿拼一个很难的拼图时的对话：

女儿：这块拼不进去。（努力将一块拼板放在错误的地方）

父亲：哪一块可以连在这下面？（指着拼图的底部）

女儿：他的鞋子。（找一块像小丑鞋子的拼板，但找到了错误的一块）

父亲：喔，找一块像这个形状和这种颜色的。（再次指着拼图的底部）

女儿：这块是褐色。（找了一块，这块拼上了。接着拼另一块，并看着她的父亲）

父亲：你试试这样，把这块稍微转一下。（用手势示范）

女儿：这里。（在爸爸的注视下，一边拼了几块，一边自言自语

"现在绿的一块拼上了""这块转一下")

　　　　父亲：现在看着。如果我把这块拼在这儿，合适吗？（把蓝色的一块紧贴着另一块蓝色拼板，但显然太小，形状也不对）

　　　　女儿：这样不对。

　　　　父亲：我怎么办？

　　　　女儿：（把正确的一块拼上，同时以颜色和形状为参照）

　　女儿和父亲的互动包含了有效"脚手架"的所有要素和目的。

　　第一，共同解决问题，使儿童处在最近发展区。

　　女儿和父亲合作克服女儿遇到的困难。在这一过程中，父亲和女儿合作寻求成功拼图的办法。

　　父亲通过临时降低拼图的难度，一直使女儿的任务保持在"区"内。这是通过将任务分解成若干小任务达成的，一边让女儿的注意力集中在更低的层次，一边用启发的方式帮助女儿接着拼另一块拼板。

　　当父亲意识到这样帮助还不充分时，提供了新的支持，提出"找一块像这个形状和这种颜色的"和"转一下"。他的话包括策略，这个策略女儿今后都可以采用。当女儿用色彩搭配策略并成功拼接褐色的拼板时，她内化了这种方法，在接下来的拼图中使用了色彩搭配策略，并用模仿爸爸的语言，自言自语地指挥自己拼图。最后，女儿可以独立完成拼图。

　　在搭建"脚手架"解决拼图问题的过程中，父亲不断针对女儿的即时能力水平调整指导方向。当女儿遇到困难时，父亲加密"脚手架"，提供新的思路；一旦女儿在共同解决问题过程中掌握了解决策略，父亲就"向后退"，减少帮助。

　　第二，自律。

　　搭建"脚手架"的一个重要目的是增强孩子的自律——一种以自己的思想指导行为的能力。自律的孩子遵守社会规则、考虑问题周到、理性选择和决策，对自己的学习和行为负责。搭建"脚手架"是如何促进孩子自律的？这涉及两个相关的途径：向孩子提供朝着目标前进的策略；一旦孩子可以独立进行，及时减少或取消大人的控制和帮助。

第三，温暖、回应与鼓励。

"脚手架"要有效运行，基调必须是温暖、有同情心和及时回应。希望与成年人有着亲密关系的儿童，能保持这份感情与合作，愿意与成人对话，获取有价值的能力。

（三）活动类型二：家长、教师与孩子进行的开放式叙事交谈

生活叙事中的微故事主要被看作例外的经历——与普通的日常生活背景形成反差的事件。如搬到一个新社区、第一次约会、高中毕业、一次重要的求职面试、婚礼当天、婴儿的出生、特别的成功或失败经历，等等。

成年人和孩子通过交谈回顾每天发生的事情：学习、工作和生活所经历的任何方面。在真实或想象的叙事中，人物的作用及其精神状态——感情、意图、信念、意见——展现了出来。

叙事交谈是提高社会交往能力的基本途径。人的期望、情感和信仰往往不同，交谈是一个社会谈判的过程。布鲁纳（Bruner）指出，学会就不同的观点通过叙事交谈进行谈判是人类进步的最伟大成就。通过参与谈话和倾听其他人的叙事交谈，儿童会增强其对自己和他人丰富精神生活的理解，发现他人行为可能的内在原因，并预测他人下一步的行为。这样孩子就学会了移情——读懂他人的感情，换一种心情与其相处——一种可能唤起对方同情和帮助的互动回应。友好考虑对方的行为、伤害他人后愿意弥补的愿望和同辈接受度相关。

因此，通过经常性的开放式叙事交谈，儿童可以获得一种社会倡导的文化信仰、习俗和价值观，获得理解他人情感的能力，领悟精神生活的精妙性和复杂性，奠定读写的基础，绝大部分阅读材料采用叙事方式，由此可以体验无数作者一系列丰富的经历和深刻的洞见[①]。

---

① L. E. Berk, *Awakening Children's Minds：How Parents and Teachers Can Make a Difference*, New York：Oxford University Press, 2004：4.

（四）活动类型三：赋予孩子责任和参加日常生活中的共同活动

从儿童发展的角度看活动，不论是和孩子一起组装玩具、跳绳，还是一起踢足球、烹饪，活动只是背景条件，活动的关注点是人际互动，及在此过程中产生和分享语言信息。[①]

> 有个机敏的妈妈，带着她 3 岁的儿子在小商店买东西。她从橱柜上取下一件件商品放入购物车。在收银台，儿子变得坐立不安、烦躁起来。妈妈将信用卡给儿子，让他仔细看收银员怎么使用信用卡。当儿子转向收银员时，妈妈告诉儿子每件商品的价格如何出现在显示屏上。儿子一个一个地说出他认识的数字，在商品通过收银台时数着件数。出于妈妈递交给他信用卡带来的责任感，孩子很认真地履行这一职责，同时也在过程中看到了大量的数字。虽然购物过程可能多花了 10~15 分钟，但这对孩子的发展大有好处。

亲子互动大量存在于家庭常规事务和职责履行过程中，如准备餐食、洗碗、逛街购物、整理房间和玩具等。在这一过程中还有很多非正式学习，有助于儿童今后的学校生活，学校体美劳和课间常规活动也类似。在所有具体的常规活动中，都潜藏着特殊的教育功能。

以家庭就餐为例，可以在就餐时通过讲述家庭历史故事增强家庭的凝聚力和认同感；父母和孩子可以交流当天各自的经历，了解彼此的生活，孩子了解父母的生活经验，同时父母进入孩子的内心世界，掌握孩子当天发生的事情和遇到的矛盾、难题；儿童可以从中学会选择作为文化规则的谈话主题、谈话礼仪和谈话策略。

再例如，通过一起看电视，可以与孩子协商看电视的时间，并从信息量、传播的社会观点和行为是否积极方面讨论其内容；帮助孩子区分电视播

---

① 〔美〕威廉·A. 科萨罗：《童年社会学》，程福财等译，上海社会科学院出版社，2014。

出内容虚构与真实社会的关系，理顺故事情节的逻辑链条；限制孩子观看过多暴力镜头进而避免模仿暴力行为、提醒电视广告操纵儿童的偏好的真实营利目的。由此创设一个情景，大人可以提出电视播出内容的现实主义态度问题，帮助孩子理解故事的线索，表达对负面行为和商业信息的不赞成，教孩子评估电视内容而不是不加批判地接受。

再例如，父母和教师知道，孩子并不总是愿意完成大人为他们设定的家务或任务。但当他们看到大人也承担这些任务，大人解释为什么每个人分担任务是公平的，使孩子感受到亲子关系是温暖的和让人满意的时候，孩子会比较愿意承担家务。这些交流的成分可以激发孩子以合作的精神承担任务，并使设定的任务超越大人的立场而成为孩子自己的立场，即使孩子深信不疑地内化了社会规范。在这一过程中，孩子再一次证明他们的强烈内在希望已经成为社会文化生活的一部分。

（五）讨论：家校社大教育中的三种活动共性和独特性

1. 共性

我们可能已经注意到，以上三种教育活动不仅是家庭微观的教育活动，也是大教育的其他形式（学校教育和社区教育）中的基本活动类型。在家庭教育、学校教育和社区教育中，三种类型活动的第一种活动，有清晰学习目标任务的成人—儿童共同活动，侧重认知和解决问题策略；第二种活动，通过开放式叙事交谈广泛涉及道德、价值、感情、意图、信念、语言能力和谈判沟通技巧等全面的内容；第三种活动，赋予孩子责任的活动，侧重责任感、合作、传统道德、学校（家庭、社会）文化规则等因素。

2. 独特性

独特性是由家庭教育、学校教育和社区教育所包含三种活动的不同比例决定的。以第一种活动为主的学校教育，对儿童系统的认知训练更见长，但偏重集体教学；以第二种和第三种活动为主的家庭教育，以人格和品格培养为根本任务；以第三种教育活动为主的社会教育，对儿童产生社会文化影响，并对其社会沟通合作能力有重要影响。但三者趋同的走势也可见端倪。

四 专家（父母、教师）对儿童发展的间接作用

专家对儿童发展的间接作用主要是指父母对儿童成长可能经历的机会和可能产生的社会关系的战略性安排和选择，包括围绕儿童教养调整家庭生活节奏、发现和培养优良的个性倾向、调整养育方式、延伸高质量的陪伴。

（一）调整家庭生活节奏

家庭教育遇到的首要问题是家长教育孩子的时间来自哪里。

双职工家庭是大趋势。中国的劳动参与率是 76%，为世界第一，只有 24% 的人没有参与工作，包括老年人、幼儿和学生等。25~55 岁中国女性劳动参与率甚至高达 90%，中国女性整体劳动参与率超过 70%，发达国家这一数据为 52.5%。20 世纪 70 年代，美国只有 30% 的学龄前儿童的母亲有工作，到 2000 年，这一数字翻了一番，达到 62%。[①] 日本女性在家带孩子的模式只是特例。

就像本章开头家长的案例一样，千千万万个家长常常会抱怨他们没有时间留给孩子，的确，父母没有时间睡眠、阅读、做饭、锻炼和社会交往。他们的过度负担和责任，使得他们几乎不能腾出时间来，而常有的疲惫感也破坏了对孩子在宽松环境下的耐心投入。

但是，这种时间约束到底有多糟糕，是否历史上未曾有过？笔者查到 19 世纪美国一个普通农户的家庭生活的编年史记录，其日常生活包括务农、操持家务和养育 11 个孩子。

> 罗西（Rosie）与丈夫亨利（Henry）定居在一块有一间房子的土地上。罗西在一个很小的炉子上做饭。她要缝制全家人穿的衣服，包括她

---

① L. E. Berk, *Awakening Children's Minds: How Parents and Teachers can Make a Difference*, New York: Oxford University Press, 2004: 251.

自己的、她丈夫的，还有她11个孩子的。收拾房间总是不断遇到问题，地板和木头墙上的裂缝使得各种害虫进入房间，她只能一手提着一壶热开水，另一手拿着煤油和刷子不断地清除各种害虫。在屋外，罗西帮助丈夫做数不清的家务事——放牧和喂养牲畜，用黑麦制咖啡，收割小麦，种树和护林，养花，打理蔬菜园。当她不做这些时，她又要洗晒一桶桶的衣服。雨天，她拿出平底锅接屋顶漏下来的雨水，这边接着，那边又漏，她只能端着盘子在屋里到处转。尽管如此，他们夫妻二人仍然有时间陪伴孩子，有时间参加家庭聚会、社区活动以及一些学习和读书社团活动。孩子还小时，与父母一起外出和做屋外的家务，有时坐在运玉米的车上，和父母一起聊天；随着孩子逐渐长大，他们会玩耍般协助做一些事，然后就能和大人们一起做很多家务事。尽管日子过得艰辛，他们也没有上过什么学，但仍然把9个孩子送进了大学，有的还进了研究生院。他们虽然没有我们当代人的舒适条件——防漏屋顶、中央供暖、快餐食品、微波炉、吸尘器、洗衣机和干燥机、电话等，却仍然能设法和孩子待在一起，关爱孩子①。

对于100多年前这对夫妻的艰辛生活，我们不要过于"罗曼蒂克"，但他们的故事告诉我们，可以转换思维来审视当代的时间约束问题。很多感到生活重压的父母其实能够空出更多的时间陪伴孩子——这是高质量家庭教育的第一步。这个判断得到了时间分配专家研究结论的充分支持。虽然美国人认为他们的工作时间过长，挤压了他们其他方面的生活，但数千名来自各行各业的美国人详细记录的他们每天时间流水的日记，却向我们描绘了另外一幅图景：1965年以来每隔10年，每周自由支配时间（没有任务约束的时间）实际上增加了。现在的美国男性工作时间比1965年时少了6小时，女性少了5小时；而男性的自由支配时间每周为

---

① L. E. Berk, *Awakening Children's Minds: How Parents and Teachers can Make a Difference*, New York: Oxford University Press, 2004: 293.

36 小时，女性为 34 小时。与上一代美国人相比，自由支配时间增加，但更加零散和不完整。成年人是怎么度过这些自由支配时间的呢？看电视（以及替代性玩手机）15 个小时，约占 40%。看电视新闻和喜爱的电视节目，比看音乐会、享受闲暇的家庭晚餐，或者带孩子去博物馆和动物园容易得多。

既然自由支配时间这么多，为什么很多父母仍然感到很大的压力呢？原因是我们的生活节奏太快，人们希望做的事情更多，生活中安排了更多的内容，希望增加单位时间的产出，常常同时做几件事。本章开头的家长在做晚餐、看电视、照看两个孩子及应对不时的种种要求的同时，还要考虑工作。"时间荒"的感受，导致一些父母出现了在时间的"量"不足的情况下去追求时间的"质"这一矛盾的期望。

父母如何打破时间约束？不能仅仅在节约时间上下功夫，因为压缩与孩子共处的时间也在节约时间之列，而要将节约时间和享受时间结合起来。需要把节奏放慢，并重新审视既有的家庭生活节奏。父母需要回答以下问题。

我们每周大多数时间，是否能全家坐下来共进晚餐，不低头玩手机、不看那些吸引人的电视、不接电话？

我们每周大多数时间，是否能与孩子做一对一的交流？

我是否能积极并有效地与孩子一起玩耍和娱乐，让孩子参与日常家务，如购物、清洁、修整庭院、烹饪、布置房间、修理家用物品？

我们是否向孩子提供了家庭常规活动内容以及清晰而持续的家规，不管孩子是否在我们的直接监管范围内都得到充分的监管？

这是父母与孩子共度内容丰富、愉快的时光的建设性保证。陪伴时间的量不是充分条件，但肯定是第一位的必要条件。

（二）发现和培养优良的个性倾向

以下是一位父亲在儿子婚礼上的致辞摘录。

作为父母，此刻脑海里浮现的，是一幕幕亲情、温馨的回忆。一个婴儿刚从产房抱出，湿漉漉的睫毛占了近半边脸颊，让人亲不够。这一亲，就是十几年，直到后来"人家"推开不再让亲了；这个曾经怕与生人打交道的小家伙，后来却在长沙至南昌的火车上，开心地与同行的旅客互动、开心大笑，像一颗洒满阳光的开心果；这个曾经沉迷于游戏的小家伙，后来时刻带在身边的，是一个 Sony "随身听"和一大堆现在已经泛黄的 CD 碟片——清一色的原装欧美音乐与歌曲，他沉浸于其中，顺带实现了英语水平的突破，打开了理解世界的一扇窗户；这个曾经总是仗着聪明而将贪玩进行到底的小家伙，在家人和老师的"权威"管束下，在一松一紧的平衡中，一路吉星高照，小升初、初升高、高中升大学，都进了理想的学校，后来考入了霍普金斯大学并加入了盖洛普公司，直至今天在万里挑一的联合国公务员筛选考试中脱颖而出，成为一名正式的联合国官员。这一件件看似偶然的事件，却笃定了他的命运。

作为父母，养育孩子的战略性任务就是发现孩子在智力水平、智力方向性和个性方面的特点，寻找和培养适合孩子独特性的优良品质，当然有的孩子也可以在其他外力的帮助下领悟和找到自身个性倾向。这个发现孩子个性的过程，贯穿父母伴随孩子成长的全过程，与孩子的自主性选择、机会和运气等多种因素共同沉淀为其实际成长轨迹。婚礼上的这位父亲回顾他陪伴孩子成长过程中的关键就是不断"顺势"发现孩子身上的优良的个性特征：从人见人爱的外表，顺势促进开朗合作的个性品质形成；聪明好玩的个性，顺势帮助他通过音乐这一兴趣爱好实现英语水平的突破；从独立性和抗压力强的个性中，采用一松一紧的"权威型教养"策略，顺势形成"半管教、半放松"的可塑性发展空间。

这里不强调养成习惯，而强调培养符合天性和兴趣爱好的个性倾向，不是认为习惯不重要，而是要从更高阶来看习惯的意义：习惯是具有智力、理智和情感的因素，是一种主动选择的"倾向"，来源于每个人原有的可塑性特点。所以，习惯不是父母和教师任意指定的某个或者若干个重复性倾向和行动，强制性的具体的习惯很多是难以养成的。只有与个人的智力和气质、个性因素一致的习惯才具有可塑性，才可以与个人的兴趣爱好和特长有机地结合在一起。

（三）调整养育方式

教养孩子首先要回答的问题是：我们打算将多少时间、精力和金钱用在孩子身上？我们怎么使用这些时间、精力和金钱？这涉及养育的强度和养育的方式。

1. 强化性教养

强化性教养方式是目前中产阶层和白领阶层家庭普遍选择的养育方式，甚至是一种国际化的潮流。① 强化性教养就是家长尤其是母亲做出的一种自我牺牲，将工作以外的很大部分时间和精力集中在处理孩子与其周围的关系的几乎每一个方面，以使自己的孩子体现出出众的学业、文化、身体、情感、社会以及教育的优势。主要特征是：以孩子为中心、依赖专家指导、高时间和精力投入、高昂的费用投入。②

在强化性教养中，孩子的需求植于成年人的需求之上，特别是母亲的需求之上，孩子的需求具有优先权，甚至要确保不让孩子哭泣，不让他们感到痛苦和不适；强化性教养不采用传统的处罚教养，而是以频繁表达爱和关注取而代之，以及不间断近距离地观察孩子的日常生活和变化，特别是与教师保持较为密切的沟通；采取强化性教养的父母，不是单纯依靠自己及其父母的有限经验指导养育孩子，而是大大增强了对儿童专家和育儿书籍的依赖。强化性教养提供各种兴趣、特长、爱好培训和见识新事物、新经验的经历，使养育孩子成为十分昂贵的家庭大事。

2. 权威型教养

如何养育的问题是由两个维度组成的：向儿童提出的要求的高低，

① 〔加〕大卫·切尔：《家庭生活的社会学》，彭铟旎译，中华书局，2005。

② P. A. Hays, Addressing the Complexities of Culture and Gender in Counseling, *Journal of Counseling & Development*, 1996, 74（4）：332-338.

对儿童实际担负的责任的大小。一些父母为孩子设定了高期望，并极力要求他们达到这些期望；另一些父母却对孩子要求很低，不怎么影响孩子。一些父母接纳孩子，并对他们负责；另一些父母拒绝孩子，不对孩子负责。

两个维度的组合产生了四种家庭教养方式①：权威型——温暖而坚定地提出合理的期望，并坚持监督孩子遵守；专制型——提出高要求，只看重和强迫孩子遵从自己，并不对孩子的行为和效果负责；放任自流型——不提期望，将子女视为掌上明珠和花朵，让孩子自己做出许多决定，溺爱和尽量满足孩子提出的几乎所有要求；漠不关心型——没有期望，也不管孩子，属于对孩子的"忽视"虐待。

对全球范围内 180 个社区的跨文化研究显示，"温暖关爱+引导控制+对行为和成就的中度以上教育期望"的权威型教养方式是跨越文化差异的最有效的家庭教养方式②，可以预测儿童早期积极的心态、自信、完成任务的独立性、合作和抵制破坏性行为，并延伸为与儿童中后期、青年早期的高度自尊、社会交往和道德成熟度、学业成就和教育获得都显著相关。

（四）延伸高质量的陪伴

现代社会中，儿童及其父母从过去大量共同的活动，到父母的工作和生活世界越来越与儿童分割开来，双职工父母陪伴儿童的时间必然始终处于短缺状态，这在人类历史上是不曾有过的。布朗芬布伦纳指出，与第 3~4 代（工业化、专业化社会）以前相比较，儿童"曾经是由父母带大的"。虽然现代家庭对儿童的个性发展仍然负有首要责任，但已经缺乏所需要的力量，因为父母与儿童不再有充足的时间相处。我们处在一个分裂的社会——成年人生活在一个世界，儿童生活在另一个世界。太多家庭中成年人和儿童生活

---

① L. E. Berk, *Awakening Children's Minds: How Parents and Teachers can Make a Difference*, New York: Oxford University Press, 2004: 784.

② L. E. Berk, *Exploring Lifespan Development*, SAGE Publications, 2022.

没有交集，有各自的休闲方式，父母和子女难得对话。当父母和儿童度过的大部分时间是彼此分离的，结果就是父母对下一代社会化的潜能被极大地抑制了。

这就需要我们一方面从增加父母的陪伴时间和发展亲子依赖关系上挖潜，从家庭教育的有效性上挖潜；另一方面把父母"不在场"的儿童经历纳入"高质量陪伴"的范畴，从基本策略上，将高质量陪伴延伸到家庭以外的学校、社区和同辈，并重新审视父母工作（非陪伴时间）对儿童的影响。很多案例表明，父母委托他人和机构陪伴孩子，在一定条件下，仍然可以获得与父母本人陪伴一致的效果，儿童的个性和学业成就都表现良好，甚至独立性和自信表现更好。

首先，高质量陪伴的延伸策略表现为父母权衡工作、家庭和孩子成长的需要，选择条件较好的地域、城市、社区（学区）；选择教学设施和师资队伍优良的幼儿园、小学、初中和高中，选择有亲切感、负责任的班主任的班级，并与任课老师建立良好的沟通关系；选择良好的成年人社会交往网络，注重对儿童同辈网络的把关。

其次，建立良好的亲子关系。最新实证研究表明，儿童和父母即使处于不同时空，也存在"亲代在位"，即父母与儿童的教养共同体可以在时空延伸结构下得到维系，仍然存在一种家庭成员之间的互动结构，在这种状态下，家庭得以维系，家庭功能包括养育子女功能能得以发挥。①

父母在工作、家庭和养育孩子的平衡性把握上，不是一味增加自己陪伴孩子的时间。一项持续 10 年的研究显示，那些计划空出时间认真陪伴孩子而经常与孩子温馨谈话和共同玩耍，陪伴教养积极有效的双职工父母，如果离开孩子认真工作，会产生很多与子女发展正相关的结果，如高度自尊、更好的学业表现、更积极的家庭和同伴关系、较少的性别刻板观念等。②

① 吴重涵、戚务念：《留守儿童家庭结构中的亲代在位》，《华东师范大学学报》（教育科学版）2020 年第6期。

② L. W. Hoffman, Effects of Maternal Employment in the Two-parent Family, *American Psychologist*, 1989, 44: 283-292.

　　高质量陪伴得到时空延伸的一个必要条件是不论孩子是在父母的视线以内还是视线以外，父母都必须知道孩子经历了什么，包括频繁与孩子的其他看护人和教师接触，知道孩子在班级发生了什么，知晓孩子与兄弟姐妹和同伴之间发生了什么，确认孩子的行为是积极正面的、有礼貌的，并从中发现孩子的优点和问题所在。而这些又可以反过来使父母的陪伴更有针对性，包括掌握孩子的知识、智力、能力和个性上的"最近发展区"。

　　总之，围绕家庭教养调整家庭生活节奏、发现和培养优良的个性倾向、调整养育方式、延伸高质量的陪伴，父母对儿童成长可能经历的机会和可能产生的社会关系的战略性安排和选择，是家庭教育一个十分重要同时在很大程度上被忽视的问题。而且，以上讨论只是一个概率意义上的"应然"的选择，具体每个家庭、每位父母的选择，可能是"不改变生活节奏的、专制型或者放任自流型教养的、关注儿童不同的关键个性和习惯的"，本质上是被家庭或学校角色、社会身份和自我概念所结构化的[1]，这是又一个大话题。限于篇幅，这里对这种种家庭教养决策与背后原因的对应关系不做继续讨论。

五　余论：顺势发展家庭教育

　　我们认为，未来家庭教育的走势并不会是先验的认知和智慧的计划的结果，而是家长压力、学校压力的结果，是政策对家长"人心"因势利导的结果。没有人能准确设计和控制家庭教育的进程，人为引领家庭教育并不是最明智的，各种复杂的社会诱因使家庭教育的走向有如迷雾，未必看得清楚。

　　从家庭教育政策和投入对家长"人心"因势利导的方向来看，笔者认为家庭教育事业的发展应该遵循以下几个基本原则。

---

[1]　〔加〕大卫·切尔：《家庭生活的社会学》，彭钢旎译，中华书局，2005。

第一，降低家庭的教育成本。现代家庭的资本构成已经从以经济和物质资本为主，向以教育资本、人力资本为主的方向过渡。家庭的教育成本包括家庭金钱成本以及父母的时间成本、精力成本和快乐成本。具体的政策，例如加快普及普惠性幼儿园，如将幼儿教育纳入义务教育，并使更幼小的儿童能够入园，增加父母生育假以及幼儿父母的弹性工作政策，减少择校和校外培训竞争，倡导回归家庭快乐生活的理念和相应的家庭消费文化，以美好的家庭引领家庭教育。这些政策应在适当的机会窗口期及时出台。

第二，保持和增强不同类型、不同阶层家庭对孩子教育的灵活性。这是中国特色家庭教育生动发展的灵魂所在。家庭教育的主要本质特征是私人性。家庭教育的积极性和创造性蕴含在千千万万家庭中。家庭和家长是家庭教育充满活力的动力，家庭生活的创新是家庭教育形态发展的源泉。而这一切在于有一个宽松的家庭变革的社会环境，在社会公平的前提下保护和激发家长的教育积极性和首创精神。作为家庭私人性反向的公共性，就是为了保障以这种首创精神因势引导，而不一定是利用政策工具去"引领"。为此，一是不能给家庭设置过多的门槛和限制，不赞成对家长进行家庭教育知识的考核。二是保持不同类型、不同阶层家庭教育的独特性。家庭教育需要保持一个基本的教育公平政策环境，降低家庭和家长的投入成本，但不同阶层的家庭和家长，对孩子的期望、教养方式以及教育条件的保障差异很大。所以，如何在家庭整体教育成本降低的前提下保持家庭教育的创新空间是家庭教育政策调整面临的一个重大问题。家庭教育会被深深地打上时代的烙印，也会被打上不同阶层、不同职业和不同地域的烙印，这是家庭教育生动发展的应有局面。为此，需要对不同的家庭群体分类施策，分类提供服务和保障。例如，降低家庭教育成本对于不同阶层家庭的含义是有差异的，对于农村家庭，降低家庭教育的经济成本是首要的政策目标，而对于中产阶层和知识家庭，降低教育的时间、精力和生活快乐成本更显重要。

第三，为家长提供必要的家庭教育知识。现在市场上乃至学校和社会组织向家长提供的家庭教育知识内容浩繁，存在雷同、前后矛盾的问题，很多观点和依据源于国外数据。更不要说质量参差不齐、鱼龙混杂。这对家长造成了很大的困扰，使其无所适从，更对家长焦虑加剧产生了推波助澜的作用。在这种知识乱象的背后，是将家庭教育知识"市场化"的"幽灵"。这一局面亟待改变，也是本书研究的一个重要问题。

（一）以"优势视角"看待孩子的问题和发展潜力

现实中有些父母总是盯着孩子的"不足"和"缺点"不放——"孩子总是坐不住，好像有多动症""孩子老和我作对，总是噎我，气死我了"，甚至把孩子看作没有希望的失败者，造成孩子严重缺乏自信、自尊。这种"缺陷视角"养育观，认为孩子之所以出现这样或那样的问题，是因为其具有性格或智力上的"缺陷"，而这些所谓的"缺陷"如果不能转化为优势，就可能会发展成真缺陷。

相对应的"优势视角"养育观，则相信儿童拥有内在的能力去适应、学习、成长、改变，能够使用内在和外在资源去应对学习和生活中的挑战，养育过程中父母的注意力始终放在观察和发现孩子的潜在优势上。

聚焦孩子的发展优势和潜力是家庭养育的根本任务之一，应关注儿童的内在力量，唤醒优势资源，把孩子性格或智力上的"缺陷"看作其独特发展优势的组成部分。否则，家庭陪伴和家庭外成长经历的选择，就失去了根本方向。

发掘儿童的发展优势，要在智力特长和情绪特征组合上下功夫，并以优势为龙头带动孩子的全面发展。例如，有个四年级男生钢琴弹得非常好，但不合群，遇到难题就情绪激动，发脾气，班主任深感头疼。校长说："我们假设这个孩子长大会成为艺术家，该怎么看待他？"于是大家不再过分揪着问题不放，而是欣赏他的艺术气质，因势引导。随着孩子钢琴弹奏水平实现了突破，情绪和学习都逐步稳定下来，他后来考入世界顶级音乐学院，性格也有了很大改善。

这个例子说明，必须从儿童的智力特长和情绪特征的整体性视角来应对孩子出现的种种问题，不能简单"开方治疗"。一个人的智力特长与情绪特征具有双向关系，优点和缺点如同一枚硬币的两面，而情绪缺陷往往会随着成长尤其是随着优势潜能的发挥自动改善甚至消失。家长和教师的责任就是发现和发展这种智力特长和情绪特征的组合优势，促进孩子的发展。

（二）选择家庭外的经历和应对养育压力事件要顺势而为

家庭陪伴固然重要，但其远不是家庭教育的全部。规划和选择孩子家庭外的经历和应对养育压力事件越来越成为父母面临的重大挑战，成为家庭教育成功与否的关键环节。

挑选幼儿园和中小学校、兴趣特长班和补习强化班；与学校和教师建立互动关系；选择研学旅行；依人文环境挑选小区；帮助孩子选择同伴，家长选择自身的亲属圈和社交圈；为孩子自己选择的社会活动和学习项目提供智力、精神和经济的支持……这些都需要家长花费大量时间和精力收集、分析相关信息，从上网搜索、查看书籍、专家咨询、同伴交流到实地考察无所不包。

如何应对养育压力事件？从 ABC-X 理论来看，养育孩子过程中难免遭遇各种养育问题（A），家长对这些问题进行定性和压力大小评估（B）后，确定采用何种知识渠道获取相关知识技能（C），由此产生解决压力事件的策略（X）。

不管是孩子的不良行为还是阶段性成长问题，问题本身并不会直接导致父母对家庭教育知识的需求，如何定性并在定性后产生教育压力，才是产生家庭教育知识需求的关键因素。

例如，有的孩子书架和书桌凌乱，父亲不以为意，母亲却觉得是个大问题。母亲是从以往经验、网络媒体、各类家庭教育书籍、与同事和其他家长交流、与老师联系与互动、听专家讲座、找专家咨询等渠道，获得了很多彼此矛盾的片段信息。

书桌规整对情绪特征讲求规律性的孩子自然是好习惯。但如果孩子具有善于完成复杂认知任务和喜欢打破常规的个性特征，其书桌物品看似无序的放置背后可能有内在逻辑性，这很可能是创造性人才的外在表征，那么对这个孩子来说，强迫其过于规整反而会影响其思维状态，因此就不需要刻意养成规整的习惯。

（三）给家长提供有限但有效的家庭教育科学知识

与目前大多数主流观点不一致，我们认为给家长提供的家庭教育知识，应该是不引发家长焦虑的科学知识。

当前的一个重要认识误区是，将家庭教育和父母教养的极端重要性，与父母掌握系统而复杂的家庭教育知识等同起来，其实，这个判断中间的逻辑是中断的。本书和其他的研究已经表明，大部分父母可以凭直觉、记忆和生命历程中的经验解决大部分养育问题。也就是说，父母实施家庭教育并不需要系统的专业知识支撑，父母必须掌握的家庭教育知识是有限的。大量成功教育孩子的家庭中，并没有几个家长是对照家庭教育知识"按图索骥"的。用复杂的知识加剧父母对孩子养育的焦虑是必须避免的。一定意义上，掌握家庭教育知识的"科学性"就等于做好"有限性"这篇文章。

本书研究表明，家长需要掌握两类有限的家庭教育知识。

第一类是父母阶段性地学习儿童的发展知识，以及一些阶段性的儿童发展常见问题的处理方式。

例如，3岁孩子的身体的、认知的、情感发展的阶段性知识：身体的阶段性知识，体重13~17公斤，身高92~102厘米；认知的阶段性知识，开始注意事物的细小差异，开始认识图形和数字，分辨颜色，有初步的时间和空间概念，注意力可保持20分钟，产生语言记忆；情感发展的阶段性知识，情感外露、易变，自控力和抗挫能力形成的关键时期。

试想一下，当孩子正好3岁的时候，家长对应地了解这些知识并不困难，家长最疑惑的其实就是这些简单的有关孩子成长的阶段性知识。

第二类是关于教养方式的知识。不同的教养方式下成长的孩子会拥有不同的偏好、态度和价值观以及人生发展道路。倡导同时注重自治和成就"双高"要求，提倡有能力（capable）、个性独立（independent）、有爱国和爱人之心的（loving）教养方向，引导家长在良好、健全个性培养的基础上追求外在的高成就。为此，需要向广大家长普及不同教养方式的价值偏好、基本原则、实施策略，需要家长掌握改变教养方式的种种因素以及如何通过改变这些因素优化教养方式。当前尤其应让家长清楚，世界范围内普遍倡导的"密集性教养方式"与"极端的"密集教养方式的根本区别，通过换一个"剧场"来防止恶性攀比循环的"剧场效应"。

（四）家庭教育研究要肩负起重担

家长教育知识的有限性反而对家庭教育研究提出了新的更高的要求。从当前市场上面向家长的读本来看，当前中国的家庭教育需要开展系统的基础性研究，需要把中国家庭教育的"底牌"摸清楚。

当前中国家庭教育指导和家庭教育政策的知识基础比较薄弱。国际先发国家在家庭教育领域长期积累了系统的儿童成长、家庭制度和教养的数据和资料，并在数据的基础上构建了相应的知识体系和政策体系。知识积累很多是通过国家资助的大型研究项目实现的，其中有的项目甚至持续数年，有的项目甚至持续大半个世纪。这些经验值得我们借鉴。

笔者认为，数据资料缺乏、不系统是中国家庭教育知识实用性不强的一个重要原因。当前需要把事关家庭教育的家庭制度、家庭生活和父母教养、儿童阶段性发展等方面的"底牌"摸清楚，其调查研究难度大、条件保障要求高、涉及人员和资源的整合综合性强，需要作为国家长期投资的研究项目。其中"当代家庭调查"涉及家庭的功能、结构、各种家庭内部人际关系以及与家庭外部的学校、单位组织、邻里社区、文化、政策的关系；家庭生活和父母教养调查，包括现代家庭生活构成及其现代性特征、家庭活动的编年史研究、家庭生活的教育机理、教养方式的成因和结果；儿童阶段性发展调查，包括儿童的生活状况、社会关系、生命历程，儿童身体、认知和情绪发展的阶段性特征数据。

唯其如此，中国家庭教育的本土理论才能在坚实的地基上建立起来，中国家庭教育政策才能获得理论和证据的支撑，中国家长才能获得有质量的家庭教育知识。

第十一章

留守儿童的家校合作与家庭结构中的亲代在位

在经济社会转型、城乡二元结构背景下，农村劳动力大量向城市转移，导致农村留守家庭与隔代教养现象普遍存在。然而，父母缺场、亲子分离并不必然带来父母养育缺位、亲子关系断裂。主体的视角超越了二元对立的预设，在结构中创造了属于自己的历史。留守儿童在社会文化的熏陶、亲子关系的感知、学校与社区重要他人的替代中，形成了基于自身视角的亲代在位的认知图式。留守儿童内心的亲代在位结构可划分为 3 个层次，分别是基础层次——象征父母与先验父母、核心层次——具象父母与责任父母、支持层次——监护人对于父母形象的维系以及重要他人的代理父母位置。这样一个儿童视角的亲代在位解释框架，对于学校做好与留守儿童家庭的沟通和合作、理性选择留守儿童家庭教育的方法具有启示意义。

一 问题的提出

受到经济社会转型、区域发展不平衡和大规模人口流动等因素的影响，家庭结构发生急剧变化，儿童抚育方式也因此发生巨大变化。根据全国 1% 人口抽样调查数据估算，2015 年，不能与父母双方一起居住的儿童达 9560 万人，其中农村留守儿童 4051 万人、城镇留守儿童 2826 万人，以及流动儿童中不能和父母双方一起居住的 1884 万人，合计占 90%

以上。① 可见，城乡二元结构背景下，大量的农村劳动力向城市转移，导致农村留守家庭与隔代教养现象普遍存在。无独有偶，西方社会由农业经济向工业经济转型中，同样使得家庭结构在短时间内重组。例如，1830 年的美国，70% 左右的儿童生活在双亲务农家庭，在随后的 100 多年间，这一比例迅速下降到不足 30%，生活在父亲外出赚钱、母亲持家的家庭的儿童比例由 15% 快速提升到 55%，这一高比例直到 20 世纪 60 年代才开始回落。② 中国农村留守家庭的显著特征是，家庭成员分散居住于城市与农村多地。这对于中国传统的农耕型社会来说是亘古未有的新事物。但从世界范围来看，家庭成员在生活上彼此分离是作为社会转型中一定历史时期的伴生物而出现的，是伴随社会现代化变迁的产物，突破了"家庭成员在时间、空间上的同时结合是定义家庭的必要条件"的传统认识③，是一种被吉登斯称为现代"家庭时空延伸"的社会现象。④ 相对而言，国内对于留守儿童及其家庭的关注始于对留守儿童成长处境担忧的一般性认知：留守儿童常年生活在一种不完整的家庭结构中，其成长受到这一家庭离散结构与状态的影响，处于"学习上缺人辅导、生活上缺人照应、亲情上缺少温暖、心理上缺少帮助、道德上缺少引导、行为上缺少自控、安全上缺少保障"的状态，⑤ 并认定，这些不良问题是由其父母外出而导致的亲子关系断裂所致。这种认识在一定意义上的确是对中国留守儿童的真实写照，但从更大的视角，我们有理由发问：中国留守儿童的问题，究竟是纯粹的家庭结构时空延伸问题，还是家庭生活和知识贫困问题，抑或是两者纠缠在一起的问题？留守儿童家庭是否仍然存在儿童成长所必需的积极的亲子关系结构？对这些问题的认知和理解，不但具有重要的理论意义，更对留守儿童的成长具有重要的现实意义。

---

① 联合国儿童基金会：《2015 年中国儿童人口状况》，2019，http：//www.unicef.cn/cn/uploadfile/2017/1009/20171009112641471.pdf.
② 〔美〕威廉·A. 科萨罗：《童年社会学》，程福财等译，上海社会科学院出版社，2014。
③ 〔加〕大卫·切尔：《家庭生活的社会学》，彭铟旎译，中华书局，2005。
④ A. Giddens, *The Consequences of Modernity*, CA：Stanford University Press, 1990.
⑤ 王占武：《浅谈班主任在留守儿童管理中的教育方法》，《才智》2014 年第 23 期。

笔者认为，留守儿童家庭成员的分散居住状态虽然导致亲子关系维度欠缺，但在家庭发生变化时，儿童及其外出的父母并不是完全的被动接受者，家庭也不是被动授受者，而是主动参与者。留守儿童及其外出的父母如何看待对方、家庭以及父母与家庭如何协调亲子关系，同样是留守儿童成长中极其重要的问题。通过描述留守儿童自身如何看待或理解其家长外出工作而将之留在家乡这一事实，留守儿童与其外出父母之间的现实互动状况，影响留守儿童对于父母外出这一事实的认知和理解的家庭、学校与社区因素等，试图描绘出一个留守儿童家庭结构中草根的运行逻辑的生成图景。

二 文献综述

概括起来，当前对农村留守儿童的研究主要是结构主义的负面问题分析。

农村留守儿童群体与农民工群体是同时出现的。然而，直到 21 世纪，农村留守儿童研究才真正进入学术视野。初期研究（2002～2006 年）大多作为"社会问题"被提出，倾向于关注留守儿童群体的负面问题。[①] 后续随着研究设计的规范，比较视角被引入这一领域，研究问题、群体出现细分趋势，出现了一些新的发现和理论。但父母的外出带来诸多不利影响仍然是一种主流认识，留守儿童依然大多呈现背负众多负面特性的"受害者"形象。全国妇联 2008 年的研究报告显示，留守儿童面临的突出问题包括：得不到足够时间的母乳喂养，缺少父母亲情呵护和亲子交流深刻影响着幼儿认知、情感、社会性发展，而且接受正规学前教育的机会少；义务教育阶段留守儿童安全和青春期教育缺乏、进城生活困难等；对于大龄留守儿童而言，父母流动对学业完成具有一定影响、留守女童易受性侵害等。[②] 通过一项留守时间对儿童心理的影响测试发现，半年是一个关键时期，即留守半年的儿童在

[①] 王晓慧、胡金平：《"问题范式"下的留守儿童研究及其拓展》，《教育学术月刊》2011 年第 6 期。

[②] 王岩：《全国妇联 2008 年的研究报告显示：留守幼儿面临的突出问题有得不到足够时间的母乳喂养》，www.chinanews.com。

诸多方面与普通儿童存在显著差异，随着留守时间增加，其各方面表现进一步下滑。另一项测试发现 5 年是一个拐点，即留守时间 5 年以上儿童的心理失衡得分显著高于留守时间为 1～2 年、3～4 年的儿童，而后两者之间无显著差异。① 父母的外出以及因此导致的亲子关系缺损或父母失职，对于留守儿童来说虽然是几乎不可更改的结构性问题，但有学者觉得这一视角的结构性并不明显，因此提出以拆分型劳动力再生产体制和农村社会结构来分析留守现象。但研究发现是拆分型劳动力再生产体制割裂了亲子关系、降低了留守儿童的家庭责任感等②。大批农村劳动力外出务工，减少了农村的公共活动，降低了村庄的内聚性，瓦解了其文化伦理，导致留守儿童丧失对"家"的归属感和对农村的认同感，日益脱嵌于农村社会。③ 其中，虽也有研究认为留守儿童并非问题儿童，如有学者认为父母外出与否与孩子的学习成绩并没有很大的相关性④，儿童留守与否在学习兴趣和对自身学习成绩的认识上也没有显著差异⑤，其成绩不佳多因农村父母普遍教育观念淡薄且无力对孩子进行学业辅导，但此处的留守儿童依然是被动者、受支配者。

在留守儿童负面问题的归因上，至今比较强有力的是结构主义的分析。结构论者认为，共同在场条件下与他者的互动在某种意义上是社会生活最"根本"的空间结构形式。空间距离的客观存在导致社会距离的产生，从而导致农村留守家庭的碎片化、离散化。城乡拆分型家庭，其成员间的生活、工作和学习可能在不同的时间和空间中进行，而社会互动又是由在一定时空下的社会实践构成，空间在形塑社会互动的同时亦为社会互动所再生产。吉

① 胡心怡、刘霞、申继亮、范光华：《生活压力事件、应对方式对留守儿童心理健康的影响》，《中国临床心理学杂志》2007 年第 5 期。
② 汪建华、黄斌欢：《留守经历与新工人的工作流动——农民工生产体制如何使自身面临困境》，《社会》2014 年第 5 期。
③ 江立华：《乡村文化的衰落与留守儿童的困境》，《江海学刊》2011 年第 4 期；汪建华、黄斌欢：《留守经历与新工人的工作流动——农民工生产体制如何使自身面临困境》，《社会》2014 年第 5 期；黄斌欢：《双重脱嵌与新生代农民工的阶级形成》，《社会学研究》2014 年第 2 期。
④ 朱科蓉、李春景、周淑琴：《农村"留守子女"学习状况分析与建议》，《教育科学》2002 年第 4 期。
⑤ 吴霓：《农村留守儿童问题调研报告》，《教育研究》2004 年第 10 期。

登斯说，各种形式的社会行为不断地经由时空两个向度再生产出来，我们只是在这个意义上，才说社会系统存在结构性特征（structural properties）。[1] 结构论者认为，移民与劳务输出地欠发达相关，并引起当地技术劳动力减少及其他负面影响[2]。这个过程唯一的失利者是移民及其子女。用移民的视角关注留守家庭中的儿童是有一定意义的。但是，上述结构视角预设了农村社会正趋于瓦解、农民工家庭已失去对留守儿童的管教与约束。他们认为，青壮年劳动力外出务工以后村庄的内部联结明显减弱，公共活动显著减少，节庆仪式大为简化，社区伦理趋于瓦解，甚至导致农民工家庭解体，从最基础的层面颠覆了农村社会的根底。[3] 这样一来，最先引入结构视角考察儿童留守经历的研究者就主动放弃了对农民工家庭结构的关注，看到的仅是留守儿童对"家"的归属感丧失并日益脱嵌于农村社会的过程，并认为父母外出打工提供的更加优越的经济条件也进一步为脱嵌提供拉力。[4] 然而，这一农村社会和农民工家庭结构趋于解体的预设，忽视了流动时代农民工家庭为应对劳动力再生产困境而延续和重构家庭教养策略的努力。大规模分散式人口流动持续导致家庭离散，这种家庭离散显然是偏离常态的，造成家庭结构功能的部分缺损，未成年留守儿童又属于情况最为严重者。学界侧重于负面影响，当然有助于社会提升对留守儿童的关注度并激发对其关爱关怀。然而，过多地关注负面影响，也容易给留守儿童及其家庭带来歧视知觉，无助于留守儿童及其家庭的自立自强。其实，对于大多数留守家庭来说，其离散化状态并不必然带来碎片化，他们往往通过一系列维持性行为，顽强维持家庭完整，尽可能实现其功能目标。[5] 这些离散家庭通过怎样的弥合机制以避免家

---

① 〔英〕安东尼·吉登斯：《社会的构成：结构化理论大纲》，李康、李猛译，生活·读书·新知三联书店，1998。

② A. Portes, R. G. Rumbaut, *Immigrant America*：*A Portrait*. Berkeley：The California University Press, 2006.

③ 张玉林：《"离土"时代的农村家庭——"民工潮"如何解构乡土中国》，载徐杰舜、许宪隆主编《人类学与乡土中国——人类学高级论坛 2005 卷》，黑龙江人民出版社，2006。

④ 王欧：《留守经历与性别劳动分化——基于农民工输出地和打工地的实证研究》，《社会学研究》2019 年第 2 期。

⑤ 金一虹：《离散中的弥合——农村流动家庭研究》，《江苏社会科学》2009 年第 2 期。

庭灾难性裂解？苦苦维系家庭的动力及机制又是什么？揭示这些问题，将给留守儿童、农民工家庭的发展带来更多的正能量，也将给国家相关政策的制定带来更多的适切性。

社会结构与主体能动性之间的张力一直是社会理论的基本问题。一些研究试图让留守儿童群体自身发声。如有的研究认为，留守儿童更加独立自主、意志更加坚韧，并从积极心理学的视角出发关注留守儿童的心理弹性，认为有留守经历的大学生身上散发出"留守的力量"。[①] 鉴于在经验层面和研究层面均发现不少留守儿童与非留守儿童在很多方面其实并没有存在多大的差距，他们学习不错、道德品质良好、遵纪守法，甚至在有些方面的表现优于非留守儿童，因此有学者呼吁考察农村留守儿童的家庭自我认同意识[②]，并认为如果不考察他们的家庭自我认同意识，留守儿童关爱措施的效应就要打不少折扣[③]。然而，一是对留守儿童与其父母双方的主体能动性机制尚缺乏系统深入的分析和挖掘，更多是停留在主体能动性的存在这个层面；二是在强调主体能动性时需要反思主体能动性的发挥是否可以无视结构的存在、儿童的心理韧性、家庭自我意识的生成基点来自何方。如此看来，此处的结构既可能是一种阻碍与压抑，也可能是主体能动性得以发挥的保障与来源。

三　研究的视角

基于现有对留守家庭及留守儿童研究视角在结构和主体能动性之间摇摆的种种局限性，本书提出，农村留守家庭的本质是时空延伸结构下的共同体维系。留守儿童家庭成员在时空延伸条件下，仍然存在一种家庭成员之间的互动结构，在这种结构状态下，家庭得以维系，家庭功能包括养育子女功能

---

① 贾文华：《农村留守儿童人格特征、应对方式与心理适应性关系》，《心理科学》2012 年第 1 期。

② 佘凌、罗国芬：《家庭自我认同意识理论：留守儿童问题研究的新视角》，《河南大学学报》（社会科学版）2008 年第 1 期。

③ 罗国芬：《农村留守儿童的家庭自我认同意识研究：一项二手分析》，《青年探索》2012 年第 1 期。

得以发挥。

在时空延伸共同体维系的农村留守家庭，儿童与父母的互动结构就是亲代在位。亲代在位是亲子双方在心理意识层面上建构的亲子关系，体现的是儿童和父母内在的心理状态，父母对于子女的心因性亲近、可触及性总是存在于亲代在位心理体验中，引发时空分离的亲子之间发生互动行为，在这种互动行为中亲代在位体验得到改变。对农村留守家庭隔代教养的观察与研究不同程度地建基于一个相同的预设，即隔代教养等同于儿童成长中的父母缺席。这一预设中，想当然地把物理空间上的支离等同于心理、社会空间上的支离，从而将父母进城务工等同于家庭的支离，进而将亲子分离等同于家庭结构缺损、亲职外放，而农民工家庭因此又等同于碎片化家庭、拆分型家庭。[①] 这一预设切合社会科学中长期存在的二元对立预设。的确，"二元对立"是人类认识世界的主要逻辑方式。从十八世纪至十九世纪的欧洲工业化以来，城市与乡村对立就是重要预设框架，这种预设与当时的情景经验是契合的。当时乡村与伦敦或曼彻斯特有着天壤之别，一个农民离开乡村到城市就业如同脱胎换骨，加上空间距离遥远、通信技术不发达以及受到城市生活的洗礼，与乡村的血缘和地缘联系确实变得虚薄或终结。马克思和恩格斯认为这种因资本扩张而普遍化的现代性空间或城市的力量使"一切固定的东西都烟消云散"。另外，对于"家庭"，传统意义上把成员生活在同一的物理空间作为家庭的基础维度。面对文化的多样性，文化人类学对家庭的最小定义是"共同使用火（厨房）"[②]，也就是"同一口锅里吃饭"的共同体。传统中国也将"居家共财"作为家庭的核心内涵。这里，家庭的要件之一就是"共同居住"，即"住在一个屋檐下"。然而，家庭的共同居住要件，在当下中国城乡二元结构下，由于外部压力或者一些不得已的因素而面临重大冲击。中国改革开放以来，进城务工的农民与家庭其他成员分居两地甚至多地。农民走向城市仍然是当下的一个趋势，留守儿童与隔代教养短时

① 谭深：《中国农村留守儿童研究述评》，《中国社会科学》2011 年第 1 期。

② 〔日〕上野千鹤子：《近代家庭的形成和终结》，吴咏梅译，商务印书馆，2004。

间不可能消失。

然而，与传统社会科学预设的农民进入城市之日即疏离农村之时不同，入城的中国农民仍然与农村"绑在一起"。[①] 作为农村留守家庭来说，隔代教养表明家庭生活的行动单位仍然是家庭，而不是现代主义所预设的"个人"。这种"跨代际家庭"仍然是城乡分居的基本单位，同时也是合作互助的单位。2014 年 5 月，中国青少年研究中心组织实施"全国农村留守儿童状况调查"，发现留守儿童总体上形成了比较积极的价值观，对未来充满希望，向往城市生活，家庭关系良好。82.4% 的留守儿童对未来充满希望，77.7% 的留守儿童希望以后在城市生活，90.2% 的留守儿童与母亲关系很好，89.4% 的留守儿童与父亲关系很好，大多数留守儿童仍将母亲视为最重要的支持来源。[②] 正是这样一种隔代教养的代际合作方式使父辈和子辈之间维系着"不在一起的共同生活"[③]。这些现象的背后，隐藏着一条基于人类文化传统的历史创新：农村留守儿童家庭结构中的亲代在位。

二元对立可以让我们在悬置状态下认清事物的各个面向，但在"城乡对立""身心二元"的过度预设下讨论当下中国农村留守儿童成长中的隔代教养问题，也可能误导学者和政策制定者，造成现实与理论、实践与政策之间的错位。[④] 农民工的离乡外出并不必然意味着与乡村和家庭的疏离，儿童的社会化也并非完全是由时空结构决定的。家庭与儿童都是能动者，他们在城乡二元结构中存在，但并非被动地存在，他们同样在历史境况中创造历史。亲代在位的发展不依赖于任何一种家庭结构，所有子女都有亲代在位的心理认知，因为子女内心的父母亲感知以及子女与父母之间的互动关系，才是子女心理亲代在位形成和发展最重要的两个因素，即与父母共同生活、共

---

① 朱晓阳：《"城-乡两栖人"：中国二元社会新动向》，《北京日报》2018 年 8 月 20 日。

② 张旭东、赵霞、孙宏艳：《农村留守儿童存在的突出问题及对策建议》，《云南教育》（视界综合版）2015 年第 3 期。

③ 戚务念：《农村留守儿童的学校关爱模式及其讨论》，《当代教育科学》2017 年第 2 期。

④ 刘远杰：《城乡教育共生：一项教育哲学探索》，《教育学术月刊》2017 年第 3 期。

同居住，子女的心理亲代在位更容易发展，或者说这是一种习以为常的"理所当然"，这种"理所当然"往往因为在日常生活中被遮蔽而不自知。从这个意义上讲，父母缺场的农村留守儿童，在一定程度上可以通过其他方式的补偿发展亲代在位的心理认知。当父母不与子女共同居住和生活时，留守儿童的心理亲代在位如何发展？父母本人、儿童主要照顾人（祖辈）及重要他人，以及社会文化在留守儿童的心理亲代在位形成和发展过程中的作用如何？本章从留守儿童的视角和体验出发，从家庭结构的角度考察隔代教养中的亲子关系，尝试提出亲代在位的理论框架。

四　田野概况

本章所使用的经验材料不是根据一次研究设计得来的，"亲代在位"这一概念的提出，是在国家社科基金项目资助下，在江西省开展家校合作试点工作中，在以农村留守儿童为主体的试点调研和田野工作的综合成果的基础上提炼出来的。这一概念大致形成之后，回溯性地审视收集到的资料，并对田野点、学校及学生（家庭）进行追踪调查，以检视概念的适切性。这项研究的基本逻辑脉络是儿童立场与当地人视角，注重儿童与研究对象的经验与体验。从儿童在学校、家庭与社区的日常生活出发，考察研究对象的独特经验与感受，解构或补充既有的结构主流、成人中心的理论视角；当地人视角也包括家校合作试点学校和教育行政部门在留守儿童工作中的实验创新，验证、启发和补充儿童立场的研究。

在初期调查走访中，笔者发现一些乡村大多土地抛荒杂草丛生，即使在少数交通条件较好的传统粮食蔬菜生产基地，虽庄稼长势喜人，但田间地头也鲜见 45 岁以下的劳作者。近年来，笔者每年都选择若干试点学校系统调研、收集资料，并开展持续一两个月的家庭田野工作。田野工作期间，笔者聆听儿童的声音，将儿童与研究对象看作有行动和互动能力的主体，而不是未完成的被形塑的"胚胎"或"文化傀儡"。观察留守儿童与其家长的互动状况，农村留守儿童这一群体自身如何看待和理解其父辈外出工作而将之留在家乡这一事实，结合对留守儿童在校情况的观察，在框架模糊的观察与访谈中，不断聚焦问题，逐渐形成亲代在位这一概念。在这一过程中，笔者与师生同吃、同住、同工作，休息时间赴村落农户走访等，在平等交流中结交了不少的儿童和中老年朋友，记录了上百万字的日志，收集了图像等资料。父辈外出打工后，很大部分选择将孩子交给祖辈照顾，其中流动儿童或在学龄期被送回农村交给祖辈，因此儿童生活的家庭模式由核心家庭变成了主干家庭或联合家庭，但大多体现出隔代家庭的显著特征。极少部分呈现"假性单亲家庭"模式（父母一方外出，其中以母亲留守居多）、"寄养家庭"模式（多因祖辈身体欠佳，以上学方便为原则寄居在叔伯姑舅家）。外出父母往往一年回家一两次，多为春节期间，可与儿童、老人共居半个月左右，少数儿童可在暑期前往父母所在城市与父母共同生活。在田野调查的同时，我们不断将研究的进展、发现和观察视角反馈给学生中留守儿童占比较大的家校合作试点学校，启发学校在理论引领下创造性地开展与留守家庭互动的工作。

五　农村留守儿童家庭的亲代在位何以可能

儿童心理亲代在位形成发展过程中最重要的两个因素是子女与父母之间的互动关系和子女内心的父母亲感知，所以亲代在位的形成不依赖于任何一种家庭结构，所有儿童都有亲代在位。本书观察表明，即使父母不与子女在同一时空中生活，父母和留守儿童也可以通过社会互动的不断积累而产生心理上的亲代在位。而且在留守儿童的成长中，亲代在位起着不可替代的作用。亲代在位既是儿童心理上的感知，也是从系统的角度描述亲子关系的一种动力学模型，对留守儿童尤其如此。

对经验观察的分析表明，亲代在位结构可划分为 3 个层次，分别是基础层次——象征父母与先验父母、核心层次——具象父母与责任父母、支持层次——监护人对于父母形象的维系以及重要他人的代理父母位置。

（一）基础层次

任何一种家庭结构的留守儿童都可以拥有亲代在位。在观察样本中，有的儿童从来没有见过自己的父母（例如孤儿），更没有与自己的父母共同生活的经历与体验，但这类儿童也存在亲代在位。人们每日生活于其中的文化观念、集体记忆以及流淌在血液中的基因记忆是亲代在位得以存在的第一个因素。

1. 文化观念中的形塑：象征父母

在与留守儿童的互动交谈中，笔者发现，人类社会积淀的风俗习惯中有关父母的形象与信仰、遍布于影视音像中与书本中的父母形象、街头巷尾言论中的父母形象都在留守儿童的心灵里深深扎根。作为文化符号的父母，孩子在婴幼儿时期就通过聆听歌谣（如《世上只有妈妈好》《我有一个好爸爸》《泥娃娃》）、观看动画片（如《小猪佩奇》《喜羊羊与灰太狼》《大头儿子小头爸爸》）等形式和渠道获得。父母回到家时，更是不自觉地示范父母的形象，让久别重逢让留守儿童有一种熟悉的陌生感。外出务工的父母春节返乡这一习俗，让留守儿童明白家庭中的代际关系、责任分担与血脉亲情。因为留守现象的普遍存在，我们甚至观察到有的留守儿童将《世上只有妈妈好》改编成《世上只有妈妈坏》，这一令人有些悲伤的文化现象同时也昭示着儿童对于亲代的渴望。

学校教科书中的父母形象传递着成人社会对理想父母形象的认知、感悟与期盼，传承着成人社会的思想、情感、价值观等内容，其中蕴含的内在价值形塑着包括留守儿童在内的孩子心目中的父母形象。人民教育出版社出版的《语文》一年级到六年级教科书中，父母形象出现频率为一年级 21 次、二年级 28 次、三年级 30 次、四年级 25 次、五年级 38 次、六年级 13 次，这些形象不仅体现在选文中，也体现在练习、插图、导读中。从文本描述上看，在 12 册书中，父亲形象单独出现的比例为 32.7%，母亲形象单独出现的比例为 40.8%，父母亲形象共同出现的比例为 26.5%。其中，母亲的形象是在关爱他人方面成为楷模，善良、宽厚、仁爱的传统品质被强调得比较多；父亲的形象是在对社会的贡献方面成为榜样。从插图上看，父亲形象单独出现的比例达 42.9%，母亲形象单独出现的比例达 33.3%，父母亲形象共同出现的比例达 23.8%，其中，父母的动作和语言是陪伴儿童读书、陪伴儿童散步、陪伴儿童郊游、教儿童做人的道理等。从职业上看，父亲的职业类型比较多样，比如工程师、汽车修理工、渔夫等；而母亲的职业类型大多比较模糊，比如用"母亲去上班了"等概括性的语言一带而过。自 2017 年起，全面使用的部编版小学《语文》教科书将父母对孩子的陪伴作为重要主题，第一册中有"我经常和爸爸妈妈一起读有趣的故事书"，第一册《小蜗牛》作为一篇科普童话旨在帮助学生了解蜗牛爬行速度的缓慢以及一年四季的不同，但其中蜗牛妈妈的形象对于学生也是一种"随风潜入夜，润物细无声"的浸染。

通过笔者的课堂观察及不少小学语文教师的反映，每当讲解《背影》《恶邮差》等篇目时，不少留守儿童会出现内心不平静甚至默默流泪的情况。这种基础层次文化意义上的父母形象，形成父母为儿童提供依恋、权威、力量、指导和保护的图式，以及儿童对团圆的渴望和与父母的终生情感底色。如在赣北的一次调研中，一名八年级男生将自己常年在外打工的父亲比喻成一匹狼，"为了整个家庭的生存而孤独地在雪原中觅食"，父亲这一内在形象的形成来源于课外书的阅读。这位男生在内心把父亲当作自己的榜样，"我长大以后，也要像自己的爸爸那样"。在不少村落，即使没有血缘或姻亲关系，也会让孩子称与父母年岁相当的人为叔伯、婶婶，这一方面拉近了彼此情感距离，另一方面有利于发展儿童的亲代意识。时刻浸淫在儿童身边的关于父母的文化与信念是最基础层次的亲代在位。

2.血脉的召唤：先验父母

即使是从未见过父母的孤儿，也可以从周围的环境中"推人及己"——"别人有父母，我也有父母""只是我不知道他们是谁，还没有见到他们而已"，对于父母的渴望与追寻冲动从未停歇。一些农村幼儿园教师表示，在每个学期第一个月，常常会在深夜接到显示为幼儿祖辈的电话，一接通却只能听到幼儿渴望地连续叫唤"妈妈"。笔者曾在一个村落碰到一名刚刚学会说话的幼儿看到自己的同伴被父亲扛在肩上，她喃喃自语："我也有爸爸。"随着时间的推移，儿童也会出现对于常年不回家的父母形象的淡忘现象，但这种淡忘并非主观选择，而是客观导致。一名五年级男孩，父母在外打工期间离异，最近一次见到母亲还是在幼儿园中班的时候，即有 6 年未见母亲。他的抚养人（爷爷、奶奶）告诉笔者孩子已经不记得母亲了。后来，笔者与男孩在操场偶遇，又与他谈起这件事，他表示：时间太长了，对妈妈的印象很模糊，不记得她长什么样子了，并进一步表示，"自己很想再看看妈妈的样子"。这个孩子在主观上依然渴望面见自己的母亲，因为那是"自己的妈妈"。虽然难以对基因性的血脉联系进行经验研究，但在调研中，常常听到祖辈抱怨自己把孙辈辛苦养育成人，"小的时候还好"，但成年后，他们依然与父母更亲近，相对而言与祖父母联系更少。在与小学留守儿童的访谈中，笔者也发现，虽然日常生活中对儿童照看更多的是祖辈，但他们在对家庭成员重要性排序时，常常将父母排在（外）祖父母之前。

因此，亲代在位是心理建构的，不仅来自文化符号的父母形象，更起源于儿童先天对父母亲的内心感知和血脉联系。起源于这一线索的亲代在位可以被看作儿童心目中对父母的先验感知，亦称先验父母。这种对父母感知的先天性，体现在幼儿的哲学式提问："我是谁？""我从哪里来？""你们（他们）又从哪里来？"这种追问不仅发生在当下的留守儿童身上，同样也发生在上一代儿童包括当下留守儿童的父母身上。如不少外出务工的父母表示自己年幼时曾问父母自己从哪里来，生活在传统文化中的父母往往采取善意的欺骗方式敷衍："你是从石头缝隙里蹦出来的""从白菜心里钻出来的"。有些外出务工的父母表示，自己每年至少回家一趟，一是看望自己的孩子，二是看望父母。"我们要知道自己是从哪里来的，不要忘本。""我们这样做，其实也是做给自己的孩子看的。等我们老了，他们也才会知道孝敬。"不少村落中平时大门紧锁的新宅，代表着外出务工人员对于家乡父老的眷恋与将来回归的根基。

（二）核心层次

留守儿童的亲代在位主要表现在具体的身体互动、亲密关系、表达与沟通等实实在在的日常实践中，是一种看得见、摸得着、体会得到、能够回忆起的父母之爱，包括身体接触在内的亲子之间亲密互动。之所以被定义为亲代在位的核心层次，原因在于这一亲密互动往往决定着儿童亲代在位水平的高低。作为留守儿童，这一层次的亲代在位主要通过具体的亲子互动关系表现，包括具象父母（对于父母真实而具体的情感体验记忆）与责任父母（父母对于留守儿童正在发生的不在场的养育实践）。高在位的亲子关系是积极互动、亲密连接的；低在位乃至缺位的亲子关系则是父母"在其位不谋其职"、有名无实甚至是零沟通、情感冷漠的亲子关系，这种低在位甚至缺位的亲子关系，即使在父母居家的家庭中也存在，如父母沉迷于玩麻将、玩手机游戏或借口忙工作等而不履行对子女的陪伴、沟通、教育义务，对子女成长尤其是关键性成长的参与缺失，等等。

1. 情感体验记忆：具象父母

具象父母指儿童对父母的真实而具体的情感体验记忆。对于大部分留守儿童来说，有一段与父母共同生活的经历，这段生活经历可能发生在农村的家乡，也可能发生在父母务工的城市，可能发生在父母外出务工之前，也可能发生在父母返乡之时。在共同空间的那些难忘的亲子共同生活片段，虽然时间长短不一，但在儿童的记忆中不可磨灭，并主要体现在与父母的身体互动中。

留守儿童对亲子身体互动的记忆，是对特别难忘的亲子游戏或在场互动事件的记忆，也反映为留守儿童在夜深人静时有关喂养、洗澡、握手、拥抱、亲吻、共同用餐、挤在一张床上睡觉等的记忆片段。留守儿童常常回忆那些幸福时光，"坐在爸爸妈妈的膝盖上""他们经常把我抱起来亲亲我的脸，说我好香香""我经常趴在妈妈身上睡觉，有时也趴在爸爸身上""爸爸妈妈的大手牵着我好温暖"，甚至有的儿童还回忆起婴儿时父母对着自己说话，给自己换尿片、洗澡。当然，回忆并不总是那么美好。不少小学高年级学生在日记中写道："（春节结束）看着你们远去的背影，我真想追上去，可想了想，自己真傻，这是不可能的，只好自己偷偷地哭。毕竟你们也是为了我们的学习和生活费用去打工的。"

亲代短暂的与孩子在场相处过程中，在场（身体）互动展示了情感的表达，这种记忆寄托着对父母的情感。观察中发现，孩子对亲代的情感，因其高主观性不能完全由接触的频率、共同居住与否或者父母参与与否来测量，但可以通过孩子对父母强烈的情感反应来衡量。

2. 不在场的养育实践：责任父母

对于留守儿童，他们感知和体验到的父母按功能分类有表达型父母和工具型父母两种类型，对于父母长期不在身边的留守儿童来说，这两种功能常常混在一起，即对于他们来说，父母的工具型行为表现常常蕴含着情感表达，而情感表达常常通过工具型行为来实现。所谓表达，即把父母理解为情感上易接近。表达可能是积极的也可能是消极的，后者体现为情感的退缩、拒绝、责备和否定；在积极的状态下，表达型父母不仅倾听，而且在孩子面前表达他们的情感（对孩子的爱、支持、鼓励和肯定），让孩子清楚地知道他们对父母是多么重要，也包括儿童对于父母外出的意义的理解。所谓工具，即把父母描述为自身成长的工具，主要特点是教育和指导，如在童年期与孩子玩游戏，帮助他们学习新知识、发展新技能，辅导孩子的作业、参与其爱好和运动，协助解决问题，为孩子的前途、未来、人生目标着想。一项关于留守儿童的调查表明，虽然朋友是留守儿童首选的交谈对象（被调查对象中47.6%选择朋友作为交谈对象，40.3%选择父母作为交谈对象），但对社会支持源的心理距离排序发现，在亲密程度上，父母与临时监护人分别被排在第一、二位，其后才是朋友。[1]

对于大部分农村留守儿童来说，父母虽然很少与他们共同生活，但在他们的意识中，家庭的框架还是有的，他们明白自己是有父母的人，而且父母也以一定的形式关心着自己的成长。这种儿童与其父母不在一起的共同生

---

[1]　张明：《信任视角下留守儿童的社会支持行为选择》，《江汉论坛》2014年第12期。

活，实则是以家庭为单位的"人身—家庭"在乡村—城市空间上的延伸。家长在谈到打工目的时，总是脱口而出"为了这个家""为了孩子"，具体而言是为了孩子以后的学习和生活费用或建房成家费用等。对于留守妇女而言，子女教育是家庭中的主要事项。对留守妇女家庭的调研发现，家庭的最大支出为"孩子上学花费"，"孩子上学"是外出务工收入的最主要用途（75.0%）。我们的观察也与此一致，外出务工人员重返农村，是为了孩子的学业而专职陪读，这种新的家庭劳动力分工模式，主要发生在子女的中小学教育阶段。对于留守儿童的父母来说，往往通过汇款、寄礼物、打电话、大事协商、假期往返式团聚等方式弥合距离鸿沟，努力维系家庭亲密共同体状态，从而保持基本的亲子互动。也正是父母的这种家庭维系行为，维护着留守儿童对于完整家庭的信心。而外出父母离异对于留守儿童而言是一个致命打击，严重影响其情绪健康与学业发展。留守家庭的电话沟通周期主要以星期为单位，且通常选在周末，主要是方便外出父母与放假回家的孩子进行交流。隔代监护留守老人和留守妇女均表示，通话内容除日常的嘘寒问暖外，涉及最多的是孩子的生活和学习情况，其次是叮嘱孩子在家听监护人的话、注意身体、注意安全等。保持比较密切的电话联系和沟通就是一种情感表达，在一定程度上减弱了分离的距离感。外出父母返乡时给孩子带礼物的比例较高，这些礼物主要有学习用品、衣服、食品、书籍、玩具。生日应该是留守儿童一年当中最开心、最期待的日子。[①] 在对 400 名留守儿童的调查中，发现在过生日时有 55.3% 的外出父母会打电话问候。我们观察发现，留守儿童在周末有不会做的作业时，会选择求助父母，虽然这种求助常常因父母不能接电话而不成功。但只要接通了电话，父母即使不具备解答能力，也会尽量想办法解答。儿童也在电话中表达自己的诉求，如要学习用品、玩具等。有些儿童尤其是女童会更加认真地学习，以不辜负外出父母的教育期望。

夫妻关系是家庭结构中的最基本关系，影响亲子互动方式和程度，进

---

① 叶敬忠、潘璐：《别样童年：中国农村留守儿童》，社会科学文献出版社，2008。

而影响孩子对亲代的感知。父母婚姻质量对亲子关系的影响可能是积极的也可能是消极的。对一所农村完小的学业成绩观察发现，父母关系和谐的留守儿童的学业成绩与非留守学生学业成绩并不存在显著差别，甚至略强于后者。但是，如果父母在外出务工期间因夫妻关系破裂而离异且未做好对子女相应的安抚，则会对孩子造成"毁灭性"的打击，使他们在心理状态和学业成绩上都明显下滑。而离异的父母又可能各自组建家庭，这对孩子的打击更大。此时，他们意识中的"家庭框架"更多的只剩下与祖辈的相依为命。

相对于不在场的责任父母，留守儿童更偏向在场的具象父母。可以观察一些进入初中阶段的留守少年，在青春期故意调皮捣蛋、不认真学习导致自己的学业成绩下滑，进而引起父母注意，好让他们回来管管自己。如，一名14岁男生在电话中向父母诉说："老师说我的学习成绩又下降了，让你们回来好好管管我。"也有留守儿童故意不认真学习，其主要动机是"让父母早点觉得自己不是读书的材料"，这样就可以"早点出去打工"，顺势达成"和父母团聚"的愿望。留守儿童对与父母共同生活片段的难忘记忆和情感依恋，构成他们的精神家园和生活动力。

（三）支持层次

区别于基础层次的无形熏陶、察而不觉与日常浸润其中的文化，支持层次的亲代在位主要来源于儿童日常生活与学习中的家庭、学校与社区等组织层面的社会支持，如家庭生活中监护人对于留守儿童父母形象的维系、学校与社区生活中重要他人以代理父母角色的关爱等。这些社会支持的质量如何，对于儿童内心的亲代在位的激活与维系，同样起着重要作用。

1. 监护人的守卫：父母形象的维系

祖辈（监护人）对亲子关系的把握，不但会直接造成祖辈对孙辈的影响，而且会对亲代养育产生正向或者负向的影响。在留守儿童隔代教养中，存在两个"门卫"。第一，父母是孩子养育的总"门卫"，这主要表现在其外出务工时选择谁作为儿童的监护人。祖辈养育是由父辈委托产生的，也是家庭成人成员集体决策的结果。有研究表明，中国的外出务工父母在选择孩子的监护人时呈现明显的差序格局，顺序如下：祖父母、外祖父母、叔伯姨舅、邻居等。① 祖辈在照管孙辈时，与曾经照管子辈时并不完全一样，因为还隔着一个父辈。第二，祖辈也是孙辈与其父辈亲子关系的"门卫"，担负着增大或减小亲子教育影响的责任。这是一个在现实中很重要而被忽视的方面。一些研究者把母亲描述成亲子关系的"门卫"。留守儿童的隔代教养中，祖辈在一定程度上充当传统家庭意义上"主内"的"妻子"角色，对于亲子关系起着催化或抑制的作用。在家庭教育的分工协作中，祖辈也着力维系着"张开"的三代家庭的格局，让儿童知道父母外出务工对于家庭与儿童本人的意义。如一名五六岁的留守女童告诉笔者："天冷了的时候，爸爸就会回来。"因为她多次追问父母什么时候回来，奶奶告诉她，"爸爸是去赚钱了，过年的时候就会回来"。她的理解是"过年的时候，外面冷，家里暖和。到了那时，爸爸会回来"。自己在家，要做的是听祖父母的话，等父母回来，而这也是父母在电话里经常跟她提到的话。"爸爸妈妈把你一个人留在家里只是暂时的""父母外出是为了你们好"，这是兼顾家庭整体发展规划和创造儿童未来良好教育条件的最佳路径。

祖辈的参与让留守家庭"不在一起的共同生活"成为可能。在隔代教养中，"父辈对这个家庭的贡献""爸爸妈妈小时候的表现与你小时候的表现有什么一样和不一样的地方""父母在外的工作状况"等话题，既能加深儿童对于父辈及家庭的认知与理解，更能增强其心理上的亲代在位。祖辈对于孙辈的教养并不能如当初自己教养子女时那样简单粗暴和对于孙辈做家务劳动的过分要求，其中有"隔代亲"和充当"和事佬"的因素，主观动机中更包括担心孙辈"告状"，以及如果孙辈身体与学业状况不理想可能会遭到子辈的埋怨。亲子分离期间，无法实现在场交流，留守家庭的远距离联系方式主要是打电话，写信、发短信等交流方式使用比例很低，情感状态更多

---

① 余凌、罗国芬：《家庭自我认同意识理论：留守儿童问题研究的新视角》，《河南大学学报》（社会科学版）2008年第1期。

的是处于一种不至断裂的最低限度的亲子互动。留守儿童很少主动给父母打电话，主要原因有祖辈的观念灌输："打电话太贵，浪费钱，没什么事就等过年的时候回来再说。"父辈打电话回来，除了寒暄和了解孩子学习情况外，如饮食、衣着和心理等问题则不多过问，问多了可能伤和气，"选择了将儿女交给祖辈照顾，就信任他们""谁不为自己的孙子（孙女）好"。不少留守儿童在与父母电话交流时，显得早熟懂事，"爷爷奶奶让我多说些开心的事情，少说不开心的事情"，尤其是他们了解父母工作的辛劳时，更是选择"报喜不报忧"，将不愉快和委屈埋藏在心。"要是让他们知道我在家里过得不开心，他们肯定会为我担心，那就会工作分心，容易出事。所以还是不说比较好。"另一些儿童没有与父母倾吐情感则出于顾虑，"爷爷奶奶冤枉了我，我就想告诉爸爸妈妈"，"（但害怕爷爷奶奶批评指责）这样就对我更不好了"，"有次妈妈给我打电话，说着说着我就哭了，我妈妈也哭了。我奶奶赶紧上来夺走电话，说我妈妈'你干什么非要惹到她哭'"。"隔代亲"现象普遍存在、"报喜不报忧"、"底线信任"、家庭氛围的营造、祖辈对于与亲代交往中的信息筛选、往返式团聚中祖辈与父辈的角色回归对于儿童与父母之间的亲子关系、儿童立场的亲代在位的建构都起着重要作用。①

2.重要他人：代理父母

父母有时觉得长期陪伴对孩子不会有那么大的影响，可是远距离的抚养方式远远不能令孩子满意。社会可能会发生剧烈的后现代变化（postmodern changes），但是儿童的天性依然不变，他们需要安全、稳定、指导、支持。对一名儿童来说，拥有父亲、母亲或者至少某个对他们特别关心的人，仍然是比较好的。② 在亲代位置上的人，会被留守儿童在某个时段与某种情境中视若亲生父母，他们是儿童成长过程中的重要他人。

留守儿童在学校生活中接触最多和最熟悉的是班主任，相对于科任教

---

① 蒲少华、李晓华、卢宁：《父亲在位与大学生自尊关系的实证研究》，《教育学术月刊》2016年第6期。

② 〔加〕马克斯·范梅南：《教学机智——教育智慧的意蕴》，李树英译，教育科学出版社，2001。

师，班主任更容易成为留守儿童的重要他人，这既是班主任的岗位职责使然，也是生活与学习中的日常生成。学校教师作为专业的教育工作者，在留守儿童的人身安全、身体健康、学习、品行、情绪、交往等方面甚至能给出比祖辈、远方的父母更及时、更有针对性的指导与帮助。2014 年 5 月，中国青少年研究中心组织的"全国农村留守儿童状况调查"发现，从社会支持的主要来源看，四年级留守儿童选择排前三位的是母亲、教师和父亲；而对于"谁监督或帮助你学习？遇到困难你会向谁求助？"的问题，四年级留守儿童都把教师排在第一位，而四年级非留守儿童则把教师排在第三位。[1]一项调查显示，在留守儿童心目中，相对于科任教师，班主任更加关心他们的成长，且存在显著差异。[2] 在对赣东北寄宿学校的调研中，发现寄宿制学校可以在一定程度上承担留守儿童的家庭教育功能，承担代理父母的职责。如用餐时教师监督儿童以防挑食而导致营养不良，值班老师晚上查寝（检查学生是否趁机"溜号"、被子是否盖好，处理突发事件如学生生病时及时送医并告知家长），还有的留守儿童将生活费、手机等交由班主任代管。笔者在一所农村寄宿制小学调查中，常常与孩子们进行朋友式交往，对于他们而言，笔者也成为重要他人，他们立志"将来也要读大学当博士"。在面对笔者的研究助手时，不少学生直接说出"希望自己是他的孩子"。其中，一名父母离异且又另组家庭的留守女童，除了祖父母的日常照顾，善良的叔叔同样将她视如己出，她将笔者比作她的叔叔。2015 年 4 月，在笔者引介下，一批江苏特级教师送教到笔者开展田野调查的学校，课后几位留守女童拉着送教老师不让她们离开，"她们像我的妈妈，想让她们教我们到毕业"。武汉市江夏区一名父母离异的小学生几次对班主任说："你要是我妈妈多好呀。"

在我国传统观念中，儿童的养护和教育素来是家庭的职责与功能，在家庭能力不及之处，政府和社会才予以帮扶和干预。近年来，党和政府对留守

---

① 张旭东、赵霞、孙宏艳：《农村留守儿童存在的突出问题及对策建议》，《云南教育》（视界综合版）2015 年第 3 期。

② 马多秀：《班主任：留守儿童学校生活的"重要他人"》，《中国德育》2013 年第 21 期。

儿童的关爱举措中也有将"五老"（老干部、老战士、老专家、老教师、老模范）作为代理父母的结对帮扶，在某种程度上，这些"五老"也是重要他人，拟为亲代位置上的人。

六　研究结论

（一）父母缺场并不必然带来亲代缺位，"张开"的家庭带来儿童内心的亲代在位的真实存在

亲代在位是在隔代教养家庭的亲代缺场背景中区分出的亲代参与形式，是对"隔代教养等同于父母缺席"这一预设的否定。缺席至少包含缺场、缺位两种状态之一，或者两者兼有。现有研究在潜意识中把"缺场"与"缺席"画上等号，并进而联想到"缺位"概念，即把空间意义上的缺场等同于社会与精神意义上的缺席，又想当然地与心理意义上的缺位画上等号。其实，这种推理的逻辑链条是断裂的，因为真实的缺场并不必然带来缺位。前者是客观的空间概念，具有结构属性；而后者具有行动属性，具有主体的能动意味，是主体在对结构的否定中生成的。由此，缺场并不必然意味着留守儿童家庭结构中的父辈缺失以及由此产生的父辈责任的缺失、儿童心理上的亲代缺位。

家户本是社会学的经典分析单位，入户调查是社会学的传统研究方式。目前学界多从群体视角对农村留守儿童、留守妇女、留守老人展开研究，虽偶有从家庭策略视角探讨农村留守家庭的，但总的来说对于由家庭成员组成的上位概念——农村留守家庭明显关注不足。[①] 生活在城乡两地甚至多地的家庭成员在维系生活秩序时并非如结构论预设的那样无所作为。拆分型家庭模式在我国已经大规模地存在了 30 多年。对于多数农村留守家庭来说，隔代教养最起码是家庭成人世界基于协商或妥协的理性决策的结果。"出门"

[①] 杨汇泉、朱启臻：《农村留守儿童家庭抚育策略的社会学思考——一项生命历程理论视角的个案考察》，《人口与发展》2011 年第 2 期。

是农村留守家庭的大事。要不要"出门","出门"为了什么，谁"出门"、谁"留守"，"出门"之后家庭事务如何安排，"出门"之后如何处理未成年人的成长与教育等问题，是大多外出务工家庭在做出理性决策时必须考虑的。父母外出并不必然意味着父辈在家庭结构中的消失，父辈外出期间，家庭中的成人对于拆分型家庭结构也并非无所作为。父母外出这一行为改变了家庭代际结构，让主干家庭取代了核心家庭。以全球化信息技术为载体，外出成员与留守成员实现了适时互通，经济与情感往来突破了不在场交往的局限，可将对于家的思念与养育责任"带回"家庭。大多数留守儿童就是在这样一种"张开"的家庭中生活与成长的。

（二）亲代在位是儿童视角的心理亲代在位，同时也是家庭视角给予儿童的成长支持

虽然有研究认为"留守"对儿童成长造成的影响目前尚不足定论，但呈现的负面结论的研究更为普遍。当前各界对于留守儿童的研究往往较多关注一些外显的容易观察和识别的问题，其内部的认知图式则往往被忽视。人，并不仅仅是结构的产物与文化的傀儡。在社会化中，儿童成长并不是一个被动接受刺激与输出的过程，而是一个与社会互动的过程。亲代在位作为留守儿童在心理意义上的认知图式，不易被外界觉察与观测，却是儿童社会化过程中的积极产物。从整个家庭系统而言，祖辈对孙辈的隔代教养其实是传统家庭夫妻制的一个变种。传统的家庭夫妻制中，"男主外、女主内"，丈夫主要负责养家糊口，是家庭的"顶梁柱"；而妻子负责家庭照料，"相夫教子"。现代家庭的核心领域由丈夫、妻子和孩子构成，围绕这个中心还有一个附属空间，主要包括祖辈尊长和子孙后代。留守家庭则突破了核心家庭的范畴，将祖辈纳入家庭系统中，形成了不同于中国传统社会（三世同堂）的新的三代家庭结构，其中外出的父辈临时承担着传统家庭意义上"主外"的"丈夫"的角色，祖辈则临时承担起了传统家庭意义上"主内"的"妻子"的角色。在传统意义上，祖辈只是在有需要时才出力帮忙育儿，其他时间无须介入，扮演的只是"志愿灭

火队员"（volunteer firefighters）的角色。在当前城乡移民大潮中，这种新的三代家庭结构，实际上是儿童抚育的一种合作机制，是一种家庭协力机制。

从家庭决策角度考察亲代在位，对谁"主内"、谁"主外"的决定是对祖孙三代的实际状态（年龄、健康、人力资本等）与未来预期（家庭的社会流动）等综合考量后利益最大化的选择结果。从亲代在位的客观形态看，由于家庭在中国人的生命里具有核心地位，中国人"过日子"的每个环节都是以家庭为背景展开的①，"家"一直被认为是超越个人的实体，但如果家庭成员丧失了"家"的意识，"家"就崩溃了。亲代外出务工或经商（亲代缺场）期间，亲代与祖孙之间在维系家庭运行的行为上主要有经济支持、礼物流动、情感维系、大事决策、假期团聚等。这些事实表明，不论是在家庭运行还是儿童成长过程中的亲代缺场，都并不等于亲代缺位。而这个问题是以往在隔代教养尤其在留守儿童成长研究中被忽视的。在社会转型时期，家庭变动剧烈，任何关于家庭的先验定义都可能不起作用。即使"居住共同"和"血缘共同"这些最小的必要条件被否定了，失去了实体的自然性，但家庭的自我认同意识仍然成立，山水之隔不一定会阻断家庭自我认同意识。②

（三）亲代在位的要素及其生成

对于父母亲缺场的农村留守儿童甚至孤儿，在一定程度上可以通过其他方式的补偿而发展亲代在位。概括而言，农村留守儿童的亲代在位的要素可从6个维度描述，并各自基于不同的社会结构性要素而发展成熟。这6个维度又可以进一步整合为3个层次，分别是基础层次（象征父母与先验父母）、核心层次（具象父母与责任父母）、支持层次（监护人对于父母形象的维系以及重要他人的代理父母位置）。

---

① 吴飞：《浮生取义——对华北某县自杀现象的文化解读》，中国人民大学出版社，2009。
② 〔日〕上野千鹤子：《近代家庭的形成和终结》，吴咏梅译，商务印书馆，2004。

象征父母是儿童亲代在位的最基础层次，通过文化观念的熏陶而获得。这种基础层次的文化意义上的父母形象，在西方宗教传统中可追溯到对上帝的"天父""圣母"比喻。正是这种无时无刻不浸淫其中的关于父母的文化与信念，使儿童发展出最基础层次的亲代在位。同处亲代在位的基础层次的，还有儿童心目中对父母的先验感知，亦称先验父母，起源于孩子先天对父母的内心感知和血脉联系。虽然对基因性的血脉联系难以进行经验实证，但屡见不鲜的是，留守儿童在对家庭成员进行重要性排序时，常常将父辈排在祖辈之前。

亲代在位的核心要素来源于与父母的真实互动，一方面为记忆中的真实体验，另一方面为现实中的远距离亲子互动，这两种父母形象可分别称为情感体验记忆中的具象父母和不在场养育实践中的责任父母。对于大部分留守儿童来说有或长或短的与父母共同生活的经历。那段经历在儿童的记忆中不可磨灭，主要体现为与父母的身体互动。亲代与孩子的短暂在场的相处过程中，身体互动展示了情感的表达，这种记忆寄托着对父母的情感。在父母外出务工期间缺场但血肉相连、情感在位的亲子互动，是亲子关系与家庭关系得以维系的核心纽带，表现在儿童的心理亲代在位上的内涵是最丰富的，大致有两种类型：工具型父母和表达型父母。

除了基础层次和核心层次，亲代在位的生成还依赖于外在的支持层次。主要的有监护人对于留守儿童关于父母形象的维系，以及重要他人适时承担着留守儿童的代理父母角色。祖辈（监护人）对亲子关系的把握水平与程度，不但直接造成祖辈对孙辈的影响，而且可以对亲代养育产生正向或者负向的影响。在这个意义上，祖辈的参与让留守家庭"不在一起的共同生活"成为可能。在隔代教养中，监护人对于养育中的父辈作用的强调，既能加深留守儿童对于父辈及家庭的认知与理解，更能增强其心理上的亲代在位。代理父母是在亲代位置上的人，留守儿童在某个时段与某种情境中将其视若亲生父母，他们是留守儿童成长过程中的重要他人。他们在一定程度上可以弥补父母不在场时难以实现的"陪伴"、"情感"以及教育责任。现实中，这类重要他人主要是学校的班主任、教师以及政府、社区关爱措施中的重要代理者。

七　开放性讨论

（一）学校如何正向增强留守儿童家庭亲子关系中的亲代在位，并通过亲代在位促进留守儿童健康成长

学校可以从亲代在位解释模型中得出一些有意义的启发，纠正在与留守儿童家庭沟通与合作实践中的一些模糊认识，增强教育工作的有效性。学校作为专业的教育机构，在家校社合作中往往处于主导地位和发挥支配作用，不仅对于亲代在位的文化建设、重要他人有着直接影响，对于提升亲代的参与能力和水平也起着重要的桥梁作用。

1.学校留守儿童家庭的家校沟通对象是谁

这是中西部地区几个劳动力输出大省的农村学校处理与留守儿童家庭关系面临的普遍现实问题。不少学校和教师对于留守儿童出现问题应该找谁沟通一直模糊不定，多数是把主要精力放在与在家照看孙辈的祖辈或者负有临时监管职责的亲戚的沟通上。亲代在位的解释框架提示，最重要的沟通对象不是这些在家照看孙辈的祖辈或者负有临时监管职责的亲戚，而是与留守儿童"不在一起共同生活"的外地务工的父母。父母才是留守儿童的精神家园和支柱。学校如何建立与留守儿童外地务工父母的沟通联系，是留守儿童家校协同沟通的必解难题。[①] 这样一个沟通的思路，目前未得到足够重视。

2.沟通内容

学校与留守儿童父母的沟通，不仅是儿童学业和成长方面的沟通，更重要的是要增进儿童与远在外地父母的情感联系，强化父母的文化符号形象，激发亲子之间的情感体验，动态增进亲子感情。父母外出务工而养育"缺席"，但亲子感情仍然可以成为推动留守儿童成长的动力。由于留守儿童的

---

① 王晖、戚务念：《父母教育期望与农村留守儿童学业成就——基于同祖两孙之家的案例比较研究》，《教育学术月刊》2014 年第 12 期。

亲代在位具有脆弱和易变的特点，所以学校注重连接留守儿童家庭亲子之间的感情纽带，对维系儿童成长的心理动力具有重要意义。在实践中，学校这样做是有可能的，也有这方面的一些成功实验案例。如江西省弋阳县一些学校与远在外地务工的留守儿童父母建立联系，甚至将家长会开到留守儿童父母务工集中地义乌市。家长会不是生硬地介绍孩子的学习情况，而是事先录制一段儿童在校生活、对父母表达思念和祝福的视频，唤起父母深埋于心的亲子感情和养育责任担当；同时将部分父母在艰苦环境下工作和生活的一天拍成视频，带回学校给孩子播放，深深唤起孩子对父母养育之恩的情绪体验。亲代在位的感受由此同时在留守儿童及其父母心里得到强化，并转化成父母养育责任感和儿童积极成长的强大动力。召开异地家长会后，外出务工父母对子女的关心普遍明显增强，回乡探望子女的现象增多了，甚至有些父母放弃在外地的工作，回来就近工作照顾子女，或者将子女带在身边外出。这个案例的实质是学校关注留守儿童父母资源的利用，加强留守儿童的亲子亲密关系，在弋阳县甚至江西省其他家校合作试点县得到较好的借鉴和推广，并被评为"中国家庭教育知识传播激励计划"家校合作十佳案例。[①]

3. 观察留守儿童的变化，特别是突然的消极变化，如学业的大幅退步或者消极孤僻，往往可以从其外地务工父母的离异导致家庭解体中找到原因

观察发现，当前外出务工父母在务工期间离异，父母一方或者双方另组家庭而不顾子女并非个别现象，而是具有一定的普遍性。只要有父母，这个"家"就在，虽然父母去外地务工而缺席儿童成长，但在儿童的心里，父母和家仍然是在位、完整的；如果家庭解体，儿童遭到抛弃，则亲代不仅"缺场"，更使亲代在位遭到毁灭性打击甚至不复存在，儿童对自己的成长往往失去动力而自暴自弃。

4. 留守儿童祖辈的养育，是一种父辈养育的替代性养育

农村留守儿童的养育状态以隔代教养为主。据调查，农村留守儿童有

---

① 杨咏梅：《家校合作"热起来"走向"专起来"》，《中国教育报》2017年11月2日。

26.3%父母双方外出后由祖父母隔代照料，30.3%与父母中的一方以及祖父母一起生活，12.5%与其他成年人一起居住，10.3%单独留守或与其他儿童一起居住。父辈缺场的农村留守儿童在一定程度上可以通过祖辈养育的方式补偿而部分替代亲代在位。然而，这种补偿、替代性养育一般具有补充性质，通常不宜取代父辈的养育。所以，祖辈在养育过程中，如何处理孙辈与其父辈的关系变得很重要。祖辈如果正面增进孙辈对其父母的情感体验，则祖辈在位和亲代在位可以共同促进儿童的成长；反之，祖辈的养育有可能事倍而功半。在那些对留守儿童祖辈进行了父辈替代性养育教育的江西省家校合作项目学校中，留守儿童和祖辈、父辈的关系更为健康，整体家庭成长环境更好。

（二）留守儿童家庭中，父母如何维持和加强儿童心理的亲代在位，并促进孩子健康成长

亲代在位虽然存在于每一个留守家庭的亲子关系中，却有强弱的明显区别。根据研究，家庭生活和家庭教育中，亲子之间的感情交流、儿童对父母依恋感和理解的不断增强应该贯穿于亲子关系的全过程和全方位。此外，以下因素可以显著增强留守儿童心理的亲代在位。

1. 父母尽可能增加积极陪伴孩子的时间，提高亲子沟通交流的质量

外出打工的父母，精神和生活压力大，家庭教育的时间约束是突出的问题。亲代在位解释框架告诉我们，父母挤出时间与孩子交流是增强亲代在位的必要条件和基础。尽可能多的紧密的亲子接触，情感投入的、积极的、长期而持续的亲子互动，才能产生、维持和增强亲子之间的依恋感和家庭凝聚力，形成儿童健康发育的环境。留守儿童的父母在家与孩子的相处时间很少，更需要珍惜回家后陪伴孩子的时间，在外务工时更需要利用定期和不定期电话交流的有限时间与孩子进行情感交流。在经济和家庭其他条件允许时，父母双方中可留下一方，尤其是可留下母亲在家陪伴养育孩子，这有利于儿童成长，也是西方发达国家城市化历史进程中"父亲外出赚钱，母亲在家持家"的通行做法。

2. 留守儿童父母积极的人生态度、做事的认真程度、表现的工作责任心，对留守儿童的亲代在位具有显著的增强效应，从而为儿童的成长提供正向动力和榜样

研究显示，父母掌握外出工作和陪伴孩子的平衡性很重要，如果离开孩子外出认真工作，也会与孩子成长产生很多正相关的结果，如表现出良好的自尊、更好的学业成绩、更积极的家庭和同伴关系等。[①] 外出打工的父母注意不断提高自己的素质，学习新知识，用新的见识和视野看问题，也能显著提升其在儿童心中的形象。

3. 采用权威型教养方式，提升亲代在位的品质，促进留守儿童更好地成长

研究表明，"温暖关爱+引导控制+对行为和成就的中度以上教育期望"的权威型教养方式，是跨越文化差异和社会阶层的最有效家庭教养方式。[②] 留守儿童父母采取这种方式实施家庭教育最为有效，也更有利于增进亲子关系，提升亲代在位的品质。

4. 做好儿童养育的委托工作，保持与学校的良好沟通联系

儿童在校学习，从父母角度可以理解为延伸自己对孩子的成长陪伴，将儿童成长代理人的责任部分委托给学校。家校沟通合作是家长为孩子选择和提供家庭外社会经历的日常首要任务，是家庭内和家庭外教养资源互补的关键环节之一。留守儿童的父母注重与学校和教师保持沟通联系，及时发现孩子的个性特点、成长优势和出现的成长问题，并与学校和教师互动合作，以便更有效地促进留守儿童的成长。父母在为学校提供服务的过程中，在学生和教师面前的良好表现也有助于提升其在孩子心目中的形象，激发孩子的上进心。

（三）留守儿童家庭结构中亲代在位概念的后续讨论

1. 亲代在位对家庭共同居住生活方式的养育功能做出替代和补充的程度

明显的事实是，家庭常规生活（共进晚餐、共同赶庙会和玩游戏、一

---

① L. W. Hoffman, Effect of Maternal Employment in the Two-parent Family. *American Psychologist*, 1989, 44, 283-292. DOI: 10.1037/0003-066X.44.2.283.

② R. P. Rohner, E. C. Rohner, Parental Acceptance—Rejection and Parental Control: Cross-cultural Codes. *Ethnology*, 1981, 20, 245-260.

起看电视和上网、共同务农和做家务等）和亲子互动过程中的情感交流和养育功能等，这些在留守儿童家庭是结构性缺失的。欣慰的是，在留守儿童家庭，时空的分割造成的结构性缺失可以通过亲代在位的心理建构得到结构性补偿和替代。正是在这个意义上，亲代在位的存在和发展对留守儿童具有特殊意义。但是，亲代在位究竟可以在多大程度上替代和补充家庭共同居住生活方式的养育功能，有待进一步研究。

2. 亲代在位的心理感受程度及其影响因素

国内在对留守儿童问题的研究初期发现的留守儿童的种种负面问题，其实与亲代在位的心理感受程度和变化相关。初步观察表明，一些留守儿童之所以对于亲代在位感受程度较低，除了受父母和儿童的情感个性因素影响，还可能与家庭的阶层和贫困特性存在重要关联。留守儿童家庭普遍经济比较拮据，亲代在位感比较弱的留守儿童多是家庭特别贫困，父母（特别是母亲）对生活感到无奈甚至绝望，在极端情况下不顾家庭和孩子，从而引发儿童亲代在位体验的稀释甚至消解，外在表现为孩子自暴自弃。父母受教育程度较低，履行父母职责的能力低下，则父母在留守儿童心目中的形象也会大打折扣。从这个意义上讲，留守儿童身上背负的种种负面问题，并不单纯是家庭时空分割导致的问题，而是家庭时空分割与阶层、贫困特性纠缠在一起所带来的父母之间、父母与留守儿童之间的心理和行为的冲突，导致亲代在位的感受程度弱化，进而产生的问题，其还对留守儿童成长产生负面影响。从社会阶层和贫困问题的层面讨论留守儿童的亲代在位是研究逻辑的必然延伸。

3. 如何将留守儿童家庭结构中的亲代在位分析框架拓展到"不在一起的共同生活"家庭结构中的亲代在位

随着社会急剧变化，家庭结构也处在转型之中。亲代在位的现象不仅在留守儿童中可以观察到，在城市与父母不在一起共同生活的儿童中也同样容易观察到；不仅在社会较低阶层家庭存在，在中产阶层和多种职业家庭也同样存在，例如，军人家庭、长期随工程项目工地变动而变换工作地点的工程技术人员家庭、父母异地工作的家庭、飞行和空乘人员家庭等。在更大范畴研究"不在一起的共同生活"家庭结构中的亲代在位及其作用自然也是一种现实需要。

留守家庭已经成为我国人口与社会转型时期的一种不可忽视的家庭形态，城乡隔离的家庭又非常好地代表了传统中国与现代中国的交汇，社会转型期的这一特殊社会现象可以为社会科学提供研究的维度。对这一领域的研究还处于积蓄发力阶段，存在较大的待拓展空间。

附：《光明日报》专访：留守儿童
"留守的力量"来自哪①

社会经济转型、城乡二元结构背景下，农村劳动力大量地向城市转移，导致农村留守家庭与隔代教养现象普遍存在。怎么理性看待这个现象，事关国家和乡村振兴发展人力资源储备质量，事关我们怎么有效地做好留守儿童的教育培养工作。辩证地看待留守儿童现象，首先要厘清的是，父母缺场、亲子分离必然带来父母养育缺位、亲子关系断裂吗？学者吴重涵等自 2014 年以来在两个国家社科基金的支持下，从社会学的视角出发，以农村留守儿童为主题进行调研和田野工作，发现他们并不全然像人们印象中的是负面"受害者"，留守儿童在社会文化的熏陶、亲子关系的感知、学校与社区重要他人的替代中，形成了基于自身视角的亲代在位的认知图式，成为支持他们积极向上成长的力量。这一结论，对学校做好同留守儿童家庭的沟通与合作，理性选择留守儿童家庭教育的方法，具有启示意义，为此记者对江西师范大学教授吴重涵进行了采访。

1. 留守儿童，并不全然是负面"受害者"

记者：在人们的印象中，留守儿童常年生活在不完整的家庭结构中，处于学习上缺人辅导、生活上缺人照应、亲情上缺少温暖、心理上缺少帮助、道德上缺少引导、行为上缺少自控、安全上缺少保障的状态。对此，你们怎么看？

吴重涵：中国农村留守家庭的显著特征是家庭成员分散居住生活于城市

---

① 项目主持人吴重涵接受《光明日报》专访内容，摘自《光明日报》2021 年 5 月 5 日。

与农村多地。这对于中国传统的农耕型社会来说是亘古未有的新事物。但从世界范围来看，家庭成员在生活上彼此分离（包括留守家庭）是作为社会转型中一定历史时期的伴生物而出现的，是一种被吉登斯称为现代"家庭时空延伸"的社会现象。相对而言，国内对留守儿童成长处境的担忧，以及认定这些不良问题是由其父母的外出而导致的亲子关系割裂所致。这样一种认识从一定意义上的确是对中国留守儿童的真实写照，也有助于社会提高对留守儿童的关注度并激发关爱关怀。

　　然而，过多地关注负面，也容易给留守儿童及其家庭带来歧视知觉，无助于留守儿童及其家庭的自立自强。有研究认为，留守儿童更加独立自主、意志更加坚韧，并从积极心理学的视角出发关注留守儿童的心理弹性，认为有留守经历的大学生身上散发出"留守的力量"。2014 年 5 月，中国青少年研究中心组织实施"全国农村留守儿童状况调查"，发现留守儿童总体上形成了比较积极的价值观，对未来充满希望，向往城市生活，家庭关系良好。82.4%的留守儿童对未来充满希望，77.7%的留守儿童希望以后在城市生活，90.2%的留守儿童与母亲关系很好，89.4%的留守儿童与父亲关系很好，可见大多数留守儿童仍将母亲视为最重要的支持来源。

　　其实，对于大多数留守家庭来说，其离散化状态并不必然带来碎片化，农民工离乡外出务工，并不必然意味着与乡村及家庭的疏离，他们往往通过一系列维持性行为，顽强维持家庭完整，使家庭功能包括养育子女功能能得以发挥。同时，儿童的社会化也并不完全是由时空结构决定的。家庭成员与儿童都是能动者，他们在城乡二元结构中存在，但并非被动地存在，同样在历史境况中创造历史。因此，从更大的视角，我们有理由发问：中国留守儿童的问题，究竟是纯粹的家庭结构时空延伸问题，还是家庭生活和知识贫困问题，抑或是两者纠缠在一起的问题？留守儿童家庭是否仍然存在儿童成长必需的积极的亲子关系结构？处于离散结构中的家庭通过怎样的弥合机制以避免家庭发生灾难性裂解？苦苦维系家庭的动力及其机制又是什么？揭示这些问题，将给留守儿童、农民工家庭的发展带来更多的正能量，也将给国家政策的制定带来更多的适切性，不但具有重要的理论意义，更对留守儿童的成长具有重要的现实意义。

2. 父母的努力，维护着留守儿童对完整家庭的信心

记者：通过田野调查，你们观察到的当前留守儿童及其家庭状况是什么样的？

吴重涵：我们的观察主要聚焦留守儿童的家长与留守儿童的互动状况，以及农村留守儿童如何看待和理解其父母外出务工而将之留在家乡的事实。

对于大部分农村留守儿童来说，父母虽然很少与他们共同生活，但在他们的意识中，"家庭的这个框架还是有的"，他们明白自己是有父母的人，而且父母也以一定的形式关心着他们的成长。家长在谈到打工目的时，总是脱口而出"为了这个家""为了孩子"，具体而言是为了孩子以后的学习和生活费用或建房、结婚费用等。留守儿童的父母往往通过汇款、送礼物、打电话、大事协商、假期往返式团聚等路径弥合距离鸿沟，努力维系着家庭亲密共同体状态，从而保持着基本的亲子互动。也正是父母的这种家庭维系行动，维护着留守儿童对于完整家庭的信心。

留守家庭的电话沟通常选在每周的周末，通话内容除日常的嘘寒问暖外，孩子的生活和学习情况是最多的，其次就是叮嘱孩子在家听监护人的话，不要顽皮，注意身体、注意安全等。保持比较密切的电话联系和沟通就是一种情感表达，在一定程度上减弱了分离的距离感。当周末留守儿童有不会做的作业时，会选择求助父母，虽然这种求助常常因父母不能接电话而不成功。但只要接通了电话，父母即使不具备解答能力，也尽量想办法解答。儿童也在电话中表达自己的诉求，如要学习用品、玩具等。有些儿童，尤其是女童会更加认真地学习，以不辜负外出父母的教育期望。外出父母返乡时给孩子带礼物的比例高于留守老人，这些礼物主要有学习用品、衣服、食品、书籍、玩具。生日应该是留守儿童一年当中最喜欢、最期待的日子，对400 名留守儿童的调查发现，在他们过生日时有 55.3% 的外出父母会打电话问候。

相对于不在场的责任父母，留守儿童更偏向在场的具象父母。可以观察到一些进入初中阶段的留守少年，在青春期故意调皮捣蛋、不认真学习导致自己的学业成绩下滑，进而引起父母注意，好让他们回来管管自己。如，一名 14 岁男生在电话中向父母诉说："老师说我的学习成绩又下降了，让你们回来好好管管我。"也有留守儿童故意不认真学习，其主要动机是"让父母早点觉得自己不是读书的材料"，这样就可以"早点出去打工"，顺势达成"和父母团聚"的愿望。留守儿童对父母共同生活片段的难忘记忆和感情依恋，构成他们的精神家园和生活动力。

3. 留守儿童父母的缺场并不必然带来亲代缺位

记者：通过调查研究，你们对当前我国留守儿童的状况有什么新的看法？

吴重涵：拆分型家庭模式已经在我国存在了 30 多年。"出门"是农村留守家庭的大事。要不要"出门"，"出门"是为了什么，谁"出门"、谁"留守"，"出门"之后家庭事务如何安排，"出门"之后如何处理未成年人的成长与教育问题，是大多数打工家庭在做出理性决策时必须考虑的问题。我们发现，父母的离家外出，并不必然意味着父辈在家庭结构中的消失，父辈外出期间，家庭中的成人对于拆分型家庭结构，也并非无所作为。

父辈外出打工后，很大一部分选择将孩子交给农村的祖辈照顾。从整个家庭系统而言，祖辈对孙辈的隔代教养其实是传统家庭夫妻制的一个变种。传统的家庭夫妻制中，"男主外、女主内"，而在留守家庭中，外出的父辈临时承担着传统家庭意义上"主外"的角色，祖辈则临时承担起了传统家庭意义上"主内"的角色。在当前城乡移民大潮中，这种新的三代家庭结构，实际上是儿童抚育的一种合作机制，是一种家庭协力机制。祖辈的参与让留守家庭"不在一起的共同生活"成为可能。在隔代教养中，"父辈对这个家庭的贡献""爸爸妈妈小时候的表现与你小时候的表现有什么一样和不一样的地方""父母在外的工作状况"等话题，既能加深儿童对于父辈及家庭的认知与理解，更能增强其心理上的亲代在位，对于儿童与父母之间的亲子关系、儿童立场的亲代在位的建构都起着重要作用。

可以说，父母外出务工这一行为改变了家庭代际结构，让主干家庭取代了核心家庭。但以全球化信息技术为载体，外出成员与留守成员实现了适时互通，经济与情感往来突破不在场交往的局限，可将对于家的思念与养育责任带回家庭。留守儿童的父母缺场并不必然带来亲代缺位，大多数留守儿童就是在这样一种"张开"的家庭中生活与成长。"张开"的家庭也给儿童内心带来亲代在位的真实存在感。而亲代在位作为留守儿童在心理意义上的认知图式，不易被外界觉察与观测，却是儿童社会化过程中的积极产物，是家庭视角给予儿童的成长支持。

4. 留守儿童亲代在位，给学校教育带来的启发

记者：当前，家校合作越发受到重视，而学校对留守儿童的影响也可谓重大。你们的研究结果对此有哪些启发？

吴重涵：学校可以从亲代在位解释模型中得到一些有意义的启发，厘清我们在与留守儿童家庭沟通合作实践中的一些模糊认识，增强教育工作的有效性。

一是学校找谁沟通。不少的学校和教师对于留守儿童出现问题应该找谁沟通一直模糊不定，多数是把主要精力放在与在家照看孙辈的祖辈或者负有临时监管职责的亲戚的沟通上。亲代在位的解释框架提示，最重要的沟通对象不是这些在家照看孙辈的祖辈或者负有临时监管职责的亲戚，而是与留守儿童"不在一起共同生活"的外地务工父母。父母才是留守儿童的精神家园和支柱。学校如何建立与留守儿童外地务工父母的沟通联系，是留守儿童家校协同沟通的必解难题。这样一个沟通的思路，目前未得到足够重视。

二是沟通什么。学校与留守儿童父母的沟通，不仅是儿童学业和成长方面的沟通，更重要的是要增进儿童与远在外地父母的情感联系，强化父母的文化符号形象，激发亲子之间的情感体验，动态增进亲子感情。父母因外出务工而养育"缺席"，但亲子感情仍然可以成为维系留守儿童成长的动力。由于留守儿童的亲代在位具有脆弱和易变的特点，所以学校注重连接留守儿童亲子之间的感情纽带，对维系儿童成长的心理动力具有重要意义。在实践中，学校这样做是有可能的，也有这方面的一些成功实验案例。如江西省弋阳县一些学校与远在外地务工的留守儿童父母建立联系，甚至将家长会开到留守儿童父母打工集中地义乌市。家长会不是生硬地介绍孩子的学习情况，

而是事先录制一段儿童在校生活、对父母表达思念和祝福的视频，唤起父母深埋于心的亲子感情和养育责任担当；同时将部分父母在艰苦环境下工作和生活的一天拍成视频，带回学校给孩子播放，深深唤起孩子对父母养育之恩的情绪体验。亲代在位的感受由此同时在留守儿童及其父母心里得到强化，并转化成父母养育责任感和儿童积极成长的强大动力。异地家长会后，父母对子女的关心普遍明显增强，回乡探望子女的现象增多了，甚至有些父母放弃在外省的工作，回来就近做工照顾子女，或者将子女带在身边外出。

三是留守儿童有什么变化。观察留守儿童的变化特别是突然的消极变化，如学业的大幅退步或者消极孤僻，往往可以从其外地务工父母的离异而导致家庭解体中找到原因。

四是如何引导留守儿童的祖辈。农村留守儿童以隔代教养为主，祖辈在养育过程中如何处理孙辈和其父辈的关系变得很重要。祖辈如果正面增进孙辈对其父母的情感体验，则祖辈在位和亲代在位可以共同促进儿童的成长；反之，祖辈的养育有可能事倍而功半。在那些对留守儿童祖辈进行了父辈替代性养育教育的江西省家校合作项目学校中，留守儿童和祖辈、父辈的关系更为健康，整体家庭成长环境更好。

第十二章

班级层面：有效的家校合作
如何在班级产生
——一项个案行动研究

　　当前的家校合作，呈现集体活动、志愿者活动、学校空间活动"三多"的趋同性走向，因独立于正常的学校教学和管理工作，且未深入满足父母个性化需求的过程，有单纯增加学校和教师的工作量之嫌，而受到质疑。[①] 因而，深入研究和分析日常教育教学中的家校沟通和合作，以及家校合作如何融入日常的家长和家庭与学校和教师的互动，就成为推进家校合作、提高其有效性的当务之急。而在政府、学校、年级和班级多级层面结构之中，班级是最基本的教育教学组织单位，因此研究班主任如何在班级教学管理中开展家校合作共育具有基础性作用。

一　家校合作的"爱普斯坦实践模型"

　　自从近代学校形成以来，家庭和学校的联系便同步产生，对家庭和学校关系的理念也应运而生。对家校合作的系统关注和研究产生于美国。[②] 标志性的年代是家长参与兴起的 19 世纪末，重新认识家庭因素和家庭教育重要

[①] 吴重涵、张俊：《制度化家校合作的国际比较：政策、学校行动与研究支撑》，《中国教育学刊》2019 年第 11 期。

[②] 吴重涵：《从国际视野重新审视家校合作——〈学校、家庭和社区合作伙伴：行动手册〉中文版序》，《教育学术月刊》2013 年第 1 期。

性的 20 世纪 60 年代。学术界的系统关注主要包括 4 个研究领域：对家庭经济社会地位、儿童智力水平对儿童教育抱负与职业成就的影响研究，描述与家庭和学校有关的教育社会不平等再生产（高潮为 20 世纪 50~60 年代）；对家长参与能动性的研究（高潮为 20 世纪 60~90 年代）；对学校如何赋能家长积极参与子女教育的研究（20 世纪 70~90 年代）；对学校、家庭和社区合作伙伴关系的研究（20 世纪 70 年代末至今）。

对家校合作实践开展的研究中，学术影响最大的是约翰·霍普金斯大学爱普斯坦教授率领的团队，这是一个由社会学、教育学、教育心理学等多学科专家组成的研究共同体，自 20 世纪 70 年代末就开始了家校合作的系统实证研究、培训和实践推广工作。1997 年，爱普斯坦交叠影响域模型和 6 种家校合作实践类型，作为美国"学校—家庭参与项目的国家标准"，并呈现向英国、澳大利亚、中国香港地区等国家和地区制度性扩散的趋势。① 爱普斯坦的家校合作实践模型于 2012 年被系统引进国内，是年翻译出版了爱普斯坦团队研究集大成的著作《学校、家庭和社区合作伙伴：行动手册（第三版）》，引起国内学术界的进一步关注、研究和实验。江西省教育科学研究所团队在江西省连续开展了三期本土化实验，实验至今仍在进行。

二　本章的研究框架

本章研究不是结果型描述，而是过程性描述，因而适用质性研究的方法。囿于资料收集的局限，同时也期望把一个案例分析透彻，本章进行的是案例研究。通过系统的个案描述，揭示班主任开展家校合作的一般性结构和特点。选取的是一个行动研究案例，即在"爱普斯坦实践模型"指导下由班主任开展班级家校合作。在国家社会科学基金教育学重点课题和江西省教

---

① 吴重涵、张俊：《制度化家校合作的国际比较：政策、学校行动与研究支撑》，《中国教育刊》2019 年第 11 期。

科规划重点课题项目资助下，由一线班主任和专业科研人员合作开展的项目试验，行动自始至终有理论的介入和指引，观察较为规范，资料的收集较为系统、详尽，因而，具有较好的典型意义。

本章的目的不是描述家校合作的一般现状和事实，而是探究在理论指导下，有意识、有计划的班主任家校沟通与合作何以有效，并对这一过程进行归纳、提炼。

研究围绕的核心问题是：在班级管理中，系统引入家校合作后，教育和教学的社会互动结构和机制是怎样的，以及其与教育的传统互动结构的联系与区别有哪些？这样的结构和机制有效吗？具体包括：家校合作背景下，教育和教学互动结构包括哪些因素？这些因素是如何互动的？通过什么形式、以什么为内容进行互动？互动中参与者遵循什么原则？如何应对家校冲突？毫无疑问，对于上述问题的分析均以爱普斯坦家校合作实践模型为理论工具。

三　案例描述

（一）B 班的背景情况与新任班主任面临的挑战

S 中学是省级重点建设中学，是一所艺术特色学校。B 班为 S 中学高中 2017 级艺术特色重点班，学生的高中入学文化成绩在全年级排名前列，学校和家长都对这个班在未来三年高中和高考的表现寄予厚望。

然而，令人意外的是，B 班高一开学后，班级管理逐渐出现比较明显的问题。学生进入重点班的自豪感快速消退，厌学情绪在班上蔓延，学风日下，学生学习成绩急剧下滑，师生之间、学生之间关系变得紧张，经常课堂秩序混乱，很多学生自信心丧失，开始自暴自弃。家长反应强烈，老师忧心忡忡，学校压力重重。学校意识到不能让这样的局面继续下去，决心在高二年级秋季开学时，彻底扭转该班的严峻形势。学校决定选派一名责任心强、有能力的教师担任 B 班班主任。经过反复比较和筛选，最后把目光投向了该校的专业老师 W 身上。

W 老师是一名教学和管理经验都比较丰富且专业水平很高的美术老师。她凡是做什么都会投入，肯专研、善动脑，其他教师反映她有"眼力见"。她十分热爱绘画专业，单从她定期利用暑假期间花高价自费到北京等地进修绘画，就可看出她对事业的投入和性格的执着。只是为了不影响专业学习和提高专业水平，近几年她刻意不当班主任。

高二年级开学前，W 老师突然被分管教学的副校长约谈，告诉她学校决定让她担任 B 班的班主任。她在 B 班高一时担任其专业课老师，因此知道 B 班的情况确实比较糟糕，也为 B 班在基础条件全年级相对较好的情况下沦落到现在这样的局面深感痛心。她在经过一番激烈的思想斗争之后，于开学前 10 天左右接手 B 班，并表示不做则已，要做就要对得起 B 班的学生和家长，投入地把 B 班带好。

W 老师结合上一学年上课时的观察，并找了 B 班原班主任和文化老师了解情况，进而将其归纳总结成以下问题。

第一，学习问题。

（1）作业拖欠：大量高一任课教师反映，学生不完成课堂作业、家庭作业的情况非常严重。全班 56 人，通常交作业的只有不到 10 人。

（2）文化成绩下滑严重：高一组班时，全班中考成绩 500 分以上的有 5 人，400 分以上的占 4/5。到了高二期末时，总分为 400 分以上的仅剩 1 人，而有学生反映期末考试成绩前三名的学生还存在考试抄袭情况。

第二，纪律问题。

（1）课堂纪律：班级秩序严重失控，任课教师反映每次上课人来不全，迟到、缺勤是常态，以至于难以完成既定教学任务。

（2）学生携手机入校常态化：按规定学生不可将手机带入班级。但全班同学都带手机来班级，上课用手机玩游戏、看小说是常态，听课的学生人数极少。多次发生班主任和任课老师收缴手机后，家长来校索要手机而与教师发生争执，最终老师妥协，将手机归还学生的情况。

（3）班级卫生问题严重：学生随意丢弃杂物，每周大扫除时，除部分班干部，其他学生均不服从值日安排。任课老师反映教室有难闻气味，影响教学和学习心情。

第三，人际关系问题。

（1）师生关系和同学关系紧张：学生与班主任矛盾严重。班主任安排座位时，学生反抗较明显，甚至将桌椅移至教室外，最后以学生自由选择座位收场，并在全校引起关注；任课老师维持课堂纪律基本没有人听；学生上课迟到、早退问题严重；女生经常出现吵架事件，例如，有次某女生感觉受到欺负，甚至直接报警。本来能在校内解决的问题，却给民警带来麻烦，造成不良社会影响。

（2）教师与学生家长关系紧张：家长多次就孩子的问题到校与任课老师尤其是班主任发生争执，有的时候闹到校长办公室才得以暂时平息。

以 B 班为例，面对这一堆纠缠在一起的"结"，W 老师努力寻找解决问题的源头和钥匙。她意识到，采取常规的管理方式是很难扭转 B 班局面的，必须采用超常规的思路，找到解决问题的突破口。W 老师认为，在新学期开学伊始学生到校报到时，要解决好两个迫在眉睫的问题：让所有学生交齐暑假作业、杜绝带手机到校，以此达到迅速恢复班级基本教学秩序，并迅速恢复学生和家长对学校和班级信心的目的。解决了这两个迫在眉睫的问题，才能给解决其他问题赢得时间和空间，才能着手解决学生学习成绩滑坡的问题。

但怎么找到解决这两个问题的有效途径呢？W 老师敏感地意识到，这两个问题都是与学生家庭和家长有密切关联的问题，而且班上存在的其他很多问题也与学生家庭有着密切的关系。W 老师根据以往的教学管理经验和社会阅历，产生了以家校合作为 B 班工作突破口的强烈想法。在这段时间，W 老师已经注意到了家庭教育、家校合作对于学生在校学习和行为的重要影响，并与专业科研人员 C 取得了联系，开始系统阅读和消化家庭教育和家校合作的相关理论，并决定尝试在专业人员的帮助下，将"爱普斯坦实践模型"应用于班主任工作。

W 老师选择目标（G）形式的家校合作行动模式，将要开展的活动按照行动目标分为 3 类：改善学生行为目标、改善学习成绩目标和营造家校合作氛围目标。她确立了高二全年与学生家庭相关的 4 个具体行动目标：改变学生不交（暑假）作业的不良行为（行为目标），禁止学生带手机到校（行为目标），提高文化课（特别是数学课）成绩（学术目标），通过家长志愿者系列活动改善家校关系（营造氛围目标）。其中达到前两个行为改善目标是当务之急。

（二）四大目标的实现

1. 交暑假作业

W 老师设想了这么一个情景：开学的第一天，当她面对全班同学，例行性要求上交暑假作业时，全班绝大部分学生没有完成暑期作业，场面会是多么的尴尬。可能在那一刻，班主任的威信就丧失了。绝不能让这样的情景真实上演。她决定上任班主任要做的第一件事就是立即采取措施，力争使学生上交作业的比例达到 80% 以上。W 老师的主要做法是，发动家长督促学生完成作业，形成必须完成暑假作业的家校压力氛围，解决不交作业的问题；发动家长参与检查暑假作业环节，让参与检查的家长告诉其他家长暑假作业完成的质量情况，解决作业质量不高的问题，并在这一过程中增进与全体家长的相互理解和信任。

（1）广泛发动家长督促学生。

B 班在新学期换了班主任、4 名任课老师和 1 名专业老师。W 老师在 B 班学生中一直较有威望，要求严格。调整老师的消息在家长间传开后，重新燃起了家长对孩子、对学校的期望，也暗中希望在新的学期积极配合老师改善孩子的精神状态，帮助孩子走出低谷。W 老师经过调查了解，意识到抓好班主任工作，一定要先把家长的期望变为解决问题的最宝贵资源，充分发挥家长在督促学生完成暑期作业中的重要作用。

W 老师前后 3 次在 B 班家长微信群里发公开信息并让家长转告、提醒和督促自己的孩子：

@所有人：今天8月20日，开学倒计时10天，提醒2件事，第一件事：9月1日上午9点开学报到。请所有同学带齐暑假作业，专业作业请装订好。包括文化、专业，我按学号检查每人全科暑假作业。有缺科或不合格的，按校规，打电话请家长领回孩子，待孩子全部完成后再申请来校上课。第二件事：9月2日打扫卫生、领书、发书等工作由1日没交齐作业同学完成。9月3日开始正式上课。没交齐作业的同学在家补作业。待完成后家长写申请，经学校同意后来校上课。另，每人带速写纸和书，查作业时其他同学练习速写。

W老师在微信群中说如果学生报到当天没有完成暑假作业就不准报到，让家长"领回去"，这并非她的本意。

我这么说，主要是想引起家长（并通过家长引起学生）的重视，让家长督促学生完成暑假作业，并不是真的打算不让学生报到。开学时只要80%的同学交作业就很好了。开学后，我还有后续的点子会用。

信息发出仅2人回复，W老师等待几天后有些担忧，8月25日发出第二条信息，为家长打气。

@所有人：各位家长晚上好！下周六9月1日开学第一天。高二既是高考前的一个过程，又是一个新的开始。在这个过程中他们需要的是我们的陪伴和坚持。

我们的不放弃、不松懈就是他们的指路灯，只有方向正确，步伐快的孩子能勇往直前，步伐慢的孩子就可以迎头赶上。

开学当天，奇迹出现了，全班56名同学，有49名同学交齐了暑假作业，这是B班没有过的现象。与家长的第一次隔空互动，家长们都很配合，

W 老师初尝了家长参与的力量。

（2）发动家长参与检查暑假作业环节。

W 老师按照预先计划，邀请并选拔了 S 和 L 两位家长共同检查暑假作业。家长检查文化作业，W 老师检查专业作业，并将作业质量进行登记。9月的南昌，天气还很热，教室的温度很高，W 老师自费买了矿泉水给家长喝，互动合作的气氛浓厚，两位家长检查作业非常认真。学生们在教室看到 W 老师和家长这么认真，都受到触动。W 老师适时将检查作业的照片发到家长群，S 和 L 两位家长还将比较好的作业发到家长群里，并在群里宣传："W 老师很辛苦，做老师真不容易。"引起家长一片附和。就这样，家长参与检查暑假作业这件事在家长间传递扩散，让全体家长感受到了 W 老师的认真负责，彼此传递着 W 老师的口碑，家长和 W 老师的心靠得更近了。在这样的氛围中，家长了解了自己孩子暑假作业的质量、存在的问题和榜样的标准，进而对孩子学习的情况加深了了解。学生们也在这一过程中，感受到了班级风气的潜在变化，并欣喜地感受到父母的正面参与给自己带来的骄傲和自豪。检查作业之后 3 天内，班上所有学生的暑假作业交齐了。W 老师上任的"第二板斧"在家长的配合下也很漂亮地完成了。

2. 禁止学生带手机到校

学生带手机到校是教育行政部门的行政法规所禁止的[1]，S 学校也有相应的校规。从 B 班的情况看，学生在课堂上玩手机的现象十分普遍、公开，学生已经到了沉迷手机无心听课的地步。W 老师意识到，如果再不禁止学生带手机到校，这个班就完了，学生就没有希望再赶上。

W 老师定的班规是一旦发现有学生带手机到校，就予以收缴，直至学期结束后再统一归还。W 老师知道这个规定实施起来非常难。

高一（学年）多次收缴手机引起的与学生和家长的激烈冲突和矛

---

[1] 《教育部办公厅关于做好预防中小学生沉迷网络教育引导工作的紧急通知》（教基厅函〔2018〕12 号），http：//www.moe.gov.cn/srcsite/A06/s3325/201804/t20180424_ 334106. html。

盾，真让我心有余悸。家长不会轻易让孩子的手机消失半年，这是一笔不小的家庭开支。学生手机被缴，无法向父母交代，必定会做出激烈反应。学生使用手机已经成"瘾"，上课玩手机形成了习惯，改起来很难。

W 老师还是想到了家长，希望得到家长的全力支持。她首先把禁止带手机到校的规定反复告知全体家长，让家长配合做好防止孩子带手机到校的工作。由于在交暑假作业这件事上 W 老师得到了家长的认同和信任，所以这次家长的配合度比较高。通过家长在家给孩子做工作，带手机到校的情况基本得到了控制，但仍有一些学生带手机的习惯难改，也在观望老师和其他学生的态度。抱着侥幸的心理把手机带到学校的学生不在少数，并在上课或课间、中午偷偷使用。如果不及时制止这些学生，则会对其他学生形成不好的示范，导致功亏一篑。

案例一：女生 L 的故事

W 老师发现女生 L 在教室玩手机，当即予以收缴。L 家庭经济条件不好，她不能承受手机收缴半年的后果，于是又哭又闹，甚至寻死觅活，不让老师收缴。W 老师一边耐心安抚，一边态度坚定，不还手机给 L。W 老师打电话请 L 的母亲来学校，并对她说："今天找你来，是一起商量一下，我们怎么共同帮 L 的事情。"家长听老师这么一说，感到很暖心，变得十分配合。L 的母亲答应回家后做孩子的工作，然后将情况反馈给 W 老师。L 的母亲在与 L 谈话后，L 表示利用周末两天拿手机回家处理完有关手机上信息后，再交还 W 老师。W 老师和 L 的母亲商量后，同意了 L 的要求。

周一，L 在上课前上交了手机，但 W 老师立即发现，L 上交的是另一部旧手机。W 老师又找 L 的母亲商量。L 的母亲继续站在老师一边，做工作让孩子必须交原手机，并打算在家找到后送到学校来。第二天上课时，L 上交了原手机。L 的事件对全班同学震动很大。

与女生 L 的故事中 W 老师主动联系家长解决问题不同，男生 Y 的故事则发起于家长的告状。

案例二：男同学 Y 的故事

男同学 Y 个性比较要强，高一时在班级中属于"刺头"，常和家长、老师产生矛盾。Y 的父母看到高二开学班级改善很有成效，就联系 W 老师，告知她 Y 偷偷带手机到校。W 老师非常感谢 Y 的母亲，并表示要和家长共同帮助 Y 摆脱"手机瘾"。W 老师心里暗自高兴，正要着手解决 Y 的问题，这下有了家长作为好帮手。

了解到该生在高一期间就因手机和迟到问题多次与之前班主任有冲突，如果处理不当，也有可能会发生冲突。W 老师思量再三，决定"先礼后兵"，课间时到班级跟同学闲聊，问问大家有谁带了手机，并再三强调如发现就会一视同仁收走，得到大家包括 Y 的表态认可。同时跟家长交流学生带手机到学校的弊端，强调校规、班规，如发现一概收走。第三天数学课时 W 老师发现 Y 有小动作，走近一看是玩手机，即刻收走了。因为之前的反复强调，所以 Y 虽心有不甘但没有激烈反抗。课后 W 老师把 Y 请到办公室交流，在交流中 Y 说成绩太差上课听不懂，所以才玩手机的。W 老师对他说："不会不可怕，放弃才最可怕。我们来商量一个协议，你看怎么样？我保证你考上二本，而你要相信我，遵守课堂纪律。希望我们合作愉快。"（W 老师心里有数，文化分只要 320 分就可上二本，只要 Y 学习态度认真了，达到并不难）Y 已经自暴自弃了，听老师这么一说，心中大喜，充满了希望。从此，Y 和 W 老师之间的交流变得顺畅起来。

W 老师将与 Y 的谈话内容告诉了 Y 的家长，并建议家长如遇到 Y 回家因手机收缴后心情不佳，要耐心疏导，以免产生家庭矛盾。

当天下午 W 老师路过篮球场时，Y 正在打篮球，见老师来了，又想讨回手机，讨好地说，上午用手机是因为有朋友伤到了，希望看在自己近两天来认真记笔记的份上，再给一次机会。说着，篮球也不打了，就把所有的课堂笔记从书包里翻出来给 W 老师看。W 老师欣喜地发现，Y 这几天的课堂笔记记得特别好，显示 Y 正在暗下决心，学习态度发生了改变。W 老师自然不会把手机还给 Y，但对 Y 工工整整的笔记大加表扬，并拍图发到家长群给家长看。

Y 和 Y 的父母见到课堂笔记被发到家长群后得到很多家长称赞非常高兴，Y 虽然没有要回手机，但精神状态更好了，学习有劲头，也能配合 W 老师和班级管理了。"刺头"被收缴手机后，反而成了班级的一个积极因素。更让 W 老师欣喜的是，Y 和母亲的关系从此后也大为改善。原来 Y 的父母在家教育孩子时，经常为 Y 过度玩手机产生冲突，父母对孩子的状态感到焦虑，与孩子的关系很紧张，现在 Y 回到家不但学习更用功了，而且更能理解家长了。Y 的母亲告诉 W 老师：

> Y 最近变化很大……今天下午 Y 在打篮球，看见我后喊我妈妈，并让我来看他球打得怎么样。我当时眼睛湿润了。我们母子间好久没有这么温馨的交流了。

就这样，W 老师一个学期"安全"地收缴了 20 多部手机，逐渐解决了学生带手机到校的"难题"。按时交作业和不在校玩手机两个变化使 B 班的班风得到根本性扭转，学生和家长都切身感觉到希望开始萌芽，失望和抱怨开始消退。

3. 营造氛围

> 这个 B 班的家长实在是有很多不讲理的，常到学校吵闹。
> 是呀！孩子迟到老师处罚事件都去找校长。
> 上次手机问题 H 同学家里来了三个家长一起闹，不知道这些家长怎么想的。

B 班高一的事例使年级其他老师印象深刻，一个暑期过去了，仍然是老师们交流的话题。W 老师前两周在解决暑期作业和手机问题上小有成效，但回想到这样的对话还是心有余悸。W 老师深切感受到，只有在一个家校之间、师生之间和亲子之间和谐的生态环境中才能持续、稳定地优化 B 班班级管理，带出一个好班。W 老师为了营造家校合作的浓厚氛围，采取以

"家长志愿者课堂"为主要途径的一系列措施。

> @所有人：各位家长好！在征求同学和家长意见后，拟邀请志愿者家长或家庭成员，结合自身的工作或特长开展"家长志愿者课堂"。希望各个家庭成员把社会经验、自身特长、工作积累等各方面的知识能量都贡献出来，就加强班级同学的个人修养、社会关爱、家国情怀等方面进行主题讲课，引导他们热爱生活，注重自主发展、合作参与，做有理想、有道德、有文化、有纪律的"四有"青年。让我们把20世纪70年代一代人的优良品质传承给我们的孩子们！

有了前面工作打下的基础，W老师的倡议得到了家长们的热烈回应，他们争相报名。"家长志愿者课堂"取得了很大成功。

> W老师：H同学妈妈是第一个报名的家长，H同学家是单亲家庭，H同学妈妈做销售经常不在家。H同学比较有个性，学习习惯不太好，H同学妈妈说H开学后有不小变化，晚上回家能主动写作业、看书了。她带着和蔼的笑容讲到销售中的困难以及坚持、努力的小故事，吸引了我们每一个孩子，同学们听后受到触动，H同学也为他的妈妈感到自豪。H同学妈妈为我们的"家长志愿者课堂"拉开了美丽的序幕，一份份亲师、亲子情在班级传递。
>
> 之后，还有Y同学爸爸的"信鸽放飞梦想"。他作为养信鸽爱好者介绍信鸽超长距离竞翔的知识，激励同学们像信鸽一样持之以恒。W同学爸爸的"穷乡僻壤沐春风　贫困百姓笑开颜"，他作为一名扶贫工作者介绍全省贫困家庭的处境和扶贫工作的重要进展，让同学们更加感受到和珍惜今天的幸福生活和良好的学习条件……

家长们在每周的班会上接续讲课，一堂比一堂精彩，成为学生和家长都期待的班级"家庭活动"。

为了感谢家长的付出，学生手绘了精美的感谢信。

> 亲爱的家长：欢迎您前来参加 B 班"家长志愿者课堂"活动。首先代表全班的同学向您表示感谢。此次活动中您走到我们身边，了解我们的想法，我们从中获取您丰富的经验，谢谢您的付出与参与！向您致敬！

家长每上一课后，W 老师都会请孩子送上手绘的感谢信（很多家长对孩子的感谢，感受到一种久违的暖意），并把课堂的片段和学生的课后感言一同做成相册发给所有家长分享。以下是家长们的反馈声音。

> 谢谢老师给我们这么好的机会。
> W 老师我下周报名。
> 孩子回家很开心，今天看到了真正的信鸽。

其他老师们的声音：

> 你们班家长来上课了吗？感觉氛围很不错！
> 是，他们班家长这样看还不错，之前有个 S 同学爸爸好像好难说话的，那天看到他很积极。

一个良好的老师—家长—学生交流的氛围，在大家的共同努力下形成了。大家对班级有了一个"家"的感觉。

4. 提高艺术特长生的文化成绩

S 学校是一所艺术特色高中，每年向全国高校输送很多优秀的艺术类人才苗子。近几年国家政策对艺术类学生的高考文化抛档线逐渐提高，S 学校对艺术生的文化课学习更加重视。B 班作为重点班，学校安排的文化课老师都是比较优秀和有经验的老师。

（1）选择数学作为文化课的突破口。

出于多方面原因，B 班高一学年文化课成绩滑坡严重。如果高二再没有扭转提升，前面的一切努力都将归零，学生的大学梦可能就此止步。

W 老师谈到班上几名同学的文化课学习情况。

> H 同学是班上"倒数"的几名同学之一。家长告诉我，孩子中考时总分 526 分，高一期末考试下滑到不到 300 分，以前初中数学成绩有 90 多分，现在只有 20 多分。这样下去完全没希望了。
>
> L 同学是高一入学时全班成绩排名第一的同学，高一期末考试成绩快速下降到中段。家长说："我孩子从小喜欢画画，初中时学习成绩一般，初三时很刻苦，所以中考考得不错，我们本来以为她进了重点班能好好学习，考一个好大学，可她的成绩一直往下掉。在家看她会写作业，但是效率不高。最弱的就是数学，她说上课完全听不懂。"
>
> P 同学是班级成绩前三名之一，有同学反映她考试作弊情况严重。家长反映孩子叛逆性强，特别到高中后，很难交流，学习成绩跟初中比退步很多，三门主科里英语是长项，语文也不错，数学找了老师另外补课，但没有多大效果。

W 老师发现文化课中问题最大的是数学，因此决定以数学为突破口，提升学生的学习信心。

（2）建立家长与老师的良性沟通和互动。

S 是一位对艺术班教学有着丰富经验的数学老师，和 W 老师被同步调整到 B 班。W 老师把从 B 班家长访谈中收集到的情况跟 S 老师详细交流后，引起 S 老师对 B 班的高度重视，同意讲课时讲细、讲慢，更加注重方法，让学生先从听懂开始。W 老师将 S 老师及其讲课的变化介绍给家长和学生，并表示会协助 S 老师从作业、笔记、听课氛围几个方面跟进，做好数学老师与学生和家长的沟通互动，管理好教学中的每一个环节。学生和家长对新学期的数学课学习充满了期待。上课第一天，全班数学作业无一人缺交。

为了更好地建立教师与学生和家长的联系，W 老师制作了课堂笔记检查登记表，课堂笔记分 A、B、C、D 四档评分。每天晚自习时 W 老师亲自抽查，对好的同学及时予以肯定并向家长和同学反馈，并请学习委员把检查结果给数学老师看。家长群的点赞给了很多同学鼓励，家长们看到了班级的成长，看到了孩子们的进步，更有信心了，也努力在家关注孩子的数学学习情况。

除了抓数学学习的一般共性环节，W 老师还特别注意与家长的个别化沟通交流。

①请 L 同学家长一起解决孩子上课不听讲问题。

L 基础很好，中考成绩全班排名第一，高一时文化成绩落到中段。家长不知道孩子在学校的具体学习状况，简单归因为老师讲课听不懂。

W 老师观察到，数学课时 L 没有听讲，而是在玩小玩具。W 老师拍她上课"开小差"的视频发给家长，跟家长交流情况，请家长在家多关注孩子的心情。第二天家长反馈说，孩子抱怨数学课听不懂，不喜欢数学老师等情况。因为事先对 L 主观上不听课的情况有所了解，所以 L 母亲跟 L 合理分析了数学老师、课堂和自身的问题，帮助 L 有针对性地调整学习状态。W 老师也请 S 老师在课堂上关注这个学生。之后 L 数学课的学习状态有了明显改善。

②与 C 的父亲沟通交流提高课外辅导效果。

第一次，C 的父亲刚开学时找到 W 老师说："W 老师，她（C）的成绩高一退步太多了，要提高有很大难度，尤其数学特别差，怎么办呢！"W 老师问 C 的父亲："你有没有想什么办法？"C 的父亲回答："周末有让她在外面补课，是一个非常有名的老师，就是目前效果不明显。"W 老师了解到 C 的补课是大班上课，建议他"孩子的数学是基础问题，如果人多的大课效果不好，你可以给她试试小课"。

第二次，三周后，C 月考成绩在全班率先突破了 400 分。W 老师说：

"这次成绩有进步，看样子你下了功夫，原因是什么？"C父亲回答："按照老师的建议，给孩子换了一个家教老师，一个大学生，没有之前大课老师知名，但比较有耐心，每周到家两次，针对基础知识解疑。"W老师高兴地说："这是一个好的起步，要提醒孩子在学校认真听讲，以学校教学为主，不懂的地方多跟家教老师交流补充，这样效果更好。"

C因为数学的进步建立了自信心，对其他学科也找到了重点突破的方法，第二次月考成绩再次提高到450分，并在第四次月考中取得了480多分的好成绩。

因为C的"领头雁"作用，加上家长又从多方面加油使劲，班上学习氛围逐步浓厚起来，十多名学生的成绩在一个学期之内陆续在月考中回升到400多分（见表12-1），全班学生的学习成绩都有所提高。

表 12-1　B 班每月学业测评总分变化

单位：人

	高一期末	第一次月考	期中考试	第三次月考	期末考试
400 分以上	0	3	5	9	14
300 分以下	21	15	10	8	4

5. 综合成效

W老师为家校合作共育4个目标所做努力很快就显现出综合成效。

（1）来自任课老师的评价。

语文老师是高一、高二连续任教这个班的老师。她跟年级老师说：

这个班的学生真是完全变了样，上课的感觉特别好，发言很积极，眼神都发光。

数学老师说：

B班的学生基础是不太好，但上课很认真，有的班睡倒一大片，他们班没有，作业完成情况也很好，每天课间都有来问问题的，艺术班的学生对数学这样认真不容易。

英语老师说：

之前听说这个班很难教，我还有点担心，但上课后感觉不错，英语课学生回答问题积极，作业完成情况也很好，就是基础太差了，但学习面貌很好。

（2）年级其他班的任课教师的评价。

高一时常有家长来闹事，现在很安静！

每次课间从他们教室门前过，都有好多同学在看书，变化真是大。

（3）来自家长的评价。

P母亲说：

孩子现在在家变化很大。以前回家后手机就不离手，现在回家会写作业，手机虽然会放在边上，但明显改善了，精神状态不一样了。

一天早晨7点30分，早读开始。W老师从走廊轻轻推开教室的后门，然后静静地站在教室后面，用手机给学生录像。没有一个学生发现她的到来，学生都在专心地看书、背书或写着什么，教室一片寂静。这段录像后来被上传到了家长群，学生都为自己的进步而感到自豪。大家意识到B班走上正轨了。W老师脸上露出了欣慰的微笑，更坚定了继续走家校合作之路的决心。

四 研究结论与讨论

B 班的行动案例，在个性化的情节中，包含着丰富的普遍特征，对于班主任家校合作共育的理论概括和实践指导，都具有启示意义。

（一）班级家校合作活动的6种类型及其特征

W 老师围绕 4 个家校合作目标开展的活动有很多，但都包含在爱普斯坦归纳的 6 种类型之中。只是爱普斯坦对 6 种类型的经典描述基本是站在学校层次的，在班级层面，需要对这 6 种类型的具体表现形式加以进一步提炼和归纳（见表 12-2）。

1. 相互交流

班级层面的家校相互交流，是教师和家长围绕解决问题的个性化过程互动交流。案例中不论是收缴 L 同学手机的家校互动，还是提升 L 同学和 C 同学数学成绩的家校互动，都告诉我们，班级层面最为本质的相互交流是围绕具体学生的具体行为和学习问题展开的，贯穿于教师和家长多次有逻辑关联的系列沟通互动过程。在这一系列沟通互动的过程中，同时发生着亲师、师师、亲子、师生交流等多种人—人互动。教师一开始并不确切知道应该采取什么策略解决问题，而是在与家长的互动交流中，共同探索出互动行动方案，直至最后问题得到解决。

班级层面家校相互交流，以定期和定内容交流、集体交流为必要基础。我们注意到，案例中不论是解决学生交暑假作业问题，或是营造家校合作氛围，还是解决其他带有班级普遍性的问题，都是以广泛的教师与家长集体交流为第一步，W 老师通过微信群等形式告知家长有关信息，得到家长的反馈。而且在请家长参与检查暑假作业的案例中，W 老师和两位家长通过将检查现场的实况呈现在家长群里，起到了非常好的效果倍增效应。

表 12-2　班级层面家校合作六种类型的实践框架主要内容及其与学校层面的不同侧重点

类型 1 相互交流	类型 2 当好家长	类型 3 志愿服务	类型 4 在家学习	类型 5 参与决策	类型 6 与社区合作
1. 教师和家长围绕解决问题的个性化、过程互动交流，共同探索出互动行动方案，直至最后问题得到解决。 2. 同时发生着亲师、师师、亲子、师生交流等多种人—人互动。 3. 个性化互动交流，以定期和定内容交流、集体交流为必要基础。 4. 班级家校相互交流的形式和内容多种多样。	1. 家校合作解决学生在校问题的过程，可以影响家庭亲子关系改善。 2. 家校合作解决学生在校问题的过程中，教师同时也可以指导家长与孩子沟通和解决家庭教育的具体问题。	1. 利用家长的多样化珍贵资源（知识、技能、社会资源等），开展对学生的生活教育，知识教育和价值观、人生观教育。 2. 在家长志愿活动中，形成一个在共同参与中相互理解、相互包容的团结集体，家长、学生、教师彼此欣赏，产生强大的班级凝聚力。 3. 家长志愿服务使家长对老师和学校口碑的口口相传，不起眼的志愿服务起了重要的营造氛围作用。	1. 教师与家长合作，督促学生有质量地完成家庭作业乃至家庭中的其他学习。 2. 制订学校和家庭一体化的在家学习计划。 3. 建立家庭学习小组制度。	1. 教师发挥专业主导作用，向家长公开信息，取得家长的理解和充分支持。 2. 班级重大决策的民主协商。（开展禁止带手机到校、完成家庭作业的专项行动） 3. 在解决学生个体问题的过程中，教师不断与家长协商。	1. 主要是在家长志愿服务中，家长应用专业岗位资源、家长单位资源过程中包含与社区协作因素。 2. 班级与社区协作，也可以是学校整体与社区协作教育教学的一部分。

与学校层面的不同侧重点

1. 个体化：家校合作经常表现为教师和家长的个体化沟通互动。
2. 解决问题：往往因应某个学生的行为和学习问题而发生。
3. 过程性：围绕解决问题教师和家长反复互动，直至问题得到解决。
4. 规范性较低：不过度强调文字修饰和表述，行动建立在"理所当然"的文化基础上。

　　班级家校相互交流的形式和内容多种多样。有"班级趣事"——W 老师常把学校发生、解决的一些事件写成小故事分享给家长；有"视频、相册"联动——形成教师的授课、学生学习的动态、活动中的表现、学生间的互动的动态、静态影像；有"快捷传达"——每日、每周或每月及时把教育信息、学校的行政通知、学生成绩等清晰地反馈给家长；更有个别的面对面交流。学生作业的变化、心情的变化、成绩的变化、行为问题等都是交流的重要内容。

2. 当好家长

学校层面"当好家长"主要是办好家长学校。与之不同的是，班级层面"当好家长"的主要内容是在解决学生在校问题的过程中影响家庭亲子关系，教师同时也可以指导家长与孩子沟通和解决家庭教育的具体问题。

手机问题也是家庭教育面临的难题和冲突源。在收缴 Y 的手机案例中，W 老师和家长共同解决 Y 在校玩手机问题的过程中，在端正 Y 的学习态度的同时，也使 Y 的家庭矛盾得到根本性缓解，母子之间感情的纽带得以恢复，家长对孩子的家庭教育方式方法也由指责转变为鼓励，家庭教育和学校教育形成了和谐一致并得到学生认可的理想状态。

在 C 提升数学成绩的案例中，家长在校外为孩子找数学辅导老师，似乎是与学校无关的家庭教育行为，其实不然。通过 W 老师主动与家长沟通学生在学校听课中的问题，延伸到学生数学基础薄弱的问题，进而对家长改变聘请校外辅导的思路产生影响。最后，学校的数学教学、家庭的助力乃至校外辅导形成了合力，共同促进了 C 数学成绩的明显提升。

3. 志愿服务

B 班每周一次的"家长志愿者课堂"，既利用家长的多样化珍贵资源（知识、技能、社会关系等），开展对学生的生活教育，知识教育和价值观、人生观教育；又可以在家长志愿服务中，形成一个在共同参与中相互理解、相互包容的团结集体，家长、学生、教师彼此欣赏，产生强大的班级凝聚力。

家长志愿服务使家长对教师和学校口碑的口口相传。在两位家长志愿者帮助检查暑假作业的过程中，以及部分家长志愿参与监考的活动中，家长不仅参与了活动，还把教师的辛苦、学生对作业和考试的认真态度在家长群里广而告之，其他家长在群里表达赞许。这些爱普斯坦强调的不起眼的志愿服务，也在 B 班转变的过程中起到了重要的营造氛围的作用。这个良好的氛围正是在家长们你一言我一语的积累中形成的。

4. 在家学习

在家学习发生在家庭，似乎是家庭教育的范畴，但其是否发生以及在家学习的效果如何直接影响学校教学质量。W 老师对 B 班的高一学生情况做了一个调查，发现 80% 的学生在家不写作业。而高中课程比较多，白天 8 节课，晚自习 2 个小时，学生在校无法完全消化当天的学习内容。所以，教师与家长合作督促学生有质量地完成家庭作业乃至家庭中的其他学习，就成为班级教师开展家校合作的重要内容。W 老师采取的方法包括：制订学校和家庭一体化的在家学习计划。首先把学校的课程教学要求、作息时间和课程表发给家长，请家长结合学校的课程和作息安排，与孩子商议制订在家学习的作息安排和内容。并引导家长之间相互交流借鉴，帮助和启发有困难的家庭和家长。

建立家庭学习小组制度。文化课 6 科共 12 个学习委员，分管各科作业内容和课堂笔记。每天由一位同学将家庭作业、教师提出的要求分享到家长群；另一位同学把课堂笔记情况反馈到家长群。合理细致的分工，使家长每天能看到各学科的要求和进度，帮助家长有效地指导孩子在家学习，降低了家庭管教的盲目性，也减少了空洞说教。

5. 参与决策

参与决策不是让家长投票来决定班级管理，而是教师发挥专业主导作用，向家长公开信息，取得家长的理解和充分支持。B 班的班级决策包括以下两方面。

（1）班级重大决策的协商。W 老师将让全班学生交齐暑假作业、杜绝学生带手机到校这两项决策充分告知全体家长，并取得了家长的完全理解和积极支持。

（2）在解决个体学生问题过程中与家长的协商。围绕解决学生问题与家长的互动过程是一个不断选择和做决定的过程，也是一个协商的过程。不论是在收缴 L 同学和 Y 同学的手机案例中，还是在与 C 同学的父亲沟通 C 的数学学习情况时，W 老师与家长的每一次互动都是一步步商量，并逐步解决问题。

6. 与社区合作

有效的社会资源与学校教育整合有利于学生的全面成长，家长对学校的参与也往往离不开对社会资源的利用。班级层面与社区的合作，涉及的广度不及学校层面，一般不具备与社区组织独立互动的条件，而是在家长参与中发生，或者在学校统一安排下进行的。

B 班与社区的合作主要是家长的志愿服务。通过家长专业岗位资源、家长单位资源体现的。例如，W 同学的父亲在扶贫专业岗位工作，把扶贫工作的信息和专业知识带入课堂；L 同学的母亲是消防工作人员，在消防知识宣讲中把单位的消防器材带进学校演示。班级与社区协作，也可以是学校整体与社区协作教育教学的一部分，如在学校的统一协调下，B 班去当地的美术馆等开展的各种专业展览、研学画展，定期组织去婺源进行写生作业。这些拓展了学生的专业视野和学习空间。

（二）家校合作的两个基本原则

W 老师在 B 班的管理中设置了 4 个家校合作目标，且都取得了很好的成效。其成功的原因除了在达成每个目标过程中适当地应用了家校合作的 6 种类型等涉及的技术方法和手段，更在于有一个贯穿 4 个目标达成全过程的灵魂，这个灵魂就是不断地在家长和学生中建立和积累"人脉""友情"，达成并不断加深家校之间的互信，使工作越做越顺。

1. 在建立亲—师—生情感基础上，达成共享理解

教育是爱的事业，但仅仅停留在爱上是不够的。教师和家长需要在一定的情感基础上，达成共享理解。共享理解又称为主体间性，是建立在情感基础上的表达、交流、理解并分享彼此的想法和立场，准确理解对方表达的意义，不会出现误解。① 共享理解看似很容易实现，其实非常不容易。即使共同生活几十年的孩子和父母，感情、志趣和习性彼此十分接近，也经常误解

---

① J. Newson，"Intersubjectivity and the Transmission of Culture：Onthe Social Origins of Symbolic Functioning，" *Bulletin of the British Psychological Sosiety*，1975（28）：437-446.

对方。W老师找来L同学的母亲谈收手机的事，谈话刚开始是最容易引起双方误解甚至引发冲突的时候，W老师开场的一句话立即把双方沟通的门打开了：（针对收手机）"今天找你来，是一起商量一下，我们怎么共同帮L同学的事情"。L同学的母亲的心里一下充满了温暖，老师与L同学的母亲的心理距离一下拉近了，彼此误解的可能性大为降低。在收"刺头"Y同学的手机后，找Y同学谈话可能会导致冲突集中爆发，W老师却在这时对Y同学说："我们来商量一个协议，你看怎么样？我保证你考上二本，而你要相信我，遵守课堂纪律。希望我们合作愉快！"这正找对了Y同学的内心痛点，燃起了Y同学新的希望，进而遵守校规收手机变得可以接受。W老师与C同学的父亲商量如何提高C同学数学成绩时问："让孩子有进步，你想到了什么好的办法？"这样直指家长核心的关切非常关键，双方能够正确理解对方说话的意思，一下找到了共同的目标，心往一处想，劲往一处使。家校之间对话产生的误解、分歧、冲突的可能性大为降低。W老师分析说，

> 我们对照分析一下对立式的交流。如果我对L同学妈妈说："你女儿不肯交手机，你把她领回去，什么时候交手机什么时候回来上课"，必然引起家长误解甚至可能憎恨老师，爆发冲突；如果我对Y同学就手机谈手机，以Y同学的个性多半会和我顶撞。我现在说的话是建立在分析Y同学内心真正需要的基础上：Y同学上课为什么玩手机？上课听不懂的原因是什么？我们一起来努力可以解决学习困难的问题（我事先分析了我的承诺兑现的可行性，Y同学考上二本的可能性是存在的）。这样，触及了Y同学玩手机的根源——丧失了学习信心，现在找回了信心，上交手机就可能成为双方的共识。

2.搭建"脚手架"，建立最近发展区

建立共享理解，为教师和家长共同建构最近发展区提供了基本条件。教师和家长不会先验地懂得怎么教育孩子，而是在教育孩子的过程中产生一个最近发展区。教师和家长的互动过程，也是教师和家长共同成长、共同提高

的过程。维果斯基发现，人的成长过程是人与人相互依赖的过程。最近发展区是在实际发展（个人可以完成的任务）与潜在发展之间的区域。维果斯基特别强调，最近发展区是人与人互动解决问题的过程中，在共享理解的基础上形成的。这个区的形成过程是循序渐进的，是一个相互为对方搭建"脚手架"，建立教师和家长双方最近发展区的过程。① 在"家长志愿者课堂"中，教师创造了适合家长参与的亲情课堂，家长为班级文化提供了丰富的社会氛围、为亲子创设了亲情互动接触。在家学习是家长与孩子共同的"难点"，完成暑假作业过程中父母的管教与孩子个性的对立是无法按期完成的原因之一。教师从班级管理角度发出"集结令"号召全体学生，给家长助力，使其达到较好的完成效果。这些行动不是刻意的，却是无时无刻不存在的。教师和家长在相互搭建"脚手架"的过程中，相互信任、影响、助力，建立了家校一体的共享发展区。W 老师说：

> 家校的"相互交流"，特别强调老师和家长的过程性互动，并在互动过程中，彼此为对方搭建"脚手架"，相互启发，一步步朝着解决问题的方向迈进，单靠老师搞不定。这是家校合作的一个重要诀窍。

（三）亲师沟通中的矛盾：有效谈判

家校之间并不总是在合作，也常常发生冲突。合作和冲突往往是家校关系"一枚硬币的两面"。解决家校冲突并概括和提炼解决家校冲突的规律和特点是家校合作的应有之义。

W 老师处理 Z 同学的母亲找校长评理事件，较好地体现了解决家校冲突的谈判理论和方法的应用。解决冲突的谈判方法，是哈佛大学 Fisher 教授率领的团队研究总结的一套系统方法，强调人与事（矛盾）分开（对人"软处理"，对事"硬处理"），聚焦双方利益而不是立场，按公认公正的标

---

① Laura E. Berk, *Awakening Children's Minds*, Oxford Univertity Press, 2001：40-49.

准选择符合双方利益的解决方案。①

开学后不久，W 老师发现 Z 同学的母亲仍在找学校主管教学的校长，反映上学期她女儿的问题。W 老师设法淡化 Z 同学的母亲找学校"算账"这一想法，将共同关切转移到如何关心 Z 同学的讨论上。W 老师让 Z 同学的母亲看到了一位有爱心、关心 Z 同学感受的班主任。从此以后，Z 同学的母亲再没来找校长"讨公道"，甚至与 W 老师成了朋友，常沟通交流 Z 同学的信息，Z 同学的自信心重新回来了，逐渐开朗起来，学习也有了进步。整个处理过程，W 老师与 Z 同学的母亲做了一次契合 Fisher 谈判理论的成功"谈判"，看到了科学的力量。

五　班级层面家校合作实践的改进建议

家校合作在政府、学校、年级和班级教育教学等多个层面具有分层结构，其中班主任班级教学管理层面的家校合作具有基础性。本书基于班主任家校合作行动个案的质性资料，对爱普斯坦交叠影响域模型进行了验证和补充，发现爱普斯坦实践模型②在中国基本适切。在班级教学的人际互动结构中，传统的师生互动（师—生互动、师—师互动、生—生互动，家庭作为互动的外部环境）发展为围绕师—生互动的师—生—学校—家长—家庭互动结构（增加家庭、家长作为班级教学管理过程中的基本因素），对学生、班主任（教师）、家长履行社会责任都有利，因而班级层面工作中制度化嵌入家校合作具有现实必要性和可行性。本案例中，班级家校合作以解决问题（班级管理危机）为起点，以改善学生群体（班级）的行为（交作业和在校禁止带手机）、提高（美术特长生的文化课）学习成绩和改善家校合作氛围（通过组织家长志愿行动）为行动目标，以当好家长、相互交流、志愿服

---

① Roger Fisher and William Ury, *Getting to Yes: Negotiating Agreement Without Giving In*, Penguin Books, 1991: 10-11.
② 〔美〕乔伊丝·L. 爱普斯坦等：《学校、家庭和社区合作伙伴：行动手册（第三版）》，吴重涵、薛惠娟译，江西教育出版社，2012。

务、参与决策（过程性选择与决定）、在家学习、与社区合作 6 种类型为多样化实践形式，以亲—师—生的情感交流，达成共享理解和搭建"脚手架"、建立最近发展区为基本原则。本书还进一步讨论了发生家校冲突时，班主任与家长的协商谈判。

（一）家校合作不仅在宏观层面是必要和可行的，在微观层面同样如此

本案例中，B 班的家校合作使班主任 W 老师得以解决原来在学校师生互动范围内无法解决的班级突出问题，不依靠家长无法想象这些问题能够取得突破性进展；B 班的学生家庭在家校合作沟通互动过程中，家庭关系和亲子关系得到不同程度的改善，家庭教育的效果更好，与学校教育更加同步；最受益的是 B 班的全体学生，在一个更为友好的环境中发生了重要转折，重拾了成长的信心，他们的心态、行为和学习成绩都普遍明显改善。学校教育将微观社会互动结构拓展至学生家庭，可以对行动各方都有利或使其受益，这一结论为家校合作提供了一个重要理论支撑。这或许反映出在历史的长河中，学校教育的班级教学组织形式和结构发生根本性改变的潜在趋势。[①]

（二）班级家校合作着重解决问题

班级家校合作更实际、更聚焦解决班级管理中存在的突出问题。因此，班级家校合作一般采用目标形式的家校合作行动模式，而不是 T 形式的行动模式。如本案例中，针对 B 班在高一年级面临的严峻形势，新任班主任设置了 4 个行动目标，并围绕这些目标，采取了一系列与家长密切配合互动的措施。与爱普斯坦提倡 2 个学术目标、1 个行为目标和 1 个营造氛围目标略有不同，W 老师设置了 2 个行为目标、1 个学术目标和 1 个营造氛围目

---

① 吴重涵：《家校合作的家庭视角——〈家庭优势：社会阶层与家长参与〉中译本序》，《教育学术月刊》2015 年第 4 期。

标，并把改善学生的行为目标作为重中之重。这一侧重行为改善目标的思路在班级层面是否具有一般性有待进一步研究。

（三）本案例进一步揭示了家校合作6种类型在班级层面的特殊内涵

本案例研究在充分肯定爱普斯坦对家校合作 6 种类型的经典分类和描述的基础上，也发现爱普斯坦的描述更多是在学校层面进行的。本案例经验性地概括和提炼了班级层面家校合作 6 种类型的实践框架与学校层面家校合作 6 种类型的不同点。

（四）家校合作以亲—师—生的情感交流，达成共享理解和搭建"脚手架"、建立最近发展区为基本原则

不同的学校、不同的班级开展同样的家校合作活动，可能得到完全不同的效果。家校合作成功的灵魂在于以亲—师—生情感为基础达成共享理解；在于家庭和学校、家长和教师在行动中学会行动，在教育中学会教育，相互为对方搭建"脚手架"、建立最近发展区。缺少其中任何一个原则，家校合作都不会取得成功。

（五）家校合作中，"合作和冲突"是一枚硬币的两面，解决不好冲突，合作就无从谈起

解决冲突的过程从一定意义上说就是谈判的过程，"谈判理论"具有重要的指导作用。

一个明显的事实是，我们虽然对 B 班家校合作抱有信心和期待，但 B 班家校合作的持续性仍然值得怀疑。班级层面家校合作的制度化是一个需要在班级之外寻求系统答案的问题，远不是本案例研究所能担负的任务。需要进一步延伸讨论的问题是：班级家校合作需要在一个怎样的学校环境下进行？班级家校合作与学校家校合作、学校教育行政与政策、学校教育生态是一种什么关系？需要怎样的教师专业培训支持？这就需要我们分别从学校家校合作、教育行政与政策、教育生态等多视角来研究其各自在家校合作中所起的独特作用。

第十三章

学校层面：从家校合作到良好教育生态

——兼论有效的家校合作如何在学校产生

从一场因误会而导致的家校冲突事件说起。

一个周五的傍晚，数百名家长和群众包围了郑家小学校门。事件的起因是一名女学生与音乐老师去省城参加比赛，没有向父母汇报行踪。家长纠集了亲友找学校要人，围观的人逐渐聚集，议论也越来越多，除老师拐跑学生外，还包括学校乱收费、老师打学生、家长必须向老师送礼、小卖部卖香烟，等等。愤怒的家长不相信学校的任何解释，他们喊着口号，推倒了学校的铁门、砸坏了保卫室。在分管副县长、教体局、派出所等部门出动后，联系上了音乐老师（音乐老师当时正在火车上，手机没电关机），事态终于平息。此次是因误会和家校没有信任基础而引发的群体性事件，事后县教育局主要干部被诫勉谈话，参与破坏的家长被治安处罚，校长被撤职，班主任等老师都受到不同程度的处罚。

一　问题的提出

现代教育体系中，学校不再是"教育的孤岛"，不得不主动或被动地与家长及所属社区产生联系。现代教育是一种有着丰富内涵的社会现象。家庭的餐桌交谈、睡前故事，知识教育，父母的表扬、惩罚和讨论的密度，以及同辈游戏、电视节目、电子游戏，家庭外经历包括校外教育经历等，教育在学校之外的很多情境下进行，共同构成儿童成长的教育生态系统。①

家校合作对优化教育生态有极其重要的意义。根据笔者调查估算，学生及其父辈和祖辈构成的教育人口约占全社会人口的 80%。学生家庭对学校教育的整体态度、利益诉求和行为，构成教育生态的主体，成为教育改进的动力或者破坏力。从这个意义上，一个地区、一所学校的家校合作状况就是其教育生态的写照。没有任何一项学校教育改革能够在恶劣的家校关系中取得成功。

我国的学校教育在经历了以硬件（财政、校舍和教学设施等教学硬件标准化等）投入为主的阶段之后，进入软件投入的质量建设阶段。从以课堂 40 分钟为中心、以教师为中心的质量观，进入以学生为中心的教育改革新阶段，关注个体的纵向成长，突破课堂的边界、学校的边界，将家庭和家长参与纳入教育的结构之中。② 国内外大量的研究证实，家校合作能够减小社会阶层对儿童的影响，促进儿童成长，改善家校关系，促进学校教育和管理，并在更宏观的层面促进教育公平。③

爱普斯坦实践模型及其在国内的借鉴和改造，对于有效开展家校合作有着重要的指导意义。④ 但必须指出，家校合作在班级、学校、政府乃至国家层面具有分层结构，⑤ 研究不同层面家校合作工作的特殊性和共性对于改进家校合作实践更具现实意义。特别是学校层面的家校合作，是维持教育

---

① L. A. Cremin, *Public education*, New York: Basic Books, 1976: 21.

② J. L. Epstein, S. B. Sheldon, Necessary but Not Sufficient: The Role of Policy for Advancing Programs of School, Family, and Community Partnerships, *Rsf the Russell Sage Foundation Journal of the Social Sciences*, 2016, 2 (5): 202-219.

③ 吴重涵、张俊、王梅雾：《家长参与的力量——家庭资本、家园校合作与儿童成长》，《教育学术月刊》2014 年第 3 期。

④ 吴重涵：《制度化家校合作与儿童成长的相关性研究》，《教育科学研究》2018 年第 10 期。

⑤ 吴莉、吴重涵：《有效的家校合作如何在班级产生》，《教育学术月刊》2020 年第 3 期。

生态平衡并促进其优化的重要纽带，在社会组织交叉的具体情境中，提供了主体间相互作用与支撑，并反哺更为广泛和具体的社会互动。

本章围绕"一所薄弱学校如何以家校合作为突破口形成良好教育生态"，描述和分析学校家校合作因何而起，如何激发家长和教师的参与意愿并转化为参与行为，如何步步递进达到家校双方都乐于参与、制度化参与的状态，最终形成良好教育生态。期望回归到学校和家庭共同所处的实际生活场域，从家长和教师的合作意识、有效行动及教训经验等方面提取以家校合作营造良好教育生态的实践方向。

二　案例研究的对象和方法

本案例是"有效的家校合作如何在班级产生"的姊妹篇。案例研究的概念工具采用爱普斯坦家校合作实践模型的概念框架，主要由交叠影响域社会互动模型、6 种活动类型、目标类型、行动关键步骤等组成。[①]

本章的研究对象是 A 县的郑家小学[②]，学校为本章研究提供了家校关系从冲突走向融合的全景式历程。具体研究方法为案例研究法，主要原因：第一，本章的目标在于分析"如何以家校合作为突破口形成良好教育生态"的问题，属于回答"为什么"和"如何"问题的范畴，案例研究可以真实地呈现动态过程和因果逻辑，在结论上更具显著性和准确性。[③] 第二，我国的家校合作在总体上不是统一、制度化的必须行动，而是在是否开展，以及是"形式化"开展还是"实质性"开展等方面有弹性空间。因而研究遵循极化类型的选择[④]，选取的案例郑家小学前后有较大改变，以呈现对同一主

---

① 〔美〕乔伊丝·L. 爱普斯坦等：《学校、家庭和社区合作伙伴：行动手册（第三版）》，吴重涵、薛惠娟译，江西教育出版社，2012。

② 本章的地名、校名、人名皆为化名。

③ R. K. Yin, The Case Study Crisis: Some Answers, *Academy of M anagement Review*, 1981, 26: 58-65.

④ K. M. Eisenhardt, Building Theories from Case Study Research, *Academy of Management Review*, 1989, 14 (4): 532-550.

题的动态研究过程及结果，提高研究结果的可靠性和适用范围。同时，研究认为，本案例在当前的家校合作语境下有典型代表性。第三，本章作为一项持续性研究的阶段成果，项目组在跟踪调研过程中既有 3 次大样本调查，也多次到校调研和实践指导，亲历且收集了较为完整的一手质性资料。这些都可以为本章研究提供真实有效的证据支撑和经验验证。

研究过程中综合应用了观察、访谈及文本资料收集等手段。在观察时，笔者参与学校的家校合作活动，如观摩教师家访、旁听学校的家长会等，并记录全过程。在访谈方面，采用半结构化访谈的方式，征得访谈对象同意后对访谈全程录音，同时记录受访者的语气、语态和肢体信息。文本资料经编码、提取和聚合，形成主题。

三 案例分析

（一）学校背景：家长极度不认可，教师没有归属感

郑家小学在离 A 县县城约 60 公里的郑家镇上。郑家镇境内有几家采矿国企，曾是 A 县的"第二县城"。当年的学生家长都是"吃商品粮"的工人，家庭平均收入高，社会关系和谐。郑家小学作为厂矿子弟学校，教师待遇高，办学质量好。但 20 世纪 90 年代以来，因资源枯竭，企业破产，下岗工人、贫困户、外出务工人员较多，社会矛盾不断显现。学校也在走下坡路，家长对学校不认可，教师没有归属感，教师成批申请调动，学生大量转学。

2015 年，郑校长通过竞聘当上校长。当时学校面临被撤并的局面，硬件条件特别差，学校操场没有硬化，野草比人还高，家长不愿意给孩子报名入学。家长与教师之间关系紧张。

> 家长觉得这根本不像学校。家长与老师之间零沟通，家长即使到学校也是来找麻烦的，没事不会来。（Z 副校长，分管德育工作）

（二）动力来源：理想、现实和行政与政策

首先，动力来源于新任校长的家乡情怀、本地声望与教育理想。郑校长是竞聘上任的，之前是县城某重点小学的中层干部，小有名气。但他认为自己竞聘成功的最大优势在于他是郑家镇本地人，在乡民中有一定的声望（该镇"郑"为第一大姓）。他曾在郑家小学就读，学校走向衰落，他很痛心。

> 一定要为老家的教育做点什么，这种使命感激励我一定要让学校再现辉煌。现在还有一股力量，那就是我们教育局向局长，他的教育情怀影响了我，做教育是一件有意义的事情。我们一定要得到当地百姓的支持，从而再树百姓对学校的好口碑。（郑校长）

其次，动力来源于学校生存的紧迫现实。学校已经到了生源日益枯竭的危险阶段。

> 家长送孩子上学，首选康乐小学（镇上一所民办小学），条件好的去县城读书，没有办法才送到我们学校来，我觉得学校快办不下去了。（ZD 老师，退休返聘教师）

为了动员家长把孩子送到学校读书，作为教师本职工作的一部分，郑家小学以前也开展了家校合作工作，如召开家长会等，但多是流于形式。

> 每次要开家长会，我们都不敢同时开，怕家长来找麻烦，只能一个班一个班开，家长会的到会率也不高。（CT 老师，五年级班主任）
>
> 那次群体性事件，是家校冲突的总爆发。事后，家长们有愧疚，我们也心有不甘，大家都觉得是误会，本不应该发生。同时，大家也都觉得应该做些什么，来防止再发生类似的冲突。（ZD 老师，退休返聘

教师）

事实上，教师也意识到家校合作的现实需要，其工作范围并不只限于45 分钟的课堂教学或学校围墙之内，还包含大量与家长沟通的工作，所以家校合作是贯穿于教育工作中的。家校间没有信任基础，就会流失生源，甚至小误会引发大冲突，学校要发展也需要家长和社会支持。

最后，动力来源于行政推动与政策资源。学校家校合作的推动力还来自上级行政要求，如郑校长上文提到的教育局向局长对家校合作的重视。

> 向局长之前在学校当校长，当时他的学校家校合作工作开展得有声有色，县里还组织到他的学校去学习。他当局长后更加重视家校合作。（CP，县教体局干部）

根据笔者的接触，该县由省教育厅发文和授牌，成为省家校合作试点县，需要在规范的行动框架下开展家校合作试验，为省级政策出台创造经验，是省域教育体制综合改革的行政任务，形成了一定意义上的省—县—校的行政压力传导机制，家校合作也成为该县所有学校必须开展的行动。在访谈中，很多老师有共同的表述：

> 家校合作以前也是有的，只是没有现在目标这么明确，现在我们在省厅和县教体局的大团队带领下，称之为制度化家校合作。

（三）合作意愿：激发并转化为行动

家校合作是促进儿童成长和学校发展的手段，其前提是要营造欢迎家长参与的氛围，激发双方合作的意愿，并提供平台和条件将意愿转化为行动。根据县里的统一要求，学校要在开学四周内召开家长会，但郑校长认为开家长会的时机还不成熟，首先要从根本上达成合作的共识，赢得家长的信任。

当时家校关系比较紧张，容易变成"拍桌子大会"，老师们的工作状态也不好。

事实上，教师不自信，没有动力，在很大程度上来自社会对教师工作的不认可，特别是在熟人社会中，要让教师找到久违的自信，就不能割裂家长与学校的关系。

为此，他计划在家长会召开前，先进行一次全员家访（所有教师家访所有家庭），以增进家校互信。但在动员会中，教师们持消极态度，认为好多家长是隔代监护，对祖辈说什么都起不了作用，尤其是有微信和手机可以联系，家访没有必要。郑校长觉得自己"说的话很苍白"，很难说服他们，但他仍然认为家访的价值更大。因此，他便动员了 5 位老师先行示范，想以此带动更多的老师。

> 人怕当面，我不说别的，为了你的孩子，我们都亲自上门了，你还有什么要说的呢？以后我们和家长无论有什么矛盾，至少我们可以心平气和地坐下来谈。（郑校长）

郑校长一行做了充足准备。比如，家访前充分了解学生的家庭情况，时间选择在周五放学后，因为那时很多住校生要回家，要求教师做好过程记录，如通过记笔记和拍照等。他还自费租了一辆面包车，车上挂标语"郑家小学家访车"，显得更为专业，也向家长表示"我们老师在加班加点家访"。家访之后，郑校长组织教师座谈，分享经验和感受。事实上，教师们都有所触动。

> 关于贫穷，不同的人有不同的看法……今天我要介绍一种集多种可能于一身的贫穷。黄某某，一家共七口人，奶奶 80 岁，父亲是残疾人，母亲是精神病人，叔叔既是残疾人又是精神病人，哥哥读四年级，妹妹读幼儿园（也是精神病人），自己读二年级。当我们一行人踏着月光，

踩着碎影，穿梭于深山老林来到他家时，我们都被眼前的景象震惊了。套用郑校长的一句话就是：记事以来我从没见过比他家更穷的家庭……若不是家访，我也许永远不知道在我们身边有这样让人心痛的事例和让人心疼的孩子。我们一定要为他们做些什么！（LTX 老师《家访日记》摘抄）

CDX 老师在与我们谈起一次家访的经历时，脸上洋溢着幸福，这是一种被人认可、受人尊重的幸福。教师就是在这种认可与尊重中，又把关爱投向了学生。

我到村口与我们班一名同学家长打电话，这名家长接到电话说："老师你在那儿等我，最近雨水多，路不好，我过来接你。"（CDX 老师）

如郑校长所料，通过持续的家访和心得分享，几乎所有老师都动员起来了。全员家访历时约一个半月，老师们达成了理解家庭、理解家长、开展家校合作的共识，也看到了与在学校里表现完全不同的学生，找到了学生出现问题的家庭因素，更赢得了家长的认可与尊重，而这些化作了工作动力，要更加关注学生的家庭背景，帮助和支持家长开展好家庭教育。家长也在家访过程中理解了教师工作的辛苦，意识到家长在教育中的重要性。家校双方合作的共识由此达成，为后续系列活动的开展打下了良好基础。

经过全员家访，学校开家长会有了底气。在精心设计下，家长会较为成功地召开，大概 280 人到会（当时全校 320 名学生），校长除向家长介绍自己的教育理念外，还与家长一起商讨家长关心的中心议题，如宿舍安全、食堂卫生等。

有家长反映学校给学生吃剩饭、馊饭。我说剩饭或许有可能，馊饭绝对不可能。但家长不理解，我当时拍了桌子，站起来，大声说："如果饭是坏掉的，我就当着全校师生的面把饭吃下去，没吃的话，可以把饭扣在我头上；如果没有这回事，你们就要道歉。"当时我就做了保证，可能气势上震住了。家长们也都没说什么。（郑校长）

家长会上，还成立了家委会，发放了调查问卷，邀请家长参观学生宿舍、食堂，然后让家长进入各班教室，用桌子围成一个圈，教师、学生轮流站在中心，向家长说一句真心话。家长们完全没有想到教师会以这样的方式与家长真诚交流，赢得了家长的认同。

（四）合作行动：不断扩展的跨界行动

全校家长会上发放的调查问卷，经项目组数据分析后，形成了面向学校的个性化诊断报告，加之教师家访过程中收集到的情况，这些信息明确了郑家小学的家长结构和合作基础，也指明了家校合作走向深入的方向。

1. 家长"点菜"，学校"买单"——菜单式家长培训

家长的参与意愿和能力是家校合作的重要资源，但家校合作作为一种专业活动，也需要重视家长缺乏教育背景这个情况。培训家长可以普及家庭教育知识，提高他们的家庭教育水平，增强他们参与具体家校合作活动的能力。家庭教育讲座的意义在学校和教师看来十分重要，但家长不一定都这样认为。有家长认为教育是学校的事，"怎么要我来听讲座呢？"甚至有家长认为"你们教育我的孩子就够了，现在还教育到我的头上来了"。

郑家小学意识到，以前的家长培训多是请校外或本校教师给家长们上一堂课，这堂课的内容往往由主讲人或教师决定，但效果如何教师并不知道。不过由于是学校组织的活动，家长们会尽量参加，但无法保证活动的效果，这往往会降低家长参与以后活动的积极性。

郑家小学在家长培训主题上一改学校确定的方式，而是让家长"点菜"，通过收集家长意见，确定了"爷爷奶奶如何管教孩子""怎样培养孩子良好习惯""如何引导孩子正确使用手机"等一系列主题。在时间上，以调查汇总的多数家长方便的时间，同时通过直播的方式方便无法到场的家长

参与培训。在方式上，包括共读一篇文章、讲课、亲子分享心得、互动提问等多个环节。

> 今天的"家校夜话"主持人是一对母女，她们的谈吐、她们的对话，都显得更像朋友。平等的交流也许会让孩子更轻松，这点值得我好好学习。（某家长心得摘抄）

2. 家长会开到家长务工地——跨省家长会

江西省是劳务输出大省，留守儿童教育问题在全国有代表性。如郑家小学当时有 320 名学生，留守儿童占了 80% 以上，家长会大多是学生祖父母参加的。从笔者的调查数据来看，留守儿童家庭大多属于社会低阶层，因父母长期不在家，亲情缺位，无法为子女提供必要的学习和生活关怀，家长参与度低，不利于儿童的成长和进步。[①] 但是，交叠影响域理论指出，家庭、学校与社区并不是孤立的而是交叠的，学校、家庭和社区共同的利益和努力可以创造关爱学生的条件，因而产生交叠的影响。当来自学校、家庭和社区的支持不断增加时，更多学生会产生有安全感，觉得自己受到关爱，能理解并接受教育目标，努力去挖掘自己全部潜能，形成积极的态度和学习习惯。[②]

在问卷调查和全员家访中，学校了解到家长务工地较为集中，有 200 多名学生的家长在沿海某市，郑校长提出一个大胆的设想——把家长会开到家长务工的地方去，这一想法得到县里的政策和经费支持。出发之前，教师做了精心的策划和准备，让学生在学校里选一个最喜欢的地方，为他们拍摄一段自己跟家长说的话，并拍摄他们在校学习与生活片段的视频；早早在家长微信群里发了通知和动员，预告了家长会召开时间和地点，当郑校长与教师

---

① 笔者的《江西调查报告》，暂未发表。

② J. L. Epstein, S. B. Sheldon, Necessary but Not Sufficient: The Role of Policy for Advancing Programs of School, Family, and Community Partnerships, *Rsf the Russell Sage Foundation Journal of the Social Sciences*, 2016, 2 (5): 202-219.

们赶到约定地点时，家长们已经早早等着了。

> 来了500多人，很多不是我们学校的家长也来了。当在外务工的家长看到家乡的老师时，感到格外亲切。（郑校长）

会上，郑校长向家长介绍了学校的发展、变化，请专家讲授了留守儿童父母的家庭教育方法。同时，把为学生拍摄的视频播放给家长看。家长们看着孩子开心阳光的笑脸，个个满眼热泪。接下来，班主任与本班家长进行面对面的交流，家长们纷纷表示要更好地配合学校，共同把孩子教育好。然后，教师还随家长到家长务工的地方，拍摄其工作的画面，并利用这些资料，对学生开展感恩教育。

> 李同学爸爸妈妈在他小时候就出去打工了，由爷爷奶奶带大，学习不认真、经常偷偷上网。班主任曾多次劝阻，但收效甚微。通过观看父母在外工作和生活的视频，李同学的内心触动很大，知道了父母在外的不容易，他变得懂事多了，学习认真了，也不去上网了，成绩随之提高了。（TX老师，六年级班主任）

"跨省家长会"当前已成为郑家小学的品牌活动，每年都开展，还被纳入省级家校合作的典型经验，在江西省推广。在郑家小学的启发下，很多学校创新家长会方式，如分村家长会、正月初八家长会（在外务工家长回家后召开），以及"农闲时请家长来校开家长会，农忙时把家长会开进村"等。

3. 留守儿童与父母"不在一起的共同生活"

留守儿童长期与父母分离，不能享受父母之爱和家庭的温暖。尽管家长与子女的时空分割导致亲情分割，留守儿童与父母在空间上并不生活在一起，然而现代信息技术的普及在相当程度上弥补了这种不足。这种通过现代信息技术手段，在学校主导下，有组织、制度化地建立留守儿童与父母的沟通渠道，被称为留守儿童与父母"不在一起的共同生活"①。

与一般的家长微信群不同，郑家小学的微信群建设更为制度化，学校参与程度更深。微信群中开展的活动包括：一是班主任在每天固定时间上传学生的学习、生活情况；二是教师在群里传播学校动态、家庭教育方法；三是经常组织学生给家长写信，主题包括感恩、互诉思念、汇报学习情况等，然后将学生信件拍照发到群里；四是每周班会课时，通过教室投影，让学生和家长现场微信互动；五是组织家长上传工作、生活场景照片和视频，使学生了解父母工作的艰辛，激发学生学习积极性。

> 每天能看到女儿的照片，我站12个小时一点也不累。虽然我在千里之外打工，好像孩子就在身边。［WZX，三（2）班家长］

以下是笔者对某班级微信群日常沟通内容的摘抄。

> 群名：六（1）追梦班：我们在一起
> 班主任：（家长作业）为把孩子读书的热情、激情和豪情都十二万分地激发出来……请家长们在班级微信平台写上一段能使孩子读得"哭声吟吟，泪水涟涟"的温暖人心的话语，让我们的孩子在感动中醒悟，在醒悟中拼搏，在拼搏中成长，在成长中进步，在进步中感动你我！朋友们：期中考试在即，快快行动吧！
> 班主任：（作业要求）今明两天完成，按发出的先后顺序，将一一传给你的孩子阅读，你发出快，你的孩子回复也就快，请大家千万不要错过一次意义重大的与孩子沟通的机会，充分达到六（1）追梦班班级微信平台的目的：不在一起的共同生活！
> 某家长：期中考试即将来临，宝贝天气降温了，照顾好自己，注意睡眠。眼睛还痛吗？这几天要认真复习了，数学计算和应用题，要多加

---

① 戚务念：《农村留守儿童的学校关爱模式及其讨论》，《当代教育科学》2017年第2期。

练习啊！上课认真听，下课多做练习！时间把握好，记得认真仔细答题就好。加油！！

学生回复：（学生手写，班主任发到群里）妈妈，您不用担心。我会照顾好身体的。最近没有再"加班"写作业了。每天睡觉时间比以前长了，作业也没有拖欠。期中考试在即，我会好好复习的。妈妈，我会加油的！

学校先后开展的全员家访、家长会、菜单式家长培训、跨省家长会、留守儿童与父母"不在一起的共同生活"等活动，在家庭、学校甚至务工地为家长提供了有针对性的服务。在此基础上，学校也将家长请进学校，让家长成为学校教育的支持性力量和资源。相关活动主要有家长志愿者活动和家长参与学校决策等。

在家长志愿者活动方面，郑家小学根据调查中获得的家长身份、职业和特长等信息，建立了家长志愿者库，成立了多个志愿者小组，使其参与校本课程建设（如老爷爷教学生种菜）、上下学秩序维护、寝室星级评比、运动会裁判、校外实践的后勤服务等。在家长参与学校决策方面，家委会发挥了重要作用，包括为学校建设标准化运动场募捐，接管学校食堂等（非营利性质，员工全部来自本校家长，账目公开）。

以前，家长往往喜欢指责学校，说你们学校"应该怎样怎样"，都是从自己角度考虑的。当他们参与学校工作之后，也开始体谅学校，现在会说"我们学校"了，这是一个很明显的变化。（Z副校长，分管德育工作）

（五）行动延伸：以家校合作影响家风、民风

从社会结构来看，家庭和学校是不同性质的社会组织，合作则意味着组织的跨界行动。在双方共识扩大、行动一致性不断增强的情况下，家校责任

边界呈现较大的弹性，即家校行动的边界不是固定的，且存在效果外溢的可能。郑家小学在"家校合作"的语境下，把行动延伸到了家庭和社区，促进了家庭家风建设和社区民风改善。

1."麻将桌变书桌"——以家校合作影响家风

学校评选"书香家庭"和"优秀家长"，规定家里有麻将或麻将桌的不能参评。为此，家长卖掉麻将桌、买回书桌，把麻将房改为书房，家长不再沉迷打麻将，而是经常陪孩子阅读、辅导其学习。

通过家校合作，家长改掉了陋习，并改善家庭生活氛围，一种重教助教的良好生态正在生成。

2.校外互助小组——家校社共同关爱之网

郑家小学留守儿童占大多数，每到寒暑假或周末他们往往无所事事，针对这一问题，学校主动将校内监管延伸到校外，在学区所辖近 20 个自然村组建校外互助小组。互助小组设在学生家里或村里祠堂，家长帮助看管，学生自愿参加，教师入村巡查，小组活动包括学习和文体娱乐等。

> 同学们聚在一起学习、大声朗读，为乡村增加了书香气息，家长们也很主动、很热情，会买水果给同学们吃，连在附近打麻将的都不好意思了。这些群众的自发认同，也势必会促进家风甚至民风的转变。（Z 副校长，分管德育工作）

通过这些散见于城市和乡村的大大小小的校外互助小组，为农村留守儿童编织了一张学校、家庭、社区共同关爱之网。

3.教育促进会——为学校捐资助力

学校的真诚办学也赢得了当地成功人士的关注，主动提出为学校捐款献力。

> 很多在外经商的老板都对我们说，CQ 村没几个大学生，经济落后，关键是不重视教育，之后教育要跟上，要多出人才，家乡才会发

展。（郑校长）

学校向镇政府汇报了这一情况，在镇政府的运作下成立了"教育促进会"，为民政部门批准建立的独立社团法人。至2019年末，教育促进会累计接受各类捐款60余万元，专项用于"济困助学，奖教奖学"，解决了学校经费不足的困难。学校使用募集资金，重修了校门，绿化了道路，帮扶了困难学生家庭，更为重要的是，尊师重教、崇文尚学的好传统得到了进一步发扬。此外，因为学校规模扩大，需要扩建围墙，村民主动让出土地，甚至主动迁移祖坟、拆迁祠堂。

原来村民们爱比哪家祠堂建得好，现今却比起了哪个村更重教。（CP，县教体局干部）

据说，我的前任校长桌子下有根铁棍，就是怕被家长打。这张桌子（指他的办公桌）也是家长拍坏的。现在，我可以拍胸脯保证，家长来学校，连大声嚷嚷的都不会有。（郑校长）

总之，无论是对学生、家长还是教师，家校合作都为郑家小学带来了正面效果，且在相当程度上提高了学校的办学质量，改善了办学条件，还在宏观意义上形成了良好的教育生态。截至本书完成时，郑家小学的学生规模达到了历史最多的1200余人。

四　研究发现与启示

在现代教育体系中，家校合作对教育生态有重要意义，是维持教育生态平衡、促进教育生态优化的重要纽带。研究立足学校教育生态视角，采用案例研究方法，呈现了家校关系从冲突走向整合的全景式历程，进而提取"学校层面的家校合作如何有效形成"的关键要素。研究发现，学校层面的家校合作存在行政推动和压力、现实问题解决、校长能力与偏好、教师意愿等多重动力机制；家校双方合作意愿激发的主动权在学校，瓶颈也在学校；家校合作倾向帮助家庭，服务学校发展；家校合作在行动上有先后顺序，目标较为模糊，但依旧有很强的行为指向性；家校行为在理论上存在跨界的限度，但有一定的弹性空间，会因家校合作整体"语境"的不同而存在差异。

本研究对于家校合作尚处于自发、零散状态的学校以及没有系统的合作行为的家长和教师来说，具有重要启发意义。

（一）动力机制：家校合作是薄弱学校改进的突破力量，家校合作成长期学校应重视制度化生成

对组织行为或变革的研究，通常是从内外两个层面解释其动机，认为在内部条件、外在诱因存在并达到一定强度时，就产生了行为动机。[①] 郑家小学的家校合作的动力因素如表 13-1 所示。

表 13-1 郑家小学家校合作的动力因素

动力	描述
行政	自上而下的领导重视、行政压力和政策支持
现实	问题解决（如生存危机），学校发展需要家长支持
校长	能力（本地声望、教育抱负、管理经验）与偏好
教师	认识到家校合作的重要性并愿意尝试

学校层面的家校合作存在内与外、上与下的多重来源。就案例学校而言，其开展家校合作有如下来源。一是它们在办学环境上面临较为恶劣的教育生态，生源、教师流失严重，家校矛盾突出，学校甚至面临生存危机，需要尽可能地去改变当前状况；二是校长解决问题相应的能力以及偏好与经验积累；三是虽然以往的家校间有冲突，活动流于形式，但教师和家长事实上都有合作的意愿；四是来自科层制的推动和压力，在省—县—校的多级压力

---

① 〔美〕罗伯特·G. 欧文斯：《教育组织行为学（第 7 版）》，窦卫霖等译，华东师范大学出版社，2001。

传导下，家校合作是必需的行动，同时可获得行政认可。所以，郑校长在上任后，认为要解决当前学校面临的危机，必须争取家长支持。对动力机制的解析给学校的启示如下。

第一，家校合作是薄弱学校改进的突破口。学校层面的家校合作始于解决现实问题，但有现实问题的学校不一定选择家校合作。如前所述，家校合作在我国是一种可选行动，而不是必须行动。在一些名优学校，学校自信有最优秀的教师、最好的硬件。校领导和教师的共识是只要学生成绩好，学校能固定地获得各种荣誉，就可以向家长、向上级"交差"，学校在办学现实中，没有家校合作的内外部动机，进而会忽视家长意愿，排斥家长参与。所以，家校合作开展情况与学校社会经济地位没有直接相关性，不是学校越好，家校合作就越活跃，而是与校长能力与偏好、教师意愿，以及来自科层制的推动和压力高度关联。在薄弱学校，尽管家长和教师资源及能力相对有限，但只要动力激发得当，家校合作就可以成为学校改进的战略性资源。

第二，处于家校合作成长期的学校，应重视制度化生成。研究发现领导重视是家校合作的关键动力，如郑家小学在很大程度上是因为郑校长的能人带动，以及县教育局将家校合作作为重要考核指标。但如果校长或局长退休或调走，家校合作则有中止的可能。因此，处于家校合作成长期的学校，应重视制度化生成，使行动不受个别领导影响，扎根学校文化和教育生态，成为所有人的共识，成为"理所当然"的事。

（二）合作意愿：应由学校主动激发，须正向引导

社会阶层或文化资本理论认为，家长参与教育行为的激活与否主要是由学生个体特征（如学习、行为出现较大波动）和家庭社会阶层（如高学历家长参与度更高）等结构性因素决定的。[①] 但是，家长参与并不完全是结构

---

① 〔美〕安妮特·拉鲁：《家庭优势：社会阶层与家长参与》，吴重涵、熊苏春、张俊译，江西教育出版社，2014。

的被动产物，家长参与教育行为的激活，既需要家长自身的主观能动性，也需要学校通过激发家长角色和责任感，对家长开展能力建设。本章研究发现，学校对家长的积极邀请、需求表达以及为家长提供机会等可以激发家长参与的意愿，释放参与潜能。根据江西省家校合作大样本调查的两轮数据，家长参与的意愿和实际行为存在很大差距，具体表现为有高参与意愿的家长比例在 70% 以上，但实际参与的家长占比在 30% 以下，[①] 无论在农村还是城市都是如此。存在大量有意愿但无实际行动的家长，对学校来说是未来家校合作的良好基础，但也表明对意愿激发的阻碍并不仅是家长素质低、观念落后，家校合作也可能存在学校的制度性抑止[②]，任何家庭都有参与家校合作的潜力，意愿激活的瓶颈在学校。

第一，家校合作意愿应由学校主动激发。学校作为教育的专业化组织，对家校合作起决定性和枢纽作用。本章研究以及其他经验研究都证实，中国家长的参与意愿平均处于较高水平，而其参与的能力较低和行为较少，需要被学校激发。对没有家校合作基础的学校来说，首先要做的是理解家长、了解学生成长的家庭环境（如家访），不回避家长关心的热点问题（如家长会上公开讨论），达成互信和共享理解，进而激发家长家校合作意愿，开展家长教育和能力建设。

第二，意愿如未被正向引导，可能带来严重后果。事实上，几乎没有家长不关心自己的孩子，家长始终以不同的形式参与子女教育，学校是否有组织、有计划地提供家长参与的机会和平台，区分了正向参与（对教育生态的支持性力量）和负向参与（破坏性力量）的差异性结果。案例学校曾发生的家校冲突事件因误会而引发，如果学校开展了家校合作，家校间有信任基础，或者学生向家长汇报了行踪等本可避免。

这启发我们，对没有家校合作基础的学校来说，家校信任基础非常薄弱，可能随时瓦解，只有在学生出现问题时才联系家长的"打补丁"式的

---

① 吴重涵：《制度化家校合作与儿童成长的相关性研究》，《教育科学研究》2018 年第 10 期。

② 吴重涵、张俊、王梅雾：《是什么阻碍了家长对子女教育的参与——阶层差异、学校选择性抑制与家长参与》，《教育研究》2017 年第 1 期。

家校关系，无法有效应对突发或大规模事件。家校冲突因何爆发、何时爆发，具有偶然性，但是否爆发却是肯定的，且导火索可能只是"一个小小的误会"。

（三）行动特征：倾向帮助家庭，服务学校发展

爱普斯坦的家校合作实践模型，特别是 6 种活动类型的描述，主要是面向学校层面，郑家小学行动与这个模型存在很多契合之处。更重要的是郑家小学学生家庭和家长在某些家校合作行动中，已经成为解决学校教育教学问题的一个不可或缺的结构性要素，是闭环运行结构中一个不可或缺的环节。这样，与家长的沟通和互动，有成为"分内工作"的趋势。与班级层面和发达地区相比，学校层面的家校合作呈现以下行动特征：第一，与班级层面家校合作主要针对个别问题和具体学生而展开不同，学校层面家校合作更多是非直接指向学生的，针对普遍性的教育教学问题或者学生整体出现的问题，服务于学校的整体性发展。第二，解决具体的学生问题，班级多采用目标行动模式（G 模式）；解决教育教学一般性问题，学校多采用类型行动模式（T 模式）。第三，与班级家校合作绝大多数是融入教学过程中不同，学校层面的家校合作不少是日常教学之外的活动，具有相对独立性。第四，规范性方面，学校层面的家校合作在过程表述上、在组织和计划的完备性上，比班级规范，但弱于教育行政部门。

同时，研究发现本案例学校家校合作行动整体偏向帮助家庭和家长。本案例发生在中部欠发达地区的农村，家庭和家长一方相对较弱势，家校合作自然偏向家庭和家长。结合笔者对上海、江苏、山东等发达地区的观察，发达地区家庭和家长一方平均素质较高，资源充足，话语权也较大，家校合作往往侧重利用家长资源帮助学校改进。

（四）实践路径：行动有先后顺序，目标有模糊空间

郑家小学从家校冲突走向合作，家校双方的跨界行动不断扩大和深入，

大致经历了启动、深入和延伸 3 个阶段（见表 13-2）。我们认为这个实践路径对学校有两方面启示。

表 13-2　郑家小学家校合作实践路径

阶段	主要行动	达成目标
启动	全员家访	建立家校信任关系,激发家长参与意愿,营造欢迎家长参与的学校氛围;激发教师合作意愿
	全校家长会	
	成立家长委员会	培养家长中的骨干
	问卷调查	明确家校合作行动起点,建立家长资源库
	专业培训	教师和家长都掌握必要知识
深入	菜单式家长培训	学校服务家庭,家长走进学校,跨界行动不断深入,家校相互影响与支撑,家庭、教师和学生多方受益
	跨省家长会	
	不在一起的共同生活	
	家长志愿者	
	家长参与学校决策	
延伸	组建"麻将桌变书桌"	以家校合作促进家风、民风建设,宏观教育生态改善
	组建校外互助小组	
	建立教育促进会	

一是家校合作从"零"起步,在行动上要注意先后顺序。通常认为,家校合作各类型应均衡开展,在家长为学校提供支持和服务的同时,学校也要为家庭提供服务。本章研究发现,均衡开展的结论适用于已经开展家校合作的学校,对没有合作基础的学校来说,更要注意 6 种家校合作类型在逻辑上的先后顺序。

从"零"起步的行动逻辑,总体是先学校"走进"家庭,然后家长参与学校教育。具体顺序上,在家校合作启动阶段,学校通过与家长见面（如家访、家长会等）,建立家校信任关系,激发家长和教师双方的合作意愿。在深入合作阶段,工作重心在学校为家庭提供服务,如面向留守儿童家长的讲座,跨省家长会,同时也包括家长参与学校教育,如家长志愿者维护校门秩序,家长参与相关决策等,旨在为家长赋能,调整学校组织结构以适应家长参与,同时带动更多家长和教师参与其中。在延伸阶段,随着家校合作理解进一步深入，跨界行动不断扩展，组织的边界变得动态模糊，家长逐渐参与学校教育教学的核心事务，如支持和参与学校重大事件，而学校亦将家校合作边界扩展到社区，如"麻将桌变书桌"、组建校外互助小组等。

二是学校层面家校合作的目标存在模糊性。爱普斯坦认为，家校合作首先应有明确的目标，一年通常设置 4 个具体目标，其中 2 个学术目标、1 个行为改善目标和 1 个营造氛围目标，且每个目标都需要有可以精确测量的结果，如家长会的到会率、学生语文成绩的提升程度等。[①] 在案例学校的实践中，目标往往源于解决现实问题，如要达成家校合作共识，这些目标难以精确描述，但依旧有很强的指向性。笔者认为，在中国的语境下这可能是一种符合传统且有效的目标设定方式。

（五）行动边界：融入制度化过程，具有相对限度

从社会结构来看，家庭和学校是不同的社会组织，在组织目的、功能和结构上有本质差异，因而家庭与学校间的合作是跨越边界的行为，已经超出了原有教育的传统立场和行动边界，干着"分外的事"[②]。从这个意义上说，学校的专业性越强，与家庭的差异越大，合作的难度越高，排斥家校合作的可能性越大，家校边界越明显。

第一，跨界行动没有"绝对限度"。本案例的动态过程表明，在整体经济社会发展背景下，家庭和学校存在越来越多的重叠职能，这既是对学校工作的挑战，更是家校合作的深刻基础。家校其实可以深度走进对方的世界，延伸自己的教育职责，以此影响家校双方甚至区域教育生态。家校合作虽然在理论上存在跨界的限度，但这种限度在我们的观察中不是"绝对值"，而具有一定的弹性空间，会因家校合作整体"语境"的不同而存在差异。

第二，家校合作走向制度化，需要内外部共同努力。家校合作整体

① 张俊、吴重涵、王梅雾：《家长和教师参与家校合作的跨界行为研究——基于交叠影响域理论的经验模型》，《教育发展研究》2018 年第 2 期。

② 吴重涵、张俊、王梅雾：《教育跨界行动的制度化特征——对家校合作的经验分析》，《教育研究》2017 年第 11 期。

"语境"的变化过程，就是其制度化过程，这个过程在学校内部主要是通过"文化合法性"和"理所当然"的加强而获得的，具有低级（特异、前制度化）、中级（标准化、半制度化）和高级（完全制度化）等发展阶段，郑家小学家校合作经历启动、深入和延伸 3 个阶段，大致属于中级半制度化阶段，家校合作是可逆的，存在中止的可能。在学校外部，家校合作是由行政和政策决定的，家校合作作为教育行政的常规工作，有规范固定的资源投入，才能促进其内在的半制度化向高级完全制度化阶段发展。[①] 这就需要在立法和行政层面对家校合作做出艰苦的努力。

---

① 吴重涵、张俊、王梅雾：《教育跨界行动的制度化特征——对家校合作的经验分析》，《教育研究》2017 年第 11 期。

第十四章

家校责任划分：核心争论与划分原则

社会普遍焦虑中家长焦虑首当其冲，家长都希望孩子不要输在起跑线上，如何缓解家长的焦虑情绪？

家长对社会普遍存在的"鸡娃"现象非常困扰，不想被这样的潮流推着走，但是当遇到身边很多人在"鸡娃"时，还是会焦虑，担心孩子会落后。这时候该如何调整自己的心态呢？

先来看几个例子：

（1）央视新闻：百度搜索数据显示两会期间"家校合作"成网友热门搜索。

（2）新闻标题：老师让家长批改作业、家长在微信群炸锅。

（3）家长：现在学校的很多通知是通过微信群等途径下发的，有的时候因为太忙，或者手机坏了，没有注意到通知的内容；有的通知时间很紧急，因此会错过一些活动报名或缴费之类的，那么，在这样的情况下，家长应该怎么办？

（4）家长：孩子送到学校，教育就是学校的事，跟自己没关系。

（5）有趣的是，我们还观察到同一个家校合作活动的两种完全相反的极端结果：

某省某著名高中，教师让家长周末来学校参加监考，事后一位大学教授愤愤地说："以后学校再找我做这样的事，想都别想！"

另一个县教体局请家长参加学校监考，事后家长好评如潮。该县是家校合作实验县，家长纷纷反映：以前以为吃"公家饭"，一个月拿几千元工资，老师很清闲；参加一天监考实实在在站下来感觉非常辛苦；而且老师接下来还要改卷、备课等，做老师不容易。这次活动成了该县家校合作开新局成功的"三板斧"之一。

同一个活动，得出完全不同的效果，值得我们深入思考。

以上案例都涉及同样的问题：在家长普遍焦虑的情况下，焦虑主要是学校的过错吗？家庭和学校的责任到底该如何划分？为什么？

一 家校责任划分争论的归类

科学分析起始于有效的分类。家长普遍认为教育孩子是学校的责任，但事实上现实很复杂，如家长如果没有看到幼儿园教孩子识字、背唐诗、认英语单词，就会马上干预，这时家长又不觉得教育只是学校（幼儿园）的事了。

一般来说，大趋势是家长现在的作用在相对增大，导致家校责任边界进入了动态调整阶段。这是有全国性大型实证研究支撑的判断。研究发现：家庭和学校共同承担的教育责任不断增大，边界渗透、行动跨界趋势日益明显；包含家庭教育的"大"学校教育和包含学校的"大"家庭教育正在推动形成现代教育制度的新形态。[1]

家校责任区分的动态关系有以下几种情况。第一种是好的极端，家校关系融洽、相互理解，相互"配合"和"协商"。凡属此例，其他学校做不到的事情，这些学校可以通过开展家校合作完成，而且完成得很好。第二种是不好的极端，即紧张（对立）的家校关系。这可能由立场的差异引发，也可能由立场的差异发展为情绪的对立引发。舆论热点新闻反映的是比较极端的情况，可以凸显某些家校合作的矛盾特征。第三种是家校关系总体平稳，但不时会发生矛盾和摩擦（灰色）。家长总体肯定学校和教师，但存在一些负面的体验，非黑非白的"灰色"更为普遍，是家校关系的主色调。这种

---

[1] 2020 年项目组与中国教育科学院联合发起全国家校合作大型调查。

家校关系中，家校合作的矛盾和争议即使没有解决，总体也不影响家长对学校的满意度。

二 为什么家校责任划分会受到高度关注

家校责任的划分、边界的模糊引发的争论不能被简单归咎于学校的责任，本质是由家校责任的重新划分过程引发的。类似的情况还有夫妻关系、学科边界的日益模糊和交叉渗透等，均是现代社会的普遍特征。

家校责任边界模糊的根本原因是家庭教育作用的日益增大和学校作为教育制度作用的唯一性。赫耐曼/洛克斯力效应深刻地指出了家庭教育作用增大、家校责任重新划分的问题实质。

经济社会发展到一定水平后（世界范围大体是 20 世纪 90 年代），家庭教育作用在不断增强（社会分层过程、抚育性社会化）的同时，其作为一种独立的教育制度（社会分配和岗位分工制度）却在不断弱化；学校在相对作用降低的同时，作为教育制度却在不断强化。

在传统的家庭教育认识上，"常识"已经发生了内涵的改变，需要校正。

稍微展开来看，在一定的社会经济历史条件下（阶层结构极大改变，形成橄榄形结构），家庭教育作用在 5 个方面发生重大变化：一是经济学视角，现代家庭的世代相传，逐步从以物和经济遗产为中心，转变为以家庭教育资本为主导（货币的贬值和教育资本兑现货币的功能），导致教育策略成为家庭的基本策略（教育中心）；二是文化视角，下行式儿童中心主义（凝聚力）文化的普遍兴起（儿童中心）；三是生产关系及其衍生的社会关系视角，在市场经济和经济不平等条件下，家长教育代理权的历史性收回（校外教育共谋）；四是教育视角，家长受教育水平普遍提高和具备一定的家庭经济基础，教育规划成为家庭教育首要职能（家庭教育三大职能之一，相对学校来说家庭具有宏观教育规划的独有优势）；五是女权主义视角，母亲"家庭舵手"作用的兴起（女性对养育内容、方式和强度的偏好）。这一切都导致了家庭教育作用的增大以及家校责任的重新划分。

三 家校责任由谁来划分

有的家长第一反应可能是由政府来划分家校责任，这其实是让教育行政部门对于复杂的教育现象承担无限责任，做出非黑即白的裁判。

如对学校音体美劳提出课程要求，有利于增强学生的综合素质，但如果课程不被列入高考项目，根本不会有人重视；而一旦被列入高考，又会变成"一刀切"。

其实家长对孩子的素质教育很有发言权（跨界）。素质教育的"素质"是与基因和天赋相联系的，是与个别、个性相联系的，家长有独特优势。很多孩子的个性和智力方向性是由家长发现和培养的（学校存在个别化教学收益递减拐点，学生盲点），如大量的天才运动员、艺术家和有动手能力天赋的人才都是由家长发现并培养的。另外，在家庭作业问题上，如果我们将安排家长批改作业改为请家长督促和检查作业，是否仍然错了呢？这其实没有绝对的对错，因为家校的相向"介入"是现代大教育制度的特征，也是很多家校合作的理性做法。家校责任划分还是靠学校和家长的协商来达成为好。当然突破底线的原则是由政府来兜底划定的。

学校和家庭协商的具体承担者有以下两个层面。学校层面，应该是家长和学校联合行动委员会（也简称"家委会"）组织跨界协调，而不是家长委员会，家长委员会可以是行动的执行机构之一。班级层面，就是任课老师和班主任与家长的过程性互动。

四 如何划分家校责任边界

在 S 中学 B 班例子中（见第十二章），家长不再是班级管理的局外人，而成为解决问题的一个重要环节。引入家长力量参与班级教学和管理，需要遵循以下 3 个行动原则。

原则一：建立积极的工作关系。学校请家长做志愿者，参与学校的工作，首要的目的不是利用家长的资源，而是建立起与学生家庭和家长的融洽感情。建立了感情，才能产生默契。例如请家长监考出现的两种相反结果在很大程度上是由活动的出发点不同造成的。

原则二：建立"共享理解"。家校有感情但意见不一致，导致无法合作，例子很多。要在教育意识和观念上逐步达成对彼此观点和立场的认同和理解。信息沟通、充分的民主协商、组织家庭参与学校活动、家长教育等都是建立共享理解的方式和手段。

原则三：学校和教师的主动与家长过程性互动，不论是家长协助完成家庭作业还是收手机，在互动过程中才能使家长认同和理解。

至于在技术的层面，如学校怎么开展有效的家校合作行动、班级怎么开展与家长默契有效的合作等是更具体的技术问题，现在已经有一套相对成熟的行动模型，限于篇幅此处不展开叙述。

五　家校行动跨界的限度

跨界的限度就是基本职能的不可取代，而不是急于划分清晰的边界。

"神兽"的称呼告诉我们已经回不到"成年人的世界"和"儿童的世界"高度重合的传统社会。教育的专业性是家庭无法跨越的门槛。

1. 家庭与学校的基本功能区分

整体上，所有的教育影响有两个枢纽中心，一个是学校（代表社会制度的教育影响枢纽），另一个是家庭（代表对儿童个体成长经历的影响枢纽）。

家庭教育为现代家庭萎缩后剩余的基本功能（情感支持、再生产、社会化枢纽和部分社会化和经济功能）之一，几个功能十分紧密地联系在一起并发挥作用。家庭教育就是儿童社会化枢纽和家庭生活社会化，与情感支持（亲密关系）和消费主义紧密联系在一起的特征的总和。

学校是专业化的现代教育机构。

2.家长在孩子的家庭教育中究竟应该起到什么样的作用?(家长职能)

家庭对孩子的教育功能在很大程度上是通过家长发挥作用的。家长教育作用主要有以下两种表达。

一种表达是家长的角色有 4 个:儿童变化代理人、生活缓冲器、看门人和文化代际传递者,其中儿童变化代理人发挥大的作用。①

另一种表达更具体,家长的基本教育职能有 3 个:教育规划(首要职能)、选择教育机构和家校沟通、家庭陪伴和教育。②

这两种划分家长教育作用的方式的共同点为:广义的家庭教育不再将狭义的家庭生活教育(尽管非常重要)作为家长教育责任的唯一内容,而是聚焦提供儿童所需要的发展经历,将家庭作为孩子学校外各种教育影响的一个枢纽,家庭要做好"中心调度员"。

最后,对本章开头的问题和几个例子做一个回应。

问题一:社会普遍焦虑中家长焦虑首当其冲,家长都希望孩子不要输在起跑线上,如何缓解家长的焦虑情绪?

回应:这种焦虑是时代焦虑,与家庭和家长的教育作用增大相关。科学养育有助于缓解这种焦虑。

20 世纪 90 年代以来,世界范围内出现家长教育作用快速增强的趋势(中国更加明显),导致了"强化性教养"方式(起跑线竞争为其典型)从中产阶层向所有阶层扩散,成为一种全球性趋势(焦虑的来源)。这种教养方式是一种历史现象,已经发现存在明显的副作用。现在的问题是我们能不能找到一种"有质量的陪伴"(效果好,省时间、省精力和省财力),对此争议很大。

一种观点是,育人活动非常复杂,有质量的陪伴一定少不了时间、精力和财力的大量投入(时间焦虑、精力焦虑、财力焦虑),这种焦虑当前无

---

① L. E. Berk, *Development Through the Lifespan*, London:Pearson,2013:18.
② 〔法〕弗朗索瓦·德·桑格利:《当代家庭社会学》,房萱译,天津人民出版社,2012。

解；另一种观点是，有质量的陪伴在科学养育上大有潜力可挖。例如，微观陪伴和宏观教育规划、教育机构的选择并行；抓住孩子成长的几个关键：建立良好的亲子依恋关系，从小培养自我、自治与独立，发现并培养孩子与基因潜力相一致的成长优势，进而带动全面发展。焦虑的缓解还要解决一个重要的问题，对于"学科消费"（巨大的家长教育知识培训产业）保持一种警惕，家长并不需要获得儿童发展和养育的系统知识，警惕对家长的"应试教育"，从而缓解家长的焦虑。

此外，还有社会的进步、教育制度环境的改善等一系列配套措施。

问题二：家长对社会普遍存在的"鸡娃"现象非常困扰，不想被这样的潮流推着走，但当遇到身边很多人在"鸡娃"时，还是会焦虑，担心孩子会落后。这种时候该如何调整自己的心态呢？

回应：从"虎妈"到"直升机父母"，再到现在流行的"鸡娃"，本质都是对极端"强化性养育"引发焦虑的一种生动表达。

当下培养孩子的环境与我们当年的成长环境产生了很大的不同，这是问题所在。实施"强化性养育"方式（就是父母较高的智力投入、时间投入、精力投入和一定的财力投入），"怎么强化"大有讲究，特别需要避免几个误区：教育不是越早越好，不是争取考试分数越高越好，不是兴趣和特长培养越多越好。概括起来就是，不跟风，增强定力，做不断读懂孩子的父母。

不跟风还有一个深层的原因，就是"鸡娃"竞争在很大程度上是效仿优裕家庭（优势家庭）的"榜样"。而多个规范的研究发现，优裕家庭培养的即使是外人看起来很出色（学业、艺术、体育、外表气质优良）的孩子，其中问题孩子（有的心理问题还很严重）的比例也在急剧上升。这个令人吃惊的发现说明，过度投入也会造成孩子不幸福和内心脆弱，造成孩子的空虚和自我的丧失，剥夺其内在天性发展的机会，所以我们不能被光鲜亮丽的外表所迷惑而盲目跟风。

问题三："现在的家长越来越难当，一个家长群就能压垮他们"，对于班级微信家长群有什么看法？

回应：微信群是现代社会一种高效沟通方式。任何技术都有两面性。家长微信群给家长带来的困扰具有普遍性。严格地讲，这种困扰不是微信技术带来的，而是微信的内容及其所承载的社会关系带来的。

家长主要反映的是个别学校和教师把教育责任作为负担转嫁给家长，因此，家校活动应遵循有限性原则，每一年的家校合作开展有限的活动，达成有限目标。家庭方面存在极端表达问题（新闻舆论关注特性）和家长的认识问题。每个家长都有很多微信群，将不重要的群设置为"消息免打扰"。有的家长觉得家长群最好"消息免打扰"，看看就好（背后是家校刚性分工说、家校分离说）。这就涉及现代家长对家庭教育作用和自己应该承担责任的认识问题。

问题四：如何看待教师布置家长给孩子批改作业任务的现象？

教师要求家长给孩子批改作业，与上一个问题类似。少数教师打着家校合作的旗号，将工作量转嫁给家长是极端错误的。批改作业是教学评价的重要手段，是教师教学的基本环节，因而是教师的本职工作。需补充强调的是，家长督促检查孩子的作业与学校布置的批改作业任务是两个概念。家长对孩子的学业跟踪是必不可少的，这样既可以及时发现某些可预见的缺陷并尽快补救，也有利于发现孩子的进步并给予及时的鼓励。教师批改作业，与家长对作业的必要督促检查，如果形成有效互动，必然能更好地促进孩子的成长。

第十五章

宏观教育系统层面：家校合作跨界行动的制度化过程及特征

当前，家庭教育和家校合作工作在一些地区和学校呈现热点特征，涌现观念创新、活动创新甚至体制机制创新的势头，不但社会反响良好，而且契合了政府的关注点。可以说，家庭教育和家校合作处于历史上最好的制度环境，整体发展态势令人乐观和受到鼓舞。

但是，在家庭教育、家校合作热度提升之际，或许我们要关心的问题是：各地创新的具体的观念、活动是否能够长期持续？家校合作作为教育教学的一个组成部分，是不是能够作为现代教育制度而长期存在？如果不能持续，随着一个地区、一所学校领导者的更换，家校合作活动就不幸成为"一阵风"，风尽而云散，那我们今天做的事情意义在哪里？在更一般的意义上，当前各地各学校教学改革举措层出不穷，都存在持续性的问题。

家校合作工作属于跨界行动。[①] 跨界行动在教育领域日益增多，已经成为常见而突出的教育创新现象，如学校的企业化运作、中小学家校合作、中小学生人身伤害的社会保护、大学专利技术产业化与校企合作、社会科学对教育学领域的跨界研究和应用，涵盖了从幼儿园到大学的各级各类学校和其他教育组织。这些行动的共同内在特征是"行动者，行动和组织结构，意义和价值"都已经超出了原有教育（非教育）的传统立场和行动边界，行动者干着不是"分

---

① J. A. Colyvas, W. W. Powell, Roads to Institutionalization: the Remaking of Boundaries Between Public and Private Science, *Research in Organizational Behavior*, 2006, 27 (6): 305-353.

内的事"。这些行动,有的逐渐被行动者视为"理所当然"而接受行动观念和程序,达成行动中的共识,完成制度化;有的则因一直存在观念和行动边界的争议而举步不前甚至衰亡,制度化中止。但从应然性上,学校作为典型的强制度组织,发生在学校的这些跨界行动都存在持续发生进而制度化的问题。

本书基于对学校开展家校合作工作持续性的关切,通过探讨制度化与文化持续性的关系,讨论家校合作制度化程度对于文化持续性的重要性;通过探讨教育跨界行动(包括家校合作活动)制度化不同阶段的特征,试图给出一个适于各地各学校判定自己家校合作制度化程度(以及其他跨界教育教学改革行动)的一般特征。最后,提出提升家校合作工作制度化水平的若干专业建议。

一 制度化与文化持续性:正相关关系

制度化(institutionalization)是新的组织结构、规定和行动被赋予没有异议的意义和价值的过程。制度化是行动者(利益相关者)、行动、意义和价值相互作用的产物。[①] 由此可见,本书的制度化是文化理解意义上的"制度化"(可以称为"文化制度化"),与刚性规章制度相关但不等同。[②]

文化持续性(cultural persistence)是组织的结构和行动的文化影响力和持续性。文化持续性的媒介不是规定的强制性,而是行动者对行动观念的共享程度,其包括具有对行动的共识、具有对这种共识的维持、具有对改变行动共识的抵抗的尝试3个方面。[③]

制度化与文化持续性存在明显的正相关关系,这由著名的社会学家祖克(Zuker)等人所做的一个巧妙的常人方法学(Ethnomethodological Approach)实验得到证实。该实验在 Sherif 黑暗效应(autokinetic effect)实验以及

[①] T. B. Zilber, Institutionalization as an Interplay between Actions, Meanings, and Actors: the Case of a Rape Crisis Center in Israel, *Academy of Management Journal*, 2002, 45 (1), 234-254.

[②] 谢岳:《组织结构的制度化重建:开放社会的政治整合》,《天津社会科学》2002 年第 2 期。

[③] L. G. Zucker, The Role of Institutionalization in Cultural Persistence, *American Sociological Review*, 1997, 42 (5): 726-743.

Jacob 相关的代际传递实验的基础上，于 1977 年进行了设计改进并实验，证实制度化与文化持续性明显呈正相关（见图 15-1），即制度化程度越高，文化持续性越强。具体来看，制度化程度越高（从人际影响到组织影响，再到职务影响），则对行动的共识程度越高，共识的维持越持久，对改变行动共识的抵抗力也越大，最终表现为行动（判断）的改变（接近真值）需要更长的时间（经历更多的代际传递）后才能递减。

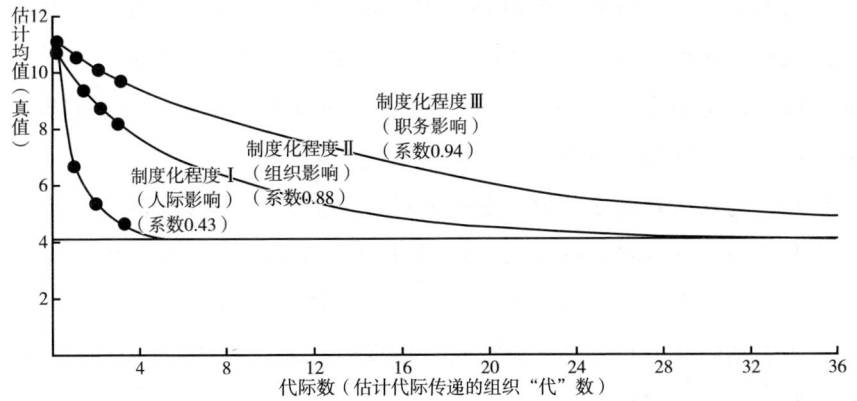

图 15-1　基于 3 组 3 代代际传递系数外推法的文化持续性估值曲线

可见，在制度化的人际影响阶段（早期），甚至到了组织影响阶段（中期），文化持续性都是比较弱的。[1] 这意味着制度化一旦失去了权力和规范规定的强制性支撑，文化支撑可能不足以弥补强制力（如领导者更换、规章制度约束）的丧失。[2]

二　制度化过程及其特征：基于文献的梳理

制度化首先是与制度环境相关的概念。大量的制度研究聚焦组织行动和

---

① L. G. Zucker, The Role of Institutionalization in Cultural Persistence, *American Sociological Review*, 1977, 42 (5): 726-743.

② 徐纬光：《社会形态、政治权力和教育体制——当代中国教育体制改革的逻辑》，《复旦教育论坛》2004 年第 4 期。

结构的外部影响，把引起制度变化的解释重点放在外部因素上，认为外部影响是制度变化的关键动力。① 这种制度变化的外部影响被称为制度环境，包括规则（rule，regulation）、规范（norm）和文化认知（culture cognition）等环境因素，具体表现为对行动进行确认的立法（规章）、意识形态影响（如倾向公平还是效率）、利益与权力的冲突、迫于舆论的模仿、西方文化的传播等，引发组织和行为的制度变化。② 制度化的外部视角，特别适用于解释不同的组织在适应同一制度环境时表现出相同或相近的行为（结构），讨论组织种群和组织场域层面的同型制度化问题。在制度环境因素的合法性机制作用下，组织会采取一些"理所当然"的做法，改变已有的制度，建立新的制度，并逐步实现制度化。

但是，为什么在制度环境不变或相同的情况下，一些组织的制度化会持续和自我增强（self-reinforcing），另一些却因为逐渐失去了制度化的动力而止步不前或者消亡？是什么因素产生制度化的持续动力，或使之失去动力？这显然不能继续从分析外部环境得到完整答案，而只能借助研究制度的内部形成机制与过程来解释。③

较早地比较系统研究制度化形成的是彼得·伯格（Peter Berger）和托马斯·卢克曼（Thomas Luckmann）。他们在合著的学术名著《现实的社会建构》中，从人类有机体易受非生物性活动（社会环境）影响，具有非常高的自我发展可塑性出发，用制度化概念来揭示社会秩序出现、维持与转型的原因，指出：制度化萌芽于人类活动的惯习化（habitualization）和典型化（定型化），因活动外在化和客观性增强物化为近似自然的现象而为人们接受和内化。强调了制度化过程中合法性（legitimation）、认知和语言、行动

---

① J. A. Colyvas, W. W. Powell, Roads to Institutionalization: the Remaking of Boundaries Between Public and Private Science, *Research in Organizational Behavior*, 2006, 27 (6): 305-353.

② 吴重涵、汪玉珍：《制度主义理论的新进展及其在教育中的应用》，《教育学术月刊》2008年第2期。

③ E. Schofer, The Global Institutionalization of Geological Science, 1800 to 1990, *American Sociological Review*, 2003, 68 (5): 730-759.

者类型、制度化范围和亚意义共同体等因素的作用。①

　　齐伯（Zilber）指出，制度化是彼此相关但又彼此独立的三个因素——行动者、行动、意义和价值相互作用的产物。强调行动者在制度化过程中赋予行动以意义和价值（属于政治过程），而行动的制度意义和价值——经过"自然"体验后——又反过来作为政治资源，将行动者和行动联结在一起，形塑了后来的行动者和行动。② 齐伯研究了行动者代际传递行动的意义和价值，实现制度化的内在过程，其是从构成要素而不是阶段的视角讨论制度化的动力与特性。

　　托波特（Tolbert）和祖克（Zucker）从制度理论对制度定义（与行动解构的制度，和作为一种组织文化过程的制度）的模糊矛盾之处入手，指出制度本质是强调文化理解对行动者行动的决定作用，是作为文化理解和行动的制度化过程的结果。在此基础上，根据伯杰（Berger）和拉克曼（Luckmann）的制度化定义，将惯习化（habitualization，采用解决重复发生问题的方法和程序，减少即时决策）、客观化（objectification，达成并采纳行动共识，其他行动者不改变含义地重复行动）和沉积［sidimentation，由外在性（exteriority）所决定，指行动由主体间定义而被视为外部现实世界的组成部分，导致行动的持续性尤其是导致行动者的代际传递］作为制度化的 3 个阶段或水平。这个制度化阶段模型假定习惯化、客观化和沉积（外在性）是按次序发生的阶段（sequential processes）③，但这与祖克关于直观上 3 个过程可以叠加发生（covary）、交替循环发展的判断似有矛盾。那么，惯习化、客观化和沉积（外在性）究竟是制度化的 3 个发展阶段，还是在制度化全过程起作用的 3 个内生变量呢？

　　克洛斯（Colyvas）和鲍威尔（Powell）依循了托波特和祖克强调文化

---

① 〔美〕彼得·伯格、托马斯·卢克曼：《现实的社会构建》，汪涌译，北京大学出版社，2009。

② T. B. Zilber, Institutionalization as an Interplay between Actions, Meanings, and Actors: the Case of a Rape Crisis Center in Israel, *Academy of Management Journal*, 2002, 45 (1): 234-254.

③ P. S. Tolbert, L. G. Zucker, The Institutionalization of Institutional Theory, *Handbook of Organization Studies*, 1997.

理解和行动的制度定义，通过对斯坦福大学技术转移制度化的案例研究，进一步为我们提供了跨界行动制度化过程及其内部特性的富有启发的分析框架（见表 15-1）。斯坦福大学科学发现和技术发明向企业转移的制度化过程发生于 20 世纪 70 年代到 21 世纪初的 30 年间，经历了从学者基于学者共同体的立场不理解并急于划清与技术产业化的界限，到普遍接受，再到行动受到尊崇、学者积极参与其中的漫长过程。克洛斯和鲍威尔利用文献档案，跟踪了这一历史过程，从"当地"组织（大学）和组织间"领域"（大学和企业成为相互作用的利益共同体）两个层面，描述了组织行动的变化、相应的

表 15-1 制度化过程及其特征的一般描述模型

	低级	中级	高级
制度化			
组织机构	组织顶层决策	出现职业（岗位）阶梯,设立代表机构	底层工作人员被赋予解决问题的裁量权
实践行动	为实现新的目标尝试多种手段	围绕目标发展的一致性,手段更加集约	最终采用的手段非常好理解
复制	从做中学	个别指导,培训计划,强力地进行社会化活动	不断向外扩展、广泛复制传播,更加专业,形成新的个性
自增强	容易丧失	形成固定的内动力	内动力富有弹性
合法性			
公共标准	外部援引词汇和符号寻求行动支持	产生制度化的词汇	形成丰富的本地语言开始被广泛地接受,并被借鉴、模仿
适当性规则	采纳高度清晰的提示引起普遍的忧虑	价值显露并逐渐清晰,但不时会遭到反对的声音	规范,客观,价值受到尊崇
领域边界	现有的边界清晰,跨界行动需要得到组织高层批准	现有的边界趋于模糊,跨界行动被更多地接受	边界被重新划定,整合成拥有共同利益的共同体
理所当然			
组织常规	异质性,逐次行动	得到巩固,合并发生	常规化、模式化,不需要说明
行动角色	角色分工模糊不清	提出不用的惯例,引发争执	给出角色明确分工定义,拥有共同价值期望
范畴	不明确,有分歧	范畴被定义、分类	形成固定范畴且被赋予价值

资料来源：J. A. Colyvas, W. W. Powell, Roads to Institutionalization: The Remaking of Boundaries between Public and Private Science, *Research in Organizational Behavior*, 2006, 27 (6): 305-353.

概念范畴的变化（行动内涵和边界重新定义），提出了测量制度变化低级、中级、高级发展过程的一套描述性指标。他们指出：制度化是通过行动者提升行动及其概念的合法性和理所当然的程度来驱动从而自我增强的。合法性和理所当然的结构扩张和更深嵌入是实现行动制度化的动力。因此，特别富有启发意义的是，克洛斯和鲍威尔对斯坦福大学技术转移制度化的分析是借助理所当然和合法性2个制度理论的核心概念完成的，指出了合法性和理所当然作为制度化动力的互补性和不可或缺性，并将这两个概念进一步精细化为制度化不同阶段的更详细的描述性指标。其中，理所当然关注解释组织常规（organizational routines）、行动角色（roles）和范畴（categories）；合法性在更广泛的意义上援引了公共标准（public standards）、适当性准则（norms of appropriateness）和领域边界（boundary of a field），为描述制度化程度和形式的指标。

　　克洛斯和鲍威尔的这一研究，首次将制度、制度化、合法性和理所当然等几个制度理论中最核心的概念构成一个体系，来描述制度化的内生过程。指出所谓制度化，就是同时发生的提高合法性和理所当然程度的产物。[①] 并在研究案例中用合法性、理所当然对制度化的阶段及其特征做出了描述。这无疑具有一定开创性意义，但也存在一些不足。一是将合法性和理所当然只看作制度化的驱动因素，而将之排除在制度化的基本特征之外。事实上，合法性和理所当然的深化过程无疑是制度化的动力所在，但其本身的各种指标也是描述制度化不同阶段的主要标志性指标。二是对跨界专门协调机构的成立和运作（行动者的组织化）在制度化进程中属于哪个阶段未进行说明（虽然作者也强调了跨界协调机构在制度化过程中的重要地位）。三是只将一部分制度化过程的内在特性指标结合斯坦福大学技术转移制度化的案例做了详细说明，并未逐项论证所有指标阶段性特征的依据是什么，或只是简单地说明，略显粗糙。事实上，合法性和理所当然概念的精确化和可测性问题并未

---

① J. A. Colyvas, W. W. Powell, Roads to Institutionalization: The Remaking of Boundaries between Public and Private Science, *Research in Organizational Behavior*, 2006, 27 (6): 305-353.

完全解决。四是没有准确判定案例分析可以在哪个层面抽象出制度化过程的特征。五是权力和角色在制度化过程中的作用未突出。制度化作为一个文化过程，关键是行动者和权力。行动中的关键权力人物（决策者）和声誉卓著的人物会在制度化进程中发挥尤其重要的作用。如齐伯所指出的，正是行动者选择和参与行动，并赋予行动以意义、价值和新的行动边界。[①] 六是作者虽然掌握了大学科技商业化利用的历史背景和 20 世纪 80 年代相关的联邦政策出台等制度环境对斯坦福大学技术转移行动者偏好的文化认知影响的相关分析材料，但未进行提炼。只注意到了内部行动者"主体间"的文化认知影响，这或许是研究的制度化内部视角使然。七是行动频率的变化特性未在制度化过程分析框架中充分反映出来。

由上可知，制度理论的著名学者对于制度化的研究，尤其是对制度化阶段与过程特征的描述是多视角的，并没有形成公认的研究框架和测量、描述指标。事实上，用指标来描述制度化过程和阶段仍然是一项充满争议和挑战的工作。[②] 这些都给本章研究在齐伯、托波特和祖克、克洛斯和鲍威尔等人案例研究的基础上，提出家校合作跨界行动制度化过程的分析框架提供了改进方向和空间。

三 跨界行动的制度化过程特征：一份修订的框架

研究中，笔者基于江西省家校合作试点项目经验概括的家校合作活动类型特点等教育跨界行动的本土经验，综合了克洛斯和鲍威尔制度化过程及其特征的一般描述模型以及托波特和祖克、齐伯等制度化研究成果，初步开发了一个家校合作跨界行动制度化特征框架。在这个框架中，笔者主要针对克洛斯和鲍威尔制度化过程特征的理论模型及其不足，对模型进行了某些修改，特别是针对跨界行动，做了描述指标的具体化和补充工作（见表 15-2），

① T. B. Zilber, Institutionalization as an Interplay Between Actions, Meanings, and Actors: the Case of a Rape Crisis Center in Israel, *Academy of Management Journal*, 2002, 45 (1), 234-254.

② P. S. Tolbert, L. G. Zucker, The Institutionalization of Institutional Theory, *Handbook of Organization Studies*, 1997: 175-190.

表15-2　家校合作跨界行动（及其他教育教学跨界改革）制度化过程的特征框架

阶段	文化合法性		理所当然				其他特征			
	公共标准的语言特性	适当性规则（价值适当性和实效性）	行动边界	行动	角色（岗位）适当性规则	行动范畴	组织结构（管理层面）	行动路径	行动复制（可重复性）	自增强（内动力）
低级（特异，前制度化）	从行动和组织领域外部援引词汇和符号寻求行动支持	采纳行动引起普遍的忧虑、质疑和不满	原行动边界清晰，跨界行动偶发且需要得到组织高层批准	行动具有异质性，逐次行动	行动者角色分工模糊，具有应景性，看法多元化。跨界行动双方成立内部协调机构（如家长委员会等）	行动者基于原组织立场，跨界行动范畴具有易变性和脆弱性，存在分歧	组织顶层决策	为达到目的的尝试多种手段，或手段本身成为目的	从做中学	易丢失，内部遭遇强大阻力，外部寻找动力
中级（标准化、半制度化）	产生明确表达行动意义和价值的制度性词汇，描述具体的行动细节，词汇选择趋于固化和标准化	行动价值显露并逐渐清晰，但不时会遇到反对声音	原来的行动边界模糊，跨界行动逐渐习以为常	行动得到加强和巩固，频次加密	在建立跨界双方内部协调机构上，建立跨界行动协调机构（如联合组织小组）。组织与个人角色分工不断裂，分工跨界渗透。改革原行动惯例的行动方案被参与组织或个人提出，引发争议	行动者对跨界行动范畴进行定义和分类（如家校合作6类活动）	设立跨界组织协调机构	围绕更清晰的目标采取更加集约的手段	个别指导、培训班培训、组织文化中的熏陶学习	在具体行动中建构内获得内动力

续表

阶段	文化合法性			理所当然			其他特征			
	公共标准的语言特性	适当性规则（价值适当性和实效性）	行动边界	行动	角色（岗位）适当性规则	行动范畴	组织结构（管理层面）	行动路径	行动复制（可重复性）	自增强（内动力）
高级（完全制度化）	形成系统的行动语言相关，并被利益相关者广泛接受，被外界尊崇和模仿	行动的价值和实效性受到广泛借鉴	新的行动边界被划定，原分工被整合为利益共同体。参与者成为有共同利益的共同体	行动常规化、模式化、非运动化，不需要说明	在跨界行动协调机构设立并分层对等岗位，执行下沉（专业组运作），参与者成为共事价值观，对行动预期目标达高度共识，角色分工"外在化""客观化"	行动范畴被赋予价值共识，并内化"外在化""客观化"（不讨论）	出现岗位阶梯，低层工作人员被授予解决问题的裁量权（常态化管理）	对如何达到目标达成高度共识	行动不改变含义地重复进行，并可实现行动者代际传递。对外介绍和广泛传播复制	产生强大的抵制新变革的力量

操作化定义：社会建构的文化过程。对组织和跨组织社会价值判断的行动进行自利算计和广泛应用，恰如其分的，适当得到广泛认为是所希望的。表现在语言层面的行动所希望的系统通用"行话"；在行动上，参与者会规范合法性重新界定行动范围（实效与规范合法性）

对已经存在的事实和思维模式，认为是所希望，适当的。对已经存在的项目和活动感到理所当然，对项目和活动与角色的匹配理所当然，角色对价值意义的意义和价值理所当然。由此，项目和活动常规化、标准化、外在化，尤其是微观层面）理所当然的形成固有的模板，减少是为思想和寻找既有秩序再造为社会秩序再造提供再造定性风险，为社会秩序再造提供再造定性因素

制度化是彼此相关但又彼此独立的三个因素——行动者，行动，意义和价值相互作用的产物，是由各类行动者通过概念分类的产物。行为重新新定义意义和价值，新的组织结构和行动就会被赋予新的含义。制度化不是以领导者或少数人倡导为标志，而是全体参与行动者达成共识并在此基础上形成新的常规性行动

给出了文化合法性、理所当然和跨界行动制度化在低、中、高3个阶段的可能特征。

从表15-2我们可以考察家校合作跨界行动制度化的多级过程。自上而下，是制度化低（特异、前制度化）、中（标准化、半制度化）、高（完全制度化）3个阶段的状态区分；自左至右，是影响并反映教育跨界制度化过程的内生变量，包括文化合法性和理所当然这两个制度理论的关键概念，以及其他特征。这些随时间而改变的制度化过程构成因素，是制度化过程的"指示器"和"测量器"，包括：较为宏观的文化合法性指标——公共标准语言特性、适当性规则和行动边界；较为微观的理所当然指标——行动、角色适当性规则和行动范畴；以及组织结构、行动路径、行动复制和自增强等其他特征。这样一个框架使得我们描述制度化过程的状态性特征成为可能。①

四　框架概念运用：对家校合作行动的经验分析

（一）本书研究家校合作行动的指称

家校合作的制度化存在多层阶段性状态。首先是个体层面的家校沟通一直存在，如家长对作业或试卷签字、家长参加大考后的家长会、学校和教师短（微）信通知等，按照文化制度化定义，这部分行动具备文化合法性和行动理所当然的特性，已经实现完全制度化。完全制度化的家校合作工作主要是家长和教师个体层面的、以学校为主导呈现的一种非对称关系不具备双向交流性质的行为。这是学校和家庭之间最小限度的一类跨界行为。这部分完全制度化的传统的家校合作行动不是本书研究的对象。

家长委员会（简称"家委会"）被政策文件基本确立为一种家长组织，整体组织的文化合法性和一些具体行动理所当然基本被认可。但并不是所有

①　管兵：《城市政府结构与社会组织发育》，《社会学研究》2013年第4期。

教师、家长都认为家委会的职能和开展的活动是所希望的、适当的、恰如其分的，也不是所有教师、家长都认为家委会的有些行动、家委会某些成员的行为是理所当然的。因此，家委会制度只是达到文化半制度化程度。

此外，还存在大量明显超过教师和家长原来所秉持的传统的学校和家庭职责范围的行动，这也是本书所指家校合作的含义。各地一些学校积极开展的家校合作主要是指这一类跨界行动。这一类跨界行动的特点是以家长志愿者行动、集体家校合作活动、校内活动为主要活动类型，"当好家长"培训、教师与家长以及家长与家长相互交流（网络）、参与决策、儿童在家学习支持和与社区合作方面的活动相对较少。这一类跨界行动的最大成效表现在学校的教育教学和舆论环境有明显改善。表现在学校和教师平均满意度高于家长，少数家长满意度明显高于家长平均值，概括性的满意度高于具体行动满意度，家长认为参与活动的付出高于收获（自己孩子受到关注）的状态。作为跨界行动，家庭教育为大类工作，由各级妇联负责牵头，但其实际挂靠牵头政府部门显现多样性，按照各地原来主抓部门的惯例，可能由教育主管部门、妇联、关工委、教育科研单位等牵头。企业介入不断增多。本书研究的，就是以上这类行动的制度化状态。

（二）研究样本

笔者以开发的制度化过程特征模型为基础，初步考察了 30 个样本单位家校合作工作制度化进程。这 30 个样本是从江西省教育厅发文确定的江西省 2011~2014 年 61 所家校合作试点学校、2015~2017 年 109 个家校合作试点单位（包括 107 所试点学校和 2 个试点县）中，特别是从 20 个核心试点单位中分层抽取的。这 170 个试点单位中有 29 所学校参加了第一期和第二期实验全过程，其余学校只参加了其中一期实验。试点单位涵盖了从农村到城镇单位、从薄弱学校到省重点（名优）学校、从幼儿园到高中；既有以学校为单位的，也有以县为单位的；学校规模有大有小，遍及江西省各个设区市。我们在选择 30 个制度化样本单位时，同样考虑了样本单位的区域、学校属性、办学规模、学校和县两级等参数的代表性。在参加实验期，试点单位每年都需派人员参加全省统一组织的家校合作工作理论和实务操作初级或高级培训，并相互交流经验。

表 15-3　29 所样本学校分类

学校分类		学校数（所）
学校所在区域	城镇	25
	农村	4
学校属性	重点（名优）	18
	一般	7
	薄弱	4
办学层次	幼儿园	7
	小学	13
	中学	9
学校规模	小	2
	一般	17
	大	10

注：7 所幼儿园都是省级示范幼儿园，其规模都有严格要求，所以归入一般规模学校；中小学学生数在 1000 人以下的为小规模学校，3000 人以上的为大规模学校。

（三）结果

通过分析 30 个样本的经验材料，结合对教师、学生和家长的大样本调查，以及驻校实地观察，可以得出这样的结论：试点学校的家校合作工作的主要指标处于制度化中级阶段，部分样本的部分特征达到了制度化高级阶段，也有部分样本的部分特征仍停留在制度化初级阶段，有个别样本单位出现了实施计划的制度化中止。

家校合作跨界行动从制度化程度看，呈现以下 3 方面特点。

第一，中级文化合法性。具体表现是，样本单位的家校合作初步形成了以爱普斯坦家校合作 6 种类型行动框架的规范词语表达，"家校合作、家长志愿者、6 种类型、家委会、联合行动委员会和伙伴行动小组、年度行动计划、校风影响家风和家风影响民风"等成为高频使用词语，词语选择趋于固化。但未受到省级家校合作培训的人员与接受培训的人员相比，呈现词语规范性的较大差异。未接受培训者，用词呈现较大随意性。学校和家长对于家校合作工作的价值认知比较清晰，公开场合对行动价值和时效性普遍尊崇，但私下里仍不时可以听到质疑和反对声。原来学校和家庭的分工变得模糊，教师和家长被要求做传统上不属于分内的工作，但对这种跨界行动到底"跨"到什么程度存在争论。最重要的是，家长和教师、家庭和学校仍然存在较大的利益分歧，围绕儿童成长的"利益交集"还比较小。家长和教师参与家校合作行动仍然是基于各自的利益立场，关注的是各自的利益。家长参与家校合作是为了关注自己的孩子，至于教师需要实现的其他利益则超出了家长的本分。[①] 而教师参与家校合作也是出于更好地完成分内工作，至于家长的利益则超出了教师的本分。

第二，中级理所当然。具体表现是，试点单位家校合作行动的频次较密，呈现了某些模式化的特征，但在具体实施某项家校合作行动时，教师和家长对行动的"异质感"没有完全消除；活动具有运动化的特征，没有达到习以为常的程度。通过家委会使个体家长得到有效组织，并在家委会的基础上，成立了学校和家长"联合行动小组"来统筹计划、协调和组织家校合作活动，但该行动小组的工作开展得并不顺利，行动小组内成员的角色分工和任务分工不够清晰，没有形成常态化的任务分工体系，大多数情况下仍然是"一把手"说了算。相当多的家长和教师虽然承担了家校合作行动的有关任务，但在儿童成长责任划分的认识和行动上，仍然是传统教师、传统家长。样本单位开展的6种家校合作行动，仍然具有不平衡性和不稳定性，行动范畴仍然存在争议，未达成共识。

第三，其他特征。组织结构处于"低级"和"中级"之间，行动依赖于学校顶层权力的支配，成立了跨界"联合行动小组"但未开展有效工作，在家长和教师微观层面没有学校定义跨界行动的决策权和裁量权。行动路径上，开展家校合作对于儿童成长的目的不够清晰，对达到这一目的采用什么

① 肖日葵：《家庭背景、文化资本与教育获得》，《教育学术月刊》2016年第2期。

方式没有很好地达成共识，家校合作具有行动本身即为目的的倾向，为活动而活动的现象较为普遍。行动内容为试点单位接受系统的家校合作组织培训，与根据自身办学特点和优势选择活动内容相结合，但活动的"代际传递"（如校长离任）大多数尚未发生，已经发生"代际传递"的单位，有的学校原来活动开展得非常好，但更换校长后出现了行动的中止。

总之，江西省家校合作试点工作目前家校合作制度化尚处于中级阶段。整体来看，试点情况较好的单位处于中、高级阶段之间，试点情况不理想的单位则处于低、中级阶段之间，但均未达到完成制度化的高级阶段。这应当代表的是中国大陆地区家校合作制度化程度相对较高的地域和单位。其中，学校所在区域、学校属性、学校规模不同使家校合作制度化状态呈现一定差异。农村学校和薄弱学校家校合作制度化处于低级阶段，这主要源于这些学校与家庭难以达成共识。而城镇学校和重点（名优）学校比前者更进一步，不仅得益于家校双方更容易达成共识，还在于这些学校本身具有较强的主导性或较强势。

（四）对制度化中止的讨论

这里需要着重讨论第三种状态，家校合作工作处于制度化中级阶段的中止和不平衡问题。在低级阶段（如在某些非试点的学校），制度化一般没有自增强的动力，家校合作行动偶然发生后消失的现象屡见不鲜；在中级（标准化、半制度化）阶段，制度化过程附属于具体行动，富有很大的双向变化弹性。① 所以制度化中止在中级阶段也是常见的，为制度化的"高原期"（中止现象在试点学校中有典型性发生）。制度化中止有以下 4 个可能原因。

一是外部环境（政策，意识形态，组织、行业和职业竞争因素）中止。在制度化的中级阶段，行动的自增强动力不足，因而外部制度环境（政策和

---

① J. A. Colyvas, W. W. Powell, Roads to Institutionalization: the Remaking of Boundaries Between Public and Private Science, *Research in Organizational Behavior*, 2006, 27 (6): 305-353.

上级部门支持）仍然是十分重要的。一旦外部强制取消，行动就可能迅速中止。

二是在同一概念之下，各地各个教育组织开展的行动，是本地本组织行动者主体间建构的意义和价值，行动内容和方式方法也有差异（这就是经验交流的意义）。行动的目的、内容、方式不同，对实现制度化达成共识的可能性就不一样。有的学校因为从根本上与家庭的"共识交集"比较大，其家校合作很可能会完成制度化。

某私立学校在校学生主要是留守儿童，学生全部寄宿在校，学生入学具有家长购买服务的性质。家长希望孩子安好，而学校也需要家长知道孩子在校安好。所以营造"不在一起的共同生活"成为家校双方的共识，该校采取周末集中管理、建立留守学生之家、配置代理家长等措施，特别是学校通过建立班级微信群，让学生和家长定期在班级微信群里进行交流。这些家校合作活动很有可能会完成制度化。

另一个中学由于留守儿童占比 70% 以上，而学生家长又相对集中在浙江省务工，学校为了加强家校合作，把家长会开到了学生家长务工所在地，并在务工地建立了校外家委会。家长可以由此知道孩子在校的情况，并由于感激学校而支持学校的工作；而学校也希望家长知道孩子在校的情况，并对学校放心。这一活动得到了当地教育局局长的支持，受到了外出务工家长的欢迎，也被乡政府作为落实《国务院关于加强农村留守儿童关爱保护工作的意见》职责的重要举措。所以，即使该校换了校长，这一活动依然在延续，并且促使和启发其他学校将家长会开到村里去，因此，也可能完成制度化。

而另一些行动者达成根本共识的可能性不大，也就难以完成制度化，制度化中止是早晚的事。在一些城市新区学校，学生基本属于失地农民和附近工业园区进城务工人员子女，由于这些家庭认为把孩子送到学校就是学校负责，而他们因忙于生计无暇顾及学校要求参与的家校合作活动。此类试点学校，即使多次接受培训和驻校指导，教师仍普遍感觉难以获得来自学生家庭的支持，工作难以常态化、惯例化。

某市属小学为市级名校，教师普遍抱怨自身社会地位不高而难以获得家长的尊重，家校合作只是领导要搞的面子工程和形式主义，抵制情绪较严重。虽然该校是市教育局推荐的首批试点学校，校级层面非常重视，项目组也进校做了不少工作，但仅限于召开家长会之类的传统家校合作活动。

三是关键和声誉卓著的人物支持的消失，如校长或局长离任这是导致制度化中止的直接诱因。样本试点单位9所学校因为换校长（其中1所因学校合并而换校长）而导致试点工作中止。即使是被看好的样本试点县，其教育局领导也不无担忧地认为：

> 现在大家都说我们县家校合作搞得很好，但说得不好听，是因为有我这样一个菩萨在这里，如果我这个菩萨走了，换了一个神仙过来，可能他们就不是这样了。（2016年6月22日访谈）

四是制度化特征不平衡。如"理所当然"明显滞后于"合法性"的制度化进程，即大家认识到这样做是对的，但并不认为为此去做具体某件事是理所当然的（如家访）。反之亦然，虽然大家认为做某件事是理所当然的，但并不认为大方向是所希望的、适当的、恰如其分的（如购买教辅材料、补课）。在更微观的二级指标层面也不平衡，有的处于"中级"，有的处于"低级"。家校合作的规则合法性与实效合法性之间、规则合法性与道德合法性之间的评价，可能都不相同，这种不平衡也可能导致家校合作制度化过程中止。

工作常态化、惯例化固然是开展制度化的重要因素，但最根本的决定因素是学校与家庭、教师与家长、学校与社会，甚至学校与教师作为利益相关者的价值认同和共识程度。其实，这种共识只能基于儿童成长，从长远来看，利益相关者所关心的其他利益都是次要和辅助的，这是问题所在。

五　结语

家校合作的行动选择受到一股强大外力的作用，表现出趋同性。这股外力是政府导向或者文化惯性。这提醒我们，在关注制度化内在动力和变化机制的同时，不能忽视制度环境的强大作用。① 这种趋同的以家长志愿者行动、集体家校合作活动、校内活动为主要活动类型的"三为主"行动，处于半制度化的阶段，是否能够完全制度化，目前看仍然是个问号。所以，我们有理由设问，家校合作行动的整体方向性是否存在制度化障碍。需要反思家校合作跨界行动的根本出发点是围绕儿童成长形成家校最大利益交集，还是把手段或中间目标当成了根本目的。这是制度化过程分析给我们的启示。

鉴于以上制度化过程的分析，以及"三为主"行动因类型不全而导致出现结构问题，提出以下推进制度化的若干建议。

其一，从外部看，要强调和紧紧围绕儿童成长这个"最大公约数"，来平衡利益相关者的各方利益，并从政策上加强引导和考核的具体导向作用，利用舆论宣传倡导科学、朴实、有效的家校合作行动。这几年的家校合作实践告诉我们，全国的家校合作行动呈现活动类型的趋同性，这说明行动的选择受到国家制度环境的强大制约，政策和文化依据利益相关者的利益诉求，规定了当前行动的内容和重点。这就产生了区别于美国甚至区别于中国台湾地区的家校合作活动内容和模式。这种趋同的家校合作行动，对于利益相关者的利益诉求满足程度是不平衡的，根本上是学校"热"。而兼顾家校利益的公约数就是儿童成长。当前政策环境的规定为校长提供了开展家校合作工作的动力，但没有给以儿童为中心开展家校合作带来制度保障。所以，如果不形成从宏观上兼顾利益相关者利益的政策导向，家校合作的内在运行机制制度化就会失去基础。②

其二，从内部看，最重要的是扩大学校与家庭、家长与教师、教师与校长的"共识交集"（利益认知、道德认知和对客观事物的接受程度，即增强合法性）。

一是改变承载各方利益的行动内容和结构重心，围绕儿童成长，重新审

---

① 吴玉彬：《随迁子女何以子承父业——基于上海市进城务工家庭子女的教育考察》，《教育学术月刊》2017 年第 1 期。

② 石金群：《转型期家庭代际关系流变：机制、逻辑与张力》，《社会学研究》2016 年第 6 期。

视家校合作的活动重点和类型（如加强当好家长、在家学习等行动）。

二是改变"分外之事"的价值观和利益观（如斯坦福大学教师改变对技术商业化的群体性认识，进而打破"象牙塔"的思想樊篱），为此应改变校长和教师人事制度考核导向，变"分外之事"为教师职责"分内之事"。

三是从现有的实现完全制度化的小幅跨界行动出发，在定期家长会、作业签字和微信沟通的基础上，增强信息沟通的双向性和建立家长网络，增加学生和家长互动等，使跨界行动从既有生长点出发，实现"小幅快跑"而容易被各方所接受。

四是进一步健全跨界行动协调的组织建设。在家委会的基础上建立联合行动小组，实现跨界组织结构、制度和行动计划配套。

五是适当增加家校合作活动的频次和扩大参与面，使家校合作活动成为"社会惯习"而得到定型。

家校合作从组织生态学意义上来看，由于政策和文化环境整体上有利，处于制度化的良性发展道路上；但在具体的地域和学校微观层面，并非必然自然持续。我们要使家校合作实现文化制度化，需要从政策、文化、共识和组织上发力，使家校合作走上长期制度化的良性发展轨道。

第十六章

宏观社会层面：寻找最大公约数
共建家校合作健康教育生态

一　家校合作中的利益与立场差异

"关心我们共同的孩子"是家校合作的动力和导轨所在。影响儿童成长的家庭、学校和社会三个主体，它们的经验、行为和价值观既有独立的部分，也有交叠的部分，其中交叠的部分构成家校社协同的基础，三者之间对儿童成长的交互影响达到"1+1+1>3"的效果，而独立的部分则构成区分家校社责权边界的依据。

调查发现，家校社在家校合作中持各自立场和利益诉求（见表16-1），家长在协同中偏好在家庭（或社区）参与，且主导者为家长，与自己孩子学习直接相关的行为，如家长在家辅导、督促子女学习，与教师交流孩子的学习事宜等。学校偏好把家长叫到学校（在校参与），且面向并非特定个体，而是全体学生，如在家长会上面向家长的培训，邀请家长代表参与学校决策等。社会（区）在协同中的行为和活动表现在一些组织和群体基于职责或为了完成统一的特定任务，走进校园或在社区开展面向特定群体的活动，如"法制进校园""关爱乡村留守儿童""家庭教育巡讲"等，具有偶发、零散的特征，且多是社—校、社—家的单线关联。

家长关注在家，教师关注在校，社会（区）关注任务的完成，家校社合作中的利益和立场是共性与差异性并存。这也意味着，忽视他们的独立性

表 16-1　家校社在家校合作中的偏好差异

行动主体	发生地	受益对象	活动或行为的主导者	代表性活动
家长	家庭、社区	自己子女	家长	在家辅导孩子学习、与教师单独交流
学校	学校	全体学生	教师	家长志愿者、家长会
社会（区）	社区、学校	特定群体	社会（区）	"法制进校园""关爱乡村留守儿童""家庭教育巡讲"

特征、不注重本土语境的越界行动，如把家长作为打扫校园、批改作业的"免费劳动力"，家委会等组织有名无实，无实质效果的家长集体性活动等，无益于健康教育生态的构建，甚至还可能成为家校社关系紧张、冲突的根源。而构建协同育人健康教育生态的挑战，在于如何在三者的立场间寻找最大"公约数"，而不是扩大对立面，从而使处于中心地位的儿童以及家校社都从中受益，并在更宏观的意义上优化教育生态，助推高质量教育体系建设。

二　家校合作健康教育生态的应然样态和特征

从生态视角来看，自然环境、社会环境和规范环境相互交织，组成复合多维的生态系统，是我国社会主义生态文明建设的重要组成部分。家庭教育、学校教育和社会教育是构成现代教育生态的子系统，它们相互制约、相互联结，并在家校社之间、教育系统与其他系统之间产生能量、物质、信息的交换，承担着儿童发展、知识积累、社会进步等重要功能。[1] 家校合作的健康教育生态的内涵，就是家庭、学校和社会以儿童成长为核心，围绕立德树人的根本任务，发挥各自优势，共同承担儿童教育的主体责任，共建互动协作、共治共享、充满生机与活力的现代教育体系，实现教育目标、过程与结果的统一。

---

[1]　吴鼎福：《教育生态的基本规律初探》，《南京师范大学学报》（社会科学版）1989 年第 3 期。

家校社合作健康教育生态的应然样态（见图 16-1）是家庭、学校、社区以及政府和社会各资源单位，以儿童成长为中心，建立联系紧密、和谐共存、高效运作的层级系统。在这个系统中，各关键要素都最大限度做到同向发展、形成耦合，在党的教育方针的指引下同向而行、凝聚合力，为党育人、为国育才的初心使命广泛深入人心。

在宏观政策制度环境层面，协同育人健康教育生态呈现教育和其他系统在政府的驱动下，通过价值倡导、利益分配、能力建设等宏观调控以协调各方利益和行动，共同服务于高质量教育体系建设以及社会治理体系和治理能力现代化等社会总体目标。在中观的组织机构层面，突出表现为作为社会组织的家庭、学校和社区通过组织建设、组织机制建设、联合联动等，构建有效的协同育人全链条机制。在微观的个体行动者层面，主要是作为个体行动者的家长、教师及社会（区）人员等以儿童成长为核心，构建共享一致的经验和价值观的协同行动结构。

家校社协同育人健康教育生态有 5 个特征，一是儿童中心，同向同力。家校社三方以立德树人为根本任务，以儿童为中心，以有利于学生成长为出发点，尊重学生的成长规律和诉求，发挥各自优势，共享一致的经验和价值观，形成一致行动。以儿童为中心，也意味着学校和社区需摆脱无意义的形式化做法，走出"各自为战"、单线关联的误区。同时，协同育人健康教育生态也会对家校社三者的状况、三者之间的关系产生正向影响，使家庭、学校和社会都受益，促进家风、校风和民风的整体性改善。

二是地位平等，公平公益。家校社三方是地位平等的合作伙伴，不是命令和服从关系，彼此差异化的利益和诉求都应得到尊重。协同育人活动既注重家庭和社会对学校教育教学和管理的支持，重视组织家长志愿者、家长会等在校活动；又主动打开校门，积极走出校门，主动联系沟通家长和社会，以校风影响家风、社风建设。更为重要的是，协同育人面向全体家长，提供平等的平台和机会，关注低社会经济地位家庭家长的群体特征和需求，消除他们在协同育人中的制度性歧视和隐性排斥，而不只是面向有社会优势地位家庭的家长或符合学校教育价值观的家长，并特别为困难家庭和儿童提供个

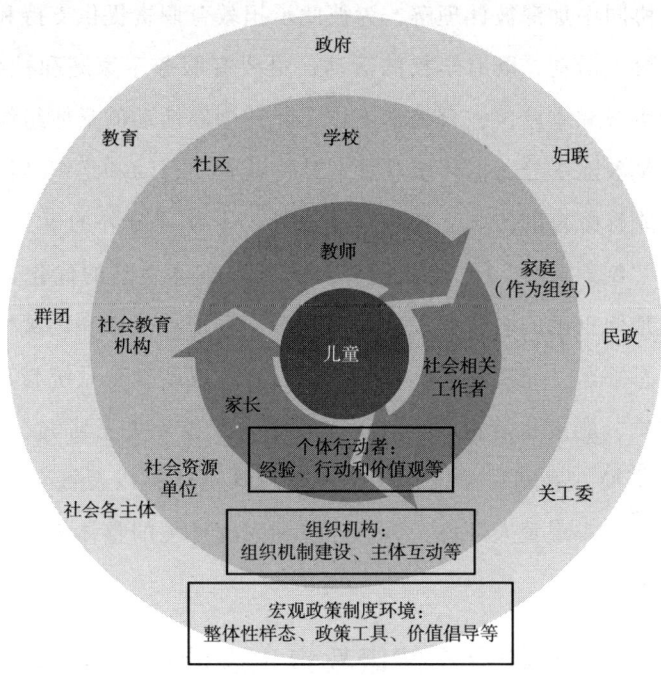

图 16-1　家校社合作健康教育生态的应然样态

性化的指导和支持，从而以协同的力量在一定程度上减弱影响儿童成长的不利家庭背景、社会背景因素，促进儿童成长，并在更宏观的意义上促进教育公平和社会公平。

三是责权清晰，结构合理。研究和实践经验都证实，学校在协同中发挥主阵地作用，家庭和社会分别发挥家庭教育和社会教育的职责和独特优势，但家校社在利益和立场上的共性和差异性，本质上反映了协同育人涉及的家庭和社会（区）利益远不是教育部门能够协调的，更不是在学校或教师层面能得到根本解决的，所以需要在政府层面以更高的视野来平衡各方利益，其清晰的责权和合理的结构应是构建"政府驱动、学校主导、家庭尽责、社会多元主体协作"的制度安排，以降低差异性和提高共性。

四是活动多元，弹性渗透。协同育人健康教育生态中，儿童成长的责任跨越学校围墙的空间区隔，超越在校的时间限制，家校社三方相互开放、相互服务，在协同中加深彼此理解，为彼此承担教育职责提供支持和帮助。开展多元协同育人活动，既有学校的活动，更要有服务于家庭和社会的活动，并结合本地生态和本单位教育教学工作实际，创新活动的具体组织形式。家校社三方更是破除了分工的传统观念，其行动者、行动和组织结构、意义和价值都超出原有教育的传统立场和行动边界，干着"分外的事"。三方的跨界行动没有"绝对限度"①，而是随着协同育人整体生态的优化，不断走进对方世界，延伸自己的教育职责，并以此影响家校社三方和区域生态。

五是生态平衡，充满活力。在家校社三方，以及教育系统与其他系统之间，形成物质、能量和信息的有效传输，校内、校外关系协调、生态平衡、充满活力的格局。家庭、学校、社会、政府等主体，以及社会资源单位主动、相互支持，实现育人环境、办学环境和家庭环境的整体优化。

三 家校合作健康教育生态的整体机制

（一）政府驱动，构建协同育人格局

一是政府以更高的视野，协调学校、家庭的利益和诉求，以法规的形式进行价值倡导、行为规范和利益协调，驱动家校社三方形成各展所长、各取所需的稳定结构。二是各级政府将协同育人工作纳入总体工作部署，纳入地方发展规划和教育规划，建立部门间联席会议机制，在社会治理现代化和教育治理现代化工作全局上充分发挥家校社凝聚民心、整合资源的战略作用，在事关民生的教育改革问题上，以协同育人为手段和资源，聚合正向支持力量，形成有利的社会生态环境。三是各级政府和教育等相关部门明确分管领导和责任单位，有完善的协同育人组织，计划和实施等各项制度，建立工作的跟踪和反馈机制。将协同育人工作纳入对部门和学校的督导评价体系，积

---

① 吴重涵、张俊：《制度化家校合作的内在动力，行动逻辑与实践路径——基于十年家校合作实验的回顾与反思》，《中国教育学刊》2021 年第 9 期。

极应用考核评价结果，并在资源支持和利用、经费保障、氛围营造等方面加大支持力度，努力营造家校合作的校风、家风和民风。

（二）学校主导，搭建协同育人平台

我国的制度优势、文化优势和资源保障优势表明，构建家校合作健康教育生态的关键就是教育行政部门和学校双重重视。教育行政部门和学校两个层面共同关注和推进，是保证协同育人工作有效、均衡、长期推进的前提和基础，两者缺一不可。一是教育行政部门和学校在当地党委、政府的统一领导下，强化组织领导和监督问责，把家校合作工作列入重要议事日程，纳入教育机构专门编制，纳入教育财政预算项目经费，定期检查工作进展情况，协调解决工作中存在的问题和困难。二是协同育人作为学校管理和改革的重要战略资源，结合政府和教育行政部门总体工作部署，把协同育人工作作为学校发展的结构性要素，纳入学校日常工作体系，渗透到教育教学和管理环节，列入本级教育行政干部和校（园）长的培训研修体系，列入学校管理和教师专业发展计划。三是学校围绕学生成长，超越学校自身局部利益，回应家庭和社会诉求，促进家校社互信和相互理解，主动沟通家长和社会，有效开展家庭教育指导服务，帮助家长提高教育子女的意识和能力，以校风影响家风和民风建设。四是学校领导和教师系统掌握协同育人工作的专业技能和工作规范，协同育人在组织上是学校官方组织的器官（而不只是德育或政教部门），在行动上应将其融入课堂常规教学，并在处理原有的师生关系、校师关系的基础上，学校领导和教师要懂得并学会利用家庭和社区（社会）资源，将其作为解决学校教育和教学问题的手段。

（三）家庭尽责，优化协同育人环境

"家庭是第一个课堂、家长是第一任老师"，家庭教育有独特价值，并与学校教育和社会教育相互支持、相互促进，对优化育人环境、建设现代学校制度具有重要意义。一是家庭承担家庭教育的主体责任，用正确的思想、方法和行为教育未成年人养成良好思想、品行和习惯。二是家长参与和支持

学校管理，特别是对事关学生和家长切身利益的事项提出意见和建议，对教育政策和学校决策予以积极支持和配合，对学校开展的教育教学活动进行监督，帮助学校改进工作。三是家长发挥专业和资源优势，为学校教育教学活动提供支持，为学生开展校外活动提供教育资源和志愿服务，宣传正确的教育理念和科学的教育方法。四是学校以家长学校、家长委员会等组织为依托，为家庭教育赋能，充分激发家长参与的意愿和潜能，加强家长家庭教育的能力建设，交流动态信息，并面向不同群体的家庭需求，提供个性化、有针对性的家庭教育指导和服务，促进学校、家庭和儿童共同成长。

（四）社会多元主体协作，营造协同育人良好氛围

家校社协同的影响必然延伸到社区和民风的改善；通过社会多元主体协作，形成全社会关心支持教育改革和发展的有利氛围，最终促进形成家校社的良性互动。一是民政、妇联、共青团、关工委以及卫生、文化等部门相互支持和协同，带动育人环境、办学环境和家庭环境的整体优化。二是在建立健全家长委员会的基础上，建立由学校、家长和社会（区）三方共同组成的协同育人联席会议，建立民主、平等的家校社议事机制。三是专业支撑，提升协同育人质量。高校和科研院所以科研成果促进政策和实践改善，家庭教育、协同育人作为高校专业建设与人才培养重要内容，研发出台协同育人师范教育和教师职前、职后的专业培训体系以及本土专业技术规范，着力培养一批致力于家庭教育和协同育人工作的骨干力量，在广大教师中传播和普及专业知识。四是营造尊师重教、协同育人的良好氛围。各社会主体积极开展奖教奖学、助教助学活动。发掘和推广协同育人先进事例和典型经验，通过公共媒体和网络宣传，促进家长提高家庭教育水平，鼓励家长参与子女教育，引导社会支持学校和家庭教育，形成学校、家庭和社会协同育人的健康教育生态。

第五篇

线上学习期间的
家校合作研究

第十七章

未来教育变革的驱动力量

——线上学习期间家校合作调查报告

2020 年线上学习期间，2.8 亿名大中小学学生进入了为期半年的家庭学习状态。就学校而言，全国 1700 余万名大中小学教师面向 2.8 亿名学生，开展了一场人类历史上最大规模的在线教育实践，有效实现了"停课不停教、不停学"。长时间的线上学习让学生在家庭空间体验本该在校的学习经历，客观上需要家长对孩子提供更主动和有质量的学习支持与学习陪伴，而教师也需要更深度地指导家长的家庭教育，家庭和学校共同承担教育责任的重要性得到凸显，家校合作成为不二的选择。

基于全国的专项调查发现，线上学习期间的家校合作指向未来教育的家校新形态，隐含着某些历史的必然性。具体表现在：学校必须直接依据家庭教育的背景和需要开展学校教育，未来的"大"家庭教育（注重学校教育、校外教育和社区教育）和"大"学校教育（注重与家庭教育和社区教育相联系）的现代教育格局得以提前显现；线上教学向传统教学互动模式发起了重大挑战，家校互动成为教学要素，这种互动关系虽然处于不稳定、不成熟状态，家校矛盾和冲突是前进中的问题；家校关系呈现多样性的特点，有必要筛选和培育某种理想关系模型。总之，线上学习期间的家校互动，为家校关系革新提供了认识和经验的准备。在互联网线上教学技术飞速发展的情况下，这些认识和经验更为可贵。研究认为，构建面向未来教育的新型家校关系，需要在政府层面建立跨越当前格局的政策引导和制度保障，也需要学校主动作为，积极拥抱家长，并将家校合作作为一项专业技能对教师赋能，更需要面向不同群体的家庭需求，提供个性化、有针对性的指导和服务。

本章报告的数据来源于 2020 年 5~7 月全国范围内开展的"线上学习期间家校合作专项调查"研究，调查了全国 31 个省、区、市的 13 万名教师和176 万名家长，共计 400 余个变量。

一 线上学习期间家校合作的现实表现

（一）家校合作行为：主要为线上教学服务

数据呈现：线上学习期间，学校（以班主任为代表）向家长传递的信息及支持家庭教育、开展频率较高的家校交流活动与在线教学相关，如学校政策通知（88.0%）、线上学习方法（77.0%）等（见图 17-1）。

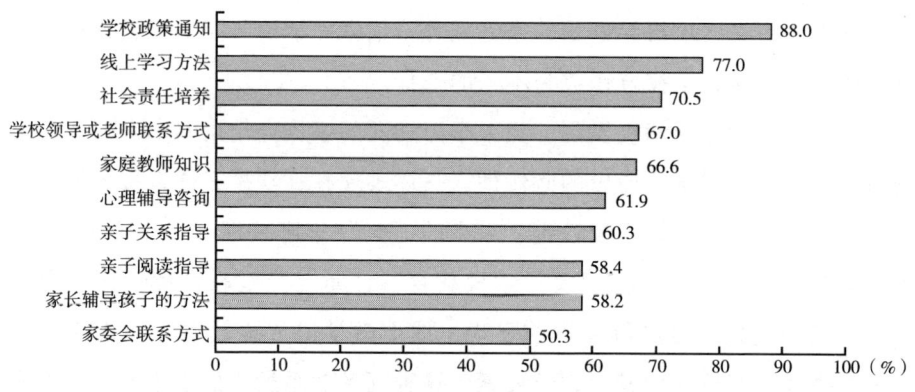

图 17-1　线上学习期间家校交流的内容（班主任）

数据解读：仅考察线上学习期间的家校合作行为和内容，可见其服务目标是线上教学，而一般意义上具有较大价值的教师对家长家庭教育的指导、家长参与学校事务、组织家长间交流互助等行为让位于上述目标。这些在线上学习期间高频率开展的行为和沟通内容体现了学校和教师在线上教学中的重要贡献。

（二）家校合作渠道与内容：线上学习前后没有显著差异

数据呈现：对比教师线上学习前及线上学习期间家校合作的代表性行为，一是总体上两个阶段教师行为频率没有显著变化（线上学习期间均值为53.0%，线上学习前均值为53.6%，且差异性检验不显著）。二是就具体行为来看，线上学习期间增加最多的是教师指导家长辅导方法（提高18.8个百分点）、指导亲子阅读（提高13.6个百分点）、反馈学习表现（提高11.1个百分点），显著减少的行为是组织家长间交流（降低28.5个百分点），家长反馈学生在家行为表现（降低14.1个百分点）等（见图17-2）。

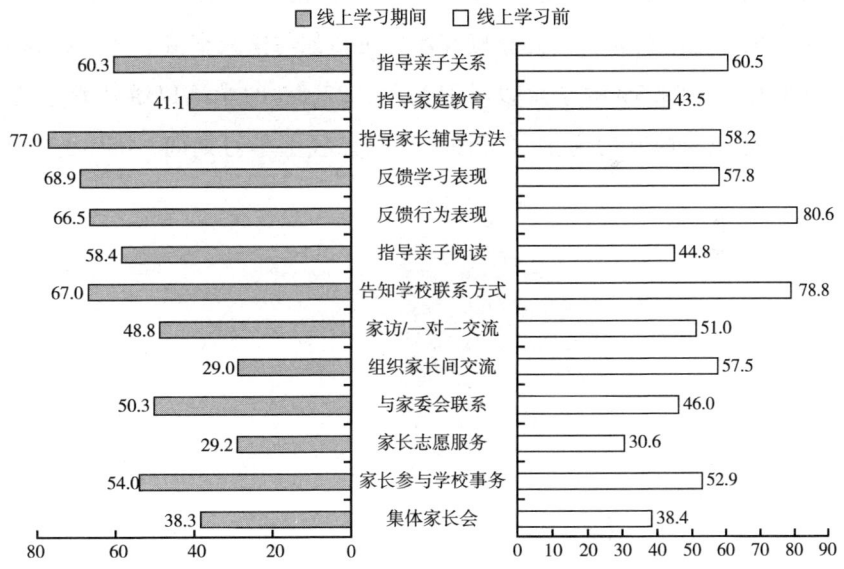

图 17-2　教师家校合作行为的线上学习前、线上学习期间对比

注：（1）主题如"指导亲子关系"是"教师指导家长亲子关系"的简称，后同；（2）数值代表经常发生这些行为的教师的百分比。

数据解读：教师的家校合作行为并没有因线上学习而出现预想中的上升。一方面表明教师开展家校合作的行为、路径已相当常规化（或制度化），线上学习前的家校合作方式、频率可能足以应对突发情况；另一方面也表明学校在转移部分职能（如支持学生学习）给家长的情况下，未及时为家长赋能，未为家长提供有效的能力建设，家校合作在学校一方需要结构性变革。

二　作为未来变革驱动力量的证据考察

（一）边界渗透：教育职责延伸至家庭，居家学习成为家庭主要生活方式

数据呈现：将线上学习期间学生居家的时间精力分配分为三类。一是学习为主，包括线上学习、阅读、作业等；二是游戏娱乐为主，如玩电子游戏、玩手机、看电视等；三是家庭互动为主，如与家人交流、参与家庭事务等。数据显示，58.5%的学生以学习为主，32.8%的学生以游戏娱乐为主，8.7%的学生以家庭互动为主（见图17-3）。线上学习期间，68%的学生由

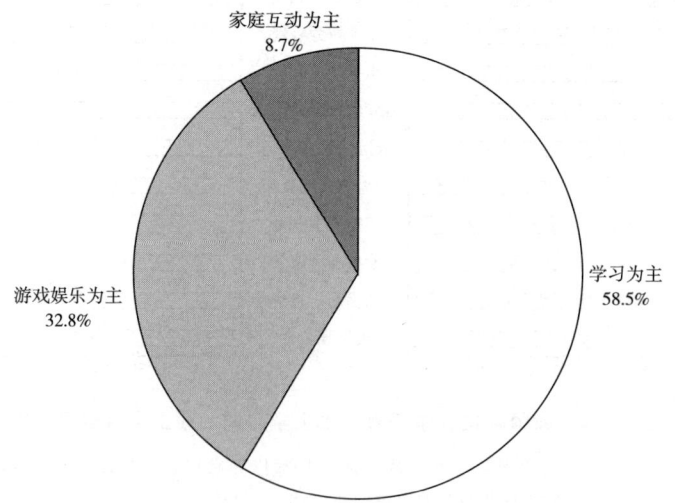

图 17-3　线上学习期间家庭主要生活方式

父母陪同，家人（父母、祖父母或外祖父母、其他亲人）陪同的比例在82%左右；约1%的学生为与同学一起学习；无人陪同的学生比例为17.5%，且主要是有自由学习能力的高中生（见图17-4）。

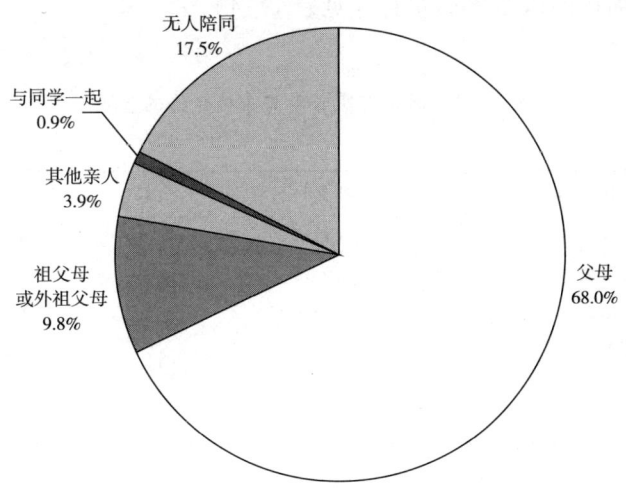

无人陪同
17.5%

与同学一起
0.9%

其他亲人
3.9%

祖父母
或外祖父母
9.8%

父母
68.0%

图17-4　学生线上学习的主要陪同者

数据解读：传统上，家庭和学校是相对分离的两个领域，家庭空间通常以家庭娱乐或生活互动为主，但线上学习期间，学生的学习活动发生在家庭，并成为多数家庭的主要生活模式，这也表明居家线上学习的实践是有效的。我们认为，在外部客观条件的助推下，在家校共同参与中，居家在线学习进一步模糊了家庭与学校的边界，家长成为学生学习和教师教学的重要参与者，家庭成为替代学校教室的学习空间。

（二）合作意愿：认知突破传统家校边界，双方都期待更高品质的合作

数据呈现：除询问家校双方参与家校合作的典型行为外，问卷也调查了其参与这些典型行为的意愿。数据显示，93.4%的家长表示"孩子成长取决于老师与家长的共同努力"，90%左右的家长有意愿参加学校的家庭教育指导活动（当好家长，95.2%）、就子女教育咨询老师意见（相互交流，

94.4%）和作为志愿者为学校提供服务（志愿服务，86.4%），而教师开展这三类活动或行为的意愿也与家长相当（分别为 89.3%、94.5%、84.0%）。除此之外，愿意参与孩子在家学习活动的家长的比例以及愿意与社区合作的家长和教师的比例均在 75% 左右（见表 17-1）。

表 17-1　教师与家长参与家校合作的意愿

单位：%

家校合作类型	教师参与意愿	家长参与意愿
当好家长	89.3	95.2
相互交流	94.5	94.4
志愿服务	84.0	86.4
在家学习	86.5	75.7
参与决策	85.4	41.6
与社区合作	79.6	74.8

数据解读：线上学习期间家校合作行为频率的增加更新了家长对传统家校边界的认知，绝大多数家长愿意共同努力促进孩子成长。可以认为，线上学习为制度化的家校合作提供了契机，使家校合作获得了广泛的"文化合法性"基础，而这种对认知的合法性是制度化家校合作必不可少的过程。新的认知已经产生，只有开展后续行动和结构更新，才能达到新的家校边界的动态平衡。

此外，家长对家校合作的高度认可和"高意愿"参与是一种宝贵的群众基础，是探索家校合作新模式的底气和动力，但如果没有正向引导或被忽视，可能会带来家校群体性冲突等严重后果，这也反向驱使学校在家校合作中必须做出行动和结构更新。

（三）家校合作行为：家长参与程度显著提升

数据呈现：对比家长线上学习前及线上学习期间家校合作的代表性行为，一是总体上线上学习期间家长参与行为有显著增加（线上学习期间均值为 35.2%，线上学习期前均值为 28.1%，且 t 检验显著）。二是就具体行为来看，除参与家长间交流（下降 1.0 个百分点）、反馈孩子在家行为表现（下降 6.0 个百分点）、接受教师亲子阅读指导（下降 8.6 个百分点），其他参与行为均有较大幅度的上升，特别是获取学校、教师联系方式（上升 23.9 个百分点），与家委会联系（上升 20.1 个百分点），接受教师家庭教育方法指导（上升 17.8 个百分点），以及参与学校事务（上升 12.2 个百分点）。另外，在接受教师亲子关系指导、参加集体家长会、反馈学习表现、接受辅导孩子方法指导、参与志愿服务等方面，也有 5~8 个百分点的提升（见图 17-5）。

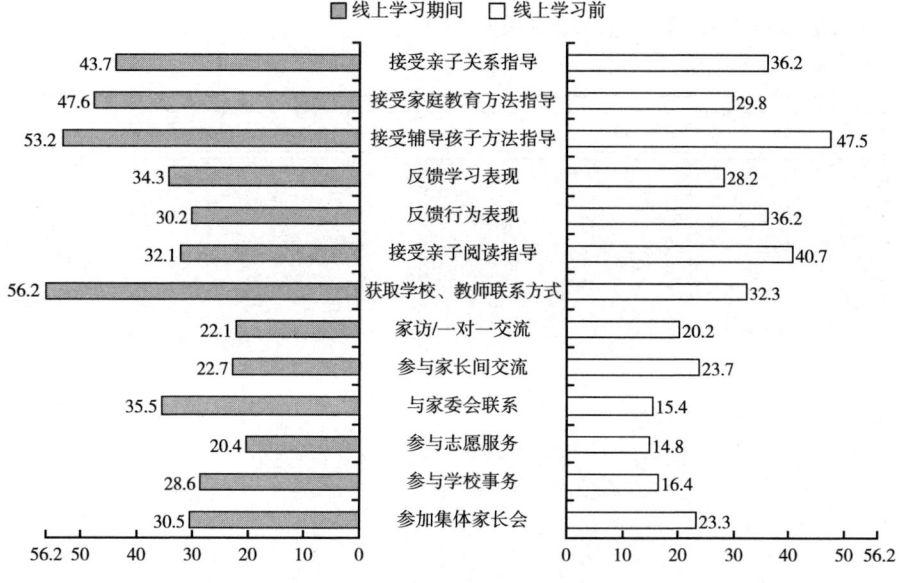

图 17-5　家长家校合作行为的线上学习前、线上学习期间对比

注：（1）主题如"接受亲子关系指导"是"家长接受教师指导亲子关系"的简写，后同；（2）数值代表经常发生此行为的家长的百分比。

数据解读：线上学习期间教师层面家校合作行为服务于线上教学，结合家校边界进一步模糊、家长参与显著上升的事实，说明在教师保持固有的家校合作行为和路径不变的情况下，家长的参与程度显著提升，参与面显著扩大，是家校合作走向制度化、家校深度互动的表现。

（四）亲子互动：在校情况成为亲子交流最多的内容

数据呈现：线上学习期间，亲子交流内容发生频率最高的是孩子行为习惯（54.8%）、孩子学习成绩（53.0%）；交流较少的是分享各自的经历、故事（32.2%）和家庭事务（27.7%）。亲子互动行为发生频率最高的是一起吃饭（87.6%），最少的是一起玩电子游戏（4.6%），其他亲子互动行为经常发生的家庭比例均在30%左右（见图17-6）。通过进一步的数据分析发现，农村亲子交流孩子在校表现、孩子与教师关系的比例更大；城市亲子交流孩子行为习惯、心情或烦恼，分享各自的经历、故事的比例更大；讨论孩子与朋友的关系的话题，城乡没有显著差异。

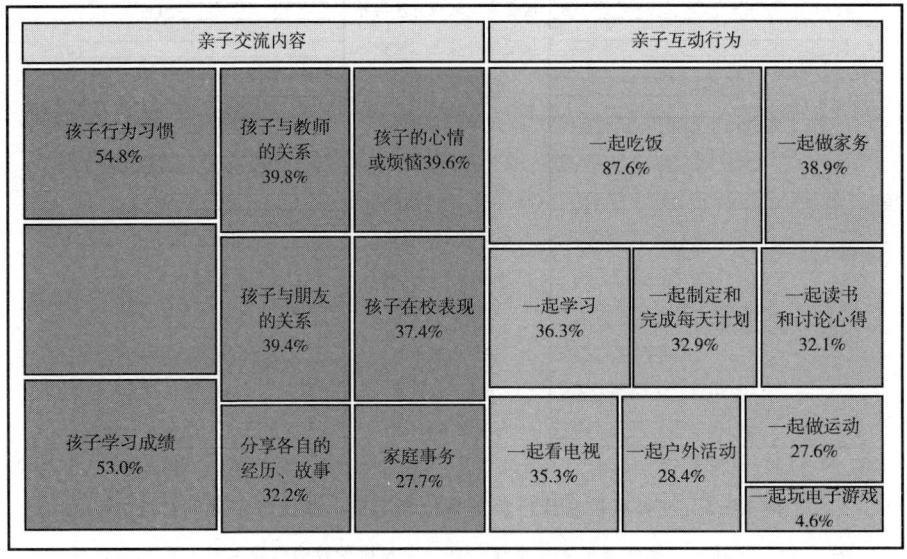

图17-6　线上学习期间亲子交流内容与亲子互动行为

注：百分比代表此内容和行为"经常"发生的家庭的百分比，方块面积表示比例大小。

数据解读：孩子行为习惯和学习成绩成为亲子交流频率最高的内容，在一定程度上预示了家长与"神兽"的棘手关系。因为学生居家参与线上学习，亲子关系在客观上呈"近距离、长时间"特征，为家长提供了地陪伴孩子的机会，但也可能导致亲子冲突。缺乏恰当的亲子沟通与相处方式导致的亲子冲突，不仅会影响学生居家在线学习效果，更会影响学生的身心健康发展。

亲子分享自各经历、故事，讨论家庭事务，一起做家务、学习、读书和讨论心得的频率较低，但笔者认为这些是家长陪伴、家庭教育中有意义的活动，也是对学生生活教育的重要内容。线上学习期间的亲子互动凸显了传统家庭教育的弊端，并在客观上需要学校和教师给予家长更多的指导。

（五）效果评价：家长和教师都倾向正向评价，且家长的评价更积极

数据呈现：64.5%的教师、80.5%的家长认为线上学习期间的家校关系比平时更好，64.9%的教师、80.4%的家长认为线上学习期间家长对学校的满意度更高（见图 17-7）。家长和教师都倾向正向评价线上学习期间的家校关系，且家长比教师的评价更积极。相关分析显示，线上学习前的家校合作行为，与线上学习期间的亲子关系、家校合作及效果的评价高度正相关，特别是与线上学习期间的家校合作行为和内容的相关系数分别达 0.760 和 0.608（见表 17-2）。

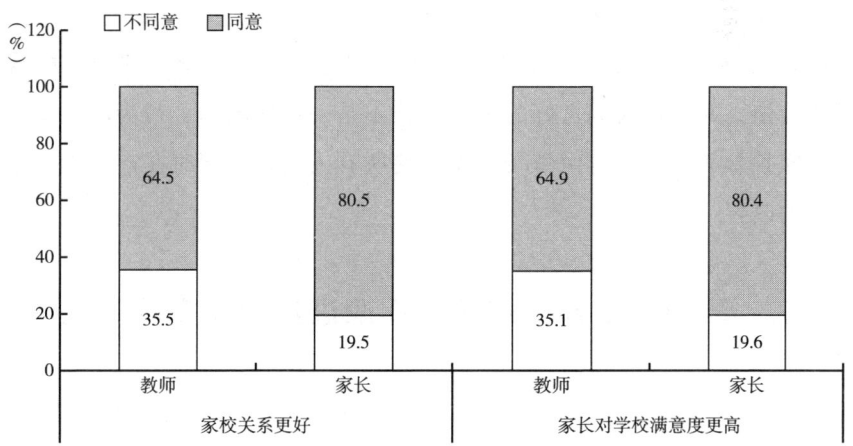

图 17-7　家长和教师对线上学习期间家校合作效果的评价

表 17-2　家长线上学习前家校合作行为与线上学习期间有关项目的相关性分析

项目	相关变量
亲子交流内容	0.507 **
亲子互动行为	0.558 **
线上学习期间家校合作内容	0.608 **
线上学习期间家校合作行为	0.760 **
与线上学习前相比,家长与老师的关系更好	0.474 **
与线上学习前相比,家长与孩子的关系更好	0.421 **
与线上学习前相比,家长对学校的满意程度更高	0.442 **
线上学习期间,孩子的学习效果比在学校学习更好	0.426 **
线上学习过后,家长会支持孩子继续网络学习	0.373 **

注:表中变量为相关项目取均值;分析方法是皮尔逊相关分析; ** 表示在 0.01 水平上相关性显著。

数据解读:线上学习期间的家校合作为家长、教师和学生都带来了积极正面效果,并显著和谐了家校关系,提升了家长对学校的满意度,且线上学习前家长参与家校合作越多,线上学习期间越能够持续并扩大家校共育参与,也越能密切亲子关系、家校关系以及提升学习效果。结合上文分析,我们认为,在线上学习期间,线上学习前的家校合作是基础,且家长比教师更积极地参与家校合作(教师行为基本保持线上学习前水平,而家长参与程度更高),也更积极地评价家校共育效果。这体现了线上学习期间家校合作的重要价值,并启示我们良好的家校合作不是一蹴而就的,行为的主动权在教师,家长参与的意愿可由学校激发并使所有人受益,同时在宏观上促进教育生态的改善。

三　结构性差异:家校合作改进值得注意的数据

(一)社会阶层差异:以学习为主要生活模式的家庭比例从城市到农村依次降低

数据呈现:约有 35.8% 农村家庭线上学习期间的生活模式以游戏娱乐

为主，这一比例在乡镇、县城和市区家庭依次降低，如市区约有 27.8% 的家庭以游戏娱乐为主；约有 55.1% 的农村家庭线上学习期间的生活模式以学习为主，这一比例从乡镇到市区依次升高，市区家庭以学习为主的比例达63.5%（见图 17-8）。

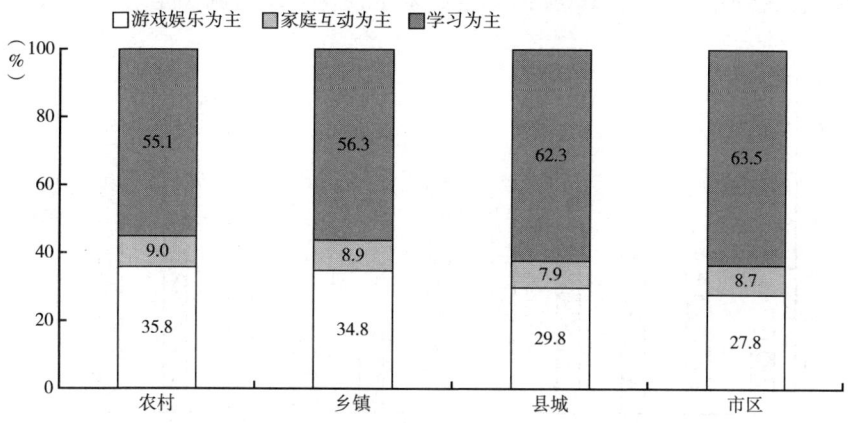

图 17-8　不同家庭所在地的家庭生活模式

数据解读：线上学习期间的家庭生活模式存在显著的社会阶层差异。以家庭城乡所在地为代表的社会经济地位变量显示，家庭社会阶层越低，儿童在线上学习期间越倾向于以游戏娱乐为主的生活模式；社会阶层越高，儿童越倾向于以学习为主的生活模式。同时，数据分析也显示，在家长参与的各类行为方面都存在类似的社会阶层差异。即便出于客观原因家人陪伴时间更长，但家庭互动（家人交流等）未成为大多数家庭的主要生活模式。

（二）家校困难差异：教师聚焦外部条件，家长缺乏能力和精力

数据呈现：线上教学（学习）过程中，多数教师（65.2%）表示最大的困难是学生不适应，一半左右的教师认为在教学平台使用上存在困难，如信号不好（55.2%）、设备不行（41.8%）或软件使用不熟练（35.7%）等问题，很少有教师（11.8%）表示他们没有精力和时间。家长认为最大的困难是指导不了孩子的学习和作业（51.8%）及没有精力和时间（48.9%）

（见图 17-9）。数据进一步显示，高学历、高职业地位家长主要面临精力和时间不足问题；低学历、低职业地位家长主要面临指导能力不足问题；多数家长认为信号、设备等硬件的配备不足不是主要困难。调查数据还显示，多数学生（53.1%）的线上学习设备以手机为主，2.1%的学生学习设备来自学校或社会捐助，几乎 100% 的学生的基本硬件要求得到满足。

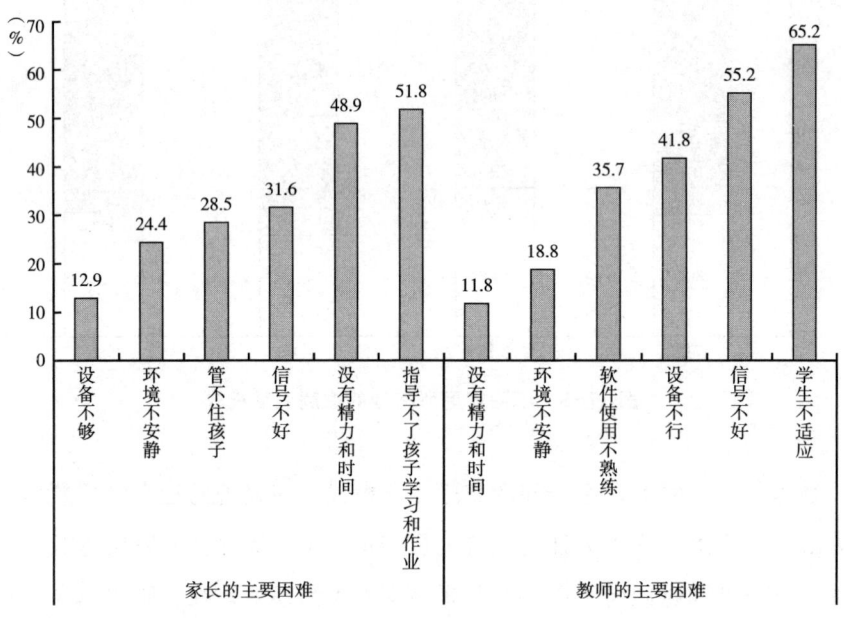

图 17-9　家长、教师线上教学（学习）期间的主要困难

数据解读：教师和家长在线上教学（学习）过程中遇到的困难存在差异。教师主要将困难归结于外部因素，包括学生、教学平台等；家长将主要问题归结于内部因素，如能力、精力和时间等。这表明教师具备传统的课堂教学经验，但在线教学技能缺乏，无法有效掌控学生及教学平台。在执行线上学习的任务上，家庭的硬件准备与能力、精力和时间准备形成鲜明对比，所有家庭都具备基本的硬件条件，如设备、信号、安静的环境等，但缺乏相关能力或精力和时间，这显示学校教育在家长提供能力支持方面的不足，也指明了改进家校合作的未来空间；不同类型家长在精力和时间、能力方面的困难，启发学校在今后的家校合作实践中要面向不同家长的个性化需求，有针对性地"赋能"。

（三）学习质量差异：依赖教师线上互动和家长积极参与

数据呈现：对比线上课堂与传统课堂的效果，多数家长和教师认为传统课堂效果更好，只有 20.2% 的教师、36.8% 的家长认为线上学习效果更好。分析其原因，在网课经验方面，90.4% 的学生是第一次体验线上教学，只有不到 10% 的学生有过线上学习经验。在课程互动效果方面，线上教学方式是播放课程录像（录播课），家长的满意度为 28.1%，对录播+教师在线引导的方式家长的满意度为 37.6%，直播课的家长满意度为 38.0%，即就课程类别来说，直播课的效果要好于录播课。在家长支持方面，教师多数持负面态度，62.5% 的教师认为家长配合较差，37.5% 的教师认为家长配合较好（见图 17-10）。

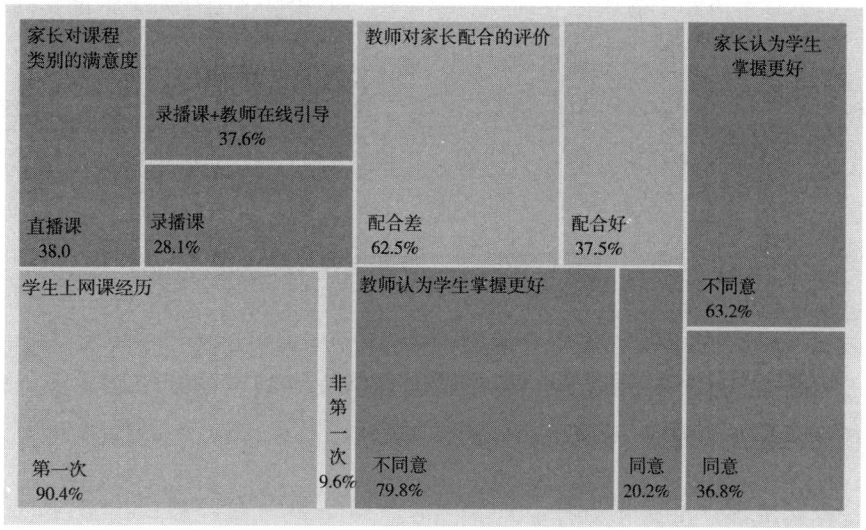

图 17-10 线上课程评价及相关因素

数据解读：在信息时代背景下，"无边界教育"（Borderless Education）是学校面向未来课堂、未来学习的必然的变革方向，它使学习和教学活动可以在任何地方、任何时间使用手边任何可以获取的科技工具（Anywhere，

Anytime，Anydevice）来进行。学生线上学习就是面向未来学习的一次大规模社会实验。事实上，无边界教育虽然强调教学跨越时间和空间限制，但十分有必要对学生给予支持和引导。互联网课堂已成为无边界教育的重要形式。目前，我国已成为慕课总量、参与开课学校数量、参与学习人数最多的国家。本章的调查研究显示，绝大多数中小学学生仍是第一次体验线上教学，这表明我国互联网教学融入当前教育体系的深度和广度不足，也意味着其未来的广阔发展空间，而线上教学（学习）的重要意义就是让学生们首次体验了互联网学习的价值。

多数家长和教师认为线上课堂不如传统课堂，除缺乏经验，教师认为"家长配合不好"，家长认为"直播课好于录播课"，这在本质上反映了线上与线下教学在互动性上的差距。调查显示，线上学习最好的效果是学生有经验、家长积极配合、教师直播且与学生频繁互动。因此，我们认为线上学习质量的不足可由线上教学的互动性、家长参与的积极主动性两个维度共同弥补。在教师方面，通过直播或线上引导的方式（而不只是播放课程录像或照搬传统课程），与学生共同发掘线上更广阔的资源和更丰富的功能，包括线下无法实现的线上独有的互动功能；在家长方面，不只是履行教师交代的"打卡"、辅导学习、检查作业等职能，还包括提供安静房间、专用设备、肯定态度（而不是否定或"吐槽"）、即时沟通反馈等在学习环境、氛围方面更积极的参与和互动。

（四）付出和回报差异：教师线上教学（学习）期间付出更多，但家校沟通粗放低效

数据呈现：本次调查中，94.6%的教师是第一次开展线上教学（学习），没有过往经验。86.9%的教师每天花在线上教学（学习）的时间在8小时以内（其中2小时以内12.5%，2~4小时28.2%，4~6小时27.6%，6~8小时18.6%），78.4%的教师认为线上教学（学习）期间比平时花费了更多时间和精力与家长沟通。教师对线上教学（学习）总体倾向呈现消极评价，有29.6%的教师认为学生纪律更好，32.9%的教师认为互动效果更

好，20.2%的教师认为学生掌握更好，24.4%的教师认为作业完成更好，37.4%的教师认为家长配合更好（见图17-11）。在实地调研中，很多教师表示，他们不但在线上教学（学习），而且在与家长沟通上花费了更多时间和精力，主要原因是家长管教不了孩子，将本应承担的职责转嫁给教师，如因孩子玩手机，家长无力管教，恳求班主任打电话给自己的孩子。甚至有教师表示给某家长和学生"连续讲了3个小时电话，自己的孩子却在身边哇哇大哭没有人管"。

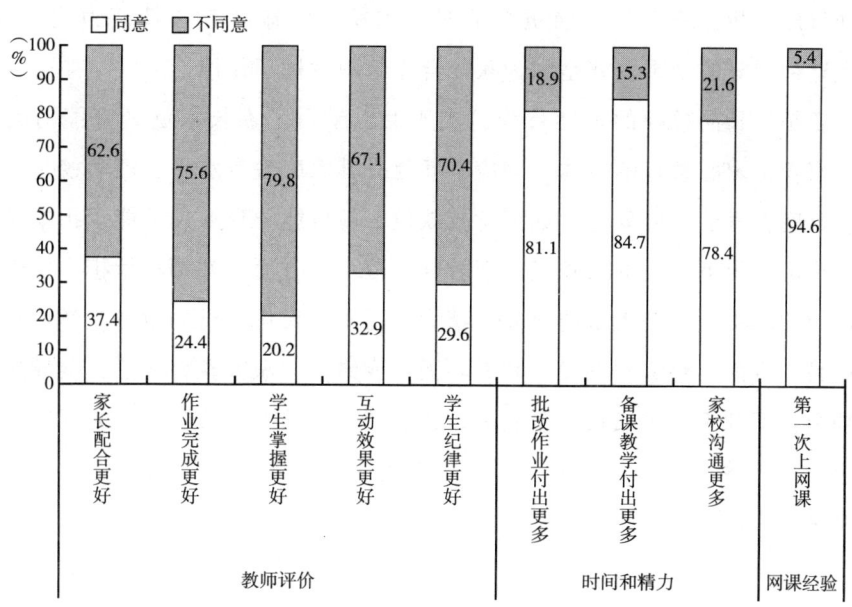

图17-11　家长和教师对线上教学（学习）的评价

数据解读：教师在线上教学（学习）和家校合作中所付出的努力和敬业态度值得肯定，但其呈现了家校沟通粗放低效的传统弊端。一是家校沟通被动发生和问题导向，往往是孩子出现问题时家长才向教师求助，或教师向家长反映情况。有教师表示，某些家长不愿意接班主任电话，甚至"拉黑"班主任，也存在在微信群公开吵架等现象。事实上，家校合作不能以"生病—开处方"为主，日常"预防"比"开处方"更有效。

二是沟通以单向为主，线上学习期间教师发给家长的通知、需要家长填写的调查或表格，即便是要求家长回执的"致家长的一封信"，在本质上也是一种学校向家长"甩锅"的行为——学校已经告知了家长，后果由家长承担，但家长的反馈、建议和需求等往往被学校忽略了。

三是缺乏组织平台。有的学校尚未建立家委会等家校合作组织或仅停留在表面，未能发挥其作为沟通学校与家庭的桥梁的作用（以家长影响、沟通、引领家长），导致班主任往往要"一对一"式地面对近百名家长，家校沟通粗放低效。调研发现，相比其他学校，有家校合作组织的学校的班主任同样付出了相比线上学习前更多的时间和精力，却没有"精疲力竭"感，产生这种迥异的结果，就是因为家校合作组织发挥了作用。

四是家长向教师的求助行为，实质上也暴露了家长家庭教育能力的不足。家长是家庭教育的主体，理应不断提升其家庭教育水平，但学校是指导家长家庭教育的重要阵地，如果学校缺位，就可能导致家长不能承担本身职责，焦虑却无可奈何的家长只能请教师代劳。一方面，教师在承担本应由家长承担的职责上花费大量的时间和精力，而不能聚焦自己的教育教学核心业务；另一方面，对家长来说，其有心无力或错误的家庭教育方法，会导致亲子冲突，不利于孩子成长。事实上，家长"我不管""管不了"的背后，在社会上"神兽"吐槽的背后，是家长家庭教育意识和能力的缺乏，是亲子关系紧张甚至破裂的无奈。

四　构建家校合作关系的理想模式

线上学习期间的家校关系虽然整体呈现一种较以往更为超前的跨界态势，并在相当程度上和谐了家校关系，提升了家长对学校的正面评价，但现实的情况十分复杂和多样化，因此发现、筛选和培育较为理想的家校合作关系模型成为当前的一项重要任务。

调研发现，家校互动结构在大规模线上教学中具体呈现为"线上教学互动性""家长参与主动性"2个维度的组合，由此产生了4种可能的家校互动结构状态（见表17-3）：线上教学师生多向互动—家长积极主动参与，线上教学师生多向互动—家长被动消极参与，线上教学单向灌输—家长被动消极参与，线上教学单向灌输—家长积极主动参与。这 4 种状态分别为家校均衡互动型、传统教学互动型、互动缺乏型、家长主动型。不同的学校和家庭对教学互动和家校合作有着不同的态度和行为，进而使得家校互动呈现迥异的结构状态。调研中所有学校所处的家校关系都属于 4 种类型中的 1 种。研究家校互动均衡型产生的条件，无疑可以有效指导实践。

表 17-3　教师线上教学互动性与家长参与主动性不同组合的家校互动结构状态

		家长参与主动性	
		被动消极参与	积极主动参与
教师线上教学互动性	单向灌输	互动缺乏型 （线上教学单向灌输—家长被动消极参与）	家长主动型 （线上教学单向灌输—家长积极主动参与）
	多向互动	传统教学互动型 （线上教学师生多向互动—家长被动消极参与）	家校均衡互动型 （线上教学师生多向互动—家长积极主动参与）

条件一：家校建立以感情为基础的工作关系和相互理解。调查发现，在当前家校边界重组的制度化初期，我们与其忙着寻找和捋清家校的边界和各自的责任，不如努力建立家校之间的信任关系，并在信任的基础上交叠性互动。这就如现代夫妻之间没有清晰规范的角色边界（与传统的夫妻刚性分工不同），不论是按照传统的夫妻角色分工，还是丈夫多承担一些传统妻子角色承担的家务，抑或是妻子多承担一些传统丈夫角色的分工，只要是建立在彼此的感情和信任的基础上，就是适合的。像科研人员和教师这样工作和生活具有弹性边界的职业越来越多，也越来越有效率和创造力。是否明确分工不是本质，互信才是要害所在。分工的多样化、职责的交叉重叠恐怕是一个趋势。建立家校互信和相互理解，应该反映到我们的家校合作原则和规范中。

条件二：学校的家校合作活动，要注重在班级和学校两级有效展开。在班级层面，班级的微观社会互动结构，即传统的师生互动（师—生互动、师—师互动、生—生互动，家庭作为互动的外部环境），在解决班级管理中存在的突出问题（如班规制定、手机管理等）的过程中，可以发展为围绕师生互动的教师—学生—学校—家长—家庭互动结构（增加家庭、家长作为班级教学管理过程的基本要素），并对学生、班主任（教师）、家长履行社会责任都有利。与班级家校沟通绝大多数融入管理、教学过程中不同，学校层面的家校合作不少是日常教学之外的活动，往往是非学生直接指向的，具有相对独立性，但与班级家校合作相辅相成，学校层面营造的良好教育生态作为背景镶嵌于班级的家校互动结构中，使得学生家庭和家长成为解决学校教育教学问题不可或缺的结构性要素，使得家校合作有成为教师"分内工作"的趋势。

总之，线上学习期间的家校合作，呈现了面向未来教育变革的历史趋势。尽管教师一些家校合作行为主要服务于线上教学（学习），但在此过程中家长意愿被充分激发，参与行为显著增加和参与面显著扩大，且效果得到了家校双方的正面评价，呈现了教师主导下家长主动广泛参与的良好局面。

五 政策建议

笔者认为线上学习期间的家校合作为未来的实践改进提供了良好契机和生长土壤，并提出如下政策建议。

（一）制度层面的政策引导和保障

现实经验和本书数据启发我们，学校在家校合作中呈现的问题往往具有普遍性，其本质上反映了家校合作涉及的家庭和社区问题远不是教育行政部门能够协调的，更不是在学校层面能得到根本解决的，所以家校合作尤其需要在政府的制度层面跨越当前体制和政策，将家庭教育和家校合作纳入政府统一的教育规划，纳入教育行政部门负主责的教育机构专门编制，纳入教育财政预算项目经费，纳入师范教育和教师职前、职后的专业培训体系，纳入对各级政府的教育评估指标体系。

（二）学校系统的主动作为

学校应充分认识家校合作是学校整体工作的组成部分，在组织上应是学校官方组织的"器官"（而不只是德育或政教部门），在行动上应融入课堂常规教学。线上学习之后，学校亟须摆脱"为了家校合作而家校合作"的形式化做法，需要在政策和专业的支撑下出台本土专业技术规范，面向学校发展和学生成长的真正需求，利用好家长资源，同时突破家长参与的阻碍，为家长参与提供指导和服务。

（三）注重对教师赋能

家庭教育和家校合作是一项具有门槛的专业工作，需要教师将家校合作的一整套技术规范和工作基本程序作为专业性要求掌握。教师在家校沟通、家校合作上专业性的缺乏是出现"教师付出多但评价低"问题的本质原因，也是教师所谓"家长甩锅给老师"的问题源头。教师作为学生家庭教育的指导者，在解决学生问题时，需掌握必要的家庭教育原理和知识，并在处理原有的师生关系、校师关系的基础上，懂得并学会利用家庭和社区资源，作为解决学校教育教学问题的手段，这关系到师范教育和教师职前、职后教育专业培训等一系列改革。

（四）注重对家长赋能

线上学习期间，在亲子长时间共处中传统家庭教育的弊端被放大，家长在支持学生在线学习过程中有充分硬件准备但缺乏能力、时间和精力，不同社会阶层家庭、不同群体家长在参与过程中面临的困难和需求存在差异，教师家校合作行为的"小提升"能激发更多家长更深度地参与，这些发现启示我们，要构建面向未来教育变革的新型家校关系，学校是家校合作的主阵地，掌握主动权，应充分激发家长参与的意愿和潜能，加强家长参与的能力建设，并面向不同群体的家庭需求提供个性化的、有针对性的服务。

第十八章
"神兽"的教育之问
——大规模线上教学对家校合作的十点启示

大规模线上教学满足了最基本的教学需求，是成功的教学实践，同时也是互联网思维下学校教育延伸到家庭的一次意外实验。历史上学校教育从来未如此走近（进）家庭、贴近家长、与家庭生活和家庭教育血肉相连。大规模线上教学不是偶然发生的，而是家校合作共育在互联网思维下跳跃升级的序曲。对这次大规模线上教学进行反思和总结，具有重要的理论和实践意义。

本章的研究主要包括基于大规模线上教学的大规模问卷定量统计分析（调查了全国 31 个省、区、市的 13 万名教师和 176 万名家长，共计 400 余个变量）和典型区域、学校、班级的质性观察研究 2 个部分。以下为综合定量分析和质性研究，针对大规模线上教学中家校合作状况的 10 个主要发现与启示。

（一）破解"神兽"的教育之问进行时

起初，"神兽"一词是借 2020 年春节期间儿童中流行的神兽图形，形容儿童在家与家庭成员全时段接触的情境中，儿童有时张牙舞爪同时又有些可爱的样子，之后，引申为描述对生命成长复杂性的不可控引发的敬畏，对儿童在家生活状态和表现的不满与无奈。继而笔者做出家庭教育和学校教育双重失调的判断，发出了"神兽"究竟是如何产生的疑问。调查发现，线上学习期间"神兽"的出现，客观上激发了家长寻求学校和教师更多专业帮助的期待，家长比教师更积极地参与家校沟通与合作。笔者同时发现，学校系统组织的线上教学在一定程度上改善了家庭生活的状况，改善了家长与"神兽"的棘手关系，部分回应了家长对改进家庭教育的关切。但"神兽"的话题远未结束，人们并未找到化解"神兽"教育之问的解药。

（二）跨越家校传统边界的互动显著增加，边界更加模糊

家庭和学校作为两个社会子系统，需要对职能明确分工和职责边界的清晰划分。但是，系统理论告诉我们，学校和家庭作为开放系统始终存在与环境的相互渗透和边界的不断变化。加速相互渗透和边界的变化、跨界融合进而创新，是所有社会子系统共同具有的信息时代特征。家校的分工和边界变化也不例外。研究表明，家校职责边界模糊和渗透的趋势已经日益明显。这种家校边界的模糊和渗透属于制度化的早期，既有符合大趋势的一面，又有很多偶发和无序的成分。例如，教师把批改学生作业的任务交给家长，即为广大家长所诟病。可以预见，从家校职责边界的模糊和渗透，再到调整后重新清晰是一个发挥主观能动性的历史过程，会重新达到一个制度化关系的平衡状态。教育系统有责任以此次线上教学为契机，破除传统思维，重新反思家校之间新的职能分工调整和融合，全面思考学校对家庭教育应该和可以施加的影响，全面思考家庭和家长作为一种教育资源和结构性要素如何更有效地参与学校教育。

（三）不论是在线上教学还是家庭生活的其他活动中，家校均互为结构性要素

在学校组织学生在家的线上教学过程中，传统的师—生结构，演变成为师—生—亲的三角关系，家长的督促和陪同成为必需，并且对于教师线下教学（学校班级教学）、管理、督促和保障具有替代性作用。没有家长的参与，教师发现和解决教学问题就可能不能构成一个闭环；甚至没有家长的参与，线上教学过程就可能无法进行。在家庭的日常生活中，家长在很大程度

上围绕线上教学安排家庭生活，线上教学不仅是学校教育的基本组成部分，更是家庭生活的重要组成部分，甚至构成家庭教育内容的本身。线上教学还改变了家长对孩子的陪伴内容和方式，对于促进亲子关系有显著作用。

（四）线上教学中家校互动存在4种典型结构

家校关系中，家校的人际结构、互动是 2 个至为重要的概念。研究发现，师—生—亲互为结构性要素的互动结构在大规模线上教学中具体呈现为"教师线上教学互动性""家长参与主动性" 2 个维度的组合，由此产生了 4 种可能的家校互动结构状态：线上教学师生多向互动—家长积极主动参与，线上教学师生多向互动—家长被动消极参与，线上教学单向灌输—家长被动消极参与，线上教学单向灌输—家长积极主动参与。这 4 种状态分别为家校均衡互动型、传统教学互动型、互动缺乏型、家长主动型。不同的学校和家庭对教学互动和家校合作有着不同的态度和行为，使得家校互动呈现迥异的结构状态，研究这些不同状态产生的条件，是一件很有意义的后续工作。

（五）在一定条件下，可以实现家校均衡互动

从上一章的数据分析发现，师生之间在课前、课中和课后可以通过网络对预习、课中反馈和课后学习效果评价等教学全过程进行有效互动；可以通过组织同学网络学习小组，部分发挥在校学习时学生之间相互传递信息、启发和模仿的作用。来自对家长的调查显示，家长认为孩子同辈之间的有效交流互动是最有效的学习方式，甚至远高于父母陪伴的学习效果。而在参与线上教学时，如果家长不是消极被动而是积极主动参与孩子的学习过程，就可以在一定程度上弥补线上教学教师不在场对学生学习状态掌握和督促的天然不足。而研究发现，家长是否积极主动参与线上教学，除了受家长对于自身教养角色的认识和教养能力高低的影响，还与教师主动热情邀请并赋予家长适当的教育参与任务有重要相关性。因此，在线上教学过程中要形成家校均衡互动的理想状态，教师的作用很关键，这是对教师提出的新的专业要求。

（六）线上教学与线下教学的互动性差异是制约线上教学质量的瓶颈

在线上教学的初级阶段，一方面，线上资源平台的优质内容不足，优势难显；另一方面，线上教学的互动性明显不如在校的线下班级教学，劣势相对显而易见。根据维果斯基的理论，通过互动搭建"脚手架"是儿童认知发展的关键，儿童的最近发展区是在互动中形成的。教师普遍反映，师生在线下教学时借助表情、手势、语言与学生的交流，可得到即时的信息、情绪和态度反馈，这在线上教学特别是录播课教学（占线上课程的39%）时是严重不足的。直播课也存在同样的问题，只是较录播课好一些。缺乏互动性使得学生一旦"一步"跟不上进度就可能"步步"跟不上，上课效果比较差。教师对于线上教学效果的态度也比较偏向负面。线上教学互动性与线下教学的明显差异加剧了学生学习的不专心（占学习困难排序的第一位）情况，而教师让家长完成学生的辅导学习、检查和批改作业等教学专业工作，更使得家长认为自己做着填补线上教学和线下教学互动性差异的工作，只是帮助完成原本教师（线下）本职工作的劳动力。在此情况下，家长反映最突出的"指导不了孩子学习和作业"（51.8%）及"没有精力和时间"（48.9%）2个问题，不仅是家长的指导能力不足的问题，也是家长不愿意在弥补线上教学和线下教学互动性差异上花费精力和时间充当劳动力的问题。如何有效缩小线上教学和线下教学的互动性差异是今后教师专业培训中要解决的一个突出问题。

（七）家长参与是否具有主动性和积极性是线上教学质量的又一个影响因素

家长由于受到自身角色责任、教养孩子能力和学校是否欢迎家长参与等多种因素的影响，在对学校教育、线上教学的主动性和积极性上存在两极分化。而线上教学发生在学生家庭中，家长是积极主动参与还是消极被动参与对教学的效果会产生显著影响。对学生学习的保障、督促和管理主要靠家长在现场来实现。家长的主动性和积极性还表现为在课程学习以外的家庭生活中对孩子的积极主动陪伴和家庭生活安排的优化上，这些可以为线上教学创设一个很好的教育生态。家长在孩子线上学习中，首先是学习的管理者，其次才是学习的参与者，而不是相反；而在学习之外的其他家庭生活中，家长更多的是家庭活动的参与者（陪伴），其次是家庭活动的管理者。顺序上的倒置会带来一系列矛盾和冲突。从这个意义上说，家长参与的主动性和积极性受到教师教学和沟通行为的重要影响。

（八）线上教学可以通过改善亲子关系、提供家庭活动的基本内容和方法，达到改善家庭教育的目的

调查显示，线上教学除了学术型科目，还出现了类生活化的合作项目学习内容，如解决生活和娱乐中出现的问题等，贴近生活，直面生活的复杂性，为学生所喜闻乐见甚至全身心投入，为封闭的家庭生活带来充实的内容，增添了一份活力。调查还显示，在线上教学中教师与学生的有效互动、教师与家长的有效互动、家长与学生的有效互动结合起来，可以有效改善亲子间的关系，为家庭教育创设更好的情感氛围。

（九）线上教学还可以通过改善家庭生活结构来改善家庭教育

广义的家庭教育不只是陪伴、说教对话和共同活动，还包括为儿童设置什么样的家庭生活内容、生活方式和生活结构。线上教学最直接的效果之一是明显改善了家庭生活结构。线上教学实施前，很多儿童居家生活主要是在个人游戏娱乐中单调度过的，线上教学开始后，以学习为主、以游戏娱乐为主和以家庭互动为主的学生数量之比约为6∶3∶1，大量的游戏娱乐时间转变为在线学习时间，从而极大地改善了家庭生活内容的结构。同时调查还显示，虽然家庭成员间的叙事交流是家庭教育的一种非常重要的形式，但中国家庭亲子间主动交流和共同活动的时间仍然过少，这个问题在线上教学期间并未得到很好的解决。

（十）大规模线上教学中学校和家庭相互跨界，尤其是学校教育进入家庭生活，呈现的是一种历史趋势

虽然学校在儿童发展中依然具有举足轻重的作用，但与此同时，家庭功能和家长的作用在急剧增强，教育螺旋回归（知识）生活教育，凸显了擅长生活教育的家庭教育作用的历史性回归；经济不平等与市场经济发展，基础教育均衡化政策的实施，导致家长做主的强化性育儿文化扩散[①]；校外教育的全球性扩张，结构化和与学校教育并列成为合作性教育制度安排的趋势初现，促进了家长教育代理权的逐步收回趋势。一个以家庭为轴心的家—校—社区（校外教育）儿童成长生态共同体正在形成之中，以大教育为主题的大学前教育、大小学教育、大初中教育、大高中教育乃至大高等教育，伴随着与学校和社区联系更紧密的大家庭教育，正呼之欲出。而互联网技术的飞速发展和合作项目学习的兴起，为家校社融合注入了强大的催化剂。在此背景下，学校不得不更加注重家庭和家长的话语权，不得不在家庭和家长的强大参与下开展学校教育，"学校教育+"和"家庭教育+"的制度化大教育正在形成过程中。对此，严肃对待并及时采取行动之时，正是破解"神兽"教育之问之日。

[①] 杨钋：《经济不平等时代的校外教育参与》，《华东师范大学学报》（教育科学版）2020年第5期。

第十九章

线上学习期间家庭教育和家校合作
需遵循的基本原则

线上学习期间，无论是组织教学，还是家长参与，抑或是学生学习等方面，都面临不同层面的问题和困难，因此，更需要加强家校合作。

一 理解家校共育的基本形式

（一）学生在家庭、学校和社区的交叠影响中处于中心地位

学生在教育中的主体性地位不容置疑，家校合作就是"关心我们共同的孩子"。这一提法为家校合作提供了动力机制，解释了家长为什么愿意参与子女教育，教师为什么会在学校教育中接纳家长参与。学校、家庭、社区间的合作并不会简单地"生产"成功学生，但交叠影响可以吸引、引导、激励和激发学生追求成功。学生也会在家校合作中发挥至关重要的作用，反过来促进家校合作。比如，学生通常是家长获得有关学校信息的主要来源，学校要形成成功的家校合作，教师就需要帮助学生充分理解相关信息，使他们与家长进行有效交流。

（二）学校在家校合作中起主导作用

在家校合作中，学校的角色很重要，不但决定合作的内容，还决定合作

的方向。它们可以很少（或拒绝）与家庭、社区合作，从而使 3 个直接影响学生成长的领域保持独立。或者，它们也可能进行很多高质量的交流互动，扩展交叠影响域。学校、家庭和社区三者间的密切互动使更多学生可以从形形色色的人身上获得有关学校的、努力学习的、创造性思维的、互相帮助以及学习的重要性等观念一致的信息。

（三）"家庭般的学校"和"学校般的家庭"

"家庭般的学校"是指学校和教师都认识到家校合作的重要性，认识到学生和家庭的个体差异，积极寻求来自全体家庭的参与，并营造让学生和家长感受到家庭般的受欢迎的气氛，"进学校就像回家一样"，让他们感觉自己既与众不同又不是局外人。爱普斯坦指出，"家庭般的学校"欢迎所有家庭，并非仅仅欢迎那些易于合作的家庭。"家庭般的学校"也对应我国俗语"师者父母心"，即每个家长都希望教师像父母一样对待自己的孩子（而不只将其看作学生），发现他们的独特之处，并为他们的进步感到高兴。

"学校般的家庭"是指在家庭中视每个子女为学生，强调家庭中的环境、在家学习、培养学生技能以及成长体验的重要性，与父母、兄弟姐妹和其他家庭成员一起开展乐在其中的教育活动。对家长来说，这一术语暗含了家长在家扮演教师角色，积极支持教师的工作，从而促进子女学习，也暗含了要求子女在家也要像在校那样表现。

可以想象，如果"家庭般的学校"和"学校般的家庭"完全形成的话，那么"5+2＝0"（5 天的学校教育与 2 天的家庭教育相冲突，降低了对子女的教育效果）就不复存在。

（四）"学校般的社区"和"家庭般的社区"

对社区来说，它既包括家庭所在的社区，也泛指影响孩子成长的社会环境。在社区与学校交叠部分意指社区创造学校般的机会、活动和项目，以此促进学生成长，并认可他们的进步、创造力和贡献。在社区与家庭交叠部分，表明社区也创造家庭般的环境、服务和活动，以使家庭能够更好地支持孩子成长。需要注意的是，三者的交叠是相互的，也就是说，有社区意识的家庭和学生会帮助其他家庭，当所有这类概念结合起来时，学生就能"体验学校般的社区"和"家庭般的社区"。这与"大教育观"的视野一致，努力构建社会、家庭和学校三位一体的学习化社会和终身学习环境，努力实现"教育的社会化"和"社会的教育化"。

二　家校合作的基本原则

（一）目标一致

教育的目的是促进学生的全面发展。通过教师主动作为、家长积极参与，引导学生即使在家学习也能处于正常的学习状态，养成良好的生活习惯，培养积极阳光的心态并健康成长。

（二）积极介入

线上学习期间，学校和教师、家长和学生，都应该以更积极的责任担当介入"在家学习"，教师作为专业教育工作者，为学生和家长提供教育支持及学业帮助，更是职责所系。

（三）分工合作

"在家学习"是家庭生活和家庭教育的组成部分。家长是家庭教育的主体，是学生成长的法定监护人，家长通过以身作则、言传身教、家风家训，为学生发展提供必要条件和生活情境，教师则提供专业引领和辅导，共同影响和帮助孩子学会学习、学会生活、学会做人。

（四）面向全体

对在家学习和家庭教育的指导，教师要与家长建立平等友好的合作关系，坚持平等对待不同家庭、平等对待所有学生；围绕学生成长的宗旨，动员所有家长积极参与，共同制订普遍性与个性化相结合的学习计划。

（五）规范指导

教师要及时掌握国家和地区有关"在家学习"的政策动态，掌握线上教学的基本规律和特点，精心准备线上讲课和学习指导内容。要制订科学合理的学生线上学习课程表，让学生有计划、有目的地学习，避免线上学习形式化。要规范制定线上学习指导和线上学习辅导的工作流程，科学设计线上学习的班级管理、答疑解惑、"线后"作业批改、学习跟踪评价等。

教师要指导家长为孩子营造良好的家庭学习环境，督促孩子按学校的学习计划安排学习；鼓励有条件的家长积极参与孩子的线上学习，并对家长参与学习给予积极的指导。

（六）尊重选择

学校组织的线上学习是家庭生活和家庭教育的组成部分，在进行线上学习的内容、方式和安排时要把握家庭教育与学校教育的差异，既要服从学校教学的一般规律，也要服从和服务于家庭生活和家庭教育的一般规律，与家庭生活有机协调。

要对家庭教育在理念、内容、方法和组织实施各方面实施有效的指导。要充分利用家庭教育生活化、随机、灵活的特点，指导家长充分挖掘家庭活动和家庭成员群体生活的宝贵育人资源，提高家庭生活的育人品质。

要积极鼓励家庭和学生自主开展有教育意义的小制作、小发明、读书和观影分享、家庭话题研讨、智力游戏等活动，组织班级网络交流，宣传和推广学生在家学习中创造的鲜活经验和做法。

（七）有效沟通

针对学生学习和家庭教育中出现的问题，以解决问题为导向，家校展开过程性互动沟通。

学生来自不同的家庭，每个家长的文化程度、生活经历、职业背景不同，教师应与家长建立多种渠道的个人联系，必要时可进行家长调查，积极营造互相尊重的家校沟通氛围，讲究语言艺术，真诚对待家长。要利用多种联系沟通渠道，及时传递科学的家庭教育知识和心理健康知识。

要加强微信群等班级和学校交流平台的管理，必要时借助专业力量，防止和及时制止微信群中传播谣言。要提倡家长在微信群分享正能量、好榜样，以及分享家庭居家生活中的快乐幸福时光。

（八）不超前、不超限、不超纲

学校安排的在家学习内容，包括课程知识、生活知识、拓展性社会和科学知识等。只要有助于学生成长和进步的内容和方式，都可以被纳入学校在家学习的教学计划。但选择的内容不能替代下个学期学校教学内容，不能对学生和家庭造成过重的学习负担，不能超越各级教学大纲的要求，加大学习难度。

要立足时情开展思想政治教育，注重科学知识普及，开展爱党、爱国情感教育，开展社会责任感、社区意识、家庭意识、生命意义等叙事性讨论。

三　怎样将家校合作的原则落到实处

（一）主动承担

将学生的在家学习作为学校教育工作组成部分，科学选择教学内容、教学手段、教学方法，有组织、有计划地开展教学。

将学生的在家学习作为学校和教师的本职工作，积极指导学生在家的学习和生活。

将学生的在家学习作为家庭教育的重要组成部分，推动家长与学生互学共学，使学生的德智体美劳得到全面发展。

（二）专业介入

学校和教师通过专业化的内容、方式和手段，为家庭提供优质的教育教学资源，有效组织"线上教学"，指导和帮助家长更好地履行职责。

家庭和学校通过分工合作，形成聚焦学生成长的合作伙伴关系，共同促进学生巩固良好学习习惯，培养良好生活习惯。

家长也积极行动起来，"开发一项室内运动"——体会家庭成员一起运动的乐趣，"开发一项烘焙技艺"——在学生写满惊喜的笑脸上，收获成就感和满足感，鼓励孩子"隔代互学"——在编织等技艺的传承中培养浓浓的祖孙亲情。

（三）关怀特殊

学校和教师对有特殊困难的单亲、留守儿童等家庭，给予特别的关注和帮助，为家庭教育能力较弱的家长提供教育支持。

积极整合社会资源，利用网络平台组织家长和学生志愿活动，为没有在线学习条件的家庭提供力所能及的支持。

（四）共同成长

教师要改变观念，在实践中积极学习和应用新的信息通信技术，学会与家长合作并积极利用家庭的教育资源。

家长要利用线上学习期间大段在家陪伴孩子的时间，利用学校和教师介入家庭教育的机会，重新认识家庭教育，增进亲子感情。

学生要在教师和家长的共同影响下，通过将家庭生活教育、学校安排的计划学习和自主学习结合，促进德智体美劳全面发展。

第二十章

实践回顾：构建"五位一体"协同育人格局
营造教育良好生态

——推进制度化家校合作的历程与经验

习近平总书记指出，办好教育事业，家庭、学校、政府、社会都有责任。总书记的讲话为我们构建共同育人的大教育格局、优化教育生态指明了方向。

在家校社合作中，江西省尝到了甜头。比如，在江西省弋阳县，一些家长卖掉麻将桌、买回书桌，改麻将房为书房，家长不再沉迷赌博，而是经常陪孩子阅读、辅导其学习。又如，上饶的三清山风景管理区和赣州安远县在学校建设中出现了群众低价或无偿出让土地，甚至主动迁移祖坟、拆迁祠堂的现象，原来村民们爱比哪家祠堂建得好，现今却比起了哪个村更重教。这些影响家风、改变民风的生动缩影，就是家校社合作与教育生态间的连接，通过家校社合作，家长改掉了陋习，并以此影响家风、社风，激发了群众对教育的支持，形成重教助教的良好氛围。

所以，家校社合作作为一种教育方式，突破课堂45分钟的时间限制，突破学校围墙的空间区隔，促进家庭教育、学校教学和学生成长；作为一种教育生态，是凝聚社会各方支持力量，推动教育改革的战略抓手甚至突破口；作为一种社会治理下的合作语境，与家庭和家风建设、社会治理和精神文明建设等一样具有基础性作用。事实上，根据笔者的统计，教育人口

（学生、家长、教师等）约占全社会的90%，教育人口约等于社会人口。所以，改善家校社关系，就是营造良好教育生态。

在本书付梓之际，以及江西省10年制度化家校合作实验收官之际，有必要回顾这10年改革历程与经验做法。

一 改革目标定位：科研、行政和实践的制度化推进

江西教育系统的家长教育工作，可追溯到20世纪90年代的省家长函授学校，也发布了一些政策文件，但工作主要停留在传统的以集体活动为主的层面，如全校性家长会、家庭教育讲座、运动式家访等。随着家庭和社会对立德树人的影响越来越突出，2012年，江西省决定启动省级教育体制改革试点，探索建立家校社共同育人的新型合作伙伴关系。

在改革定位上，江西省明确了这是省域层面的制度化推进，是一个创造和扩散新经验的实践过程。这个过程需要科学研究的力量来引导，行政力量来推进改革并以实验为基础，要在有代表性的学校中反馈效果和积累经验，为政策制度配套提供依据。

基于这些认识，代表科研力量的江西省教科学研究所（后改制为江西省教育评估监测研究院）和代表行政推动的江西省教育厅基础教育处共同承担，以省教育厅发文和授牌，在全省分批遴选家校合作试点学校和县（区），这些试点单位涵盖了从农村到城市、从幼儿园到高中、从薄弱学校到重点（名优）学校的广泛代表，形成科研引领、行政推动和实验创新3个层面同步推进的改革格局。

二 系统分批试点：渐进分期开展家校社合作实验

改革至今大体经历了3个试验周期，即2012～2014年的初步探索，2015～2017年的区域与学校制度化推进，2018～2022年更大范围的试点、示范建设和全省普及推广。

第一周期（2012~2014年）：以学校为主体的初步探索

这一阶段，有69所学校参加，以学校为主开展小范围试点，借鉴国际框架生成本土经验，为更大范围的实验和全省性政策出台做准备。主要工作如下。

一是借鉴国际经验。在广泛考察世界前沿理论和经验的基础上，本书决定引入美国"学校、家庭和社区合作伙伴联盟"（NNPS）的实践框架并进行本土化改造，由此，本书课题组组织专家翻译出版其核心成果《学校、家庭和社区合作伙伴：行动手册（第三版）》。这一框架由美国约翰·霍普金斯大学爱普斯坦教授及其团队主导，他们提出了以儿童成长为核心的交叠影响域理论，构建了以6种家校合作类型为基础的行动框架，是集科学研究、实践指导于一体的实务工作大全。在美国，有1000多所学校加入该联盟，实践模式还扩展到与中国文化同宗同源的新加坡以及中国台湾、香港等地区，实践效果突出。

二是明确行动起点。开展了首轮家校合作大样本调查，形成省级层面的数据库，实现对家校社合作的动态跟踪和对学校的个性化诊断，同时"参与的力量"等专题论文和《家庭背景与家长参与关系的实证研究》等专著也陆续出版，这明确了江西省家校社合作的历史基础和改进方向，为政策出台提供了学理依据。

三是实践框架落地。组建专家团队反复到试点单位开展驻校调研与实践指导，为试点学校提供组织建设—年度计划—活动方案—具体活动的系统辅导，引导学校在统一框架下的"规定动作"之上，创新"自选动作"。通过驻校指导，学校普遍建立和完善了家委会，强化了家长教育工作，家校社合作跨越传统的零散的经验范畴，迈入有组织、有目标、有计划的制度化轨道。

试点学校的规范实践也为跟踪研究和政策出台提供了良好反馈。本阶段，在科研方面，分别出版了"家校合作丛书"中面向学校的国际经验引介《国际视野与本土行动：家校合作的经验和行动指南》，工作案例集锦《在路上：江西省家校合作试点学校工作案例选编》。在政策方面，出台了《家长委员会设置与管理办法》（赣教基字〔2012〕52号），在家委会、伙伴行动小组、活动开展等层面有创新的制度设计。家校社合作还被写入《中共江西省委、江西省人民政府关于深化教育领域综合改革若干问题的意见》（赣发〔2014〕15号），并成为其中一个亮点。

第二周期（2015~2017年）：区域与学校的制度化推进

第一周期试验的阶段性成果，增强了江西省继续改革的信心。在第二周期，试验上升到区域层面，有107所学校和2个县参加，以探索家校社合作如何走向制度化，及对区域教育发展的效果，为省级政策出台提供支撑。主要做法如下。

一是培育"种子"力量。将家校社合作培训纳入"省培计划"，每年2期，按照初级、高级两种培训方案，对校长和教师展开培训；同时依托省家庭教育讲师团开展家庭教育公益巡讲。培训以理论和实务操作为主，不断增加鲜活案例。很多学员反映"收获大大超出预期"。目前，参训教师已超过5000人次，送培到县、校培训超过1万人次。参训教师构成网络状工作站，形成向全省普及家校社合作和家庭教育的人才支撑。

二是推进跨界行动。家校社合作超越了传统的职责分工，属于跨界行动。笔者发现，在学校主导甚至依赖校长意志的情况下，仅依靠家长委员会难以有效完成职责，家长常常被当作"劳动力"。笔者翻译出版了美国社会学名著《家庭优势：社会阶层与家长参与》[①]，从家庭视角描述家长如何看待和参与家校合作，作为学校视角行动手册的补充，以指导学校开展符合家长诉求的行动。在组织建设上，指导学校建立包含学校、家庭和社区代表在内的家校社合作委员会，三方围绕儿童成长、家长志愿服务、家长教育、社区（村）资源利用、校园周边环境整治等问题共同决策和行动；根据家长专长和资源优势，建立专门工作组，协助完成具体目标（而不是仅停留于活动本身），如家庭教育宣讲、儿童阅读能力提升、弱势家庭帮扶等。

---

① 〔美〕安妮特·拉鲁：《家庭优势：社会阶层与家长参与》，吴重涵、熊苏春、张俊译，江西教育出版社，2014。

三是生成本土经验。因为学校所处的社会情境各不相同，预先制定的行动方案难免"水土不服"。因此，我们特别注重本土经验生成一般性知识，如九江双峰小学在家长构成差距巨大的情况下采取家长教育家长的做法，弋阳县在社会舆论紧张环境下，开展"校风影响家风带动民风"的实践，等等，这些鲜活经验，已经融入实践框架中。笔者还根据本土经验，出版了类似于产品说明书一样的操作手册《家校合作：理论、经验与行动》。目前，江西省家校社合作的科学理念和实践框架已经被植入试点单位，而且通过它们的贡献，本土改造的方向越来越清晰，为在江西省推广普及打下了良好的基础。

在第二试验周期，科研方面取得较大突破，形成了参与的力量—参与的阻碍—家校边界变化规律—制度化形成过程的逻辑解释链，系统回答了一批实践中亟待解决的问题。"家校合作丛书"总量达 11 本，根据第二轮大样本追踪调查（24 万样本）的专著《制度化家校合作与儿童成长的相关性研究》《合作的力量——家校合作调查报告》和本土经验汇编《共建大教育格局——制度化家校合作案例汇编》也陆续出版，成体系的实践指导初步成形。当前试点单位的共识"家校社合作不以活动为目的""家校社合作不是另起炉灶，而要结合学校发展和儿童成长目标"等基本判断，无一不是建立在大量规范研究的基础上。

在政策层面，密集出台 20 余份相关文件，制度环境不断完善。家校社合作在江西省委、省政府《关于深化教育体制机制改革的意见》（赣办发〔2018〕9 号）中持续体现；根据《教育部关于加强家庭教育工作的指导意见》出台江西省《关于贯彻落实〈教育部关于加强家庭教育工作的指导意见〉的实施意见》（赣教基字〔2016〕3 号），在组织建设、部门协同机制等层面系统融合了本土经验和研究成果。

第三周期（2018~2022年）：更大范围的试点、示范建设和全省普及推广

第三周期的试点范围继续扩大，达到 14 个县和 252 所学校，并进入示范建设和全省普及的制度设计阶段。这一阶段的主要任务不只是促进儿童成

长、提高家长和学校教育水平，还侧重以家校社合作凝聚民心和整合资源，服务于教育生态和社会治理的战略。主要做法如下。

一是宏观教育战略定位。在事关民生的教育改革问题上，以家校社合作为手段和资源，形成正向支持环境；推动在教育全局发挥家校社合作凝聚民心、整合资源的战略作用。2018 年，家校社合作工作提升到促推教育改革和发展、营造"党以重教为先、政以兴教为本、民以助教为荣、师以从教为乐"良好教育生态的战略高度，成为"奋进之笔"重大攻关项目（教育部 2019 年将其纳入工作要点和"奋进之笔"攻关项目）。开展了委厅领导牵头的大调研；召开了全省经验交流会、工作推进会，承办 2019 年全国家校合作经验交流会；"家校社合作"被纳入《关于推进教育强省建设的意见》和《教育现代化中长期规划（2020—2035）》，以进一步完善现代学校制度，推动家校社力量的制度性整合，并纳入教育整体规划、教育行政基本职能、教育经费预算。

当前，家校合作又被纳入《江西省"十四五"教育事业发展规划》"重点任务"的第一部分"（一）落实立德树人根本任务"，被列为第五条"5.强化家校社协同育人"。具体呈现为：密切家校合作，完善家长学校、家长委员会功能，持续开展"万师访万家"活动，做实学情分析会、家长开放日、校长接待日、家长志愿者等活动，鼓励家长参与学校管理，融洽家校关系；深化校社合作，建立各级党政机关、社会团体、企事业单位及街道、社区、镇村参与支持学校管理和育人工作的有效机制，推动图书馆、博物馆、科技馆、纪念馆、运动场、少年宫、儿童活动中心等公益设施免费向学生开放；支持青少年校外活动中心开展公益性活动，鼓励英雄模范人物、名师大家进校园上讲台；支持有条件的学校教育资源向社会开放，丰富校外教育内容和形式，强化校外教育与学校教育、家庭教育的有机衔接；推进家社协作，加强家庭教育，推动《中华人民共和国家庭教育促进法》落地实施，加强家庭家教家风建设，完善家庭教育指导内容，建设家庭教育指导教师队伍，加大对家长的教育指导服务，引导家长树立科学的教育观，做好孩子的第一任教师；统筹协调社会资源支持服务家庭教育，健全学校家庭社会协同育人机制，加大网络不良信息治理，净化学生成长环境，促进全社会担负起青少年成长成才的责任。在"专栏2：综合素质提升工程"中提出建设30个省级制度化家校合作示范县（市、区）、600所省级制度化家校合作示范校。

二是政府责任考核评估。宏观教育的良好生态难以由教育系统单独达成，为此我们将职责提升到县级层面，纳入区域政府和教育行政部门工作评估，由县级政府统筹镇、乡级政府和民政、妇联等部门，由此形成省"抓"县、县"抓"下级政府和各部门、教育行政部门牵头、学校发挥能动作用的责任传导机制。当前，家校社合作已被纳入《江西省县域义务教育优质均衡发展督导评估实施意见（试行）》（赣教督委字〔2018〕6号）指标体系，在100分中占9分，以评估来引导县级党委和政府协调和支持家校社合作，完善家校社目标一致、资源共享的大育人格局。

三是纳入教师专业发展。教师专业水平提升，不只是教育教学水平提升，家校社合作水平提升也是应有之义。当前，笔者正研究在江西省中小学教师职称评审中，将开展家校社合作所取得的工作业绩与教学业绩同等对待；在教师专业标准和校（园）长专业标准中，构建可操作性指标，提高家校社合作工作的考评比重。

四是示范带动全面普及。综合本土成果，江西省教育厅出台了制度化家校合作示范县、校建设意见和工作标准，为县（市、区）和学校两级提供实践框架和工作标准，并明确在江西省培育有引领作用的示范县、示范校，同时启动全省制度化普及推广工作，要求县级政府将家校社合作纳入学校和部门工作考评，并应用考评结果积极促进校风、民风和社风的改变。

三　家校社合作的"江西模式"：五位一体育人格局

以上3个阶段，大致展示了江西省家校社合作的改革推进由浅入深、经验政策以点带面、部门责任"合纵连横"的探索过程，特别是自2015年加速深化、2018年全面推广以来，初步呈现学校主体、政府主导、家庭尽责、社会参与的"五位一体"育人格局，得到了同行和专家的关注与肯定，被一些人称为家校社合作的"江西模式"。

在上述"五位一体"中，学校主体，搭建协同育人平台；家庭尽责，优化协同育人环境；社会参与，营造协同育人氛围。这3个方面在很多地方和学校都有开展，甚至有类似的提法。笔者认为，"江西模式"有重要意义且成效显著之处有三。

一是学校主体中，在搭建家校社协同育人平台，巩固学校主阵地的基础上，还特别要求"一把手"重视，实践证明，校长（局长）重视特别重要。申报试点时需要"一把手"承诺，在培训中特别要求校长参训，引导校长将家校社合作培育成学校管理和教学的建设性力量，渗透到日常工作细节。在家校社合作活动中，强调功能均衡。指导学校既重视家长志愿服务、家长会等校内活动，又走出校门，面向学生和家庭诉求，帮助和支持家长，以校风影响家风。

二是政府主导上，强调家校社合作是战略而非战术，是优化教育生态甚至社会治理的突破口。在顶层制度设计上，完善制度环境，构建省—县--校的责任传导机制，让政府、学校、家庭和社会等各方面力量有组织地形成支持教育的良好生态。在行政统筹协调上，强调政府对学校、家庭和社区利益和诉求的协调作用。家校社合作是不同群体间的合作，存在利益和立场差异，单靠学校难以协调。行政视野更加开阔，资源更加多样，能够超越学校局部利益，如此，既巩固了学校层面的工作基础，又超越和拓展了学校微观层面，推动了跨学区、跨社区的参与，并在一定程度上克服单个学校工作稳定性不强和方向性偏差的缺陷。

三是专业支撑上，形成科研、行政与实践的良性互动。笔者带领的团队主持承担近20项国家、省部重大、重点或专项任务，连续获得国家社科基金资助，特别是在国家社科基金教育学一般项目"家校合作与儿童成长相关性研究"（2015~2018）优秀结题基础之上，2018~2022年主持国家社科基金教育学重点课题"家校合作的国际经验与本土化实践研究"（"良好"结题），2020~2022年与中国教育科学研究院联合承担中央级业务费公益性科研院所基本科研重大专项"基于抗疫背景的中小学家校共育改革研究"，相关著作、论文、经验案例等构成了家校合作、家庭教育的较全面、系统的理论体系，亦已成为全国有影响力的科学研究、经验生成和政策制定产出中心。

一方面，面向现实问题开展研究和指导。通过创新和消化吸收，产生了家校社合作6种实践类型、专门行动组、"以校风影响家风改变民风"等理论成果和实践经验，同时反哺实践，通过专题培训、驻校指导、典型推广等，家校社合作走上了良性轨道。另一方面，科学研究深度介入政策制定。在改革执行中，设计了江西省教育科学研究所和省教育厅基础教育处"双引擎"推动，联合发布了40多个省级政策文件。这些政策中，研究的学理逻辑与行政的科层逻辑的充分调和，呈现逻辑的美和创新光芒。可以说，江西省有关家校社合作和家庭教育的政策，已经形成了"以研究为基础"的路径依赖，也为教育政策的研用互动提供了良好样本。

以上，是对江西省家校社合作改革历程和经验做法的大体介绍。

尽管江西省是较早启动家校社改革探索的省份，积累了一些经验和成果，但仍存在较大改进空间。一种稳定模式成形必须具备价值主张、制度的权力定位、主体责任分工3个要素，但五位一体育人格局作为正在进行的改革，具有中间过渡性质以及动态不稳定性，全社会理解和支持的教育生态还未完全形成，家校社合作任重而道远。同时，江西省作为中部地区省份，又是革命老区，社会经济对教育的支持力度相对较弱，城乡教育均衡、教师队伍建设、家长素养、留守和流动儿童等重点、热点问题，可能在全国有典型代表性。

当前，构建覆盖城乡的家庭教育指导服务机制，推进学校、家庭、社会协同育人已成为国家教育重大战略，成为加快建设高质量教育体系的重要支撑，也为各地家校社合作工作提出了新任务、新要求。

图书在版编目（CIP）数据

家校合作的国际经验与本土化实践研究. 家校合作的
国际比较与学理研究／吴重涵，张俊著. --北京：社
会科学文献出版社，2023.12
ISBN 978-7-5228-2674-5

Ⅰ.①家… Ⅱ.①吴… ②张… Ⅲ.①学校教育-合
作-家庭教育-研究 Ⅳ.①G459

中国国家版本馆 CIP 数据核字（2023）第 235238 号

·家校合作的国际经验与本土化实践研究·
家校合作的国际比较与学理研究

著　　者／吴重涵　张　俊

出 版 人／冀祥德
组稿编辑／任文武
责任编辑／郭　峰
责任印制／王京美

出　　版／社会科学文献出版社·城市和绿色发展分社（010）59367143
　　　　　地址：北京市北三环中路甲 29 号院华龙大厦　邮编：100029
　　　　　网址：www. ssap. com. cn
发　　行／社会科学文献出版社（010）59367028
印　　装／三河市龙林印务有限公司

规　　格／开　本：787mm×1092mm　1/16
　　　　　印　张：25.25　字　数：380 千字
版　　次／2023 年 12 月第 1 版　2023 年 12 月第 1 次印刷
书　　号／ISBN 978-7-5228-2674-5
定　　价／368.00 元（全三册）

读者服务电话：4008918866